COLEÇÃO
ROTEIROS DE PROVA ORAL

MINISTÉRIO PÚBLICO ESTADUAL

Coordenadores
Teilor Santana da Silva
William Akerman

COLEÇÃO
ROTEIROS DE PROVA ORAL

MINISTÉRIO PÚBLICO ESTADUAL

5ª edição
Revista e atualizada

2025

EDITORA JusPODIVM
www.editorajuspodivm.com.br

EDITORA *Jus*PODIVM
www.editorajuspodivm.com.br

Rua Canuto Saraiva, 131 – Mooca – CEP: 03113-010 – São Paulo – São Paulo
Tel: (11) 3582.5757
• Contato: https://www.editorajuspodivm.com.br/central-de-relacionamento

Diagramação: Isabella Giordano *(giordano.bella@gmail.com)*

Capa: Marcelo S. Brandão *(santibrando@gmail.com)*

R843

Roteiros de Prova Oral - Ministério Público Estadual / coordenado por William Akerman e Teilor Santana da Silva. – 5.ed., rev. e atual. – São Paulo: Editora JusPodivm, 2025.

784 p.

Vários autores
Inclui bibliografia
ISBN: 978-85-442-4892-8

1. Concursos e Provas. 2. Ministério Público Estadual. 4. Método de estudo. I. Akerman, William. II. Silva, Teilor Santana da. III. Título.

CDD 341.33312

BIBLIOTECÁRIA RESPONSÁVEL

Ana Carolina Ribeiro Mois – CRB7 – RJ 007348/0

5.ª ed., *2.ª tir.:* abr./2025; *3.ª tir.:* ago./2025; *4.ª tir.:* out./2025; *5.ª tir.:* nov./2025; *6.ª tir.:* jan./2026.

AGRADECIMENTOS

Aprendi, ainda nos bancos da faculdade, com as lições do Ministro Luís Roberto Barroso sobre a vida e o direito, que é preciso agradecer.

Como anotou Ana Paula de Barcelos, na maior parte das vezes a questão é ter olhos de ver o que se tem recebido e humildade para reconhecer que, sozinhos, somos pouco mais que nada.

Agradeço a cada um dos autores, pela confiança ao se lançarem à elaboração deste Roteiro e pela fortuna de podermos trabalhar juntos.

Ao ministro Marco Aurélio Mello, por ter confiado a mim a honra de ser seu assessor no Supremo, compartilhando, com a fidalguia dos tempos de outrora, experiência de mais 30 anos de judicatura suprema, ao longo dos quais cultivou, presentes as virtudes judiciais aristotélicas, a integridade judicial, com irrefutável fidelidade ao arcabouço jurídico encimado pela Lei das Leis.

A todos os amigos da Defensoria Pública do Estado do Rio de Janeiro e da Procuradoria do Estado do Paraná, pela interlocução estimulante.

Aos professores da nossa UERJ, em especial a Maria Celina Bodin de Moraes, Carlos Edison do Rêgo Monteiro, Flávio Galdino, Patrícia Baptista, Paulo Braga Galvão, Marcelo Leonardo Tavares, Marcus Abraham, Ricardo Lodi, Patrícia Glioche e Carlos Eduardo Japiassú, pelas sólidas bases lançadas na graduação, conectadas com princípios que determinaram o que viria a seguir.

Ao Colégio Militar do Rio de Janeiro, pela felicidade de ter sido seu coronel-aluno e pelos sete cintilantes anos em que pude – mais do que disciplina – apreender valores como resiliência e determinação. Zum Zaravalho!

Os Coordenadores

APRESENTAÇÃO DA COLEÇÃO

A convocação para uma prova oral pode causar, depois da alegria inicial, grande preocupação para qualquer candidato.

Ele se questiona: o que ler nesse pequeno espaço de tempo? O que priorizar? Onde encontrar aquelas questões "básicas" que sempre são objeto de questionamento em provas orais?

Pensando nisso, foi criada a *Coleção Roteiros de Provas Orais.*

A Coleção tem como objetivo fazer uma revisão ampla dos temas que comumente são abordados em provas orais dos mais diversos concursos públicos.

Para tanto, selecionamos questões inéditas e de provas anteriores, todas comentadas por integrantes das carreiras a que se referem os volumes e que poderão auxiliar os candidatos que estão justamente se preparando para uma fase oral.

As obras seguem uma organização bem didática: questões separadas por disciplinas e, dentro de cada matéria, temos a separação por temas principais.

Boa leitura a todos.

Recife, maio de 2019.

Os Coordenadores

APRESENTAÇÃO DA OBRA

Foi com grande alegria que recebi o convite para apresentar esta obra dedicada à preparação dos candidatos para a prova oral dos disputados concursos do Ministério Público.

As questões envolvendo a atuação e a intervenção do MP foram ressignificadas com o advento do novo Código de Processo Civil, que, inicialmente, alterou topograficamente as disposições gerais sobre o Ministério Público, para tratá-las em um novo título, após os auxiliares da Justiça e antes da Defensoria Pública, já que no Código de Processo Civil de 1973 seu tratamento era em local diverso, logo após o título das partes e de seus procuradores. Ademais, algumas regras específicas sofreram grande alteração. Apenas a título de exemplo, apresentamos alguma dessas questões.

Os arts. 176 e 177 do novo Código reforçam a dicção do art. 127 da CF. Tratam da atuação do Ministério Público em todos os graus e remetem, ainda, ao art. 129, § 1º, da CF, ao afirmar que o direito de ação do *Parquet* deve ser exercido de acordo com suas atribuições institucionais.

O art. 178 trata das hipóteses de intervenção do Ministério Público como fiscal da ordem jurídica, que estavam antes previstas no art. 82 do CPC. São elas, além das que já estão previstas na lei ou na Constituição Federal:

I. nas causas que envolvam interesse público ou social;

II. nas causas que envolvam interesse de incapaz;

III. nas causas que envolvam litígios coletivos pela posse de terra rural ou urbana.

De se observar que a informação inserida na cabeça do dispositivo deixa claro que o rol é exemplificativo e não taxativo.

Por outro lado, o CPC/2015 resolve a controvérsia sobre a intervenção ou não do Ministério Público em todas as causas de jurisdição voluntária. O novo art. 721 determina que o Ministério Público só intervirá caso configurada ao menos uma das hipóteses do art. 178.

No caso do inciso II, foi retirada a expressão "estado das pessoas", inicialmente prevista durante o processo legislativo. Nesse sentido, atente-se para a redação do art. 698, que trata da intervenção do Ministério Público nas ações de família.

Também está superada a discussão sobre a natureza da intervenção do Ministério Público quando estiver configurado interesse de incapaz. O Promotor que funcionar no caso deverá, ao mesmo tempo, velar pelos interesses daquele e fiscalizar a ordem jurídica. Nesse sentido, a jurisprudência do STJ[1] já tem se consolidado no caso das ações de interdição.

---

1. REsp 1.099.458-PR, rel. Min. Maria Isabel Gallotti, j. 2-12-2014, *DJe* 10-12-2014 (*Informativo STJ*, n. 553).

Também já ficou assentado que o Ministério Público tem legitimidade para ajuizar ação de alimentos em proveito de criança ou adolescente independentemente do exercício do poder familiar dos pais, ou do fato de o menor se encontrar nas situações de risco descritas no art. 98 do Estatuto da Criança e do Adolescente, ou de quaisquer outros questionamentos acerca da existência ou eficiência da Defensoria Pública na comarca[2].

Na mesma linha de raciocínio da Recomendação do CNMP, entendeu-se que não se justifica a intervenção do Ministério Público apenas pelo estado das pessoas e que isso seria um resquício do ordenamento pré-Constituição de 1988. A circunstância que justificaria a intervenção do Ministério Público seria, tão somente, a presença de um incapaz[3] num dos polos da relação processual[4].

Em julho de 2015, por força da Lei n. 13.146/2015, que instituiu o Estatuto da Pessoa com Deficiência, também denominada Lei Brasileira de Inclusão da Pessoa com Deficiência, diversos dispositivos do Código Civil foram alterados, dentre eles, o art. 1.769.

Nesse sentido, passa a haver uma pequena incompatibilidade desse dispositivo com o art. 748 do CPC/2015.

Na realidade, a Lei n. 13.146 trata a interdição como uma providência extrema. Antes de ser cogitada, deve o magistrado examinar a possibilidade da tomada apoiada de decisão (art. 1.783-A do CC). E mesmo que a prova técnica aponte no sentido da interdição, deve o juiz estabelecer, especificamente, os limites e a possibilidade de atuação do interditando, inclusive com a indicação da curatela compartilhada, se for o caso (art. 1.775-A do CC).

Quer nos parecer que a nova Lei vai gerar a revogação pontual desse dispositivo do CPC/2015, já que ele não se compatibiliza com o novo sistema proposto, no sentido de viabilizar, sempre que possível, a inclusão da pessoa com deficiência.

Por fim, no inciso III foi inserida a hipótese de intervenção quando houver conflito coletivo de terra urbana.

Observe-se que o art. 554, § 1º, determina a intimação do Ministério Público nas ações possessórias nas quais figure no polo passivo grande número de pessoas.

O parágrafo único do art. 178 reforça a ideia, já assentada em sede doutrinária e jurisprudencial, no sentido de que a participação da Fazenda Pública, por si só, não configura hipótese de intervenção do Ministério Público.

Assim, o exame da presença do interesse público deve ser feito caso a caso, de acordo com as particularidades da espécie.

---

2. Súmula nº 594 do STJ. Segunda Seção, aprovada em 25/10/2017, DJe 6/11/2017.
3. Mesmo nesses casos, o STJ vem atenuando o rigor da sanção do art. 246 do CPC quando não há a intervenção no momento próprio. REsp 818.978-ES, rel. Min. Mauro Campbell Marques, j. 9-8-2011 (*Informativo STJ*, n. 480).
4. REsp 1.113.590-MG, rel. Min. Nancy Andrighi, j. 24-8-2010 (*Informativo STJ*, n. 444).

Outra questão que merece reflexão mais aprofundada é a do inciso I do art. 178, que dispõe que o Ministério Público intervirá nos casos de interesse público ou social.

Temos aqui, em verdade, duas questões. A primeira diz respeito às eventuais discordâncias entre o juiz e o membro do Ministério Público quanto à necessidade ou não de intervenção. A solução que existe hoje, ou seja, interposição de agravo, não é mais viável no CPC/2015, em razão da drástica redução das hipóteses de cabimento desse recurso, que devem estar expressamente ressalvadas no art. 1.015.

Por outro lado, também não parece razoável fazer uso do mandado de segurança, eis que não estaria configurado o direito líquido e certo *in casu*.

Melhor seria, a nosso ver, trazer para o CPC a solução que já existe hoje nas Leis Orgânicas dos Ministérios Públicos Estaduais e da União (arts. 26, VIII, da Lei n. 8.625/93 e 6º, XV, da Lei Complementar n. 75/93), no sentido de que a intervenção deve se dar nos casos em que o membro do Ministério Público visualizar o interesse público.

Mas, ainda que adotada tal solução, cairíamos num segundo problema: a discricionariedade e a independência funcional de cada membro fariam com que não houvesse um padrão, um parâmetro de intervenção, o que geraria instabilidade e insegurança no exercício das funções do Ministério Público.

Com efeito, as expressões "interesse público" e "interesse social" se inserem na tipologia dos conceitos jurídicos indeterminados.

Para tentar, de alguma forma, trazer maior objetividade à questão, em abril de 2016, o Conselho Nacional do Ministério Público editou a Recomendação n. 34, e com isso buscou também uniformizar a intervenção do Ministério Público no processo civil[5].

Interessante observar os *consideranda* adotados no introito do ato administrativo normativo, que, apesar de estabelecer uma série de critérios objetivos, ressalva que deve ser respeitada a independência funcional dos membros da Instituição, razão pela qual o ato é expedido sem efeito vinculativo.

Nesse sentido, a Recomendação elenca as hipóteses nas quais, em regra, é desnecessária a intervenção do Ministério Público.

Por fim, o art. 181 repete a previsão do art. 85 do CPC/1973, trazendo as hipóteses de responsabilidade do membro do *Parquet*, quando agir com dolo ou fraude no exercício de suas funções.

Observe-se que o legislador acrescentou o termo "regressivamente", esclarecendo importante questão que havia ficado obscura no ordenamento anterior. Com efeito, em sede constitucional, o art. 37, § 6º, estabelece que a responsabilidade civil do funcionário público é regressiva[6].

---

5. Conselho Nacional do Ministério Público. Recomendação n. 34, de 05 de abril de 2016. Dispõe sobre a atuação dos membros do Ministério Público como órgão interveniente no processo civil. Disponível em: <http://www.cnmp.mp.br/portal/images/Recomendacoes/Recomenda%C3%A7%C3%A3o-0341.pdf>. Acesso em: jun. 2019.

6. RE 551.156-AgR, rel. Min. Ellen Gracie, j. 10-3-2009, 2ª Turma, *DJE* de 3-4-2009.

Desta forma, me parece claro que, a partir de agora, aquele que se sentir prejudicado pela atuação de um membro do Ministério Público, e reputar que a conduta se deu por dolo ou fraude, deve acionar o Estado, que, por sua vez, deterá direito de regresso contra o agente.

Assim, não é difícil constatar o quão útil é um roteiro para a prova oral. Trata-se do último momento de um longo e exaustivo certame. É o momento em que o candidato já fatigado precisa, ainda, demonstrar eloquência e desenvoltura, não apenas nos conceitos, mas, principalmente, nas controvérsias doutrinárias e jurisprudenciais surgidas a partir dos textos legais.

Desejo a todos um excelente estudo e que se tornem, muito em breve, colegas de Ministério Público.

Rio de Janeiro, agosto de 2018.

Humberto Dalla Bernardina de Pinho
Promotor de Justiça no RJ
Professor na UERJ

SOBRE OS COORDENADORES E AUTORES

COORDENADORES

William Akerman – Coordenação

Defensor Público do Estado do Rio de Janeiro (DPE/RJ). Assessor de Ministro do Supremo Tribunal Federal (STF). Ex-Procurador do Estado do Paraná (PGE/PR). Ex-Especialista em Regulação de Aviação Civil (ANAC). Ex-Técnico Judiciário do Tribunal Regional Eleitoral do Rio de Janeiro (TRE/RJ). Ex-Técnico Judiciário do Tribunal de Justiça do Estado do Rio de Janeiro (TJRJ). Aprovado em concurso público para Defensor Público do Estado da Bahia (DPE/BA), para Advogado do Banco Nacional do Desenvolvimento Econômico e Social (BNDES) e para Advogado da Financiadora de Estudos e Projetos (FINEP). Mestrando em Ciências Jurídicas pela Universidade Autónoma de Lisboa (UAL). Pós-graduado em Direito Público pela Universidade Católica de Petrópolis (UCP). Graduado em Direito pela Universidade do Estado do Rio de Janeiro (UERJ). Integrante da banca de penal e processo penal do I Concurso para Residência Jurídica da Defensoria Pública do Estado do Rio de Janeiro. Autor e coordenador de obras jurídicas pelas Editoras Juspodivm e Revista dos Tribunais. Professor de cursos preparatórios para concursos. Fundador do Curso Sobredireito.

Redes sociais: @prof.williamakerman e @curso_sobredireito

Teilor Santana da Silva – Coordenação

Promotor de Justiça (MPPR). Mestre em Direito (Univel/PR), com estada de investigação na Faculdade de Direito da Universidade de Coimbra. Professor na Fundação Escola Superior do Ministério Público do Estado do Paraná (Fempar) e no Curso CEI. Autor de obras jurídicas e de artigos publicados em periódicos especializados. Palestrante.

Redes sociais @teilorss.

AUTORES

DIREITO PENAL (PARTES GERAL E ESPECIAL) E DIREITO PROCESSUAL PENAL

Fernando Ferreira Abreu

Promotor de Justiça do Estado de Minas Gerais. Coordenador do Procon Estadual do Estado de Minas Gerais. Professor de Direito Penal e Processo Penal com experiência em graduação e curso preparatório para carreiras jurídicas. Graduado em Direito pela Universidade Federal de Uberlândia.

DIREITO ADMINISTRATIVO, TRIBUTÁRIO E PRINCÍPIOS INSTITUCIONAIS DO MINISTÉRIO PÚBLICO

Glaucia Rodrigues Torres de Oliveira Mello

Promotora de Justiça do Ministério Público do Estado do Rio de Janeiro. Integrante do Grupo de Atuação Especializada em Combate ao Crime Organizado - GAECO. Foi integrante do Grupo de Atuação Especializada em Meio Ambiente – GAEMA. Foi Procuradora do Município de Niterói (aprovada em 1º lugar), onde desempenhou função de Assessoria Jurídica na Secretaria Municipal de Urbanismo e a Chefia da Procuradoria de Patrimônio e Meio Ambiente. Foi Procuradora do Estado do Paraná, Chefe da Procuradoria Regional de Paranaguá. Foi Procuradora do Município de São Gonçalo (aprovada em 1º lugar). Pós-graduada em Direito Tributário. Pós-graduada em Direito Público. Pós-graduada em Civil e Processo Civil. Pós-graduada em Direito registral e notarial. Foi professora do Instituto Superior do Litoral do Paraná – ISULPAR. Professora da Escola da Magistratura do Estado do Rio de Janeiro – EMERJ. Mestranda em Direito Constitucional pela Universidade Federal Fluminense.

INTERESSES DIFUSOS E COLETIVOS E DIREITO AMBIENTAL

Gustavo Henrique de Andrade Cordeiro

Promotor de Justiça do Estado de São Paulo. Mestre em Direito pelo Centro Universitário Eurípides de Marília – UNIVEM. Graduação em Direito pelo Centro Universitário Eurípides de Marília – UNIVEM. Professor titular do Centro Universitário Eurípides de Marília – UNIVEM. Autor de livros jurídicos e artigos científicos.

DIREITO PROCESSUAL CIVIL

Gustavo Silva Tamaoki

Promotor de Justiça do Estado de São Paulo. Aprovado no concurso de Promotor de Justiça do Estado do Mato Grosso do Sul (MP/MS). Ex-Técnico Judiciário do Tribunal de Justiça do Estado de São Paulo (TJ/SP). Ex-Oficial de Justiça do Tribunal de Justiça do Estado de São Paulo (TJ/SP). Graduado em Direito pela Universidade Estadual Paulista (UNESP). Professor de cursos preparatórios para concursos.

DIREITO CIVIL E DIREITO DA INFÂNCIA E JUVENTUDE

Laura Minc Baumfeld

Promotora de Justiça do Estado do Rio de Janeiro. Ex-Defensora Pública do Estado do Paraná (DPE/PR). Pós-graduada em Direito Público pela Universidade Cândido Mendes (UCAM/RJ). Graduada em Direito pela Universidade do Estado do Rio de Janeiro (UERJ). Ex-monitora do Curso Fórum das turmas para OAB e para concursos.

DIREITO CONSTITUCIONAL

Marcelo Fagundes Fischer

Promotor de Justiça do Ministério Público do Rio Grande do Sul. Coordenador do Curso Preparatório para Carreiras Jurídicas da Fundação Escola Superior do Ministério Público (FMP-RS). Professor de Direito Penal e Direito Institucional na FMP-RS, no RSC OnLine e em outros cursos jurídicos. Pós-graduado em Direito Público pela FMP-RS. Pós no "Programme in Sport Management and Law" da FGV/FIFA/CIES. Membro do Conselho Consultivo do CAOCrim do MPRS (2021-2022). Integrante do Conselho de Gestão Compartilhada do MPRS (2020-2022).

DIREITO EMPRESARIAL

Rafael Pereira

Promotor de Justiça no Ministério Público do Estado do Paraná. Mestrando pela Universidade do Norte do Paraná (UENP). Especialista em Controle da Gestão Pública pela Universidade Federal de Santa Catarina (UFSC). Especialista em Processo Penal pela Faculdade Damásio de Jesus. Professor da Fundação Escola do Ministério Público do Paraná (FEMPAR). Professor da FEMPERJ - Fundação Escola Superior do Ministério Público do Estado do Rio de Janeiro. Professor da Escola Nacional do Ministério Público. Professor da Escola do Ministério Público do Paraná. Professor dos Cursos CEI. Autor da obra Manual do Acordo de Não Cível. Instagram: @prof_rafaelpereira

LEGISLAÇÃO PENAL EXTRAVAGANTE

Rodrigo de Andrade Figaro Caldeira

Promotor de Justiça no Ministério Público do Estado de São Paulo. Doutorando e Mestre em Direito Processual Penal pela Faculdade de Direito do Largo de São Francisco (USP). Integrou a banca examinadora do 24º Concurso de Estagiários do Ministério Público do Estado de São Paulo. Parecerista na Revista Jurídica da Escola Superior do Ministério do Estado de São Paulo. Professor e palestrante. Autor de livros jurídicos.

DIREITO CONSTITUCIONAL

Rosângelo Rodrigues de Miranda

Promotor de Justiça do Estado de Minas Gerais. Pós-Doutor em Direito pela Universidade Nova de Lisboa. Doutor em Filosofia do Direito pela Pontifícia Universidade de São Paulo – PUC-SP. Mestre em Direito Constitucional pela Pontifícia Universidade de São Paulo – PUC-SP. Bacharel em Direito pela Pontifícia Universidade de Campinas – PUCCAMP. Bacharel em Filosofia pela Universidade Estadual de Campinas – UNICAMP. Experiência como membro de bancas examinadoras de concursos públicos para Promotor de Justiça do Estado de Minas Gerais. Autor de livros jurídicos, conferencista e membro de Minas Gerais do Conselho Editorial da Revista DE JURE publicada pelo Ministério Público do Estado.

DIREITO ELEITORAL

Teilor Santana da Silva

Promotor de Justiça (MPPR). Mestre em Direito (Univel/PR), com estada de investigação na Faculdade de Direito da Universidade de Coimbra. Professor na Fundação Escola Superior do Ministério Público do Estado do Paraná (Fempar) e no Curso CEI. Autor de obras jurídicas e de artigos publicados em periódicos especializados. Palestrante.

Redes sociais @teilorss.

PREFÁCIO

É com grande satisfação que recebi o convite para escrever o prefácio deste volume da Coleção "Roteiro de Prova Oral", coordenada pelos professores William Akerman e Teilor Santana.

Começo destacando a competência dos coordenadores desta obra. Ambos possuem vasta experiência na preparação de candidatos que almejam carreiras de Estado. Teilor, Promotor de Justiça no Paraná, e William, Defensor Público no Rio de Janeiro, têm um histórico notável de aprovações em concursos e hoje se dedicam ao ensino em cursos preparatórios. Vale ressaltar que William já atuou como membro de banca examinadora.

Quanto ao livro, a proposta da coleção é simplesmente brilhante. Durante minha preparação para a fase oral do concurso do Ministério Público de São Paulo, onde hoje sou Promotor de Justiça, vivenciei o mesmo dilema que acomete a todos nessa etapa: o que e como estudar? A pressão do tempo é enorme e o conteúdo a ser revisado é vasto.

Foi aí que Teilor e William trouxeram uma solução prática e eficiente. A Coleção possibilita uma revisão abrangente dos principais temas cobrados em provas orais dos mais variados concursos públicos. Este volume, especificamente, é voltado para o concurso do Ministério Público, e apresenta uma mescla de questões inéditas e de provas anteriores, todas comentadas por profissionais experientes. Esse material é de grande valor para quem deseja treinar simulados, técnica essencial para esta fase.

A estrutura do livro é extremamente didática. As questões são organizadas por disciplina e, dentro de cada uma, por temas centrais. Nas respostas, os autores – todos membros do Ministério Público – abordam divergências doutrinárias e jurisprudenciais, apresentando as posições mais recentes dos Tribunais Superiores.

Parabéns, Teilor e William, pela excelente obra!

Rogério Sanches Cunha

Promotor de Justiça em São Paulo.

Mestre em Direito.

Professor e coordenador do RSConline cursos (www.rsconline.com.br).

Professor na Escola Superior do Ministério Público.

Autor de obras jurídicas.

SUMÁRIO

1

DIREITO CONSTITUCIONAL

Marcelo Fagundes Fischer –
Rosângelo Rodrigues de Miranda

1. INTERPRETAÇÃO CONSTITUCIONAL

1. Cite alguns postulados da interpretação constitucional.

De modo geral, a doutrina adota como postulados, ou princípios da interpretação constitucional, as seguintes ideias:

(i) *Unidade*: Trata-se de uma especificação da interpretação sistemática, impõe ao intérprete o dever de harmonizar as tensões e contradições existentes entre as normas da constituição. Reforçando, a Constituição é um sistema de normas que devem ser interpretadas conjuntamente. Trata-se de um ordenamento jurídico que pressupõe completude e coerência.

(ii) *Máxima efetividade*: a Constituição deve ser interpretada de modo a garantir a máxima eficácia possível de suas normas. A máxima efetividade pressupõe interpretações amplas dos dispositivos fundamentais. A efetividade atua como um quarto plano da norma (ao lado da existência, da validade e da eficácia).

(iii) *Concordância prática ou harmonização*: diante de situações fáticas que coloquem princípios constitucionais em confronto, é necessário adotar a interpretação que os harmonize da melhor forma, evitando que um princípio seja completamente sucumbido em detrimento de outro. Ou seja, há um dever de coordenar e combinar os bens jurídicos em conflito, realizando, eventualmente, uma redução proporcional no âmbito de alcance de cada um deles.

(iv) *Supremacia da Constituição*: todo o ordenamento jurídico deve ser interpretado a partir da ideia de que a Constituição é a lei máxima e suprema, de forma que o ordenamento deve sempre ser compatibilizado com as normas fundamentais dispostas na Constituição.

(v) *Proporcionalidade e direitos fundamentais*: a Constituição deve ser interpretada sempre de modo a proteger direitos fundamentais e buscar a resolução de conflitos a partir da proporcionalidade.

(vi) *Princípio do efeito integrador*: o ordenamento jurídico deve ser interpretado de modo a se buscar a sua integração a partir das normas fundamentais da Constituição, favorecendo a interação política e social da comunidade. Isto é, na resolução de problemas jurídico-constitucionais, deve se priorizar os critérios que favoreçam a integração política e social, produzindo um efeito criador e conservador da unidade.

2. Quais os métodos clássicos de interpretação constitucional?

Os métodos clássicos de interpretação são:

(i) *Interpretação gramatical*: busca uma interpretação linguística do texto constitucional, estabelecendo limites possíveis ao intérprete dentro do que está escrito no texto, isto é, dentro do limite dos significados das palavras;

(ii) *Interpretação lógico-sistemática*: busca uma interpretação que compreenda o ordenamento constitucional como um todo, identificando as relações e conexões das normas, e evitando interpretá-las isoladamente;

(iii) *Interpretação histórica*: busca uma interpretação que identifique o sentido da norma no momento em que o dispositivo normativo foi escrito. Em outras palavras, a interpretação constitucional histórica busca desvendar as intenções do constituinte ao elaborar determinada norma;

(iv) *Interpretação teleológica*: busca uma interpretação que atenda à finalidade da norma, isto é, ao objetivo que se extrai do texto constitucional. Trata-se de uma interpretação evolutiva que entenda que a sociedade e, consequentemente, a constituição se altera no tempo, tendo em vista que os objetivos fundamentais normatizados no texto constitucional também se alteram.

Método de interpretação	O que busca
Gramatical	Sentido linguístico das palavras
Histórico	Intenção dos constituintes
Lógico-sistemático	Conjunto normativo como um todo
Teleológico	Finalidade das normas

3. Quais as características do método de interpretação histórica?

Ao buscar identificar o sentido normativo dado pelo constituinte ao texto constitucional, tal método favorece uma interpretação mais legítima no sentido de buscar a resposta realmente procurada pelo Poder Constituinte a uma situação fática. Trata-se de uma interpretação que confere, portanto, maior legitimidade representativa à decisão, visto que, se outra fosse a vontade do Constituinte, este não a teria editado, ou já teria modificado o texto constitucional.

Por outro lado, a interpretação histórica ignora que a sociedade e a Constituição estão em constantes modificações, dado que se trata de um documento vivo e sensível aos fundamentos que estruturam e regem aquela comunidade política. Assim, uma interpretação presa ao sentido originário do texto é refém de um anacronismo problemático para o próprio sentido da constituição, pois incapaz de acompanhar as mudanças de sua comunidade política.

4. Cite outros métodos de interpretação constitucional além dos métodos tradicionais ou clássicos.

Existem outras propostas de métodos de interpretação constitucional desenvolvidos por distintas correntes da doutrina, dentre os quais é possível destacar:

(i) *Método tópico-problemático*: interpretar, neste método, é resolver conflitos, a partir de um sistema constitucional aberto, dando prioridade à discussão e argumentação em detrimento da mera dedução lógica (subsunção). A tópica é uma técnica, uma ferramenta para decidir, e não um sistema científico. Centra-se no problema a ser resolvido. Trata o direito como um processo social sempre inacabado. Uma guia de discussão jurídica para resolução de problemas.

(ii) *Método científico-espiritual*: trata-se de método que impõe a necessidade de captação espiritual do conteúdo axiológico último da ordem constitucional, visto ser a comunidade um lócus de valores efetivamente vividos. O método, desta forma, concede grande importância aos valores realmente vividos em comunidade, de forma que estes devem ser considerados na interpretação ainda que não estejam positivados na Constituição, demonstrando a influência da realidade social sobre a interpretação constitucional.

(iii) *Método jurídico normativo-estruturante*: método baseado na obra de Friedrich Müller, e que afirma que ser e dever-ser são duas faces da mesma realidade. A norma é resultado da concretização do trabalho interpretativo do juiz, levando em consideração tanto o que está disposto no ser (a realidade fática), quanto no dever-ser (a realidade normativa). Interpretar é, assim, uma operação indutiva, em que se deve compreender a relação norma-realidade social. Müller, desta maneira, integra a realidade no campo interpretativo. A norma não se encontra antes do próprio texto, mas enquanto resultado do processo argumentativo e decisório.

5. O que seria o método concretizador de Konrad Hesse?

Excelência, para Konrad Hesse, a interpretação constitucional não é mera subsunção de norma, mas, sim, a concretização de um sistema jurídico na realidade fática.

Trata-se, assim, de um método que propõe a reconstrução da norma no caso concreto, devendo o juiz agir de maneira criativa, de forma adequar o problema à realidade constitucional, que é aberta e ampla. A interpretação só ocorre num momento histórico concreto.

A concretização, desta forma, se apresenta como um procedimento, em que se deve apontar os pontos de vista que estejam relacionados com o problema, a fim de encontrar a melhor solução.

6. Quais seriam as distinções entre princípios e regras?

A distinção entre princípios e regras é um debate amplo na doutrina constitucionalista. De forma geral, é possível distinguir duas amplas correntes teóricas de autores nesta distinção:

(i) *distinção fraca*: entende que princípios e regras possuem apenas uma distinção de grau, isto é, de generalidade, abstração. Regras são normas com baixo grau de generalidade, enquanto princípios são mais gerais.

Por exemplo, a legalidade é um princípio, visto que altamente abstrato e genérico, enquanto o direito de responder uma acusação de crime em liberdade é uma regra, visto que de grau fechado e restrito.

(ii) *distinção forte*: entende que princípios e regras possuem estruturas lógicas distintas, sendo qualitativa e estruturalmente diferentes. Para Alexy, por exemplo, regras são normas que se aplicam por subsunção, enquanto princípios são normas que se aplicam como mandados de otimização.

Neste sentido, a legalidade é uma regra, visto que, identificado um suporte fático, tal norma incidirá e produzirá seus efeitos, não havendo qualquer ponderação a ser feita. A legalidade não se aplica na máxima medida possível, mas sempre que o suporte fático de sua previsão se concretiza. Por outro lado, o direito à privacidade é um princípio, visto que não incide automaticamente sobre um suporte fático, mas deve ser aplicado na maior medida possível de acordo com a realidade, podendo ser ponderado diante de uma situação em que sua aplicação coloque em risco um outro princípio, como o princípio da liberdade de expressão, por exemplo.

7. A regra da proporcionalidade cria uma hierarquia entre direitos fundamentais?

A regra da proporcionalidade não cria uma hierarquia absoluta dos direitos fundamentais, ou seja, não se pode concluir que um direito fundamental será aplicado sobre outro direito fundamental em todos os casos. A regra apresenta a cada caso a possibilidade de otimizar os direitos fundamentais naquela determinada situação.

8. Em que sentido a aplicação da proporcionalidade pode incidir em casos que envolvem direitos fundamentais?

A doutrina e a jurisprudência brasileira têm acatado, no que tange ao princípio da proporcionalidade, dentre outras, a teoria proposta pelo constitucionalista alemão Robert Alexy.

Alexy parte da distinção entre regras e princípios.

Para ele, as regras são normas cuja incidência se dá pela subsunção, existindo sempre apenas uma única regra válida para cada situação. Neste caso, um eventual conflito entre regras é apenas aparente, devendo o julgador buscar no ordenamento qual a única regra válida.

Por sua vez, os princípios são normas que se estruturam logicamente como mandados de otimização, isto é, devem ser aplicados na maior medida possível, de modo que dois princípios podem incidir e mesmo colidir numa mesma situação.

Ocorre que muitos direitos fundamentais são normas que possuem a estrutura de princípios, podendo, portanto, colidir nos casos concretos. Como exemplo podemos citar a situação de determinada lei que limita a liberdade de imprensa com a justificativa de proteger o direito à privacidade de alguns indivíduos. É para resolver estes casos de colisão de princípios e ou direitos fundamentais que Alexy propõe a utilização da proporcionalidade, que pode ser dividida em três fases:

(i) Análise da *adequação*, em que se questiona se a medida tomada realmente é apta a atingir o seu fim (no caso, proteger o direito à privacidade).

(ii) Análise da *necessidade*, em que se questiona se não haveria outro meio menos danoso ao princípio conflitante para que esse fim fosse atingido.

(iii) Análise da *proporcionalidade em sentido estrito*, em que se questiona se o fim atingido, em detrimento da limitação de outro direito fundamental, é um resultado que otimiza os valores envolvidos no conflito.

Assim, a aplicação da proporcionalidade a partir da teoria de Alexy não resulta em uma hierarquia entre direitos fundamentais, mas numa ponderação para que se otimize os direitos envolvidos de acordo com a situação concreta. Isto é, que se retire o melhor de cada qual, respeitando o máximo do gozo e o mínimo de perda de cada um.

Regras e Princípios para Alexy

Regras	Princípios
Subsunção	Mandados de otimização
Conflito apenas aparente	Possibilidade de real conflito
Uma única regra válida	Pode haver a incidência de mais de um princípio

Proporcionalidade na Resolução de Conflitos de Princípios

Adequação	O meio escolhido é apto a atingir o seu fim?
Necessidade	Há outro meio que atinja este fim e com consequências menos danosas para o outro princípio?
Proporcionalidade em sentido estrito	Há proporcionalidade entre o fim a ser atingido e as consequências para o princípio que sofrerá restrições?

9. É possível se afirmar que a norma da proporcionalidade estaria positivada na Constituição brasileira?

Não, não se trata de uma norma positivada. Pelo contrário, a proporcionalidade é uma norma constitucional implícita, visto que não está disposta expressamente no texto constitucional.

Trata-se de uma *derivação da noção de Estado Democrático de Direito*, esta sim disposta expressamente no *caput* do artigo 1º da Constituição. A proporcionalidade, neste sentido, expressa a própria ideia de equilíbrio e pluralidade que sustenta um Estado Democrático de Direito, sendo, portanto, essencial para a garantia de direitos e liberdades.

10. Candidato, qual o conceito do método científico espiritual de interpretação das normas constitucionais?

Excelência, o método científico-espiritual inicialmente conceitual Rudolf Smend parte da ideia de que a constituição é composta por um sistema cultural e de valores de um povo, ficando a cargo do intérprete, a tarefa de aproximação entre esses valores e a hermenêutica constitucional.

A Constituição é observada sob à ótica fenomenológica cultural, conclui-se que é norma jurídica, portanto, científica, porém concretizadora de valores caros à sociedade, possuindo caráter dinâmico, se modificando a partir das transformações sociais assim espirituais. É uma releitura dos valores e dogmas da Constituição a partir da realidade social.

11. Em que consiste o método hermenêutico-concretizador de interpretação das normas constitucionais?

O método hermenêutico-concretizador tem por ponto de partida o fato de que a leitura de qualquer texto constitucional se inicia a partir de pré-compreensões já presentes no intérprete, a quem cabe a tarefa de concretizar a norma, sempre para e a partir de uma situação histórica concreta.

Nesses termos, a interpretação constitucional nada mais é do que um processo de concretização. Com esse método, ganham destaque tanto os pressupostos subjetivos quanto objetivos, de modo que a relação entre texto e contexto percorre uma circularidade.

12. Candidato, o que é o Princípio da unidade da Constituição? É possível a ocorrência de normas constitucionais originárias inconstitucionais?

Excelência, o princípio da unidade da constituição impõe que não haja hierarquia entre normas constitucionais, de tal forma não pode haver normas constitucionais originárias em contradição com outras que o autor considera de grau superior, assim esse princípio não permite a construção conceitual que seria possível normas constitucionais originárias inconstitucionais.

A melhor jurisprudência do STF, Excelência, não permite que se conclua a ocorrência de normas constitucionais originárias inconstitucionais (ADI 815-Min. Moreira Alves):

"A tese de que há hierarquia entre normas constitucionais originárias dando azo à declaração de inconstitucionalidade de umas em face de outras e incompossível com o sistema de Constituição rígida. Por outro lado, as cláusulas pétreas não podem ser invocadas para sustentação da tese da inconstitucionalidade de normas constitucionais inferiores em face de normas constitucionais superiores."

2. EFICÁCIA DAS NORMAS CONSTITUCIONAIS

13. Como se classificam as normas constitucionais quanto a sua eficácia?

Cabe destacar que essa classificação busca explicar como se dá a produção dos efeitos de distintas normas no plano jurídico.

Norma de eficácia plena: trata-se de norma constitucional que incide diretamente sobre o suporte fático, não dependendo de mais qualquer outra condição. Pode-se citar como exemplo as normas do artigo 12 da Constituição, que definem o que são brasileiros natos e naturalizados.

Norma de eficácia contida: trata-se de norma cuja eficácia pode ser restringida por leis infraconstitucionais. Como exemplo, cita-se a norma constitucional que dispõe, no artigo 5º, inciso XII, ser "*inviolável o sigilo da correspondência e das comunicações telegráficas, de dados e das comunicações telefônicas, salvo, no último caso, por ordem judicial, nas hipóteses e na forma que a lei estabelecer para fins de investigação criminal ou instrução processual penal*". Nota-se que a eficácia desta norma pode ser contida por lei que defina as hipóteses de cabimento da violação do sigilo da correspondência e das comunicações telegráficas.

Norma de eficácia limitada: trata-se de norma cuja eficácia depende da implementação de uma lei. Tal classificação pode ainda se subdividir em:

(i) *princípio institutivo*: norma que prevê a instituição de algum órgão ou instrumento jurídico, mas que deixa para lei ordinária a sua regulamentação. Como exemplo, pode-se citar o artigo 153, inciso VII da Constituição, que prevê a competência da União para instituição de impostos sobre grandes fortunas. A eficácia da instituição deste imposto depende de lei ordinária da União.

(ii) *norma programática*: norma que depende de uma atuação concreta do Estado para que seja efetivada. Os grandes exemplos de normas programáticas são os direitos sociais, que dependem de mobilização ativa do Estado para que produzam seus efeitos. Quando a Constituição prevê, por exemplo, o direito à saúde, a produção de efeitos jurídicos desta norma depende de dotação orçamentária, políticas públicas e toda uma prestação positiva do Estado que, contudo, está relacionada aos limites materiais da realidade.

Eficácia Plena	Eficácia Contida	Eficácia Limitada
Produz automaticamente todos os seus efeitos	Pode ter seus efeitos limitados por lei infraconstitucional	Depende de lei ou de fatores materiais para produzir seus efeitos
Ex: Normas que definem a nacionalidade	Ex: Norma que proíbe a quebra de sigilo de correspondência, com exceção dos casos previstos em lei	Ex: Norma que prevê a instituição de determinado órgão, ou norma que prevê o direito à saúde

14. As normas programáticas possuem algum efeito no sistema normativo?

Sim, as normas programáticas possuem caráter normativo, vinculando as decisões dos Poderes. De fato, Excelência, a jurisprudência tem progressivamente garantido o controle judicial de direitos sociais nos casos em que há omissão injustificada da Administração Pública na prestação de determinados serviços, mesmo quando a Administração Pública teima em afirmar que tal ou tais direitos sociais não possuiriam eficácia por serem, na visão dela, baseados em meras normas programáticas.

Ademais, de forma geral, a doutrina elenca ainda alguns efeitos indiretos das normas programáticas, quais sejam:

(i) servir de parâmetro de constitucionalidade, impedindo a superveniência de legislações que se tornem obstáculos para a efetivação destes direitos;

(ii) servir de parâmetro interpretativo, garantindo que o ordenamento jurídico seja interpretado de modo a promover tais normas programáticas;

(iii) garantir um padrão mínimo de prestações de serviços pelo Estado. A doutrina tem nomeado tal efeito como princípio da proibição do retrocesso social.

15. No âmbito do Direito Constitucional, o que o senhor pode descrever sobre o efeito repristinatório e repristinação?

A repristinação é um fenômeno legislativo no qual há a entrada novamente em vigor de uma norma **efetivamente** revogada, pela revogação da norma que a revogou. Contudo, a repristinação deve ser expressa, dada a dicção do artigo 2º, § 3º da LINDB.

Já o efeito repristinatório advém do controle de constitucionalidade. Para compreendê-lo melhor, é necessário explanar brevemente sobre o princípio que lhe dá suporte: o princípio da nulidade do ato inconstitucional.

Para este princípio implícito, extraído do controle difuso de constitucionalidade e acolhido em nosso ordenamento, o ato inconstitucional nasce eivado de nulidade. Não é apenas anulável.

Essa tese é embasada no fato de que a decisão que reconhece a inconstitucionalidade é declaratória. E a decisão declaratória apenas reconhece determinada situação, no caso, a nulidade.

Com isso, a norma que nasce nula (declarada inconstitucional) não poderia revogar a anterior validamente.

Assim, o efeito repristinatório é a reentrada em vigor de norma **aparentemente** revogada, ocorrendo quando uma norma que revogou outra é declarada inconstitucional.

16. Candidato, o artigo 7º, inciso XXI, da Constituição da República ao inscrever "nos termos da lei", não se revela autoaplicável. Em seus conhecimentos o artigo supracitado possui eficácia limitada ou Contida.

Excelência, as normas constitucionais de eficácia contida são aquelas que têm total eficácia por si, contudo, por expressa disposição constitucional, podem, eventualmente, sofrer restrições por outras normas.

Já as normas constitucionais de eficácia limitada são aquelas que dependem de uma regulamentação e integração por meio de normas infraconstitucionais.

O artigo 7º, inciso XXI, da Constituição da República ao inscrever "nos termos da lei", demonstra ser uma norma constitucional de eficácia contida, pois embora não dependa de lei regulamentadora para ser aplicada, pode ter sua abrangência reduzida por outra norma.

3. A CONSTITUIÇÃO. CONSTITUCIONALISMO. NEOCONSTITUCIONALISMO. PODER CONSTITUINTE. FUNDAMENTOS E CONCEPÇÕES DE CONSTITUIÇÃO. CLASSIFICAÇÕES

17. O que são constituições plásticas?

Trata-se de uma classificação doutrinária referente à estabilidade das constituições, ou seja, quanto ao modo como cada constituição permite a alteração de suas normas. As constituições plásticas, sinônimo de constituições flexíveis, originam-se da mesma autoridade responsável pela criação das leis ordinárias e permitem a modificação de suas normas por um processo idêntico ao das demais leis, não possuindo qualquer supremacia.

Elas se contrapõem às constituições rígidas, as quais possuem procedimentos mais dificultosos de alteração de suas normas em relação às leis ordinárias. Ou seja, somente podem ser modificadas através de procedimentos mais solenes e complexos que o processo legislativo ordinário. A brasileira, majoritariamente, é aceita como exemplo de Constituição rígida.

Quanto à estabilidade, a doutrina traz ainda ao menos mais três conceitos relevantes:

(i) Constituições semirrígidas (ou semiflexíveis): Nelas há uma parte rígida e outra parte flexível, como ocorria na Constituição imperial brasileira de 1824.

(ii) Constituições imutáveis: São as leis fundamentais antigas criadas buscando a eternidade de suas normas, por exemplo, o Código de Hamurabi.

(iii) Constituições fixas: Só poderiam ser modificadas pelo mesmo poder constituinte responsável por sua elaboração, quando convocado para tal, como as constituições francesas da época de Napoleão I.

18. O que é uma Constituição sem organicidade? Exemplifique.

Tal conceito guarda relação com a classificação das constituições quanto à forma, que tem como critério a maneira como as normas constitucionais se exteriorizam.

Constituições sem organicidade, chamadas também de constituições não escritas, inorgânicas, costumeiras ou consuetudinárias, são caracterizadas pela ausência de um documento único articulando e organizando as normas constitucionais, restando estas dispersas entre diversos documentos, ou com normas constitucionais que sequer estão escritas. Como exemplo, pode-se citar a Constituição inglesa.

As constituições não escritas se contrapõem às constituições escritas, que são formadas por um conjunto de normas de direito positivo constante em um só código (codificada) ou de diversas leis (não codificada). Como exemplo, a Constituição Federal de 1988.

19. Como é classificada a Constituição Federal de 1988?

Excelência, a Constituição brasileira de 1988 é classificada como:

(i) escrita;

(ii) codificada;

(iii) democrática;

(iv) dogmática

(v) rígida;

(vi) formal;

(vii) prolixa;

(viii) dirigente;

(ix) eclética.

20. É possível uma Constituição rígida sem organicidade? E, por outro lado, também é possível uma constituição flexível mas com organicidade?

Sim, é possível, visto que estes conceitos não se confundem.

A Constituição com organicidade, mas sem rigidez, seria construída por meio de um documento único, mas este poderia ser modificado por meio de um procedimento comum.

Por outro lado, uma constituição com rigidez sem organicidade tem seu grande exemplo nas Leis Fundamentais do Reino, na transição do século XVII para o século XVIII na França, que tinham como intuito impor limites ao regime real. Tais leis, ainda que não escritas – visto que costumeiras –, só poderiam ser modificadas com a aprovação dos Estados Gerais.

21. Qual a distinção entre a concepção sociológica e a concepção normativa de Constituição? Explique, por favor, a partir das obras de Ferdinand Lassale e Konrad Hesse.

Segundo o conceito sociológico de Ferdinand Lassale, a Constituição seria apenas um documento que reflete a realidade política de determinado país. Ou seja, a constituição real de um país seria, em essência, a soma dos fatores reais do poder que regem a nação. Não possuiria, assim, qualquer força normativa, visto que apenas representaria como as forças políticas estão de fato organizadas na realidade.

Já o conceito de força normativa da Constituição formulado por Konrad Hesse responde à concepção de Ferdinand Lassale, ao argumentar que ele ignora por completo a força normativa das constituições. Uma Constituição, afirma Hesse, ao estabelecer os fundamentos da organização do poder em uma comunidade, é capaz também de moldar a sua realidade política, ditando os limites e condições do exercício político.

22. **Qual é o significado do conceito de sociedade aberta dos intérpretes da Constituição desenvolvido pelo jurista alemão Peter Häberle?**

Peter Häberle trabalhou principalmente com a ideia de *sociedade aberta dos intérpretes da Constituição*. Trata-se de uma compreensão de que a Constituição, por ser a base fundadora de uma comunidade, pode ser e acima de tudo deve ser interpretada por toda a sociedade, e não apenas pelos juízes e tribunais constitucionais. Desta forma, segundo ele, o sentido da Constituição passa a ser uma construção coletiva da sociedade, devendo-se abrir canais de diálogo entre a sociedade, os legisladores e os juízes na construção da melhor interpretação constitucional possível.

23. **Dê um exemplo de como essa teoria pode ser visualizada no controle de constitucionalidade no direito brasileiro atual.**

É possível visualizar a ideia de sociedade aberta dos intérpretes da Constituição em dois mecanismos institucionais adotados pelo Supremo Tribunal Federal no julgamento de ações de inconstitucionalidade:

(i) *Participação de* "amicus curiae": terceiros interessados têm sido cada vez mais personagens importantes de grandes julgamentos de controle de constitucionalidade pelo STF. Trata-se de distintos setores da sociedade (intelectuais, movimentos sociais, movimentos ligados a outras instituições etc.) que dão seu parecer sobre o caso, munindo a corte de maiores informações sobre a situação fática que será julgada, e mesmo trazendo ampla pluralidade de argumentos para a situação.

(ii) *Realização de audiências públicas*: podem ser organizadas audiências públicas antes dos julgamentos, em que também há vários setores da sociedade participando, emitindo seus argumentos e informações relevantes para o caso a ser julgado.

Tais mecanismos têm permitido que a sociedade possa, de certa forma, participar dos debates acerca da interpretação da Constituição, em especial diante de casos de grande repercussão.

24. **O que é bloco de constitucionalidade?**

Excelência, bloco de constitucionalidade é o *conjunto de atos normativos considerados constitucionais, ainda que não estejam expressos na constituição formal.*

Tais normas, neste sentido, ainda que não sejam formalmente constitucionais, servem como parâmetro para a análise da constitucionalidade de leis e outros atos infraconstitucionais, pois dotados de sentido materialmente constitucionais. Trata-se, assim, de uma perspectiva que amplia a noção de ordenamento jurídico constitucional, a fim de se garantir maior proteção a valores e princípios abarcados como fundamentos do Estado.

Pode-se citar como exemplo de atos que compõem o bloco constitucional, além das normas formalmente constitucionais, tratados internacionais que versam sobre direitos humanos, ainda que não tenham passado pelo rito previsto no § 3º do artigo 5º da Constituição Federal.

Faz-se importante relembrar, Excelência, que as normas formalmente constitucionais são normas expressamente dispostas e escritas no texto constitucional, independentemente do conteúdo.

Já as normas materialmente constitucionais são normas que, independentemente de estarem escritas no texto constitucional, tratam sobre:

(i) a forma de Estado, forma de governo;

(ii) aquisição e exercício do Poder;

(iii) estruturação dos Poderes do Estado;

(iv) limitação do poder e direitos fundamentais.

25. Existe relação entre o direito adquirido e os Poderes Constituintes Derivado e Originário?

O direito adquirido é considerado cláusula pétrea, visto que se trata de uma proteção a direitos e garantias individuais, nos termos do artigo 60, § 4º, da Constituição Federal. Neste sentido, trata-se de direito oponível ao Poder Constituinte Derivado, que não poderá editar qualquer emenda constitucional para aboli-lo.

Por outro lado, no que se refere ao Poder Constituinte Originário, não é possível opor qualquer direito às suas formulações, mesmo os assim denominados direitos adquiridos, visto que tal poder carece de qualquer limite normativo, estando livre para formular os preceitos que fundarão a nova constituição com base nas disposições políticas da comunidade que lhe deu vida.

Aprofundamento

Poder Constituinte originário: é aquele que edita uma nova Constituição, substituindo a anterior ou organizando um novo Estado. Trata-se, assim, de um poder que dá origem a uma organização jurídica, podendo se afirmar como um poder de fato inicial, insubordinado e ilimitado.

Poder Constituinte derivado: é aquele que reforma uma Constituição já estabelecida, devendo tal reforma obedecer aos parâmetros, processos e limites estabelecidos pela própria Constituição. Trata-se, assim, de um poder constituído pela organização jurídica originária e, portanto, secundário, subordinado e limitado.

26. Quais são, portanto, os limites do Poder Constituinte derivado?

A doutrina classifica, de forma geral, quatro tipos de limites para o Poder Constituinte derivado:

(i) *Limites materiais*, isto é, limites de conteúdo que não podem ser editados, por ferir algum preceito fundamental abarcado pela constituição originária. São as chamadas cláusulas pétreas;

(ii) *Limites formais*, isto é, os condicionamentos procedimentais pelos quais devem passar uma reforma constitucional, exigindo-se, por exemplo, determinado processo, com certo quórum e concordância de alguns órgãos;

(iii) *Limites circunstanciais*, isto é, algumas circunstâncias especiais da realidade podem impedir o Poder Constituinte derivado de reformar a constituição, como ocorre, no Brasil, nos casos de estado de sítio, estado de defesa ou intervenção federal;

(iv) *Limites temporais*, isto é, a Constituição pode estabelecer alguns prazos que impedem a revisão, ou obriga que seja realizada, como foi no caso brasileiro, em que a Constituição de 1988 previu, em disposição transitória, a sua revisão depois de 5 anos.

27. Quais seriam os limites materiais e formais da Constituição brasileira de 1988?

Os limites materiais estão estabelecidos no § 4º do artigo 60 da Constituição Federal. O artigo dispõe que não poderá ser objeto de deliberação emenda tendente a abolir:

(i) a forma federativa de Estado;

(ii) o voto direto, secreto, universal e periódico;

(iii) a separação dos Poderes; e

(iv) os direitos e garantias individuais.

São normas com rigidez absoluta, de modo que não podem ser alteradas por qualquer procedimento, e nem se compatibilizam com qualquer emenda constitucional em sentido contrário.

Os limites formais, por sua vez, também estão dispostos no artigo 60. Tratam-se de disposição que prevê o procedimento que deve ser seguido para votação e aprovação de uma emenda constitucional. De forma geral, destaca-se que:

(i) A proposta de emenda deve ser apresentada por no mínimo um terço dos membros da Câmara dos Deputados ou do Senado, ou pelo Presidente da República, ou por mais da metade das Assembleias Legislativas dos Estados.

(ii) A proposta será discutida e votada separadamente na Câmara e no Senado, devendo ser aprovada por no mínimo três quintos dos seus membros. Não há sanção ou veto pelo Presidente da República, sendo promulgada pela Mesa do Congresso Nacional.

Limites ao Poder Constituinte no Brasil

Limites Materiais	Limites Formais
Forma federativa de Estado	Proposta de um terço dos parlamentares ou do Presidente da República
Voto direto, secreto, universal e periódico	Aprovação por maioria de 3/5 em cada Casa.
Direitos e garantias individuais	Proposta de mais da metade das Assembleias Legislativas

28. O que é constitucionalismo?

Constitucionalismo é o momento que precede o surgimento de Constituições, abarcando os elementos políticos, sociais, econômicos e culturais necessários para que as comunidades concebam a construção de um ordenamento jurídico fundamental e, portanto, de caráter constitucional.

29. Na história do direito constitucional, quais foram as formas pelas quais o constitucionalismo se apresentou?

A ideia de Constitucionalismo é flutuante na história, tendo em vista que diferentes contextos históricos geraram diferentes tipos de movimentos. Por exemplo, Excelência, pode-se citar:

(i) Constitucionalismo clássico (liberal):

Movimento que tem início no final do século XVIII, e que surge com a defesa da proteção dos direitos individuais, especialmente os direitos políticos e civis. Localiza-se no contexto de combate aos valores do antigo regime e a construção dos valores liberais que guiarão a revolução inglesa, francesa e americana. Tal movimento tem sua concretização, em especial, na Constituição dos EUA de 1787 e na Constituição Francesa de 1791. Ambas constituições são grandes marcos na organização de um ordenamento constitucional basilar da proteção dos direitos individuais e da limitação do poder.

(ii) Constitucionalismo moderno (social):

Movimento que tem início na primeira metade do século XX, mais especificamente no pós-Primeira Guerra Mundial. É caracterizado pela mudança na forma de compreensão do Estado, que passa a ser visto como uma figura que não apenas deve se conter diante de direitos individuais, mas também atuar positivamente na promoção de direitos sociais. Trata-se da consagração dos direitos fundamentais de segunda geração, que exigem uma prestação positiva do Estado.

Tal movimento se concretiza inicialmente na Constituição do México, de 1917, e na Constituição Alemã, de 1919, também conhecida como Constituição de Weimar. Trata-se de um movimento que influenciou ainda outras diversas Constituições, que passaram a abarcar a proteção destes direitos fundamentais, como foi o caso da Constituição brasileira de 1937.

30. Qual o significado de Neoconstitucionalismo?

O Neoconstitucionalismo é o movimento constitucionalista que tem se inaugurado especialmente a partir de fins do século XX. De forma geral, é um movimento que pode ser caracterizado de 4 maneiras. Historicamente, filosoficamente, juridicamente e, por fim, institucionalmente.

Historicamente, pelo *fracasso do Direito Constitucional tradicional de garantir a proteção dos direitos fundamentais* de todos os indivíduos, dados os constantes contextos de guerras, conflitos e opressões que o ocidente tem passado.

Filosoficamente, pelo *pós-positivismo*, isto é, pela ideia de que os direitos fundamentais têm uma imensa centralidade na construção e aplicação do ordenamento jurídico, de modo que é necessária uma nova compreensão sobre o positivismo jurídico, dada sua incapacidade de lidar com estas novas problemáticas.

O Direito, desta forma, se reaproxima do campo da ética, tendo em vista que a concretização dos direitos fundamentais exige que o jurista adentre os debates sobre a razão prática, ampliando sua compreensão sobre a justiça. Neste sentido, os chamados princípios jurídicos assumem grande importância na teoria do direito, pois passam a ser importantes instrumentos de abertura da Constituição para a resolução de questões envolvendo direitos fundamentais.

Juridicamente, Excelência, por uma *expansão da jurisdição constitucional*, que passa a abarcar temas anteriormente ignorados. Neste sentido, fala-se, por exemplo, da constitucionalização do direito civil, do direito penal e mesmo do direito processual. O ordenamento jurídico passa a ser melhor compreendido a partir da perspectiva constitucional de proteção de direitos fundamentais.

Por último, pode-se compreender o Neoconstitucionalismo, institucionalmente, pelo *fortalecimento do Poder Judiciário*, que passa a ser palco de importantes debates e decisões, antes reservados ao lócus dos Poderes representativos, isto é, aos Poderes Executivo e Legislativo. Com a expansão da jurisdição constitucional, a interpretação da Constituição pelo Poder Judiciário passa a ser um elemento fundamental na concretização dos direitos fundamentais.

Neoconstitucionalismo

Historicamente	Fracasso do Direito Constitucional tradicional na garantia de direitos fundamentais
Filosoficamente	Pós-Positivismo
Juridicamente	Expansão da jurisdição constitucional
Institucionalmente	Fortalecimento do Poder Judiciário

Movimentos do Constitucionalismo

Constitucionalismo Liberal	Constitucionalismo Social	Neoconstitucionalismo
Fim do século XVIII	Começo do século XX	Fins do século XX
Proteção de direitos individuais	Proteção de direitos sociais	Proteção de direitos fundamentais
Constituições curtas e com pouca previsão de direitos	Constituições longas, com grande previsão de direitos	Constituições longas, com grande previsão de direitos
Positivismo	Positivismo	Pós-Positivismo
Pouca atuação do Estado, exigindo-se basicamente a contenção deste diante das liberdades individuais	Grande atuação do Estado, com políticas públicas voltadas a promoção de direitos sociais	Grande atuação do Poder Judiciário na proteção de direitos fundamentais

31. Quais críticas podem ser efetuadas ao pensamento neoconstitucionalista?

A doutrina tem criticado o aspecto excessivamente expansionista do neoconstitucionalismo. A crítica, de forma geral, pode ser sintetizada nos seguintes aspectos:

(i) A ideia de Neopositivismo fragiliza o aspecto da legalidade de um ordenamento jurídico, visto que abre espaço para que a lei seja desconsiderada diante de argumentos de caráter estritamente moral;

(ii) A aproximação entre Direito e Ética proposta pelo Neoconstitucionalismo resulta numa visão excessivamente moral do ordenamento jurídico, passando a compreensão moral do juiz a ter mais importância, muitas vezes, do que o próprio texto da lei;

(iii) A expansão excessiva do Poder Judiciário é perniciosa e perigosa para o equilíbrio entre os Poderes, visto que os juízes, desprovidos da legitimidade representativa do Poder Legislativo e do Poder Executivo, passam a decidir questões que envolvem escolhas políticas e morais.

32. O que é o fenômeno da Constituição simbólica?

Constituição simbólica é uma classificação de autoria de Marcelo Neves, que se refere ao poder simbólico do direito e suas implicações sobre os textos constitucionais, especialmente na perspectiva da Constituição brasileira.

O termo "simbólico" se refere à situação do discurso conotativo ser mais forte que o discurso denotativo, ou seja, a linguagem manifesta é mais frágil que a linguagem latente.

Marcelo Neves afirma que:

> "Praticamente todas as normas jurídicas são dotadas de um aporte de carga simbólica, ou seja, todo texto normativo em parte tem funções sabidamente simbólicas (de natureza político-simbólica) que convivem com as funções de natureza normativo-jurídicas. Esse, inclusive, não é o problema, pois é até salutar [para Neves] esse convívio. O problema se coloca, justamente, quando há uma hipertrofia da função político-simbólica em detrimento da força normativo-jurídica do diploma legal, ou seja, a dimensão político-simbólica prevalece sobre a natureza jurídica normativa própria do direito. Aqui, a advertência é a de que não ocorre apenas um alto grau de ineficácia jurídica (inefetividade social), mas, conjuntamente com a mesma, um alto grau de força simbólica (político-simbólica).
>
> A discussão sobre a constituição simbólica tem lugar no debate entre norma e realidade constitucional. Por isso mesmo, a constituição simbólica, por um lado, revela um aspecto negativo, que é, justamente, o seu déficit de concretização jurídico-normativa (...). Por outro lado, há um aspecto positivo, no que concerne ao seu papel ideológico-político, o que faz com que a Constituição se transforme em uma instância reflexiva de um sistema jurídico, aproximando as expectativas sociais e canalizando argumentos em prol da formação de um consenso discursivo".

33. Por qual motivo o Poder Constituinte originário é permanente?

O Poder Constituinte originário é aquele que visa produzir uma Constituição. Este pode ser conceituado como uma prerrogativa extraordinária que ocorre em um momento extraordinário e que visa à desconstituição de uma ordem anterior e constituição de uma nova ordem constitucional (um poder desconstitutivo/constitutivo ou de despositivação/positivação).

Entre as características do Poder Constituinte Originário – inicial, autônomo, ilimitado, incondicionado – tem-se que ele é permanente. Isso significa dizer que ele "não se exaure com a elaboração da nova constituição. Ele continua presente ainda que em estado de latência. Daí a diferença entre o titular do PCO (permanente) alocado no povo e o seu agente (que faz a constituição, ou seja, redige a constituição) formalizador da nova ideia de direito e de sociedade. Ou seja, o Poder Constituinte material seria permanente e o Poder Constituinte formal não, pois iria se exaurir com a produção da Constituição".

34. Qual é a diferença entre emenda e revisão constitucional?

A emenda é recurso utilizado para realizar modificações em pontos específicos e localizados do texto maior. Emenda é reforma de menor extensão. A revisão constitucional é recurso que objetiva mudar a constituição amplamente. Revisão equivale a reforma de maior amplitude.

Na CF/88, há diferenças quanto ao exercício do poder de reforma e do poder de revisão. A emenda será discutida e votada em cada Casa do Congresso Nacional, em dois turnos, considerando-se aprovada se obtiver, em ambos, três quintos dos votos dos respectivos membros (art. 60, § 2º, da CF).

A revisão constitucional será realizada após cinco anos, contados da promulgação da Constituição, pelo voto da maioria absoluta dos membros do Congresso Nacional, em sessão unicameral.

35. O que se entende por transconstitucionalismo?

O conceito de transconstitucionalismo pode ser definido como o entrelaçamento de ordens jurídicas diversas (estatais, transnacionais, internacionais e até mesmo supranacionais) em torno dos mesmos problemas de natureza constitucional.

Portanto, o fato de ordens jurídicas diferenciadas enfrentarem concomitantemente as mesmas questões de natureza constitucional deve ser traduzido como transconstitucionalismo.

4. NACIONALIDADE

36. Quais as hipóteses de perda nacionalidade no direito brasileiro?

De início, importante pontuar que a nacionalidade é considerada um direito fundamental. Nacionalidade é o vínculo jurídico-político que une uma pessoa a determinado Estado, do qual se originou ou pelo qual foi adotado, fazendo deste indivíduo um componente do povo, e sujeitando-o aos direitos e obrigações oriundos desta relação.

Partindo-se dessas premissas, ressalta-se que as hipóteses de perda nacionalidade no direito brasileiro estão dispostas taxativamente na Constituição Federal, não podendo a legislação infraconstitucional inovar criando outras. Com as alterações da Emenda Constitucional nº 131, de 2023, São elas:

(i) Apenas para brasileiros naturalizados:

fraude no processo de naturalização ou atentado contra a ordem constitucional e o Estado Democrático, após sentença judicial transitada em julgado;

(ii) Para brasileiros naturalizados ou natos:

pedido expresso de perda da nacionalidade brasileira perante autoridade brasileira competente, ressalvadas situações que acarretem apatridia.

5. DA ORGANIZAÇÃO DO ESTADO

37. Quais os elementos constitutivos de um Estado?

A doutrina aponta três elementos constitutivos do Estado:

i) povo;

ii) território;

iii) governo soberano ou independente.

38. Qual a diferença entre Estado Unitário, Estado Regional e Estado Federal? Explique ainda em qual conceito o Estado brasileiro se encaixa.

O Estado Unitário se trata de Estado com um único centro produtor de normas, havendo apenas descentralização administrativa na divisão de atividades.

Por sua vez, o Estado Regional se trata de um Estado com uma divisão de poderes entre as Regiões. Contudo, tais Regiões não dispõem de auto-organização, isto é, de competência para regular sua própria organização política, como também representação no Poder Legislativo central, isto é, não possuem qualquer modo de influenciar as deliberações do poder central. Por fim, o Estado Regional não possui rigidez na descentralização política, visto que esta não é vista como uma cláusula central na fundação e organização do Estado.

O Estado Federal se trata de Estado que possui uma divisão constitucional de poder vista como cláusula fundamental.

Neste sentido, pode-se destacar que o Estado brasileiro é um Estado Federal pois possui divisão de competência constitucional entre os Estados, prevê a Federação como uma cláusula pétrea, os Estados-membros possuem representação e poder de participação no Poder Legislativo central por meio do Senado Federal, como também possuem auto-organização, devendo sua estrutura política ser ditada pelas Constituições Estaduais, nos limites estabelecidos pela Constituição Federal.

Em virtude dessas características é possível afirmar que o Estado brasileiro é um Estado Federal.

39. Quais as autonomias que a Constituição Federal garante aos Estados?

A Constituição Federal garante aos Estados-Membros:

(i) *Autonomia organizativa*, isto é, os Estados podem dispor sobre sua própria organização nas Constituições estaduais;

(ii) *Autonomia legislativa*, isto é, os Estados podem criar suas próprias leis, dentro de suas competências;

(iii) *Autonomia administrativa*, isto é, os Estados podem criar seus próprios órgãos e dispor sobre seu funcionamento administrativo;

(iv) *Autonomia financeira*, isto é, os Estados possuem dotações orçamentárias próprias;

(v) *Autonomia governamental*, isto é, os Estados elegem seus próprios representantes e governos.

40. Quais os critérios que justificam a intervenção federal nos Estados?

A intervenção Federal nos Estados pode ocorrer com o objetivo de:

(i) manter a integridade nacional;

(ii) repelir invasão estrangeira ou de uma unidade da Federação em outra;

(iii) pôr termo a grave comprometimento da ordem pública;

(iv) garantir o livre exercício de qualquer dos Poderes nas unidades da Federação;

(v) reorganizar as finanças da unidade da Federação que: a) suspender o pagamento da dívida fundada por mais de dois anos consecutivos, salvo motivo de força maior; b) deixar de entregar aos Municípios receitas tributárias fixadas na Constituição, dentro dos prazos estabelecidos em lei;

(vi) prover a execução de lei federal, ordem ou decisão judicial;

(vii) assegurar a observância dos seguintes princípios constitucionais: a) forma republicana, sistema representativo e regime democrático; b) direitos da pessoa humana; c) autonomia municipal; d) prestação de contas da administração pública, direta e indireta;

(viii) aplicação do mínimo exigido da receita resultante de impostos estaduais, compreendida a proveniente de transferências, na manutenção e desenvolvimento do ensino e nas ações e serviços públicos de saúde.

41. Qual o procedimento a ser adotado caso ocorra uma intervenção federal?

1) A iniciativa da intervenção federal será feita:

(i) Caso seja para garantir o livre exercício de qualquer Poder: por solicitação do Poder que tiver sua atuação impedida;

(ii) Caso seja para garantir o cumprimento de decisão judicial: por solicitação do STF, STJ ou do TSE, de acordo com a competência envolvida na decisão;

(iii) Caso haja recusa do cumprimento de lei federal ou para assegurar a observância dos princípios constitucionais: por representação do Procurador-Geral da República e provimento pelo STF;

(iv) Nos demais casos: por iniciativa do Chefe do Poder Executivo.

2) Concretizada a etapa anterior, o Chefe do Poder Executivo elaborará então o decreto de intervenção, que especificará sua amplitude, prazo e condições de execução, devendo ser submetido à apreciação do Congresso Nacional ou da Assembleia Legislativa do Estado em até 24 horas.

* A apreciação pelo Congresso ou Assembleia Legislativa ficará dispensada se for o caso de desobediência de lei federal, ordem ou decisão judicial, ou para assegurar princípios constitucionais.

Intervenção Federal

Solicitação do Poder Impedido	Representação do Procurador-Geral da República e provimento pelo STF	Proposição pelo STF, STJ ou TSE	Proposição pelo Chefe do Poder Executivo
Garantir livre exercício de qualquer poder	Cumprimento de Lei Federal ou garantia de princípios constitucionais	Cumprimento de ordem judicial	Demais casos
Depende de autorização pelo Poder Legislativo	Não depende de autorização pelo Poder Legislativo	Não depende de autorização pelo Poder Legislativo	Depende de autorização pelo Poder Legislativo

42. Uma Constituição Estadual pode disciplinar sobre intervenção estadual de forma diferente das regras previstas na Constituição Federal?

Não, excelência. Em recente julgado, o pleno do Supremo Tribunal Federal entendeu que "*é inconstitucional a norma de constituição estadual que estabeleça hipótese de intervenção estadual no município inédita em relação ao rol taxativo do art. 35 da Constituição por violação do princípio da autonomia do ente federativo municipal.*" (ADI 6619, Relator: GILMAR MENDES, Tribunal Pleno, julgado em 24/10/2022, PROCESSO ELETRÔNICO DJe-219 DIVULG 28-10-2022 PUBLIC 03-11-2022).

43. O artigo 24 da Constituição Federal dispõe que compete à União, aos Estados e ao Distrito Federal legislar concorrentemente sobre proteção e integração social das pessoas portadoras de deficiência. Os Municípios podem legislar sobre este tema?

A jurisprudência do Supremo Tribunal Federal tem entendido que os Municípios podem legislar sobre questões que tocam a proteção e integração social das pessoas portadores de deficiência, desde que respeitada a legislação federal e nacional.

Trata-se de uma interpretação sistemática da Constituição que compreende que tal tema é de interesse local e se orienta para a promoção da dignidade humana.

Neste sentido, por exemplo, a corte entender ser cabível legislação do município sobre adaptação de computador para utilização por pessoas portadoras de deficiência visual em *lan house*, *cyber* cafés e similares (ARE 665.381 AgR).

Cabe ressaltar que a principal legislação sobre proteção dos portadores de deficiência é o Estatuto da Pessoa com Deficiência (Lei Federal 13.146/2015) e que, portanto, deve ser tomada como base por eventuais legislações estaduais ou municipais.

44. Qual o procedimento jurídico para a criação de um município?

A criação de um município, nos termos do § 4º do artigo 18 da Constituição Federal, se dá por lei estadual, nos termos definidos por Lei Complementar Federal. Ademais, a votação desta lei estadual depende da divulgação de Estudos de Viabilidade Municipal e aprovação por plebiscito dos Municípios envolvidos. Importante ressaltar que estas mesmas regras se aplicam para caso de desmembramento, incorporação e fusão de municípios.

Em resumo:

Criação, incorporação, fusão e desmembramento de Municípios:

1) Realização e divulgação de Estudos de Viabilidade Municipal;
2) Plebiscito nos municípios envolvidos;
3) Edição de lei estadual.

45. É possível uma lei estadual permitir a criação, incorporação, fusão e desmembramento de municípios sem a edição prévia das leis federais previstas no art. 18, § 4º, da Constituição Federal de 1988?

Não, excelência. Em recente julgado, envolvendo Lei Complementar do Estado do Rio Grande do Sul, o Supremo Tribunal Federal decidiu que "*é inconstitucional lei estadual que permita a criação, incorporação, fusão e desmembramento de municípios sem a edição prévia das leis federais previstas no art. 18, § 4º, da CF/1988.*" (ADI 4711/RS, Relator: ROBERTO BARROSO, Tribunal Pleno, julgado em 08/09/2021, PROCESSO ELETRÔNICO DJe-185 DIVULG 15-09-2021 PUBLIC 16-09-2021).

46. Uma lei que cria um município pode ser revogada?

Revogar uma lei que cria um município equivale à sua incorporação a outro município. Neste sentido, tal revogação apenas surtiria efeitos se obedecesse aos mesmos procedimentos dispostos no § 4º do artigo 18 da Constituição Federal.

47. Qual o procedimento jurídico para a criação de uma região metropolitana?

A criação de região metropolitana, nos termos do § 3º do artigo 25 da Constituição Federal, se dá através de lei complementar estadual, integrando a organização, o planejamento e a execução de funções públicas de interesse comum entre os municípios limítrofes.

Cabe relembrar ao nobre examinador que a competência para criação de região metropolitana é exclusivamente estadual.

48. É possível que determinado município impeça a própria participação em determinada região metropolitana?

Não. A jurisprudência do STF descreve que a participação dos municípios é compulsória, embora sua autonomia deva ser respeitada. Não há, assim, a possibilidade de qualquer mecanismo de concordância prévia dos municípios para a criação da região metropolitana.

49. Em sede de Direito Constitucional, o que é a descentralização tricotômica?

A descentralização tricotômica se trata de uma forma especial de descentralização de poder na República Federativa do Brasil, onde, diferentemente das demais federações no mundo, o Brasil cria uma terceira camada de poder federativo, o Município.

Assim, não se trata de uma divisão dicotômica em que há divisão entre União e Estados como entes federados, mas, sim, de uma tricotômica, com a presença dos municípios.

50. Lei estadual pode exigir licenciamento ambiental para a instalação das redes de telefonia?

Não, excelência, tal lei estadual é inconstitucional.

Decidiu o STF, em caso envolvendo lei do Estado de Alagoas, ser inconstitucional a obrigatoriedade de licenciamento ambiental para a instalação de Rede de Transmissão de Sistemas de Telefonia e de Estações Rádio base e Equipamentos de Telefonia Sem Fio no Estado de Alagoas, uma vez que é competência privativa da União legislar sobre telecomunicações e exploração destes serviços (Arts. 21, IX, e 22, IV, da CF) [ADI 7321, Relator(a): GILMAR MENDES, Tribunal Pleno, julgado em 05-06-2023, PROCESSO ELETRÔNICO DJe--s/n DIVULG 03-08-2023 PUBLIC 04-08-2023].

51. Lei estadual pode obrigar operadoras de telefonia a manter o sinal de celular em túneis e metrôs?

Não.

Decidiu, recentemente, o STF, em caso envolvendo uma lei do Estado do Rio de Janeiro, que é inconstitucional legislação estadual que assegura ao consumidor de serviço móvel de telefonia o direito de funcionalidade e acesso de dados em passagens subterrâneas de trânsito em qualquer modalidade de transporte, com a imposição de obrigações às concessionárias de telefonia móvel no sentido de adaptação técnica e operacional. Destacou que haveria interferência direta na regulação de serviços de telecomunicações, o que extrapolaria a competência concorrente dos Estados-membros para legislar sobre proteção ao consumidor (art. 24, V, CF), violando a competência privativa da União para explorar, conceder e legislar sobre telecomunicações (art. 22, IV, CF) [ADI 7404, Relator(a): ALEXANDRE DE MORAES, Tribunal Pleno, julgado em 09-10-2023, PROCESSO ELETRÔNICO DJe-s/n DIVULG 23-10-2023 PUBLIC 24-10-2023].

52. Legislação municipal pode estabelecer a obrigatoriedade de condicionantes para a instalação e o funcionamento de antenas, postes, torres, contêineres e demais equipamentos relacionados às Estações Transmissoras de Radiocomunicação (ETR)?

Não, essa lei municipal é inconstitucional.

Segundo o STF, analisando caso envolvendo lei do município de Guarulhos/SP, é inconstitucional – por invadir a competência da União privativa para legislar sobre telecomunicações (CF/1988, art. 22, IV) e exclusiva para definir a forma e o modo da exploração desses serviços (CF/1988, art. 21, XI c/c o art. 175) – legislação municipal que estabelece a obrigatoriedade de condicionantes para a instalação e o funcionamento de antenas, postes, torres, contêineres e demais equipamentos relacionados às Estações Transmissoras de Radiocomunicação (ETR) [STF. Plenário. ADPF 1.063/SP, Rel. Min. Alexandre de Moraes, julgado em 18/10/2023 (Info 1112)].

53. É constitucional lei municipal que dispõe sobre a implantação e o compartilhamento da infraestrutura de telecomunicações?

Não, excelência, já que tal lei invade a competência exclusiva da União para explorar os serviços de telecomunicações (art. 21, XI, da CF/88) e a competência privativa para legislar sobre a matéria (art. 22, IV) [STF. Plenário. ADPF 1.031/DF, Rel. Min. Nunes Marques, julgado em 15/9/2023 (Info 1108)].

6. DOS DIREITOS POLÍTICOS. DOS PARTIDOS POLÍTICOS

54. O que são direitos políticos positivos? Cite alguns previstos na Constituição Federal de 1988?

Os direitos políticos positivos são aqueles consubstanciados em normas que asseguram a participação do indivíduo no processo político e nos órgãos governamentais. Como exemplo de formas de exercício da soberania popular é possível referir o plebiscito, o referendo e a iniciativa popular, todos previstos no art. 14 da Constituição Federal.

55. Na Constituição são apresentados os conceitos de "cidadania", manifesto no artigo 1º, e "cidadão", encontrado no artigo 5º. Tais conceitos são análogos ou diferem entre si?

Tratam-se de conceitos distintos.

Cidadania, no artigo 1º: a palavra "cidadania" disposta no artigo 1º possui um significado mais valorativo de comunidade harmônica, voltada para a promoção do bem público, isto é, o Estado brasileiro tem como fundamento a construção de uma comunidade plural e inclusiva.

Cidadão, no artigo 5º: já o conceito de "cidadão" disposto pelo artigo 5º possui um significado mais técnico, referindo-se à própria qualificação jurídica que a Constituição Federal concede para determinados indivíduos: pessoa física nacional no pleno exercício dos direitos políticos. Tal significado pode ser interpretado a partir de uma compreensão sistemática do artigo 14 da Constituição Federal, que dispõe sobre os direitos políticos. Neste sentido, cidadão é o indivíduo apto a exercer seus direitos políticos, tais como votar, participar de plebiscito e mover ação popular.

A doutrina distingue ainda a qualificação jurídica de cidadão em dois conceitos:

(i) *cidadania ativa:* a condição de eleitor se adquire pelo alistamento eleitoral e outros requisitos expressos no artigo 14, §§ 1º e 2º, quais sejam: a) nacionalidade brasileira; b) plenitude do gozo dos direitos políticos; c) não conscrição (não ser militar aquartelado); d) idade mínima.

(ii) cidadania passiva: abrange as condições gerais de elegibilidade, dadas pelo art. 14, §§ 3º e 4º, quais sejam: a) nacionalidade brasileira; b) pleno exercício dos direitos políticos; c) alistamento eleitoral; d) domicílio eleitoral; e) filiação partidária; f) alfabetização; g) idade (18 anos para vereador, 21 para deputados e prefeitos, 30 para governador e 35 para presidente e senador).

56. Qual a natureza jurídica de partidos políticos? Qual a importância desta natureza jurídica dos partidos para o funcionamento da democracia?

Os partidos políticos são associações de direito privado, devendo ser registrados na forma da lei civil, além de registrarem seus estatutos no Tribunal Superior Eleitoral, nos termos do artigo 17 da Constituição Federal.

A natureza de direito privado dos partidos é essencial para garantir sua autonomia, que se reflete na possibilidade de os partidos definirem sua estrutura, organização e funcionamento. Caso contrário, os partidos seriam concebidos como parte do Estado, numa lógica corporativa e autoritária que não se compatibiliza com os fundamentos de um regime democrático.

57. Existe alguma possibilidade de um prefeito poder exercer três mandatos consecutivos?

Não. A jurisprudência do STF e do TSE é no sentido de que o exercício de dois mandatos consecutivos na chefia do executivo municipal torna o indivíduo inelegível para cargo de prefeito em qualquer município. Tal questão foi julgada em sede de repercussão geral pelo RE 637485.

58. É possível impor como condição para que a pessoa se desfilie de partido, que ela previamente quite todos ou débitos ou que pague multa?

Não, excelência. Em recente julgado, o STF entendeu que "É inconstitucional o condicionamento da desfiliação de associado à quitação de débito referente a benefício obtido por intermédio da associação ou ao pagamento de multa." (RE 820823, Relator(a): DIAS TOFFOLI, Tribunal Pleno, julgado em 03/10/2022, PROCESSO ELETRÔNICO REPERCUSSÃO GERAL - MÉRITO DJe-215 DIVULG 24-10-2022 PUBLIC 25-10-2022).

7. DIREITOS FUNDAMENTAIS. DA ORDEM SOCIAL

59. Discorra sobre as dimensões (ou gerações) dos direitos fundamentais?

"Os direitos humanos não são um dado, mas um construído" (Hannah Arendt). Ou seja, os direitos fundamentais não surgiram simultaneamente, mas em períodos distintos, conforme a demanda de cada época. Essa consagração progressiva e sequencial fez com que Karel Vasak, em uma palestra, trouxesse a classificação dos direitos fundamentais em gerações (teoria geracional).

(i) Direitos fundamentais de primeira dimensão (ou geração): São ligados ao valor LIBERDADE, surgiram com as primeiras constituições escritas, nas quais foram consagrados os "direitos civis e políticos.".

(ii) Direitos fundamentais de segunda dimensão (ou geração): Guardam relação com à IGUALDADE MATERIAL, abrangendo os "direitos sociais, econômicos e culturais".

(iii) Direitos fundamentais de terceira dimensão (ou geração): São ligados à FRATERNIDADE (ou SOLIDARIEDADE). Atribuídos à constatação da necessidade de atenuar as diferenças. Abrangeria, por exemplo, o meio ambiente e a autodeterminação dos povos.

Além disso, Paulo Bonavides traz ainda:

(iv) Direitos fundamentais de quarta dimensão (ou geração): Corresponderiam à derradeira fase da institucionalização do Estado Social. Abarcaria a democracia, a informação e o pluralismo.

(v) Direitos fundamentais de quinta (ou geração): Por ser indispensável à convivência humana, o autor entende que o direito à paz deve ser positivado nos textos das constituições.

60. Recentemente, o STF estabeleceu alguns parâmetros para nortear as decisões judiciais a respeito de políticas públicas voltadas à realização de direitos fundamentais. Cite os parâmetros fixados.

Excelência, recentemente, em caso envolvendo o direito à saúde, especificamente em decorrência de uma ação civil pública ajuizada pelo MPRJ em razão do déficit de profissionais em hospital público no Município do Rio de Janeiro, o STF fixou, em sede de repercussão geral, os seguintes parâmetros para nortear decisões judiciais a respeito de políticas públicas voltadas à realização de direitos fundamentais:

(i) A intervenção do Poder Judiciário em políticas públicas voltadas à realização de direitos fundamentais, em caso de ausência ou deficiência grave do serviço, não viola o princípio da separação dos poderes;

(ii) A decisão judicial, como regra, em lugar de determinar medidas pontuais, deve apontar as finalidades a serem alcançadas e determinar à Administração Pública que apresente um plano e/ou os meios adequados para alcançar o resultado; e

(iii) No caso de serviços de saúde, o déficit de profissionais pode ser suprido por concurso público ou, por exemplo, pelo remanejamento de recursos humanos e pela contratação de organizações sociais (OS) e organizações da sociedade civil de interesse público (OSCIP).

Importante destacar que sempre deve ser respeitado o espaço de discricionariedade do administrador para a definição e implementação de políticas públicas [(STF. Plenário. RE 684.612/RJ, Rel. Min. Ricardo Lewandowski, redator do acórdão Min. Roberto Barroso, julgado em 01/7/2023) (Repercussão Geral – Tema 698) (Info 1101)].

61. Na ADPF 976 MC-Ref/DF, o STF estabeleceu diretrizes/providências que os Estados devem adotar para o atendimento à população em situação de rua. Cite ao menos 01 (uma)?

Excelência, no ano de 2023, o STF, partindo da premissa que "*o quadro grave de omissões do Poder Público, que resulta em um potencial estado de coisas inconstitucional, viabiliza a atuação desta SUPREMA CORTE para impor medidas urgentes necessárias à preservação da dignidade da pessoa humana e à concretização de uma sociedade livre, justa e solidária*", fixou parâmetros mínimos de atuação do poder público no âmbito das zeladorias urbanas e nos abrigos de sua responsabilidade.

Estabeleceu o Pretório Excelso a obrigatoriedade da observância da Política Nacional para a População em Situação de Rua pelos Estados, Distrito Federal e Municípios. E, determinou a Suprema Corte a adoção das seguintes providências:

(I) A formulação pela PODER EXECUTIVO FEDERAL, no prazo de 120 (cento e vinte) dias, do PLANO DE AÇÃO E MONITORAMENTO PARA A EFETIVA IMPLEMENTAÇÃO DA POLÍTICA NACIONAL PARA A POPULAÇÃO EM SITUAÇÃO DE RUA;

(II) Aos PODERES EXECUTIVOS MUNICIPAIS E DISTRITAL, bem como onde houver atuação, aos PODERES EXECUTIVOS FEDERAL E ESTADUAIS que, no âmbito de suas zeladorias urbanas e nos abrigos de suas respectivas responsabilidades: II.1) Efetivem medidas que garantam a segurança pessoal e dos bens das pessoas em situação de rua dentro dos abrigos institucionais existentes; II. 2) Disponibilizem o apoio das vigilâncias sanitárias para garantir abrigo aos animais de pessoas em situação de rua; II.3) Proíbam o recolhimento forçado de bens e pertences, assim como a remoção e o transporte compulsório de pessoas em situação de rua; II.4) Vedem o emprego de técnicas de arquitetura hostil contra as populações em situação de rua, bem como efetivem o levantamento das barreiras e equipamentos que dificultam o acesso a políticas e serviços públicos, assim como mecanismos para superá-las; II.5) No âmbito das zeladorias urbanas: II.5.1) Divulguem previamente o dia, o horário e o local das ações de zeladoria urbana nos seus respectivos sites, nos abrigos, e outros meios em atendimento ao princípio da transparência dos atos da administração pública permitindo assim que a pessoa em situação de rua recolha seus pertences e que haja a limpeza do espaço sem conflitos;

II.5.2) Prestem informações claras sobre a destinação de bens porventura apreendidos, o local de armazenamento dos itens e o procedimento de recuperação do bem; II.5.3) Promovam a capacitação dos agentes com vistas ao tratamento digno da população em situação de rua, informando-os sobre as instâncias de responsabilização penal e administrativa; II.5.4) Garantam a existência de bagageiros para as pessoas em situação de rua guardarem seus pertences; II.5.5) Determinem a participação de agentes de serviço social e saúde em ações de grande porte; II.5.6) Disponibilizem bebedouros, banheiros públicos e lavanderias sociais de fácil acesso para população em situação de rua; II.5.7) Realizem de inspeção periódica dos centros de acolhimento para garantir, entre outros, sua salubridade e sua segurança; II.6) Realização periódica de mutirões da cidadania para a regularização de documentação, inscrição em cadastros governamentais e inclusão em políticas públicas existentes; II.7) Criação de um programa de enfrentamento e prevenção à violência que atinge a população em situação de rua; II.8) Formulação de um protocolo intersetorial de atendimento na rede pública de saúde para a população em situação de rua; II.9) Ampla disponibilização e divulgação de alertas meteorológicos, por parte das Defesas Civis de todos os entes federativos, para que se possam prever as ondas de frio com a máxima antecedência e prevenir os seus impactos na população em situação de rua; II.10) Disponibilização imediata: II.10.1) Pela defesa civil, de barracas para pessoas em situação de rua com estrutura mínima compatível com a dignidade da pessoa humana, nos locais nos quais não há número de vagas em número compatível com a necessidade; II.10.2) A disponibilização de itens de higiene básica à população em situação de rua; e

(III) Aos PODERES EXECUTIVOS MUNICIPAIS E DISTRITAL, no prazo de 120 (cento e vinte) dias, a realização de diagnóstico pormenorizado da situação nos respectivos territórios, com a indicação do quantitativo de pessoas em situação de rua por área geográfica, quantidade e local das vagas de abrigo e de capacidade de fornecimento de alimentação [ADPF 976 MC-Ref, Relator(a): ALEXANDRE DE MORAES, Tribunal Pleno, julgado em 22-08-2023, PROCESSO ELETRÔNICO DJe-s/n DIVULG 20-09-2023 PUBLIC 21-09-2023].

62. No âmbito dos direitos das pessoas com deficiência, pode uma norma estadual restringir o conceito de pessoas com deficiência?

Não, excelência. Entende o STF que é inconstitucional lei estadual que:

(a) reduza o conceito de pessoas com deficiência previsto na Constituição, na Convenção Internacional sobre os Direitos das Pessoas com Deficiência, de estatura constitucional, e na lei federal de normas gerais;

(b) desconsidere, para a aferição da deficiência, a avaliação biopsicossocial por equipe multiprofissional e interdisciplinar prevista pela lei federal; ou

(c) exclua o dever de adaptação de unidade escolar para o ensino inclusivo. [ADI 7028, Relator(a): ROBERTO BARROSO, Tribunal Pleno, julgado em 19-06-2023, PROCESSO ELETRÔNICO DJe-s/n DIVULG 22-06-2023 PUBLIC 23-06-2023].

63. Ainda sobre direitos das pessoas com deficiência, pode uma lei estadual obrigar as empresas do setor têxtil a colocarem etiquetas em braile ou outro meio acessível nas peças de vestuário?

Sim, excelência. Em caso recente envolvendo uma lei editada no Estado do Piauí, entendeu o STF que é constitucional lei estadual que obriga empresas do setor têxtil a identificarem as peças de roupa com etiquetas em braile ou outro meio acessível que atenda as pessoas com deficiência visual. Ressaltou a Suprema Corte que essa lei não viola os princípios da livre iniciativa (artigos 1º, IV, e 170, "caput"), da livre concorrência (art. 170, IV), da propriedade privada (art. 170, II) e da isonomia (artigos. 5º, "caput"; e 19, III). A norma também não invade a competência privativa da União para legislar sobre comércio interestadual (art. 22, VIII).

***Aprofundamento*:**

Destacou o Pretório Excelso o seguinte: "*Na realidade, a legislação em questão encontra fundamento constitucional na competência concorrente para legislar sobre produção e consumo e proteção (CF, art. 24, V) e integração social das pessoas portadoras de deficiências (CF, art. 24, XIV). O direito de acesso à informação é meio para o livre, responsável e consciente desenvolvimento da personalidade, pois permite a formação de ideias, opiniões, convicções, avaliações, críticas e crenças, bem assim autoriza a expressão de preferências sob os mais diversos aspectos da vida dos cidadãos. Nesse sentido de acesso às informações necessárias para formação genuína da personalidade e, em consequência, da manifestação de vontade dos cidadãos – o querer singular e próprio de cada um –, o Código de Defesa do Consumidor (Lei 8.078/1990) estabelece em seu art. 6º, III, a imprescindibilidade de que os produtos e serviços contenham dados básicos à disposição do consumidor. O Estatuto da Pessoa com Deficiência (Lei 13.146/2015), por sua vez, buscando conferir acessibilidade, alterou a Lei 8.078/1990 (CDC), com a finalidade de garantir que tais informações básicas dos produtos e serviços sejam disponibilizadas de forma acessível às pessoas com deficiência nos termos do regulamento (CDC, art. 6º, parágrafo único).*" [(ADI 6989, Relator(a): ROSA WEBER, Tribunal Pleno, julgado em 19-06-2023, PROCESSO ELETRÔNICO DJe-s/n DIVULG 14-08-2023 PUBLIC 15-08-2023)].

64. Pode lei estadual criar um cadastro de pessoas que usam droga?

Não, uma vez que há clara violação aos direitos fundamentais dessas pessoas, especialmente, a igualdade (CRFB, art. 5º, *caput*), a dignidade da pessoa humana (CRFB, art. 1º, III), o direito à intimidade e à vida privada (CRFB, art. 5º, X) e o devido processo legal (CRFB, art. 5º, LIV). Destaca-se que a Suprema Corte, recentemente, decidiu pela inconstitucionalidade de lei estadual do Estado do Tocantins que criou cadastro de usuários e dependentes de drogas, com informações concernentes ao registro de ocorrência policial, inclusive sobre reincidência, já que essa lei invadiu a competência privativa da União para legislar sobre matéria penal e processual penal (art. 22, I, da CF/88), bem como violou o Estado de direito, os direitos fundamentais e o sistema constitucional especial de proteção de dados.

65. É permitido às escolas públicas ministrarem matéria sobre determinada religião?

Sim. Conforme decidiu o STF na ADI 4439, é constitucional o ensino religioso confessional em escolas pública, ou seja, que vinculado a alguma religião em específico, não se atendo apenas a uma exposição neutra e objetiva.

A decisão partiu do entendimento de que a laicidade estatal não significa o apartamento da esfera religiosa, mas sim a convivência pacífica entre as diversas religiões. O Estado não pode, assim, interferir nas escolhas religiosas das pessoas, mas deve garantir que tais escolhas possam ser colocadas em prática.

Assim, *é compatível com a Constituição Federal que as escolas públicas estabeleçam como matéria facultativa o ensino confessional de determinada religião, "afirmando-se a constitucionalidade do ensino religioso confessional como disciplina facultativa dos horários normais das escolas públicas de ensino fundamental."* (ADI 4439, Relator: ROBERTO BARROSO, Relator p/ Acórdão: ALEXANDRE DE MORAES, Tribunal Pleno, julgado em 27/09/2017, PROCESSO ELETRÔNICO DJe-123 DIVULG 20-06-2018 PUBLIC 21-06-2018).

66. Descreva o conceito de "mínimo existencial". Como compatibilizar tal conceito com a chamada "reserva do possível"?

O mínimo existencial se sustenta pela ideia de proteção mínima e compulsória de direitos fundamentais, em especial de direitos que dependem de uma prestação positiva do Estado.

No entanto, tal ideia pode ser contraposta à chamada cláusula da reserva do possível, que sustenta a impossibilidade de que todas as normas programáticas da Constituição Federal sejam absolutamente efetivadas diante da escassez de recursos públicos disponíveis.

Dado que o orçamento público é insuficiente para que todos os direitos fundamentais sejam efetiva e absolutamente garantidos, não poderia o Ministério Público ou Poder Judiciário simplesmente exigir dos gestores a efetivação imediata de todas as políticas públicas previstas no texto constitucional. As demandas são, em tese, infinitas, e os recursos, finitos.

A compatibilização de ambos os conceitos pode se dar por previsões orçamentárias protraídas no tempo. Exigência de planejamento. Motivação das prioridades. Ou seja, encontra-se um equilíbrio entre eles. O mínimo existencial não pode englobar um grau de felicidade utópico, a reserva do possível não pode servir para embasar argumentos céticos de incapacidade ou de não dever do Estado de prover prestações sociais às camadas da população mais vulneráveis.

Aprofundamento:

Um exemplo de como a jurisprudência do STF descreve a situação de aplicação da reserva do possível é o voto de Celso de Mello na ADPF 45, do qual se destaca o seguinte trecho:

> *"Não deixo de conferir, no entanto, assentadas tais premissas, significativo relevo ao tema pertinente à "reserva do possível" (STEPHEN HOLMES/CASS R. SUNSTEIN, "The Cost of Rights", 1999, Norton, New York), notadamente em sede de efetivação e implementação (sempre onerosas) dos direitos de segunda geração (direitos econômicos, sociais e culturais), cujo adimplemento, pelo Poder Público, impõe e exige, deste, prestações estatais positivas concretizadoras de tais prerrogativas individuais e/ou coletivas. É que a realização dos direitos econômicos, sociais e culturais – além de caracterizar-se pela gradualidade de seu processo de concretização – depende, em grande medida, de um inescapável vínculo financeiro subordinado às possibilidades orçamentárias do Estado, de tal modo que, comprovada, objetivamente, incapacidade econômico-financeira da pessoa estatal, desta não se poderá razoavelmente exigir, considerada a limitação material referida, a imediata efetivação do comando fundado no texto da Carta Política".*

67. As universidades públicas podem cobrar por algum de seus cursos?

Sim, as universidades públicas podem cobrar por cursos de pós-graduação, tal como já assentado pelo STF: *"A garantia constitucional da gratuidade de ensino não obsta a cobrança, por universidades públicas, de mensalidade em curso de especialização."* (RE 597854, Relato: EDSON FACHIN, Tribunal Pleno, julgado em 26/04/2017, ACÓRDÃO ELETRÔNICO REPERCUSSÃO GERAL - MÉRITO DJe-214 DIVULG 20-09-2017 PUBLIC 21-09-2017).

O recurso questionava decisão do TRF-1, que julgou inconstitucional a cobrança de mensalidade em curso de pós-graduação na Universidade Federal em Goiás, tomando como base a garantia da gratuidade do ensino público, tal como disposto no artigo 206, inciso IV da Constituição Federal.

Para o plenário do STF, contudo, a gratuidade abrange a manutenção e desenvolvimento do ensino, não se estendendo aos pilares de pesquisa e extensão. Tendo em vista que os cursos de pós-graduação são prioritariamente voltados para a pesquisa, é possível que as universidades públicas captem recursos privados para financiar tais atividades.

Aprofundamento:

Do voto do relator do RE em análise, Ministro Edson Fachin, colhe-se o seguinte excerto:

> *"Nem todas as atividades potencialmente desempenhas pelas universidades se referem exclusivamente ao ensino. A função desempenhada por elas é muito mais ampla do que as formas pelas quais obtêm financiamento. Assim, o princípio da gratuidade não as obriga a perceber exclusivamente recursos públicos para atender sua missão institucional. O princípio, porém, exige que, para todas as tarefas necessárias para a plena inclusão social e o direito fundamental à educação, haja recursos públicos disponíveis para os estabelecimentos oficiais.".*

68. O direito à saúde é um direito fundamental ou um direito social?

Primeiramente, há que se propor um conceito de direitos fundamentais sociais. Os direitos fundamentais sociais são direitos que têm por característica a busca por pretensões que procuram o reequilíbrio entre as distintas condições materiais de vida das pessoas, promovendo o princípio da igualdade em seu sentido substancial, em caráter inclusivo, buscando a justiça social. Um exemplo é o direito à saúde.

O direito à saúde, enquanto bem constitucionalmente protegido pela CR/88, é decorrência lógica do princípio da dignidade da pessoa humana, que é tido como o "supraprincípio" que norteia todo o ordenamento jurídico pátrio.

Dessa maneira, a saúde é condição essencial para a manutenção da vida humana, bem como para a fruição de todos os demais direitos pelo indivíduo. Sua fundamentalidade se revela pelo protagonismo que a CR/88 conferiu à pessoa humana, assim como a vinculação constitucional à construção de uma sociedade livre, justa e solidária, voltada à redução das desigualdades sociais e regionais e, em última análise, à promoção do bem de todos, endossa o argumento que diversos direitos sociais, previstos ou não pelo art. 6º da CR/88, são dotados de fundamentalidade em sentido social.

69. Descreva o direito à saúde, pontuando as dimensões objetiva e subjetiva.

A dimensão subjetiva da saúde conduz à noção da saúde enquanto direito subjetivo de todos os cidadãos e de sua exigibilidade. Em seu aspecto negativo, o direito à saúde comporta direitos subjetivos de defesa, vedando ingerências indevidas do Estado e dos outros particulares no direito à saúde da pessoa humana.

Por outro lado, o aspecto positivo conduz o direito à saúde a direitos prestacionais, ou seja, ao direito à organização e procedimento: direito de organização e implementação de serviços e ações no campo da saúde, previsto pelos arts. 196 a 200 da CF/88, e ao direito de proteção: direito a um rol de deveres relacionados com a proteção da saúde individual e pública (normas penais, administrativas e ambientais referentes à proteção da saúde). Assim como ao direito a prestações materiais: direito à exigibilidade direta das mais variadas prestações, inclusive pela via judicial (ex: direito ao fornecimento de medicamentos e tratamentos de saúde pelo Estado).

Por sua vez, a dimensão objetiva do direito à saúde possuí caráter axiologicamente superior do conjunto de normas que regulamentam o direito à saúde, dotadas de fundamentalidade e de aplicação direta e imediata. A CR/88 consagrou à saúde um status da "garantia institucional", que transcende a órbita individual e subjetiva. Trata-se de um valor básico trazido pela constituição a que todo o ordenamento jurídico está submetido, limitando o Poder Estatal no que tange aos deveres e garantias na órbita da saúde. A dimensão objetiva dos direitos fundamentais, entre os quais o direito à saúde está incluso, dá origem a diferentes efeitos, dentre os quais se destacam:

- Eficácia irradiante;
- Eficácia vertical e horizontal dos direitos fundamentais;
- "Dever geral de proteção" atribuído ao Estado: a este cabe zelar, inclusive preventivamente, pela proteção dos direitos fundamentais dos indivíduos, não somente contra atos do Poder Público, mas também contra atos dos demais particulares e mesmo de outros Estados;
- Proteção constitucional das "garantias institucionais": as garantias institucionais se traduzem numa imposição dirigida ao legislador, obrigando-o por um lado a respeitar a essência da instituição, e, por outro lado, a protegê-la. Pode-se sustentar que o SUS é uma garantia institucional, uma vez que foi criado e estruturado pela própria constituição, que estabeleceu seus princípios e diretrizes, com o objetivo de tutelar o direito fundamental social à saúde.

70. É constitucional o art. 32 do Estatuto da Juventude, que assegura passagens gratuitas em ônibus interestaduais para jovens de baixa renda?

Sim, excelência. Recentemente decidiu o Supremo Tribunal Federal que é constitucional — por não ofender o direito de propriedade e os princípios da ordem econômica e do equilíbrio econômico-financeiro dos contratos administrativos — lei federal que determina a reserva, por veículo, de duas vagas gratuitas e, após estas esgotarem, de duas vagas com tarifa reduzida em, no mínimo, 50%, para serem utilizadas por jovens de baixa renda no sistema de transporte coletivo interestadual de passageiros (STF. Plenário. ADI 5657/DF, Rel. Min. Luiz Fux, julgado em 16 e 17/11/2022) (Info 1076).

71. Lei estadual pode reservar assentos especiais para pessoas com obesidade nos espaços culturais e nos meios de transporte coletivo?

Sim, excelência. Decidiu o Supremo Tribunal Federal que "*não há inconstitucionalidade formal, tendo em vista que a política de inclusão adotada se enquadra na competência concorrente dos Estados, da União e dos Municípios para promover acesso a cultura, esporte e lazer (arts. 6º; 23, V; 24, IX; 215 e 217, § 3º, CF)*", bem como que "*não há inconstitucionalidade material, tendo em vista que (i) a reserva de lugares foi estabelecida em percentual razoável e (ii) se trata de política inclusiva que não afronta a liberdade de iniciativa, principalmente se considerada a eficácia horizontal dos direitos fundamentais.*" (STF, ADI 2572, Relator: ROBERTO BARROSO, Tribunal Pleno, julgado em 24/10/2022, PROCESSO ELETRÔNICO DJe-226 DIVULG 09-11-2022 PUBLIC 10-11-2022).

72. Há dever do Poder Público em assegurar às crianças de zero a cinco anos de idade o atendimento em creche e pré-escola?

Sim, excelência. Segundo o Supremo Tribunal Federal: "*A educação básica em todas as suas fases — educação infantil, ensino fundamental e ensino médio — constitui direito fundamental de todas as crianças e jovens, assegurado por normas constitucionais de eficácia plena e aplicabilidade direta e imediata. (...) A educação infantil compreende creche (de zero a 3 anos) e a pré-escola (de 4 a 5 anos). Sua oferta pelo Poder Público pode ser exigida individualmente (...) O Poder Público tem o dever jurídico de dar efetividade integral às normas constitucionais sobre acesso à educação básica.*".

73. É constitucional a divulgação de uma lista com nome de empresas envolvidas com prática de trabalho escravo em território brasileiro?

Sim, excelência. Segundo o Supremo Tribunal Federal (ADPF 509, Relator: MARCO AURÉLIO, Tribunal Pleno, julgado em 16/09/2020), na "*divulgação de cadastro de empregadores que tenham submetido trabalhadores a condição análoga à de escravo, sem extravasamento das atribuições previstas na Lei Maior, tem-se a higidez constitucional.*".

Parte da doutrina chama tal lista de "lista suja".

8. DO PODER LEGISLATIVO

74. A Constituição de 1988, na esfera federal, adotou qual sistema em relação ao Poder Legislativo: unicameral ou bicameral?

Excelência, a Constituição brasileira, na esfera federal, adotou o bicameralismo do tipo federativo, em que o Congresso Nacional é composto por duas casas:

(i) Uma de representantes do povo (Câmara dos Deputados);

Uma de representantes dos Estados e do Distrito Federal (Senado).

75. Quais as condições para a instauração de uma Comissão Parlamentar de Inquérito (CPI)?

O artigo 58, § 3º da Constituição Federal disciplina a instauração e funcionamento das Comissões Parlamentares de Inquérito, destacando-se que sua criação:

(i) Pode ser feita pela Câmara dos Deputados ou pelo Senado Federal, separadamente ou em conjunto;

(ii) Se dá mediante requerimento de um terço dos membros de cada Casa ou do Congresso Nacional;

(iii) Depende da indicação de fato determinado a ser investigado, não podendo este ser determinado apenas ao longo do seu período de funcionamento.

76. Quais os poderes investigatórios das Comissões Parlamentares de Inquérito?

Os poderes investigatórios das CPIs envolvem:

a) Requerer a convocação de Ministro de Estado, tomar depoimentos de qualquer autoridade, inquirir testemunhas, bem como requisitar informações e documentos de repartições públicas.

b) Quebrar sigilo bancário, fiscal, de dados e de registros telefônicos pretéritos.

Se faz importante ressaltar que as CPIs, contudo, não possuem poder para quebrar o sigilo das comunicações telefônicas, determinar a realização de busca domiciliar, emitir ordem de prisão e determinar sequestro, arresto, hipoteca ou indisponibilidade de bens.

Poderes investigativos das CPIs

Pode	Não pode
Requerer a convocação de Ministro de Estado	Quebrar sigilo das comunicações telefônicas
Tomar depoimento de qualquer autoridade e inquirir testemunhas	Determinar a realização de busca domiciliar

Pode	Não pode
Requisitar informações e documentos de repartições públicas	Emitir ordem de prisão
Quebrar sigilo bancário, fiscal, de dados e registro telefônico	Determinar sequestro, arresto, hipoteca ou indisponibilidade de bens

77. Os municípios possuem competência para constituir CPIs?

Sim, com fundamento no princípio da simetria, as Câmaras Municipais, assim como as Assembleias Legislativas dos Estados, podem instaurar CPIs, desde que os fatos a serem investigados sejam pertinentes às suas competências de fiscalização.

A doutrina majoritária entende que, em razão das peculiaridades dos Municípios enquanto ente federativo, as CPIs das Câmaras Municipais não têm poder para a quebra de sigilo bancário ou fiscal, dependendo de autorização judicial para procedê-las.

Quanto a esta possibilidade para as CPIs do Poder Legislativo estadual, o STF já decidiu que estas podem promover a quebra de sigilo bancário independentemente de autorização judicial.

78. Qual é a abrangência do controle judicial sobre medidas provisórias editadas sem relevância e urgência?

O *caput* do artigo 62 da Constituição Federal dispõe expressamente que a edição de medidas provisórias é prevista para casos de relevância e urgência.

Entretanto, a jurisprudência do STF, no geral, entende que o controle judicial desses requisitos deve se dar de maneira restritiva e excepcional, tendo em vista que determinar a relevância e urgência de certa matéria depende de uma avaliação estritamente política.

Portanto, cabe aos Poderes Executivo e Legislativo realizar este controle, de modo que eventual interferência do Poder Judiciário apenas deva ocorrer em situações excepcionais, em que evidentemente não há qualquer urgência ou relevância que justifique o tratamento de alguma matéria por medida provisória.

79. Qual o procedimento de conversão de uma medida provisória em lei?

Após sua edição e publicação, a medida provisória possui sessenta dias, prorrogáveis por mais 60 dias, para ser convertida. Passados esses 120 dias, a medida provisória perde sua eficácia, devendo as relações jurídicas dela decorrentes serem disciplinadas por decreto legislativo. Caso o decreto legislativo não seja editado, as relações jurídicas se conservam regidas pela referida medida provisória.

Para a conversão, a medida provisória precisa ser analisada por uma comissão mista de Deputados e Senadores, que emitirá parecer prévio em sessão separada. Posteriormente, a medida provisória deve ser analisada e aprovada primeiramente na Câmara dos Deputados, e depois no Senado.

Caso a medida provisória não seja apreciada em até 45 dias, entrará em regime de urgência, sobrestando as demais pautas da Casa legislativa em que tiver tramitando, nos termos do disposto no art. 62 da CF.

80. Qual é o interesse jurídico tutelado pelo STF em proibir emendas a medidas provisórias sem pertinência temática?

O STF visa resguardar o próprio processo legislativo, tendo em vista que as medidas provisórias possuem um regime de tramitação especial, isto é, um regime adequado a sua celeridade.

Neste sentido, era comum no Congresso Nacional a adição de emendas com matérias completamente distintas da tratada na medida provisória com o mero intuito de se aproveitar de sua tramitação, fazendo com que determinada norma fosse mais facilmente aprovada, aproveitando-se da medida provisória a ser convertida em lei.

81. Qual o procedimento de uma ADIN que questiona determinada medida provisória se esta é convertida em lei durante a tramitação da ação?

No caso de conversão de medida provisória questionada por ADIN, há duas consequências possíveis, Excelência:

Primeiramente, *caso a conversão se dê sem alteração do texto da medida provisória*, a ADIN não perde seu objeto, podendo ser conhecida e julgada. Neste caso, tem-se verdadeira continuidade normativa entre a medida provisória e a lei.

CONTUDO, é necessário que o demandante apresente aditamento da petição inicial, informando que a medida provisória foi convertida.

Em segundo, *caso a conversão altere o texto da medida provisória*: a ADIN perde seu objeto, restando a ação prejudicada.

82. Nos termos da Constituição, membro do Poder Legislativo pode cometer crime de responsabilidade?

A única possibilidade prevista pela Constituição Federal para tal situação é de cometimento de crime de responsabilidade pelo Presidente da Câmara Municipal, nos termos do art. 29-A:

> *"§ 1º A Câmara Municipal não gastará mais de setenta por cento de sua receita com folha de pagamento, incluído o gasto com o subsídio de seus Vereadores.*

omissis

§ 3º Constitui crime de responsabilidade do Presidente da Câmara Municipal o desrespeito ao § 1º deste artigo".

83. A Constituição Federal prevê iniciativa popular para Emenda Constitucional?

A Constituição Federal não prevê Emenda Constitucional por meio de iniciativa popular. Consoante disposição do artigo 60 da CF/88, são legitimados para propor Emenda Constitucional: um terço dos membros da Câmara dos Deputados ou do Senado Federal, pelo Presidente da República ou por mais da metade das Assembleias Legislativas das unidades da Federação, manifestando-se, cada uma delas, pela maioria relativa de seus membros.

Posto isso, salienta-se que, pautando-se na interpretação sistemática da Constituição, que envolveria o art. 1º, parágrafo único, art. 14 e art. 61, § 2º da CR/88, doutrina minoritária defende a possibilidade de iniciativa popular para Emenda Constitucional.

9. DO PODER EXECUTIVO

84. Quais são os sistemas de governos existentes? Qual sistema de governo foi adotado pela Constituição Federal de 1988?

A doutrina aponta, basicamente, três sistemas de governo:

(i) Parlamentarismo;

(i) Presidencialismo;

(i) Semipresidencialismo.

O Brasil adota o sistema presidencialista desde a primeira Constituição republicana (1891).

85. A eventual renúncia ao cargo de Governador impediria o recebimento de pedido de abertura de "impeachment"?

Sim, excelência, já que na situação trazida há a perda superveniente do objeto. Nesse sentido, recente julgado do Superior Tribunal de Justiça (STJ, RMS n. 68.932/SP, relator Ministro Herman Benjamin, Segunda Turma, julgado em 16/8/2022, DJe de 6/9/2022): "*diante da renúncia ocorrida, que inviabiliza o recebimento da denúncia oferecida pelo ora recorrente, evidente a perda do objeto da impetração, e, consequentemente, do Recurso Ordinário contra a denegação da segurança. No mesmo sentido: Pet 6298 AgR, Relator: Alexandre de Moraes, Tri-*

bunal Pleno, DJe-007, Publicado 18.1.2021; MS 34970 AgR, Relator: Alexandre de Moraes, Tribunal Pleno, DJe-210 , Publicado 26.9.2019".

86. Diferencie sucessão de substituição do Presidente da República.

A substituição tem caráter temporário e ocorre nos casos em que o Presidente está impedido de exercer o cargo (está, por exemplo, em viagem ao exterior). Neste caso, será substituído pelo Vice-Presidente.

Por sua vez, a sucessão tem caráter definitivo e ocorre nos casos de vacância do cargo (por exemplo, caso o Presidente da República sofra impeachment). Neste caso, também é o Vice-Presidente quem assume.

87. E se porventura o Presidente e seu Vice tiverem o mandato cassado?

Neste caso, duas situações distintas são possíveis:

(i) se a vacância ocorreu nos dois últimos anos do mandato: realização de eleição indireta;

(ii) se a vacância ocorreu nos dois primeiros anos do mandato: realização de eleição direta.

88. Quais as restrições para ocupar a linha substitutiva e sucessória do Presidente da República que o STF interpretou da Constituição Federal?

Segundo o STF, para ocupar a linha substitutiva e sucessória do Presidente da República, o indivíduo:

(i) deve ser brasileiro nato;

(ii) não pode ser réu em ação penal.

89. Quais os dois tipos de responsabilidade do Presidente da República?

Responsabilidade Política: crimes de responsabilidade.

- pode resultar em impeachment, se a acusação for admitida por dois terços da Câmara dos Deputados, e aprovada em dois terços pelo Senado Federal.

Responsabilidade Penal: infrações comuns cometidas no exercício de suas funções.

- pode resultar em *impeachment*, se a acusação for admitida por 2/3 da Câmara dos Deputados, e o Presidente for condenado pelo Supremo Tribunal Federal.

Aprofundando:

O Informativo 812 do STF sintetizou os principais precedentes fixados pela corte no caso do processo de impeachment de Dilma Rousseff (ADPF 378/DF).

1) Não há direito à defesa prévia antes do recebimento da denúncia pelo presidente da câmara.

2) É possível a aplicação subsidiária dos regimentos internos da câmara e do senado que tratam sobre o impeachment, desde que sejam compatíveis com os preceitos legais e constitucionais pertinentes.

3) Após o início do processo de impeachment, durante a instrução probatória, a defesa tem o direito de se manifestar após a acusação.

4) O interrogatório deve ser o ato final da instrução probatória.

5) O recebimento da denúncia no processo de *impeachment* ocorre apenas após a decisão do plenário do Senado Federal. Assim, a Câmara dos Deputados somente atua no âmbito pré-processual, não valendo a sua autorização como um recebimento da denúncia, em sentido técnico. Compete ao Senado decidir se deve receber ou não a denúncia cujo prosseguimento foi autorizado pela Câmara. O Senado não está vinculado à decisão da Câmara.

6) A decisão do Senado que delibera se instaura ou não o processo se dá pelo voto da maioria simples, presente a maioria absoluta de seus membros.

7) É possível a aplicação analógica dos arts. 44, 45, 46, 47, 48 e 49 da Lei 1.079/1950 — os quais determinam o rito do processo de *impeachment* contra ministros do STF e o PGR — ao processamento no Senado Federal de crime de responsabilidade contra o Presidente da República.

8) Não é possível que sejam aplicadas, para o processo de *impeachment*, as hipóteses de impedimento do CPP. Assim, não se pode invocar o impedimento do Presidente da Câmara para participar do processo de impeachment com base em dispositivos do CPP.

9) A eleição da comissão especial do impeachment deve ser feita por indicação dos líderes e voto aberto do plenário. Os representantes dos partidos políticos ou blocos parlamentares que irão compor a chapa da comissão especial da Câmara dos Deputados deverão ser indicados pelos líderes, na forma do regimento interno da Câmara dos Deputados. Assim, não é possível a apresentação de candidaturas ou chapas avulsas para a formação da comissão especial.

90. Quais representantes do poder público podem sofrer o rito de *impeachment*?

O processo de *impeachment* é um processo personalíssimo que somente as seguintes autoridades poderão responder.

- Presidente da República;
- Vice-Presidente da República;
- Ministros de Estado;
- Ministros do STF;
- Membros do CNJ e do CNMP;
- Procurador-Geral da República;
- Advogado-Geral da União;
- Governadores;
- Prefeitos.

10. DO PODER JUDICIÁRIO

91. Qual é o instrumento recursal sobre decisões que descumprem as súmulas do STF?

Segundo o artigo 102, I, *l*, da Constituição Federal, a reclamação constitucional é um instrumento previsto para preservação da competência do STF e para garantia da autoridade de suas decisões.

Neste sentido, também a Constituição Federal prevê expressamente que cabe reclamação ao STF para questionar decisão que contrarie súmula aplicável, ou que a aplique indevidamente (artigo 103-A, § 3º).

Além da Constituição, o novo Código de Processo Civil, também prevê semelhante entendimento (artigo 988, inciso III), ao enfatizar que a reclamação constitucional pode ser interposta, além da parte interessada, pelo Ministério Público, tendo em vista o nítido interesse público na preservação de uma jurisprudência coerente.

92. O que é uma Súmula Vinculante?

A súmula vinculante foi introduzida no ordenamento jurídico pela Emenda Constitucional n. 45/2004 (no art. 103-A da Constituição Federal) e regulamentada pela Lei 11.417/2006.

Destaca-se que o enunciado de súmula vinculante tem como objetivo fixar o entendimento quanto à eficácia, validade e interpretação de normas determinadas, sobre as quais haja controvérsia entre órgãos judiciários ou entre esses e a administração pública, evidenciando grave insegurança jurídica e relevante multiplicação de processos sobre idêntica questão (§1º do art. 103-A da CF).

Em outras palavras, a edição de súmulas guarda entre nós estrita relação com a própria função dos Tribunais Superiores, no sentido de garantir a autoridade e a uniformidade interpretativa da Constituição e das Leis Federais. Sua finalidade é descongestionar os trabalhos de um Tribunal, simplificando e tornando mais célere o trabalho dos juízes na atividade jurisdicional. Além da celeridade, é certo que as súmulas contribuem com a previsibilidade das decisões judiciais, influenciando na realização de segurança jurídica e isonomia.

Diferente das súmulas, que têm condão persuasivo, as súmulas vinculantes são de observância obrigatória, vinculam diretamente os órgãos do Poder Judiciário e da Administração Pública. Outra peculiaridade da súmula vinculante é o procedimento de sua formação, que deve observar aos legitimados possibilidade de modulação de efeitos, quórum de 2/3 dos membros para a edição, revisão ou cancelamento.

93. Quais as competências do CNJ?

Conforme previsão da Constituição Federal (art. 103-B, §4º), o CNJ tem, em suma, competência de:

(i) controlar a atuação administrativa e financeira do Poder Judiciário;

(ii) zelar pelo cumprimento dos deveres e ética dos juízes;

(iii) processar e julgar procedimentos disciplinares dos juízes;

(iv) auxiliar na gestão do Poder Judiciário e na prestação dos seus serviços.

94. Qual é a composição do CNJ?

O CNJ é composto por 15 membros, indicados para o mandado de 2 anos, cabendo uma única recondução.

- Presidente do CNJ: Presidente do STF;
- Corregedor: 1 Ministro indicado pelo STJ;
- 1 Ministro indicado pelo TST;
- 1 Desembargador Estadual indicado pelo STF;
- 1 Juiz Estadual indicado pelo STF;
- 1 Desembargador do Trabalho indicado pelo TST;
- 1 Juiz do Trabalho indicado pelo TST;
- 1 Desembargador Federal indicado pelo STJ;
- 1 Juiz Federal indicado pelo STJ;
- 1 membro do Ministério Público Federal indicado pelo Procurador-Geral da República;
- 1 membro do Ministério Público Estadual indicado pelo Procurador-Geral da República, de nomes indicados previamente por cada MPE;

– 2 advogados indicados pela Confederação Federal da OAB;
– 2 cidadãos de notável conhecimento jurídico e reputação ilibada.

95. No contexto do ativismo judicial, o que se entende por instância contramajoritária?

O ativismo judicial é uma interpretação da função do Poder Judiciário na sociedade, a qual defende que essa parte do poder público deve agir de maneira ativa na implementação de direitos, como também cobrir a omissão dos demais Poderes, com o fim de garantir os direitos fundamentais e sociais.

Neste contexto, o Judiciário assume o trabalho de proteger o direito das minorias, com o objetivo de garanti-los mesmo que politicamente não seja popular o fazer; em virtude dessa postura, o judiciário assume uma posição contramajoritária, constituindo o conceito de instância contramajoritária.

96. Norma estadual pode estabelecer limites etários para o ingresso na magistratura?

Não, excelência.

Conforme recente julgado do STF (STF. Plenário. ADI 6794/CE, ADI 6795/MS e ADI 6796/RO, j. 24/09/2021), é inconstitucional norma estadual que estabelece limites etários para ingresso na magistratura. As disposições da LOMAN constituem um regime jurídico único para os magistrados brasileiros, ocorrendo violação ao art. 93 da Constituição Federal no caso de fixação de limites etários para o ingresso na magistratura por lei estadual

11. DO MINISTÉRIO PÚBLICO E DAS FUNÇÕES ESSENCIAIS À JUSTIÇA

97. Pode uma emenda constitucional suprimir a autonomia administrativa do Ministério Público?

Não, uma emenda constitucional que suprimisse a autonomia administrativa do Ministério Público representaria clara violação à cláusula pétrea da separação de Poderes, nos termos do artigo 60, § 4º, inciso III da Constituição Federal.

Pode-se inclusive considerar que a eliminação dessa autonomia também violaria as demais cláusulas pétreas, por ser o Ministério Público órgão fundamental na proteção da federação, do regime democrático e dos direitos e garantias fundamentais. Isto porque o Ministério Público foi concebido como órgão de atuação necessariamente autônoma, a fim de tutelar a ordem jurídica, o regime democrático e os interesses sociais e individuais indisponíveis.

Ademais, o próprio *caput* do artigo 127 garante que o Ministério Público é instituição permanente, essencial à função jurisdicional do Estado.

Além disso, o próprio STF já reconheceu o caráter fundamental da autonomia do Ministério Público. Nesse sentido, *vide* a ADIN 2513, da qual se destaca trecho do voto do relator Ministro Celso de Mello:

> *"A outorga constitucional de autonomia, ao Ministério Público, traduz um natural fator de limitação dos poderes dos demais órgãos do Estado, notadamente daqueles que se situam no âmbito institucional do Poder Executivo".*

98. Qual o objetivo da independência funcional do Ministério Público?

A independência funcional do Ministério Público tem amplo objeto de tutela, estando relacionada à defesa da ordem jurídica, do regime democrático e dos interesses sociais e individuais indisponíveis, nos termos do *caput* do artigo 127 da Constituição Federal.

99. Quais são os princípios institucionais do Ministério Público?

O § 1º do artigo 127 da Constituição Federal elenca três princípios institucionais do Ministério Público:

1) *Unidade*: o Ministério Público é uma instituição única, sendo suas divisões meramente funcionais, a fim de garantir maior eficiência e qualidade em sua atuação.

2) *Indivisibilidade*: trata-se de uma derivação lógica da unidade, devendo as manifestações dos seus membros e órgãos serem atribuídas à instituição como um todo, nada impedindo, por exemplo, que um membro substitua a atuação de outro no curso de uma ação judicial.

3) *Independência funcional*: o Ministério Público não se submete a nenhum poder hierárquico no exercício de suas funções, nem está atrelado a qualquer outra instituição, seja ao Executivo ou ao Judiciário.

A doutrina aponta ainda mais dois princípios institucionais:

4) *Promotor natural*: consiste na existência de um órgão independente do MP, previamente estabelecido e designado por critérios objetivos. Decorre do sistema constitucional e tem fundamento no devido processo legal, no direito de ser processado pela Autoridade competente (art. 5º, LIII, da CF) e na inamovibilidade.

5) *Princípio da federalização (da função eleitoral)*: relacionado ao Direito Eleitoral, consiste na ideia de a função de Ministério Público eleitoral, em

regra, é atribuída ao MPF, já que a Justiça Eleitoral é uma Justiça Federal especializada. Cumpre destacar que no Brasil NÃO há um MP eleitoral, mas sim um MP com função eleitoral.

100. O Presidente da República tem competência para indicar o Procurador-Geral da República fora da lista tríplice a ele apresentada?

A doutrina majoritária entende que sim, tendo em vista que a Constituição Federal não prevê a proposição de lista tríplice pelo Ministério Público para a nomeação do Procurador-Geral da República.

O disposto no artigo 128 da Constituição é apenas de que o Procurador-Geral será nomeado pelo Presidente da República dentre os integrantes da carreira maiores de trinta e cinco anos, devendo seu nome ser aprovado pela maioria absoluta dos membros do Senado.

O envio de lista tríplice, por sua vez, tem sido uma prática adotada pelo Ministério Público a fim de conferir mais autonomia, unicidade e representatividade à instituição.

101. A situação se repete quanto aos Procuradores-Gerais de Justiça dos Estados?

Não, tendo em vista que, no caso dos Procuradores-Gerais de Justiça dos Estados, a Constituição Federal prevê expressamente que a nomeação se dará pelo Chefe do Poder Executivo a partir de lista tríplice elaborada dentre integrantes da carreira, nos termos do art. 128, § 3º da CF.

102. Quais são as características do mandato dos procuradores-gerais? Tempo de duração? É possível a destituição?

As características do mandato dos procuradores são, primeiramente, o período de mandato. Tanto o Procurador-Geral da República quanto os Procuradores-Gerais dos Estados são nomeados para mandato de 2 anos, permitida a recondução.

Outra característica seria a destituição: o Procurador-Geral da República pode ser destituído pelo Presidente da República, desde que previamente autorizado pela maioria absoluta do Senado. Já os Procuradores-Gerais dos Estados podem ser destituídos por deliberação da maioria absoluta do Poder Legislativo, nos termos definidos por lei complementar.

103. Levando em conta os princípios da unidade e da indivisibilidade, de quem é a competência para resolver conflito de atribuições envolvendo membro MP Estadual e membro do MP Federal? E, conflito de atribuições, por exemplo, entre MP do Estado do Rio Grande do Sul e MP do Estado de Santa Catarina??

Trata-se de atribuição do Conselho Nacional do Ministério Público (CNMP), conforme recente mudança de entendimento e julgado do Supremo Tribunal Federal (2020). Principal fundamento é que não há hierarquia entre Ministério Público Estadual e Ministério Público da União (cujo chefe é o Procurador--Geral da República).

Ressalta-se que de 2016 até junho de 2020, o entendimento do STF é de que tal conflito caberia ao Procurador-Geral de República dirimir.

Ainda, destaca-se que até 2016, o entendimento majoritário é que seria dirimido o conflito pelo STF.

104. Quais as vedações impostas pela Constituição Federal para os membros da Magistratura e do Ministério Público?

Membros do Poder Judiciário (Art. 95, parágrafo único da CF)	**Membros do Ministério Público (Art. 128, § 5º, inc. II da CF)**
Exercício de qualquer outra função, salvo uma de magistério	Exercício de qualquer outra função **pública,** salvo uma de magistério. A CF veda expressamente também o exercício da advocacia e a participação em sociedade empresarial, na forma da lei.
Recebimento de custas ou participação em processos.	Recebimento de honorários, porcentagens ou custas processuais.
Não podem exercer atividades político-partidárias.	Não podem exercer atividades político-partidárias.
Recebimento de auxílios ou contribuições.	Recebimento de auxílios ou contribuições.
Membros do Poder Judiciário (Art. 95, parágrafo único da CF)	**Membros do Ministério Público (Art. 128, § 5º, inc. II da CF)**
Quarentena – o juiz ou membro do MP não pode exercer advocacia no juízo ou Tribunal do qual se afastaram pelo período de 3 anos após aposentadoria ou terem deixado o cargo.	Quarentena.

105. Lei estadual pode permitir que membros do Ministério Público de um Estado sejam removidos, mediante permuta, para Ministérios Públicos de outros Estados da Federação?

Não, excelência, essa lei seria inconsatitucional, por violação ao princípio do concurso público, além de afrontar o princípio federativo e a autonomia dos estados (arts. 1º; 25 e 60, § 4º, I) e ofender a autonomia e a independência do Ministério Público (arts. 128, § 5º e 129, § 4º).

Tal entendimento foi exarado pelo STF, em setembro de 2023, em sede de ADI de caso envolvendo Lei Complementar editada pelo Estado do Rio Grande do Norte.

***Aprofundamento*:**

Destacou a Suprema Corte o seguinte: "1. O caráter nacional do Ministério Público, considerado o regramento de observância obrigatória por todos os seus órgãos – Ministérios Públicos da União, dos Estados e do Distrito Federal – e respectivos membros, não se confunde com a existência de um único Ministério Público dos Estados, pois isso configuraria violação da forma federativa adotada pelo constituinte originário e da autonomia dos entes estaduais (CF, arts. 1º, 25 e 60, § 4º, I). 2. Compete privativamente ao Chefe de cada Ministério Público estadual eleger as unidades diretivas, elaborar os regimentos internos e deflagrar o processo legislativo para dispor sobre a organização, as atribuições e o estatuto do órgão (CF, art. 128, § 5º). 3. Inexistindo carreira única, comum a todos os Ministérios Públicos, da União, dos Estados e do Distrito Federal, a remoção por permuta nacional entre membros do Ministério Público dos Estados e entre esses e os do Ministério Público do Distrito Federal e Territórios constitui forma de ingresso em cargo diverso daquele para o qual aprovado o servidor em concurso público de provas e títulos, em inobservância ao disposto no art. 37, II, da Constituição Federal e ao enunciado vinculante n. 43 da Súmula." [ADI 6780, Relator(a): NUNES MARQUES, Tribunal Pleno, julgado em 04-09-2023, PROCESSO ELETRÔNICO DJe-s/n DIVULG 30-10-2023 PUBLIC 31-10-2023].

Atenção. Após esse julgado, foi promulgada a Emenda Constitucional nº 130/2023, que alterou o art. 93 da Constituição Federal para permitir a permuta entre juízes de direito vinculados a diferentes tribunais, norma que deve ser aplicável ao Ministério Público, em razão do previsto no art. 129, § 4º, da CF.

106. Lei estadual pode exigir a atuação do Ministério Público nas operações policiais de cumprimento de medidas possessórias de caráter coletivo, obrigando o *Parquet* a exercer uma espécie de controle e fiscalização?

Não, excelência, essa lei é inconstitucional,

Decidiu o STF, em caso envolvendo lei do Estado de Pernambuco, que a lei nesse sentido é inconstitucional por usurpar a prerrogativa legislativa conferida ao Procurador-Geral de Justiça e ofender a autonomia e a independência do Ministério Público (arts. 127, § 2º; e 128, § 5º, CF/88), sendo inconteste o vício de iniciativa, considerando que a lei é fruto de proposição legislativa de origem parlamentar [ADI 3238,

Relator(a): NUNES MARQUES, Tribunal Pleno, julgado em 28-08-2023, PROCESSO ELETRÔNICO DJe-s/n DIVULG 19-09-2023 PUBLIC 20-09-2023].

107. Seria constitucional dispositivo de lei orgânica estadual que dispensasse a formação de lista tríplice para nomeação do Procurador-Geral do Ministério Público junto ao Tribunal de Contas estadual?

Sim, lei nesse sentido é constitucional, conforme decidido recentemente pelo STF em caso envolvendo lei do Estado do Amazonas [ADI 4427, Relator(a): ROSA WEBER, Tribunal Pleno, julgado em 04-09-2023, PROCESSO ELETRÔNICO DJe-s/n DIVULG 11-09-2023 PUBLIC 12-09-2023].

***Aprofundamento*:**

Segundo o STF: "2. O objeto de controle da presente ação direta de inconstitucionalidade permanece o art. 112 da Lei 2.423/1996 (Lei Orgânica do Tribunal de Contas do Estado do Amazonas – LOTCE/AM), com as alterações posteriores, que foram meramente terminológicas, sem acarretar alteração substancial do ato normativo questionado. Ausência de prejuízo ao exame do mérito. 3. Esta Casa encerrou controvérsia jurídico-constitucional, de modo a consagrar, de forma definitiva, a integração do Ministério Público especial à intimidade estrutural do Tribunal de Contas, ou seja, o Parquet de Contas está intrinsecamente vinculado ao próprio Tribunal de Contas perante o qual oficia. Precedentes. 4. Este Supremo Tribunal Federal, ao analisar o art. 130 da Constituição da República, compreende extensível aos membros do Ministério Público de Contas apenas as garantias subjetivas inerentes aos membros do Parquet comum. Precedentes. 5. O termo investidura inscrito no art. 130 da Constituição Federal faz referência à forma como o membro do Parquet de Contas ingressa na carreira, estabelecendo o vínculo jurídico-administrativo originário com a Instituição. 6. Para ingresso na carreira de membro do Ministério Público especial junto ao Tribunal de Contas, aplica-se o disposto no art. 129, § 3º, da Carta Política, motivo pelo qual necessária a realização de concurso público de provas e títulos, com participação da OAB em todas as fases, com a exigência de bacharelado em Direito e três anos de atividade jurídica e observância, nas nomeações, da ordem de classificação. 7. Cabe aos Estados-membros, no desempenho de sua autonomia político-administrativa, a definição quanto à forma de indicação do Procurador-Geral do Ministério Público junto ao Tribunal de Contas. Aplicação da mesma ratio subjacente ao julgamento da ADI 5.692/CE, de minha relatoria, Tribunal Pleno, j. 16.11.2021, DJe 13.12.2021, no qual decidido sobre a eleição para os cargos diretivos do Tribunal de Contas. 8. Ausente, no texto constitucional, qualquer norma que disponha sobre o método de escolha do Procurador-Geral do Ministério Público junto ao Tribunal de Contas, a evidenciar a liberdade de conformação do legislador ordinário [julgado citado].

108. Constituição Estadual pode exigir que o Procurador-Geral do Estado seja obrigatoriamente um membro da carreira?

Sim, excelência, eventual norma nesse sentido é constitucional, não sendo a regra estabelecida no art. 131, § 1º, da CF/88, para a escolha do Advogado-Geral da União, aplicável aos Estados-membros por simetria.

***Aprofundamento*:**

Ressalta-se que em recente caso, envolvendo a Constituição do Estado do Rio Grande do Norte, o STF fixou a seguinte tese: "não ofende a Constituição Federal a previsão, em ato normativo estadual, de obrigatoriedade de escolha do Procurador-Geral do Estado entre os integrantes da respectiva carreira." [STF. Plenário. ADI 3.056, Rel. Min. Nunes Marques, Relator p/ Acórdão Min. Luís Roberto Barroso, julgado em 25/09/2023 (Info 1109)].

12. CONTROLE DE CONSTITUCIONALIDADE

109. No Brasil existe controle de constitucionalidade preventivo? Haveria possibilidade de controle preventivo a ser realizado pelo Poder Judiciário?

Sim, em regra, o controle de constitucionalidade preventivo no Brasil é realizado politicamente pelos Poderes Legislativo e Executivo.

Um exemplo seria a Comissão de Constitucionalidade e Justiça, no Congresso Nacional, que pode dar parecer pela inconstitucionalidade de determinado projeto de lei. Também o Presidente da República pode vetar determinado projeto de lei alegando inconstitucionalidade.

A hipótese tradicionalmente citada pela doutrina de controle judicial preventivo de constitucionalidade seria uma proposta de emenda constitucional ou projeto de lei que tramite violando regras constitucionais sobre processo legislativo, ocasião em que, via MS, o judiciário poderia realizar o controle da legitimidade do processo legislativo.

110. Em que cenário o exercício de controle de constitucionalidade abstrato pode ser realizado por meio de ADPF?

A ADPF é o instrumento processual adequado para se questionar a constitucionalidade abstrata de leis que não podem ser questionadas por ADIs. Trata-se do caráter subsidiário das ADPFs, que podem ser utilizadas para questionar, por exemplo:

(i) leis promulgadas antes da Constituição de 1988.

(ii) leis estaduais e municipais.

111. Caso determinada decisão em sede de controle abstrato de constitucionalidade coloque em risco a segurança jurídica de várias relações jurídicas já concretizadas, qual a atitude a ser tomada pelo tribunal?

O tribunal deve modular os efeitos da decisão, a fim de proteger a segurança jurídica dos efeitos já concretizados pela lei que foi declarada inconstitucional.

Aprofundando: a Modulação de Efeitos

A declaração de constitucionalidade é o reconhecimento de que determinada norma é nula diante da Constituição, tendo em vista sua inadequação a esta. Desta forma, os efeitos da declaração de inconstitucionalidade de uma norma são *ex tunc,* visto que se trata do reconhecimento de que esta nunca pertenceu ao ordenamento jurídico, pois inconstitucional.

Contudo, declarar a nulidade de lei que foi efetivamente aplicada por tempo considerável pode gerar imensa insegurança jurídica. Neste sentido, o artigo 27 da Lei 9.868 de 1999, que dispõe sobre a Ação Direta de Inconstitucionalidade, trouxe a previsão de que o Supremo Tribunal Federal, por maioria de dois terços dos seus membros, poderia restringir os efeitos de declaração de inconstitucionalidade, tendo em vista razões de segurança jurídica e excepcional interesse social.

Trata-se da denominada modulação de efeitos, em que o tribunal fixa um marco temporal para delimitar a inconstitucionalidade da lei, convalidando os efeitos já produzidos por ela até este marco.

Modulação de efeitos

Requisitos formais	Aprovação por maioria de 2/3 dos Ministros
Requisitos materiais	Razões de segurança jurídica ou excepcional interesse social
O que faz	Restringe os efeitos de declaração de inconstitucionalidade

112. O que é interpretação conforme a Constituição?

A interpretação conforme a Constituição é uma técnica de interpretação constitucional importada do direito alemão e muito utilizada pelo STF no controle abstrato de constitucionalidade. Baseia-se na ideia de que determinado dispositivo legislativo só pode ser considerado constitucional se receber determinada interpretação, a qual se denomina interpretação conforme a Constituição. Nesse sentido, o pedido é declarado parcialmente procedente, de modo que o dispositivo legal passa a ter a interpretação dada pela corte, pois esta é a única capaz de lhe salvar da inconstitucionalidade.

Tal técnica foi disposta expressamente na Lei 9.868, de 1999, que trata sobre as ações diretas de inconstitucionalidade:

"Art. 28, Parágrafo único. A declaração de constitucionalidade ou de inconstitucionalidade, inclusive a interpretação conforme a Constituição e a declaração parcial de inconstitucionalidade sem redução de texto, têm eficácia contra todos e efeito vinculante em relação aos órgãos do Poder Judiciário e à Administração Pública federal, estadual e municipal".

União homoafetiva e a interpretação conforme:
Um exemplo de grande relevância no cenário jurídico brasileiro é o julgamento da ADPF 132, que questionava a constitucionalidade do não reconhecimento da união estável em casal homoafetivo. No caso, foi dada interpretação conforme a Constituição ao artigo 1.723 do Código Civil, passando este a ser interpretado de forma a incluir também a união estável entre pessoas do mesmo sexo, apesar do texto legal dispor que a união estável ocorre entre homem e mulher.

"Art. 1.723. É reconhecida como entidade familiar a união estável entre o homem e a mulher, configurada na convivência pública, contínua e duradoura e estabelecida com o objetivo de constituição de família".

113. E qual a diferença entre interpretação conforme e declaração de inconstitucionalidade parcial sem redução de texto?

A interpretação conforme busca declarar uma interpretação possível que salve o dispositivo legal de sua inconstitucionalidade. A declaração de inconstitucionalidade parcial sem redução de texto, por sua vez, identifica uma interpretação que não pode ser dada ao dispositivo, pois esta é inconstitucional.

Interpretação Conforme	Inconstitucionalidade parcial sem redução de texto
Pedido julgado parcialmente procedente	Pedido julgado parcialmente procedente
Mais de uma interpretação possível	Mais de uma interpretação possível
O dispositivo só é constitucional se interpretado de determinada maneira	O dispositivo não é constitucional se interpretado de determinada maneira
Define a interpretação constitucional	Exclui a interpretação inconstitucional

114. Pode-se afirmar que a resolução do CNMP pode ser questionada por Ação Direta de Inconstitucionalidade?

O Supremo Tribunal Federal entendeu ser a Resolução editada pelo CNMP um ato normativo de caráter primário, geral e abstrato, de forma que cabe ação direta de inconstitucionalidade para questionar sua inconstitucionalidade, seja material ou formal (ADI 4263).

115. E decreto regulamentar de lei também pode ser questionado por Ação Direta de Inconstitucionalidade?

Neste caso, em regra, não é cabível ação direta de inconstitucionalidade, tendo em vista que se trata de ato normativo secundário. Seu controle, portanto, seria de legalidade. Caso distinto seria, por exemplo, o de um decreto autônomo.

Aprofundamento:

A ação direta de inconstitucionalidade é cabível contra lei, no sentido do artigo 59 da Constituição Federal, ou ato normativo.

1) Lei: emenda constitucional, lei complementar, lei ordinária, lei delegada, medida provisória, decreto legislativo e resolução.
2) Ato normativo: atos revestidos de caráter normativo primário, genérico e impessoal.
   (i) Obs. 1: Não cabe ADI, contudo, contra atos normativos de efeitos concretos, isto é, que se exaurem no momento de sua edição, com objeto determinado e destinatário certo, consolidando-se como verdadeiros atos administrativos. Cita-se, como exemplo, as leis orçamentárias, consideradas leis meramente formais.
   (ii) Obs. 2: Cabe ADI contra atos administrativos normativos de caráter genérico, abstrato e impessoal.
   (iii) Obs. 3: Não cabe ADI contra súmulas de jurisprudência.

Ação direta de inconstitucionalidade

Cabe (em regra)	Não cabe (em regra)
Decreto autônomo	Decreto regulamentar
Resoluções de órgãos quando atos normativos primários, abstratos e genéricos (ex: Resolução do CNJ, CNMP, TSE)	Súmula de jurisprudência
Emenda à Constituição, lei ordinária, lei complementar, lei delegada, resolução do Senado, decreto legislativo e medidas provisórias	Atos normativos de efeito concreto (ex: leis orçamentárias)
Outros atos normativos primários, abstratos e genéricos.	Leis e atos normativos municipais, bem como distritais no exercício da competência legislativa municipal

116. O Tribunal de Contas da União possui competência para realizar controle de constitucionalidade de alguma forma?

O tema é questão controversa na doutrina, como também na jurisprudência. O STF, na súmula 347, assumiu que: o Tribunal de Contas, no exercício de suas atribuições, pode apreciar a constitucionalidade das leis e dos atos do Poder Público.

Contudo, tal súmula possui conflitos mesmo nos precedentes do STF. Em liminar em mandado de segurança no fim de 2017, por exemplo, o ministro Alexandre de Moraes decidiu que não cabe ao TCU deixar de aplicar lei por considerá-la inconstitucional, tendo em vista que a Súmula 347 foi editada antes da Constituição Federal de 1988 e, portanto, com ela não é compatível.

Nesse mesmo sentido, os Mandados de Segurança (MS) 35410, 35490, 35494, 35498, 35500, 35836, 35812 e 35824, julgados em 2021.

Em decisões mais antigas, o plenário da corte, como em decisão no final de 2016, decidiu que órgãos de controle administrativo têm o poder implicitamente atribuído de deixar de aplicar norma por entendê-la inconstitucional.

117. Norma originariamente prevista na constituição pode ser declarada inconstitucional? Qual a razão?

A inconstitucionalidade originária se dá quando uma lei ou ato normativo é editado após o início da vigência de uma constituição, contrariando-a. Quando a norma é preexistente à vigência da constituição, ela poderá ou não ser recepcionada, na medida em que seja compatível ou incompatível com a nova constituição, respectivamente.

Todavia, uma norma constitucional originária não poderá ser declarada inconstitucional pois o Brasil não adota a teoria das normas constitucionais inconstitucionais.

O texto constitucional é uno, não apenas um conjunto de normas compiladas, mas uma estrutura jurídico-normativa que sujeita todo o ordenamento jurídico. Sendo todas as normas constitucionais originárias decorrentes da manifestação do Poder Constituinte originário, não haveria sentido em valorar distintamente umas em detrimento de outras. Do contrário, estaria sendo vulnerado o princípio da unicidade da Constituição, que informa a interpretação constitucional da relevância do contexto e da congruência do sistema constitucional.

118. Ao apreciar inconstitucionalidade em controle difuso, ficaria o Supremo Tribunal Federal vinculado à cláusula de reserva de plenário?

Ao considerar que a função precípua do STF é a de garantir a supremacia da Constituição e a segurança jurídica, evitando decisões conflitantes de suas Turmas sobre a validade de dispositivos constitucionais, o que ocasiona enorme instabilidade, além de tratamento desigual para pessoas em situações iguais, entende-se que sim, a corte ficaria vinculada à cláusula de reserva de plenário.

No entanto, deve-se pontuar que existe um precedente da 2ª Turma do STF no qual a Min. Ellen Gracie afirma expressamente que a cláusula da reserva de plenário não se aplica ao STF. Segundo esse posicionamento, o STF exerce, por excelência, o controle difuso de constitucionalidade quando do julgamento do recurso extraordinário, tendo os seus colegiados fracionários competência regimental para fazê-lo sem ofensa ao art. 97 da Constituição Federal.

119. Quais os pressupostos presentes na cautelar em Ação Declaratória de Inconstitucionalidade?

Segundo os termos do art. 10 da Lei 9.868/1999, Excelência, "a medida cautelar na ação direta será concedida por decisão da maioria absoluta dos membros do Tribunal, observando o disposto no art. 22, após a audiência dos órgãos ou autoridades dos quais emanou a lei ou ato normativo impugnado, que deverão prenunciar-se no prazo de cinco dias".

A medida cautelar na ADI segue os mesmos fundamentos do processo civil: *fumus boni iuris* e *periculum in mora*, sendo concedida pelo pleno.

A exceção à necessidade de audiência da autoridade da qual emanou a lei impugnada, ou seja, a concessão de medida cautelar inaudita altera partes, está contida no § 3º do art. 10 da Lei 9.868/1999:

> "Em caso de excepcional urgência, o Tribunal poderá deferir a medida cautelar sem a audiência dos órgãos ou das autoridades das quais emanou a lei ou o ato normativo impugnado".

O efeito da cautelar é *ex nunc* e *erga omnes*, por questões de segurança jurídica, uma vez que se discute a constitucionalidade de lei ou ato normativo cujos efeitos da aplicação podem já ter alcançado diversos indivíduos e a coletividade, tendo em vista que o mérito ainda não foi julgado. Nesse sentido, a concessão da cautelar apenas suspende a lei ou o ato normativo até o julgamento final da ADI.

120. O que seria o caráter subsidiário da Arguição de Descumprimento de Preceito Fundamental?

O caráter subsidiário da ADPF está previsto no art. 4º, § 1º, da Lei 9.882/99, "não será admitida arguição de descumprimento de preceito fundamental quando houver qualquer outro meio eficaz de sanar a lesividade".

Na ADPF 128 o STF entendeu que meio igualmente eficaz é aquele que possui a mesma efetividade, imediaticidade e amplitude da ADPF. Nessa ADPF, questionou-se Súmula Vinculante através de ADPF. O STF entendeu que a Súmula Vinculante possui ação própria para ser questionada (ação de revisão ou cancelamento de súmula), assim, não é cabível ADPF.

121. O que é controle de convencionalidade?

Trata-se do "processo de compatibilização vertical das normas domésticas com os comandos encontrados nas convenções internacionais de direito humanos."

À medida que os tratados de direitos humanos ou são materialmente constitucionais ou material e formalmente constitucionais, é lícito entender que o clássico *controle de constitucionalidade* deve agora dividir espaço com esse novo tipo de controle (*de convencionalidade*) da produção e aplicação da normatividade interna.

A consequência desse novo controle é que a partir desse momento toda lei que está no patamar inferior que for contrária aos tratados mais favoráveis não possui validade. Cria-se então um novo conceito de dupla compatibilidade vertical material, ou seja, toda lei ordinária, para ser válida, deve contar com dupla compatibilidade vertical material com a CF/88, assim como com os tratados de direitos humanos.

122. As Normas Programáticas originariamente previstas na constituição pelo poder constituinte originário podem ser declaradas inconstitucionais?

A inconstitucionalidade originária se dá quando uma lei ou ato normativo é editado após o início da vigência de uma constituição, contrariando-a. Quando a norma é preexistente à vigência da constituição, ela poderá ou não ser recepcionada, na medida em que seja compatível ou incompatível com a nova constituição, respectivamente.

Todavia, uma norma constitucional originária não poderá ser declarada inconstitucional pois o Brasil não adota a teoria das normas constitucionais inconstitucionais.

O texto constitucional é uno, não apenas um conjunto de normas compiladas, mas uma estrutura jurídico-normativa que sujeita todo o ordenamento jurídico. Sendo todas as normas constitucionais originárias decorrentes da manifestação do Poder Constituinte originário, não haveria sentido em valorar distintamente umas em detrimento de outras. Do contrário, estaria sendo vulnerado o princípio da unicidade da Constituição, que informa a interpretação constitucional da relevância do contexto e da congruência do sistema constitucional.

123. Qual é o conceito de fossilização da Constituição?

Tal conceito jurídico se encontra no contexto do efeito vinculante presente nos remédios constitucionais da ADC e da ADI. O efeito vinculante, ou seja, a força do Poder Judiciário de obrigar uma decisão não se aplica ao Poder Legislativo.

Essa não aplicação ocorre em virtude do argumento de que seria uma invasão do princípio da divisão dos três Poderes impor ao Poder Legislativo a matéria sobre o qual legislar.

Assim, pode-se perceber que em virtude da capacidade de ignorar o efeito vinculante do Poder Legislativo é possível um cenário em que há uma petrificação da evolução social, em que o Legislativo não agirá para resolver uma fundamental pendência para a sociedade pois não pode ser obrigado a tal pelo Poder Judiciário. Esse cenário é conhecido como fossilização da Constituição.

124. É recorrível a decisão do Relator que admite ou inadmite o ingresso do "amicus curiae"?

Não, excelência. Recentemente, o Supremo Tribunal Federal decidiu que "é *irrecorrível a decisão na qual o relator indefere pedido de ingresso de* amicus curiae *na ação.*" (ADO 70 AgR, Relator: DIAS TOFFOLI, Tribunal Pleno, julgado em 04/07/2022).

13. AÇÕES CONSTITUCIONAIS

125. Seria possível ajuizar uma ação civil pública para proibir o Estado de encarcerar mais presos do que seu limite em uma unidade prisional?

Sim, é possível ajuizar tal ação tendo como base a proteção dos direitos fundamentais dos presos, em especial sua integridade física e moral, tal como disposto no inciso XLIX do artigo 5º da Constituição Federal.

É claro o risco que se tem de que tais direitos sejam violados em situação de superlotação de presídios, tal como tem sido frequentemente noticiado.

Aprofundamento:

(i) O STF já reconheceu a responsabilidade civil do Estado por danos aos detentos sob a custódia do estabelecimento prisional estatal (RE 841.526/RS).

(ii) Também na jurisprudência do STF se encontra decisão que reconhece que o sistema carcerário brasileiro está num estado inconstitucional de coisas, por conta das sucessivas violações de direitos humanos advindos da superlotação dos presídios (ADPF 347).

(iii) O STF também declarou ser constitucional a imposição pelo Poder Judiciário de que a Administração Pública promova obras emergenciais em estabelecimentos prisionais a fim de proteger a integridade física e moral dos detentos (RE 592581).

A ação civil pública: Válido ainda ressaltar que a ação civil pública é instrumento adequado para este tipo de situação, visto que se trata de instrumento apto tanto para tutela de direitos difusos, quanto coletivos e individuais homogêneos, inclusive cumulativamente.

126. Quais são as ações processuais cabíveis para determinar a omissão legislativa?

Nesta situação de omissão, a fim de combater a síndrome de inefetividade das normas constitucionais, são cabíveis a Ação Declaratória de Inconstitucionalidade por Omissão ou Mandado de Injunção, a depender das particularidades do caso.

Aprofundamento:

Ação Declaratória de Inconstitucionalidade Por Omissão

- Tem como objeto alguma omissão legislativa inconstitucional, isto é, o caso de alguma norma constitucional de eficácia limitada que exige a edição de lei que, contudo, ainda não foi editada.
- Os legitimados para propor uma ADI por Omissão são os mesmos legitimados do artigo 103 da Constituição Federal para propor ADI.
- O controle de constitucionalidade se dá de maneira abstrata, não havendo a necessidade de provar a existência de algum dano concreto, bastando se provar a omissão.
- É sempre impetrado no STF.

Mandado de Injunção

- Tem como objeto alguma omissão legislativa que provoque a impossibilidade de que o indivíduo exerça algum direito constitucional;
- Qualquer pessoa física ou jurídica é legitimada para propor, desde que comprove impossibilidade de exercer algum direito constitucional;
- O controle se dá diante de um caso concreto em que a omissão legislativa provoque dano ao exercício de algum direito constitucional;
- O Tribunal julgador depende da autoridade que pratica a omissão.

Ação	ADI por Omissão	Mandado de Injunção
Objeto	Norma constitucional de eficácia limitada para qual não foi editada a lei exigida para concretude dos efeitos constitucionais.	Impossibilidade de exercício de algum direito ou garantia constitucional por conta de omissão legislativa
Depende de	Omissão em abstrato	Dano no caso concreto
Legitimados	Legitimados para propor ADI (art. 103 da CF)	Qualquer pessoa física ou jurídica
Julgador	STF	Depende da omissão

127. Quais são as teorias para os efeitos da decisão judicial em Mandado de Injunção?

Os efeitos de decisão que, em Mandado de Injunção, reconhecem a existência de omissão legislativa que impede exercício de direito constitucional são objeto de amplo debate na doutrina. De forma geral, os distintos posicionamentos da doutrina podem ser classificados em:

Teoria Concretista: Reconhecida a omissão, cabe ao Poder Judiciário definir a norma a ser aplicada para permitir o exercício do direito constitucional impedido, até que o Poder Legislativo edite a devida lei.

- Concretista geral: a decisão do Poder Judiciário passa a valer para todas as situações que a omissão afete (efeito *erga omnes*).
- Concretista individual: a decisão do Poder Judiciário vale apenas para o caso específico em que o mandado de injunção foi impetrado (efeito *inter partes*).

Teoria Não Concretista: Reconhecida a omissão, cabe ao Poder Judiciário apenas comunicador o órgão competente para que a referida norma seja editada.

Jurisprudência do STF: o STF vinha adotando a teoria não concretista, mas, diante do caso de omissão legislativa sobre o direito de greve dos servidores públicos, a corte reconheceu a omissão e determinou que fosse aplicada a lei vigente para o setor privado até que o Poder Legislativo regulamentasse a situação (Mandados de Injunção 670, 708 e 712). Nesse sentido, tal caso abriu precedentes para que a teoria concretista geral fosse adotada pela corte.

Disposição legal: em 2016, contudo, foi editada a Lei nº 13.300/16, regulamentando os efeitos de decisão em Mandado de Injunção. Nesse sentido, o artigo 8º definiu que:

> *"Art. 8º Reconhecido o estado de mora legislativa, será deferida a injunção para:*
>
> *I – determinar prazo razoável para que o impetrado promova a edição da norma regulamentadora;*
>
> *II – estabelecer as condições em que se dará o exercício dos direitos, das liberdades ou das prerrogativas reclamados ou, se for o caso, as condições em que poderá o interessado promover ação própria visando a exercê-los, caso não seja suprida a mora legislativa no prazo determinado".*

Foi adotada, assim, o que se denomina como ***posição concretista individual intermediária***, ou seja, o estado de mora legislativa é reconhecido e comunicado ao órgão competente, estabelecendo-se um prazo para que a norma seja editada. Ademais, caso o prazo não seja cumprido, o Poder Judiciário estabelece as condições em que se dará provisoriamente o exercício do direito constitucional impedido.

Pode-se dizer, assim, Excelência, que há uma posição jurisprudencial no STF que aceita em determinadas circunstâncias a teoria concretista geral e uma posição legislativa que adota a posição concretista individual intermediária.

Mandando de Injunção

Concretista geral	**Concretista individual**	**Concretista individual intermediária**	**Não concretista**
Judiciário define a norma a ser aplicada.	Judiciário define a norma a ser aplicada.	Judiciário fixa prazo para que a norma seja editada, e define qual norma deve ser aplicada caso o prazo não seja cumprido.	Judiciário apenas comunica o órgão da existência da omissão.
Efeito *erga omnes*	Efeito *inter partes*	Efeito *inter partes*	–
Posição adotada pelo STF no caso de greve dos servidores públicos	–	Posição adotada pela Lei nº 13.300/16	Posição tradicionalmente adotada pelo STF

Revisão:

128. Candidato, a ação civil pública pode-se reputar-se como instrumento de controle de constitucionalidade das leis ou atos normativos do Poder Público.

Excelência, a ação civil pública, consagrada no texto constitucional entre as funções institucionais do Ministério Público (art. 129, III, CF), pode ser utilizada como instrumento de controle difuso/concreto de constitucionalidade das leis ou atos normativos do Poder Público, mas isto desde que a controvérsia constitucional questionada não figure como pedido da ação manejada.

No âmbito da ação civil pública, não pode ser objeto do pedido formulado, sob pena de a actio ser empregada como sucedâneo da ação direta de inconstitucionalidade controle concentrado/abstrato hipótese em que, ante a usurpação da competência do Supremo Tribunal Federal, caberá reclamação constitucional.

14. DA DEFESA DO ESTADO E DAS INSTITUIÇÕES DEMOCRÁTICAS

129. Quais são os pressupostos para a decretação de Estado de Defesa?

A decretação de Estado de Defesa, nos termos do artigo 136 da Constituição Federal, passa pela ocorrência de pressupostos formais e materiais:

Pressupostos materiais:

(i) grave e iminente instabilidade institucional; OU

(ii) calamidade de grandes proporções na natureza.

Pressupostos formais:

(i) Oitiva do Conselho da República e do Conselho de Defesa Nacional (parecer apenas consultivo); E

(ii) Decretação pelo Presidente da República com posterior aprovação por maioria absoluta do Congresso Nacional; E

(iii) Previsão de 30 dias no máximo, podendo ser prorrogado uma única vez por mais 30 dias; E

(iv) Especificação das áreas abrangidas;

(v) Indicação das medidas coercitivas: restrição aos direitos de reunião, sigilo de correspondência, sigilo de comunicação e ocupação e uso temporário de bens e serviços públicos.

130. Quais são os pressupostos materiais e formais da decretação do Estado de Sítio?

Pressupostos materiais: o Estado de Sítio pode ser decretado nos casos de:

(i) Comoção grave de repercussão nacional; OU

(ii) Ineficácia da medida tomada durante o Estado de Defesa; OU

(iii) Estado de guerra ou agressão armada estrangeira.

Pressupostos formais:

(i) Oitiva do Conselho da República e do Conselho de Defesa Nacional;

(ii) Solicitação de autorização ao Congresso Nacional ou, no caso de recesso, de seu referendo;

(iii) Autorização pelo Congresso, por maioria absoluta;

(iv) Decreto do Presidente indicando o prazo de duração, as medidas necessárias e as garantias constitucionais que poderão ser suspensas.

No caso de comoção grave e de ineficácia do Estado de Defesa, são possíveis as seguintes restrições:

I – obrigação de permanência em localidade determinada;

II – detenção em edifício não destinado a acusados ou condenados por crimes comuns;

III – restrições relativas à inviolabilidade da correspondência, ao sigilo das comunicações, à prestação de informações e à liberdade de imprensa, radiodifusão e televisão, na forma da lei;

IV – suspensão da liberdade de reunião;

V – busca e apreensão em domicílio;

VI – intervenção nas empresas de serviços públicos;

VII – requisição de bens.

Prazo de duração de duração: 30 dias, prorrogáveis por mais 30, exceto no caso de estado de guerra.

Sistema Constitucional de Crise

Estado de Defesa	Estado de Sítio
(i) grave e iminente instabilidade institucional; (ii) calamidade de grandes proporções na natureza.	(i) Comoção grave de repercussão nacional; (ii) Ineficácia da medida tomada durante o Estado de Defesa; (iii) Estado de guerra ou agressão armada estrangeira.

131. Pode a Constituição Estadual disciplinar sobre intervenção estadual de forma diferente das regras previstas na Constituição Federal?

*Não, excelência. Segundo o Supremo Tribunal Federal, "é inconstitucional a norma de constituição estadual que estabeleça hipótese de intervenção estadual no município inédita em relação ao rol taxativo do art. 35 da Constituição por violação do princípio da autonomia do ente federativo municipal." (*ADI 6619, Relator: GILMAR MENDES, Tribunal Pleno, julgado em 24/10/2022, PROCESSO ELETRÔNICO DJe-219 DIVULG 28-10-2022 PUBLIC 03-11-2022*).*

132. As guardas municipais são órgãos de segurança pública? Integram o Sistema Único de Segurança Pública (SUSP)?

Sim, excelência. O quadro normativo constitucional e jurisprudencial da Suprema Corte em relação às Guardas Municipais permite concluir que estas são órgãos de segurança pública, integrante do Sistema Único de Segurança Pública (SUSP).

***Aprofundamento*:**

Ressaltou o STF o seguinte: "É evidente a necessidade de união de esforços para o combate à criminalidade organizada e violenta, não se justificando, nos dias atuais da realidade brasileira, a atuação separada e estanque de cada uma das Polícias Federal, Civis e Militares e das Guardas Municipais; pois todas fazem parte do Sistema Único de Segurança Pública. (...) Essa nova perspectiva de atuação na área de segurança pública, fez com que o Plenário desta Suprema Corte, no julgamento do RE 846.854/SP, reconhecesse que as Guardas Municipais executam atividade de segurança pública (art. 144, § 8º, da CF), essencial ao atendimento de necessidades inadiáveis da comunidade (art. 9º, § 1º, da CF)" [ADPF 995, Relator(a): ALEXANDRE DE MORAES,

Tribunal Pleno, julgado em 28-08-2023, PROCESSO ELETRÔNICO DJe-s/n DIVULG 06-10-2023 PUBLIC 09-10-2023].

133. Pode uma lei estadual prever a designação de policiais militares da reserva remunerada para a realização de tarefas por prazo certo na Administração Pública?

Sim, em um caso recente envolvendo norma do Estado do Maranhão, entendeu o STF constitucional a norma estadual que permite o aproveitamento transitório e por prazo certo de policiais militares da reserva remunerada em tarefas relacionadas ao planejamento e assessoramento no âmbito da Polícia Militar ou para integrarem a segurança patrimonial em órgão da Administração Pública, não caracterizando investidura em cargo público nem formação de novo vínculo jurídico concomitante com a inatividade.

***Aprofundamento*:**

Ressaltou a Suprema Corte que "a designação para a prestação de tarefa por prazo certo, prevista na legislação maranhense, guarda muita semelhança com o instituto da prestação de tarefa por tempo certo, existente na legislação militar federal. Cuida-se de instrumento atípico de gestão de pessoal da Administração Castrense, o qual visa, precipuamente, ao aproveitamento das habilidades e expertises dos militares em inatividade, podendo vir a suprir, circunstancialmente, a carência de efetivo na organização militar" (arts. 37, II, XVI e § 10; e 42, § 3º, CF/88) [ADI 3663, Relator(a): DIAS TOFFOLI, Tribunal Pleno, julgado em 22-08-2023, PROCESSO ELETRÔNICO DJe-s/n DIVULG 06-10-2023 PUBLIC 09-10-2023].

134. Uma Constituição Estadual pode trazer disposição no sentido de que o corpo de bombeiros terá competência para realizar perícias de incêndios e explosões?

Sim. Em caso envolvendo nmorma da Constituição do Estado do Espírito Santo, o STF decidiu ser constitucional norma da Constituição Estadual que atribui ao Corpo de Bombeiros Militar (CBM) competência para a coordenação e execução de perícias de incêndios e explosões em local de sinistros. Contudo, essa competência não pode ser exclusiva, sob pena de prejudicar a atuação das polícias civis na apuração criminal de fatos que envolvam incidentes dessa natureza, Importante observar que tal regulamentação não diz respeito ao todo do direito processual, nem destoa da legislação federal ou lhe nega vigência.

***Aprofundamento*:**

Destacou o Pretório Excelso que seria inconstitucional essa lei estadual se ela conferisse a atribuição exclusiva ao Corpo de Bombeiros Militar para a realização de perícias em locais de incêndio ou explosão [ADI 2776, Relator(a): NUNES MARQUES, Tribunal Pleno, julgado em 12-09-2023, PROCESSO ELETRÔNICO DJe-s/n DIVULG 25-09-2023 PUBLIC 26-09-2023].

2

DIREITO ADMINISTRATIVO

Glaucia Rodrigues Torres de Oliveira Mello

1. PRINCÍPIOS DO DIREITO ADMINISTRATIVO

1. De que maneira podemos relacionar a função administrativa e o princípio da separação de poderes?

De acordo com o art. 2º da Constituição, são Poderes da República, independentes e harmônicos entre si, o Legislativo, o Executivo e o Judiciário. Trata-se do dispositivo que agasalha em nosso ordenamento constitucional o princípio da separação dos poderes. Mas além da separação dos poderes em diferentes órgãos, temos ainda uma separação funcional nestes diferentes órgãos. Isso quer significar que a cada um desses poderes de Estado corresponde uma respectiva função: a função legislativa, função administrativa e função judiciária. Portanto, ideia da existência de diferentes funções de estado nada mais é do que uma decorrência do princípio da separação de poderes, inerente à ideia de Estado democrático de Direito. O núcleo essencial do princípio da separação dos poderes, portanto, compõem-se pela noção de separação orgânico-funcional. No constitucionalismo moderno, a separação dos poderes e os direitos fundamentais foram os dois mecanismos adotados para a criação de um Estado de direito. Por isso, hoje nossa Constituição consagra a existência de três poderes autônomos e independentes entre si. A cada um destes poderes corresponde uma função: legislativa, judiciaria e administrativa. Porém, não há uma exclusividade no exercício dessas funções de Estado por cada um dos Poderes, mas uma preponderância. O princípio da separação dos poderes dita que cada um dos poderes exercerá precipuamente determinada função. Significa dizer, existem as funções típicas (funções exercidas preponderantemente) e as funções atípicas de cada poder.

2. No que consiste a função administrativa?

A função administrativa ou executiva é a função típica atribuída ao Poder Executivo. Trata-se da atividade material da Administração Pública, que consiste basicamente na função de administrar e de aplicar as leis. Quando falamos em função ou atividade administrativa, adentramos no domínio daquilo que cabe à Administração Pública fazer. Dada a dificuldade de conceituação da função administrativa, a doutrina tem chegado a essa noção por meio de um critério residual: a função administrativa será aquela desempenhada pelo Estado, que não seja voltada à edição de leis ou à resolução jurisdicional de conflitos.

A doutrina divide a função administrativa em exógena e endógena. As funções administrativas exógenas são aquelas funções relacionadas à atividade-fim do estado, ou seja, as atividades relacionadas à prestação de serviços públicos, exercício do poder de polícia, fomento e intervenção do estado no domínio econômico. Já as funções administrativas endógenas são aquelas relacionadas às atividades-meio, como por exemplo a gestão interna dos servidores, bens e serviços. A despeito disto, devemos lembrar o poder executivo também tem a função atípica judicante e a função atípica legislativa. É o que ocorre, por exemplo, quando a administração julga um recurso administrativo ou quando edita um decreto regulamentar. Da mesma forma, o poder executivo atua na sua função atípica de legislar quando edita uma medida provisória ou uma lei delegada.

3. Em que consiste o princípio da legalidade administrativa?

O princípio da legalidade encontra-se expresso no artigo 37, caput, da Constituição, tratando-se de um dos princípios administrativos basilares, elementar ao Estado de Direito. Tradicionalmente, o princípio da legalidade administrativa admite duas acepções: legalidade como supremacia da lei e legalidade como reserva de lei.

A legalidade como *supremacia* da lei significa que a lei apenas *prevalece* sobre os atos administrativos, ideia essa diretamente relacionada à doutrina da *vinculação negativa*, de acordo com a qual a administração pode fazer tudo aquilo que não está lhe é vedado por lei. Já a legalidade como *reserva de lei* propugna que determinadas matérias devem necessariamente ser regulamentadas por meio de lei formal. Esta última acepção encontra-se ligada à ideia de *vinculação positiva* do administrador à lei, o que significa dizer que a administração pública só pode fazer aquilo que está autorizado na lei.

É possível afirmar que ainda é majoritária a clássica noção de legalidade como vinculação positiva da administração pública à lei. Conforme a célebre lição de Hely Lopes MEIRELLES: *"enquanto na administração particular é lícito fazer tudo que a lei não proíbe, na Administração Pública só é permitido fazer o que a lei autoriza"*[1].

4. O que se entende por juridicidade?

Sem prejuízo da clássica noção de legalidade administrativa, propõe-se uma releitura do princípio, mormente diante da constitucionalização do direito e da ascensão do pós-positivismo jurídico. A partir do momento em que passamos a reconhecer a força normativa das normas e princípios constitucionais, a lei deixa de ser o único parâmetro de validade da atuação do administrador. Ademais, não é crível conceber a atuação administrativa como uma cega aplicação das leis, sendo inegável haver margem para inovação e liberdade de atuação para o administrador. Para Diogo de Figueiredo Moreira Neto, o princípio da juridicidade corresponde ao que se enunciava como um princípio da legalidade se tomado em sentido amplo, ou seja, não se restringindo à mera subsunção à lei, como produto das fontes legislativas, mas de reverência a toda a ordem jurídica[2].

Em razão disso, a doutrina evolui para considerar que a Administração se encontra vinculada não somente à lei, mas ao direito como um todo. Nisso consiste o princípio da juridicidade, que se encontra hoje positivado no art. 2º, parágrafo único, I, da Lei 9.874/99. Em suma, tendo em vista o desenvolvimento do princípio da juridicidade, é possível dizer que a noção clássica de legalidade como uma vinculação positiva à lei encontra-se relativizada.

5. Discorra sobre o princípio da impessoalidade, pontuando seus principais aspectos.

O princípio da impessoalidade, previsto expressamente no art. 37, *caput*, da Constituição, determina que a Administração não pode conferir tratamento desigual àqueles que se encontram em situação idêntica. Trata-se, em última análise, de uma projeção setorial do princípio da isonomia. A doutrina destaca dois significados para a impessoalidade.

1. Direito Administrativo Brasileiro. 41ª Edição. Editora Malheiros. 2015. Pag. 91.
2. Moreira Neto, Diogo de Figueiredo. Curso de Direito Administrativo. 16ª Edição. Forense. Pag. 85.

Num primeiro aspecto, a impessoalidade pode ser compreendida no sentido de *isonomia ou igualdade*, sendo vedada a adoção de posturas discriminatórias ou desproporcionais para com os administrados, bem como a concessão de privilégios odiosos para uns em detrimento de outros. São corolários dessa ideia, por exemplo, as regras do *concurso público*, da *licitação* e *dos precatórios* (art. 100, CR).

Por outro lado, a impessoalidade pode ser compreendida no sentido da *proibição da promoção pessoal*, vedando que governantes se apropriem pessoal e individualmente de realizações atribuíveis ao poder público. O exemplo clássico deste aspecto da impessoalidade está no art. 37, § 1º, CR.

6. Discorra sobre os princípios da publicidade e da transparência, estabelecendo entre ele distinções e/ou paralelos.

O princípio da publicidade, previsto expressamente nos artigos 5º, XXXIII e 37, *caput*, da Constituição, impõe a divulgação e a transparência de todos os atos do poder público. A publicidade tem relação direta com o princípio democrático e o princípio republicano, pois é por meio dela que a sociedade tem conhecimento dos atos do poder público, podendo consequentemente controlar esses atos. Encontramos ainda menção ao princípio no art. 5º, LXXII, que trata do cabimento do habeas data, e no art. 5º, LX, que trata da publicidade dos atos processuais, bem como no art. 37, §3º, II, que trata do acesso dos usuários a registros administrativos e a informações sobre atos de governo. A publicidade é condição de eficácia dos atos administrativos, os quais somente estarão aptos a produzirem efeito após a sua publicação. A publicidade também guarda relação com a obrigatoriedade de motivação dos atos administrativos, pois somente com a exteriorização das razões será possível a controlabilidade das ações do poder público.

Todavia, segundo Wallace de Paiva Martins, a publicidade consistiria tão somente na divulgação oficial dos atos do poder público (publicação), ao passo que a transparência abarcaria também a motivação e a participação popular. Segundo o autor, a transparência seria um conceito abrangente que se concretizaria pela publicidade, pela motivação e pela participação popular, garantindo a visibilidade, o acesso, o conhecimento das atividades estatais, instrumentalizando o controle. Segundo o autor, a transparência estatal deriva dos princípios democrático e republicano, enquanto a publicidade se caracteriza como subprincípio decorrente daquele. Conclui que a convergência desses subprincípios desagua no princípio da transparência[3].

3. Tratado de direito administrativo [livro eletrônico]: teoria geral e princípios do direito administrativo / Maria Sylvia Zanella Di Pietro, Wallace Paiva Martins Junior. -- 2. ed. -- São Paulo: Thomson Reuters Brasil, 2019. Cap. Parte II. Cap. 7. RB-14.1

7. Existe diferença entre probidade e moralidade administrativa?

O princípio da *moralidade* vem arrolado no art. 37, *caput*, da Constituição como um dos princípios da administração pública, ao passo que a *probidade* vem mencionada no art. 37, § 4º, da Constituição. Sobre o questionamento, uma primeira linha de entendimento vai nos dizer que a moralidade é um conceito mais amplo que o de probidade, de maneira que a probidade seria um subprincípio da moralidade.

Uma segunda forma de pensar vai dizer-nos que moralidade e improbidade são expressões equivalentes, sendo certo que a moralidade seria o princípio e a improbidade seria uma forma de violação ao princípio da moralidade. É o entendimento do JOSÉ DOS SANTOS CARVALHO FILHO e MARIA SYLVIA DI PIETRO. Uma terceira visão diz que a probidade é um conceito mais amplo que a moralidade. Isso porque a Lei 8.429/92, ao tipificar os atos de improbidade administrativa, prevê como ato de improbidade não somente a violação à moralidade, mas também a violação a todo e qualquer princípio da administração. Ou seja, a moralidade está contida na improbidade. É o entendimento do EMERSON GARCIA E ROGÉRIO PACHECO ALVES.

8. Em que consiste o princípio da autotutela?

O princípio da autotutela consiste no poder-dever da Administração de reconduzir seus atos à juridicidade, por meio da anulação, acaso viciados sob o prisma da legalidade; ou por meio da revogação, caso se tenham tornado inconvenientes e inoportunos em razão de fatos ou motivos posteriores à edição do ato. Significa que a administração pública pode (e deve) anular seus próprios atos quando contenham vício de legalidade; ou de revogá-los, quando tornarem-se inconvenientes e inoportunos. O princípio é consagrado nas Súmulas 346 e 473 do STF, bem como no art. 53 da Lei 9.784/1999.

9. Há limites ao exercício da autotutela?

A autotutela encontrará limites na segurança jurídica e na boa-fé do beneficiário do ato. Nesse sentido, o art. 54 da lei 9.784/99 estabelece o prazo de cinco anos para a Administração anular seus atos que tenham gerado efeitos favoráveis a particulares. Não exercido o poder-dever de anulação no referido prazo, consumar-se-á a chamada decadência administrativa, o que significa que o ato ilegal não mais poderá ser invalidado pela administração. O referido prazo é aplicável subsidiariamente aos Estados e Municípios, na forma da Súmula nº 633 do STJ, segundo a qual: "A Lei n. 9.784/1999, especialmente no que diz respeito ao prazo decadencial para a revisão de atos administrativos no âmbito da Administração Pública federal, pode ser aplicada, de forma subsidiária, aos estados e municípios, se inexistente norma local e específica que regule a matéria." No entanto, se o particular estiver de má-fé, entende-se que a anulação poderá ser realizada a qualquer tempo. Outrossim, tampouco haverá decadência administrativa em situações de evidente inconstitucionalidade do ato praticado, como é o caso de admissão de servidores sem concurso público.

Da mesma forma, o poder-dever de autotutela encontrará limites quando for possível a convalidação ou sanatória do ato administrativo, desde que isso seja vantajoso e razoável no caso concreto. Temos aqui uma verdadeira ponderação de princípios que acaba por relativizar o dever de anulação de atos ilegais em prol da promoção de outros interesses de igual envergadura. A convalidação, como regra, é opção discricionária do administrador. Dessa forma, cabe-lhe, no caso concreto, sopesar os interesses envolvidos, decidindo pela sanatória do ato ou pela sua anulação.

10. Pode um ente federativo ampliar, por meio de lei, o prazo decadencial para anulação de seus próprios atos?

No julgamento da ADI 6019/SP o STF entendeu ser inconstitucional lei estadual que estabeleceu prazo decadencial de 10 (dez) anos para anulação de atos administrativos reputados inválidos pela Administração. Segundo o Supremo, o prazo quinquenal consolidou-se como marco temporal geral nas relações entre o Poder Público e particulares, conforme previsão do Decreto 20.910/1932 e na Lei 9.784/1999, somente sendo admitidas exceções ao princípio da isonomia quando houver fundamento razoável baseado na necessidade de remediar um desequilíbrio específico entre as partes. Se os demais estados da Federação aplicam, indistintamente, o prazo quinquenal para anulação de atos administrativos de que decorram efeitos favoráveis aos administrados, seja por previsão em lei própria ou por aplicação analógica do art. 54 da Lei 9.784/1999, não haveria, na visão do Supremo, fundamento constitucional que justifique a situação excepcional de um determinado estado-membro. O entendimento, porém, é questionável, já que as mencionadas leis federais, que preveem prazo quinquenal, não podem ser consideradas leis de normas gerais. Ademais, não há competência privativa da União para legislar sobre prazos administrativos. Outrossim, os entes federativos menores possuem autonomia[4]

4. Sobre o tema, ADPF nº 357: "[A] autonomia dos entes federados e a isonomia é a tônica central entre eles, respeitando-se a distribuição de competências estabelecidas pela Constituição, alicerce para a manutenção do modelo jurídico constitucional adotado. Daí porque, a repartição de competências é o coração da Federação (...) Sendo a federação brasileira forma complexa de descentralização política e geográfica do poder do Estado, pauta-se pelo princípio da autonomia dos entes que o forma, sendo suas competências, limitações e distinções aquelas descritas na Constituição e que não podem esvaziar a autonomia dos entes federados nem a atuação coordenada entre eles" (ADPF nº 357, Rel. Min. **Cármen Lúcia**, julgado em 24/6/21, publicado no DJe de 7/10/21).

para se auto-organizar e autogerir, conforme art. 25 da Constituição, o que lhes confere competência para legislar sobre seus próprios prazos e procedimentos administrativos.

11. O princípio da boa administração pública encontra previsão normativa no ordenamento pátrio?

O princípio da boa administração foi consagrado, no âmbito da União Europeia, no art. 41, da Carta de Direitos Fundamentais de 07.12.2000[5]. Trata-se, no entanto, de princípio de difícil conceituação. Na lição de Juarez Freitas, trata-se de "direito à administração pública eficiente e eficaz, proporcional cumpridora de seus deveres, com transparência, motivação, imparcialidade e respeito à moralidade, à participação social e à plena responsabilidade por suas condutas omissivas e comissivas". De acordo com Diogo de Figueiredo Moreira Neto, no plano normativo, na Constituição de 1988, o dever da boa administração decorre diretamente do comando do art. 37, *caput*, que consagra a obrigatoriedade da eficiência, que se complementa pelos comandos, ainda mais específicos, do art. 70, *caput*, que instituem a obrigatoriedade tanto da legitimidade quanto da economicidade da gestão administrativa.[6] O direito fundamental à boa Administração Pública traz consigo a centralidade da pessoa no regime jurídico administrativo. Portanto, apesar de não estar expressamente previsto, é possível afirmar que o princípio da boa-administração consiste em princípio implícito ao nosso ordenamento jurídico.

12. Discorra acerca do princípio da supremacia do interesse público sobre o privado.

Considerado pela doutrina clássica como um dos pilares do direito administrativo e como um princípio constitucional implícito, o princípio da supremacia do interesse público sobre o privado pontifica que, em caso de conflito, os

5. *Artigo 41 - Direito a uma boa administração. 1. Todas as pessoas têm direito a que os seus assuntos sejam tratados pelas instituições, órgãos e organismos da União de forma imparcial, equitativa e num prazo razoável. 2. Este direito compreende, nomeadamente: a) O direito de qualquer pessoa a ser ouvida antes de a seu respeito ser tomada qualquer medida individual que a afecte desfavoravelmente; b) O direito de qualquer pessoa a ter acesso aos processos que se lhe refiram, no respeito pelos legítimos interesses da confidencialidade e do segredo profissional e comercial; c) A obrigação, por parte da administração, de fundamentar as suas decisões. 3. Todas as pessoas têm direito à reparação, por parte da União, dos danos causados pelas suas instituições ou pelos seus agentes no exercício das respectivas funções, de acordo com os princípios gerais comuns às legislações dos Estados-Membros. 4. Todas as pessoas têm a possibilidade de se dirigir às instituições da União numa das línguas dos Tratados, devendo obter uma resposta na mesma língua.*

6. Curso de Direito Administrativo / Diogo de Figueiredo Moreira Neto. Pag. 184. Ed. Atlas.

interesses da coletividade deverão prevalecer sobre os interesses meramente individuais. Nessa visão, o princípio seria o fundamento do próprio regime jurídico administrativo, marcado por prerrogativas da Administração e sujeições dos particulares. De acordo com Hely Lopes Meirelles, o princípio é inerente à atuação estatal, na medida em que a existência do Estado se justifica pela busca do interesse geral[7]. Para Celso Antônio Bandeira de Mello, o princípio seira um verdadeiro axioma do direito público, proclamando a superioridade do interesse da coletividade sobre o interesse dos particulares, como condição inclusive de sobrevivência e asseguramento destes particulares[8]. Aliás, desse princípio decorreria o princípio da indisponibilidade do interesse público. A doutrina classifica o interesse público em primário e secundário, reproduzindo a formulação de Renato Alessi. O interesse público primário é aquele relacionado à satisfação de necessidades coletivas, ao passo que o interesse público secundário é o interesse do próprio erário, ligado às atividades meio do estado, e não às atividades-fim. A partir desta distinção, podemos afirmar que o princípio da supremacia do interesse público refere-se ao interesse público primário tão somente.

13. Quais são as principais críticas formuladas pela doutrina ao princípio da supremacia do interesse público?

Mais recentemente, parte da doutrina vem se rebelando contra esta tradicional perspectiva do princípio da supremacia do interesse público. Argumenta-se que não pode haver uma supremacia abstrata e prima facie do interesse público sobre o privado, bem como que eventual conflito entre os interesses deve se resolver com a ponderação, já que não há hierarquia entre normas constitucionais. De acordo com Gustavo Binenbojm, o reconhecimento da centralidade do sistema de direitos fundamentais instituído pela Constituição e a estrutura pluralista e maleável dos princípios constitucionais inviabiliza a determinação a priori de uma regra de supremacia absoluta dos interesses coletivos sobre os interesses individuais ou dos interesses públicos sobre os interesses privados[9].

Argumenta-se que não seria mais possível defender o princípio da *supremacia do interesse público*, que parte da existência de uma *hierarquia automática entre as categorias de interesses públicos e privados*. Ainda de acordo com esta linha de entendimento, jamais haveria um verdadeiro conflito entre interesse público e o interesse privado, já que a promoção do interesse público significa, em

7. Meirelles, Hely Lopes. Direito Administrativo Brasileiro. 41ª edição. Pag. 110.
8. Bandeira de Mello, Celso Antônio. Curso de Direito Administrativo. Ed. Malheiros. 32ª Edição. Pag. 70.
9. Gustavo Binenbojm. Uma Teoria do Direito Administrativo: direitos fundamentais, democracia e constitucionalização. Rio de Janeiro: Renovar, 2006. Pag. 31.

última análise, a promoção de interesses privados. Portanto, a dualidade entre interesses públicos e privados seria artificiosa.

Assim, ao invés de estabelecermos uma preferência a priori ao interesse público, nos casos em que não houver ponderação constitucional ou legislativa prévia, caberá ao administrador realizar uma ponderação de interesses no caso concreto, a fim de realizar na máxima medida cada um dos interesses em jogo[10].

14. Em que consiste o princípio da subsidiariedade?

O princípio da subsidiariedade preconiza a existência de uma ordem de precedência no que toca à responsabilidade pelo atendimento de demandas sociais. Primeiramente, as demandas devem ser atendidas pela própria sociedade civil, através de suas organizações. Somente secundária e subsidiariamente, na impossibilidade de atendimento satisfatório dessas demandas pela própria sociedade civil, é que deverão ser cometidas aos entes políticos tais tarefas. É o princípio da subsidiariedade que fundamenta o surgimento do chamado terceiro setor.

De outra parte, Diogo de Figueiredo Moreira Neto destaca que o princípio da subsidiariedade se aplica também em matéria de divisão de competências federativas. Ou seja, as demandas que puderem ser atendidas pela *organização política local,* deverão ser atendidas, portanto, pelo Município; as que não possam ser satisfeitas por ações *locais,* deverão passar à *organização política regional,* no caso o Estado; já demandas que ultrapassem as possibilidades das organizações *regionais,* serão cometidas à *organização política nacional* soberana, no caso, a União.

O princípio da subsidiariedade foi recentemente encampado pelo art. 2º, III, da Lei 13.874/2019, relativamente ao exercício das atividades econômicas. O dispositivo erigiu a princípio a intervenção subsidiária, mínima e excepcional do Estado sobre o exercício de atividades econômicas.

15. Discorra sobre o princípio da especialidade em matéria de organização administrativa.

O princípio da especialidade guarda relação direta com a organização da administração pública, orientando a distribuição de competências administrativas entre entes, entidades, órgãos e agentes estatais, estando diretamente ligado, portanto, ao princípio da eficiência e aos resultados da atuação administrativa.

A organização administrativa, cujo objetivo é o ganho de eficiência, pode se materializar por meio da criação de órgãos (desconcentração) ou entidades (descentralização) para execução mais especializada de seu plexo de atribuições,

10. Op. Cit. Pag. 105.

sendo certo que tais centros de competência e unidades administrativas devem atuar de acordo com uma finalidade pública específica que lhes é atribuída. De acordo com a doutrina, a descentralização pode ser política ou administrativa. A descentralização política consiste na criação de pessoas jurídicas de direito público interno dotadas de autonomia pela fração geográfica. Já a descentralização administrativa pode ocorrer por meio da criação de entidade local com personalidade jurídica de direito público, capacidade genérica e autoadministração, como territórios federais; pela criação de pessoas jurídicas de direito público ou privado (entidades da administração indireta; (c) delegação da execução de serviço público a particular (por colaboração)[11]. Em regra, quanto mais especializada a atividade, mais eficientemente ela será desempenhada.

16. Em que consiste o princípio da consensualidade na administração pública?

Tendo em vista as mutações pelas quais vem passando o direito administrativo, mormente diante do processo de constitucionalização do direito, cada vez mais a Administração se despe de suas tradicionais características da imperatividade coercitividade e verticalidade. Neste contexto, avulta de importância o princípio da consensualidade, o qual denota a ascendência de uma Administração Pública consensual, dialógica, dialogal, democrática ou participatória.

O princípio determina que a Administração promova a abertura ao diálogo com os particulares – destinatários últimos das escolhas públicas -, a fim de conferir maior *legitimidade democrática* aos processos decisórios. Tal *abertura procedimental* ocorrerá, por exemplo, através de canais de diálogo e participação popular, de que são exemplo as consultas, as audiências públicas e os conselhos consultivos (v.g., art. 21, da Lei 14.133/2021; art. 2º, XIII; art. 40, § 4º, I e art. 44, todos do Estatuto da Cidade; art. 10, VI, da Lei 11.079/2004). Além de conferir-se maior grau de legitimidade democrática à escolha política, a democratização do processo de formação decisório por meio do diálogo com a sociedade promove ainda *ganhos de eficiência*, na medida em que são reduzidos os custos de implementação da decisão. Digno de menção o art. 29 da LINDB, segundo o qual em qualquer órgão ou Poder, a edição de atos normativos por autoridade administrativa, salvo os de mera organização interna, poderá ser precedida de consulta pública para manifestação de interessados, preferencialmente por meio eletrônico, a qual será considerada na decisão[12].

11. Tratado de direito administrativo [livro eletrônico]: teoria geral e princípios do direito administrativo/Maria Sylvia Zanella Di Pietro, Wallace Paiva Martins Junior. – 2. ed. – São Paulo: Thomson Reuters Brasil, 2019. Cap. Parte II. Cap. 12. RB-19.1

12. *"Cuida-se de prescrição que institui o dever-poder de que os processos normativos sejam permeáveis pelos interesses dos administrados que serão colhidos por seus efeitos. Mais que isso, confere uma racionalidade à função normativa da administração, de modo que ela não seja referenciada apenas por balizas ex ante (fundamento legal), mas por um olhar prospectivo*

É possível afirmar, portanto, que a consensualidade se vem sobressaindo como uma forma de incrementar a eficiência administrativa, consagrada no art. 37, I, da Constituição, facilitando a obtenção e implementação de resultados. A despeito da falta de previsão constitucional expressa do princípio, aponta-se como fundamento do referido princípio a própria cláusula do Estado Democrático de Direito, inserida no art. 1º, da Constituição, assim como no art. 37, § 3º da Constituição.

17. Em que consistem os acordos substitutivos?

Os acordos substitutivos são ajustes celebrados entre a administração e o administrado, inspirados pelo princípio da consensualidade, por meio do qual a administração deixa de aplicar uma determinada medida de cunho impositivo (v.g., uma sanção), substituindo-a por outra medida negociada que melhor atenda ao interesse público (v.g. realização de investimento em determinada atividade de interesse público). Sobre o ponto, é digno de nota o art. 26 da LINDB[13], o qual, de acordo com a doutrina, comporta uma cláusula geral de consensualidade no direito administrativo, ao autorizar, de forma genérica, a celebração de acordos substitutivos. O dispositivo cria um permissivo genérico que habilita o administrador, independentemente de lei específica, a negociar com o particular, com vistas a sepultar uma situação de irregularidade, insegurança jurídica ou contenciosidade.

De acordo com Floriano Azevedo Marques, o dispositivo em questão serve como um permissivo genérico para a celebração de acordos no âmbito da função de polícia administrativa[14]. Mencionem-se ainda os arts. 10 e 11 do Dec. 9.830/2019, que regulamentaram as figuras do compromisso e do termo de ajustamento de gestão (TAG). De acordo com o art. 10, o compromisso poderá ser celebrado para eliminar irregularidade, incerteza jurídica ou situações contenciosas na aplicação do direito público. Segundo o art. 11, o termo de ajustamento de gestão pode ser celebrado entre os agentes públicos e os órgãos de controle interno da administração pública com a finalidade de corrigir falhas apontadas em ações de controle, aprimorar procedimentos, assegurar a continuidade da execução do objeto, sempre que possível, e garantir o atendimento do interesse geral.

(foward-looking), mediante o qual serão aferidos os impactos, equilibrados interesses e comparadas alternativas". (Comentários à Lei 12.655/2018. Floriano Azevedo Marques Neto e Rafael Véras de Freitas. Pag. 146)

13. Art. 26. Para eliminar irregularidade, incerteza jurídica ou situação contenciosa na aplicação do direito público, inclusive no caso de expedição de licença, a autoridade administrativa poderá, após oitiva do órgão jurídico e, quando for o caso, após realização de consulta pública, e presentes razões de relevante interesse geral, celebrar compromisso com os interessados, observada a legislação aplicável, o qual só produzirá efeitos a partir de sua publicação oficial.

14. Marques, Floriano Azevedo. Comentários à Lei 12.655/2018 (Lei da Segurança para a Inovação Pública). Ed. Fórum. Pag. 102.

18. Em que medida se relacionam a vedação ao nepotismo e o princípio da moralidade administrativa?

Exemplo de aplicação concreta do princípio da moralidade pode ser enxergado na Súmula Vinculante 13, que estabelece ao nepotismo. Inovando no ordenamento jurídico, o CNJ editou a Res. 07/2005, vedando a nomeação de parentes para cargos de confiança no âmbito do Poder Judiciário. A norma teve a sua constitucionalidade questionada. O STF então entendeu que era constitucional a Res. 07/05 do CNJ, que vedava o nepotismo, por decorrência direta do princípio da moralidade.

19. Em que medida se relacionam a vedação ao nepotismo e o princípio da moralidade administrativa?

Destaque-se que até o momento tem prevalecido que a Súmula Vinculante se aplica apenas aos cargos *administrativos*, não se estendendo aos cargos de *natureza política*, como os cargos de Secretário e Ministro de Estado. O Supremo entende que estes cargos, de natureza política, demandam um nível de confiança muito elevado do Chefe do Executivo, razão por que não seria o caso de impor uma limitação ao poder de escolha daqueles que os ocuparão. No entanto, o Supremo admite o controle da nomeação para cargos *políticos* em caso de inequívoca *falta de razoabilidade*, por *ausência de qualificação técnica ou idoneidade moral* [Rcl 29.099, rel. min. Roberto Barroso, dec. monocrática, j. 4-4-2018, *DJE* 66 de 9-4-2018].

2. ORGANIZAÇÃO ADMINISTRATIVA

20. Diferencie desconcentração e descentralização.

Tratam-se de diferentes formas de organização administrativa. A desconcentração é o processo de especialização interna de determinada pessoa jurídica, por meio da criação de órgãos (centros de competências) dentro de uma mesma estrutura hierárquica, escalonada em graus de subordinação. Trata-se de um fenômeno intestino ao ente ou entidade, valendo ressaltar que não há a criação de nova pessoa jurídica, sendo certo que os órgãos são destituídos de personalidade própria. Já na descentralização há especialização da atividade administrativa por meio da transferência da execução de determinada atividade para outra pessoa, integrante ou não da administração pública. É através do processo de descentralização que surgem as entidades da administração indireta.

21. Quais são as formas de descentralização da atividade administrativa?

A descentralização pode ocorrer por *delegação legal* ou por *delegação negocial*. Na delegação legal, também chamada de descentralização *por outorga*, a transferência da atividade administrativa será feita por meio de lei, para pessoa jurídica da administração indireta. Parte da doutrina afirma que, na delegação por outorga, transfere-se a própria *titularidade* do serviço. Todavia, a afirmação nos parece equivocada, uma vez que a titularidade remanescerá sempre com o ente central, pois, ainda que a delegação seja feita por lei, o diploma poderá ser revogado a qualquer momento, ocasionando a recentralização do serviço, o que revela que a titularidade da atividade administrativa permanecerá sempre com o ente delegante.

De outra parte, na delegação negocial, também chamada de descentralização por delegação, a transferência do exercício da atividade administrativa se dá por ato ou negócio jurídico de direito público, ainda que para pessoas não integrantes da estrutura estatal. Neste caso, a transferência seria apenas do exercício da atividade, mas não de sua titularidade. É o que ocorre nas permissões e concessões de serviços públicos.

22. Órgão público pode celebrar contrato? Em caso positivo, exemplifique.

Em regra, órgão público não pode celebrar contrato, uma vez que não possui personalidade jurídica e, consequentemente, não possui capacidade contratual. Dessa forma, a parte do contrato será a pessoa jurídica que o órgão integra, e não o órgão propriamente. No entanto, a própria Constituição parece excepcionar essa lógica, ao prever no art. 37, § 8º a possibilidade de órgãos ou entidades públicas celebrarem *contrato de gestão* com os entes federativos, a fim de ampliar sua autonomia gerencial, orçamentária e financeira, mediante o atingimento de metas de desempenho. Trata-se, portanto, de instrumento que visa a estimular a eficiência na gestão administrativa.

Parte da doutrina sustenta que, neste caso, houve a instituição de uma ficção de personalidade jurídica, permitindo-se excepcionalmente que órgão público celebre contrato. Todavia, critica-se o dispositivo, ao argumento de que o ente público não poderia jamais celebrar contrato consigo mesmo (autocontrato), pois, considerando que o órgão integra a pessoa jurídica, em última análise, a pessoa jurídica estaria celebrando contrato com ela própria. Ademais, uma vez que no contrato de gestão os interesses do órgão ou entidade e do ente federativo são convergentes – e não antagônicos -, não haveria um verdadeiro contrato, mas um convênio (ato administrativo complexo).

Válido destacar ainda que o art. 37, § 8º da Constituição foi regulamentado em âmbito federal pela Lei 13.934/2019, que passou a denominar a figura de "contrato de desempenho", conceituando-o como o acordo celebrado entre o órgão ou entidade supervisora e o órgão ou entidade supervisionada, por meio de seus administradores, para o estabelecimento de metas de desempenho do supervisionado, com os respectivos prazos de execução e indicadores de qualidade, tendo como contrapartida a concessão de flexibilidades ou autonomias especiais.

É de se registrar, por fim, que o contrato de gestão previsto no art. 37, § 8º da Constituição não se confunde com o contrato de gestão da Lei 9.637/98. Este último poderá ser celebrado com entidade que venha a ser classificada como organização social, visando instrumentalizar a delegação da prestação de serviços de interesse público.

23. O que distingue uma agência executiva de uma autarquia comum?

O art. 37, § 8º da Constituição estabelece que poderão celebrar contrato de gestão com o poder público órgãos ou entidades da administração. Dessa forma, uma autarquia poderá celebrar contrato de gestão com a administração central, a fim de ampliar a sua autonomia gerencial, orçamentária e financeira. Neste caso, a autarquia poderá receber o rótulo de agência executiva. Para tanto, será necessário ainda que a autarquia possua um plano estratégico de reestruturação e de desenvolvimento institucional em andamento, na forma do que propugna o art. 51 da Lei 9.649/1998.

Em suma, a diferença entre a autarquia comum e a agência executiva consiste na autonomia reforçada de que goza esta última, em razão de possuir um plano estratégico de reestruturação e de desenvolvimento institucional e de ter sido celebrado um contrato de gestão com o ente federativo a que se vincula.

24. O que são ordenamentos setoriais?

De acordo com Alexandre Santos de Aragão, os ordenamentos setoriais são instituídos pelo Estado por imposição econômica e técnica, tendo como função a regulação de atividades empresariais ou profissionais que possuem aspectos sensíveis ao interesse coletivo. Os ordenamentos setoriais, em regra, são atribuídos a entidades ou órgãos estatais dotados de autonomia com relação ao poder central, como é o caso das agências reguladoras. O pluralismo e a complexidade das relações sociais, somados à tecnicidade das questões atuais e à agilidade dos processos, joga por terra o ideário de completude do ordenamento jurídico legislativo formal, tornando necessário que a regulação de determinados setores seja relegada a determinados agentes.

É nesse cenário que surge a necessidade de delegar a entidades independentes, detentoras de determinados dados e conhecimento técnicos, a confecção de normas aplicáveis especificamente a determinados setores da sociedade. Dessa forma, os ordenamentos setoriais nada mais são do que regimes jurídicos específicos, desenvolvidos por entidades reguladoras independentes, com o objetivo de regulamentar determinadas atividades econômicas e profissionais, cujas particularidades precisam ser especialmente levadas em conta.

Na esteira da jurisprudência do Supremo Tribunal Federal (STF), cabe às agências reguladoras desempenhar a tarefa ordenadora e fiscalizatória dos setores a elas submetidos. Para a adequada execução dessa função, exsurge o poder de expedir normas como imanente à sua atividade regulatória, competindo às agências, no âmbito de sua atuação e no espaço delimitado pela lei, disciplinar a prestação dos serviços/atividades de determinado setor. Não se trata, portanto, de delegação de poderes legislativos, pois a expedição de normas regulatórias é sempre exercida com fundamento na lei, que também lhe serve de limite, mas que não esgota as possibilidades de mediação dos interesses diversos colocados para composição pelos órgãos reguladores[15].

25. Tribunal de Contas pode controlar ato editado por agência reguladora no exercício de competência regulatória?

Questão intrincada se coloca quanto à possibilidade de controle finalístico dos atos tipicamente regulatórios de agências reguladoras. Uma primeira posição é no sentido da impossibilidade de tal controle, uma vez que os atos regulatórios praticados pelas agências reguladoras não geram dispêndio de dinheiro público – pressuposto exigido pelo art. 70, CR. De acordo com o entendimento, não cabe ao Tribunal de Contas substituir-se ao ente regulador.

Sustentando entendimento oposto, Alexandre Santos de Aragão defende a possibilidade de tal controle. De acordo com o autor, o Tribunal de Contas pode controlar os atos de regulação das agências reguladoras, já que, ainda que de forma indireta, os atos regulatórios e de fiscalização sobre os concessionários de serviços públicos se refletem sobre o erário. Por exemplo, uma fiscalização equivocada feita pela agência poderia levar à não aplicação de uma multa e, consequentemente, ao prejuízo ao erário.

26. É possível aplicar o regime de precatórios às sociedades de economia mista?

As sociedades de economia mista são entidades integrantes da Administração Indireta, dotadas de personalidade jurídicas de direito privado. O art. 173, § 1º, II, da Constituição, ao tratar das empresas estatais que explorem atividade econômica, estabeleceu que devem sujeitar-se ao regime jurídico próprio das empresas privadas. Ademais, propugna o art. 173, § 2º, CR que as empresas públicas e as sociedades de economia mista não poderão gozar de privilégios fiscais não extensivos ao setor privado. Neste passo, a princípio, sociedade de economia mista não poderia utilizar-se do regime de precatórios, reservado este à Fazenda Pública.

Todavia, no julgamento do RE 852302 AgR/AL, o Supremo entendeu que sociedades de economia mista prestadoras de serviço público e de natureza não

15. V. ADI 1668/DF.

concorrencial submetem-se ao regime de precatório. Assim, tratando-se de estatal prestadora de serviço público em regime de exclusividade, correspondente à própria atuação do estado, sem que se vise à obtenção de lucro e com capital social majoritariamente estatal, a execução deve processar-se por meio de precatório.

27. Quais as principais características das entidades da administração indireta?

São entidades da administração indireta as autarquias, empresas públicas, sociedades de economia mista e fundações. Atualmente, temos ainda os consórcios públicos, que integrarão a administração indireta de todos os entes consorciados, podendo ser criados sob a forma de direito público ou de direito privado.

A primeira característica comum às entidades da administração indireta é o princípio da reserva legal, com assento constitucional no art. 37, XIX, da Constituição. Lei específica criará as autarquias e autorizará a criação de empresas públicas, sociedades de economia mista e fundações estatais, cabendo à lei complementar, neste último caso, definir as áreas de sua atuação. Tais entidades possuem personalidade jurídica própria, diversa da personalidade do ente central. Ademais, as autarquias terão sempre personalidade jurídica de direito público, ao passo que as empresas públicas e sociedades de economia mista são pessoas privadas. De outra parte, as fundações públicas poderão ser de direito público ou de direito privado.

Outra característica é que sua criação é orientada pelo princípio da especialidade. Significa que cada entidade será incumbida de desempenhar a atividade para que foi especialmente criada. Outra característica é o controle que as entidades sofrerão, em maior ou menor medida por parte do ente político. Vale lembrar que as entidades da administração indireta possuem relação de vinculação com a administração central, mas não de subordinação, uma vez que entre elas não há hierarquia.

28. Empresa estatal pode falir?

O art. 242 da LSA, atualmente revogado, vedava expressamente a falência das sociedades de economia mista. Hoje, a lei 11.101/2005, que em seu art. 2º, I expressamente veda a falência das estatais, abraçando, para alguns doutrinadores, o princípio da imunidade falimentar, vedando em absoluta a falência de empresas estatais. Todavia, alguns autores, podendo-se citar Tavares Borba, entendem pela inconstitucionalidade da norma, tendo em vista a previsão contida no art. 173, § 1º, II, da Constituição, que veda qualquer tratamento privilegiado para as empresas estatais. Na esteira desta crítica, o entendimento que vem prevalecendo é no sentido de que deve ser feita uma distinção entre as estatais econômicas e as prestadoras de serviços públicos. Assim, a vedação do art. 2º da Lei 11.101/2005 seria aplicável apenas às estatais prestadoras de serviços públicos. Destaque-se, todavia, a existência de doutrina no sentido de que a falência é absolutamente incompatível com as estatais. Para essa linha, se a lei autorizou a criação da estatal, deve ser a própria lei a autorizar a sua extinção, ante o princípio do paralelismo das formas.

29. É preciso autorização legal para a alienação de controle acionário de empresa estatal subsidiária?

No julgamento da ADPF 794/DF, o STF entendeu ser dispensável a autorização legislativa para a alienação de controle acionário de empresas subsidiárias. No julgamento da ADI 5624 MC-Ref/DF, prevaleceu o entendimento de que a lei que autoriza a criação da empresa estatal matriz é suficiente para viabilizar a criação de empresas controladas e subsidiárias, não havendo se falar em necessidade de autorização legal específica para essa finalidade. Assim, se é compatível com a CF a possibilidade de criação de subsidiárias quando houver previsão na lei que cria a respectiva empresa estatal, por paralelismo, não há como obstar, por suposta falta de autorização legislativa, a alienação de ações da empresa subsidiária, ainda que tal medida envolva a perda do controle acionário do Estado.

30. É necessária lei específica para privatização de determinada empresa estatal?

De acordo com o art. 37, XIX da Constituição, somente por lei específica poderá ser criada autarquia e autorizada a instituição de empresa pública, de sociedade de economia mista e de fundação, cabendo à lei complementar, neste último caso, definir as áreas de sua atuação. Já o art. 37, XX da Constituição preconiza que dependerá de autorização legislativa, em cada caso, a criação de subsidiárias das entidades mencionadas no inciso anterior, assim como a participação de qualquer delas em empresa privada. Pela lógica, em razão do paralelismo das formas, no caso das estatais, também será necessária lei autorizativa para sua extinção ou desestatização. Nessa linha, no julgamento da ADI 6241/DF, o STF entendeu ser desnecessária, como regra, a edição de lei específica para inclusão de sociedade de economia mista ou de empresa pública em programa de desestatização, sendo bastante autorização legislativa genérica contemplada em lei que veicule programa de desestatização. Naturalmente, a autorização genérica não equivale a uma delegação arbitrária de tal decisão, já que deve conter standards que deverão pautar o processo decisório do poder executivo. No entanto, o Supremo destacou que caso a lei que autorizou a instituição da empresa estatal preveja expressamente a necessidade de lei específica para sua extinção ou desestatização, somente por este meio poderá o processo ser levado a efeito.

3. CONCESSÃO E PERMISSÃO DE SERVIÇOS PÚBLICOS

31. Diferencie concessões e permissões de serviço público.

Ambas são regulamentadas pela Lei 8.987/95. O art. 2º, II da Lei 8.987/95 conceitua a concessão de serviço público como a delegação de sua prestação, feita pelo poder concedente, mediante licitação, na modalidade concorrência ou diálogo competitivo, a pessoa jurídica ou consórcio de empresas que demonstre capacidade para seu desempenho, por sua conta e risco e por prazo determinado. A possibilidade de contratar a concessão por meio da modalidade de licitação diálogo competitivo foi introduzida pela Lei 14.133/21. Já a permissão é contrato de delegação de serviços públicos por prazo determinado a particular, pessoa física ou jurídica, o qual deve necessariamente ser precedido de licitação. Todavia, na permissão, não há obrigatoriedade da modalidade concorrência. O art. 2º, IV da Lei 8.987/95 conceitua a permissão de serviço público como a delegação, a título precário, mediante licitação, da prestação de serviços públicos, feita pelo poder concedente à pessoa física ou jurídica que demonstre capacidade para seu desempenho, por sua conta e risco.

Conforme se vê do art. 40 da Lei 8.987/95, as permissões de serviço público foram contratualizadas. Portanto, atualmente, há apenas duas diferenças entre os institutos, a saber: a) quanto ao delegatário, uma vez pode ser concessionário pessoa jurídica ou consórcio de empresas, ao passo que pode permissionário a pessoa física ou jurídica; b) quanto à modalidade de licitação, sendo certo que na concessão deverá ser utilizada a modalidade concorrência ou diálogo competitivo, ao passo que na permissão, a princípio, poderá ser utilizada qualquer modalidade.

32. É possível falar em autorizações de serviço público?

Sim. Os incisos XI e XII do art. 21 da Constituição expressamente consagram a possibilidade de a União explorar serviços públicos por meio de autorização[16], instrumento que vem mencionado ao lado da concessão e da permissão de serviços públicos. Diferentemente, o art. 175 da Constituição não menciona as autorizações, mas apenas as concessões e permissões. Com efeito, o art. 131 da Lei 9.472/96 prevê que a exploração de serviço de telecomunicação no regime privado dependerá de prévia autorização, que acarretará direito de uso das radiofrequências necessárias, esclarecendo, logo em seguida, no §1º, que a autorização de serviço de telecomunicações é o ato administrativo vin-

16. *"Art. 21. Compete à União: (...)* XI - explorar, diretamente ou mediante autorização, concessão ou permissão, os serviços de telecomunicações, nos termos da lei, que disporá sobre a organização dos serviços, a criação de um órgão regulador e outros aspectos institucionais; XII - explorar, diretamente ou mediante autorização, concessão ou permissão:"

culado que faculta a exploração, no regime privado, de modalidade de serviço de telecomunicações, quando preenchidas as condições objetivas e subjetivas necessárias. Mencione-se ainda o art. 8º da Lei 14.273/2021 segundo o qual a exploração indireta de ferrovias será exercida por operadora ferroviária: em regime privado, mediante outorga de autorização ou em regime público, mediante outorga de concessão. Para a doutrina, na autorização o que se tem é o franqueamento, ao particular, da oportunidade de atuar numa seara que o Poder Público tem a obrigação genérica de ordenar, mas não de gerir e prover[17]. Diferente da concessão e da permissão, não há caráter contratual na autorização. Da mesma forma, não há exigência de licitação prévia, já que a autorização não está incluída no art. 175 da Constituição, portanto, é possível falar em autorização de serviço público.

33. Qual é a diferença entre PPP patrocinada e PPP administrativa?

As parcerias público-privadas (PPPs), também chamadas de concessões especiais, encontram-se regulamentadas pela Lei 11.079/04, podendo ser constituídas sob a modalidade patrocinada ou administrativa. A concessão especial patrocinada (PPP patrocinada) consiste na concessão de serviços públicos ou de obras públicas quando envolver, adicionalmente à tarifa cobrada dos usuários, contraprestação pecuniária do parceiro público ao parceiro privado. Já a concessão especial administrativa (PPP administrativa), é o contrato de prestação de serviços de que a administração pública seja usuária direta ou indireta, ainda que envolva execução de obra ou fornecimento e instalação de bens. Na PPP administrativa, não há cobrança de tarifa do usuário, mas apenas pagamento de contraprestação pecuniária pelo poder público. Digno de menção que o art. 10 da Lei 10.079/04 foi recentemente alterado pela Lei 14.133/21 para passa admitir a contratação de parceria público-privada por meio de concorrência ou diálogo competitivo.

34. Qual a diferença entre a repartição de riscos nas concessões comuns e nas concessões especiais?

A doutrina em geral afirmar que, nas concessões comuns da Lei 8.987/95, os riscos ordinários do negócio correm por conta do concessionário, ao passo que a álea extraordinária (caso fortuito, força maior, teoria da imprevisão e fato do príncipe) corre por conta do poder concedente, quando será possível a recomposição do equilíbrio econômico-financeiro do contrato[18]. Já nas

17. Marques Neto, Floriano de Azevedo. Concessões. 1ª ed. Belo Horizonte. Ed. Fórum. 2016. Pag. 119.

18. Digno de nota, porém, o entendimento de Floriano de Azevedo Marques Neto, para quem "a concessão comum envolve, por certo, um arranjo pelo qual o particular (concessionário)

concessões especiais, diferentemente, de acordo com os arts. 4º e 5º, III, da Lei 11.079/04, deve ser estabelecida uma repartição objetiva dos riscos entre as partes no contrato, inclusive os referentes ao caso fortuito, força maior, fato do príncipe e álea econômica extraordinária, buscando-se alocar para o concessionário os riscos que ele poderá melhor administrar. A repartição objetiva dos riscos não quer significar que haverá uma distribuição igualitária dos riscos, mas apenas que essa repartição poderá ser pactuada. Nessa distribuição dos riscos com base na racionalidade alocativa, deve-se levar em conta quem possui melhor condição de evitar a materialização de um evento danoso correspondente ao risco ou ainda qual parte teria melhores condições de gerenciar as consequências e os prejuízos da materialização do sinistro.

35. Quais são os mecanismos de recomposição do equilíbrio econômico-financeiro do contrato de concessão?

De acordo com o art. 9º, § 2º da Lei 8.987/95, os contratos poderão prever mecanismos de revisão das tarifas, a fim de manter-se o equilíbrio econômico-financeiro. O § 3º do art. 9º vai nos dizer que, excetuado o imposto de renda, a criação, alteração ou extinção de quaisquer tributos ou encargos, quando comprovado seu impacto no equilíbrio inicial, implicará a revisão da tarifa, para mais ou para menos. Por fim, o § 4º do mesmo dispositivo prevê o direito à recomposição do equilíbrio econômico-financeiro em caso de alteração unilateral do contrato. O reequilíbrio, porém, poderá também ser alcançado por meios outros que não a revisão da tarifa, podendo, por exemplo, ser realizada uma prorrogação ou redução do prazo contratual, incremento ou redução dos investimentos a cargo do particular, etc. De outra parte, o reequilíbrio econômico-financeiro também poderá ser alcançado por meio do reajuste, que consiste em instrumento de recomposição automática do valor do contrato mediante a incidência de índices ou indexadores de reajuste previamente estabelecidas em contrato. Inclusive, de acordo com o art. 23, IV, são cláusulas essenciais do contrato de concessão as relativas ao preço do serviço e aos critérios e procedimentos para o reajuste e a revisão das tarifas.

36. Para que serve o Procedimento de Manifestação de Interesse – PMI?

O Procedimento de Manifestação de Interesse – PMI, também chamado manifestação de interesse privado, consiste em procedimento que permite a

---

assume riscos nos termos do que dispuser o pacto concessório (contrato). [...] Mas se tenha, desde logo, claro que inexiste possibilidade de se preconizar de modo geral e abstrato cláusulas pétreas sobre alocação de riscos, variando o arranjo a depender das peculiaridades de cada concessão." (Concessões. Floriano de Azevedo Marques Neto. 1ª ed. Belo Horizonte. Ed. Fórum. 2016. Pag. 184) apresentação de projetos, levantamentos, investigações ou estudos, por pessoa física ou jurídica de direito privado, com a finalidade de subsidiar a Administração na estruturação de concessão ou permissão de serviços públicos, parceria público-privada, arrendamento de bens públicos ou concessão de direito real de uso. Trata-se de instrumento inspirado pela ideia de consensualidade, que possibilita uma abertura da Administração às propostas de eventuais interessados.

37. Existe previsão legal do instituto no ordenamento jurídico vigente?

O referido instituto encontra fundamento legal no art. 3º da Lei nº 11.079/2004, art. 21 da Lei nº 8.987/1995 e art. 31 da Lei nº 9.074/1995. O PMI encontra-se regulamentado, em âmbito federal, pelo Dec. 8.425/15. Fora isso, a Lei 13.019/14 – Estatuto das Parcerias, instituiu o Procedimento de Manifestação de Interesse Social – PMIS em seus arts. 18 e seguintes, que permite a apresentação de projetos que eventualmente poderão resultar em chamamentos públicos para selecionar organização da sociedade civil que celebrará termo de fomento ou colaboração. A Lei 13.303/2016 – Estatuto das Estatais, consagra no art. 31, § 4º, que a empresa pública e a sociedade de economia mista poderão adotar procedimento de manifestação de interesse privado para o recebimento de propostas e projetos de empreendimentos com vistas a atender necessidades previamente identificadas, cabendo a regulamento a definição de suas regras específicas. Por fim, a nova Lei de Licitações (Lei 14.133/2021) tratou do PMI em seu art. 81, ao estabelecer que a Administração poderá solicitar à iniciativa privada, mediante procedimento aberto de manifestação de interesse a ser iniciado com a publicação de edital de chamamento público, a propositura e a realização de estudos, investigações, levantamentos e projetos de soluções inovadoras que contribuam com questões de relevância pública, na forma de regulamento.

38. A concessão do serviço público de transporte coletivo demanda licitação?

Primeiramente, impende destacar que o transporte público coletivo vem conceituado no art. 4º, VI, da Lei 12.587/2012 como o serviço público de transporte de passageiros acessível a toda a população mediante pagamento individualizado, com itinerários e preços fixados pelo poder público. Quanto à obrigatoriedade de licitação, dispõe o art. 175 da Constituição que incumbe ao Poder Público, na forma da lei, diretamente ou sob regime de concessão ou permissão, sempre através de licitação, a prestação de serviços públicos. No mesmo sentido, o art. 10 da Lei 12.587/2012 estabelece que a contratação dos serviços de transporte público coletivo será precedida de licitação. Ainda, o art. 2º, II da Lei 8.987/95 nos diz que se considera concessão de serviço público a delegação de sua prestação, feita pelo poder concedente, mediante licitação, na modalidade de concorrência ou diálogo competitivo, à pessoa jurídica ou consórcio de empresas que demonstre capacidade para seu desempenho, por sua conta e risco e por prazo determinado. No caso dos serviços de transporte público de passageiros, portanto, a regra será a licitação. A despeito da literalidade do art. 175 da Constituição, parte da doutrina pontua que, em caso de inviabilidade de competição, poderá ser feita a contratação direta por inexigibilidade de licitação. No entanto, a aplicação das regras de contratação direta às concessões de serviços públicos não é ponto pacífico, mesmo porque a Lei 8.987/95 não traz hipóteses de dispensa e inexigibilidade.

39. É possível a transferência do contrato de concessão e do controle societário de concessionária de serviço público?

No julgamento da ADI 2946/DF, o STF entendeu constitucional a transferência da concessão e do controle societário de concessionária de serviços públicos, desde que haja anuência do poder concedente (art. 27 da Lei 8.987/95[19]). Isso porque, no caso de eventual transferência, o objeto do contrato mantém-se hígido, com as mesmas obrigações contratuais e a mesma equação econômico-financeira, ocorrendo apenas uma modificação contratual subjetiva, seja pela substituição do contratado, seja em razão da sua reorganização empresarial. O que interessa à Administração é a seleção da proposta mais vantajosa, independentemente de quem seja o particular contratado, bastando que seja ele idôneo e apto a cumprir as obrigações contratuais assumidas. Ademais, em determinados casos, a retomada da prestação dos serviços pela Administração e a realização de uma nova licitação podem ser demasiadamente onerosas para o poder público concedente. Dessa forma, caberá à administração pública, no caso concreto, avaliar qual será a melhor alternativa a ser adotada, sempre tendo por base a análise da economicidade.

40. O que se entende por step-in right nos contratos de concessão?

A cláusula de step-in encontra-se prevista no art. 27-A da Lei 8.987/95, com redação dada pela Lei 13.097/2015, segundo o qual, nas condições estabelecidas no contrato de concessão, o poder concedente autorizará a assunção do controle ou da administração temporária da concessionária por seus financiadores e garantidores com quem não mantenha vínculo societário direto, para promover sua reestruturação financeira e assegurar a continuidade da

19. Lei 8.987/1995: "Art. 27. A transferência de concessão ou do controle societário da concessionária sem prévia anuência do poder concedente implicará a caducidade da concessão. § 1º Para fins de obtenção da anuência de que trata o caput deste artigo o pretendente deverá: I - atender às exigências de capacidade técnica, idoneidade financeira e regularidade jurídica e fiscal necessárias à assunção do serviço; e II - comprometer-se a cumprir todas as cláusulas do contrato em vigor."

prestação dos serviços. Portanto, entre as garantias do financiamento contrato de concessão está o direito de os financiadores assumirem o controle ou a administração temporária da concessionária para promover sua reestruturação financeira (art. 27-A), instrumento conhecido como step-in right. Trata-se do direito de ingresso do financiador na direção da concessionária caso haja inexecução contratual ou falência no projeto dos contratos de project finance, que são em verdade uma técnica de financiamento, onde deve ser constituída uma sociedade de propósito específico – SPE e as garantias residem no fluxo de caixa do projeto. Trata-se de uma garantia dada em favor da instituição financeira, que poderá corrigir os rumos do empreendimento concessionário.

41. É possível afirmar que os contratos de concessão são personalíssimos?

Tradicionalmente, sempre se entendeu que os contratos administrativos seriam personalíssimos ou intuito personae, até mesmo como uma decorrência da regra da licitação. Se determinado particular foi o vencedor da licitação, em razão de suas condições pessoais, a ele tão somente deveria ser adjudicado o contrato, sob pena de burla à regra da licitação. Para Maria Sylvia Zanella Di Pietro, a natureza intuitu personae é característica de todos os acordos de que a Administração é parte, sob regime jurídico publicístico[20]. Todavia, segundo Egon Bockmann Moreira, o art. 27-A da Lei 8.987/95 desmistifica a lenda de que os contratos administrativos de concessão seriam personalíssimos, ou seja, intuito personae. Segundo o professor, somente os contratos decorrentes de inexigibilidade de licitação poderiam ser considerados intuito personae. Portanto, a despersonalização contratual seria hoje inegável, já que importa muito mais o projeto concessionário do que o concessionário subjetivamente considerado. Nessa linha, seriam as qualidades do projeto que permite a sua implementação, e não os atributos pessoais do administrador. Assim, para essa linha de entendimento, o projeto concessionário não pode mais ser visto como intuito personae[21].

42. Discorra sobre as formas de extinção do contrato de concessão.

20. "Todos os contratos para os quais a lei exige licitação são firmados intuito personae, ou seja, em razão de condições pessoais do contratado, apuradas no procedimento de licitação". Segundo a autora, na transferência da concessão "não há exigência de licitação, o que implica burla à norma do art. 175 da Constituição". (Maria Sylvia Zanella Di Pietro. Direito administrativo, 30. ed., p. 312 e 334)

21. No mesmo sentido é o entendimento de Marçal Justem Filho: "Os contratos administrativos podem ser personalíssimos ou não, conforme a identidade do outro contratante seja ou não essencial para a satisfação do interesse da Administração Pública. (...) Rejeita-se, desse modo, a afirmativa de que todos os contratos administrativos seriam pactuados intuitu personae." (Curso de direito administrativo [livro eletrônico] / Marçal Justen Filho. -- 5. ed. -- São Paulo: Thomson Reuters Brasil, 2018. CAPÍTULO 9. CONTRATO ADMINISTRATIVO)

Nos termos do art. 35 da Lei 8.987/95, extingue-se o contrato de concessão: pelo advento do termo contratual, pela encampação, pela caducidade, pela rescisão (por iniciativa do concessionário), pela anulação e pela falência ou extinção da empresa concessionária e falecimento ou incapacidade do empresário individual. Sem prejuízo, ao invés da extinção, ao fim do prazo, pode haver ainda a prorrogação do contrato. Pode haver ainda a extinção por rescisão amigável. A encampação consiste na retomada unilateral e coativa do serviço concedido pelo poder concedente, mediante indenização prévia e lei autorizativa específica, conforme o art. 37 da Lei 8.987/95. Registre-se a existência de entendimento doutrinário que sustenta ser inconstitucional a exigência de lei autorizativa específica para a encampação, tendo em vista que isso representaria uma interferência indevida do Legislativo sobre o Executivo e uma violação ao princípio da separação de poderes. Já a caducidade é modalidade de extinção consistente em sanção contratual aplicável pelo poder concedente em caso de descumprimento de deveres e obrigações pelo concessionário. A rescisão é modalidade de extinção por iniciativa do concessionário, em razão de inadimplemento do poder concedente, demandando ação judicial específica. A anulação é a extinção em razão de vício de nulidade impassível de convalidação na licitação ou no contrato. No caso de extinção da empresa ou falecimento do empresário, finda-se o contrato em razão da extinção de uma das partes. Na falência, o devedor é afastado de suas atividades, gerando consequentemente a extinção do contrato. O mesmo não ocorre, porém, na recuperação judicial.

43. Em que consiste a caducidade como forma de extinção do contrato de concessão?

A caducidade consiste em modalidade de extinção do contrato de concessão em razão da inexecução total ou parcial do contrato. A caducidade é uma sanção a ser aplicada em casos extremos de descumprimento contratual por parte do concessionário. As hipóteses de caducidade encontram-se previstas nos artigos 27 e 38 da Lei 8.987/95. Ademais, a demonstração da inexecução contratual e a decisão declarando a caducidade deverão ocorrer no bojo de um processo administrativo, no qual seja assegurado ao concessionário o contraditório e a ampla defesa. A caducidade deve ser encarada como medida ultima ratio, já que é de interesse público o sucesso do projeto concessionário. A caducidade como hipótese de extinção de contrato de concessão não se confunde com a caducidade como forma de extinção do ato administrativo, consistindo esta em hipótese de extinção do ato administrativo em razão de superveniente norma jurídica que passa a vedar a situação jurídica autorizada pelo ato. Portanto, o ato originalmente válido, torna-se ilegal (caduco) em razão de norma jurídica superveniente que lhe retira o suporte de validade[22].

22. Rafael Carvalho Rezende Oliveira bem observa que "a caducidade (dos atos administrativos) incide exclusivamente sobre os atos discricionários e precários, que não geram direitos

44. Discorra sobre a possibilidade de prorrogação de contrato de concessão de serviço público, abordando as questões jurídicas pertinentes ao tema.

O contrato de concessão, como todo contrato de longo prazo, é naturalmente incompleto e, portanto, deve estar sujeito a mutações. Nessa linha, é possível a prorrogação do contrato de concessão, conforme deixa antever o art. 23, XII, da Lei 8.987/95. Como regra, trata-se de medida excepcional, que somente poderá ser determinada em conformidade com as condições estabelecidas no edital e no contrato. Digno de nota que a Lei 8.987/95 não fixa um prazo máximo de vigência dos contratos de concessão, o que não significa que possam ser prorrogados indefinidamente. Mesmo porque a lei impõe que o contrato seja celebrado por prazo determinado (art. 2º, II e art. 23, I, da Lei), o que revela ser a temporalidade um elemento próprio aos contratos de concessão.

Todavia, a prorrogação contratual não poderá ocorrer ao mero alvedrio do poder concedente, devendo ser demonstrado objetivamente que a prorrogação se revela mais vantajosa e mais eficiente do que a abertura de uma nova licitação. Trata-se de decisão discricionária, fundamentada e privativa do poder concedente, que não está obrigado a prorrogar o contrato. Não há, portanto, direito subjetivo à prorrogação. Vale lembrar ainda que a prorrogação poderá ter impactos no equilíbrio econômico-financeiro do contrato, que deverá ser revisto caso haja alguma desarmonia em razão da prorrogação.

Da mesma forma, a prorrogação contratual em si poderá ser utilizada para o fim de reequilibrar economicamente o contrato. Quer dizer, uma vez abalado o equilíbrio econômico-financeiro original, a extensão de seu prazo poderá servir como elemento de reequilíbrio desta equação, evitando o dispêndio de verba pública com indenizações compensatórias ou aumentos tarifários. A jurisprudência do STF reconhece a prorrogação do prazo contratual no espaço de discricionariedade da Administração Pública, à qual cabe analisar e concluir sobre a oportunidade e a conveniência da prorrogação. A prorrogação indefinida do contrato, porém, configura burla às determinações legais e constitucionais quanto à licitação obrigatória para adoção do regime de concessão e permissão para exploração de serviços públicos (v. ADI-5991).

45. Em que consiste o spending power da administração?

O *spending power* da administração consiste na utilização de seu poder financeiro como forma de estimular ou desestimular determinada conduta, ou seja,

adquiridos aos particulares, pois os atos vinculados geral direito adquirido ao administrado que deve ser protegido mesmo na hipótese de superveniência de nova legislação, na forma do art. 5º, XXXVI, da CRFB. A eventual retirada do ato vinculado acarretará direito à indenização ao particular. (Curso de Direito Administrativo. Rafael Carvalho Rezende Oliveira. 5ª edição. Rio de Janeiro: Forense, 2017. Pag. 329) como uma sanção premial, a significar que o ente menor somente receberá determinado recurso caso adira ao planejamento que o ente maior pretende ver implementado. A doutrina aponta um exemplo de spending power da União no art. 4º-B da Lei 14.026/20 (Novo Marco do Saneamento Básico), que limita o acesso a recursos federais aos entes que adotem as normas de referência nacionais, editadas pela ANA, para a regulação dos serviços públicos de saneamento básico. Trata-se da utilização de mecanismos institucionais de incentivo e coerção com o objetivo de forçar a observância das diretrizes nacionais pelos estados e municípios[23]. Outros exemplos de utilização da técnica do spending power podem ser vistos no art. 11, parágrafo único da Lei Complementar 101/00, que veda a realização de transferências voluntárias para o ente que não institua e arrecade efetivamente de todos os tributos de sua competência. Outro exemplo apontado pela doutrina é o art. 28 da Lei 11.079/04, que veda a União de conceder garantia ou realizar transferência voluntária aos Estados, Distrito Federal e Municípios se a soma de suas despesas de caráter continuado derivadas do conjunto das parcerias contratadas houve excedido determinado percentual. Naturalmente, tais restrições podem referir-se apenas às transferências voluntárias, já que os recursos decorrentes de transferências obrigatórias são de titularidade do próprio ente recebedor em razão da técnica de repartição constitucional de receitas.

4. TERCEIRO SETOR

46. Com a entrada em vigor da Lei 13.019/2014, podemos afirmar que os convênios ainda subsistem como figuras autônomas no ordenamento vigente?

Com a entrada em vigor da Lei 13.019/2014, o marco regulatório[24] das Parcerias entre a Administração e as Organizações da Sociedade Civil, as hipóteses de celebração de convênios foram sobremaneira restringidas. O art. 84 da

23. O Novo marco regulatório do saneamento básico [livro eletrônico] / Augusto Neves Dal Pozzo, coordenação. -- 1. ed. -- São Paulo: Thomson Reuters Brasil, 2020. EDGARD HERMELINO LEITE SANTOS. Delegação dos serviços de limpeza urbana e de manejo de resíduos sólidos no novo marco regulatório de saneamento básico. RB-25.4.

24. Destaque-se haver controvérsia acerca da natureza jurídica da Lei 13.019/14. Segundo Rafael Carvalho de Oliveira: "É forçoso concluir que a Constituição apenas estabelece a competência da União para elaborar normas gerais sobre contratos, na forma do art. 22, XXVII, da CRFB, inexistindo idêntica autorização em relação aos convênios. Em consequência, ausente norma constitucional que contemple a prerrogativa de fixação de normas gerais, por parte da União, para os convênios, a conclusão é no sentido de reconhecer a autonomia federativa dos entes para estabelecer as suas próprias normas, na forma do art. 18 da CRFB". (OLIVEIRA, Rafael Carvalho. Curso de direito administrativo. Rio de Janeiro: Forense, 2017. p. 217)

Lei 13.019/14, com redação dada pela Lei 13.204/15, limita a celebração de convênios a duas hipóteses: avenças celebradas entre entes federados ou pessoas jurídicas a eles vinculadas; e aquelas celebradas com instituições privadas no âmbito do SUS. Inclusive, o art. 84-A da Lei vedou a celebração de novos convênios fora das hipóteses mencionadas no art. 84. Significa dizer que, com a entrada em vigor da Lei 13.019/14, as parcerias celebras entre o poder público e organizações da sociedade civil não mais poderão ser formalizadas através de convênio, devendo ser celebradas tais parcerias através de um dos instrumentos previstos na referida lei, quais sejam: *termo de fomento, termo de colaboração e acordo de cooperação*. Porém, adverte Marçal Justen Filho que "a natureza jurídica de uma figura independe da denominação a ela atribuída", concluindo que seria "um erro crasso supor que existiria uma infração à ordem jurídica simplesmente porque a avença, em si mesma perfeita e válida, conteria um defeito por ser denominada de convênio e não de contrato de repasse. Em suma, essas figuras todas são formas de convênio (entendida a expressão em sentido amplo)."[25]

47. Há necessidade de licitação prévia para a celebração dos instrumentos de parceria da Lei 13.019/14?

Antes da Lei 13.019/14 havia acesa discussão quanto à necessidade ou não de licitação para a celebração de convênios. Sempre disse a doutrina majoritária que, diferente do que ocorre nos contratos, no caso dos convênios, não haveria necessidade de licitação prévia por impossibilidade absoluta de competição, tendo em vista que os interesses dos partícipes são comuns, e não contrapostos. Como nos convênios não se almeja a persecução do lucro, revelar-se-ia inviável a competição, já que não se cogita de preços ou remuneração. Veja que o art. 37, XXI, da CR, faz exigência de licitação prévia para *contratações*, mas não para a celebração de convênios. Em consequência disso, entendia-se que a legislação não impunha a necessidade de licitação para a celebração de convênios, devendo apenas ser observado o arts. 184 e 184-A da Lei 14.133/21, com redação da Lei 14.770/2023.

No entanto, o fato de não ser aplicável a regra da licitação não significava que a Administração não devesse que observar os princípios administrativos, como a impessoalidade. Assim, nas hipóteses em que houvesse dois ou mais interessados na celebração do convênio, a administração deveria instaurar um processo seletivo pautado por critérios objetivos. Atualmente, a Lei 13.019/14 expressamente estabelece a necessidade de um chamamento público para a seleção da melhor proposta, consagrando o entendimento doutrinário que propunha um procedimento seletivo pautado em regras objetivas.

25. Curso de direito administrativo [livro eletrônico]/Marçal Justen Filho. – 5. ed. – São Paulo: Thomson Reuters Brasil, 2018

Ressalte-se entendimento de José dos Santos Carvalho Filho[26] e de Maria Sylvia Zanella Di Pietro no sentido de que o chamamento público da Lei 13.019/14 consiste em uma nova modalidade de licitação. Portanto, a se encampar o entendimento, teremos de entender que celebração das parcerias privadas demanda licitação prévia.

5. SERVIÇOS PÚBLICOS

48. Conceitue serviço público.

O conceito de serviço público vai variar conforme a concepção que se encampe acerca do instituto. A doutrina apresenta ao menos quatro acepções para a conceituação do serviço público: amplíssima, ampla, restrita e restritíssima.

A concepção amplíssima vai considerar serviço público toda atividade exercida pelo Estado. A concepção ampla identifica os serviços públicos com as atividades prestacionais gerais, independentemente da forma de remuneração e da titularidade estatal exclusiva. Pela concepção restrita, consideram-se públicos apenas os serviços prestacionais *quantificáveis* dirigidos a usuários *individualizados*, independentemente da titularidade estatal exclusiva. Por fim, pela concepção restritíssima, consideram-se serviços públicos somente aqueles de *titularidade exclusiva* do Estado que sejam remunerados por *taxa ou tarifa*.

Na doutrina, vem prevalecendo a concepção ampla de serviço público. Assim, podemos conceituar serviço público como a atividade econômica prestacional, assim definida pela lei ou pela Constituição, exercida com ou sem titularidade estatal, sob o regime de direito público, com o objetivo de fornecer utilidades ou comodidades à coletividade.

49. O que são serviços públicos impróprios?

Também chamados de serviços públicos virtuais, atividades privadas de interesse público, de relevância pública ou atividades privadas regulamentadas, os serviços públicos impróprios são atividades da iniciativa privada que, face a sua relevância pública para a sociedade, demandam uma especial regulamentação por parte do estado. Dessa forma, tais atividades serão exercidas mediante autorização estatal prévia, além de estarem sujeitas a uma constante regulação

26. Segundo o autor: *"primeiramente, quanto à sua natureza, o chamamento público espelha procedimento seletivo, que o inclui como modalidade específica de licitação, e isso porque o certame visa escolher o melhor interessado para celebrar a parceria."* (Manual de Direito Administrativo / José dos Santos Carvalho Filho. 30ª Edição. São Paulo: Atlas, 2016. Pag. 386)

pelo Estado. Segundo Aragão, "independentemente da nomenclatura, são atividades da iniciativa privada para as quais a lei, em face da sua relação com o bem-estar da coletividade e/ou por gerarem desigualdades e assimetrias informativas para os usuários, exige autorização prévia para que possam ser exercidas, impondo ainda a sua contínua sujeição à regulação do poder público autorizante, através de um ordenamento jurídico setorial"[27].

50. Aplica-se o CDC aos serviços públicos?

O art. 7º da Lei 8.987/95 textualmente determina a aplicação das normas consumeristas aos serviços públicos. De outra parte, os arts. 4º, VII, 6º, X e 22 do CDC trazem normas de aplicação endereçada aos serviços públicos. A despeito dos referidos dispositivos, a aplicabilidade das normas consumeristas aos serviços públicos é questão controvertida na doutrina, havendo ao menos três entendimentos sobre o tema. Um primeiro entendimento defende que o CDC se aplica irrestritamente a todos os tipos de serviços públicos, tendo em vista as disposições mencionadas, que não parecem fazer qualquer restrição.

Um segundo entendimento vai dizer que o CDC deve ser aplicado apenas aos serviços públicos remunerados individualmente pelos usuários por taxa ou tarifa, entendimento este que busca compatibilizar-se com a regra do art. 3º, § 2º, CDC, que erige a *remuneração* a pressuposto do próprio conceito de serviço. Um terceiro entendimento, ainda mais restritivo, vai nos dizer que o código consumerista tem aplicação apenas aos serviços remunerados por tarifa, porquanto os serviços remunerados por taxa não derivam de relação contratual.

Por oportuno, vale destacar que a Lei 13.460/2017, que instituiu normas de defesa do usuário de serviços públicos, estabeleceu no art. 1º, § 2º, II, que a sua aplicação não afasta a necessidade de cumprimento do disposto no CDC, *quando caracterizada relação de consumo.* Como se sabe, a relação de consumo caracteriza-se pela relação jurídica estabelecida entre fornecedor e consumidor, para o fornecimento de produto ou serviço. O serviço, por sua vez, conceitua-se como qualquer atividade fornecida *no mercado de consumo*, mediante remuneração (art. 3º, § 2º, CDC). Portanto, com a entrada em vigor da Lei 13.460/17, parece que a aplicação do CDC dependerá de o serviço público ser ou não fornecido no mercado de consumo.

51. O princípio da continuidade dos serviços públicos pode ser relativizado?

Em razão das permanentes necessidades da população e do dever estatal de proteger suficientemente direitos fundamentais, a prestação de serviços públi-

27. ARAGÃO, Alexandre Santos de. Direito dos Serviços Públicos. Belo Horizonte: Fórum, 2017. página 154.

cos deve ser, em regra, contínua, regular e ininterrupta. Todavia, o princípio da continuidade não é absoluto. Dessa forma, mesmo com relação a serviços de primeira necessidade, em situações pontuais, a prestação poderá ser interrompida. É o que dispõe o art. 6º, § 3º, da Lei 8.987/95, que autoriza a interrupção em *caso de emergência* ou, *após aviso prévio*, por *razões de ordem técnica ou de segurança nas instalações*, bem como por *inadimplemento do usuário. Digna de nota, porém, é a previsão incluída* no § 4º do dispositivo, segundo a qual "a interrupção do serviço na hipótese prevista no inciso II do § 3º deste artigo não poderá iniciar-se na sexta-feira, no sábado ou no domingo, nem em feriado ou no dia anterior a feriado."

52. O princípio da continuidade do serviço público é um requisito para que seja um serviço adequado?

Não necessariamente, já que nem todos os serviços precisam ser prestados continuamente e em período integral. Os serviços públicos, conforme *necessidade da população*, podem ser subdivididos em serviços de necessidade absoluta e de necessidade relativa. Os serviços de necessidade absoluta são aqueles dos quais a população não pode prescindir, como os hospitais, fornecimento de água, luz, etc. Já os serviços de necessidade relativa são aqueles cuja necessidade é intermitente, periódica, o que autoriza que o serviço seja prestado em dias e horários específicos e de forma não contínua. É o caso das bibliotecas públicas, o serviço de barcas e algumas linhas de ônibus, cujo movimento se reduz ou inexiste em determinados horários.

6. PODERES ADMINISTRATIVOS

53. Em que consiste o regime jurídico administrativo e no que se diferencia do regime jurídico da Administração Pública?

Segundo Maria Sylvia Zanella Di Pietro, o regime jurídico administrativo constitui "o conjunto de prerrogativas e restrições a que está sujeita a administração pública, prerrogativas e restrições estas que não se encontram nas relações entre particulares", sendo que tais prerrogativas e restrições "são expressas sob a forma de princípios que informa o direito público"[28]. Portanto, quando falamos em regime jurídico administrativo, queremos nos referir ao conjunto de normas de direito público que contemplam prerrogativas e limitações ao atuar administrativo, em razão da natureza dos interesses tutelados pela administração pública. De acordo com Celso Antônio, o regime jurídico

28. DI PIETRO, Maria Sylvia. Direito Administrativo. 30ª Edição. Pag. 94.

administrativo se fundamenta basicamente em dois princípios: o princípio da supremacia do interesse público sobre o privado; e o princípio da indisponibilidade do interesse público. Seriam estes dois princípios que fundamentariam todo esse conjunto de normas com prerrogativas e restrições a que está sujeita a administração. De outra parte, o regime jurídico da Administração Pública não se limita ao regime jurídico administrativo, já que a Administração Pública também atua sob o regime privado, como por exemplo prevê o art. 173, § 1º da Constituição. Portanto, o regime jurídico da Administração Pública designa em sentido amplo os regimes de direito público e de direito privado a que pode estar sujeita a Administração.

54. O que diferencia o regime jurídico administrativo do regime jurídico entre particulares?

O regime jurídico administrativo consiste no conjunto de regras e princípios que regem a atividade estatal, fundamentado nos princípios da supremacia do interesse público e da indisponibilidade do interesse público, conferindo à Administração um plexo de posições privilegiadas e prerrogativas sobre os administrados, além de sujeições destes últimos, visando à satisfação do interesse público. Portanto, o regime jurídico administrativo assegura uma relação de superioridade (verticalidade) do interesse público sobre o privado, impondo aos administrados uma série de sujeições. No âmbito das relações privadas, ao contrário, vigora uma relação de horizontalidade entre os sujeitos – que se encontram em pé de igualdade -, não havendo prerrogativas e sujeições. Ademais, as relações privadas são regidas pela autonomia da vontade, ao passo que as relações administrativas são regidas pela legalidade.

55. Quais são as prerrogativas inerentes ao regime jurídico administrativo?

Podemos mencionar como exemplo de prerrogativas da administração as cláusulas exorbitantes em contratos administrativos, que permite alterações unilaterais, rescisão unilateral, fiscalização e aplicação de sanções, observado o contraditório e a ampla defesa; a desapropriação, como forma de intervenção drástica e supressiva na propriedade privada; a presunção de veracidade e legalidade dos atos administrativos, que implica em uma inversão do ônus da prova quanto à validade do ato administrativo; prazos processuais diferenciados; etc.

56. Quais são os poderes administrativos consagrados pela doutrina?

A doutrina em geral arrola como poderes administrativos os seguintes poderes: (i.) poder normativo/regulamentar, (ii.) poder hierárquico, (iii.) poder disciplinar e (iv.) poder de polícia. Alguns autores falam ainda em poder vinculado e poder discricionário.

57. É possível falarmos em poder discricionário e poder vinculado?

Hely Lopes Meirelles arrola entre os poderes administrativos o poder vinculado e o poder discricionário como poderes autônomos. Para o autor, poder vinculado seria aquele conferido à Administração pela lei para a prática de atos de sua competência, determinados todos os elementos necessários à sua formação. Poder discricionário seria aquele conferido à Administração para a prática de atos administrativos com certa margem de liberdade quanto à conveniência, oportunidade e conteúdo. Todavia, a doutrina majoritária destaca que discricionariedade e vinculação não devem ser encaradas como poderes autônomos, mas como características da atividade administrativa em geral.

58. Conceitue o Poder de Polícia.

O poder de polícia (ou Administração ordenadora, como preferem alguns) pode ser conceituado como a atividade da Administração Pública, fulcrada na supremacia do interesse público e na necessidade de promoção de direitos fundamentais, de restringir e condicionar a liberdade e a propriedade privada, com vistas à promoção dos interesses da coletividade.

Analisado em sentido amplo, o poder de polícia envolve toda e qualquer atuação estatal, inclusive legislativa, que limite ou conforme o exercício das liberdades e da propriedade. Em sentido estrito, o poder de polícia equivale apenas ao exercício concreto, pela Administração Pública, destas atividades. O art. 78 do CTN nos traz um conceito legal de poder de polícia. O poder de polícia é associado à *supremacia geral* do Estado sobre os administrados, no que se difere do poder disciplinar, inerente às *relações especiais de sujeição*, nas quais há uma *supremacia especial* do Estado.

59. Quais são os atributos do Poder de Polícia?

Tradicionalmente, diz-se que o poder de polícia é *discricionário, autoexecutório* e *coercitivo*. Quanto ao atributo da discricionariedade, deveras, por vezes, haverá certa margem de discricionariedade no exercício do poder de polícia, como ocorre, por exemplo, quando da valoração da sanção mais adequada ou quanto ao momento do exercício. Todavia, há também casos em que não resta ao administrador qualquer fração de liberdade, como sói ocorrer com as licenças, atos de consentimento de polícia tipicamente vinculados.

A *autoexecutoriedade* significa que os atos de polícia podem ser implementados independentemente da autorização prévia do Judiciário. A exceção fica por conta das *multas*, cuja cobrança não pode ser feita de forma autoexecutória, reclamando o ajuizamento da competente ação de cobrança. A *coercibilidade* significa que exercício do poder de polícia admite a utilização de força para a execução do ato ou aplicação da sanção resultante do exercício do poder de polícia.

60. O que se entende por ciclo do poder de polícia?

O exercício do poder de polícia se desenvolve em quatro fases, que compõem o denominado ciclo de polícia: ordem de polícia, consentimento de polícia, fiscalização de polícia e sanção de polícia. O ciclo se inicia com a ordem de polícia, que opera no plano legislativo, por meio de a restrições e condicionamentos abstratamente impostos. O consentimento de polícia é o ato administrativo de anuência do poder público com a utilização da propriedade ou o exercício de determinada atividade, consentimento este manifestado por meio de licenças ou autorizações. A fiscalização de polícia consiste na atividade de verificação do cumprimento das ordens de polícia e dos limites do consentimento de polícia outorgado. Por fim, verificadas infrações às ordens de polícia ou aos limites do consentimento de polícia, tem lugar a sanção de polícia, que envolve a aplicação de punições administrativas.

61. É possível a delegação do poder de polícia a entidades estatais de direito privado?

Tradicionalmente, prevalece na doutrina e jurisprudência pátrias que o exercício do poder de polícia, por envolver poder de império do Estado, somente pode ser desempenhado por pessoas de direito público, ideia que conduz à conclusão da total impossibilidade de delegação do seu exercício a particulares. Porém, o entendimento vem sendo relativizado. De acordo com Diogo de Figueiredo Moreira Neto, podem ser delegados a particulares as fases de fiscalização e o consentimento de polícia, mas não as fases de ordenamento e sanção[29]. O entendimento foi encampado pelo STJ no Resp 817.534. No Informativo 793, o STF entendeu ser constitucional a atribuição do exercício do poder de polícia de trânsito às guardas municipais, inclusive para a imposição de

29. Diferentemente, Gustavo Binenbojm sustenta não haver vedação constitucional à delegação de quaisquer fases do poder de polícia: *"Parece-nos, por fim, uma vez estabelecido um arranjo institucional propício ao exercício do poder de polícia por terceirizados, também aqui não subsistem razões para se limitar a delegação de poderes de polícia às funções de consentimento e fiscalização. Em tese, não há vedação constitucional a que a delegação abarque também as funções de ordenação e sanção. O que se deve assegurar, em qualquer caso, é o respeito aos direitos fundamentais e aos valores democráticos, mediante a concepção de modelos de cooperação adequados"*. (Poder de Polícia, ordenação, regulação. Gustavo Binenbojm. 2ª Edição. 2017. Ed. Fórum. Pag. 273-274).

sanções administrativas legalmente previstas (RE 658570/MG, em 6/8/2015). No julgamento do RE 633782/MG, o STF admitiu a delegação do poder de polícia, por meio de lei, a pessoas jurídicas de direito privado integrantes da Administração Pública indireta de capital social majoritariamente público que prestem exclusivamente serviço público de atuação própria do Estado e em regime não concorrencial. Isso porque a incidência de normas de direito público a tais entidades tem o condão de aproximá-las do regime de direito público, de modo que acabam por desempenhar atividade própria do Estado. Pontuou o STF que a única fase do ciclo de polícia que seria absolutamente indelegável seria a ordem de polícia, ou seja, a função legislativa, restrita que seria aos entes constitucionalmente competentes, vedada sua delegação fora das hipóteses autorizadas na Constituição a pessoas jurídicas de direito privado. Em suma, os atos de consentimento, de fiscalização e de aplicação de sanções, segundo o Supremo, podem ser delegados a empresas estatais que tenham um regime jurídico próximo daquele aplicável à Fazenda Pública. No julgamento em questão, foi firmada, sob o Tema 532 de Repercussão Geral, a tese no sentido de que é constitucional a delegação do poder de polícia, por meio de lei, a pessoas jurídicas de direito privado integrantes da Administração Pública indireta de capital social majoritariamente público que prestem exclusivamente serviço público de atuação própria do Estado e em regime não concorrencial.

62. O Estado pode cobrar pelo exercício do poder de polícia?

Sim, é possível a instituição de taxa pelo efetivo exercício do poder de polícia, com base no art. 145, II, da Constituição e no art. 78 do CTN. Portanto, há possibilidade de instituição e cobrança de taxa de polícia, por qualquer dos entes federativos, tendo em vista tratar-se de competência comum. Vale lembrar que a taxa é espécie tributária vinculada, ou seja, que demanda efetiva contraprestação estatal. Assim, a taxa somente poderá ser cobrada em razão do efetivo exercício do poder de polícia. Da mesma forma, a instituição da taxa deve pautar-se pela referibilidade, o que significa que o valor da exação deve ser proporcional aos custos da fiscalização exercida.

63. Em que consiste o poder disciplinar?

O poder disciplinar consiste na prerrogativa da Administração de apurar infrações e aplicar as correlatas sanções disciplinares aos seus servidores e pessoas a ela especialmente subordinadas. O poder disciplinar tem lugar no âmbito das chamadas *relações de sujeição especial*, no que se difere do poder de polícia, que se insere na relação de sujeição geral dos particulares para com a Administração Pública. No domínio da *supremacia especial*, há uma relação específica entre o Estado e determinadas pessoas, o que demanda uma disciplina interna. Essa relação de sujeição especial pode ser enxergada quanto aos servidores públicos, alunos de uma escola pública, presidiários de um estabelecimento prisional, etc.

64. Conceitue o poder hierárquico, distinguindo a subordinação da vinculação administrativa.

O poder hierárquico consiste na função da Administração Pública de organizar-se internamente de forma escalonada, estabelecendo relações de subordinação entre seus órgãos e agentes. O poder hierárquico é exercido internamente a uma mesma pessoa jurídica, não se podendo falar de hierarquia entre duas pessoas distintas, em razão da autonomia destas entidades. Dessa forma, não se confundem as relações de subordinação e vinculação. A subordinação é fenômeno que ocorre internamente à pessoa jurídica. Já a vinculação (controle ou tutela) se vislumbra na relação entre determinada entidade da administração indireta e o ente central ao qual se vincula. Entre tais pessoas jurídicas, não há relação de subordinação (já que não há hierarquia), mas apenas de vinculação, por meio da chamada *supervisão ministerial*.

65. De qual poder administrativo decorre a possiblidade de avocação e delegação?

Do poder hierárquico decorre uma série de prerrogativas asseguradas ao agente público superior em relação aos seus subordinados, dentre elas: a possibilidade de dar ordens, controlar e fiscalizar-lhes as atividades, alterar, dentro dos limites legais, suas competências (avocação e delegação), revisar seus atos e aplicar sanções disciplinares. É do poder hierárquico, portanto, que decorre a possibilidade de delegação e a avocação de competências, que nada mais são do que formas de organização interna de competências administrativas.

A delegação é ato discricionário e revogável a qualquer tempo, por meio do qual o superior hierárquico confere a seu subordinado, temporariamente, o exercício de algumas atribuições. Vale lembrar que, na forma do art. 13 da Lei 9.784/99, não podem ser objeto de delegação: a edição de atos de caráter normativo; a decisão de recursos administrativos; as matérias de competência exclusiva do órgão ou autoridade. A avocação é ato discricionário pelo qual o superior hierárquico traz para si o exercício de determinada competência do subordinado, de forma temporária e devidamente justificada.

66. Cabe recurso hierárquico impróprio em face de decisão de entidade da administração indireta?

O recurso hierárquico consiste em meio de impugnação interposto com base no poder hierárquico inerente à organização administrativa interna de um determinado órgão ou entidade. O recurso hierárquico próprio será sempre cabível dentro de uma mesma pessoa administrativa, porquanto decorre da noção de escalonamento de competências. Já o recurso hierárquico impróprio é aquele dirigido para autoridade externa à estrutura hierárquica da pessoa administrativa prolatora da decisão. Daí falar-se em hierarquia imprópria. Com efeito, não há relação de hierarquia entre pessoas distintas. Por conta disso, como regra, não caberá recurso hierárquico impróprio em face de decisão de entidade da administração indireta ao Chefe do Poder Executivo, salvo se houver expressa previsão legal neste sentido.

Registre-se, todavia, entendimento consagrado no Parecer Normativo AC 051 da AGU – aprovado em caráter vinculante para a administração federal, onde se concluiu pelo cabimento do recurso hierárquico impróprio, mesmo sem previsão legal expressa. O fundamento básico do Parecer reside no art. 84, II, da Constituição, segundo o qual o Chefe do Executivo exerce a direção superior da Administração Púbica. Consequentemente, no exercício desta direção superior, poderia, portanto, rever os atos da Administração Púbica como um todo, inclusive de entidade da administração indireta. De acordo com o parecer, deve ser cabível recurso hierárquico impróprio em face dos atos das agências reguladoras que extrapolem os limites legais de suas competências ou que violem as políticas públicas setoriais da Administração.

67. No que consiste o poder normativo?

O poder normativo, também chamado poder regulamentar, consiste no poder que a Administração detém de editar atos gerais e abstratos. O poder normativo pode ser exercido por delegação legislativa (medidas provisórias e leis delegadas) ou por meio do poder regulamentar (decretos regulamentares para a fiel execução da lei ou decretos autônomos). A competência para a edição de Decreto Regulamentar é privativa do Chefe do Executivo, na forma do art. 84, IV, da Constituição. Sem prejuízo, o poder normativo pode ser exercido também por atos normativos de outras autoridades administrativas, como é o caso das instruções normativas, portarias e resoluções, editados por Ministros e Secretários de Estado.

68. Diferencie regulamento de execução do regulamento autônomo.

O regulamento de execução é aquele previsto no art. 84, VI, da Constituição, elaborado com base na lei e que visa à sua fiel execução. O regulamento de execução é também chamado de decreto regulamentar ou regulamento executivo. Já o regulamento autônomo, de controversa aceitação na doutrina, é aquele que não possui esteio legislativo, buscando seu fundamento de validade diretamente na Constituição. Por conta disso, entende-se que regulamento autônomo possui força normativa primária, inovando no ordenamento jurídico.

Como exemplo de decreto autônomo, a doutrina que o admite aponta o art. 84, VI, "a", da Constituição, com redação dada pela EC nº 32/2001, que dispensa lei para tratar da organização e funcionamento da Administração Pública quando não houver aumento de despesa nem criação ou extinção de órgão. Podemos mencionar ainda os arts. 103-B, § 4º, I e 130-A, § 2º, II, da Constituição, que tratam, respectivamente, dos poderes normativos do CNJ e CNMP.

69. Em que consiste a deslegalização ou deslegificação?

Trata-se de um fenômeno de degradação de hierarquia legislativa, através do qual o Poder Legislativo, por meio de uma lei quadro, atribui a órgãos ou entidades administrativas a competência para a edição de regulamentos acerca de determinada matéria de índole eminentemente técnica. O próprio legislador retira certa matéria do domínio da lei, transferindo-a para o domínio dos regulamentos.

Trata-se de fenômeno ditado pela tecnicidade de que se revestem determinados temas, bem como pela rapidez com que se fazem necessárias mudanças normativas, dado o dinamismo de certos setores da economia e da sociedade. Nestes casos, temos a edição de uma lei moldura, habilitadora de competências, que estabelecerá as linhas gerais, ou seja, os standards normativos que pautarão a atuação do órgão regulador.

7. ATO ADMINISTRATIVO

70. Quanto à formação ou manifestação de vontade, como se classifica o ato administrativo?

Sob o prisma da manifestação de vontade, o ato administrativo classifica-se em simples, complexo ou composto. O ato administrativo simples é aquele que se forma a partir da manifestação de vontade de um só órgão. Ato complexo é aquele que demanda, para sua formação, a manifestação de vontade conjugada de dois ou mais órgãos. Por fim, ato composto nasce com a manifestação de vontade de um órgão (principal), mas depende de uma manifestação de vontade de outro órgão (acessória) para se tornar exequível[30].

71. Em que consiste a presunção de legitimidade do ato administrativo?

A doutrina em geral admite a existência de três atributos do ato administrativo: presunção de legitimidade, imperatividade e autoexecutoriedade. A *presunção de*

30. Registre-se a existência de crítica doutrinária sobre a categoria dos atos compostos. Para Lucas Rocha Furtado, "o ato composto não existe como realidade autônoma. Trata-se de dois atos, que podem ou não compor um processo administrativo. São dois atos, um principal e outro acessório, que por serem dois, jamais poderão ser um só." (Curso de Direito Administrativo. 5ª Edição. Ed. Fórum, 2016. Pag. 235)

legitimidade, corolário do princípio da legalidade administrativa, assegura uma presunção *relativa* de que os atos administrativos foram praticados de acordo com os ditames da lei e do direito. A consequência desta presunção é que compete à parte interessada o ônus da prova quanto à ilegalidade do ato administrativo.

72. Em que consiste a imperatividade do ato administrativo?

A *imperatividade* significa que os atos administrativos têm força impositiva própria, podendo ser coercitivamente impostos ao administrado. Todavia, nem todos os atos administrativos serão dotados de imperatividade. Os atos meramente enunciativos, tais quais as certidões e pareceres, não gozam do atributo. Da mesma forma, os atos de consentimento (licença, autorização e permissão) são despidos de imperatividade, porquanto não contêm uma ordem, mas simplesmente uma concordância estatal com um pedido formulado pelo particular.

73. Em que consiste a autoexecutoriedade do ato administrativo?

A *autoexecutoriedade* é o atributo dos atos administrativos que estabelece a possibilidade de serem diretamente executados os atos administrativos, independentemente de intervenção prévia do Poder Judiciário. O atributo tem fundamento na necessidade de atendimento rápido e eficiente ao interesse público, o que não seria possível se o poder público precisasse pedir sempre autorização judicial para agir.

74. Há outros atributos do ato administrativo, além dos mencionados acima?

Alguns autores mencionam ainda a *exigibilidade* e a *tipicidade,* como atributo do ato administrativo sancionatório. A tipicidade significa que o poder público só poderia aplicar sanções tipificadas na lei. A exigibilidade é o atributo que assegura ao poder público a possiblidade de exigir dos administrados, através de meios indiretos de coação, o cumprimento das obrigações por ele impostas, sem necessidade de recorrer ao judiciário para tanto.

75. A autoexecutoriedade demanda lei autorizativa?

Há certa controvérsia quanto à necessidade ou não de lei que autorize a atuação autoexecutória da Administração. A doutrina majoritária, capitaneada por Celso Antônio Bandeira de Mello, sustenta que a autoexecutoriedade somente existirá quanto a lei expressamente a previr ou nas situações de urgência, quando a autorização estará implícita no ordenamento. De outro lado, há autores que defendem que a executoriedade deve ser compreendida como uma característica ordinária da ação estatal no Direito Público, salvo nas hipóteses em que a legislação exige a prévia manifestação do Judiciário.

76. Há exceção à autoexecutoriedade?

A doutrina como um todo ressalta que a cobrança contenciosa de multas ou sanções pecuniárias e a desapropriação são exceções à autoexecutoriedade, já que sempre demandarão o ajuizamento da competente demanda judicial. Em verdade, atos que impliquem em ablação do direito de propriedade do particular deverão ser precedidos do devido processo legal, uma vez que *ninguém será privado da liberdade ou de seus bens sem o devido processo legal* (art. 5º, LIV, da Constituição).

77. Há distinção entre a autoexecutoriedade e a exigibilidade do ato administrativo?

A doutrina tradicional, inspirada na doutrina francesa, faz distinção entre a autoexecutoriedade e a exigibilidade. A autoexecutoriedade é atributo que assegura ao poder público a possibilidade de execução material direta para a implementação do ato, sem a necessidade de autorização judicial prévia. De outro lado, a exigibilidade tem que ver com a utilização, pelo poder público, de meios de coerção indireta para a implementação do ato administrativo.

Na exigibilidade, ao invés de utilizar-se da força, o poder público lança mão de outros instrumentos de pressão, como por exemplo as sanções pecuniárias. Quer dizer, pela exigibilidade, busca-se induzir o particular ao cumprimento do ato administrativo, ao passo que pela autoexecutoriedade o poder público pode utilizar-se de meios diretos para materializar a execução do ato administrativo.

78. Distinga os atributos da autoexecutoriedade e da imperatividade do ato administrativo.

A imperatividade é o atributo que denota que o ato administrativo se impõe aos administrados independentemente de sua concordância. A autoexecutoriedade, como visto, é o atributo que permite ao poder público executar direta e materialmente os atos administrativos, sem a necessidade de intervenção do judiciário. A autoexecutoriedade deriva diretamente da imperatividade, a qual se justifica pela própria presunção de validade dos atos administrativos. A autoexecutoriedade, portanto, decorre da imperatividade do ato administrativo, mas com ela não se confunde.

79. A processualização da atividade administrativa afeta os atributos da autoexecutoridade e da imperatividade?

O atributo da imperatividade quer significar que os atos administrativos são cogentes aos administrados, característica esta que não sofre relativização em razão da processualização da atividade administrativa. Com o reconhecimento do contraditório e da ampla defesa aos processos administrativos (art. 5º, LV, da Constituição), todavia, a autoexecutoriedade tornou-se menos imediata, já que, como regra, será necessária a notificação prévia e a oportunização ao administrado do oferecimento de impugnação.

Contudo, em casos urgentes e de perigo iminente, a autoexecutoriedade terá aplicação plena, sendo oportunizado ao administrado o contraditório diferido, sob pena de inefetividade da atuação administrativa. De todo modo, a processualização se dá na seara administrativa, não havendo qualquer modificação no fato de que os atos autoexecutórios continuarão a ser implementados ao alvedrio da intermediação do poder judiciário.

80. Quais são os elementos do ato administrativo?

São elementos do ato administrativo: competência, finalidade, forma, motivo e objeto. A *competência* tem que ver com a pertinência subjetiva para a edição do ato administrativo. Quer dizer, a competência é a capacidade jurídica atribuída pela lei ou pela Constituição, a órgão ou agente público, para a prática de determinado ato administrativo.

A *finalidade* do ato administrativo nada mais é do que o interesse público que deve nortear a atuação do poder público. Não é por outro motivo que o abuso de poder por desvio do interesse público nada mais é do que um desfio de finalidade. Assim, a finalidade impõe que o ato administrativo seja sempre dirigido ao interesse público.

A *forma* é o meio através do qual se exterioriza o ato administrativo, sendo sua observância necessária para assegurar publicidade e segurança jurídica. No direito administrativo vigora o princípio da formalidade moderada, sendo necessária, como regra, a solenidade das formas. Assim, o ato administrativo deverá se revestir da forma estabelecida em lei, sob pena de invalidade. Vale lembrar, ademais, que a publicidade é condição de eficácia do ato administrativo.

O *motivo*, por sua vez, consiste na razão fática ou jurídica que justifica a edição do ato administrativo. Podemos falar em *motivo de fato (discricionário)* ou *motivo de direito (vinculado)*. Com efeito, no motivo de fato, a verificação da situação fática justificadora do ato é feita pelo administrador, conforme critérios de conveniência e oportunidade, razão por que se entende que será discricionário. Já no motivo de direito a escolha é eleita pelo legislador na própria norma jurídica.

O *objeto*, também chamado de conteúdo do ato administrativo, é o objetivo que o ato administrativo pretende concretizar no mundo jurídico. O objeto poderá ser vinculado, quando estiver previamente estipulado em lei; ou discricionário, quando houver espaço ao administrador para sua delimitação, conforme a conveniência e oportunidade administrativas.

81. É obrigatória a motivação dos atos administrativos?

Em primeiro lugar, a motivação não se confunde com o motivo do ato administrativo. A motivação é a exposição textual da justificativa que levou o administrador a praticar o ato administrativo. Há discussão doutrinária acerca da obrigatoriedade de motivação dos atos administrativos. Uma primeira corrente sustenta que a motivação seria obrigatória apenas nos atos vinculados, sendo facultativa para os atos discricionários. Outro entendimento vai nos dizer o contrário, ou seja, que somente haveria obrigatoriedade de motivação nos atos discricionários, já que nos atos vinculados os motivos estariam preestabelecidos na lei.

Terceira corrente doutrinária vai nos dizer que não há obrigatoriedade de motivação dos atos administrativos, salvo se houver expressa determinação legal. Fundamenta-se essa corrente no art. 50, da Lei 9.784/99, que parece restringir a motivação para os atos que enumera; bem como no art. 93, X, da Constituição, que se situa no capítulo afeto ao Poder Judiciário, o que indicaria que a obrigatoriedade de motivação se imporia somente a este Poder. É o entendimento de José dos Santos Carvalho Filho. Uma quarta linha, sustentada por Diogo de Figueiredo Moreira Neto, vaticina que somente haverá obrigatoriedade de motivação quanto aos atos administrativos decisórios e quando houver expressa determinação legal.

Por fim, a melhor corrente sustenta a necessidade de motivação de todos os atos administrativos, sejam eles vinculados ou discricionários. A motivação confere visibilidade aos fundamentos do ato e, consequentemente, permite uma maior amplitude de controle, além de funcionar como instrumento inibidor da arbitrariedade e de desvios de finalidade. Ademais, a motivação é exigência que deriva do princípio democrático, da legalidade, da publicidade, do contraditório e da ampla defesa. O art. 2º, caput e parágrafo único, VII, da Lei 9.784/1999 estabelece o dever de motivação nos processos administrativos, com o que pareceu generalizar a obrigação de motivação. E mais: o art. 93, X, da Constituição, apesar de exigir motivação apenas para as decisões administrativas do Poder Judiciário, deve ser aplicado também aos demais Poderes. É o entendimento de Celso Antônio Bandeira de Mello.

82. Fale sobre a tradicional distinção entre licença e autorização.

Tradicionalmente, diz-nos a doutrina que a autorização seria um ato de consentimento de polícia discricionário, concedido e revogado conforme requisitos de conveniência a oportunidade da administração. Assim, a autorização é ato administrativo discricionário e unilateral da administração, por meio do qual é facultado ao particular, de maneira precária, o exercício de determinada atividade. Já a licença seria um ato de consentimento administrativo vinculado, ou seja, preenchidos os requisitos da lei, o particular teria direito subjetivo à obtenção da licença. Consequentemente, a licença não pode ser revogada por razões de (in)conveniência e (in)oportunidade. Com efeito, vinculados ou regrados são os atos administrativos cujos requisitos estão tipificados expressamente na lei, de modo que, uma vez preenchidos, deve o ato ser praticado. Assim, uma vez preenchidos os requisitos legais para a obtenção de uma licença, a rigor ela não poderá ser negada pelo poder público.

83. Em que consiste a convalidação ou sanatória do ato administrativo?

A convalidação é a sanação da invalidade do ato administrativo com efeitos *ex tunc*. Numa primeira análise, a constatação de um vício no ato administrativo imporia a sua anulação, com base no poder-dever de autotutela. Todavia, em determinadas situações, será feita uma ponderação, porquanto a anulação pode se revelar mais gravosa e custosa que a sanatória. Com efeito, somente os vícios sanáveis são passíveis de convalidação, valendo ressaltar ainda que sanáveis são os vícios relacionados à competência e forma. O vício relacionado ao objeto somente será sanável na hipótese de objeto plúrimo.

84. Quais são as formas de convalidação dos atos administrativos?

A convalidação do ato administrativo pode ser voluntária ou involuntária. A convalidação voluntária pode se dar por meio da ratificação, reforma e da conversão. A ratificação é o instrumento de convalidação de vícios de competência e de forma. A reforma e a conversão são instrumentos de convalidação de vícios no objeto do ato administrativo.

Na reforma do ato administrativo de objeto plúrimo (mais de um objeto), exclui-se o objeto viciado, mantendo-se o objeto válido. Na conversão do ato de objeto plúrimo, por sua vez, exclui-se o objeto inválido, introduzindo-se um outro objeto válido em seu lugar.

Temos também a convalidação involuntária, fato que ocorrerá pelo decurso do tempo sem que haja anulação do ato administrativo. Em outras palavras, tem-se a perda do direito de anular. Trata-se da decadência administrativa, consagrada expressamente no art. 54 da Lei 9.784/99.

85. Quais são as hipóteses de abuso de poder?

O abuso de poder é gênero, do qual são espécies o excesso de poder e o desvio de poder. O excesso de poder ocorre quando o agente público desbordar dos limites de sua competência, ou seja, quando extrapolar os lindes da competência que lhe é atribuída. Já o desvio de poder ocorre quando o agente atua desviando-se da finalidade prevista na lei, perseguindo finalidade diversa da finalidade pública que deve guiar a sua atuação. Trata-se, em verdade, de um desvio de finalidade.

86. O silêncio administrativo produz efeitos?

A prática de atos administrativos pressupõe a manifestação de vontade da Administração. Já a omissão ou o silêncio administrativo consistem, em verdade, em *fato administrativo*, uma vez que não há manifestação de vontade expressa. O art. 111 do CC/2002 assevera que o silêncio importa anuência quando as circunstâncias ou os usos o autorizarem e não for necessária a declaração de vontade expressa. Todavia, não há, no direito administrativo norma correlata, de modo que o silêncio administrativo não deve ser considerado, como regra, uma forma de consentimento.

Isso, contudo, não quer significar que o silêncio jamais produzirá quaisquer efeitos. Caso a lei expressamente assim disponha, o silêncio administrativo poderá vir a produzir consequências jurídicas. Assim, é possível afirmar que o silêncio administrativo em regra não produz efeitos, salvo nos casos em que a lei expressamente assim disponha. Sem prejuízo, nos casos em que não haja disposição legal neste sentido, caberá mandado de segurança a fim de compelir o ente público a expressamente se manifestar sobre a questão que lhe fora submetida, tendo em vista que ao cidadão é assegurado o direito de petição e à obtenção de certidões (art. 5º, XXXIV, *a* e *b*, CRFB).

Ainda sobre os efeitos do silêncio administrativo, imperiosa a menção ao art. 3º, IX da Lei 13.874/2019, segundo o qual é direito de toda pessoa, natural ou jurídica, ter a garantia de que, nas solicitações de atos públicos de liberação da atividade econômica que se sujeitam ao disposto na Lei, apresentados todos os elementos necessários à instrução do processo, o particular receberá imediatamente um prazo expresso que estipulará o tempo máximo para a devida análise de seu pedido e que, transcorrido o prazo fixado, na hipótese de silêncio da autoridade competente, importará em aprovação tácita para todos os efeitos, ressalvadas as hipóteses expressamente vedadas na lei. Dessa forma, ressalvadas as hipóteses previstas na MP, o silêncio da autoridade competente após o decurso do prazo por ela fixado para a liberação de atividade econômica importará em aprovação tácita do requerimento. Portanto, temos na Lei 13.874/2019 uma hipótese em que a lei estipulou expressamente que o silêncio ensejará a produção de efeitos.

87. A teoria dos atos próprios se aplica no direito administrativo?

A teoria dos atos próprios veda à Administração Pública a adoção de condutas contraditórias que venham a ferir a legítima expectativa gerada no particular de boa-fé, em decorrência de uma conduta administrativa pretérita. Quer dizer, se a Administração, com sua conduta anterior, desperta no particular a confiança legítima de que está autorizado a adotar determinado proceder, não pode o poder público, retrocedendo sobre seus próprios atos, surpreender o particular com comportamento ou interpretação inovativa, porquanto violará, com isso, a segurança jurídica.

Vale ressaltar que a confiança legítima consiste no aspecto *subjetivo* do valor segurança jurídica. Portanto, a teoria dos atos próprios – aplicável ao moderno direito administrativo -, tem por escopo a proteção da confiança legítima do administrado de boa-fé, impondo uma atuação leal e coerente do Estado e proscrevendo o retrocesso sobre seus próprios atos (*nemo potest venire contra factum proprium*).

8. PROCESSO ADMINISTRATIVO

88. Qual a diferença entre procedimento administrativo e processo administrativo?

Um procedimento é um rito, um conjunto de atos e fatos que se encadeiam e sucedem no tempo, visando a emanação de um ato (decisão) final, ao passo que o processo administrativo revela a existência de uma relação jurídica a ele subjacente. O processo administrativo constitui relação jurídica de direito processual administrativo, que visa a formação de uma relação jurídica de direito material administrativo. O art. 15 do CPC vai nos dizer expressamente que na ausência de normas específicas, as disposições do CPC serão aplicadas supletiva e subsidiariamente. A norma se aplica a todo processo administrativo, seja aquele da Lei 9.784/99, seja àqueles previstos em leis específicas. Portanto, o influxo do CPC sobre as leis do processo administrativo faz com que as normas fundamentais do processo civil devam ser observadas no processo administrativo, assim como deve ser a teoria dos precedentes.

89. Deve ser observada a teoria dos precedentes no direito administrativo?

De acordo com Rafael Oliveira, o precedente administrativo pode ser conceituado como a norma jurídica retirada da decisão administrativa anterior, válida e de acordo com o interesse púbico, que, após decidir determinado caso concreto, deve ser observada em casos futuros e semelhantes pela Administração Pública[31]. Diz o autor que o dever de coerência administrativa impõe que o exercício da função pública leve em consideração os precedentes administrativos, como forma de garantir a efetividade dos princípios da igualdade, segurança jurídica, boa-fé, proteção da confiança legítima, razoabilidade, proporcionalidade e eficiência. Segundo se tem vaticinado, há um dever de respeito à jurisprudência administrativa, assim como o dever de uniformizar e manter instável, integra e coerente a jurisprudência dos órgãos administrativos julgadores (Tribunais de Contas, CADE, CVM, Conselhos de Contribuintes,

31. Oliveira, Rafael Carvalho Rezende. Precedentes no Direito Administrativo. Ed. Gen. Forense. 2018. Pag. 95.

CNJ, CNMP, etc.). Segundo a doutrina, o art. 30 da LINDB tornaria claro o dever de obediência aos precedentes no direito administrativo, ao dizer que as autoridades públicas devem atuar para aumentar a segurança jurídica na aplicação das normas, inclusive por meio de regulamentos, súmulas administrativas e respostas a consultas.

90. É possível a instauração de processo administrativo com base em "denúncia anônima"?

Sim. De acordo com o entendimento do STJ e do STF, não há ilegalidade na instauração de processo administrativo com fundamento em denúncia anônima, tendo em vista a existência de um poder-dever de autotutela imposto à Administração. Todavia, antes da instauração do PAD com base na denúncia anônima, far-se-á necessária uma apuração prévia (sindicância) dos fatos contidos na denúncia, a fim de evitar uma persecução disciplinar temerária.

De acordo com a novel Súmula 611 do STJ, desde que devidamente motivada e com amparo em investigação ou sindicância, é permitida a instauração de processo administrativo disciplinar com base em denúncia anônima, em face do poder-dever de autotutela imposto à Administração.

91. É possível falar em coisa julgada administrativa?

O termo é utilizado para definir o esgotamento das instâncias administrativas, com impedimento à modificação da decisão após o esgotamento das vias de impugnação hierárquicas disponíveis ao administrado. Essa definitividade, porém, é meramente relativa, já que nada obsta que o particular discuta a questão perante o Poder Judiciário, ante o princípio da inadaptabilidade da jurisdição (art. 5º, XXXV, CF). Em razão disso, parte da doutrina rechaça a utilização do termo, preferindo falar em preclusão administrativa.

92. É possível a punição disciplinar com base na verdade sabida?

Não. A *verdade sabida* consiste na falta disciplinar presenciada diretamente pela autoridade competente para puni-la ou na falta de indiscutível notoriedade. Antes da Constituição de 88, entendia-se possível a punição de tais faltas disciplinares, com base na verdade sabida, independentemente de processo administrativo disciplinar em que fosse assegurado o contraditório e a ampla defesa.

Todavia, a aplicação de pena disciplinar a partir de mera constatação ou comunicação do superior hierárquico não mais se compatibiliza com o ordenamento jurídico vigente, sendo imperiosa a instauração de PAD, onde deverá ser assegurado o contraditório e a ampla defesa.

93. Aplica-se o princípio da verdade material ao processo administrativo?

Sim. Diferentemente do que ocorre nos processos judiciais, nos processos administrativos vigora o princípio da verdade material, o que significa dizer que as autoridades administrativas não devem se contentar com as informações presentes nos autos. Isso significa que o gestor público possuirá amplos poderes probatórios, de modo a praticar diligências e perquirir acerca de provas que possam lhe auxiliar na descoberta dos fatos.

Pelo princípio, o administrador deve se valer da verdade real, não se atendo apenas às provas e elementos constantes do processo. Assim, a Administração Pública pode atuar de todas as formas legais e lícitas para produzir provas nos processos sob sua jurisdição, não se limitando àquilo que foi demonstrado pelas das partes.

94. Há necessidade de defesa técnica no PAD deflagrado para a perda do cargo de servidor estável?

Não. De acordo com a Súmula Vinculante 05, a falta de defesa técnica por advogado no processo administrativo disciplinar não ofende a Constituição. Portanto, nos termos do art. 41, § 1º da Constituição conjugado com a Súmula Vinculante 05, basta que seja assegurado o contraditório e a ampla defesa no bojo do PAD, compreendidos como o direito à informação, à manifestação e à influência (efetiva consideração dos argumentos na decisão), sendo despicienda a presença da defesa técnica.

9. LICITAÇÃO E CONTRATOS ADMINISTRATIVOS

95. Em que consiste a chamada função regulatória da licitação?

A licitação destina-se a garantir o princípio da isonomia, a seleção da proposta mais vantajosa e a promoção do desenvolvimento nacional sustentável. Quanto ao último aspecto, surge espaço para o que se convencionou chamar de função regulatória da licitação. Trata-se da utilização do poder de compra da administração para promover valores outros, desde que constitucionalmente tutelados.

Como exemplo da função regulatória da licitação, pode-se mencionar a possibilidade de estabelecimento de critérios de preferência nas licitações e concorrências públicas para as propostas que propiciem maior economia de energia, água e outros recursos naturais e redução da emissão de gases de efeito estufa e de resíduos, ainda que isso resulte em uma proposta economicamente menos vantajosa (v. art. 26, da Lei 14.133/21) Outro exemplo tratamento diferenciado e favorecido às microempresas e empresas de pequeno porte, conforme art. 44 da Lei Complementar 123/06, com redação dada pela Lei 14.133/21.

96. Em que consiste o PNPC?

O Portal Nacional de Contratações Públicas (PNCP), conforme dispõe o art. 174 da Lei nº 14.133/2021, é o sítio eletrônico oficial destinado à divulgação centralizada e obrigatória dos atos exigidos pela Nova Lei de Licitações e Contratos Administrativos. De acordo com o mencionado dispositivo, o Portal Nacional de Contratações Públicas (PNCP) é um sítio eletrônico oficial destinado à divulgação centralizada e obrigatória dos atos exigidos por esta Lei, bem como à realização facultativa das contratações pelos órgãos e entidades dos Poderes Executivo, Legislativo e Judiciário de todos os entes federativos.

97. Em que consiste o credenciamento?

Trata-se de forma de contratação direta que se insere na noção de inexigibilidade de licitação, de acordo com a doutrina e a jurisprudência. No credenciamento, todos os interessados em contratar com a administração pública são contratados, sem exclusão, desde que atentam os requisitos para tanto. Portanto, se todos serão contratados, não há que se falar em competição e, consequentemente, não há licitação. O credenciamento é espécie de cadastro. Segundo o TCU, para a utilização do credenciamento devem ser os seguintes requisitos: i) contratação de todos os que tiverem interesse e que satisfaçam as condições fixadas pela Administração, não havendo relação de exclusão; ii) garantia de igualdade de condições entre todos os interessados hábeis a contratar com a Administração, pelo preço por ela definido; iii) demonstração inequívoca de que as necessidades da Administração somente poderão ser atendidas dessa forma. Atualmente, o art. 6º, XLIII da Lei 14.133/2021 conceitua o credenciamento como o processo administrativo de chamamento público em que a Administração Pública convoca interessados em prestar serviços ou fornecer bens para que, preenchidos os requisitos necessários, se credenciem no órgão ou na entidade para executar o objeto quando convocados. Ademais, o art. 78, I da referida lei qualifica o credenciamento como um procedimento auxiliar das licitações e contratações, estatuindo, no art. 79, incisos, que poderá ser utilizado nas seguintes hipóteses: I - paralela e não excludente: caso em que é viável e vantajosa para a Administração a realização de contratações simultâneas em condições padronizadas; II - com seleção a critério de terceiros: caso em que a seleção do contratado está a cargo do beneficiário direto da prestação; III - em mercados fluidos: caso em que a flutuação constante do valor da prestação e das condições de contratação inviabiliza a seleção de agente por meio de processo de licitação.

98. O que significa o efeito carona na licitação?

Trata-se de fenômeno observável no sistema de registro de preços, por meio do qual permite-se que órgãos ou entidades peguem "carona" na ata de registro de preços elaborada por outro órgão ou entidade. Portanto, os entes ou entidades caronas, que não realizaram a licitação pelo sistema de registro de preços, poderão utilizar-se da ata de outro órgão para as suas próprias contratações.

Regulamentado originalmente pelo art. 8º do Dec. 3.931/01, o instituto encontrava previsão no art. 22 do Dec. 7.892/2013, segundo o qual: "desde que devidamente justificada a vantagem, a ata de registro de preços, durante sua vigência, poderá ser utilizada por qualquer órgão ou entidade da administração pública federal que não tenha participado do certame licitatório, mediante anuência do órgão gerenciador". A possibilidade vem agora expressamente prevista no art. 86, § 2º da Lei nº 14.133/21, que previu expressamente a figura do órgão não participante, dispondo sobre a adesão de órgãos e entidades que não tiverem participado do procedimento público de intenção de registro de preços.

99. Discorra sobre o pregão.

Trata-se de modalidade de licitação consagrada inicialmente na Lei 10.520/2002 para a aquisição de bens e serviços comuns, compreendidos estes como aqueles cujos padrões de desempenho e qualidade possam ser objetivamente definidos pelo edital, por meio de especificações usuais no mercado. O surgimento da modalidade pregão deu-se no contexto do soerguimento do paradigma da administração pública gerencial ou de resultados. Portanto, ao prever a redução de prazos, inversão de fases de julgamento e habilitação, além da possibilidade de recurso na própria sessão de julgamento, buscou-se conferir maior agilidade e eficiência no processo de contratação pública. Pela literalidade da lei, a adoção da modalidade pregão é discricionária, ou seja, o poder público pode adotar a modalidade. Atualmente, de acordo com o art. 6º, XLI da Lei 14.133/2021, pregão é modalidade de licitação obrigatória para aquisição de bens e serviços comuns, cujo critério de julgamento poderá ser o de menor preço ou o de maior desconto. De acordo com o art. 29 da referida Lei, o pregão segue o rito procedimental comum a que se refere o art. 17 da Lei 14.133/2021, devendo ser adotado sempre que o objeto possuir padrões de desempenho e qualidade que possam ser objetivamente definidos pelo edital, por meio de especificações usuais de mercado. De acordo com o parágrafo único, o pregão não se aplica às contratações de serviços técnicos especializados de natureza predominantemente intelectual e de obras e serviços de engenharia, exceto os serviços de engenharia de que trata a alínea "a" do inciso XXI do *caput* do art. 6º da Lei. O art. 193, II da Lei 14.133/2021 expressamente revogou a Lei 10.520/02 em 30 de dezembro de 2023.

100. É possível que a Administração Pública imponha sigilo ao orçamento na licitação?

Como regra, não. Contudo, o sigilo da proposta orçamentária será admitido no âmbito das licitações regidas pela Lei 13.303/16 (Lei das Estatais). O art. 34 da Lei 13.303/16 estabelece que o valor estimado do contrato a ser celebrado pela empresa pública ou pela sociedade de economia mista será sigiloso, facultando-se à contratante, mediante justificação na fase de preparação, conferir publicidade ao valor estimado do objeto da licitação, sem prejuízo da divulgação do detalhamento dos quantitativos e das demais informações necessárias para a elaboração das propostas. Atualmente, o art. 24 da Lei 14.133/21, estabelece que, desde que de forma justificada, o orçamento estimado da contratação poderá ter caráter sigiloso, sem prejuízo da divulgação do detalhamento dos quantitativos e das demais informações necessárias para a elaboração das propostas. A Lei 12.462/2011 (Regime Diferenciado de Contratação) estabelecia que o orçamento previamente estimado para a contratação seria tornado público apenas e imediatamente após o encerramento da licitação, sem prejuízo da divulgação do detalhamento dos quantitativos e das demais informações necessárias para a elaboração das propostas. Todavia, a referida legislação especial foi expressamente revogada pelo art. 193, II, *c*) da Lei 14.133/2021, com redação dada pela Lei Complementar 198/2023.

101. Em determinado contrato, *não* foram expressamente pactuadas cláusulas exorbitantes. Diante disso, poderia a administração alterar unilateralmente o contrato?

Depende. As chamadas cláusulas exorbitantes estão atualmente previstas no art. 104 da Lei 14.133/2021. De acordo com a doutrina majoritária, nos contratos administrativos, as cláusulas exorbitantes decorrem expressamente da lei, não sendo necessário que tenham sido expressamente previstas no edital e na minuta de contrato. De outro lado, entende-se que nos contratos privados da administração as cláusulas exorbitantes não são automáticas, carecendo de pactuação expressa para que possam ser utilizadas.

Assim, de acordo com a doutrina majoritária, se estivermos diante de um contrato administrativo, a Administração poderá alterar unilateralmente o contrato, porquanto a cláusula estará implícita. Todavia, sendo um contrato privado da administração, a alteração unilateral depende de ter havido pactuação expressa.

Registre-se, por oportuno, entendimento do Professor Diogo de Figueiredo Moreira Neto, para quem as cláusulas exorbitantes devem estar explícitas e sua inclusão devidamente motivada até mesmo nos contratos administrativos, sob pena de não poderem ser utilizadas. Ainda segundo o autor, mesmo nos contratos onde a cláusula esteja expressa, será necessária a motivação para que ela possa ser utilizada. Trata-se da chamada teoria da dupla motivação: motiva-se a inclusão da cláusula no contrato, bem como motiva-se a sua utilização.

102. Estabeleça a distinção entre o contrato de concessão de serviço público e o mero contrato administrativo de prestação de serviços.

O contrato de concessão de serviços públicos é instrumento por meio do qual se formaliza delegação contratual da prestação de serviços públicos, modalidade de descentralização da atividade administrativa estatal. O contrato de concessão encontra sua principal sede no art. 175, da Constituição. Em sede infraconstitucional, os contratos de concessão de serviços públicos encontram seu regime jurídico na Lei 8.987/95.

A concessão de serviço público será feita mediante licitação, na modalidade de concorrência ou diálogo competitivo, à pessoa jurídica ou consórcio de empresas. No contrato de concessão, em regra, o concessionário possuirá relação contratual direta tanto com o Poder Público concedente, quanto com o particular usuário do serviço concedido. Como exemplo de contrato de concessão de serviços públicos, podemos mencionar as concessões de rodovias ou as concessões de serviços de água e esgoto.

Já o contrato administrativo de prestação de serviços em geral encontra previsão constitucional nos arts. 37, XXI, da Constituição. Tais contratos têm seu regime jurídico previsto atualmente na Lei 14.133/2021 (que substituiu a Lei 8.666/93). A licitação para a contratação de serviços poderá se dar pelas modalidades pregão, concorrência, concurso, leilão e diálogo competitivo, a depender da faixa de valores ou do objeto da contratação. No caso do contrato administrativo de prestação de serviços, a relação do contratado será direta com a Administração.

103. Em que consiste o *reajuste* contratual?

O reajuste é instrumento de recomposição automática do equilíbrio econômico-financeiro do contrato diante da ocorrência de eventos previsíveis e de consequências calculáveis, como é o caso da inflação. No reajuste, elege-se um determinado índice, que deverá incidir numa data prefixada contratualmente. O reajuste é uma cláusula contratual necessária nos contratos administrativos, cujo objetivo é preservar o valor original da proposta diante de fatos previsíveis. Cite-se, por exemplo, o art. 135 da Lei 14.133/2021, segundo o qual os preços dos contratos para serviços contínuos com regime de dedicação exclusiva de mão de obra ou com predominância de mão de obra serão repactuados para manutenção do equilíbrio econômico-financeiro, mediante demonstração analítica da variação dos custos contratuais. De acordo com o § 4º do mencionado dispositivo, a repactuação poderá ser dividida em tantas parcelas quantas forem necessárias, observado o princípio da anualidade do reajuste de preços da contratação, podendo ser realizada em momentos distintos para discutir a variação de custos que tenham sua anualidade resultante em datas diferenciadas, como os decorrentes de mão de obra e os decorrentes dos insumos necessários à execução dos serviços.

104. O que acontece se não houver cláusula de reajuste no contrato?

Se não houver previsão contratual expressa, entende-se majoritariamente que o contrato será irreajustável. Ao celebrar contrato com a Administração, o contratante adere às cláusulas editalícias e contratuais, de modo que não pode, posteriormente, alegar desconhecimento sobre tal fato.

Portanto, admitir o reajuste neste caso seria atentatório à isonomia e ao princípio da vinculação ao instrumento convocatório. Da mesma forma, como o contratante já sabe de antemão acerca da inexistência de reajuste, presume-se que o contratado vá de antemão embutir no valor da proposta os custos da ausência de reajuste. Em sentido diverso, Marçal Justen Filho defende a possibilidade de reajuste do valor do contrato mesmo sem previsão editalícia ou contratual. Para o autor, são inconstitucionais as interpretações que buscam condicionar a concessão de reajuste de preços, recomposição de preços, correção monetária a uma previsão no ato convocatório ou no contrato[32].

De outra parte, o direito à revisão independeria de previsão contratual ou editalícia, já que decorrente de fatos imprevisíveis que desequilibrem significativamente as condições originalmente pactuadas.

105. Diferencia contratos administrativos e contratos privados da administração.

Os contratos administrativos e os contratos privados da administração são espécies do gênero contratos da administração. Os contratos administrativos são contratos tipicamente públicos, que não encontram paralelo no direito privado. Neles, a administração está em posição de superioridade em relação ao particular, notadamente em razão da presença das cláusulas exorbitantes, no art. 104 da Lei 14.133/2021, as quais conferem prerrogativas contratuais em favor do Estado, permitindo sejam levadas a efeito alterações unilaterais do contrato, fiscalização, rescisão unilateral, aplicação de sanções e ocupação provisória.

Nos contratos administrativos, a presença das cláusulas exorbitantes é natural, decorrendo diretamente da lei. Assim, ainda que o contrato se omita, o ente público poderá lançar mão das referidas cláusulas. De outro lado, os contratos privados da administração pública são aqueles regulados preponderantemente pelo direito privado. Veja-se que a Administração também pode celebrar contratos de locação, comodato, permuta, que são contratos tipicamente privados.

Nos contratos privados da administração, a relação com o particular é horizontalizada, pois, em princípio, ambos estão em pé de igualdade. Nos contratos privados da administração, também chamados semipúblicos, as cláusulas exor-

32. JUSTEN FILHO, Marçal. Comentários à lei de licitações e contratos administrativos. 8. ed. São Paulo: Dialética, p. 558.

bitantes não são naturais ao instrumento contratual, de modo que somente poderão ser utilizadas se tiveram sido expressamente pactuadas.

106. Em que hipóteses pode se dar a alteração unilateral do contrato administrativo?

A Lei 14.133/2021 autoriza a alteração unilateral do contrato, desde que respeitados certos parâmetros. As alterações contratuais unilaterais, também chamadas ius variandi, sempre foram admitidas como decorrência da mutabilidade do interesse público, de molde que o contrato poderia vir a carecer de ajustes em razão de fatos supervenientes ou de necessidades de ajuste no projeto. Ocorre que tal possibilidade, compreendida como uma prerrogativa da administração e uma cláusula exorbitante do contrato, deve ser exercida dentro das balizas da lei, sob pena de configurar abuso do poder público, além de desvirtuamento da regra da licitação. Atualmente, a questão vem regrada pelos arts. 103, § 5º, I e 124, I da Lei 14.133/2021, que estabelecem que os contratos poderão ser alterados, com as devidas justificativas, de forma unilateral pela Administração. A alteração unilateral somente poderá ocorrer a) quando houver modificação do projeto ou das especificações, para melhor adequação técnica a seus objetivos; b) quando for necessária a modificação do valor contratual em decorrência de acréscimo ou diminuição quantitativa de seu objeto, nos limites permitidos pela lei. Digno de menção é o art. 130 da Lei, que prevê a obrigação de revisão do equilíbrio econômico-financeiro inicial em caso de alteração unilateral do contrato que aumente ou diminua os encargos do contratado, o que deve ser feito no mesmo termo aditivo.

107. Com base no art. 65, § 1º, da Lei 8.666/93, que previa o limite para as alterações contratuais unilaterais se aplica a toda alteração unilateral do contrato (quantitativas e qualitativas)?

Marçal Justen Filho e da Maria Sylvia Di Pietro sustentam os limites se aplicam apenas às alterações *quantitativas*, com base no art. 65, § 1º, da Lei 8.666/93, que fala em "acréscimos e supressões", expressões que denotam alteração de quantidade, mas não de qualidade. Ademais, somente o art. 65, I, b, da Lei 8.666/93 que trata das alterações *quantitativas*, faz ressalva expressa quanto *aos limites* previstos na lei. A segunda corrente, encampada pelo TCU, sustenta que os limites se aplicam às alterações quantitativas e qualitativas. Com efeito, não seria razoável permitir uma alteração contratual ilimitada, pois isso abriria as portas para a violação de princípios básicos, como a economicidade, a isonomia e a competitividade. Ora, se o contratado sabe que o contrato poderá ser modificado ilimitadamente, obviamente, o valor desse risco será embutido no contrato, violando-se, consequentemente, a economicidade. Ademais, permitida a alteração irrestrita, o poder público poderia manipular o valor do contrato, a fim de eleger uma modalidade mais restritiva de licitação, violando a competitividade e a isonomia. Mencione-se ainda o art. 65, § 2º, da Lei 8.666/93, que veda genericamente que acréscimos e supressões superem os limites legais, sem especificar o tipo de alteração. Atualmente, o art. 125 Lei 14.133/2021 estabelece que, nas alterações unilaterais do contrato a que se refere o art. 124, I, o contratado será obrigado a aceitar, nas mesmas condições contratuais, acréscimos ou supressões de até 25% (vinte e cinco por cento) do valor inicial atualizado do contrato que se fizerem nas obras, nos serviços ou nas compras, e, no caso de reforma de edifício ou de equipamento, o limite para os acréscimos será de 50% (cinquenta por cento). Diante disso, a doutrina vai nos dizer que o limite deve ser aplicado a todas as alterações unilaterais do contrato, sejam quantitativas ou qualitativas.

108. Cabe exceção do contrato não cumprido nos contratos administrativos?

Uma primeira corrente nos dirá que não, por força do princípio da continuidade dos serviços públicos e da supremacia do interesse público sobre o privado. A corrente majoritária, porém, é no sentido da possiblidade da *exceptio non adimpleti contractus* nos contratos administrativos. A situação era prevista no art. 78, XIV e XV, da Lei 8.666/93. Atualmente, o art. 137, § 2º, IV da Lei 14.133/21 prevê que o contratado terá direito à extinção do contrato no caso de atraso superior a 2 (dois) meses, contado da emissão da nota fiscal, dos pagamentos ou de parcelas de pagamentos devidos pela Administração por despesas de obras, serviços ou fornecimentos. Sem prejuízo, o § 3º diz ainda que a extinção não será admitida em caso de calamidade pública, de grave perturbação da ordem interna ou de guerra, bem como quando decorrerem de ato ou fato que o contratado tenha praticado, do qual tenha participado ou para o qual tenha contribuído. Ainda, que será assegurado ao contratado o direito de optar pela suspensão do cumprimento das obrigações assumidas até a normalização da situação. Note-se que nem todo contrato administrativo envolve a prestação de serviços públicos, de modo que o argumento baseado no princípio da continuidade não se sustenta. Da mesma forma, o princípio da supremacia do interesse público não pode ser invocado como imunidade do ente público para ilícitos contratuais.

109. A Petrobrás deve contratar pela lei geral de licitações?

Não. No julgamento do RE 441280/RS, o STF entendeu regime de licitação e contratação previsto na Lei 8.666/1993 seria inaplicável às sociedades de economia mista que explorem atividade econômica própria das empresas privadas, como é o caso da Petrobrás, que concorre livremente no mercado. Isso porque não seria possível conciliar as exigências inerentes ao regime de contratação publicista, previsto na Lei 8.666/1993, com a agilidade necessária do livre mercado, dada a intensa concorrência entre as empresas que nele atuam. No caso concreto, entendeu o Supremo que a Petrobrás disputa espaço livremente no mercado em que atua, em condições parelhas com as empresas privadas, razão por que não se há de exigir que fique subordinada aos rígidos limites da licitação da lei especial destinada aos serviços públicos, em sentido ampliado, sob pena de criar-se um grave obstáculo ao normal desempenho de suas atividades comerciais[33]. Atualmente a questão encontra-se regulamentada pelo art. 28 da Lei 13.303/16, segundo o qual os contratos com terceiros destinados à prestação de serviços às empresas públicas e às sociedades de economia mista, inclusive de engenharia e de publicidade, à aquisição e à locação de bens, à alienação de bens e ativos integrantes do respectivo patrimônio ou à execução de obras a serem integradas a esse patrimônio, bem como à implementação de ônus real sobre tais bens, serão precedidos de licitação. Em seguida, o prevê o art. 28, § 3º que as empresas públicas e as sociedades de economia mista ficam dispensadas da licitação nas seguintes situações: I - comercialização, prestação ou execução, de forma direta, pelas empresas mencionadas no caput , de produtos, serviços ou obras especificamente relacionados com seus respectivos objetos sociais; II - nos casos em que a escolha do parceiro esteja associada a suas características particulares, vinculada a oportunidades de negócio definidas e específicas, justificada a inviabilidade de procedimento competitivo. O art. 40 estatui que as empresas públicas e as sociedades de economia mista deverão publicar e manter atualizado regulamento interno de licitações e contratos. Com fundamento no dispositivo, a Petrobrás possui regulamento próprio de contratações. Porém, de há muito a Petrobrás adota um regime diferenciado de contratações, regido pelo Decreto 2.745/98, esquivando-se da aplicação da Lei 8.666/93.

110. Como se concretiza o princípio do planejamento na nova lei de licitações?

A nova lei de licitações consagra expressamente três instrumentos que materializam o princípio do planejamento no processo de licitação e contratação. Tratam-se do Plano de Contratação Anual (PCA), o estudo técnico preliminar (ETP) e o termo de referência (TR). O planejamento é essencial para fins de adequada, econômica e eficiente prestação de serviço público e da atividade administrativa. Inspirada no princípio do planejamento, a Lei nº 14.133/2021, em seu art. 12, VII, consagra que "a partir de documentos de formalização de demandas, os órgãos responsáveis pelo planejamento de cada ente federativo poderão, na forma de regulamento, *elaborar plano de contratações anual*, com o objetivo de racionalizar as contratações dos órgãos e entidades sob sua competência, garantir o alinhamento com o seu planejamento estratégico e subsidiar

33. Precedentes: ADI 3.273; MS 25.888; MS 26.410; MS 27.337; MS 27.743.

a elaboração das respectivas leis orçamentárias". O Plano de Contratação Anual (PCA) é o instrumento que consolida todas as compras e contratações que o órgão ou entidade pretende realizar ou prorrogar, no ano seguinte, e contempla bens, serviços, obras e soluções de tecnologia da informação. O art. 6º, XX da Lei 14.133/2021 conceitua o estudo técnico preliminar como o "documento constitutivo da primeira etapa do planejamento de uma contratação que caracteriza o interesse público envolvido e a sua melhor solução e dá base ao anteprojeto, ao termo de referência ou ao projeto básico a serem elaborados caso se conclua pela viabilidade da contratação". Por fim, o art. 6º XXIII, da Lei conceito o termo de referência como o "documento necessário para a contratação de bens e serviços, que deve conter os seguintes parâmetros e elementos descritivos: a) definição do objeto, incluídos sua natureza, os quantitativos, o prazo do contrato e, se for o caso, a possibilidade de sua prorrogação; b) fundamentação da contratação, que consiste na referência aos estudos técnicos preliminares correspondentes ou, quando não for possível divulgar esses estudos, no extrato das partes que não contiverem informações sigilosas; c) descrição da solução como um todo, considerado todo o ciclo de vida do objeto; d) requisitos da contratação; e) modelo de execução do objeto, que consiste na definição de como o contrato deverá produzir os resultados pretendidos desde o seu início até o seu encerramento; f) modelo de gestão do contrato, que descreve como a execução do objeto será acompanhada e fiscalizada pelo órgão ou entidade; g) critérios de medição e de pagamento; h) forma e critérios de seleção do fornecedor; i) estimativas do valor da contratação, acompanhadas dos preços unitários referenciais, das memórias de cálculo e dos documentos que lhe dão suporte, com os parâmetros utilizados para a obtenção dos preços e para os respectivos cálculos, que devem constar de documento separado e classificado; j) adequação orçamentária."

10. INTERVENÇÃO DO ESTADO NA ORDEM ECONÔMICA

111. Aponte formas de intervenção do Estado no domínio econômico.

A intervenção estatal no domínio econômico pode ocorrer de forma direta ou indireta. A intervenção direta na ordem econômica ocorrerá por meio da criação de empresas estatais, na forma autorizada pelo art. 173 da Constituição. A intervenção, neste caso, poderá ser concorrencial ou monopolista (e.g., art. 177 da Constituição). A intervenção indireta na ordem econômica, por sua vez, se dera por meio da regulação, fomento e repressão ao abuso do poder econômico.

112. Qual o conceito de fomento?

Trata-se de instrumento de intervenção estatal na ordem econômica, que busca estimular ou condicionar a atuação dos particulares, de modo a que, eles próprios, de forma voluntária, desenvolvam determinadas atividades econômicas ou sociais. O fomento deverá ser exercido com observância dos princípios da legalidade, moralidade, impessoalidade, razoabilidade e publicidade.

Obviamente, o fomento somente será legítimo caso vise a promoção do interesse público e encontre respaldo constitucional (exemplo: incentivo às microempresas e empresas de pequeno porte – art. 170, IX, CRFB). Como exemplos de instrumentos de fomento, podemos mencionar a subvenção social ou econômica e a concessão de isenções.

113. Em que consiste a análise de impacto regulatório - AIR?

Trata-se de um instrumento que visa auxiliar na formulação, monitoramento e na avaliação dos processos regulatórios, por meio do qual busca-se aferir os resultados e consequências das atuais e futuras regulações. A AIR busca examinar não só a qualidade e a eficiência da regulação estatal, mas também a própria verificação quanto a sua efetiva necessidade[34]. Ao procedimentalizar e permitir a participação popular na formulação da decisão regulatória, a AIR confere maior legitimidade às políticas regulatórias. Por outro lado, a AIR não deve se preocupar apenas com os resultados econômicos da política regulatória, mas deve levar em conta outros resultados igualmente esperados pela ordem constitucional. O instituto encontra atualmente base normativa no art. 29, da LINDB, segundo o qual em qualquer órgão ou Poder, a edição de atos normativos por autoridade administrativa, salvo os de mera organização interna, poderá ser precedida de consulta pública para manifestação de interessados, preferencialmente por meio eletrônico, a qual será considerada na decisão.

Digno de nota que a AIR foi recentemente positivada no art. 5º, da Lei 13.874/2019, segundo o qual as propostas de edição e de alteração de atos normativos de interesse geral de agentes econômicos ou de usuários dos serviços prestados, editadas por órgão ou entidade da administração pública federal, incluídas as autarquias e as fundações públicas, serão precedidas da realização de análise de impacto regulatório, que conterá informações e dados sobre os possíveis efeitos do ato normativo para verificar a razoabilidade do seu impacto econômico. Portanto, ao menos no âmbito federal, passa a ser expressamente

34. "[...] a AIR tem o propósito de diagnosticar a existência de falhas no mercado que justifiquem a regulação, bem como proporcionar a redução da assimetria de informações, permitindo a formulação de decisões qualitativamente melhores. A regulação, no caso, deve ser implementada de maneira proporcional, sob pena de gerar um problema inverso: as falhas regulatórias". (Novo perfil da regulação estatal. Administração Pública de resultados e Análise de Impacto Regulatório / Rafael Carvalho Rezende Oliveira. Ed. Forense, 2015. Pag. 265)

exigida a realização da AIR como condição à edição de atos regulatórios de atividades econômicas.

Válido mencionar que o instituto encontra regulamentação, em âmbito federal, no Decreto 10.411 de 2020.

11. INTERVENÇÃO DO ESTADO NA PROPRIEDADE

114. Qual é o escopo do plano diretor?

O Plano Diretor, instrumento de planejamento da política urbana municipal, encontra previsão no art. 182 da Constituição, que estabelece a necessidade de elaboração de uma *política de desenvolvimento urbano*, a ser executada pelo poder público municipal. O Plano Diretor é considerado o instrumento básico da política de desenvolvimento e expansão urbana, sendo considerado obrigatório pela Constituição para os Municípios com mais de 20 mil habitantes. Além disso, o art. 41, do Estatuto da Cidade estabelece a obrigatoriedade do plano diretor também para cidades integrantes de regiões metropolitanas e aglomerações urbanas, onde o Poder Público municipal pretenda utilizar os instrumentos previstos no art. 182, § 4º da Constituição; integrantes de áreas de especial interesse turístico; inseridas na área de influência de empreendimentos ou atividades com significativo impacto ambiental de âmbito regional ou nacional; e também para as cidades incluídas no cadastro nacional de Municípios com áreas suscetíveis à ocorrência de deslizamentos de grande impacto, inundações bruscas ou processos geológicos ou hidrológicos correlatos. Ademais, compete ao plano diretor definir as exigências fundamentais de ordenação da cidade, como condição ao atendimento da função social da propriedade urbana.

115. Quais são os instrumentos do Estatuto da Cidade vocacionados a sancionar o não atendimento da função social da propriedade urbana?

O art. 184, § 4º, da Constituição estabelece que é facultado ao Poder Público municipal, mediante lei específica para área incluída no plano diretor, exigir, nos termos da lei federal, do proprietário do solo urbano não edificado, subutilizado ou não utilizado, que promova seu adequado aproveitamento, sob pena, sucessivamente de: parcelamento ou edificação compulsórios; imposto sobre a propriedade predial e territorial urbana progressivo no tempo; desapropriação com pagamento mediante títulos da dívida pública de emissão previamente aprovada pelo Senado Federal, com prazo de resgate de até dez anos, em parcelas anuais, iguais e sucessivas, assegurados o valor real da indenização e os juros legais.

O Estatuto da Cidade, regulamentando o art. 182, § 4º da Constituição, estabelece regras gerais para a utilização de tais instrumentos. Portanto, a primeira medida que o poder público pode adotar é a notificação do particular para que promova o parcelamento, edificação e utilização compulsórios, conforme estabelecido no art. 5º do Estatuto. Se ainda assim o particular permanecer inerte, o poder público poderá impor o IPTU progressivo no tempo, limitada a alíquota ao máximo de 15% do valor venal do imóvel, mediante a majoração da alíquota pelo prazo de cinco anos consecutivos.

Se a notificação para parcelamento, edificação ou utilização compulsória e a aplicação do IPTU progressivo no tempo não forem suficientes para forçar o proprietário a atender a função social do imóvel, o município poderá promover a desapropriação urbanística sancionatória com pagamento em títulos da dívida pública.

116. Qual a diferença entre loteamento irregular e loteamento clandestino?

O parcelamento do solo urbano regula-se pela Lei 6.766/79. Esta, em seu art. 2º, estabelece que o parcelamento do solo urbano poderá ser feito mediante loteamento ou desmembramento. Considera-se loteamento a subdivisão da gleba em lotes destinados a edificação, com abertura de novas vias de circulação, de logradouros públicos ou prolongamento, modificação ou ampliação das vias existentes.

Por outro lado, desmembramento é a subdivisão de gleba em lotes destinados a edificação, com aproveitamento do sistema viário existente, desde que não implique na abertura de novas vias e logradouros públicos, nem no prolongamento, modificação ou ampliação dos já existentes.

Portanto, a criação de novos loteamentos deve observar as regras da Lei 6.766/79. Não sendo observada a legislação, o loteamento será considerado ilegal. Os loteamentos ilegais subdividem-se em duas espécies: (a) loteamentos clandestinos, que são aqueles implementados ao alvedrio de aprovação na Prefeitura Municipal; (b) loteamentos irregulares, que são aqueles implementados/executados de forma diversa do que fora aprovado pela Prefeitura, ou aqueles que foram aprovados pela Prefeitura, mas não foram inscritos no Registro de Imóveis.

117. Em que consiste o concurso voluntário no direito urbanístico?

O concurso voluntário encontra-se previsto no art. 22 da Lei 6.766/79, segundo o qual desde a data de registro do loteamento, passam a integrar o domínio do Município as vias e praças, os espaços livres e as áreas destinadas a edifícios públicos e outros equipamentos urbanos, constantes do projeto e do memorial descritivo. Portanto, o concurso voluntário consiste na transferência automática para o Município das áreas destinadas no projeto de loteamento a logradouros públicos. O desmembramento do solo é operação voluntária executada pelo particular loteador, mas também medidas de interesse coletivo.

Dessa forma, ao promover o loteamento, o loteador voluntariamente concorda em transferir ao patrimônio público as áreas destinadas às vias e logradouros públicos, em contrapartida à possibilidade de repartir a sua gleba. A só aprovação de loteamento pela Administração Pública transfere, automaticamente, os bens destinados ao uso comum ou ao uso especial para o domínio público da municipalidade, independente de registro. Ainda que estejamos diante de loteamento ilegal, as vias abertas em tais loteamentos se tornarão bens públicos por *destinação*[35].

118. O que é tombamento?

Trata-se de modalidade de intervenção branda do Estado na propriedade, a qual mantém as demais faculdades inerentes à propriedade do bem, decretada com fundamento na proteção do patrimônio histórico, cultural e artístico nacional (arts. 5º, XXIII, 170, III e 216, CRFB). O tombamento encontra-se disciplinado no Decreto-Lei nº 25/37, podendo ser instituído de ofício (art. 5º do Decreto-Lei 25/37), de forma voluntária (art. 7º) ou compulsória (arts. 8º e 9º).

119. Qual a natureza jurídica do tombamento?

Há controvérsia acerca da natureza jurídica do tombamento. Uma primeira corrente sustenta tratar-se de servidão administrativa, porquanto visar a bem determinado. Uma segunda corrente vai dizer que se trata de limitação administrativa, já que visa ao interesse público genérico de conservação do patrimônio público cultural, histórico, etc. Um terceiro posicionamento defende tratar-se de intervenção estatal sui generis, já que não se enquadraria nas categorias tradicionais. Veja que o tombamento não é genérico, o que o afasta da limitação administrativa; e tampouco se presta a servir a alguma obra ou serviço público, no que se afasta da servidão.

35. Importante mencionar que a Lei 14.620/2023 realizou importantes acréscimos ao art. 22 da Lei 6.766/79, que agora conta com os §§2º e 3º:

"§ 2º A partir da data de registro do loteamento, o Município providenciará a atualização do cadastro imobiliário da gleba que serviu de base para a aprovação do loteamento e das áreas que passaram a integrar o seu domínio.

§ 3º Somente a partir da emissão do Termo de Verificação e Execução de Obras (TVEO), o Município promoverá a individualização dos lotes no cadastro imobiliário municipal em nome do adquirente ou compromissário comprador no caso dos lotes comercializados e, em nome do proprietário da gleba, no caso dos lotes não comercializados."

120. Um Estado pode tombar bem da União?

O art. 2º, § 2º, do DL 3.365/41 estabelece que os bens do domínio dos Estados, Municípios, Distrito Federal e Territórios poderão ser desapropriados pela União, e os dos Municípios pelos Estados, mas, em qualquer caso, é exigida a autorização legislativa, que somente será dispensada quando a desapropriação for realizada mediante acordo entre os entes federativos, nos termos do §2º-A do mesmo dispositivo legal. Dessa forma, há vedação expressa à desapropriação de bens do ente maior pelo ente menor.

Todavia, não há tal vedação no que toca ao tombamento. Em razão disso, entende-se que os bens da União não foram imunizados do tombamento pelos demais entes, tal como ocorre com a desapropriação, motivo pelo qual se conclui que os bens da União podem ser, em tese, tombados pelos Estados, Distrito Federal e Municípios.

121. A requisição administrativa deve ser indenizada?

A requisição administrativa é modalidade de intervenção branda na propriedade privada, prevista no art. 5º, XXV da Constituição, segundo o qual no caso de iminente perigo público, a autoridade competente poderá usar de propriedade particular, assegurada ao proprietário indenização ulterior, se houver dano. O art. 1.228, § 3º do Código Civil, o proprietário pode ser privado da coisa, nos casos de desapropriação, por necessidade ou utilidade pública ou interesse social, bem como no de requisição, em caso de perigo público iminente. A requisição administrativa configura ato discricionário, que não sofre qualquer condicionamento, tendo em conta o seu caráter unilateral e autoexecutório, bastando que fique configurada a necessidade inadiável da utilização de um bem ou serviço pertencente a particular numa situação de perigo público iminente, sendo por isso inexigível a aquiescência da pessoa natural ou jurídica atingida ou a prévia intervenção do Judiciário (v. ADI nº 6.362). Portanto, de acordo com o art. 5º, XXV de Constituição, na requisição como regra não haverá direito à indenização, salvo se houver dano.

122. Pode um ente federativo requisitar bens de outro ente federativo?

Segundo a recente jurisprudência do STF, ofende o princípio federativo a requisição de bens e serviços de um ente federativo por outro, o que somente se admitiria à União, de forma excepcional, durante a vigência das medidas excepcionais de estado de defesa (art. 136, § 1º, inciso II, da CF) e estado de sítio (art. 139, inciso VII, da CF). No julgamento da ADI 3454/DF, o STF fixou a tese de que a requisição administrativa "para atendimento de necessidades coletivas, urgentes e transitórias, decorrentes de situações de perigo iminente, de calamidade pública ou de irrupção de epidemias" não recai sobre bens e/ou serviços públicos de outro ente federativo. Segundo o Supremo, o permissivo constitucional para a requisição administrativa de bens não tem aplicação às relações entre as unidades da Federação, pois isso ofenderia o princípio federativo, somente se admitindo, excepcionalmente, à União, durante a vigência de estado de defesa (CF/1988, art. 136, § 1º, II) e estado de sítio (CF/1988, art. 139, VII). A conclusão decorre do fato de que não há hierarquia entre os entes, ressalvadas as distinções expressamente previstas na Constituição.

123. É possível falar em ocupação temporária "de direitos"?

Para Marçal Justen Filho, muito embora o instituto nos transmita a ideia de apossamento de bens físicos, não seria incompatível com a natureza do instituto que o ato estatal versasse sobre bens não corpóreos. O autor cita como exemplo a existência de uma epidemia determinada doença que demandasse a utilização de um determinado medicamento cujos direitos são protegidos por patente. Nesse caso, entende o autor que seria possível que o Estado, diante da situação emergencial, produzisse e distribuísse o medicamento, a despeito dos direitos de patente, atuando, dessa forma, de maneira excepcional, temporária e precária. De acordo com o autor, seria esse um exemplo de "ocupação temporária de direitos"[36].

12. DESAPROPRIAÇÃO

124. Quais as hipóteses de desapropriação previstas no ordenamento pátrio?

Existem pelo menos quatro modalidades de desapropriação em nosso ordenamento. A primeira delas é a desapropriação ordinária, por utilidade ou necessidade pública ou por interesse social, mediante justa e prévia indenização em dinheiro (art. 5º, XXIV, CR). Esta modalidade tem o seu procedimento previsto no DL 3.365/41 e na Lei 4.132/62.

A segunda modalidade é a desapropriação sancionatória urbanística, prevista no art. 182, § 4º, III, da Constituição, para os casos de descumprimento reiterado da função social da propriedade urbana. Esta modalidade, de competência dos Municípios e DF, tem sua regulamentação na Lei 10.257/01. O pagamento da indenização será com títulos da dívida pública, com prazo de resgate de até dez anos.

36. Justen Filho, Marçal. Curso de Direito Administrativo. 12ª Edição. São Paulo: Editora Revista dos Tribunais. 2016.Pag. 481.

Temos ainda a desapropriação rural para fins de reforma agrária, prevista no art. 184 da Constituição, de competência da União, para o caso de descumprimento da função social da propriedade rural. Neste caso, a indenização será prévia e justa em títulos da dívida agrária, resgatáveis no prazo de até vinte anos. Esta modalidade, também de cunho sancionatório, encontra-se regulamentada na Lei ordinária 8.629/93 e pela Lei Complementar 76/93. Destaca-se que o cumprimento da função social é requisito para que um imóvel produtivo não possa ser desapropriado para fins de reforma agrária, de acordo com a tese firmada na ADI 3.865.

Por fim, temos a desapropriação confisco ou expropriação confiscatória, consagrada no art. 243, da Constituição. Trata-se de autorização constitucional para a expropriação de propriedades rurais e urbanas onde forem localizadas culturas ilegais de plantas psicotrópicas ou a exploração de trabalho escravo. As propriedades serão necessariamente destinadas à reforma agrária e a programas de habitação popular, sem qualquer indenização ao proprietário. Trata-se de verdadeiro *confisco* autorizado pela Constituição, porquanto não teremos indenização.

Mencione-se ainda a chamada "desapropriação judicial", prevista no art. 1.228, §§ 4º e 5º do Código Civil, cuja natureza de desapropriação, porém, é controversa na doutrina. De acordo com o art. 1.228, § 4º do Código, "o proprietário também pode ser privado da coisa se o imóvel reivindicado consistir em extensa área, na posse ininterrupta e de boa-fé, por mais de cinco anos, de considerável número de pessoas, e estas nela houverem realizado, em conjunto ou separadamente, obras e serviços considerados pelo juiz de interesse social e econômico relevante". Nesse caso, de acordo com o § 5º, o juiz fixará a justa indenização devida ao proprietário; pago o preço, valerá a sentença como título para o registro do imóvel em nome dos possuidores.

125. Bens públicos podem ser desapropriados? Há restrições?

Sim. De acordo com o art. 2º, § 2º do DL 3.365/41, bens públicos podem ser desapropriados, exigida autorização legislativa, em regra. Todavia, o referido dispositivo estabelece que os bens do domínio dos Estados, Municípios, Distrito Federal e Territórios poderão ser desapropriados pela União, e os dos Municípios pelos Estados. Dessa forma, há vedação expressa à desapropriação de bens dos entes maiores pelos entes menores (desapropriação de baixo para cima). Em razão da vedação, os Municípios não poderão desapropriar bens públicos, ao passo que os bens da União jamais poderão ser desapropriados.

Trata-se do princípio da hierarquia verticalizada em matéria de desapropriação, cujo fundamento reside na existência de um escalonamento nos interesses tutelados pelos entes. Pelo princípio, o interesse nacional, tutelado pela União, deve prevalecer aos interesses regionais e locais, tutelados pelos Estados e Municípios; ao passo que o interesse regional, tutelado pelos Estados, deve prevalecer sobre o local, tutelado pelos Municípios.

A aplicação da mencionada vedação, no entanto, é objeto de críticas por parte da doutrina, que argumenta que o art. 2º, § 2º, do DL 3.365/41 não teria sido recepcionado pela Constituição. Isso porque a Constituição de 88 não estabelece qualquer hierarquia entre os entes federativos, de modo que, neste ponto, o Decreto-lei seria incompatível com a Constituição. Para esta doutrina, portanto, tendo em vista a autonomia e inexistência de hierarquia entre os entes federativos, também deveria ser admitida a desapropriação de "baixo para cima".

Outra vedação observável na desapropriação de bens públicos refere-se ao domínio eminente dos entes federativos sobre os bens situados em seus territórios. Dessa forma, sendo certo que os entes somente podem desapropriar bens que se inserem em seus âmbitos territoriais, temos que os Estados não poderão expropriar bens de outros Estados e tampouco bens de Municípios situados em outras unidades da federação.

126. Em que consiste a desapropriação indireta?

A desapropriação indireta nada mais é do que a desapropriação que não observa o devido processo legal. Em outras palavras, a desapropriação indireta é um fato administrativo, por meio do qual o poder público se apropria da propriedade particular sem a observância do processo e dos requisitos previstos na lei para a desapropriação do bem. De acordo com a doutrina, a desapropriação indireta tem fundamento expresso no art. 35 do DL 3.365/41. A despeito de tratar-se de pretensão indenizatória, prevalece na doutrina que a ação de desapropriação indireta possui natureza real.

127. Pode haver desapropriação indireta em razão de ato lícito do poder público?

Não somente o apossamento ilícito do bem que enseja a desapropriação indireta, podendo esta ocorrer também em decorrência de atos *lícitos* estatais que afetem desproporcionalmente o exercício das faculdades inerentes ao direito de propriedade. Dessa forma, haverá desapropriação indireta quando um ato estatal, mesmo que lícito, restringir sobremaneira o uso normal da propriedade privada, a tal ponto que lhe esvazie substancialmente o conteúdo econômico.

Por exemplo, suponhamos que um Decreto transforme em um passeio público uma rua onde funciona um posto de gasolina. Veja-se que o Decreto é válido. Todavia, acabou esvaziando economicamente a atividade do particular, pois o posto precisa do trânsito de carros para funcionar.

128. Qual o prazo prescricional da ação de desapropriação indireta?

A Súmula 119 do STJ estabelece que "*a ação de desapropriação indireta prescreve em vinte anos*". O enunciado, porém, merece ser relido à luz do CC/02, tendo em vista que o prazo vintenal mencionado correspondia ao prazo da usucapião extraordinária do Código Civil de 1916. Com efeito, da mesma forma que um particular pode usucapir um imóvel privado, o poder público também pode fazê-lo. Portanto, é possível que o poder público ingresse em um imóvel e nele fique, de forma mansa e pacífica, pelo prazo suficiente para adquirir-lhe a propriedade. Neste caso, a propriedade será adquirida de forma originária, sem que seja cabível qualquer indenização ao antigo proprietário. Por isso, o STJ entendeu que o prazo prescricional da ação de desapropriação indireta será o mesmo prazo da usucapião (prescrição aquisitiva). Quer dizer, a prescrição da pretensão indenizatória na desapropriação indireta é inversamente proporcional ao prazo de prescrição aquisitiva da propriedade.

Todavia, como dito, a Súmula 119 encontra-se desatualizada, uma vez que o art. 1.238 CC/02 passou a prever prazo de 15 anos para a usucapião extraordinária. Todavia, entende-se atualmente que o prazo prescricional aplicável às ações de desapropriação indireta será de 10 anos. Analisando o tema sob o rito dos recursos repetitivos (Tema 1019), o STJ fixou a tese no sentido de que o prazo prescricional aplicável à desapropriação indireta, na hipótese em que o Poder Público tenha realizado obras no local ou atribuído natureza de utilidade pública ou de interesse social ao imóvel, é de 10 anos, conforme parágrafo único do art. 1.238 do Código Civil. Isso porque é inerente à desapropriação indireta que o poder público tenha conferido finalidade pública ao bem, o que atrai a aplicação do referido dispositivo.

129. Cabe desapropriação de direitos possessórios?

Sim, é possível a desapropriação de direitos possessórios. Com efeito, o DL 3.365/41, em seu art. 34, exige a comprovação da propriedade como condição ao levantamento da indenização, o que a princípio veda o pagamento da indenização àqueles que não tenham propriedade formal. Em razão disso, houve controvérsia acerca da possibilidade da desapropriação de direitos possessórios.

Todavia, firmou-se no Superior Tribunal de Justiça entendimento no sentido de que é possível a desapropriação de direitos possessórios, devendo o art. 34 do DL 3.365/41 ser interpretado no sentido de que somente deverá ser exigida comprovação da propriedade quando houver fundada dúvida acerca do real titular do imóvel.

130. O que se entende por tredestinação?

A tredestinação significa a utilização do bem desapropriado em desconformidade com a finalidade pública originalmente prevista no decreto expropriatório. A tredestinação pode ser lícita ou ilícita. Será *lícita* quando o poder público der ao bem uma outra finalidade pública, ainda que diversa daquela prevista no decreto expropriatório. Será *ilícita* quando o poder público não atender a nenhuma outra finalidade pública, atendendo a alguma finalidade privada. A tredestinação ilícita renderá ensejo à retrocessão.

131. A omissão na utilização do bem desapropriado configura tredestinação?

Uma primeira corrente sustenta que haverá tredestinação ilícita se o poder público simplesmente não utilizar o bem em qualquer finalidade. O entendimento majoritário, porém, é no sentido de que o simples não uso do bem não é suficiente para caracterizar a tredestinação ilícita. Isso porque a lei não fixa prazo para o atendimento da finalidade pública, de modo que a inação não poderia significar tredestinação ilícita.

132. Qual a natureza jurídica da retrocessão?

Ha controvérsia doutrinária acerca da natureza jurídica da retrocessão. Um primeiro entendimento é no sentido de que a retrocessão tem natureza de direito pessoal, por força do art. 35 do DL 3.365/41, segundo qual, uma vez incorporado o bem ao patrimônio do poder público, não poderá mais o particular pleitear o bem de volta, devendo a questão ser resolvida necessariamente em perdas e danos. A segunda corrente vai nos dizer que a retrocessão é um direito real, de maneira que o particular tem o direito de pleitear o próprio bem de volta, e não apenas pleitear perdas e danos. Se o expropriante não atende ao interesse público declarado, estaremos diante de uma desapropriação sem fundamento e, portanto, inconstitucional por violação ao art. 5º, XXIV. Declarada nula a desapropriação, há o retorno ao status quo ante, de modo que o bem retornará ao patrimônio do particular. A terceira corrente, sustentada por Maria Sylvia di Pietro, é no sentido de que a retrocessão seria um direito misto, pois o particular pode pleitear a devolução do bem (direito real) ou as perdas e danos (direito pessoal).

133. Em ação de desapropriação, o que poderá ser alegado em sede de contestação?

Nos termos do art. 20 do DL 3.365/41, a contestação na ação de desapropriação somente poderá versar sobre vício do processo judicial ou impugnação do preço. Todo o restante deverá ser discutido em ação direta, ou seja, em uma ação autônoma. O mérito administrativo não poderá ser analisado pelo poder judiciário, em razão da expressa vedação no art. 9º, do DL 3.365/41.

134. Em sede de contestação à ação de desapropriação, há possibilidade de questionar o Decreto expropriatório em si?

Parte da doutrina sustenta que será possível discutir a legalidade do Decreto expropriatório na contestação. Para estes autores, a interpretação do art. 20 do DL nos conduz à possibilidade de o juiz examinar a regularidade extrínseca do ato administrativo (competência, finalidade, forma), mas não o seu mérito. De outro lado, José dos Santos Carvalho Filho sustenta que eventuais vícios de legalidade do Decreto deverão ser discutidos em ação declaratória de nulidade, conexa à ação de desapropriação. Mencione-se a alteração legislativa inserida no art. 34-A, § 4º do DL 3.365/41, de acordo com o qual, após a apresentação da contestação pelo expropriado, se não houver oposição expressa com relação à validade do decreto desapropriatório, deverá ser determinada a imediata transferência da propriedade do imóvel para o expropriante, independentemente de anuência expressa do expropriado, e prosseguirá o processo somente para resolução das questões litigiosas. Portanto, o dispositivo expressamente admite a possibilidade de impugnação do Decreto por meio da contestação.

135. O poder público pode desistir da ação de desapropriação?

Admite-se a desistência da ação de desapropriação, a qualquer tempo, mesmo após o trânsito em julgado, desde que ainda não tenha havido o pagamento integral do preço e desde que seja possível devolver ao expropriado o imóvel no estado em que se encontrava antes do ajuizamento da ação, ou seja, sem alteração substancial que impeça que o imóvel seja utilizado como antes. Ainda de acordo com o STJ, é ônus do expropriado provar a existência de fato impeditivo do direito de desistência da desapropriação (REsp 1.368.773-MS).

136. É possível desapropriar cadáver?

A questão é polemica. Uma primeira linha de entendimento é no sentido de ser possível a desapropriação do cadáver em havendo motivos de relevante interesse público que justifiquem a intervenção drástica, como por exemplo ocorreria na destinação do cadáver para pesquisas científicas. Ademais, o art. 2º do DL 3.365/41 prevê que, mediante declaração de utilidade pública, *todos os bens* poderão ser desapropriados pela União, pelos Estados, Municípios, Distrito Federal e Territórios. Porém, é de se questionar para quem seria paga a indenização em caso de desapropriação, sendo certo que o cadáver certamente não integra a herança. Uma segunda corrente nos dirá não ser possível, tendo em vista que o cadáver não tem valor econômico e não está no comércio. Ademais, a Lei 8.501/92 dispõe sobre a utilização de cadáver não reclamado, para fins de estudos ou pesquisas científica, de modo que não haveria interesse propriamente na desapropriação, já que existe legislação regulamentando a obtenção do cadáver para fins de estudos. De outra parte, o art. 14 do Código Civil estabelece que é válida, com objetivo científico, ou altruístico, a *disposição gratuita do próprio corpo, no todo* ou em parte, para depois da morte. Assim, a princípio seria possível a disposição voluntária do corpo para fins de pesquisa ou a a destinação de cadáver não reclamado, mas não a desapropriação. Todavia, poder-se-ia, em tese, conceber a possibilidade de desapropriação vez que o cadáver tenha sido incorporado ao patrimônio de uma instituição científica, que o recebeu para fins de pesquisa. Nesse caso, o cadáver seria um bem da instituição, que viria a ser desapropriado pelo ente público.

13. BENS PÚBLICOS

137. Em que consiste a expressão domínio eminente?

O domínio eminente, corolário da soberania e da autonomia estatal, busca denotar o poder latente do Estado de submeter à sua vontade todos os bens situados em seu território. O domínio eminente representa uma prerrogativa do poder público de interferir, tratar e condicionar os bens que se situam no âmbito de seus limites territoriais. Em razão disso, os entes federados têm a prerrogativa de intervir, de forma branda ou drástica, sobre a propriedade que esteja situada em suas fronteiras, sejam esses bens públicos, privados ou adéspotas (*res nullius*). É do domínio eminente que decorre a possibilidade de o Estado desapropriar, tombar ou impor limitação administrativa.

138. Conceitue bens públicos.

Os bens públicos podem ser conceituados quanto à sua *titularidade* (art. 98, CC) e quanto à sua *destinação*. O art. 98 CC traz um conceito de bem público quanto à titularidade, estabelecendo que "são públicos os bens do domínio nacional pertencentes às pessoas jurídicas de direito público interno". Quanto à destinação (concepção material ou funcionalista), serão considerados bens públicos aqueles que estejam afetados à destinação pública.

O conceito material ou funcionalista é adotado expressamente no Enunciado 287 da IV Jornada de Direito Civil do CJF: "*O critério da classificação de bens indicado no art. 98 do Código Civil não exaure a enumeração dos bens públicos, podendo ainda ser classificado como tal o bem pertencente a pessoa jurídica de direito privado que esteja afetado à prestação de serviços públicos.*"

139. Como se classificam os bens públicos, de acordo com o Código Civil?

De acordo com o art. 99, CC, os bens públicos, quanto à destinação ou afetação, classificam-se em: bens de uso comum do povo; bens de uso especial; bens dominicais ou dominiais. Os bens de uso comum do povo são os bens de uso geral, ou seja, disponíveis à utilização comum de qualquer indivíduo do povo, desde que atendidas as suas condições de utilização. Como exemplo desses bens, temos as praias, praças, ruas, jardins públicos, mares, etc.

Os bens de uso especial são os bens afetados ou vinculados à prestação de serviços administrativos do estado ou a serviços públicos em geral. Por exemplo, o prédio do Tribunal de Justiça, a sede do MP, as escolas públicas, hospitais públicos.

Os bens dominicais ou dominiais são aqueles bens públicos desafetados de qualquer finalidade pública, que não tenham uma destinação específicas, que não são utilizados pela comunidade e nem estão afetados a uma finalidade pública específica. Por exemplo, um terreno baldio do Município, um carro de propriedade do ente público que não esteja sendo utilizado, etc.

140. Quais as características dos bens públicos?

A doutrina tradicional arrola quatro características básicas para os bens públicos: alienação condicionada (inalienabilidade); impenhorabilidade; imprescritibilidade; e não onerabiliade. Os bens públicos consideram-se *inalienáveis*. Todavia, mais correto é dizer que sua alienação é condicionada, já que, cumpridos os requisitos legais (arts. 100 e 101 CC e art. 76 da Lei 14.133/21), os bens públicos poderão ser alienados.

Os bens públicos são *impenhoráveis*, mormente em razão do princípio da continuidade dos serviços públicos. Ademais, vale lembrar que os entes públicos se submetem ao regime de precatórios para o pagamento de seus débitos decorrentes de sentenças condenatórias, conforme o art. 100, da Constituição, o que afasta qualquer utilidade na penhora de bens seus bens para fazer face à determinada execução.

Os bens públicos são imprescritíveis, já que *não cabe usucapião* (prescrição aquisitiva) sobre bens públicos, tendo em vista a vedação contida nos arts. 183, § 3º e 191, da Constituição, art. 102 do Código Civil, art. 200 no DL 9.760/46, bem como na Súmula 340 STF.

Por fim, os bens públicos *não são oneráveis*, o que significa dizer que não podem ser dados em garantia real (penhor, hipoteca, anticrese). Tal característica decorre do art. 1.420 CC, que estabelece que somente os bens alienáveis podem ser dados em garantia real. Ademais, a própria Constituição estipulou o regime de precatórios, a instituição de ônus reais sobre bens públicos não teria qualquer utilidade.

141. O que é desafetação?

A desafetação consiste na retirada, fática ou jurídica, de determinada finalidade pública que fora atribuída ao bem público. Diz-se desafetado o bem que não está sendo utilizado em qualquer finalidade pública. Desafetado o bem, ele passará a ser enquadrado na categoria dos bens *dominicais*.

A desafetação pode ser *formal ou fática*. Será formal quando a desafetação se der por lei ou ato administrativo. De outro lado, a desafetação pode ocorrer também por fato administrativo, como é caso de um incêndio em um prédio público que lhe retire completamente a finalidade.

142. A não utilização do bem pode ensejar a sua desafetação?

A não utilização do bem público não necessariamente vai desafetá-lo, assim a utilização do bem de determinada maneira não significa que o bem público vai ser afetado a determinada finalidade. Por exemplo, o fato de passarem carros no meio de um terreno público não faz com que o terreno vire uma via pública; ou ainda, uma praça não deixará de ser um bem de uso comum do povo pelo fato de ter sido invadida por moradores de rua. Da mesma forma que a não utilização de uma biblioteca pública ou de um museu não implica na desafetação do prédio público de tal finalidade.

143. Não possuindo registro determinada propriedade, é possível afirmar que se trata de terra devoluta?

De acordo com Celso Antônio Bandeira de Mello, as terras devolutas são aquelas que, dada a origem pública da propriedade fundiária do Brasil, pertencem ao Estado – sem estarem aplicadas a qualquer uso público – porque não foram trespassadas do Poder Público aos particulares, ou se o foram, caíram em comisso, e nem se integraram no domínio privado por algum título reconhecido como legítimo.

Para parte da doutrina, a ausência de *registro* da propriedade no RGI enseja a presunção no sentido de que estamos diante de terras devolutas. Todavia, não é o que prevalece no STJ. De acordo com o entendimento firmado no Tribunal, a inexistência de registro imobiliário do bem não induz presunção de que o imóvel seja público (terras devolutas), cabendo ao Estado provar a titularidade do terreno como óbice ao reconhecimento da prescrição aquisitiva.

144. Que procedimento a Administração Pública deve adotar para alienação de bem imóvel?

Os arts. 100 e 101 do Código Civil estabelecem que são inalienáveis os bens públicos de uso comum do povo e de uso especial. Ademais, consagram que os bens dominicais podem ser alienados, desde que observados os requisitos da lei. Tais requisitos encontram-se plasmados no art. 76 da Lei 14.133/21 (antes estavam no art. 17 da Lei 8.666/93). Portanto, uma vez que somente os bens dominicais podem ser alienados, o primeiro requisito para a alienação de um bem público imóvel é a sua *desafetação*.

O segundo requisito será a *avaliação prévia*, a fim de impedir a venda por preço desprezível e eventual prejuízo ao erário. O terceiro requisito é a *motivação*, ou seja, que sejam apresentadas as razões de interesse público que justificam a alienação. O quarto requisito, exclusivo para a alienação de bens públicos imóveis da administração direta e entidades autárquicas e fundacionais, é a *autorização legislativa*. O quinto requisito é a *licitação prévia*, em regra, na modalidade leilão (lembrando que o art. 17, I da Lei 8.666/93 pedia, como regra, a modalidade concorrência), salvo nas hipóteses dispensadas pela própria lei.

145. É possível a usucapião de bens públicos?

Prevalece que não, tendo em vista a expressa vedação contida nos artigos 183, § 3º e 191 da Constituição, art. 102 do Código Civil, art. 200 no DL 9.760/46, bem como na Súmula 340 do STF. Todavia, há doutrina minoritária, defendida por Rafael Carvalho Rezende Oliveira e Juarez Freitas, que admite, excepcionalmente, a usucapião de bens públicos *dominicais*.

Segundo os autores, o bem público desafetado (sem finalidade pública), não está atendendo a sua função social. Ocorre que a própria Constituição erige o atendimento à função social a pressuposto do direito de propriedade. Em outras palavras, a Constituição somente assegurara proteção jurídica à propriedade que cumpra sua função social, de maneira que tais bens não mereceriam estar blindados pela proteção da imprescritibilidade.

Noutro vórtice, os cidadãos têm direito fundamental à moradia, direito este que deve ser satisfeito pelo estado. Diante deste quadro, deve ser realizada uma ponderação de princípios constitucionais. Veja que temos de um lado o interesse patrimonial do estado; de outro lado, temos a dignidade da pessoa que ocupa o bem público. Mediante este exercício de ponderação, os referidos doutrinadores vão admitir a usucapião de bem público dominical. Trata-se, porém, de entendimento absolutamente minoritário.

146. É possível que o Poder Público adquira bens públicos por meio da usucapião?

Sim, o poder público pode adquirir bens por meio da usucapião, caso exerça a posse mansa e pacífica, por determinado prazo, sobre a propriedade alheia. O Código Civil, ao tratar dos requisitos para a aquisição da propriedade por meio da usucapião, não excluiu os entes públicos como sujeitos ativos. Assim, uma vez observados os requisitos da legislação civil, o ente público poderá adquirir a propriedade de forma originária, por meio da usucapião.

Vale lembrar que, enquanto não consumada a aquisição da propriedade pela usucapião, poderá o particular ingressar com ação a fim de pleitear indenização por desapropriação indireta ou até mesmo ingressar com a competente ação possessória, caso ainda não tenham sido realizadas obras ou atividades de interesse público no bem.

147. O poder público pode figurar como locador em um contrato de locação?

A questão é divergente. Uma primeira corrente, sustentada por Diogo de Figueiredo e Hely Lopes Meirelles não admite a locação de bens públicos, já que, tratando-se de bens públicos, deve ser aplicado o regime jurídico de direito público e, portanto, a delegação remunerada do seu uso deve ser feita por meio do contrato de concessão de uso de bem público. Ademais, a Lei 8.666/93, ao tratar do contrato de locação, se referia ao poder público apenas como locatário (não como locador). O art. 51 da Lei 14.133/21 estabelece que, como regra, a locação de imóveis deverá ser precedida de licitação e avaliação prévia do bem, do seu estado de conservação, dos custos de adaptações e do prazo de amortização dos investimentos necessários, sugerindo referir-se à hipótese em que o poder público pretende ser locatário de um imóvel. Por consequência desse entendimento, ficaria afastada, por exemplo, a possibilidade de propositura de uma ação renovatória em face do poder público, que é ação típica da lei de locações.

Uma segunda corrente, defendida pelo José dos Santos Carvalho Filho, Maria Sylvia e Celso Antônio Bandeira de Mello, vai dizer que não há nenhum óbice a que seja celebrado um contrato de locação de bens públicos, com o poder público na condição de locador, eis que não existe vedação legal. De acordo com esses autores, seria possível a celebração de contrato de locação civil quanto aos bens públicos dominicais. No entanto, esse contrato de locação sofreria algumas ablações em razão da natureza pública do bem locado, tendo em vista a supremacia do interesse público. Destaque-se que o art. 86 do DL 9.760/42 permite a locação de bens federais.

148. Discorra sobre as formas de utilização privativa de bens públicos.

A utilização privativa de bens públicos por particulares pode ser instrumentalizada através de autorização, concessão ou permissão de uso de bem público. A autorização é ato administrativo discricionário e precário que defere a utilização privativa do bem público no interesse predominantemente particular. A autorização de uso pode ser revogada a qualquer tempo, não havendo direito à indenização. Como regra, independe de licitação prévia. A permissão de uso de bem público, assim como a autorização, consiste em ato administrativo discricionário e precário, que em regra não demanda licitação.

Todavia, na autorização, prevalece o interesse do autorizatário, ao passo que na permissão de uso o interesse particular e o interesse público são satisfeitos na mesma medida ou com ascendência do interesse público. Na concessão de uso o interesse almejado é eminentemente privado. A concessão de uso, por sua vez, deve ser formalizada por meio de *contrato*, bem como precedida de *licitação*. Tratando-se de um contrato, em caso de rescisão antecipada, haverá direito a indenização.

14. AGENTES PÚBLICOS

149. Quais são as categorias de agentes públicos?

A expressão 'agente público' é gênero, que abarca diversas categorias. Em geral, a legislação busca conferir conotação abrangente à noção de agente público, como sói ocorrer no art. 2º da Lei 8.429, segundo o qual reputa-se agente público todo aquele que exerce, ainda que transitoriamente ou sem remuneração, por eleição, nomeação, designação, contratação ou qualquer outra forma de investidura ou vínculo, mandato, cargo, emprego ou função pública. A mesma lógica pode ser observada no art. 327 do Código Penal. No entanto, não há consenso na doutrina sobre as categorias (espécies) de agentes públicos. A despeito disso, podemos lembrar como espécies de agentes públicos: os agentes políticos, servidores públicos (efetivos e comissionados), empregados públicos (celetistas), contratados temporários (art. 37, IX da Constituição), militares, particulares em colaboração (agentes honoríficos, jurados, mesários, notários e registradores, concessionários e delegatários, etc.) e agentes públicos de fato (putativos e necessários).

150. Em linhas gerais, quais são as distinções entre os servidores efetivos estatutários, empregados públicos e ocupantes de cargo em comissão?

Os servidores efetivos são agentes públicos admitidos por meio de concurso público, ocupam cargos públicos de provimento efetivo e regem-se pelo regime jurídico (estatuto) do ente federativo que integram. Ademais, os servidores públicos efetivos, após três anos de efetivo exercício, gozam de estabilidade, o que significa dizer que somente podem ser demitidos em virtude de sentença judicial transitada em julgado, mediante processo administrativo em que lhe seja assegurada ampla defesa, mediante procedimento de avaliação periódica de desempenho, na forma de lei complementar, assegurada ampla defesa (art. 41, § 1º, da Constituição) ou ainda para assegurar que as despesas com pessoal não excedam os limites previstos em lei complementar (art. 169, *caput* e § 4º, da Constituição).

Já os empregados públicos são agentes públicos, também admitidos por concurso público, ocupantes de emprego público e regidos pela Consolidação das Leis do Trabalho - CLT (celetistas). Os empregados públicos não gozam da garantia da estabilidade (art. 41, § 1º, da Constituição). No entanto, há controvérsia sobre os requisitos que devem ser observados para a sua demissibilidade. No RE 424.655, o Supremo entendeu necessária a instauração de processo administrativo, em que seja garantido o contraditório e a ampla defesa ao empregado. Mais recentemente, ao julgar os ED no RE 589.998, o STF entendeu que não é possível impor a ECT o dever jurídico de motivar, em ato formal, a demissão de seus empregados, não sendo exigível a instauração de processo administrativo ou a abertura de prévio contraditório.

Os servidores ocupantes de cargo em comissão não são admitidos por concurso público, mas nomeados livremente para ocuparem cargos de direção, chefia e assessoramento. Tais servidores são regidos pelo regime jurídico (estatuto) do ente federativo que integram e poderão ser exonerados livremente, *ad nutum.* Sobre as hipóteses de criação de cargos em comissão, o STF, no Tema 1010 da repercussão geral, estabeleceu os seguintes parâmetros: "a) A criação de cargos em comissão somente se justifica para o exercício de funções de direção, chefia e assessoramento, não se prestando ao desempenho de atividades burocráticas, técnicas ou operacionais; b) tal criação deve pressupor a necessária relação de confiança entre a autoridade nomeante e o servidor nomeado; c) o número de cargos comissionados criados deve guardar proporcionalidade com a necessidade que eles visam suprir e com o número de servidores ocupantes de cargos efetivos no ente federativo que os criar; e d) as atribuições dos cargos em comissão devem estar descritas, de forma clara e objetiva, na própria lei que os instituir."

151. Em que consiste a contratação por tempo determinado?

A Constituição, no art. 37, IX, autoriza a contratação temporária, por tempo determinado, para atender a necessidade de excepcional interesse público. Neste caso, não será necessária a realização de concurso público, bastando a realização de processo seletivo simplificado, pautado por regras objetivas que observam a impessoalidade e a moralidade. A contratação temporária terá necessariamente um prazo máximo, o qual deverá ser estabelecido na legislação específica de cada ente. No julgamento da ADPF 915/MG, o STF entendeu ser inconstitucional norma estadual que, de maneira genérica e abrangente, permite a convocação temporária de profissionais sem prévio vínculo com a Administração Pública para suprir vacância de cargo público efetivo. Não basta que a lei autorize a contratação de pessoal por prazo limitado, devendo estar delineada a excepcionalidade decorrente de situações emergenciais. Nesse contexto, para a contratação temporária é necessário que: a) os casos excepcionais estejam previstos em lei; b) o prazo de contratação seja pré-determinado; c) a necessidade seja temporária; e d) o interesse público seja excepcional. Quanto à contratação destinada a suprir necessidade temporária que exsurge da vacância do cargo efetivo, ela há de durar apenas o tempo necessário para a realização do próximo concurso público.

152. Pode a administração publicar novo edital de concurso público, para o mesmo cargo, antes de finda a validade de certame vigente e com candidatos aprovados?

Sim. De acordo com o STF, o surgimento de novas vagas ou a abertura de novo concurso para o mesmo cargo, ainda que válido certame anterior, não gera automaticamente direito à nomeação dos candidatos aprovados no concurso vigente, que estejam fora das vagas previstas no edital.

Fica ressalvada, porém, a hipótese de preterição arbitrária e imotivada por parte da administração, caracterizada por comportamento tácito ou expresso do Poder Público capaz de revelar a inequívoca necessidade de nomeação do aprovado durante o período de validade do certame, a ser demonstrada de forma cabal pelo candidato (RE 837311/PI, Rel. Min. Luiz Fux, julgado em 09/12/2015.

153. A nomeação tardia de candidato aprovado em concurso gera direito à indenização?

Como regra, não. Na hipótese de posse em cargo público determinada por decisão judicial, o servidor não faz jus à indenização, sob fundamento de que deveria ter sido investido em momento anterior, salvo situação de arbitrariedade flagrante (STF. Plenário. RE 724347/DF, julgado em 26/2/2015). Mais recentemente, o STJ entendeu que a nomeação tardia de candidatos aprovados em concurso público não gera direito à indenização, ainda que a demora tenha origem em erro reconhecido pela própria Administração Pública. STJ. 1ª Turma. REsp 1.238.344-MG, julgado em 30/11/2017 (Info 617).

154. A desistência de candidato aprovado dentro do número de vagas dá direito líquido e certo à nomeação ao próximo da fila?

Sim. De acordo com o STJ, o candidato originalmente fora do número de vagas que passa a ocupar melhor colocação em virtude da desistência de candidatos em melhor classificação, adquire direito líquido e certo à nomeação. Portanto, a desistência de candidatos aprovados dentro do número de vagas resulta em direito do próximo classificado à posse. É que a necessidade e o interesse da administração no preenchimento dos cargos ofertados estão estabelecidos no edital de abertura do concurso e a convocação do candidato que, logo após desiste, comprova a necessidade de convocação do próximo candidato na ordem de classificação.

155. Aplica-se a teoria do fato consumado ao servidor público, empossado por decisão judicial de caráter provisório, caso a decisão venha a ser posteriormente reformada?

Não se aplica a teoria do fato consumado aos candidatos que assumiram o cargo público por força de decisão judicial provisória que seja posteriormente revista. A teoria do fato consumado busca consolidar situações jurídicas que se prolongam no tempo, com vistas a resguardar a segurança jurídica e da estabilidade das relações sociais. Todavia, de acordo com o entendimento do STF, o exercício prolongado de cargo público, por força de decisão judicial liminar, não implica o direito à permanência em definitivo caso o candidato não atenda a exigência de prévia aprovação em concurso público (art. 37, II, da CF/88).

No caso, a regra constitucional concursiva há que prevalecer sobre o interesse individual do candidato, que não poderá invocar o princípio da proteção da confiança legítima, pois conhecia, desde sempre, a condição precária da decisão antecipatória que lhe assegurara a posse. Todavia, o candidato que não seja ao final confirmado no cargo não terá que restituir os salários recebidos, porquanto trata-se de verba de caráter alimentar, bem como porquanto houve o efetivo labor de sua parte.

156. Candidata grávida tem direito à remarcação do exame de aptidão física?

Sim. Como regra, não há direito à remarcação ou segunda chamada do exame de aptidão física para candidatos em concurso público em razão de circunstâncias pessoais, ainda que de caráter fisiológico ou de força maior, salvo se houver previsão no edital permitindo essa possibilidade. No entanto, o Supremo entendeu que "é constitucional a remarcação do teste de aptidão física de candidata que esteja grávida à época de sua realização, independentemente da previsão expressa em edital do concurso público" (Tema 973). Dentre outros argumentos, o STF sopesou que a Constituição protege a maternidade, a família e o planejamento familiar, além da constatação de que as mulheres têm mais dificuldade para se inserir no mercado de trabalho e alcançar postos de maior prestígio. Assim, deixar de reconhecer esse direito seria uma forma de acirrar o estigma e a desigualdade que se observa entre homens e mulheres no mercado de trabalho.

157. É possível conceder licença maternidade ao servidor público que venha a ser pai solteiro?

Ao apreciar o Tema 1.182, no julgamento do RE 1348854, o STF fixou a tese de que, à luz do art. 227 da Constituição Federal, que confere proteção integral da criança com absoluta prioridade e do princípio da paternidade responsável, a licença maternidade, prevista no art. 7º, XVIII, da CF/88 estende-se ao pai genitor monoparental. Segundo o Supremo, o servidor público que seja pai solo – quando não há a presença materna – faz jus à licença maternidade e ao salário maternidade pelo prazo de 180 dias, da mesma forma em que garantidos à mulher pela legislação de regência. A despeito da ausência de previsão legal, entendeu-se que o benefício deve ser excepcionalmente estendido ao pai de família monoparental, em respeito aos princípios da isonomia de direitos entre o homem e a mulher e da proteção integral à criança, destinado a assegurar o melhor interesse do menor.

158. O servidor público pode receber menos que o salário-mínimo?

De acordo com o entendimento fixado no Tema 900 RG, "é defeso o pagamento de remuneração em valor inferior ao salário-mínimo ao servidor público, ainda que labore em jornada reduzida de trabalho." Entendeu-se ser inconstitucional remunerar servidor público em patamar inferior a um salário-mínimo, mesmo que exerça jornada de trabalho reduzida. O direito fundamental ao salário-mínimo visa assegurar a dignidade da pessoa humana (CF/1988, art. 7º, IV), garantia esta que foi estendida aos servidores públicos (CF/1988, art. 39, § 3º). A leitura conjunta dos dispositivos e o princípio da vedação do retrocesso, portanto, impedem o pagamento de remuneração inferior ao salário-mínimo (RE 964659/RS).

15. RESPONSABILIDADE CIVIL DO ESTADO

159. O que distingue a responsabilidade civil no Direito Privado da responsabilidade civil no Direito Público?

A responsabilidade civil no direito privado, como regra, será subjetiva, ou seja, demandará a comprovação do elemento culpa. A responsabilidade civil no direito público, por sua vez, como regra, será objetiva, porquanto não demanda a comprovação de culpa do agente público, conforme a regra do art. 37, § 6º, da Constituição.

É bem verdade que há hipóteses de responsabilidade objetiva no direito civil, como no caso do art. 927, parágrafo único do Código Civil, assim como há também hipóteses de responsabilidade subjetiva no direito público, como no caso do art. 37, § 6º, parte final, da Constituição ou até mesmo nos casos de responsabilidade civil por atos omissivos. Todavia, como dito, a regra é que a responsabilidade civil seja subjetiva no direito privado e objetiva no direito público.

160. Qual a natureza da responsabilidade civil do Estado em razão de conduta omissiva?

O Estado poderá vir a responder em razão de conduta omissiva, caso reste demonstrado o nexo de causalidade entre o dano sofrido e a omissão estatal. Todavia, não é pacífica a natureza jurídica da responsabilidade civil estatal por omissão. Parcela da doutrina sustenta que a responsabilidade civil estatal decorrente de ato omissivo será subjetiva. Isso porque o art. 37, § 6º, da Constituição – que consagra a responsabilidade objetiva -, seria vocacionado apenas aos atos comissivos.

A ideia é que o Estado não pode ser convolado em um garantidor universal de todos os atos lesivos decorrentes de suas eventuais omissões. É o que sustenta Celso Antônio Bandeira de Mello. Outra parcela nos dirá que também nas condutas omissivas a responsabilidade será objetiva, porquanto o art. 37, § 6º, da Constituição não faz qualquer diferenciação. É o entendimento de Hely Lopes Meirelles. Uma terceira corrente busca estabelecer uma distinção entre as omissões genéricas e as omissões específicas.

Nesta linha, será subjetiva a responsabilidade civil decorrente de uma omissão genérica estatal, carecendo, neste caso, de demonstração de culpa. Será genérica a omissão, quando não houver para o Estado um específico fim de agir em relação a determinadas pessoas ou situações. De outra parte, será objetiva a responsabilidade em razão de uma omissão específica estatal. Vale ressaltar que estaremos diante de uma omissão específica nas hipóteses em que o Estado já houver sido instado a solucionar determinada questão, mas, ainda assim, quedar-se inerte. É o entendimento de Sergio Cavalieri Filho.

161. O Estado responde civilmente em razão de danos causados por atos legislativos?

Como regra não. Isso porque a lei possui caráter abstrato e genérico, aplicando-se a todos indistintamente. Quer dizer, a atuação legislativa vai incidir sobre todos, de maneira proporcional. Dessa forma, não seria possível invocar danos individualizáveis para se imputar responsabilidade ao Estado. No entanto, há duas exceções. A primeira exceção ocorre com relação à lei de efeitos concretos, ou seja, o diploma legal em sentido formal, mas de efeitos materialmente administrativos (conteúdo de ato administrativo individualizado).

Assim como qualquer ato administrativo pode gerar danos individualizáveis, a lei de efeitos concretos também poderá, o que vai acarretar a responsabilidade civil do Estado. A segunda exceção é a lei que venha a ser declarada inconstitucional. De acordo com a doutrina, vai haver responsabilidade civil do estado em razão de danos concretos causados por leis inconstitucionais. Neste caso, não basta a declaração de inconstitucionalidade, devendo ser comprovado o dano exsurgido da aplicação daquela lei.

162. Há responsabilidade civil por omissão no dever de legislar?

Sim, haverá responsabilidade civil estatal por omissão legislativa quando restar configurada uma mora legislativa desproporcional. Quando a própria Constituição trouxer um prazo para que o legislador edite o diploma legal, o só término deste prazo já será suficiente para a configuração da mora legislativa e, consequentemente, para a responsabilização estatal. De outro lado, quando não houver previsão constitucional de prazo para a edição de determinada lei, a mora do legislador deverá ser previamente declarada em sede de mandado de injunção ou ação direta de inconstitucionalidade por omissão. Ultrapassado o prazo fixado na decisão judicial para a edição da lei, configurada estará a mora legislativa.

163. Há responsabilidade civil do Estado em razão de ato lícito?

Como regra, a responsabilidade civil estatal pressupõe a ocorrência de atos ilícitos. Todavia, excepcionalmente, será o Estado também responsabilizado por atos lícitos. A doutrina tem admitido a responsabilidade civil do Estado por ato lícito em duas situações.

A primeira hipótese é observável nos casos em que o ato estatal lícito gera a um determinado particular um sacrifício desproporcional. A indenizabilidade, neste caso, tem fundamento no princípio da isonomia, impondo-se a repartição dos encargos entre toda a sociedade beneficiária da atividade estatal.
Por exemplo, decreto que transforma determinada rua em um passeio público, elidindo a continuidade de postos de gasolina. A segunda exceção ocorre nos casos em que há previsão legal expressa quanto ao dever estatal de legislar. É o que se vê na Lei 10.744/03, que prevê a responsabilidade da União por danos provocados por atentados terroristas contra aeronaves brasileiras.

164. É possível responsabilizar o Estado por ato jurisdicional?

Em regra, não há responsabilidade civil por ato jurisdicional. Isso porque, quando equivocada a decisão judicial, serão cabíveis recursos e as ações autônomas de impugnação. Todavia, há hipóteses em que o estado será responsabilizado pela má prestação jurisdicional.

Em primeiro lugar, o Estado poderá ser chamado a responder civilmente nos casos de erro judiciário. O erro judiciário mencionado no art. 5º, LV, da Constituição refere-se à hipótese de má prestação jurisdicional. Não há consenso doutrinário sobre a definição de erro judicial, no entanto, não será qualquer erro que ensejará a responsabilização, mas tão somente o erro grosseiro.

O segundo caso de responsabilidade ocorre quando houver cumprimento de pena por tempo superior àquele estabelecido no decreto prisional. Nesse caso, o réu terá direito à indenização. A responsabilidade civil do estado pela má prestação jurisdicional não se confunde com a responsabilidade pessoal do magistrado, que responderá de forma subjetiva, em caso de fraude ou dolo.

165. Há responsabilidade civil estatal quando o réu preso preventivamente vier a ser absolvido em decisão definitiva?

A doutrina majoritária sustenta que não há responsabilidade civil estatal por prisão preventiva em caso de posterior absolvição, porquanto admitir tal responsabilização seria o mesmo que inviabilizar a própria prestação da jurisdição penal. Ademais, os requisitos da decretação da prisão preventiva não se confundem com os requisitos da sentença condenatória, de modo que a absolvição futura não quer necessariamente significar que a prisão cautelar tenha sido indevida.

Todavia, acaso não sejam observados corretamente os pressupostos legais, poderá sim haver a responsabilização. No entanto, há entendimento minoritário no sentido de que Estado deve ser responsabilizado, com fundamento na dignidade da pessoa humana. Argumenta-se que o sujeito preso provisoriamente – e posteriormente absolvido – suporta um ônus excessivamente desproporcional para que a sociedade tenha segurança.

166. Discorra sobre a responsabilidade civil do estado em razão de atos de notários e registradores.

O art. 236, § 1º da Constituição vai nos dizer que a Lei disciplinará a responsabilidade civil e criminal dos notários, dos oficiais de registro e de seus prepostos. Essa regulamentação ocorreu com o art. 22 da Lei 8.935/94. Sobre o tema, havia pelo menos três posições. Um primeiro entendimento equiparava os notários e registradores a servidores públicos, de modo que a responsabilidade civil por seus atos seria objetiva do Estado e subjetiva dos delegatários. Outra corrente dizia ser objetiva a responsabilidade dos notários e registradores, como decorrência do art. 37, § 6º da Constituição. Um terceiro entendimento propugnava que a responsabilidade seria objetiva e subsidiária do Estado. De acordo com a mais recente redação do art. 22 da Lei 8.935/94, os notários e oficiais de registro são civilmente responsáveis por todos os prejuízos que causarem a terceiros, por culpa ou dolo, pessoalmente, pelos substitutos que designarem ou escreventes que autorizarem, assegurado o direito de regresso. Portanto, o art. 22, da Lei dos Notários e Registradores estabeleceu a responsabilidade subjetiva de tais agentes. A questão foi analisada pelo STF no RE 842846, sob o Tema 777, tendo sido firmada a tese de que o Estado responde, objetivamente, pelos atos dos tabeliães e registradores oficiais que, no exercício de suas funções, causem danos a terceiros, assentado o dever de regresso contra o responsável, nos casos de dolo ou culpa, sob pena de improbidade administrativa. Portanto, estabeleceu o Supremo que a responsabilidade civil em razão de atos de notários e registradores será objetiva do Estado, mas subjetiva dos delegatários, que responderão em regresso. A despeito do entendimento, parece correto dizer que a parte lesada pode optar por ingressar com ação indenizatória diretamente em face do delegatário ou ainda em face de ambos, já que não há a dupla garantia em favor do tabelião ou registrador, que não pode ser considerado um servidor público, salvo para fins penais. Portanto, apesar de haver responsabilidade civil objetiva do Estado, a parte pode optar por acionar diretamente o delegatário, mas nesse caso deverá provar dolo ou culpa.

16. CONTROLE DA ADMINISTRAÇÃO PÚBLICA

167. Em que consistem os instrumentos de *accountability* democrática e como se subdividem?

A expressão tem sido usualmente empregada em referência à prestação de contas a respeito da tomada de uma decisão ou da adoção de certo comportamento, associada ainda à noção de responsabilização pelos atos e resultados oriundos da utilização dos recursos públicos. De acordo com a classificação proposta por Guilhermo O'Donnell, a *accountability* pode ser dividida em duas categorias: *vertical e horizontal.*

A *accountability* vertical guarda relação com a democracia representativa, representando a resposta dada pelos eleitores aos governantes, por meio do voto. A *accountability* vertical se realiza no processo eleitoral, com o cidadão exercendo o seu poder para eleger os seus governantes e representantes.

A *accountability* horizontal, de outro lado, refere-se à possibilidade de órgãos e entidades estatais controlarem e sancionarem ações ou omissões ilícitas de agentes públicos. A *accountability* horizontal ela se realiza por meio das instituições superiores de controle (Tribunais de Contas, Ministério Público), que constantemente fiscalizam a atuação dos gestores públicos, buscando controlar a legitimidade de suas escolhas e ações.

168. Qual é a base constitucional do controle interno da administração pública?

O controle interno encontra previsão expressa no art. 74 da Constituição. Trata-se da modalidade de controle administrativo realizada pelo próprio órgão ou entidade que praticou o ato administrativo, podendo incidir sobre a legalidade (controle de legalidade) ou sobre os resultados do ato controlado (controle de eficácia e eficiência). O sistema de controle interno é mencionado ainda no art. 31 da Constituição, segundo o qual a fiscalização do Município será exercida pelo Poder Legislativo Municipal, mediante controle externo, e pelos sistemas de controle interno do Poder Executivo Municipal, na forma da lei.

169. Existe hipótese em que haverá responsabilidade solidária dos agentes públicos responsáveis pelo controle interno?

Sim. De acordo com o art. 74, § 1º "Os responsáveis pelo controle interno, ao tomarem conhecimento de qualquer irregularidade ou ilegalidade, dela darão ciência ao Tribunal de Contas, sob pena de responsabilidade solidária".

170. Em que consiste o controle de legitimidade realizado pelo Tribunal de Contas?

De acordo com o art. 70, da Constituição, o controle externo, exercido com o auxílio dos Tribunais de Contas, consubstancia a fiscalização contábil, financeira, orçamentária, operacional e patrimonial das contas públicas, quanto à legalidade, *legitimidade* e economicidade dos gastos.

Falar em controle de legitimidade significa analisar a compatibilidade dos gastos públicos com o interesse público primário, ou seja, com o interesse da coletividade. A ideia de legitimidade guarda relação com o batismo popular, com a sintonia das escolhas políticas com a vontade do povo, democraticamente manifestada. Portanto, a escolha política será legítima, caso esteja voltada ao atendimento da vontade da sociedade.

De acordo com Diogo de Figueiredo Moreira Neto, o controle de *responsividade* é aquele que se opera sobre a legalidade e sobre a legitimidade dos atos e contratos administrativos. Portanto, a administração responsiva é aquela que atua de forma legal e legítima.

171. O Tribunal de Contas realiza controle de constitucionalidade?

O Tribunal de Contas, como órgão administrativo autônomo, auxiliar do Poder Legislativo, não integra o Poder Judiciário e, portanto, não tem função jurisdicional. De acordo com a Súmula 347 do STF, o Tribunal de Contas, no exercício de suas atribuições, pode apreciar a constitucionalidade das leis e dos atos do Poder Público. A referida Súmula, editada em 1963, vem sendo questionada quanto à sua (in)compatibilidade com a Constituição de 1988. De acordo com o Min. Alexandre de Moraes, "É inconcebível [...] a hipótese do Tribunal de Contas da União, órgão sem qualquer função jurisdicional, permanecer a exercer controle difuso de constitucionalidade nos julgamentos de seus processos" (MS 35.410).

A despeito do entendimento, no julgamento da Pet 4656 prevaleceu que órgãos administrativos autônomos (o caso envolvia o CNJ) podem de afastar, por inconstitucionalidade, o fundamento legal de ato administrativo objeto de controle, determinando aos órgãos submetidos a seu espaço de influência a observância desse entendimento. No entanto, segundo o Tribunal, isso não quereria dizer que estejam a realizar controle de constitucionalidade. Digno de nota que, no MS 28872, o STF entendeu que o CNJ, embora seja órgão do Poder Judiciário, "possui, tão somente, atribuições de natureza administrativa e, nesse sentido, não lhe é permitido apreciar a constitucionalidade dos atos administrativos, mas somente sua legalidade".

172. Os Tribunais de Contas podem sustar atos e contratos administrativos?

A fiscalização contábil, financeira, orçamentária, operacional e patrimonial dos entes políticos e das entidades da administração direta e indireta, quanto à legalidade, legitimidade, economicidade, aplicação das subvenções e renúncia de receitas, será exercida pelo Poder Legislativo, mediante controle externo, e pelo sistema de controle interno de cada Poder. O exercício deste controle externo, a cargo do poder legislativo, será exercido com o auxílio do Tribunal de Contas.

No exercício desta missão, o Tribunal de Contas poderá assinar prazo para que o órgão ou entidade adote as providências necessárias ao exato cumprimento da lei, se verificada ilegalidade. Se não atendido, poderá diretamente sustar a execução *do ato* impugnado. Quanto aos *contratos*, o ato de sustação será adotado pelo legislativo, que solicitará, de imediato, ao Poder Executivo as medidas cabíveis. Se no prazo de noventa dias não forem efetivadas as medidas previstas, o Tribunal decidirá a respeito.

173. Se depois de 90 dias não forem adotadas medidas quanto à sustação do contrato, o Tribunal de Contas poderá ele próprio sustá-lo?

Nessa hipótese, há competência primária do legislativo. Caso o poder legislativo entenda que não é caso de sustar o contrato, o Tribunal de Contas não poderá decidir em sentido contrário, porquanto trata-se de juízo político. De outra parte, se o poder legislativo se omite por 90 dias, há dois posicionamentos na doutrina sobre o que poderá ser feito.

Um primeiro posicionamento, defendido pelo Min. Luís Roberto Barroso e Marcos Juruena, é no sentido de que o Tribunal de Contas não pode decidir sobre a sustação do contrato. Para os autores, a parte final do art. 71, § 2º da Constituição autoriza apenas que o Tribunal de Contas decida a respeito das irregularidades e eventualmente cobre os valores apurados a título de sobrepreço, mas não a sustar o contrato.

Em sentido contrário, outra parte da doutrina sustenta que o Tribunal de Contas poderá sustar o próprio contrato. Para esta linha de entendimento, se houver vontade política de manutenção do contrato, o poder legislativo deve se pronunciar expressamente no prazo de 90 dias. Se não houver manifestação neste sentido, a competência para a sustação se transfere para o Tribunal de Contas.

174. Os agentes políticos respondem por improbidade administrativa ou somente por crime de responsabilidade?

Atualmente, é praticamente pacífico o entendimento de que agentes políticos respondem tanto por improbidade administrativa quanto por crime de responsabilidade. Todavia, há vozes em sentido contrário, razão por que podemos dizer que há duas correntes sobre o tema. Uma primeira corrente (minoritária) vai dizer que a Lei de Improbidade não poderá ser aplicada aos agentes políticos, mas somente aos agentes públicos em geral. Isso porque os agentes políticos estariam sujeitos ao regime específico de responsabilização política (Lei 1.079/50 e DL 201/67). Trata-se de entendimento absolutamente minoritário, mas que foi encampado pelo Supremo na Rcl. 2.138/2002.

A segunda corrente (majoritária) admite a aplicação concomitante dos regimes sancionatórios, uma vez que os agentes políticos se inserem na categoria de agentes públicos lato senso. Portanto, há um *duplo regime sancionatório*, já que não há qualquer norma jurídica os imunize das sanções de improbidade. A única exceção se dá com relação ao Presidente da República, que responderá apenas por crime de responsabilidade, por força do art. 85, V, da Constituição.

Na Pet. 3240, o Min. Barroso afirmou que os agentes políticos, com exceção do presidente da República, encontram-se sujeitos a um duplo regime sancionatório, e se submetem tanto à responsabilização civil pelos atos de improbidade administrativa quanto à responsabilização político-administrativa por crimes de responsabilidade, porquanto não há qualquer impedimento à concorrência de esferas de responsabilização distintas.

175. Qual a natureza jurídica das sanções de improbidade?

As sanções de improbidade administrativa possuem natureza cível. Portanto, não possuem natureza penal. Em virtude disso, entende-se que compete à União legislar sobre normas gerais de improbidade, nos termos do art. 22, I, da Constituição, que estabelece a competência privativa da União para legislar sobre direitos civis e políticos.

Apesar de o art. 37, § 4º, CR mencionar apenas quatro sanções: a perda do cargo, a suspensão dos direitos políticos, a indisponibilidade de bens e o ressarcimento ao erário, a Lei 8.429/92 prevê sanções mais amplas, prevendo por exemplo: a multa, a perda da função pública e a proibição de contratar com o poder público ou de receber incentivos.

A doutrina e a jurisprudência majoritárias entendem o rol do art. 37, § 4º, CR é exemplificativo. Ademais, o dispositivo delegou ao legislador a regulamentação da questão, sendo possível, portanto, a ampliação.

176. Há foro por prerrogativa de função em ação de improbidade administrativa?

Não. Após certa controvérsia na doutrina e na jurisprudência, o Supremo Tribunal Federal, no julgamento da Pet 3240, pacificou o entendimento de que não há foro por prerrogativa de função em matéria de improbidade administrativa. De acordo com o Supremo, o foro por prerrogativa de função previsto na Constituição Federal em relação às infrações penais comuns não é extensível às ações de improbidade administrativa, que têm natureza civil.

177. Constatada a ocorrência do ato de improbidade, deve o juiz necessariamente aplicar todas as sanções do art. 12 da LIA?

Não. O STJ consolidou o entendimento de que não é imprescindível a aplicação de todas as penas previstas no art. 12, da Lei de Improbidade Administrativa, sendo certo que a fixação das penas dependerá da análise do caso concreto, devendo o juiz aplicar as sanções isolada ou cumulativamente, de acordo com a gravidade do fato. Assim, deverá o juiz se pautar pela proporcionalidade e razoabilidade, a fim de decidir quais sanções serão aplicadas e qual será a dosimetria, levando-se em conta a natureza, a gravidade e as consequências da infração. Não obstante, tais princípios não podem ser invocados para uma a simples abstenção de imposição de qualquer sanção.

Dessa forma, conforme a ressalva da parte inicial do art. 12, da Lei 8.429/92, não poderá ser aplicada de forma isolada a medida o ressarcimento do dano, que sequer possui natureza de sanção. De acordo com o STJ, o ressarcimento não constitui sanção propriamente dita, mas sim consequência necessária do prejuízo causado. Assim, caracterizada a improbidade administrativa e o dano ao erário, o ressarcimento deve vir acompanhado de pelo menos uma das sanções previstas na lei.

178. Em que consiste o dano ao erário in re ipsa?

O Superior Tribunal de Justiça tem entendimento consolidado segundo o qual a contratação direta indevida (dispensa ou inexigibilidade) configura dano ao erário in re ipsa, ou seja, presumido, permitindo-se com isso a configuração do ato de improbidade que causa prejuízo ao erário. Portanto, a contratação direta fora das hipóteses legais gera por si só lesão ao erário, na medida em que o Poder Público deixa de contratar a melhor proposta. Trata-se de dano jurídico derivado de previsão legal expressa, não dependente, portanto, da comprovação de que houve superfaturamento ou má-prestação do serviço ora contrato.

179. Em que consiste o acordo de leniência da Lei 12.846/13?

O acordo de leniência, previsto no art. 16 da Lei 12.486/13, poderá ser celebrado no âmbito do processo de responsabilização administrativa (PAR) com a pessoa jurídica corruptora. Trata-se de acordo substitutivo, inspirado pelo princípio da consensualidade, que serve como mecanismo de obtenção de provas e de resolução de conflitos. De acordo com o dispositivo, o acordo poderá ser celebrado pela autoridade máxima de cada órgão ou entidade pública com a pessoa jurídica responsável pela prática do ato de corrupção, desde que esta colabore efetivamente com as investigações e com o processo administrativo, sendo que dessa colaboração deve resultar: a identificação dos demais envolvidos na infração, quando couber; e a obtenção célere de informações e documentos que comprovem o ilícito sob apuração.

180. O Ministério Público tem legitimidade para celebrar o acordo de leniência?

Digno de nota que o art. 16 da Lei 12.846/13 não prevê a legitimidade do Ministério Público para a celebração do acordo de leniência. Em razão disso, há controvérsia. Parte da doutrina sustenta que o Ministério Público não poderá celebrar acordo de leniência, tendo em vista que o art. 16 da LAC menciona apenas a autoridade máxima de cada órgão. Inclusive, já há precedente no TRF4 anulando um acordo de leniência celebrado pelo MPF sob este fundamento. No entanto, outra parte da pontua a doutrina que tal omissão não pode servir de impeditivo a que o Ministério Público celebre acordos de leniência. Isso porque a legitimidade do Ministério Público decorre de suas atribuições constitucionais, vocacionadas à tutela da ordem jurídica e do regime democrático. Ademais, argumenta-se que somente o Ministério Público possui condições de enxergar os fatos de forma global, já que atua tanto na seara cível tanto na seara criminal. Ademais, é preciso lembrar que atualmente vem se admitindo a celebração de TAC na seara da improbidade administrativa. Dessa forma, não seria razoável admitir a celebração de TAC na improbidade e não admitir a leniência para os atos de corrupção, que ontologicamente se assemelham aos atos de improbidade. Por fim, a celebração de acordo de leniência sem a participação do Ministério Público seria contraproducente e temerária, já que, acaso o órgão ministerial discorde dos termos do acordo, poderá adotar as medias judiciais no sentido de anulá-lo ou mesmo ingressar com ações de responsabilização. Há ainda quem defenda que o Ministério Público detém competência subsidiária para a celebração do acordo de leniência, somente podendo celebrá-lo quando houver omissão da administração pública em fazê-lo. Isso porque, de acordo com o art. 20 da Lei 12.846/13, uma vez constatada a omissão das autoridades administrativas competentes, poderá o Ministério Público requerer na ação judicial de responsabilização a aplicação das sanções administrativas. Neste caso, portanto, como a aplicação das sanções administrativas se desloca para as atribuições do Ministério Público, também se deslocaria a atribuição para a celebração do acordo de leniência. É o entendimento de Thiago Marrara[37].

37. "O fato de se deslocar a responsabilização administrativa para o processo judicial movido pelo ministério público também deve deslocar para esta entidade a competência de negociar e eventualmente celebrar acordo de leniência, que, nesse caso excepcional, será acoplado ao processo civil, e não ao processo administrativo. [...] a transferência da competência de imposição de sanções administrativas ao Judiciário nos casos de omissão administrativa do ente lesado ocasiona de maneira automática a transferência de competência para a celebração da leniência ao MP" (Lei Anticorrupção Comentada. Ed. Fórum. Pag. 209)

3

DIREITO TRIBUTÁRIO

Glaucia Rodrigues Torres de Oliveira Mello

1. PRINCÍPIOS E IMUNIDADES

1. Discorra sobre o princípio da legalidade no Direito Tributário.

O princípio da legalidade em sentido genérico está consagrado no inciso II do art. 5° da CRFB, ao passo que no inciso I do art. 150 da CRFB resta consubstanciado o princípio da legalidade em matéria tributária. No primeiro deles, temos a legalidade em sentido amplo, segundo a qual ninguém será obrigado a fazer ou deixar de fazer algo senão em virtude de lei. Porém, no Direito Tributário, prevalece o princípio da legalidade estrita, que significa que só a lei pode criar ou majorar tributos. O tributo, em geral, é instituído por lei ordinária, admitida também a possibilidade de criação ou majoração de impostos por intermédio de medida provisória.

2. Em quais hipóteses o tributo deverá ser instituído por lei complementar?

Apenas em três casos a Constituição da República demanda seja o tributo instituído por lei complementar. São eles: imposto sobre grandes fortunas, exercício de competência residual e empréstimos compulsórios, hipóteses de incidência subsumidas à competência impositiva da União. Nestes casos, não será admitida a adoção de medida provisória, que, como se sabe, tem força de lei ordinária.

3. Quais são as exceções ao princípio da legalidade em matéria tributária?

Com relação à majoração de tributos, são identificadas três exceções. A primeira delas concerne à faculdade outorgada ao Poder Executivo de, nos termos do artigo 153, § 1°, da CRFB, alterar as alíquotas dos impostos federais extrafiscais (II, IE, IPI e IOF). Neste caso, a prerrogativa de que é dotado o Poder Executivo não concerne à fixação da alíquota, mas tão somente à sua alteração, de sorte que a excepcional competência do Executivo se faz presente apenas para flexionar alíquotas segundo parâmetros legais, porquanto é de exclusiva competência da lei descrever todos os aspectos da hipótese de incidência. As outras duas exceções advieram com a promulgação da EC n°. 33/01, referindo-se ambas à tributação de combustíveis.

Veja: a) o artigo 177, § 4°, I, "b", da CRFB, chancela ao Poder Executivo a possibilidade de reduzir e restabelecer as alíquotas da CIDE-combustíveis; b) já o artigo 155, § 4°, IV, da CRFB, consubstancia permissão aos Estados e ao Distrito Federal para definir, por intermédio de convênio, as alíquotas do ICMS-monofásico incidente sobre os combustíveis arrolados em lei complementar.

4. A data de recolhimento do tributo é elemento essencial do tributo?

O art. 97 do CTN, que consubstancia o princípio da reserva legal, definirá o que precisa estar contido na lei tributária, valendo notar, desde já, que o prazo e o local de pagamento do tributo não precisam vir mencionados na lei. Por esta razão, o tempo de pagamento pode vir contemplado em espécie normativa infralegal, relevando observar que o Poder Executivo, por meio de decreto, pode se incumbir de fixar o respectivo prazo de pagamento.

5. E a definição do sujeito ativo, é elemento essencial do tributo?

De igual forma, o sujeito ativo não necessita constar na lei, mesmo porque se a lei nada mencionar sobre a pessoa jurídica que deverá exercer a sujeição tributária ativa (capacidade tributária ativa), presume-se que o sujeito ativo seja o titular da competência tributária.

6. Em que consiste o princípio da anterioridade?

Segundo o princípio da anterioridade – previsto no art. 150, III, "b" e "c", da CRFB –, não se pode cobrar o tributo no mesmo exercício em que foi publicada a lei que o instituiu ou majorou, decorridos, minimamente, 90 dias. Registre-se que a alínea "c" fora introduzida pela penúltima reforma tributária, veiculada pela EC n°. 42/03. O princípio da anterioridade foi introduzido no ordenamento constitucional com o advento da EC nº. 18/65, não tendo constado na Carta de 67, retornando, porém, com a EC nº. 1/69, e restado mantido na Constituição de 1988. A anterioridade clássica ostenta duas vertentes: a anterioridade de exercício e a anterioridade mínima de 90 dias, a denominada noventena. A anterioridade de exercício determina que a lei que institui ou majora tributo deve ser publicada no exercício anterior àquele em que passará a incidir, ao passo que a noventena impõe a observância de um lapso temporal mínimo de 90 dias entre a publicação e a produção de efeitos da lei que institui ou majora tributo. No julgamento da ADI 5.282/PR, o STF entendeu que é simultânea a contagem dos prazos das garantias fundamentais a que se referem os princípios da anterioridade de exercício e da anterioridade mínima de 90 dias, a partir da data da publicação da lei que institui ou majora o tributo. Ademais, fixou as seguintes teses: "I - No caso de um tributo sujeito duplamente à anterioridade de exercício e à noventena, a lei que institui ou majora a imposição somente será eficaz, de um lado, no exercício financeiro seguinte ao de sua publicação e, de outro, após decorridos noventa dias da data de sua divulgação em meio oficial. Logo, a contar da publicação da lei, os prazos transcorrem simultaneamente, e não sucessivamente. II - Não há desvio de finalidade no caso de lei ordinária alterar o aspecto temporal do IPVA para viabilizar, a um só tempo, o respeito à garantia da anterioridade, inclusive nonagesimal, e viabilizar a tributação dos veículos automotores pela alíquota majorada no exercício financeiro seguinte ao da publicação desse diploma legal. Afinal, a finalidade da legislação é lícita e explícita." Não seria demasiado observar que as contribuições sociais da seguridade social se pautam pela anterioridade nonagesimal ou mitigada – significando que não poderão ser exigidas até 90 dias após a publicação da lei que as instituiu ou majorou, nos moldes tais como preconiza o art. 195, §6º, da CRFB.

7. A revogação de benefício fiscal deve respeitar a anterioridade tributária?

A questão é divergente. Uma primeira corrente sustenta que não, já que o benefício fiscal consistiria em mera dispensa de pagamento, não influindo, portanto, no nascimento da obrigação tributária. Assim, se a obrigação tributária nunca deixou de nascer (mas apenas o pagamento do tributo era dispensado), *não há que se falar em observância da anterioridade*, pois o tributo nunca deixou de incidir. Esse entendimento foi encampado pelo Supremo na ADI 4.016.

De outro lado, para a corrente majoritária, a revogação do benefício fiscal deve respeitar a anterioridade. Segundo esse entendimento, a isenção representaria uma limitação fiscal derrogatória da incidência, a culminar na *suspensão da eficácia da norma impositiva*. Portanto, quando de sua revogação, voltaria a ocorrer o fato gerador, dando nascimento à obrigação tributária. Consequentemente, se se está a tratar de nova obrigação tributária, deve ser respeitado o princípio da anterioridade. Esse é o entendimento que vem sendo encampado atualmente pelo Supremo. De acordo com os precedentes mais recentes do Tribunal, a majoração indireta de tributo, decorrente da revogação ou redução de benefício fiscal, deve respeitar o princípio da anterioridade. Nos termos da jurisprudência da Corte, o aumento indireto de tributo mediante a redução ou supressão de benefícios ou incentivos fiscais se sujeita à incidência dos princípios da anterioridade de exercício e da anterioridade mínima de 90 dias, previstos no art. 150, III, "b" e "c", da CRFB. A questão, porém, será ainda julgada definitivamente pelo Plenário da corte, nos Embargos de Divergência no RE 564.225.

8. É necessária prévia estimativa de impacto orçamentário e financeiro para lei estadual concessiva de benefício fiscal?

No julgamento da ADI 6.303/RR o STF entendeu ser inconstitucional lei estadual que concede benefício fiscal sem a prévia estimativa de impacto orçamentário e financeiro exigida pelo art. 113 do ADCT[1], asseverando que o referido dispositivo é aplicável a todos os entes da Federação, pelo que o legislador constituinte imbuiu-se do propósito de assegurar a prudência na gestão fiscal, sobretudo na concessão de benefícios tributários que ensejam renúncia de receita. A elaboração do estudo concede ao Poder Legislativo não apenas o controle dos objetivos constitucionais que se pretende atingir pela concessão do benefício como também o controle financeiro da escolha política. Além disso, o art. 113 do ADCT nada mais é do que uma repetição do art. 14 da Lei Complementar nº. 101/2000, que já propugnava pela estimativa, do que se dessume a constitucionalização de um requisito legal.

A atenção ao ponto ora explicitado reveste-se de caráter de indispensabilidade, porquanto, além de suscitar eventual declaração de inconstitucionalidade da norma, impõe-se como causa ensejadora do reconhecimento de ato de improbidade administrativa, nos termos do artigo 10, inciso XXII, da Lei nº. 8.429/1992, Lei de Improbidade Administrativa – LIA[2].

1. CF, art. 113. "A proposição legislativa que crie ou altere despesa obrigatória ou renúncia de receita deverá ser acompanhada da estimativa do seu impacto orçamentário e financeiro".
2. Art. 10. Constitui ato de improbidade administrativa que causa lesão ao erário qualquer ação ou omissão dolosa, que enseje, efetiva e comprovadamente, perda patrimonial, desvio, apropriação, malbaratamento ou dilapidação dos bens ou haveres das entidades referidas no art. 1º desta Lei, e notadamente: (Redação dada pela Lei nº 14.230, de 2021)

   Art. 10. Constitui ato de improbidade administrativa que causa lesão ao erário qualquer ação ou omissão dolosa, que enseje, efetiva e comprovadamente, perda patrimonial, desvio, apropriação, malbaratamento ou dilapidação dos bens ou haveres das entidades referidas no art. 1º desta Lei, e notadamente: (Redação dada pela Lei nº. 14.230, de 2021)

   (...)

   XXII - conceder, aplicar ou manter benefício financeiro ou tributário contrário ao que dispõem o caput e o § 1º do art. 8º-A da Lei Complementar nº 116, de 31 de julho de 2003. (Incluído pela Lei nº. 14.230, de 2021)

Essas normas guardam por escopo evitar improvisos por meio dos quais determinados grupos políticos logrem beneficiar determinados setores pela via de favores embutidos em leis absolutamente desbordantes da temática financeira. Tudo isso à custa do desconhecimento da maioria. Semelhante exigência visa obstaculizar que renúncias de receita sejam aprovadas no bojo de leis cujo objeto verse sobre assuntos outros, passando, por tal razão, despercebidas pela maioria legislativa.

Vale destacar que o Governo Luís Inácio Lula da Silva, eleito no final de 2022, imprimindo concretude ao comando embutido no inciso VIII do artigo 163 da Constituição da República, enveredou pela instituição de um novo regime fiscal da União – o denominado Arcabouço Fiscal –, imbuído do intuito de integrar as regras fiscais vigentes, substituindo o teto de gastos e aprimorando a Lei de Responsabilidade Fiscal. A nova roupagem fiscal guarda por objeto impedir que as despesas públicas cresçam mais do que as receitas, limitando o crescimento dos gastos públicos a, no máximo, 70% do crescimento real das receitas arrecadadas. Com efeito, a Lei Complementar nº. 200/2023 foi o diploma legal que inaugurou o novo regime para as contas da União, o denominado Arcabouço Fiscal, substitutivo do teto de gastos públicos criado pela Emenda Constitucional nº. 95/2016. Nesse ponto, é importante que o candidato demonstre conhecimento principalmente dos arts. 6º, 7º e 8º, que tratam sobre medidas de ajuste fiscal.

9. Quais outros requisitos devem ser respeitados para a concessão de benefícios fiscais?

Os requisitos constitucionais vêm consubstanciados no art. 150, §6º, bem como no art. 165, §6º, da CRFB, e no art. 113 do corpo transitório da Constituição, o ADCT.

No que tange aos requisitos constitucionais, não se pode deixar de consignar que, a par de constituírem requisitos inerentes às renúncias de receita, os artigos 150, § 6º, e 165, § 6º, da CRFB, erigem-se como sedes de dois princípios constitucionais orçamentários implícitos, quais sejam, transparência e equilíbrio.

O §6º do art. 150 preconiza que qualquer subsídio ou isenção, redução de base de cálculo, concessão de crédito presumido, anistia ou remissão, relativos a impostos, taxas ou contribuições, só poderá ser concedido mediante por lei específica.

Importante destacar, neste ponto, que o princípio da transparência – também chamado de abertura, clareza ou visibilidade – recomenda que o orçamento organize as entradas e as despesas com transparência e fidelidade.

Note-se que a necessidade de lei específica é uma emanação do princípio da indisponibilidade dos bens públicos. Com efeito, uma renúncia de receita não pode ser concedida no bojo de uma lei que nada tenha a ver com a concessão do privilégio, ou seja, deve ser veiculada por uma lei que verse apenas a respeito de sua concessão.

Igualmente, a Constituição da República privilegia a transparência e o equilíbrio no seu artigo 165, §6º, de modo que o equilíbrio orçamentário dependerá, em grande parte, do respeito à clareza. Esse segundo requisito remanesce atrelado à viabilidade da concessão da renúncia de receita, momento em que serão sopesados os bônus e os ônus decorrentes do privilégio. É primordial, neste particular, que o desfalque a ser ocasionado pela renúncia possa ser comportado pela tríade orçamentária, não havendo mais dúvidas acerca da real necessidade de previsão das renúncias de receita na LOA, a tornar mais dificultosa a manipulação política dos incentivos através de sua exclusão do orçamento.

Não bastasse isso, a EC nº. 95/2016,[3] por meio do artigo 113 do ADCT,[4] estabeleceu requisito adicional para a validade formal de leis que criem despesa ou concedam benefícios fiscais, requisito este que, por expressar medida indispensável ao equilíbrio da atividade financeira do Estado, dirige-se a todos os níveis federativos, nos termos do acórdão proferido no bojo da ADI 5.816/RO.[5]

Importante não perdermos de vista que a preocupação intrínseca ao cumprimento do disposto nos indigitados dispositivos mostra-se fundamental ao reconhecimento da constitucionalidade do benefício, mormente à luz dos comandos neles embutidos, fundamento que lastreou e robusteceu o entendimento do Supremo Tribunal Federal a respeito da inconstitucionalidade da concessão de benefícios desprovidos do correlato estudo de impacto orçamentário-financeiro. Hodiernamente, frente ao novel preceito constitucional, a ausência de estimativa de impacto orçamentário-financeiro avulta como vício de inconstitucionalidade insuscetível de convalidação".

Do mesmo modo, em respeito ao comando plasmado no art. artigo 14 da Lei Complementar nº. 101/2000 – Lei de Responsabilidade Fiscal[6], e primando-

3. A Lei Complementar nº. 200/2023 inaugurou o novo regime para as contas da União, o denominado Arcabouço Fiscal, regime este que substituiu o teto de gastos públicos criado pela Emenda Constitucional nº. 95/2016.

4. Art. 113. A proposição legislativa que crie ou altere despesa obrigatória ou renúncia de receita deverá ser acompanhada da estimativa do seu impacto orçamentário e financeiro. (Incluído pela Emenda Constitucional nº. 95, de 2016).

5. BRASIL. Supremo Tribunal Federal. ADI 5.816, Plenário, Relator o Ministro Alexandre de Moraes, DJe de 26/11/2019. Disponível em: http://portal.stf.jus.br. Acesso em: jun. 2024.

6. Art. 14. A concessão ou ampliação de incentivo ou benefício de natureza tributária da qual decorra renúncia de receita deverá estar acompanhada de estimativa do impacto orçamentário-financeiro no exercício em que deva iniciar sua vigência e nos dois seguintes, atender ao disposto na lei de diretrizes orçamentárias e a pelo menos uma das seguintes condições: (Vide Medida Provisória nº. 2.159, de 2001) (Vide Lei nº. 10.276, de 2001) (Vide ADI 6357)
I - demonstração pelo proponente de que a renúncia foi considerada na estimativa de receita da lei orçamentária, na forma do art. 12, e de que não afetará as metas de resultados fiscais previstas no anexo próprio da lei de diretrizes orçamentárias;

-se pela legalidade da concessão, essencial que a proposta se faça acompanhar do estudo de impacto orçamentário-financeiro imanente à renúncia fiscal pretendida, não apenas no exercício em que deva iniciar a sua vigência, mas também nos dois seguintes, devendo respeito, ainda, aos ditames da Lei de Diretrizes Orçamentárias.

De parte isso, imperioso o atendimento de uma das condições estampadas nos incisos do aludido dispositivo, mais precisamente: (i) a demonstração pelo proponente de que a renúncia foi considerada na estimativa de receita da Lei Orçamentária Anual, na forma do artigo 12 da LRF, bem como a comprovação de que a renúncia não afetará as metas de resultados fiscais previstas no Anexo de Metas Fiscais, peça integrante da Lei de Diretrizes Orçamentárias; ou (ii) esteja, no período mencionado no caput do artigo 14 da LRF, acompanhada de medidas de compensação, tanto pela via do aumento de receita quanto por meio da elevação de alíquotas e da ampliação da base de cálculo, majoração ou criação de tributo ou contribuição.

É a LRF dando um basta à improvisação, impedindo que as renúncias de receita obstaculizem o cumprimento das prioridades arroladas na LDO.

Em síntese, dois dos requisitos legais vêm estampados no caput do artigo 14 da LRF (estimativa de impacto orçamentário-financeiro e atendimento ao disposto na LDO), aos quais deve ser agregada uma das condições previstas nos incisos.

10. Se determinada norma alterar o prazo para o recolhimento do tributo, antecipando a data do pagamento, deverá ser respeitado o princípio da anterioridade?

Não. Conforme entendimento pacífico do Supremo cristalizado na Súmula Vinculante 50, a norma legal que altera o prazo de recolhimento de obrigação tributária não se sujeita ao princípio da anterioridade. O entendimento se baseia na constatação de que, quando se modifica a data de pagamento, não há criação ou majoração de tributo, mas apenas deslocamento do prazo para recolhimento da exação.

11. É correto afirmar que ainda existe o princípio da anualidade tributária?

Não. O princípio da anterioridade veio a substituir o princípio da anualidade tributária, que exigia previsão orçamentária para que o tributo pudesse ser exigido em um exercício financeiro. Com efeito, a Constituição da República de 1988 não mais consagra o princípio da anualidade tributária. Todavia o

---

II - estar acompanhada de medidas de compensação, no período mencionado no caput, por meio do aumento de receita, proveniente da elevação de alíquotas, ampliação da base de cálculo, majoração ou criação de tributo ou contribuição.

Professor Flávio Bauer Novelli não concordava com este entendimento, por considerar que a anualidade ainda subsistia na CRFB/1988, porém como um princípio implícito, extraído da anualidade orçamentária e da legalidade. Destaque-se, entretanto, não haver, na jurisprudência, qualquer registro de aceitação da tese do Professor Novelli. Por fim, imperioso aclarar que, muito embora sepultada a anualidade tributária, vige em nossa Constituição, como um princípio expresso, a anualidade orçamentária, a qual aponta para a periodicidade anual de previsão das receitas e de fixação das despesas, conforme reza o art. 165, III, da CRFB.

12. Existem exceções à regra da irretroatividade tributária?

A proibição de retroatividade, em termos genéricos, vem expressamente consignada no art. 5°, XXXVI, da CRFB, a dispor que a lei não prejudicará o direito adquirido, o ato jurídico perfeito e a coisa julgada. No Direito Tributário, o *princípio da irretroatividade, estampado no* art. 150, III, "a", da CRFB, proíbe que a lei tributária atinja fatos geradores já ocorridos. Nestes termos, a lei tributária que inovar a legislação somente se aplicará a fatos geradores que ainda não ocorreram. No entanto, ocasiões há nas quais a lei tributária poderá retroagir. São elas: lei interpretativa, lei penal benigna e declaração de inconstitucionalidade.

A dúvida pairava no que concernia ao fato gerador pendente (fato gerador complexivo, aquele no qual o ciclo de formação ocorre num determinado período de tempo, englobando um conjunto de fatos e acontecimentos, como se dá, por exemplo, com o IR de pessoa física). Explica-se: segundo reza o art. 105 do CTN, a lei tributária se aplica ao fato gerador futuro e ao pendente. Desta feita, tomando-se como base o IR de pessoa física – cujo fato gerador se inicia em 1° de janeiro e termina em 31 de dezembro –, a lei publicada hoje atingiria, nos termos do art. 105 do CTN, o fato gerador pendente, isto é, aquele que começou e ainda não terminou.

Malgrado, diante da redação do art. 150, III, "b", da CRFB, a doutrina entende que a lei nova não se aplica ao fato gerador pendente, isto porque, no momento em que o fato gerador iniciou, não existia lei o prevendo. A irretroatividade é uma decorrência da legalidade. Nesse passo, se só se pode criar tributo por intermédio de lei, a tributação não poderia incidir se, no momento da ocorrência do fato gerador, não existia lei. Não se olvide que, ao princípio da irretroatividade, não é prevista qualquer exceção na Constituição da República. Neste sentido, a doutrina entende que o art. 105 do CTN viola o não só o princípio da irretroatividade como também o princípio da anterioridade, princípios vinculados à não-surpresa do contribuinte.

Todavia, a despeito da gritante inconstitucionalidade, o STF entendia que, ao IR cobrado no ano-exercício, aplicava-se a legislação vigente no ano-base. Isto queria significar que, na declaração de renda apresentada em 2020, aplicava-se ao imposto a legislação vigente em 2019. Ocorre que, se a legislação vigente em 2019 fora publicada em 2019, esta, pois, deveria tornar-se eficaz tão somente no ano de 2020, valendo, por conseguinte, para a declaração de renda a ser apresentada no ano de 2021.

Na prática, a lei alterada até o dia 31 de dezembro de 2020 atingia o fato gerador pendente de 2020, a balizar a declaração a ser entregue em 2021, violando, destarte, o princípio da irretroatividade, porquanto toda a renda auferida no ano poderia se sujeitar a uma tributação diferente em função de uma lei publicada no último dia do exercício. Esse era o entendimento consubstanciado no Verbete nº. 584 da Súmula do STF. Confira-se: Verbete nº. 584 da Súmula do STF - Ao imposto de renda calculado sobre os rendimentos do ano-base, aplica-se a lei vigente no exercício financeiro em que deve ser apresentada a declaração.

Ives Gandra da Silva Martins, combatendo veementemente o vetusto entendimento por anos consagrado na Suprema Corte, aduz, de forma bastante coerente, que, em se considerando ocorrido o fato gerador a cada aquisição de disponibilidade jurídica ou econômica, não há como admitir, sem violar o princípio da irretroatividade – cuja introdução pela Constituição de 1988 veio chancelar a adoção do sistema de bases correntes para a legislação do IR –, que a lei publicada posteriormente a tais situações retroaja para atingi-las. Diante disto, segundo o tributarista, o fato gerador do imposto de renda se torna complexivo apenas no que concerne à forma de apuração, que não integra o núcleo do fato gerador do tributo[7]. Afinal, de acordo com Sampaio Dória, o total dos rendimentos obtidos no período anual expressa a base de cálculo e não a hipótese de incidência, de modo que a legislação aplicável é a publicada até o término do exercício anterior, já que o fato gerador do imposto de renda ocorre no dia 1° de janeiro do ano-base[8].

Muito embora maciça corrente doutrinária entendesse que o art. 105 teria sido revogado – posto que não recepcionado pela ordem constitucional de 1988 –, o STF o considerava válido. Isto porque o Supremo entendia que o fato gerador do imposto de renda iniciava-se no dia 1º de janeiro e terminava após o dia 31 de dezembro, antes do início do ano subsequente, mais especificamente no momento atemporal lógico que separa os dois exercícios. Assim, com esteio nesta posição, até o último minuto do dia 31 de dezembro, o fato gerador ainda estaria pendente, razão por que a legislação poderia ser alterada[9].

7. MARTINS, Ives Gandra da Silva. O Fato Gerador do Imposto de Renda e o Princípio da Irretroatividade. *In*: MARTINS, Ives Gandra da Silva. *Curso de direito tributário*. São Paulo: Saraiva, 2001, p. 272.

8. SAMPAIO DÓRIA, Antonio Roberto *apud* TORRES, Ricardo Lobo. *Curso de direito financeiro e tributário*, 6 ed. Rio de Janeiro: Renovar, 1999, p. 213.

9. EMENTA: CONSTITUCIONAL. TRIBUTÁRIO. LIMITAÇÃO DA COMPENSAÇÃO DE PREJUÍZOS FISCAIS. Medida Provisória 812/94. Lei 8.981/95. I. - Medida Provisória publicada em 31.12.94, a tempo, pois, de incidir sobre o resultado do exercício financeiro encerrado: não-ocorrência, quanto ao

Nada obstante, com base nessa argumentação, o STF decidiu cancelar o antigo verbete, reconhecendo que o princípio da irretroatividade tributária efetivamente assegura ao contribuinte o direito de não ser tributado por novas hipóteses de incidência ou majorações ocorridas após o início do período-base. Nessa toada, repise-se, encontra-se superado o entendimento cristalizado no Verbete nº. 584 da Súmula do STF, pelo que incompatível com os princípios da irretroatividade e da anterioridade (STF. Plenário. RE 159180, Rel. Marco Aurélio, julgado em 22/06/2020 - Info 987).

13. O princípio do não confisco deve ser analisado tomando-se por base toda a carga tributária incidente sobre o contribuinte ou apenas no que toca a um mesmo tributo?

A tributação confiscatória se dá quando, de tão alta, acarretar a perda da propriedade. Assim, viola o princípio do não confisco (art. 150, IV/CR) a tributação que supere a capacidade contributiva, bem como a tributação que se faça abaixo do mínimo existencial. O princípio do não confisco deriva da capacidade contributiva, até porque as leis que criam impostos, ao tomarem em conta a capacidade econômica dos contribuintes, não podem compeli-los a colaborar com os gastos públicos além de suas possibilidades. No Brasil, o limite da tributação excessiva, capaz de confiscar o patrimônio do contribuinte, não é estabelecido na legislação. No entanto, podemos nos guiar por alguns balizamentos doutrinários, que convencionam que os impostos sobre o patrimônio e a renda devem ter alíquotas módicas, sob pena de, em alguns exercícios, ocorrer a perda da propriedade. Parte da doutrina, na tentativa de estabelecer parâmetros à tributação confiscatória, sugere que o princípio do não confisco será violado toda vez que a incidência ultrapassar 50% (cinquenta por cento) do patrimônio ou da renda.

Interessante é saber se se reconhece o confisco no mesmo tributo, ou se se o reconhece em toda a carga tributária. Exemplificando: às vezes um tributo, considerado isoladamente, não tem efeito confiscatório, mas agregando-se todos os tributos incidentes sobre o mesmo sujeito passivo, talvez sim. Nesse passo, o STF e a doutrina consideram a carga tributária como um todo na análise da ocorrência do confisco. Analisando um caso sobre a contribuição previdenciária dos servidores federais, o STF adicionou a carga da contribuição previdenciária à do IR e, constatando que ultrapassaria 40% (quarenta por cento) dos rendimentos, derrubou o tributo.

imposto de renda, de ofensa aos princípios da anterioridade e da irretroatividade. Precedentes do STF. II. - Voto vencido do Ministro Carlos Velloso: ofensa ao princípio da irretroatividade, conforme exposto no julgamento dos RE 181.664/RS e 197.790/MG, Plenário, 19.02.97. III. - Precedentes do STF. IV. - Agravo não provido. (RE 433878 AgR/MG. Relator(a): Min. CARLOS VELLOSO. Julgamento: 01/02/2005. Órgão Julgador: Segunda Turma).

14. O princípio constitucional da vedação ao confisco se aplica aos tributos extrafiscais?

A Constituição da República, em seu art. 150, IV, não veicula qualquer exceção ao princípio da vedação ao confisco, muito embora devamos conceber que a sua aplicação aos tributos extrafiscais deva se dar com parcimônia, sob pena de esvaziamento do comando constitucional concernente à possibilidade de o Estado utilizar o tributo para intervir no domínio econômico ou social através da majoração de alíquota. Quando se está diante da extrafiscalidade, o que se pretende é justamente evitar a materialização do fato gerador, tornando quase que proibitiva a atividade que se objetiva desestimular. Entretanto, não se pode permitir que uma alíquota seja mantida em um patamar estratosférico por um período desmesurado de tempo, mormente quando o problema que se quer debelar já o fora, sob o risco de se violar a não confiscatoriedade, a qual, a partir desse momento, passa a ser vindicada legitimamente.

15. Multa de 200% sobre o valor do tributo viola o princípio do não confisco?

Cumpre atentar que as multas também não podem ter efeito confiscatório. Válido destacar que as multas também submetem-se ao princípio do não-confisco. O STF, inclusive, já declarou inconstitucional multa de 300% (trezentos por cento) sobre o valor da mercadoria, cominada ao contribuinte que porventura descumprisse a obrigação acessória concernente à emissão da correspondente nota fiscal. Confira-se a **ADI 1.075 MC**, min. Celso de Mello, j. 17-6-1998, P, *DJ* de 24-11-2006. Acentue-se, ainda, que o STF, por ocasião da análise do mérito da ADI 551/91, estabeleceu, por unanimidade, que a multa cobrada pelo Fisco por descumprimento de obrigações não pode ultrapassar o valor do tributo. Nesse julgamento, o STF firmou a posição de que multas com valor acima do montante do tributo violam o princípio do não confisco, consagrado no artigo 150, inciso IV, da Constituição Federal.

16. Em que consiste o princípio da igualdade tributária?

Trata-se de um princípio-garantia. O princípio genérico da igualdade vem capitulado no art. 5°, *caput*, da CRFB, que reza serem todos iguais perante a lei, sem distinções de qualquer natureza, garantindo-se aos brasileiros e aos estrangeiros residentes no País a inviolabilidade do direito à vida, à liberdade, à igualdade, à segurança e à propriedade, nos termos enunciados no corpo do dispositivo.

O princípio específico da igualdade ou o princípio da igualdade tributária está radicado no inciso II do art. 150 da CRFB, diante do qual todas as distinções que não se basearem na riqueza ou no caráter extrafiscal serão concebidas como ilegítimas. É vedado conferir tratamento tributário desigual a contribuintes que estejam em situação de equivalência.

Entretanto, há distinções esteadas não apenas no princípio da capacidade contributiva, mas também nas funções extrafiscais legitimadas – desenvolvimento econômico, equilíbrio interregional, amparo à família e ao idoso, erradicação da pobreza, entre outras –, que são amparadas constitucionalmente.

17. Em que consiste o princípio da capacidade contributiva?

Também concebido como um princípio garantia, o princípio da capacidade contributiva é uma decorrência da própria isonomia tributária e está expresso no §1° do art. 145 da CRFB. Portanto, o princípio da capacidade contributiva efetivará o valor justiça tributária. A capacidade contributiva se subordina à ideia de justiça distributiva, a determinar que cada qual pague o imposto de acordo com a sua riqueza. Desta forma, é inútil instituir imposto onde não houver riqueza. Neste contexto, capacidade contributiva tem a ver com a capacidade econômica do contribuinte, significando que cada um deve contribuir na proporção de suas rendas e haveres, independentemente de sua eventual disponibilidade financeira.

Com efeito, a capacidade contributiva é mensurada de acordo com as características ostentadas por cada um dos diferentes impostos, oscilando ao sabor de suas respectivas possibilidades técnicas. Tanto é assim, que a expressão *sempre que possível* foi talhada de modo a possibilitar que a capacidade contributiva e os seus subprincípios se adequem às peculiaridades que revestem as diferentes espécies de impostos, não se admitindo, porém, que se furtem à sua órbita de aplicação.

18. Discorra sobre os subprincípios da capacidade contributiva.

Conforme supramencionado, a capacidade contributiva se traduz na capacidade econômica de suportar a tributação, de modo que o princípio da capacidade contributiva é materializado sob dois aspectos: o aspecto objetivo e o aspecto subjetivo. Pelo aspecto objetivo, o princípio da capacidade contributiva se traduz na existência da riqueza a ser tributada. Então, podemos considerar que o legislador cumpre o princípio quando elege como fato gerador de um tributo um signo presuntivo de manifestação de riqueza, sendo certo que o princípio quedar-se-á violado nas ocasiões em que o fato gerador não representar signo de manifestação de riqueza. Quanto ao aspecto subjetivo, o princípio da capacidade contributiva volta-se à mensuração da tributação de cada contribuinte, não de forma individualizada, mas através de gradações concebidas pelo legislador, de acordo com determinados subprincípios, os quais o auxiliarão na mensuração, o mais próxima possível, da capacidade contributiva. Ante a circunstância de a capacidade contributiva apresentar-se como um princípio constitucional aberto e indeterminado, a sua concretização manifestar-se-á através de subprincípios, que, por sua vez, imprimirão maior concretude às normas de imposição. São eles:

a) Subprincípio da Progressividade: significa que o imposto deve ser exigido por alíquotas maiores à medida que se alargar a base de cálculo. Exemplo: IR (art. 153, § 2°, I/CRFB); no IPTU (art. 156, §1°, I/ CRFB), com o advento da EC nº. 29/2000, o legislador municipal também passou a estar autorizado a estabelecer a progressividade, sendo certo que a referida emenda logrou autorizar dois tipos de progressividade: a clássica, na qual a alíquota variará de acordo com a base de cálculo, e a por área. Oportuno destacar que o STF tão somente admitia a progressividade nos impostos quando o texto constitucional expressamente autorizasse, entendendo que a progressividade deveria ter assento constitucional. Assim é que o STF, antes mesmo de promulgada a EC nº. 29/2000, declarou inconstitucional a progressividade no IPTU. A rigor, a progressividade, como instrumento da capacidade contributiva, só existe no IR e no IPTU, o que acaba por frustrar o princípio, porquanto a Constituição reza que, sempre que possível, os impostos serão graduados segundo a capacidade contributiva do contribuinte.

   Verbete nº. 668 da Súmula do STF - É inconstitucional a lei municipal que tenha estabelecido, antes da emenda constitucional 29/2000, alíquotas progressivas para o IPTU, salvo se destinada a assegurar o cumprimento da função social da propriedade urbana.

   Verbete nº. 656 da Súmula do STF - É inconstitucional a lei que estabelece alíquotas progressivas para o imposto de transmissão "inter vivos" de bens imóveis - ITBI com base no valor venal do imóvel.

   Em que pese as considerações acima delineadas, a recente reforma tributária veiculada pela EC nº. 132/2023, voltada primordialmente aos tributos incidentes sobre o consumo, nos brindou com relevantes modificações concernentes à tributação sobre o patrimônio. À guisa de ilustração, podemos citar o caso do Imposto sobre Transmissão *Causa Mortis* e Doação – ITCMD, cujas alíquotas, à luz do novo texto constitucional, devem ser obrigatoriamente progressivas. Com efeito, nos termos do art. 155, §1º, inciso VI, da CRFB, o ITCMD *"será progressivo em razão do valor do quinhão, do legado ou da doação"*. Nesta específica hipótese, a progressividade, no entanto, não pode ser encarada como genuína novidade, porquanto, antes mesmo da promulgação da reforma, por ocasião do julgamento do RE 562.045, o STF já havia encampado o entendimento de que o ITCMD poderia se sujeitar à progressividade. Entretanto, a grande maioria dos estados manteve alíquotas fixas em suas respectivas leis.

b) Subprincípio da Proporcionalidade: indica que o imposto incide sempre pelas mesmas alíquotas, independentemente do valor da base de cálculo, do que decorrerá maior receita à medida que o bem valer mais. O gravame fiscal deve ser diretamente proporcional à riqueza evidenciada em cada situação impositiva. O subprincípio em tela é objeto de legislação infraconstitucional e é aplicado a praticamente todos os tributos não sujeitos aos subprincípios da progressividade e da seletividade. Atualmente, há apenas um único exemplo de tributação fixa nos impostos: o ISS das sociedades profissionais, ocasião em que todos pagam um valor fixo, independentemente da capacidade contributiva.

c) Subprincípio da Personalização: significa levar em consideração, ao se fixar a tributação, aspectos pessoais do contribuinte. A personalização, que deve ser buscada pelo legislador sempre que possível, traduz-se na adequação do gravame fiscal às peculiares condições de cada contribuinte. Exemplo: personalização do ITCMD, representada pelo aumento de sua incidência de acordo com os quinhões ou graus de parentesco dos herdeiros, nada obstante esta personalização tenha se quedado bloqueada pelo art. 155, §1°, IV, da CRFB, que prevê a fixação de alíquotas máximas pelo Senado Federal; personalização do IR, ocasião na qual se levará em conta a quantidade de dependentes, bem como as despesas com educação e saúde.

d) Subprincípio da Seletividade: aponta para a incidência na razão inversa da essencialidade do produto. Trata-se de um elemento de personalização agregado a um tributo que originalmente se definiria como real, caracterizando-se como o mecanismo adequado à satisfação do princípio da capacidade contributiva nos impostos indiretos. O legislador atribui alíquota mais baixa para os gêneros de primeira necessidade, e mais alta para os bens supérfluos – cigarro, bebida, perfume, automóvel, etc. –, podendo, ainda, utilizar o imposto, a seu prudente critério, com vistas ao atingimento de objetivos extrafiscais relacionados à inibição do consumo de produtos nocivos, à proteção do meio-ambiente, entre outros. Exemplo: IPI e ICMS (arts. 153, §3°, I, e 155, §2°, III/CRFB).

19. O princípio da capacidade tributária só existe com relação aos impostos ou também é aplicado a outros tributos?

Ponto merecedor de destaque é o que diz respeito à extensão do princípio da capacidade contributiva, haja vista que, nos termos do § 1° do art. 145 da CRFB, apenas os impostos serão graduados pela capacidade contributiva. Frise-se, todavia, que o princípio da capacidade contributiva também se aplica às taxas, a despeito de a Constituição nada dispor neste sentido.

De feito, o princípio da capacidade contributiva, sob o prisma dos impostos, revela uma dimensão mais ampla, mormente porque, nesta hipótese, a capacidade contributiva será elemento chave não apenas para mensurar o valor devido, mas também para limitar a tributação dos hipossuficientes. Assim, aquele que não ostenta capacidade contributiva não deve ser instado a pagar tributo algum, motivo pelo qual a capacidade contributiva tem relevância no que concerne à isenção das taxas, posto ser paradoxal exigir tributo justamente das populações carentes ou de baixa renda, que mais necessitam da oferta de serviços públicos.

É o respeito ao mínimo existencial, o qual, sob o prisma negativo, submete as taxas e as contribuições de melhoria à capacidade contributiva.

Decerto, as taxas não podem ter bases de cálculo próprias de impostos, nos termos do que dispõe o §2° do art. 145 da CRFB. Isto porque a base de cálculo da taxa deve guiar-se pelo critério de mensuração da atividade estatal, razão por que a taxa pode ter base de cálculo fixa, visto que a atividade estatal é desempenhada em igual proporção para todos. Aliás, em qualquer tributo, a base de cálculo deve estar relacionada ao seu fato gerador. Afinal, a base de cálculo, ao lado da alíquota, é um dos elementos quantitativos do fato gerador. Exemplificando: a base de cálculo do IR tem que mensurar a renda, a do IPTU, a propriedade imobiliária. Na taxa, a base de cálculo deve mensurar a atividade estatal, só comportando variações em consonância com o incremento da atividade estatal. Sempre que o cálculo de uma taxa se lastrear pela riqueza do contribuinte, ou guardar pertinência com dados afetos ao contribuinte – não relativos à atividade estatal –, estar-se-á diante de frontal violação ao §2° do art. 145 da CRFB. Assim é que, nas ocasiões em que o valor exigido a título de taxa variar ao sabor de outro critério que não a atividade estatal, restará quebrada a referibilidade.

Malgrado o entendimento acima esposado, releva atentar que o STF, quando conclamado a se manifestar acerca da possibilidade de a alíquota da taxa de lixo variar em consonância com a metragem da área construída do imóvel, sustentou que tal circunstância não é indicativa de que a taxa de lixo respectiva esteja se valendo da base de cálculo própria do IPTU, uma vez que a metragem da área construída do imóvel tão somente representa um dos elementos integrantes da base de cálculo do IPTU, não restando materializada qualquer ofensa ao §2º do art. 145 da CRFB (RE 232.393).

Averbe-se que, no julgamento do RE 576.321[10], o STF consignou que o Município de Campinas está legitimado a exigir taxas de coleta, remoção e destinação de lixo que adotem como base de cálculo a metragem dos imóveis. Desta feita, o Supremo, primando pela coerência, manteve a sua posição anterior no sentido de que o art. 145 da CRFB concebe as taxas como tributos remuneratórios de serviços divisíveis entre os usuários reais ou potenciais, a chancelar que, na divisão, seja tomado em conta o tamanho do imóvel para fins de se aquilatar o consumo, como se lugares maiores abrigassem mais pessoas, que, por conseguinte, viriam a gerar porções maiores de lixo. Inclusive, no Município do Rio de Janeiro, há taxas de lixo com alíquotas mais pesadas para restaurantes e hotéis, mesmo porque é razoável presumir-se que tais estabelecimentos venham a produzir quantidade maior de lixo.

Súmula Vinculante nº. 19 - A taxa cobrada exclusivamente em razão dos serviços públicos de coleta, remoção e tratamento ou destinação de lixo ou resíduos provenientes de imóveis, não viola o artigo 145, II, da CRFB.

10. Os ministros Marco Aurélio e Carlos Ayres Britto interpretam como inconstitucional a taxa calculada a partir do tamanho do imóvel, já que isso seria característica a lastrear a cobrança de imposto, como no caso do IPTU.

Súmula Vinculante nº. 29 - É constitucional a adoção, no cálculo do valor de taxa, de um ou mais elementos da base de cálculo própria de determinado imposto, desde que não haja integral identidade entre uma base e outra.

20. Conceitue a imunidade tributária?

No que concerne à imunidade, podemos conceituá-la como uma não incidência constitucionalmente qualificada, uma vez que a norma jurídica que vai qualificá-la é a Constituição da República. No entanto, de acordo com Ricardo Lobo Torres, a imunidade se classifica como limitação ao poder de tributar fundada na liberdade absoluta, de modo que só há imunidade se a não incidência se basear nos direitos fundamentais. Nestes termos, a imunidade que não se basear nos direitos fundamentais seria considerada uma não incidência constitucionalmente qualificada, valendo notar que a maioria da doutrina não faz essa distinção.

21. Qual a natureza jurídica da previsão do § 7º do artigo 195 da CRFB/88?

Ostenta natureza jurídica de imunidade a "isenção" referente às contribuições sociais da seguridade social a serem pagas pelas entidades de assistência social que atendam às exigências estabelecidas em lei, nos moldes tais como prevê o §7º do artigo 195 da CRFB. As imunidades se caracterizam como limitações à competência tributária das pessoas políticas, obstaculizando a própria atividade legislativa impositiva sobre determinados bens, pessoas, operações e serviços. Trata-se, em verdade, de exclusão, a cargo da Constituição, de parcela de competência das pessoas políticas.

A imunidade tributária, portanto, é a qualidade da situação que não pode ser atingida pelo tributo, em razão de norma constitucional que, no escopo de preservar valores reputados relevantes pela própria Constituição, deixou-a fora do campo sobre o qual é autorizada a incidência do tributo. Está-se diante de uma não incidência constitucionalmente qualificada, uma vez que a norma jurídica que vai qualificá-la, como se viu, é a Constituição da República.

Já a isenção é um privilégio fiscal que se caracteriza como renúncia de receita ou gasto tributário. Trata-se de favor fiscal concedido por intermédio de lei específica, de cujos termos extrai-se uma exceção à regra geral de incidência. Por esta razão, o aludido §7º do art. 195 da CRFB jamais poderia ser tachado de norma isentiva.

22. As organizações assistenciais religiosas podem ser abrangidas pela imunidade prevista no art. 150, VI, "c", da CF/1988, destinadas a instituições de assistência social?

No julgamento do RE 630790/SP, o STF entendeu que sim, fixando a seguinte tese: "*As entidades religiosas podem se caracterizar como instituições de assistência social a fim de se beneficiarem da imunidade tributária prevista no art. 150, VI, "c", da CRFB, que abrangerá não só os impostos sobre o seu patrimônio, renda e serviços, mas também os impostos sobre a importação de bens a serem utilizados na consecução de seus objetivos estatutários*" (Tema 336). Para o Supremo, entidades religiosas, não raro, possuem um componente social e muitas vezes substituem a ação estatal na assistência social. Além disso, a jurisprudência do Supremo vem imprimindo interpretação elastecida à referida imunidade, açambarcando em sua aplicação quaisquer impostos que possam resvalar no patrimônio dessas entidades, o que prejudicar-lhes-ia as atividades ou reduzir-lhes-ia as rendas, mesmo que tais parcelas do patrimônio estejam apenas indiretamente relacionadas com as finalidades essenciais da entidade. A reforma tributária trazida pela Emenda Constitucional nº 132/2023 adaptou a Constituição a entendimentos já pacificados pelo STF, como a extensão da imunidade a outros tipos de organizações vinculadas a atividades essenciais das entidades religiosas.

23. Empresa estatal faz jus à imunidade tributária recíproca?

De acordo com o art. 150, VI, da CRFB, sem prejuízo de outras garantias asseguradas ao contribuinte, é vedado à União, aos Estados, ao Distrito Federal e aos Municípios: (...) VI – instituir impostos sobre: a) patrimônio, renda ou serviços, uns dos outros;". Trata-se da chamada imunidade tributária recíproca. De acordo com o STF, para a extensão da imunidade tributária recíproca da Fazenda Pública a sociedades de economia mista e empresas públicas, faz-se necessário o preenchimento de 3 (três) requisitos: (i) a prestação de um serviço público, (ii) a ausência do intuito de lucro e (iii) a atuação em regime de exclusividade, ou seja, sem concorrência.

24. Em que consiste o princípio da não vinculação em matéria tributária?

De acordo com o art. 167, VI da CRFB, é vedada, como regra, a vinculação da receita de impostos a órgão, fundo ou despesa. Portanto, como regra, é proibida a vinculação prévia, por meio de lei, do destino das receitas oriundas da arrecadação de impostos a quaisquer finalidades. Por isso, diz-se que os impostos são tributos não vinculados sob o ponto de vista do produto de sua arrecadação. Todavia, o próprio dispositivo traz ressalvadas, excluindo da vedação as seguintes hipóteses: a repartição do produto da arrecadação dos impostos a que se referem os arts. 158 e 159, a destinação de impostos para as ações e serviços públicos de saúde, a destinação de impostos para a manutenção e desenvolvimento do ensino, bem como para a realização de atividades da administração tributária, tal como determinado, respectivamente, pelos arts. 198, § 2º, 212 e 37, XXII, e também para a prestação de garantias às operações de crédito por antecipação de receita (art. 165, § 8º), na forma do que preconiza o § 4º do art. 167 (pagamento de débitos com a União e para prestar-lhe garantia ou contragarantia). Assevere-se que o STF, no julgamento da ADI 2.355, entendeu ser inconstitucional, por violação não só à cláusula constitucional da não afetação da receita de impostos como à autonomia municipal norma estadual que determina a forma de aplicação dos recursos destinados ao município em razão da repartição constitucional de receitas. É de pleno direito dos próprios municípios a parcela que lhes é devida na repartição constitucional de receitas, de modo que não cabe o estabelecimento de qualquer forma de condicionamento ou retenção pelos estados.

Ante o excessivo número de exceções, é intuitivo concluir que o orçamento se tornou absolutamente rígido, porquanto, muito embora a Constituição – em tese – propugne pela não vinculação de impostos, o que existe, à luz das exceções constitucionais, é verdadeira vinculação, posto que a receita oriunda dos impostos encontra-se vinculada em sua quase totalidade, nos termos lá consubstanciados.

Destarte, uma vez acirrada a rigidez orçamentária em função das inúmeras vinculações, precisou-se criar um instrumento de modo a que se promovesse a necessária desvinculação. Isto se deveu ao fato de que, ao Presidente da República, no momento da confecção da peça orçamentária, não restava margem de manobra suficiente à indicação de onde e como se devia gastar, sendo certo que o Chefe do Executivo, na qualidade de detentor da iniciativa dos projetos de leis orçamentárias, passou a contar com pouco mais do que 5% (cinco porcento) de discricionariedade para elaborar o Projeto de Lei Orçamentária (PLOA).

Nesta ordem de ideias, o constituinte derivado envidou esforços no sentido de contemporizar a excessiva rigidez orçamentária, pelo que concebeu um instrumento de sorte a promover a desvinculação – atualmente denominado Desvinculação de Receitas da União (DRU) –, que nada mais é do que um fundo originalmente integrado por 30% (trinta porcento) de tudo o quanto a União vier a arrecadar a título de taxas, contribuições sociais e contribuições de intervenção do domínio econômico, nos moldes do que estabelece o art. 76 do ADCT.

25. Discorra sobre a DRU e a DREM.

Com efeito, a Desvinculação de Receitas da União adveio sob o codinome de Fundo Social de Emergência, por intermédio da Emenda Constitucional de Revisão nº. 1/1994, a qual, ao criar o referido fundo nos exercícios de 1994 e 1995, acabou por enfraquecer o princípio da não vinculação, contando com os recursos oriundos da arrecadação do IOF, do IR, da CSLL, bem como com 20% da arrecadação de todos os tributos da União. Ato contínuo, o indigitado fundo foi prorrogado pela EC nº. 10/1996 e pela EC nº. 17/1997, passando a denominar-se Fundo de Estabilização Fiscal. Em seguida, pela

EC nº. 27/2000, a sua denominação sofreu nova alteração, pelo que passou a chamar-se Desvinculação da Receita da União (DRU), mecanismo que desvinculou de órgão, fundo ou despesa, no período de 2000 a 2003, 20% da arrecadação de impostos, contribuições sociais e contribuições de intervenção no domínio econômico. Registre-se, em adendo, que, com a promulgação da EC nº. 42/2003, houve nova prorrogação, nos termos do art. 76 do ADCT. Em sequência, a EC nº. 56/2007 levou a efeito, nos mesmos moldes da EC nº. 42/2003, outra prorrogação. Mais à frente, a EC nº. 68/2011 deu novo fôlego à desvinculação, prorrogando o aludido mecanismo até o dia 31 de dezembro do ano de 2015.

Finalmente, no mês de julho do ano de 2015, o Governo Federal encaminhou ao Congresso Nacional mais uma Proposta de Emenda à Constituição (PEC), a de nº. 87/2015, objetivando estender o mecanismo de desvinculação até o ano de 2023. A indigitada PEC culminou na promulgação da EC nº. 93/2016, que aumentou de 20% para 30% a alíquota da desvinculação sobre a receita de contribuições sociais e econômicas, fundos constitucionais e compensações financeiras pela utilização de recursos hídricos para geração de energia elétrica e de outros recursos minerais. De outra parte, retirou os impostos federais do espectro da desvinculação, incluindo, no entanto, as taxas.

A EC nº. 93/2016 foi promulgada no mês de setembro do ano de 2016, não apenas prorrogando até 2023 a Desvinculação de Receitas da União (DRU), mas também inaugurando a Desvinculação de Receitas dos Estados, Distrito Federal e Municípios (DREM), cujos termos estipulam a livre utilização de 30% das receitas relativas a impostos, taxas e multas, tirante as receitas destinadas à saúde e à educação. Como se viu, a aludida emenda prorrogou até 2023 a permissão para que a União livremente utilizasse parte de sua arrecadação, ampliando o seu percentual de 20% para 30% dos recursos oriundos do produto arrecadado a título de contribuições sociais, contribuições de intervenção no domínio econômico e taxas. Releva frisar, por derradeiro, que a EC nº. 93/2016, muito embora promulgada em setembro de 2016, retroagiu a 1º de janeiro.

No final de 2022, a EC nº. 126 – originária da PEC da Transição – modificou o art. 76 do ADCT para prorrogar a Desvinculação de Receitas da União (DRU) até 31 de dezembro de 2024.

Por seu turno, relativamente à Desvinculação de Receitas dos Estados e dos Municípios (DREM), a EC nº. 132/2023, veiculadora da reforma tributária dos tributos incidentes sobre o consumo, logrou prorrogar o mecanismo de desvinculação até dezembro de 2032, modificando, portanto, o *caput* dos arts. 76-A e 76-B do ADCT. Excetuam-se da Desvinculação de Receitas dos Estados (DRE) os recursos destinados ao financiamento das ASPS e à MDE de que tratam, respectivamente, os incisos II e III do §2º do art. 198 e o art. 212 da Constituição da República; as receitas que pertencem aos Municípios decorrentes de transferências previstas na Constituição da República; as receitas de Contribuições Previdenciárias e de Assistência à Saúde dos Servidores; as demais transferências obrigatórias e voluntárias entre entes da Federação com destinação especificada em lei; os fundos instituídos pelo Poder Judiciário, pelos Tribunais de Contas, pelo Ministério Público, pelas Defensorias Públicas e pelas Procuradorias-Gerais dos Estados e do Distrito Federal (art. 76-A do ADCT).

No que concerne aos Municípios, o constituinte derivado excepcionou da desvinculação os recursos destinados ao financiamento das ASPS e à MDE de que tratam, respectivamente, os incisos II e III do §2º do art. 198 e o art. 212 da Constituição da República; as receitas de Contribuições Previdenciárias e de Assistência à Saúde dos Servidores; as transferências obrigatórias e voluntárias entre entes da Federação com destinação especificada em lei; os fundos instituídos pelo Tribunal de Contas do Município (art. 76-B do ADCT).

26. À luz do princípio do *pecunia non olet*, rendimentos provenientes de atividades criminosas estão sujeitos à tributação?

Tributo não se confunde com multa, a qual, a despeito de reunir cinco dos elementos essenciais à noção de tributo, possui caráter punitivo em virtude de uma infração à legislação. Debalde, não se deve concluir que um rendimento auferido em atividade ilícita não esteja sujeito à tributação. Tampouco se deve encampar a argumentação no sentido de que admitir a tributação de tal rendimento equivaleria a admitir a tributação do ilícito[11]. Neste passo, é importante distinguir entre hipótese de incidência (norma) – descrição hipotética do fato gerador na lei – e fato imponível (fato jurídico) – situação fática ocorrida no mundo concreto. A partir desta distinção, podemos concluir que a ilicitude não pode estar prevista na hipótese de incidência, sob pena de a exação deixar de ser tributo, passando a caracterizar-se como multa. Porém, um fato gerador – eminentemente lícito – pode ocorrer em circunstâncias ilícitas. Em resumo: nada impede que, lícita a hipótese de incidência, a ilicitude seja uma circunstância presente no fato imponível. Não se olvide que o fundamento do tributo não é a sanção, mas a capacidade contributiva. De feito, o que importa é a manifestação de riqueza. Merece referência, neste particular, o *princípio do pecunia non olet* (dinheiro não cheira) – largamente admitido na legislação brasileira –, segundo o qual o tributo igualmente deve incidir sobre atividades ilícitas ou imorais. Desta forma, a tributação será exercida ainda que a atividade prevista em lei seja praticada em circunstâncias ilícitas. De acordo com o posicionamento perfilhado pelo STF, é princípio de justiça cobrar imposto daqueles que ostentam capacidade contributiva, sob pena de se envidar tratamento preferencial aos autores de atos ilícitos, em detrimento, pois, dos demais contribuintes detentores de fontes honestas de rendimento.

11. TORRES, Ricardo Lobo. *Os tributos na constituição. Tratado de direito constitucional financeiro e tributário*. Rio de Janeiro: Renovar, Vol. IV, 2007, p. 27-28.

2. INTERPRETAÇÃO E INTEGRAÇÃO DA NORMA TRIBUTÁRIA

27. Disserte sobre a interpretação e integração da lei tributária.

A interpretação se dirige à extração do sentido da norma, já a integração tem a ver com o suprimento de lacuna que reclama supressão, valendo notar, neste sentido, que nem toda lacuna deve ser suprida. O CTN, em seu art. 107, dispõe sobre regras de interpretação. Aqui, o Código incorre em dois equívocos. Isto porque, a par de a interpretação não comportar engessamento em regras de direito positivo, não há como se conceber regras de interpretação distintas ao sabor do respectivo ramo do Direito. Destarte, a interpretação do Direito Tributário, a despeito de estampar determinadas particularidades – advindas da estrutura própria de suas normas –, não justifica a elaboração de regras especiais, valendo salientar que a tarefa de interpretação subordinar-se-á ao pluralismo metodológico, em virtude do que os métodos serão aplicados em consonância com o caso e com os valores ínsitos à norma. Depreende-se disto que os diversos métodos – sistemático, histórico, teleológico, literal e lógico – não são contraditórios, mas, sim, complementares, uma vez que entre eles não existe hierarquia.

28. É possível a aplicação de normas de outros ramos do direito à seara tributária?

Sim. Sem embargo de o CTN dedicar um capítulo inteiro – Capítulo IV do Título I do Livro II – à interpretação e à integração da legislação tributária, tais normas são assaz insuficientes, necessitando, elas próprias, de interpretação, sendo certo que o intérprete não pode deixar de recorrer às normas de Direito Civil, assim como aos princípios gerais do Direito, aos princípios constitucionais e, ainda, aos princípios da interpretação. A interpretação do Direito Tributário não ostenta qualquer peculiaridade que determine a sua separação da interpretação de outros ramos do Direito, sendo certo que remanescem vetustas as posições nas quais se costuma privilegiar as famosas parêmias *in dubio contra fiscum* ou *in dubio pro fiscum.*

29. A norma tributária pode ser aplicada retroativamente?

De acordo com o princípio da irretroatividade (art. 150, III, "a", da CRFB), a lei que *cria ou aumenta* o tributo não pode retroagir para atingir fatos geradores já ocorridos antes do início de sua *vigência.* No entanto, o art. 106 do CTN estabelece duas hipóteses excepcionais em que a lei tributária pode retroagir. O inciso I do art. 106 do CTN refere-se à *lei interpretativa,* ou seja, a lei que visa apenas definir o alcance de uma lei preexistente. Já o inciso II consagra a retroatividade da lei punitiva naquilo que for mais benéfico para o contribuinte. Ademais, de acordo com o §1º do art. 144 do CTN, aplica-se ao lançamento a legislação que, posteriormente à ocorrência do fato gerador da obrigação, tenha instituído novos critérios de apuração ou processos de fiscalização, ampliado os poderes de investigação das autoridades administrativas, ou outorgado ao crédito maiores garantias ou privilégios, exceto, neste último caso, para o efeito de atribuir responsabilidade tributária a terceiros.

3. COMPETÊNCIA TRIBUTÁRIA

30. Qual a diferença entre competência tributária e capacidade tributária ativa?

A competência tributária é o poder de legislar, de criar tributos, sendo certo que só às pessoas jurídicas de direito público dotadas de poder legislativo – pessoas jurídicas de direito público interno – pode ser atribuída competência tributária.

Já a capacidade tributária ativa é o poder de fiscalizar, arrecadar e cobrar tributos. É o que se denomina administração tributária. Importante frisar que a competência tributária é indelegável, ao passo que a capacidade tributária ativa é delegável, muito embora tão somente às pessoas jurídicas de direito público.

Assevere-se que a única função componente da capacidade tributária ativa passível de delegação às pessoas jurídicas de direito privado é a arrecadação.

Nesta toada, a capacidade tributária ativa só pode ser delegada às pessoas jurídicas de direito público, porquanto a sujeição ativa envolve o exercício do poder de polícia. Fiscalizar e executar implicam o exercício de poder de polícia. A exceção concerne ao artigo 240 da CRFB, o qual permite sejam as contribuições sindicais e as contribuições do "sistema S" administradas por entidades de direito privado. Esta exceção só se justifica porque, sob o espectro destas contribuições, há prevalência do interesse privado sobre interesse público.

Por fim, a competência tributária, além de indelegável, é improrrogável, de modo que o seu não exercício pelo titular não faz com que seja prorrogada para outro ente da Federação, ainda que este seja o destinatário da arrecadação.

4. OBRIGAÇÃO TRIBUTÁRIA E CRÉDITO TRIBUTÁRIO

31. Diferencie a obrigação tributária principal da obrigação tributária acessória.

O CTN utiliza como critério de discriminação entre as obrigações tributárias principais e acessórias a circunstância de o seu objeto ser ou não de conteúdo pecuniário, isto é, será principal a obrigação que tiver como objeto uma prestação de dar dinheiro. Assim, a obrigação principal é a obrigação de dar dinheiro para o Estado, seja para pagar um tributo, seja para pagar uma multa, embora a multa não tenha natureza tributária.

Por tal razão, o conceito de obrigação principal tem recebido críticas da doutrina, posto que, não se confundindo tributo com penalidade, não poderia o CTN incorporar no conceito de obrigação tributária principal algo que não é tributo, mas sanção administrativa.

Por sua vez, a obrigação tributária acessória não ostenta conteúdo pecuniário, traduzindo-se em prestações positivas ou negativas (obrigação de fazer ou não fazer, ou tolerar), sempre no interesse da fiscalização e arrecadação de tributárias.

32. O lançamento é ato ou procedimento administrativo?

De acordo com o art. 142 do CTN, o lançamento é o procedimento administrativo tendente a verificar a ocorrência do fato gerador da obrigação tributária. Apesar da literalidade do dispositivo, parte da doutrina sustenta caracterizar-se o lançamento como ato administrativo.

Por todos, mencione-se a posição de Sacha Calmon Navarro Coêlho, advertindo que o lançamento não pode ser procedimento, mas, sim, ato singular que se faz preceder de procedimentos preparatórios e que se faz suceder de procedimentos revisionais. Portanto, observa o autor, por lançamento definitivo se deve entender o ato de lançamento contra o qual não caiba mais recurso. Ainda segundo o tributarista, a natureza jurídica do lançamento é a de ato administrativo de aplicação da lei aos casos concretos a cargo da Administração Pública.[12]

33. O lançamento é constitutivo ou declaratório?

Há controvérsias acerca da natureza jurídica do lançamento. A doutrina majoritária, baseada no CTN, defende a tese da ***eficácia declaratória*** do lançamento, tendo em vista que lhe compete declarar a obrigação tributária constituída com a ocorrência do fato gerador. De outra parte, alguns defendem que o lançamento ostenta ***eficácia constitutiva***, uma vez que, a partir dele, a exigibilidade da obrigação tributária exsurge. Entretanto, há que se reconhecer que ambas as correntes são válidas, uma vez que o lançamento declara a obrigação e constitui o crédito, conforme, inclusive, se pode aferir da letra do art. 142 do CTN.

34. Em que consiste o lançamento de ofício?

12. COÊLHO, Sacha Calmon Navarro. **Manual de direito tributário**. 2 ed. Rio de Janeiro: Forense, 2002, p. 425.

O lançamento de ofício (arts. 148 e 149 do CTN), também chamado de lançamento direto, é a modalidade de lançamento em que a lei comete à Administração Pública todas as tarefas relacionadas à materialização do lançamento, restando ao sujeito passivo apenas a tarefa de pagar, tão logo seja notificado a fazê-lo. O lançamento de ofício comporta duas submodalidades: o lançamento de ofício original e o lançamento de ofício por arbitramento.

Por lançamento de ofício original – corporificado num auto de lançamento –, devemos conceber aquele lançamento típico de tributos que tenham por bases econômicas realidades estáticas, tais como o IPTU e o IPVA, cujos fatos geradores correspondem a uma situação jurídica, qual seja, a propriedade. Nessa sub-modalidade, todas as tarefas são desempenhadas no âmbito da Administração. Registre-se que o ITR, muito embora reúna as condições para ser lançado de ofício, não o é, porquanto a legislação determina que o seu lançamento se dê por homologação.

No que se refere ao lançamento de ofício por arbitramento – corporificado num auto de infração – tem-se um mecanismo alternativo de apuração de base de cálculo, a ser utilizado nas ocasiões em que o sujeito passivo fornece de forma incompleta ou deixa de fornecer as informações necessárias à apuração do montante devido, nos moldes tais como preconizam os incisos II ao IX do art. 149 do CTN.

35. Quais são os elementos caracterizadores do lançamento por homologação?

No lançamento por homologação, o sujeito passivo não só presta as informações, como também calcula o montante devido, antecipando o pagamento. Isso se dá quanto aos tributos cuja legislação atribua ao sujeito passivo o dever de antecipar o pagamento sem o prévio exame da autoridade administrativa. Desta forma, o elemento caracterizador do lançamento por homologação é o pagamento anterior a qualquer procedimento administrativo. Nos dias atuais, quase todos os impostos são lançados por homologação, exceto o IPVA, o IPTU, o ITCMD e, no caso de algumas legislações tributárias municipais, o ITBI.

Nos mesmos moldes, a grande maioria das contribuições parafiscais também se submete a esta modalidade de lançamento. Como se viu, nas hipóteses em que o lançamento se dá por homologação, o sujeito passivo paga e, posteriormente, a Fazenda procede ao lançamento, de modo que o lançamento dar-se-á como eficaz pelo ato em que a aludida autoridade, tomando conhecimento da atividade assim exercida pelo obrigado, expressamente a homologa. Dessume-se do esposado que o lançamento entende com a homologação, sendo certo que homologar significa lançar.

36. Quando se dá o início do prazo para que a Fazenda proceda ao lançamento por homologação (art. 150, §4º, CTN)?

Caso não haja a homologação expressa, considera-se tacitamente homologado o lançamento com o decurso do prazo de cinco anos, a contar da data da ocorrência do fato gerador, conforme preconiza o parágrafo 4º do art. 150 do CTN. Consigne-se que, nos tributos lançados por homologação, o prazo de decadência é diferente, porquanto está-se diante de regra especial, em contraponto à regra geral da decadência, consubstanciada no art. 173, I, do CTN, e aplicável aos tributos lançados de ofício e por declaração. Considerando o ora explicitado, é estreme de dúvidas não existir ato tácito da Administração, pelo que ocorre, simplesmente, a preclusão do poder de lançar em virtude da decadência.

Cumpre salientar que, caso se verifique que o tributo não foi pago corretamente, a Fazenda lançará a diferença. No entanto, só se pode lançar a diferença caso o crédito não esteja extinto. Assim, o evento futuro e incerto que vai fazer com que o pagamento não seja extintivo do crédito é a não homologação, isto é, a revisão dos procedimentos adotados pelo sujeito passivo. Diante disto, forçoso concluir no sentido de que o pagamento antecipado extingue o crédito tributário, sob condição resolutória, nos termos em que dispõe o parágrafo 1º do art. 150 do CTN.

Semelhante constatação revela-se importante, mormente porque a extinção do crédito tributário é o termo inicial para propositura de eventual ação de repetição de indébito, consoante preceitua o inciso I do art. 168 do CTN, que agasalha a regra geral do prazo afeto ao ajuizamento da ação repetitória de indébito. Em resumo, o pagamento antecipado extingue o crédito tributário, a não ser que haja revisão por parte da Administração, a qual fará com que a aludida extinção deixe de produzir efeitos, permitindo, assim, o lançamento de ofício da diferença.

37. Em sendo constatado o recolhimento do tributo a menor, como deve proceder a Fazenda?

No exercício da fiscalização, à Administração é legítimo formalizar as exigências que reputar cabíveis, de modo que, na eventualidade de deparar com prestações não recolhidas ou com qualquer irregularidade que aponte o não recolhimento do tributo, não tendo ocorrido a decadência, pode ela constituir o crédito tributário de ofício (por arbitramento), aplicando ao contribuinte faltoso a respectiva penalidade, conforme se depreende do artigo 150, §1°, do CTN.

No que concerne à primeira parte do parágrafo 4º do artigo 150 do CTN, cabe ressaltar que à lei instituidora de cada tributo compete estabelecer prazo para que se promova a homologação, ocasião em que ao legislador ordinário de cada ente apenas será dado fixar prazo menor do que os 5 (cinco) anos do CTN. Caso assim não proceda, o prazo será de cinco anos, contados a partir da ocorrência do fato gerador. Uma vez extinto tal prazo, a Fazenda não poderá reclamar seu direto ao gravame, extinguindo-se o crédito tributário em razão da decadência.

38. Considerando os tributos cujo lançamento se dá por homologação, o que seria a tese dos 5+5? Ela está vigente?

A tese não é mais válida, derrubada que foi por modificação de entendimento jurisprudencial do STJ. A controvérsia residia na ressalva final do parágrafo 4° do art. 150 do CTN – *salvo se comprovada a ocorrência de dolo, fraude ou simulação* –, que gerava dúvida acerca do prazo a ser aplicado nos casos em que o contribuinte fraudasse, simulasse ou agisse imbuído de dolo, já que o dispositivo é silente no que tange a tais hipóteses. Diante do silêncio do legislador, entendia-se que o tempo de que dispunha o Fisco para efetuar o lançamento de ofício corresponderia ao prazo de 10 anos. Isso porque, com o encerramento do prazo afeto à homologação (5 anos), iniciar-se-ia o prazo de 5 anos para a constituição do crédito tributário, à luz do que prescreve o art. 173, I, do CTN (daí porque se dizia 5 + 5).

Ante o exposto, o Fisco disporia do prazo de 10 anos, a contar da ocorrência do fato gerador, para constituir o crédito tributário – resultado da aplicação cumulativa dos arts. 150, §4°, e 173, I, ambos do CTN. Essa tese, porém, não mais tem aplicabilidade. A doutrina majoritária, com espeque na jurisprudência do STJ, advoga no sentido de que se aplique à parte final do parágrafo 4° a regra geral do artigo 173, I, do CTN. Desta forma, prevalece atualmente o *dies a quo* do inciso I do artigo 173 para a ação fiscal, qual seja, o primeiro dia do exercício seguinte àquele em que o lançamento poderia ter sido efetivado.

39. Nos tributos sujeitos à lançamento por homologação, não tendo o contribuinte entregado a declaração, a que prazo se sujeitaria a Fazenda para constituir o crédito tributário?

Como dito, o STJ originalmente entendia – sob a censura da doutrina –, que não tendo havido a antecipação do pagamento, não haveria possibilidade de lançamento por homologação, porquanto não caberia cogitar-se de homologação se não existiu o prévio pagamento, já que o que se homologa é a antecipação de pagamento. Assim, diante do silêncio do legislador, entendia o STJ que o tempo de que dispunha o Fisco para efetuar o lançamento de ofício (lançamento supletivo) corresponderia ao prazo de 10 anos, isto porque com o encerramento do prazo para homologação (5 anos), iniciar-se-ia o prazo de 5 anos para a constituição do crédito tributário, à luz do que prescreve o art. 173, I, do CTN.

Porém, noutra vertente, a doutrina mais abalizada sempre advertiu que, não tendo havido pagamento até a data do vencimento, abre-se ensejo ao lançamento de ofício por arbitramento, sujeito ao prazo do artigo 173, I, do CTN, entendimento que acabou sendo abraçado pelo STJ e, ato contínuo, hospedado no Verbete nº. 555 de sua Súmula: "*Quando não houver declaração do débito, o prazo decadencial quinquenal para o Fisco constituir o crédito tributário conta-se exclusivamente na forma do art. 173, I, do CTN, nos casos em que a legislação atribui ao sujeito passivo o dever de antecipar o pagamento sem prévio exame da autoridade administrativa*".

40. Declarado e não pago o tributo, como deve proceder a Fazenda?

Sobre este assunto, mister trazer à colação o entendimento do STF, segundo a qual, em se tratando de débito fiscal declarado e não pago, desnecessária a constituição do crédito por parte da Administração, porquanto, nessa específica hipótese, o próprio sujeito passivo, ao confessar a dívida respectiva, já estaria a constituir o crédito.

Semelhante circunstância equivaleria a um autolançamento, sendo certo que à Fazenda seria legítimo, desde logo, inscrever o débito em dívida ativa, pavimentando o terreno para, ato contínuo, ajuizar a posterior ação de cobrança, entendimento que atualmente encontra guarida no Verbete nº. 436 da Súmula do STJ, segundo o qual "*a entrega de declaração pelo contribuinte reconhecendo débito fiscal constitui o crédito tributário, dispensada qualquer outra providência por parte do fisco*".

Dessa forma, estando constituído o crédito tributário pela só entrega de declaração, findo o prazo para pagamento, poderá a Fazenda inscrever o débito em dívida ativa e, desde logo, ajuizar a competente execução fiscal.

41. Suponhamos que o contribuinte tenha declarado um débito de R$ 1.000,00, mas pagou apenas R$ 500,00. A Fazenda, por sua vez, ao homologar o pagamento, entendeu que o contribuinte devia R$ 3.000,00. Nesta situação, declarado e pago a menor o tributo devido, qual o prazo de que dispõe a Fazenda para lançar o restante do tributo apurado?

Veja-se que, com relação aos R$ 1.000,00 declarados pelo próprio contribuinte, houve a confissão de débito e, portanto, a constituição do crédito tributário, na forma da Súmula nº. 436 do STJ. Nessa esteira, finalizado o prazo para o recolhimento do tributo, poderá a Fazenda desde logo inscrever o crédito em dívida ativa e ajuizar a competente execução fiscal com relação aos R$ 500,00 faltantes.

Questão mais complexa se dá quanto ao prazo para o lançamento do restante apurado pela Fazenda, ou seja, os R$ 2.000,00 a mais que a Fazenda entende devidos. Considerando-se que tal valor não fora declarado, não houve constituição automática, de modo que a Fazenda deverá proceder ao lançamento de ofício. Nesta situação, aplica-se o prazo do art. 150, §4º, do CTN.

Com efeito, de acordo com o entendimento do STJ, o prazo decadencial de constituição do crédito tributário, no caso de pagamento antecipado a menor de tributo sujeito a lançamento por homologação, tem como termo *a quo* a ocorrência do fato gerador, na forma do art. 150, § 4º, do CTN, uma vez que, neste caso específico, o pagamento antecipado aconteceu, devendo, portanto, ser aplicado o prazo decadencial disposto no referido artigo. Portanto, a regra do art. 173, I, CTN fica reservada aos tributos sujeitos à lançamento por homologação cuja declaração não foi entregue pelo contribuinte.

42. E se, ainda que declarado e pago a menor, tiver havido dolo, fraude ou simulação do contribuinte?

Neste caso, tem aplicação a parte final do art. 150, §4°, do CTN: *salvo se comprovada a ocorrência de dolo, fraude ou simulação*. De acordo com a doutrina, o prazo para que o Poder Público deduza as suas pretensões tributárias quando o não recolhimento de tributos, em termos parciais ou globais, se originar de dolo, fraude ou simulação, será o do artigo 173, I, do CTN. Desta feita, prevalecerá o *dies a quo* do inciso I do artigo 173, qual seja, o primeiro dia do exercício seguinte àquele em que o lançamento poderia ter sido efetivado.

43. Nos tributos sujeitos à homologação, o Fisco pode inscrever o crédito em dívida ativa ou precisa constituí-lo?

Como se viu, em se tratando de débito fiscal declarado e não pago, desnecessária a constituição do crédito por parte do Fisco, porquanto, nessa específica hipótese, o próprio sujeito passivo, ao confessar a dívida respectiva, já estaria a constituir o crédito. Semelhante circunstância equivaleria a um autolançamento, sendo certo que à Fazenda seria legítimo, desde logo, inscrever o débito em dívida ativa, pavimentando o terreno para, ato contínuo, ajuizar a posterior ação de cobrança, entendimento que atualmente encontra guarida no Verbete nº. 436 da Súmula do STJ.

44. É possível a compensação de crédito tributário em sede de medida liminar?

O STJ possuía o Enunciado de Súmula nº. 212, que expressamente vedava a compensação de créditos tributários em sede liminar/cautelar. De acordo com a Súmula nº. 212: "a compensação de créditos tributários não pode ser deferida em ação cautelar ou por medida liminar cautelar ou antecipatória". O enunciado, porém, foi cancelado em razão de decisão do STF proferida no julgamento da ADI nº. 4.296, no bojo da qual se entendeu que "*a cautelaridade do mandado de segurança é ínsita à proteção constitucional ao direito líquido e certo e encontra assento na própria Constituição da República. Em vista disso, não será possível a edição de lei ou ato normativo que vede a concessão de medida liminar na via mandamental, sob pena de violação à garantia de pleno acesso à jurisdição e à própria defesa do direito líquido e certo protegida pela Cons-*

tituição". Assim, de acordo com o STF, proibições legais representam óbices absolutos ao poder geral de cautela, fundamento que subsidiou a declaração de inconstitucionalidade dos arts. 7º, §2º, e 22º, §2º, da Lei nº. 12.016/2009.

5. RESPONSABILIDADE TRIBUTÁRIA

45. Quais são as hipóteses de responsabilidade tributária?

O responsável é aquele que, a despeito de não ter materializado no mundo fenomênico o fato gerador, tem o dever de cumprir a obrigação tributária, seja esta principal ou acessória (art. 128 do CTN).

A doutrina majoritária afirma que a responsabilidade tributária se materializa de duas maneiras: por substituição ou por transferência. A responsabilidade por substituição é originária, isto porque a própria lei instituidora do tributo consignará que o sujeito passivo não é o contribuinte, mas, sim, o responsável, recaindo a incidência tributária diretamente no responsável, inexistindo, por conta disso, sub-rogação, já que a norma não é alterada. Já a responsabilidade por transferência é superveniente, eis que a lei originariamente preconiza que o sujeito passivo é o contribuinte, mas, em função de situação ocorrida após o fato gerador, a responsabilidade é transferida a um terceiro, em nítida demonstração de sub-rogação. Noutro giro, na responsabilidade por substituição apenas figura no pólo passivo o responsável, o qual ocupa o lugar do contribuinte, afastando a responsabilidade deste, que, por seu turno, apesar de ter praticado o fato gerador, nunca figurará no pólo passivo. Já na responsabilidade por transferência, tal hipótese, em regra, não ocorre, figurando no pólo passivo o responsável e o contribuinte – seja solidária, seja subsidiariamente.

6. SUSPENSÃO DA EXIGIBILIDADE E EXTINÇÃO DO CRÉDITO TRIBUTÁRIO

46. O que se pode entender por suspensão do crédito tributário?

Ocorrendo alguma das hipóteses previstas no artigo 151 do CTN, o que se opera, em verdade, é a suspensão da exigibilidade do crédito, não do próprio crédito, o qual continua existindo tal como nascera. Nesse sentido, já que a suspensão do crédito tributário se refere à sua exigibilidade, só se suspende o crédito já constituído pelo lançamento, uma vez que só a partir daí é que se tornaria exigível a obrigação tributária, porquanto um dos efeitos oriundos do ato de lançamento é a outorga de exigibilidade à obrigação tributária. Desse modo, a suspensão apenas operaria após a data em que o crédito se tornasse exigível.

Nada obstante, a suspensão pode se materializar antes do crédito existir, mesmo porque a obrigação de pagar pode anteceder o lançamento, tal como se dá nos tributos lançados por homologação. À guisa de ilustração, cite-se a hipótese de impetração de mandado de segurança preventivo acompanhado do depósito do tributo ou o caso de um mandado de segurança no bojo do qual tenha sido deferida a liminar. Nesses casos específicos, a suspensão do crédito tributário não evita o lançamento, mas, sim, que seja levada a efeito a inscrição em dívida ativa.

Diante disso, forçoso concluir que, muito embora suspensa a exigibilidade do crédito, a Fazenda Pública poderá proceder à constituição do crédito pelo lançamento, bem como poderá empreender qualquer fiscalização, encontrando-se, porém, inibida de inscrever o respectivo crédito nos livros da dívida ativa e, por conseguinte, de ajuizar a correlata ação de execução fiscal. Nessa ordem de ideias, suspender o crédito tributário relaciona-se à sustação de sua cobrança, pelo que alguns atos quedar-se-ão obstaculizados, quais sejam, a inscrição em dívida ativa e o ajuizamento da ação de execução fiscal. Todos os demais atos podem ser praticados, inclusive o lançamento.

47. A suspensão do crédito tributário suspende também a prescrição?

A suspensão do crédito implica que também fiquem suspensos os prazos de prescrição, isto porque a prescrição tem a ver com o prazo de que dispõe a Fazenda para ajuizar a ação de execução fiscal. Intuitivo depreender que, não se podendo ajuizar a ação de execução fiscal, o prazo afeto ao seu ajuizamento igualmente não poderá fluir, sendo importante destacar que a jurisprudência é remansosa no sentido de reconhecer que as causas de suspensão da exigibilidade do crédito se traduzem em causas de suspensão da prescrição.

Entretanto, não seria demasiado observar que, entre as causas de suspensão da exigibilidade do crédito tributário, apenas uma delas não suspenderá o prazo prescricional, mas, ao revés, o interromperá. Sem embargo, esse é o entendimento cristalizado no Verbete nº. 248 da Súmula do extinto TFR, *in verbis*: "*O prazo da prescrição interrompido pela confissão e parcelamento da dívida fiscal recomeça a fluir no dia que o devedor deixa de cumprir o acórdão celebrado*".

48. Suspensa a exigibilidade do crédito tributário por decisão liminar, pode a Fazenda Pública realizar o lançamento?

Sim. A suspensão da exigibilidade do crédito tributário tem apenas o condão de impedir que a Fazenda Pública realize atos de cobrança do crédito tributário, como a inscrição em dívida ativa e o ajuizamento da ação de execução fiscal. Todavia, nada impede que a Fazenda, a fim de prevenir a consumação da decadência, promova o lançamento do tributo, constituindo-o. A bem da verdade, tecnicamente, o crédito tributário só nasce com o lançamento. Dessa forma, eventual liminar deferida antes do lançamento terá apenas o condão de impedir atos futuros de cobrança, jamais a *constituição* do crédito por meio do lançamento.

49. Quais são as modalidades de extinção do crédito tributário?

De acordo com o art. 156 do CTN, extinguem o crédito tributário o pagamento; a compensação; a transação; remissão; a prescrição e a decadência; a conversão de depósito em renda; o pagamento antecipado e a homologação do lançamento nos termos do disposto no artigo 150 e seus §§1º e 4º; a consignação em pagamento, nos termos do disposto no §2º do artigo 164; a decisão administrativa irreformável, assim entendida a decisão definitiva na órbita administrativa; a decisão judicial transitada em julgado; a dação em pagamento de bens imóveis, na forma e condições estabelecidas em lei.

Segundo a doutrina, o rol do art. 156 é *taxativo (art. 141 do CTN)*. No entanto, há outras causas de extinção não expressas no art. 156, mas que podem ser observadas no Direito Tributário, ante uma impossibilidade fática de cobrança. A primeira hipótese é a *confusão* entre credor e devedor, prevista nos art. 381 a 384 do Código Civil. O exemplo clássico de confusão no Direito Tributário é o da herança jacente, quando o Município recebe a título de herança um imóvel com débitos de IPTU. Nesse caso, haverá confusão e os créditos serão extintos pela impossibilidade de cobrança.

A segunda hipótese de extinção do crédito tributário não expressamente prevista no CTN é a *morte,* quando o *de cujus* não deixa patrimônio suficiente para fazer face ao débito. Uma vez que os herdeiros só respondem pelos tributos do *de cujus* até as forças da herança, caso falecido não tenha deixado patrimônio, o tributo deverá ser extinto, ante a impossibilidade de prosseguimento na cobrança.

50. Com relação à extinção de crédito tributário, o parcelamento pode ser considerado como tal?

No que concerne ao parcelamento, é verdade que a jurisprudência – principalmente a do STJ – relutou bastante antes de aceitá-lo como hipótese de suspensão da exigibilidade do crédito tributário, até que a LC nº. 104/2001 introduziu o inciso VI no art. 151 do CTN, colocando uma pá de cal sobre a questão. Note-se, pois, que a doutrina, com espeque no inciso I do art. 151, já se posicionava no sentido de que o parcelamento, na qualidade de moratória, suspendia a exigibilidade do crédito.

Atente-se, ademais, que o parcelamento tampouco se configura como novação – como, aliás, entendia o STJ. Isso porque, na hipótese de seu descumprimento, não surgirá outra dívida. Nesse contexto, importante observar que o parcelamento não acarreta a extinção do crédito tributário, mas, sim, a suspensão de sua exigibilidade, razão por que, descumprido o parcelamento, a suspensão tem seus efeitos sustados, permitindo a cobrança integral do débito.

51. Em que consiste uma ação de consignação de pagamento? E quando ela seria possível?

A consignação em pagamento é regulada pelo art. 164 do CTN e sempre será realizada em juízo, nunca na seara administrativa. O raciocínio a revestir esta modalidade de pagamento reside no direito subjetivo do devedor de proceder ao pagamento do débito, liberando-se da obrigação instaurada na relação jurídica tributária, ao que se contrapõe o direito do credor de receber o crédito respectivo.

Remarque-se que, nesta hipótese, o crédito tributário se extinguirá pelo depósito, em juízo, da quantia correspondente, desde que o pedido veiculado na ação de consignação venha a ser julgado procedente, hipótese na qual o depósito será convertido em renda. A *contrario sensu*, caso o pedido seja julgado improcedente, não há o efeito de quitação do pagamento, cobrando-se o crédito acrescido de juros de mora e das multas cabíveis.

Nessa sorte de ideias, descabe qualquer discussão acerca do montante devido, isto porque tal hipótese não está arrolada no bojo do art. 164 do CTN. Assim, só poderia ser consignada a quantia exigida pelo Fisco. Porém, no entender de parte da doutrina, a discussão quanto ao montante da dívida é passível de ser instaurada em sede de ação consignatória, *ex vi* do disposto no inciso I do art. 164 do CTN. O rol de hipóteses em que se autoriza a propositura da ação de consignação em pagamento é taxativo, além do que as situações que poderiam conduzir à consignação, em razão de sua especificidade, atualmente são muito difíceis de ocorrer.

52. É constitucional o condicionamento da análise de liminar em Mandado de Segurança à realização de depósito judicial?

No Brasil, já não prevalece o *princípio do solve et repete* – que obrigava o contribuinte a pagar o débito para que pudesse impugná-lo. Isto quer dizer que o depósito não constitui pressuposto para a discussão judicial do débito. Dessarte, hodiernamente, o depósito é voluntário, cabendo ao sujeito passivo decidir acerca da conveniência em efetuá-lo, pelo que a letra do art. 38 da Lei nº. 6.830/1980 é flagrantemente inconstitucional, por ofender o art. 5º, XXXV, da CRFB.

Nesse sentido, confira-se o teor do Verbete nº. 247 da Súmula do extinto TFR: "*Não constitui pressuposto da ação anulatória do débito fiscal o depósito de que cuida o art. 38 da Lei n°. 6.830, de 1980*". E também o teor da Súmula Vinculante nº. 28: "*É inconstitucional a exigência de depósito prévio como requisito de admissibilidade de ação judicial na qual se pretenda discutir a exigibilidade de crédito tributário*".

53. Pode a Fazenda questionar judicialmente a decisão administrativa de extinção do crédito tributário?

A questão enseja controvérsia. O art. 156, IX, do CTN estabelece como causa de extinção do crédito tributário a decisão administrativa irreformável, assim entendida a decisão definitiva na órbita administrativa. Portanto, a própria redação do dispositivo parece sugerir a impossibilidade de questionamento judicial. Todavia, não podemos nos olvidar que o CTN é anterior à Constituição, bem como que esta prevê expressamente, no inciso XXXV do seu art. 5º, que a lei não excluirá da apreciação do Poder Judiciário lesão ou ameaça a direito.

Em razão desse cenário normativo, parte da doutrina sustenta a impossibilidade de a Fazenda questionar judicialmente a decisão administrativa definitiva, defendendo a existência de uma coisa julgada administrativa. Ademais, não faria sentido que o Fisco questionasse judicialmente a sua própria decisão administrativa. No julgamento do RMS 12.386/RJ, o STJ entendeu que a Fazenda Pública não poderá se insurgir, caso seu recurso hierárquico não prospere, uma vez que não é possível à Administração propor ação contra ato de um de seus órgãos.

De outro lado, não seria demasiado ponderar que os Conselhos de Contribuintes, em geral, ostentam composição paritária (representantes dos contribuintes e da Fazenda), de modo que não poderíamos afirmar que a decisão foi proferida exclusivamente pela Administração. Ademais, a garantia da inafastabilidade da jurisdição impede que a lei afaste qualquer questão da apreciação do Poder Judiciário. Por fim, o princípio da autotutela impõe a atuação da Fazenda no sentido de anular seus atos ilegais.

Seja como for, independentemente da posição que se adote, o controle judicial será sempre cabível quando a decisão dos Conselhos de Contribuintes ou autoridades fiscais for proferida com fraude, dolo ou desvio de finalidade.

7. PRESCRIÇÃO E DECADÊNCIA

54. Qual a natureza jurídica da prescrição e decadência tributárias?

Prescrição e decadência são modalidades de extinção do crédito tributário, previstas no art. 156, V, do CTN. O direito potestativo é aquele em que a simples declaração de vontade do titular do direito altera a esfera jurídica do sujeito passivo, ao qual não compete qualquer atividade. Desnecessário averbar que o direito potestativo vincula-se ao instituto da decadência, de modo que, na eventualidade de o sujeito ativo não o exercer dentro de determinado prazo, o direito desaparece. Já o direito subjetivo é aquele cuja satisfação depende de uma prestação do sujeito passivo. Tal direito é atrelado ao instituto da prescrição.

Nessa linha de pensamento, a decadência equivale à perda do direito de constituir o crédito tributário, impedindo o exercício do poder de tributar. A prescrição, noutra vertente, retira a possibilidade de a Fazenda promover a cobrança do seu crédito já constituído. Portanto, o prazo de decadência tem a ver com o tempo de que dispõe a Fazenda para lançar, à medida que o prazo de prescrição se relaciona ao tempo de que dispõe a Fazenda para ajuizar a correlata ação de cobrança, isto é, a ação de execução fiscal. A prescrição é a perda da pretensão jurídica, correspondendo à perda da exigibilidade do crédito. À luz desse raciocínio, a dívida continua a existir, mas desprovida de exigibilidade. O crédito fora extinto; a obrigação tributária, não. De outra parte, a decadência fulmina a própria obrigação tributária. Vale notar que o prazo de decadência, em regra, não sofre suspensão ou interrupção, ao contrário do que se dá com o prazo prescricional, que tem suas causas interruptivas previstas no próprio CTN; e as suspensivas, espraiadas pela legislação.

55. Qual a relação entre inscrição em dívida ativa e prescrição?

O termo *a quo* do prazo prescricional é a constituição definitiva do crédito, nos termos do que dispõe o art. 174 do CTN, sendo certo que a Fazenda só pode inscrever em dívida ativa créditos já definitivamente constituídos. Nos termos do art. 2°, §3°, da Lei nº. 6.830/1980, a inscrição do crédito nos livros da dívida ativa suspende a prescrição por 180 dias ou até a distribuição da ação de execução fiscal, se esta ocorrer antes de findo aquele prazo.

Todavia, insta salientar que a Constituição da República, em seu art. 146, III, "b", preconiza que as causas de suspensão da prescrição são matérias que demandam regulamentação por lei complementar, razão por que tal artigo da LEF não é passível de ser aplicado, porquanto o CTN não regulamenta o prazo prescricional quando da inscrição em dívida ativa.

A doutrina alerta que o dispositivo em tela tão somente se aplica a créditos não tributários, isto porque, no que concerne aos créditos tributários, esse dispositivo se revela inconstitucional, uma vez que a Lei n°. 6.830/1980, lei ordinária, avançou em matéria que a Constituição reservou ao disciplinamento por lei complementar, nos termos do art. 146, III, "b".

56. Quando se considera interrompida a prescrição na execução fiscal?

Conforme preceitua o art. 174, parágrafo único, I, do CTN, a prescrição se interrompe pelo despacho do juiz que ordenar a citação em execução fiscal, redação essa dada pela LC nº. 118/2005. Dessa forma, após a LC nº. 118/2005, o despacho do juiz que ordena a citação em execução fiscal passou a ser o marco interruptivo da prescrição, não se relevando mais necessária a efetiva citação pessoal do devedor.

8. ISENÇÃO, NÃO INCIDÊNCIA E ALÍQUOTA ZERO

57. Em que consiste a não incidência tributária?

A não incidência, em sua acepção ampla, compreende a imunidade, a isenção, a não incidência propriamente dita e a alíquota zero. Na não incidência propriamente dita não há necessidade de uma norma para retirar aquele fato do campo de abrangência da lei de incidência. Dessarte, a não incidência é a limitação fiscal decorrente da falta de definição do fato gerador, tendo por fundamento razões lógicas ou teleológicas (justiça). Exemplo: o IPTU não incide sobre a propriedade imóvel situada na zona rural. Porém, se, por acaso, a lei instituidora do IPTU dispuser expressamente no sentido de que os imóveis rurais estão isentos de IPTU, isto não será uma isenção, mas, sim, uma não incidência legal ou uma isenção imprópria, porque, muito embora desnecessário, está na lei. Nesse caso, a lei não está qualificando coisa alguma. A não incidência deriva de um fato que independe de norma jurídica, mesmo porque tal fato simplesmente não se subsome à norma de incidência.

58. O que se entende por isenção?

A isenção pode ser definida como a limitação fiscal derrogatória da incidência, fundada na ideia de justiça. Considerando que haja duas leis afetas ao IPTU: uma, estabelecendo que o sujeito passivo do IPTU é o proprietário de imóvel urbano; a outra, estipulando que o ex-combatente não pagará IPTU. Nessa ordem de ideias, pode-se dizer que há uma antinomia jurídica, a ser resolvida pelo critério da especialidade, posto que a lei de isenção é especial em relação à lei de incidência. Deixa-se de aplicar a regra geral de incidência para se aplicar a norma especial de isenção. A isenção é um privilégio fiscal, que se caracteriza como renúncia de receita. Conforme se viu, trata-se de uma concessão de lei que estabelece exceção à regra geral.

59. Em que consiste o fenômeno da alíquota zero?

A alíquota zero é uma medida de política fiscal através da qual que se atribui ao fato gerador já ocorrido um benefício quantitativo que enseja o não pagamento do tributo. Trata-se de verdadeira nulificação de um dos elementos quantitativos do fato gerador, no caso a alíquota, que desce a zero. Noutros termos, no exercício da competência tributária, o ente identifica a ocorrência do fato gerador, mas o contribuinte nada pagará em função da alíquota nulificada. Note-se que a norma geral de incidência não sofrerá qualquer revogação.

9. TRIBUTOS

60. Qual a corrente atualmente adotada no que se refere à classificação dos tributos?

Há na doutrina quatro correntes que procuram estabelecer a classificação dos tributos. A teoria *bipartite ou dicotômica* divide os tributos em duas espécies apenas: tributos vinculados e não vinculados. Para esta doutrina, teríamos apenas impostos e taxas. Segundo essa corrente, hoje superada, todas as exações tributárias estariam inseridas nestas duas categorias.

A teoria *tripartite* é expressamente encampada no art. 5º do CTN e no art. 145 da CRFB, estabelecendo que os tributos se dividem entre impostos, taxas e contribuições de melhoria.

Podemos mencionar ainda a teoria *quadripartite* ou quadripartida, defendida pelo professor Ricardo Lobo Torres, segundo a qual as espécies tributárias são impostos, taxas, contribuições e empréstimo compulsório. Para o autor, todas as contribuições previstas em nosso ordenamento (sociais, de intervenção no domínio econômico e de interesse das categorias profissionais), juntamente com as contribuições de melhoria (art. 145, III, da CRFB), poderiam ser amalgamadas no conceito amplo de contribuições.

No entanto, prevalece na doutrina e jurisprudência a classificação *pentapartida ou pentapartite* dos tributos, segundo a qual são cinco as espécies tributárias existentes em nosso ordenamento jurídico: impostos, taxas, contribuições de melhorias, empréstimos compulsórios e contribuições especiais.

61. O que se entende pelo fenômeno da extrafiscalidade?

Nos tributos extrafiscais, a função precípua se fulcra no estímulo ou no desestímulo a determinada conduta, sendo certo que a finalidade arrecadatória ostenta importância secundária, não preponderante. Trata-se de genuína forma de intervenção do Estado no domínio econômico ou social, ocasião em que o tributo é nitidamente utilizado como instrumento de política econômica ou social, circunstância em que a Constituição confere prerrogativas ao Chefe do Poder Executivo, no sentido de que, por intermédio de decreto, possa ele majorar ou reduzir as alíquotas de tributos extrafiscais.

62. Existe alguma limitação no que toca à fixação da base de cálculo das taxas?

As taxas não podem ter base de cálculo própria de impostos, nos termos do que dispõe o art. 145, §2°, da CRFB, porquanto a base de cálculo da taxa deve guiar-se pelo critério de mensuração da atividade estatal, razão pela qual a taxa pode ter base de cálculo fixa, visto que a atividade estatal é desempenhada em igual proporção para todos.

Aliás, em qualquer tributo, a base de cálculo deve estar relacionada ao seu fato gerador, isto porque a base de cálculo é um dos elementos, ao lado da alíquota, quantitativos do fato gerador. Neste sentido, vale menção à Súmula Vinculante nº 29, cujo teor é o seguinte: "É constitucional a adoção, no cálculo do valor de taxa, de um ou mais elementos da base de cálculo própria de determinado imposto, desde que não haja integral identidade entre uma base e outra".

63. Em que consiste a chamada referibilidade?

A noção de referibilidade quer significar que o valor cobrado a título de taxa deve guardar necessária relação de proporcionalidade com os custos do serviço ou atividade a que se vincula. Com efeito, "o valor cobrado deve guardar, com certa razoabilidade, uma proporção com a atividade estatal prestada e em conformidade com o benefício obtido pelo contribuinte pelo que lhe é oferecido, sem, contudo, demandar exatidão no seu cálculo"[13]. No julgamento da ADI 6.737, o STF entendeu ser constitucional a instituição de taxa pela qual observada equivalência razoável entre o valor exigido do contribuinte e os custos referentes ao exercício do poder de polícia, nos termos do art. 145, II, da CRFB. No caso, entendeu o Supremo que não havia incongruência entre o valor da taxa e o custo da atividade estatal por ela remunerada.

64. Discorra sobre a contribuição de melhoria.

É um tributo vinculado, cujo fato gerador é a valorização de imóvel em decorrência de obra pública. Assevere-se que a valorização imobiliária se afigura imprescindível, segundo averbou o STF, no RE 116.147. Pertence a competência comum dos entes da Federação, embora cada qual só possa instituí-la nos seus respectivos âmbitos de atribuição. Os elementos necessários à sua definição são encontrados no art. 81 do CTN. Ante os limites (objetivo e subjetivo) em relação aos quais se submete a contribuição de melhoria, torna-se difícil a mensuração o valor a ser pago.

13. Abraham, Marcus. Curso de Direito Tributário brasileiro. 4ª. Ed. Rio de Janeiro: Forense, 2023. Pag. 407.

O fato gerador da contribuição de melhoria é a valorização imobiliária em decorrência de uma obra pública. Em razão disso, há um nexo causal entre a obra e o imóvel que é valorizado. Não se pode deixar de acentuar que a contribuição de melhoria é informada por um princípio justificador, qual seja, a necessidade de anular o aumento do valor da propriedade não impulsionado pelo trabalho ou pelo capital de seu titular, a espelhar nítida tendência de vedação do enriquecimento sem causa.

O fato gerador, então, é a oscilação para cima do preço do imóvel. Todavia, é impossível à Administração Pública reavaliar cada imóvel – alternativa dispendiosa que não compensaria o valor arrecadado –, até porque a valorização de determinado imóvel será diferente da sofrida por outro imóvel, além do que quem define o preço do imóvel é o mercado.

65. O que são impostos reais e impostos pessoais?

Impostos reais são aqueles que levam em consideração apenas o objeto da tributação, sem levar em conta condições pessoais do contribuinte. Exemplos mencionados pela doutrina são o IPTU, IPVA, ICMS. Já os impostos pessoais são aqueles que tomam em conta condições particulares do contribuinte. É o caso do imposto de renda.

66. Por que o ICMS é considerado um imposto indireto?

Os impostos classificam-se em *diretos e indiretos*. Os *impostos diretos* são aqueles em que o próprio contribuinte suporta o ônus financeiro da exação, ou seja, aqueles nos quais não se observa a repercussão do ônus financeiro para terceira pessoa. Já os *impostos indiretos* são aqueles nos quais o encargo financeiro é repercutido para terceira pessoa (contribuinte de fato), que não aquela que praticou o fato gerador (contribuinte de direito). No *imposto indireto,* portanto, admite-se o que a doutrina chama de *repercussão financeira* para a figura do contribuinte *de fato*, que é quem efetivamente suportará o ônus financeiro do tributo. O ICMS é considerado um imposto indireto, na medida em que há repercussão do ônus tributário do contribuinte de direito para o contribuinte de fato (consumidor final), uma vez que o valor do imposto é embutido no preço final da mercadoria.

67. O IPTU pode ser progressivo?

O IPTU pode ser progressivo tanto como emanação da capacidade contributiva (fiscalidade), quanto como emanação da extrafiscalidade. Com efeito, no IPTU (art. 156, §1°, I, da CRFB), com o advento da EC n°. 29/2000, o legislador municipal está autorizado a estabelecer a progressividade como forma de captar riqueza, sendo certo que a referida emenda autoriza dois tipos de progressividade: a clássica, em que a alíquota variará de acordo com a base de cálculo, e a por área.

Anteriormente à promulgação da EC nº. 29/2000, o STF havia declarado inconstitucional a progressividade no IPTU como instrumental de captação de riqueza, entendimento cristalizado no Verbete nº 668 de sua Súmula, sendo certo que, antes do advento da aludida emenda, só se afigurava constitucional, no âmbito do IPTU, a progressividade como forma de desestimular a utilização da propriedade em contrariedade à sua função social, ocasião em que o IPTU progressivo no tempo é utilizado como um instrumento de política social, nos moldes tais como preconiza o art. 182, § 4º, II, da CRFB.

68. Além do IPTU e do ITR, os demais impostos reais podem ser progressivos?

A questão é controversa. A doutrina e a jurisprudência tradicionalmente entendiam que impostos reais não poderiam estar sujeitos à técnica da progressividade como medida de capacidade contributiva. Isso porque os impostos reais levam em conta aspectos do objeto tributado, e não aspectos pessoais do contribuinte. Argumenta-se que o IPTU e o ITR – impostos reais – somente admitem a progressividade em razão de previsão constitucional expressa. Em razão disso, a progressividade sempre foi rechaçada para os impostos reais, ex vi da Súmula 656 do Supremo, que rejeita a progressividade do ITBI. Todavia, em 2013, no julgamento do AgReg RE 542.485, o STF declarou constitucional a progressividade do ITCMD (imposto real), ao argumento de que todos os impostos, mesmo os reais, devem observar a capacidade contributiva. Com efeito, a reforma tributária veiculada pela EC nº. 132/2023 passou a estabelecer que as alíquotas do Imposto sobre Transmissão *Causa Mortis* e Doação – ITCMD devem ser obrigatoriamente progressivas. Com efeito, nos termos do art. 155, §1º, inciso VI, da CRFB, o ITCMD *"será progressivo em razão do valor do quinhão, do legado ou da doação"*. Nesta específica hipótese, a progressividade, no entanto, não pode ser encarada como genuína novidade, porquanto, antes mesmo da promulgação da reforma, por ocasião do julgamento do RE 562.045, o STF já havia encampado o entendimento de que o ITCMD poderia se sujeitar à progressividade. Entretanto, a grande maioria dos estados manteve alíquotas fixas em suas respectivas leis.

69. É possível a cobrança de ITCMD sobre doações realizadas por estrangeiros domiciliados no exterior, bens deixados pelo de cujus no exterior ou relativamente a inventários e arrolamentos processados no exterior?

No julgamento da ADI 6.828/AL, o Supremo entendeu ser vedado aos estados e ao Distrito Federal instituir o Imposto sobre Transmissão *Causa Mortis* e

Doação (ITCMD) nas hipóteses dispostas no art. 155, §1º, III, da CRFB, até que haja a edição da lei complementar federal exigida pelo referido dispositivo constitucional[14]. No julgamento do RE 851.108 (Tema 825 RG), o Tribunal consignou a impossibilidade de os estados-membros e o Distrito Federal usarem da competência legislativa plena, com fundamento no art. 24, §3º, da CRFB e no art. 34, §3º, do ADCT, para a instituição do ITCMD nas hipóteses previstas no art. 155, §1º, III, casos em que ficaria ela condicionada à prévia regulamentação mediante lei complementar federal. Ademais, o STF reconheceu a omissão inconstitucional na regulamentação do artigo 155, §1º, III, da CRFB e estabeleceu prazo para que o Congresso Nacional edite lei complementar com normas gerais definidoras do ITCMD nas doações e nas heranças instituídas no exterior[15]. Com base nesse entendimento, o Plenário declarou a inconstitucionalidade do art. 7º, III, do Decreto 10.306/2011, do Estado de Alagoas, bem como a nulidade, sem redução de texto, do art. 7º, I, *a*, do mesmo diploma, para fins de excluir de seu programa normativo a possibilidade de incidência de ITCMD em relação a inventários e arrolamentos processados no exterior, com a modulação dos efeitos da decisão, para que tenha eficácia a partir da publicação do acórdão prolatado no RE 851.108 (20.4.2021), estando ressalvadas as ações judiciais pendentes de conclusão até o mesmo marco temporal em que se discuta "(1) a qual Estado o contribuinte deveria efetuar o pagamento do ITCMD, considerando a ocorrência de bitributação; ou (2) a validade da cobrança desse imposto, não tendo sido pago anteriormente" (ADI 6828/AL).

70. Discorra sobre o empréstimo compulsório.

Nas palavras de Mauro Luís Rocha Lopes, o empréstimo compulsório nada mais é do que *prestação pecuniária imposta pelo Estado, que gera a este contrapartida patrimonial reflexa, consistente na obrigação de devolver a quantia arrecadada, após o decurso de prazo estabelecido na própria lei de criação*[16]. O empréstimo compulsório encontra previsão no art. 148 da CRFB, situando-se na esfera de

14. "Art. 155. Compete aos Estados e ao Distrito Federal instituir impostos sobre: I - transmissão causa mortis e doação, de quaisquer bens ou direitos; (...) § 1º O imposto previsto no inciso I: I - relativamente a bens imóveis e respectivos direitos, compete ao Estado da situação do bem, ou ao Distrito Federal; II - relativamente a bens móveis, títulos e créditos, compete ao Estado onde se processar o inventário ou arrolamento, ou tiver domicílio o doador, ou ao Distrito Federal; III - *terá competência para sua instituição regulada por lei complementar: a) se o doador tiver domicilio ou residência no exterior; b) se o de cujus possuía bens, era residente ou domiciliado ou teve o seu inventário processado no exterior."*
15. Precedente citado: ADO 67.
16. LOPES, Mauro Luís Rocha. Empréstimos Compulsórios. *In*: GOMES, Marcus Lívio & ANTONELLI, Leonardo Pietro de (Coord.). *Curso de direito tributário brasileiro* – Volume 2. São Paulo: Quartier Latin, 2005, p. 243-260.

competência exclusiva da União, sendo certo que não tem fato gerador próprio, ora assumindo fato gerador de imposto, ora de taxa. O empréstimo compulsório é um tributo fundamentalmente caracterizado pela afetação, isto é, pela destinação a uma finalidade específica. Todavia, identifica-se no empréstimo compulsório uma peculiaridade, uma vez que ostenta duas destinações: (i) a destinação imediata: despesas urgentes que originaram a sua criação, quais sejam, calamidade pública, guerra externa ou sua iminência, bem como investimento público de caráter nacional, urgente e relevante; e (ii) a destinação mediata: devolução em dinheiro ao contribuinte. Com efeito, o fato gerador do empréstimo compulsório não é a calamidade pública, a guerra externa ou a necessidade de investimento público, sendo correto afirmar que as circunstâncias acima apontadas apenas revelam condições para que a competência tributária concernente ao compulsório reste deflagrada.

10. ELISÃO E EVASÃO FISCAL

71. Qual a diferença entre elisão fiscal e evasão fiscal?

Assaz tormentosa é a tarefa de estabelecer, de maneira peremptória, as distinções entre os institutos da evasão e da elisão fiscais, não havendo, por conseguinte, unidade terminológica na doutrina. Alguns autores utilizam evasão como gênero, do qual seriam espécies a evasão em sentido estrito, e ilícito, e a elisão lícita, o que simplifica a discussão a respeito da cláusula antielisiva. Com efeito, há vertentes doutrinárias aptas a satisfazer todas as inclinações.

Porém, antes de trazermos à baila os entendimentos consagrados pelas aludidas vertentes, necessário salientar que tanto na elisão, como na evasão fiscal, são idênticos os fins e as intenções, uma vez que a adoção de qualquer delas guarda como objetivo precípuo a eliminação, a redução, bem como o adiamento do pagamento do tributo, de modo que o traço distintivo pode ser encontrado nos meios e no momento para se chegar aos resultados aventados.

No contexto acima exposto, vale destacar que expressiva corrente de doutrinadores advoga situar-se a elisão num patamar de licitude, possibilitando a economia de tributos por intermédio do planejamento tributário, ao passo que a evasão restaria confinada ao campo da ilicitude. Sob este prisma, a elisão representaria a perseguição de alternativas lícitas, oferecidas pelo próprio ordenamento jurídico – dotadas de cunho extrafiscal ou representadas por lacunas existentes na legislação tributária –, capazes de operar uma redução na carga tributária. Já a evasão significaria a prática comissiva ou omissiva de atos ou negócios enganosos, aproximando-se da fraude e da sonegação fiscal, haja vista que o real ato e a situação jurídica verdadeira do sujeito passivo quedariam camuflados.

72. É constitucional a norma geral antielisiva do CTN?

A chamada cláusula geral antielisiva encontra abrigo no art. 116, parágrafo único, do CTN, ao estabelecer que "a autoridade administrativa poderá desconsiderar atos ou negócios jurídicos praticados com a finalidade de dissimular a ocorrência do fato gerador do tributo ou a natureza dos elementos constitutivos da obrigação tributária, observados os procedimentos a serem estabelecidos em lei ordinária". No julgamento da ADI 2.446/DF o STF entendeu que a previsão contida no parágrafo único do art. 116 do CTN não viola a Constituição, mas, ao contrário, que ela confere máxima efetividade aos princípios da legalidade, da estrita legalidade e da tipicidade tributária e da separação dos Poderes, objetivando, primordialmente, combater a evasão fiscal, sem que isso represente permissão para a autoridade fiscal cobrar tributo por analogia ou fora das hipóteses descritas em lei, apenas viabilizando que a autoridade tributária aplique base de cálculo e alíquota a uma hipótese de incidência estabelecida em lei e que tenha efetivamente se realizado.

11. DÍVIDA ATIVA

73. É possível o protesto extrajudicial de Certidão de Dívida ativa?

Sim. Até algum tempo a questão era tormentosa, tendo em vista que a Lei nº. 9.492/1997 não contemplava essa possibilidade de forma expressa. Ademais, dizia parte da doutrina que o protesto consistia em forma indireta de cobrança de tributo, verdadeira sanção política. Em diversos precedentes, o STJ afirmava que a Fazenda não detinha interesse de agir no protesto, já que poderia ajuizar a execução fiscal diretamente. Entretanto, o parágrafo único do art. 1º da Lei nº. 9.492/1997 foi alterada pela Lei nº. 12.767/2012, passando expressamente a dizer que estão incluídas "*entre os títulos sujeitos a protesto as certidões de dívida ativa da União, dos Estados, do Distrito Federal, dos Municípios e das respectivas autarquias e fundações públicas*". Em razão disso, no julgamento do Resp 1.126.515, o STJ reviu seu entendimento, passando a admitir o protesto da CDA.

4

DIREITO CIVIL

Laura Minc Baumfeld

Sumário: 1. Pessoa Natural e Personalidade. Capacidade. Morte – **2.** Dos Atos e Negócios Jurídicos. Obrigações e Contratos. Direitos Subjetivos e Potestativos. Prescrição e Decadência – **3.** Responsabilidade Civil – **4.** Direitos Reais. Propriedade. Posse. Usucapião. Registro – **5.** Direito de Família. Relações de Parentesco. Casamento. Regime de Bens – **6.** Sucessões – **7.** Direito do Consumidor. Conceito de Consumidor.

1. PESSOA NATURAL E PERSONALIDADE. CAPACIDADE. MORTE

1. O que se entende por emancipação?

A emancipação é instituto que permite a antecipação da capacidade plena àqueles que não a detenham em razão da idade.

Ela pode ser a) **voluntária ou convencional**, pela concessão dos pais – ou de um deles, na falta do outro –, mediante instrumento público, a partir dos 16 anos de idade, independentemente de homologação judicial; b) **judicial**, quando concedida por sentença; e ainda c) **legal**, nas hipóteses taxativamente elencadas na legislação, quais sejam: casamento; exercício de emprego público efetivo; colação de grau em curso de ensino superior; estabelecimento civil ou comercial; ou pela existência de relação de emprego, desde que, em função deles, o jovem tenha economia própria.

2. É possível que a emancipação se dê antes dessa idade, ou seja, antes dos 16 anos?

Como explicado acima, em regra não é possível a emancipação antes dos 16 (dezesseis) anos.

A redação originária do artigo 1.520 do Código Civil de 2002, no entanto, permitia a celebração do casamento antes dos 16 anos em duas situações: (i) em caso de gravidez e (ii) para evitar imposição ao cumprimento de pena criminal.

Por isso a Doutrina dizia que se, nestas hipóteses, era possível, excepcionalmente, a celebração do casamento, não fazia sentido que o jovem fosse casado e, ao mesmo tempo, permanecesse incapaz. Assim, à época em que se entendia que o casamento podia ser celebrado fora da idade núbil, nas hipóteses do antigo artigo 1.520 do Código Civil, também ocorreria a emancipação, ainda que com idade inferior a 16 anos.

Mas, mesmo à época da redação originária do dispositivo, já se ressalvava uma das hipóteses extraídas de sua literalidade, já que após a reforma do Código Penal ocorrida em 2005 (Lei nº 11.106/05), a previsão de autorização para casamento do menor de 16 anos para evitar a imposição de sanção penal tornou-se descabida, uma vez que a lei não contemplava mais a extinção da punibilidade do agressor pelo casamento com a vítima de crime contra a dignidade sexual. Assim, a única hipótese em que efetivamente poderia haver a emancipação antes dos 16 anos seria no caso de gravidez, quando então era autorizado o casamento fora da idade núbil.

Ocorre, porém, que com o advento da **Lei 13.811 de 2019**, o artigo 1.520 do Código Civil de 2002 passou a prever que não será permitido, em qualquer hipótese, o casamento de quem não atingiu a idade núbil, ou seja, 16 anos. Assim, desapareceram da legislação pátria as hipóteses em que o casamento celebrado antes dos 16 anos importaria na emancipação do adolescente e, logo, as hipóteses em que se admitia emancipação antes dos 16 anos de idade.

3. Um jovem, com 16 anos de idade, deseja ser emancipado por seus pais. Se apenas o pai deseja emancipá-lo, essa emancipação poderá produzir efeitos?

Pelo atual ordenamento jurídico, ambos os pais deverão emancipar o filho. A exceção ocorre se o poder familiar estiver sendo exercido exclusivamente pelo pai ou pela mãe, seja porque o outro genitor faleceu ou porque fora destituído de seu poder familiar. Nessas hipóteses, o genitor que, sozinho, detém o poder familiar, poderá emancipar o filho. Por outro lado, se existente o outro genitor, mas este se recusar imotivadamente, também poderá ocorrer a emancipação, mas neste caso dependerá de ter sua autorização suprida pelo juiz.

4. A aprovação no vestibular acarreta emancipação automática?

Não. Segundo o artigo 5º, parágrafo único, inciso IV, do Código Civil, a causa de emancipação prevista em lei é a colação de grau em curso de nível superior, e não a simples aprovação. Assim, só há cessação da menoridade por emancipação no caso de conclusão do curso superior antes dos 18 anos.

5. O menor de 18 anos emancipado precisa da autorização dos pais para se casar?

Sendo emancipado, não há que se requerer autorização para o casamento. Isso porque embora a letra da lei dê a entender que a necessidade de autorização para o casamento se dá em razão da menoridade do nubente, fato é que ela se faz necessária em razão de sua incapacidade, e não de sua idade. Assim, atingida a capacidade plena, ainda que pela emancipação, o jovem poderá praticar todos os atos da vida civil, inclusive se casar.

6. O que é comoriência?

Nomeia-se de comoriência o fenômeno em que dois ou mais indivíduos falecem na mesma ocasião, por exemplo em um trágico acidente aéreo, sem que seja possível determinar quem morreu antes de quem. Justamente em razão dessa dificuldade na identificação do momento preciso da morte, o artigo 8º do Código Civil de 2002 presume que ambos morreram ao mesmo tempo, ou seja, simultaneamente.

7. E qual é a repercussão disso para a sucessão? Se é um casal que morre junto, por exemplo.

A indicação do momento da morte é fundamental para saber o momento da abertura da sucessão. E sendo impossível identificar o momento da morte quando verificada a comoriência, isso tem repercussão na sucessão: se não há como saber quem é herdeiro de quem, a lei presume que as mortes foram concomitantes e, logo, desaparece o vínculo sucessório entre ambos. Com isso, um não herda do outro e os bens de cada um passam aos seus respectivos herdeiros.

Exemplificativamente, se marido e mulher morrerem num acidente de carro sem se conseguir demonstrar quem morreu primeiro, serão considerados comorientes e, por via de consequência, não serão herdeiros entre si. Se os consortes deixaram descendentes, receberão estes, com base no artigo 1.829 do Código Civil, sem contemplar o outro comoriente.

8. O que se entende por multiparentalidade?

Multiparentalidade significa a possibilidade de se reconhecer, em um mesmo registro de nascimento, a existência de dois pais ou duas mães. Já há precedentes nos Tribunais de Justiça de nosso país reconhecendo, por exemplo, a possibilidade de registro em nome de um pai e duas mães que viviam em relação homoafetiva.

Ao tempo da 1ª edição deste livro, dissemos que não se podia dizer, ainda, ter sido a multiparentalidade reconhecida pelos Tribunais Superiores, embora caminhassem para tanto. Apontou-se à época, inclusive, julgado do STJ que, embora não tivesse enfrentado diretamente a matéria, teria deixado transparecer linha de raciocínio que desaguaria na possibilidade, ainda que excepcional, do reconhecimento mais de um vínculo/registro de paternidade ao dizer, por exemplo, que "*a existência de vínculo socioafetivo com o pai registral não impede o acolhimento de pedido investigatório promovido contra o pai biológico*", *uma vez que "o conhecimento da filiação biológica é direito da personalidade, indisponível, imprescritível e afeto ao princípio constitucional da dignidade da pessoa humana*"[1].

Posteriormente, no entanto, o STF não só enfrentou a questão, como o fez em repercussão geral, no julgamento do RE 898.060/SC, tendo sido reconhecida a possibilidade da filiação biológica concomitante à socioafetiva, firmando-se a seguinte tese: "*A paternidade socioafetiva, declarada ou não em registro público, não impede o reconhecimento do vínculo de filiação concomitante baseado na origem biológica, com os efeitos jurídicos próprios.*"

Prestigiando princípios fundamentais como o direito à busca da felicidade e em especial a dignidade da pessoa humana, pacificou-se o entendimento no sentido de que o pleno desenvolvimento das famílias construídas pelas relações afetivas interpessoais dos próprios indivíduos deve se sobrepor aos modelos de família pré-concebidos pela lei.

Posteriormente, então, acompanhando tal entendimento, o próprio STJ, em diversos julgados, já se manifestou em igual sentido, sinalizando que "*Na multiparentalidade deve ser reconhecida a equivalência de tratamento e de efeitos jurídicos entre as paternidades biológica e socioafetiva.*"[2].

Vale destacar, por fim, que na VIII Jornada de Direito Civil do CJF[3], foi-se além, indicando-se inclusive os efeitos patrimoniais da multiparentalidade, que seriam o reconhecimento do direito do filho(a) de participar da herança de todos os ascendentes reconhecidos, biológicos ou não.

9. O que se entende por "estelionato do afeto"?

O TJDFT[4] já reconheceu direito de a mulher ser indenizada pelo fato de o namorado ter se valido de seu afeto para obter, em nome dela, empréstimo por ele nunca adimplido.

1. REsp 1458696/SP, Rel. Ministro MOURA RIBEIRO, TERCEIRA TURMA, julgado em 16/12/2014, DJe 20/02/2015.
2. A título de exemplo, veja-se o REsp 1.487.596-MG, veiculado no Informativo de nº 712 daquele Tribunal Superior.
3. Enunciado 632 – Art. 1.596: Nos casos de reconhecimento de multiparentalidade paterna ou materna, o filho terá direito à participação na herança de todos os ascendentes reconhecidos.
4. Disponível em https://www.tjdft.jus.br/institucional/imprensa/noticias/2014/setembro/ex-namorado-tera-que-ressarcir-vitima-de201cestelionato-sentimental201d

A isso chamou de "estelionato afetivo", determinando que o "namorado" restituísse à autora os valores referentes aos empréstimos e gastos diversos efetuados na vigência do relacionamento, mas negando o dever de reparar os supostos danos morais experimentados, uma vez que, como se entendeu, *"a despeito dos dissabores que foi obrigada a suportar em razão do término do relacionamento, aliado à frustração causada pela conduta desleal do réu, meros dissabores, por pior que possam ser considerados, não são passíveis de reparação pela via da ação de indenização por danos morais"*.

Já o TJMT, o TJRS[5] e o TJRJ, mais recentemente, reconheceram à vítima também o direito de se ver indenizada pelos danos morais suportados, eis que a prática consistiria, em última análise, em um ilícito civil que, como tal, gera dever de indenizar (responsabilidade civil extracontratual).

2. DOS ATOS E NEGÓCIOS JURÍDICOS. OBRIGAÇÕES E CONTRATOS. DIREITOS SUBJETIVOS E POTESTATIVOS. PRESCRIÇÃO E DECADÊNCIA

10. O que se entende por direito subjetivo? Qual a diferença entre um direito subjetivo e o direito potestativo?

Direito **subjetivo** é uma faculdade que o ordenamento confere ao indivíduo para que possa agir, segundo a sua vontade, na busca da satisfação de um interesse próprio, existencial ou patrimonial, respeitados os limites impostos pelo ordenamento jurídico (*ius est facultas agendi).*

Numa relação jurídica padrão, o sujeito ativo titulariza um direito subjetivo, ao qual vai corresponder um dever jurídico (em sentido amplo) do sujeito passivo.

Se esse dever não é observado, se é descumprido por qualquer motivo, viola-se direito alheio, nascendo para o sujeito ativo uma pretensão (direito subjetivo), que se extingue pela prescrição (artigo 189 do Código Civil).

Já o direito **potestativo**, embora também seja direito do titular, é, ao mesmo tempo, poder jurídico sobre alguém, poder de modificar a situação jurídica de outra pessoa, não em prol daquele, e sim em proveito próprio. Então, ao contrário do direito subjetivo, o poder conferido ao titular de um direito potestativo será exercido sobre o outro em proveito do próprio titular que o exercerá (sujeito ativo). Por isso, nos direitos potestativos o sujeito passivo não precisa fazer nada para sua situação jurídica ser modificada e não existe possibilidade de violação do direito e, por isso, diz-se que se encontra em "estado de sujeição", pois ainda que resista, isso não irá afetar o direito (potestativo) do sujeito ativo.

5. Veja-se, a título de exemplo, a Apelação cível nº 50002569220198210077, do TJRS e a de nº 00018886720138190026 no TJRJ.

É o caso, por exemplo, da ação renovatória nas locações comerciais: ainda que o locador não queira, preenchidos os requisitos legais, o locatário terá direito à renovação contratual.

Se não há violação do direito, não há pretensão e não há que se falar em prescrição (que atinge justamente a pretensão). É por isso que o direito potestativo é extinto pela decadência, ou seja, pelo transcurso do tempo, e não pela prescrição, embora nem todo direito potestativo tenha prazo para ser exercido.

11. Em linhas gerais, diferencie prescrição e decadência.

A **prescrição** é a perda da possibilidade de exigir de alguém um determinado comportamento, ou seja, é a perda da pretensão (nascida da violação de um direito subjetivo) em razão do decurso do tempo. Pode ser suspensa ou interrompida nas hipóteses taxativamente previstas em lei.

Já a **decadência** acarreta a perda de um direito (potestativo) que não foi exercido pelo seu titular no prazo previsto em lei, ou seja, a decadência afeta o direito em si, extinguindo-o.

12. As partes podem convencionar ou mudar os prazos prescricionais?

Não. O artigo 192 do Código Civil de 2002 diz expressamente que as partes não podem alterar prazos prescricionais, já que a prescrição somente pode ser fixada por lei (ao contrário da decadência, que admite a delimitação pela via negocial).

13. Qual a diferença entre causas interruptivas e suspensivas da prescrição?

As causas **interruptivas** da prescrição devolvem o prazo por inteiro, renovando-o, ao passo que nas causas **suspensivas**, o prazo apenas não corre enquanto ela se verificar, mas ao voltar a correr, computa-se o tempo já transcorrido antes da suspensão.

Em resumo...

PRESCRIÇÃO	DECADÊNCIA
Extingue a pretensão.	Extingue o direito.
Pode ser suspensa ou interrompida por causas taxativamente previstas em lei.	Em regra, não se suspende, nem se interrompe, e só é impedida pelo exercício do direito potestativo.[6]

6. Exceção à regra se encontra, por exemplo, na Lei nº 14.010/2020 que, ao dispor sobre o Regime Jurídico Emergencial e Transitório das relações jurídicas de Direito Privado (RJET) no

PRESCRIÇÃO	DECADÊNCIA
Depois de consumada, pode ser renunciada pelo prescribente.	Como trata de prazo extintivo imposto pela lei, não pode ser renunciada pelas partes, nem depois de consumada.
A prescrição das ações patrimoniais não pode ser decretada de ofício pelo juiz.	Como decorre de prazo legal prefixado pelo legislador, pode ser conhecida pelo juiz, de seu ofício, independentemente de alegação das partes.

14. O que se entende por repristinação? Ela se confunde com o chamado "efeito repristinatório"?

O fenômeno da repristinação ocorre quando existem, pelo menos, 3 leis sucessivas no tempo. A 1ª lei é revogada pela 2ª (revogadora); e a 2ª lei é revogada por uma 3ª, que reestabelece expressamente a vigência da 1ª lei. Assim, a 3ª lei promove a repristinação da 1ª.

Já no chamado "efeito repristinatório", há 2 leis sucessivas no tempo e uma declaração de inconstitucionalidade. A 1ª lei é revogada por uma 2ª lei (revogadora), que é declarada inconstitucional através de ADI. Se é inconstitucional, a lei é nula de pleno direito, retirando-se com a declaração de inconstitucionalidade a eficácia desde o momento de sua edição; e se não tem eficácia, não pode sequer produzir sua eficácia revogadora e, assim, a 1ª lei retoma sua vigência. Assim, em decorrência do efeito retroativo da declaração de inconstitucionalidade, produz-se o chamado "efeito repristinatório" como consequência automática (e que pode ser afastada de forma expressa), de forma que eventual lei revogada por lei revogadora inconstitucional volta a produzir efeitos automaticamente.

15. O que significa obrigação indivisível?

Nos termos do artigo 258 do Código Civil, é indivisível a obrigação quando a prestação (objeto) consistir em coisa ou fato não suscetível de divisão, (i) em razão de sua natureza (indivisibilidade física); (ii) por motivo de ordem econômica (indivisibilidade circunstancial), para preservar o conteúdo econômico do objeto, embora fisicamente ele seja divisível ou ainda (iii) dada a razão determinante do negócio jurídico (indivisibilidade convencional). Ela pode ser, ainda, (iv) legal, nas hipóteses em que a lei assim determine, como é o caso da herança até que ocorra a partilha (artigo 1.791 do Código Civil de 2002).

período da pandemia do coronavírus (Covid-19), determina em seu art. 3º, § 2º, que as causas suspensivas e impeditivas nela contempladas também se aplicam à decadência.

Independentemente da causa da indivisibilidade, como não há como dividir a prestação, cada devedor deve pagar tudo (artigo 259 do Código Civil) ou cada credor deve receber tudo. Mas isso de início, porque aquele que paga a integralidade se sub-roga parcialmente nos direitos do credor, podendo exigir do(s) outro(s) codevedor(es) a sua parte na obrigação (artigo 259, parágrafo único, do Código Civil).

16. Essa indivisibilidade pode desaparecer no curso da obrigação?

Sim. Se a prestação perece sem culpa de qualquer dos envolvidos, resolve-se a obrigação, desaparecendo a indivisibilidade. Se há culpa no perecimento do objeto, a obrigação será convertida no equivalente em dinheiro, acrescida de perdas e danos. Nesse caso, como o débito é convertido em responsabilidade, passa a haver divisibilidade, de forma que cada um dos devedores passa a dever apenas a sua parte, inclusive nas perdas e danos. Se a culpa for de apenas um, apenas ele irá se responsabilizar pelas perdas e danos, ficando os demais responsáveis tão somente pela sua cota no valor principal. É nesse sentido o contido no artigo 263 e parágrafos do Código Civil.

17. A invisibilidade repercute na prescrição?

Sim. Segundo o artigo 201 do Código Civil de 2002, a suspensão da prescrição em favor de um dos credores solidários só aproveita aos outros se a obrigação for indivisível. Assim, em regra, as exceções pessoais que favoreçam ou beneficiem o devedor ou credor solidário não irão prejudicar ou beneficiar os demais, já que têm caráter personalíssimo. Mas se a prestação for indivisível, a suspensão irá aproveitar aos demais.

18. Débito e responsabilidade são diferentes? Existe responsabilidade sem débito? E débito sem responsabilidade? Em caso positivo, dê exemplos.

O direito civil brasileiro adota a “Teoria Dualista”, dividindo a obrigação em dois momentos: (i) débito (a obrigação propriamente dita) e (ii) responsabilidade (obrigação sucessiva que decorre do não cumprimento do débito).

Se a obrigação apresenta esses dois elementos, fala-se em “obrigação civil”. Mas é possível que os elementos estejam presentes de forma isolada, ou seja, existe débito sem responsabilidade (obrigação natural, como a dívida de jogo e a dívida prescrita) e responsabilidade sem débito (artigo 790 do CPC: responsabilidade executiva secundária).

A título de elucidação, vale lembrar que quando se fala em dívida de jogo, não se está falando dos jogos proibidos, porque a dívida deles oriunda seria ilícita (objeto ilícito), nem dos jogos regulamentados, cujos prêmios são exigíveis juridicamente. Quando se fala em "dívida de jogo", então, o que se quer é fazer referência a jogos não proibidos, ou seja, permitidos, porém não regulamentados, como o carteado.

19. É possível a compensação de uma obrigação natural?

Segundo o artigo 369 do Código Civil de 2002, a compensação se dá entre dívidas líquidas, vencidas e de coisas fungíveis entre si. Se a dívida deve ser vencida para ser compensável, é porque tem que ser, na origem, exigível. Logo, não pode ser compensada obrigação natural, porque não exigível.

Válido destacar, porém, que embora a obrigação natural não seja exigível, se for paga, é, em regra, irrepetível, salvo em algumas hipóteses tais como (i) para proteger o incapaz que tenha pagado a obrigação natural e (ii) para proteger terceiro de boa-fé quando, por exemplo, o devedor adimple obrigação prescrita em detrimento de outros credores, cujas dívidas ainda são exigíveis, tornando-se insolvente.

20. Uma obrigação natural pode ser objeto de novação?

A novação consiste na extinção da obrigação primitiva pela criação de uma nova. Para que haja novação é preciso, em regra, que a obrigação originária seja, ainda, exigível. Mas isso não significa que seja impossível a novação de uma obrigação natural.

No tocante à dívida de jogo, há impossibilidade jurídica, por vedação do artigo 814, § 1º, do Código Civil, que o faz para impedir que a novação seja utilizada para legitimar uma dívida oriunda de prática não regulamentada.

Mas em relação à dívida prescrita, que também é hipótese de obrigação natural, a novação acarretaria renúncia à prescrição. E segundo o artigo 191, do Código Civil, é possível renunciar à prescrição, tornando a dívida novamente exigível. Nesse caso, a dívida, de natural, passa a ser dívida civil, porque se torna exigível.

21. Ainda no campo das obrigações naturais: é possível constituir garantia para a obrigação natural?

Segundo o artigo 814, do Código Civil, não é possível constituir fiança para o pagamento de dívida de jogo, pois isso permitiria tornar exigível a dívida decorrente de jogo não autorizado.

E por se tratar de norma proibitiva, há quem lhe atribua interpretação restritiva, permitindo que outras espécies de garantia (que não a fiança) pudessem ser constituídas. Mas o entendimento dominante é no sentido de que, interpretando-se teleologicamente a vedação, tem-se que a mesma lógica que proíbe a fiança proibiria também as demais garantias, sendo a fiança apenas um exemplo dado pelo legislador.

Já em relação à dívida prescrita, vale a mesma lógica da novação: admite-se a constituição de garantias pessoais e reais, sendo interpretada como renúncia da prescrição no limite da garantia prestada.

22. O que é contrato? Qual sua natureza jurídica?

Em sua acepção clássica, contrato é o acordo de duas ou mais vontades, na conformidade da ordem jurídica, destinado a estabelecer uma regulamentação de interesses entre as partes, com o escopo de adquirir, modificar ou extinguir relações jurídicas de natureza patrimonial.

Modernamente, contudo, esse conceito foi sendo modificado, entendendo-se atualmente que o contrato visa a produção de efeitos jurídicos existenciais e patrimoniais, e não só entre os titulares subjetivos da relação, como também perante terceiros.

23. Então o conteúdo do contrato pode ser não patrimonial?

Atualmente, pode-se falar em contrato com conteúdo patrimonial e não patrimonial (ou existencial). Como exemplo de contratos com conteúdo patrimonial pode-se citar os contratos de compra e venda e doação. Já como exemplos de contrato de natureza não patrimonial, pode-se falar no contrato de convivência.

24. O que diferencia um contrato gratuito de um contrato oneroso?

O contrato oneroso é aquele que traz vantagem para ambos os contratantes, que sofrem sacrifício patrimonial e correspondente contraprestação. Por outro lado, o contrato gratuito ou benéfico é aquele que onera somente uma das partes, proporcionando à outra uma vantagem sem qualquer contraprestação.

25. O que se entende por doação manual?

Nos termos dos artigos 108 do Código Civil, exige-se, em regra, a lavratura de escritura pública para formalizar negócio jurídico que vise à constituição, transferência, modificação ou renúncia de direitos reais sobre imóveis de valor superior a 30 (trinta) vezes o maior salário mínimo vigente.

Porém, em se tratando de bem imóvel com valor inferior ou igual a 30 (trinta) vezes o maior salário mínimo vigente ou bens móveis, dispensa-se tal formalidade, bastando a existência de documento particular (o contrato é formal, mas não solene).

E em princípio, tudo que foi dito acima vale também para a doação, nos termos do artigo 541 do Código Civil de 2002. Não obstante, o parágrafo único deste mesmo dispositivo contempla uma exceção, que é justamente a chamada "doação manual": admite-se que a doação de bem de pequeno valor se dê de forma oral (doação verbal), desde que seguida pela tradição (entrega) da coisa. Assim, nesse caso, o negócio será não formal e não solene.

26. O que quer dizer a lei ao falar em pequeno valor?

A análise é casuística, devendo levar em conta o patrimônio do doador, segundo entendimento consolidado na Doutrina e na Jurisprudência[7], que restou materializado inclusive no Enunciado nº 622 da VIII Jornada de Direito Civil do CJF[8].

27. É possível a aplicação da Teoria da Imprevisão nos contratos aleatórios?

"Contratos Aleatórios" são aqueles em que uma das prestações corre o risco de não existir ou uma das prestações corre o risco de vir em quantidade inferior à esperada. É o caso, por exemplo, da compra e venda de safra futura.

Assim, e em regra, a Teoria da Imprevisão **não** é compatível com os contratos aleatórios, já que uma das partes assume o risco acerca da existência ou quantidade de uma prestação (não havendo que se falar em sinalagma nesses contratos). É comum haver especificação dos riscos nesses contratos, afastando-se assim a aplicação da Teoria da Imprevisão.

Porém, a doutrina entende que, excepcionalmente, a teoria da imprevisão poderá ser aplicada aos contratos aleatórios, mas apenas quando o evento imprevisível (risco) esteja fora da álea assumida pelas partes.

Assim, e a título de exemplo, se um dos contratantes assume o risco da não existência da prestação por evento da natureza, mas em razão de conduta humana (invasão e destruição da plantação pelo homem) a prestação vem a não existir, a teoria seria aplicável, porque tal evento imprevisível não estaria contemplado pelo risco inicialmente assumido pelas partes.

28. O que se entende por contrato preliminar?

7. A título de exemplo, veja-se o REsp 155.240/RJ, Rel. Ministro ANTÔNIO DE PÁDUA RIBEIRO, TERCEIRA TURMA, julgado em 07/11/2000, DJ 05/02/2001.

8. Enunciado 622 – Art. 541: *Para a análise do que seja bem de pequeno valor, nos termos do que consta do art. 541, parágrafo único, do Código Civil, deve-se levar em conta o patrimônio do doador.*

Por meio do contrato preliminar as partes (ou apenas uma delas) se comprometem a celebrar, em momento posterior, outro contrato, o principal.

29. Então em havendo contrato preliminar haverá um segundo contrato, o definitivo? Quais serão suas características?

O segundo contrato, definitivo, tem por escopo gerar as obrigações desejadas desde o início pelas partes, que passaram pela fase facultativa do contrato preliminar como uma etapa para o contrato definitivo.

O contrato definitivo se distingue do contrato preliminar, portanto, pelo objeto e pela forma, pois sujeita-se aos requisitos formais próprios do negócio entabulado, que não são exigíveis no contrato preliminar.

30. Qual a relevância da proposta no âmbito da formação do contrato?

O contrato nasce da conjugação de duas ou mais vontades coincidentes, sem prejuízo de outros elementos que materializam a autonomia privada. Sem o mútuo consenso, sem a alteridade, não há contrato.

Na formação desse consenso é possível identificar quatro fases: a) **negociações preliminares** (pontuação), b) **proposta** (policitação ou oblação), c) **contrato preliminar** e d) **contrato definitivo**.

A fase de proposta constitui a manifestação da vontade de contratar, por uma das partes, que solicita a concordância da outra. Trata-se de declaração unilateral de vontade receptícia, ou seja, que só produz efeito ao ser recebida pela outra parte.

Nos termos do artigo 427 do Código Civil, a proposta deve ser clara, séria, precisa e definitiva. Além disso, ela vincula o proponente, gerando o dever de celebrar o contrato definitivo, sob pena de responsabilização pelas perdas e danos que o caso concreto demonstrar.

31. Mas essa proposta é sempre obrigatória? Ou existe hipótese em que o proponente pode dela se desvincular?

Nos termos do artigo 428 do Código Civil de 2002, a proposta deixa de ser obrigatória se, feita sem prazo a pessoa presente, não foi imediatamente aceita (considerando-se presente também a pessoa que contrata por telefone ou por meio de comunicação semelhante).

Por outro lado, se feita a pessoa ausente, deixa de ser obrigatória (a) se, feita sem prazo, tiver decorrido tempo suficiente para chegar a resposta ao conhecimento do proponente; (b) se feita com prazo, não tiver sido expedida a resposta dentro do prazo dado ou ainda (c) se, antes dela, ou simultaneamente, chegar ao conhecimento da outra parte a retratação do proponente.

32. Então a retratação do proponente pode retirar a obrigatoriedade da proposta?

Sim. Como visto, nos termos do artigo 428 do Código Civil de 2002, a proposta deixa de ser obrigatória se, feita a pessoa ausente, chegar ao conhecimento da outra parte antes ou simultaneamente ao recebimento da proposta a retratação do proponente (inciso IV do dispositivo supracitado).

33. Em linhas gerais, diferencie termo, encargo e condição.

Tanto o termo quanto o encargo e a condição são elementos que podem interferir na produção de efeitos do negócio jurídico, caso assim desejem as partes. Então as partes podem, se assim quiserem, adicioná-los aos negócios jurídicos e, por isso, são chamados de "elementos acidentais" (já que não estão sempre presentes, dependendo de pactuação).

A **condição** subordina a eficácia do negócio a um **evento futuro e incerto**, e é sempre fruto da vontade das partes.

É por isso que a chamada "condição legal" ou *conditio iuris* não se traduz em uma condição propriamente dita. O pacto antenupcial, por exemplo, só produz efeitos quando ocorrer o evento previsto em lei – o casamento, mas embora seja ele evento futuro e incerto, por não ser fruto de convenção entre as partes, mas decorrer de previsão legal, não é uma "condição" propriamente dita.

Já o **termo** sujeita os efeitos do negócio a evento **futuro e certo** quanto à ocorrência, que pode ocorrer em prazo determinado ou não. Então, a certeza não diz com o momento, mas com a ocorrência. O termo é evento futuro que certamente advirá. Quanto ao momento, contudo, sua ocorrência pode ser certa (termo certo) ou incerta (termo incerto ou indeterminado).

E é justamente isso que marca a diferença mais significativa entre o termo e a condição: justamente porque o termo é certo quanto à sua ocorrência, diz-se que, desde a celebração do negócio, o direito é adquirido, embora ainda não seja exercitável.

Terceiro elemento acidental dos negócios jurídicos é o **encargo**, que consiste em uma limitação imposta em ato de liberalidade, um ônus exigido do beneficiário de uma liberalidade para que esta produza seus regulares efeitos. Assim, se adere somente a negócios gratuitos como a doação e a herança testamentária.

Ao contrário da condição e do termo, que são elementos **inexos** do negócio jurídico, que o integram depois de pactuados, o encargo é elemento **anexo**, que não integra o corpo do negócio jurídico, de forma que, como regra[9], um

9. Se for a causa determinante da liberalidade, contudo, irá conduzir à invalidação do negócio jurídico.

encargo ilícito não contamina a integralidade do negócio jurídico – apenas considera-se não escrito, na forma do artigo 137 do Código Civil (salvo se for a causa determinante da liberalidade quando, então, poderá levar à invalidação do negócio) – e não suspende a aquisição ou o exercício do direito.

34. É correto afirmar que sempre que as partes sujeitam a eficácia de um negócio jurídico ao evento futuro morte, convencionaram um termo?

A morte, em regra, é termo, e não condição, pois é evento futuro e certo quanto à ocorrência. Não obstante, embora evento certo, em algumas hipóteses pode a morte ser prevista como condição. Se as partes convencionam, por exemplo, que a doação ocorrerá se A morrer antes de B, embora a morte de A e de B sejam eventos certos, não é certo que A morra antes de B. Assim, neste exemplo, o evento morte é previsto no bojo de uma condição, porque permeada de incerteza.

35. Todos os negócios jurídicos admitem que se pactue uma condição? E quanto ao termo?

Não. Existem algumas categorias de atos não admitem a pactuação de uma condição ou um termo condicionando a sua eficácia: são os *actus legitimi* (ou "atos puros"), porque não admitem incerteza.

Quando o artigo 185 do Código Civil de 2002 dispõe que ao ato jurídico em sentido estrito aplicam-se as normas pertinentes aos negócios jurídicos, **no que couber**, exclui, por exemplo, a possibilidade de se convencionar uma condição. Isso porque os atos jurídicos em sentido estrito têm seu plano de eficácia condicionado por lei, e não pelas partes e, logo, **não** podem estar subordinados a uma condição. Não há, portanto, liberdade de convenção entre as partes.

Também não admitem condição atos que versem sobre direitos da personalidade ou existenciais (a exemplo do casamento), bem como a renúncia/aceitação de herança (conforme dispõe o artigo 1.808 do Código Civil) ou a instituição de herdeiro ou legatário (nos termos do artigo 1.898 do Código Civil).

36. No tocante às condições, como se subdividem? Como classificá-las? O ordenamento admite as condições potestativas?

Como visto, a condição é elemento acidental do negócio jurídico que deriva exclusivamente da vontade das partes, subordinando a (in)eficácia do negócio a um evento futuro e incerto. A depender da forma com que seja pactuada, a condição poderá ser:

- **Suspensiva** = condiciona o início da eficácia do negócio jurídico, ou seja, até que ocorra seu implemento, a eficácia do negócio jurídico ficará suspensa, não terá início. Por isso, diz o artigo 125 do Código Civil que, enquanto não se verificar a condição suspensiva, não se terá adquirido o direito (e, assim, se fala em "direito expectativo").
- **Resolutiva** = determina marco final para a produção de efeitos pelo negócio jurídico, de forma que, enquanto a condição não se implementar, o negócio jurídico produzirá efeitos normalmente. Por isso diz o artigo 127 do Código Civil que, enquanto não se implementar a condição resolutiva, vigorará o negócio jurídico, tendo o direito sido adquirido desde a conclusão do negócio.

A condição também pode ser:

- **Simplesmente potestativa** = depende da vontade de uma parte, que atua em conjunto com outro elemento que torna seu implemento incerto, duvidoso. É o caso, por exemplo, da condição de doar um imóvel se o donatário for à Copa do Mundo de 2026. Embora a ida a tal evento esportivo dependa em parte da vontade do donatário, não há dependência absoluta, já que atuam outros fatores, tais como a disponibilidade de tempo e de dinheiro para comparecer ao mundial, tornando seu implemento incerto.
- **Puramente / meramente potestativa** = neste caso a incerteza está condicionada ao mero arbítrio de uma das partes. Se, por exemplo, a condição estabelecida pelo devedor é "*doarei se eu quiser*", a decisão de cumprir ou não com a obrigação ficaria ao seu absoluto alvedrio. Olhando para esse cenário, o legislador reputou tal condição como ilícita e, por ser a condição elemento inexo do negócio jurídico, sua ilicitude conduz à invalidade de todo o negócio jurídico, na forma do artigo 123, inciso II, do Código Civil.

Importante destacar, por fim, que a condição admite, ainda, outras classificações, tal como sua divisão quanto à impossibilidade, quando podem ser (i) fisicamente impossíveis ou (ii) juridicamente impossíveis, sendo válido mencionar as repercussões jurídicas em cada um dos casos e, ainda, outras hipóteses em que é considerada ilícita. Ocorre, porém, que por se tratar de prova oral, não seria necessário que o candidato esgotasse o tema, bastando trazer os contornos gerais dos institutos e, principalmente, as classificações mais relevantes, que são as mencionadas acima.

37. A tutela externa do crédito tem fundamento no ordenamento brasileiro?

Muito se fala na "função social dos contratos" para se indicar que, atualmente, a liberdade de contratar e a relatividade dos contratos, princípios tradicionais do direito das obrigações, hoje são mitigados, criando-se deveres ("laterais" ou "anexos") para os contratantes em relação a terceiros, ou seja, deveres dos contratantes em relação à sociedade, a pessoas estranhas à pactuação.

Tanto assim que a redação do artigo 421 do Código Civil foi modificada pela **Declaração de Direitos de Liberdade Econômica** (Medida Provisória nº 881 de 2019, depois convertida na Lei nº 13.874/2019), passando a estabelecer que a liberdade contratual será exercida nos limites da função social do contrato, incorporando, à legislação pátria, assim, o entendimento doutrinário já consolidado.

E nesta mesma linha, a própria Declaração (Lei nº 13.874/2019) assegura, em seu artigo 3º, inciso VIII, que as pessoas têm a garantia de que os negócios jurídicos empresariais serão objeto de livre estipulação das partes – o que restou materializado, também, na inclusão do **artigo 421-A** do Código Civil – de forma que nenhuma norma de ordem pública seja usada para beneficiar a parte que pactuou contra ela, exceto se para resguardar direitos tutelados pela administração pública ou de terceiros alheios ao contrato, materializando essa mitigação à liberdade de contratar e à relatividade dos contratos.

Mas essa mesma mitigação tem um outro viés, como se fosse uma via de mão dupla em relação à função social dos contratos, que é justamente a "tutela externa do crédito", que impõe também a terceiros deveres em relação aos contratantes (embora, a rigor, não estejam inseridos no negócio).

Assim, através da tutela externa do crédito, protege-se os contratantes contra a intromissão prejudicial de terceiros na relação, evitando a figura do "**terceiro cúmplice**" ou "**terceiro infrator**".

Então, ao passo que a função social dos contratos protege a sociedade dos excessos dos contratantes, a tutela externa do crédito é justamente o inverso, protegendo os contratantes de terceiros que possam interferir na pactuação.

Divergência doutrinária reside, contudo, no fundamento jurídico para a tutela externa: enquanto o CJF justifica tal proteção como uma vertente (externa) da função social dos contratos, como visto acima, o STJ busca fundamento na boa-fé objetiva, como se extrai do Enunciado nº 308 de sua súmula.

Por fim, vale destacar que a doutrina costuma apontar como exemplo o caso que envolveu o cantor Zeca Pagodinho e a Cervejaria Brahma. A Cervejaria Ambev, concorrente direta, teria aliciado Zeca Pagodinho para fazer propaganda da Brahma quando ainda estava em curso seu contrato com a Nova Schin. Como a Ambev, terceira externa à negociação originária, interferiu em contrato de que não fazia parte, teve que pagar indenização à Nova Schin, em valor correspondente a dois anos de contrato do cantor (cláusula penal compensatória), na forma do artigo 608, do Código Civil de 2002.

38. A partir deste exemplo, esclareça o que se entende por "Teoria da Quebra Eficiente do Contrato".

Segundo a Teoria da Quebra Eficiente do Contrato, também conhecida como "Teoria do Inadimplemento Eficiente" ou "Teoria do Descumprimento Eficaz", se os benefícios decorrentes do inadimplemento contratual, mesmo depois de ressarcir a "vítima", são maiores do que os decorrentes de seu efetivo adimplemento, ele provavelmente não será cumprido, mas sim inadimplido voluntariamente. Por isso se fala em um descumprimento "eficiente", porque vantajoso, desincumbindo-se o devedor do vínculo mediante pagamento da indenização.

No caso em que a cervejaria Ambev aliciou o cantor Zeca Pagodinho para fazer propaganda quando ainda estava em curso seu contrato com a Nova Schin, a Brahma (Nova Schin) foi obrigada a pagar o correspondente a dois anos de contrato do artista, na forma do artigo 608 do Código Civil de 2002, o que foi vantajoso diante do ganho esperado com o novo "garoto propaganda" e o valor do contrato firmado.

Ocorre que essa possibilidade encontra crítica acalorada na Doutrina, que sustenta que o incentivo à quebra eficiente do contrato fragilizaria a sua força vinculativa (*pacta sunt servanda*), já que, em última análise, o contrato não teria valor ao permitir que uma parte, deliberadamente, o descumprisse, e que isso ainda lhe fosse financeiramente vantajoso. Ademais, admitir tal possibilidade ignoraria que o interesse do credor é a prestação tal qual pactuada, e não sua conversão em dinheiro (indenização por perdas e danos) e que, muitas vezes, a multa fixada quando da contratação nem sempre é substituta perfeita da prestação, já que as condições de mercado mudam e não é possível antever – com precisão – qual será a multa adequada para afastar ou remediar o descumprimento. Assim, para esse entendimento, o descumprimento eficaz tutelaria o comportamento oportunista, estimulando o inadimplemento e, consequentemente, violando a boa-fé objetiva, inclusive em seu dever anexo de cooperação.

39. De que maneira a coação física afeta o negócio jurídico?

Para o entendimento majoritário, se o negócio é praticado por agente sem conduta, porque sob coação física, será inexistente por falta de pressuposto de existência, que é justamente a declaração de vontade.

Não obstante, existe entendimento minoritário no sentido de que o plano da existência não teria sido recepcionado pelo ordenamento jurídico brasileiro, uma vez que, a rigor, o Código Civil de 2002 dele não se ocupou. Assim, para esses autores, negado o plano da existência, a ausência de um de seus pressupostos deve ser encarada como motivo para invalidade do negócio, e não para sua inexistência. Assim, para tal entendimento, a coação física não seria motivo de inexistência, e sim de invalidade do ato, que seria nulo.

40. A simulação inocente é causa de nulidade do negócio jurídico?

Sob a égide do Código Civil de 1916, distinguia-se a simulação **maliciosa**, que prejudicava terceiros e tornava o ato anulável, daquela dita **inocente**, que não prejudicava a nenhum sujeito determinado, sendo válida.

Com o advento do Código Civil de 2002, além de ser a simulação deslocada para a disciplina das nulidades, deixou de ser relevante se a simulação tinha como intenção prejudicar terceiros ou violar disposição de lei. Na nova disciplina entendeu-se que a vontade conscientemente falsa seria atentatória não somente a um terceiro determinado, mas a toda a coletividade, de forma indeterminada. E se é um atentado contra todos, o ato deve ser fulminado de **nulidade**, prejudique ou não a terceiras pessoas.

Assim, na disciplina do atual Código, **não há mais diferença entre simulação inocente e maliciosa**, pois não há mais como preservar o ato praticado em simulação (ainda que dita inocente): o ato será **sempre nulo**. Sendo assim, qualquer interessado pode impugnar o ato simulado, requerendo a declaração de sua nulidade, mas também o juiz passa a ter o dever de reconhecer o vício de ofício.

Neste sentido é o Enunciado 152, do CJF, da III Jornada de Direito Civil, que, na linha do artigo 167 do Código Civil de 2002, dispõe que toda simulação é invalidante do negócio jurídico celebrado, bem como aquele de nº 578[10], aprovado na VII Jornada, que indica prescindir sua alegação de ação própria.

41. O elemento subjetivo é requisito necessário para a caracterização da lesão em relação à vítima? E em relação ao lesante?

Em linhas gerais, a caracterização da lesão como defeito do negócio jurídico exige: (i) a necessidade ou inexperiência do lesado (requisito subjetivo) e (ii) uma prestação manifestamente desproporcional (requisito objetivo).

Mas como se aferir esse requisito subjetivo? Deve-se olhar para a vítima? Ou para aquele que lesa (lesante)?

Para o entendimento doutrinário majoritário (inclusive no CJF), o requisito subjetivo deve ser investigado **exclusivamente em relação à vítima**, ou seja, analisando-se apenas sua necessidade ou inexperiência no caso concreto, não sendo o dolo de aproveitamento do lesante requisito para a caracterização da lesão.

Mas existe posição minoritária que considera que também deve ser o requisito subjetivo analisado sob a ótica do lesante, que tem que atuar se aproveitando da situação de fragilidade da outra parte ("dolo de aproveitamento").

10. Enunciado 578 – *Sendo a simulação causa de nulidade do negócio jurídico, sua alegação prescinde de ação própria.*

42. Diferencie lesão e Teoria da Imprevisão.

A **lesão**, prevista no artigo 157 do Código Civil, é o vício em elemento essencial do negócio jurídico, qual seja, o consentimento, e ocorre quando alguém, por extrema necessidade ou inexperiência, se obriga a prestação desproporcional à contraprestação. Em razão desse vício, o negócio será inquinado de nulidade relativa, permitido que seja anulado (anulabilidade). Na lesão, portanto, o vício está no nascimento do contrato.

A **Teoria da Imprevisão** (artigos 317 e 478, ambos do Código Civil), por sua vez, não se insere no momento do nascimento do contrato, e sim na execução de contratos bilaterais, onerosos, comutativos e de trato sucessivo ou prestação continuada, já que, com a alteração futura de circunstâncias, a comutatividade inicial pode desaparecer. Nesses casos, ocorrendo evento futuro e imprevisível que torne o contrato excessivamente oneroso para uma das partes, ele poderá ser revisto ou rescindido judicialmente.

Nota: Válido mencionar que a Lei nº 14.010/2020, que versou sobre o Regime Jurídico Emergencial e Transitório das relações jurídicas de Direito Privado (RJET) no período da pandemia do coronavírus (Covid-19), previu em seu art. 7º, de forma expressa, que "Não se consideram fatos imprevisíveis, para os fins exclusivos dos arts. 317, 478, 479 e 480 do Código Civil, o aumento da inflação, a variação cambial, a desvalorização ou a substituição do padrão monetário." Vale destacar que a lei era expressa ao dizer que não seriam assim considerados tais eventos para análise dos contratos regidos pelo Código Civil, já que, para aqueles disciplinados pelo CDC, as regras previstas naquele diploma consumerista acerca da revisão contratual permaneceram aplicáveis (art. 7º, §1º, Lei 14.010/2020).

43. Qual a diferença entre *dolus bonus* e *dolus malus*?

A distinção entre "*dolus bonus*" e "*dolus malus*" reside no fato de que somente o último macula o negócio jurídico de anulabilidade, por nele existir vontade de iludir para viciar o consentimento. Já o "*dolus bonus*" é espécie tolerada juridicamente, especialmente no mundo dos negócios. Exemplo muito comum de "*dolus bonus*" é o exagero cometido pelo vendedor ao valorizar o objeto a ser alienado, sendo admissíveis tais manifestações exageradas, pois um mínimo de diligência pode dissipá-las.

Vale acrescentar que o Código de Defesa do Consumidor veda, em seu artigo 37, a propaganda enganosa, proibindo, em sede consumerista, qualquer espécie de exagero que induza o consumidor a erro como ocorreria se, no caso acima, a loja instalasse espelho que induza o consumidor a acreditar que, com aquela roupa, ele fica mais magro ou mais elegante.

44. O dolo do devedor pode ser considerado causa paralisante do curso do prazo prescricional?

Discute-se na doutrina acerca do caráter taxativo das causas de interrupção, impedimento e suspensão do curso do prazo prescricional.

Para uma primeira corrente, o Código Civil brasileiro não teria previsto causas excepcionais de paralização do curso do prazo prescricional tais como o furtuito, a força maior e o dolo da outra parte.

Há muito o STJ vinha admitindo, por exemplo, a paralisação do curso do prazo prescricional toda vez que não fosse possível o exercício da pretensão por motivo não imputado ao credor, como ocorreria, por exemplo, na reclamação que o segurado faz na seguradora, até a reposta inequívoca com a negativa de cobertura. Tanto assim que o STJ chegou a ampliar seu entendimento sobre este tema em específico, indicando no julgamento do Recurso Especial nº 1.791.111–MG, no ano de 2022, que o termo inicial do prazo prescricional se dá com a negativa de cobertura, pela seguradora.

45. Qual a diferença entre a lesão e o estado de perigo enquanto defeitos dos negócios jurídicos?

O **estado de perigo**, causa de anulação dos negócios jurídicos (artigo 156 do Código Civil), configura-se quando o agente, diante de uma situação de perigo de dano conhecido pela outra parte, assume uma obrigação excessivamente onerosa. Há, portanto, dolo de aproveitamento da outra parte.

A **lesão**, por outro lado, é causa de invalidade do negócio jurídico, consistente na assunção de negócio jurídico em que há desproporção entre as prestações do negócio, em virtude do abuso de situação de necessidade ou da inexperiência de uma das partes.

Assim, o estado de perigo é mais específico e emergencial do que a lesão, em face de um perigo de dano (à vida, à saúde ou outro direito de personalidade). Além disso, não se exige que haja dolo de aproveitamento na lesão.

46. Quais são as três principais funções desempenhadas pela boa-fé objetiva no CC?

A boa-fé objetiva, na linha do vetor da eticidade (que rege, ao lado da aplicabilidade ou operabilidade e da sociabilidade, o Código Civil de 2002), tem três relevantes funções:

(i) Interpretativa, nos moldes do artigo 113 do Código Civil e Enunciado 409 da V Jornada de Direito Civil do CJF;

(ii) Limitativa, nos termos do artigo 189 do Código Civil; e

(iii) **Supletiva ou criadora de deveres anexos ou laterais**, tais como o dever de informação, de cooperação, de lealdade, etc. É o que se vê no artigo 422 do Código Civil, por exemplo.

47. O que é a ação "*ex empto*"?

É a ação utilizada pelo comprador de bem imóvel adquirido pela modalidade *ad mensuram* (ou seja, quando o preço seja fixado por unidade de medida ou quando a área seja determinada) ao verificar que a área entregue não tem as dimensões corretas, sendo a diferença superior a 5% (1/20 avos).

Segundo o artigo 500 do Código Civil, por meio da ação *ex empto* o comprador pode exigir a complementação da área ou, não sendo possível, a rescisão do contrato ou o abatimento proporcional do preço.

48. E se a diferença de área for inferior a 5%? Não há esse direito?

Segundo o § 1º do mesmo artigo 500 do Código Civil, se a diferença for inferior a 5%, presume-se que a referência às dimensões foi apenas enunciativa, não se conferindo direito à complementação da área ou abatimento do preço. Nesta hipótese apenas surgiria o direito caso o comprador prove que, conhecendo a diferença de área, não teria realizado o negócio tal qual celebrado.

3. RESPONSABILIDADE CIVIL

49. Qual a diferença entre a responsabilidade civil contratual e a extracontratual?

A diferença entre as duas espécies reside, basicamente, na origem da responsabilização. Enquanto a responsabilidade civil **contratual** surge do descumprimento de obrigação estabelecida em um contrato, a **extracontratual** (ou aquiliana) decorre da prática de um ato ilícito ou do chamado abuso de direito, ou seja, da violação de um dever geral de abstenção, fundada no *neminen laedere,* (dever apriorístico imposto a todos de não causar danos a outrem), permitindo, assim, a responsabilização independentemente da existência de uma relação contratual entre os envolvidos.

50. Quais são os pressupostos genéricos da responsabilidade civil? Eles estarão presentes em qualquer espécie de responsabilidade?

De forma genérica, responsabilidade civil pressupõe conduta, culpa ou dolo, nexo de causalidade e resultado danoso. Mas se a responsabilidade for objetiva, torna-se prescindível (dispensável) a prova da culpa, de forma que não se pode dizer que a culpa ou o dolo sejam pressupostos genéricos da responsabilidade civil. Assim, pressupostos genéricos são, apenas, (i) conduta, (ii) nexo de causalidade e (iii) resultado danoso.

51. Existe hipótese de responsabilidade civil sem a prova da causalidade? Ou a causalidade é sempre indispensável?

Para o entendimento majoritário, a Teoria do risco integral dispensaria a comprovação do nexo de causalidade. Mas o tema não é pacífico. Há entendimento no sentido de que a adoção da Teoria do risco integral apenas afastaria a possibilidade de comprovação da incidência de excludentes de responsabilidade, mas não tornaria prescindível a comprovação do nexo.

52. O que se entende por excludentes de responsabilidade? Quais são elas? Que pressuposto da responsabilidade elas excluem?

Por vezes, em que pese causar danos, a conduta pode não ser considerada como contrária à norma pela própria lei (na dicção legal, "não constituem atos ilícitos") ou pode não gerar o dever de indenizar ao romper o nexo causal (nas hipóteses em que sua comprovação é exigida). Nos dois casos, embora haja um resultado danoso, a conduta não será imputada àquele que a praticou, não gerando dever de indenizar, seja porque rompeu o nexo causal, seja porque, por disposição legal, a conduta há de ser considerada lícita. A essas hipóteses dá-se o nome de "excludentes de responsabilidade".

Assim, essas excludentes podem afastar a ilicitude (quando serão denominadas "excludentes de ilicitude") ou o nexo causal (quando então serão nomeadas "excludentes de causalidade"), como se vê abaixo:

- Caso fortuito → excludente do nexo de causalidade
- Força maior → excludente do nexo de causalidade
- Fato/culpa exclusivo de terceiro → excludente do nexo de causalidade
- Culpa exclusiva da vítima → excludente do nexo de causalidade
- Legítima defesa → excludente de ilicitude
- Estado de necessidade → excludente de ilicitude
- Exercício regular de direito → excludente de ilicitude
- Estrito cumprimento de dever legal → excludente de ilicitude

Vale acrescentar, ainda, que, em regra, afastada a ilicitude, afastada estaria, também, a responsabilização. Entretanto, excepcionalmente, o Código Civil, em seu artigo 929, estabeleceu o dever de reparar para aquele que pratica um ato lesivo, embora em estado de necessidade. Então, excepcionalmente, apesar de praticar um ato lícito, terá o dever de indenizar, porque produziu resultado danoso. Não obstante, a lei assegura o direito de regresso face ao causador da situação de perigo (artigo 930 do Código Civil de 2002) que é, em última análise, quem deu causa ao dano.

53. O que é "estado de necessidade"?

O estado de necessidade é a agressão a interesse jurídico alheio (de menor ou igual monta), visando a resguardar direito próprio ou de terceiros, em virtude de perigo atual ou iminente, não causado pelo seu agente.

54. A "legítima defesa putativa" é causa de exclusão do dever de indenizar?

O ato praticado em legítima defesa é ato lícito. Ocorre que, como visto, nem sempre a responsabilidade civil decorre da prática de um ilícito. No caso do ato praticado em estado de necessidade existe previsão expressa acerca da obrigação do causador do dano de repará-lo, ainda que possa, em regresso, reaver o valor daquele que tenha criado a situação de perigo. E em que pese a ausência de previsão legal, entende-se que a mesma *ratio* se aplica à legítima defesa: embora não deva ser indenizado o causador da injusta agressão, indeniza-se o terceiro, cobrando-se – em regresso – do agressor.

Ocorre que, em relação à legítima defesa putativa, o tema é mais sensível, já que, a rigor, o ato assim praticado é ilícito, porque não efetivamente amparado por causa excludente da ilicitude. Assim, o causador do dano deve ser obrigado a repará-lo integralmente.

55. As excludentes afastam a responsabilidade integralmente?

As excludentes podem afastar integral ou apenas parcialmente o dever de indenizar quando, em que pese amparado por uma excludente, como a legítima defesa, o agente se exceda. E há, ainda, hipóteses em que, mesmo excluída por completo a ilicitude do ato, ainda exista integral dever de indenizar, como na hipótese de estado de necessidade agressivo, no qual a pessoa lesada ou o dono da coisa não é culpado pelo perigo, cabendo ao agente causador do dano indenizá-la, ainda que, em um segundo momento, possa agir em regresso contra o terceiro culpado.

56. A responsabilidade civil decorre sempre de um ato ilícito?

Não. O dever de indenizar pode decorrer, também, de um ato lícito. É o caso, por exemplo, dos atos praticados em estado de necessidade, em legítima defesa ou mesmo atos do poder público que causem prejuízo, tais como a desvalorização de uma região em razão de uma obra pública. O ato em si é lícito, mas gera dever de indenizar pelos prejuízos experimentados. A responsabilidade civil também pode decorrer do exercício abusivo de um direito (lícito).

57. O que se entende por "abuso de direito"?

Em sua concepção inicial, advinda do direito francês, o abuso de direito significava a prática de atos "emulativos" (ou "chicaneiros"), ou seja, atos que não trouxessem proveito pessoal para o seu titular, e que fossem praticados com a única intenção de prejudicar terceiros. Assim, de início, o abuso de direito tinha uma acepção subjetiva: a parte prejudicada precisava demonstrar que a conduta fora praticada pelo titular do direito com a intenção de prejudicar outrem (*animus nocendi*). Essa acepção encontra respaldo ainda hoje no artigo 1.228, § 2º, do Código Civil de 2002 que, ao tratar do direito de propriedade, diz que são "*defesos os atos que não trazem ao proprietário qualquer comodidade, ou utilidade, e sejam animados pela intenção de prejudicar outrem*".

Mas a concepção do abuso de direito evoluiu e, na linha da doutrina e jurisprudência alemãs, passou-se a dispensar a prova de que o sujeito fora movido pela intenção de prejudicar. A análise é objetiva: avalia-se se o comportamento respeita a boa-fé objetiva, a função social do direito e os usos e costumes. É essa a acepção adotada pelo artigo 187 do Código Civil de 2002.

O ordenamento jurídico, ao permitir o exercício de um determinado direito, exige em contrapartida o respeito a certos limites. Tais limites serão impostos pelos fins econômicos ou sociais, pelo princípio da boa-fé objetiva e, ainda, pelos bons costumes. Assim, para saber se houve abuso de direito, analisa-se a figura do titular do direito subjetivo: no caso concreto, verifica-se se houve ou não respeito a tais limites.

O abuso do direito, portanto, é ato lícito quanto ao conteúdo, mas será ilegítimo pelas consequências que provoca. Contudo, no Brasil, ao contrário do que ocorre no direito comparado, houve uma opção legislativa em se qualificar o abuso do direito como um **ato ilícito**. Como consequência, a sua prática acarretará a possibilidade de reparação dos danos que vierem a ser causados (o que se extrai da combinação dos artigos 187 e 927 do Código Civil de 2002).

58. Essa responsabilidade civil (que decorre do abuso de direito) é subjetiva ou objetiva?

O ato ilícito fundado no abuso do direito é de aferição objetiva, ou seja, dispensa a comprovação de uma conduta culposa. Logo, a doutrina entende que a responsabilidade civil que decorre de sua prática é também objetiva. Neste sentido consolidou-se o Enunciado nº 37 do CJF, segundo o qual "*a responsa-*

bilidade civil decorrente do abuso do direito independe de culpa e fundamenta-se somente no critério objetivo finalístico".

Não obstante, há que se recordar que a visão subjetiva do abuso do direito não foi totalmente descartada de nosso ordenamento. Como visto acima, o artigo 1.228, § 2º, do Código Civil, ao tratar dos atos emulativos, exige a comprovação do *animus nocendi*, de forma que, nesta hipótese, a responsabilidade terá cunho subjetivo.

E isso faz com que a previsão legal do artigo 1.228, § 2º, seja pouquíssimo invocada. Ora, se o lesado pode se valer da previsão genérica do artigo 187, hipótese em que não será necessária a comprovação da culpa (responsabilidade objetiva), por que optar por fundar sua pretensão naquela regra atinente à propriedade, que atrai responsabilidade subjetiva?

59. É válida a cláusula inserida em um contrato que exclua o dever de indenizar?

A chamada "cláusula de não indenizar" é aquela por meio da qual uma das partes contratantes declara que não será responsável pela inexecução ou execução inadequada do contrato (inadimplemento total ou parcial). Assim, a cláusula não tem o condão de excluir a responsabilidade, mas sim a consequente indenização, sendo, portanto, hipótese de exoneração convencional do dever de reparar o dano.

Ocorre que essa cláusula não foi mencionada no Código Civil de 1916 nem no atual Código Civil. A regra positivada no artigo 927 do Código de 2002 permanece sendo de que todo dano ilicitamente causado (além daqueles em que a lei não exige a ilicitude para a responsabilidade) seja integralmente indenizado, medindo-se a indenização pela extensão do dano. Por isso a aplicabilidade e a validade desta cláusula são temas ainda hoje controvertido.

Não obstante, parece predominar na Doutrina e na Jurisprudência o entendimento no sentido de que a referida cláusula seria aplicável, especialmente no âmbito do direito empresarial (acordo de não indenização entre duas empresas, por exemplo), porém inaplicável (i) no âmbito do direito do consumidor, por força do disposto no artigo 51, inciso I, do CDC; (ii) nos contratos de adesão, por força do disposto no artigo 424 do Código Civil; (iii) nos contratos em que o dever de indenizar seja o motivo da contratação e, ainda, (iv) nos contratos de transporte, na forma do artigo 734 do Código Civil e do Enunciado nº 161 da Súmula do STF.

60. O marido que, suspeitando ter contraído HIV em relação extraconjugal, continua mantendo relações sexuais com a esposa e, assim, a infecta, tem dever de indenizá-la?

O STJ[11], no ano de 2019, julgando caso semelhante em que o companheiro, com seu comportamento, assumiu risco de transmissão do vírus HIV à parceira, entendeu que havia dever de indenizar pelos danos morais e materiais a ela causados, ao argumento de que ele, ao adotar comportamento temerário (vida promíscua, uso de drogas injetáveis, etc.), e continuar com ela mantendo relações sexuais, sem comunica-la, teria assumido os riscos de sua conduta, respondendo pelos danos causados pelo advento da doença.

61. Em sede de responsabilidade civil, o que se entende por independência relativa das instâncias?

A independência das instâncias indica que, em regra, o reconhecimento de culpa em uma seara não importa em reconhecimento de culpa na outra, ou seja, significa dizer que as responsabilidades civil e penal são independentes entre si.

Mas essa independência, como o nome já diz, é relativa, porque há casos em que a decisão tomada na seara penal interfere diretamente na responsabilidade civil. É o caso da sentença penal absolutória fundada inexistência do fato ou na negativa de autoria, que impede a rediscussão da responsabilidade na esfera cível.

62. O que se entende por "responsabilidade por fato de terceiro"?

O artigo 932 do Código Civil consagra hipóteses de responsabilidade civil por atos praticados por terceiros, como, por exemplo, a responsabilidade dos pais pelos atos de seus filhos menores ou do empregador por atos de seus empregados.

Em seguida, o artigo 933 aponta que a responsabilidade dessas pessoas independe de culpa, tendo sido consagrada, na hipótese, a "Teoria do Risco Criado". Dessa forma, as pessoas arroladas, ainda que sem culpa de sua parte (responsabilidade objetiva), responderão pelos atos praticados pelos terceiros ali referidos. Mas para que essas pessoas respondam, é necessário provar a culpa daqueles pelos quais são responsáveis. Por isso, a responsabilidade nessas hipóteses também é denominada objetiva indireta ou objetiva impura, porque, embora objetiva, depende da prova da culpa no ato de origem.

Neste sentido, o Enunciado de nº 590 da VII Jornada de Direito Civil do CJF, segundo o qual *"A responsabilidade civil dos pais pelos atos dos filhos menores, prevista no art. 932, inc. I, do Código Civil, não obstante objetiva, pressupõe a demonstração de que a conduta imputada ao menor, caso o fosse um agente imputável, seria hábil para a sua responsabilização."*.

11. REsp 1.760.943-MG, Rel. Min. Luis Felipe Salomão, julgado em 19/03/2019.

63. O incapaz pode responder com seu patrimônio pelos danos causados? Ou apenas os pais respondem por eventual indenização?

Os incapazes também podem vir a ser chamados a responder, com seu próprio patrimônio, por eventual indenização decorrente dos prejuízos causados por seus atos. Não obstante, essa responsabilidade é, segundo o STJ, subsidiária, condicional, mitigada e equitativa. Isso porque, antes de se adentrar o patrimônio do incapaz, deve ser avaliada a possibilidade de seus genitores ressarcirem a vítima. Apenas caso tal ressarcimento seja impossível o incapaz responderá com seu próprio patrimônio. E, ainda quando o incapaz seja chamado a indenizar, não poderá ter seu patrimônio mínimo (o necessário para sua sobrevivência digna) afetado, ainda que, em razão disso, não se consiga indenizar integralmente a vítima.

64. Isso repercute na composição do polo passivo de eventual ação indenizatória? Há hipótese de litisconsórcio passivo necessário?

Exatamente por ser a responsabilidade do incapaz, subsidiária e mitigada, eventual litisconsórcio entre ele e seus genitores seria apenas facultativo, e não necessário. Assim, nada impede que a pessoa lesada intente a ação somente contra os genitores.

65. O dano estético é espécie autônoma de dano? Ele é indenizável? Sua indenização pode ser cumulada com outra?

O dano estético é aquele que promove uma alteração morfológica da formação corporal da vítima, algo que venha a agredir a visão alheia e, assim, cause à vítima algum tipo de complexo de inferioridade, de constrangimento com sua autoimagem.

Tradicionalmente, o dano estético era encarado como modalidade de dano moral, ou seja, uma subespécie de tal dano. Atualmente, porém, prevalece tanto na Doutrina como na Jurisprudência do STJ o entendimento segundo o qual o dano estético não se confunde com o dano moral e, assim, pode sua indenização ser cumulada com aquela decorrente do dano moral (Enunciado 387 da Súmula do STJ).

Na verdade, hoje é possível que, em razão de um mesmo fato, sejam cumuladas as indenizações por dano patrimonial, moral e estético (além da perda de uma chance, se for o caso).

Todavia, existe entendimento minoritário no sentido de que, por ser algo que, indiretamente, atinge o patrimônio ou a moral da pessoa, ou mesmo a ambos, não seria um terceiro gênero, uma espécie autônoma, mas sim uma subespécie das tradicionais.

66. O absolutamente incapaz pode sofrer danos morais?

O absolutamente incapaz, ainda que (justamente em razão desta condição) não possa entender seus atos ou de terceiros, pode sofrer danos morais, já que tais danos consistem na violação aos direitos da personalidade (direitos juridicamente protegidos pelo ordenamento jurídico) dos quais são titulares, independentemente de sua condição anímica.

Assim, a dor ou o vexames eventualmente experimentados são apenas a consequência da violação a esses direitos da personalidade, e não a sua causa. Basta que ocorra a violação ao direito de personalidade para caracterizar o dano moral indenizável.

Vale lembrar, no entanto, que desde a edição do Estatuto da Pessoa com Deficiência (Lei 13.146/15), foi modificada a condição jurídica da pessoa com deficiência mental, não mais considerada absolutamente incapaz. Isso reforça não só os direitos da personalidade de que são dotados os deficientes mentais como também, e principalmente, a possibilidade de sofrerem as consequências desta violação, a saber, a dor, o vexame, a humilhação, etc., danos estes que deverão ser devidamente indenizados.

67. O abuso de direito pode ser qualificado como ato ilícito de acordo com o ordenamento jurídico brasileiro?

Com a crescente aplicação dos princípios ao direito civil, inclusive contratual, tais valores passaram a ser vistos como instrumentos axiológicos de contenção de qualquer relação jurídica. E isso vale também para o exercício de direitos que, tradicionalmente, são vistos como absolutos, como é o caso do direito de propriedade. Então mais do que aferir se o sujeito é ou não titular de um direito, hoje a análise compreende também a forma de exercício desse direito, se regular ou abusiva.

Diante disso passou-se a questionar se o simples abuso de um direito caracterizaria um ato ilícito apto a gerar o dever de indenizar.

Para um primeiro entendimento, o ato ilícito pressupõe o elemento culpa, que é dispensável na análise do abuso de direito. Assim, o abuso de direito seria um ato antinormativo, contrário ao ordenamento, mas não propriamente um ato ilícito, justamente por lhe faltar a aferição de culpa.

Por outro lado, existe entendimento (que parece se coadunar mais com a literalidade do artigo 187 do Código Civil) segundo o qual o ato ilícito poderia ser dividido em ato ilícito em sentido estrito ou subjetivo (quando então haveria a aferição do elemento subjetivo culpa) e ato ilícito em sentido amplo, categoria na qual se encaixaria o abuso do direito.

4. DIREITOS REAIS. PROPRIEDADE. POSSE. USUCAPIÃO. REGISTRO.

68. Quais são os atributos genéricos dos direitos reais?

A Doutrina costuma apontar algumas características inerentes aos direitos reais. Em linhas gerais, são elas:

1) **Sequela** → significa que se o direito real vier a ser violado, o titular poderá perseguir a coisa sobre a qual recai a garantia, retirando-a de quem injustamente a possua ou detenha. Ou seja, se alguém viola um direito real, o proprietário pode ingressar com Ação Reivindicatória, uma das modalidades das ações petitórias.

2) **Preferência** – característica dos direitos reais **de garantia** → Significa que, em havendo concurso de credores, recebe primeiro o credor com garantia real (credor hipotecário, pignoratício ou anticrético). Então, o credor com garantia real prefere aos demais, sem garantia. Isso porque o credor com garantia real tem bem determinado afetado à satisfação de seus interesses; a responsabilidade patrimonial é específica, recaindo sobre o bem gravado pela garantia.[12]

3) **Taxatividade** → significa que só a lei pode criar direitos reais. E ao proibir ao particular a criação de direitos reais, a lei está colocando limites ao exercício dos direitos subjetivos. O rol de direitos reais existentes no Brasil é aquele do artigo 1.225 do Código Civil. Mas ele pode ser alterado pelo legislador. Então, é rol fechado para os particulares, mas não para o legislador. Tanto assim que foi expressamente alterado, por exemplo, pela Lei nº 14.620 de 2023. E dentro dos limites estabelecidos pelo regramento da lei, o particular pode manifestar sua vontade, buscando determinados interesses: tem liberdade para agir, regulamentando seus interesses dentro daqueles direitos reais já existentes, já previstos pelo legislador. Taxatividade, portanto, não é um engessamento do particular, mas uma imposição de limites: o particular poderá regulamentar seus interesses dentro dos limites estabelecidos previamente pelo ordenamento jurídico. Por isso, taxatividade e tipicidade não se confundem[13].

---

12. Sobre o tema, veja-se a recente Lei 14.711/2023 que, promovendo alterações no Código Civil e em outros diplomas legais, trata, dentre outros temas, da possibilidade de execução extrajudicial de créditos garantidos por hipoteca, bem como do procedimento de busca e apreensão extrajudicial de bens móveis em caso de inadimplemento de contrato de alienação fiduciária.

13. Tipicidade é a adequação perfeita do fato à norma. Nos direitos reais não há tipicidade, pois haverá um espaço para exercício da vontade das partes. Não obstante, há muitos autores que usam as expressões como sinônimas.

4) **Atributividade** → significa que, diferentemente dos direitos obrigacionais, o titular do direito real poderá exercer as faculdades jurídicas inerentes ao seu direito independentemente da colaboração de quem quer que seja. Por exemplo, para usar e gozar do bem, o titular do direito não precisa de qualquer colaboração: o uso e o gozo são livres.

5) **Perpetuidade ou temporariedade** → O caráter perpétuo significa que o direito não se perde pelo simples não uso, característica inerente ao direito real de propriedade. Já os demais direitos reais, que são desdobramentos da propriedade (decomposição de faculdades jurídicas da propriedade), são direitos reais sobre coisa alheia. E se incidem sobre coisa alheia, são direitos que se distendem (propriedade limitada), mas em algum momento precisam retornar à posição anterior (propriedade plena ou alodial) e, por isso, diz-se que são temporários. Sendo assim, os direitos reais sobre coisa alheia são temporários.

69. A enfiteuse consta do rol de direitos reais trazido pelo Código Civil? Ainda existe o instituto da enfiteuse?

A enfiteuse foi retirada do rol exaustivo do artigo 1.225 do Código Civil de 2002, não podendo mais ser estabelecida entre particulares, justamente em razão do atributo da taxatividade dos direitos reais. Então as enfiteuses apenas poderiam ter sido instituídas até 10/01/2003. A partir desta data, quando entrou em vigor o CC de 2002, não mais se pode constituir direito real de enfiteuse. Um contrato celebrado entre particulares, hoje, que constitua enfiteuse, será nulo, porque juridicamente impossível o seu objeto (na forma do artigo 104, inciso II c/c artigo 166, II, ambos do Código Civil de 2002). Mas em relação às enfiteuses já constituídas quando da entrada em vigor do Código Civil de 2002 (ou seja, até 10/01/2003), estas continuarão sendo regidas pelo Código Civil de 1916, em razão da regra de que *tempus regit actum.*

Esse, inclusive, é um exemplo de ultratividade da lei civil (o Código Civil de 1916), na forma do artigo 2.038, do Código de 2002, em que pese tenha o artigo 2.045 expressamente revogado o diploma de 1916.

70. Isso significa que nenhuma enfiteuse poderia ser criada nos dias de hoje?

Não. A retirada da enfiteuse do rol de direitos reais não impede a constituição das enfiteuses de direito público. As enfiteuses administrativas não tiveram qualquer alteração no seu regime, pois são regulamentadas por leis especiais (Lei 9.636/98 e artigo 2.038, § 2º, do Código Civil) e, logo, podem ser criadas ainda hoje.

71. Trace as principais diferenças entre os direitos reais e os direitos obrigacionais.

DIREITOS REAIS	DIREITOS OBRIGACIONAIS
Direito subjetivo	Direito subjetivo
Absolutos (eficácia *erga omnes*)	Relativos (eficácia *inter partes*) Em regra, ao direito do credor se contrapõe a obrigação do devedor, de forma que o direito obrigacional não é oponível a toda e qualquer pessoa, mas somente ao devedor e, por isso, se diz que é relativo.
Sequela	Não há sequela, mas haverá pretensão de cobrar PD diante de eventual inadimplemento
Preferência (direitos reais de garantia)	Sem preferência (em regra, credores quirografários)
Taxatividade	Sem taxatividade – artigo 425, CC (admite-se contratos atípicos e inominados celebrados pelas partes, desde que respeitados os limites impostos pelo ordenamento jurídico)
Caráter atributivo	Caráter cooperativo ou colaborativo (depende de cooperação do devedor para fazer valer seu direito)
Perpétuos ou temporários	Sempre temporários (o contrato impõe limitação patrimonial, que se extingue com o pagamento, resgatando sua liberdade patrimonial; caso contrário, haveria escravidão do devedor em face do credor)

Essa diferenciação é tradicional na doutrina e deve, sempre, ser apontada pelo candidato como resposta, já que ainda adotada.

Não obstante, valoroso destacar que, para alguns autores mais modernos, e na linha de Pietro Perlingieri, essa dicotomia clássica entre os diretos patrimoniais vem perdendo razão de ser. Para essa visão mais moderna, ao invés da dicotomia, seria correto falar em uma unificação do direito (subjetivo) patrimonial ou obrigacionalização dos direitos reais/direito das coisas, e por 5 razões principais:

(i) Tanto o direito obrigacional como o direito real nascem em virtude da prática de um negócio jurídico;

(ii) Alguns direitos reais, como é o caso dos direitos reais de garantia, nascem justamente para ampliar a eficácia de um direito obrigacional;

(iii) Os direitos reais acarretam uma série de obrigações para quem os titulariza como, por exemplo, o dever do proprietário de pagar tributos e observar as regras de vizinhança, ou seja, obrigações que derivam da titularidade de um direito real;

(iv) Há direitos obrigacionais que podem ser levados a registro e, com isso, ganhar eficácia *erga omnes*, tal qual os direitos reais (obrigação com eficácia real). É o caso, por exemplo, do contrato de locação que, levado a registro junto à matrícula do imóvel, se torna oponível a eventual adquirente do imóvel (cláusula de vigência) e garante ao locatário o direito de preferência, aproximando-se dos direitos reais; e

(v) Um direito patrimonial, hoje, não atende apenas aos interesses individuais do proprietário, mas também ao interesse da sociedade como um todo em razão da diretriz da socialidade do Código Civil de 2002, que se traduz na função social da propriedade. Assim, um interesse patrimonial, hoje, só será tutelado pelo ordenamento quando, ao mesmo tempo, forem tutelados os interesses da coletividade. Não exercido dessa forma, haverá abuso. E se há tutela da função social da propriedade, isso tempera o absolutismo dos direitos reais, aproximando-os dos obrigacionais. Da mesma forma, e no sentido inverso, um contrato, embora produza efeitos entre as partes, hoje é tutelado externamente, impedindo a ingerência de terceiros, o que confere força aos contratos e mitiga seu atributo da relatividade, amplificando a eficácia *inter partes*. Isso marca a aproximação entre direito real e obrigacional.

72. Em linhas gerais, quais as teorias que explicam a posse? Qual é a adotada pelo Código Civil de 2002?

São duas as teorias clássicas que explicam a posse:

- Teoria subjetiva de Savigny → posse = *corpus* + *animus (domini)*
- Teoria objetiva de Ihering → posse = *corpus*

Corpus é o exercício, de forma plena ou não, de uma das faculdades inerentes ao domínio: uso, gozo e disposição. É o poder imediato sobre a coisa. Então, Ihering dispensa o elemento anímico, pouco importando a vontade de ser dono dela. Com isso, aumenta o número de pessoas que podem ser qualificadas como possuidoras e, consequentemente, gozar da tutela possessória.

O artigo 1.196 do Código Civil, ao inaugurar a disciplina legal sobre a posse, exigiu para sua caracterização apenas o *corpus*, ao dizer que é possuidor aquele que exerce, de forma plena ou não, qualquer dos poderes inerentes à propriedade. Assim, adotou a "Teoria Objetiva" de Ihering.

E ao dispensar o elemento anímico, permite o desdobramento da posse (posses paralelas) no artigo 1.197: posse direta e posse indireta. Então se, por exemplo, por meio de uma relação obrigacional ou de direito real, a posse é cindida, cria-se a posse direta e a indireta e ambos (possuidor direto ou indireto) ganham direito aos interditos possessórios, aos efeitos da posse, inclusive um contra o outro.

73. A partir da teoria adotada pelo Código Civil de 2002, como se distingue posse e detenção?

Como para Savigny ("Teoria Subjetiva"), exige-se *corpus* e *animus*, quem tem apenas *corpus*, mas não tem *animus*, é mero detentor. Mas adotada a teoria de Ihering (Objetiva), como fez o Código Civil de 2002, tem-se que, para caracterização da posse, apenas exige-se o *corpus*. Então como diferenciar o possuidor do detentor? Adotada a Teoria Objetiva, será detentor aquele que a lei assim disser, ou seja, para a Teoria Objetiva, a qualificação do detentor é jurídica, e não anímica. Por isso se diz que a detenção é a posse juridicamente desqualificada.

Neste sentido, o artigo 1.198 do Código Civil de 2002 diz que "*Considera-se detentor aquele que, achando-se em relação de dependência para com outro, conserva a posse em nome deste e em cumprimento de ordens ou instruções suas*". Assim, para o Código Civil de 2002, o detentor exerce sobre o bem não uma posse própria, mas uma posse em nome de outrem. Como não tem posse, não lhe assiste o direito de invocar, em nome próprio, as ações possessórias. Porém, é possível que o detentor defenda a posse alheia por meio da autotutela, a partir do que se extrai do artigo 1.210, § 1.º, do Código Civil e do Enunciado 493 da V Jornada de Direito Civil.

74. De que formas pode a posse ser defendida?

Um dos mais importantes efeitos da posse é a possibilidade de sua defesa contra atos de agressão de terceiros. Esses atos de agressão podem ser atos de **turbação**, quando capazes de dificultar ou limitar o exercício regular da posse, criando embaraço que comprometa parcial ou totalmente seu uso habitual; ou atos de **esbulho**, quando capazes de impedir a continuidade do exercício de posse pelo legítimo possuidor, ou de torná-la impraticável.

No caso de efetiva turbação, a ação cabível é a de manutenção na posse; se houver apenas ameaça de turbação, a medida cabível é o interdito proibitório. Por fim, se houver efetivo esbulho, a ação cabível é a reintegração de posse.

Mas a posse também pode ser defendida pelas medidas de **autotutela**, consistentes em atuação do possuidor (ou mesmo do detentor) em legítima defesa ou desforço imediato.

Segundo o artigo 1.210, § 1º, do Código Civil, a autotutela da posse é legítima desde que o possuidor aja logo e que os atos não vão além do indispensável à manutenção ou restituição da posse. Assim, os meios utilizados devem ser proporcionais à agressão, sob pena de, agindo em excesso, gerar dever de indenizar.

75. O que significa "legítima defesa" em de defesa da posse?

É a defesa da posse que se dá com força própria, sem socorro do Judiciário ou da polícia. Cabe quando o possuidor esteja na iminência de perder sua posse, ou seja, quando haja ameaça grave, concreta e iminente ao direito de posse.

76. E "desforço imediato"? São sinônimos?

O "desforço imediato" também é uma forma de autotutela da posse, porém cabível no caso de esbulho (quando há perda da posse, através de meios violentos, clandestinos ou com abuso de confiança). Quando o possuidor é esbulhado, poderá restituir-se por sua própria força, contanto que o faça logo.

77. O que se entende por Direito de Superfície?

O direito de superfície é espécie de direito real sobre coisa alheia por meio do qual o proprietário permite que terceira pessoa construa ou plante em seu terreno. Tal direito já encontrava previsão na Lei 10.257/01, mas foi trazido para o Código Civil (artigo 1.225, inciso II) pelo Código de 2002. Não obstante, existem algumas diferenças entre a forma de tratamento do instituto pelos dois diplomas legais.

Em linhas gerais pode-se dizer que, enquanto no Código Civil o direito de superfície alcança apenas o solo e, em relação ao subsolo, apenas no que seja estritamente necessário (artigo 1.369, parágrafo único) e, ainda, que se dá por prazo determinado, no Estatuto da Cidade, de forma diversa, alcança solo, subsolo e espaço aéreo, e pode ser por prazo determinado ou indeterminado.

78. Analisando contrato em que o município concede, por prazo indeterminado, direito de superfície a uma sociedade empresária para criação de vagas de garagem no subsolo de terreno situado no centro da cidade, o membro do Ministério Público impugna o negócio jurídico, alegando violação à disciplina do direito de superfície trazida pelo Código Civil. Está correta a manifestação ministerial?

De fato, o artigo 1.369 do Código Civil de 2002 impede a celebração de contrato de superfície sem prazo determinado e, ainda, que tenha por objeto exclusivamente a exploração de subsolo.

O problema é que este contrato de superfície trazido pela questão não se submete à disciplina do Código Civil, e sim ao Estatuto da Cidade (Lei 10.257/01), mais precisamente ao seu artigo 21.

Isso porque, como visto, existe um conflito (aparente) de normas, reconhecido no próprio Código Civil (artigo 1.377) e no Enunciado nº 93 do CJF. O Estatuto da Cidade existe para estabelecer normas de políticas públicas e, logo, não visa incidir na esfera privada, mas apenas na esfera privada que dialoga com o campo do interesse público. Então, um contrato de superfície que só inclua pessoas de direito privado será regido exclusivamente pelas normas do Código Civil, ao passo que se o contrato de superfície envolver pessoas de direito público, irá prevalecer o Estatuto da Cidade.

E a Lei 10.257/01, em seu artigo 21, admite o contrato de superfície por prazo indeterminado e, ainda, em seu § 1º, admite que o seu objeto seja limitado ao subsolo ou espaço aéreo.

Por isso, equivocada a manifestação ministerial que se limita a analisar a compatibilidade do contrato celebrado com o Código Civil.

79. Se um dos companheiros ou cônjuge abandona o lar conjugal, pode o outro adquirir a propriedade do imóvel mediante usucapião? Isso vale para qualquer imóvel? Há requisitos exigidos pela lei?

O artigo 1.240-A do Código Civil de 2002 positivou o instituto da "usucapião familiar" dizendo que se o companheiro que permaneceu no lar conjugal exercer sua posse de forma ininterrupta e sem oposição, para fins de moradia, e se o imóvel urbano tiver até 250m², irá adquirir sua propriedade integral, ou seja, da totalidade do imóvel.

A usucapião familiar veio para proteger a família, notadamente para tutelar aquele cônjuge ou companheiro que permaneça no lar conjugal usando-o para sua moradia ou de sua família e, por isso, a lei exige, para que haja aquisição da propriedade, que o morador não seja proprietário de outro imóvel, urbano ou rural.

Nesta linha, o Enunciado nº 499 do CJF destacava que "*o afastamento do lar conjugal representa descumprimento simultâneo de outros deveres conjugais, tais como assistência material e sustento do lar, onerando desigualmente aquele que se manteve na residência familiar e que se responsabiliza unilateralmente pelas despesas oriundas da manutenção da família e do próprio imóvel, o que justifica a perda da propriedade e a alteração do regime de bens quanto ao imóvel objeto de usucapião*".

Tal Enunciado, contudo, foi revogado na VII Jornada de Direito Civil do CJF, na linha do que já se criticava quanto à expressão *abandono do lar* contida no artigo 1.240-A do Código Civil, uma vez que faz ressurgir a ideia de "culpa" na análise da separação, o que já vinha sendo rechaçado pela quase unanimidade da Doutrina.

Aprovou-se, então, o Enunciado de nº 599, segundo o qual ENUNCIADO 595 – *"O requisito 'abandono do lar' deve ser interpretado na ótica do instituto da usucapião familiar como abandono voluntário da posse do imóvel somado à ausência da tutela da família, não importando em averiguação da culpa pelo fim do casamento ou união estável."*

80. Qual a espécie e qual o prazo de usucapião de um imóvel de 450 m², em área urbana, sem que se possua qualquer título do bem? Há diferença se o possuidor reside no imóvel com sua família?

Inicialmente, tendo em vista que a área do imóvel é superior a 250 m², está descartada a hipótese de usucapião especial urbano. Assim, restam as hipóteses de usucapião ordinária e extraordinária.

Para que houvesse, neste caso, hipótese de usucapião ordinária, deveria haver um título que legitimasse o ingresso do possuidor na posse do imóvel. E como não há, resta apenas a hipótese da usucapião extraordinária.

Via de regra, o prazo da usucapião extraordinária é de 15 anos. Ocorre, porém, que a lei prevê que tal prazo é reduzido para 10 (dez) anos quando o possuidor houver estabelecido no imóvel a sua moradia habitual, ou nele realizado obras ou serviços de caráter produtivo, como é o caso da questão. É o que se convencionou chamar de "usucapião extraordinária qualificada pela função social da posse".

81. Em que consiste o fenômeno da interversão da posse? Qual a sua aplicação na sistemática da tutela jurídica da posse?

Em regra, a posse mantém os mesmos atributos de quando adquirida. É o que diz o artigo 1.203 do Código Civil ao dispor que "*Salvo prova em contrário, entende-se manter a posse o mesmo caráter com que foi adquirida*".

Ocorre que a posse pode sofrer modificações, por exemplo em razão de seu desdobramento. Nos termos do artigo 1.197 do Código Civil, é possível que haja (temporariamente) possuidores diversos sobre a mesma coisa: um que detém poder de fato sobre ela (posse direta), ao passo que o outro apenas mantém o status jurídico de possuidor (posse indireta). Por se tratar o desdobramento da posse de situação temporária, aquele que mantém o status jurídico de possuidor terá a coisa a ele devolvida ao cabo de determinado período e, por isso, a lei lhe confere o poder de exigir a entrega da posse direta.

Justamente em razão desse cenário se diz que o possuidor direto não tem *animus domini*, não atua como se proprietário fosse. Mas a partir do momento em que o possuidor direto deixa de entregar o poder de fato ao possuidor indireto, descumprindo a obrigação de restituir a posse plena ao proprietário, ofende o direito do possuidor indireto e a sua posse, que era justa, passa a ser injusta.

É exemplo, portanto, de posse que se inicia justa, mas que, em razão da ofensa ao direito do proprietário indireto, passa a ser injusta. E a posse desta forma adquirida assim se manterá até que se prove em contrário (exemplo de presunção relativa).

E a partir do momento em que há a ofensa à posse indireta do proprietário, nítida se torna a intenção apropriatória do possuidor direto, que passa a ter posse *ad usucapionem*. A esta modificação no título da posse se denomina "interversão da posse", a partir da qual o prazo para a contagem da usucapião começa a fluir.

É neste sentido o Enunciado nº 237, do CJF, segundo o qual "*É cabível a modificação do título da posse – interversio possessionis – na hipótese em que o até então possuidor direto demonstrar ato exterior e inequívoco de oposição ao antigo possuidor indireto, tendo por efeito a caracterização do animus domini.*".

82. Um bem roubado ou furtado pode ser objeto de usucapião?

A rigor, para o preenchimento dos requisitos da usucapião, é preciso que a posse exercida sobre o bem seja, além de ininterrupta, incontestável e exercida pelo prazo previsto em lei, e não clandestina ou violenta. Tanto assim que o artigo 1.208 do Código Civil indica que os atos clandestinos não induzem posse, senão depois de cessar a violência ou clandestinidade. Assim, pela leitura fria da questão, a resposta seria negativa, já que não haveria posse sobre o bem. Assim, pela leitura fria da questão, a resposta seria negativa, já que não haveria posse sobre o bem. Porém, se cessada a clandestinidade ou violência, e preenchidos os demais requisitos da usucapião (inclusive o temporal), poderá ser adquirida a propriedade do bem, fazendo, assim, sanar os vícios porventura existentes em sua aquisição. O STJ[14], inclusive, disse ser irrelevante o fato de o usucapiente conhecer a ação criminosa anterior à sua posse.

83. O que se entende por usufruto impróprio?

Usufruto improprio é o mesmo que "quase usufruto".

O usufruto próprio, por definição, é um desdobramento dos poderes dominiais, ou seja, extrai-se do direito de propriedade o uso e a fruição, transferindo-os – temporariamente – ao usufrutuário. Quando o usufruto é extinto, estes direitos dominais retornam para o proprietário, concentrando-se a posse novamente. Nos termos do artigo 1.400 do Código Civil, deve o proprietário fazer um inventário antes de dar a coisa em usufruto já que, ao final do prazo estabelecido, o usufrutuário tem que entregar a coisa no estado que recebeu, ressalvada a deterioração decorrente do desgaste natural (artigo 1.402 do Código Civil). Assim, é dever do usufrutuário arcar com qualquer despesa necessária para a preservação da coisa. A caução também é direito do nu proprietário, já que garante que a coisa seja devolvida da mesma forma que foi entregue.

Já no usufruto impróprio, o que o usufrutuário recebe é a propriedade da coisa: o usufrutuário se torna dono da coisa e, ao final, ele irá entregar ao proprietário alguma coisa de mesmo gênero, quantidade e qualidade. Se a pessoa recebe uma coisa e, ao final, entrega outra do mesmo gênero, na verdade o usufrutuário (no usufruto impróprio) será proprietário da coisa, e não mero possuidor. É por isso que a hipótese não é propriamente de um usufruto, que transferiria apenas o uso e gozo do bem.

Mas o artigo 1.400 do Código Civil, ao prever a realização de inventário e a caução ao nu proprietário, bem como a restituição da coisa ao término do prazo do usufruto, em princípio, impossibilita a figura do usufruto impróprio no ordenamento jurídico brasileiro.

O problema é que o artigo 1.392 do Código Civil prevê uma tradição ficta (também chamada tradição *longa manus*) por meio da qual, ao adquirir a posse do bem, o possuidor se torna, por extensão, possuidor de outros bens, tais como os frutos da coisa. Assim, o possuidor estende seus poderes não só sobre a coisa, mas também sobre seus frutos e, em relação a esses, diz o § 1º do artigo 1.392 que se, entre os acessórios e os acrescidos, houver coisas consumíveis, terá o usufrutuário o dever de restituir, findo o usufruto, as que ainda houver

14. 3ª Turma. REsp 1.637.370-RJ, Rel. Min. Marco Aurélio Bellizze, julgado em 10/09/2019.

e, das outras, o equivalente em gênero, qualidade e quantidade, ou, não sendo possível, o seu valor, estimado ao tempo da restituição. Assim, em relação a esses frutos haveria o mencionado "usufruto impróprio" já que, ao final, não será restituída propriamente a coisa, mas sim coisa de mesmo gênero.

84. O "Princípio da concentração da matrícula" foi acolhido pelo ordenamento jurídico brasileiro?

A concentração da matrícula é um princípio registral que busca dar publicidade, por meio do registro, a todos os fatos jurídicos que envolvam o imóvel. Ao constar da matrícula, permite-se que adquirentes possam medir os riscos do negócio e optar conscientemente.

85. Mas esse princípio encontra previsão no ordenamento?

A partir da Lei 13.097/15, sim. O artigo 54 da mencionada lei prevê que os negócios jurídicos que tenham por fim constituir, transferir ou modificar direitos reais sobre imóveis são eficazes em relação a atos jurídicos precedentes, nas hipóteses em que não tenham sido registradas ou averbadas restrições na matrícula do imóvel, ou seja, afasta eventual fraude à execução se o negócio que envolva direito real for realizado em momento em que não constava qualquer restrição na matrícula. Assim, entende-se que o mencionado dispositivo positivou o princípio da concentração.

86. Em que consistem os procedimentos de dúvida e de dúvida inversa?

A dúvida é um procedimento administrativo iniciado pelo oficial registrador, a requerimento do apresentante, nas situações em que houver divergência sobre alguma exigência feita por aquele e com a qual o interessado não concorde. A discordância deverá ser encaminhada ao juiz competente para que, então, decida sobre a legalidade da exigência que foi feita pelo titular como condição para o registro.

O artigo 198, inciso VI, da Lei 6.015/73 (Lei de Registros Públicos), com nova redação dada pela Lei 14.382/22, permite que a exigência formulada pelo oficial registrador, com a qual o interessado não concorde (e não a satisfaça, portanto, nos termos do inciso V), seja objeto de questionamento por este, que requer seja a dúvida submetida ao Judiciário.

Com a nova redação do mencionado dispositivo legal, formulada a dúvida, o oficial certifica sua suscitação e, após, dá ciência ao apresentante, a quem compete, então, impugná-la diretamente perante o juízo competente, no prazo de 15 dias. E mesmo que o interessado assim não proceda, será ela julgada por sentença, nos termos do artigo 199 da mesma Lei.

87. A dúvida inversa é admitida? Ela encontra respaldo na legislação?

Na dúvida inversa ou indireta, é o interessado que apresenta sua irresignação diretamente ao juiz de registros públicos, ouvindo-se o oficial no curso do procedimento.

Como a Lei de Registros Públicos nunca contemplou expressamente tal possibilidade, sua admissibilidade era controvertida.

Para um primeiro entendimento, diante da ausência de previsão legal, caso o oficial se recusasse a suscitar o procedimento de dúvida, caberia ao interessado provocar diretamente o Poder Judiciário, valendo-se para tanto da impetração de Mandado de Segurança.

Para um segundo entendimento, que já encontrava guarida em julgados de diversos Tribunais de Justiça dos estados, caso haja recusa pelo delegatário em cumprir o dever legal de suscitar a dúvida provocada, com base no princípio da inafastabilidade da Jurisdição, caberia o procedimento da dúvida inversa

Com a alteração promovida pela Lei 14.382/22, porém, passou o artigo 198, § 1º, da Lei de Registros Públicos a prever, de forma expressa, que a suscitação da dúvida compete apenas ao oficial, que dará ciência dos termos da dúvida ao apresentante, fornecendo-lhe cópia da suscitação e notificando-o para impugná-la perante o juízo competente, no prazo de 15 (quinze) dias. Assim, o interessado atuaria no procedimento, mas após provocação do oficial.

A partir desta nova redação, já há entendimento no sentido de que estaria vedada a dúvida inversa. Porém, pelos mesmos argumentos já indicados acima, em especial a inafastabilidade da jurisdição, e não havendo, a rigor, vedação expressa na lei, a dúvida parece persistir, havendo entendimento de que mesmo com a nova redação não há impedimento a que, recusando-se o delegatário a suscitar a dúvida, possa o interessado fazê-lo diretamente na tutela de seus interesses.

88. O que se entende por desburocratização dos cartórios?

A Lei nº 14.382/2022 promoveu a chamada "desburocratização dos cartórios" ao criar o Sistema Eletrônico de Registros Públicos (SERP), que permite registros e consultas pela internet, dentre outras medidas (previstas no artigo 3º do mencionado diploma), instrumentalizando, então, uma modernização do sistema brasileiro de registros, bem como a interconexão entre as serventias.

5. DIREITO DE FAMÍLIA. RELAÇÕES DE PARENTESCO. CASAMENTO. REGIME DE BENS.

89. Estabeleça a diferença entre casamento inexistente, nulo, anulável e irregular.

Casamento irregular → é o casamento celebrado sob a existência de causa suspensiva prevista no artigo 1.523 do Código Civil. O casamento á válido, mas a ele se impõe o regime de separação obrigatória de bens (artigo 1.641, inciso I, do Código Civil) com o declarado intuito de proteger o interesse patrimonial e a perfilhação da prole.

Casamento anulável → ocorre nas hipóteses do artigo 1.550 do Código Civil. Sendo anulável o casamento, produzirá efeitos até que sobrevenha decisão de anulação ou, superado o prazo (decadencial) para sua anulação, se torna válido.

Casamento nulo → segundo o artigo 1.548 do Código Civil de 2002 (com a alteração promovida pela Lei 13.146/15), é nulo o casamento celebrado com infringência de impedimento previsto no artigo 1.521 do mesmo código. Por ser causa de nulidade e, consequentemente, matéria de ordem pública, é vício que não convalesce e, ainda, que qualquer pessoa capaz – e o próprio MP – podem arguir.

Casamento inexistente → dá-se por ausência de agentes ou inobservância de formalidades para a habilitação.

90. É possível a alteração do nome registral após a cirurgia de transgenitalização?

Até o final dos anos 90, o parâmetro para a fixação do estado sexual era exclusivamente natural: a pessoa nascia com o sexo masculino ou feminino e mantinha esse estado sexual imutável pelo resto da vida. No máximo, cabia retificação por eventual erro no registro.

Porém, a partir do final dos anos 90, a questão ganhou contornos diferentes. Em vez de se privilegiar os elementos naturais, passou-se a admitir que, em nome da dignidade da pessoa humana, pudesse haver uma escolha, uma possibilidade de modificação voluntária.

A partir disso, as pessoas submetidas a tratamentos de transgenitalização poderiam requerer a sua mudança de registro, não somente para mudar o nome civil, mas, principalmente, para mudar o estado sexual.

Em consequência disso, na IV Jornada de Direito Civil, o CJF aprovou o Enunciado 276 para dizer que poderia haver a cirurgia com posterior alteração no registro civil.

91. E independentemente de sua realização? Pode haver mudança do nome mesmo sem a referida cirurgia?

Atualmente já se entende que a alteração do nome no registro civil do transexual pode ocorrer mesmo sem a realização da operação de transgenitalização.

Isso porque se começou a entender que a biologia não seria mais critério para dizer o que a pessoa é, ou seja, só seria capaz de estabelecer qual o sexo biológico (feminino ou masculino), mas o gênero seria identificado pela própria pessoa, pela forma com que ela se enxerga e se insere em sociedade. Assim, seria possível a retificação do registro para que dele passasse a constar o nome e mesmo o gênero com o qual o indivíduo se identifica, e não mais o sexo biológico determinado no momento de seu nascimento.

92. Isso é o mesmo que o chamado "nome social"?

Não. A admissão do nome social é, em linhas gerais, uma autorização para que a pessoa seja chamada, em sociedade, pelo nome com que se identifica, independentemente da mudança formal no registro.

Vale destacar que em alguns entes federativos, como o Rio de Janeiro, existe legislação municipal sobre o tema, valendo a pesquisa específica no tocante ao ente federativo para o qual o candidato preste concurso.

93. A modificação de sexo e de nome decorrente da alteração do estado individual deve constar do registro com ou sem a informação de que houve mudança?

O tema ainda é controvertido, podendo ser apontados ao menos 03 entendimentos distintos.

Segundo o entendimento que vem prevalecendo nos julgados do STJ sobre o tema, deve constar do registro o novo sexo e o novo nome, porém com averbação à margem da informação de que o estado sexual foi determinado por sentença[15]. A ideia norteadora desse entendimento é a publicidade: a manutenção da informação no registro é forma de garantir a publicidade de que o estado sexual é voluntário, e não natural, permitindo que as pessoas que se relacionem com aquela outra possam se autodeterminar conforme aquela informação. Ainda nesta linha argumenta-se que, justamente por ser uma escolha, uma decisão pautada na autodeterminação, não haveria motivos para se omitir tal informação.

Para um segundo entendimento, que já vem encontrando eco também em decisões ainda isoladas do STJ, a informação acerca da alteração voluntária do sexo deve ser sigilosa, já que questão personalíssima, cabendo à pessoa a escolha pela divulgação ou não da informação. Por não se tratar de questão afeta ao interesse público, a publicidade ficaria a cargo do próprio interessado.

Para um terceiro entendimento – intermediário –, não deveria constar da certidão qualquer anotação em relação à alteração de nome e sexo, mas essas informações deveriam constar dos assentamentos do registro civil, de forma a, sem expor a pessoa sujeita à mudança, permitir o acesso a tais dados por eventual interessado.

94. A partir de que data são devidos os alimentos fixados em sede de ação de investigação de paternidade?

15. Deve haver expressa menção à alteração, determinada por decisão judicial, proibida, contudo, a inclusão, ainda que sigilosa, da expressão "transexual", do sexo biológico ou dos motivos das modificações registrais.

A Lei 5.478/68, que disciplinou o rito da ação de alimentos, prevê em seu artigo 13, § 2º, que a sentença que fixa os alimentos retroage à data da citação. Assim, os alimentos seriam devidos desde a citação.

Ocorre que a Lei 8.560/92, que disciplina as ações de investigação de paternidade, dispõe em seu artigo 7º que é possível, em seu bojo, formular pedido de fixação de alimentos. Com isso, surgiu dúvida acerca da aplicação da retroatividade prevista na Lei 5.478 aos alimentos fixados em sede de investigação.

Mas o STJ pacificou o entendimento através da edição do Enunciado nº 277 da sua Súmula, dizendo que os alimentos fixados em sede de ação de investigação de paternidade são devidos desde a data da citação.

E o próprio STJ vem confirmando tal entendimento em seus julgados recentes, aplicando-o inclusive para as hipóteses de acordos entabulados no bojo de ação de alimentos, quando não haja previsão em sentido contrário.

A título de exemplo, veja-se o recentíssimo julgado a seguir:

"*(...) Na ausência de expressa previsão no acordo de alimentos a respeito do seu termo inicial, deve prevalecer o disposto no § 2º do art. 13 da Lei nº 5.478/68 (Lei de Alimentos), segundo o qual, em qualquer caso, os alimentos fixados retroagem à data da citação.*

STJ. 3ª Turma. REsp 1.821.107-ES, Rel. Min. Moura Ribeiro, julgado em 10/03/2020 (Info 667)".

95. É possível a um cônjuge postular em face do outro a fixação de alimentos mesmo quando, à época da separação ou divórcio, nenhum pensionamento foi acordado por terem as partes meios próprios de subsistência?

Nos termos do artigo 1.707 do Código Civil, os alimentos seriam irrenunciáveis. O credor poderia até não exercer o direito aos alimentos, não os postulando, mas tal inércia não acarretaria renúncia ao direito.

Não obstante, tanto o STJ como o CJF acolhem o entendimento de que os alimentos são sim renunciáveis no âmbito das relações conjugais. Eles só permaneceriam irrenunciáveis no âmbito do parentesco.

Assim, se no momento da separação ou divórcio do casal os alimentos apenas não foram fixados, é possível que, alterado o cenário de fato e surgindo necessidade de pensionamento, sejam postulados. Se, ao contrário, no momento da dissolução do vínculo houve renúncia expressa a tal direito, ainda que a necessidade surja posteriormente, não poderia mais ser requerido o pagamento de alimentos.

96. O abandono afetivo gera dever de indenizar? E se os alimentos estão sendo devidamente pagos?

Segundo o entendimento amplamente majoritário hoje, ainda que os alimentos sejam pagos com regularidade e em atenção à necessidade do alimentado, é possível postular judicialmente o pagamento de indenização por danos morais decorrentes do abandono afetivo.

97. O dever de pagar alimentos atribuído aos avós é subsidiário ou solidário? E se mais de um avô tem condições financeiras de pagar os alimentos, há obrigação solidária entre eles?

O dever de pagar alimentos dos avós é **subsidiário**, ou seja, somente terão dever de pagar alimentos diante da impossibilidade ou insuficiência do valor pago pelo genitor originariamente obrigado.

Além de subsidiária, a responsabilidade dos avós é **proporcional**, e não solidária: cada um deve custear os alimentos na medida de suas possibilidades, levando em consideração a capacidade dos demais avós e a necessidade do alimentando.

É neste sentido o Enunciado nº 342 do CJF segundo o qual "*Observadas suas condições pessoais e sociais, os avós somente serão obrigados a prestar alimentos aos netos em caráter exclusivo, sucessivo, complementar e não-solidário quando os pais destes estiverem impossibilitados de fazê-lo, caso em que as necessidades básicas dos alimentandos serão aferidas, prioritariamente, segundo o nível econômico-financeiro de seus genitores*".

98. Então o dever de pagar alimentos nunca será solidário?

Como visto acima, o dever de pagar alimentos, em regra, é proporcional. Não obstante, há uma exceção legal à regra de que o dever de pagar alimentos não é solidário e que envolve justamente os avós. O Estatuto da pessoa Idosa (Lei 10.741/03, com redação dada pela Lei 14.423/22) prevê hipótese de responsabilidade integral, solidária: os alimentos devidos para a pessoa idosa podem ser cobrados integralmente de um dos filhos (artigo 12).

99. É possível o casamento entre afins? Existe algum vício no casamento entre o genro e a sogra, após a morte da filha, por exemplo?

Nos termos do artigo 1.595 do Código Civil de 2002, os nubentes (ou companheiros) constituem vínculo de afinidade com os parentes do outro. Esse vínculo de afinidade, se em linha reta, não se extingue nem com a dissolução do casamento ou da união estável. Assim, mesmo após a morte da filha, a sogra continua sendo parente – por afinidade – do genro. E, nos termos do artigo 1.521, inciso II, do Código Civil, os afins em linha reta não podem casar entre si, constituindo espécie de impedimento matrimonial. Assim, se celebrado o casamento, ele será nulo, na forma do artigo 1.548, inciso II, do Código Civil.

100. Dissolvida a união estável, os ex-companheiros homologam acordo de alimentos segundo o qual o ex-companheiro manteria a ex-companheira no mesmo padrão de vida em que estava acostumada. Com a morte do homem, pode a mulher cobrar dos filhos exclusivos dele os alimentos antes pagos?

Se, por um lado, a morte do credor de alimentos faz extinguir o direito, a morte do devedor não implica em extinção do dever, que se transmite a seus herdeiros.

Nesta linha, prevê o artigo 1.700 do Código Civil de 2002 que a obrigação de pagar os alimentos transmite-se aos herdeiros do devedor. Assim, em princípio, caberia aos herdeiros (e não ao espólio) assumirem o pensionamento, de acordo com a força de sua herança – deforma que o pensionamento pode até consumir toda a herança, mas terminada esta, cessa o direito do credor aos alimentos.

Essa transmissibilidade, inclusive, já havia sido prevista no artigo 23 da Lei do Divórcio (Lei 6.515/77), mas sempre fora negada pela Doutrina e Jurisprudência, tornando o dispositivo sem aplicabilidade. Porém, e na contramão desse movimento, o Código Civil de 2002 resolveu generalizar a transmissibilidade, não só para os alimentos devidos aos herdeiros (parentes), mas também para cônjuges / companheiros.

Importante perceber que o dispositivo em comento fala em "obrigação", e não em "dever". Isso porque pode existir o dever de pagar alimentos, a situação em abstrato, mas sem efetiva obrigação, porque não preenchido o binômio necessidade-possibilidade. Nesse caso, se a pessoa falece sem ter a obrigação de prestar o alimento, mas apenas o dever em abstrato, não terão os herdeiros a responsabilidade de pagar alimentos. Isso porque o dever jurídico é intransmissível, mas a obrigação é transmissível.

101. É cabível a mudança de regime de bens para o casamento contraído sob a vigência do Código Civil de 1916?

Por se tratar o casamento de relação jurídica continuativa, com a vigência de novo Código, passa a ser por ele regido. Isso porque, no que tange às relações continuativas, entende-se que sua existência e validade ficam submetidas à lei vigente ao tempo de celebração do ato, mas a produção de efeitos passa a estar sujeita à lei nova.

Assim, ainda que o casamento tenha sido contraído sob a égide de legislação já revogada, atrai a incidência do Código Civil de 2002 a partir de sua entrada em vigor no tocante à produção de efeitos. E o Código de 2002 prevê de forma expressa a possibilidade de alteração do regime de bens, razão pela qual tanto Doutrina majoritária como o próprio STJ concluíram que as pessoas casadas sob a égide do Código de 16 poderiam alterar seu regime de bens mediante autorização judicial.

102. Admitida a possibilidade de modificação do regime, é imperiosa a atuação do Ministério Público nesses casos?

A questão é ainda debatida.

Para um primeiro entendimento, não. Isso porque se o divórcio, que é mais grave (já que acarreta a dissolução da união), foi desjudicializado, não haveria motivo para se insistir na presença do MP e do juiz para promover a alteração do regime de bens.

Para o entendimento majoritário, contudo, a intervenção do Ministério Público se faz necessária. Isso porque a alteração de regime de bens do casamento ainda é judicializada, nos termos do § 2º do artigo 1.639 do Código Civil, e a sentença nesse caso tem que enfrentar os motivos expostos pelas partes, a evidenciar que é matéria de interesse público, o que justifica a atuação do MP.

Isso porque embora o procedimento de modificação de regime de bens seja de jurisdição voluntária (por não haver lide, não haver conflito de interesses), a alteração só é possível se não prejudicar direitos de terceiros de boa-fé.

Nesta linha, o § 1º do artigo 734 do CPC de 2015 aponta que, ao receber a petição inicial da ação de alteração de regime de bens, o juiz determinará a intimação do Ministério Público e a publicação de edital que divulgue a pretendida modificação, somente podendo decidir o juiz depois de decorrido o prazo de 30 dias da publicação do edital.

Assim, o novo CPC aprofunda a preocupação com a possibilidade de fraudes, determinando a atuação do MP, mesmo em não havendo interesses de incapazes.

103. O que se entende por "Pacto Antenupcial"?

Nos termos do artigo 1.653 do Código Civil, o Pacto Antenupcial é negócio jurídico de caráter solene, celebrado por meio de escritura pública, e condicionado ao casamento, por meio do qual as partes escolhem o regime de bens que lhes aprouver, segundo o princípio da autonomia privada.

104. Pode o Pacto Antenupcial prever cláusula atentatória à ordem pública?

Segundo o artigo 1.655 do Código Civil, será nulo o pacto (ou sua cláusula) que contravenha disposição absoluta de lei.

Como todo negócio jurídico, caso haja violação à disposição normativa cogente ou de ordem pública, a consequência é a sua nulidade absoluta, nos termos do artigo 166, VII, do Código Civil de 2002. Assim, será nulo o pacto antenupcial que preveja, por exemplo, a renúncia de direito hereditário ou que preveja regime de bens distintos para cada um dos cônjuges, prevendo que para o marido vigorarão as regras da comunhão universal, enquanto para a esposa as regras aplicáveis serão as da separação de bens (violando o princípio da indivisibilidade do regime de bens).

105. O pacto antenupcial pode ser feito por instrumento particular?

Não. Como visto, o artigo 1.653 do Código Civil estabelece que é nulo o pacto antenupcial quando não for feito por escritura pública.

106. O menor de idade pode firmar um pacto antenupcial?

Sim, mas, nos termos do artigo 1.654 do Código Civil, a eficácia do pacto fica condicionada à aprovação de seu representante legal, salvo se o pacto celebrado pelo menor for o da separação de bens, caso em que a aprovação do representante é dispensada.

107. Há providência a ser tomada para que o pacto produza efeito perante terceiros?

Sim. Para que seja oponível a terceiros, o pacto deverá ser registrado no Registro de imóveis do domicílio dos cônjuges, segundo o artigo 1.657 do Código Civil de 2002.

108. É juridicamente possível aplicar à união estável outro regime de bens que não o da comunhão parcial?

Segundo o artigo 1.725 do Código Civil, o regime de comunhão parcial de bens é supletivo, ou seja, assim como no casamento, aplica-se caso não haja contrato escrito entre os companheiros prevendo regime de bens diverso. Portanto, em princípio, o legislador deu ampla margem de escolha do regime patrimonial aos cônjuges e companheiros, razão pela qual eles podem escolher qualquer outro regime que lhes convenha. Apenas na ausência de pactuação incide o regime legal da comunhão parcial de bens.

Aprofundamento:

Da mesma forma que ocorre em relação ao casamento, por expressa previsão legal, jurisprudência e Doutrina reclamam que à união estável de pessoa maior de setenta anos impõe-se o regime da separação obrigatória. Em reforço a este entendimento, o Enunciado 634 aprovado na recente VIII Jornada de Direito Civil do CJF, segundo o qual *"É lícito aos que se enquadrem no rol de pessoas sujeitas ao regime da separação obrigatória de bens (art. 1.641 do Código Civil) estipular, por pacto antenupcial ou contrato de convivência, o regime da separação de bens, a fim de assegurar os efeitos de tal regime e afastar a incidência da Súmula 377 do STF."*.

109. Existe diferença entre o regime da separação convencional e da separação legal de bens?

O Código Civil de 2002, em seu artigo 1.639, permite que os cônjuges escolham o regime de bens que melhor lhes aprouver. Assim, confere liberdade aos nubentes para escolher o regime que lhes pareça mais adequado e, apenas não havendo estipulação do regime, ou sendo ela nula ou ineficaz, vigorará o regime da comunhão parcial, que é o regime legal adotado pelo Código Civil (artigo 1.640).

Mas o Código impõe o regime da separação (obrigatória) no caso de pessoas que se casaram com inobservância de causas suspensivas, do maior de 70 anos, bem como de todos aqueles que dependiam de suprimento judicial para se casar (artigo 1.641).

No regime da separação convencional, por se tratar de ato de livre manifestação dos nubentes, é possível a modificação do regime após o casamento, desde que devidamente justificado e precedido de autorização judicial. Já no regime legal do artigo 1.641, a escolha fora feita previamente pelo legislador, de modo que a alteração não se faz possível por ato de vontade das partes.

6. SUCESSÕES

110. O que significa sucessão legítima?

A sucessão pode se dar por disposição de última vontade (testamento), quando então será uma sucessão legítima, regulamentada pela lei, que estabelece quem são os herdeiros e qual será a ordem em que deve se dar a partilha de bens.

A sucessão legítima ocorre se o *de cujus* faleceu sem testamento; se o testamento "caducou" (perdeu o objeto, o que ocorre, por exemplo, quando aberta a sucessão, os bens testados não mais existirem ou os herdeiros não sobreviverem ao testador); ou se houver herdeiro necessário, quando então deverá ocorrer a redução da disposição testamentária para respeitar a legítima.

111. É possível excluir alguém na sucessão legítima?

Sim. O herdeiro poderá ser excluído da herança em duas hipóteses: por indignidade ou por deserdação.

112. O que significa "indignidade"?

A indignidade é a exclusão da herança por imposição legal, prevista no artigo 1.814 do Código Civil. Nas hipóteses ali elencadas, o legislador reputou que o herdeiro não é digno de herdar ante a prática de atos reprováveis contra o autor da herança, tais como o cometimento de delito contra a vida do autor da herança ou a prática de atos fraudulentos que tenham por finalidade inibir ou obstar o autor da herança de dispor livremente de seus bens por ato de última vontade.

113. A condenação transitada em julgado do filho pela tentativa de homicídio de seu pai o exclui automaticamente da sucessão?

Como regra, a exclusão de herdeiro legítimo da sucessão deve ser declarada por sentença e, logo, depende da instauração do devido processo legal, assegurando-se ao herdeiro o contraditório e a ampla defesa, não sendo, portanto, efeito automático da condenação na seara penal.

Até porque sempre se entendeu que poderia haver, por exemplo, perdão por parte do autor da herança.

E esse entendimento era reforçado pela previsão do § 1º do artigo 1.815 prazo decadencial de 04 (quatro) anos para, a partir da abertura da sucessão, demandar a exclusão do herdeiro (ou 04 anos da abertura do testamento quando a hipótese seja de deserdação), o que reforça não ser a exclusão um efeito automático.

O Código Civil foi alterado, porém, neste ano de 2023, para prever no artigo 1.815-A que, dos casos de indignidade previstos no artigo 1.814, ou seja, nos casos de crime ou violência contra o autor da herança, o trânsito em julgado da sentença penal condenatória acarretará, por si só, a imediata exclusão do herdeiro ou legatário indigno, independentemente da sentença declaratória a que faz menção o art. 1.815 deste Código.

114. O Ministério Público deve fiscalizar esse processo?

O tema é controvertido.

O Código Civil de 1916 não dava ao Ministério Público atribuição para intervir nesse tipo de causa. Todavia, o Código Civil de 2002 não menciona explicitamente se deveria ou não haver intervenção do MP, embora o faça pontualmente.

Para solucionar a controvérsia, o CJF editou o Enunciado de nº 116, segundo o qual *"O Ministério Público, por força do artigo 1.815 do novo Código Civil, desde que presente o interesse público, tem legitimidade para promover ação visando à declaração da indignidade de herdeiro ou legatário"*.

Nesta mesma linha, o artigo 1.815, § 2º, do Código Civil, incluído pela Lei nº 13.532/2017, prevê expressamente que o Ministério Público, na hipótese do inciso I do artigo 1.814 (que trata do cometimento de crime doloso contra a vida), tem legitimidade para demandar a exclusão do herdeiro ou legatário.

Vale exemplificar que o interesse público que justifica a atuação ministerial está presente também quando um dos herdeiros é menor (já que a proteção dos interesses da criança e do adolescente é indisponível) ou, ainda, quando não haja outro herdeiro que não o indigno.

115. A partilha em vida é possível? Existem limites?

O ordenamento jurídico brasileiro admite a partilha em vida, nos termos do artigo 2.018 do Código Civil que prevê que, por ato *inter vivos* ou de última vontade, o titular do patrimônio possa partilhar seus bens em vida, de forma total ou parcial, desde que respeitada a legítima dos herdeiros necessários.

Assim, nota-se que a partilha em vida pode ser feita de duas maneiras. A primeira equivale a uma doação, e a divisão dos bens entre os herdeiros tem efeito imediato, antecipando o que estes iriam receber somente após a morte do ascendente (**partilha-doação**). Mas essa doação encontra um limite: deve ser assegurado um mínimo patrimonial para o que estipulante viva com dignidade (patrimônio mínimo), o que veda a doação universal, de todos os bens, sem a reserva do mínimo para a sobrevivência do doador.

A segunda forma de partilha em vida é a **partilha-testamento**, feita no ato *mortis causa*, a partir da qual o testador indica os bens e valores que devem compor os quinhões hereditários de cada herdeiro. Esta forma de partilha em vida só produz efeitos com a morte do ascendente e deve seguir a forma de testamento.

116. Quais os requisitos de um inventário extrajudicial?

A Lei 11.441/07 desburocratizou o procedimento de inventário ao permitir a realização desse ato em cartório, por meio de escritura pública, mesmo quando o autor da herança tenha falecido antes de seu advento. Para o inventário extrajudicial ocorrer, porém, devem ser preenchidos requisitos elencados pela lei, tais como:

(a) herdeiros maiores e capazes (se houver filhos menores não emancipados ou incapazes, o inventário deverá ser feito judicialmente);

(b) consenso entre os herdeiros quanto à forma de partilha;

(c) o falecido não pode ter deixado testamento, exceto se o testamento estiver caduco ou revogado; e

(d) a escritura deve contar com a participação de um advogado, sem a necessidade de homologação judicial (conforme artigo 8º da Resolução nº 35/2007 do CNJ).

Importante verificar, ainda, que alguns Tribunais de Justiça, tais como o Tribunal de Justiça do Estado do Rio de Janeiro (Provimento 21/2017) e de São Paulo, editaram normativas sobre o tema. O Provimento 37/2016, da Corregedoria Geral da Justiça do Estado de São Paulo, por exemplo, vai além, dizendo que ainda que haja testamento válido, se houver prévia autorização judicial, é possível que o inventário seja feito em um cartório de notas.

117. Considerando que, de fato, seja necessário, para haver inventário extrajudicial, que os herdeiros sejam capazes, restará impossibilitada a sua realização se dentre as partes interessadas houver um menor de idade?

Nos termos do parágrafo único do artigo 1º da Recomendação nº 22/2016 do CNJ, a existência de filhos ou herdeiros emancipados não obsta a realização, por escritura pública, de inventário, partilha, separação consensual, divórcio consensual e extinção consensual de união estável. Assim, ainda que dentre as partes interessadas houver um menor, se emancipado for, o inventário extrajudicial pode ser realizado.

118. O Ministério Público intervém em ações de inventário e partilha?

O Ministério Público intervirá, obrigatoriamente, se houver interesse de incapaz, ou mesmo se durante o procedimento de inventário for praticado algum ilícito tendente a prejudicar credores do *de cujus*.

119. O companheiro de relação homoafetiva tem direitos sucessórios?

Por força da equiparação jurídica entre as diversas formas legítimas de constituição de família, devem ser postas em mesmo plano as uniões estáveis hétero ou homoafetivas. O STF já reconheceu a "*inexistência de hierarquia ou diferença de qualidade jurídica entre as duas formas de constituição de um novo e autonomizado núcleo doméstico*", aplicando-se a união estável entre pessoas do mesmo sexo as mesmas regras e mesas consequências da união estável heteroafetiva. Assim, o companheiro de relação homoafetiva terá os mesmos direitos do companheiro heterossexual, quais sejam, aqueles previstos no artigo 1.790 do Código Civil. Ocorre que o mesmo STF declarou tal dispositivo inconstitucional, aplicando-se aos companheiros, hétero ou homossexuais, o mesmo regime da sucessão entre cônjuges, ou seja, o artigo 1.829 do Código Civil. Isso porque não seria legítimo, nas palavras do STF, "*desequiparar, para fins sucessórios, os cônjuges e os companheiros, isto é, a família formada pelo casamento e a formada por união estável. Tal hierarquização entre entidades familiares é incompatível com a Constituição de 1988*"[16]. Assim, aplica-se tanto para cônjuges como para

16. (RE 646721, Relator(a): Min. MARCO AURÉLIO, Relator(a) p/ Acórdão: Min. ROBERTO BARROSO, Tribunal Pleno, julgado em 10/05/2017, ACÓRDÃO ELETRÔNICO REPERCUSSÃO GERAL – MÉRITO DJe-204 DIVULG 08-09-2017 PUBLIC 11-09-2017)

companheiros – hétero ou homoafetivos – o regime estabelecido no artigo 1.829 do Código Civil.

No mesmo sentido foi o Enunciado nº 601, da VI Jornada de Direito Civil do CJF que, embora de forma mais acanhada, disse ser existente e válido o casamento entre pessoas do mesmo sexo, a produzir, assim, também os respectivos efeitos sucessórios.

120. O que é "sobrepartilha"?

"Sobrepartilha" é a partilha realizada após o encerramento do inventário, quando aparece um bem que não foi partilhado entre os herdeiros no momento correto. Nos termos do artigo 669 do Código de Processo Civil, a sobrepartilha ocorre no caso de sonegados, herança descoberta após a partilha, bens litigiosos e ainda bem situados em lugar remoto da sede do juízo onde se processa o inventário.

121. O que são "bens remotos"?

São bens que não estão na sede do juízo e não podem ser alcançados pelo juízo do inventário por dificuldade física ou jurídica. Em razão dessa dificuldade, serão objeto de sobrepartilha quando os herdeiros puderem alcançar o bem por meios jurídicos.

122. Um testamento pode conter (exclusivamente) disposições extrapatrimoniais?

Sim. Segundo o § 2º do artigo 1.857 do Código Civil, são válidas as disposições testamentárias de caráter não patrimonial, **ainda que** o testador somente a elas se tenha limitado.

123. Dê exemplos de disposições extrapatrimoniais que podem constar em um testamento.

Reconhecimento de filhos havidos fora do casamento (artigo 1.609 do Código Civil); disposição do próprio corpo para fins altruísticos ou científicos (artigo 14 do Código Civil); reabilitação de indigno (artigo 1.818 do Código Civil); deserdação de herdeiro (artigo 1.964 do Código Civil), etc.

124. Se o testamento deixado pelo *de cujus* estabelece, dentre outras cláusulas, que reconhece a paternidade de um filho, mas a condiciona à doação de R$ 10.000,00 deste em favor de instituição de caridade, tem o (novo) herdeiro o dever de cumprir a disposição testamentária?

Como visto acima, nesta hipótese terá havido reconhecimento de paternidade em testamento, o que é viável. Isso porque, embora a finalidade principal do testamento seja a disposição sobre o patrimônio para após a morte, pode tratar, também, ou até exclusivamente, de questões não patrimoniais (artigos 1.857, § 2º e 1.609, III, do Código Civil).

Por outro lado, essa disposição não pode estar sujeita a condição. A disposição testamentária patrimonial (desde que não afeta à legítima) pode ser condicional (artigo 1.897), mas não as demais disposições. O reconhecimento de filiação, por testamento ou não, não pode se dar de forma condicionada, sendo a parte da disposição que assim estabelece nula. Isso significa que o reconhecimento da paternidade é válido, mas não é exigível a condição, que será considerada nula.

125. O autor da herança celebra testamento contemplando determinada pessoa com seu carro e, dois meses depois, um novo testamento em que deixa para outra pessoa os móveis que guarnecem sua residência. Houve revogação do primeiro testamento?

A revogação do testamento pode ser tácita ou expressa. Será **expressa** quando o novo testamento, ainda que por outra forma, declaradamente revogue o anterior. E será **tácita** quando o novo testamento, embora não revogue expressamente o anterior, traga disposição que com ele seja incompatível.

No caso em análise, o 2º testamento não é incompatível com o 1º, que permanece hígido. Logo, os atos se complementam, podendo-se dizer que não houve revogação – nem expressa, nem tácita – do 1º.

126. A renúncia à herança efetuada por pessoa capaz depende do consentimento do consorte?

Em regra, sim, mas a resposta depende do regime de bens do casamento. Isso porque, no regime da separação absoluta de bens, a outorga é desnecessária.

127. Quais são as espécies de conjunções testamentárias?

"Conjugar" significa agregar. "Conjunções testamentárias", então, agregam pessoas. A depender da forma com que são apostas no testamento e de seu conteúdo, podem ser assim classificadas:

– **Conjunção verbal**: as diferentes pessoas estão contempladas numa mesma disposição testamentária, mas os bens a ela destinados são diversos. Assim, estão "agregadas" apenas na palavra, na conjunção, mas não na coisa, no bem. Então, por exemplo, se em uma mesma disposição testamentária o testador deixa a casa para X e a motocicleta para Y, as pessoas estão unidas apenas na palavra, na disposição testamentária, mas os bens são diversos, sendo a conjunção apenas verbal.

– **Conjunção real**: ao contrário da conjunção verbal, na conjunção real o que une as pessoas é o objeto, ou seja, o mesmo bem é deixado a mais de uma pessoa, mas em disposições diferentes de um mesmo testamento.

– **Conjunção mista**: por fim, na conjunção mista, o testador deixa de um mesmo bem ou mesma cota, para mais de uma pessoa, na mesma disposição, sem distinguir quinhões ou bem específicos para cada. É o exemplo da cláusula testamentária que deixa o mesmo carro para X, Y e X. Assim, na conjunção mista, as pessoas estão agregadas na coisa e na palavra (*re et verbis*).

128. É válida a disposição testamentária que deixa em legado bem que não existe no patrimônio do testador?

O Código Civil de 1916, na linha do Código Civil francês, dizia que esse legado seria inválido. Mas o Código Civil de 2002, em seu artigo 1.912, dispõe que, em princípio, é **ineficaz** o legado de coisa certa que não pertença ao testador no momento da abertura da sucessão.

Ocorre que essa regra é excepcionada pelo artigo 1.915, que dispõe que se essa coisa deixada em legado, ainda que não pertença ao testador, for coisa que se determine pelo gênero, será cumprido o legado. Assim, se a coisa deixada não é diferenciada, cabe aos herdeiros adquirirem o bem, respeitadas as forças da herança, e entregar ao legatário, sendo válida e eficaz a disposição, portanto.

129. No Brasil são admitidas as diretivas antecipadas de vontade, via testamento vital? Qual o fundamento legal pertinente?

Em 2012 publicou-se em Portugal a Lei 25/2012, que trata das Diretivas antecipadas de Vontade (DAV), que ocorreriam mediante testamento vital. O Conselho Federal de Medicina, no Brasil, editou resolução sobre o assunto (Resolução 1.995 CFM), mas ainda não há lei nacional versando sobre o tema.

130. A ausência de previsão legal impede sua realização?

Não. Embora não haja lei nacional versando sobre o tema, isso não quer dizer que não se encontre fundamento em nossa legislação para chancelar sua realização. Assim, embora não haja fundamento legal direto, por ausência de lei sobre o tema, pode-se indicar 3 fundamentos constitucionais:

1) Dignidade da pessoa humana – artigo 1º, inciso III, da Constituição Federal;

2) Cláusula geral de proteção da pessoa humana – artigo 12, parágrafo único, do Código Civil de 2002; e

3) Artigo 15, também do Código Civil.

131. Qual o conteúdo das diretivas antecipadas?

As diretivas antecipadas de vontade são declarações unilaterais, livremente revogáveis, que podem ser feitas a qualquer momento por uma pessoa maior e capaz (que não se encontre, portanto, interditada), manifestando antecipadamente a sua vontade de forma consciente, livre e informada no que toca aos cuidados de saúde que deseja receber ou não no futuro, no caso de, por qualquer razão, encontrar-se incapaz de expressar sua vontade pessoal e autonomamente.

Quanto ao conteúdo, pode o testador dizer, por exemplo, não desejar (i) ser submetido a tratamento de suporte artificial das funções vitais (vida artificial); (ii) ser submetido a tratamento inútil/desproporcional, incapaz de reverter o quadro do paciente; (iii) ser submetido a tratamento em fase experimental ou mesmo (iv) autorizar a participação em programa de pesquisa científica e ensaios clínicos.

132. Seria possível então, por meio de um Testamento Vital, negar-se a uma transfusão de sangue, por exemplo, ainda que isso fatalmente acarretasse a morte do paciente?

A questão acerca da possibilidade de recusa de tratamentos médicos daquelas pessoas que, por convicção religiosa, rechaçam determinadas práticas, já existia mesmo antes do surgimento da figura das "diretivas antecipadas".

É o caso, por exemplo, das chamadas "Testemunhas de Jeová" que, por convicção religiosa, não podem aceitar sangue de terceiras pessoas.

Atualmente entende-se que tais pessoas podem manifestar sua vontade de não receber uma transfusão de sangue via testamento vital, fazendo-o por meio de diretivas antecipadas de vontade, já que, em última análise, haverá uma recusa de tratamento. Nesse sentido, inclusive, o Enunciado 403, do CJF, admite tal possibilidade e prevê balizas, dizendo que "*O Direito à inviolabilidade de consciência e de crença, previsto no artigo 5º, VI, da Constituição Federal, aplica-se também à pessoa que se nega a tratamento médico, inclusive transfusão de sangue, com ou sem risco de morte, em razão do tratamento ou da falta dele, desde que observados os seguintes critérios: a) capacidade civil plena, excluído o suprimento pelo representante ou assistente; b) manifestação de vontade livre, consciente e informada; e c) oposição que diga respeito exclusivamente à própria pessoa do declarante*".

133. Qual a forma exigida para o chamado "testamento vital"?

O instrumento através do qual essas diretivas antecipadas serão declaradas é o denominado testamento vital. Ele é um documento, a forma de materialização dessas diretivas, a via de expressá-las, e não o conteúdo. O conteúdo é a diretiva. Não são expressões sinônimas, portanto.

Embora o nome "testamento" faça crer que deve seguir as formas estipuladas pelo Código Civil, não há disciplina legal do tema. Convencionou-se, não obstante, que deve ser documento escrito, assinado pela pessoa em referência (declarante) e, se possível, por médico de sua confiança, em função do princípio do consentimento informado. Mas como não há lei sobre o tema, admite-se forma livre, podendo ser registrado no registro de títulos e documentos para ter eficácia em face de terceiros (artigo 127, parágrafo único, da Lei 6.015/73)· Deve conter, ainda, a identificação completa do declarante, local, data e hora da assinatura, e as situações clínicas que envolvem as diretivas antecipadas de vontade.

7. DIREITO DO CONSUMIDOR. CONCEITO DE CONSUMIDOR.

134. Uma empresa que fornece serviços de hotelaria pode ser considerada consumidora na relação jurídica mantida com uma fornecedora de gás?

De acordo com o artigo 2º do Código de Defesa do Consumidor (CDC), consumidor pode ser tanto pessoa física como pessoa jurídica, neste último caso, desde que seja destinatária final dos produtos e serviços que adquire, e não como insumos necessários ao desempenho de sua atividade lucrativa. Então, o principal qualificador da condição de consumidor é que ele seja destinatário final do produto ou serviço.

Mas é justamente esse elemento de sua caracterização (ser destinatário final) que gera as maiores dúvidas em sede de direito do consumidor, existindo diversas teorias que buscam esse conceito:

1) Teoria **Finalista / Subjetiva** – expressamente adotada pelo CDC → consumidor (ou destinatário final) é o destinatário fático **e** econômico do bem ou serviço, ou seja, é quem retira o produto ou serviço da cadeia de produção, tomando-o para si, sem transmiti-lo (destinação final fática) e sem fins de lucro, ou seja, não se adquire para revenda ou uso profissional (quando seria instrumento de produção), e sim para uso próprio (destinação final econômica).

   Neste sentido, inclusive, o Enunciado nº 20 da I Jornada de Direito Comercial do CJF, segundo o qual *"Não se aplica o Código de Defesa do Consumidor aos contratos celebrados entre empresários em que um dos contratantes tenha por objetivo suprir-se de insumos para sua atividade de produção, comércio ou prestação de serviços"*.

2) Teoria **Maximalista / Objetiva** → consumidor é aquele que retira o produto ou serviço do mercado de consumo, ou seja, o destinatário final fático do produto ou serviço, independentemente do destino econômico que lhe dará. Ou seja, a teoria amplia sobremaneira o conceito de consumidor para permitir que as normas do CDC possam ser aplicadas a um número cada vez maior de relações de consumo, especialmente aos contratos de adesão disciplinados pelo Código Civil de 2002.
3) Teoria **finalista aprofundada / mitigada / branda / moderada** → promove uma análise em concreto da relação para, em algumas situações de patente discrepância, hipossuficiência ou vulnerabilidade, justificar a ampliação do conceito de consumidor e da relação de consumo para alcançar sujeitos que, no rigor da Teoria finalista, não seriam enquadrados como consumidores, na medida em que estaria ausente o requisito da destinação final econômica, o que poderia gerar grande injustiça no caso concreto.

Imagine-se, por exemplo, a relação existente entre a concessionária de veículos e a pessoa que utiliza o veículo para se locomover no dia a dia. Há evidente relação de consumo, já que a pessoa física é destinatária fática e econômica do bem. Mas se essa venda da concessionária não se der para uma pessoa física, e sim para uma empresa especializada em entregas, não haveria mais relação de consumo, porque o destinatário do veículo, embora seja destinatário final fático, não seria destinatário final econômico, já que utiliza o referido bem em sua atividade econômica predominante. Ocorre, porém, que se essa empresa é substituída por um taxista / caminhoneiro, que adquire o veículo para o exercício de sua atividade profissional, pela Teoria Finalista, não haveria relação de consumo, já que o veículo seria utilizado na atividade lucrativa primordial dessas pessoas, mas pela Teoria Finalista Mitigada ou Aprofundada, evidenciada a vulnerabilidade, poderia ser reconhecida a relação de consumo, ainda que ausente o requisito da destinação final econômica.

Da mesma forma ocorreria com uma relação de compra e venda de uma caneta. Adquirida pelo aluno, há relação de consumo, porque será destinatário final fático e econômico do produto. Adquirida a mesma caneta pelo professor, à luz da teoria finalista, não haveria relação de consumo, porque embora fosse destinatário final fático do produto, não seria destinatário final econômico, por utilizar a caneta em sua atividade profissional direta. Mas adotada a Teoria Finalista Aprofundada, cujo conceito chave é a análise, em concreto, da vulnerabilidade do consumidor, amplia-se o conceito de consumidor.

Assim, e em resumo, para a Teoria Finalista Mitigada, consumidor é a pessoa física ou jurídica que adquire ou utiliza produto ou serviço, retirando-o fática e economicamente do mercado, mas em se tratando de pessoa jurídica ou pessoa física profissional, exige-se que, em concreto, seja **vulnerável** (condição presumida para a pessoa física não profissional).

Neste sentido, vale mencionar o Enunciado aprovado na IX Jornada de Direito Civil do CJF, de nº 686, segundo o qual *"Aplica-se o sistema de proteção e defesa do consumidor, conforme disciplinado pela Lei n. 8.078, de 11 de setembro de*

1990, às relações contratuais formadas entre os aplicativos de transporte de passageiros e os usuários dos serviços correlatos.".

135. Existe ainda uma 4ª teoria? O candidato já ouviu falar na "Teoria Minimalista"?

Apesar de contar com pouca adesão doutrinária e (pode-se dizer nenhuma adesão) jurisprudencial, existe sim uma 4ª teoria que busca explicar a figura do consumidor, que é a Teoria Minimalista.

Essa Teoria não vê a existência de relação de consumo em casos em que ela pode ser claramente percebida como, por exemplo, na relação entre a instituição financeira e o correntista, expressamente abarcada pelo CDC (artigo 3º, § 2º). Ives Gandra e Arnoldo Wald inclusive assinaram a petição inicial da ADI nº 2.591 que pretendia a declaração de inconstitucionalidade do mencionado dispositivo, mas saíram vencidos, já que o STF, confirmando o entendimento consolidado no Enunciado 297 da Súmula do STJ, determinou a aplicação do CDC às relações bancárias, declarando a constitucionalidade do dispositivo.

O STJ, em diversos julgados, inclusive, reconhece a condição de consumidor àquele que toma empréstimo bancário, ainda que para aquisição de máquina produtiva, desde que por pequena empresa vulnerável (adoção da Teoria Finalista Mitigada).

136. Quais são as espécies de vulnerabilidade apontadas pela Doutrina?

Segundo Cláudia Lima Marques, são espécies de vulnerabilidade:

a) Vulnerabilidade **técnica** → ocorre quando o comprador não possui conhecimentos específicos sobre o produto ou o serviço, podendo, portanto, ser mais facilmente iludido no momento da contratação;

b) Vulnerabilidade **jurídica ou científica** → consiste na falta de conhecimentos jurídicos, ou de outros pertinentes à relação, como contabilidade, matemática financeira e economia;

c) Vulnerabilidade **econômica ou fática** → é a vulnerabilidade real diante do parceiro contratual, seja em decorrência do grande poderio econômico deste último, seja pela sua posição de monopólio, ou em razão da essencialidade do serviço que presta, impondo, numa relação contratual, uma posição de superioridade.

Vale destacar, ainda, que, recentemente, Cláudia Lima Marques ainda aponta outro tipo de vulnerabilidade, a **informacional**. Embora aponte-a como espécie de vulnerabilidade técnica, a autora dá destaque à necessidade de informação na sociedade atual. Para ela, as informações estão cada vez mais valorizadas e importantes e, em contrapartida, o déficit informacional dos consumidores está cada vez maior. Assim, de modo a compensar este desequilíbrio, deve o fornecedor procurar dar o máximo de informações ao consumidor sobre a relação contratual, bem como sobre os produtos e serviços a serem adquiridos.

137. O artigo 13, inciso III, do CDC estabelece a responsabilidade do comerciante, em caso de acidente de consumo, quando não tenha conservado adequadamente os produtos perecíveis. Em razão desta disposição, pode-se afirmar que pontualmente o Código adotou regime de responsabilidade civil subjetiva?

A locução "*não conservar adequadamente os produtos perecíveis*" denota, para Fábio Ulhoa Coelho, falha do comerciante, razão pela qual o autor entende que haveria hipótese de responsabilidade subjetiva, a exigir prova da culpa no armazenamento. Mas não é esse o entendimento majoritário. Pois prevalece que a responsabilidade do fornecedor seria objetiva, que é a regra no Código de Defesa do Consumidor, que não excepcionou essa hipótese do fornecedor de forma expressa como fez, por exemplo, em relação aos profissionais liberais.

138. Mas então o que significaria, para esse entendimento majoritário, a má conservação exigida para a responsabilização?

Seria um ilícito que expõe a risco os consumidores. Mas isso não atrai a responsabilidade subjetiva, que continua sendo objetiva. Para o Superior Tribunal de Justiça, essa responsabilidade, além de objetiva, é também solidária.

139. O que se entende por "fornecedor aparente"?

Em mais de um julgado o STJ[17] utilizou a expressão "fornecedor aparente" para se referir à empresa que, ainda que não seja a fabricante direta do produto defeituoso, apresenta-se como tal ao utilizar a marca, nome ou outro sinal de identificação internacionalmente reconhecido pelo real fabricante.

140. O "fornecedor aparente" está contemplado pelo CDC? Ele tem responsabilidade na cadeia de consumo?

Segundo decidiu o STJ, o conceito legal de "fornecedor", insculpido no art. 3º do CDC, abrangeria também o "fornecedor aparente". E como ele, embora não seja fabricante direto do produto defeituoso, apresenta-se como tal ao utilizar a marca, nome ou outro sinal de identificação do real fabricante, se apresenta como tal perante o mercado consumidor brasileiro, de forma que não poderia se eximir

17. STJ. 4ª Turma. REsp 1.580.432-SP, Rel. Min. Marco Buzzi, julgado em 06/12/2018 (Info 642).

dos ônus decorrentes, atraindo para si a responsabilidade. É por isso que se pode dizer que o "fornecedor aparente" tem responsabilidade solidária para arcar com os danos causados pelos bens comercializados sob a mesma identificação. E em sendo solidariamente responsável por tais danos, teria legitimidade passiva para a eventual ação de indenização em razão do fato ou vício do produto ou serviço.

141. O que se entende por superendividamento? Existe previsão legal acerca do tema?

Superendividamento é um fenômeno social e jurídico: o consumidor pessoa física alcança débito em patamar tão agressivo, que resta impossibilitado de pagar suas dívidas, atuais e futuras, sem que isso atinja seu mínimo existencial, afrontando, então, o princípio da dignidade da pessoa humana.

Assim, embora não haja pré-estabelecido em lei um limite à incidência de juros bancários, visualizada a hipossuficiência e a existência de consumidor final, bem como o mencionado desequilíbrio no contrato, haverá incidência do CDC para a busca de uma solução, seja através de parcelamento, seja pela redução dos montantes, diminuição das taxas de juros, direito à informação e ao arrependimento, e todas as demais medidas possíveis para que possa, ao fim, pagar suas dívidas e livrar-se daquele *status*.

Neste sentido, vale destacar, foi aprovado na I Jornada de Prevenção e Solução Extrajudicial de Litígios do CJF o Enunciado de nº *51*, segundo o qual "*O Estado e a sociedade deverão estimular as soluções consensuais nos casos de superendividamento ou insolvência do consumidor pessoa física, a fim de assegurar a sua inclusão social, o mínimo existencial e a dignidade da pessoa humana.*"

Na mesma linha, a Lei 14.181, de 2021, incluiu no CDC um capítulo (VI-A) exatamente para tratar sobre o tema, assim como modificou outros dispositivos daquele Código. Passou a prever o art. 54-A do CDC[18], por exemplo, em que § 1º, o conceito de superendividamento, que faz expressa menção ao mínimo existencial que deve ser preservado.

Em relação aos servidores públicos, por exemplo, e neste mesmo sentido, existem precedentes do Superior Tribunal de Justiça, limitando o comprometimento da renda (desconto em folha) em no máximo 30%, com base, inclusive, no princípio da razoabilidade. É o caso, por exemplo, do AgRg no RMS 43.455/MS)[19]. Assim, que deve haver um limite aos descontos em folha

18. Art. 54-A, § 1º Entende-se por superendividamento a impossibilidade manifesta de o consumidor pessoa natural, de boa-fé, pagar a totalidade de suas dívidas de consumo, exigíveis e vincendas, sem comprometer seu mínimo existencial, nos termos da regulamentação.

19. PROCESSUAL CIVIL. AGRAVO REGIMENTAL. RECURSO ORDINÁRIO EM MANDADO DE SEGURANÇA. ADMINISTRATIVO. SERVIDOR PÚBLICO. DESCONTO EM FOLHA DE PAGAMENTO. LIMITAÇÃO A 30% DOS VENCIMENTOS. ENTENDIMENTO FIRMADO NO STJ. DIREITO LÍQUIDO E CERTO DEMONSTRADO. RECURSO ORDINÁRIO PARCIALMENTE PROVIDO. DECISÃO MONOCRÁTICA FUNDAMENTADA EM JURISPRUDÊNCIA DO STJ. AGRAVO REGIMENTAL NÃO PROVIDO. 1. Trata-se, em suma, da limitação dos descontos efetuados mediante consignações em folha de pagamen-

sequer se controverte atualmente. O que ainda gera margem para debates é qual seria o percentual adequado.

Para além da solução jurídica das dívidas efetivamente contraídas, deve o superendividado ser indenizado? O superendividamento provoca danos de ordem moral

O dano moral é configurado pela lesão ao princípio nuclear do ordenamento jurídico brasileiro, qual seja, o da dignidade da pessoa. Em uma perspectiva pós-positivista, que coloca a Constituição como norma fundamental do ordenamento jurídico, o princípio da dignidade da pessoa humana é o imponderável fiel da balança, norte interpretativo, que precisa ser a lanterna que trará luz para o caso concreto.

E no caso do superendividamento é evidente o desrespeito a tal princípio, visto que o consumidor fica – ao menos até que a situação se resolva juridicamente – sem o mínimo para seu sustento, em razão dos descontos efetuados, descontos esses em evidente desrespeito ao ordenamento vigente. Assim, vem se consolidando entendimento no sentido de que o superendividamento caracterizaria conduta abusiva e aviltante e, ainda, causadora de desconforto, angústia e sofrimento, razão pela qual sim seria hipótese de indenização pelos danos morais experimentados pelo consumidor, com fundamento tanto no artigo 5º, inciso X, da Constituição, como no artigo 6º, VI, do CDC.

Existe ainda forte corrente no sentido de que, para além de indenizar a situação do consumidor em si, pelo sofrimento por ele experimentado, devem os danos morais ser fixados também como medida pedagógica e punitiva (exemplar) no sentido do respeito e busca pela efetividade dos direitos da personalidade do consumidor.

---

to, fixados em 40% dos vencimentos dos servidores públicos do Estado do Mato Grosso do Sul.2. A jurisprudência pacífica desta Corte Superior está firmada no sentido de que "ante a natureza alimentar do salário e do princípio da razoabilidade, os empréstimos com desconto em folha de pagamento (consignação facultativa/voluntária) devem limitar-se a 30% (trinta por cento) dos vencimentos do trabalhador" (REsp 1.186.965/ RS, Rel. Min. MASSAMI UYEDA, DJe 03.02.2011). Outros precedentes do STJ. 3. Em suma, a fixação de percentual máximo para os descontos consignáveis visa a evitar a privação de recursos indispensáveis à sua sobrevivência e a de sua família, com base no princípio da dignidade da pessoa humana, e se configura como meio para facilitar o pagamento de dívida, não como garantia de pagamento. 4. A decisão monocrática ora agravada baseou-se em jurisprudência do STJ, razão pela qual não merece reforma. 5. Agravo regimental não provido. (AgRg no RMS 43.455/MS, Rel. Ministro MAURO CAMPBELL MARQUES, SEGUNDA TURMA, julgado em 18/11/2014, DJe 24/11/2014)

5

DIREITO PROCESSUAL CIVIL

Gustavo Silva Tamaoki

1. PRINCÍPIOS FUNDAMENTAIS DO PROCESSO CIVIL. INSTITUTOS FUNDAMENTAIS DO PROCESSO CIVIL

1. Quais as fases de evolução histórica do Direito Processual Civil e quais as características ou tendências do atual estágio desta evolução?

Em apertada síntese, a doutrina costuma estabelecer como fases históricas do desenvolvimento científico do direito processual civil: **a) fase sincretista**, até meados do século XIX, em que o Direito Material se confundia com o Direito Processual; **b) fase autonomista**, de meados do século XIX até meados do século XX, inaugurada pelo alemão Oskar Von Büllow, para a qual o Direito Processual passou a ser visto como ciência autônoma, desvinculada do Direito Material; **c) fase instrumentalista,** a partir de medos do século XX, capitaneada pelo italiano Mauro Cappelletti, para a qual o Direito Processual continua a ser visto como ciência autônoma, mas em relação de interdependência com o Direito Material, servindo como seu instrumento de tutela, concretização e efetividade; **d) fase neoprocessualista**: crescente parte da doutrina passa a vislumbrar este novo estágio de evolução. Fincado em bases instrumentalistas, passa a analisar o Direito Processual sob a ótica neoconstitucionalista ou pós-positivista contemporânea.

As **tendências** desta fase neoprocessualista são: a Constitucionalização do Direito Processual, a facilitação do acesso à justiça, a busca por formas alternativas de solução dos litígios, a duração razoável do processo, a busca pela efetividade processual, a tutela dos interesses difusos e coletivos e a universalização do acesso à justiça por meio da uniformização da jurisprudência e das soluções coletivas para ações e recursos repetitivos.

2. Em que consiste o denominado Processo Civil Constitucional? Qual a sua abrangência?

O artigo 1º do CPC dispõe que o Processo Civil será ordenado, disciplinado e interpretado conforme os valores e as normas fundamentais estabelecidos na Constituição Federal, além das disposições do próprio Código. A primeira e evidente constatação é a de que a CF/88 irradia seus princípios fundamentais (tais como a dignidade da pessoa humana, proporcionalidade, devido processo legal, publicidade e eficiência) sobre as normas processuais civis. Também se encontram no âmbito do chamado Processo Civil Constitucional as demais disposições constitucionais sobre: Organização do Poder Judiciário; Funções Essenciais à Justiça, dentre as quais se inclui o Ministério Público; e Ações Constitucionais: Mandado de Segurança; Habeas Data; Ação Popular; Ação Direta de Inconstitucionalidade; Ação de Impugnação de Mandato Eletivo, etc.

3. Qual o âmbito de aplicação do princípio da Boa-Fé Objetiva no Processo Civil? Exemplifique.

Importante novidade do CPC/15 foi elevar à categoria de princípio expresso a boa-fé objetiva (art. 5º). De acordo com este postulado, todo e qualquer sujeito chamado a intervir no processo deve atuar com lealdade e confiança, agindo, igualmente, em cooperação para a obtenção, em tempo razoável, de uma decisão de mérito justa e efetiva (art. 6º). São **deveres anexos** da boa-fé objetiva a lealdade, a informação (esclarecimento), a proteção, a prevenção e a consulta. Nesse aspecto, o CPC traz disposições que a eles se coadunam, ex.: **a)** a parte que aceitou expressa ou tacitamente a decisão judicial não poderá dela recorrer (art. 1.000) – proibição do comportamento contraditório, ou *venire contra factum proprium*; **b)** a distribuição dinâmica do ônus da prova (art. 373, § 1º) – proibição do comportamento surpreendente, ou *tu quoque*; **c)** a demora excessiva para alegar uma nulidade gera a perda do direito de pleiteá-la, conforme entendimento do STJ (AREsp 845446/SP) – perda de um direito pela inércia no transcurso do tempo, ou *supressio* e *surrectio*.

4. Há previsão expressa do Princípio do Duplo Grau de Jurisdição no ordenamento jurídico brasileiro? Existem exceções a este princípio? Cite.

Da leitura do Código de Processo Civil ou da Constituição Federal não se encontra a expressa previsão do duplo grau de jurisdição. O que a doutrina assevera, contudo, é que a Carta Magna, ao criar Tribunais e lhes conferir a competência para julgar recursos contra decisões de primeiro grau, estabeleceu um sistema processual em que o princípio do duplo grau de jurisdição é implícito e inerente.

Entretanto, este princípio é relativizado em certas hipóteses, considerando-se inaplicável: **a)** nas causas de competência originária do STF; **b)** nos embargos infringentes previstos na lei de execução fiscal, que cabem contra a sentença proferida nos embargos de pequeno valor e são julgados pelo mesmo juízo prolator da decisão; **c)** na hipótese do art. 1.013, § 3º, do CPC, em que, na apelação contra a sentença que julgou o processo extinto sem resolução de mérito, o tribunal poderá proceder ao julgamento do próprio mérito da causa, suprimindo o 1º grau de jurisdição, desde que existam nos autos todos os elementos necessários à sua convicção (teoria da causa madura).

2. JURISDIÇÃO. ESPÉCIES. COMPETÊNCIA. COMPETÊNCIA ABSOLUTA E RELATIVA

5. Quais são os Sistemas de Jurisdição? Qual deles foi adotado no Brasil?

A doutrina classifica os Sistemas de Jurisdição em inglês (Uno) e francês (Dual). O primeiro (inglês) é aquele em que os atos administrativos, tais como os atos praticados por particulares, são submetidos ao crivo do Poder Judiciário, único que possui a prerrogativa de decidir os conflitos com força de coisa julgada. Trata-se do sistema adotado pela CF/88, forjado sob o Princípio da Inafastabilidade da Jurisdição. O segundo sistema (francês), de matriz dualista, também denominado Sistema do Contencioso Administrativo, é aquele que subdivide a jurisdição em Administrativa, formada por Tribunais dessa natureza para o julgamento de litígios em que a Administração seja parte; e Jurisdição Comum, esta sim formada pelos órgãos do Poder Judiciário, competente para solucionar os demais litígios.

6. Quais são as características da Jurisdição? Existem exceções à Inércia da Jurisdição?

São características da jurisdição a **Substitutividade**, segundo a qual o Estado substitui a vontade das partes ao aplicar o Direito à lide; a **Definitividade**, atributo que lhe confere o poder da Coisa julgada; a **Imperatividade**, que lhe confere a coercitividade acima da vontade particular do jurisdicionado; a **Inafastabilidade**, pela qual a lei não pode excluir do Poder Judiciário qualquer lesão ou ameaça a direito; a **Indelegabilidade**, que veda a delegação de competência em obediência ao Princípio do Juiz Natural; a **Investidura**, que somente atribui a condição de Juiz àquele que foi regularmente investido na função; e, por fim, a **Inércia**, corolário da imparcialidade, segundo a qual a jurisdição somente é autorizada a atuar mediante provocação do interessado, vedando-se a atuação *ex officio.*

São **exceções** ao Princípio da Inércia da Jurisdição, isto é, hipóteses em que é possível ao Judiciário dar início ao processo mesmo sem a provocação da parte interessada, ou mesmo julgar fora dos limites do que foi demandado: a arrecadação de bens da herança e de bens dos ausentes (arts. 738 e 744, CPC); a possibilidade de condenação em correção monetária, juros legais, prestações vincendas, custas e honorários (arts. 322, § 1º e 323, CPC); a apreciação, de ofício, de fato constitutivo, modificativo ou extintivo superveniente (art. 493).

7. A jurisdição Voluntária é uma atividade jurisdicional ou administrativa?

Trata-se de tema que gera discussão na doutrina. Para uma **1º corrente,** clássica ou administrativista, Jurisdição Voluntária consistiria em mera administração pública de interesses privados. Tal nomenclatura decorreria da inexistência de "lide" posta em juízo e da falta de definitividade das decisões, que não se submeteriam à coisa julgada. Por outro lado, para uma **2ª corrente**, moderna ou jurisdicionalista, trata-se de autêntica forma de jurisdição, necessária para a integração de determinados negócios jurídicos que somente se aperfeiçoam por meio de sentença. A lide aqui é vista sob outro prisma: não como conflito de interesse entre as partes qualificado por uma pretensão resistida. Argumenta-se que há uma lide presumida, na medida em que a lei proíbe uma solução extrajudicial, de modo que a resistência à pretensão é imposta pela própria lei. Ademais, o argumento de que as decisões proferidas em sede de jurisdição voluntária não fazem coisa julgada material não lhe retira o atributo de jurisdição, pois existem diversas hipóteses de jurisdição contenciosa que também não fazem coisa julgada material. O artigo 1.111 do CPC anterior, que previa a possibilidade de modificação da sentença prolatada nos procedimentos de jurisdição voluntária, não foi reproduzido pelo CPC de 2.105: trata-se de argumento em favor da segunda corrente.

O Ministério Público somente intervirá nos procedimentos de Jurisdição Voluntária nas hipóteses em que estiverem em jogo algumas das matérias previstas no artigo 178 do CPC; ou seja, nas causas que envolvam interesse público ou social; interesses de incapazes; e litígios coletivos pela posse de terra rural ou urbana.

8. Quais são os critérios para a fixação da competência interna adotados pelo ordenamento jurídico brasileiro?

Influenciado pelo processualista italiano *Giuseppe Chiovenda*, são três os critérios definidores da competência interna para o Direito Brasileiro: **1º Critério Objetivo**: define a competência pela matéria discutida no processo. Este critério é utilizado pela Constituição Federal para definir se a causa deve ser submetida à Justiça Comum ou Especial (trabalhista, militar ou eleitoral). **2º Critério Funcional**: define a competência pelas funções dos órgãos jurisdicionais dentro de um processo, estabelecendo, assim, a competência hierárquica dos tribunais (seja para o julgamento de recursos, seja para causas de competência originária), bem como em definindo a competência por prevenção diante da preexistência de ação conexa distribuída no mesmo juízo. **3º Critério Territorial**: utilizado pelo CPC para a indicação do foro (comarca) competente. Utiliza a localização territorial do domicílio das partes (como nas ações pessoais e reais sobre bens móveis) ou da situação do imóvel (como nas ações reais sobre bens imóveis) como elemento definidor da competência.

9. Em quais hipóteses a competência é considerada absoluta e em quais é relativa? Quais as consequências dessa diferenciação?

Para tanto, é necessário identificar a fonte da norma definidora da competência. **A)**, caso esteja prevista na **Constituição Federal**, por exemplo, definindo qual a Justiça Competente (Comum ou Especial), as regras serão de natureza absoluta. **B)**, caso esteja prevista no **CPC**, dependerá se o critério adotado for o funcional, em que será considerada absoluta; ou territorial (de foro ou comarca), em que será relativa, salvo nas hipóteses de ações reais imobiliárias (art. 47) e ações coletivas (ações civis públicas – local do dano), em que também terá natureza absoluta. **C)**, caso prevista nas **Leis de Organização Judiciária dos Estados** definindo, por exemplo, o juízo competente em razão da matéria (ex.: Vara da Família e Sucessões para ações de divórcio) ou da pessoa (ex: Vara da Fazenda Pública para ações movidas em face do Estado), terá natureza absoluta.

As principais **consequências** da diferenciação entre competência absoluta e relativa são: **a)** a competência absoluta, por ser matéria de ordem pública (objeção processual), pode ser reconhecida de ofício pelo Juiz e não se sujeita à preclusão; ao passo que a competência relativa depende de arguição da parte interessada no momento oportuno, sob pena de preclusão; **b)** a competência absoluta não é passível de modificação pelas partes, seja por prorrogação, eleição de foro, conexão ou continência; ao contrário da competência relativa.

10. Há modificação da competência no caso de mudança de domicílio de uma das partes após a petição inicial? E no caso de criação ou desmembramento de uma comarca?

A regra da perpetuação de competência, ou *perpetuatio jurisdictionis*, prevista no artigo 43 do CPC, dispõe serem irrelevantes as modificações do estado de fato ou de direito ocorridas posteriormente à fixação da competência, que ocorre no momento do registro ou da distribuição da petição inicial. Assim, eventual mudança de domicílio de uma das partes após o registro da petição inicial não alterará a competência do feito. O mesmo artigo ressalva, contudo, que haverá modificação em caso de supressão de órgão judiciário ou alteração de competência absoluta; leia-se: quando se alterar a competência em razão da matéria, da função ou da pessoa. Ex: uma determinada Vara Cível, por alteração da norma de organização judiciária, torna-se especializada para casos exclusivos de Direito de Família e Sucessões: consequentemente, deverá redistribuir os processos que tratam dos demais temas aos outros juízos cíveis da mesma comarca.

No caso de criação ou **desmembramento de um foro ou comarca**, da mesma forma, embora haja algumas decisões do STJ determinando a remessa dos autos à nova comarca onde estão domiciliadas as partes, por se tratar de modificação no estado de direito, prevalece na doutrina e mesmo na atual jurisprudência que a competência das ações já distribuídas também deve permanecer inalterada, obedecendo-se à regra da *perpetuatio jurisdictionis.*

11. Quais os critérios para a fixação de competência nas ações de divórcio ou reconhecimento e dissolução de união estável? Ainda existe predileção da lei pelo foro de residência da mulher?

Conforme a regra do artigo 53 do CPC, nas ações de divórcio, separação, anulação de casamento e reconhecimento ou dissolução de união estável, será competente o foro? a) do domicílio do guardião do filho incapaz; b) do último domicílio do casal, caso não haja filho incapaz; c) do domicílio do réu, se nenhuma das partes residir no antigo domicílio do casal. Nota-se, inicialmente, a preocupação com o princípio constitucional do melhor interesse da criança e do adolescente (CF/88, art. 227); de modo que o Novo Código abandona a redação que privilegiava o foro da residência da mulher do diploma anterior. Por outro lado, a Lei 13.894/2019 acrescentou a alínea "d" ao inciso I do mesmo artigo 53, dispondo que a competência poderá ser também fixada no domicílio da vítima de violência doméstica e familiar, nos termos da Lei 11.340/06 (Lei Maria da Penha). No nosso sentir, dado o seu escopo protetivo da norma, esta hipótese se sobrepujará às alíneas "b" e "c" do mesmo artigo, fixando-se a competência no domicílio da mulher vítima da violência doméstica caso não haja filho menor ou incapaz.

3. MEIOS ALTERNATIVOS DE SOLUÇÃO DE LITÍGIOS. CONCILIAÇÃO. MEDIAÇÃO. ARBITRAGEM

12. Qual a diferença entre Conciliação e Mediação?

A diferença entre o Conciliação e a Mediação consiste basicamente no fato de que a primeira se aplica aos casos em que não há vínculo anterior entre as partes; ao passo que a segunda se restringe aos casos em que preexiste o vínculo. Ex: em uma ação de responsabilização civil por acidente de trânsito, abre-se caminho para a atuação do conciliador. Por outro lado, em ações fundamentadas no Direito de Família, entra em cena o mediador. Justamente por esse motivo, permite-se ao conciliador uma postura mais ativa, de modo a sugerir caminhos e soluções às partes para o término do litígio, desde que não se valha de constrangimentos ou intimidações; já o mediador, sob outro viés, terá uma postura passiva, auxiliando as partes a compreenderem as questões e interesses em conflito para que possam reestabelecer a comunicação entre si e, dessa maneira, chegar a uma solução consensual.

Obtempere-se que o CPC/15 conferiu grande destaque às formas extrajudiciais de solução dos litígios, incluindo uma seção específica acerca da conciliação e da mediação, detalhando os procedimentos. De acordo com o artigo 166, do CPC, a conciliação e a mediação são informadas pelos princípios da independência, imparcialidade, autonomia da vontade, confidencialidade, oralidade, informalidade e decisão informada.

13. Quais são as espécies de Arbitragem? É possível a Arbitragem quando uma das partes envolvida pertence à Administração Pública Direta ou Indireta?

São duas as espécies de arbitragem previstas na Lei 9.307/96: de Direito ou de Equidade. A **Arbitragem de Direito** obriga o árbitro a decidir de acordo com as normas previamente positivadas no ordenamento jurídico nacional. Nada obstante, a própria lei autoriza que as partes podem escolher, livremente, as regras de Direito que serão aplicadas na arbitragem, desde que não haja violação aos bons costumes e à ordem pública. A **Arbitragem de Equidade**, por seu turno, é aquela que autoriza o árbitro a dar à controvérsia a solução que lhe pareça mais justa e razoável, ainda que não prevista no ordenamento jurídico. Por essa razão, a arbitragem de equidade somente é possível nos casos em que os direitos em disputa sejam disponíveis.

É sim possível a arbitragem quando uma das partes pertence à Administração Pública Direta ou Indireta. Todavia, segundo a lei 9.307/96 (instituidora da Arbitragem), nesta hipótese, somente está autorizada a arbitragem de Direito, sendo vedado aos interessados optar pela de arbitragem de equidade.

14. Diferencie cláusula compromissória de compromisso arbitral.

Dispõe o artigo 3º da Lei nº 9.307/96 que são duas as formas de as partes interessadas valerem-se da arbitragem: por cláusula compromissória e por compromisso arbitral. A **cláusula compromissória** consiste no pacto firmado pelas partes que se comprometem, reciprocamente, a submeter à arbitragem os litígios que possam surgir em determinado contrato. Sua principal característica consiste no fato de ser instituída no momento da celebração do contrato, sendo preexistente ao litígio. O **compromisso arbitral**, por sua vez, é a convenção através da qual as partes submetem um litígio à arbitragem de uma ou mais pessoas. Ele difere da cláusula compromissória porque surge depois que o litígio já está estabelecido, submetendo a questão aos árbitros. Justamente por isso é que o compromisso arbitral pode ser judicial ou extrajudicial, ao passo que a cláusula compromissória será sempre extrajudicial.

4. A INTERVENÇÃO DO MINISTÉRIO PÚBLICO NO PROCESSO CIVIL

15. Quais as atribuições conferidas ao Ministério Público no Processo Civil?

No que se refere às atribuições do Ministério Público no Processo Civil, inicialmente, vale lembrar que o CPC/2015 (art. 176) transcreveu o quanto já consignado no artigo 127 da CF/88: "O Ministério Público atuará na defesa da ordem jurídica, do regime democrático e dos interesses e direitos sociais e individuais indisponíveis". No artigo seguinte (art. 178), dispôs que "O Ministério Público exercerá o direito de ação em conformidade com suas atribuições constitucionais". Tais previsões inexistiam no CPC/73 e revelam uma preocupação do legislador em direcionar a atuação ministerial voltada às suas missões constitucionais, expressão da denominada "Constitucionalização do Processo Civil", sintoma do estágio neoprocessualista de desenvolvimento científico da matéria.

Ultrapassadas essas premissas essenciais, enquanto sujeito processual, a atuação do Ministério Público pode se dar de duas formas:

a) **como parte**: promovendo a ação civil pública para a proteção do patrimônio público, do meio ambiente, ou de outros interesses difusos e coletivos (CF, art. 129, III); ou mesmo promovendo ações individuais como substituto processual na defesa de interesses individuais indisponíveis;

b) **como fiscal da ordem jurídica**: na forma do artigo 178 do Código de Processo Civil, ou seja, nos processos que envolvam: I – interesse público ou social; II – interesse de incapaz; III – litígios coletivos pela posse de terra rural ou urbana.

16. E nas ações de família? Ressalvada a hipótese de intervenção quando houver interesse de incapaz, há alguma outra hipótese de intervenção do MP prevista no CPC?

Sim. A Lei nº 13.894/2019, do Código de Processo Civil, acrescentou o parágrafo único ao artigo 698 para determinar a intervenção do Ministério

Público como fiscal da ordem jurídica ("quando não for parte"), nas ações de família em que figure como parte vítima de violência doméstica e familiar, nos termos da Lei Maria da Penha (Lei nº 11.340/2006). Nessa hipótese, basta a existência de boletim de ocorrência que traga indícios mínimos da situação configuradora da violência contra a mulher para que a intervenção se imponha. Vale lembrar que a mesma Lei 13.894/19 incluiu inciso III ao artigo 1.048 do CPC para conferir prioridade de tramitação, em qualquer juízo ou tribunal, aos processos em que figure como parte vítima de violência doméstica e familiar nos termos da Lei 11.340/06, inserindo-os ao lado dos processos em que figurem como parte ou interessado idosos, portadores de doenças graves, além dos processos regulados pelo ECA.

No mesmo sentido, a Lei 14.713/23 incluiu o artigo 699-A no CPC prevendo que antes do início da audiência de mediação e conciliação, o Juiz indagará às partes e ao Ministério Público se há risco de violência doméstica ou familiar, fixando o prazo de 05 dias para a apresentação de prova ou de indícios pertinentes.

17. O Ministério Público poderia, em alguma hipótese, na qualidade de substituto processual, ajuizar ação individual para a persecução de direito disponível do substituído?

A resposta a esta pergunta merece uma primeira observação: conforme entendimento já assentado pela Doutrina e Jurisprudência, tanto do STF quanto do STJ, o Ministério Público, seguindo sua missão constitucional e previsão de sua lei orgânica federal (Lei 8.625/93), possui legitimidade extraordinária para ajuizar ações de natureza individual para a persecução de **direitos indisponíveis** da parte, tais como ações de investigação de paternidade e alimentos em favor de incapazes; ações pleiteando vagas em creches para crianças; ou mesmo ações para busca de tratamento médico ou entrega de medicamentos em ações propostas contra entes federativos, mesmo que seja em favor de beneficiários individualizados (tema repetitivo nº 776 do STJ).

Noutro giro, existe ao menos uma hipótese em que o STF já decidiu ser possível ao Ministério Público a defesa de **direito disponível** de pessoa individualizada. Trata-se da situação prevista no artigo 68, do Código de Processo Penal, o qual autoriza ao MP a promoção da ação civil *ex delicto* em favor da vítima hipossuficiente, nos casos em que a Defensoria Pública ainda não estiver devidamente instalada na comarca. O STF entendeu pela "inconstitucionalidade progressiva" desta norma, que permanecerá em vigor até a completa instalação e aparelhamento da Defensoria na respectiva comarca.

18. O Ministério Público deve guardar imparcialidade em sua atuação no processo civil?

Para responder a esta pergunta, primeiramente é preciso distinguir que a atuação do Ministério Público no processo civil se justifica: **a)** pelo objeto discutido no processo: presença de interesse público ou social, ou ações que envolvam litígios coletivos pela posse de terra rural ou urbana); **b)** pela qualidade de uma das partes: quando houver interesse de incapazes. Quando atua **em função do objeto discutido no processo**, não há dúvidas de que sua atuação é absolutamente imparcial, pois volta-se à defesa do ordenamento jurídico ou do interesse público ou social. Quando atua **em razão da qualidade da parte**, por outro lado, existe discussão acerca de sua imparcialidade, pois a intervenção se faz na defesa dos interesses do incapaz. A doutrina assevera que, nessa hipótese, incumbe ao Promotor de Justiça verificar se o incapaz está sendo representado adequadamente, com isonomia perante os demais litigantes, zelando pela observância do devido processo legal. Isso não significa que o Promotor tenha de se manifestar incondicionalmente em favor dos interesses do incapaz, com sobreposição à lei. Segundo próprio STJ (RT 807/266), é dever do *parquet* manifestar-se segundo o direito e não está subordinado aos interesses dos incapazes, podendo, inclusive, posicionar-se de forma contrária a eles.

19. A participação da Fazenda Pública gera necessariamente hipótese de intervenção do Ministério Público no processo? Por quê?

Segundo a previsão expressa do parágrafo único do artigo 178 do CPC/2015, "a participação da Fazenda Pública não configura, por si só, hipótese de intervenção do Ministério Público no Processo Civil". A razão de ser desta previsão decorre do fato de que somente constitui função institucional do Ministério Público a defesa do **interesse público primário**, e não secundário. Ou seja, somente há necessidade de intervenção ministerial quando, a despeito da participação da Fazenda Pública em um dos polos da relação processual, estão em jogo no processo interesses relevantes para a sociedade em geral, tais como a higidez do patrimônio público, a saúde pública ou a educação pública coletivamente consideradas. Em ações nas quais se discutem apenas interesses secundários, ou patrimoniais/econômicos da Administração Pública, inexiste hipótese de intervenção ministerial, como nas execuções fiscais de créditos tributários movidos em face de particular.

20. Qual a forma de intimação do Ministério Público no processo civil? O candidato conhece o entendimento do STJ sobre o termo inicial efetivo de contagem do prazo para sua manifestação?

De acordo com a Lei 8.625/93 (Lei Orgânica Nacional do Ministério Público), constitui prerrogativa dos membros do Ministério Público "receber intimação pessoal em qualquer processo e grau de jurisdição, através da entrega dos autos com vista". Portanto, seja no Processo Civil ou no Processo Penal, a intimação do Ministério Público será sempre pessoal, por meio da entrega dos autos com vista ao membro respectivo. Da mesma forma, o artigo 180 do CPC, combinado com o artigo 183, § 1º do mesmo código, estabelecem que sua intimação pessoal far-se-á por carga, remessa ou meio eletrônico.

Justamente por esta previsão é que o Superior Tribunal de Justiça decidiu, no ano de 2017, em julgamento sob a sistemática dos recursos repetitivos (tema 959), que "o termo inicial da contagem do prazo para impugnar decisão judicial é, para o Ministério Público, a data da entrega dos autos na repartição administrativa do órgão, sendo irrelevante que a intimação pessoal tenha se dado em audiência, em cartório ou por mandado".

Como bem entendeu o STJ, não se pode comparar, sequer remotamente, a quantidade de processos sob a responsabilidade de um membro do Ministério Público – normalmente calculada em centenas ou milhares – com a que normalmente ocupa a carteira de um escritório de advocacia, contada, se tanto, em dezenas. Além disso, diante dos princípios da indivisibilidade e unidade que regem o MP, o que significa que, na prática, nem sempre o membro que participa da audiência será o autor da próxima peça processual, é recomendável aguardar-se a remessa dos autos para o início da contagem dos prazos.

21. Qual a prerrogativa que o Ministério Público dispõe quanto à contagem dos prazos processuais? Esta prerrogativa se aplica independentemente da forma de atuação do membro no processo, ou seja, como parte ou como fiscal da lei?

Conforme a previsão do artigo 180, do CPC, o Ministério Público, assim como a Fazenda Pública e a Defensoria Pública, gozará de prazo em dobro para manifestar-se nos autos. Entende-se que este dispositivo não viola o princípio da isonomia ou da paridade de armas, justamente pela exacerbada carga de processos que esses órgãos tomam parte. Além disso, essa prerrogativa aplica-se ao MP tanto nos casos em que atua como parte, como nos casos em que é fiscal da ordem jurídica.

Ressalva deve ser feita quanto à previsão do § 2º do artigo 180: não se aplica o benefício da contagem em dobro do prazo quando a lei estabelecer, de forma expressa, prazo próprio para o Ministério Público, como na própria hipótese prevista no artigo 178, "caput" do CPC – prazo de 30 dias.

22. Existe ônus de sucumbência nas ações em que o Ministério Público for vencido?

Apesar de certa controvérsia sobre o tema, prevalece que não existe ônus de sucumbência nas ações em que o MP for vencido na condição de autor. Este entendimento vem sendo aplicado pelo Superior Tribunal de Justiça. Todavia, existe uma exceção: a hipótese de litigância de má-fé, diante do que dispõe os artigos 17, 18 e 19 da Lei da Ação Civil Pública. Nessa hipótese, entende-se que será a Fazenda

Pública à qual o Ministério Público está vinculado que arcará com os honorários de sucumbência. Vale lembrar, por outro lado, que conforme a disposição do artigo 181, do CPC, o membro do MP será civil e regressivamente responsável quando agir com dolo ou fraude no exercício de suas funções.

23. Em que intensidade se dá a participação do Ministério Público no processo de Falência?

A participação do Ministério Público nos processos de falência e de recuperação judicial de empresas, que era inicialmente ampla e abrangia toda e qualquer fase, seja pré ou pós-falimentar, ganhou novos contornos com edição da Lei de Falências (Lei 11.101/05). De fato, o artigo 4º do novel diploma legislativo, que mantinha a intervenção ministerial em todos os processos de falência ou recuperação judicial, bem como em toda ação movida pela massa falida ou contra ela, foi vetado pelo Chefe do Poder Executivo. Entende-se, atualmente, que este veto foi sintomático: a nova legislação reduziu sobremaneira a atuação do MP no processo falimentar, que agora permanece restrita aos casos em que a lei expressamente determinar a sua participação, como nos casos de indícios da responsabilidade penal do devedor (art. 22, § 4º) e em que for determinada a alienação de bens do devedor (art. 142, § 7º). Apesar da resistência de certa parte da doutrina, portanto, a corrente majoritária e o próprio STJ já entendem desnecessária, por exemplo, a participação do MP na fase pré-falimentar; ou seja, ainda que não ouvido o órgão ministerial nesta etapa, inexistirá nulidade no processo.

5. PROCESSO. PRESSUPOSTOS PROCESSUAIS. PARTES. PROCEDIMENTO. ATOS PROCESSUAIS. NULIDADES

24. Quais são os pressupostos processuais de eficácia e de validade segundo a doutrina? Qual a consequência da ausência de um ou de outro na relação processual?

A despeito de uma pequena variação de entendimentos em sede doutrinária, podem-se elencar como **pressupostos de eficácia do processo:** **a)** a existência de jurisdição; **b)** a existência de demanda; **c)** a capacidade postulatória; **d)** a citação do réu. Também se costuma afirmar que uma sentença sem a parte dispositiva ou sem a assinatura do juiz poderiam ser considerados caos particulares de ausência de pressuposto de eficácia processual. São **pressupostos de validade do processo**, por sua vez: **a)** a petição inicial apta; **b)** o juiz competente e imparcial; **c)** a capacidade de ser parte e a capacidade processual; **d)** a inexistência dos pressupostos processuais negativos: litispendência, coisa julgada, perempção e compromisso arbitral.

A ausência de um pressuposto processual de eficácia permite o ajuizamento da ação declaratória de ineficácia ou *querela nullitatis insanabilis*, que não possui prazo decadencial e é processada perante o próprio juízo que prolatou a decisão. Já a ausência de um pressuposto processual de validade gera a nulidade absoluta do processo, permitindo ao interessado o ajuizamento de ação rescisória no prazo de dois anos a contar do trânsito em julgado da última decisão proferida no processo, após o qual não poderá mais ser modificada. A ação rescisória, diferentemente da declaratória de ineficácia, é ajuizada perante o Tribunal.

25. Diferencie a capacidade de ser parte, a capacidade processual, a capacidade postulatória e a *legitimatio ad causam*.

A) capacidade de ser parte: consiste na aptidão genérica para figurar em uma relação processual na condição de autor ou réu. Qualquer pessoa, ainda que incapaz, por ter personalidade jurídica, desfruta desta capacidade. Também alguns entes despersonalizados a possuem, ex.: massa falida, espólio, condomínio, órgãos públicos. **B) capacidade processual:** também chamada de "legitimidade processual ou *ad processum*", consiste na aptidão para figurar no processo pessoalmente sem assistência ou representação. Só a pessoa capaz pela lei civil possui capacidade processual, pois o absolutamente incapaz deve ser representado e o relativamente incapaz deve ser assistido por seus pais, tutor ou curador, na forma da lei. **C) capacidade postulatória:** consiste na aptidão especial para formular requerimentos perante o Poder Judiciário. Não pertence às partes, mas aos advogados, Defensores Públicos e membros do Ministério Público. Excepcionalmente o particular também a terá, como nas causas de competência de valor até 20 salários mínimos no Juizado Especial Cível. **D) *legitimatio ad causam:*** é uma das condições da ação e consiste na pertinência subjetiva existente entre o autor da ação e o direito material pleiteado.

26. Quais os sujeitos processuais que necessitam de curador especial? A qual órgão incumbe a curadoria?

São quatro as hipóteses de nomeação de curador especial de acordo com o artigo 72, do CPC; são elas: **a)** incapaz sem representante legal; **b)** incapaz cujos interesses colidem com os interesses do representante legal; **c)** réu preso revel e sem advogado constituído nos autos; **d)** réu revel citado por edital ou com hora certa e sem advogado constituído nos autos.

A curatela especial é uma atribuição institucional da Defensoria Pública (e não do Ministério Público). Caso não haja Defensoria pública instalada na comarca, o juiz poderá nomear advogado para o exercício do múnus.

Segundo entendimento recente do Superior Tribunal de Justiça, nas **ações de destituição do poder familiar promovidas pelo Ministério Público**, resguardados os interesses da criança e do adolescente, é desnecessária a nomeação de curador especial, pois já compete ao próprio MP a tutela dos direitos e garantias legais assegurados aos menores (Recurso Especial n. 1.176.512 – RJ).

27. Ainda sobre este tema, quais são os poderes do Curador Especial?

Essa resposta demanda uma inicial distinção: **a)** nos casos em que o curador especial funciona como **representante legal da parte**, como no caso dos incapazes sem representante legal, o curador terá amplos poderes, inerentes ao próprio representante legal, embora restritos ao processo em que foi nomeado; **b)** nos casos em que atua como **curador do réu preso ou citado fictamente** (por edital ou hora certa), regra geral, incumbe ao curador especial a defesa dos interesses da pessoa, por meio de contestação, em que poderá alegar preliminares, inclusive incompetência relativa e incorreção do valor da causa. Também poderá requerer todas as provas necessárias ao interesse da parte, bem como interpor os recursos cabíveis. Por outro lado, tratando-se de exercer função exclusivamente defensiva do curatelado especial, o curador especial não poderá apresentar reconvenção ou tampouco provocar intervenção de terceiros como a denunciação da lide e o chamamento ao processo.

28. Em que consiste a denominada "Negociação Processual" instituída pelo CPC/15? Ela é admitida em qualquer tipo de processo?

Diferentemente do CPC/73, que previa um sistema mais rígido e publicista de encadeamento dos atos processuais, o atual Código trouxe mudanças que implicaram em maior flexibilização normativa, conferindo às partes a possibilidade de convencionar sobre mudanças no procedimento e ajustá-lo às especificidades da causa. Segundo o artigo 190 do CPC, as partes poderão dispor sobre seus ônus, poderes, faculdades e deveres processuais, antes ou durante o processo. Todavia, o negócio processual somente poderá ser realizado em processos que admitam a autocomposição, ou seja, que trate de direitos disponíveis; além disso, as partes envolvidas devem ser plenamente capazes. O controle da validade do negócio é feito pelo Juiz, que deverá recusá-lo em casos de nulidade ou inserção abusiva em contrato de adesão ou em que alguma parte se encontre em manifesta situação de vulnerabilidade (ex.: relação consumerista).

Vale lembrar que o artigo 191 previu, também, a possibilidade de as partes celebrarem um negócio jurídico típico chamado **"Calendário Processual"**, alterando os prazos previstos no Código para a prática dos atos processuais, tornando dispensável a intimação das partes para a prática de determinados atos já previstos de antemão no calendário.

O Enunciado 37 do Conselho da Justiça Federal, interpretando a norma do CPC autorizadora da negociação processual, dispõe: "São nulas, por ilicitude do objeto, as convenções processuais que violem as garantias constitucionais do processo, tais como as que: a) autorizem o uso de prova ilícita; b) limitem a publicidade do processo para além das hipóteses expressamente previstas em lei; c) modifiquem o regime de competência absoluta; e d) dispendem o dever de motivação".

29. Seria possível a previsão de cláusula de convenção processual em um pacto antenupcial?

O pacto antenupcial constitui um contrato formal e solene pelo qual as partes regulamentam as questões patrimoniais relativas ao casamento (arts. 1.653 a 1.657 do CC). Em uma análise legalista, pela disposição do art. 1.639 do CC, o pacto serviria, tão somente, para regramentos patrimoniais. No entanto, desde que respeitados os direitos e garantias fundamentais, assim como a autonomia privada, a doutrina entende ser possível pactuar questões extrapatrimoniais. O art. 1.655 do CC dispõe que é nula a convenção ou cláusula que constar no pacto que conflite com disposição absoluta de lei, ou seja, que colida com normas de ordem pública, limitando a autonomia privada no pacto às cláusulas que violem o ordenamento jurídico. Não se admitiria, por exemplo, cláusula de infidelidade na aludida convenção, eis que o adultério e a quebra do respeito mútuo consistem em violações aos deveres do casamento.

No entanto, sendo a convenção processual norma prevista no código de processo civil, que autoriza as partes plenamente capazes, nas hipóteses em que o direito admita autocomposição, estipularem mudanças no procedimento para ajustá-lo às especificidades da causa e convencionar sobre os seus ônus, poderes, faculdades e deveres processuais, antes ou durante o processo, não há óbice que seja inserida no pacto antenupcial. Portanto, seria plenamente possível aos cônjuges estabelecerem cláusulas que vedem certas provas em um eventual processo litigioso de divórcio, tais como conteúdo de redes sociais (*Facebook*), à luz do negócio jurídico pré-processual firmado no pacto antenupcial. Nesse sentido, o Enunciado 492 do Fórum Permanente de Processualistas Civis (FPPC): "(art. 190) O pacto antenupcial e o contrato de convivência podem conter negócios processuais".

30. Quais são os efeitos da Citação no Processo Civil? Sobre a interrupção da prescrição, qual o marco interruptivo?

O primeiro e fundamental efeito da citação é completar a relação processual dando ciência ao réu do ajuizamento de uma ação contra si, oferecendo-lhe a oportunidade de defesa. Além disso, dispõe o artigo 240 do CPC que a citação válida, ainda quando ordenada por juízo incompetente: a) induz litispendência; b) torna litigiosa a coisa; c) constitui o devedor em mora; d) interrompe a prescrição.

Importante assinalar que a interrupção da prescrição retroage à data da propositura da ação; mas, para que isso ocorra, o autor deverá adotar as providências necessárias para que a citação se viabilize no prazo de 10 dias (ex.: indicar o endereço correto do réu e recolher as custas processuais). Caso o autor não o faça, negligenciando na tomada de tais providências, o despacho que ordenou a citação ainda assim interromperá a prescrição; todavia, não mais retroagirá à data da propositura da demanda.

31. Qual a forma preferencial de citação escolhida pelo CPC? Nessa hipótese, qual o termo inicial de fluência do prazo para resposta do réu?

Com a aprovação da Lei 14.195/2021 (Lei do Ambiente de Negócios), houve alteração do artigo 246, do CPC para adoção do **meio eletrônico** como preferencial para o ato de citação. Na prática, a citação ocorrerá por meio dos endereços eletrônicos cadastrados por pessoas físicas e jurídicas no banco de dados do Poder Judiciário, a ser regulamentado pelo CNJ. Ex: se alguém propõe uma ação contra determinada empresa ou ente público, o sistema irá direcionar a citação ao endereço eletrônico previamente cadastrado. Nesse sentido, o CPC passou a exigir que as empresas públicas e privadas mantenham cadastro nos sistemas informatizados do Poder Judiciário. Em 03 dias úteis, o citando deverá confirmar que recebeu a citação eletrônica. Se não houver tal confirmação, a citação ocorrerá pelos meios tradicionais: a) correio; b) oficial de justiça; c) escrivão ou chefe de secretaria, se o citando comparecer em cartório; d) edital. Por outro lado, a citação deve ser realizada por oficial de justiça nas seguintes hipóteses: I – Ações de estado; II – quando o citando for incapaz; III – quando o citando for pessoa de direito público; IV - quando o citando residir em local não atendido pela entrega domiciliar de correspondência; ou V quando o autor, justificadamente, a requerer de outra forma. Uma vez efetivada a citação **por meio eletrônico**, o artigo 231, inciso IX, do CPC (também alterado pela nova lei), passou a determinar que se considera como marco inicial do prazo para resposta do réu o **quinto dia útil seguinte à confirmação**, na forma prevista na mensagem de citação, do recebimento da citação eletrônica.

32. Em que consiste o denominado "efeito expansivo" das nulidades processuais?

O efeito expansivo das nulidades processuais extrai-se da leitura do artigo 281 do CPC: anulado o ato processual, consideram-se de nenhum efeito todos os subsequentes que dele dependam. Duas conclusões são possíveis de se extrair dessa regra: **a)** os atos processuais anteriores ao ato nulo permanecerão válidos e eficazes; **b)** os atos processuais praticados posteriormente ao ato nulo somente serão declarados igualmente nulos caso mantenham **relação de dependência** com o primeiro; caso sejam independentes, permanecerão válidos. Exemplificando: a nulidade da citação acarretará na nulidade de todos os atos subsequentes; por outro lado, a nulidade de uma perícia realizada por perito impedido não se estenderá às demais provas produzidas no curso do processo.

33. Qual o efeito decorrente da falta de participação do Ministério Público no feito em que sua intervenção era obrigatória?

Dispõe o artigo 279 do CPC que o processo é **nulo (nulidade absoluta)** quando o membro do Ministério Público não for intimado a acompanhar o feito em que deveria intervir. A nulidade é reconhecida a partir do momento em que ele deveria ser intimado (§ 1º) e somente poderá ser decretada após a intimação do Ministério Público, que se manifestará sobre a existência ou inexistência de prejuízo ao interesse tutelado (§ 2º).

Sobre o tema, o Superior Tribunal de Justiça já decidiu que: **a)** em consonância com o princípio da instrumentalidade das formas, vigente na sistemática geral das nulidades, ainda que não intimado o membro do Ministério Público, mas alcançada a finalidade processual sem a ocorrência de prejuízo à parte que deveria ser assistida pelo órgão ministerial, não há que se decretar a nulidade do processo pela falta de intimação (REsp 241.813/SP); e **b)** a não intervenção do Ministério Público em primeiro grau de jurisdição pode ser suprida pela intervenção da Procuradoria de Justiça em segunda instância, desde que esta não se manifeste justamente pela ocorrência de prejuízo diante da ausência de intervenção no primeiro grau, caso em que se impõe a decretação da nulidade (REsp 1.184.752/PI).

6. AÇÃO. NATUREZA JURÍDICA. ELEMENTOS E CONDIÇÕES DA AÇÃO. PETIÇÃO INICIAL

34. Discorra sobre as teorias da ação. Qual a teoria adotada pelo CPC/2015?

Trata-se de tema relacionado à evolução da dogmática do Direito Processual Civil, que toma por fundo de diferenciação a correlação existente entre o direito material e o direito de ação: **a) Teoria Concretista, Imanentista ou Clássica**: oriunda do Direito Romano, entende que a ação se confunde com o Direito Material. Para esta corrente, somente se considerava existente o direito de ação se ao final do processo houvesse uma sentença de procedência do pedido do autor; **b) Teoria Abstratista Pura**: propugna que o direito de ação é totalmente autônomo e independente do direito material. Para esta teoria, haveria direito de ação fosse a sentença de procedência, improcedência ou extinção sem resolução do mérito; **c) Teoria Abstratista Eclética**: idealizada pelo jurista italiano *Enrico Túlio Liebman*, trata-se de uma corrente intermediária entre as duas primeiras. Para ela, o direito de ação consiste no direito de obter uma sentença de mérito, leia-se: uma sentença de procedência ou improcedência do pedido. Não se trata de uma corrente concretista porque, ainda que o pedido seja julgado improcedente, terá havido direito de ação. Para tanto, esta corrente impõe o preenchimento das denominadas "condições da ação".

Conquanto haja certa discussão na doutrina sobre qual a teoria adotada pelo CPC/2015, prevalece que continua sendo a **Teoria Abstratista Eclética**, mantendo a opção feita Código anterior, influenciado por Liebman. Isto porque, embora o novo Código tenha suprimido a expressão "condições da ação", manteve a exigência do interesse e da legitimidade como condições ao exercício deste direito (art. 17). Cumpre relembrar que a possibilidade jurídica do pedido foi excluída do rol das condições da ação pelo CPC/15.

35. Conceitue o direito de ação, revelando suas características.

Ação é o direito público, subjetivo, abstrato, condicionado e autônomo de se obter um provimento jurisdicional. É **direito público** porque dirigido contra Estado-Juiz, pedindo-lhe a prestação jurisdicional que conferirá a pretensão pleiteada, esta sim movida em face do réu. É **direito subjetivo** porque movido pelo titular da prestação jurisdicional (obrigação) que vincula o sujeito passivo. É **direito abstrato** porque instrumental, de tutela do direito material, exercido ainda que a sentença final seja desfavorável. É **direito condicionado** porque o autor somente pode exigir do Poder Judiciário uma decisão quando presentes as condições da ação. Ausentes as condições da ação (interesse e legitimidade), o processo é extinto sem resolução do mérito (CPC, art. 485, VI). Por fim, é um **direito autônomo**, pois, como dito, existe independentemente do direito material, como na hipótese de uma ação com mérito julgado improcedente. Há autores que lembram, também, ser um **direito bifrontal**, pois exercido tanto pelo autor quanto pelo réu ao se opor à pretensão do primeiro com o intuito de obter o pronunciamento do Estado-Juiz que mais lhe agrade.

36. Quais são os elementos identificadores da ação? Qual a importância de se identificá-los corretamente?

São elementos identificadores da ação: **a) as partes** (elemento subjetivo); **b) o pedido** (elemento objetivo); **c) a causa de pedir** (elemento causal). A correta identificação desses elementos é essencial para a distinção entre uma ação e outra, o que influenciará no estudo da litispendência e da coisa julgada (ambos pressupostos processuais de validade negativos); bem como da conexão e da continência (causas de prorrogação da competência). De fato, a litispendência impede a repetição da mesma ação que ainda se encontra em trâmite; ao passo que a coisa julgada impede a repetição da mesma ação quando esta já houver sido julgada por sentença definitiva. Somente haverá uma ação idêntica à outra quando todos os seus três elementos coincidirem entre si. A conexão, por sua vez, ocorre quando duas ou mais ações possuem o mesmo pedido ou a mesma causa de pedir; ao passo que a continência se caracteriza pelo fato de o pedido de uma ação abranger o pedido de outra. A fixação dos elementos da ação é feita pelo autor na petição inicial.

Aprofundamento: cada um dos elementos da ação acima transcritos comporta subdivisão conceitual própria. O registro se faz para fins de aprofundamento em eventual questão que aborde estes conceitos. **1)** O **conceito de partes** pode se subdividir em: **a) partes na demanda (partes em sentido estrito)**: autor e réu, ou seja, quem pede e contra quem se pede a tutela jurisdicional; **b) partes no processo (partes em sentido amplo)**: todo aquele que atua na relação processual com direito ao exercício do contraditório, ex.: assistente, Ministério Público como fiscal da lei. **2)** O **conceito de pedido** subdivide-se em: **a) pedido imediato**: é o provimento jurisdicional pleiteado, ex.: condenatório, constitutivo, desconstitutivo ou declaratório; **b) pedido mediato**: é o bem da vida pretendido pelo autor, ex.: a indenização em dinheiro. **3)** O **conceito de causa de pedir** subdivide-se em: **a) causa de pedir próxima**: são os fundamentos jurídicos do pedido; **b) causa de pedir remota**: são os fundamentos fáticos do pedido. Quanto a esta última classificação, importante lembrar que o CPC adotou a **teoria da substanciação**, segundo a qual a causa de pedir deve conter as razões de fato e de direito; ao contrário da teoria da individualização, em que basta a descrição da fundamentação jurídica do pedido.

37. Com relação à *legitimatio ad causam*, existe diferença entre os conceitos de legitimação extraordinária e substituição processual?

A maioria da doutrina não estabelece diferença entre legitimação extraordinária ou substituição processual, que ocorreriam quando o ordenamento jurídico atribui legitimidade ativa (ou *ad causam*), no processo, a quem não é titular da relação jurídica de direito material para pleitear, em nome próprio, direito alheio. Todavia, parte minoritária da doutrina enxerga uma sutil distinção entre os conceitos. Para alguns processualistas, a **legitimação extraordinária** ocorreria nos casos em que o legitimado ordinário também é autorizado a propor a ação, podendo figurar como litisconsorte ativo; ex.: ação reivindicatória proposta por um condômino com relação a todo o bem: os demais condôminos permanecem legitimado. Já a **substituição processual**, para esta corrente, restringir-se-ia à hipótese em que inexiste a figura do legitimado ordinário; ex.: na ação popular, o cidadão é substituto processual e não existe legitimado ordinário neste caso. Outro exemplo de substituição processual seria a legitimidade do Ministério Público para o ajuizamento de ação civil pública para a defesa de direitos difusos, que não são passíveis de tutela individual.

Vale lembrar que o artigo 18 do CPC, após asseverar, no *caput*, que "ninguém poderá pleitear direito alheio em nome próprio, salvo quando autorizado pelo ordenamento jurídico", estabelece em seu parágrafo único que "havendo substituição processual, o substituído poderá intervir como assistente litisconsorcial". Ou seja, a princípio, o Código segue a doutrina majoritária e não estabelece distinção entre os conceitos. Todavia, para fins de provas do Ministério Público, é importante ter conhecimento da distinção, pois o tema é estreitamente relacionado à atuação ministerial.

38. Em que consiste a denominada "teoria da asserção"? Essa teoria é adotada no Direito Brasileiro?

A **teoria da asserção**, também denominada ***in statu assertionis***, ou ***dela prospettazione***, consiste em uma das formas de se aferir as condições da ação a partir da petição inicial. Segundo esta teoria, o exame da presença da legitimidade da parte e do interesse processual deve ser feito em abstrato, conforme a narrativa do requerente. O juiz verifica se elas estão presentes considerando verdadeiro aquilo que consta da inicial. Para esta teoria, se a ausência de alguma das condições da ação for constatada após o recebimento da inicial e no curso do processo, como no caso de, após a instrução, descobrir-se que o autor não é o titular do crédito demandado, o juiz realizará um julgamento de mérito de improcedência. Opõe-se a essa teoria a **teoria concreta**, segundo a qual o exame das condições da ação deve ser feito de forma concreta; isto é, o juiz, ao analisar a petição inicial, deve considerar não apenas o que o autor alega, mas tudo o que tenha sido apurado, ainda que superficialmente, de acordo com os documentos já anexados na inicial. Para esta teoria, as condições da ação são sempre preliminares e nunca se confundirão com o mérito; no exemplo dado, portanto, o juiz extinguiria o processo sem a resolução do mérito.

No Brasil, existe profunda divergência doutrinária quanto à teoria acolhida. Apesar disso, pode-se dizer que a teoria da asserção vem ganhando espaço e tem predominado em sede doutrinária.

39. É possível a cumulação de pedidos na petição inicial? Sob quais formas e quais requisitos?

O autor pode formular mais de um pedido em face do réu na petição inicial, ainda que não haja conexão entre eles. Os tipos ou formas de cumulação podem ser:

a) **cumulação própria:** quando o autor formula dois ou mais pedidos em face do mesmo réu e visa ao acolhimento de todos eles. A cumulação própria pode ser: **a.1) cumulação simples:** os pedidos formulados são autônomos e independentes, sem relação de prejudicialidade entre si, ex.: a possibilidade de cumulação de danos materiais, morais e estéticos oriundos do mesmo fato; **a.2) cumulação sucessiva**: apesar de formulados mais de um pedido, o acolhimento do segundo depende do reconhecimento do primeiro, e assim em diante; ex.: ação de investigação de paternidade cumulada com alimentos.

b) **cumulação imprópria:** esta modalidade subdivide-se em: **b.1) cumulação subsidiária ou eventual**: quando o autor requer que o segundo pedido somente seja acolhido na hipótese de rejeição do primeiro; ex.: pedido de anulação de casamento cumulado com divórcio; **b.2) cumulação**

alternativa: o autor formula mais de um pedido, mas pede que o juiz acolha apenas um, sem demonstrar preferência por quaisquer deles; ex.: ação que objetiva condenar o réu a restituir a mercadoria ou indenizar o valor correspondente.

Os **requisitos** para a cumulação de pedidos estão previstos no artigo 327, § 1º, do CPC: **I** – que os pedidos sejam compatíveis entre si; **II** – que seja competente para conhecer deles o mesmo juízo; **III** – que seja adequado para todos os pedidos o mesmo tipo de procedimento. Quanto ao último requisito, o § 2º dispõe que, se para cada pedido corresponder diverso tipo de procedimento, será permitida a cumulação se ao autor empregar o procedimento comum

40. O que é princípio da estabilização da demanda?

A doutrina denomina princípio da estabilização da demanda o conjunto de regras previstas no artigo 329 do Código de Processo Civil, segundo a qual o autor poderá: **a)** somente até a citação, aditar ou alterar o pedido ou a causa de pedir, independente de consentimento do réu; **b)** após a citação e até o saneamento do processo, a parte poderá aditar o pedido ou a causa de pedir somente com o consentimento do réu, concedendo-lhe o direito ao contraditório; **c)** após o saneamento do processo, contudo, ainda que se cogite de eventual consentimento do réu, nenhuma modificação será admitida, pelo que a demanda estará perfeitamente estabilizada.

Aprofundamento: este princípio comporta exceções:

a) A inclusão de pedido conexo: se for proposta uma nova ação, mesmo após o saneamento, elas serão reunidas para decisão conjunta, por força da conexão.

b) Se houver autocomposição entre as partes após o saneamento, as partes poderão incluir no acordo pedidos que sequer não demandados na inicial (CPC, art. 515, § 2º).

c) A previsão do artigo 493 do CPC: se, depois da propositura da ação, sobrevier fato constitutivo, modificativo ou extintivo do direito que influenciar no julgamento do mérito, caberá ao juiz tomá-lo em consideração, seja de ofício ou a pedido da parte, no momento da sentença.

d) O incidente de desconsideração da personalidade jurídica, com a inclusão de réu não demandado na inicial, que é cabível em qualquer fase do processo, inclusive já na própria execução.

7. DEFESA. CONTESTAÇÃO. RECONVENÇÃO

41. Sobre a contestação, em que consiste o princípio da eventualidade?

O princípio da eventualidade decorre da regra prevista no artigo 336 do CPC segundo a qual "incumbe ao réu alegar, na contestação, toda a matéria de defesa, expondo as razões de fato e de direito com que impugna o direito do autor e especificando as provas que pretende produzir". Por este princípio, todas as razões de defesa do acusado, ainda que incompatíveis entre si, deverão ser alegadas na contestação, pois ele não terá outra oportunidade de apresentá-las.

Há uma ressalva: sabe-se que as defesas podem ser classificadas em duas categorias: as exceções, que, se não alegadas na primeira oportunidade, considerar-se-ão preclusas; e as objeções, matérias de ordem pública, que não se sujeitam à preclusão. Assim, ainda que o réu omita na contestação uma objeção, ainda assim poderá alegá-las futuramente, mesmo porque incumbe ao juiz conhecê-las de ofício.

42. Na contestação, o ônus da impugnação específica se aplica a todo e qualquer processo?

O Código de Processo Civil estabelece, em seu artigo 341, que incumbe ao réu manifestar-se precisamente sobre as alegações de fato constantes da petição inicial, presumindo-se verdadeiras as não impugnadas. Trata-se da aplicação do princípio da impugnação específica dos fatos. Todavia, o próprio dispositivo legal, em seu parágrafo único, faz a ressalva de que tal ônus não se aplica ao defensor público, ao advogado dativo e ao curador especial, que poderão, portanto, apresentar contestação por negativa geral. Nestes casos, apresentada a contestação por negativa geral, os réus não sofrerão o efeito da revelia consistente na presunção da veracidade dos fatos alegados na inicial. O motivo desta previsão consiste basicamente pelo fato de, na grande maioria das vezes, o defensor público, o advogado dativo e o curador especial sequer terem contato com o réu, o que lhes dificulta a elaboração da contestação.

43. O que aconteceu com a nomeação à autoria no Código de Processo Civil de 2015?

Trata-se de tema intimamente relacionado à contestação, uma vez que, segundo a atual previsão do artigo 338 do CPC: "alegando o réu, na contestação, ser parte ilegítima ou não ser o responsável pelo prejuízo invocado, o juiz facultará ao autor, em 15 dias, a alteração da petição inicial para a substituição do réu". É a hipótese em que o réu, na contestação, alega a preliminar de ilegitimidade de parte. O CPC/2015, portanto, ao prever esta regra, extinguiu a denominada "nomeação à autoria" prevista na codificação anterior como uma das formas de intervenção de terceiros. A doutrina elogia o dispositivo porque ele se tornou mais amplo e eficiente que a antiga nomeação à autoria, que era aplicada a casos restritos.

44. Qual a natureza jurídica da reconvenção? Quais os seus requisitos?

A reconvenção, apesar de ser de titularidade do réu, que deve apresentá-la no prazo da contestação, possui natureza jurídica de verdadeira ação. Em regra, o réu não pode formular pretensões em face do autor na contestação, salvo nas ações dúplices. A reconvenção, portanto, é mecanismo que lhe permite formular pedidos contra o autor no mesmo processo, por economia processual e eficiência, prevenindo-se a tomada de decisões incompatíveis entre si em processos distintos que envolvam as mesmas partes.

Possuindo natureza jurídica de genuína ação, são **requisitos** da reconvenção: **a)** a pendência da ação original (todavia, se houver desistência da ação principal sua extinção sem resolução do mérito, a reconvenção prosseguirá); **b)** a observância do prazo de resposta, pois deve constar no bojo da contestação; **c)** a conexão do pedido com a ação principal ou com os fundamentos da defesa; **d)** a competência do mesmo juízo da ação para conhecer da reconvenção; **e)** a compatibilidade de procedimentos entre a ação e a reconvenção.

45. É possível reconvenção quando a ação é movida por um legitimado extraordinário?

Como se sabe, a legitimidade extraordinária ocorre quando o autor da ação atua não em defesa de direito próprio, mas de direito alheio, pois a lei assim o permite em casos específicos. Eventual obstáculo à reconvenção surgiria porque a pretensão da inicial, embora apresentada pelo substituto, diz respeito ao substituído, que não é parte no processo; e a reconvenção precisa ser conexa ao fundamento da ação principal ou aos fundamentos da defesa. O CPC/2015, solucionando antiga divergência doutrinária, autorizou a reconvenção em casos de substituição processual, movida em face do próprio substituto, que figurará no polo passivo da reconvenção também nessa condição. A doutrina faz aqui uma ressalva: somente será possível a reconvenção no caso de substituição processual se o autor reconvindo também puder figurar como substituto processual na defesa dos direitos do substituído frente à pretensão apresentada pelo reconvinte.

8. LITISCONSÓRCIO. INTERVENÇÃO DE TERCEIROS

46. Quais são as principais classificações acerca do litisconsórcio?

O litisconsórcio configura-se quando há mais de um autor (**litisconsórcio ativo**) ou mais de um réu (**litisconsórcio passivo**) na mesma relação processual. Afora esta primeira classificação, que leva em conta a posição processual das partes, as principais são:

1) Sob o critério cronológico, o litisconsórcio classifica-se em: **a) inicial**: quando já existe na própria petição inicial que é movida por mais de um autor ou em face de mais de um réu; ou **b) ulterior** ou superveniente: quando ocorre somente no curso do processo; ex.: o réu faz a denunciação da lide ou o chamamento ao processo de terceiro.

2) Pelo critério de alcance de seus efeitos, o litisconsórcio pode ser: **a) unitário**: quando, pela natureza da relação jurídica, o juiz tiver de decidir o mérito de modo idêntico para todos os litisconsortes; ex.: ação de nulidade de casamento movida pelo Ministério Público em face do marido e da mulher; ou **b) simples**: quando o juiz puder decidir o mérito de maneira diferente para cada litisconsorte; ex.: ação de indenização movida em conjunto pelas vítimas de um mesmo acidente.

3) Por fim, quanto à obrigatoriedade, o litisconsórcio subdivide-se em: **a) necessário**: quando a lei ou a natureza da relação jurídica exigirem a pluralidade de litigantes no mesmo polo; ex.: ação de usucapião, que exige a citação de todos os confrontantes; ou **b) facultativo**: quando a presença da pluralidade de litigantes no mesmo polo depender da vontade de uma das partes; ex: ação civil pública movida em conjunto pelo MP e a Fazenda Municipal.

47. O que é litisconsórcio multitudinário? O juiz pode limitar o litisconsórcio necessário?

O art. 113, § 1º do CPC estabelece que "O juiz poderá limitar o litisconsórcio facultativo quanto ao número de litigantes na fase de conhecimento, na liquidação de sentença ou na execução, quando este comprometer a rápida solução do litígio ou dificultar a defesa ou o cumprimento de sentença". São dois os requisitos para limitação: que o litisconsórcio seja facultativo e não necessário. Este, como o nome sugere, exige a presença de todos para que o processo tenha regular seguimento, o que torna impossível dividi-lo. Logo, no litisconsórcio necessário, o juiz não pode limitar o número de litisconsortes, ainda que seja excessivo, comprometa a rápida solução do litígio, ou dificulte a defesa ou o cumprimento da sentença.

48. É possível a formação de um litisconsórcio facultativo e unitário? Se sim, cite um exemplo.

Como regra, quando o litisconsórcio é unitário, será sempre necessário e não facultativo, pois a relação jurídica é una e incindível, como no exemplo da ação de nulidade do casamento movida pelo MP em face de ambos os cônjuges. Por esse motivo, no campo da legitimidade ordinária, é impossível cogitar-se de um litisconsórcio facultativo e unitário. Todavia, a doutrina aponta que isto seria possível no campo da legitimidade extraordinária, pois há casos em que, a despeito da comunhão do direito por vários titulares, a lei autoriza que a ação seja movida por apendas um legitimado extraordinário, em nome de todos. O exemplo que se dá é o da ação possessória ou reivindicatória movida por apenas um dos condôminos como substituto processual dos demais (artigo 1.314 do Código Civil).

49. O que acontece se, na hipótese de uma relação jurídica incindível entre seus titulares, um deles se recusa a mover a ação em litisconsórcio ativo? O outro ficará impedido de litigar?

Trata-se de questão que envolve discussão na doutrina e na jurisprudência; ou seja, se há ou não a possibilidade de existir um **litisconsórcio necessário ativo**. Uma **1ªcorrente** privilegia a liberdade de litigar e sustenta que, como ninguém é obrigado a demandar contra a própria vontade, a demanda estará inviabilizada, o que ensejaria a extinção do processo sem resolução do mérito pelo juiz pela deficiência na legitimidade *ad causam*. Uma **2ª corrente**, por outro lado, privilegiando o direito de acesso à justiça (CF, art. 5º, XXXV), assevera que a exigência do litisconsórcio necessário ativo violaria este direito fundamental. Para esta corrente, portanto, seria possível compelir o cotitular a participar da demanda, ainda que contra a sua vontade. Para isso, esta corrente apresenta a seguinte solução: na inicial, o autor deve requerer ao juiz a citação do litisconsorte ativo renitente para que passe a integrar a lide. Este poderá, então, optar entre figurar no polo ativo, partilhando dos mesmos interesses do litisconsorte, ou no polo passivo, quando não estiver de acordo com o autor. A segunda corrente é majoritária na doutrina e jurisprudência.

50. Quais as diferenças entre a assistência simples e a litisconsorcial?

São duas as espécies de assistência previstas em nosso ordenamento jurídico: a simples e a litisconsorcial. A principal diferença entre ambas consiste em que, na **assistência simples**, o assistente mantém vínculo jurídico apenas com a parte assistida, sem guardar qualquer vínculo com a parte contrária; ex.: sublocatário que ingressa como assistente do locatário na ação de despejo. Na **assistência litisconsorcial**, por outro lado, o assistente mantém vínculo jurídico com a parte assistida e com a parte contrária; ex.: o suposto filho menor pode ingressar como assistente litisconsorcial na ação de investigação de paternidade que o MP move em face do suposto pai.

Justamente por essa primeira distinção decorrem outras como:

a) Na assistência simples, o assistente é mero auxiliar (subordinado) da parte assistida que, por isso, poderá desfazer os atos processuais do primeiro; na assistência litisconsorcial, por outro lado, os assistentes possuem atuação autônoma.

b) Na assistência simples, a parte principal (assistido) pode praticar atos de disposição do direito, tais como a renúncia e o reconhecimento do pedido, sem necessitar da concordância do assistente; na assistência litisconsorcial, diversamente, os atos de disposição do assistido somente surtirão efeitos se o assistente estiver de acordo.

c) O assistente simples não se submete à coisa julgada material, mas tão somente à justiça da decisão; já o assistente litisconsorcial, por ser verdadeira parte da relação jurídica, sujeita-se à coisa julgada material.

d) O assistente simples, ainda que possua advogado diferente do assistido, não possui prazo em dobro para a prática dos atos processuais; ao passo que o assistente litisconsorcial, desde que tenha procurador diferente de seu litisconsorte, possuirá esta prerrogativa.

51. Em sede de assistência simples, o que significa submeter-se à denominada "justiça da decisão?

Dispõe o artigo 123 do CPC que, transitada em julgado a sentença no processo em que interveio o assistente, este não poderá, em processo posterior, discutir a justiça da decisão. A expressão "justiça da decisão" refere-se aos fundamentos fáticos e jurídicos da sentença; ou seja, o que está na fundamentação. O assistente simples, justamente por não ser parte da relação material discutida no processo, não é atingido pela coisa julgada, isto é, por aquilo que fica consignado no dispositivo da sentença, que somente se aplicará as partes e eventuais assistentes litisconsorciais. Parte da doutrina denomina esta proibição de discutir os fundamentos da decisão por parte do assistente simples como eficácia preclusiva da intervenção.

Importante ressaltar, contudo, que o próprio CPC faz a ressalva de que a proibição não se aplica nos casos em que o assistente simples: a) pelo estado em que recebeu o processo ou pelas declarações e pelos atos do assistido, foi impedido de produzir provas suscetíveis de influir na sentença; b) desconhecia a existência de alegações ou provas das quais o assistido, por dolo ou culpa, não se valeu. A doutrina denomina essas exceções como *exceptio male gesto processos* pela parte assistida.

52. Sobre a denunciação da lide: é possível a denunciação da lide da Fazenda Pública ao funcionário público que agiu com dolo ou culpa e assim causou o dano ao administrado?

Primeiramente, importante consignar que a denunciação da lide é hipótese de intervenção de terceiros cabível, modo geral: a) quando o réu puder se valer do direito de regresso (previsto em lei ou em contrato) em face de terceiro; ou b) para que possa exercer os direitos que da evicção lhe resultam.

Pois bem. Dispõe a Constituição Federal (art. 37, § 6º) que a responsabilidade das pessoas jurídicas de direito público ou de direito privado prestadoras de serviço público, pelos danos que seus agentes, nessa qualidade, causarem a terceiros, será de natureza objetiva; isto é, independente de culpa. Todavia, assegura o direito de regresso contra o responsável que agiu como dolo ou culpa. A princípio, portanto, poderia se concluir pela possibilidade de a Fazenda Pública demandada denunciar a lide ao funcionário público.

O tema, contudo, é polêmico, e prevalece na doutrina e na jurisprudência do STJ que a denunciação seria incabível nessa hipótese, por introduzir elemento fático novo. Com efeito, a denunciação da lide da Fazenda ao funcionário pode introduzir no processo uma questão que não era objeto de discussão na ação: o dolo ou culpa do funcionário, pois a responsabilidade na lide principal é objetiva; ao passo que na ação decorrente da denunciação seria subjetiva.

53. O chamamento ao processo e a denunciação da lide são cabíveis em qualquer fase processual e tipo de processo?

Não. Ambas as formas de intervenção de terceiros são somente cabíveis na fase do processo de conhecimento, uma vez que possuem a finalidade integrar terceiros na relação processual antes da formação da sentença condenatória (título executivo extrajudicial) e assim excluir ou atenuar a responsabilidade do réu. Após a formação do título, portanto, seja na fase do cumprimento de sentença ou no processo autônomo de execução de título judicial ou extrajudicial, há perda do interesse de agir para a denunciação da lide e chamamento ao processo, que serão inadmissíveis nessas hipóteses. Vale lembrar, da mesma forma, que, de acordo com o artigo 10 da Lei 9.099/95, ambas as formas de intervenção de terceiros estão vedadas no Juizado Especial Cível.

54. Qual a natureza jurídica do *amicus curiae*? Ele pode interpor recursos no processo?

O *amicus curiae* foi incluído no CPC/15 como modalidade peculiar de intervenção de terceiros. Antes da novidade legislativa, era visto tão somente como mero auxiliar do juízo. Conforme o artigo 138 do CPC, poderá ser admitido de ofício pelo juiz, a pedido das partes, do Ministério Público ou de quem pretenda manifestar-se, desde que haja relevância da matéria, especificidade do tema objeto da demanda ou repercussão social da controvérsia. Pode ser pessoa natural ou jurídica, órgão ou entidade especializada, com representatividade adequada.

O *amicus curiae*, justamente por não figurar no processo como parte da relação jurídica discutida nos autos, somente é autorizado a recorrer nas seguintes hipóteses: a) embargos de declaração, apenas para solicitar integração, correção ou aclaramento da decisão; b) da decisão que julgar o incidente de resolução de demandas repetitivas.

9. TUTELA PROVISÓRIA: TUTELA DE URGÊNCIA E TUTELA DE EVIDÊNCIA. TUTELAS PROVISÓRIAS ANTECEDENTES E INCIDENTAIS

55. Quais são as classificações de tutela provisória que podem ser extraídas do CPC/2015?

A tutela provisória no CPC pode ser classificada:

1) **Pela fundamentação: a) de urgência:** quando houver elementos que evidenciem a probabilidade do direito (*fumus boni iuris*) e o perigo de dano ou risco ao resultado útil do processo (*periculum in mora*); **b) de evidência:** de modo geral, quando o réu age de forma abusiva, com manifesto propósito protelatório; ou quando as alegações de fato puderem ser comprovadas apenas com documentos suficientes e o réu não oponha prova capaz de gerar dúvida razoável.

2) **Pela natureza: a) antecipada**: é aquela em que o autor obtém, antecipadamente, a própria satisfação da pretensão formulada na inicial; ex.: a obtenção antecipada do medicamento ou procedimento cirúrgico pleiteado na inicial; **b) cautelar**: é aquela em que o autor obtém provisoriamente não a satisfação da pretensão posta na inicial, mas providências de preservação e proteção dos direitos colocados em litígio; ex.: o arresto dos bens do devedor, preservando-os em mãos de um depositário até que sobrevenha a sentença e lhe permita expropriá-los.

3) **Pelo momento**: **a) antecedente:** aquela formulada antes que tenha sido apresentado o pedido principal, caso em que a petição inicial pode limitar-se ao requerimento da tutela de urgência, apresentando uma exposição sumária da lide com o posterior aditamento da inicial para confirmação do pedido de tutela final; **b) incidental:** é a tutela provisória requerida no bojo da inicial, em conjunto com o próprio pedido principal.

56. Diante dessas classificações, pode-se afirmar ser possível um pedido de tutela provisória de evidência de natureza cautelar, ou de tutela provisória de evidência requerida em caráter antecedente?

Não. Pela sistemática do CPC, é impossível falar-se em tutela de evidência de natureza cautelar, ou mesmo de tutela de evidência requerida em caráter antecedente. Explica-se: como as situações de evidência não pressupõem a existência de perigo de dano ao resultado útil do processo (urgência), não faz sentido que ela tenha natureza cautelar, ou que sejam requeridas em caráter antecedente. A urgência é pressuposto tanto da tutela provisória de natureza cautelar (art. 301), quanto da tutela provisória requerida em caráter antecedente (art. 303).

A contrariu sensu, conclui-se que a **tutela de evidência** será sempre de natureza antecipada (satisfativa) e sempre requerida em caráter incidental no processo.

Por outro lado, seguindo-se este mesmo raciocínio quanto à **tutela provisória de urgência**, pode-se afirmar que esta pode ter natureza antecipada ou mesmo cautelar; bem como que pode ser requerida tanto em caráter incidental como em caráter antecedente.

57. Em que consiste o denominado poder geral de concessão de tutelas provisórias do juiz?

Dispõe o artigo 297 do CPC que o juiz poderá determinar as medidas que considerar adequadas para a efetivação da tutela provisória. Corolário do princípio da efetividade, o dispositivo consagra a atipicidade dos meios executivos, ainda que determinados no curso do processo. Vale lembrar que o próprio artigo 139, inciso IV, do CPC, estabelece os poderes do juiz na direção do processo e permite-lhe determinar todas as medidas indutivas, coercitivas, mandamentais ou sub-rogatórias necessárias para assegurar o cumprimento da ordem judicial, inclusive nas ações que tenham por objeto prestação pecuniária.

Nesse sentido, nada impede que o juiz determine a aplicação de multa coercitiva (*astreintes*), busca e apreensão de coisa, desfazimento de obras, remoção de pessoas ou de coisas, bloqueio de contas, apreensão de CNH e quaisquer outras medidas para o cumprimento de uma tutela provisória; desde que, é claro, sejam respeitados os princípios da dignidade da pessoa humana, proporcionalidade e razoabilidade, pois este poder não pode transformar-se em arbítrio por parte do magistrado.

58. Explique o que é estabilização da tutela antecipada. Ela é aplicável em qualquer espécie de tutela provisória?

A chamada estabilização da tutela antecipada é uma importante novidade prevista no CPC/2015, fruto da influência do direito processual francês. Nos termos do artigo 304 do CPC, quando a tutela antecipada é concedida em caráter antecedente, caso não haja interposição de recurso (agravo de instrumento) pela parte, a decisão que a concedeu se tornará estável. O processo será extinto sem a resolução do mérito, pois não houve aditamento da inicial pelo autor, mas a tutela antecipada permanecerá em vigor por prazo indeterminado, até que uma das partes demande contra a outra com o fito de revê-la, reformá-la ou invalidá-la, direito este que se extingue após dois anos contados da ciência da decisão que extinguiu o processo. Ultrapassado este prazo decadencial de dois anos, a estabilidade converte-se em definitividade, pois a tutela antecipada estabilizada não poderá mais ser modificada.

A finalidade da estabilidade é possibilitar ao interessado a satisfação da sua pretensão sem a instauração de um processo de cognição exauriente, quando o adversário não se opõe à medida deferida.

Nota-se, portanto, que somente é possível se falar em estabilização da tutela provisória quando esta possui natureza antecipada (satisfativa) e é requerida em caráter antecedente. Conforme o próprio enunciado 420 do FPPC, não cabe estabilização da tutela cautelar, da tutela de evidência e da tutela antecipada concedida em caráter incidental.

59. Então pode-se dizer que, ultrapassado o prazo decadencial de dois anos para a propositura de ação revisional da tutela antecipada estabilizada, haverá coisa julgada material?

Trata-se de tema que levanta polêmica na doutrina. Uma 1ª corrente não admite a formação da coisa julgada, porquanto não teria havido exaurimento da cognição por parte do juiz, que se limitou a realizar uma cognição sumária. Todavia, uma 2ª corrente, majoritária, entende que haverá sim coisa julgada material, mercê da impossibilidade de se rever, reformar ou invalidar a decisão da tutela antecipada estabilizada.

60. É cabível tutela provisória contra a Fazenda Pública?

Trata-se de tema relevante, de aplicabilidade no dia a dia do Promotor de Justiça e que gera discussão na doutrina. De um lado, a corrente da qual se vale a Fazenda Pública afirma serem inconstitucionais as previsões de qualquer tutela provisória contra a Fazenda por dois motivos: a) a exigência de remessa necessária das condenações contra si, sem a qual a decisão judicial carece de efeitos (art. 496, CPC); e b) a exigência de que os pagamentos devidos pela Fazenda Pública sejam feitos por meio do sistema de precatórios (art. 100 da CF). Por outro lado, uma 2ª corrente, majoritária, refuta o primeiro entendimento valendo-se dos seguintes argumentos: a) a previsão constitucional do princípio da inafastabilidade da jurisdição (art. 5º, XXXV da CF), segundo o qual "a lei não excluirá da apreciação do Poder Judiciário lesão ou ameaça a direito"; b) o fato de que a remessa necessária prevista no art. 496 do CPC somente se refere às sentenças, e não às decisões interlocutórias; e c) a constatação de que o pagamento pelo sistema de precatórios somente é previsto para as obrigações de pagar quantia e não para obrigações de dar, fazer ou não fazer.

O artigo 1.059 do CPC abraça a tese da possibilidade de concessão de tutela provisória em face da Fazenda Pública. Todavia, o próprio dispositivo estabelece a aplicação do disposto nos artigos 1º a 4º da Lei nº 8.437/92 e 7º, § 2º, da Lei 12.016/09. De acordo com a primeira lei, veda-se a tutela provisória contra a Fazenda Pública: a) nos casos em que não cabe liminar em Mandado de Segurança; b) nas ações que tramitam em 1º grau para impugnar ato de autoridade cujo mandado de segurança seria de competência do tribunal, salvo quando se tratar de ação popular ou ação civil pública; c) quando a liminar for capaz de esgotar, no todo ou em parte, o objeto da ação. Nos termos da segunda lei, também é vedada a tutela provisória contra a Fazenda Pública: d) para deferir compensação de crédito tributário ou previdenciário; e) para determinar a Fazenda a entregar bens ou mercadorias de procedência estrangeira; f) para a reclassificação ou equiparação de servidores públicos e a concessão de aumento ou extensão de vantagens, bem como pagamento de qualquer natureza.

Vale lembrar que a concessão da tutela provisória exigirá prévia oitiva da Fazenda Pública: a) na ação civil pública e no mandado de segurança coletivo (art. 2º da Lei 8.437/92); c) na ação de manutenção ou reintegração de posse contra a Fazenda Pública (art. 562, parágrafo único, do CPC).

10. PROVAS. PRINCÍPIOS. ÔNUS DA PROVA. DESPESAS PROCESSUAIS

61. Qual o modelo adotado pelo direito processual civil brasileiro no que tange aos poderes de iniciativa probatória do juiz?

A doutrina costuma dividir em três os modelos de organização das funções probatórias do juiz no processo civil: **a) modelo dispositivo**: cabe exclusivamente às partes a iniciativa da produção de provas, de modo que o magistrado não poderia determiná-las de ofício; **b) modelo inquisitivo**: o juiz pode determinar a produção de provas de ofício independentemente de requerimento da parte; **c) modelo cooperativo**: a princípio, a iniciativa de produzir provas compete às partes, mas o juiz pode complementá-la; ou seja, após a produção das provas requeridas pelas partes, o juiz pode determinar, *ex officio*, a produção de novas provas apenas para sanar suas dúvidas.

O artigo 370 do CPC dispõe que "cabe ao juiz, de ofício ou a requerimento da parte, determinar as provas necessárias ao julgamento do mérito". A leitura do dispositivo leva a crer, portanto, que houve a adoção do **sistema inquisitivo** pelo sistema processual civil brasileiro. Todavia, importante registrar que parte da doutrina faz uma **interpretação conforme a Constituição Federal** do dispositivo: em respeito à garantia da imparcialidade do julgador, o juiz somente teria amplos poderes probatórios nas causas que versem sobre direitos indisponíveis; quando se tratar de direitos disponíveis, a iniciativa probatória judicial seria apenas complementar.

62. O que significa princípio da comunhão da prova? Quais são as consequências da aplicação deste princípio?

O princípio da comunhão ou aquisição da prova é extraído da leitura do artigo 371 do CPC: "O juiz apreciará a prova constante dos autos independentemente do sujeito que a houver promovido...". É dizer, a prova, uma vez produzida por quaisquer das partes, passa a pertencer ao processo e não à parte que a produziu. São **consequências** da adoção deste princípio: **a)** o juiz pode valorar a prova de forma favorável ou contrária a qualquer uma das partes, inclusive contrariamente aos interesses da própria parte que a produziu; **b)** a parte que produziu a prova não poderá retirá-la do processo, pois ela não mais lhe pertence.

Insta salientar que o artigo 371 do CPC prossegue dizendo que o juiz "... *indicará na decisão as razões da formação de seu convencimento*". Trata-se da adoção do **sistema do livre convencimento motivado, ou persuasão racional do juiz**, segundo o qual não há hierarquia entre os meios de prova (recusa ao sistema da prova legal), que podem ser livremente sopesadas pelo juiz; mas ele é obrigado a fundamentar devidamente a sua sentença (recusa ao sistema da convicção íntima do julgador).

63. Em termos de ônus da prova, o que significa distribuição estática e dinâmica do ônus da prova? Como o CPC/2015 se posicionou a respeito?

O ônus da prova, em seu aspecto subjetivo, consiste no encargo da parte em provar o fato alegado, sob pena de sofrer as consequências legais decorrentes de sua omissão; já em seu aspecto objetivo, consiste em uma regra de julgamento que o juiz deve adotar em caso de o fato não ter sido provado, pois ao juiz não é permitido deixar de sentenciar alegando que os fatos não foram esclarecidos (vedação do *non liquet*).

Pois bem. A **distribuição estática** do ônus da prova é aquela previamente estabelecida pela lei, inclusive quanto às hipóteses de inversão do ônus. O CPC, em seu artigo 373, *caput*, prevê, como regra, a distribuição estática: incumbe ao autor a prova do fato constitutivo de seu direito e, ao réu, a prova do fato impeditivo, modificativo ou extintivo do direito do autor. A **distribuição dinâmica** do ônus da prova, também chamada de inversão judicial do ônus da prova por outro lado, vem prevista como novidade no § 1º do mesmo artigo, o qual permite ao magistrado atribuir o ônus da prova de forma diversa, por meio de decisão fundamentada: a) nos casos previstos em lei; b) diante de peculiaridades da causa relacionadas à impossibilidade ou excessiva dificuldade de cumprir o encargo; ou c) quando houver maior facilidade de se obter a prova do fato contrário. A distribuição dinâmica do ônus da prova; contudo, não poderá gerar situação em que a desincumbência do encargo pela parte se torne impossível ou extremamente difícil.

Vale lembrar que o CPC também previu a possibilidade de **inversão convencional** do ônus da prova; ou seja, por meio de convenção das próprias partes, desde que não recaia sobre direitos indisponíveis e, da mesma forma, não torne excessivamente difícil à parte o exercício do direito.

64. O que é prova diabólica?

Prova diabólica é aquela extremamente difícil ou mesmo impossível de ser produzida pela parte. O maior exemplo é a chamada prova de fato negativo, ex.: na ação de usucapião, o autor ter de provar que não é proprietário de nenhum imóvel no território nacional; para isso, deveria ter de percorrer todos os cartórios de registro de imóveis do Brasil na busca de certidões negativas. Este tipo de prova, portanto, não pode ser exigido no processo. Em uma ação de usucapião, por exemplo, o autor não precisa comprovar que não possui outro imóvel no Brasil; este fato é presumido, até prova em contrário. Todavia, caso o fato negativo seja delimitado no tempo e no espaço, seria possível de se exigir a sua prova; ex.: comprovar que não é titular de nenhum imóvel em determinado município.

A adoção da teoria dinâmica do ônus da prova, possibilitando ao juiz inverter o encargo da produção probatória nos casos de impossibilidade ou excessiva dificuldade de cumpri-lo, demonstra atenção do legislador acerca do tema da prova diabólica.

Para fins de aprimoramento sobre o tema, atualmente já se fala em **a) prova unilateralmente diabólica**: aquela impossível ou de dificílima produção para uma das partes, mas perfeitamente possível à outra; **b) prova bilateralmente diabólica:** aquela impossível ou de dificílima solução para ambas as partes, por isso também é chamada de "situação de inesclarecibilidade".

65. Quais são os requisitos para se utilizar uma prova emprestada de outro processo? A identidade de partes no processo originário é requisito indispensável?

Dispõe o artigo 372 do CPC que "o juiz poderá admitir a utilização de prova produzida em outro processo, atribuindo-lhe o valor que considerar adequado, observado o contraditório". Diante da necessidade de se respeitar o princípio do contraditório, a doutrina discute se há necessidade de que as partes no processo originário e no processo destinatário da prova sejam rigorosamente as mesmas. Uma **1ª corrente** exige o contraditório efetivo, ou seja, que a parte contrária tenha também atuado no processo originário. Uma **2ª corrente**, majoritária, contenta-se com o contraditório posterior, isto é, basta a concessão da oportunidade de a parte contrária se manifestar sobre a prova emprestada no processo destinatário; dispensando a identidade de partes com o processo originário, sob pena de praticamente se inviabilizar a possibilidade de utilização da prova emprestada, retirando a eficácia da norma prevista no Código. A Corte Especial do STJ já decidiu conforme a 2ª Corrente, que conta também com o Enunciado 30 da I Jornada de Direito Processual Civil do CJF: "É admissível a prova emprestada, ainda que não haja identidade de partes, nos termos do art. 372 do CPC".

66. Ainda sobre a prova emprestada; a interceptação telefônica colhida em processo criminal pode servir de prova emprestada para outros processos?

Conforme entendimento do Supremo Tribunal Federal, a interceptação telefônica colhida na área penal somente pode servir de prova emprestada em outros processos criminais ou processos administrativos disciplinares em que se investiga servidor público; ou, ainda, em ações civis públicas por ato de improbidade administrativa, situações em que estão em jogo o interesse público. Noutro giro, a Suprema Corte não admite que esta prova seja juntada em ações em que se discutem interesses particulares disponíveis, como ações cíveis de cobrança ou ações trabalhistas, prevalecendo-se, nestes casos, o direito à intimidade das partes.

67. Quando o Ministério Público requer a produção de uma prova, a quem incumbe arcar com as a despesa necessária à sua produção?

A resposta a esta pergunta demanda uma distinção: **a) quando o MP atua como parte**: o CPC determina que a parte que requer a produção do ato deverá adiantar as despesas respectivas (art. 82, *caput*), cabendo ao vencido, ao final, arcar com todas as despesas (artigo 91, *caput*); **b) quando o MP atual como fiscal do ordenamento jurídico:** incumbirá ao autor o adiantamento das despesas processuais requeridas pelo MP nessa condição (art. 82, § 1º), cabendo ao vencido, ao final, arcar com todas as despesas (art. 91, *caput*): ou seja, vencido o réu, caberá a ele reembolsar os gastos despendidos pelo autor; vencido o autor, este suportará o encargo econômico decorrente da prática do ato requerido pelo *parquet*.

Aprofundamento: quando se tratar de **Ação Civil Pública**, contudo, a Lei 7.347/85 prevê regramento diferente em seu artigo 18, segundo o qual "não haverá adiantamento das custas, emolumentos, honorários periciais e quaisquer outras despesas, nem condenação da associação autora, salvo comprovada má-fé, em honorários de advogado, custas e despesas processuais". Regra idêntica está prevista no artigo 87 do CDC. A finalidade desta regra é facilitar o acesso à justiça em processos coletivos.

Importante ressaltar que, em caso de **perícia** requerida pelo MP em uma Ação Civil Pública, o STJ já entendeu que, em havendo necessidade de adiantamento dos honorários periciais como forma de garantia ao perito de que não trabalhará gratuitamente, viabilizando a produção da prova, incumbirá à Fazenda Pública à qual está vinculado o MP respectivo o adiantamento da despesa.

11. SENTENÇA. COISA JULGADA. AÇÃO RESCISÓRIA

68. Na fundamentação da sentença de mérito, nos termos do artigo 489, § 1º, IV, do CPC, haverá nulidade se o juiz deixar de apreciar algum dos argumentos de uma das partes?

Primeiramente, necessário lembrar que o dever de fundamentação de toda e qualquer decisão judicial é constitucionalmente previsto no artigo 93, inciso IX, da CF/88. Trata-se de um dever do Magistrado e um direito dos jurisdicionados para o devido controle da função jurisdicional, tanto pelas partes, quanto pela própria sociedade.

O CPC/2015 promoveu profundas alterações no que tange à fundamentação da sentença. O artigo 489, § 1º, IV, estabelece que não se considera fundamentada qualquer decisão judicial que "não enfrentar todos os argumentos deduzidos no processo capazes de, em tese, infirmar a conclusão adotada pelo julgador. Diante do advento desta regra, exsurgiram duas teses interpretativas da norma. Para uma **1ª corrente**, mais intransigível, haveria necessidade de o Juiz rebater todos os argumentos das partes, sob pena de não entregar uma prestação jurisdicional adequada. Para uma **2ª corrente**, por outro lado, não se deve confundir a sentença com fundamentação sucinta com aquela de fundamentação deficiente. O juiz não tem obrigação de responder a todos os argumentos das partes, mas tem o dever de examinar as questões que possam servir de fundamento essencial ao acolhimento ou rejeição do pedido do autor. A segunda corrente pode ser considerada majoritária na doutrina e já foi inclusive acatada pelo STJ, para quem o julgador não está obrigado a responder a todas as questões suscitadas pelas partes quando já tenha encontrado motivo suficiente para proferir a decisão. O julgador possui o dever de enfrentar apenas as questões capazes de infirmar (enfraquecer) a conclusão adotada na decisão recorrida (EDcl no MS 21315/DF).

69. Ainda sobre a fundamentação, o que é fundamentação *per relationem*? Ela é admitida em nosso ordenamento jurídico?

A fundamentação *per relationem* é aquela em que o juiz, ao fundamentar sua decisão, limita-se a se reportar a outra decisão proferida anteriormente no mesmo processo, a um parecer do Ministério Público ou da parte, já constante nos autos. Trata-se de uma forma de fundamentação costumeiramente utilizada no meio jurídico desde a vigência do CPC/1973. Todavia, diante das novas regras previstas no artigo 489, § 1º e incisos do CPC/2015, parte da doutrina passou a sustentar a incompatibilidade deste tipo de fundamentação com a norma processual, asseverando que haveria deficiência na fundamentação, passível de gerar nulidade à decisão judicial. Em julgamento anterior à vigência da novel legislação (2014), contudo, o STF já entendeu pela legitimidade da motivação *per relationem* nos casos em que o ato decisório reporta-se expressamente ao parecer do Ministério Público, desde que nele se encontrem os motivos de fato e de direito justificadores da decisão proferida (RHC 121527 Agr/DF).

70. Defina coisa julgada. Quais são os limites objetivos da coisa julgada?

Denomina-se coisa julgada a qualidade que torna imutável e indiscutível os efeitos da sentença. Ela pode ser classificada em: **a) coisa julgada formal** (preclusão máxima): a imutabilidade da sentença, não mais sujeita a qualquer recurso, dentro do mesmo processo em que foi proferida; **b) coisa julgada material**: imutabilidade da sentença de mérito em qualquer outro processo.

Fazem parte dos **limites objetivos da coisa julgada** as questões de mérito decididas no dispositivo da sentença. Com efeito, o artigo 504 do CPC dispõe que não fazem coisa julgada: I – os motivos, ainda que importantes pare determinar o alcance da parte dispositiva da sentença; II – a verdade dos fatos, estabelecida como fundamento da sentença. Ambas as hipóteses se referem, portanto, ao que está contido na fundamentação da sentença.

71. As questões prejudiciais estão abrangidas na coisa julgada?

As questões prejudiciais são pontos controvertidos cujo deslinde repercutirá sobre o julgamento do mérito, mas que não se confundem com ele; ex.: o reconhecimento da paternidade na ação de alimentos movida pelo filho em face do suposto pai. Por isso, as questões prejudiciais são analisadas na fundamentação da sentença e, portanto, a princípio, estariam fora dos limites objetivos da coisa julgada. Todavia, o artigo 503 do CPC prevê hipóteses em que tais questões poderão sim estar abrangidas pela coisa julgada, ainda que decididas na fundamentação. Os requisitos são: I – que a questão seja expressamente examinada na sentença; II – que da resolução desta questão prejudicial dependa o julgamento do mérito; III – que tenha havido contraditório efetivo; ou seja, que o réu tenha oferecido contestação; não se aplicando em caso de revelia; IV – que o mesmo juízo seja competente para decidir a questão de mérito e a questão prejudicial; V – que não haja restrições probatórias ou limitações à cognição que impeçam o aprofundamento da análise da questão prejudicial.

72. A coisa julgada pode ser relativizada?

O tema da relativização da coisa julgada desperta grande discussão na doutrina e na jurisprudência. Cediço que, ainda durante dois anos após o trânsito em julgado da última decisão proferida no processo, a ação rescisória consistiria em meio hábil a afastar a coisa julgada. Após este prazo, porém, não se poderia mais modificá-la. Não por outro motivo, a coisa julgada é prevista na CF/88 como um dos direitos e garantias fundamentais (art. 5º, XXXVI). Trata-se da aplicação do princípio da segurança jurídica, necessário à estabilização das relações sociais.

Todavia, a regra da imutabilidade da coisa julgada poderia, em alguns casos, eternizar situações de flagrante injustiça, pela violação de outros bens de relevante valor jurídico, como a dignidade da pessoa humana. Assim, surgiu a tese de que poderia ser relativizada em determinadas situações como: a) em ações de investigação de paternidade, quando o posterior surgimento do exame de DNA comprova o resultado equivocado do processo anterior; b) em ações de desapropriação, quando se constata a fraude pela superestimação dos valores pagos a título de indenização ao antigo proprietário do bem, do que decorre grave prejuízo aos cofres públicos.

73. Na hipótese de haver duas sentenças transitadas em julgado envolvendo fatos idênticos, qual delas deve prevalecer?

O tema é polêmico, tanto na doutrina, quanto na própria jurisprudência do STJ. Em julgamento do ano de 2018 (informativo 642), a 6ª Turma do STJ decidiu que diante do julgamento duplo do mesmo fato, deve prevalecer a sentença que transitou em julgado em primeiro lugar. Todavia, o julgamento se referia à matéria criminal, que envolvia a sobreposição de suas sentenças condenatórias definitivas contra o mesmo condenado, por fatos idênticos. Recentemente, em dezembro de 2019, no julgamento do EAREsp 600811/SP, que analisou o tema sobre a ótica do direito processual civil, a Corte Especial do STJ decidiu que em caso de conflito entre sentenças transitadas em julgado, com as mesmas partes, mesmas causas de pedir e mesmos pedidos, deve valer a coisa julgada formada por último, enquanto não invalidada por ação rescisória. O fundamento utilizado foi o de que a sentença transitada em julgado por último implica a negativa de todo o conteúdo decidido no processo anterior, em observância ao critério de que o ato posterior prevalece sobre o anterior.

74. Quais são os mecanismos legalmente admitidos para afastar a coisa julgada?

São três as formas de se relativizar a coisa julgada:

a) **Ação rescisória**: no prazo de dois anos a contar do trânsito em julgado da última decisão proferida no processo, para desconstituir a sentença nas hipóteses previstas no artigo 966 do CPC. Regra geral, pode-se afirmar que são hipóteses em que o processo padece de nulidade absoluta; ex.: a sentença se fundamentou em uma prova falsa, ou foi proferida por juiz impedido.

b) **Ação anulatória ou declaratória de nulidade de atos de disposição de direitos:** trata-se de importante novidade trazida pelo artigo 966, § 4º, do CPC. Cabível quanto aos atos de disposição de direitos (transação ou conciliação) praticados pelas partes ou por outros participantes do processo e homologados pelo juízo. Como se trata de negócio jurídico civil, a rescisão se opera mediante ação de nulidade ou anulabilidade (a depender de o vício gerar nulidade absoluta ou relativa).

c) ***Querela nullitatis insanabilis,* ou ação declaratória de ineficácia:** trata-se de uma forma de desconstituir a coisa julgada mesmo após o esgotamento do prazo da ação rescisória para vícios de tamanha gravidade que geram a própria ineficácia da decisão. Diversamente da ação rescisória, não possui prazo decadencial (pode ser ajuizada a qualquer tempo), e se processa no primeiro grau de jurisdição (não no tribunal), perante o próprio órgão prolator da decisão.

75. O Ministério Público é legitimado a ingressar com ação rescisória? Em quais hipóteses?

O artigo 967, inciso III, do CPC, inclui o Ministério Público como um dos legitimados à propositura da ação rescisória nos casos em que: **a)** não foi ouvido no processo em que era obrigatória sua intervenção; **b)** quando a decisão judicial que se pretende rescindir foi decorrente de simulação ou colusão entre as partes com o fim de fraudar a lei; **c)** em outros casos em que se imponha a sua atuação; leia-se: nos processos que envolvam interesse público ou social, interesse de incapazes ou litígios coletivos pela posse de terra rural ou urbana. Vale lembrar que, quando o Ministério Público for o autor da ação rescisória, deverão figurar no polo passivo da demanda os autores e réus da ação originária, pois todos serão afetados pela decisão.

12. RECURSOS. REQUISITOS DE ADMISSIBILIDADE. EFEITOS DOS RECURSOS. RECURSOS EM ESPÉCIE

76. Quais são os requisitos de admissibilidade dos recursos?

Os requisitos de admissibilidade são pressupostos indispensáveis para que qualquer recurso possa ser conhecido. Por constituir matéria de ordem pública, devem ser examinados de ofício pelo juiz. Modo geral, subdividem-se em:

a) **Requisitos de admissibilidade intrínsecos**: guardam relação com o conteúdo da decisão recorrida: **a.1) cabimento**: os recursos são apenas aqueles taxativamente previstos em lei de acordo com a decisão a ser combatida; **a.2) legitimidade:** somente possuem interesse para recorrer a parte vencida, o terceiro prejudicado e o MP, seja quando atua como parte ou como fiscal da ordem jurídica; **a.3) interesse**: só tem interesse em recorrer quem houver sofrido sucumbência no processo.

b) **Requisitos de admissibilidade extrínsecos**: relacionam-se a fatores externos à decisão recorrida, sem com ela guardar relação: **b.1) tempestividade**: o recurso deve ser interposto no prazo legal. Todos os recursos do CPC/2015 possuem o prazo de 15 dias para interposição, salvo os embargos de declaração (05 dias), Vale lembrar que o MP, a Fazenda Pública e a Defensoria Pública possuem prazo em dobro para manifestar-se nos autos; **b.2) preparo:** são as despesas decorrentes do processamento do recurso que devem ser suportadas pelo recorrente, sob pena de deserção. MP, Fazenda Pública e Defensoria Pública estão dispensados de preparo; **b.3) regularidade formal:** os recursos devem ser apresentados por escrito (salvo os embargos de declaração no Juizado Especial Cível, que poderá ser interposto oralmente); além disso, devem vir acompanhados das respectivas razões recursais; **b.4) ausência dos pressupostos negativos de admissibilidade (renúncia, aquiescência ou desistência do recurso):** não pode existir qualquer fato extintivo ou impeditivo do direito de recorrer. São eles: a renúncia: quando a parte declara de antemão sua intenção de não recorrer; a aquiescência: é a manifestação expressa ou tácita de concordância com a decisão judicial, ex.: a parte cumpre com aquilo que foi determinado na decisão; e a desistência do recurso, após já interposto.

77. Sobre os efeitos dos recursos, em que consiste o efeito devolutivo? Por que a doutrina costuma classificá-lo em horizontal e vertical?

O efeito devolutivo consiste na aptidão que todo e qualquer recurso possui de devolver ao conhecimento do órgão *ad quem* o conhecimento da matéria impugnada. Em decorrência do princípio *tantum devolutum quanto appellatum* e da própria inércia da jurisdição, o órgão *ad quem* somente estará autorizado a julgar o recurso nos limites do que foi objeto do pedido recursal (art. 1.013, CPC).

Essa limitação do tribunal ao conhecimento do objeto da impugnação consiste no chamado efeito devolutivo em seu **aspecto horizontal (na extensão ou amplitude)**, pelo qual o tópico não impugnado da decisão recorrida escapa ao conhecimento do órgão *ad quem*, salvo quando se tratar de matéria de ordem pública. Por outro lado, o efeito devolutivo também deve ser analisado sob o **aspecto vertical (na profundidade)**. Segundo esta sua outra faceta, cuja previsão se encontra nos §§ 1º e 2º do art. 1.013, o tribunal (órgão *ad quem*) está autorizado a apreciar e julgar todas as questões suscitadas e discutidas no curso do processo, ainda que não decididas por inteiro; bem como utilizar os fundamentos apresentados pelas partes, ainda que não reiterados no recurso. Em outras palavras, o recurso ficará limitado pela matéria impugnada (aspecto horizontal); todavia, para decidir a matéria impugnada, o tribunal poderá, mesmo de ofício, apreciar as questões suscitadas e discutidas no curso do processo, ainda que não decididas por inteiro, e utilizar os fundamentos apresentados pelas partes, ainda que não reiterados no recurso (aspecto vertical).

78. E o efeito regressivo? Quais são os recursos dotados deste efeito?

O efeito regressivo é aquele que permite ao órgão jurisdicional prolator da decisão recorrida exercer o juízo de retratação; ou seja, reconsiderar a decisão proferida antes de determinar o envio ao órgão *ad quem*, o que poderá tornar o recurso prejudicado. Os recursos dotados deste efeito são basicamente o agravo de instrumento e o agravo interno. O recurso de apelação, em regra, não possui efeito regressivo; todavia, em há duas hipóteses em que o terá: a) na apelação contra a sentença de extinção sem resolução do mérito (art. 485 do CPC); e b) na sentença de improcedência liminar do pedido (art. 332, § 3º, do CPC). Em ambas estas hipóteses o prazo da apelação será de somente 05 dias, ao contrário da regra geral (15 dias).

Consigna-se que, nos procedimentos afetos à Justiça da Infância e da Juventude, ou seja, quando se tratar de matéria que envolva direito da criança e do adolescente nos termos da Lei 8.069/90, a apelação também será dotada de efeito regressivo (art. 198, inciso VII, ECA).

79. Qual o regime recursal estabelecido no CPC/2015 quanto às decisões interlocutórias proferidas no curso do processo?

O CPC/2015 modificou substancialmente a sistemática recursal das decisões interlocutórias. Na codificação anterior, elas poderiam ser objeto de agravo de instrumento em caso de possibilidade de causar à parte lesão ou ameaça de lesão de difícil reparação; ou agravo retido, quando não houvesse este risco. Atualmente, como manifestação do princípio da celeridade processual, pode-se dizer que as decisões interlocutórias são, em regra, irrecorríveis em separado; por outro lado, não se sujeitam à preclusão, e a parte prejudicada poderá impugná-las em eventual recurso de apelação como matéria preliminar.

Todavia, excepcionalmente, em algumas hipóteses taxativas, o CPC/2015 previu a possibilidade de interposição de agravo de instrumento para certas decisões interlocutórias que versem sobre: I – tutelas provisórias; II – mérito do processo; III – rejeição da alegação de convenção de arbitragem; IV – incidente de desconsideração da personalidade jurídica; V – rejeição do pedido de gratuidade da justiça ou acolhimento do pedido de sua revogação; VI – exibição ou posse de documento ou coisa; VII – exclusão de litisconsorte; VIII – rejeição do pedido de limitação do litisconsórcio; IX – admissão ou inadmissão de intervenção de terceiros; X – concessão, modificação ou revogação do efeito suspensivo aos embargos à execução; XI – redistribuição do ônus da prova nos termos do art. 373, § 1°. Segundo o parágrafo único do mesmo dispositivo legal, também caberá agravo de instrumento contra decisões interlocutórias proferidas na fase de liquidação de sentença ou de cumprimento de sentença, no processo de execução e no processo de inventário.

Cumpre asseverar que o STJ decidiu recentemente que a limitação das matérias agraváveis por instrumento somente são aplicáveis ao processo de conhecimento. Assim, independentemente do conteúdo da decisão interlocutória, quando proferida durante a fase de liquidação ou cumprimento de sentença, o recurso cabível será o agravo de instrumento – REsp 1736285.

Observação:

> CIVIL. PROCESSUAL CIVIL. RECURSO ESPECIAL. AÇÃO DECLARATÓRIA. DECISÃO INTERLOCUTÓRIA QUE INDEFERIU O PEDIDO DE NULIDADE DAS INTIMAÇÕES OCORRIDAS APÓS A PROLATAÇÃO DA SENTENÇA. CABIMENTO DO RECURSO EM FACE DE TODAS AS DECISÕES INTERLOCUTÓRIAS PROFERIDAS EM LIQUIDAÇÃO E CUMPRIMENTO DE SENTENÇA, EXECUÇÃO E INVENTÁRIO, INDEPENDENTEMENTE DO CONTEÚDO DA DECISÃO. INCIDÊNCIA ESPECÍFICA DO ART. 1.015, PARÁGRAFO ÚNICO, DO CPC/2015. LIMITAÇÃO DE CABIMENTO DO RECURSO, PREVISTA NO ART. 1.015, CAPUT E INCISOS, QUE SOMENTE SE APLICA ÀS DECISÕES INTERLOCUTÓRIAS PROFERIDAS NA FASE DE CONHECIMENTO.

80. O que aconteceu com o recurso de embargos infringentes no CPC/2015?

Na sistemática do CPC/1973, o recurso de embargos infringentes era previsto como forma de impugnar acórdão não unânime que reformava sentença de mérito. Este recurso, todavia, foi revogado pelo CPC/2015. Atualmente, o art. 942 traz a previsão de uma nova **técnica de complementação de julgamento**, que não possui natureza de recurso, para os acórdãos proferidos em julgamento de apelação quando a decisão não for unânime. Nessa hipótese, o julgamento terá prosseguimento em sessão a ser designada com a presença de outros julgadores, a serem convocados em número suficiente para garantir a possibilidade de inversão do resultado inicial. O § 3° do mesmo dispositivo dispõe, igualmente, que esta mesma técnica será aplicada ao julgamento não unânime proferido em ação rescisória, quando o resultado for a rescisão da sentença; e no agravo de instrumento, quando houver reforma da decisão que julgar parcialmente o mérito.

81. O que são precedentes vinculantes?

Os denominados precedentes vinculantes inserem-se em uma tendência do Processo Civil brasileiro, originariamente fincado sob o sistema *civil law*, em adotar características derivadas do sistema *common law* (Direito Americano), conferindo maior relevância à jurisprudência e tornando-a de observância obrigatória em determinadas hipóteses. Nessa toada, como sintoma da aplicação dos princípios da isonomia e segurança jurídica, o CPC/2015 passou a adotar os precedentes vinculantes. Conforme previsão do artigo 927, "os juízes e os tribunais observarão: I – as decisões do STF em controle concentrado de constitucionalidade; II – os enunciados de súmula vinculante; III – os acórdãos proferidos em incidente de assunção de competência ou de resolução de demandas repetitivas e em julgamento de recursos extraordinário e especial repetitivos; IV – os enunciados das súmulas do STF em matéria constitucional e do STJ em matéria infraconstitucional; V – a orientação do plenário ou do órgão especial aos quais estiverem vinculados".

A redação do artigo gera polêmica na doutrina, sendo que parte dela considera inconstitucionais as previsões dos incisos IV e V, uma vez que tais situações não possuem caráter vinculante pela própria Constituição Federal e, portanto, consistiriam somente em precedentes persuasivos, não-vinculantes.

82. Ainda sobre os precedentes vinculantes, explique o que significam as expressões "distinguishing" e "overruling".

Sempre que se está diante de uma situação passível de aplicação de um precedente normativo, o julgador deve verificar se o caso *sub judice* se assemelha à situação concreta que gerou o precedente ou se há distinção entre ambas. Constatada a distinção entre elas, o julgador não estará obrigado a aplicar o precedente vinculante; nisso consiste o denominado **"distinguishing"**. Outrossim, o julgador também poderá deixar de aplicar o precedente vinculante quando verificar a superação do entendimento nele expressado, nisso consiste a denominada "**overruling**". A hipótese está prevista nos §§ 2º a 4º do artigo 927 do CPC.

13. CUMPRIMENTO DE SENTENÇA. EXECUÇÃO CIVIL JUDICIAL E EXTRAJUDICIAL. LIQUIDAÇÃO DE SENTENÇA

83. Quais são as formas de liquidação de sentença previstas no CPC/2015? O cálculo aritmético ainda é uma das formas de liquidação?

Para que se possa dar início à execução, é necessário que o título judicial seja líquido, certo e exigível. Sempre que, na fase de conhecimento, for prolatada sentença condenatória ilíquida, antes de se dar início ao cumprimento de sentença, haverá a fase de liquidação. As formas de liquidação previstas no CPC/2015 são: **a) liquidação por arbitramento:** é aquela feita por perícia, que apura o valor do débito; ex.: estimar o valor de um prédio deteriorado. Não há necessidade de provar fato novo, restando apenas a perícia para que se aponte o *quantum debeatur*. De acordo com o art. 509, inciso I, do CPC, a liquidação por arbitramento se fará quando assim for determinado pela sentença, convencionado pelas partes ou exigido pela natureza do objeto da liquidação. A outra forma é a **b) liquidação pelo procedimento comum**: quando houver a necessidade de alegar e provar fato novo, ou seja, que não foi objeto da cognição do juiz sentenciante; ex.: estimar os ganhos do falecido diante da execução civil de uma sentença penal condenatória.

Quando a apuração do valor depender apenas de **cálculo aritmético**, não haverá necessidade de liquidação da sentença, competindo ao exequente, ao requerer o cumprimento de sentença, instruí-lo com demonstrativo discriminado e atualizado do crédito (artigo 524, do CPC).

84. Em sede de execução, em que consiste a moratória legal? Ela se aplica a qualquer forma de execução?

A moratória legal consiste no prazo que a própria lei concede ao executado para pagar a dívida consubstanciada no título executivo de forma parcelada. Está prevista no artigo 916 do CPC. No prazo dos embargos, o executado poderá: reconhecendo o crédito do exequente e realizando o depósito de 30% do valor da execução, incluindo custas e honorários de advogado, requerer o pagamento do remanescente em até 06 parcelas mensais, acrescidas de correção monetária e juros de 1% ao mês. Trata-se de um direito potestativo do executado, desde que preencha os requisitos mencionados. Todavia, a opção pela moratória legal importará em renúncia ao direito de interpor embargos à execução. E o não pagamento de qualquer das prestações acarretará ao executado: I – o vencimento antecipado das prestações subsequentes, com o prosseguimento da execução; e II – a imposição de multa de 10% sobre o valor das prestações não pagas.

Importante destacar que, conforme disposição do § 7º do artigo 916, a regra da moratória legal não se aplica ao cumprimento de sentença; isto é, está restrita ao processo de execução autônomo, fundado em título executivo extrajudicial.

85. Os embargos à execução possuem efeito suspensivo?

Não. Conforme previsão expressa do CPC (art. 919), os embargos à execução não são dotados de efeito suspensivo; em regra. Isto porque processo de execução tem por finalidade a satisfação do crédito do exequente da maneira mais eficaz possível, embora da forma menos gravosa ao executado. O juiz poderá, contudo, excepcionalmente, conceder o efeito suspensivo, desde que: I – haja requerimento do embargante, pois o juiz não pode concedê-lo de ofício; II – estejam presentes os requisitos para a concessão da tutela provisória; isto é, que o prosseguimento da execução possa manifestamente causar ao executado dano grave e de difícil reparação; III – que a execução esteja garantida por penhora, depósito ou caução suficientes.

86. Qual a natureza jurídica da penhora? Quais os seus efeitos materiais e processuais?

A penhora é o ato judicial de constrição que individualiza o bem sobre o qual recairá a execução. Não se trata de ato cautelar, mas sim de ato executivo do procedimento de execução de pagar quantia certa. A penhora gera efeitos de direito material e processual:

a) **Efeitos materiais da penhora**: **a.1)** a transferência da posse do bem do executado para o depositário, salvo quando o próprio executado é nomeado depositário do bem; **a.2)** a ineficácia, perante o exequente, dos atos de alienação ou oneração do bem penhorado (fraude à execução).

b) **Efeitos Processuais da Penhora**: **b.1)** garantia do juízo, pois viabiliza o prosseguimento da execução; **b.2)** individualiza o bem sobre o qual recairá a execução; **b.3)** confere direito de preferência ao exequente em caso de pluralidade de penhoras em execuções diferentes.

87. Quais são as maneiras que o exequente dispõe para exigir o cumprimento de sentença que reconheça a obrigação de pagar alimentos decorrentes do direito de família?

São três as formas de execução da sentença que reconhece a obrigação de pagar alimentos decorrentes do direito de família:

a) **Execução por quantia certa, ou convencional** (art. 523 e seguintes do CPC): trata-se da forma tradicional de executar o título judicial para o pagamento de quantia certa, mediante a penhora e expropriação de bens do devedor. Será a única forma possível de execução no caso de o exequente pretender as prestações que ultrapassem os três meses anteriores ao ajuizamento da execução (inteligência da súmula 309 do STJ).

b) **Execução especial, com possibilidade de prisão do executado** (art. 528 do CPC): nessa hipótese, somente possível para a cobrança das três últimas prestações anteriores ao ajuizamento da execução e daquelas que se vencerem no curso do processo, o executado será intimado pessoalmente para, em três dias, pagar o débito, provar que o fez ou justificar a impossibilidade de efetuá-lo, sob pena de ser-lhe decretada a prisão de um a três meses. Vale lembrar que a prisão não pode ser decretada de ofício pelo juiz, dependendo de requerimento do exequente, e é cumprida em regime fechado.

c) **Execução por desconto em folha de pagamento** (art. 529 do CPC): nos casos em que o executado for funcionário público, militar, diretor ou gerente de empresa, ou empregado sujeito à legislação do trabalho, o exequente poderá requerer o desconto em folha de pagamento da importância da prestação alimentícia. Nesse caso, o juízo expedirá ofício à autoridade, empresa ou empregador responsável, para que efetue o desconto a partir da primeira remuneração posterior, sob pena de crime de desobediência. Os descontos referentes às parcelas vencidas, sem prejuízo do pagamento dos alimentos vincendos, não poderão ultrapassar 50% dos ganhos líquidos do executado.

88. No cumprimento de sentença que reconheça a exigibilidade de obrigação de fazer, de não fazer e de entregar coisa, quais são os instrumentos à disposição do juiz para alcançar o cumprimento específico da obrigação ou o resultado prático equivalente? Sobre a multa, a partir de quando pode ser cobrada?

Denomina-se **execução específica** aquela que tem por finalidade a obtenção da exata prestação estabelecida no título executivo, sem que haja necessidade de conversão em perdas e danos. Pra isso, o juiz poderá se valer de meios de: **a) sub-rogação**: em caso de obrigações fungíveis, caso em que o juiz poderá determinar, por exemplo, a busca e apreensão, a remoção de pessoas e coisas, e o desfazimento de obras, bem como o cumprimento da obrigação por terceiro, às expensas do executado; ou **b) coerção**: em caso de obrigações fungíveis ou infungíveis, hipótese em que o juiz poderá se valer de meios coercitivos para compelir o executado ao cumprimento da obrigação, como a imposição de multa coercitiva.

Quanto à multa (*astreinte*) especificamente, o artigo 537 do CPC dispõe que pode ser aplicada ou mesmo ter o seu valor modificado de ofício pelo juiz, sendo sempre destinada ao exequente. O prazo inicia-se com a intimação do devedor para que efetue o pagamento, a partir do descumprimento da obrigação. Quando a multa é fixada em decisão ainda não definitiva, como em uma tutela provisória, será devida desde o dia em que se configurar o descumprimento da decisão e poderá ser cobrada desde logo, também em caráter provisório, mediante depósito em juízo; todavia, somente será permitido o seu levantamento pelo exequente após o trânsito em julgado da sentença que lhe for favorável.

89. Quais são as formas de expropriação de bens previstas no CPC?

São três as formas de expropriação de bens previstas no CPC/2015:

a) **Adjudicação:** é a forma de expropriação de bens que se dá pela entrega da propriedade dos bens penhorados ao próprio credor ou aos terceiros legitimados. Pode ter por objeto bens móveis ou imóveis. Os legitimados à adjudicação são: o próprio exequente; o cônjuge, companheiro, o descendente ou ascendente do executado; os credores concorrentes que hajam penhorado o mesmo bem; além dos legitimados dos incisos II a VIII do artigo 889 do CPC.

b) **Alienação por iniciativa particular:** é a forma de expropriação de bens feita pelo próprio credor que empreenderá esforços para achar interessados em adquirir o bem penhorado, seja por conta própria, ou por meio de corretores devidamente credenciados perante a autoridade judiciária.

c) **Alienação por leilão judicial:** em caso de restarem infrutíferas as tentativas de adjudicação ou alienação por iniciativa particular, a expropriação será feita por leilão judicial, realizada por leiloeiro público. O leilão pode ser feito em meio eletrônico ou presencial. É cabível tanto para bens imóveis (antiga hasta pública), quanto para bens móveis. Ele poderá ser realizado em duas datas. Na primeira, os bens só podem ser arrematados pelo preço da avaliação; na segunda, por qualquer preço, desde que não seja vil. É considerado vil o lance abaixo do valor fixado pelo juiz; se o juiz não o fixar, será reputado como vil o lance inferior a 50% do valor da avaliação.

14. PROCEDIMENTOS ESPECIAIS. INVENTÁRIO E PARTILHA. INTERDIÇÃO

90. O que é inventário? Quais são os tipos de inventário possíveis?

O inventário está previsto no CPC como um dos procedimentos especiais de natureza contenciosa. Consiste basicamente na arrecadação de todos os bens e obrigações que integram a herança do *de cujus* a fim de que possam ser adjudicados ou partilhados aos sucessores.

Em uma primeira classificação, pode-se dividi-lo em **a) inventário extrajudicial**: possível de ser realizado por meio de escritura pública, desde que todos os herdeiros sejam capazes e estejam de acordo com os termos da partilha; **b) inventário judicial**: é a forma obrigatória sempre que houver testamento, herdeiro incapaz, ou quando não houver consenso entre os herdeiros.

O **inventário judicial**, por sua vez, pode se dar mediante três tipos de procedimentos distintos: **a) inventário propriamente dito**, ou tradicional: previsto entre os artigos 610 a 658 do CPC; **b) arrolamento sumário**: previsto no artigo 659 do CPC, cabível quando todos os herdeiros forem maiores e capazes, além de concordes entre si, seja qual for o valor dos bens; **c) arrolamento comum**: previsto no artigo 664, cabível quando os bens inventariados forem de baixo valor (até 1.000 salários mínimos), independentemente da existência de herdeiros incapazes ou da divergência entre os interessados.

91. Qual o prazo para a abertura do inventário? Quem são os legitimados a requerer a sua abertura?

O inventário deve ser instaurado no prazo de 02 meses a contar da abertura da sucessão (morte do *de cujus*); devendo ser encerrado nos 12 meses subsequentes (art. 611). O juiz pode prorrogar esses prazos de ofício ou a requerimento da parte. Tratando-se de prazos impróprios, seu descumprimento não gera sanção processual, mas alguns Estados-Membro preveem multa como sanção pelo retardamento.

O principal legitimado à abertura do inventário é a pessoa que estiver na posse e administração do espólio. Contudo, também terão legitimidade concorrente: o cônjuge ou companheiro supérstite; o herdeiro; o legatário; o testamenteiro; o cessionário do herdeiro ou do legatário; o credor do autor da herança, do herdeiro ou do legatário; o **Ministério Público** quando houver herdeiros incapazes; a Fazenda Pública, quando tiver interesse; e o administrador judicial da falência do autor da herança, do herdeiro e do legatário.

92. No inventário, o juiz está autorizado a analisar qualquer questão de fato e de direito?

Não. No inventário judicial, é vedada a discussão de questão de alta indagação. Questão é o ponto alegado por uma parte e contestado pela outra. As questões de direito, ainda que sejam complexas, não são consideradas de alta indagação; portanto, deverão ser solucionadas nos próprios autos do inventário. As questões de fato são as que necessitam de prova: caso haja prova pré-constituída, ou seja, caso já estejam comprovadas por documento, deverão ser dirimidas no inventário; todavia, caso seja necessária dilação probatória, como a oitiva de testemunhas ou realização de perícia, será considerada **questão de fato de alta indagação** e, portanto, deverá ser discutida em ação autônoma, fora do inventário. Assim, por exemplo, será inviável a discussão de investigação de paternidade ou reconhecimento de união estável no bojo do processo de inventário.

93. O Ministério Público é legitimado a mover a ação de interdição?

Sim. Ao lado do cônjuge ou do companheiro, dos parentes ou tutores e do representante da entidade em que se encontra abrigado o interditando, o Ministério Público figura como um dos legitimados a mover ação de interdição (art. 747, CPC). Todavia, conforme previsão do artigo 748 do Código, o MP somente será legitimado nos casos de **doença mental grave** e desde que os demais legitimados ativos não existam, não promovam a interdição ou sejam incapazes. A doutrina costuma dizer, portanto, que se trata de uma **legitimida-**

de subsidiária. Consigne-se que, caso não seja o autor da ação de interdição, o MP atuará como fiscal da ordem jurídica (art. 178, inciso II e 752, § 1º).

94. Se a ação de interdição for proposta por outro legitimado que não seja o Ministério Público, será necessária a nomeação de curador especial ao interditando?

Não. Conforme entendimento da 4ª Turma do STJ, no julgamento do REsp 1.099.458/PR, nas ações de interdição não requeridas pelo MP, a função de defensor do interditando deverá ser exercida pelo próprio órgão ministerial, sendo desnecessária, portanto, nomeação de curador à lide. A designação de curador especial tem por pressuposto a presença do conflito de interesses entre o incapaz e o responsável pela defesa de seus interesses no processo judicial. Assim, na hipótese de encontrar-se o MP e o suposto incapaz em polos opostos da ação, há intrínseco conflito de interesses a exigir a nomeação ao interditando de curador à lide, nos termos dos artigos 119 do CC e 752, § 2º, do CPC. Por outro lado, proposta a ação pelos demais legitimados, caberá ao MP a defesa dos interesses do interditando, fiscalizando a regularidade do processo, requerendo provas e outras diligências que entender pertinentes ao esclarecimento da incapacidade e, ao final, impugnar ou não o pedido de interdição, motivo pelo qual não se faz cabível a nomeação de curador especial para defender os mesmos interesses pelos quais zela o MP. A atuação do MP como defensor do interditando, nos casos em que não é o autor da ação, decorre da lei (art. 752, § 1º, do CPC) e se dá em defesa de direitos individuais indisponíveis, função compatível com as suas funções institucionais (art. 127 da CF).

95. Qual a natureza jurídica da sentença que decreta a interdição?

Apesar de ser tema que levanta discussão na doutrina, atualmente prevalece que a sentença que decreta a interdição tem **natureza constitutiva**, pois cria uma nova situação jurídica para o interditando para a prática dos atos civis. Os atos negociais doravante praticados pelo curatelado sem a assistência do curador serão anuláveis (art. 171, I, CC). Quanto aos atos praticados antes da decretação da interdição, sua anulação dependerá de prova cabal de que ao tempo do negócio a parte não tinha capacidade de discernimento e isso era de conhecimento ou passível de conhecimento pelo terceiro com quem negociou (proteção ao terceiro de boa-fé – teoria da confiança). Vale lembrar que, conforme disposição do artigo 755, inciso I, do CPC, o juiz, na sentença que decretar a interdição, fixará os limites da curatela segundo o estado e o desenvolvimento mental do interditando.

6

INTERESSES DIFUSOS E COLETIVOS

Gustavo Henrique de Andrade Cordeiro

1. INTERESSES DIFUSOS, COLETIVOS E INDIVIDUAIS HOMOGÊNEOS

1. Conceitue e exemplifique interesses difusos, coletivos e individuais homogêneos, indicando as diferenças entre os institutos.

A definição legal de interesses difusos, coletivos e individuais homogêneos está no artigo 81, parágrafo único, incisos I, II e III, do Código de Defesa do Consumidor, diploma legislativo que integra o microssistema de tutela processual coletiva. É certo que os interesses difusos e coletivos em sentido estrito são essencialmente transindividuais e, portanto, indivisíveis. No entanto, os difusos têm um número indefinido e imensurável de titulares, que são unidos por uma situação de fato comum, a exemplo do direito ao meio ambiente ecologicamente equilibrado, constitucionalmente erigido como um direito de todos. Lado outro, os coletivos, diferentemente, embora sejam indetermináveis *de per si*, são determináveis por grupo, categoria ou classe de pessoas, ligadas entre si ou com a parte contrária, por uma relação jurídica, como, ilustrativamente, o grupo despersonalizado prejudicado pelo aumento ilegal realizado por instituição educacional na mensalidade escolar[1]. Já os interesses individuais homogêneos, ao seu turno, são essencialmente individuais, cujos titulares são determinados e unidos por uma situação de fato comum. Consigne-se que,

1. Súmula 643, STF: O Ministério Público tem legitimidade para promover ação civil pública cujo fundamento seja a ilegalidade de reajuste de mensalidades escolares.

aqui, estamos diante de interesses individuais em sua natureza, mas que, por motivos de política legislativa, poderão ser tutelados processualmente de forma coletiva (por isso, são chamados de acidentalmente coletivos), por razões de economia processual, ampliação do acesso à justiça e evitar decisões contraditórias. Ilustrativamente, é individual homogêneo o interesse decorrente de uma prática comercial abusiva que cause efetivo prejuízo a inúmeros consumidores.

2. O Ministério Público dispõe de legitimidade para a tutela processual tanto dos interesses difusos e coletivos, como, também, dos individuais homogêneos?

A legitimidade do Ministério Público para a proteção dos direitos difusos e coletivos *stricto sensu* tem assento constitucional no artigo 129, inciso III, da Magna Carta, sendo, portanto, pacífica a sua legitimidade para a tutela coletiva destes interesses. Em relação aos interesses individuais homogêneos, convém esclarecer que esta modalidade de interesse coletivo foi inserida no ordenamento jurídico pátrio somente dois anos depois da promulgação da Constituição da República, com a vigência do Código de Defesa do Consumidor (Lei 8.078/90), o que justifica o aparente silêncio constitucional a respeito do tema. Assim, incumbindo ao Ministério Público a defesa dos interesses sociais, conforme estabelecido no artigo 127, "caput", da Carta Constitucional, sua legitimidade para a tutela dos direitos individuais homogêneos dependerá da relevância social do interesse veiculado. Neste particular, os Tribunais Superiores têm entendido que os direitos individuais disponíveis, ainda que homogêneos, estão, em princípio, excluídos do âmbito da tutela pelo Ministério Público. Por outro lado, caso os interesses individuais homogêneos em exame contenham *relevância social*, disporá o órgão ministerial de legitimidade para a sua defesa em juízo[2-3]. Em suma, a legitimação ministerial para a defesa de interesses difusos e coletivos é plena

2. (...) O art. 127 da Constituição Federal atribui ao Ministério Público, entre outras, a incumbência de defender "interesses sociais". (...) Direitos individuais disponíveis, ainda que homogêneos, estão, em princípio, excluídos do âmbito da tutela pelo Ministério Público (CF, art. 127). No entanto, há certos interesses individuais que, quando visualizados em seu conjunto, em forma coletiva e impessoal, têm a força de transcender a esfera de interesses puramente particulares, passando a representar, mais que a soma de interesses dos respectivos titulares, verdadeiros interesses da comunidade. Nessa perspectiva, a lesão desses interesses individuais acaba não apenas atingindo a esfera jurídica dos titulares do direito individualmente considerados, mas também comprometendo bens, institutos ou valores jurídicos superiores, cuja preservação é cara a uma comunidade maior de pessoas. Em casos tais, a tutela jurisdicional desses direitos se reveste de interesse social qualificado, o que legitima a propositura da ação pelo Ministério Público com base no art. 127 da Constituição Federal (STF. RE 631111, Relator Min. TEORI ZAVASCKI, Tribunal Pleno, julgado em 07/08/2014 – Repercussão Geral).

3. Súmula 601, STJ: O Ministério Público tem legitimidade ativa para atuar na defesa dos direitos difusos, coletivos e individuais homogêneos dos consumidores, ainda que decorrentes da prestação de serviços públicos.

e pacífica, ao passo que, quanto aos individuais homogêneos, dependerá de relevância social da causa em discussão.

2. TEORIA GERAL DA TUTELA COLETIVA

3. Em que fase metodológica do processo está situada a denominada tutela processual coletiva?

A tutela processual coletiva está situada na terceira fase metodológica do direito processual civil: a fase do *instrumentalismo*, especificamente na segunda onda renovatória desta fase, chamada de onda de coletivização do processo. A primeira fase processual, denominada fase do *sincretismo* ou do civilismo, afirmava que o processo era um mero apêndice do direito material, não reconhecendo autonomia ao direito processual. Já a segunda fase processual, chamada de fase da *autonomia*, passou a perceber a existência de verdadeira relação jurídica processual envolvendo não apenas as partes, como, também, o Estado-juiz, detentor do monopólio da jurisdição. Aqui, reconhece-se a absoluta autonomia do processo em relação ao direito material. A terceira fase processual, por sua vez, denominada fase do *instrumentalismo*, resgata a ideia de reaproximação do direito processual com o direito material, tendo como marco teórico a obra "Acesso à justiça", de Mauro Cappelletti e Bryant Garth. Sugere-se, nesta fase, a necessidade de três movimentos renovatórios que permitiriam a ampliação do acesso à justiça: a) a primeira onda renovatória (tutela aos hipossuficientes) se refere ao obstáculo econômico de acesso à justiça, que deve ser superado por intermédio de mecanismos de gratuidade de custas processuais e da instituição de órgãos de tutela dos hipossuficientes, como a Defensoria Pública; b) a segunda onda renovatória (coletivização do processo), por sua vez, buscou a proteção processual dos direitos de titularidade indeterminada (transindividuais), notadamente diante da insuficiência dos instrumentos processuais clássicos, voltados à composição de direitos individuais, para bem tutelar interesses de natureza metaindividual, o que se conseguiu, por exemplo, por intermédio da edição da Lei 7.347/85 (Lei de Ação Civil Pública); c) a terceira onda renovatória (efetividade das decisões judiciais), por derradeiro, tem o objetivo de conferir efetividade aos provimentos judiciais, permitindo a efetivação dos direitos assegurados nas decisões judiciais de forma célere e eficaz, a exemplo do que se deu com os juizados especiais cíveis e com os métodos alternativos de resolução dos conflitos (arbitragem, mediação e conciliação).

4. O que se entende por microssistema processual coletivo?

Microssistema processual coletivo é o nome atribuído ao plexo de instrumentos normativos que disciplinam o processo coletivo, formado, preponderantemente, pelo Código de Defesa do Consumidor e pela Lei de Ação Civil Pública, bem como por todas as demais leis que tratam de interesses metaindividuais, interpretando-se e subsidiando-se umas às outras. Ilustrativamente, o Título III do Código de Defesa do Consumidor deverá ser aplicado, no que for compatível, a todas as ações coletivas, a exemplo da ação popular, da ação civil pública, ação de improbidade administrativa e ao mandado de segurança. Por via de consequência, a aplicação do Código de Processo Civil será, indiscutivelmente, residual em relação às ações coletivas, incidindo tão somente nas hipóteses em que não houver disciplina específica nos diplomas legais que compõem o microssistema processual coletivo.

5. O que se entende por princípio do interesse jurisdicional no conhecimento do mérito do processo coletivo?

Considerando que as ações coletivas veiculam questões de interesse público primário, dotados de relevância social, é necessário que o juiz, compreendendo a necessidade de proferir um pronunciamento jurisdicional para a adequada proteção do interesse metaindividual em exame, flexibilize certas formalidades processuais, com o propósito de julgar o mérito da causa no processo coletivo. Exemplificativamente, durante uma ação coletiva, o juiz, percebendo que a parte autora é ilegítima, ao invés de simplesmente extinguir a ação sem resolução de mérito (artigo 485, inciso VI, do CPC), providência tipicamente inerente aos processos individuais, deverá expedir editais convidando outros legitimados para assumirem o polo ativo da ação.

6. O que significa disponibilidade motivada ou indisponibilidade mitigada das ações coletivas?

Considerando que as ações coletivas veiculam em seu bojo interesses públicos primários de relevância social, deve-se concluir que, em princípio, não poderão ser objeto de desistência. Neste particular, diferentemente da disciplina das ações individuais, em que a desistência da ação importa a extinção do processo sem resolução do mérito (artigo 485, inciso VIII, do CPC), no processo coletivo, a desistência infundada da ação coletiva importará a assunção do polo ativo pelo Ministério Público ou por outro legitimado (artigo 5º, § 3º, da Lei 7.347/85), prestigiando o princípio do interesse jurisdicional no julgamento do mérito. A indisponibilidade da ação coletiva é dita *mitigada* porque, caso a desistência seja fundada, a exemplo de ações coletivas temerárias ou manifestamente impertinentes, será possível sua desistência, com a consequente extinção do processo sem resolução de mérito.

7. Quais tutelas judiciais podem ser concedidas no âmbito do direito processual coletivo?

Segundo o princípio da máxima amplitude ou da atipicidade da tutela jurisdicional coletiva, que tem supedâneo no artigo 83, do CDC, todos os tipos de tutela judicial são admissíveis no âmbito das ações coletivas, permitindo-se qualquer provimento jurisdicional para a adequada tutela do direito metaindividual em exame, sejam declaratórios, condenatórios, mandamentais, definitivos ou provisórios etc.

3. AÇÃO CIVIL PÚBLICA

8. Quais interesses metaindividuais podem ser objeto de uma ação civil pública?

O artigo 1º, da Lei 7.347/85, apresenta, em seus incisos, um rol exemplificativo de direitos materiais que podem ser objeto da ação civil pública. Consigne-se, todavia, que o inciso IV, do indigitado dispositivo, previu que *qualquer interesse difuso ou coletivo* poderá ser tutelado por ação civil pública, estabelecendo, assim, o legislador não ser possível a limitação das hipóteses de cabimento. As ações coletivas, portanto, podem ter como objeto qualquer *direito material* coletivo, prestigiando o princípio da *não-taxatividade* da ação coletiva.

9. É possível o controle de constitucionalidade em sede de ação civil pública?

Em que pese o tema não seja pacífico, prevalece que somente será possível, em sede de ações coletivas, o controle incidental (difuso) de constitucionalidade, sempre que a inconstitucionalidade for apenas a causa de pedir – que está excluída dos limites objetivos da coisa julgada – e não o objeto principal da ação. Lado outro, não será possível o controle principal (concentrado) de constitucionalidade quando a declaração de inconstitucionalidade for o pedido principal da ação coletiva. Neste particular, caso a ação civil pública fosse julgada procedente, a coisa julgada geraria efeitos *erga omnes* ou *ultra partes* (art. 103, incisos I e II, do CDC), incidindo sobre pedido da ação, acarretando inadvertida supressão de competência exclusiva do Supremo Tribunal Federal para declarar a inconstitucionalidade de leis ou atos normativos com efeitos gerais.

10. Qual a competência territorial para a propositura de ações civis públicas?

A Lei 7.347/85, laconicamente, aduz, em seu art. 2º, que as ações serão propostas no local onde ocorrer o dano. Este dispositivo, todavia, prestigiando a ideia de microssistema processual de tutela coletiva, deve ser interpretado em conjugação com o art. 93, do CDC, o qual definiu que, em se tratando de dano local (inciso I), a competência será o local onde ocorreu ou deva ocorrer o dano; se, lado outro, o dano for regional ou nacional (inciso II), a ação será proposta na Capital do Estado ou no Distrito Federal, que terão competência concorrente para a causa. A propósito, trata-se de competência absoluta. Consigne-se que, com o cancelamento da vetusta súmula 183[4], do STJ, em 2000, é pacífico que, em caso de dano local onde não haja sede de vara de Justiça Federal, a ação deverá ser ajuizada na vara federal mais próxima (STJ – CC 27.676/BA).

11. Se o réu em uma ação civil pública tiver foro prerrogativa de função, onde deverá ser esta ação proposta?

Prevalece nos Tribunais Superiores que a prerrogativa de foro é circunscrita aos feitos criminais, não se estendendo aos demais processos, não comportando interpretação ampliativa que prejudique o princípio da isonomia. Assim, "o Supremo Tribunal Federal e o Superior Tribunal de Justiça têm entendimento consolidado segundo o qual não há foro por prerrogativa de função para julgamento de ação civil pública" (STJ – REsp 600.734/SP).

12. Quais órgãos têm legitimidade ativa para a propositura da ação civil pública?

O art. 5º, "caput", da Lei 7.347/85, estabelece que poderão propor a ação civil pública: a) Ministério Público; b) Defensoria Pública; c) pessoas jurídicas da Administração Direta (União, Estados, DF e Municípios); d) pessoas jurídicas da Administração Indireta (autarquias, fundações, empresas públicas e sociedades de economia mista); e) associações, desde que constituídas há, pelo menos, um ano (requisito que poderá ser dispensado, se houver interesse social ou relevância do bem jurídico a ser tutelado), incluindo em suas finalidades institucionais concernentes ao direito metaindividual em discussão.

13. Qual a natureza jurídica da legitimidade para a propositura da ação civil pública?

São três as correntes doutrinárias que buscam explicar a natureza da legitimidade ativa para a propositura da ação civil pública: a) legitimação extraordinária, por substituição processual, na medida em que os legitimados ativos defendem em juízo, em nome próprio, direito alheio, pertencente à coletividade; b) legitimação ordinária das "formações sociais", por considerar que os legitimados, quando defendem determinado interesse coletivo, de acordo com seus objetivos institucionais, estão atuando como titulares do próprio direito tutelado; c) legitimação autônoma para a condução do processo, posição segundo a qual, como os interesses metaindividuais não têm titulares determinados, a

4. Súmula 183, STJ: Compete ao Juiz Estadual, nas comarcas que não sejam sede de vara da Justiça Federal, processar e julgar ação civil pública, ainda que a União figure no processo (revogada).

lei simplesmente escolhe algumas entidades para que os defenda em juízo, sendo obsoleta, para esta corrente doutrinária, a dicotomia "legitimação ordinária-extraordinária", própria do processo individual, à classificação referente à legitimidade nas ações coletivas. No âmbito dos Tribunais Superiores, lado outro, é pacífico que se trata de legitimidade extraordinária (STF, RE 208.790/SP; STJ, REsp 208.068/SC).

14. Quais são os requisitos para a concessão de tutela provisória em sede de ação civil pública?

Conjugando o art. 12, da LACP, com o art. 84, § 3º, do CDC, diplomas que compõem o microssistema de tutela processual coletiva, infere-se que, em regra, o juiz poderá conceder uma tutela provisória, em sede de ação civil pública, sempre que o fundamento da demanda for relevante (*fumus boni iuris* – evidência) e que haja receio de ineficácia do provimento final (*periculum in mora* – urgência), seja *inaudita altera parte* ou mediante justificação prévia.

15. É possível a inversão do ônus da prova em sede de ação civil pública?

A doutrina e a jurisprudência têm entendido ser possível a inversão do ônus da prova em ações civis públicas, ainda que não consumeristas, invocando a regra do art. 6º, inciso VIII, do CDC, diploma que integra o chamado *microssistema* de tutela processual coletiva, que deve ser estendido às demais ações coletivas.

16. Qual o regime da coisa julgada nas ações civis públicas?

Segundo a Lei 7.347/85, a coisa julgada nas ações civis públicas terá eficácia "erga omnes", isto é, será oponível à toda a coletividade, caso seja julgada procedente (coisa julgada "secundum eventum litis"), nos limites da competência territorial do órgão prolator. Se improcedente por falta de provas, entretanto, a sentença fará apenas coisa julgada *formal*, sendo possível a propositura de nova ação, com idêntico fundamento, caso sobrevenham provas novas (coisa julgada "secundum eventum probationis"). Nada obstante, o CDC abordou o tema de forma mais pormenorizada, delimitando os efeitos da coisa julgada conforme o interesse metaindividual veiculado. Assim, a coisa julgada será "erga omnes" nos interesses *difusos* e "ultra partes" nos interesses *coletivos* em sentido estrito, exceto em caso de improcedência por falta de provas ("coisa julgada "secundum eventum litis"), oportunidade em que qualquer colegitimado poderá propor idêntica ação coletiva, desde que munido por prova (coisa julgada "secundum eventum probationis"). Em ambos os casos, os efeitos da coisa julgada não prejudicarão os direitos individuais da coletividade ou do grupo. Já no caso de interesses *individuais homogêneos*, a coisa julgada somente terá efeitos "erga omnes" se for julgada procedente, beneficiando, assim, as vítimas individualizadas do evento comum (transporte "in utilibus" da coisa julgada coletiva). Consigne-se que, neste caso (interesses individuais homogêneos), os efeitos da improcedência da ação coletiva não poderão prejudicar os direitos das vítimas do fato comum, sendo permitido a elas a propositura de ações individuais, em homenagem ao princípio do máximo benefício da coisa julgada coletiva, exceto se tiverem integrado o polo ativo da ação coletiva na condição de litisconsortes.

17. Havendo condenação em dinheiro em uma ação civil pública, a quem se reverterão os valores?

Em caso de condenação em dinheiro, os valores levantados não serão encaminhados à instituição autora da ação civil pública, justamente por não ser titular exclusiva do interesse metaindividual protegido em juízo. No caso, os valores serão revertidos a um fundo fluído, cujos recursos serão destinados à reconstituição dos bens lesados, gerido por um Conselho Federal ou por um Conselho Estadual, conforme a natureza da causa, do qual participarão, necessariamente, o Ministério Público e representantes da comunidade.

18. Se uma associação propôs uma ação civil pública, julgada procedente, em decisão transitada em julgado, mas, por negligência, deixar de iniciar o cumprimento da sentença da ação coletiva, qual postura deverá o Ministério Público adotar?

Transitada em julgado uma decisão de procedência em ação civil pública, deverá a associação autora promover a sua execução no prazo de 60 (sessenta) dias. Findo o prazo sem a devida providência, qualquer outro legitimado ativo do art. 5º, da LACP, poderá executar a decisão à baila, hipótese em que o órgão ministerial oficiará como fiscal da ordem jurídica. Caso, todavia, nenhum dos legitimados execute a decisão, deverá, necessariamente, o Ministério Público deflagrar o seu cumprimento, assumindo o polo ativo desta fase processual, prestigiando, assim, o princípio da obrigatoriedade da execução coletiva.

19. O que se entende por fluid recovery?

O *fluid recovery* (reparação fluída) é o instituto previsto no art. 100, do CDC, em que se prevê que, no caso de condenação em ação coletiva referente a interesses individuais homogêneos, caso decorra o prazo de 1 (um) ano sem a habilitação de interessados em número compatível com a gravidade do dano, poderão os legitimados ativos do art. 82, do CDC, promover a execução da indenização devida, que deverá ser destinada ao fundo fluído a que se refere o art. 13, da LACP, administrado pelos Conselhos Federais ou Estaduais, com participação do *parquet* e de representantes da comunidade.

4. INQUÉRITO CIVIL

20. O que é o inquérito civil?

Inquérito civil é o procedimento administrativo de caráter inquisitivo, de titularidade exclusiva do Ministério Público, cujo objetivo é colher elementos de convicção apurar a ocorrência de danos a interesses metaindividuais, servindo como preparação para o exercício das atribuições inerentes às suas funções institucionais (ação civil pública, compromisso de ajustamento de conduta ou arquivamento). A disciplina normativa do inquérito civil está prevista na Resolução nº 23, do Conselho Nacional do Ministério Público, permitindo-se a cada unidade ministerial expedir atos normativos próprios, para adequação às particularidades locais[5].

21. Quais são as fases do inquérito civil?

O inquérito civil é composto por três fases: a) instauração: aqui, o procedimento será formalmente iniciado, com a elaboração de portaria que descreva, clara e suficientemente, o objeto de investigação; b) instrução: fase em que o órgão ministerial poderá expedir *notificações* para depoimentos ou esclarecimentos, sob pena de condução coercitiva, *requisições* a autoridades públicas ou privadas, para obter informações ou documentos e, até mesmo, *inspeções* e diligências investigatórias *in loco*; c) conclusão: com o término da instrução, produzidos os elementos de convicção, deverá o Ministério Público, fundamentadamente, adotar uma das três providências: c.1) arquivar o inquérito civil, se, esgotadas todas as diligências, convencer-se da inexistência de fundamento para a propositura da ação civil, (*v.g.* inexistência de lesão a interesse metaindividual), remetendo os autos, no prazo de 3 (três) dias úteis, sob pena de falta funcional grave, ao Conselho Superior do Ministério Público para homologação da decisão; c.2) celebração de compromisso de ajustamento de conduta, hipótese em que, semelhantemente, será necessário o arquivamento do inquérito civil e consequente homologação do CSMP; e c.3) propositura de ação civil pública.

22. O defensor da pessoa investigada poderá ter vista dos autos do inquérito civil?

Em caso de inquérito civil sem sigilo decretado, qualquer defensor, ainda que sem procuração, poderá ter vista dos autos, podendo copiar peças e tomar

5. Ilustrativamente, o Ministério Público do Estado de São Paulo expediu a Resolução nº 484-CPJ, de 5 de outubro de 2006, que disciplina o inquérito civil e demais investigações do Ministério Público na área dos interesses difusos, coletivos e individuais homogêneos, as audiências públicas, os compromissos de ajustamento de conduta e as recomendações.

apontamentos[6]. Caso haja sigilo decretado dos autos, será necessária a apresentação de procuração[7]. Em qualquer caso, poderá o Ministério Público obstar o acesso do defensor aos elementos de prova relativos a diligências ainda em trâmite e não documentadas[8]. Não se admitirá, todavia, a *carga* dos autos, retirando-os da secretaria do Ministério Público[9].

23. Caso um cidadão oferte uma representação ao Ministério Público para a instauração de inquérito civil, mas o Promotor de Justiça a indefira, sob o fundamento de ausência de lesão a interesse metaindividual, é cabível algum recurso?

Neste caso, será possível ao cidadão, uma vez intimado da decisão ministerial de indeferimento, a interposição de recurso administrativo, no prazo de 10 (dez) dias, endereçado ao Conselho Superior do Ministério Público[10]. Interposto o recurso, o Promotor de Justiça poderá exercer juízo de retratação em 3 (três) dias, após o que, caso mantenha a decisão, submeterá os autos à instância administrativa superior para oportuna deliberação[11].

24. Qual o prazo para a conclusão do inquérito civil?

A Resolução nº 23, do CNMP, estabelece que o prazo de conclusão do inquérito civil é de um ano, prorrogável pelo mesmo prazo e por quantas vezes forem necessárias[12]. Contudo, é possível que cada Ministério Público estabeleça

6. Art. 7º, § 6º, da Res. 23, CNMP: O defensor poderá, mesmo sem procuração, examinar autos de investigações findas ou em andamento, ainda que conclusos à autoridade, podendo copiar peças e tomar apontamentos, em meio físico ou digital.

7. Art. 7º, § 7º, da Res. 23, CNMP: Nos autos sujeitos a sigilo, deve o advogado apresentar procuração para o exercício dos direitos de que trata o § 6º.

8. Art. 7º, § 8º, da Res. 23, CNMP: O presidente do inquérito civil poderá delimitar, de modo fundamentado, o acesso do defensor à identificação do(s) representante(s) e aos elementos de prova relacionados a diligências em andamento e ainda não documentados nos autos, quando houver risco de comprometimento da eficiência, da eficácia ou da finalidade das diligências.

9. Art. 116, da Resolução MPSP nº 484-CPJ, de 5 de outubro de 2006: O pedido de vista dos autos, mediante requerimento fundamentado, poderá ser feito pelo interessado ou procurador legalmente constituído, dependendo de deferimento total ou parcial do presidente do inquérito civil, ficando vedada a retirada dos autos da secretaria.

10. Art. 5º, § 1º, da Res. 23, CNMP: Do indeferimento caberá recurso administrativo, com as respectivas razões, no prazo de dez dias.

11. Art. 5º, § 2º, da Res. 23, CNMP: As razões de recurso serão protocoladas junto ao órgão que indeferiu o pedido, devendo ser remetidas, caso não haja reconsideração, no prazo de três dias, juntamente com a representação e com a decisão impugnada, ao Conselho Superior do Ministério Público ou à Câmara de Coordenação e Revisão respectiva para apreciação.

12. Art. 9º, "caput", da Res. 23, CNMP: O inquérito civil deverá ser concluído no prazo de um ano, prorrogável pelo mesmo prazo e quantas vezes forem necessárias, por decisão fundamentada

prazo inferior[13]. Em relação ao procedimento preparatório do inquérito civil, a Resolução nº 23, do CNMP, prevê prazo de 90 (noventa) dias, prorrogável por uma única oportunidade[14].

25. Qual o valor probatório do inquérito civil?

Segundo o Superior Tribunal de Justiça (AgInt no AREsp 1.155.351/GO), as provas colhidas no inquérito civil têm valor probatório relativo, porque colhidas sem a observância do contraditório, mas só devem ser afastadas quando há contraprova de hierarquia superior, ou seja, produzida sob a vigilância do contraditório. Convém ressaltar que, sendo o inquérito civil um procedimento administrativo, facultativo e dispensável, não há necessidade de observância do princípio do contraditório, notadamente porque não poderá resultar na imposição direta de sanção.

26. O que se entende por recomendação ministerial?

A recomendação é instrumento de atuação extrajudicial do Ministério Público por intermédio do qual este expõe, em ato formal, razões fáticas e jurídicas sobre determinada questão, com o objetivo de persuadir o destinatário a praticar ou deixar de praticar determinados atos em benefício da melhoria dos serviços públicos e de relevância pública ou do respeito aos interesses defendidos pela instituição, atuando, assim, como instrumento de prevenção de responsabilidades ou correção de condutas. Na hipótese de desatendimento à recomendação, de falta de resposta ou de resposta considerada inconsistente, o órgão do Ministério Público adotará as medidas cabíveis à obtenção do resultado pretendido com a expedição da recomendação, a exemplo da propositura de ação civil pública. O instituto é disciplinado pela Resolução nº 164, do Conselho Nacional do Ministério Público.

27. O que é compromisso de ajustamento de conduta?

O compromisso de ajustamento de conduta é instrumento de garantia dos interesses difusos, coletivos, individuais homogêneos e outros direitos de cuja

---

de seu presidente, à vista da imprescindibilidade da realização ou conclusão de diligências, dando-se ciência ao Conselho Superior do Ministério Público, à Câmara de Coordenação e Revisão ou à Procuradoria Federal dos Direitos do Cidadão.

13. Art. 9º, § 1º, da Res. 23, CNMP: Cada Ministério Público, no âmbito de sua competência administrativa, poderá estabelecer prazo inferior, bem como limitar a prorrogação mediante ato administrativo do Órgão da Administração Superior competente.

14. Art. 2º, § 6º, da Res. 23, CNMP: O procedimento preparatório deverá ser concluído no prazo de 90 (noventa) dias, prorrogável por igual prazo, uma única vez, em caso de motivo justificável.

defesa está incumbido o Ministério Público, com natureza de negócio jurídico que tem por finalidade a adequação da conduta às exigências legais e constitucionais, com eficácia de título executivo extrajudicial. O instituto é disciplinado pela Resolução nº 179, do Conselho Nacional do Ministério Público.

28. Quem pode celebrar o compromisso de ajustamento com o investigado?

O art. 5º, § 6º, da LACP, estabelece que apenas os órgãos públicos poderão celebrar o TAC com o interessado, o que, desde logo, exclui as associações e outros entes privados, incluindo, além do Ministério Público e da Defensoria Pública, os entes da Administração Direta e Indireta.

29. É possível a transação do interesse metaindividual na celebração do TAC, com sua disposição, ainda que parcial?

Não é dado ao Ministério Público e, tampouco, a qualquer outro órgão público colegitimado, fazer concessões que impliquem renúncia aos interesses metaindividuais em jogo, na exata medida em a legitimidade ministerial é extraordinária, não lhe pertencendo exclusivamente os direitos por ele tutelados, senão à própria coletividade. Assim, o compromisso deverá se circunscrever à negociação em relação à interpretação do direito para o caso concreto, à especificação das obrigações adequadas e necessárias, em especial, o modo, tempo e lugar de cumprimento, bem como à compensação ou à indenização dos danos que não possam ser recuperados.

30. O compromisso de ajustamento de conduta firmado pelo Ministério Público precisa ser homologado pelo seu Conselho Superior?

Uma vez celebrado o compromisso de ajustamento de conduta, o Promotor de Justiça deverá promover o arquivamento do inquérito civil, submetendo os autos ao Conselho Superior do Ministério Público, no prazo legal, para sua homologação. O *TAC* terá eficácia de título executivo extrajudicial. Todavia, em caso de compromisso de ajustamento de conduta judicial firmado no bojo da ação civil pública, quem decidirá sobre sua homologação será o Poder Judiciário, sem a necessidade de intervenção do Conselho Superior do Ministério Público, hipótese em que o título executivo formado, evidentemente, terá natureza judicial.

31. Se o Promotor de Justiça arquivar o inquérito civil, por falta de base para a propositura de ação civil pública, mas o Conselho Superior do Ministério Público discordar do arquivamento, quais providências poderá este órgão colegiado tomar?

Caso o Conselho Superior discorde do arquivamento do Promotor de Justiça, não o homologando, poderá tomar uma das duas seguintes providências: a) converter o julgamento em diligência, especificando ao Promotor de Justiça todas as provas pendentes necessárias para o completo amadurecimento do inquérito civil[15]; b) encaminhará os autos ao Procurador-Geral de Justiça para que, em respeito à independência funcional do membro do *parquet* que arquivou os autos, designe outro Promotor de Justiça para a propositura da ação civil pública, na condição de seu *longa manus*[16].

5. AÇÃO POPULAR

32. Quais os interesses metaindividuais que podem ser tutelados pela via da ação popular?

A cabeça do artigo 1º, da Lei 4.717/65, circunscreve o âmbito de proteção da ação popular ao *patrimônio público*, considerado, segundo o § 3º, do indigitado dispositivo, como os bens e direitos de valor econômico, artístico, estético, histórico ou turístico. Todavia, a Constituição da República, três décadas depois da edição da lei de ação popular, ampliou o objeto da ação popular para abranger não apenas o patrimônio público, como, também, a moralidade administrativa, o meio ambiente e o patrimônio histórico e cultural. Percebe-se, portanto, que a ação popular, invariavelmente, terá por propósito a tutela de interesses essencialmente difusos, considerados como aqueles descritos no artigo 81, parágrafo único, inciso I, do CDC, não abarcando os coletivos em sentido estrito e, tampouco, os individuais homogêneos.

33. Quem pode ser autor da ação popular?

Conforme o "caput", do artigo 1º, da Lei de Ação Popular, tão somente o cidadão tem legitimidade ativa para a propositura da ação popular, o que, desde logo, exclui, automaticamente, os legitimados gerais arrolados no artigo 5º, da Lei 7.347/85, e no artigo 82, da Lei 8.078/90. O conceito de cidadão deve

---

15. Art. 10, § 4º, I, da Res. 23, CNMP: Deixando o órgão de revisão competente de homologar a promoção de arquivamento, tomará uma das seguintes providências (...) converterá o julgamento em diligência para a realização de atos imprescindíveis à sua decisão, especificando-os e remetendo os autos ao membro do Ministério Público que determinou seu arquivamento, e, no caso de recusa fundamentada, ao órgão competente para designar o membro que irá atuar.

16. Art. 10, IX, "d", Lei 8.625/93: Compete ao Procurador-Geral de Justiça: (...) designar membros do Ministério Público para: (...) oferecer denúncia ou propor ação civil pública nas hipóteses de não confirmação de arquivamento de inquérito policial ou civil, bem como de quaisquer peças de informações.

ser assimilado como a pessoa brasileira que esteja no pleno gozo dos direitos políticos, dotado de capacidade eleitoral ativa, excluindo-se, inicialmente, os estrangeiros e os conscritos[17], sem prejuízo da exclusão, outrossim, daqueles que tiverem seus direitos políticos suspensos ou perdidos[18]. Nada obstante, também são ilegítimas as pessoas jurídicas[19] para a propositura da ação popular. Acresce-se a isso o fato de que, uma vez proposta a ação popular, qualquer outro cidadão poderá se habilitar como litisconsorte ou como assistente do autor[20].

34. A pessoa presa pela prática de infração penal poderá propor ação popular?

A condenação criminal transitada em julgado, enquanto perdurarem os seus efeitos, é causa de perda dos direitos políticos (art. 15, inciso III, da Constituição da República). Assim, a pessoa que cumpre pena por condenação criminal definitiva, por não gozar de capacidade eleitoral ativa e passiva, não poderá, consequentemente, propor ação popular. Lado outro, a ordem jurídico-constitucional brasileira mantém ao preso cautelar (prisão preventiva ou prisão temporária), em homenagem ao princípio da presunção de inocência, a higidez de seus direitos políticos, motivo por que, por via de consequência, ser-lhes-á permitida a propositura de ação popular.

35. Como se prova a condição de cidadão, necessária ao reconhecimento da legitimidade ativa para a ação popular?

O *status* de cidadão é uma condição especial das ações populares. Sua comprovação, para o fim de ingresso em juízo, deve se dar mediante a juntada de título eleitoral, nos termos do artigo 1º, § 3º, da Lei 4.717/65[21]. Convém esclarecer, todavia, que ser eleitor não é condição de legitimidade ativa, mas apenas o meio de prova documental da cidadania exigido por esta lei especial, excepcionando a regra geral de liberdade probatória prevista na legislação

17. Art. 14, § 2º, CF: Não podem alistar-se como eleitores os estrangeiros e, durante o período do serviço militar obrigatório, os conscritos.
18. Art. 15, CF: É vedada a cassação de direitos políticos, cuja perda ou suspensão só se dará nos casos de: I – cancelamento da naturalização por sentença transitada em julgado; II – incapacidade civil absoluta; III – condenação criminal transitada em julgado, enquanto durarem seus efeitos; IV – recusa de cumprir obrigação a todos imposta ou prestação alternativa, nos termos do art. 5º, VIII; V – improbidade administrativa, nos termos do art. 37, § 4º.
19. Súmula 365, STF: Pessoa jurídica não tem legitimidade para propor ação popular.
20. Art. 6º, § 5º, da Lei 4.717/65: É facultado a qualquer cidadão habilitar-se como litisconsorte ou assistente do autor da ação popular.
21. Art. 1º, § 3º, da Lei 4.717/65: A prova da cidadania, para ingresso em juízo, será feita com o título eleitoral, ou com documento que a ele corresponda.

processual civil, quer sob a lógica da atipicidade, quer sob o prisma da não-taxatividade dos meios de provas[22].

36. O Ministério Público pode figurar no polo ativo de uma ação popular?

O Ministério Público, em que pese sua missão constitucional de defesa da ordem jurídica e dos interesses sociais, não tem legitimidade ativa para a propositura da ação popular, por expressa vedação do artigo 1º, "caput", da Lei 4.717/65, dispositivo que restringe ao cidadão a possibilidade de propositura desta ação coletiva específica. Como regra, portanto, o órgão ministerial oficiará na ação popular apenas na condição de fiscal da ordem jurídica (artigo 6º, § 4º, da Lei 4.717/65). Todavia, incidentalmente, é excepcionalmente possível que o Ministério Público ocupe o polo ativo em uma ação popular, na hipótese de desistência da ação por parte de seu autor, se nenhum outro cidadão assumir a condição de autor no prazo de 90 dias, oportunidade em que o *parquet* deverá assumir o polo ativo do processo, prosseguindo como autor do feito até a sentença.

37. Seria possível a propositura de ação popular em domicílio eleitoral diverso da inscrição do eleitor?

A legislação estabelece como única condição especial da ação popular a condição de cidadão (artigo 1º, "caput", da Lei 4.717/65), cuja prova documental necessária para sua demonstração é o título de eleitor (§ 3º, do indigitado dispositivo legal). A lei, portanto, não restringiu a legitimidade ativa do cidadão à sua circunscrição eleitoral, permitindo a ele a propositura da ação popular em outra circunscrição eleitoral, seja da mesma, seja de outra unidade federativa. É o entendimento pacífico da doutrina e, também, do Superior Tribunal de Justiça, esposado no Recurso Especial nº 1.142.800[23]. Ademais, onde o constituinte e o legislador não distinguiram, não parece pertinente ao Judiciário fazê-lo, mormente para restringir inadvertidamente a legitimidade ativa da ação popular, instituto dos mais caros à participação social e ao controle da Administração Pública.

38. É possível que um adolescente proponha uma ação popular?

22. Art. 369, CPC: As partes têm o direito de empregar todos os meios legais, bem como os moralmente legítimos, ainda que não especificados neste Código, para provar a verdade dos fatos em que se funda o pedido ou a defesa e influir eficazmente na convicção do juiz.

23. (...) aquele que não é eleitor em certa circunscrição eleitoral não necessariamente deixa de ser eleitor, podendo apenas exercer sua cidadania em outra circunscrição. Se for eleitor, é cidadão para fins de ajuizamento de ação popular (...)".

Considerando que o adolescente entre dezesseis e dezoito anos poderá, facultativamente, alistar-se como eleitor (art. 14, § 1º, inciso II, *c*, da Constituição Federal), será possível, apenas neste caso, a propositura de ação popular, porquanto, ainda que relativamente incapaz sob o prisma civil, será eleitor. Evidentemente, aos adolescentes até os dezesseis anos incompletos, aos quais não se confere capacidade eleitoral ativa, é peremptoriamente vedada a propositura de ação popular.

39. Suponha que um adolescente, aos 16 (dezesseis) anos, tenha se alistado como eleitor. Caso ele queira propor uma ação popular, seria necessário que ele fosse assistido por seu representante legal, sob pena de extinção do processo?

A resposta desta questão exige que se faça uma distinção entre capacidade civil e capacidade eleitoral ativa. A capacidade civil plena, consistente na aptidão de realizar, pessoalmente, todos os atos inerentes à vida civil, inclusive litigar pessoalmente em juízo (art. 71, do CPC), inicia-se aos dezoito anos completos (art. 5º, "caput", do Código Civil). A capacidade civil, que habilita a pessoa a litigar em juízo sem a necessidade de ser assistido ou representado, todavia, não se confunde com a capacidade eleitoral ativa. Esta, com efeito, é a aptidão para exercer o voto direto, habilitando, outrossim, o cidadão à propositura da ação popular. O exercício do voto e, por via de consequência, a propositura de ação popular, não podem ser considerados meros atos da vida civil, senão como verdadeiros direitos políticos constitucionalmente assegurados. Neste diapasão, se o adolescente de 16 (dezesseis) anos pode, plenamente e sem a necessidade de representação ou assistência dos pais ou responsáveis, exercer o direito político ao voto, logicamente, não se pode dele exigir que seja assistido para o exercício do direito fundamental à ação popular (art. 5º, inciso LXXIII, CF). Afinal, ***ubi eadem ratio ibi idem jus***. Trata-se de entendimento majoritário da doutrina, acolhido pelo Superior Tribunal de Justiça no Recurso Especial nº 889.766[24]. Evidentemente, lado outro, em relação às outras ações que possa figurar no polo ativo (*v.g.* ação de alimentos), será exigido do adolescente da hipótese em tela que seja assistido por seus pais ou responsáveis legais (art. 71, do CPC), sob pena de extinção do processo (art. 76, § 1º, inciso I, do CPC).

40. Quem pode constar no polo passivo da ação popular?

Poderão constar como réus da ação popular: a) União, Estados, Distrito Federal e Municípios; b) autarquias, fundações, empresas públicas e sociedades de economia mista; c) pessoas jurídicas subvencionadas pelos cofres públicos;

24. (...) se o cidadão menor de 21 tiver adquirido o direito de eleitor, não há necessidade de assistência (...)".

d) autoridades, funcionários ou administradores que houverem autorizado ou praticado o ato impugnado (ou se omitido inadvertidamente em face deles); e) beneficiários do ato impugnado[25].

41. Uma vez citado o ente público constante do polo passivo da ação popular, quais posturas processuais poderá adotar?

Ao ser citado, o ente público poderá: a) contestar o pedido; b) abster-se de contestar; c) migrar para o polo ativo, atuando, em litisconsórcio ativo com o Ministério Público, com o propósito de buscar a anulação do ato impugnado e o consequente ressarcimento dos cofres públicos. A última providência (migração para o polo ativo), na prática, tende a ocorrer quando há mudança na gestão do ente citado, tendo o novo gestor interesse na apuração dos atos praticados na administração anterior. Cuida-se do instituto da intervenção móvel, que excepciona o princípio da estabilidade subjetiva da demanda, em razão do interesse público primário veiculado na ação de improbidade administrativa. Semelhante providência foi, também, prevista no art. 6º, § 3º, da Lei de Ação Popular. Apesar das alterações da Lei 14.230/2021, estas possibilidades se mantiveram, considerando a preservação de sua legitimidade ativa (ADI 7042) e o teor do art. 17, § 14.

42. Qual o prazo processual para a contestação na ação popular?

A ação popular o rito ordinário, com algumas regras modificativas constantes da Lei 4.717/65. Há previsão específica, nesta lei especial, do prazo de 20 (vinte) dias, prorrogáveis por mais 20 (vinte) dias para contestar (art. 7º, inciso IV). Cuidando-se, a propósito, de regra especial, conforme estatui o princípio da especialidade, deve prevalecer sobre a regra geral de 15 (quinze) dias improrrogáveis, contida no art. 335, "caput", do CPC.

43. Suponha que o Ministério Público já tenha proposto uma ação civil pública tendo como objeto a anulação de um ato lesivo ao patrimônio público. Se, posteriormente, é proposta uma ação popular, qual deve ser a providência do juiz? Extinguir a ação popular, sem resolução de mérito, por litispendência?

Tecnicamente, o caso hipotético não trata de litispendência, na exata medida em que este instituto exige identidade entre as partes, a causa de pedir e o

25. Art. 6º, "caput", da Lei 4.717/65: A ação será proposta contra as pessoas públicas ou privadas e as entidades referidas no art. 1º, contra as autoridades, funcionários ou administradores que houverem autorizado, aprovado, ratificado ou praticado o ato impugnado, ou que, por omissas, tiverem dado oportunidade à lesão, e contra os beneficiários diretos do mesmo.

pedido relativamente às duas ações, o que não é possível. Explico: ainda que a causa de pedir e o pedido das duas lides sejam idênticos, as partes não poderão ser as mesmas, já que, na ação popular, apenas o cidadão é legitimado ativo, diferentemente da ação civil pública, cujos autores estão taxativamente arrolados no artigo 5º, da Lei 7.347/85, e no artigo 82, da Lei 8.078/90. No caso hipotético, doutrina e a jurisprudência têm se posicionado no sentido de reconhecer a conexão entre os dois feitos – e não a litispendência – quando for comum entre elas o pedido e a causa de pedir. Por via de consequência, a solução processual, ao invés de ser a extinção da ação popular sem resolução de mérito, deve ser a reunião dos dois processos para julgamento conjunto, com a sua distribuição por dependência ao juízo onde tramitar a ação civil pública anteriormente proposta.

44. Quais outras atribuições são outorgadas por lei ao Ministério Público no bojo da ação popular?

O Ministério Público, como já se disse alhures, como regra, oficiará na ação popular na condição de fiscal da ordem jurídica (art. 6º, § 4º), podendo assumir o seu polo ativo em caso de desistência do autor (art. 9º). Incumbe ao *parquet*: a) apressar a produção da prova (art. 6º, § 4º); b) promover a responsabilidade civil e criminal dos requeridos, se o caso (art. 6º, § 4º); c) promover a execução da sentença condenatória, em caso de inércia do autor no prazo de 30 (trinta) dias (art. 16); d) recorrer das sentenças e decisões proferidas (art. 19, § 2º). Consigne-se, ainda, que a Lei de Ação Popular proíbe, peremptoriamente, ao órgão ministerial assumir a defesa do ato impugnado ou de seus autores (art. 6º, § 4º).

45. Quais os provimentos judiciais necessários em caso de sentença de procedência da ação popular?

A sentença de procedência da ação popular será, necessariamente, composta por dois capítulos: a) o primeiro, desconstitutivo, com a anulação do ato impugnado; b) o segundo, condenatório, com a condenação por perdas e danos dos responsáveis pela prática do ato e de seus beneficiários.

46. Qual o prazo prescricional para a propositura da ação popular?

Em que pese o art. 21, da Lei de Ação Popular, laconicamente, preveja que "a ação prevista nesta lei prescreve em 5 (cinco) anos", prevalece na doutrina que este prazo é circunscrito ao capítulo desconstitutivo da ação popular, ou seja, submete-se ao prazo prescricional quinquenal apenas a pretensão de anular ato administrativo lesivo. No que concerne ao capítulo condenatório, prevalece que a ação popular poderá ser proposta a qualquer tempo, dada a imprescritibilidade das ações de ressarcimento por dano ao Erário[26].

47. Quais os efeitos da coisa julgada na ação popular?

A coisa julgada terá eficácia "erga omnes" em caso de procedência, sendo oponível em face de toda a coletividade. Lado outro, em caso de improcedência por falta de provas, qualquer cidadão poderá propor outra ação popular, mesmo que com idêntico fundamento, desde que haja novas provas[27]. Trata-se da coisa julgada *secundum eventum probationis.*

48. Qual o recurso cabível na ação popular e quais os seus legitimados?

Da sentença de procedência ou improcedência da ação popular, caberá recurso de apelação. Todavia, em caso de carência da ação ou de sua improcedência, o juiz deverá submeter o feito a reexame necessário. Poderão recorrer da sentença prolatada na ação popular: a) o cidadão autor da ação; b) o Ministério Público; c) qualquer outro cidadão, ainda que não habilitado no processo, bastando que, no ato do recurso, apresente título de eleitor.

6. DIREITO DO CONSUMIDOR

49. O que se entende por consumidor?

Segundo o art. 2º, "caput", do Código de Defesa do Consumidor, consumidor é "toda pessoa física ou jurídica que adquire ou utiliza produto ou serviço como destinatário final". Com efeito, a expressão "destinatário final" foi objeto de discussão doutrinária para se determinar o seu sentido e alcance, surgindo-se, assim, duas correntes: a) corrente *finalista,* segundo a qual, o consumidor é apenas quem efetivamente retira o bem do mercado de consumo, colocando fim à cadeia de produção, excluindo, assim, o empresário deste conceito, somente sendo possível enquadrar o *não empresário* como consumidor; b) corrente *maximalista,* que entende que o consumidor é o destinatário fático do produto ou

26. Art. 37, § 5º, da CF: A lei estabelecerá os prazos de prescrição para ilícitos praticados por qualquer agente, servidor ou não, que causem prejuízos ao erário, ressalvadas as respectivas ações de ressarcimento.

27. Art. 18, da Lei 4.717/65: A sentença terá eficácia de coisa julgada oponível "erga omnes", exceto no caso de haver sido a ação julgada improcedente por deficiência de prova; neste caso, qualquer cidadão poderá intentar outra ação com idêntico fundamento, valendo-se de nova prova.

do serviço, pouco importando se empresário ou não, sendo, pois, prescindível a necessidade de interrupção final da cadeia produtiva. O Superior Tribunal de Justiça, a propósito do tema, adotou a teoria *finalista mitig*ada, considerando como consumidor, em princípio, apenas o *não empresário*. Todavia, em caso de empresário *vulnerável* sob os aspectos técnico, jurídico ou econômico, o Tribunal de Cidadania tem elastecido sua interpretação para, semelhantemente, considerá-lo consumidor para os fins de proteção da lei consumerista.

50. E quem pode ser considerado fornecedor?

O fornecedor, por sua vez, é toda pessoa física, jurídica ou ente despersonalizado (a exemplo do *camelô*) que desenvolva alguma atividade relacionada a produtos ou serviços.

51. Aplica-se a teoria da imprevisão aos contratos de consumo?

A teoria da imprevisão é um instituto contextualizado no âmbito dos contratos de execução continuada, previsto no artigo 478, do Código Civil, que estabelece a possibilidade de resolução do contrato em caso de superveniência de acontecimentos extraordinários e imprevisíveis que tornem a prestação excessivamente onerosa a uma parte, com extrema vantagem à outra. No Código de Defesa do Consumidor, por sua vez, a revisão de cláusulas nos contratos de consumo pode ser levada a efeito em caso de acontecimentos supervenientes que importem onerosidade excessiva em face do consumidor, não se exigindo que tais eventos posteriores sejam imprevisíveis e acarretem extrema vantagem ao fornecedor (art. 6º, inciso V, parte final). Portanto, pode-se, assim, afirmar que não se aplica a teoria da imprevisão aos contratos de consumo, na medida em que a lei consumerista prevê norma mais favorável ao consumidor que a lei civil.

52. Qual o principal mecanismo processual de defesa do consumidor previsto no CDC?

O principal mecanismo processual de defesa do consumidor previsto na lei consumerista é a inversão do ônus da prova (art. 6º, inciso VIII), bastando que a parte consumidora seja hipossuficiente ou caso sejam verossímeis suas alegações. Não se trata, entretanto, de regra automática, exigindo-se que o juiz, casuisticamente, motive as razões da inversão. Considerando que as normas consumeristas são de ordem pública (art. 1º), é possível ao magistrado operar a inversão do ônus da prova *de ofício* ou a requerimento da parte. Convém ressaltar que o CDC integra o chamado *microssistema* de tutela processual coletiva, motivo pelo qual, segundo pacificamente entendem a doutrina e a jurisprudência, a possibilidade de inversão do ônus da prova pode ser estendida, semelhantemente, às demais modalidades de ação coletiva, a exemplo da ação civil pública, da ação popular e, especialmente, às ações de responsabilidade por dano ambiental.

53. Diferencie os institutos do fato e do vício do produto/serviço.

O fato do produto/serviço se refere a um acidente de consumo que atinge a incolumidade física ou psíquica do consumidor, gerando um prejuízo extrínseco. Por outro lado, o vício do produto/serviço consiste em defeito intrínseco ao produto ou serviço, que vulnera a incolumidade econômica do consumidor, tendo, portanto, natureza intrínseca. Ilustrativamente, um eletrodoméstico, se funcionar mal, por vício de adequação, caracterizará um vício do produto, em razão do defeito de que padece, ao passo que, se pegar fogo ou gerar um curto-circuito, colocando em risco – efetivo ou potencial – o patrimônio, a saúde ou a vida de pessoas, configurará fato do produto.

54. Qual a natureza jurídica da responsabilidade civil do fornecedor por fato do produto?

Segundo o art. 12, "caput" do CDC, a responsabilidade do fornecedor (fabricante, produtor, construtor e importador) por um acidente de consumo tem natureza objetiva, dispensando a efetiva demonstração do dolo ou da culpa, lastreada na teoria do risco da atividade. Entretanto, especificamente no caso do *comerciante*, sua responsabilização será subsidiária, apenas incidindo caso não identificados os seus fornecedores ou se os produtos ofertados não os identificarem claramente (art. 13, incisos I e II, do CDC). Nada obstante, caso o comerciante não conserve adequadamente produtos perecíveis, sua responsabilização será objetiva e primária (art. 13, inciso III, do CDC).

55. Qual a natureza jurídica da responsabilidade civil do fornecedor por fato do serviço?

A responsabilidade do fornecedor de serviços, à luz da expressa dicção da cabeça do art. 14, do CDC, é objetiva em relação aos danos causados por acidentes de consumo, dispensando a demonstração de culpa. Obtempere-se, todavia, que, em relação aos profissionais liberais, a responsabilidade civil sobre os serviços prestados tem natureza subjetiva, exigindo a verificação de culpa (art. 14, § 3º, do CDC).

56. Quais os prazos decadenciais em relação ao direito de reclamar pelos vícios aparentes ou de fácil constatação?

Conforme estabelece o art. 26, "caput", do CDC, em se tratando de serviços e produtos não duráveis, o prazo será de 30 dias (inciso I), ao passo que, em sede de serviços e produtos duráveis, o prazo será de 90 dias (inciso II), iniciando-se o prazo decadencial a partir da entrega efetiva do produto ou do término da execução dos serviços, no que concerne aos vícios aparentes (§ 1º). Em relação aos vícios ocultos, o prazo decadencial apenas se inicia no momento em que o defeito ficar evidenciado (§ 3º), prestigiando a teoria da *actio nata*.

57. Quais as causas que obstam a fluência do prazo decadencial do direito de reclamar por vício do produto ou do serviço?

Segundo o art. 26, § 2º, do CDC, obstam a decadência: i) a reclamação comprovadamente formulada pelo consumidor perante o fornecedor de produtos e serviços até a resposta negativa correspondente, que deve ser transmitida de forma inequívoca (inciso I); e ii) a instauração de inquérito civil, até seu encerramento (inciso III). Em relação à reclamação formulada pelo consumidor perante o fornecedor, duas observações são relevantes, à luz da jurisprudência do STJ: i) a reclamação perante o Procon não obsta o prazo decadencial (REsp 65.498/SP, Rel. Min. Eduardo Ribeiro, DJ 16/12/1996); ii) a reclamação perante o fornecedor pode ser feita documentalmente – por meio físico ou eletrônico – ou mesmo verbalmente – pessoalmente ou por telefone – e, consequentemente, a sua comprovação pode dar-se por todos os meios admitidos em direito (REsp 1.442.597/DF, Rel. Min. Nancy Andrighi, j. 24/10/2017).

58. É possível a desconsideração da pessoa jurídica no Código de Defesa do Consumidor?

O primeiro diploma normativo a inserir a desconsideração da pessoa jurídica no ordenamento jurídico brasileiro foi justamente o Código de Defesa do Consumidor, em 1990. Será possível essa desconsideração, na forma do art. 28, do CDC, sempre que houver abuso de direito, excesso de poder, infração da lei ou ato ilícito, ou, em caso de falência decorrente de má administração. Aplica-se, aqui, a chamada *teoria menor*, que permite a desconsideração em um maior universo de hipóteses, bastando que haja a insolvência do fornecedor para a sua operação, aplicável de ofício pelo juiz, por se tratar de norma consumerista de ordem pública. Diferentemente, o Código Civil, de 2002, em seu art. 50, adotou a *teoria maior*, exigindo confusão patrimonial ou desvio de finalidade, além da insolvência do devedor, para a sua aplicabilidade, que, necessariamente, por sua vez, dependerá de provocação da parte ou do Ministério Público.

59. Enumere quatro práticas abusivas previstas no Código de Defesa do Consumidor.

As práticas abusivas estão previstas no art. 39, do CDC, dentre as quais se destacam as seguintes: a) venda casada, consistente em condicionar o fornecimento de produto ou serviço ao fornecimento de outro; b) encaminhamento de produto ou fornecimento de serviço sem solicitação do consumidor, o qual deve ser considerado, para todos os fins, amostras grátis, inexistindo obrigação de pagamento; c) executar serviços sem orçamento prévio e sem autorização expressa do consumidor; d) recusar-se o fornecedor a realizar uma venda ou prestar um serviço à vista, isto é, mediante pronto e imediato pagamento;

60. Em que consiste o direito de arrependimento, previsto no Código de Defesa do Consumidor?

O direito de arrependimento é previsto no art. 49, do CDC, consistindo na possibilidade de desistência do contrato de consumo celebrado fora do estabelecimento comercial (*v.g.* por telefone, em domicílio ou pela *internet*, no prazo de 07 (sete) dias, a partir de sua celebração ou do recebimento do produto ou do serviço. Esclareça-se que, caso o contrato consumerista tenha sido celebrado no estabelecimento físico do fornecedor, não haverá direito a arrependimento em relação à compra, ficando a troca ou a devolução do produto ou serviço, adquirido em perfeito estado de uso e fruição, condicionado à livre potestade do fornecedor.

61. Diferencie publicidade enganosa da publicidade abusiva.

É enganosa qualquer modalidade de informação ou comunicação de caráter publicitário, inteira ou parcialmente falsa, ou, por qualquer outro modo, mesmo por omissão, capaz de induzir em erro o consumidor a respeito da natureza, características, qualidade, quantidade, propriedades, origem, preço e quaisquer outros dados sobre produtos e serviços (art. 37, § 1º). É abusiva, dentre outras a publicidade discriminatória de qualquer natureza, a que incite à violência, explore o medo ou a superstição, se aproveite da deficiência de julgamento e experiência da criança, desrespeita valores ambientais, ou que seja capaz de induzir o consumidor a se comportar de forma prejudicial ou perigosa à sua saúde ou segurança (art. 37, § 2º). Em outras palavras, a publicidade enganosa é aquela essencialmente falsa, enquanto a abusiva é aquela que abusa da vulnerabilidade do consumidor. Tanto a publicidade enganosa quanto a abusiva são proibidas pelo Código de Defesa do Consumidor (art. 37, "caput"). Consigne-se, ainda, que tanto a realização de publicidade enganosa[28] quanto

28. Art. 67, CDC: Fazer ou promover publicidade que sabe ou deveria saber ser enganosa ou abusiva: Pena – Detenção de três meses a um ano e multa.

a abusiva[29] são consideradas infrações penais contra o consumidor, punidas a título de dolo direto ou eventual.

62. Qual o meio de correção previsto no CDC como antídoto à propaganda enganosa ou abusiva?

O antídoto à propaganda enganosa ou abusiva é a imposição de contrapropaganda, a ser divulgada pelo responsável da mesma forma, frequência e dimensão e, preferencialmente no mesmo veículo, local, espaço e horário, sempre às suas expensas, de forma capaz de desfazer o malefício da publicidade enganosa ou abusiva, na forma do art. 60, do CDC.

63. Quais as sanções administrativas previstas no CDC para a violação às normas de defesa do consumidor?

Nos termos do art. 56, do CDC, as infrações das normas de defesa do consumidor ficam sujeitas às seguintes sanções administrativas, sem prejuízo das de natureza civil, penal e das definidas em normas específicas: I – multa; II – apreensão do produto; III – inutilização do produto; IV – cassação do registro do produto junto ao órgão competente; V – proibição de fabricação do produto; VI – suspensão de fornecimento de produtos ou serviço; VII – suspensão temporária de atividade; VIII – revogação de concessão ou permissão de uso; IX – cassação de licença do estabelecimento ou de atividade (aplicável apenas em caso de reincidência); X – interdição, total ou parcial, de estabelecimento, de obra ou de atividade (aplicável apenas em caso de reincidência); XI – intervenção administrativa (aplicável apenas em caso de reincidência); XII – imposição de contrapropaganda. As sanções em exame serão aplicadas pela administração, mediante procedimento administrativo, assegurada ampla defesa.

64. Nas ações de responsabilidade do fornecedor por produtos ou serviços, admite-se a denunciação da lide?

A denunciação da lide, disciplinada no artigo 125 e seguintes, do CPC, tem por propósito assegurar ao sujeito passivo de uma relação jurídico-processual o direito de garantia ou de regresso. Em matéria consumerista, o instituto é absolutamente vedado, em benefício do consumidor, nos termos dos artigos 88 e 101, inciso II, do CDC. Com efeito, na primeira hipótese (art. 88), a

29. Art. 68, CDC: Fazer ou promover publicidade que sabe ou deveria saber ser capaz de induzir o consumidor a se comportar de forma prejudicial ou perigosa a sua saúde ou segurança: Pena – Detenção de seis meses a dois anos e multa.

legislação assegura ao comerciante o direito de regresso contra os demais fornecedores, nos casos de responsabilidade pelo fato do produto ou do serviço. No entanto, assegura que a ação de regresso deva ser ajuizada em processo autônomo, facultada a possibilidade de prosseguir-se nos mesmos autos, vedada a denunciação da lide. Já no segundo caso (art. 101, inciso II), o fornecedor demandado como réu em ação de responsabilidade civil consumerista que tiver contratado seguro de responsabilidade, embora possa chamar ao processo o segurador, não poderá denunciar à lide ao Instituto de Resseguros do Brasil.

65. Nas ações de responsabilidade do fornecedor por produtos ou serviços, admite-se o chamamento ao processo?

O chamamento ao processo, previsto no artigo 130 e seguintes, do CPC, objetiva a inclusão do devedor principal ou dos coobrigados pela dívida para integrarem o polo passivo da relação já existente, a fim de que o juiz declare, na mesma sentença, a responsabilidade de cada um. Em relação às ações de responsabilidade civil consumerista, o fornecedor que tiver contratado seguro de responsabilidade poderá lançar mão do chamamento ao processo para incluir no polo passivo o segurador, na forma do art. 101, inciso I, do CDC. Validamente, o legislador pretendeu, ao utilizar o instituto do chamamento, ampliar a garantia do consumidor ao abranger a possibilidade de se incluir no polo passivo da demanda o segurador do fornecedor de produtos ou serviços, que responderá pela cobertura securitária, ampliando a possibilidade de ressarcimento.

66. Dispõe o Ministério Público de legitimidade ativa para atuar na defesa de direitos consumeristas decorrentes da prestação de serviço público?

Segundo a Súmula 601, do STJ, "o Ministério Público tem legitimidade ativa para atuar na defesa de direitos difusos, coletivos e individuais homogêneos dos consumidores, ainda que decorrentes da prestação de serviço público". Assim, o órgão ministerial é parte legítima para defender, em ações coletivas, interesses difusos e individuais homogêneos dos consumidores, ainda que disponíveis.

7. ESTATUTO DA PESSOA IDOSA

67. Qual a definição legal de pessoa idosa?

O artigo 1º, da Lei 10.741/2003, prevê que é idosa a pessoa com idade igual ou superior a 60 (sessenta) anos. Entretanto, convém ressaltar que o Estatuto da Pessoa Idosa prevê idades diferenciadas para a fruição de determinados direitos nele contidos: a) prioridade especial aos maiores de oitenta anos (art. 3º, § 2º); b) benefício de prestação continuada no valor de um salário mínimo, a partir de 65 (sessenta e cinco) anos, àqueles que não possuírem meios de subsistência (art. 34, "caput"); gratuidade, a partir de 65 (sessenta e cinco) anos, nos transportes públicos coletivos urbanos e semiurbanos (art. 39, "caput").

68. Qual a natureza jurídica da obrigação alimentar em relação à pessoa idosa? Subsidiária ou solidária?

A regra geral da obrigação alimentar prevista no Código Civil, estabelece que o dever de prestar alimentos recai sobre os mais próximos em grau, tendo, portanto, natureza subsidiária[30]. No Estatuto da Pessoa Idosa, no entanto, os alimentos devidos às pessoas idosas têm natureza solidária[31], podendo a pessoa idosa, à sua potestade, optar entre os prestadores, nada obstando que sua escolha incida sobre parente mais remoto com melhores condições.

69. Toda pessoa idosa faz jus à gratuidade nos transportes públicos?

A gratuidade nos transportes públicos coletivos urbanos e semiurbanos é assegurada pelo Estatuto da Pessoa Idosa apenas a partir dos 65 (sessenta e cinco) anos (art. 39, "caput"). Todavia, a legislação local poderá prever a gratuidade às pessoas idosas entre 60 (sessenta) e 65 (sessenta e cinco) anos. Consigne-se, a propósito, que é ilegal a exigência, por parte do Município ou da concessionária de transportes, de confecção de carteira de identificação própria para que a pessoa idosa usufrua desta gratuidade, bastando, neste particular, que ele apresente qualquer documento idôneo (*v.g.* R.G. ou C.N.H.) que faça prova de sua idade (art. 39, § 1º).

70. Qual o fundamento de legitimação da intervenção do Ministério Público, como fiscal da ordem jurídica, em processos em que a parte seja pessoa idosa?

Extrai-se da leitura do artigo 74, do Estatuto da Pessoa Idosa, não ser suficiente que haja uma pessoa idosa em um dos polos processuais para que, imediata e necessariamente, seja o órgão ministerial instado a oficiar naquele feito. O Ministério Público, com efeito, apenas atuará como *custos legis* nos processos que veiculem direito individual de pessoa idosa em que a parte seja incapaz

30. Art. 1.696, CC: O direito à prestação de alimentos é recíproco entre pais e filhos, e extensivo a todos os ascendentes, recaindo a obrigação nos mais próximos em grau, uns em falta de outros.
31. Art. 12, Lei 10.741/03: A obrigação alimentar é solidária, podendo a pessoa idosa optar entre os prestadores.

ou esteja em situação de risco[32]. Exemplificativamente, se um empresário idoso, em pleno gozo de suas faculdades mentais, veicula em juízo um direito patrimonial disponível, isto, por si só, não atrai ao órgão ministerial o dever de oficiar neste processo hipotético.

71. O Ministério Público possui legitimidade para a tutela de direitos individuais da pessoa idosa hipossuficiente?

Incumbe ao Ministério Público a tutela dos direitos individuais indisponíveis da pessoa idosa, conforme estabelecem o artigo 127, "caput", da Constituição da República, e o artigo 74, inciso I, do Estatuto da Pessoa Idosa. Não se trata, contudo, de legitimidade exclusiva, na exata medida em que a Defensoria Pública, instituição a quem a ordem constitucional outorgou a defesa da pessoa necessitada, nos termos do artigo 135, da Carta Constitucional, goza de semelhante legitimidade, em concorrência com o órgão ministerial.

72. É possível a cobrança de entidades de longa permanência para o acolhimento de pessoa idosa?

Sim, mediante a celebração de contrato de prestação de serviços. A única ressalva legal, neste particular, é que, em caso de entidades filantrópicas, a contribuição será limitada em, no máximo, 70% (setenta por cento) do benefício percebido pela pessoa idosa (art. 35, § 2º).

73. Quais órgãos têm atribuição para a aplicação de medidas de proteção em favor da pessoa idosa?

O artigo 45, do Estatuto da Pessoa Idosa, confere não apenas ao Poder Judiciário, como, também, ao próprio Ministério Público, sem a necessidade de intervenção judicial, a aplicação das medidas de proteção em favor da pessoa idosa, a exemplo da requisição de tratamento para sua saúde e de abrigo em entidade.

74. A Ordem dos Advogados do Brasil detém legitimidade para a propositura de ação coletiva visando à proteção da pessoa idosa?

A Ordem dos Advogados do Brasil não é um órgão legitimado geral para a propositura de ações coletivas, devido à sua ausência nos róis taxativos do artigo 5º, da Lei 7.347/85, e do artigo 82, da Lei 8.078/90, que compõem

32. Art. 74, II (segunda parte), Lei 10.741/03: Compete ao Ministério Público: (...) oficiar em todos os feitos em que se discutam os direitos das pessoas idosas em condições de risco.

o microssistema de tutela coletiva. Contudo, o Estatuto da Pessoa Idosa, excepcionalmente, outorgou à OAB a legitimidade para a propositura de ação coletiva exclusivamente na tutela dos direitos de pessoas idosas, conforme expressa previsão do artigo 81, inciso III, da Lei 10.741/03.

8. IMPROBIDADE ADMINISTRATIVA

75. O que se entende por improbidade administrativa?

Improbidade administrativa é uma imoralidade qualificada pela lei que importa em enriquecimento ilícito, prejuízo ao Erário ou violação aos princípios da Administração Pública.

76. Os atos de improbidade administrativa são atos ilícitos de que natureza?

Prevalece na doutrina e na jurisprudência o entendimento segundo o qual os atos ímprobos têm natureza *extrapenal* (ilícitos de caráter civil *lato sensu*), na exata medida em que acarretam sanções de natureza civil (ressarcimento do dano e multa civil), administrativa (perda da função pública e proibição de contratar com o Poder Público e de receber incentivos fiscais) e política (suspensão dos direitos políticos). O argumento é reforçado pelo texto do art. 1º, § 4º da Lei 8.429/92, que prega a aplicação à lei dos princípios constitucionais do direito administrativo sancionador.

77. A caracterização do ato de improbidade administrativa exige, necessariamente, o prejuízo ao patrimônio público?

A Lei 8.429/92 prevê três modalidades de atos de improbidade administrativa: a) aqueles que importam enriquecimento ilícito, previstos no art. 9º, em que o valor auferido não precisa ter sido subtraído diretamente dos cofres públicos para sua caracterização (*v.g.* recebimento de propina para tolerar a prática de jogos de azar ou do narcotráfico); b) aqueles que causam prejuízo ao Erário – art. 10 –, em que é imprescindível a perda ou dilapidação patrimonial dos cofres públicos para sua caracterização; c) aqueles que, simplesmente, atentam contra princípios da Administração Pública – art. 11 –, cuja configuração dispensa a percepção de qualquer vantagem patrimonial, bastando que violem, intencionalmente, a legalidade, a impessoalidade, a moralidade, a publicidade e a eficiência.

78. O princípio da taxatividade das normas penais incriminadoras pode ser aplicável à sistemática dos *tipos* previstos da Lei de Improbidade Administrativa?

Não há identidade na aplicação dos *tipos* de improbidade administrativa em relação aos tipos penais incriminadores. As normas penais incriminadoras se submetem ao princípio da taxatividade, tão somente se configurando se houver perfeita adequação entre a conduta humana praticada e o comportamento taxativamente descrito na norma penal incriminadora como infração penal (juízo de tipicidade). Até o advento da Lei 14.230/2021, todos os tipos de improbidade administrativa, previstos nos artigos 9º, 10 e 11, da Lei 8.429/92, traziam um rol meramente *exemplificativo* (o que se evidencia pela presença da expressão "e notadamente" no *caput* destes artigos) de condutas que caracterizam improbidade administrativa, sendo perfeitamente possível a sua configuração, mesmo fora das hipóteses elencadas em seus incisos, desde que importem efetivo enriquecimento ilícito, dano ao Erário ou violação aos princípios administrativos. Com a vigência de lei reformadora, contudo, apenas para os atos que importam em violação aos princípios norteadores da atividade administrativa (art. 11), introduziu-se a taxatividade do rol, com a supressão da expressão "e notadamente". Assim, ainda que não haja um juízo estrito de taxatividade em relação aos incisos vigentes, a rigor, hipóteses alheias à lista não mais configuram improbidade administrativa[33].

79. É possível a responsabilização objetiva por atos de improbidade administrativa?

É inadmissível a responsabilidade objetiva na aplicação da Lei 8.429/1992. Antes da reforma de 2021, exigia-se a presença de dolo nos casos dos arts. 9º e 11 (que coíbem o enriquecimento ilícito e o atentado aos princípios administrativos, respectivamente) e, ao menos, de culpa nos termos do art. 10, que censura os atos de improbidade por dano ao Erário (STJ, REsp 1.500.812/SE). Após a Lei 14.230/2021, no entanto, todas as figuras de improbidade passaram a exigir o dolo específico dos agentes para a configuração do ato ilícito (art. 1º, §§ 1º, 2º e 3º)[34].

80. Aplica-se o princípio da insignificância aos atos de improbidade administrativa?

33. Importante anotar que foi ajuizada, em 05.09.2022, a ADI 7236, pela Associação Nacional dos Membros do Ministério Público – CONAMP, questionando a constitucionalidade da conversão do rol do art. 11 em taxativo, pela violação dos princípios da segurança jurídica, da vedação do retrocesso, da proporcionalidade e da proibição da proteção deficiente.

34. Também esta inovação foi questionada na ADI 7236, buscando-se o reconhecimento da inconstitucionalidade material da modificação e a repristinação da redação anterior. A tese é que a nova redação afronta os textos dos art. 37, § 6º e 28 da LINDB, os quais são expressos em admitir a responsabilização pessoal dos agentes públicos, a título de dolo, culpa ou erro grosseiro.

Embora haja certa divergência doutrinária, tem prevalecido no âmbito dos Tribunais Superiores não ser aplicável o princípio da insignificância aos atos de improbidade administrativa, na exata medida em que a conduta punida é considerada materialmente ímproba muito mais pelos preceitos morais e éticos violados do que, propriamente, pelo proveito material obtido[35]. Não há, neste sentido, ofensa insignificante ao princípio da moralidade administrativa, já que o desvalor do resultado não é apto a imunizar o seu agente, ante a reprovabilidade do desvalor de sua conduta.

81. Quem são os sujeitos ativos da prática de um ato de improbidade administrativa?

Podem praticar atos de improbidade administrativa: a) agentes públicos (agentes políticos, servidores públicos, particulares em colaboração, ainda que transitórios e sem remuneração – art. 2º, "caput"); b) particular, pessoa física ou jurídica, que celebra com a administração pública convênio, contrato de repasse, contrato de gestão, termo de parceria, termo de cooperação ou ajuste administrativo equivalente (*v.g.* diretores de instituições subvencionadas pelos cofres públicos – art. 2º, parágrafo único); c) terceiros que induzam ou concorram dolosamente para a prática do ato ímprobo (art. 3º, "caput"); d) pessoas jurídicas, caso o ato de improbidade administrativa não seja sancionado como ato lesivo à administração pública de que trata a Lei nº 12.846, de 1º de agosto de 2013 ("Lei Anticorrupção"). Consigne-se que os sócios, os cotistas, os diretores e os colaboradores de pessoa jurídica de direito privado não respondem pelo ato de improbidade que venha a ser imputado à pessoa jurídica, salvo se, comprovadamente, houver participação e benefícios diretos, caso em que responderão nos limites da sua participação.

82. Todos os agentes políticos poderão ser processados e condenados por ato de improbidade administrativa? Mesmo os sujeitos a crime de responsabilidade?

Segundo o STJ (REsp 1.191.613/MG), à exceção do Presidente da República e dos Ministros do STF, todos os demais agentes políticos, ainda que submetidos à disciplina dos crimes de responsabilidade, poderão sofrer as penalidades por atos de improbidade administrativa, não sendo imunes às sanções da Lei 8.429/92. Esse entendimento foi reforçado pela Lei 14.230/21, que, expressamente, incluiu os agentes políticos como espécies de agentes públicos, na cabeça do artigo 2º, da Lei de Improbidade Administrativa.

35. Não é possível a aplicação dos princípios da presunção de inocência e da insignificância à conduta caracterizada como ato de improbidade administrativa (STJ. MS 15.917/DF).

83. Neste caso, se o sujeito ativo do ato de improbidade administrativa possuir foro por prerrogativa de função, qual será o juízo competente para o seu julgamento?

Prevalece nos Tribunais Superiores que a prerrogativa de foro é circunscrita aos feitos criminais, não se estendendo aos demais processos, não comportando interpretação ampliativa que prejudique o princípio da isonomia. Assim, "a ação de improbidade administrativa deve ser processada e julgada nas instâncias ordinárias, ainda que proposta contra agente político que tenha foro privilegiado" (STJ, REsp 1138173/RN).

84. Em caso de ato de improbidade praticado por diversos autores, qual será a natureza da obrigação dos agentes ímprobos?

O entendimento do STJ a propósito do tema é de que "no caso dos atos de improbidade que causem prejuízo ao erário, praticados em concurso de agentes, a responsabilidade é *solidária*" (REsp nº 1.610.169/BA). Não há, entretanto, litisconsórcio passivo necessário entre o agente público e os terceiros beneficiados com o ato ímprobo (STJ, AgRg no REsp 1.421.144/PB).

85. Quem pode ser considerado sujeito passivo do ato de improbidade administrativa?

Poderão ser sujeitos passivos do ato de improbidade administrativa: a) a Administração Pública Direta, em qualquer de seus Poderes (União, Estados, Distrito Federal e Municípios); b) a Administração Pública Indireta (autarquias, fundações públicas, empresas públicas e sociedades de economia mista; c) entidades privadas cujo patrimônio conte com o recebimento de subvenção, benefício ou incentivo, fiscal ou creditício, de entes públicos ou governamentais (*v.g.* organizações sociais e serviços sociais autônomos); d) entidades privadas para cuja criação ou custeio o erário haja concorrido ou concorra no seu patrimônio ou receita atual, limitado o ressarcimento de prejuízos, nesse caso, à repercussão do ilícito sobre a contribuição dos cofres públicos. Observe-se que os partidos políticos foram expressamente retirados do rol de sujeitos passivos, apesar da possibilidade de perceberem recursos públicos pelos fundos partidários (art. 23-C), o que foi objeto de questionamento quanto à constitucionalidade (ADI 7236).

86. Quais medidas cautelares são possíveis na ação de improbidade administrativa?

Com a reforma levada a efeito pela Lei 14.230/2021, a Lei 8.429/92 prevê agora apenas duas medidas cautelares possíveis nas ações de responsabilização por ato de improbidade administrativa: a) indisponibilidade de bens (art. 16) e

b) o afastamento judicial – cautelar ou inibitório – do agente público do cargo, emprego ou função, sem prejuízo da remuneração, respectivamente, quando a medida se fizer necessária à instrução processual ou para evitar a iminente prática de novos ilícitos (art. 20, §§ 1º e 2º), pelo prazo máximo de 90 dias, prorrogáveis uma única vez, por igual período, desde que motivadamente. Foi suprimida a figura típica do sequestro, que pode ser obtido, se necessário, com base no poder geral de cautela do CPC.

87. Qual a natureza jurídica da medida cautelar de indisponibilidade de bens?

Pela disciplina original da Lei 8.429/92, a medida cautelar de indisponibilidade de bens tinha natureza jurídico-processual de tutela de *evidência*, na exata medida em que se dispensava a demonstração do risco de dilapidação do patrimônio do demandado quando de sua concessão. Não se vislumbrava, portanto, uma típica tutela de urgência, tornando desnecessária a demonstração de atos que induziam ao risco de alienação ou dilapidação patrimonial de bens, com a consequente dificuldade ou impossibilidade de posterior ressarcimento. O "periculum in mora", neste caso, era presumido, decorrendo diretamente da gravidade dos fatos e do montante do prejuízo causado ao erário, que atingia toda a coletividade, bastando a evidência da realização do ato ímprobo para a concessão da indisponibilidade. Era o remansoso entendimento do STJ (REsp 1.366.721/BA). Todavia, a Lei 14.230/2021, contrariando a jurisprudência, alterou o entendimento, estabelecendo que o deferimento da indisponibilidade está condicionado "a demonstração no caso concreto de perigo de dano irreparável ou de risco ao resultado útil do processo, desde que o juiz se convença da probabilidade da ocorrência dos atos descritos na petição inicial com fundamento nos respectivos elementos de instrução, após a oitiva do réu em 5 (cinco) dias", revelando uma modificação da estrutura para a técnica da tutela de urgência – encampando um posicionamento doutrinário até então minoritário.

88. Quais órgãos detém legitimidade ativa para a propositura da ação de improbidade administrativa?

Conforme estabelece a cabeça do art. 17, da Lei 8.429/92, são dois os legitimados ativos para a ação de improbidade administrativa: a) Ministério Público; b) pessoa jurídica interessada (*v.g.* Município que teve seu patrimônio dilapidado pelo ato ímprobo). Ressalte-se, a propósito, que, quando o órgão ministerial não for autor da ação, oficiará, necessariamente, como fiscal da ordem jurídica (art. 17, § 4º). Apesar da modificação da legitimidade, tornando-a exclusiva para o Ministério Público, a partir da vigência da Lei 14.230/2021 (art. 17, *caput*), a inovação foi tida como inconstitucional pelo STF, em controle concentrado[36].

36. Pleno, ADI 7042: julgada parcialmente procedente, "de modo a restabelecer a existência de legitimidade ativa concorrente e disjuntiva entre o Ministério Público e as pessoas jurídicas interessadas para a propositura da ação por ato de improbidade administrativa" (j. 31.08.2022).

89. Em que consistia a fase preliminar da ação de improbidade administrativa?

A ação de improbidade administrativa possuía uma particularidade em seu rito especial trazido antes da reforma de 2021: a fase preliminar, em que, o juiz, reputando a petição inicial em ordem, ordenava a notificação do requerido para oferecer, em 15 (quinze) dias, manifestação por escrito, com documentos e justificações (art. 17, § 7º, da LIA). Somente depois desta providência é que o juiz, lançando mão do princípio *in dubio pro societate*[37], constatando haver indícios suficientes da existência e da autoria do ato ímprobo, recebia a ação e ordenava a citação do requerido. Esta etapa processual foi revogada pela Lei 14.230/2021, passando a análise desta justa causa para o exercício da ação de improbidade para o momento do despacho inicial pelo juiz (art. 17, §§ 6º, 6º-B e § 7º).

90. É possível a celebração de compromisso de ajustamento de conduta em casos de improbidade administrativa?

Muito embora a antiga redação do § 1º, do art. 17, da Lei 8.429/92, estabelecesse que era vedada a transação, o acordo e a conciliação no bojo das ações de improbidade administrativa, a Lei 13.964/2019, dando nova redação ao dispositivo, passou a prever que "as ações de que trata este artigo admitem a celebração de acordo de não persecução cível, nos termos desta Lei", razão pela qual passou a ser admissível o TAC, mesmo em sede de ações de improbidade. Ademais, o Conselho Nacional do Ministério Público, por intermédio da Resolução nº 179, reconheceu a possibilidade de celebração de termo de ajustamento de conduta, no seio dos inquéritos civis, mesmo em casos de improbidade administrativa, desde que se convencione o ressarcimento ao erário e a aplicação de uma ou algumas sanções previstas em lei[38]. Por fim, o advento da Lei 14.230/2021 ampliou a regulamentação legal dos termos do acordo, a ser celebrado pelo Ministério Público ou pelo ente lesado (ADI 7042), nos moldes do art. 17-B.

91. Uma vez citado o ente público constante do polo passivo da ação de improbidade administrativa, quais posturas processuais poderá adotar?

Ao ser citado, o ente público poderá: a) contestar o pedido; b) abster-se de contestar; c) migrar para o polo ativo, atuando, em litisconsórcio ativo com o Ministério Público, com o propósito de buscar a anulação do ato impugnado

37. STJ. AgRg no AREsp 604.949/RS.

38. Art. 1º, § 2º, Resolução 179, CNMP É cabível o compromisso de ajustamento de conduta nas hipóteses configuradoras de improbidade administrativa, sem prejuízo do ressarcimento ao erário e da aplicação de uma ou algumas das sanções previstas em lei, de acordo com a conduta ou o ato praticado.

e o consequente ressarcimento dos cofres públicos[39]. A última providência (migração para o polo ativo), na prática, tende a ocorrer quando há mudança na gestão do ente citado, tendo o novo gestor interesse na apuração dos atos praticados na administração anterior. Cuida-se do instituto da intervenção móvel, que excepciona o princípio da estabilidade subjetiva da demanda, em razão do interesse público primário veiculado na ação de improbidade administrativa. Semelhante providência foi, também, prevista no art. 6º, § 3º, da Lei de Ação Popular. Apesar das alterações da Lei 14.230/2021, estas possibilidades se mantiveram, considerando a preservação de sua legitimidade ativa (ADI 7042) e o teor do art. 17, § 14.

92. Na hipótese de ato de improbidade administrativa que importa enriquecimento ilícito pela evolução patrimonial incompatível com a remuneração do agente público (art. 9º, inciso VII), é possível a inversão do ônus da prova?

Há dois posicionamentos doutrinários que buscam responder essa questão: a) o primeiro, entendendo que sim, pois uma vez constatada a evolução patrimonial incompatível com a remuneração do agente, opera-se uma presunção de inidoneidade em seu desfavor, bastando a prova da desproporção entre os ganhos e os bens de seu acervo patrimonial, cabendo-lhe a demonstração da licitude destes acréscimos; b) o segundo, por sua vez, é refratário à ideia de inversão do ônus da prova em sede de ação de improbidade administrativa, em homenagem ao princípio da presunção de inocência, sustentando a necessidade de demonstração da ilicitude dos ganhos que deram causa ao acréscimo patrimonial.

93. Caso o juiz julgue procedente a ação de improbidade administrativa, deverá, necessariamente, aplicar cumulativamente todas as sanções previstas no inciso correspondente ao ato ímprobo praticado do artigo 12, da Lei 8.429/92?

Não, segundo o STJ, "o magistrado não está obrigado a aplicar cumulativamente todas as penas previstas no art. 12 da Lei n. 8.429/92, podendo, mediante adequada fundamentação, fixá-las e dosá-las segundo a natureza, a gravidade e as consequências da infração"[40]. Aliás, a possibilidade de aplicação de modo isolado ou cumulativo está expressa na cabeça do citado art. 12.

39. Art. 17, § 3º, da Lei 8.429/92 (dispositivo revogado pela Lei 11.230/2021): No caso de a ação principal ter sido proposta pelo Ministério Público, aplica-se, no que couber, o disposto no § 3º do art. 6º da Lei nº 4.717, de 29 de junho de 1965 (Art. 6º, § 3º, da Lei 4.717/65: A pessoas jurídica de direito público ou de direito privado, cujo ato seja objeto de impugnação, poderá abster-se de contestar o pedido, ou poderá atuar ao lado do autor, desde que isso se afigure útil ao interesse público, a juízo do respectivo representante legal ou dirigente).

40. STJ. AgRg no AREsp 538.656/SE.

94. Quando ocorrerá a restrição da capacidade eleitoral da pessoa condenada por ato de improbidade administrativa?

A restrição da capacidade eleitoral (ativa e passiva) do condenado por ato de improbidade administrativa, em face de quem a sentença tenha determinado a suspensão dos direitos políticos, será definitivamente levada a efeito no momento do trânsito em julgado de sua condenação. Entretanto, no caso de condenação por órgão judicial colegiado, em segunda instância, à suspensão de direitos políticos, por ato de improbidade administrativa que, cumulativamente, importe dano ao erário e enriquecimento ilícito (arts. 9º e 10, da LIA), o condenado já ficará inelegível[41], perdendo a capacidade eleitoral passiva antes mesmo do trânsito em julgado da decisão.

95. Qual o prazo prescricional para a propositura da ação de improbidade administrativa?

A redação original do art. 23 da LIA afirmava que o prazo prescricional para a propositura da ação de improbidade dependia da condição do sujeito ativo da prática do ato: a) no caso de pessoa detentora de mandato, cargo em comissão ou função de confiança, o prazo era de 5 (cinco) anos, contados a partir do término do mandato, cargo em comissão ou função de confiança (inciso I); b) na hipótese de pessoa com cargo efetivo ou emprego público, o prazo prescricional era o mesmo previsto em lei específica para as faltas disciplinares puníveis com demissão, contados a partir da efetiva prática do ato; c) em até cinco anos da data da apresentação à administração pública da prestação de contas final pelas entidades referidas no parágrafo único do art. 1º desta Lei (entidades que recebam subvenção, benefício ou incentivo, fiscal ou creditício, de órgão público bem como daquelas para cuja criação ou custeio o erário haja concorrido ou concorra com menos de cinquenta por cento do patrimônio ou da receita anual). A Lei 14.230/2021 alterou os regramentos, inserindo no mencionado artigo mudanças atinentes ao termo inicial da contagem – de 8 anos a partir da ocorrência do fato ou da cessação no caso das infrações continuadas (art. 23, caput) – e a previsão de prescrições intercorrentes, pelo advento de provimentos jurisdicionais condenatórios, de cunho interruptivo, em simetria aos marcos do Código Penal (art. 23, § 4º), quando então o prazo reduz pela metade (art. 23, § 5º). As alterações já foram alvo de questionamento acerca de sua constitucionalidade, por contrariar o interesse público e representar uma proteção deficiente dos bens jurídicos tutelados (ADI 7236). Ainda a título de prescrição, diz o art. 23, § 1º, que a instauração de inquérito

41. Art. 1º, I, "l", LC 64/90: "São inelegíveis para qualquer cargo os que forem condenados à suspensão dos direitos políticos, em decisão transitada em julgado ou proferida por órgão judicial colegiado, por ato doloso de improbidade administrativa que importe lesão ao patrimônio público (10) e enriquecimento ilícito (9º), desde a condenação ou o trânsito em julgado até o transcurso do prazo de 8 (oito) anos após o cumprimento da pena".

civil suspende o seu curso pelo prazo máximo de 180 dias, recomeçando a fluência do escoamento do prazo ou da conclusão das apurações.

96. O pedido de ressarcimento do dano ao erário se submete aos prazos prescricionais previstos na Lei de Improbidade Administrativa?

Há dois posicionamentos a este respeito. O primeiro, minoritário na doutrina, entende que a pretensão de ressarcimento ao erário em face de agentes públicos e de terceiros, pela prática de improbidade administrativa, devidamente tipificada pela Lei 8.429/92, prescreve juntamente com as demais sanções do artigo 12, do mesmo diploma. Neste sentido, portanto, entende esta corrente doutrinária que a parte final do artigo 37, § 5º, da Constituição, não se refere à imprescritibilidade das ações de ressarcimento do dano ao erário decorrente de atos de improbidade administrativa. O segundo, por sua vez, prevalente na doutrina e na jurisprudência dos Tribunais Superiores[42]-[43], sustenta que o ressarcimento do dano ao Erário é imprescritível, com fundamento no artigo 37, § 5º, da Constituição da República, segundo o qual "a lei estabelecerá os prazos de prescrição para ilícitos praticados por qualquer agente, servidor ou não, que causem prejuízos ao erário, *ressalvadas as respectivas ações de ressarcimento* (grifou-se). O Supremo Tribunal Federal, a este respeito, tem entendimento recente segundo o qual "são imprescritíveis as ações de ressarcimento ao erário fundadas na prática de ato doloso tipificado na Lei de Improbidade Administrativa" (STF. Plenário. RE 852475/SP, Rel. orig. Min. Alexandre de Moraes, Rel. para acórdão Min. Edson Fachin, julgado em 08/08/2018). Assim, segundo o Pretório Excelso, são prescritíveis: i) as ações de reparação de danos à Fazenda Pública decorrentes de ilícito civil[44]; e ii) as ações de ressarcimento decorrentes de ato de improbidade administrativa praticados com culpa (possíveis apenas no caso do art. 10, da LIA)[45]. Por outro lado, são imprescritíveis apenas as ações de ressarcimento decorrentes de ato de improbidade administrativa praticados com dolo.

---

42. Improbidade administrativa. Alegação de prescrição. Embora imprescritíveis as ações de ressarcimento contra os agentes públicos que ilicitamente causaram lesão ao patrimônio público (art. 37, § 5º, da CF), verifica-se a ocorrência da prescrição no que tange às sanções previstas na Lei nº 8429/92 (STF. 1ª Turma. AI 744973 AgR, Rel. Min. Luiz Fux, julgado em 25/06/2013).

43. É pacífico o entendimento desta Corte Superior no sentido de que a pretensão de ressarcimento por prejuízo causado ao erário, manifestada na via da ação civil pública por improbidade administrativa, é imprescritível. Daí porque o art. 23 da Lei nº 8.429/92 tem âmbito de aplicação restrito às demais sanções previstas no corpo do art. 12 do mesmo diploma normativo" (STJ. 2ª Turma. AgRg no REsp 1442925/SP, Rel. Min. Mauro Campbell Marques, julgado em 16/09/2014).

44. É prescritível a ação de reparação de danos à Fazenda Pública decorrente de ilícito civil. Dito de outro modo, se o Poder Público sofreu um dano ao erário decorrente de um ilícito civil e deseja ser ressarcido, ele deverá ajuizar a ação no prazo prescricional previsto em lei. (STF. Plenário. RE 669069/MG, Rel. Min. Teori Zavascki, julgado em 03/02/2016 – repercussão geral).

45. Recorde-se que a Lei 14.230/2021 revogou a previsão de atos de improbidade culposos.

7

DIREITO AMBIENTAL

Gustavo Henrique de Andrade Cordeiro

1. PRINCÍPIOS DE DIREITO AMBIENTAL

1. Qual a natureza jurídica do direito ao meio ambiente ecologicamente equilibrado?

Pode-se dizer que o direito ao meio ambiente ecologicamente equilibrado é um *direito fundamental* reconhecido pela ordem constitucional. O poder constituinte originário, ao elaborar a Constituição da República de 1988, não se mostrou insensível à consolidação do direito ao meio ambiente ecologicamente equilibrado como direito da humanidade já reconhecido no âmbito internacional, incorporando-o à ordem jurídico-constitucional pátria como direito fundamental. Estabeleceu, assim, o texto constitucional, na cabeça do artigo 225, que "todos têm direito ao meio ambiente ecologicamente equilibrado, bem de uso comum do povo e essencial à sadia qualidade de vida, impondo-se ao Poder Público e à coletividade o dever de defendê-lo e preservá-lo para as presentes e futuras gerações". Reconheceu, portanto, o constituinte de 1988, expressamente, o direito de todos, sem qualquer espécie de distinção, ao meio ambiente sadio e preservado em condições adequadas sob a ótica ecológica. Trata-se, a toda evidência, de um direito humano fundamental[1]. Ressalte-se que, muito embora o dispositivo constitucional em questão não esteja topo-

1. MIRRA, A. L. V. Fundamentos de Direito Ambiental no Brasil. Revista Trimestral de Direito Público, São Paulo, v. 7, p. 170-197, 1994.

graficamente inserto no título II "Dos Direitos e Garantias Fundamentais", não se questiona seu caráter fundamental, conforme o remansoso entendimento da doutrina e da jurisprudência[2]. Pode-se afirmar, desse modo, que a ordem constitucional vigente, atenta à influência do direito internacional, sedimentou e positivou ao longo do seu texto os alicerces normativos de um constitucionalismo ecológico, atribuindo ao direito ao ambiente o *status* de direito fundamental.

2. **Em qual geração (ou dimensão) dos direitos fundamentais se situa o direito ao meio ambiente ecologicamente equilibrado?**

A tutela internacional dos direitos humanos, a partir da Declaração de Estocolmo das Nações Unidas sobre o Meio Ambiente Humano (1972), passou a reconhecer uma nova categoria: o direito de viver em um ambiente equilibrado e saudável. Antes, já eram reconhecidos direitos de primeira dimensão, a saber, os civis e políticos, lastreados no valor da liberdade, cujo estandarte era o paradigma liberal da primazia da lei, que trazia consigo o consectário da impessoalidade, emergindo a ideia de que somente um documento normativo de natureza geral e abstrata seria capaz de tratar a todos de forma semelhante, impedindo-se privilégios e detrimentos legalmente injustificados. A seguir, consolidaram-se os direitos de segunda dimensão, quais sejam, os direitos sociais, econômicos e culturais, em razão da necessidade de atuação proativa do Estado em favor de parcela de seu povo para corrigir as assimetrias, com o nítido propósito de promover o viés substancial da igualdade enquanto axioma social. O reconhecimento do direito ao meio ambiente sadio passa, então, a consagrar um direito de terceira dimensão, sedimentado sobre o axioma da solidariedade, cuidando-se de inquestionável avanço na evolução da teoria dos direitos humanos e fundamentais. A propósito, a inclusão de uma terceira

2. (...) A questão do direito ao meio ambiente ecologicamente equilibrado – direito de terceira geração – princípio da solidariedade. – O direito à integridade do meio ambiente – típico direito de terceira geração – constitui prerrogativa jurídica de titularidade coletiva, refletindo, dentro do processo de afirmação dos direitos humanos, a expressão significativa de um poder atribuído, não ao indivíduo identificado em sua singularidade, mas, num sentido verdadeiramente mais abrangente, a própria coletividade social. Enquanto os direitos de primeira geração (direitos civis e políticos) – que compreendem as liberdades clássicas, negativas ou formais – realçam o princípio da liberdade e os direitos de segunda geração (direitos econômicos, sociais e culturais) – que se identifica com as liberdades positivas, reais ou concretas – acentuam o princípio da igualdade, os direitos de terceira geração, que materializam poderes de titularidade coletiva atribuídos genericamente a todas as formações sociais, consagram o princípio da solidariedade e constituem um momento importante no processo de desenvolvimento, expansão e reconhecimento dos direitos humanos, caracterizados, enquanto valores fundamentais indisponíveis, pela nota de uma essencial inexauribilidade. Considerações doutrinarias. (STF – MS: 22164 SP, Relator: Min. CELSO DE MELLO, Data de Julgamento: 30/10/1995, TRIBUNAL PLENO).

dimensão de direitos fundamentais na ordem jurídico-constitucional pátria impôs a reconstrução do sentido e do alcance do valor magno da dignidade, previsto no artigo 1º, inciso III, da Carta Política, cuidando-se de um dos fundamentos sobre os quais se erigiu a República Federativa do Brasil. A partir de então, foram agregados à sua estrutura normativa – já composta pelos axiomas da liberdade e da igualdade – valores ecológicos que permitem afirmar a existência de uma dimensão ecológica da dignidade da pessoa humana. Por via de consequência, o próprio conteúdo normativo da dignidade humana deve ser repensado e adaptado à inserção do meio ambiente ecologicamente equilibrado em sua estrutura, evoluindo de uma concepção meramente antropocêntrica para um viés biocêntrico, conferindo reconhecimento da dignidade não apenas à raça humana, mas aos animais não humanos e aos seres vivos em geral. A inserção de uma terceira dimensão de direitos fundamentais no texto constitucional, então, inaugura a era do constitucionalismo ecológico, sendo possível afirmar que a República Federativa do Brasil se estabeleceu sobre os fundamentos de um Estado Socioambiental de Direito, comprometido com o desenvolvimento nacional em bases sustentáveis.

3. O que é o princípio do desenvolvimento sustentável?

O princípio do desenvolvimento sustentável estabelece a necessidade de plena harmonização entre o crescimento econômico, a preservação ambiental e a equidade social, tratando-se do princípio fundamental do direito ambiental. Atente-se que o princípio em exame, absolutamente, não pretende refrear o desenvolvimento econômico, em nada se opondo à realização de atividades de intervenção humana na natureza. Ao revés, pretende-se, com este princípio, atividades humanas que visem ao progresso econômico, desde que com o inflexível respeito ao meio ambiente, evitando-se apenas intervenções menos invasivas possíveis sob o prisma ambiental. Trata-se de princípio que remonta à Conferência de Estocolmo, em 1972, verdadeiro marco histórico na discussão das questões ambientais.

4. Qual o fundamento jurídico-constitucional do princípio do desenvolvimento sustentável?

O princípio do desenvolvimento sustentável tem fundamento no artigo 170, inciso VI, da Constituição da República, que institui a defesa do meio ambiente como um dos princípios da ordem econômica, buscando conciliar a livre iniciativa, a livre concorrência e a propriedade privada à existência digna, aos ditames da justiça social, à função social da propriedade e a redução das desigualdades regionais e sociais. Com efeito, o Supremo Tribunal Federal já reconhece, há mais de uma década, sua vigência em nossa ordem jurídica, a exemplo do que fez no aresto a seguir: "O princípio do desenvolvimento sustentável, além de impregnado de caráter eminentemente constitucional, encontra suporte legitimador em compromissos internacionais assumidos pelo Estado brasileiro e representa fator de obtenção do justo equilíbrio entre as exigências da economia e as da ecologia, subordinada, no entanto, a invocação desse postulado, quando ocorrente situação de conflito entre valores constitucionais relevantes, a uma condição inafastável, cuja observância não comprometa nem esvazie o conteúdo essencial de um dos mais significativos direitos fundamentais: o direito à preservação do meio ambiente, que traduz bem de uso comum da generalidade das pessoas, a ser resguardado em favor das presentes e futuras gerações" (STF. ADI 3540 MC, Relator Min. CELSO DE MELLO, Tribunal Pleno, julgado em 01/09/2005).

5. O que se entende por princípio da solidariedade intergeracional?

O princípio da solidariedade intergeracional (ou da equidade intergeracional) apregoa que o Estado e a coletividade devem preservar o meio ambiente para as gerações presentes e futuras gerações, conforme se extrai da parte final do artigo 225, "caput", da Carta Constitucional. A ideia central desta premissa é de empenhar os maiores esforços possíveis para entregar à próxima geração um planeta com recursos ambientais semelhantes aos atuais, permitindo-lhes o livre exercício de uma vida digna. Neste particular, pode-se dizer que se trata de direito fundamental já reconhecido há, pelo menos, 30 (trinta) anos, titularizado por pessoas ainda não nascidas e sequer concebidas.

6. Diferencie os princípios da prevenção e da precaução.

A ideia central dos princípios da prevenção e da precaução está em evitar a ocorrência de danos ambientais, já que, uma vez deflagrados, a plena recuperação nem sempre é possível. Em que pese haja quem trate os dois princípios como sinônimos, é possível identificar diferenças pontuais entre eles. Com efeito, o princípio da prevenção impõe o emprego de todas as providências possíveis para evitar a incidência de danos ambientais, nas hipóteses em que há certeza científica sobre o impacto ambiental de uma determinada atividade, o que pode ser implementado, a título de exemplo, por estudos prévios de impacto ambiental (artigo 225, § 1º, inciso IV, da Constituição). Lado outro, o princípio da precaução, semelhantemente, estabelece a necessidade de evitar a concretização de danos ambientais, notadamente nos casos em que não há certeza científica a respeito da potencial lesividade de uma atividade ambiental, a exemplo do que se dá com os *transgênicos* e com a radiofrequência de antenas de telefonia celular. Neste particular, nas hipóteses em que não se conhece os males provocados ao meio ambiente, os Tribunais Superiores têm admitido, inclusive, a inversão do ônus da prova, atribuindo ao explorador da atividade demonstrar que sua atividade não causará danos ambientais. Neste sentido, "justifica-se a inversão do ônus da prova, transferindo para o empreendedor da atividade potencialmente perigosa o ônus de demonstrar a segurança do empreendimento, a partir da interpretação do art. 6º, VIII, da Lei 8.078/1990 c/c o art. 21 da Lei 7.347/1985, conjugado ao Princípio Ambiental da Precaução (REsp 972.902/RS, Rel. Ministra Eliana Calmon, Segunda Turma, julgado em 25/08/2009)". Consigne-se, a propósito, que, na dúvida, deve-se optar pela solução mais protetiva à saúde do ser humano e que promova, na maior medida possível, o meio ambiente (*in dubio pro natura*). Assim, em suma, o princípio da prevenção incide nas hipóteses em que há certeza científica sobre a perniciosidade ao meio ambiente de uma determinada prática humana, ao passo que, o da prevenção, recai sobre os casos de incerteza científica sobre as consequências ambientais de uma atividade potencialmente prejudicial ao meio ambiente.

7. O que é o princípio do poluidor-pagador?

O princípio do poluidor-pagador sustenta que é o poluidor quem deve suportar as despesas econômicas pelo dano ambiental que praticou. Assim, o custo da poluição (externo) deve ser assumido pelo poluidor no custo de sua produção (interno), promovendo a internalização dos custos, que jamais podem ser compartilhados com a sociedade. É necessário esclarecer que o presente princípio, em hipótese nenhuma, pretende fomentar, autorizar ou tolerar a prática de danos ambientais mediante um preço. Ao revés, o propósito da presente premissa é evitar, a todo custo, a ocorrência de danos ambientais. Todavia, caso não tenha sido possível impedir a prática ofensiva ao meio ambiente, então, os encargos econômicos decorrentes desta prática tendentes à sua reparação é que devem ser suportados exclusivamente por quem deu causa, excluindo a coletividade os ônus pela reparação do dano ambiental. O postulado em tela tem fundamento constitucional, no artigo 225, § 2º, da Carta Magna, segundo o qual "aquele que explorar recursos minerais fica obrigado a recuperar o meio ambiente degradado (...)" e legal, no artigo 4º, inciso VII, primeira parte, da Lei 6.938/81, atribuindo à Política Nacional do Meio Ambiente "a imposição, ao poluidor e ao predador, da obrigação de recuperar e/ou indenizar os danos causados (...)". Ademais, frise-se, ao responsabilidade civil do autor do dano ambiental é objetiva e solidária, nos termos do entendimento dos Tribunais Superiores: "No Direito brasileiro e de acordo com a jurisprudência do Superior Tribunal de Justiça, a responsabilidade civil pelo dano ambiental, qualquer que seja a qualificação jurídica do degradador, público ou privado, proprietário ou administrador da área degradada, é de natureza objetiva, solidária e ilimitada, sendo regida pelos princípios do poluidor-pagador, da reparação *in integrum*, da prioridade da reparação *in natura* e do *favor debilis*" (REsp 1401500/PR, Rel. Ministro Herman Benjamin, Segunda Turma, julgado em 16/08/2016).

8. E o princípio do usuário-pagador, em que consiste?

O princípio do usuário-pagador estabelece, em síntese, que o usuário deve pagar pelo recurso natural utilizado para evitar o desperdício. O fundamento legal deste postulado está no artigo 4º, inciso VII, parte final, da Lei 6.938/81, atribuindo à Política Nacional do Meio Ambiente "a imposição (...) ao usuário, da contribuição pela utilização de recursos ambientais com fins econômicos". Validamente, é necessário que o recurso natural tenha valor econômico para que o usuário, ao o utilizar, pague e o utilize racionalmente, evitando desperdícios. Diferentemente do princípio do poluidor-pagador, não se trata de punição em face da pessoa, até porque inexiste comportamento ilícito por parte do usuário para que ele possa ser punido por sua conduta.

9. O que se entende por função socioambiental da propriedade?

A função socioambiental da propriedade estabelece que o direito de propriedade deve ser exercido em benefício da sociedade e do meio ambiente, não podendo ser realizado de forma egoística, desprezando os interesses da coletividade. Não basta, portanto, que a propriedade seja exercida sem prejuízo de terceiros ou da qualidade ambiental. Neste sentido, a vigência de um Estado Social e Democrático de Direito modificou o vetusto modelo de direito à propriedade consonante em bases estritamente liberais, marcado como um direito de primeira dimensão, deixando de se revestir, como outrora, de caráter absoluto, ilimitado e intangível, para, hodiernamente, ganhar uma roupagem social e vislumbrar o bem-estar de todos, compatibilizando-se como um direito de segunda e de terceira dimensão. O fundamento desta premissa está na conjugação dos artigos 5º, inciso XXII (é garantido o direito de propriedade), inciso XXIII (a propriedade atenderá a sua função social) e 225, "caput" (Todos têm direito ao meio ambiente ecologicamente equilibrado, bem de uso comum do povo e essencial à sadia qualidade de vida, impondo-se ao Poder Público e à coletividade o dever de defendê-lo e preservá-lo para as presentes e futuras gerações), todos da Constituição da República.

10. O que é princípio da ubiquidade ou da cooperação entre os povos?

O princípio em exame reza que, considerando que o bem ambiental é onipresente, a agressão ao meio ambiente em uma determinada localidade é capaz de trazer reflexos negativos não apenas àquela nação, mas aos países vizinhos e, eventualmente, a todo o planeta.

11. Pode-se sustentar a existência de um princípio do mínimo existencial ecológico?

A doutrina é unânime em reconhecer o meio ambiental saudável como um direito fundamental expressamente reconhecido em nossa atual ordem jurídico-constitucional. Como decorrência disto, há quem sustente, sim, a necessidade de se observar um mínimo existencial ecológico, consistente na conjugação de condições mínimas de preservação dos recursos naturais para a sobrevivência de todas as espécies vivas do planeta. Neste sentido, pode-se afirmar que a própria dignidade da pessoa humana está diretamente vinculada à qualidade do meio ambiente, o que representaria uma dimensão ecológica da dignidade da pessoa humana, consonante com o Estado Social e Democrático de Direito, evoluindo de uma concepção meramente antropocêntrica para um viés biocêntrico, conferindo reconhecimento da dignidade não apenas à raça humana, mas aos animais não humanos e aos seres vivos em geral.

12. O que se entende por princípio da vedação do retrocesso ecológico?

Significa que as garantias de proteção ambiental, uma vez conquistadas e sedimentada no arcabouço normativo de um país, não podem ser reduzidas para níveis de proteção inferiores às já consagradas na legislação, o que equivaleria a um nítido retrocesso. Assim, devem ser obstadas todas as medidas legislativas e executivas que operem um efeito *cliquet* em relação ao direito ambiental, retrocedendo o âmbito de proteção anteriormente assegurado.

13. Qual a natureza jurídica das obrigações ambientais?

Nos termos da Súmula 623, do STJ, "as obrigações ambientais possuem natureza *propter rem*, sendo admissível cobrá-las do proprietário ou possuidor atual e/ou dos anteriores, à escola do credor".

14. Nas ações civis públicas propostas em razão de degradação ambiental, é possível a inversão do ônus da prova?

O Superior Tribunal de Justiça, no enunciado sumulado nº 618, estabeleceu que "a inversão do ônus da prova aplica-se às ações de degradação ambiental". Neste sentido, a doutrina e a jurisprudência têm entendido ser possível a inversão do ônus da prova em ações civis públicas, ainda que não consumeristas, invocando a regra do art. 6º, inciso VIII, do CDC, diploma que integra o chamado *microssistema* de tutela processual coletiva, que deve ser estendido às demais ações coletivas, bem como com arrimo no princípio da precaução, impondo à parte adversa a demonstração da não perniciosidade de sua atividade frente ao meio ambiente, notadamente nos casos em que não há certeza científica a respeito da potencial lesividade de sua atividade.

15. Aplica-se a teoria do fato consumado em matéria ambiental?

A teoria do fato consumado estabelece que as situações jurídicas consolidadas pelo decurso do tempo, notadamente quando amparadas por uma decisão judicial, não devem ser desconstituídas, em razão do princípio da segurança jurídica e da estabilidade das relações sociais. A Teoria do Fato consumado incide apenas em casos excepcionalíssimos, nas quais a inércia da Administração ou a morosidade do Judiciário deram ensejo a que situações precárias se consolidassem pelo decurso do tempo (STJ AgRg no RMS 34.189/GO, Rel. Min. Castro Meira, Segunda Turma, julgado em 26/06/2012). Em matéria ambiental, aliás, o Superior Tribunal de Justiça, por intermédio da Súmula 613, apregoa que "não se admite a aplicação da teoria do fato consumado em tema de Direito Ambiental". Ilustrativamente, uma decisão em sede de tutela provisória em favor do proprietário rural, ainda que perdure por tempo juridicamente relevante, poderá ser modificada em sede de cognição exauriente ou mesmo no âmbito recursal, não se consolidando com o decurso do tempo.

2. COMPETÊNCIAS EM DIREITO AMBIENTAL

16. Grosso modo, como se divide a competência legislativa entre os entes federativos?

Como regra, a competência legislativa relativa à exploração econômica dos recursos naturais é privativa da União, nos termos do artigo 22, da Lei Maior, ao passo que a competência legislativa referente à proteção dos recursos naturais tem natureza concorrente, incumbindo tanto à União, quanto aos Estados e Distrito Federal, na forma do artigo 24, da Magna Carta. Frise-se, neste particular, que ao Município não foi permitida esta competência, ficando sua competência legislativa circunscrita a legislar em matéria ambiental sobre assuntos de interesse local, conforme estabelece o artigo 30, do Texto Constitucional.

17. Que ente federativo tem a competência para legislar sobre a exploração econômica dos recursos naturais?

Conforme o artigo 22, da Constituição Federal, a União é o ente federativo dotado de competência legislativa privativa em relação à exploração econômica dos recursos minerais, a ela incumbindo disciplinar sobre águas e energia (inciso IV), regime dos portos e navegação (inciso X), jazidas, minas e outros recursos naturais (inciso XII) e atividades nucleares (inciso XXVI).

18. O Município está despido de competência legislativa em matéria ambiental?

Não. Em que pese não se autorize o Município a legislar sobre as matérias de competência legislativa concorrente (art. 24, CF), a exemplo de florestas, caça, pesca e fauna, senão somente à União, aos Estados e ao Distrito Federal, o Município possui competência para legislar em matéria ambiental: i) no que concerne a temas de interesse local (art. 30, inciso I, CF); ii) e em suplementação à legislação federal e estadual (art. 30, inciso II, CF). Neste diapasão, assegura o artigo 6º, § 2º, da Lei 6.938/81 que os Municípios, observadas as normas e os padrões federais e estaduais, também poderão elaborar normas supletivas e complementares e padrões relacionados com o meio ambiente, observados os que forem estabelecidos pelo CONAMA.

19. Quais entes federativos possuem competência legislativa para disciplinar sobre a proteção do meio ambiente e dos recursos naturais?

A competência para legislar sobre proteção do meio ambiente, controle de poluição, conservação da natureza, defesa do solo e dos recursos naturais, nos termos do art. 24, da Lei Maior, é concorrente da União, do Distrito Federal e dos Estados, a eles incumbindo elaborar normas sobre florestas, caça, pesca e fauna (inciso VI), proteção do patrimônio histórico, cultural, artístico, turístico e paisagístico (inciso VII) e responsabilidade por dano ao meio ambiente (inciso VIII).

20. A que ente federativo se atribui a competência para a exploração de gás encanado?

Os serviços de gás encanado devem ser explorados, diretamente ou via concessão, pelos Estados, cuidando-se de competência material exclusiva, com prejuízo de todos os demais entes, sendo vedada a edição de medida provisória para a sua disciplina legal, que exige a publicação de lei em sentido estrito (art. 25, § 2º, da Magna Carta).

21. A quais entes federativos incumbe a competência material de defesa do meio ambiente?

A defesa do meio ambiente, o combate à poluição, a preservação das florestas, da fauna e da flora, o combate às causas da pobreza e a fiscalização da exploração de recursos hídricos e minerais são competência comum da União, dos Estados, do Distrito Federal e dos Municípios, conforme se extrai do artigo 23, da Constituição.

3. POLÍTICA NACIONAL DO MEIO AMBIENTE (LEI Nº 6.938/81)

22. Quais as classificações doutrinárias de meio ambiente?

O meio ambiente pode ser classificado em: i) natural ou físico, constituído por solo, água, ar, flora e fauna; ii) cultural, integrado por patrimônio histórico, artístico, arqueológico, paisagístico e turístico; iii) artificial, consistente no espaço urbano, formado pelo plexo de edificações e equipamentos públicos, a exemplo de ruas, praças e áreas verdes; iv) do trabalho, integrado pela proteção do homem em seu local de trabalho, com a especial observância das normas de segurança do trabalho, envolvendo saúde, prevenção de acidentes, salubridade e condições saudáveis do trabalho.

23. Qual a definição legal de meio ambiente natural?

A definição legal de meio ambiente natural pode ser encontrada no art. 3º, inciso I, da Lei de PNMA, tratando-se do "conjunto de condições, leis, influências e interações de ordem física, química e biológica, que permite, abriga e rege a vida em todas as suas formas".

24. Quais os objetivos da Política Nacional do Meio Ambiente?

Os objetivos da política nacional do meio ambiente são a preservação, melhoria e recuperação da qualidade ambiental propícia à vida, visando assegurar, no país, condições ao desenvolvimento socioeconômico, aos interesses da segurança nacional e à proteção da dignidade da vida humana (art. 2º, "caput", da Lei 6938/81).

25. Cite quatro princípios da Política Nacional do Meio Ambiente.

Eis os quatro princípios da PNMA mais relevantes, previstos no art. 2º, da Lei 6.938/81: i) uso racional do solo, do subsolo, da água e do mar (inciso II); ii) proteção dos ecossistemas (inciso IV); iii) recuperação das áreas degradadas (inciso VIII); e iv) educação ambiental a todos os níveis de ensino, inclusive a educação da comunidade, objetivando capacitá-la para a participação ativa na defesa do meio ambiente (inciso X).

26. Quem pode ser considerado poluidor, segundo a Lei de PNMA?

Estabelece o artigo 3º, inciso IV, da Lei 6.938/81, que pode ser poluidor "a pessoa física ou jurídica, de direito público ou privado, responsável, direta ou indiretamente, por atividade causadora de degradação ambiental". Assim, até mesmo o poder público pode ser considerado poluidor, sujeitando-se às sanções legais.

27. Qual a definição legal de poluição?

Segundo o artigo 3º, inciso III, da Lei 6.938/81, considera-se poluição, "a degradação da qualidade ambiental resultante de atividades que direta ou indiretamente: a) prejudiquem a saúde, a segurança e o bem-estar da população; b) criem condições adversas às atividades sociais e econômicas; c) afetem desfavoravelmente a biota; d) afetem as condições estéticas ou sanitárias do meio ambiente; e) lancem matérias ou energia em desacordo com os padrões ambientais estabelecidos.

28. Cite quatro objetivos da Política Nacional do Meio Ambiente.

Os quatro mais importantes objetivos da PNMA, previstos no art. 4º, da Lei 6.938/81, são: i) compatibilização do desenvolvimento econômico-social com a preservação da qualidade do meio ambiente e do equilíbrio ecológico (inciso I); ii) difusão de tecnologias de manejo do meio ambiente, à divulgação de dados e informações ambientais e à formação de uma consciência pública sobre a necessidade de preservação da qualidade ambiental e do equilíbrio ecológico (inciso V); iii) preservação e restauração dos recursos ambientais com vistas à sua utilização racional e disponibilidade permanente, concorrendo para a manutenção do equilíbrio ecológico propício à vida (inciso VI); e iv) à imposição, ao poluidor e ao predador, da obrigação de recuperar e/ou indenizar os danos causados (princípio do poluidor-pagador) e, ao usuário, da contribuição pela utilização de recursos ambientais com fins econômicos (princípio do usuário-pagador) (inciso VII).

29. O que é SISNAMA? E qual a sua composição?

Trata-se do Sistema Nacional do Meio Ambiente, constituído pelos órgãos e entidades da União, dos Estados, do Distrito Federal, dos Territórios e dos Municípios, bem como as fundações instituídas pelo Poder Público, responsáveis pela proteção e melhoria da qualidade ambiental, nos termos do art. 6º, da Lei de PNMA. O SISNAMA é composto por: i) órgão superior, o Conselho do Governo, que assessora o Presidente da República na formulação da política nacional e nas diretrizes governamentais para o meio ambiente; ii) Conselho Nacional do Meio Ambiente (CONAMA), órgão consultivo e deliberativo, com a finalidade de assessorar, estudar e propor ao Conselho de Governo, diretrizes de políticas governamentais para o meio ambiente e os recursos naturais e deliberar, no âmbito de sua competência, sobre normas e padrões compatíveis com o meio ambiente; iii) Ministério do Meio Ambiente, órgão central, com a finalidade de planejar, coordenar, supervisionar e controlar, como órgão federal, a política nacional e as diretrizes governamentais fixadas para o meio ambiente; iv) órgãos executores: o Instituto Brasileiro do Meio Ambiente e dos Recursos Naturais Renováveis – IBAMA e o Instituto Chico Mendes de Conservação da Biodiversidade – Instituto Chico Mendes, com a finalidade de executar e fazer executar a política e as diretrizes governamentais fixadas para o meio ambiente; v) órgãos seccionais, os órgãos ou entidades estaduais responsáveis pela execução de programas, projetos e pelo controle e fiscalização de atividades capazes de provocar a degradação ambiental; e vi) órgãos locais, os órgãos ou entidades municipais, responsáveis pelo controle e fiscalização dessas atividades, nas suas respectivas jurisdições.

30. Qual a diferença entre o CONAMA e o IBAMA?

Embora ambos os órgãos componham a estrutura do Sistema Nacional do Meio Ambiente, cada um tem um objetivo específico que o distingue do outro: enquanto o CONAMA é um órgão consultivo e deliberativo, presidido pelo Ministro do Meio Ambiente, cuja finalidade é assessorar ao Conselho de Governo diretrizes e políticas governamentais voltadas ao meio ambiente, expedindo, ainda, normas ambientais (art. 6º, inciso II, da Lei 6938/81), o IBAMA é um órgão federal executor voltado à execução da política nacional e das diretrizes governamentais fixadas para o meio ambiente (art. 6º, inciso IV, da Lei de PNMA).

31. Qual a diferença de atribuições entre o IBAMA e o Instituto Chico Mendes?

Ambos os institutos têm funções predominantemente executivas no Sistema Nacional do Meio Ambiente (SISNAMA). Se, por um lado, o Instituto Chico Mendes de Conservação da Biodiversidade (ICMBio) tem como função a execução da política nacional das *unidades de conservação*, por outro, o IBAMA tem como atribuição a função de execução da política nacional do *meio ambiente*.

32. Qual a participação do Ministério Público no âmbito do CONAMA?

O Ministério Público integrará o Plenário do CONAMA, por intermédio de dois membros na condição de conselheiros convidados, porém, sem direito a voto, sendo um deles do Ministério Público Federal e, o outro, do Ministério Público dos Estados, indicado pelo Conselho Nacional dos Procuradores-Gerais de Justiça (Decreto 11.417/23).

33. Qual as mais relevantes competências do CONAMA?

As competências do CONAMA estão previstas no artigo 8º, da Lei 6.938/81, dentre as quais se destacam: i) estabelecer normas e critérios para o licenciamento de atividades efetiva ou potencialmente poluidoras (inciso I); ii) determinar a realização de estudos das possíveis consequências ambientais de projetos públicos ou privados, requisitando as informações indispensáveis para apreciação dos estudos de impacto ambiental, e respectivos relatórios, no caso de obras ou atividades de significativa degradação ambiental, especialmente nas áreas consideradas patrimônio nacional (inciso II); iii) homologar acordos visando à transformação de penalidades pecuniárias na obrigação de executar medidas de interesse para a proteção ambiental (inciso IV - Vetado); iv) estabelecer, privativamente, normas e padrões nacionais de controle da poluição por veículos automotores, aeronaves e embarcações (inciso VI); estabelecer normas, critérios e padrões relativos ao controle e à manutenção da qualidade do meio ambiente com vistas ao uso racional dos recursos ambientais (inciso VII).

34. Quais as penalidades previstas em lei em caso de não cumprimento de medidas de preservação ambiental que ocasione danos à qualidade ambiental?

O artigo 14, "caput", da Lei 6.938/81, prevê, sem prejuízo da responsabilização civil pertinente, a imposição das seguintes sanções administrativas em caso de degradação ambiental: i) multa de 10 a 1.000 ORTNs; ii) perda ou restrição de incentivos fiscais; iii) perda ou suspensão de linhas de financiamento em estabelecimentos oficiais de crédito; iv) suspensão da atividade.

35. Qual a natureza da responsabilidade civil do poluidor e do degradador do meio ambiente?

O artigo 14, § 1º, primeira parte, da Lei 6.938/81, prevê que o dever de indenizar ou reparar os danos causados ao meio ambiente e a terceiros, afetados por sua atividade deve se dar *independentemente da existência de culpa*. Com efeito, a responsabilidade civil em matéria ambiental é de natureza *objetiva*, dispensando a análise da existência de dolo ou de culpa no caso concreto. Nada obstante, albergou o direito ambiental a teoria do risco integral, impondo a responsabilização do agente mesmo nas hipóteses de caso fortuito ou de força maior, inexistindo, pois, excludentes de responsabilidade civil que o imunizem do dever de reparação do dano ambiental, bastando a demonstração do dano e do nexo causal. É neste sentido o entendimento do Tribunal de Cidadania: "A responsabilidade civil por dano ambiental (público ou privado) é objetiva, fundada na teoria do risco integral, à luz do disposto no artigo 14, § 1º, da Lei nº 6.938/81. Assim, sendo o nexo de causalidade o fator aglutinante que permite que o risco se integre na unidade do ato, revela-se descabida a invocação, pela empresa responsável pelo dano ambiental, de excludentes de responsabilidade civil para afastar a sua obrigação de indenizar (STJ. REsp 1354536/SE, Rel. Ministro Luis Felipe Salomão, Segunda Seção, julgado em 26/03/2014). Importante salientar, no entanto, que, em caso de responsabilidade civil por omissão do Estado, a responsabilização tem natureza subjetiva, conforme apregoa o Superior Tribunal de Justiça: "a responsabilidade civil do Estado por omissão é subjetiva, mesmo em se tratando de responsabilidade por dano ao meio ambiente, uma vez que a ilicitude no comportamento omissivo é aferida sob a perspectiva de que deveria o Estado ter agido conforme estabelece a lei (STJ. REsp 647.493/SC, Rel. Ministro João Otávio de Noronha, Segunda Turma, julgado em 22/05/2007)".

36. Quem possui legitimidade ativa para a propositura de ação buscando a responsabilização pela indenização ou pela reparação de danos ambientais?

O artigo 14, § 1º, parte final, da Lei 6.938/81 estabelece que o Ministério Público da União e dos Estados terá legitimidade para propor ação de responsabilidade civil e criminal, por danos causados ao meio ambiente. Caso, no entanto, a lesão ao meio ambiente provenha do Estado, autoriza-se ao cidadão, mediante a apresentação de título de eleitor, a propositura de ação popular para sua reparação (art. 5º, inciso LXXIII, da Constituição).

4. ESTUDO PRÉVIO DE IMPACTO AMBIENTAL E LICENCIAMENTO AMBIENTAL

37. Qual o instrumento da Política Nacional do Meio Ambiente deve ser utilizado para implantar atividade que cause impacto ao meio ambiente?

A implantação de qualquer atividade que potencialmente cause impacto ao meio ambiente é condicionada à avaliação de impactos ambientais, instrumento previsto no art. 9º, inciso III, da Lei 6.938/81, gênero maior do qual decorrência diversas espécies, a exemplo do estudo de impacto ambiental, do plano de manejo e do plano de recuperação da área degradada.

38. O que se entende por estudo prévio de impacto ambiental?

O estudo prévio de impacto ambiental, espécie do gênero "avaliação de impacto ambiental", é um instrumento que objetiva dar subsídios ao procedimento de licenciamento ambiental de atividades efetiva ou potencialmente causadoras de significativa degradação ambiental. O instituto tem amparo constitucional no artigo. 225, § 1º, inciso IV, da Carta Constitucional, segundo o qual "incumbe ao Poder Público exigir, na forma da lei, para instalação de obra ou atividade potencialmente causadora de significativa degradação do meio ambiente, estudo prévio de impacto ambiental, a que se dará publicidade".

39. Todas as atividades potencialmente causadoras de impacto ambiental devem se submeter ao EIA (estudo de impacto ambiental), pouco importando a gradação do potencial dano ambiental?

Não. Apenas as atividades efetiva ou potencialmente causadoras de *significativa* degradação ambiental dependerão de prévio estudo de impacto ambiental e respectivo relatório de impacto sobre o meio ambiente, segundo o art. 3º, "caput", da Resolução CONAMA 237/97. Por outro lado, as atividades ou empreendimentos que não forem potencialmente causadores de *significativa* degradação do meio ambiente serão sujeitas a outras modalidades de estudos ambientais pertinentes menos complexos, a serem definidos pelo órgão ambiental competente.

40. Quais atividades são consideradas potencialmente causadoras de significativa degradação do meio ambiente e, portanto, exigem o estudo de impacto ambiental para obterem a licença ambiental?

O rol exemplificativo de atividades que exigem o estudo de impacto ambiental está prevista no art. 2º, da Resolução CONAMA nº 01/86, dentre as quais se destacam: estradas de rodagem com duas ou mais faixas de rolamento; ferrovias; portos e terminais de minério, petróleo e produtos químicos; oleodutos, gasodutos e minerodutos.

41. A quem incumbe a realização do estudo de impacto ambiental? Seria ao poder público?

Não. Incumbe ao empreendedor a realização do estudo de impacto ambiental para posterior apresentação ao órgão ambiental licenciador, integralmente às suas custas, inexistindo dever do poder público em relação à elaboração ou ao custeio do EIA. Consigne-se, a propósito, que o empreendedor, necessariamente, deverá contratar uma empresa de consultoria que possua inscrição no Cadastro Técnico Federal de Atividades, administrado pelo IBAMA, para a elaboração dos estudos de impacto ambiental.

42. O que se entende por RIMA (Relatório de Impacto Ambiental)?

O relatório de impacto ambiental é um documento que condensa as conclusões do estudo de impacto ambiental (EIA), de forma clara e acessível aos interessados, por intermédio de linguagem simples, mapas, quadros e gráficos, esclarecendo as vantagens e desvantagens do projeto, assim como todas as consequências ambientais de sua implementação. É importante destacar que, tanto o EIA, quanto o RIMA, deverão ser objeto de ampla publicidade, nos termos do artigo 225, § 1º, inciso IV, da Constituição.

43. Que instrumento pode ser utilizado para conferir legitimidade social ao estudo de impacto ambiental?

É possível, após a deflagração do estudo prévio de impacto ambiental, que o órgão ambiental competente, sempre que julgar necessário, ou quando solicitado pelo Ministério Público, pela sociedade civil ou por, pelo menos, cinquenta cidadãos, realize audiências públicas para expor aos interessados e à população em geral o conteúdo do projeto em análise, permitindo a solução de dúvidas e acolhendo críticas e sugestões das pessoas presentes, conforme prevê a Resolução CONAMA nº 09/1987.

44. O que se entende por licenciamento ambiental?

Licenciamento ambiental é o procedimento administrativo pelo qual o órgão ambiental competente licencia a localização, a instalação, a ampliação e a operação de empreendimentos e atividades utilizadoras de recursos ambientais, consideradas efetiva ou potencialmente poluidoras, nos termos do art. 1º, inciso I, da Resolução CONAMA 237/97. Cuida-se de um dos instrumentos da Política Nacional do Meio Ambiente, que encontra fundamento legal no artigo 9º, inciso IV, da Lei 6.938/81. Em outras palavras, o consentimento do poder público para que alguém utilize recursos naturais em sua atividade se dá pelo procedimento de licenciamento ambiental.

45. Diferencie licenciamento e licença ambiental.

Licenciamento ambiental é um procedimento administrativo com diversas fases, a exemplo da realização da avaliação de impacto ambiental, cuja etapa final, caso todas as exigências tenham sido preenchidas, é a expedição, por parte da Administração Pública, de um ato administrativo denominado *licença ambiental*, no qual o órgão ambiental competente estabelecerá as condições, restrições e medidas de controle ambiental a serem observadas pelo empreendedor.

46. Qual o fundamento jurídico da licença ambiental?

A licença ambiental, derradeiro ato administrativo do procedimento de licenciamento ambiental em que o poder público concede a autorização para o desenvolvimento de atividade potencialmente danosa ao meio ambiente e estabelece suas condições, tem fundamento no poder de polícia, sendo, portanto, ato privativo do Poder Executivo.

47. Quais são as modalidades de licenças ambientais e os prazos de vigência?

Segundo o artigo 8º, da Resolução CONAMA nº 237/97, são três os tipos de licença ambiental, sendo dois deles de natureza preliminar (licença prévia e licença de instalação) e a licença definitiva (licença de operação), sendo esta última concedida apenas se forem cumpridas todas as exigências definidas nas licenças preliminares. Eis as modalidades de licenças, nesta ordem: i) licença prévia, concedida na fase preliminar do planejamento da atividade ou do empreendimento, aprovando a sua localização, atestando a viabilidade ambiental e estabelecendo os requisitos básicos a serem atendidos nas próximas fases de implementação (prazo máximo de 5 anos); ii) licença de instalação, que autoriza a instalação do empreendimento ou da atividade de acordo com as especificações constantes dos projetos aprovados (prazo máximo de 6 anos); iii) licença de operação, que permite a operação da atividade ou do empreendimento após a verificação do efetivo cumprimento das condições das licenças anteriores, com as medidas de controle ambiental e as condições da operação (prazo entre 4 a 10 anos).

48. Qual o prazo do órgão ambiental para a concessão das licenças ambientais?

Caso não tenha havido estudo de impacto ambiental e nem, tampouco, audiências públicas, o prazo do órgão ambiental para a decisão acerca da concessão de licença ambiental será de até 6 (seis) meses, contados a partir do protocolo do requerimento. Contudo, caso haja EIA/RIMA ou audiência pública, nos casos mais complexos, portanto, o prazo máximo do órgão ambiental será de 12 (doze) meses, na forma do artigo 14, da Resolução CONAMA nº 237/97. Obtempera-se, aqui, que a contagem do prazo ficará suspensa durante a elaboração dos estudos ambientais.

5. CÓDIGO FLORESTAL (LEI Nº 12.651/12)

49. Quais os dois principais institutos regulados pelo Código Florestal?

Os dois principais institutos disciplinados pelo Código Florestal são: i) as Áreas de Preservação Permanentes (APPs), áreas protegidas, cobertas ou não pela vegetação nativa, em zonas rurais ou urbanas, caracterizadas pela intocabilidade (ausência de intervenção humana) e pela vedação de uso econômico direto, cujos objetivos são a proteção e a preservação da biodiversidade e o bem-estar da população; e ii) Reserva Legal Florestal, designada pelo uso sustentável (intervenção humana pouco invasiva, em bases sustentáveis), cujo propósito é a conservação da biodiversidade e a proteção da fauna e da flora.

50. Qual a natureza jurídica das APPs e das áreas de Reserva Legal para fins de direito administrativo?

O Código Florestal estabelece *limitações administrativas* ao direito de propriedade dos titulares as áreas, impondo a especial proteção por parte dos proprietários e possuidores, devido à relevância ambiental da vegetação ali situada. Assim, consagra o Código Florestal a função socioambiental da propriedade.

51. Quais as formas de constituição de Áreas de Preservação Permanente (APPs)?

As APPs podem ser constituídas: i) por lei, em razão de sua localização (art. 4º), por se tratar de vegetação situada em áreas fundamentais para a prevenção contra a erosão do solo, assoreamento, proteção do curso dos rios e nascentes; ii) ato do Poder Executivo (art. 6º), em razão de sua destinação, podendo ser declaradas de interesse social e instituídas como APPs por decreto do chefe do Executivo, nas três esferas federativas.

52. Qual a natureza das obrigações ambientais contidas no Código Florestal?

As obrigações contidas no Código Florestal têm natureza real e são transmissíveis ao sucessor, em caso de transferência do domínio ou da posse do imóvel rural (art. 2º, § 2º).

53. O que se entende por área rural consolidada?

Área rural consolidada é a área de imóvel rural com ocupação antrópica preexistente a 22 de julho de 2008, com edificações, benfeitorias ou atividade agrossilvipastoris (art. 3º, inciso IV).

54. É possível a intervenção em vegetação nativa da APP?

Em princípio, não, por se tratar a APP de limitação administrativa que exige a intocabilidade de sua vegetação. Entretanto, caso haja utilidade pública, interesse social ou baixo impacto, é possível a intervenção ou mesmo a supressão de vegetação da APP, mediante autorização do órgão ambiental competente.

55. Considerando que as APPs são, em princípio, intocáveis, é possível o acesso de pessoas e animais em suas áreas?

É permitido o acesso de pessoas e animais às APPs para a obtenção de água e para a realização de atividades de baixo impacto ambiental (art. 9º).

56. Quais os percentuais mínimos das Áreas de Reserva Legal previstos no Código Florestal?

As áreas de Reserva Legal localizadas na Amazônia legal serão de: i) 80% em imóveis situados em áreas de florestas, podendo ser reduzido para 50% quando o Município tiver mais de 50% da área ocupada por unidades de conservação ou por terras indígenas; ii) 35% em imóveis situados em área de cerrado; e iii) 20% em imóveis localizados em campos gerais. Já as áreas de Reserva Legal situadas nas demais regiões do país, terão percentual mínimo de 20%, podendo, no entanto, o poder público federal aumentar para até 50% buscando a proteção da diversidade ou a redução da emissão de gases de efeito estufa.

57. É permitido o cômputo das Áreas de Preservação Permanente no cálculo do percentual de reserva legal?

Em que pese os dois institutos tenham características e funções ecológicas diversas, o art. 15, "caput", do Novo Código Florestal, admite o cômputo das APPs no cálculo do percentual da reserva legal, desde que a área esteja conservada ou em processo de recuperação e o proprietário ou possuidor tenha requerido a inclusão do imóvel no Cadastro Ambiental Rural (CAR).

O art. 15 da Lei nº 12.651/2012, que admite o cômputo da área de preservação permanente no cálculo do percentual de instituição da reserva legal do imóvel, não retroage para alcançar situações consolidadas antes de sua vigência.

STJ. 1ª Turma. REsp 1.646.193-SP, Rel. Min. Napoleão Nunes Maia Filho, Rel. Acd. Min. Gurgel de Faria, julgado em 12/05/2020 (Info 673).

58. Qual a diferença do regime jurídico de cobertura de vegetação nativa em relação às APPs e à Reserva Legal?

Nas APPs, é possível que sejam conservadas com ou sem vegetação nativa, ao passo que, no caso da Reserva Legal, é imprescindível que seja conservada com cobertura pela vegetação nativa.

59. É possível o manejo sustentável nas áreas de Reserva Legal?

Diferentemente das APPs, que, em princípio, são intocáveis e, portanto, insuscetíveis de intervenção humana, as áreas de Reserva Legal admitem a exploração econômica mediante o manejo sustentável, previamente aprovado pelo órgão ambiental competente (art. 17, § 1º).

60. É imprescindível a averbação das áreas de Reserva Legal no cartório registro de imóveis?

O Código Florestal estabelece que, uma vez inscrita a Reserva Legal no CAR (Cadastro Ambiental Rural), mediante a apresentação de planta e memorial descritivo, perante o órgão ambiental, não há obrigação de averbação da Reserva Legal no cartório de registro de imóveis (art. 18, § 4º). Semelhantemente, caso a Reserva Legal já esteja averbada na matrícula no registro de imóveis, não será necessário registrar no CAR (art. 30).

61. Caso o imóvel rural seja inserido em perímetro urbano, haverá, necessariamente, a extinção da área de Reserva Legal?

Não, caso uma lei municipal insira o imóvel rural em perímetro urbano, o proprietário ou o possuidor do imóvel não estará desobrigado à manutenção da área de Reserva Legal. Contudo, caso haja registro do parcelamento do solo para fins urbanos relativamente àquela área, neste caso, a Reserva Legal será extinta (art. 19).

62. O manejo florestal na reserva legal exige autorização do órgão ambiental?

Se o manejo florestal na reserva legal não tiver fins econômicos, basta a simples comunicação ao órgão ambiental, ao passo que, caso o manejo florestal tenha fins preponderantemente econômicos, será necessária a prévia autorização do órgão ambiental para a sua execução.

63. O que é CAR (Cadastro Ambiental Rural)?

O CAR é o registro público eletrônico de âmbito nacional, obrigatório para todos os imóveis rurais, com a finalidade de integrar as informações ambientais das propriedades e posses rurais, compondo base de dados para controle, monitoramento, planejamento ambiental e econômico e combate ao desmatamento (art. 29).

64. O uso do fogo sobre a vegetação é absolutamente proibido pelo Código Florestal?

Como regra, o uso do fogo na vegetação é proibido, ressalvadas três exceções: i) peculiaridades locais, exigindo prévia aprovação do órgão ambiental estadual; ii) queima controlada em unidades de conservação, sujeito à aprovação do órgão gestor; iii) pesquisa científica, com a aprovação do órgão ambiental competente. Semelhantemente, permite-se o emprego do fogo em caso de agricultura de subsistência exercida por populações tradicionais e indígenas.

65. Quais as principais atividades eventuais ou de baixo impacto ambiental estabelecidas no Código Florestal?

A abertura de pequenas vias de acesso interno e suas pontes e pontilhões, quando necessárias à travessia de um curso d'água ao acesso de pessoas e animais para a obtenção de água ou à retirada de produtos oriundos das atividades de manejo agroflorestal sustentável; implantação de instalações necessárias à captação e condução de água e efluentes tratados, desde que comprovada a outorga do direito de uso da água, quando couber; implantação de trilhas para o desenvolvimento do ecoturismo; construção de moradia de agricultores familiares, remanescentes de comunidades quilombolas e outras populações extrativistas e tradicionais em áreas rurais, onde o abastecimento de água se dê pelo esforço próprio dos moradores; construção e manutenção de cercas na propriedade; pesquisa científica relativa a recursos ambientais, respeitados outros requisitos previstos na legislação aplicável.

Mais recentemente, a Lei 14.653/2023 incluir uma nova atividade eventual ou de baixo impacto ambiental: atividades com o objetivo de recompor a vegetação nativa no entorno de nascentes ou outras áreas degradadas, conforme norma expedida pelo órgão competente do Sistema Nacional do Meio Ambiente (Sisnama), conforme previsto na alínea "j-A", do inciso X do 3º, do Código Florestal.

6. UNIDADES DE CONSERVAÇÃO (LEI Nº 9.985/00)

66. O que é unidade de conservação?

Unidade de conservação é espaço territorial e seus recursos ambientais, incluindo as águas jurisdicionais, com características naturais relevantes, legalmente instituído pelo Poder Público, com objetivos de conservação e limites definidos, sob regime especial de administração, ao qual se aplicam garantias adequadas de proteção (art. 2º, inciso I). Cuida-se de instituto cuja natureza jurídica é de espaço territorial especialmente protegido, nos termos do artigo 225, § 1º, inciso III, da Constituição da República.

67. Diferencie conservação e proteção integral, para os fins da Lei que disciplina o Sistema Nacional de Unidades de Conservação (Lei 9.985/00).

Entende-se por *conservação* da natureza o manejo do uso humano da natureza, compreendendo a preservação, a manutenção, a utilização sustentável, a restauração e a recuperação do ambiente natural, para que possa produzir o maior benefício, em bases sustentáveis, às atuais gerações, mantendo seu potencial de satisfazer as necessidades e aspirações das gerações futuras, e garantindo a sobrevivência dos seres vivos em geral (art. 2º, inciso II). Aqui, admite-se a intervenção humana em bases sustentáveis, permitindo-se o uso direto (sustentável) da área. Já a *proteção integral* é a manutenção dos ecossistemas livres de alterações causadas por interferência humana, admitido apenas o uso indireto dos seus atributos naturais (art. 2º, inciso VI). Neste caso, a área é objeto de não intervenção humana, embora se admita o uso indireto de seus atributos (sem consumo).

68. Distinga uso direto, uso indireto e uso sustentável.

O uso direto envolve a utilização dos recursos naturais, seja para fins comerciais ou não. Já o uso indireto, não envolve o consumo, a coleta, o dano ou a destruição dos recursos naturais à disposição do agente. O uso sustentável, finalmente, é a exploração dos recursos naturais de maneira a assegurar a perenidade dos recursos ambientais renováveis e dos processos ecológicos.

69. Mencione quatro dos objetivos do Sistema Nacional de Unidades de Conservação.

Os objetivos da Lei do SNUC (Sistema Nacional de Unidades de Conservação), estão previstos no art. 4º, da Lei 9985/00, destacando-se: i) contribuir para a manutenção da diversidade biológica e dos recursos genéticos no território nacional e nas águas jurisdicionais (inciso I); ii) proteger as espécies ameaçadas de extinção no âmbito regional e nacional (inciso II); iii) promover o desenvolvimento sustentável a partir dos recursos naturais (inciso IV); e iv) promover a utilização dos princípios e práticas de conservação da natureza no processo de desenvolvimento (inciso V).

70. Quais órgãos compõem o Sistema Nacional de Unidades de Conservação?

O SNUC é composto por três órgãos fundamentais, previstos no art. 6º: i) órgão consultivo e deliberativo: o Conselho Nacional do Meio Ambiente – Conama, com as atribuições de acompanhar a implementação do Sistema; ii) órgão central: o Ministério do Meio Ambiente, com a finalidade de coordenar o Sistema; e iii) órgãos executores: o Instituto Chico Mendes e o Ibama, em caráter supletivo, os órgãos estaduais e municipais, com a função de implementar o SNUC, subsidiar as propostas de criação e administrar as unidades de conservação federais, estaduais e municipais, nas respectivas esferas de atuação. Dignas de nota duas observações a este respeito: i) no Sistema Nacional de Unidades de Conservação (Lei nº 9.985/00), não há órgão superior, como o Conselho do Governo, na Polícia Nacional do Meio Ambiente (Lei nº 6.938/81); e ii) no Sistema Nacional de Unidades de Conservação (Lei nº 9.985/00), o órgão executor principal é o Instituto Chico Mendes, revestindo-se o IBAMA apenas de caráter supletivo, enquanto na Polícia Nacional do Meio Ambiente (Lei nº 6.938/81), apenas o IBAMA possui a atribuição de órgão executor.

71. Quais as categorias de Unidades de Conservação?

As unidades de conservação integrantes do SNUC dividem-se em dois grupos, com características específicas: i) Unidades de Proteção Integral, cujo objetivo básico é preservar a natureza, sendo admitido apenas o uso indireto dos seus recursos naturais, com exceção dos casos previstos na lei de regência; e ii) Unidades de Uso Sustentável, que vislumbra compatibilizar a conservação da natureza com o uso sustentável de parcela dos seus recursos naturais (art. 7º).

72. Quais categorias de unidades de conservação compõem as unidades de proteção integral?

O art. 8º prevê cinco categorias de unidades de proteção integral: i) estação ecológica; ii) reserva biológica; iii) parque nacional; iv) monumento natural; e v) refúgio de vida silvestre.

73. As unidades de proteção são estabelecidas em áreas públicas ou particulares?

As estações ecológicas, reservas biológicas e parques nacionais serão estabelecidos em áreas de posse e domínio públicos, sendo certo que as áreas particulares incluídas em seus limites serão desapropriadas. Por outro lado, os monumentos naturais e os refúgios da vida silvestre podem ser constituídos em áreas particulares, desde que haja compatibilidade entre os objetivos da unidade com a utilização do proprietário, sob pena de desapropriação, em caso contrário.

74. Qual o regime de visitação das unidades de proteção?

Nas estações ecológicas e reservas biológicas, é absolutamente proibida a visitação pública, exceto quando com objetivos educacionais, ao passo que, em relação aos parques nacionais, monumentos naturais e refúgios da vida silvestre, a visita, em tese, é permitida, mas sujeita às normas e restrições do plano de manejo.

75. Quais categorias de unidades de conservação compõem as unidades de uso sustentável?

O art. 14 elenca sete categorias de unidades de proteção integral: i) área de proteção ambiental; ii) área de relevante interesse ecológico; iii) floresta nacional; iv) reserva extrativista; v) reserva de fauna; vi) reserva de desenvolvimento sustentável; e vii) reserva particular do patrimônio natural.

76. O que se entende por área de proteção ambiental?

A área de proteção ambiental é uma área em geral extensa, com um certo grau de ocupação humana, dotada de atributos abióticos, bióticos, estéticos ou culturais especialmente importantes para a qualidade de vida e o bem-estar das populações humanas, e tem como objetivos básicos proteger a diversidade biológica, disciplinar o processo de ocupação e assegurar a sustentabilidade do uso dos recursos naturais. É constituída por terras públicas ou privadas (art. 15). Embora tenha *proteção* no nome, cuida-se de espécie de unidade de uso sustentável, permitindo o manejo sustentável dos recursos naturais – e não de área de proteção integral, cuja característica maior é a intocabilidade.

77. O que é uma floresta nacional?

A Floresta Nacional, espécie de unidade de uso sustentável, é uma área com cobertura florestal de espécies predominantemente nativas e tem como objetivo básico o uso múltiplo sustentável dos recursos florestais e a pesquisa científica, com ênfase em métodos para exploração sustentável de florestas nativas (art. 17). Trata-se de área de posse e domínio públicos, sendo que as áreas particulares incluídas em seus limites devem ser desapropriadas. A visitação pública é permitida, condicionada às normas estabelecidas para o manejo da unidade. A pesquisa é permitida e incentivada, sujeitando-se à prévia autorização do órgão responsável pela administração da unidade.

78. Qual o instrumento normativo exigido para a criação e para a redução ou desafetação das unidades de conservação?

As unidades de conservação devem ser criadas por *ato* do poder público (art. 22, "caput"), isto é, por lei ou decreto do Poder Executivo, sempre precedida de estudos técnicos e de consulta pública (art. 22, § 2º). Já a desafetação ou a redução de limites, somente podem ser levadas a efeito por ato normativo (art. 22, § 7º).

8

DIREITO EMPRESARIAL

Rafael Pereira

1. TEORIA GERAL DO DIREITO SOCIETÁRIO. ATOS DE COMÉRCIO E TEORIA DA EMPRESA. EMPRESÁRIO. ESTABELECIMENTO EMPRESARIAL

1. Quais são as características do Direito Empresarial?

São cinco as principais características do Direito Empresarial. O **Cosmopolitismo** decorre de sua condição de ser internacional e globalizado, podendo servir de exemplo a Lei Uniforme de Genebra, que trata de maneira uniforme os títulos de crédito; o **Informalismo** determina não haver necessidade de tantas amarras formais em sua regulamentação, já que a agilidade das atividades negociais exigem que o direito as acompanhe de forma célere; a **Elasticidade** está intimamente ligada à dinamicidade do Direito Empresarial, podendo ser mencionada a criação de novas tecnologias que impactam diretamente na atividade empresária, como, por exemplo, a duplicata virtual; a **Onerosidade** estabelece que, embora a atividade empresarial não exista apenas para proporcionar o lucro, tem ela como seu principal objetivo; a **Fragmentariedade**, por fim, decorre de ser o Direito Empresarial disciplinado em diversas normas, não sendo comum a sua codificação em diploma único. Assim, usualmente os seus institutos são disciplinados em diplomas legislativos diversos.

2. Qual é a melhor nomenclatura: Direito Empresarial ou Direito Comercial?

A alteração da nomenclatura de Direito Comercial para Direito Empresarial foi adequada, tendo em vista a adoção mais recente da Teoria da Empresa em nosso sistema jurídico nacional. Isso porque, a partir do Código Civil de 2002, a aplicação do Direito Empresarial não mais se limita à atividade exercida pelo comerciante, tratando de outras situações em que o empresário está envolvido. Dessa forma, a sua aplicação não se restringe às atividades de comércio, já que engloba qualquer atividade econômica que seja exercida com profissionalismo, intuito lucrativo e finalidade de produzir ou fa-zer circular bens ou serviços (art. 966 do CC).

Dessa forma, nota-se ser mais adequada à previsão normativa brasileira acerca do tema a nomenclatura Direito Empresarial.

3. Estabeleça as diferenças entre a Teoria dos Atos de Comércio e a Teoria da Empresa.

A Teoria dos Atos de Comércio teve origem no Código Civil Napoleônico, de 1808. Antes de sua adoção, o direito comercial era de cunho ***subjetivo***, abarcando somente os comerciantes associados às corporações de ofício, que podiam gozar de suas regras protetivas. Ocorre que, com os ideais de igualdade decorrentes da Revolução Francesa, o Código Napoleônico acabou por incorporar no Direito Francês a Teoria dos Atos de Comércio. Passou-se, então, à ***fase objetiva*** do direito comercial. Os atos de comércio passaram a ser definidos na legislação de forma taxativa e aquele que os exercesse seria considerado comerciante, a ele se aplicando, portanto, a legislação empresarial. A Teoria dos Atos de Comércio foi incorporada ao Direito Brasileiro por meio do Código Comercial de 1850, com previsão das atividades próprias dos comerciantes no Regulamento nº 737/1850.

A partir de 1942, com o Código Civil Italiano, pautado nas teorias de Asquini e Cesare Vivante, o direito passou a ser encarado de forma diversa, com a assunção da Teoria da Empresa, que passa a ver a empresa como o exercício de atividade econômica organizada. No Brasil foi ela adotada pelo Código Civil de 2002 e é considerada como o início da ***fase subjetiva moderna*** no direito empresarial. Dessa forma, não é mais o ato que importa para fins de aplicação do direito empresarial, mas sim o modo como o ato é realizado.

4. De acordo com o Código Civil de 2002, quem é empresário, quem é sócio e o que é a empresa?

Inicialmente, deve-se destacar que empresa não deve ser confundida com sociedade empresária. Isso porque a empresa é a atividade econômica organizada exercida pela sociedade empresária. Fala-se em atividade econômica organizada como sendo aquela que não é exercida de forma gratuita, tendo como **objetivo** gerar lucro para quem a exerce, e organizada é aquela em que estão presentes fatores de produção, tais como mão-de-obra, capital, insumos e emprego de tecnologia. O empresário, por sua vez, de acordo com a moderna Teoria da Empresa e com o que estabelece o art. 966 do Código Civil de 2002, é a pessoa física ou jurídica que exerce profissionalmente atividade econômica organizada para a produção ou circulação de bens e serviços, ou seja, aquele que exerce a empresa. Da mesma forma, não se deve confundir empresário com sócio. Isso porque sócio é a pessoa física ou jurídica que detém fração de uma sociedade, não sendo ele, de forma direta, quem exerce a atividade empresária.

Importante lembrar do empresário rural, inclusive para efeitos da lei de falências, a previsão no art. 971 do código civil. *Art. 971. O empresário, cuja atividade rural constitua sua principal profissão, pode, observadas as formalidades de que tratam o art. 968 e seus parágrafos, requerer inscrição no Registro Público de Empresas Mercantis da respectiva sede, caso em que, depois de inscrito, ficará equiparado, para todos os efeitos, ao empresário sujeito a registro.*

Aliás outra novidade importante que será explorara em provas orais é a previsão na lei nº 14.193/2021 que as famosas SAF's: *Institui a Sociedade Anônima do Futebol e dispõe sobre normas de constituição, governança, controle e transparência, meios de financiamento da atividade futebolística, tratamento dos passivos das entidades de práticas desportivas e regime tributário específico.*

Note que o art. 971, p. único já aponta a possibilidade de associação que desenvolva atividade futebolística em caráter habitual e profissional seja inscrita como empresária.

5. Qual o conceito da teoria poliédrica da Empresa no Direito Empresarial?

Veja o conceito extraído do livro coordenado por Cleber Masson[1], terminologias e teorias inusitadas.

O ponto conceitual de empresa pode ser extraído da redação do art. 966 do Código Civil brasileiro, que serviria também para tanto – além de delinear o conceito de empresário. Nesse viés, empresa seria a atividade econômica exercida profissionalmente de forma organizada para a produção de bens ou de serviços.

Nesse contexto, a teoria poliédrica da Empresa no Direito Empresarial consiste no fato de que esta deve ser compreendida pelo agrupamento dos 4 (quatro) perfis ou aspectos que seriam: objetivo; subjetivo; corporativo e funcional (ou dinâmico).

Tarcísio Teixeira discorre sobre a teoria poliédrica no Direito Empresarial, aduzindo que: De acordo com Alberto Asquini, a empresa pode ser entendida em quatro perfis,por isso a expressão "teoria poliédrica", que serão discorridos sucintamente:

1. Concursos públicos: terminologias e teorias inusitadas / João Biffe Junior, Joaquim Leitão Junior. – Rio de Janeiro: Forense; São Paulo: MÉTODO, 2017.

1) objetivo – a empresa significa patrimônio, ou melhor, estabelecimento, enquanto conjunto de bens destinados ao exercício da empresa (nesse sentido: art. 1.142 do Código Civil);

2) subjetivo – a empresa é entendida como sujeito de direitos, no caso o empresário, individual (pessoa natural) ou sociedade empresária (pessoa jurídica), que possui personalidade jurídica, com a capacidade de adquirir direitos e contrariar obrigações (nesse sentido: arts. 966 e 981 do Código Civil);

3) corporativo – a empresa significa uma instituição, como um conjunto de pessoas (empresário, empregados e colaboradores) em razão de um objetivo comum: um resultado produtivo útil;

4) funcional (ou dinâmico) – a empresa significa atividade empresarial, sendo uma organização produtiva a partir da coordenação pelo empresário dos fatores de produção (capital, trabalho, matéria-prima e tecnologia) para alcançar sua finalidade (que é o lucro).

Diante do exposto, pode-se dizer que, a princípio, a palavra empresa significa atividade, que por sua vez é exercida pelo empresário. Essa atividade é o conjunto de atos coordenados pelo empresário. Mas, modernamente, a expressão empresa, como atividade econômica, contempla a soma de todos os perfis apontados por Alberto Asquini (TEIXEIRA, 2016, p. 74-75).

Não se pode olvidar que, diante de o perfil ou aspecto corporativo submeter-se às regras da legislação trabalhista no direito brasileiro, há parte da doutrina que prefere sustentar que, no Brasil, a Teoria Poliédrica da Empresa foi reduzida à Teoria Triédrica da Empresa, abrangendo apenas os perfis subjetivo, objetivo e funcional, que interessam à legislação civil.

6. Defina Estabelecimento Empresarial e aponte sua natureza jurídica.

Art. 1.142. Considera-se estabelecimento todo complexo de bens organizado, para exercício da empresa, por empresário, ou por sociedade empresária.

O conceito de estabelecimento foi alterado com a lei 14.195/2021 lei do ambiente de negócios.

Além disso trouxe a previsão da diferença entre o local e estabelecimento.

§ 1º O estabelecimento não se confunde com o local onde se exerce a atividade empresarial, que poderá ser físico ou virtual. (Incluído pela Lei nº 14.382, de 2022)

§ 2º Quando o local onde se exerce a atividade empresarial for virtual, o endereço informado para fins de registro poderá ser, conforme o caso, o endereço do empresário individual ou o de um dos sócios da sociedade empresária

§ 3º Quando o local onde se exerce a atividade empresarial for físico, a fixação do horário de funcionamento competirá ao Município, observada a regra geral prevista no inciso II do caput do art. 3º da Lei nº 13.874, de 20 de setembro de 2019.

Em relação à sua natureza jurídica, apontam-se duas correntes de entendimento. A primeira sustenta que seria ***universalidade de direito***, já que seriam bens reunidos por determinação legal. Outra corrente defende ser ***universalidade de fato***, isso porque a reunião dos bens que integrarão o estabelecimento é feita pelo empresário, com o objetivo de atingir seus objetivos no exercício da empresa, sendo esta a posição dominante.

7. O que o candidato entende por exceção de retomada em matéria de proteção de estabelecimento?

Como regra, o locatário de imóvel utilizado para fins empresariais tem o direito à renovação compulsória, caso preenchidos os requisitos para tal. Nota-se que esse direito, no entanto, não é absoluto, já que o art. 72 da Lei nº 8.245/91 estabelece rol exemplificativo de situações em que deve prevalecer o direito de propriedade do locador sobre a pretensão do locatário. Nesse ponto, deve-se esclarecer que a renovação compulsória é verdadeira proteção do estabelecimento empresarial, devendo ser excepcionada somente em situações bem delineadas.

Seria nessas hipóteses excepcionais que ocorreria o que se chama de exceção de retomada. Ao se valer dessa exceção, caberá ao locador levantar a ocorrência de uma das hipóteses legais para afastar a pretensão de renovação da locação, sobrando ao locatário, se quiser, impugná-lo e demonstrar que não são verdadeiros os fatos trazidos pelo locador.

8. Diferencie trespasse de cessão integral de quotas.

O trespasse é a venda do estabelecimento empresarial, com a alienação dos bens, materiais e imateriais, que o compõem. Para que se cumpram os requisitos de trespasse devem ser observados os requisitos dos artigos 1.144 e 1.145 do Código Civil, com a sua averbação e publicação editalícia. Sem que sejam cumpridos esses requisitos, embora válido o trespasse em relação aos contratantes, não poderá a transferência ser oposta em relação a terceiros.

Para que haja o trespasse, cabe ao vendedor pagar todos os credores, manter bens suficientes para garantir o pagamento dos credores ou, caso não sejam adotadas nenhuma dessas providências, caberá ao devedor notificar pessoalmente os credores, que poderão ou não anuir com o trespasse, devendo se manifestar em trinta dias, servindo o silêncio como anuência. Os credores têm claro interesse no trespasse, na medida em que os bens ali constantes são as garantias dos créditos que eles detêm. Ressalta-se, ainda, que a inobservância desse comando poderá caracterizar ato de falência, passível de ser requerida a quebra do empresário ou sociedade empresária que inobservar as regras.

Não se confunde o trespasse com a cessão integral de quotas. Nesse último caso haverá a mudança do quadro societário, enquanto que no trespasse somente há transferência de bens de uma pessoa para outra. Também com relação à responsabilidade patrimonial há clara diferença, já que, no caso de alienação de quotas, o cedente ficará responsável solidariamente pelas operações ocorridas até a data do registro da cessão, pelo prazo de dois anos (art. 1.003, parágrafo único, do Código Civil), enquanto que no trespasse, o trespassante ficará solidariamente responsável perante terceiros, com o adquirente, pelo prazo de um ano, contados da publicação da alienação em edital, com relação às obrigações vencidas e vincendas, essas últimas, ressalte-se, a partir da data de vencimento delas (art. 1.146, Código Civil).

2. SOCIETÁRIO. TIPOS SOCIETÁRIO. SOCIEDADES EMPRESÁRIAS. EIRELI

9. Explique a diferença entre sociedade simples e empresária.

Importante iniciar os estudos entendendo a diferença entre sociedades empresárias e sociedades simples.

Sociedade pode ser conceituado como ato de manifestação de vontade de duas ou mais pessoas com o propósito de criar um ente e com uma finalidade econômica, titularizado direitos e assumindo deveres.

Nesse sentido, a sociedade empresária é a exerce atividade própria de empresária, tem seu registro na junta comercial e se submete ao processo de falência 11.101/2005.

Já a sociedade simples é adotada para profissionais liberais ou cooperativa os registros são feitos no cartório de registro de pessoas jurídicas e se submete-se ao processo de insolvência civil e não da lei de falências.

Empresária	Simples
– exerce atividade própria de empresária – junta comercial – submete-se processo de falência 11.101/2005	– profissionais liberais ou cooperativas – registros de PJ – insolvência civil

Ainda, o que diferencia a sociedade simples da sociedade empresária é o seu objeto social. Ao contrário da sociedade empresária, que tem como objeto o exercício de atividade econômica organizada, a sociedade simples apresenta em seu objeto o exercício de atividade não empresária. Pode-se mencionar como exemplo de sociedade simples aquela formada por profissionais intelectuais, salvo se o exercício da profissão constituir elemento de empresa. Dessa forma, enquanto a sociedade empresária, para adquirir personalidade jurídica, deve ser registrada no Registro Público de Empresas Mercantis (RPEM), a cargo das Juntas Comerciais, as sociedades simples devem ser registradas no Registro Civil de Pessoas Jurídicas (RCPJ).

Existem, porém, duas exceções à regra do exame do objeto social a fim de diferenciá-las. Isso porque, por disposição legal, considera-se empresária, independentemente de seu objeto, a sociedade por ações, e simples a sociedade formada como cooperativa.

A sociedade simples pode ser constituída como sociedade simples pura, mas nada impede seja ela formada como sociedade limitada, em nome coletivo ou como sociedade em comandita simples, não afastando a sua natureza de sociedade simples nesses casos.

10. Qual é a diferença de nome empresarial para título de estabelecimento? Como se protege o nome empresarial? E a marca? É possível registrar o nome empresarial como marca?

Não se deve confundir nome empresarial com título de estabelecimento. Enquanto o nome empresarial identifica o empresário, o título de estabelecimento, também chamado de nome fantasia, identifica o estabelecimento. É o nome que é colocado no estabelecimento empresarial, podendo ou não estar registrado como marca.

O registro do nome empresarial é feito nas Juntas Comerciais, sendo a ele garantida proteção no âmbito do Estado em que se encontra a Junta. Admite-se, na forma do art. 1.166, parágrafo único, do Código Civil, a proteção nacional do nome empresarial, no entanto, pela regulamentação trazida pelo art. 25, § 1º da Instrução Normativa Departamento de Registro Empresarial e Integração (DREI) nº 81/2020, o empresário deverá fazer o registro do nome em todos os órgãos competentes dos demais estados da federação.

A marca, por sua vez, deve ser registrada no Instituto Nacional de Propriedade Intelectual (INPI), autarquia federal, gozando de proteção nacional. Admite-se, como forma de se obter proteção nacional para o nome empresarial, seja ele registrado como marca no INPI, devendo, para tal, preencher os requisitos exigidos para o registro de marcas. Nesse caso, poderá o empresário ou a sociedade empresária proteger o nome em âmbito nacional, sem que seja necessário realizar o seu registro em todas as Juntas Comerciais estaduais.

11. O que se entende por capital aguado?

Fala-se em capital aguado quando há subcapitalização, ou seja, quando o capital social de empresário ou sociedade empresária está aquém do que exige a atividade por ele exercida. Como no Brasil não há controle sobre o efetivo capital do empresário ou da sociedade empresária, não havendo como apurar se o capital social declarado no contrato social é, efetivamente, equivalente ao valor depositado ou à disposição do empresário, fica difícil configurar fraudes nesses casos, a fim de viabilizar eventual desconsideração da personalidade jurídica se os credores forem prejudicados.

12. Quais são os requisitos essenciais das sociedades?

Os elementos essenciais de uma sociedade são:

(i) pluralidade de sócios: ressalvadas as exceções legais em que se admite a manutenção de apenas um sócio (sociedade unipessoais, temporárias ou não), exigem-se pelo menos duas pessoas, sejam elas naturais ou jurídicas, para que integrem a sociedade;

(ii) contribuição dos sócios: os sócios devem participar do capital social das sociedades, o que pode ocorrer por meio do aporte de bens ou serviços, em algumas situações limitadas. Importante registrar, porém, que sociedade anônima, sociedade limitada e sociedade em comandita por ações expressamente vedam contribuição de sócios com serviços. Nota-se que a doutrina somente admite a contribuição dos sócios com serviços nas sociedades simples e nas cooperativas, estando vedada, ainda que não expressamente, nos demais tipos societários;

(iii) finalidade econômica e partilha de bens: a sociedade exerce atividade econômica e tem como objetivo o lucro. Importante notar que o lucro é o fim, mas a falta do lucro não descaracteriza sua natureza. Como consequência, havendo resultado positivo da atividade empresária exercida, deverá haver a partilha dos lucros entre os sócios, não havendo, porém, impedimento a que seja o lucro reaplicado na sociedade, com algumas limitações legais, porém.

13. O que é sociedade personificada e não personificada? Cite duas não personificadas.

Sociedades personificadas são aquelas que possuem o devido registro, ou seja, adquiriram a personalidade jurídica. A pessoa jurídica como regra nasce com o registro, sendo de fundamental importância para sociedades empresárias, devendo ser realizadas antes mesmo do início de suas atividades. Ou seja, as sociedades personificadas – arts. 997 a 1.101 do CC/2002 – possuem personalidade jurídica, que é adquirida com o registro, nos termos do art. 985 e do art. 1.150, ambos do CC/2002.

As sociedades não personificadas – arts. 986 a 996 do CC/2002 -, por sua vez, não possuem personalidade jurídica, por não possuírem registro. São espécies de sociedades não personificadas a sociedade em conta de participação e a sociedade comum, também chamada de irregular ou de fato.

14. Como é a Responsabilidade dos Sócios na Sociedade Limitada? E como funciona a Subscrição e integralização

A Sociedade Limitada anteriormente ao advento do novo Código Civil/2002, era conhecida como Sociedade por quotas de responsabilidade limitada e era regulada pelo Decreto 3.708/1919.

Em relação a responsabilidade dos sócios nesta sociedade, o Código Civil aponta no art. 1.052, que a responsabilidade de cada sócio é restrita ao valor de suas quotas, mas todos respondem solidariamente pela integralização do capital social.

A obrigação fundamental e indispensável de cada sócio é a integralização da sua quota de capital. Quando os sócios assinam o contrato social para constituição da sociedade, naquele ato, subscrevem as quotas de capital com as quais passará a participar do negócio. Esta subscrição é a manifestação formal na qual assumem a obrigação de integralizá-la, ou seja, entrar com recursos na sociedade. Portanto, os sócios respondem pela integralização de suas quotas de capital e estando o capital social totalmente integralizado, o patrimônio pessoal dos sócios não responde por dívidas da sociedade.

Caso uma parte do capital não estiver devidamente integralizada os sócios respondem solidariamente pela quantia que falta para a completa integralização, cabendo ação de regresso contra o sócio que efetivamente não integralizou sua parte.

Podem ainda ocorrer algumas hipóteses em que os sócios respondem de forma subsidiária e ilimitada com seu patrimônio pessoal, no caso das deliberações contrárias à lei ou ao contrato social – neste caso deve ser observado o disposto no artigo 1.080 do Código Civil que determina que as deliberações infringentes do contrato ou da lei tornam ilimitada a responsabilidade dos que expressamente as aprovaram.

Pela regra do artigo 977 do Código Civil, faculta-se aos cônjuges contratar sociedade, entre si ou com terceiros, desde que não tenham casado no regime da comunhão universal de bens, ou no da separação obrigatória. Na infringência desta norma, torna-se ilimitada a responsabilidade, por clara infringência à lei.

No caso de existirem débitos trabalhistas; e ainda na ocorrência de fraude contra credores da sociedade, a responsabilidade social também é ilimitada.

15. Como se constitui uma sociedade em comum e quais são suas características?

Não há que se falar em constituição de sociedade em comum. Isso porque o que caracteriza a sociedade em comum é a falta de registro de seus atos constitutivos no registro competente. Concluídos os atos constitutivos da sociedade, deverá ela ser registrada no prazo de trinta dias, sob pena de ser considerada irregular e, como consequência, seus sócios responderão solidária e ilimitadamente pelas obrigações assumidas pela sociedade, ainda que a responsabilidade do patrimônio do sócio seja subsidiária à do patrimônio especial que forma a sociedade em comum. As sociedades em comum são sociedade despersonificadas, na medida em que são entes formais que não são dotados de personalidade jurídica.

Aprofundamento

Enunciado 212 do Conselho da Justiça Federal – Art. 990: Embora a sociedade em comum não tenha personalidade jurídica, o sócio que tem seus bens constritos por dívida contraída em favor da sociedade, e não participou do ato por meio do qual foi contraída a obrigação, tem o direito de indicar bens afetados às atividades empresariais para substituir a constrição.

16. Pode uma sociedade por ações *em organização* ser considerada sociedade em comum, se o seu estatuto não for levado a registro no prazo estabelecido?

Não se aplica às sociedades por ações a regra da sociedade em comum. A responsabilidade pelo cumprimento das formalidades necessárias ao registro de sociedades por ações não recai sobre os sócios, mas sim sobre os seus administradores. Assim, não sendo cumpridas as formalidades necessárias, recairá a responsabilidade nos administradores, que responderão solidária e ilimitadamente, e não sobre os sócios (art. 99 da Lei nº 6.404/76).

17. Quais são os efeitos da falta de registro de uma Sociedade em Conta de Participação?

A Sociedade em Conta de Participação (SCP) não é uma espécie de sociedade, mas sim uma modalidade de contrato de parceria ou contrato de investimento. Por meio da SCP o sócio oculto, também denominado de sócio participante, investe os recursos financeiros, enquanto o sócio ostensivo é aquele que é responsável pelo empreendimento. Ao olhar de terceiros, somente o sócio ostensivo estará empenhado na realização do objeto social, sendo ele o responsável pelo empreendimento. Não há, dessa forma, sociedade propriamente dita, já que não haverá autonomia patrimonial ou mesmo personalidade jurídica, respondendo o sócio ostensivo de forma ilimitada, enquanto o sócio participante responderá dentro dos limites da avença. Assim, não precisa o contrato da SCP ser registrado em qualquer órgão, pois é documento a ser exigido apenas entre os sócios, nas relações intrassocietárias, não sendo oponíveis a terceiros. Caso os sócios tenham interesse em dar publicidade ao contrato, poderão levar ao registro facultativo, mas não será esse registro feito no Registro Público de

Empresas Mercantis (RPEM) ou Registro Civil de Pessoas Jurídicas (RCPJ), mas sim em Cartório de Títulos e Documentos.

18. Como deve ser feito o registro de uma sociedade de advogados? Seria no Registro Civil de Pessoas Jurídicas ou na Junta Comercial?

Deve-se registrar, inicialmente, que as sociedades de advogados possuem normativo próprio a regulá-las. É na Lei nº 8.906/94 – Estatuto da OAB – que são estabelecidas regras mínimas a serem observadas para sua constituição. Destaca-se, por oportuno, que o art. 15 do Estatuto da OAB deixa claro que a sociedade será simples de prestação de serviços de advocacia, podendo, ainda, ser unipessoal. Como se sabe, não tendo a sociedade de advogados caráter mercantil de atividade econômica organizada, deve ela seguir as regras das sociedades simples, já que têm por objeto a prestação de serviços de natureza intelectual. O próprio art. 16, *caput*, do Estatuto veda expressamente sociedades de advogados que funcionem com características mercantis ou que realizem atividades estranhas à advocacia.

Em qualquer caso, seja ela sociedade simples ou unipessoal, na forma do art. 15, § 1º, do Estatuto, adquirirá personalidade jurídica com o registro aprovado dos seus atos constitutivos no Conselho Seccional da OAB em cuja base territorial tiver sede.

Dessa forma, não será com o registro dos atos constitutivos no cartório de registro civil de pessoas jurídicas que será obtida a personalidade jurídica, havendo vedação expressa de ser feito esse registro. Assim, é expressamente proibido, pelo art. 16, § 3º, do Estatuto da OAB, o registro em cartório de registro de pessoa jurídica ou mesmo junta comercial, de qualquer sociedade que inclua, entre suas finalidades, atividades de advocacia.

19. A EIRELI Pode ser considerada uma pessoa jurídica?

Empresário individual é a pessoa natural que exerce atividade empresária, respondendo de forma ilimitada com seu patrimônio pelas obrigações contraídas como decorrência de sua atividade. A Empresa Individual de Responsabilidade Limitada – EIRELI – é pessoa jurídica cujo instituidor tem responsabilidade limitada ao patrimônio destacado para a instituição da pessoa jurídica. Já a subsidiária integral é sociedade anônima unipessoal que tem como único sócio pessoa jurídica nacional.

Cuidado não há mais a figura da EIRELI a lei nº 14.382/22 revogou o art. 980-A do Código Civil que tratava da EIRELI, além da previsão no art. 44, VI, também do Código Civil que trazia a EIRELI como pessoa jurídica.

A mudança se deu principalmente pelo alcance da sociedade limitada unipessoal, que veio justamente superar as barreiras trazidas pela EIRELI como valores mínimos para sua constituição.

Abaixo uma tabela comparando os dois institutos:

	EIRELI	SOCIEDADE LIMITADA UNIPESSOAL
Previsão Legal	Art. 980-A. A empresa individual de responsabilidade limitada será constituída por uma única pessoa titular da totalidade do capital social, devidamente integralizado, que não será inferior a 100 (cem) vezes o maior salário-mínimo vigente no País.	Art. 1.052. Na sociedade limitada, a responsabilidade de cada sócio é restrita ao valor de suas quotas, mas todos respondem solidariamente pela integralização do capital social. § 1º A sociedade limitada pode ser constituída por 1 (uma) ou mais pessoas. § 2º Se for unipessoal, aplicar-se-ão ao documento de constituição do sócio único, no que couber, as disposições sobre o contrato social.
Capital Social	capital social, devidamente integralizado, que não será inferior a 100 (cem) vezes o maior salário-mínimo vigente no País.	Não mínimo de capital social.
Nome	§ 1º O nome empresarial deverá ser formado pela inclusão da expressão " EIRELI " após a firma ou a denominação social da empresa individual de responsabilidade limitada.	Mesmas regras para sociedade LTDA, firma ou denominação acrescida da expressão LTDA.
Quantidade de constituições	§ 2º A pessoa natural que constituir empresa individual de responsabilidade limitada somente poderá figurar em uma única empresa dessa modalidade.	Não há.
Responsabilidade	§ 7º Somente o patrimônio social da empresa responderá pelas dívidas da empresa individual de responsabilidade limitada, hipótese em que não se confundirá, em qualquer situação, com o patrimônio do titular que a constitui, **ressalvados os casos de fraude**	Limitada ao patrimônio social.

20. E o que são sociedades unipessoais?

Destaca-se que em razão da alteração do art.1.052 do Código Civil, com a inclusão dos parágrafos 1º e 2º, pela Lei nº 13.874/2019, as **sociedades limitadas** poderão ser constituídas de forma unipessoal.

No caso de sociedade anônima também se admite a unipessoalidade temporária, no entanto, o prazo, nesse caso, não é de cento e oitenta dias, mas sim até a data da Assembleia Geral Ordinária (AGO) do ano seguinte (art. 206, inciso I, alínea *d*, Lei nº 6.404/76). Importante destacar que as assembleias gerais ordinárias de sociedades anônimas devem ser realizadas no primeiro quadrimestre do exercício financeiro. Dessa forma, neste caso, não há prazo certo para a unipessoalidade temporária, sendo o limite a data da assembleia geral ordinária do ano seguinte ao fato que resultou na unipessoalidade.

Haverá unipessoalidade perene em duas situações. A primeira é na subsidiária integral, prevista no art. 251 da Lei de Sociedades Anônimas, sendo requisito que seja ela sociedade anônima, embora não se exija que sua controladora o seja. Exige-se, porém, que a controladora seja sociedade nacional. A segunda previsão é constitucional, na forma do art. 173, § 1º da CFRB, ao prever a possibilidade de criação de empresa pública que tem como controlador ente da federação, com capital exclusivamente público.

Não se deve confundir, por fim, sociedade unipessoal com a EIRELI. A Empresa Individual de Responsabilidade Limitada não é sociedade, sendo pessoa jurídica unipessoal. Nesse caso, não há se falar em sócio, mas sim instituidor da pessoa jurídica, não devendo, portanto, ser tratada como exceção à pluralidade de sócios exigida em sociedades.

Aprofundamento

A lei nº 14.030/2020 trouxe a possibilidade de o sócio participar a distância, inclusive a realização de assembleia por meio virtual.

Art. 1.080-A. O sócio poderá participar e votar a distância em reunião ou em assembleia, nos termos do regulamento do órgão competente do Poder Executivo federal. (Incluído pela Lei nº 14.030, de 2020)

Parágrafo único. A reunião ou a assembleia poderá ser realizada de forma digital, respeitados os direitos legalmente previstos de participação e de manifestação dos sócios e os demais requisitos regulamentares. (Incluído pela Lei nº 14.030, de 2020)

21. Pode o incapaz ser empresário? E sócio?

A incapacidade pode decorrer da menoridade civil ou de interdição. Nesse último caso, pode ocorrer que o empresário individual tenha sua incapacidade superveniente decretada, quando então, como regra, não poderá a atividade empresária ser por ele continuada. Isso porque, não estando ele em pleno gozo de sua capacidade civil, não poderá exercer a atividade empresária. Permite-se, no entanto, na forma do art. 974 do Código Civil, a continuação da atividade quando autorizada judicialmente, de forma excepcional, sendo certo, no entanto, que, neste caso, quem dará continuidade será o representante legal, em nome do incapaz. Aqui, quem assumirá responsabilidade pelas obrigações assumidas será o patrimônio do interditado e não do representante, salvo se este agir excedendo seus poderes ou de má-fé.

A lei permite, ainda, que, em caso de sucessão, o menor incapaz assuma a atividade. Nesse caso, independentemente da idade do sucessor, poderá ele dar continuidade à atividade, desde que devidamente assistido ou representado, a depender da idade.

Em qualquer caso, o dispositivo legal estabelece que os bens que eram do incapaz à época da sucessão ou da interdição, neste último caso, salvo aqueles que já integravam o acervo da atividade empresária, ficarão blindados. Essa blindagem deverá ficar consignada no alvará de continuação da empresa, sendo especificado o patrimônio que estará excluído dos riscos da atividade empresarial.

Por fim, importante notar que não se deve confundir empresário com sócio. Para que o menor incapaz seja sócio, não poderá ele exercer a administração da sociedade, devendo ser ele representado ou assistido, conforme o caso, bem como o capital social da sociedade deverá estar integralizado, exceto no caso de Sociedade Anônima, já que, neste último caso, não respondem todos os sócios pela integralização do capital social.

22. Seria possível sócio menor de idade ingressar em uma sociedade limitada, tirando a hipótese de sucessão?

Sim. Assim como ocorre na hipótese de sucessão, poderá o sócio menor de idade ingressar em uma sociedade limitada desde que: (i) esteja representado ou assistido, conforme o caso; (ii) esteja o capital social integralizado; e (iii) desde que não exerça administração em hipótese alguma, ainda que esteja integralizado o capital social. Observa-se que não há, no art. 974, § 3º, do Código Civil, qualquer menção à exigência de autorização judicial, pelo que não é exigível. Cabe, portanto, ao Registro Público de Empresas Mercantis tão somente verificar se foram preenchidos esses três requisitos.

23. Poderia haver, após o ingresso do sócio menor na sociedade, aumento de capital mediante subscrição de novas quotas?

É possível o aumento de capital social em sociedades limitadas que tenham, como sócios, menores. Nota-se, no entanto, que somente será admitido o registro perante o Registro Público de Empresas Mercantis (RPEM) se houver a imediata integralização das quotas subscritas, já que deverá ser mantida a regra de que o capital social deve estar integralizado. Deve-se ressaltar, ainda, que na oportunidade do aumento do capital poderá o sócio menor exercer o direito de retirada, apurando os seus haveres a fim de ser excluído da sociedade.

24. O que é a Desconsideração da Personalidade Jurídica? O que a difere da responsabilização dos administradores? Pode o Ministério Público requerer a desconsideração?

A personalidade jurídica foi instituto criado com o fim de permitir a separação patrimonial dos sócios e da pessoa jurídica, de forma a fomentar a atividade empresarial, dando mais segurança aos empreendedores. Por outro lado, como forma de proteger os credores, se a proteção for utilizada de forma abusiva, permite-se a desconsideração da personalidade jurídica a fim de que seja atingido o patrimônio dos sócios. Levanta-se o "véu" da pessoa jurídica para atingir o patrimônio de quem está se escondendo atrás dele.

São duas as teorias principais para aplicação da desconsideração da personalidade jurídica:

- ***Teoria maior***: por ser a desconsideração medida excepcional, deve-se perquirir se os sócios ou administradores tiveram a intenção de causar prejuízos a terceiros ou fraudar a lei (subjetivista) ou mesmo se restar caracterizada confusão patrimonial ou abuso da personalidade jurídica, ainda que não se averigue o elemento anímico (objetivista). Essa teoria é aplicada como regra nas relações civis e empresariais, na forma do art. 50 do Código Civil.
- ***Teoria menor***: mais ampla, sustenta que deverá ser desconsiderada a personalidade jurídica sempre que a proteção for uma barreira para o credor. Restando insolvente, por exemplo, a pessoa jurídica, estaria aberta a possibilidade de desconsideração da personalidade jurídica a fim de atingir os sócios. Essa teoria foi adotada nas relações consumeristas, na forma do art. 28 do Código de Defesa do Consumidor.

Não se deve confundir a desconsideração da personalidade jurídica com a responsabilização de administradores das sociedades empresárias. Enquanto que na desconsideração da personalidade jurídica está sendo utilizada de forma abusiva, na responsabilização direta dos administradores não há necessidade de se desconsiderar a personalidade jurídica. Aqui, a sociedade empresária não deve ser vista como a executora do ato lesivo, mas sim o próprio administrador, devendo ele responder, diretamente, por eventuais danos causados. É o que ocorre, por exemplo, quando um administrador atua com desvio de finalidade, exercendo atividade que não é objeto da sociedade.

De acordo com o art. 50 do Código Civil, o Ministério Público tem legitimidade para requerer o incidente de desconsideração da personalidade jurídica quando lhe couber intervir no feito. No que se refere às relações consumeristas, considerando que pode o juiz, de ofício, desconsiderar a personalidade jurídica, nada impede, também, que o Ministério Público, intervindo no feito, requeira ao juiz tal providência.

Atente-se que, em relação à desconsideração da personalidade jurídica fundada no art. 50 do Código Civil, a Medida Provisória nº 881, de 30 de abril de 2019 convertida na Lei nº 13.874, de 20 de setembro de 2019, trouxe consideráveis alterações no instituto. Quando da conversão, o legislativo explicitou, também, por meio da criação do art. 49-A, a clara separação entre o patrimônio da pessoa jurídica e a de seus sócios, associados, instituidores ou administradores. Embora não tenha havido mudanças nos fundamentos da desconsideração da personalidade jurídica, a modificação explicitou o conteúdo desses fundamentos por meio da inserção de dispositivos mais claros e explicativos sobre a matéria.

Nesse sentido, entre outras mudanças, destaca-se que o desvio de finalidade passou a exigir ato doloso com o propósito de lesar credor, ou prática de outros atos ilícitos, ao passo que a confusão patrimonial passou a contar com três hipóteses expressas, devendo se ressaltar, no entanto, que a última hipótese, prevista no inciso III, do § 2º, deixa claro que o rol é exemplificativo e deve abranger qualquer ato que represente uso indevido da autonomia patrimonial. Tentou-se, ainda, por relevante, restringir a ideia de que a mera existência de grupo econômico seria suficiente para que o patrimônio de outras sociedades fosse atingido (art. 50, § 4º, do Código Civil), com o objetivo de trazer maior segurança jurídica para investidores.

25. A sociedade limitada é sociedade de pessoas ou sociedade de capital?

As sociedades podem ser de pessoas ou de capital, a depender do foco da sociedade. Deve-se destacar, inicialmente, que a sociedade limitada simples será sempre de pessoas. Sociedades simples são aquelas não empresárias, em que a atividade depende diretamente da atuação e conhecimento pessoal de seus sócios. Já a sociedade limitada empresária pode ser de pessoas ou de capital.

O que determina se a sociedade limitada empresária é de pessoas ou de capital é o seu contrato social, por meio da análise de três cláusulas, em especial, quais sejam: (i) aquelas que tratam da cessão de quotas; (ii) da penhora de quotas; e (iii) do ingresso de sócios que venham por sucessão hereditária. Dessa forma, se o contrato social prevê livre cessão ou penhora de quotas, haverá a clara demonstração de que o foco da sociedade está no capital e não nas pessoas. Caso contrário, havendo restrições, seja por meio de condicionantes, seja por meio de proibição, será a sociedade de pessoas. O mesmo ocorre no caso da sucessão hereditária. Se a entrada do herdeiro é automática, haverá claro caráter patrimonial, caso contrário, havendo restrições, será a sociedade de pessoas.

Não havendo cláusulas no contrato social que permitam essa análise, prevalece na doutrina o entendimento de que seria a sociedade limitada de pessoas, já que o Código civil tende a dificultar a entrada ou saída de sócios.

Aprofundamento

Com o advento da Medida Provisória nº 881, de 30 de abril de 2019, convertida na Lei nº 13.874, de 20 de setembro de 2019, houve alteração curta, porém, de alta relevância, no art. 1.052 do Código Civil.

Com efeito, o art. 7º da Lei nº 13.874/2019, incluiu dois parágrafos ao art. 1.052, criando a possibilidade de constituição de sociedade de responsabilidade limitada por uma única pessoa (unipessoal). Com isso, passou-se a permitir a criação da pessoa jurídica unipessoal sem exigência de capital social mínimo, como ocorre na criação de EIRELI, ou mesmo sem a limitação de faturamento máximo como acontece com o Microempreendedor Individual (MEI).

26. É possível falar-se em *affectio societatis* em uma sociedade limitada de capital?

Modernamente considera-se que a *affectio societatis* não está necessariamente vinculada à eventual ligação existente entre os sócios. Seria, portanto, a *affectio societatis* a intenção do sócio em permanecer associado, viabilizando a atividade empresária, a fim de dar-lhe continuidade. Dessa forma, não seria fator determinante de sociedade de natureza pessoal. Assim, pode-se afirmar que, com a nova interpretação dada acerca do instituto, a *affectio societatis* é elemento presente em toda e qualquer sociedade, seja ela de capital ou de pessoas. Havendo a quebra da *affectio*, será assegurado ao sócio dissidente o direito de retirada. Salienta-se, no entanto, que a doutrina mais tradicional ainda vincula a *affectio societatis* às sociedades de pessoas, sendo possível falar na sua existência somente nesses casos.

27. É possível a penhora de quotas de sociedade limitada?

As quotas de sociedade limitada expressam parte ideal do capital social de uma sociedade, sendo dotadas de valor econômico. Embora tenha havido questionamentos acerca de eventual prejuízo ao *affectio societatis*, na entrada de terceiros estranho à sociedade, os sócios remanescentes ou a própria sociedade podem, caso haja previsão contratual, suprir o valor da quota executada, com o objetivo de preservar a *affectio*. Esse já era o entendimento do STJ, incorporado pelo art. 861 do CPC/2015. Ressalta-se, ainda, que diante dos efeitos que a penhora de quotas pode ter sobre terceiros, antes da penhora deve ser verificado se há outros bens passíveis de penhora, inclusive lucros da sociedade aos quais o devedor tenha direito. Não havendo, poderá a quota ser penhorada e ser exercido o direito de retirada, com a liquidação da participação financeira do "sócio" que assumiu a quota. Dessa forma, embora a matéria tenha sido tormentosa há algum tempo, encontra-se pacificada no STJ, havendo previsão específica de penhora de quotas no art. 861 do CPC.

28. Se o sócio manifestar interesse em se retirar da sociedade, poderá haver ajuizamento de demanda para que o Poder Judiciário faça algum ajusta em relação à apuração de haveres, mesmo que a forma de apuração esteja estabelecida no contrato social?

Como regra não se deve obstar o ajuizamento de demanda com esse propósito, desde que o sócio que pretende se retirar da sociedade se sinta prejudicado.

Nesse caso deve ser observado o princípio da inafastabilidade da jurisdição. Deve, no entanto, o sócio demonstrar que a forma estabelecida para apuração de haveres apresenta alguma impropriedade, de forma que fique evidenciado o enriquecimento sem causa da sociedade. No caso de retirada, havendo a dissolução parcial da sociedade para apurar os haveres do retirante, caso efetivamente demonstrado o prejuízo do sócio que se retira e o enriquecimento sem causa da sociedade, poderá haver questionamento judicial. Deve-se salientar que o Superior Tribunal de Justiça tende a prestigiar o princípio da força obrigatória dos contratos, no entanto, haverá possibilidade de mitigação de tal princípio caso demonstrado enriquecimento sem causa ou ofensa à lei de ordem pública.

29. O sócio nomeado administrador de uma sociedade pode ser dela destituído, caso não haja prazo fixado?

Inicialmente não se deve confundir sócio com administrador da sociedade. Sócio é aquele que detém parcela do capital social de uma sociedade, enquanto administrador é aquele que desempenha funções administrativas no exercício da atividade exercida. O sócio pode, também, ser nomeado administrador da sociedade por prazo certo ou não, a depender da existência de prazo fixado em contrato ou em ato apartado. De qualquer forma, sendo por prazo certo ou não, poderá ele ser destituído da administração da sociedade a qualquer tempo. Para isso, caso não haja disposição contratual diversa, exige o art. 1.063, § 1º, do Código Civil, alterado pela Lei nº 13.792/2019, que a destituição seja operada pela aprovação de titulares correspondentes a mais da metade do capital social. Antes da alteração legislativa exigia-se aprovação de dois terços do capital social. A alteração veio para facilitar a destituição, já que o quórum agora passou a ser a maioria do capital social.

30. O que é teoria ultra vires societatis? É aplicado no Brasil?

O administrador da sociedade é aquele que tem como função realizar o seu objeto social. Como regra, na realização dos atos de gestão, vigora a irresponsabilidade do administrador por atos regulares. Isso porque não pode o gestor ser pessoalmente responsabilizado quando realiza ato de gestão em nome da sociedade. Ocorre, no entanto, que se o administrador cometer excessos poderá responder por eles. É o que se chama de atos *ultra vires societatis*. Assim, atuando o administrador com excesso de poder ou desvio de finalidade, poderá ser ele próprio responsabilizado pelos danos decorrentes do ato, podendo, inclusive, a própria sociedade dele cobrar os prejuízos porventura caracterizados.

Em outras palavras, por essa teoria o administrador, ao praticar atos de gestão, acabar por violar o objeto social delimitado no ato constitutivo, este ato não poderá ser imputado à sociedade.

Assim, a sociedade fica isenta de responsabilidade perante terceiros, salvo se tiver se beneficiada com a prática do ato, quando então, passará a ter responsabilidade na proporção do benefício auferido.

Sua previsão legal estava no parágrafo único do art. 1.015:

Art. 1.015. No silêncio do contrato, os administradores podem praticar todos os atos pertinentes à gestão da sociedade; não constituindo objeto social, a oneração ou a venda de bens imóveis depende do que a maioria dos sócios decidir.

Parágrafo único. O excesso por parte dos administradores somente pode ser oposto a terceiros se ocorrer pelo menos uma das seguintes hipóteses:

I – se a limitação de poderes estiver inscrita ou averbada no registro próprio da sociedade;

II – provando-se que era conhecida do terceiro;

III – tratando-se de operação evidentemente estranha aos negócios da sociedade.

Porém, A Lei 14.195/2021 revogou o parágrafo único do artigo 1.015 do CC, acabando com as três exceções presentes no referido artigo.

31. Pode-se falar em "direito de errar" por parte do administrador de sociedade?

Quando se fala em "direito de errar" está se admitindo que a atividade empresarial é complexa, motivo pelo qual algumas decisões adotadas pelos administradores, ainda que possam ter como objetivo o melhor interesse da sociedade, podem mostrar-se desastrosos a longo prazo. Nesse caso, poderia o administrador ser responsabilizado por suas más escolhas?

Instrumento de exoneração de responsabilidade do administrador nesses casos é a aplicação do business *judgment rule* (regra da decisão negocial). Para sua correta aplicação, na análise dos atos do administrador deverão ser verificados três elementos específicos referentes à tomada de decisões. Estando eles presentes, não poderá o administrador ser responsabilizado, são eles:

- ***Decisão informada***: o administrador pautou sua decisão nas informações disponíveis e razoavelmente necessárias para tomá-la;
- ***Decisão refletida***: se a decisão foi tomada após análise das diferentes alternativas e possíveis consequências que se apresentavam presentes naquele momento;
- ***Decisão desinteressada***: a decisão adotada não resultou em nenhum benefício pecuniário, direto ou indireto, ao administrador.

Aprofundamento: o art. 1.061 sofreu alteração importante tratando do quórum para designação de não sócios como administrador.

Art. 1.061. A designação de administradores não sócios dependerá da aprovação de, no mínimo, 2/3 (dois terços) dos sócios, enquanto o capital

> não estiver integralizado, e da aprovação de titulares de quotas correspondentes a mais da metade do capital social, após a integralização. (Redação dada pela Lei nº 14.451, de 2022)

Além desta alteração a mesma lei 14.451/22 também alterou o art. 1.076 que trata do quórum e deliberações dos sócios.

> Art. 1.076. Ressalvado o disposto no art. 1.061, as deliberações dos sócios serão tomadas (Redação dada pela Lei nº 13.792, de 2019)
>
> I – (revogado); (Redação dada pela Lei nº 14.451, de 2022)
>
> II – pelos votos correspondentes a mais da metade do capital social, nos casos previstos nos incisos II, III, IV, V, VI e VIII do caput do art. 1.071 deste Código;

32. Os conselhos fiscais são obrigatórios nas sociedades limitadas? E nas sociedades anônimas?

O conselho fiscal é órgão fiscalizatório das sociedades. Nas sociedades limitadas a sua existência é facultativa, enquanto que nas sociedades anônimas é de *existência* obrigatória. Embora seja de existência obrigatória nas sociedades anônimas, o seu funcionamento depende de critério estabelecido no próprio estatuto social ou mesmo de requisição dos acionistas, sendo de *instalação facultativa*, portanto, deve ele estar obrigatoriamente disciplinado pelo estatuto da companhia.

33. O que é governança corporativa e quais são seus pilares?

Governança corporativa é um conjunto de práticas que tem como finalidade otimizar o desempenho das sociedades com a criação de controles capazes de garantir não só o desenvolvimento da atividade por ela exercida, mas também garantir confiança ao mercado, de forma a facilitar o acesso ao capital. São seus pilares:

- *Disclosure*: é o dever de prestar informações relevantes com transparência, de forma a garantir que tanto os credores como os investidores tenham plena ciência da situação da sociedade;
- *Compliance:* a sociedade deve ter mecanismos internos que permitam fiscalizar a vinculação e cumprimento das normas legais e estatutárias por parte dos órgãos sociais;
- *Accountability:* os administradores devem prestar contas constantemente, a fim de evitar abusos e violações do estatuto e dos interesses da sociedade;
- *Equity*: deve ser seguido um código de conduta pelos administradores, empregados da sociedade e pela própria sociedade, de forma a garantir responsabilidade corporativa frente aos demais *stakeholders* (sociedade,

credores, empregados e demais pessoas que têm, de alguma forma, relações com a atividade empresária).

34. O candidato já ouviu falar em períodos históricos institucionais da Sociedade Anônima?

As Sociedades Anônimas foram tratadas de formas diferentes no decorrer da história. Identificam-se, basicamente, três principais períodos de desenvolvimento histórico dessas sociedades, quais sejam: outorga, autorização e regulamentação.

No primeiro período, de outorga, somente o monarca poderia conceder a personalização das sociedades e a limitação da responsabilidade dos acionistas. Esse foi o período inaugural das Sociedades Anônimas, muitas vezes constituídas com o objetivo de realizar atividades colonialistas, como ocorreu, por exemplo, com a criação da Companhia das Índias Ocidentais, que atuavam em regime de monopólio.

Em um segundo período, foi flexibilizada a sua criação, embora ainda precisasse de autorização governamental. O Código Comercial de 1850 preceituava que as sociedades anônimas somente poderiam se estabelecer por tempo determinado e com autorização do governo, dependente da aprovação do Legislativo, quando houvessem de gozar de algum privilégio. Dessa forma, além de ter os atos constitutivos registrados, precisavam de ato do poder público que as houvesse autorizado. Hoje, ainda, existem algumas sociedades que necessitam de autorização governamental, como é o caso de Instituições Financeiras (art.10, inciso X, Lei nº 4.595/1964).

Por fim, o terceiro período exige tão somente o registro da sociedade anônima, havendo maior liberdade em sua instituição, desde que não atuem em áreas específicas em que ainda se exige a autorização governamental.

35. O que é incorporação? Quais são os efeitos em relação aos patrimônios das pessoas jurídicas incorporadora e incorporada?

De acordo com os artigos 227 da Lei nº 6.404/76 e art. 1.116 do Código Civil, na incorporação o patrimônio de uma sociedade – incorporada – é absorvida por outra – incorporadora – que a sucede em todos os direitos e obrigações. O que ocorre, portanto, é a sucessão a título universal da sociedade incorporadora, que absorve todo o patrimônio da incorporada e torna-se devedora de todos os débitos anteriormente assumidos pela incorporada, inclusive os de natureza fiscal. Com efeito, a partir do momento em que é incorporado todo o patrimônio de uma sociedade – que funcionava como garantia dos credores – é natural que aquela que o incorporou passe a ser responsável pelas dívidas.

Deve-se ressaltar, porém, que se algum credor se sentir prejudicado pela incorporação realizada, poderá, no prazo de noventa dias depois de publicados os atos relativos à incorporação, promover ação judicial para anular o ato, na forma do art. 1.122 do Código Civil.

Por fim, lembra-se que a mesma regra se aplica ao caso de fusão. Nesse sentido, a principal diferença entre incorporação e fusão é a de que nesta as duas sociedades desaparecem, para a criação de uma nova sociedade, sempre sem dissolução de continuidade.

36. O que é cisão parcial de sociedade anônima e como fica a responsabilidade em relação às suas dívidas?

A cisão parcial é operação pela qual sociedade anônima transfere parcelas de seu patrimônio a outra sociedade. Diferente da incorporação, na medida em que a sociedade continua a existir, cedendo, porém, apenas parcela de seu patrimônio. Difere da cisão total, na medida em que, nesta, a sociedade cindida reverte seu patrimônio a mais de uma sociedade e acaba sendo extinta, ao final, por falta de patrimônio, assemelhando-se à incorporação.

Na forma do art. 233 da Lei nº 6.404/76, como regra, a sociedade cindida que ainda existir e aquela que absorveu parte de seu patrimônio ficarão solidariamente responsáveis pelas obrigações da cindida anteriores à cisão. Admite-se, porém, que seja estipulado que não haja solidariedade, sendo certo, porém, que essa convenção não pode ser oponível ao fisco, como estabelecido no art. 123 do CTN.

3. CONTRATOS EMPRESARIAIS

37. O que é o princípio da intervenção mínima estatal nas relações contratuais? Há críticas sobre esse instituto?

O princípio da intervenção mínima estatal nas relações contratuais foi inserido no Código Civil por meio da Lei nº 13.874/2019, com o parágrafo único do art. 421. A intenção da alteração legislativa era a de garantir maior estabilidade às relações contratuais empresariais. Ocorre que, como muito bem criticado por grande parte da doutrina civilista, o princípio da intervenção mínima estatal não é conhecido pelos civilistas, já que, sempre que necessário para assegurar a força vinculantes dos contratos ou mesmo quando houver a necessidade de ser ele reequilibrado, caberá à parte que se sente prejudicada recorrer ao Poder Judiciário. É certo que esse princípio já poderia ser retirado da ideia de autonomia privada, mas a restrição trazida pelo novo texto legal, embora possa servir como marco interpretativo, pouca alteração trouxe na prática, já que, nos mais diversos casos de abusos contratuais, será necessária a intervenção estatal. Ainda nesse mesmo sentido, foi inserido o art. 421-A ao Código Civil, também pela Lei nº 13.874/2019, esclarecendo, também por comando interpretativo, que se presumem paritários e simétricos os contratos civis e empresariais. Com isso, reforça-se, ainda mais, a mitigação ao dirigismo contratual, já que, como regra, tendo a haver natural simetria nas relações empresariais.

Aprofundamento

O enunciado 21 da I Jornada de Direito Comercial, já colocava que "nos contratos empresariais, o dirigismo contratual deve ser mitigado, tendo em vista a simetria natural das relações interempresariais". Esse enunciado leva em consideração exatamente a existência de maior equilíbrio na contratação realizada entre empresas, sendo certo, no entanto, que a mesma lógica não deve ser aplicada a contratos de adesão, quando, necessariamente, uma das partes de aderir a regra já predeterminadas pela outra.

38. Quais são as modalidades de contrato de *leasing*?

Classificam-se em três as modalidades de *leasing*:

- *Leasing* operacional: o bem pretendido pertence ao arrendador, que transfere a sua posse ao arrendatário por meio de locação, com a possibilidade de venda, renovação de locação ou devolução do bem ao final do contrato. Há, portanto, a figura do arrendador e do arrendatário.
- *Leasing* financeiro: o arrendatário indica ao arrendador o bem de terceiro que pretende arrendar, que é o terceiro fornecedor. Então, o arrendador adquire o bem e o loca ao arrendatário, que passará a usar o bem. Além das figuras do arrendador e do arrendatário, há a figura do fornecedor do bem.
- *Lease-back*: também chamado de *leasing* de retorno, é aquele em que o arrendatário é proprietário de um bem e o vende a outra pessoa para, em seguida, arrendar o mesmo bem. Usualmente ocorre entre sociedade empresária e instituição financeira, quando a sociedade aliena bem de sua propriedade à instituição financeira, arrendando-o em seguida, com a opção de readquiri-lo ao final do contrato. É uma forma de a empresa obter liquidez.

39. O que é valor residual garantido (VRG) no contrato de *leasing*? No que o VRG difere do valor residual?

O contrato de *leasing* ou arrendamento mercantil é aquele em que o arrendatário aluga um bem e, no final do prazo contratual, tem a faculdade de tornar-se proprietário deste mesmo bem, renovar a locação ou devolver a coisa.

Ao final do contrato, caso o arrendatário tenha a pretensão de comprar o bem, deverá pagar um *valor residual*, também chamado de preço residual, correspondente ao valor do bem na condição em que se encontra. O *valor residual*, na forma do art. 5º, alínea *d*, da Lei nº 6.099/74, deverá estar, quando for estipulada essa cláusula, previamente fixado no contrato, o que pode ocorrer por meio do estabelecimento do seu preço ou do critério objetivo para sua fixação. Assim, se o arrendatário, ao final do contrato, quiser, poderá exercer a opção de compra – direito potestativo – no valor previamente fixado no contrato.

Pode ocorrer, no entanto, de o arrendatário não se interessar pelo exercício da opção de compra, deixando, portanto, de pagar o valor residual, e devolva o bem. Nesse caso, especialmente no leasing financeiro, o arrendador venderá o bem a terceiros. Considerando a existência dessa possibilidade, as partes, durante a contratação, podem livremente estipular um valor residual garantido (VRG), que é o valor mínimo que o arrendador admite receber pelo bem ao final do contrato, caso não exercida a opção de compra (não necessariamente o mesmo que o valor residual, nada impedindo, porém, que o seja).

Observa-se que, ao vender o bem, poderá o arrendador obter valor inferior ou superior ao VRG contratado. Nesse caso, sendo o valor obtido inferior, caberá ao arrendatário pagar a diferença entre o valor da venda do bem e o VRG contratado. Caso seja a venda realizada por valor superior ao VRG, a garantia não será necessária.

Assim, enquanto o valor residual é o preço do bem ao final do contrato, previamente fixado, e que é estabelecido em favor do arrendatário, já que, de antemão, saberá quanto terá que pagar caso exerça a opção de compra, o valor residual garantido é uma garantia do arrendador, já que será o valor mínimo que receberá no caso de devolução do bem.

40. Pode o valor residual garantido (VRG) ser cobrado antecipadamente, por meio de parcelas?

O valor residual garantido (VRG) – garantia do arrendador – pode ser pago a qualquer tempo, mesmo que antecipadamente. Assim, pode ser estipulado no contrato de arrendamento mercantil que, junto com os valores relativos ao aluguel do bem, poderá constar, de forma parcelada, valor relativo à antecipação do VRG. Tal cláusula não descaracteriza o contrato de leasing, conforme estabelecido na súmula 293 do Superior Tribunal de Justiça. Ao final do contrato em que houve antecipação, realizada a devolução do bem pelo arrendatário, se, com a venda a terceiro, o arrendador obtiver valor maior ou igual ao VRG estipulado, devolverá ao arrendatário o saldo remanescente relativo ao valor antecipado.

41. Fale sobre contrato de *factoring*. Existe alguma peculiaridade no contrato de *factoring*, na cessão dos títulos, que o difere dos demais? Existe garantia entre as partes contratantes?

Também chamada de fomento mercantil, é a prestação de serviços conjugada com aquisição de direitos creditórios ou créditos mercantis. Por meio da operação da faturização o faturizado transfere seus créditos ao faturizador, por meio de deságio, passando o faturizador a arcar com os riscos do crédito adquirido. O deságio é a remuneração pela transferência do risco, que deixa de ser do faturizado e passa para o faturizador. Haveria, portanto, um endosso sem garantia e *pro soluto*. A faturização pode ser com antecipação do pagamento (faturização convencional) ou sem antecipação do pagamento, sendo pagos os títulos ao faturizado somente no vencimento (faturização maturada ou no vencimento).

Como há transferência do risco ao faturizador como característica da operação, alguns faturizadores tentavam exigir uma confissão de dívida ou mesmo nota promissória em branco do faturizado, para que, em caso de inadimplemento do título, o valor fosse cobrado do faturizado. No entanto, essa prática foi rechaçada pela jurisprudência, já que desnatura o instituto.

42. Qual é a diferença entre contrato de *factoring* e contrato de desconto bancário?

Embora nos dois contratos haja a transferência ou cessão do título cambial, com o recebimento do valor nele contido, com o desconto pactuado, a principal diferença é que no *factoring* não há direito de regresso no inadimplemento do crédito, enquanto que no desconto bancário o regresso é possível. Outra diferença é que há limitação da taxa de juros obtida com o desconto realizado na faturização, enquanto que no desconto bancário não há tal limitação. Note-se que no desconto oferecido na faturização está incluído não só eventuais juros pela antecipação, mas também a remuneração pelo risco assumido pelo faturizador e eventual administração de créditos por ele realizado, enquanto que no desconto bancário há tão somente desconto em razão do desconto pela antecipação, até mesmo porque, como o regresso é possível, o risco ainda fica com o cedente do crédito.

Factoring	Desconto bancário
O direito de regresso somente existe na hipótese de inexistência do crédito.	O direito de regresso é possível.
Há limitação quanto aos juros	Não há limitação (apenas a razoabilidade de mercado)

43. No contrato de cartão de crédito, existe alguma divergência quanto à cobrança de juros e existência de anatocismo?

O contrato de cartão de crédito não tem regulamentação específica, sendo considerado contrato atípico e inominado. Por meio desse contrato o comprador obtém da instituição financeira crédito com base na confiança de que pagará, no futuro, determinado valor em troca de prestação realizada pelo credor. O pagamento não é feito diretamente ao fornecedor do produto, mas sim à instituição financeira.

Em relação aos juros, embora houvesse discussão acerca da possibilidade de cobrança de juros acima dos estabelecidos em lei pelas administradoras de cartão de crédito, já que elas não se enquadrariam no conceito de instituição financeira, estabelecido no art. 17 da Lei nº 4.595/64, o Superior Tribunal de Justiça pacificou entendimento, por meio da Súmula 283, no sentido de que seriam elas instituições financeiras, não incidindo, portanto, a lei da usura.

A questão quanto à existência ou não de anatocismo ocorre quando o titular do cartão de crédito deixa de pagar a fatura ou paga o seu mínimo. Nesse caso, no mês seguinte é cobrado o saldo remanescente e os novos juros incidem sobre o valor integral desse saldo, o que caracterizaria capitalização dos juros em período inferior a um ano. Embora a Medida Provisória nº 2.170-36/2001, em seu art. 5º, tenha autorizado tal prática, desde que convencionada no contrato, o Tribunal de Justiça do Rio de Janeiro havia acolhido incidente de inconstitucionalidade desse dispositivo, entendendo haver anatocismo vedado. No entanto, atualmente prevalece o entendimento de que o art. 5º da Medida Provisória nº 2.170-36/2001 é constitucional, já tendo o Supremo Tribunal Federal se manifestado nesse sentido, pelo que se admite a capitalização mensal dos juros, desde que previsto no contrato.

44. Discorra sobre contrato de franquia empresarial. Há diferença entre o prospecto circular de franquia e o contrato de franquia?

O contrato de franquia empresarial está previsto na Lei 13.966/19. Por meio desse contrato, o franqueador cede ao franqueado direito ao uso de uma marca, recebendo o *know-how* sobre a atividade empresarial que deverá exercer e seguindo o padrão estabelecido pelo franqueador. Acessórios ao contrato de cessão da marca são os contratos de *marketing, engineering* e *management*. Assim, não só o franqueado utilizará a marca, mas o franqueador se responsabiliza pela divulgação dos produtos e serviços, pela estruturação física do estabelecimento (inclusive com a escolha do ponto e estruturação física do maquinário) e passa técnicas de gerenciamento do negócio, fornecendo o devido treinamento.

O prospecto circular de franquia ou circular de oferta de franquia é um documento, previsto no art. 2º – Com o advento da nova Lei nº 13.966/19, a Circular de Oferta de Franquia passou a ser prevista em seu art. 2º, em que o franqueador apresenta todas as informações que devem ter os franqueados a fim de que possam analisar as condições de mercado que pretendem entrar. É um documento de *disclosure* (transparência), sem qualquer cunho contratual. Nesse documento devem constar todos os custos possíveis do negócio, servindo, na realidade, como um pré-contrato em que o franqueador se vincula à proposta realizada. Difere do contrato, portanto, porque neste momento somente o franqueador está vinculado à proposta, cabendo ao franqueado analisar se pretende efetiva o contrato de franquia propriamente dito.

45. Contrato de abertura de crédito em conta corrente: o que é? Pode ser considerado título executivo?

O contrato de abertura de crédito em conta correte (cheque especial) é contrato acessório ao contrato de conta corrente, na medida em que a instituição financeira se compromete não só a manter os depósitos realizados pelo correntista, mas também a estabelecer limite automático de crédito para cobrir despesas do correntista, remunerando-se com o estabelecimento de juros incidentes sobre os valores eventualmente emprestados. Trata-se de contrato de mútuo sob condução suspensiva, isso porque o contrato está firmado, mas somente passa a vigorar quando há efetiva utilização do valor disponibilizado ao correntista.

A fim de se resguardar, as instituições financeiras pactuavam o contrato e, simultaneamente, exigiam que o correntista subscrevesse nota promissória em branco em favor do banco. Assim, inadimplido o contrato, poderia a instituição financeira lançar unilateralmente o valor na nota promissória, formando-se o título executivo extrajudicial. O Superior Tribunal de Justiça, porém, por meio da súmula 258, passou a entender que a nota promissória não teria autonomia em relação ao contrato de conta corrente em razão de sua iliquidez, o que passou a exigir ajuizamento de ações monitórias por parte dos bancos para atribuir a necessária exigibilidade do crédito exposto na nota promissória.

A questão foi resolvida com a Lei nº 10.931/2004, que criou a cédula de crédito bancário, título de crédito emitido no lugar da nota promissória e que a própria lei impõe liquidez e exigibilidade, quando em conjunto com o extrato de conta corrente ou planilha de cálculos. Assim, embora não possa ser considerado o contrato de abertura de crédito em conta corrente um título executivo, por meio desse contrato permite-se a emissão de cédula de crédito bancário que tem a natureza jurídica de título de crédito, passível, portanto, de execução direta.

46. O que é alienação fiduciária? É possível alienação fiduciária de bens fungíveis?

Por meio do contrato de alienação fiduciária, o credor fiduciário concede empréstimo ao devedor alienante que, ao adquirir o bem almejado, o transfere ao credor como garantia do empréstimo tomado. O credor fiduciário, portanto, fica com a propriedade resolúvel do bem, que pode ser móvel ou imóvel, restando a posse direta com o devedor. Quitado o empréstimo a propriedade do credor fiduciário se resolve, ficando o devedor não só com a posse, mas também com a propriedade plena.

A alienação fiduciária incide, normalmente, sobre bens infungíveis, havendo discussão quanto à incidência sobre bens fungíveis. De acordo com o art. 1.361 do Código Civil, somente seria possível sobre bens móveis infungíveis. Admite-se, no entanto, especificamente no caso de contratos realizados no âmbito Mercado de Capitais, a alienação fiduciária de bens fungíveis, como seria o caso das ações, por exemplo, na forma autorizada pelo art. 66-B, § 3º da Lei nº 4.728/65.

47. No caso de inadimplemento e não sendo o bem alienado em garantia suficiente para adimplir a obrigação, poderá o saldo remanescente ser cobrado pela via executiva?

Com o inadimplemento pelo devedor e não purgada a mora, poderá o credor fiduciário optar pela busca e apreensão do bem, com sua imediata alienação. Se o valor obtido com a venda não for suficiente para quitação da dívida, haverá saldo remanescente que não poderá ser cobrado pela via executiva. Isso porque, como a venda do bem é feita de forma extrajudicialmente e sem a participação do devedor, haverá iliquidez incapaz de dar exequibilidade ao título. Será cabível, no entanto, ação de cobrança ou ação monitória, conforme estabelecido pela Súmula 384 do Superior Tribunal de Justiça.

48. Na locação empresarial de imóvel, se o locatário pactua com o locador contrato por quatro anos, ocorre um intervalo de seis meses até a concretização de novo contrato que prevê mais dois anos de locação, após findos esses dois anos, terá ele direito à renovação compulsória?

A renovação compulsória do contrato de locação empresarial tem como elemento fundamental a proteção do *ponto* empresarial. Para isso, a lei 8.245/91, em seu art. 51, prevê como direito potestativo do locatário a renovação compulsória do contrato de locação no caso de contrato cuja soma dos prazos *ininterruptos* seja de cinco anos, desde que preenchidas as demais condições previstas na norma referida. Trata-se do instituto denominado *acessio temporis* (soma dos períodos ininterruptos).

Na pergunta feita, embora tenha sido locado o imóvel por seis anos, houve interrupção de seis meses até a concretização do novo contrato. Ocorre que, se caracterizado que o intervalo de seis meses na negociação do novo contrato teve como objetivo, por parte do locador, frustrar a continuidade, não será descaracterizada a *acessio temporis* e, portanto, seria autorizada a renovação compulsória ao final do último contrato de dois anos. Isso porque a interrupção forçada pelo locador seria considerada fraude à lei, aplicando-se o art. 45 da Lei nº 8.245/91.

4. TÍTULOS DE CRÉDITO

49. Quais são os atributos essenciais dos títulos de crédito?

Título de crédito, na definição de Cesare Vivante, é o documento necessário ao exercício do direito literal e autônomo nele contido. É por meio dessa definição, incorporada em nosso direito por meio do art. 887 do Código Civil, que podem ser extraídos os três atributos essenciais do título de crédito, que são a cartularidade, a literalidade e a autonomia. Parte da doutrina inclui, ainda, outro atributo, que seria a independência. Importante registrar, ainda, que o termo "atributo" não é unânime, havendo quem os nomeiem como princípios, requisitos ou características.

- ***Cartularidade*** se refere à existência de cártula, que é o documento propriamente dito. Isso porque para o exercício do direito contido no título de crédito há necessidade de apresentação da cártula, para que o devedor possa saber quem é o seu credor, dada a possibilidade de circulação do crédito. Importante destacar que a cártula que deve ser apresentada ao devedor é a original.
- ***Literalidade*** significa que somente aquilo que esteja expresso na cártula é passível de ser levado em consideração. Havendo, porém, contrato que vincule determinado título a ele, será o contrato considerado como extensão da cártula, sendo exigíveis os termos ali constantes. Assim, a literalidade pode englobar outros documentos, desde que haja expressa referência.
- ***Autonomia*** é o atributo que abarca dois subprincípios, quais sejam, o da inoponibilidade de exceções e o da abstração:

  » ***Inoponibilidade de exceções***: O Brasil adotou a teoria dúplice em relação à natureza jurídica das obrigações cambiais, já que, entre as partes contratantes o ato cambial seria acessório da relação contratual, enquanto que, para terceiros que recebem o título por meio de endosso, seria declaração unilateral de vontade. Assim, ainda que se possa falar em inoponibilidade de exceções, são admitidas três modalidades de defesa a serem opostas na cobrança de um direito cambial, quais sejam: (i) a falta de requisitos formais do título; (ii) a falta de condições da ação cambiária; e (iii) exceções pessoais existentes entre o credor e o devedor que estão em disputa.

  » ***Abstração***: considerado como subprincípio vinculado à autonomia, há abstração quando a emissão do título de crédito não está vinculada, por lei, a nenhuma espécie de negócio jurídico específico. Embora a maioria dos títulos de crédito tenha este atributo, existem alguns títulos de crédito causais (antônimo da abstração). Exemplo é a duplicata, que somente pode ser emitida para retratar compra e venda de mercadoria ou prestação de serviço, e o Conhecimento de Transporte, emitido quando há contrato de transporte que o fundamente.

- ***Independência***: há menção, ainda, ao atributo da independência, que significa que a cártula é o documento suficiente a permitir o exercício dos direitos cambiais nela contidos, não havendo a necessidade de apresentação de qualquer outro documento. Alguns títulos de crédito, no entanto, não gozam deste atributo, como é o caso, também, da duplicata. Isso porque a duplicata não aceita somente poderá ser cobrada se o sacado comprovar a contratação que deu causa à sua emissão, ou seja, deverá apresentar a fatura.

Aprofundamento

Há três teorias sobre a natureza jurídica das obrigações cambiais. A primeira defende que seja *ato unilateral de vontade*: a obrigação cambial surge a partir de promessa unilateral, não sendo possível a apresentação de qualquer espécie de exceção. A adoção dessa teoria cria situações inusitadas, como seria o caso de execução de título de crédito que teve como origem contrato que não foi cumprido. Não tendo havido a circulação do título de crédito e não havendo a possibilidade de ser apresentada exceção de contrato não cumprido pelo emitente contra o portador, o emitente teria que pagar e depois tentar reaver a quantia judicialmente, como decorrência do descumprimento contratual, gerando situação deveras injusta.

A segunda teoria é a *contratualista*, vinculando o ato cambial ao contrato que o deu causa. Nesse caso, qualquer exceção decorrente do pacto originário poderia ser oposta na oportunidade do cumprimento da obrigação cambial. Essa posição praticamente inviabiliza a circulação do título de crédito, já que criaria muita insegurança ao portador do documento.

A terceira teoria, de Cesare Vivante, estabelece que entre as partes contratantes, de fato, o ato cambial é um *acessório da relação contratual*, sendo oponíveis as exceções dali decorrentes, mas entre terceiros de boa-fé, que receberam o título após ter ele circulado, é uma declaração unilateral de vontade. Esta é a *teoria dúplice*, que acabou por ser a adotada no sistema brasileiro.

50. Título de crédito abstrato pode ser questionado no Judiciário em relação à causa que o gerou?

O título de crédito abstrato é aquele em que a sua emissão não está condicionada a qualquer causa específica estabelecida em lei. Deve-se registrar que o atributo da abstração, decorrente do atributo da autonomia, por sua vez, é aquele que ocorre quando o título de crédito circula, já que, nesse momento, ele se desvincula da relação originária que lhe deu origem para ser tratado com autonomia. Com isso o título de crédito gera ao seu detentor maior segurança de que será pago em seu vencimento, já que questões vinculadas à causa que o gerou não poderão ser discutidas, como regra.

Como corolário da abstração, entende-se que a causa subjacente ao título de crédito emitido somente pode ser arguido pelas partes em sede judicial enquanto houve vinculação entre os sujeitos que participaram da relação original. Após ter circulado, diante da abstração daí resultante, não há mais a possibilidade de ser questionada no Judiciário a causa que lhe deu causa.

51. O que é o aceite e quais são suas modalidades?

O aceite é declaração unilateral de vontade por meio do qual uma pessoa aceita obrigação cambiária, comprometendo-se a pagar a quantia declarada no título de crédito. A partir do aceite forma-se a obrigação cambial com o aceitante. Havendo recusa do aceite, com o devido protesto, o sacador passará a ser responsável pela obrigação contida no título, havendo vencimento antecipado da obrigação cambial.

São modalidades de aceite:

- ***Aceite pleno***: tem-se o aceite pleno quando o aceitante simplesmente concorda com a obrigação cambial constante do título de crédito.
- ***Aceite parcial***: dá-se quando somente parte da obrigação cambial expressa no título é aceita. Note-se que, em relação à parte não aceita, haverá o vencimento antecipado, desde que devidamente protestado.
- ***Aceite qualificado***: também chamado de modificativo, ocorre quando algum elemento do título for alterado, como seria o caso, por exemplo, de alteração da data de vencimento. Como regra, é considerado como recusa de aceite, com todas as consequências, exceto se o tomador do título aquiescer com a alteração, passando a ser considerando, nesse caso, como aceite pleno.
- ***Aceite por intervenção***: ocorre quando terceira pessoa aceita obrigação cambial no lugar da pessoa que deveria fazê-lo. O aceite por intervenção depende do consentimento do beneficiário. No caso de inexistência de consentimento, será considerado como falta de aceite e, se houver recusa da pessoa que deveria fazê-lo, as consequências serão as mesmas da recusa de aceite.

52. O que se entende por efeito purificador do endosso e quais são as modalidades de endosso? Qual a diferença entre endosso e cessão de crédito?

O endosso é declaração unilateral de vontade aposta no verso do título de crédito com o objetivo de fazê-lo circular, se completando com a tradição da cártula. De acordo com Pontes de Miranda, autor da expressão que o endosso tem "efeito purificador", a partir do momento que o título de crédito é endossado, fica livre de qualquer vício intrínseco que porventura o eive de nulidade. A partir do endosso surge a inoponibilidade de exceções por parte do devedor originário do título de crédito, salvo comprovada má-fé do endossatário.

Ainda em relação ao endosso, a doutrina apresenta algumas modalidades de endosso:

- ***Endosso em branco***: é aquele em que a figura do endossatário não é identificada, sendo representado por uma assinatura no verso do título.
- ***Endosso em preto:*** é aquele que, desde logo, é apontado o beneficiário, que terá legitimidade para exigir o crédito ou realizar novo endosso.
- ***Endosso próprio***: tem-se o endosso próprio quando há efetiva transmissão da obrigação cambiária.
- ***Endosso impróprio***: verifica-se quando não se pretende realizar a transmissão efetiva da obrigação cambiária, mas apenas se transferir a posse do título para finalidade específica. Apontam-se duas formas de endosso impróprio: o endosso-caução e o endosso-mandato:
  - » No *endosso-mandato* há entrega da posse do título para terceiro a fim de que possa ser ele cobrado em nome do endossante. O endossatário não passa a ser o titular do direito, mas mero procurador do endossante.
  - » No *endosso-caução*, também chamado de endosso pignoratício, a entrega da posse do título tem como finalidade servir de garantia, vinculando-se ao adimplemento de obrigação externa à relação cambiária.
- ***Endosso póstumo ou tardio***: é aquele feito após o protesto ou após vencido o prazo do protesto. Embora seja modalidade de endosso, terá ele efeito de cessão de crédito.

Assim como o endosso, a cessão de crédito tem como objetivo a transferência do título de crédito, porém, seus efeitos são distintos, apresentando as seguintes diferenças:

Endosso	**Cessão de crédito**
Natureza jurídica de declaração unilateral de vontade	Natureza jurídica de contrato
Pro solvendo, como regra	*Pro soluto*
Não pode ser parcial, na forma do artigo 912, parágrafo único, do Código Civil, e artigo 12, 2, da Lei Uniforme de Genebra	Pode ser parcial

Endosso	Cessão de crédito
Sempre incondicional	Pode ser condicional
O endossatário recebe direito novo e autônomo	O cessionário recebe direto derivado
Salvo cláusula em contrário, o endossante responde pela existência e solvência do crédito, ao contrário do artigo 914 do Código Civil	Salvo cláusula em contrário, o cedente somente responde pela existência do título
Instituto exclusivo de títulos de crédito	Instituto utilizável em qualquer negócio jurídico
Só pode ser lançado no próprio título	Pode ser efetuada em documento apartado

53. Quais cláusulas são admitidas quando da aposição do endosso em um título de crédito?

Ao ser endossado um título de crédito, o endossante tem a possibilidade de estabelecer algumas cláusulas. São elas:

- ***Cláusula sem garantia***: Prevista no art. 15 da Lei Uniforme de Genebra, afasta do endossante a responsabilidade pelo pagamento do título. O endossante deixa de ser responsável pelo pagamento do título, deixando de ser responsável *pro solvendo* para ser *pro soluto* (a própria entrega do título caracteriza o pagamento).
- ***Cláusula proibitiva de novo endosso***: o endossante não se exonera da responsabilidade do pagamento do título, no entanto, se exonera em relação a futuros endossatários. Dessa forma, o título pode continuar a circular, mas o endossante que após essa cláusula somente estará obrigado perante o endossatário direto.
- ***Cláusula sem protesto***: prevista no art. 46 da Lei Uniforme de Genebra, se a cláusula é aposta por um endossante que não seja o devedor direto, somente para cobrar o título deste endossante não haverá necessidade de protesto. Diverso seria se o título já surge com essa cláusula, aposta pelo emitente, quando então nenhum integrante da cadeia de endossos poderá exigir o prévio protesto.

54. O que é aval?

Aval é declaração unilateral de vontade por meio da qual uma pessoa garante a obrigação cambiária, ocupando a mesma posição jurídica da pessoa avalizada. É ato de liberalidade, motivo pelo qual pode ser parcial ou pleno.

55. Diferencie aval de fiança.

Embora sejam ambas garantias pessoais, não devem ser os institutos confundidos. As principais diferenças usualmente apontadas são as seguintes:

Aval	Fiança
Natureza jurídica de declaração unilateral de vontade	Natureza jurídica de contrato acessório
Garantia exclusiva do direito cambiário	Garantia do direito comum, possível em qualquer ramo do direito
Obrigação autônoma	Obrigação acessória, submetida à gravitação jurídica
Obrigação solidária	Obrigação subsidiária, em regra, contando com benefício de ordem, salvo expressa elisão
Sempre incondicional	Pode ser condicional
Se materializa pela assinatura do avalista no anverso do título, sendo que se for no verso deve ser expressa a natureza de aval, sob pena de ser tida por endosso	Deve ser efetuada em documento apartado, ou no próprio contrato

56. É necessária outorga conjugal para aposição de aval?

O art. 1.647, inciso III, do CC exige outorga conjugal para prestar aval, assim como o exige para prestação de fiança, exceto se o avalista for casado no regime da separação absoluta. Concedida a outorga, todos os bens pessoais do avalista e também os bens comuns do casal responderão pela obrigação. Não havendo outorga conjugal, entende-se, majoritariamente, que o aval prestado será nulo de pleno direito. Caso o avalista tenha omitido, de má-fé, sua condição de casado, responderá com seus bens pessoais pela obrigação. Essa norma, no entanto, é bastante criticada pela doutrina empresarial.

A posição dominante no STJ era no sentido da invalidade do aval prestado sem a outorga uxória, com suporte no dispositivo legal acima. Ocorre que a Quarta Turma do STJ já se manifestou no sentido de que somente nos títulos atípicos, regulamentados pelo Código Civil, deve ser aplicado o art. 1.647, inciso III, já referido (REsp 1.633.399/SP). Esse entendimento é suportado pela doutrina majoritária, que sustenta que o Código Civil deve ter aplicação subsidiária no que se refere aos títulos de crédito típicos, razão pela qual, havendo legislação específica tratando do título de crédito (títulos de crédito típicos), não seria aplicável o art. 1.647, inciso III, do CC. Esse posicionamento, diga-se, é fundamentado no art. 903 do CC, que estabelece que os títulos de crédito devem reger-se pelo que dispõe o Código Civil, salvo se houver disposição em lei especial.

Assim, o atual posicionamento trazido pela Quarta Turma do STJ aponta para a prevalência da posição doutrinária dominante, exigindo-se outorga conjugal para aposição de aval somente no caso de títulos de crédito atípicos, ou seja, aqueles cuja previsão se extrai do próprio Código Civil. Para os demais títulos de créditos previstos em leis especiais, a prevalecer esse entendimento, não há necessidade de outorga conjugal.

57. O que é protesto, seus efeitos e quais são suas modalidades?

Regulado pela Lei nº 9.492/97 é o ato solene e extrajudicial pelo qual, entre outras funções, se prova a impontualidade do título. Pode ser, ainda, utilizado para atestar a recusa de aceite e a falta de devolução do título.

O protesto serve para certificar o fato que se pretende provar (apresentação do título de crédito ao devedor direto). Não serve para constituir o devedor em mora, por ser a mora *ex re*, mas é exigível para que os coobrigados possam responder pelo título. No caso de recusa de aceite, a consequência do protesto será o vencimento antecipado do título, servindo para fixar o termo inicial do prazo de vencimento e interrompendo a prescrição.

As principais modalidades de protesto para fins cambiários são:

- ***protesto por recusa de aceite***: só é possível antes do vencimento do título e serve para comprovar que houve recusa de aceite. A sua consequência é o vencimento antecipado do título de crédito;
- ***protesto por falta de pagamento***: vencido e não pago o título de crédito, salvo existência de cláusula de não protesto, somente poderá ser executado o título se for realizado esse protesto. Excepcionalmente, porém, o cheque não exige protesto para que seja cobrado, porque, nesse caso, a câmara de compensação supre a sua necessidade;
- ***protesto por falta de devolução do título (protesto por indicações)***: nos títulos que são remetidos ao devedor para aceite, como, por exemplo, na duplicata, caso o devedor não retorne o título ao credor, ser-lhe-á facultado promover o protesto baseado em indicações de dados do título, que deverão ser informados ao tabelião para que seja efetuado o protesto sem a cártula.

58. Existem títulos de crédito virtuais? Dê um exemplo de título de crédito virtual e como ele funciona. Nesse caso, como fica o atributo da cartularidade?

O Código Civil de 2002 autorizou, de forma expressa, a confecção e emissão de título de crédito por meio de computadores ou meio técnico equivalente no § 3º do art. 889. Assim, com suporte nessa previsão legal pode-se afirmar existirem títulos de crédito virtuais.

Exemplo que pode ser mencionado é a duplicata virtual. A sua emissão deve ser feita com suporte no art. 889, § 3º, cabendo ao vendedor, utilizando-se de computador, sacar a duplicata e enviar, por meio magnético, ao banco que, também por meio magnético, pode fazer a operação de desconto, creditando o valor ao sacador e, em seguida, expede guia de compensação bancária ao devedor da duplicata virtual (sacado), para que ele a pague em uma agência bancária.

Embora alguns tratem esse fenômeno como a descartularização dos títulos de crédito, não se pode afirmar serem os títulos de crédito virtuais exceções ao princípio da cartularidade. Isso porque o documento que representa o direito literal e autônomo nele contido ainda existe, porém, apenas de forma virtual e não físico.

59. É cabível endosso de duplicata virtual? Como seria feito o protesto de uma duplicata virtual?

Grande parte da doutrina não admite, ainda, o endosso das duplicatas virtuais por falta de previsão legal. Isso porque, embora seja pacífica a possibilidade de sua criação, em razão do advento do Código Civil, a duplicata tem lei própria e o endosso deve seguir o que dispõe a Lei Uniforme de Genebra. Assim, não haveria, ainda, como ser admitido o endosso.

Com relação ao protesto, o problema de a duplicata virtual não ter documento físico pode ser sanado com a utilização do protesto por indicação, feito em cartório de registro público.

60. O que é uma duplicata?

Criada pela Lei nº 5.474/68, é título de crédito causal em que o vendedor saca a duplicata, emitindo a fatura de compra e venda ou prestação de serviços, devendo ela ser registrada. O comprador, devedor, é o sacado do título. A duplicata é causal porque somente pode ser emitida com base em contrato subjacente que a fundamente. Por isso, a duplicata deve ser sempre acompanhada do comprovante de entrega de mercadorias ou da prestação de serviços.

Emitida a duplicata, deve ser ela encaminhada para o aceite do sacado, sendo certo que a recusa do aceite poderá decorrer de contestação do adimplemento do serviço ou mercadoria prestado ou entregue. Sendo injustificada resultará no protesto por recusa de aceite, transformando-a em título executivo extrajudicial. Havendo retenção da duplicata pelo sacado, poderá o sacador efetuar protesto por falta de devolução, não sendo o caso de emissão de triplicata, já que essa, nos termos do art. 23 da Lei nº 5.474/68, somente pode ser emitida em caso de perda ou extravio do título.

61. O cheque é ordem de pagamento à vista ou a prazo? E o cheque pós-datado?

O cheque é considerado título de crédito impróprio ou cambiariforme, já que nem todas as características essenciais dos títulos de crédito estão nele presentes. É um título de modelo vinculado, com seus padrões definidos pelo Banco Central. Nele o emitente do cheque (sacador) dá ordem ao sacado (instituição financeira) para que pague o valor inserido na cártula ao seu beneficiário. Não há que se exigir o aceite do sacado, até mesmo porque a instituição financeira não é devedora cambiária, fazendo o pagamento com recursos do próprio emitente.

O cheque é sempre ordem de pagamento à vista, devendo ser verificada a presença de fundos no momento de sua apresentação ao sacado. A data do saque é requisito essencial para que tenha força executiva e é por meio dela que se verifica o início da data de apresentação. No caso de cheque pós-datado, na realidade, há postergação do início do prazo de apresentação do cheque, que se iniciará em data futura. No entanto, se o cheque pós-datado for levado antecipadamente ao sacado, por ser ordem de pagamento à vista, será pago pela instituição financeira. Note-se que, na forma da súmula 370 do Superior Tribunal de Justiça, apresentação de cheque pós-datado de forma antecipada caracteriza dano moral.

O prazo para apresentação será de trinta dias, se o cheque for da mesma praça, ou de sessenta dias, se de praça diferente.

62. Qual é o prazo de prescrição do cheque? Prescrito o cheque, poderá o credor cobrar o valor nele constante?

O prazo para execução do cheque é de seis meses (art. 59 da Lei nº 7.357/85), somente sendo contado a partir de findo o prazo para sua apresentação ou, caso apresentado antes de findo o prazo, a partir da recusa de pagamento pelo sacado.

Ultrapassado o prazo para execução do cheque, admite-se o ajuizamento da ação de locupletação, cujo prazo é de dois anos, contados do fim do prazo prescricional de seis meses (art. 61 da Lei nº 7.357/85). Embora se trata de ação cambiária, segue o rito ordinário de ação de conhecimento, não sendo tão célere quanto a ação executiva cambiária.

Por fim, findo o prazo das ações cambiárias, é possível, ainda, o ajuizamento de ação de cobrança, quando então caberá ao portador provar a relação causal que originou o título. Nesse caso, prevalece o entendimento de que o prazo prescricional será de dez anos, na forma do art. 205 do Código Civil, com início após o término do prazo prescricional da ação executiva.

Admite-se, ainda, ação monitória, no prazo de cinco anos, conforme estabelece a súmula 288 do Superior Tribunal de Justiça.

63. Quais são as modalidades de cheque?

As modalidades de cheque são as seguintes:

- ***Cheque administrativo***: Também chamado de cheque bancário, cheque caixa ou cheque de tesouraria, é aquele emitido pelo próprio banco contra seu caixa, sendo o banco o devedor cambiário. A instituição financeira, aqui, assume a posição de sacador e sacado, garantindo o pagamento do valor ali contido.
- ***Cheque visado***: É o cheque em que o sacado, instituição financeira, certifica que há fundos disponíveis na conta referente ao cheque emitido. Não se deve confundir com o aceite, até mesmo porque, no cheque, o sacado não é devedor. Como efeito do visto, o banco atesta que haverá fundos na conta do emitente até o prazo de apresentação do cheque. Vencido o prazo sem apresentação, não mais haverá a garantia.
- ***Cheque cruzado***: A partir do momento em que o cheque é cruzado, somente poderá ser feito o pagamento a um banco ou a um cliente do banco, devendo ser ele apresentado para que seja feita transferência bancária do valor para outra conta. Ele pode ser:
  - » *Em branco*: são apostas duas linhas paralelas no anverso do cheque, impedindo o saque em dinheiro.
  - » *Em preto*: no interior das duas linhas paralelas apostas no anverso do cheque deve aparecer o nome de uma instituição financeira, somente sendo possível, nesse caso, transferência bancária do valor para conta na instituição financeira referida.
- ***Cheque para ser creditado em conta***: nesse caso, o sacado fica proibido de pagar em dinheiro o cheque apresentado. Deverá ser realizado pagamento do cheque por meio de lançamento contábil, seja crédito em conta corrente, seja transferência ou compensação.

64. O que é conhecimento de depósito e *warrant*?

São títulos de crédito emitidos por depositórios, como armazéns gerais, relativos a contratos de depósito. Ao ser celebrado contrato de depósito de mercadorias, o armazém emite recibo do depósito que acolheu, que serve como prova do contrato realizado. Para que o depositante obtenha a mercadoria de volta, basta que apresente o recibo ao depositário. Pode, no entanto, ser o contrato de depósito representado por documento que represente as mercadorias depositadas, chamado de conhecimento de depósito. Esse título representa a propriedade das mercadorias de quem o portar e pode ser circulado, por meio de endosso, como verdadeiro título de crédito causal.

O *Warrant*, por sua vez, pode ser emitido junto com o conhecimento de depósito, tendo como função permitir que o portador do conhecimento de depósito dê as mercadorias em garantia de outra obrigação, sem abrir mão da propriedade sobre as mercadorias depositadas. É, portanto, o direito de garantia sobre as mercadorias depositadas. Ao ser endossado o *warrant* sem que seja acompanhado o conhecimento de depósito, significará que as mercadorias depositadas passam a ter um gravame.

Nota-se que as mercadorias somente poderão ser retiradas do depósito se forem apresentados ambos os títulos, a não ser que o portador do conhecimento de depósito preste caução na exata monta do valor garantido pelo *warrant* destacado.

65. O que são títulos de crédito rurais?

Os títulos de crédito rurais têm por objetivo facilitar e fomentar empréstimos a juros reduzidos para atividade rural. O crédito decorrente dos títulos deve servir para utilização em atividades rurais, não podendo ser utilizados de forma livre. Tratam-se, portanto, de títulos causais.

A cédula de crédito rural, prevista no art. 9º do Decreto-Lei nº 167/67, é promessa de pagamento em dinheiro relacionada à atividade rural, com ou sem constituição de garantia. Quando o ruralista toma empréstimo de instituição financeira, assina em favor da instituição a cédula de crédito rural, onde promete pagar a quantia tomada com os juros convencionados. Podem ser estabelecidas diferentes espécies de cédulas de crédito rural, a depender da garantia:

- ***Cédula Rural Pignoratícia***: Nela o devedor ruralista oferece bens móveis em garantia pelo crédito tomado, que podem estar vinculados à sua atividade.
- ***Cédula Rural Hipotecária***: Nesse caso a garantia é constituída sobre um imóvel, sendo expressamente dispensada a escritura pública.

Admite-se, ainda, seja a garantia da cédula rural ***pignoratícia e hipotecária***. Em qualquer caso, a garantia pode ser constituída em documento separado, desde que haja menção no corpo do título.

66. O que é uma cédula de crédito bancário? Difere ela da cédula de crédito imobiliário?

Prevista na Lei nº 10.931/04, cédula de crédito bancário é promessa de pagamento, em dinheiro, representativa de operação de crédito, feita em favor de instituição financeira ou entidade equiparada. Embora similar à nota promissória, apresenta vantagens às instituições financeiras, já que permite a obtenção de liquidez do título com a mera reunião de extratos de conta corrente.

Por meio da cédula de créditos bancário, a instituição financeira pode materializar a dívida líquida unilateralmente com a elaboração de planilha com os extratos bancários, documentos estes que passam a integrar a cédula. É muito utilizado como garantia de contrato de conta corrente com limite de crédito.

Uma vez criado o título, com o estabelecimento unilateral de seu valor pela instituição financeira, pode ele ser endossado para qualquer pessoa, mesmo que não seja instituição financeira.

A cédula de crédito imobiliário, por sua vez, embora também tenha sido criada pela Lei nº 10.931/2004, tem o específico objetivo de representar créditos imobiliários detidos pela instituição financeira. Deve ela ser emitida pelo credor do crédito imobiliário, de forma unilateral e independentemente de autorização do devedor, a fim de representar o crédito imobiliário que detém, em todo ou em parte. Se o crédito imobiliário que dá suporte à cédula for garantido por direito real (hipoteca ou alienação fiduciária) deverá ser feita a averbação do título emitido junto à matrícula do imóvel, já que eventual constrição judicial sobre o imóvel deverá ser objeto de comunicação ao credor da cédula de crédito imobiliário.

67. O que são títulos de créditos XIFÓPAGOS?

A expressão xifópagos é conhecida quando se relaciona a gêmeos siameses, os quais são irmãos que compartilham uma parte do corpo, logo que nascem e vivem ligados um ao outro. O Decreto 1.102 de 1903, isso mesmo 1903, institui regras para o estabelecimento de empresas de armazéns gerais, determinando os direitos e obrigações dessas empresas.

No art. 15 traz que as empresas de armazéns gerais, quando lhes for pedido pelo depositante, poderão emitir DOIS títulos unidos, mas separáveis à vontade, denominados warrant e conhecimento de depósito.

São dois títulos xifópagos, como a fatura e a duplicata, emitidos num só ato e posteriormente poderão ser separados, cada um tendo sua finalidade. Não é obrigatória a emissão de ambos, mas se for pedida pelo depositante, que irá utilizá-los na obtenção de crédito.

5. RECUPERAÇÃO JUDICIAL E FALÊNCIAS

68. O que é a recuperação judicial?

A recuperação judicial é instituto jurídico considerado, por Sérgio Campinho, como contrato judicial com feição novativa. Isso porque, levada a juízo e homologada, a recuperação judicial leva à novação das obrigações do recuperando. Serve ela como meio de o empresário sair da crise econômico-financeira pela qual passa (art. 47 da Lei nº 11.101/05). Pretende-se, com ela, garantir o funcionamento da atividade empresária diante da função social da empresa (princípio da preservação da empresa), representado pelo tríplice interesse institucional (interesse dos demais acionistas da sociedade, das pessoas que nela trabalham e da comunidade em que atua – *stakeholders*).

69. Entre as alterações pela lei 14.112 em 2020, muitas se deram na recuperação judicial, sobre esse tema aponte, por quanto tempo vige a recuperação judicial?

Com a nova redação do dispositivo, o estado de recuperação judicial vige até o máximo de dois anos depois da concessão, ficando o prazo estabelecido pela discricionariedade do juiz, desde que respeitando o prazo máximo em que o devedor permanecerá em observação.

Art. 61. Proferida a decisão prevista no art. 58 desta Lei, o juiz poderá determinar a manutenção do devedor em recuperação judicial até que sejam cumpridas todas as obrigações previstas no plano que vencerem até, no máximo, 2 (dois) anos depois da concessão da recuperação judicial, independentemente do eventual período de carência. (Redação dada pela Lei nº 14.112, de 2020) (Vigência)

70. O que acontece vencido esse prazo de observação?

De acordo com o parágrafo único do art. 63, incluído pela Lei nº 14.112/2020, vencido o prazo de observação do estado de recuperação judicial fixado pelo juiz após a concessão da medida, o juiz deve proferir sentença de encerramento da recuperação judicial, mesmo que não tenha sido consolidado o quadro geral de credores.

Art. 63. Cumpridas as obrigações vencidas no prazo previsto no caput do art. 61 desta Lei, o juiz decretará por sentença o encerramento da recuperação judicial e determinará:

I – o pagamento do saldo de honorários ao administrador judicial, somente podendo efetuar a quitação dessas obrigações mediante prestação de contas, no prazo de 30 (trinta) dias, e aprovação do relatório previsto no inciso III do caput deste artigo;

II – a apuração do saldo das custas judiciais a serem recolhidas;

III – a apresentação de relatório circunstanciado do administrador judicial, no prazo máximo de 15 (quinze) dias, versando sobre a execução do plano de recuperação pelo devedor;

IV – a dissolução do Comitê de Credores e a exoneração do administrador judicial;

V – a comunicação ao Registro Público de Empresas e à Secretaria Especial da Receita Federal do Brasil do Ministério da Economia para as providências cabíveis. (Redação dada pela Lei nº 14.112, de 2020)

Parágrafo único. O encerramento da recuperação judicial não dependerá da consolidação do quadro-geral de credores. (Incluído pela Lei nº 14.112, de 2020)

Visando dar maior publicidade ao fato da empresa estar em recuperação judicial, garantindo maior segurança àqueles que com ela desejam contratar, dispõe a lei que o juiz determinará ao Registro Público de Empresas e à Secretaria Especial da Receita Federal do Brasil a anotação da recuperação judicial nos registros correspondentes, de modo que todos que se relacionem com o devedor tenham conhecimento de sua condição.

Importante ressaltar que anterior à Lei nº 14.112/2020, o parágrafo único do art. 69 previa apenas a determinação de anotação ao Registro Público de Empresas. Com a reforma legislativa, para fins de garantir ainda maior publicidade e segurança aos possíveis credores, incluiu-se a determinação da anotação também à Secretaria Especial da Receita Federal do Brasil:

Art. 69. Em todos os atos, contratos e documentos firmados pelo devedor sujeito ao procedimento de recuperação judicial deverá ser acrescida, após o nome empresarial, a expressão "em Recuperação Judicial".

Parágrafo único. O juiz determinará ao Registro Público de Empresas e à Secretaria Especial da Receita Federal do Brasil a anotação da recuperação judicial nos registros correspondentes. (Redação dada pela Lei nº 14.112, de 2020)

71. É possível o financiamento de empresas em recuperação? De que forma?

Outra novidade trazida pela Lei nº 14.112/2020, está a autorização de que qualquer pessoa posa garantir o financiamento do devedor em recuperação judicial. A intenção do legislador foi de facilitar sua implantação e o acesso do devedor ao crédito, viabilizando assim maior possibilidade de preservação da empresa.

Art. 69-F. Qualquer pessoa ou entidade pode garantir o financiamento de que trata esta Seção mediante a oneração ou a alienação fiduciária de bens e direitos, inclusive o próprio devedor e os demais integrantes do seu grupo, estejam ou não em recuperação judicial. (Incluído pela Lei nº 14.112, de 2020)

72. É possível conciliação e ou mediação na Lei de Recuperação e Falências?

O art. 20-B incluído pela Lei nº 14.112/20 que passou a admitir as conciliações e mediações nos processos de recuperação judicial:

Art. 20-B. Serão admitidas conciliações e mediações antecedentes ou incidentais aos processos de recuperação judicial, notadamente: (Incluído pela Lei nº 14.112, de 2020)

A possibilidade da conciliação e mediação também nos processos de recuperação judicial incorporou entendimentos e práticas que já estavam sendo estimulados e utilizados no estímulo da solução autocompositiva das controvérsias previstas na Lei nº 13.140/2015 (Lei de mediação) e também no Código de Processo Civil.

Segundo Geraldo Fonseca, a principal novidade trazida pela Lei nº 14.112/20 "é a possibilidade de uma fase pré-processual de mediação, ou com a "mediação antecedente", desenhada para a negociação entre o devedor e seus credores antes do pedido de recuperação judicial".

73. O que é o Incidente de classificação do crédito público previsto após as alterações na lei de falências do ano de 2020?

Mais um instituto previsto após as alterações Incluída pela Lei nº 14.112, de 2020, previsão no art. 7º-A.

Art. 7º-A. Na falência, após realizadas as intimações e publicado o edital, conforme previsto, respectivamente, no inciso XIII do caput e no § 1º do art. 99 desta Lei, o juiz instaurará, de ofício, para cada Fazenda Pública credora, incidente de classificação de crédito público e determinará a sua intimação eletrônica para que, no prazo de 30 (trinta) dias, apresente diretamente ao administrador judicial ou em juízo, a depender do momento processual, a relação completa de seus créditos inscritos em dívida ativa, acompanhada dos cálculos, da classificação e das informações sobre a situação atual. (Incluído pela Lei nº 14.112, de 2020)

74. Em relação ao Produtor rural, registrado como empresário, como se dá a contagem do requisito de exercício regular das atividades.

O art. 48 traz alguns requisitos para requerer a recuperação judicial, entre eles o exercício regular da atividade há mais de 02 (dois) anos.

Art. 48. Poderá requerer recuperação judicial o devedor que, no momento do pedido, exerça regularmente suas atividades há mais de 2 (dois) anos e que atenda aos seguintes requisitos, cumulativamente:

I – não ser falido e, se o foi, estejam declaradas extintas, por sentença transitada em julgado, as responsabilidades daí decorrentes;

II – não ter, há menos de 5 (cinco) anos, obtido concessão de recuperação judicial;

III – não ter, há menos de 5 (cinco) anos, obtido concessão de recuperação judicial com base no plano especial de que trata a Seção V deste Capítulo;

IV – não ter sido condenado ou não ter, como administrador ou sócio controlador, pessoa condenada por qualquer dos crimes previstos nesta Lei.

§ 1º A recuperação judicial também poderá ser requerida pelo cônjuge sobrevivente, herdeiros do devedor, inventariante ou sócio remanescente.

Porém, com as alterações no ano de 2020 em relação ao exercício da atividade rural a lei possibilitou que a comprovação do prazo pudesse ser feito por meio da Escrituração Contábil Fiscal (ECF), ou por meio de obrigação legal de registros contábeis que venha a substituir a ECF, entregue tempestivamente.

Ainda, que o cálculo do período de exercício de atividade rural por pessoa física é feito com base no Livro Caixa Digital do Produtor Rural (LCDPR), ou por meio de obrigação legal de registros contábeis que venha a substituir o LCDPR, e pela Declaração do Imposto sobre a Renda da Pessoa Física (DIRPF) e balanço patrimonial, todos entregues tempestivamente.

Por fim, no que diz respeito ao período em que não for exigível a entrega do LCDPR, admitir-se-á a entrega do livro-caixa utilizado para a elaboração da DIRPF

Conforme, § 2º a 5º do art. 48:

> § 2º No caso de exercício de atividade rural por pessoa jurídica, admite-se a comprovação do prazo estabelecido no caput deste artigo por meio da Escrituração Contábil Fiscal (ECF), ou por meio de obrigação legal de registros contábeis que venha a substituir a ECF, entregue tempestivamente. (Redação dada pela Lei nº 14.112, de 2020)
>
> § 3º Para a comprovação do prazo estabelecido no caput deste artigo, o cálculo do período de exercício de atividade rural por pessoa física é feito com base no Livro Caixa Digital do Produtor Rural (LCDPR), ou por meio de obrigação legal de registros contábeis que venha a substituir o LCDPR, e pela Declaração do Imposto sobre a Renda da Pessoa Física (DIRPF) e balanço patrimonial, todos entregues tempestivamente. (Incluído pela Lei nº 14.112, de 2020)
>
> § 4º Para efeito do disposto no § 3º deste artigo, no que diz respeito ao período em que não for exigível a entrega do LCDPR, admitir-se-á a entrega do livro-caixa utilizado para a elaboração da DIRPF. (Incluído pela Lei nº 14.112, de 2020)
>
> § 5º Para os fins de atendimento ao disposto nos §§ 2º e 3º deste artigo, as informações contábeis relativas a receitas, a bens, a despesas, a custos e a dívidas deverão estar organizadas de acordo com a legislação e com o padrão contábil da legislação correlata vigente, bem como guardar obediência ao regime de competência e de elaboração de balanço patrimonial por contador habilitado. (Incluído pela Lei nº 14.112, de 2020)

75. Conceitue o *stay period* e se houve mudança com a nova legislação?

O procedimento do denominado *stay period* estava previsto no antigo art. 6º da Lei 11.101/2005 e diz respeito à suspensão das ações e execuções em face de empresa cuja falência foi decretada ou teve deferido o seu plano de recuperação judicial. No que tange à recuperação judicial, tal suspensão perdura por 180 dias contados do deferimento do processamento da recuperação e, segundo o previsto no § 4º do referido dispositivo legal, esse prazo era improrrogável. Todavia, levando-se em consideração o fato de que a recuperação judicial visa a retomada das atividades empresariais, o Poder Judiciário tem flexibilizado tal regra, de modo a conceder a prorrogação do prazo de suspensão das ações e execuções propostas em face do devedor por mais tempo, desde que não haja indícios que a recuperanda provocou o retardamento do processo. É nesse sentido que o Superior Tribunal de Justiça se manifestou fixando o entendimento de que o juiz pode prorrogar o prazo do *stay period* se considerar que o retorno do curso das ações e execuções propostas em face do devedor pode frustrar o plano de recuperação.

O *stay period* é um benefício legal conferido à recuperanda "absolutamente indispensável" para que ela possa regularizar e reorganizar as suas contas com vistas à reestruturação. "Dessa forma, tem-se que o *stay period* reveste-se de natureza material, nada se referindo à prática de atos processuais ou à atividade jurisdicional em si, devendo sua contagem dar-se, pois, em dias corridos"

Para auxiliar segue julgado do STJ sobre o *stay period* - REsp 1698283/GO

RECURSO ESPECIAL. RECUPERAÇÃO JUDICIAL. DISCUSSÃO QUANTO À FORMA DE CONTAGEM DO PRAZO PREVISTO NO ART. 6º, § 4º, DA LEI N. 11.101/2005 (STAY PERIOD), SE CONTÍNUA OU SE EM DIAS ÚTEIS, EM RAZÃO DO ADVENTO DO CÓDIGO DE PROCESSO CIVIL DE 2015. APLICAÇÃO SUBSIDIÁRIA DA LEI ADJETIVA CIVIL À LRF APENAS NAQUILO QUE FOR COMPATÍVEL COM AS SUA PARTICULARIDADES, NO CASO, COM A SUA UNIDADE LÓGICO-TEMPORAL. PRAZO MATERIAL. RECONHECIMENTO. RECURSO ESPECIAL PROVIDO. 1. A partir da vigência do Código de Processo Civil de 2015, que inovou a forma de contagem dos prazos processuais em dias úteis, adveio intenso debate no âmbito acadêmico e doutrinário, seguido da prolação de decisões díspares nas instâncias ordinárias, quanto à forma de contagem dos prazos previstos na Lei de Recuperações e Falência — destacadamente acerca do lapso de 180 (cento e oitenta) dias de suspensão das ações executivas e de cobrança contra a recuperanda, previsto no art. 6º, § 4º, da Lei n. 11.101/2005. 2. Dos regramentos legais (arts. 219 CPC/2015, c.c 1.046, § 2º, e 189 da Lei n. 11.101/2005), ressai claro que o Código de Processo Civil, notadamente quanto à forma de contagem em dias úteis, somente se aplicará aos prazos previstos na Lei n. 11.101/2005 que se revistam da qualidade de processual.

2.1 Sem olvidar a dificuldade, de ordem prática, de se identificar a natureza de determinadoprazo, se material ou processual, cuja determinação não se despoja, ao menos integralmente, de algum grau de subjetivismo, este é o critério legal imposto ao intérprete do qual ele não se pode apartar. 2.2 A aplicação do CPC/2015, no que se insere a forma de contagem em dias úteis dos prazos processuais previstos em leis especiais, somente se afigura possível "no que couber"; naquilo que não refugir de suas particularidades inerentes.

Em outras palavras, a aplicação subsidiária do CPC/2015, quanto à forma de contagem em dias úteis dos prazos processuais previstos na Lei n. 11.101/2005, apenas se mostra admissível se não contrariar a lógica temporal estabelecida na lei especial em comento. 2.3 Em resumo, constituem requisitos necessários à aplicação subsidiária do CPC/2015, no que tange à forma de contagem em dias úteis nos prazos estabelecidos na LRF, simultaneamente: primeiro, se tratar de prazo processual; e segundo, não contrariar a lógica temporal estabelecida na Lei n. 11.101/2005. 3. A Lei n. 11.101/2005, ao erigir o microssistema recuperacional e falimentar, estabeleceu, a par dos institutos e das finalidades que lhe são próprios, o modo e o ritmo pelo qual se desenvolvem os atos destinados à liquidação dos ativos do devedor, no caso da falência, e ao soerguimento econômico da empresa em crise financeira, na recuperação. 4. O sistema de prazos adotado pelo legislador especial guarda, em si, uma lógica temporal a qual se encontram submetidos todos os atos a serem praticados e desenvolvidos no bojo do processo recuperacional ou falimentar, bem como os efeitos que deles dimanam — que, não raras às vezes, repercutem inclusive fora do processo e na esfera jurídica de quem sequer é parte. 4.1 Essa lógica adotada pelo legislador especial pode ser claramente percebida na fixação do prazo sob comento — o stay period, previsto no art. 6º, § 4º da Lei n. 11.101/2005 —, em relação a qual gravitam praticamente todos os demais atos subsequentes a serem realizados na recuperação judicial, assumindo, pois, papel estruturante, indiscutivelmente. Revela, de modo inequívoco, a necessidade de se impor celeridade e efetividade ao processo derecuperação judicial, notadamente pelo cenário de incertezas quanto à solvibilidade e à recuperabilidade da empresa devedora e pelo sacrifício imposto aos credores, com o propósito de minorar prejuízos já concretizados. 5. Nesse período de blindagem legal, devedor e credores realizam, no âmbito do processo recuperacional, uma série de atos voltados à consecução da assembleia geral de credores, a fim de propiciar a votação e aprovação do plano de recuperação apresentado pelo devedor, com posterior homologação judicial. Esses atos, em específico, ainda que desenvolvidos no bojo do processo recuperacional, referem-se diretamente à relação material de liquidação, constituindo verdadeiro exercício de direitos (atrelados à relação creditícia subjacente), destinado a equacionar os interesses contrapostos decorrente do inadimplemento das obrigações estabelecidas, individualmente, entre a devedora e cada um de seus credores. 5.1 Ainda que a presente controvérsia se restrinja ao stay period, por se tratar de prazo estrutural ao processo recuperacional, de suma relevância consignar que os prazos diretamente a ele adstritos devem seguir a mesma forma de contagem, seja porque ostentam a natureza material, seja porque se afigura impositivo alinhar o curso do processo recuperacional, que se almeja ser célere e efetivo, com o período de blindagem legal, segundo a lógica temporal impressa na Lei n. 11.101/2005. 5.2 Tem-se, assim, que os correlatos prazos possuem, em verdade, natureza material, o que se revela suficiente, por si, para afastar a incidência do CPC/2015, no tocante à forma de contagem em dias úteis. 6. Não se pode conceber, assim, que o prazo do stay period, previsto no art. no art. 6º, § 4º da Lei n. 11.101/2005, seja alterado, por interpretação extensiva, em virtude da superveniência de lei geral adjetiva civil, no caso, o CPC/2015, que passou a contar os prazos processuais em dias úteis, primeiro porque a modificação legislativa passa completamente ao largo da necessidade de se observar a unidade lógico-temporal estabelecida na lei especial; e, segundo (e não menos importante), porque de prazo processual não se trata — com a vênia de autorizadas vozes que compreendem de modo diverso. 7. Recurso especial provido.

Entretanto, recentemente tivemos alteração na lei de recuperação e falências, trazida pela Lei nº 14.112, de 2020, tal lei manteve e incorporou as decisões da jurisprudência quanto as suspensões (stay period), portanto indispensável a leitura.

Art. 6º A decretação da falência ou o deferimento do processamento da recuperação judicial implica: (Redação dada pela Lei nº 14.112, de 2020)

I – suspensão do curso da prescrição das obrigações do devedor sujeitas ao regime desta Lei; (Incluído pela Lei nº 14.112, de 2020)

II – suspensão das execuções ajuizadas contra o devedor, inclusive daquelas dos credores particulares do sócio solidário, relativas a créditos ou obrigações sujeitos à recuperação judicial ou à falência; (Incluído pela Lei nº 14.112, de 2020)

III – proibição de qualquer forma de retenção, arresto, penhora, sequestro, busca e apreensão e constrição judicial ou extrajudicial sobre os bens do devedor, oriunda de demandas judiciais ou extrajudiciais cujos créditos ou obrigações sujeitem-se à recuperação judicial ou à falência. (Incluído pela Lei nº 14.112, de 2020)

§ 1º Terá prosseguimento no juízo no qual estiver se processando a ação que demandar quantia ilíquida.

§ 2º É permitido pleitear, perante o administrador judicial, habilitação, exclusão ou modificação de créditos derivados da relação de trabalho, mas as ações de natureza trabalhista, inclusive as impugnações a que se refere o art. 8º desta Lei, serão processadas perante a justiça especializada até a apuração do respectivo crédito, que será inscrito no quadro-geral de credores pelo valor determinado em sentença.

§ 3º O juiz competente para as ações referidas nos §§ 1º e 2º deste artigo poderá determinar a reserva da importância que estimar devida na recuperação judicial ou na falência, e, uma vez reconhecido líquido o direito, será o crédito incluído na classe própria.

§ 4º Na recuperação judicial, as suspensões e a proibição de que tratam os incisos I, II e III do caput deste artigo perdurarão pelo prazo de 180 (cento e oitenta) dias, contado do deferimento do processamento da recuperação, prorrogável por igual período, uma única vez, em caráter excepcional, desde que o devedor não haja concorrido com a superação do lapso temporal.

76. É possível promover o afastamento do devedor das suas atividades empresariais? E com que objetivo ou objetivos?

Art. 75. A falência, ao promover o afastamento do devedor de suas atividades, visa a: (Redação dada pela Lei nº 14.112, de 2020)

I – preservar e a otimizar a utilização produtiva dos bens, dos ativos e dos recursos produtivos, inclusive os intangíveis, da empresa; (Incluído pela Lei nº 14.112, de 2020)

II – permitir a liquidação célere das empresas inviáveis, com vistas à realocação eficiente de recursos na economia; e (Incluído pela Lei nº 14.112, de 2020)

III – fomentar o empreendedorismo, inclusive por meio da viabilização do retorno célere do empreendedor falido à atividade econômica. (Incluído pela Lei nº 14.112, de 2020)

Como bem apontado por Geraldo Fonseca Barros Neto, a evolução da sociedade, a nova compreensão do empreendedorismo e dos riscos empresariais e a consciência de que a crise nem sempre tem razões imputáveis ao devedor, exigiu uma nova construção do instituto da falência.

Assim, superou-se a origem histórica do instituto, em que a falência era vista como um meio de punição do comerciante que cometia o grave ilícito de não cumprir com suas obrigações.

Nesta esteira, a Lei nº 14.112/2020 ao alterar o art. 75, ao dispor sobre o afastamento do devedor, ora substituído pelo administrador judicial na gestão da empresa, não tem o velho caráter punitivo, mas sim objetiva preservar a atividade empresarial.

77. Em relação aos órgãos da falência em especial a assembleia geral de credores, aponte ao menos três atribuições

Conforme ensinamento de Geraldo Fonseca Barros Neto, a assembleia-geral na recuperação judicial é o órgão de deliberação dos credores, em conjunto, sobre diversas matérias de interesse do devedor e dos credores, inclusive a aprovação ou a rejeição do plano de recuperação judicial, ou, ainda, a apresentação de plano pelos próprios credores.

O art. 35 apresenta o rol das atribuições da assembleia-geral de credores que merece ser lida com atenção:

Art. 35. A assembleia-geral de credores terá por atribuições deliberar sobre:

I – na recuperação judicial:

a) aprovação, rejeição ou modificação do plano de recuperação judicial apresentado pelo devedor;

b) a constituição do Comitê de Credores, a escolha de seus membros e sua substituição;

c) (VETADO)

d) o pedido de desistência do devedor, nos termos do § 4º do art. 52 desta Lei;

e) o nome do gestor judicial, quando do afastamento do devedor;

f) qualquer outra matéria que possa afetar os interesses dos credores;

g) alienação de bens ou direitos do ativo não circulante do devedor, não prevista no plano de recuperação judicial; (Incluído pela Lei nº 14.112, de 2020) (Vigência)

II – na falência:

a) (VETADO)

b) a constituição do Comitê de Credores, a escolha de seus membros e sua substituição;

c) a adoção de outras modalidades de realização do ativo, na forma do art. 145 desta Lei;

d) qualquer outra matéria que possa afetar os interesses dos credores.

78. Sociedades de economia mista e empresas públicas se submetem à falência? O que fazer se elas estiverem passando por situação de crise?

Estabelecido de forma expressa no art. 2º, inciso I, da Lei nº 11.101/2005, não se aplica a falência a empresas públicas e sociedades de economia mista. Embora na doutrina administrativista ainda haja alguma discussão sobre isso, no âmbito do direito empresarial não há dúvidas de que essas espécies societárias não podem falir e não têm direito a requerer Recuperação Judicial. Caso constatada situação de crise, defende-se que haveria a obrigatoriedade de o ente federativo que as criou injetar recursos a fim de sanar a crise. O argumento que sustenta essa saída parte do princípio de que essas sociedades somente podem ser criadas ou *extintas* por meio de prévia autorização legislativa, assim sendo, admitir a falência importaria em violar a separação dos poderes, já que o Poder Executivo poderia extingui-las sem a prévia autorização do Poder Legislativo. Essa posição é defendida por Sérgio Campinho e Marcos Juruena.

79. Cooperativas praticam atos de empresa? Praticando ato de empresa, elas têm direito a pedir falência?

As cooperativas, embora possam praticar atos de empresa, estão expressamente excluídas do conceito de empresário. Nesse sentido, o art. 982, parágrafo único, do Código Civil estabelece que elas serão sempre sociedades simples, independentemente do objeto, sendo, portanto, não empresárias. Assim sendo, ainda que elas exerçam ato de empresa, não terão como pedir falência. Deve-se ressaltar que as cooperativas são tratadas na Lei de Falências como hipóteses de exclusão parcial, na forma do art. 2º, inciso II, da Lei nº 11.101/05, juntamente com outros agentes econômicos que atuam em mercados regulados, quando então será aplicado procedimento próprio para a liquidação. No caso das cooperativas, o procedimento está estabelecido na Lei nº 5.764/71, a partir do art. 75.

80. Empresário irregular ou sociedade em comum podem ter a falência decretada?

A Lei nº 11.101/2005 se aplica a quem exerce empresa, seja ele pessoa natural ou jurídica, ou mesmo se o exercício da empresa é realizado de forma regular ou irregular. Assim, podem elas ter a falência decretada. O que não se admite é que elas peçam a falência de terceiros e que requeiram Recuperação Judicial, até mesmo porque um dos requisitos para requerer a Recuperação é atuação regular há mais de dois anos.

81. Há alguma diferença entre o princípio da universalidade e da indivisibilidade do juízo concursal?

Entre os princípios falimentares encontra-se o princípio do juízo concursal, que engloba duas regras principais, quais sejam, da universalidade e da indivisibilidade do juízo concursal. Existem, com efeito, diferenças entre eles. Pelo subprincípio da indivisibilidade, todas as ações e execuções contra o devedor serão de competência do juízo falimentar, salvo algumas exceções. Já de acordo com o subprincípio da universalidade, o que for de interesse patrimonial relativo à sociedade empresário ou empresário individual que está sendo objeto de falência deve ser debatido no juízo falimentar. A diferença é que enquanto a universalidade tem cunho material, a indivisibilidade tem cunho processual.

Aprofundamento

Em relação ao subprincípio da indivisibilidade, de cunho processual, estão excluídos do juízo universal os créditos previstos no art. 5º, da Lei nº 11.101/2005, que não podem ser objeto de falência.

82. Em que consiste o princípio do *par conditio creditorum*?

O princípio aludido, também chamado de princípio da igualdade entre credores, está vinculado à igualdade na satisfação do crédito pelos credores que estiverem na mesma classe. Ele tem por base o princípio de que, considerada a incapacidade do patrimônio do devedor para satisfazer a necessidade de todos os seus credores, deverá ser realizada a repartição de seus bens de forma a garantir um critério de proporcionalidade. Note-se que, a fim de viabilizar tal princípio e permitir o concurso de todos os credores, a própria Lei de Falências determina, em seu art. 77, o vencimento antecipado de todas as obrigações do falido, com o desconto de juros e correção monetária proporcional ao tempo que faltava para o vencimento.

83. O que é o princípio da desjudicialização da falência?

O princípio da desjudicialização da falência indica que determinados atos que, ordinariamente, deveriam ser realizados pelo juiz da causa, possam ser declinados para outros órgãos da falência. Exemplo é o que ocorre com o administrador judicial, que fica responsável pela relação de credores e julgamento de habilitação de créditos e eventuais divergências, desde que tempestivas. Nesse mesmo sentido da desjudicialização aponta-se a assembleia de credores, órgão da falência dotada de forte poder político. Busca-se, com isso, maior celeridade no andamento do processo, sem que dependa exclusivamente da atuação do juiz.

84. O Ministério Público pode requerer falência do devedor? Como *custos legis*, deve o Ministério Público atuar em qualquer fase do processo falimentar?

Embora não conste expressamente no art. 97, da Lei nº 11.101/2005, como parte legítima para requerer a falência, nada impede que o Ministério Público requeira falência com suporte em títulos que tenha contra a sociedade, como, por exemplo, em casos de créditos decorrentes de ações civis públicas ou de Termo de Ajustamento de Conduta, em fase de execução. Como *custos legis*, porém, não poderá ele requerer a falência, embora possa opinar pela quebra ao se manifestar nos autos do pedido de falência feita por outro interessado.

Em relação às fases em que o Ministério Público deve atuar, pairam algumas divergências se mesmo na fase pré-falimentar haveria obrigatoriedade de sua intervenção. Parte da doutrina defende que o Ministério Público somente teria interesse na intervenção na fase posterior à decretação da falência. Isso porque somente há determinação legal de intimação do órgão ministerial após decretada a falência. Sustenta-se, ainda que o veto presidencial ao art. 4º, da Lei nº 11.101/2005 induz a esse entendimento, já que o dispositivo vetado autorizava atuação do Ministério Público na fase pré-falimentar e foi expressamente excluído da Lei pelo Presidente da República. Argumenta-se, ainda, que antes da decretação da falência haveria interesse meramente patrimonial, não tutelável pelo Ministério Público.

Em sentido oposto, entende-se que a falência de uma sociedade empresarial se traduz em interesses não só particulares, mas também públicos, atingindo toda a coletividade. Rebatendo o argumento do veto presidencial ao art. 4º, sustenta-se que tal fato não afastaria a previsão do art. 176 do Código de Processo Civil c/c art. 127 da Constituição da República Federativa do Brasil, que consagra a atuação do Ministério Público como fiscal da ordem jurídica ou mesmo as disposições dos artigos 178 e 179, também do Código de Processo Civil, que garantem a possibilidade de o Ministério Público intervir em qualquer processo em que haja interesse público.

85. Qual é o juízo competente para processar a falência?

Inicialmente deve-se registrar que a falência será sempre processada pela justiça estadual, ainda que haja interesse da União, já que expressamente excluída da competência da justiça federal (art. 109, inciso I, da Constituição da República Federativa do Brasil). Será competente o juízo do local do principal estabelecimento do devedor, sendo considerado como tal, para a maioria da doutrina, aquele local onde ocorrer o maior volume negocial. Assim, o estabelecimento que consta do ato constitutivo da sociedade empresária como sendo sede não poderá substituir a sede real, sendo ônus de provar que a sede real não equivale à sede social do requerente.

86. A mera impontualidade é capaz de viabilizar requerimento de falência?

A impontualidade capaz de ter como efeito a decretação da falência é aquela qualificada. Isso significa que para que o não pagamento seja suficiente para indicar a presunção de insolvência, deverá a falta de pagamento ocorrer sem relevante razão de direito, razões estas que estão previstas no art. 96 da Lei nº 11.101/2005. Presente uma das defesas elencadas no artigo em questão, cujo rol é taxativo, restará afastada a possibilidade de decretação da falência.

Além da inexistência de defesa, para que a impontualidade seja qualificada, há necessidade de a dívida ser líquida, vencida e materializada em títulos protestados, devendo, ainda, ultrapassar o piso de quarenta salários mínimos.

87. A execução frustrada é ato de falência?

Não. Enquanto a execução frustrada está prevista no art. 94, inciso II, da Lei nº 11.101/2005, os atos de falência estão previstos no inciso III do mesmo dispositivo legal. A execução frustrada é aquela em que o credor propõe ação de execução em face do devedor e este permanece inerte, não depositando, pagando ou nomeando qualquer bem à penhora, dentro do prazo legal. Nesse caso, caberá ao credor requerer ao cartório do juízo de execução certidão constando que não foi paga a quantia com suporte em título executado para que seja juntada ao requerimento de falência. Note-se que, neste caso, qualquer que seja o valor da execução frustrada viabilizará o requerimento de falência, podendo, no entanto, ser realizado depósito elisivo do valor cobrado.

Já os atos de falência são aqueles em que há fraude contra credores. O rol das alíneas *a* a *g*, do inciso III, do art. 94, da Lei nº 11.101/2005 são exemplificativos, podendo haver hipótese ali não previstas e capazes de caracterizar ato de falência. Nota-se que, neste caso, haverá necessidade de ser apurada a suposta fraude em processo de conhecimento, não havendo a possibilidade de requerimento direto de falência. Aqui não se fala em presunção relativa de insolvência, motivo pelo qual o depósito elisivo não é capaz de afastar a decretação da falência. Nesse ponto, também, se diferencia da frustração da execução.

88. Caberia depósito elisivo no inciso II? E no caso do inciso III?

No caso previsto no inciso II, do art. 94, da Lei nº 11.101/2005, por se tratar de hipótese de impontualidade como decorrência de execução frustrada, caberia. Assim, realizado o depósito elisivo no prazo de 10 dias, não haverá como ser decretada a falência, devendo a demanda seguir seu trâmite como mera ação de cobrança.

Já no caso de atos de falência, previsto no inciso III, não haverá possibilidade de depósito elisivo, até mesmo porque o que seu questiona não é a efetiva insolvência do devedor, mas sim a realização de atos que podem resultar em insolvência diante da fraude perpetrada contra credores. Assim, nesse caso, o depósito elisivo tão somente servirá para comprovar a solvência do devedor, mas terá ele que se defender de forma a provar que não houve a condição supostamente autorizadora da falência, na forma alegada pelo credor.

89. E possível requerimento de falência de título em que o valor seja inferior a quarenta salários mínimos?

Embora o piso de quarenta salários mínimos seja requisito para se requerer a falência na hipótese de impontualidade qualificada (art. 94, inciso I, da Lei nº 11.101/2005), não há tal requisito no caso de execução frustrada (inciso II). Assim, se o título com valor inferior a quarenta salários mínimos for levado a execução, quedando-se o devedor inerte, poderá esse título servir de base para requerimento de falência. É certo, no entanto, que não será o título, propriamente dito, levado ao juízo da falência, mas sim a certidão cartorária informando a situação do processo de execução que deverá instruir o pedido de falência.

90. Protesto cambiário de título executivo é documento hábil a requerer falência?

Em princípio, tendo sido cientificado o devedor acerca do protesto, seria o protesto título hábil a instruir requerimento de falência. Nota-se, no entanto, haver certa discussão quanto ao protesto cambiário por falta de aceite. Neste caso a liquidez da obrigação cambiária existe apenas se o devedor tiver ciência da dívida contra si constituída. Se o aceite não existe, não tendo o sacado aceito o pagamento da ordem que lhe foi exibida, o protesto cambiário por falta de aceite terá como função não apenas provar o descumprimento da obrigação constante do título, mas também provar o descumprimento do sacado em aceitar aquela ordem. Dessa forma, o protesto por falta de aceite somente suprirá a exigência falimentar nos títulos causais, já que, nesse caso, permite-se a execução do título contra o sacado que não o aceitou. Caso contrário, não se tratando de título causal, não será o sacado devedor. Assim, por exemplo, no caso de duplicada não aceita e devidamente protestada por falta de aceite, desde que haja prova da entrega da mercadoria, terá o credor título hábil para requerer a falência do devedor. Por outro lado, em se tratado de letra de câmbio não aceita, o protesto não tem como efeito tornar o sacado devedor, motivo pelo qual não será suficiente para viabilizar pedido de decretação de falência.

91. Qual é o recurso cabível contra a sentença que decreta a falência? E da sentença que denega a decretação da falência?

Da sentença que decreta a falência caberá agravo de instrumento, na forma do art. 100, primeira parte, da Lei nº 11.101/2005. A própria lei prevê o agravo de instrumento até mesmo porque a sentença dá início a uma nova fase, motivo pelo qual não seria adequado haver a remessa dos autos à segunda instância. Já no caso de improcedência do requerimento de falência o recurso previsto, também no art. 100, mas em sua parte final, é o de apelação. Ambos podem ser interpostos no prazo de 15 dias, por aplicação subsidiária do Código de Processo Civil.

92. O que é o termo legal da falência?

O termo legal da falência, também chamado por alguns de *período cinzento*, é o período de até noventa dias que antecede o pedido de falência, o pedido de recuperação judicial ou o primeiro protesto feito contra o devedor. Esse termo legal deve ser fixado na sentença e tem como efeito permitir que os atos patrimoniais praticados pelo devedor sejam investigados a fim de verificar sua eficácia.

Alguns atos são objetivamente ineficazes, como aqueles previstos no art. 129 da Lei nº 11.101/2005, podendo o juiz declarar de ofício a ineficácia desses atos perante a massa falida, como é o caso, por exemplo, do pagamento antecipado de dívida não vencida, enquanto outros atos, previstos no art. 130, são subjetivamente ineficazes, na medida em que deverá ser provado o *consilium fraudis* a fim de que sejam eles revogados (e não considerados ineficazes).

93. Pode um título de crédito virtual instruir requerimento de falência?

Admitida a existência de títulos de créditos virtuais, como é usual no Brasil o caso de duplicatas virtuais, surgiram discussões acerca da possibilidade de instrução de requerimento de falência com títulos de crédito virtuais. A dúvida girava em torno da possibilidade de sua utilização direta, a fim de configurar a impontualidade prevista no art. 94, inciso I, da Lei nº 11.101/2005, ou se haveria necessidade de prévia execução para, somente então, frustrada a execução, ser requerida a falência com suporte em certidão cartorária e com base no inciso II do mesmo dispositivo. O Superior Tribunal de Justiça, porém, tem se manifestado no sentido de que, não sendo estabelecida nenhuma restrição na lei falimentar acerca da cartularidade do título executivo que embase pedido de falência, nada impede sua utilização para instrução de pedido de falência (REsp 1.354.776). Dessa forma, é ele capaz de instruir o requerimento na forma do art. 94, inciso I, da Lei nº 11.101/2005.

94. O que é ação revocatória? No que ela difere da ação pauliana?

A ação revocatória é ação incidental que deve ser ajuizada no prazo de até três anos após a decretação da falência, que tem como objetivo trazer da volta à massa falida bens que dela saíram de forma fraudulenta. Poderá ela ser ajuizada pelo administrador judicial, por qualquer credor e, também, pelo Ministério Público. Difere ela da ação pauliana na medida em que, além de não ser a ação pauliana ação falimentar, mas sim de direito civil, é esta ação autônoma em que se busca a ineficácia do ato, uma vez comprovado o dano (*eventus damni*) e a fraude (*consilium fraudis*). Já a revocatória, além de ser incidental, como já dito, terá efeitos variáveis, a depender de ser ela pautada no art. 129 ou no art. 130 da Lei nº 11.101/2005, resultando na ineficácia ou na revogação do ato questionado, respectivamente. Da mesma forma, no caso do art. 129 não haverá que se perquirir o *consilium fraudis*, por ser ele presumido.

95. É cabível ação rescisória da sentença que decretou a falência?

Sim. Trata-se de situação excepcional em que o próprio falido, embora não tenha mais personalidade jurídica, será o único interessado no ajuizamento da ação rescisória. Nota-se que com o trânsito em julgado é extinta a personalidade jurídica do falido, mas como nem a massa falida, nem os credores têm interesse em desconstituir a sentença de decretação da falência, cabe a ele a legitimação para fazê-lo.

6. LEI DE PROPRIEDADE INDUSTRIAL - LEI nº 9.279/96

96. Fale sobre a propriedade industrial, divisão, conceitos. Requisitos. Prazos.

Na verdade, o direito de propriedade industrial é espécie do chamado direito de propriedade intelectual, que também abrange o direito autoral e, segundo alguma doutrina, ainda abrange o direito antitruste. Pode-se dizer, pois, que o direito de propriedade intelectual é gênero, do qual são espécies o direito do inventor (direito de propriedade industrial), intrinsecamente ligado ao direito empresarial, e o direito do autor (direito autoral), ligado ao direito civil.

O que o direito de propriedade industrial e o direito autoral têm em comum é o fato de protegerem bens imateriais, que resultam da atividade criativa do gênio humano, e não de forças físicas, razão pela qual são agrupados sob a denominação comum de direito de propriedade intelectual.

O direito autoral protege a obra em si, enquanto o direito de propriedade industrial protege uma técnica.

Nesse sentido, Bruno Jorge[2]:

Tanto os autores como os inventores exercem atividade intelectual. Os autores criam obras resultantes de sua atividade intelectual. O inventor não cria obra, cria uma técnica. Dá uma solução a um problema técnico. A obra do autor é expressão de sua personalidade. Ninguém faz uma obra igual à de outro (com raríssimas exceções, estatisticamente irrelevantes); pode imitá-la ou mesmo plagiá-la. Uma solução técnica pode ser desenvolvida tanto por A como por B. Não há a vinculação pessoal e íntima como entre o autor e sua obra. No tratamento jurídico, percebemos que todos os autores são protegidos independentemente de qualquer formalidade, não há necessidade de registro. A Constituição assegura esse direito. Não depende de concessão pela autoridade administrativa. A proteção do inventor está condicionada a um registro. O privilégio é conferido pela autoridade administrativa a quem primeiro registrar o invento. Não basta ter desenvolvido uma técnica nova. É preciso que a tenha tomado conhecida, por primeiro, de maneira formal. A natureza de uma técnica é tal que, se não for desenvolvida por A, pode amanhã ser desenvolvida por B, nada mudando em sua essência. A prioridade, às vezes, é questão de sorte, de tempo. Resumindo: a proteção de um e outro se funda em princípios distintos. Ainda que em ambos os casos se pretenda proteger a atividade intelectual, o direito do inventor tem o objetivo de tomar conhecido, o quanto antes, uma inovação técnica.

Os bens protegidos pelo direito de propriedade industrial são, portanto, quatro: a invenção e o modelo de utilidade, protegidos mediante a concessão de patente (instrumentalizada através da respectiva carta-patente), e a marca e o desenho

2. HAMMES, Bruno Jorge. O direito de propriedade intelectual. 3. ed. Sao Paulo: Unisinos, 2002. p. 279-280.

industrial, protegidos mediante a concessão do registro (instrumentalizada através do respectivo certificado de registro).

Os direitos de propriedade industrial são concedidos, no Brasil, pelo Instituto Nacional de Propriedade Industrial – INPI, que é uma autarquia federal, vinculada ao Ministério do Desenvolvimento, Indústria e Comércio, a qual possui a atribuição de conceder privilégios e garantias aos inventores e criadores em âmbito nacional.

DAS PATENTES

Conforme destacado acima, dois dos bens protegidos pelo direito de propriedade industrial são a invenção e o modelo de utilidade, e sua proteção específica se dá mediante a concessão de patente, instrumentalizada através da respectiva carta-patente.

O pedido de proteção será feito junto ao INPI pelo autor da invenção ou do modelo de utilidade, mas também pode ser realizado, segundo o art. 6º, § 2º, **da Lei de Propriedade Industrial (LPI)** "pelos herdeiros ou sucessores do autor, pelo cessionário ou por aquele a quem a lei ou o contrato de trabalho ou de prestação de serviços determinar que pertença a titularidade

Se o invento foi realizado em conjunto, o pedido de proteção poderá ser feito por todos os inventores, ou por qualquer eles, isoladamente, desde que, neste caso, sejam nomeados e qualificados os demais, para a ressalva dos respectivos direitos. É o que prevê, o art. 6º, § 3º, da LPI: "quando se tratar de invenção ou de modelo de utilidade realizado conjuntamente por duas ou mais pessoas, a patente poderá ser requerida por todas ou qualquer delas, mediante nomeação e qualificação das demais, para ressalva dos respectivos direitos".

97. Se dois realizarem a mesma invenção quem tem preferência?

Norma interessante se encontra no art. 7º da LPI, a qual determina que "se dois ou mais autores tiverem realizado a mesma invenção ou modelo de utilidade, de forma independente, o direito de obter patente será assegurado àquele que provar o depósito mais antigo, independentemente das datas de invenção ou criação.

A LPI não definiu o que vem a ser uma invenção. E talvez não o tenha feito porque se trata, ao mesmo tempo, de um conceito difícil de ser definido e de uma noção facilmente assimilada por qualquer pessoa. De fato, todos temos uma noção bastante comum do que seja uma invenção: trata-se de um ato original decorrente da atividade criativa do ser humano. Assim, a LPI limitou-se a afirmar que "É patenteável a invenção que atenda aos requisitos de novidade, atividade inventiva e aplicação industrial".

Resumindo a divisão de patentes:

Invenção

- Ato original do gênio humano
- É preciso que haja novidade na invenção

Modelo de Utilidade

- Novo formato que resulta melhores condições de uso ou fabricação
- Novidade parcial, acréscimo de utilidade

Requisitos:

- Novidade = não basta originalidade, deve ir além do estado da técnica
- Atividade inventiva = não pode ser óbvio, evidente – deve haver real progresso
- Aplicação industrial = objeto de uso prático, suscetível de utilização industrial
- Não impedimento = imoral, bons costumes, segurança, saúde, ordem pública

Prazos:

- Patente de Invenção = 20 anos (data do depósito)
- Modelo de Utilidade = 15 anos (data do depósito)

Marca

- Sinal distintivo, visualmente perceptível, que identifica produtos e serviços;
- Requisitos
- Sinal visual = visualmente distintivo
- Novidade relativo = em relação à classe de produto/serviço
- Não impedimento = armas do Estado, nome civil

Desenho Industrial

- Forma dos objetos, para conferir ornamento harmonioso e distingui-los
- Requisitos:
- Novidade = resultado visual inédito
- Originalidade = estética, mesmo com elementos já conhecidos
- Não impedimento = ofensivos à honra, imagem, liberdade

Prazos:

- Marca = 10 anos – prorrogável sucessivamente, por igual prazo, no último ano
- Caduca, se não for efetivamente explorada pelo prazo de 5 anos
- Desenho Industrial = 10 anos – prorrogável até 03 períodos de 5 anos = 25 anos

Marca:

- Marca de Alto Renome = registrada no Brasil, protegida em todas as classes
- Marca Notoriamente Conhecida = protegida na sua classe, independente de registro

98. Como se dá a contagem do prazo da patente de invenção?

Os bens protegidos pelo direito de propriedade industrial são quatro: a invenção e o modelo de utilidade, protegidos mediante a concessão de patente (instrumentalizada através da respectiva carta-patente), e a marca e o desenho industrial, protegidos mediante a concessão do registro (instrumentalizada através do respectivo certificado de registro).

Art. 40. A patente de invenção vigorará pelo prazo de 20 (vinte) anos e a de modelo de utilidade pelo prazo 15 (quinze) anos contados da data de depósito.

Parágrafo único. O prazo de vigência não será inferior a 10 (dez) anos para a patente de invenção e a 7 (sete) anos para a patente de modelo de utilidade, a contar da data de concessão, ressalvada a hipótese de o INPI estar impedido de proceder ao exame de mérito do pedido, por pendência judicial comprovada ou por motivo de força maior.

Importante cuidar com a alteração da lei nº 14.195/2021 que revogou o parágrafo único deste artigo 40.

Era possível a contagem do prazo da patente de invenção contado da concessão e não do depósito, isso porque o INPI (Instituto Nacional da Propriedade Industrial) em razão da burocracia demorava para a concessão e muitas vezes o prazo passava por exemplo 12 anos, assim o prazo restante seria somente mais 8 anos, porém o parágrafo dizia que teria no mínimo 10, isso acaba gerando patente por prazo maior de 20 anos, inclusive, esse era o objeto da ADI 5529.

99. Como funciona a licença compulsória de patentes? É possível o substabelecimento?

Importante instituto da licença compulsória, muitas vezes conhecido erroneamente como "quebra de patente" está regulado no art. 71 da lei nº 9.279/96, o qual sofreu alterações significativas, sendo indispensável aqui a transcrição.

Art. 71. Nos casos de emergência nacional ou internacional ou de interesse público declarados em lei ou em ato do Poder Executivo federal, ou de reconhecimento de estado de calamidade pública de âmbito nacional pelo Congresso Nacional, poderá ser concedida licença compulsória, de ofício, temporária e não exclusiva, para a exploração da patente ou do pedido de patente, sem prejuízo dos direitos do respectivo titular, desde que seu titular ou seu licenciado não atenda a essa necessidade. (Redação dada pela Lei nº 14.200, de 2021)

§ 1º O ato de concessão da licença estabelecerá seu prazo de vigência e a possibilidade de prorrogação. (Renumerado do parágrafo único pela Lei nº 14.200, de 2021)

§ 2º Nos casos previstos no caput deste artigo, o Poder Executivo federal publicará lista de patentes ou de pedidos de patente, não aplicável o prazo de sigilo previsto no art. 30 desta Lei, potencialmente úteis ao enfrentamento das situações previstas no caput deste artigo, no prazo de até 30 (trinta) dias após a data de publicação da declaração de emergência ou de interesse público, ou do reconhecimento de estado de calamidade pública, excluídos as patentes e os pedidos de patente que forem objetos de acordos de transferência da tecnologia de produção ou de licenciamento voluntário capazes de assegurar o atendimento da demanda interna, nos termos previstos em regulamento. (Incluído pela Lei nº 14.200, de 2021)

§ 3º Entes públicos, instituições de ensino e pesquisa e outras entidades representativas da sociedade e do setor produtivo deverão ser consultados no processo de elaboração da lista de patentes ou de pedidos de patente que poderão ser objeto de licença compulsória, nos termos previstos em regulamento. (Incluído pela Lei nº 14.200, de 2021)

§ 4º Qualquer instituição pública ou privada poderá apresentar pedido para inclusão de patente ou de pedido de patente na lista referida no § 2º deste artigo. (Incluído pela Lei nº 14.200, de 2021)

§ 5º A lista referida no § 2º deste artigo conterá informações e dados suficientes para permitir a análise individualizada acerca da utilidade de cada patente e pedido de patente e contemplará, pelo menos: (Incluído pela Lei nº 14.200, de 2021)

I – o número individualizado das patentes ou dos pedidos de patente que poderão ser objeto de licença compulsória; (Incluído pela Lei nº 14.200, de 2021)

II – a identificação dos respectivos titulares; (Incluído pela Lei nº 14.200, de 2021)

III – a especificação dos objetivos para os quais será autorizado cada licenciamento compulsório. (Incluído pela Lei nº 14.200, de 2021)

§ 6º A partir da lista publicada nos termos do § 2º deste artigo, o Poder Executivo realizará, no prazo de 30 (trinta) dias, prorrogável por igual período, a avaliação individualizada das invenções e modelos de utilidade listados e somente concederá a licença compulsória, de forma não exclusiva, para produtores que possuam capacidade técnica e econômica comprovada para a produção do objeto da patente ou do pedido de patente, desde que conclua pela sua utilidade no enfrentamento da situação que a fundamenta. (Incluído pela Lei nº 14.200, de 2021)

§ 7º Patentes ou pedidos de patente que ainda não tiverem sido objeto de licença compulsória poderão ser excluídos da lista referida no § 2º deste artigo nos casos em que a autoridade competente definida pelo Poder Executivo considerar que seus titulares assumiram compromissos objetivos capazes de assegurar o atendimento da demanda interna em condições de volume, de preço e de prazo compatíveis com as necessidades de emergência nacional ou internacional, de interesse público ou de estado de calamidade pública de âmbito nacional por meio de uma ou mais das seguintes alternativas: (Incluído pela Lei nº 14.200, de 2021)

I – exploração direta da patente ou do pedido de patente no País; (Incluído pela Lei nº 14.200, de 2021)

II – licenciamento voluntário da patente ou do pedido de patente; ou (Incluído pela Lei nº 14.200, de 2021)

III – contratos transparentes de venda de produto associado à patente ou ao pedido de patente.

§ 8º (VETADO). (Incluído pela Lei nº 14.200, de 2021)

§ 9º (VETADO). (Incluído pela Lei nº 14.200, de 2021)

§ 10. (VETADO). (Incluído pela Lei nº 14.200, de 2021)

§ 11. As instituições públicas que possuírem informações, dados e documentos relacionados com o objeto da patente ou do pedido de patente ficam obrigadas a compartilhar todos os elementos úteis à reprodução do objeto licenciado, não aplicáveis, nesse caso, as normas relativas à proteção de dados nem o disposto no inciso XIV do caput do art. 195 desta Lei. (Incluído pela Lei nº 14.200, de 2021)

§ 12. No arbitramento da remuneração do titular da patente ou do pedido de patente, serão consideradas as circunstâncias de cada caso, observados, obrigatoriamente, o valor econômico da licença concedida, a duração da licença e as estimativas de investimentos necessários para sua exploração, bem como os custos de produção e o preço de venda no mercado nacional do produto a ela associado. (Incluído pela Lei nº 14.200, de 2021)

§ 13. A remuneração do titular da patente ou do pedido de patente objeto de licença compulsória será fixada em 1,5% (um inteiro e cinco décimos por cento) sobre o preço líquido de venda do produto a ela associado até que seu valor venha a ser efetivamente estabelecido. (Incluído pela Lei nº 14.200, de 2021)

§ 14. A remuneração do titular do pedido de patente objeto de licença compulsória somente será devida caso a patente venha a ser concedida, e o pagamento, correspondente a todo o período da licença, deverá ser efetivado somente após a concessão da patente. (Incluído pela Lei nº 14.200, de 2021)

§ 15. A autoridade competente dará prioridade à análise dos pedidos de patente que forem objeto de licença compulsória. (Incluído pela Lei nº 14.200, de 2021)

§ 16. Os produtos que estiverem sujeitos ao regime de vigilância sanitária deverão observar todos os requisitos previstos na legislação sanitária e somente poderão ser comercializados após a concessão de autorização, de forma definitiva ou para uso em caráter emergencial, pela autoridade sanitária federal, nos termos previstos em regulamento. (Incluído pela Lei nº 14.200, de 2021)

§ 17. (VETADO). (Incluído pela Lei nº 14.200, de 2021)

§ 18. Independentemente da concessão de licença compulsória, o poder público dará prioridade à celebração de acordos de cooperação técnica e de contratos com o titular da patente para a aquisição da tecnologia produtiva e de seu processo de transferência. (Incluído pela Lei nº 14.200, de 2021)

Art. 71-A. Poderá ser concedida, por razões humanitárias e nos termos de tratado internacional do qual a República Federativa do Brasil seja parte, licença compulsória de patentes de produtos destinados à exportação a países com insuficiente ou nenhuma capacidade de fabricação no setor farmacêutico para atendimento de sua população. (Incluído pela Lei nº 14.200, de 2021)

Conhecida popularmente como "quebra de patente" na verdade trata-se de licença compulsória. Tema relevante em relação a discussão da licença compulsória das vacinas, a qual segundo tal disposição, em tese, seria possível, porém deve se observar os demais requisitos da lei de propriedade industrial.

Art. 72. As licenças compulsórias serão sempre concedidas sem exclusividade, não se admitindo o sublicenciamento.

7. MARCO LEGAL DAS GARANTIAS

100. É possível a emissão de debêntures no estrangeiro?

Sim. Os debentures são um título de dívida que gera crédito para o investidor e estão previstos na lei nº6.404/76.

É possível emitir esse título no estrangeiro conforme previsão no art.73:

> Art. 73. Somente com a prévia aprovação do Banco Central do Brasil as companhias brasileiras poderão emitir debêntures no exterior com garantia real ou flutuante de bens situados no País.
>
> Aqui chamo a atenção para a Lei 14.711/2023 (Marco das Garantias) que alterou a Lei 6.404 em relação a investimentos onde o relator simplificou o procedimento de emissão de debêntures de modo a estimular uma maior liquidez do mercado secundário de títulos de renda fixa privado, reforçando a utilização das debêntures como fonte de captação de recursos pelas companhias, além de outros assuntos.
>
> Observe o art. 58 em especial o §3º que modificou dando prioridade pela do arquivamento.
>
> Art. 58. A debênture poderá, conforme dispuser a escritura de emissão, ter garantia real ou garantia flutuante, não gozar de preferência ou ser subordinada aos demais credores da companhia.
>
> (como era) § 3º As debêntures com garantia flutuante de nova emissão são preferidas pelas de emissão ou emissões anteriores, e a prioridade se estabelece pela data da inscrição da escritura de emissão; mas dentro da mesma emissão, as séries concorrem em igualdade.
>
> § 3º As debêntures com garantia flutuante de nova emissão são preferidas pelas de emissão ou de emissões anteriores, e a prioridade se estabelece pela data do arquivamento do ato societário que deliberou sobre a emissão, concorrendo as séries, dentro da mesma emissão, em igualdade. (Redação dada pela Lei nº 14.711, de 2023)

9

DIREITO DA INFÂNCIA E JUVENTUDE

Laura Minc Baumfeld

1. PRINCÍPIOS E DIREITOS FUNDAMENTAIS

1. A oferta de ensino infantil ou matrícula em creche é direito subjetivo da criança? Ele pode ser exigido judicialmente?

A Constituição Federal de 1988 definiu, em seu artigo 208, inciso IV, a educação infantil como um dever do Estado, caracterizando, assim, direito constitucional indisponível. Em sendo direito indisponível, pode ser o Município obrigado, por meio de decisão judicial, a cumprir com tal obrigação, determinando-se o fornecimento da vaga. Isso porque, nos termos do artigo 211, § 2º, também da Constituição, os Municípios têm o dever de atuar prioritariamente no ensino fundamental e na educação infantil, não podendo se furtar ao cumprimento deste mandamento constitucional.

2. Podem os pais optar por não matricular o filho na rede de ensino, ministrando aulas em casa? O direito brasileiro admite o *homeschooling*?

Apesar de ser aceito em alguns ordenamentos estrangeiros, no Brasil o chamado *home schooling* é vedado. Isso porque o artigo 55 do Estatuto da Criança e do Adolescente, combinado com o artigo 129, inciso V, do mesmo diploma, dispõem que é dever dos pais matricular seus filhos na rede regular de ensino. Descumprida tal obrigação, caracteriza-se o crime do artigo 246 do Código Penal.

Vale destacar, porém, que em pelo menos duas oportunidades o tema foi discutido judicialmente no Brasil, sendo certo que, em um deles admitiu-se, em caráter excepcionalíssimo, que os pais ministrassem aulas em casa, sem matrícula na rede oficial de ensino. Não obstante, o Supremo Tribunal Federal, quando do julgamento do Recurso Extraordinário 888.815/RS, fixou tese com Repercussão Geral sobre o tema, pacificando-o, entendendo que o ensino domiciliar não é um direito público subjetivo do aluno ou de sua família, eis que a obrigação de educar seria compartilhada entre Estado e família, sem exclusividade dos pais, mas que, por outro lado, não seria vedada constitucionalmente sua criação por meio de lei federal, editada pelo Congresso Nacional, e observadas certas limitações[1].

3. A ausência de matrícula em rede de ensino, além de caracterizar o crime insculpido no art. 246 do Código Penal, pode também fundamentar uma ação de destituição do poder familiar?

As hipóteses de perda do poder familiar estão elencadas no Código Civil de 2002, que traz em seu artigo 1.637 rol em que se prevê a suspensão (e perda, na forma do artigo 1.638, inciso IV) em caso de reiterada falta aos deveres inerentes à autoridade parental.

Assim, por uma ótica literal, a falta reiterada dos pais em matricular os filhos em entidade da rede regular de ensino poderia acarretar a perda do poder familiar.

Ocorre que tal medida parece muito drástica, não sendo adequada em todo e qualquer caso de descumprimento deste dever. Analisadas as circunstâncias do caso concreto, é possível que fique claro que a ausência de matrícula não acarretou qualquer prejuízo à criança, porque adequadamente educada em casa, por exemplo. Neste caso, seria drástica e desproporcional a destituição do poder familiar, bastando, por exemplo, a aplicação de medida de proteção à criança e acompanhamento pelo Conselho Tutelar da situação familiar.

4. Ainda no tocante ao direito ao ensino, a Escola pode tomar alguma medida quando identificar a ausência reiterada do aluno?

A Lei nº 13.803, editada no ano de 2019, justamente visando tutelar o direito fundamental à educação, promoveu modificações na Lei nº 9.394/96 (Lei de Diretrizes e Bases da Educação) para obrigar os estabelecimentos de ensino a notificarem o Conselho Tutelar em caso de faltas escolares superiores a 30% do percentual mínimo previsto em lei (art. 12, inciso VIII).

1. Tema 822: *"Não existe direito público subjetivo do aluno ou de sua família ao ensino domiciliar, inexistente na legislação brasileira"*.

5. A emancipação faz com que o adolescente perca a proteção conferida pelo ECA?

A emancipação não enseja a perda da proteção conferida pelo ECA.

Em primeiro lugar, verifica-se que as regras de proteção trazidas pelo ECA trazem como critério de aplicação, tão somente, o etário. Assim, compreendido o adolescente como pessoa com idade entre os 12 e os 18 anos, será protegido pelo ECA, seja ou não civilmente emancipado, já que a lei não trouxe essa diferenciação.

Em segundo lugar, a capacidade para os atos da vida civil, que é concedida pela emancipação, não se confunde com a maior proteção que deve ser conferida às crianças e adolescentes em razão de sua condição de pessoas em formação. Neste sentido o Enunciado nº 530 da Jornada de Direito Civil do CJ, segundo o qual "*A emancipação, por si só, não elide a incidência do Estatuto da Criança e do Adolescente*".

6. Então o jovem entre 15 e 18 anos, mesmo emancipado, será sempre tutelado pelo ECA?

Sim. Mas não só. A Lei 12.852/2013, também conhecida como Estatuto da Juventude (EJUVE), dispõe sobre os direitos dos jovens, assim considerados aqueles que tenham entre 15 e 29 anos de idade.

Assim, para crianças de até 12 anos de idade incompletos, aplica-se o ECA; para adolescente (assim compreendido aquele com idade entre 12 e 18 anos), aplica-se o ECA; para o jovem adulto (pessoa entre 18 e 21 anos), em regra, aplica-se o EJUVE.

Situação intermediária, porém, ocorre com aqueles compreendidos na faixa dos 15 e 18 anos, para os quais aplica-se o ECA e, excepcionalmente, o EJUVE, quando não conflitar com as normas de proteção integral do adolescente.

7. E o que tem de relevante no sistema de proteção do Estatuto da Juventude?

Além de contemplar diversos direitos dos jovens, tais como o direito à participação social, o direito à meia entrada e ao ensino de LIBRAS as jovens com surdez e, ainda, o direito a bolsas de estudos em instituições privadas, o Estatuto prevê a criação do Sistema Nacional de Juventude – SINAJUVE, em que cada ente da Federação possui competências para execução das atribuições relacionadas com as políticas públicas direcionadas aos jovens.

Em linhas gerais, à União compete formular, coordenar e manter a Política e o Sistema Nacional de Juventude; bem como realizar, em conjunto com o Conselho Nacional de Juventude, as Conferências Nacionais de Juventude, a cada 04 anos, no máximo. Já aos Estados compete coordenar, em âmbito estadual, o SINAJUVE; criar e manter projetos de políticas públicas de juventude e, ainda, realizar, em conjunto com o Conselho Estadual de Juventude, as Conferências Estaduais de Juventude, a cada 4 anos, no máximo. Já aos Municípios compete coordenar, em âmbito municipal, o SINAJUVE; criar e manter projetos de políticas públicas de juventude e, ainda, realizar, em conjunto com o Conselho Municipal de Juventude, as Conferências Municipais de Juventude, a cada 04 anos, no máximo.

8. Pode o adolescente recursar-se a tratamento médico quando ele seja a única forma de curá-lo?

O tema é controvertido.

Para um primeiro entendimento, o consentimento/recusa do adolescente é **válido,** com fundamento no artigo 12 da Convenção sobre Direitos da Criança e do Adolescente (introduzida no Brasil pelo Decreto nº 99.710/1990), do qual se extrairia que, aqueles adolescentes que tivessem maturidade e inteligência suficientes para compreender os benefícios, riscos e probabilidade de sucesso e insucesso das intervenções médicas, bem como de outras opções terapêuticas existentes, podendo raciocinar e escolher de forma livre e voluntária, poderiam negar sujeitarem-se ao tratamento, desde que informados acerca dos riscos e benefícios da intervenção. A dificuldade residiria nos critérios para aferição de tal maturidade no caso concreto.

Para um segundo entendimento, porém, a negativa do adolescente seria **inválida**, já que ele seria, ainda, incapaz, podendo o Promotor de Justiça, na defesa dos interesses individuais indisponíveis daquela criança ou adolescente, buscar a obtenção da anuência dos genitores, representantes legais do menor, e, caso não houvesse concordância, poderia propor a competente ação para, através de pronunciamento judicial, suprir a vontade dos genitores e submeter o adolescente ao tratamento médico.

Isso porque a Recomendação nº 1/2016 do Conselho Federal de Medicina (CFM), ao tratar do chamado "consentimento informado", prevê que a capacidade civil constitui elemento básico do consentimento, devendo os absolutamente incapazes ser representados e os relativamente incapazes assistido no ato de consentimento.

9. Pode um pai, após a morte do filho, pretender ver reconhecida a sua paternidade?

Segundo o artigo 26, parágrafo único, do ECA, o reconhecimento pelos pais pode ser posterior ao falecimento do filho, mas desde que ele tenha deixado descendentes. Tal norma é protetiva, na medida em que evita que o reconhecimento de paternidade *post mortem* se dê com a única intenção de o genitor herdar o que fora deixado pelo filho pré-morto. É por isso que, havendo descendentes, autoriza-se o reconhecimento, já que serão estes – e não o genitor – os sucessores do falecido.

10. O direito de acesso do aluno com deficiência é limitado à rede pública de ensino? Ou se estende à rede particular?

Esse direito se aplica tanto à rede pública quanto à rede particular de ensino. Nesse sentido, há previsão expressa na Lei 13.146/15, em seu artigo 28, § 1º.

11. Sob essa ótica, poderia uma escola privada recusar matrícula a uma criança ao argumento de falta de estrutura?

Como visto, o Estatuto da Pessoa com Deficiência (Lei 13.146/15) impõe o dever de atendimento adequado aos deficientes físicos tanto na rede pública quanto na rede particular, de forma que a falta de estrutura ou mesmo de verba é inoponível ao aluno portador de deficiência.

12. E se, para receber esse aluno com deficiência, a escola particular precisa passar por reforma? Esse custo deve ser repartido por todos os alunos ou pode ser exigido dos pais que terão a prestação do serviço para seu filho deficiente?

A Lei 13.146/15, no supracitado artigo 28, § 1º, veda expressamente a cobrança diferenciada em razão da deficiência física, aduzindo ser "*vedada a cobrança de valores adicionais de qualquer natureza em suas mensalidades, anuidades e matrículas no cumprimento dessas determinações.*"

E, destaque-se, este dispositivo foi objeto de decisão do STF[2], que julgou ser constitucional tal vedação (julgando, portanto, improcedente a ação direta de inconstitucionalidade), por representar garantia de que as conquistas sociais não sejam mitigadas por razões meramente mercadológicas.

13. Pode ser editada, pelo juiz da infância, uma Portaria que vede a circulação de crianças e adolescentes em determinada região quando desacompanhadas dos pais?

Segundo o STJ, não pode uma Portaria, que é ato genérico, de caráter abstrato e por prazo indeterminado, impor o recolhimento de crianças e adolescentes

2. (ADI 5357 MC-Ref, Relator(a): Min. EDSON FACHIN, Tribunal Pleno, julgado em 09/06/2016, PROCESSO ELETRÔNICO DJe-240 DIVULG 10-11-2016 PUBLIC 11-11-2016)

encontrados nas ruas, desacompanhados de pais ou responsáveis, pois tal determinação exorbitaria do poder normativo da autoridade judiciária estabelecido pelo ECA.

Assim, somente Lei ou a própria Constituição Federal poderia restringir de tal maneira o direito fundamental à liberdade de ir e vir da criança e adolescente contido no artigo 16 do ECA.

14. O adolescente precisa de autorização para viajar para outra cidade em seu país quando desacompanhado?

Tradicionalmente, a resposta para esta questão seria negativa. Isso porque o artigo 83 do ECA, originalmente previa que, nas viagens para fora da comarca de onde residisse, estivesse a **criança** munida de autorização judicial, salvo quando viajasse para comarca contígua ou na mesma região metropolitana, ou quando estivesse acompanhada de parente ou terceira pessoa expressamente autorizada por seus responsáveis (§ 1º). Assim, tradicionalmente, o dispositivo não se aplicava a adolescentes, que em viagens para fora da comarca não necessitavam de autorização judicial.

Ocorre que a Lei 13.812, do ano de 2019, alterou sensivelmente a disciplina da autorização de viagem, passando a prever o artigo 83 do ECA a necessidade de autorização judicial tanto para crianças como para adolescentes menores de 16 anos em viagens para fora da comarca onde residam, quando desacompanhado dos pais ou dos responsáveis. Assim, atualmente, apenas o adolescente maior de 16 anos não depende de autorização judicial para viajar desacompanhado para outra cidade em seu país.

15. E em se tratando de viagem internacional?

Para as viagens internacionais o ECA traz disciplina própria, determinando em seu artigo 84 que tanto crianças como adolescentes ostentem autorização judicial, salvo quando esteja viajando na companhia dos dois genitores ou quando, embora viajando apenas com um dos pais, seja expressamente autorizada a viagem pelo outro, a partir de documento com firma reconhecida.

16. Existe alguma outra exceção, ou seja, alguma outra hipótese em que a criança ou o adolescente poderia viajar ao exterior sem autorização judicial?

Sim. Embora o ECA só contemple as duas hipóteses acima (companhia dos dois genitores ou de apenas um deles, com autorização do outro), a Resolução do CNJ de nº 131, do ano de 2011, prevê em seu artigo 1º que essa autorização judicial também é dispensável quando, embora desacompanhado de ambos os genitores, a criança ou adolescente viaje ao exterior sozinha ou na companhia de terceira pessoa, maior de idade, desde que **com** autorização expressa de **ambos** os genitores, com firma reconhecida.

17. O Ministério Público ajuíza ação em face do Município para ver custeada a internação em UTI neonatal de bebê em situação de risco. O Município alega que a responsabilidade é do Estado, por se tratar de atendimento especializado, cabendo ao Município apenas a atenção básica de saúde. Assiste razão ao Município?

De fato, incumbe primordialmente ao Município a garantia da saúde básica e, ao Estado e à União, a saúde especializada. Em razão disso, compete ao Estado a manutenção de uma Central de Regulação de vagas, devendo informar, diante da solicitação, onde poderá ser a demanda atendida.

Mas essa divisão de atribuições não faz com que o Município não possa ser demandado, ainda que diante de uma situação de atendimento especializado. A atuação do Estado e da União na saúde especializada é prioritária, mas não exclusiva.

No caso concreto, verificada a existência de vaga em UTI neonatal na rede privada, caberia sim o ajuizamento de demanda em face do Município e este, caso viesse a ser condenado a custear o tratamento, poderia, em momento posterior, pretender reaver o que pagou dos cofres do Estado, a quem compete primariamente a obrigação.

18. O Município alegou, ainda, que faleceria legitimidade ao MP, pois a demanda não versaria sobre direito coletivo ou difuso, mas meramente individual. Neste ponto, assiste razão ao Município?

Também aqui não assiste razão ao Município, uma vez que a legitimidade do Ministério Público é indiscutível no caso concreto, já que há em xeque direito fundamental de criança ou adolescente que, ainda, está em situação de risco, o que, sem qualquer dúvida, confere legitimidade ao Ministério Público.

O STJ tem conferido interpretação bastante generosa às atribuições do Ministério Público, legitimando-o, inclusive, para o ajuizamento de ação de alimentos, **ainda quando** ausente a situação de risco delineada no artigo 98 do ECA.

É o que se vê no Enunciado nº 504 de sua Súmula, segundo o qual "*O Ministério Público tem legitimidade ativa para ajuizar ação de alimentos em proveito de crianças e adolescentes independentemente do exercício do poder familiar dos pais ou do fato de o menor se encontrar nas situações de risco descritas no artigo 98 do ECA ou de quaisquer outros questionamentos acerca da existência ou eficiência da Defensoria Pública na comarca.*".

E se tal entendimento vale, por exemplo, quando se analisa a legitimidade para o ajuizamento de ação de alimentos, com maior razão há legitimidade para demanda que garanta direito à vida e à saúde, como é o caso ora em questão.

19. Existe alguma tutela específica para as crianças que nasçam inseridas no sistema carcerário brasileiro?

O Estatuto da Primeira Infância (Lei 13.257/2016) promoveu alterações no ECA com vistas a proteger aquelas crianças que, em razão do encarceramento de suas genitoras, vivam seus primeiros anos no interior de estabelecimentos prisionais ou mesmo afastadas de suas mães.

Nesta linha, fez inserir no artigo 8º, ao tratar dos direitos fundamentais das crianças, o § 10, segundo o qual "*Incumbe ao poder público garantir, à gestante e à mulher com filho na primeira infância que se encontrem sob custódia em unidade de privação de liberdade, ambiência que atenda às normas sanitárias e assistenciais do Sistema Único de Saúde para o acolhimento do filho, em articulação com o sistema de ensino competente, visando ao desenvolvimento integral da criança.*"

Nesta mesma linha, promoveu alterações no Código de Processo Penal, mais especificamente em relação às hipóteses de prisão domiciliar, passando a constar do inciso IV do artigo 318 daquele diploma que pode ser concedida prisão domiciliar para gestante, independentemente do tempo de gestação e de sua situação de saúde, e incluindo os incisos V e VI para estender tal benefício à mulher que tenha filho menor de 12 anos ou ao homem que seja o único responsável pelos cuidados de filho menor de 12 anos.

20. Essas hipóteses de prisão domiciliar são obrigatórias? Estando presente a hipótese prevista na Lei, deve o juiz conceder a prisão domiciliar, sem analisar outras circunstâncias?

O tema é polêmico.

Para uma primeira corrente, a presença de um dos pressupostos indicados no artigo 318, do CPP, isoladamente considerado, **não** asseguraria, automaticamente, o direito à substituição da prisão preventiva pela domiciliar, porque o princípio da adequação (artigo 282, inciso II) também deveria ser aplicado à substituição, de modo que a prisão preventiva somente poderia ser substituída pela domiciliar **se** se mostrasse adequada à situação concreta.

Porém, para uma segunda corrente, basta o preenchimento da hipótese legal para que seja concedida a prisão domiciliar em substituição à prisão preventiva. Tal entendimento foi encampado pelo **STF** quando do julgamento do HC Coletivo nº 143641 que, tendo por norte a realidade carcerária do Brasil e a prioridade absoluta que deve ser conferida às crianças, determinou a substituição da prisão preventiva pela domiciliar – sem prejuízo da aplicação concomitante das medidas alternativas previstas no artigo 319 do CPP – de todas as mulheres presas, gestantes, puérperas ou mães de crianças com até 12 anos sob sua guarda, excetuados os casos de crimes por elas praticados com emprego de violência ou grave ameaça, contra seus descendentes ou, ainda, em situações excepcionalíssimas, as quais deverão ser devidamente fundamentadas pelos juízes que denegarem o benefício.

21. Quais são os Princípios orientadores da Doutrina da Proteção Integral?

A Doutrina da Proteção Integral é a atualmente vigente no ordenamento jurídico brasileiro, consagrada tanto pela Constituição Federal quanto pelo próprio ECA.

Em linhas gerais, são princípios que orientam a Proteção Integral:

a) Princípio da criança e do adolescente como sujeito de direitos (ou Princípio da Participação):

Vistos crianças e adolescentes como sujeitos de direitos, como pessoas em desenvolvimento (e não como objetos de relações ou meros objetos de tutela do Estado), enaltece-se seu direito à participação, o que fundamenta, por exemplo, o consentimento obrigatório dos maiores de 12 (doze) anos em processos de colocação em família substituta, na forma do artigo 28, § 2º, do Estatuto;

b) Princípio do melhor / superior interesse:

Prega que o que deve nortear todos os procedimentos e políticas públicas não é o que seja melhor para as finanças do Estado, para os pais ou mesmo para a família, mas o que seja mais interessante, no caso concreto, para aquela criança ou adolescente.

c) Princípio da corresponsabilidade da família, do Estado e da comunidade;

d) Princípio da Prioridade Absoluta: nas políticas públicas, no planejamento destas, na destinação de verbas e no atendimento;

e) Princípio da descentralização:

Indica que, na medida do possível, as políticas relativas à criança e ao adolescente terão âmbito municipal, de forma a garantir maior proximidade com comunidade em que ele se insere; e

f) Princípio da Participação ou Cogestão:

Pressupõe a atuação de uma rede complexa de atores e entidades (rede de proteção) que irão agir para que a criança / adolescente tenha os seus direitos protegidos.

22. O que se entende por Neomenorismo?

À luz da Doutrina Menorista ou da Situação Irregular, existia uma aproximação muito grande entre as ideias de "carência" e "delinquência". É por isso que, à época, falava-se em "menores delinquentes" que, como tal, deveriam ser reformados, corrigidos, tendo como figura central desta "correção", a pessoa do juiz, que era investido de muitos e significativos poderes.

Essas ideias foram suplantadas e, em grande medida, abandonadas com a Doutrina da Proteção Integral e, notadamente, com a edição do ECA, que descentralizou e democratizou a gestão em matéria de infância e juventude, diminuindo sensivelmente os poderes atribuídos aos magistrados.

Ocorre que, atualmente, crescem os debates em torno da redução da maioridade penal, bem como em favor do aumento do tempo de duração da medida de internação ou mesmo a favor da existência de sistema diferenciado para a responsabilização de adolescentes pela prática de atos infracionais análogos a crimes hediondos.

E quando tais questionamentos vêm à tona, há entendimento no sentido de que os argumentos trazidos em favor destas modificações em muito se aproximam da lógica do "Código de Menores", por conferirem maior poder ao juiz da infância e encararem as medidas socioeducativas sob um viés pedagógico, de correção.

É por isso que já se fala em um "Neomenorismo", ou seja, em um resgate das ideias centrais da Doutrina Menorista ou da Situação Irregular.

2. ENTIDADES DE ATENDIMENTO E MEDIDAS DE PROTEÇÃO

23. O que são as audiências concentradas?

As audiências concentradas têm por finalidade primordial a reavaliação da situação de crianças e adolescentes acolhidos, uma vez que o acolhimento – tanto institucional como familiar – tem caráter provisório[3], devendo ser periodicamente reavaliada a possibilidade de a criança ou adolescente ser reintegrado à família natural e, se não for possível, à família extensa.

Também são ambientes propício para se avaliar a necessidade/possibilidade de destituição do poder familiar para que, em seguida, a criança ou adolescente seja inserido nos cadastros de adoção para futura colocação em família substituta.

Em que pese não contar com previsão legal expressa, a realização das audiências concentradas tem como base legal a Instrução Normativa nº 02/2010, do CNJ, bem como o Provimento nº 118/2021, também do CNJ, assim como normativas internas exaradas pelos Tribunais de Justiça dos Estados e, ainda, o próprio artigo 19, do ECA, cujo § 1º prevê a necessidade de reavaliação periódica das medidas de acolhimento.

3. Pela letra da lei, o acolhimento institucional tem prazo máximo de 18 (dezoito) meses, ao passo que o acolhimento familiar, que é preferencial em relação a este, não estampa prazo máximo.

No tocante às audiências propriamente ditas, importante destacar que, antes de sua realização, é preciso fazer um diagnóstico da situação da criança ou adolescente acolhido, identificando se é possível (ou não) a reintegração à família (natural ou extensa).

Após esse momento, faz-se uma avaliação acerca da necessidade ou não de alguma medida processual a ser tomada para proteção da criança ou adolescente e/ou contra seus genitores. É nesse momento que ganha força a atuação do MP, a quem compete adotar a medida processual cabível, a exemplo de eventual destituição do poder familiar ou ação de investigação de paternidade. Apenas depois dessas etapas é que se faz o planejamento da audiência, realizando-a.

Na realização dessas audiências, que serão feitas preferencialmente no interior da entidade de acolhimento, irão participar o juiz, o membro do Ministério Público e a Defensoria (ou advogado constituído), bem como os órgãos de proteção especial e o Conselho Tutelar.

24. O cadastro nacional de adoção (CNA) é obrigatório?

A observância ao cadastro, nos termos do ECA, é obrigatória. Mas o próprio § 13 do artigo 50, do ECA, contempla hipóteses em que, tendo por norte o melhor interesse do adotando, o cadastro será excepcionado, a saber: I – adoção unilateral; II – adoção por parente com o qual a criança ou adolescente mantenha vínculos de afinidade e afetividade; ou III – pedido formulado por quem detenha a tutela ou guarda legal de criança maior de 3 (três) anos ou adolescente.

25. Qual é o prazo para a conclusão do procedimento de habilitação?

Nos termos do artigo 197-F do ECA, o prazo máximo para conclusão da habilitação à adoção será de 120 (cento e vinte) dias, prorrogável por igual período, mediante decisão fundamentada da autoridade judiciária.

26. Há prazo da renovação da habilitação para adoção?

Nos termos do § 2º do artigo 197-E do ECA, a habilitação deve ser renovada no mínimo trienalmente. E, como visto, o prazo para conclusão da habilitação é de 120 dias prorrogáveis por decisão fundamentada da autoridade judiciária.

27. Existe hipótese em que ela deverá ser reavaliada mesmo antes do decurso deste prazo?

Sim. Nos termos do § 4º do artigo 197-E, após 03 (três) recusas injustificadas, pelo habilitado, à adoção de crianças ou adolescentes indicados dentro do perfil escolhido, haverá reavaliação da habilitação concedida.

28. De que trata o Projeto Crianças Invisíveis, do IBDFAM?

Trata-se de iniciativa que busca diagnosticar os entraves existentes nas áreas do acolhimento institucional e familiar de crianças e adolescentes e da adoção para propor uma agenda em âmbito social, político, legislativo e científico que vise garantir o direito à convivência familiar desses infantes.

Isso porque apurou-se nos dados do Sistema Nacional de Adoção e Acolhimento um número muito superior de crianças e adolescentes acolhidos em comparação aos que estariam aptos para adoção, a indicar morosidade e entraves burocráticos nos trâmites do processo de adoção, em especial na fase de destituição do poder familiar que lhe precede, em razão das tentativas de reinserção daquele infante na sua família biológica ou extensa.

Ao final das inúmeras etapas e prazos processuais previstos, grande é o número de crianças que alcançam uma idade em que são considerados quase "inadotáveis", já que as chances de efetivamente serem colocados em família substituta diminuem com o avançar dos anos, assim como em razão de outras características como a condição de deficiência, por fugirem ao perfil buscado pelos pretendentes à adoção.

O que se pretende, então, diagnosticar esses entraves e promover ações positivas em todos os âmbitos. Inclusive legislativo, para garantir o direito à convivência familiar desses infantes, facilitando sua inserção em novas famílias.

29. Quais as medidas de proteção aplicáveis às crianças e adolescentes no ECA?

- Entrega aos pais ou responsável
- Frequência a tratamento
- Acompanhamento familiar
- Matrícula e frequência obrigatórias à rede oficial de ensino
- Acolhimento familiar
- Acolhimento institucional
- Colocação em família substituta

30. Quem pode aplicar tais medidas, além do juiz?

O Conselho Tutelar não tem competência para a aplicação de todos os tipos de medidas protetivas previstas no ECA. Medidas como advertência e encaminhamento podem ser aplicadas pelo Conselho Tutelar. As demais, porém, como aquelas de acolhimento institucional, acolhimento familiar ou colocação em família substituta, justamente porque mais severas, apenas podem ser determinadas pela autoridade judicial (ressalvadas as hipóteses de atuação emergencial).

31. Quais medidas podem ser aplicadas aos pais e responsáveis?

- Advertência;
- Tratamentos contra drogas;
- Acompanhamento psicológico;
- Destituição da tutela;
- Perda da guarda e, ainda,
- Suspensão ou extinção do poder familiar.

32. Quem pode aplicar essas medidas aos pais e responsáveis?

Quanto às medidas mais brandas, o juiz e o Conselho Tutelar; já em relação às mais severas, apenas o juiz, após observância do contraditório e do trânsito em julgado da sentença (a menos que deferida liminarmente).

33. Na aplicação das medidas protetivas, o que se entende por "intervenção mínima"?

O artigo 100 do ECA, em seu parágrafo único, ao regular os princípios que devem reger a aplicação das medidas protetivas, consagra em seu inciso VII o Princípio da Intervenção Mínima, determinando que "*a intervenção deve ser exercida exclusivamente pelas autoridades e instituições cuja ação seja indispensável à efetiva promoção dos direitos e à proteção da criança e do adolescente*".

34. E o "Princípio da Proporcionalidade"? Também deve reger a aplicação das medidas? Se sim, o que ele determina?

O Princípio da Proporcionalidade está também previsto no parágrafo único do artigo 100 do ECA, mas em seu inciso VIII, dispondo que "*a intervenção deve ser a necessária e adequada à situação de perigo em que a criança ou o adolescente se encontram no momento em que a decisão é tomada*".

35. O que se extrai, então, da conjugação desses princípios?

Da leitura em conjunto dos dispositivos pode-se concluir que as medidas de proteção deverão ser aplicadas tão somente quando a intervenção se fizer absolutamente necessária para resguardar os direitos da criança e adolescente, e apenas pelas instituições previstas para esse fim, em regra o Conselho Tutelar (e, como visto, em algumas hipóteses, o Juiz).

36. O artigo 97, inciso I, alínea "c", do ECA, prevê, como medida aplicável às entidades de atendimento que descumprirem obrigação estabelecida em lei, o afastamento definitivo de seus dirigentes. Essa sanção, então, é aplicada à entidade ou ao dirigente?

A medida é aplicada à pessoa do dirigente, o que resta indiscutível a partir do momento em que é ele, segundo o artigo 192 do ECA, quem deve integrar o polo passivo do procedimento administrativo.

Ocorre que essa medida atinge de maneira indireta a entidade que, embora não figure no polo passivo do procedimento, precisará se reorganizar para prestar o serviço de maneira adequada.

37. O que significa dizer que esse afastamento é "definitivo"?

A definitividade a que faz referência o dispositivo legal indica que o dirigente, uma vez afastado, fica impossibilitado de reassumir a direção da entidade. Como a pessoa afastada restará inidônea para o cargo, tal impedimento vale tanto para entidades públicas como para as privadas, já que qualquer delas não poderia manter na direção de uma instituição pessoa que ensejou e compactuou com a ofensa ou o dano aos direitos das crianças e dos adolescentes.

38. Mas isso não viola a vedação de pena de caráter perpétuo traçada pela Constituição Federal?

Não. A vedação constitucional insculpida no artigo 5º, inciso XLVII, relaciona-se com as sanções penais, não sendo capaz de impedir a definitividade da sanção administrativa em questão (artigo 97, inciso I, do ECA).

Isso porque, em verdade, a definitividade da sanção administrativa tem fundamento no interesse público e nos princípios sobre a proteção da criança e do adolescente, de modo a não permitir que o gestor ineficiente exerça a administração da entidade de atendimento.

39. Então qual é a natureza desta sanção?

É sanção de natureza administrativa.

3. PRÁTICA DE ATO INFRACIONAL

40. Qual o juiz competente para conhecer da representação ofertada em razão da prática de atos infracionais?

Segundo o artigo 147, § 1º, do ECA, é competente o juiz do local da ação ou omissão.

41. Após a desinternação, pode ser o adolescente novamente internado em razão de ato infracional praticado após aquele que motivou a primeira internação, mas antes do início de seu cumprimento?

Essa questão foi resolvida com o advento da Lei 12.594/12 (Lei do SINASE), cujo artigo 45, § 2º prevê que, em razão do caráter socioeducativo da medida, o adolescente não poderá ser novamente internado por ato infracional praticado anteriormente à primeira imposição da medida, ainda que, em tese, o ato em si permita a aplicação da medida de internação.

Caso este novo ato infracional seja praticado durante a internação, a solução será diferente: haverá a unificação das medidas, na forma do artigo 45, § 1º, da mesma lei.

Apenas caso o novo ato infracional seja praticado **após** a liberação da primeira internação é que poderá ocorrer novamente a imposição da medida de internação, até porque, neste caso, restará evidente que a primeira medida que lhe fora imposta não cumpriu com seu caráter socioeducativo e ressocializador.

42. Em matéria de ato infracional, o que se entende por "prescrição socioeducativa"?

A prescrição socioeducativa significa a impossibilidade de o agente responder pelo ato infracional que tenha cometido em razão de sua idade, ou seja, completados 21 (vinte e um) anos, o jovem não mais poderá responder pelo ato infracional, ainda que a ele fosse cominada a medida socioeducativa de internação.

43. É o mesmo que a prescrição penal?

Não. Embora não prevista de forma expressa no ECA, aplica-se à apuração do ato infracional a prescrição penal, com fulcro no Enunciado nº 338 da Súmula do STJ e na conjugação dos artigos 109 e 115 do Código Penal (prazos prescricionais reduzidos pela metade em razão da menoridade relativa sempre presente).

Diferentemente da "prescrição socioeducativa", que se opera com o advento da idade de 21 (vinte e um) anos do infrator, a "prescrição penal" advém do decurso de lapso temporal após o cometimento do ato infracional que fulmina a pretensão punitiva estatal.

44. Pode o Promotor com atribuição conceder remissão cumulada com a imposição de medida socioeducativa?

O tema é muito controvertido, não só na doutrina, como principalmente no próprio Ministério Público.

Para um primeiro entendimento, que parece ser majoritário, a remissão dada pelo Ministério Público jamais poderia ser cumulada com medida socioeducativa. Isso porque, nos termos do artigo 148, inciso I, do ECA, à Justiça da Infância e Juventude caberia conhecer das representações por ato infracional, apurando a ocorrência do ato infracional e, ao final, aplicar eventual medida socioeducativa cabível. Assim, caberia apenas ao juiz a aplicação de tais medidas, como restou consolidado no enunciado nº 108 da Súmula do STJ, segundo o qual "*A aplicação de medidas socioeducativas ao adolescente, pela prática de ato infracional, é da competência exclusiva do juiz.*".

Para um segundo entendimento, que encontra respaldo nos artigos 126 e 127, também do ECA, ao membro do Ministério Público seria possível cumular a remissão com a imposição de medida socioeducativa. Assim, antes de iniciado o procedimento judicial para apuração de ato infracional, poderia o representante do Ministério Público conceder a remissão, como forma de exclusão do processo, podendo incluir eventualmente a aplicação de qualquer das medidas previstas em lei, **exceto** a colocação em regime de semiliberdade e a internação, que dependeriam de sentença judicial.

Há, ainda, um terceiro entendimento segundo o qual caberia ao Ministério Público conceder a remissão e sugerir uma medida socioeducativa a ser aplicada, ficando sujeita à homologação pela autoridade judicial. Concordando o magistrado com a medida cumulada com a remissão, irá homologá-la; do contrário, poderá remeter o procedimento ao Procurador Geral de Justiça, com fundamento no artigo 181, § 2º, do ECA.

45. E o contrário, pode acontecer? Pode o Ministério Público conceder remissão pura e simples e o juiz, ao homologá-la, impor uma medida socioeducativa?

Não. Proposta remissão pelo Ministério Público como forma de exclusão do processo, ela deve ser submetida ao magistrado para homologação. No entanto, caso o magistrado não concorde com a remissão proposta, ele não pode alterar seus termos, seja para incluir, seja para decotar medida socioeducativa imposta. Diante de eventual discordância, como visto acima, deverá remeter o procedimento ao Procurador Geral de Justiça, com fundamento no artigo 181, § 2º, do ECA.

46. Então se o juiz deixa de remeter os autos do Procurador-Geral de Justiça e aplica, a seu critério, medida socioeducativa, terá violado o devido processo legal?

Sim. Como visto, em havendo discordância – total ou parcial – da remissão, deve ser observado o rito do artigo 181, § 2º do ECA, sob pena de suprimir do órgão ministerial, titular da representação por ato infracional, a atribuição de conceder o perdão administrativo como forma de exclusão do processo, faculdade a ele conferida legitimamente pelo artigo 126 do ECA.

Até porque, em se tratando de remissão concedida pelo órgão do Ministério Público, apenas sua eficácia depende da homologação judicial. O ato em si é perfeito e acabado, não podendo o juiz adequar o acordo de vontades já assinado pelo adolescente e por seu representante legal, em supressão à atribuição do Ministério Público.

47. O promotor pode liberar o menor se assim entender na oitiva informal?

O artigo 174 do ECA permite que o delegado, quando da apreensão do adolescente, decida por sua não liberação. Mas isso não significa, ainda, uma internação provisória, até porque as razões para o delegado decidir nesse momento são bem diferentes daquelas traçadas para a internação provisória no artigo 108 do ECA. Assim, quando o delegado não libera o adolescente e encaminha ao Ministério Público para oitiva informal, este ainda não tem a sua liberdade restringida por qualquer decisão judicial. Logo, pode o Promotor liberar o adolescente caso assim entenda devido.

Situação diferente ocorrerá quando o juiz já tiver decretado a internação provisória. Nesse caso, apenas o próprio juiz poderá liberar o adolescente ou o Tribunal de Justiça, caso impetrado *Habeas Corpus*.

48. O adolescente pode permanecer em estabelecimento policial? Em caso afirmativo, em que hipóteses?

A permanência do adolescente em estabelecimento policial é excepcional e pode se dar:

(i) quando, na fase do artigo 174 do ECA, o delegado não liberar e adolescente e não for possível a imediata apresentação ao Ministério Público nem o encaminhamento à entidade para que esta faça a apresentação ao MP, oportunidade em que poderá ficar por até 24 horas em dependência separada, na forma do artigo 175 do ECA e

(ii) decretada a internação provisória, quando não houver vaga de imediato em estabelecimento adequado, oportunidade em que poderá ficar por até 05 (cinco) dias aguardando a remoção em repartição policial, na forma do artigo 185, § 2º, do ECA.

49. Durante execução de medida de internação, o representado completa 18 anos. A defensoria pública pleiteia a extinção da medida tendo por argumento a inaplicabilidade de medida socioeducativa após os 18 anos. Como se manifestar na condição de Promotor de Justiça?

Não assiste razão à Defensoria Pública. De fato, o ECA, em regra, tem aplicabilidade apenas até os 18 (dezoito) anos. Excepcionalmente, porém, pode ser aplicado até os 21 anos em processos de apuração de prática de atos infracionais e em execução de medidas socioeducativas.

Tanto assim que a Lei 12.594/12 (Lei do SINASE), ao trazer em seu artigo 46 as hipóteses de extinção da medida socioeducativa, não prevê o advento da maioridade. Ao contrário, dispõe no § 1º do referido dispositivo que "*No caso de o maior de 18 (dezoito) anos, em cumprimento de medida socioeducativa, responder a processo-crime, caberá à autoridade judiciária decidir sobre eventual extinção da execução, cientificando da decisão o juízo criminal competente*", a evidenciar que essa extinção não é automática e muito menos obrigatória.

50. Em um país hipotético, a maioridade penal é alcançada aos 14 anos. Se lá é cometido crime por indivíduo de 16 anos e, aos 18, essa pessoa ingressa no Brasil, pode o país pedir sua extradição?

Não. Como sabido, a extradição, para ser concedida, pressupõe a "dupla tipicidade", ou seja, o ato deve configurar crime no país de origem e também no Brasil. É o que se extrai do artigo 82, inciso II, da Lei 13.445/17 (Lei de Imigração).

Em um país hipotético, a maioridade penal é alcançada aos 14 anos. Se lá é cometido crime por indivíduo de 16 anos e, aos 18, essa pessoa ingressa no Brasil, pode o país pedir sua extradição?

Não. Como sabido, a extradição, para ser concedida, pressupõe a "dupla tipicidade", ou seja, o ato deve configurar crime no país de origem e também no Brasil. É o que se extrai do artigo 82, inciso II, da Lei 13.445/17 (Lei de Imigração).

E no caso ora em análise, tal como posto, o ato praticado por jovem de 16 anos, embora seja crime no país de origem, não o é no Brasil. Aqui, sob a égide da Constituição de 1988 e do ECA, haveria mero ato infracional, já que a pessoa com 16 anos não pode praticar crime (inimputabilidade penal). Assim, desatendida a dupla tipicidade, a extradição não poderia ser concedida[4].

51. Se a extradição não é concedida, pode o Brasil apurar a prática deste ato infracional?

Há divergência doutrinária sobre o tema.

Para um primeiro entendimento, não haveria como responsabilizar o adolescente no Brasil, uma vez que a dicção legal "crime", prevista no artigo 7º do Código Penal, deve ser interpretada restritivamente. Assim, a extraterritorialidade da lei penal brasileira não poderia alcançar os "atos infracionais", mas tão somente os "crimes". Em reforço, argumenta-se que o Estatuto da Criança

4. É neste sentido a Jurisprudência do STF, como se vê no Ext 1395, Relator(a): Min. TEORI ZAVASCKI, Segunda Turma, julgado em 17/11/2015, ACÓRDÃO ELETRÔNICO DJe-241 DIVULG 27-11-2015 PUBLIC 30-11-2015.

e do Adolescente (Lei 8.069/90) nada diz quanto à possibilidade de o menor de 18 anos de idade vir a ser responsabilizado no Brasil por atos cometidos no exterior, não havendo previsão legal específica da extraterritorialidade do ECA, portanto.

Para um segundo entendimento, o vocábulo "crime", previsto no artigo 7º do Código Penal, deve ser interpretado extensivamente, abrangendo, portanto, os atos infracionais praticados no exterior por brasileiro (adolescente). Essa possibilidade teria respaldo, ainda, no caráter protetivo da medida socioeducativa, que não seria pena/sanção ao adolescente infrator.

52. A advertência pode ser considerada uma medida socioeducativa sancionatória?

O rol de medidas socioeducativas é previsto de forma taxativa no artigo 112 do ECA, que estabelece, em seu inciso I, a advertência como medida socioeducativa. Assim, dúvidas não há de que, enquanto medida socioeducativa, possui carga sancionatória.

Ocorre que a advertência é a medida socioeducativa mais branda prevista no ECA, e consiste basicamente na admoestação verbal feita ao adolescente, na forma do artigo 115 do ECA. Por isso destaca a doutrina que deve ela ter cunho esclarecedor, ressaltando, com respeito ao adolescente, as consequências que poderão advir se porventura for reincidente na prática de atos infracionais, o que, em parte, descaracteriza seu cunho sancionatório.

53. O Estatuto da Criança e Adolescente, em seu artigo 143, veda qualquer tipo de identificação na prática de ato infracional. Essa vedação atinge apenas o autor do ato infracional ou, também, a vítima, caso seja menor de idade?

Embora o artigo 143 do ECA faça referência tão somente à criança ou adolescente a quem se atribua autoria de ato infracional, o STJ tem julgado[5] no sentido de que é vedada a veiculação de material jornalístico com imagens que envolvam criança em situações vexatórias ou constrangedoras, ainda que não se mostre o rosto da vítima. Assim, a vedação legal alcançaria, também, a vítima, tendo o Ministério Público legitimidade para propor ação civil pública com o intuito de impedir a veiculação do vídeo ou matéria jornalística.

Mas existe entendimento em sentido contrário, argumentando-se que a vedação diz respeito tão somente à exposição de adolescentes que praticaram atos infracionais, e não às vítimas, que só estariam amparadas caso decretado sigilo

5. STJ. 3ª Turma. REsp 509968-SP, Rel. Min. Ricardo Villas Bôas Cueva, julgado em 6/12/2012.

nos autos, possível a partir da combinação dos artigos 152, do ECA e 20 do Código de Processo Penal e 189 do Código de Processo Civil.

54. O artigo 112, do ECA, em seu inciso II, prevê que em decorrência da prática de ato infracional, pode a autoridade competente impor ao adolescente a obrigação de reparar o dano. Essa reparação do dano tem fim sancionatório?

Conforme exposto no artigo 1º, § 2º, inciso I, da Lei 12.594 (Lei do SINASE), a obrigação de reparar o dano decorre de um dos objetivos das medidas socioeducativas, consistente na "*responsabilização do adolescente quanto às consequências lesivas do ato infracional, sempre que possível incentivando a sua reparação*".

Assim, se o ato infracional praticado pelo adolescente tiver repercussão patrimonial, determina-se a obrigação de reparar o dano, cujo cumprimento pode se dar mediante restituição da coisa, efetivo ressarcimento do dano, ou, por outra forma que compense o prejuízo da vítima, nos termos do artigo 116, do ECA.

Percebe-se, portanto, que a reparação do dano tem evidente cunho educativo e reparatório, ao buscar conscientizar o adolescente acerca das consequências de seus atos e restituir a vítima ao *statu quo ante.*

Mas não só: possui também fins sancionatórios, uma vez que visa o responsabilizar pelos reflexos patrimoniais decorrentes do ato infracional.

Soma-se a isso o fato de que o parágrafo único do artigo 116, do ECA, dispõe que "*havendo manifesta impossibilidade, a medida poderá ser substituída por outra adequada*". Essa possibilidade de substituição da obrigação de reparar o dano demonstra sua natureza sancionatória, não se resumindo a uma medida reparatória.

E ainda nesta linha, vê-se que o Enunciado de nº 40 da I Jornada de Direito Civil do CJF[6] prevê que, nesta hipótese, excepcionalmente, o incapaz seria o devedor principal, a reforçar que visa a norma responsabilizá-lo.

55. De onde decorre esse dever de reparação?

O dever de reparação decorre das disposições do próprio ECA, ao estabelecer a obrigação de reparar o dano como uma medida socioeducativa nas hipóteses de ato infracional que tenha reflexos patrimoniais (artigos 112, II, e 116).

E na prática essa obrigação pode decorrer de remissão concedida pelo membro do Ministério Público ou pelo Juiz, assim como da sentença de procedência da representação.

6. Enunciado 40 – O incapaz responde pelos prejuízos que causar de maneira subsidiária ou excepcionalmente como devedor principal, na hipótese do ressarcimento devido pelos adolescentes que praticarem atos infracionais nos termos do art. 116 do Estatuto da Criança e do Adolescente, no âmbito das medidas socioeducativas ali previstas.

56. A oitiva informal em sede ministerial é condição de procedibilidade da representação socioeducativa?

Não. Tal qual ocorre no Processo Penal com o Inquérito Policial, no procedimento de apuração de ato infracional, se houver elementos suficientes, torna-se dispensável a oitiva informal, podendo ser, desde logo, oferecida a representação. Cabe ao Promotor avaliar, no caso concreto, se é necessária sua realização.

4. CONSELHO TUTELAR

57. Em razão da crise financeira, Prefeito edita decreto encerrando o Conselho Tutelar do Município e transferindo suas atribuições para o CREAS. Qual(is) medida(s) deve o Promotor de Justiça adotar?

O Conselho Tutelar não é órgão de política pública, e sim, nos termos do artigo 131 do ECA, órgão permanente e autônomo, atuando seguindo seus próprios valores, objetivos e metas. Assim, não está hierarquicamente subordinado aos juízes, promotores ou mesmo aos chefes administrativos, embora possa, por certo, ser por eles fiscalizado.

Ademais, as atribuições do Conselho não podem ser exercidas por outro órgão, sob pena de usurpação, já que, também na forma do artigo 131 do ECA, é representante da sociedade.

Assim, não poderia o Prefeito Municipal determinar seu fechamento e posterior atribuição de suas atividades ao CREAS (Centro de Referência Especializada de Assistência Social), que apenas complementa as atividades do Conselho, mas não o substitui.

Até porque o "Princípio da Reserva do Possível", invocado para justificar decisões drásticas em momentos de crise financeira, não merece acolhida quando em confronto com direitos fundamentais, como são os direitos das crianças e adolescentes que, ainda, estão amparados pelo "Princípio da Prioridade Absoluta". Assim, o "Princípio da Reserva do Possível" não pode ser invocado para justificar violação a um sistema que garante direitos fundamentais com prioridade absoluta para crianças e adolescentes.

Caberia ao Promotor de Justiça, neste caso, ajuizar Ação Civil Pública, formulando pedido liminar, para que fosse mantido em funcionamento o Conselho Tutelar, sob pena de multa e responsabilidade direta (admitida pelo ECA).

58. O juiz da infância poderia agir de ofício neste caso?

Não. Como em qualquer seara, o "Princípio da Inércia" deve nortear a atuação do Poder Judiciário também em matéria de infância e juventude. Assim, diante de situação que demande a tomada de alguma medida judicial, deverá provocar o Ministério Público, remetendo-lhe as peças cabíveis, para que o membro do *Parquet* tome as providências necessárias para solução do problema. É o que dispõe o artigo 221 do ECA.

59. Ao tomar conhecimento de que uma criança com 05 (cinco) anos de idade estava sendo explorada por seus pais para vender balas em sinal de trânsito, o Conselheiro Tutelar apreende a criança e a encaminha a uma instituição de acolhimento. A Diretora da instituição, contudo, recusa o recebimento da criança, ao argumento de que não fora expedida guia de acolhimento. Quem está correto nesse caso?

Evidenciada a situação de risco (artigo 98 do ECA), tem o Conselheiro Tutelar o poder de realizar a apreensão da criança. Não obstante, o primeiro passo não é o acolhimento institucional.

Identificada a criança em situação de risco, deve ser feita uma avaliação acerca da existência de família extensa que possa recebê-la emergencialmente. Essa avaliação é feita em uma "casa de passagem" ou, não havendo, no próprio Conselho, pela equipe técnica.

Caso seja realmente necessário o acolhimento, por não haver família extensa apta a recebê-la, deve o Conselheiro representar ao juízo da infância, que encaminha o procedimento ao Ministério Público e, em seguida, expede-se a Guia de Acolhimento, acolhendo a criança.

Apenas em casos emergenciais é possível realizar o acolhimento independentemente da expedição da Guia, hipótese em que o diretor da instituição terá 24 horas para comunicar o juízo da infância, na forma do artigo 93 do ECA.

60. A quem compete o controle das decisões tomadas pelo Conselho Tutelar? Pode o juiz, de ofício, rever suas decisões?

A regra do artigo 137 do ECA reforça a autonomia dos Conselhos Tutelares ao dizer que não será possível à Administração Pública Municipal, ao Ministério Público ou a qualquer outra pessoa, determinar a solução de uma questão de forma distinta daquela estabelecida pelo Conselho Tutelar.

Apenas o Judiciário poderá fazê-lo, mas desde que provocado por alguém com legítimo interesse, seja em processo instaurado exclusivamente para tal fim, seja em outra demanda cujo pedido principal, uma vez deferido, acarrete modificação na realidade com que inicialmente lidava o Conselho Tutelar.

61. Esse poder de rever os atos do Conselho Tutelar exercido pelo magistrado é um controle sobre o conteúdo do ato, sobre o mérito da atividade? Ou é mero controle administrativo?

A prerrogativa do magistrado de rever as decisões do Conselho Tutelar alcança tanto a análise do conteúdo do ato (sendo, assim, controle de mérito), quanto de sua legalidade. Ou seja, pode o magistrado verificar a adequação da medida aplicada, seja para aplicar medida diversa aos pais ou mesmo medida que entenda mais protetiva às crianças e adolescentes.

Assim, além da legalidade, pode o juiz realizar juízo acerca da conveniência da medida (conteúdo do ato).

Exemplo dessa revisão ocorre quando o Conselho Tutelar aplica aos responsáveis determinada medida e, dela discordando, estes se socorrem do Judiciário para postular sua revisão. O juiz, diante do caso concreto, poderá impor a medida que julgar mais adequada ao caso, ou mesmo deixar de aplicar qualquer medida, se entender que é o correto naquele contexto.

62. É possível a reeleição de Conselheiro Tutelar?

Sim. Ao tratar da forma de escolha dos Conselheiros Tutelares, o ECA sempre permitiu uma única recondução ao cargo. Com as sucessivas modificações promovidas em seu artigo 132, passou a prever prazos diferentes para a duração dos mandatos (antes de 03, depois de 04 anos), bem como passou a dizer, de forma expressa, que tal recondução dar-se-ia mediante novo processo de escolha (alteração promovida pela Lei nº 12.696/12). Mas sempre deixou claro que permitida seria apenas uma recondução.

Não obstante, no ano de 2019, editou-se a Lei nº 13.824, que ao alterar o mesmo artigo 132, previu ser possível recondução por novos processos de escolha, de forma que, desde tal modificação, pode-se dizer que os Conselheiros podem ser reconduzidos **mais de uma vez** para a função.

5. ACESSO À JUSTIÇA. PROCEDIMENTOS E RECURSOS NO ESTATUTO

63. Como se inicia o procedimento para apuração de irregularidade em entidade de atendimento?

Segundo o artigo 191 do ECA, o procedimento de apuração de irregularidades em entidade de atendimento tem início (i) mediante portaria da autoridade judicial; ou (ii) por representação do Ministério Público ou do Conselho Tutelar.

64. Então o magistrado pode agir de ofício?

Segundo o artigo 191, sim. Ao permitir que o procedimento seja instaurado por portaria da autoridade judicial, permite-se a atuação de ofício do magistrado ao tomar conhecimento das irregularidades na entidade de atendimento, sempre buscando a preservação da proteção integral da criança e do adolescente.

65. Quando é o Conselho Tutelar que deflagra o procedimento, ele passa a atuar como parte?

Não. Ainda que tenha sido o procedimento iniciado por provocação do Conselho Tutelar, o polo processual será assumido pelo Ministério Público.

66. Sentença aplica medida de internação ao adolescente. Ele manifesta o desejo de não recorrer, mas seus pais, inconformados, desejam a reversão da decisão. Que vontade deve prevalecer?

Segundo o artigo 190 do ECA, nas hipóteses de condenação do adolescente por ato infracional que importe na aplicação de medida de internação (ou semiliberdade), a intimação da sentença far-se-á ao adolescente **e** ao seu advogado, devendo o adolescente manifestar se deseja ou não dela recorrer (§ 2º). A intimação somente é feita aos pais de forma subsidiária, ou seja, quando o adolescente não for encontrado.

Assim, intimados adolescente e seu advogado, se o representado manifesta desejo de não recorrer, mas o advogado pretende recorrer, deverá prevalecer o direito ao recurso, aplicando-se a *ratio* do Enunciado nº 705 da Súmula do STF[7]. Mas se adolescente e advogado não desejam recorrer, sendo o inconformismo apenas dos genitores, deve prevalecer a vontade do adolescente.

67. Procedimento de infiltração de agentes para a apuração de crimes sexuais contra crianças e adolescentes. Qual o juiz competente para o deferimento do procedimento?

Em que pese estar a infiltração de agentes prevista como técnica de investigação no ECA, a competência é do juízo criminal, por se tratar de apuração de crime, e não de ato infracional, sem prejuízo da previsão de varas especializadas pela lei de organização judiciaria local.

68. O artigo 146 do ECA diz que a autoridade a que se refere é o Juiz da Infância e Juventude, ou aquele que exerça tal função, na forma da lei de organização judiciária local. Indaga-se: essa regra, em sua concepção, é regra de competência ou de organização judiciária?

7. "A renúncia do réu ao direito de apelação, manifestada sem a assistência do defensor, não impede o conhecimento da apelação por este interposta".

É uma regra de organização judiciária, pois não traz critérios de fixação de competência ou de atribuições.

69. Então ela está interferindo na estrutura da organização judiciária?

O artigo 145 do ECA traz uma diretriz ou possibilidade de criação de varas especializadas pelos Estados na matéria de infância e juventude, tanto que o verbo utilizado no dispositivo é "*poderão*". Logo, não se trata de imposição legal.

70. Essa regra fere o Pacto Federativo?

Não. Como dito acima, a norma traz apenas uma diretriz, resguardando a competência constitucional legislativa dos Estados e do Distrito Federal para organização judiciária, sendo a iniciativa do respectivo Tribunal de Justiça, na forma do artigo 125, § 1º, da Constituição Federal.

6. TUTELA. GUARDA. ADOÇÃO

71. Adolescente de 14 anos precisa ser ouvido no processo de adoção?

Conforme previsão expressa do artigo 28, § 2º, do ECA, tratando-se de adotando maior de 12 (doze) anos, será necessário o seu consentimento, que será colhido em audiência. Logo, em se tratando de adotando a partir de 12 (doze) anos, como é o caso da questão em que o adolescente tem 14 anos, sequer se fala na conveniência de sua oitiva: ela é **obrigatória**.

72. E se o adolescente, ouvido, diz que prefere continuar no acolhimento institucional? Sua manifestação de vontade deve ser acatada?

Segundo o artigo 19, § 2º, do ECA, a permanência em programa de acolhimento institucional é temporária, não devendo se prolongar por mais de 18 (dezoito) meses, salvo "*comprovada necessidade que atenda ao seu superior interesse*".

Por outro lado, não se pode obrigar o adolescente a concordar com a adoção, já que a partir da idade de 12 (doze) anos, o adolescente tem o direito legal de aceitar ou recusar o seu encaminhamento a lar substituto.

Assim, caso ouvido, diga que não quer ser adotado, que não deseja sair do regime de acolhimento, haveria a hipótese de "superior interesse" a que faz menção o dispositivo legal em comento, desautorizando a adoção.

Isso não impediria, entretanto, e seria mesmo recomendável, que o adolescente fosse encaminhado para tratamento psicológico para buscar entender os motivos de sua recusa e fortalecê-lo e conscientizá-lo acerca das vantagens da adoção.

73. Um casal se habilitou para fins de adoção. Após a inscrição no cadastro, conheceu uma gestante que, impossibilitada de criar o filho, entregou o bebê para o casal, anuindo por escrito com a adoção. Se esse casal ajuíza ação de adoção, como deve se manifestar o membro do Ministério Público?

A chamada "adoção *intuitu personae*" não é admitida em nosso ordenamento, uma vez que importa em inobservância dos trâmites legais para a adoção, notadamente a necessidade de prévia inscrição em cadastro.

Mas no caso em análise, o casal está cadastrado. Assim, o correto seria tirar a criança desse casal e verificar se existe, dentre todos os que estejam em posição anterior do cadastro, algum interessado em criança com aquele perfil. Caso haja, a criança vai ser entregue ao casal habilitado previamente. Caso não haja, aí sim seria possível concordar com a adoção pleiteada, já que inscritos no cadastro e, tomadas as precauções indicadas acima, não haveria burla à ordem dos pretensos adotantes.

74. Seria diferente se entre a entrega da criança e o ajuizamento da ação tivesse decorrido prazo de 2 anos?

O ECA, ao trazer no artigo 50, § 13, previsão no sentido de que se dispensa a prévia inscrição em cadastro de adoção para aqueles que detenham a tutela ou guarda legal de criança maior de 3 (três) anos ou adolescente, desde que o lapso de tempo de convivência comprove a fixação de laços de afinidade e afetividade, e não seja constatada a ocorrência de má-fé, faz presumir que até o transcurso de 3 (três) anos não há vínculo socioafetivo forte que justifique "passar por cima" do cadastro.

Mas isso não é dito de forma expressa e, afinal, não há como se determinar em quanto tempo se constrói um vínculo afetivo concreto.

Certamente se entre a entrega da criança e o ajuizamento da ação transcorreu prazo curto (por exemplo, 15 dias), não há que se falar em fixação de laços de afinidade e afetividade, razão pela qual se mostra razoável a retirada da criança, em respeito à ordem do cadastro. É nesse sentido, inclusive, a Recomendação nº 08/2012 do CNJ, segundo a qual o juiz só deve deferir guarda de criança com idade menor ou igual a 3 anos para casais que estejam habilitados.

Mas transcorrido lapso de 02 anos, como é o caso da questão, é possível que essa relação tenha de fato se estabelecido e que, em homenagem ao princípio da prioridade absoluta, a adoção seja deferida.

Assim, no caso concreto, caso não identificada má fé ou fraude por parte dos postulantes, é possível reconhecer a adoção ao casal, ainda que inobservado o cadastro. O STJ tem sido sensível a essa questão, reconhecendo o vínculo familiar, sempre tendo por norte o melhor interesse da criança e do adolescente, como se vê no julgado a seguir:

"A ordem cronológica de preferência das pessoas previamente cadastradas para adoção não tem um caráter absoluto, devendo ceder ao princípio do melhor interesse da criança e do adolescente, razão de ser de todo o sistema de defesa erigido pelo ECA, que tem na doutrina da proteção integral sua pedra basilar." STJ. 3ª Turma. HC 505730/SC, Rel. Min. Marco Aurélio Bellizze, julgado em 05/05/2020.

75. E se transcorre lapso superior a 03 (três) anos?

Aí sim seria caso de invocar a *mens legis* da regra do artigo 50, § 13, do ECA, para dizer que haveria guarda de fato e que o laço afetivo estaria consolidado. Não se trata de invocar o dispositivo em si, já que nele resta contemplada a guarda legal, e não a de fato, mas sim invocar sua *mens*, sua intenção, que é a preservação dos laços de afetividade gerados pelo exercício prolongado da guarda.

76. Haveria diferença se esse casal fosse estrangeiro, mas residente no Brasil?

Ainda que o casal seja estrangeiro, se reside no Brasil, a adoção será nacional, e não internacional. Assim, não haveria qualquer diferença.

77. O que se entende por adoção internacional?

A adoção será tida como "internacional" quando postulada por pretendentes que residam, de forma habitual, no exterior, em país que tenha aderido à Convenção de Haia, de 29 de maio de 1993, Relativa à Proteção das Crianças e à Cooperação em Matéria de Adoção Internacional, promulgada pelo Decreto nº 3.087 de 1999, e deseja adotar criança em outro país-parte da Convenção.

78. A adoção será nacional ou internacional se os pretendentes forem brasileiros com residência no exterior?

A adoção nestes moldes será internacional. Isso porque o caráter internacional da adoção não se confunde com a nacionalidade dos pretendentes, e sim com o local de sua residência habitual.

A lei tem como norte o fato de que a adoção por pretendente que resida no exterior, além de romper os vínculos inerentes à adoção, também afasta o adotado de seu país e cultura de origem, o que deve cercar o procedimento de cautelas e fases específicas.

Não obstante, e nos termos do artigo 51, §2º, do ECA, os brasileiros residentes no exterior terão preferência aos estrangeiros nos casos de adoção internacional de criança ou adolescente brasileiro.

79. Então é possível dizer que a adoção internacional é excepcional?

A adoção internacional é sempre excepcional, havendo preferência de eventuais famílias interessadas que residam no Brasil, uma vez que é modalidade de colocação em família substituta que rompe com todos os vínculos anteriores, exceto os matrimoniais e, como visto, ainda afasta o adotando de seu país e cultura de origem.

É por isso que o artigo 51 do ECA dispõe que a adoção internacional somente terá lugar quando esgotadas as possibilidades de colocação da criança ou adolescente em família substituta brasileira e comprovada nos autos a inexistência de adotantes habilitados residentes no Brasil com perfil compatível com a criança ou adolescente.

80. Em linhas gerais, como se processa a adoção internacional?

O procedimento da adoção internacional é disciplinado de forma específica no artigo 51 e seguintes do ECA, excepcionando o procedimento ordinário de adoção previsto nos artigos 165 a 170 do mesmo diploma legal (referente às adoções nacionais).

No momento inicial, devem os pretendentes comprovar a habilitação pela lei de seu país e trazer ao procedimento estudo psicossocial elaborado por profissionais daquela localidade, documentos estes que deverão ser apresentados à Autoridade Central Estadual brasileira, com cópia para a central Federal em matéria de adoção internacional.

Se a Autoridade Central Estadual verificar a compatibilidade da legislação estrangeira com a nacional, além do preenchimento por parte dos pretendentes aos requisitos legais (tanto à luz do que dispõe o ECA, como às normas do país de acolhida), será expedido laudo de habilitação à adoção internacional, que terá validade por, no máximo, 01 (um) ano.

De posse desse laudo, o interessado estará autorizado a formalizar pedido de adoção perante o Juízo da Infância e da Juventude do local em que se encontra a criança ou adolescente, conforme indicação efetuada pela Autoridade Central Estadual.

Importante destacar que, no caso da adoção internacional, o ECA veda a saída do adotando do território nacional até o trânsito em julgado da sentença, de forma que apenas após encerrada a adoção será expedido alvará com autorização de viagem, bem como para obtenção de passaporte.

81. Padrasto ajuíza ação de adoção unilateral para passar a constar como pai do filho de sua companheira. Um ano depois, há dissolução do víncu-

lo conjugal. Poderia o padrasto (então pai registral) desistir da adoção, postulando sua revogação?

A adoção unilateral ocorre quando o pai ou a mãe do infante morre, é destituído do poder familiar, ou não há pai registral. Nestas circunstâncias, a pessoa que mantém um relacionamento com o cônjuge que detém o poder familiar pode adotar o infante, independentemente de prévia inclusão no cadastro de adoção (é inclusive uma das exceções ao cadastro expressamente contemplada no § 13 do artigo 50 do ECA).

Segundo dispõe o artigo 39, § 1º, do ECA, a adoção, em qualquer modalidade, é ato irrevogável. Assim, em princípio, a dissolução do vínculo conjugal não repercutiria na adoção.

Ocorre que, atento às peculiaridades dessa modalidade de adoção, o STJ tem precedente admitindo a revogação de adoção unilateral, quando isso atenda ao melhor interesse do adotando[8].

Isso porque nesta espécie de adoção, a família extensa da parte que não detém o poder familiar (porque morreu ou foi dele destituída) não é consultada, de forma que sofre indiretamente com a medida. Como não há consulta ao grupo familiar estendido do ascendente ausente, cabe ao cônjuge supérstite ou que detém o poder familiar decidir sobre a conveniência, ou não, da adoção do filho pelo seu novo cônjuge/companheiro.

E isso pode significar que, na prática, não haja rompimento completo dos vínculos entre o adotado e o ramo familiar de seu ascendente biológico, sendo do interesse do adotando restabelecer aqueles laços familiares também de maneira legal/formal.

Assim, é possível que, no caso concreto, a regra da irrevogabilidade seja relativizada em nome do melhor interesse do adotado, já que, ao fim e ao cabo, é norma pensada para a sua própria proteção.

82. Então a irrevogabilidade é promovida em favor do adotando?

A razão de ser da proibição da revogação da adoção existe para proteger o menor adotado, buscando colocá-lo a salvo de possíveis alternâncias comportamentais de seus adotantes, rupturas conjugais ou outras atitudes que o recoloquem no limbo socioemocional que vivia antes da adoção.

Assim, a norma que proíbe a revogação da adoção é, indiscutivelmente, de proteção ao menor adotado e, justamente por isso, não pode ser usada em descompasso com seus fins teleológicos. É por isso que reconhecido, no caso concreto, que a revogação atende ao melhor interesse do adotando, permitiu o STJ excepcionalmente a revogação da adoção unilateral.

8. REsp 1545959/SC, Rel. Ministro RICARDO VILLAS BÔAS CUEVA, Rel. p/ Acórdão Ministra NANCY ANDRIGHI, TERCEIRA TURMA, julgado em 06/06/2017, DJe 01/08/2017.

83. Uma mãe entrega seu filho para a adoção. Quatro meses após a criança estar em nova família, e já no curso do processo de adoção, ela se retrata. Essa retratação é válida?

Como visto, a adoção é uma medida irrevogável. Assim, se já houve o processo de adoção, devidamente concluído por uma sentença definitiva constitutiva de novo vínculo entre os adotantes e a criança, a retratação da mãe biológica é inválida. É o que dispõe o já analisado artigo 39, § 1º, do ECA.

Ocorre que o artigo 166, § 5º, também do ECA, traz uma **exceção**: o consentimento exarado pela mãe é retratável **até** a data da audiência especificada no § 1º do mesmo dispositivo legal, comportando, ainda, arrependimento em até 10 dias após a data da prolação da sentença de extinção do poder familiar.

84. E se o processo de adoção leva muitos anos e, no momento do exercício da retratação, já se estabeleceu vínculo socioafetivo com os adotantes em período de convivência? O que deve preponderar?

Embora o tema seja campo fértil para posicionamentos subjetivos, fato é que o adotando é o objeto de proteção do ECA e da proteção integral que o norteia, de forma que a retratação ao consentimento de entrega de filho para adoção, mesmo que feita antes da publicação da sentença constitutiva da adoção, não gera direito potestativo de os pais biológicos recuperarem o infante[9], devendo, no caso concreto, tal direito ser sopesado com outros elementos para se definir o melhor interesse do menor.

85. Qual procedimento deve ser observado caso a gestante manifeste, ainda no curso da gravidez, que deseja entregar a criança à adoção?

O Estatuto da Primeira Infância (Lei 13.257/2016) modificou o ECA em diversos dispositivos, disciplinando inclusive a hipótese em que a gestante deseje entregar o filho para adoção ainda no curso da gravidez.

Com a alteração promovida, o § 5º do artigo 8º do ECA passou a disciplinar que a assistência referida no § 4º do mesmo dispositivo (assistência psicológica à gestante e à mãe) também deverá ser prestada a gestantes ou mães que manifestem interesse em entregar seus filhos para adoção, bem como a gestantes e mães que se encontrem em situação de privação de liberdade.

No mesmo sentido, a recente Lei 14.721/2023, ao incluir o §11 ao mesmo dispositivo (artigo 8º do ECA), disciplinando que a assistência psicológica à gestante, à parturiente e à puérpera deva ser indicada após avaliação do profissional de saúde no pré-natal e no puerpério, cristaliza esse atendimento médico como um dos desdobramentos do direito fundamental à vida e à saúde.

9. STJ, REsp 1578913/MG, 3T, min. rel. Nancy Andrighi, DJ 16-2-2017.

Vale lembrar, ainda, que o Estatuto da Primeira Infância também promoveu alteração no parágrafo único do artigo 13 do ECA para dizer que as gestantes ou mães que manifestem interesse em entregar seus filhos para adoção serão obrigatoriamente encaminhadas, **sem constrangimento**, à Justiça da Infância e da Juventude.

Assim, dentre outras modificações operadas não só no ECA, mas também no Código de Processo Penal e na CLT, procurou o Estatuto da Primeira Infância conferir maior dignidade e assistência às gestantes que se vejam nessa hipótese.

86. O que se entende por "guarda previdenciária"? O ordenamento jurídico a admite?

"Guarda previdenciária" é a expressão cunhada para fazer referência à guarda concedida para garantir efeitos previdenciários à criança ou adolescente, e não necessariamente em razão do vínculo afetivo travado com o guardião. Também pode se caracterizar quando tenha por finalidade a inclusão em plano de saúde, por exemplo, já que a finalidade do guardião é a mesma: garantir benefício à criança ou adolescente que não lhe alcançaria caso não reconhecido aquele vínculo

Assim, em realidade, a "guarda previdenciária" existe como desvio de finalidade do instituto da guarda, já que não tem por fim conceder o dever de cuidado, mas tão somente inserir um menor no rol de dependentes para fins previdenciários (ou como dependente no plano de saúde, por exemplo).

Por isso, para o entendimento dominante, isso seria uma forma de burla à lei e, logo, espécie de fraude, não podendo ser chancelada pelo ordenamento.

Tendo isso como norte, a Lei 9.528/97 excluiu do rol de beneficiários da Lei 8.213/91 o menor sob guarda judicial, visando coibir fraudes para se obter a guarda com objetivo único de recebimento de benefícios previdenciários.

Ocorre, porém, que o artigo 33, § 3º, do Estatuto da Criança e do Adolescente, prevê expressamente que a guarda confere à criança ou adolescente a condição de dependente para todos os fins, inclusive previdenciários.

Diante disso, surgiu controvérsia judicial acerca de qual diploma legal deveria prevalecer: se a Lei nº 8.213/91, que é o diploma geral sobre benefícios previdenciários e posterior ao ECA (que é de 1990), ou se o próprio ECA, que é diploma anterior, porém mais benéfico para a criança ou adolescente e traz disciplina específica sobre o tema.

Após uma incerteza inicial, o STJ[10] acabou firmando entendimento no sentido de que deve ser assegurado o benefício à criança ou adolescente mesmo se o falecimento do segurado ocorreu após a modificação promovida na legislação previdenciária, prevalecendo, então, a disciplina do ECA em atenção aos prin-

10. A título de exemplo, veja-se RMS 36.034-MT, Rel. Min. Benedito Gonçalves, julgado em 26/2/2014, veiculado no Informativo nº 546 do STJ).

cípios da proteção integral e da prioridade da criança e do adolescente, **desde que** comprovado que o menor era efetivamente dependente economicamente do segurado.

87. O que se entende por "família extensa" ou "família ampliada"?

Família extensa é um conceito trazido pelo ECA para se referir àqueles parentes próximos com quem a criança convive e tem relações de afetividade, não se limitando ao núcleo duro da família natural (pai, mãe e filhos).

7. MINISTÉRIO PÚBLICO NO ECA

88. Durante fiscalização em unidade de acolhimento, o Promotor de Justiça solicita o exame da documentação de cada criança institucionalizada e constata que muitas não apresentam Guia de Acolhimento e nem PIA. Segundo a Diretora da instituição, isso se dá nos casos das crianças cujo acolhimento seja determinado pelo Conselho Tutelar em situação emergencial. Esse procedimento está correto?

A Lei 12.010/09 tirou do Conselho Tutelar o poder de requerer diretamente à entidade o acolhimento da criança. Desde então, todos os acolhimentos se processam por ordem do juiz da infância, com expedição da competente Guia de Acolhimento.

Determinado o acolhimento e expedida a Guia, a criança ou adolescente, ao ingressar na unidade, tem criada uma pasta para si. A partir da referida Guia, a equipe técnica elabora um PIA, que é obrigatório para qualquer criança acolhida e reúne o Plano de Ação e de Execução, ou seja, a estratégia para reintegrar a criança ou adolescente à família natural ou extensa.

É a partir deste que se gera um relatório, que será encaminhado de 06 em 06 meses para o juízo da infância, quando então o acolhimento institucional será reavaliado, analisando-se a possibilidade de reintegração familiar (ainda que em família extensa) ou, sendo impossível, a colocação em família substituta.

Como já mencionado, o Conselho Tutelar pode, excepcionalmente, acolher diretamente na Instituição sem a Guia de Acolhimento, mas apenas em situação de risco e quando não haja qualquer membro da família extensa que possa acolher provisoriamente a criança ou adolescente. Ainda nesse caso a Instituição tem prazo de até 24 horas para notificar o juiz da infância para expedição da Guia de Acolhimento, de forma que não procede o argumento de que as crianças acolhidas emergencialmente permaneçam sem a respectiva Guia.

89. Há alguma providência a ser adotada pelo Promotor de Justiça?

No caso ora em análise, não há como se argumentar que o Diretor da unidade de acolhimento ignorava tais procedimentos. Assim, não parece suficiente a expedição de uma Recomendação para adequar as práticas daquela unidade; seria mais correto, no caso concreto, o ajuizamento de uma representação administrativa para aplicação da penalidade de advertência ao Diretor.

90. Terminada a licença-maternidade, uma mãe não conseguiu vaga em creche para seu filho. Dirigiu-se ao Conselho Tutelar para tentar ajuda com a vaga, mas a requisição não foi atendida. Diante da urgência do caso, encaminhou o bebê a uma instituição de acolhimento que prontamente o recebeu. Está correto o acolhimento neste caso?

Não. A hipótese não é de acolhimento institucional. Se há requisição de vaga em creche e ela não é atendida, deveria a genitora ser encaminhada ao Ministério Público ou à Defensoria pública para o ajuizamento de uma ação em face do Município para compeli-lo à matrícula (obrigação de fazer).

91. Elaborado o PIA, a equipe técnica concluiu que, diante das dificuldades financeiras da mãe e do abandono pelo pai, a reintegração familiar não ocorreria a curto e médio prazo, sugerindo a destituição do poder familiar e a colocação em família substituta. Está correto o entendimento da equipe técnica?

A dificuldade financeira (carência de recursos), por si só, não indica para a necessidade de destituição do poder familiar. Até porque não há previsão legal nesse sentido e o rol trazido pelo artigo 1.638 do Código Civil é taxativo.

92. Os professores de uma criança desconfiam de seu comportamento e, solicitado prontuário médico pelo Conselho Tutelar, constata-se histórico de agressões e lesões consolidadas. A equipe técnica conclui que a mãe é a agressora e que o pai é omisso. O caso é encaminhado ao Ministério Público. O que fazer?

Quando há desconfiança de maus tratos, há hipótese de notificação compulsória ao Conselho Tutelar, que deverá acionar as demais entidades da rede de proteção. Chegando o caso ao Promotor de Justiça com atribuição, cabe o ajuizamento de Ação de Destituição do Poder Familiar, em razão dos reiterados maus tratos.

93. Contra o pai também? Ou só em face da mãe?

Como o pai se omitiu, poderá figurar no polo passivo da demanda e vê-la julgada procedente também contra ele.

94. Criança é adotada e, 02 (dois) anos depois, devolvida ao argumento de que não se adaptou. Poderia o Promotor de Justiça ajuizar ação de danos morais em favor dessa criança?

Sim. Sem dúvidas, a situação narrada representa hipótese de ressarcimento por danos morais, não só como forma de efetivamente indenizar a dor e o sofrimento experimentados por aquela criança que, mais uma vez, se viu em situação de abandono, mas também como forma de coibir essa prática que, lamentavelmente, vem se tornando comum nos casos de adoção.

95. Há alguma outra medida que o Promotor de Justiça possa tomar?

Sim. É possível postular a retirada do nome dos adotantes do Cadastro de Adoção, tanto nacional como estadual, além do cadastro da respectiva Comarca. Caberia, ainda, o manejo de Ação de Destituição do Poder Familiar em razão do abandono, uma vez que ela também é cabível em face de pais adotivos.

96. É aconselhável que o Promotor ouça criança na condição de testemunha?

Em regra, deve ser evitada a tomada de depoimento de crianças. Mas se realmente necessária for sua oitiva, o que ocorre, normalmente, quando é ela a vítima ou testemunha de ato de violência ou de crime sexual, sua escuta deve se dar na forma da Lei nº 13.431/17 e da Resolução CNJ nº 299/19, que buscam salvaguardar seus interesses e evitar, assim, a revitimização daquela criança.

97. O que prevê essa Lei?

A Lei nº 13.431/17 prevê as práticas de escuta especializada e o chamado "depoimento especial". Em que consistem? Quais as diferenças entre eles?

Nos termos do artigo 7º, a "escuta especializada" consiste no "*procedimento de entrevista sobre situação de violência com criança ou adolescente perante órgão da rede de proteção, limitado o relato estritamente ao necessário para o cumprimento de sua finalidade.*".

Já o depoimento especial consiste no "*procedimento de oitiva de criança ou adolescente vítima ou testemunha de violência perante autoridade policial ou judiciária*", que já era admitido na prática e pela Jurisprudência, mesmo antes de positivado, com a finalidade de evitar a chamada "vitimização secundária".

Isso porque no depoimento especial, também conhecido como "depoimento sem dano", é realizado de forma multidisciplinar, notadamente com auxílio de assistente social ou psicólogo, permitindo que a tomada da narrativa da criança ou adolescente se desenvolva em um ambiente menos constrangedor e mais propício para a busca da verdade. Assim, busca preservar ao máximo a integridade psíquica da criança, preferindo a colheita do seu depoimento por pessoas especializadas e de forma livre, evitando a criação de falsas memórias ou induzindo versões dos fatos.

No mesmo sentido, o próprio Código de Processo Civil determina em seu artigo 699 que "*quando o processo envolver discussão sobre o fato relacionado a abuso ou a alienação parental, o juiz, ao tomar o depoimento do incapaz, deverá estar acompanhado por especialista.*"[11]

98. Em ação visando apurar alegada Alienação Parental, o magistrado determina a realização de perícia. A realização dessa prova técnica a perícia é indispensável?

Por vezes é a prova pericial é de fundamental importância para a comprovação da prática de ato que configure alienação parental. Mas como ela não é o único meio de prova, deve-se buscar resguardar o melhor interesse da criança e adolescente, preservando sua integridade psíquica e sua condição peculiar de pessoa em desenvolvimento. É por isso que a Lei nº 12.380/10, ao tratar da alienação parental, determina em seu artigo 5º a realização de perícia psicológica ou biopsicossocial se de fato for necessária.

8. INFRAÇÕES ADMINISTRATIVAS

99. Em sede de apuração de infrações administrativas, o que se entende por "Princípio da Objetividade"?

A partir do "Princípio da Objetividade" se estabelece que, em sede de apuração das infrações administrativas – e diferentemente da responsabilidade penal, portanto –, em regra não se exige o elemento subjetivo (dolo ou culpa) para sua caracterização, salvo quando o dispositivo legal assim o exigir de forma expressa[12].

Isso significa, em outras palavras, que basta que o fato exista, ou seja, **basta** que haja a conduta contrária à lei, para que a infração administrativa esteja caracterizada, independentemente da voluntariedade do agente.

100. Nesse cenário, como fica a tentativa de infração administrativa? Ela é possível?

---

11. O procedimento de implantação para salas de tomada de depoimento especial, bem como de capacitação dos profissionais e de controle de tais atos pode ser verificado na Resolução CNJ nº 299/19.
12. O que ocorre apenas no artigo 249 do ECA, que dispõe ser infração administrativa "*Descumprir, dolosa ou culposamente, os deveres inerentes ao poder familiar ou decorrente de tutela ou guarda, bem assim determinação da autoridade judiciária ou Conselho Tutelar*".

Considerando que a infração administrativa só se caracteriza com a efetiva prática de conduta contrária à lei, tem-se que é impossível a tentativa. Se a execução da infração é iniciada, mas por motivos alheios à vontade do agente, ela não se consuma, não haverá efetiva infração e, consequentemente, não haverá responsabilização.

101. Pode o adolescente se hospedar sozinho em hotel? Se sim, a partir de que idade?

Segundo o artigo 82 do ECA, é proibida a hospedagem de criança ou adolescente em hotel ou estabelecimento congênere, salvo se autorizado (por escrito) ou acompanhado dos pais ou responsáveis.

Assim, e diferentemente da disciplina da autorização para viagem, não importa a idade do adolescente. Sendo menor de 18 anos, não poderá se hospedar sozinho, salvo se autorizado ou acompanhado dos pais ou responsáveis. É por isso que todos os estabelecimentos de hospedagem devem exigir a exibição de documentação por seus hóspedes antes de hospedá-los.

102. A conduta de quem hospeda fora desses limites caracteriza infração administrativa no ECA?

Sim. Nos termos do artigo 250 do ECA, hospedar criança ou adolescente desacompanhado sem a autorização escrita dos pais ou da autoridade judiciária caracteriza infração administrativa que é punida, em princípio, com multa.

Mas o dispositivo legal vai além e prevê que, em caso de reincidência, a autoridade judicial poderá determinar o fechamento do estabelecimento por até 15 dias, o que se dá sem prejuízo da multa. E em caso de reincidência em período inferior a 30 dias, pode mesmo determinar o fechamento definitivo e a cassação da licença de funcionamento do estabelecimento.

Por se tratar de infração de cunho formal (como é a regra), basta a hospedagem foram dos limites legais para sua caracterização, pouco importando se a criança ou adolescente esteve efetivamente exposta a risco enquanto hospedada.

103. O que se entende por "classificação indicativa"?

Segundo o artigo 74 do ECA, cabe ao Poder Público, por meio do órgão competente, regular as diversões e espetáculos públicos, informando sobre as faixas etárias a que não recomendam sua exibição.

Em seguida, determina em seu parágrafo único, aos responsáveis pelas diversões ou espetáculos, que afixem tal informação em lugar visível e de fácil acesso na entrada do local da exibição.

Determina ainda, em seu artigo 76, que as emissoras de rádio e televisão somente exibam os programas nos horários recomendados, e sempre **precedidos** de aviso de sua classificação, ou sejam **antes** da efetiva transmissão ou exibição.

104. Essa classificação gera obrigações aos responsáveis por casas de shows e espetáculos ou às emissoras?

Sim. Como visto, nos termos do parágrafo único do artigo 74 do ECA, cabe aos responsáveis pelas diversões ou espetáculos afixar a informação acerca da classificação indicativa em lugar visível e de fácil acesso na entrada do local da exibição.

Descumprida tal determinação legal, ou seja, não havendo afixação de tal informação, restará caracterizada a infração administrativa do artigo 252 do ECA.

No mesmo sentido, determina o ECA em seu artigo 76, acima abordado, que as emissoras de rádio e televisão somente exibam os programas nos horários recomendados, e sempre **precedidos** de aviso de sua classificação, ou seja, **antes** da efetiva transmissão ou exibição.

Também a violação a esta norma caracteriza infração administrativa, nos termos dos artigos 253 e 254 do ECA, que cominam pena de multa não só à casa de espetáculos, mas também ao órgão de divulgação ou publicidade que anuncie peças, filmes ou espetáculos sem indicar a classificação indicativa a eles atribuída e às emissoras que transmitam espetáculo em horário diverso do autorizado ou sem aviso prévio de sua classificação.

105. O art. 254 do ECA chega a prever, para as emissoras de televisão, a aplicação de multa e até a suspensão da programação. Essa pena é constitucional?

No ano de 2016, o Supremo Tribunal Federal (STF) declarou a **inconstitucionalidade** do supracitado dispositivo, após julgamento da Ação Direta de Inconstitucionalidade (ADI) nº 2404.

Prevaleceu naquela Corte o entendimento de que, a Constituição Federal ao estabelecer um modelo de classificação que "*busca colaborar com as famílias, informando os pais ou responsáveis na tutela do conteúdo acessível aos menores de idade*", o teria feito apenas de forma indicativa, ou seja, criando um norte, uma orientação, e não uma censura, não se coadunando, portanto, com medidas de conteúdo sancionatório, "*sob pena de transformar a indicação em uma obrigação para as emissoras de radiodifusão*".

106. Em linhas gerais, quais foram as inovações trazidas pela Lei nº 14.344, de 24 de maio de 2022, também conhecida como Lei Henry Borel?

Segundo o artigo 1º do novo diploma legal, pretende ele criar mecanismos para a prevenção e o enfrentamento da violência doméstica e familiar contra a criança e o adolescente, promovendo alterações no Código Penal e nas Leis de Execução penal (Lei nº 7.210/84), no Estatuto da Criança e do Adolescente e, ainda, na Lei de Crimes Hediondos (Lei nº 8.072/90 e Lei nº 13.431/2017) que, como visto acima, que estabelece o sistema de garantia de direitos da criança e do adolescente vítima ou testemunha de violência.

Para tanto, inicialmente estabelece o que configuraria a chamada violência doméstica e familiar contra a criança e o adolescente, em moldes semelhantes ao que fez a Lei Maria da Penha em seu artigo 5º, prevendo, inclusive, as omissões como penalmente imputáveis, para em seguida indicar que tal violência caracterizaria violação aos direitos humanos (o que já se reconhecia a partir da leitura da Constituição Federal em conjunto com os tratados, convenções e acordos internacionais ratificados pela República Federativa do Brasil sobre a matéria).

Mais importante que a parte teórica, contudo, são as inovações que criaram efetivo sistema de proteção a essas crianças e adolescentes, desde o primeiro momento em que os fatos chegam ao conhecimento da autoridade policial (o que pode e deve ocorrer, inclusive, por intermédio do Conselho Tutelar, na forma da novel redação do art. 136, incisos XVI e ss.), até a judicialização da causa, inclusive com cabimento de medidas protetivas de urgência, como se via em relação aos crimes praticados em âmbito doméstico e familiar contra a mulher.

Assim, pode-se dizer que a Lei Henry Borel previu um sistema de proteção e assistência à criança e ao adolescente em situação de violência doméstica e familiar, que deve se dar de forma articulada, envolvendo não só os órgãos que integram a rede de assistência já previstos no ECA, mas também o Sistema Único de Saúde e o Sistema Único de Segurança Pública, a garantir atuação célere e eficaz em casos que nela se enquadrem, em especial aqueles que demandam intervenção urgente.

E para tanto, previu que todos os entes federativos poderão criar a promover, nos limites de suas respectivas competências legislativas e administrativas, centros de atendimento às vítimas e de educação/reabilitação aos agressores, espaços para acolhimento, programas de enfrentamento à tal espécie de violência doméstica e familiar, inclusive com dotação orçamentária própria e, ainda, órgãos especializados de delegacias, defensoria pública, serviços de saúde e centros de perícia médico-legal, para que estejam capacitados para prestar os atendimentos às crianças e adolescentes vítimas com as cautelas que se mostram necessárias nestas situações peculiares.

107. É possível requerer a aplicação de medidas protetivas de urgência em desfavor do suposto autor do fato?

Sim. Nos termos do artigo 11 da Lei nº 14.344/22, chegado ao conhecimento da autoridade policial fato que caracterize ação ou omissão que implique a ameaça ou efetiva prática de violência doméstica e familiar contra criança ou adolescente, deverá ela, de imediato adotar alguma(s) da(s) providência(s) indicada(s) no artigo 13, tais como, (i) encaminhamento a atendimento médico – SUS e IML; (ii) encaminhamento da vítima, familiares e testemunhas ao Conselho Tutelar; (iii) comunicação ao MP e ao Judiciário; bem como (iv) garantia de proteção ou mesmo transporte da vítima e seus familiares a atendimento ou acolhimento, ante a gravidade da situação.

E, ainda, se o caso apontar para existência de risco à vida ou integridade física, poderá promover o Delegado o imediato afastamento do lar do agressor, nos termos do artigo 14 da Lei. Tal providência, segundo o mesmo dispositivo, poderá ser adotada inclusive pela autoridade policial quando o Município não for sede de Comarca, ou até mesmo pelo Policial, quando no cenário anterior, não houver delegado disponível, eis que tal circunstância poderia atrasar a análise pela autoridade judicial competente (que deverá ser imediatamente comunicada, nos termos do § 2º do dispositivo).

Em regra, porém, a determinação de afastamento deve se dar por ordem judicial, assim como o deferimento das demais medidas protetivas de urgência, após provocação da autoridade policial, do Ministério Público ou do Conselho Tutelar, ou mesmo "a pedido da pessoa que atue em favor da criança e do adolescente" (artigo 16 da Lei 14.344/22). Em todo caso, deferidas, deve ser o Ministério Público imediatamente comunicado.

Apenas no tocante ao pleito de decretação da prisão preventiva do suposto autor dos fatos e de outras medidas oponíveis ao agressor, em especial aquelas que digam com eventual limitação à sua liberdade (proibição de aproximação, proibição de contato e proibição de frequentar determinados locais, por exemplo) é que a Lei limita a legitimidade (e não poderia ser diferente) ao Ministério Público e à Autoridade Policial.

108. A Lei Henry Borel trouxe alguma inovação no tocante aos crimes ou à natureza das ações penais que decorram de fatos por ela alcançados?

Sim. A Lei 14.344/22 promoveu diversas alterações no que diz respeito aos crimes cometidos contra crianças e adolescentes.

O artigo 226 do Estatuto da Criança e do Adolescente, por exemplo, e na linha do que ocorrera anteriormente com a Lei Maria da Penha, passou a prever em seu artigo 226, § 1º, que aos crimes cometidos contra criança e adolescente, independentemente da pena prevista, não se aplica a Lei nº 9.099/95, o que afasta, desde já, o manejo de instrumentos despenalizadores, bem como torna a ação penal relativa ao delito de lesão leve, por exemplo, pública incondicionada.

Promoveu, também, alteração no próprio Código Penal, para prever uma nova qualificadora para o delito de homicídio, quando seja ele praticado contra menor de 14 anos (artigo 121, § 2º, inciso IX), indicando, ainda, que nestes casos a pena será aumentada 1/3 até a metade se a vítima é pessoa com deficiência ou com doença que implique o aumento de sua vulnerabilidade e de 2/3 se o autor é ascendente, padrasto ou madrasta, tio, irmão, cônjuge, companheiro, tutor, curador, preceptor ou empregador da vítima ou por qualquer outro título tiver autoridade sobre ela (§ 2º-B do artigo 121 do Código Penal).

E neste caso, também o delito será considerado hediondo, eis que a Lei nº 14.344/22 alterou a Lei de Crimes Hediondos (Lei nº 8.072/90) para prever em seu art. 1º inciso I, o homicídio qualificado insculpido no artigo 121, IX, do Código Penal.

Por fim, e ainda no Código Penal, promoveu alteração no capítulo pertinente aos crimes contra a honra, indicando que as penas devem ser aumentadas de 1/3 quando seja praticado contra criança ou adolescente, exceto na hipótese prevista no § 3º do artigo 140 deste Código (artigo 141, inciso IV, do Código Penal).

Ao final, incluir um parágrafo com as seguintes informações:

Importante destacar que alterações semelhantes foram trazidas, também, pela Lei 14.811/2024, que institui a Política Nacional de Prevenção e Combate ao Abuso e Exploração Sexual da Criança e do Adolescente.

Dentre as diversas modificações operadas, merecem relevo aquelas promovidas no Código Penal, na Lei de Crimes Hediondos e no Estatuto da Criança e do Adolescente no tocante aos tipos penais.

Segundo a Lei 14.811/2024, no caso do homicídio qualificado incluído pela Lei 14.344 visto acima, também será aplicável o aumento de 2/3 (dois terços) se o crime for praticado em instituição de educação básica pública ou privada (artigo 121, §2º-B, inciso III).

Já no delito de instigação ao suicídio (artigo 122 do Código Penal), fez incluir o §7º que dispõe que a pena aplica-se em dobro se o autor é líder, coordenador ou administrador de grupo, de comunidade ou de rede virtual, ou por estes é responsável.

Na mesma linha, incluiu-se a criminalização do *bullying* e do *cyberbullying*, no artigo 146-A e seu parágrafo único, respectivamente.

Ainda no tocante aos crimes, modificou o rol da Lei 8.072/1990 para incluir os incisos X a XII ao artigo 7º, de forma que o artigo 122, tanto no *caput* como em seu §4º, assim como o sequestro e cárcere privado cometidos contra menor de 18 (dezoito) anos e, ainda, o tráfico de pessoas cometido contra criança ou adolescente, serão considerados hediondos.

Por fim, vale destacar as alterações promovidas no ECA.

No tocante ao crime previsto no artigo 240, incluiu-se o §1º para dizer que incorre nas mesmas penas do caput quem agencia, facilita, recruta, coage ou de qualquer modo intermedeia a participação de criança ou adolescente nas cenas referidas no artigo, ou ainda quem com esses contracena (inciso I), assim como quem exibe, transmite, auxilia ou facilita a exibição ou transmissão, em tempo real, pela internet, por aplicativos, por meio de dispositivo informático ou qualquer meio ou ambiente digital, de cena de sexo explícito ou pornográfica com a participação de criança ou adolescente (inciso II).

Da mesma forma, incluiu-se o §1º ao artigo 247 para prever que incorre na mesma pena do caput quem exibe ou transmite imagem, vídeo ou corrente de vídeo de criança ou adolescente envolvido em ato infracional ou em outro ato ilícito que lhe seja atribuído, de forma a permitir sua identificação.

Na mesma linha, incluiu-se a previsão do artigo 244-C, que criminaliza a conduta do pai, mãe ou responsável legal que, de forma dolosa, deixar de comunicar à autoridade pública o desaparecimento de criança ou adolescente.

10

DIREITO ELEITORAL

Teilor Santana da Silva

1. Sobre o que dispõe a Resolução 23.714, de 20 de outubro de 2022 (TSE)?

Nos termos do art. 1º, a resolução dispõe sobre o enfrentamento à desinformação atentatória à integridade do processo eleitoral (noticiada no Informativo 15/2022 do TSE).

2. O que é vedado pela Resolução 23.714, de 20 de outubro de 2022 (TSE), em compasso com o Código Eleitoral?

De acordo com o art. 2º, é vedada, nos termos do Código Eleitoral, tanto a divulgação quanto o compartilhamento de fatos que sejam sabidamente inverídicos ou gravemente descontextualizados que atinjam a integridade do processo eleitoral. A vedação abrange, inclusive, os processos de votação, apuração e totalização de votos.

3. Qual o prazo para a remoção das citadas publicações, nos termos da Resolução 23.714, de 20 de outubro de 2022 (TSE)?

O art. 2º, § 1º refere que o Tribunal Superior Eleitoral, em decisão fundamentada, determinará às plataformas a imediata remoção da URL, URI ou URN, sob pena de multa de R$ 100.000,00 (cem mil reais) a R$ 150.000,00 (cem e cinquenta mil reais) por hora de descumprimento, a contar do término da segunda hora após o recebimento da notificação. Já o § 2º prevê regra específica para o período compreendido entre a antevéspera e os três dias seguintes à realização do pleito: no caso, a multa do § 1º incidirá a partir do término da primeira hora após o recebimento da notificação.

4. Segundo a Resolução 23.714, de 20 de outubro de 2022 (TSE), em alguma hipótese se admite a extensão da decisão colegiada do plenário sobre desinformação? Em caso de resposta positiva, quem poderá determina a citada extensão?

Sim, na forma do art. 3º, é possível que seja determinada pela Presidência do Tribunal Superior Eleitoral a extensão de decisão colegiada proferida pelo Plenário do Tribunal sobre desinformação para outras situações com idênticos conteúdos, sob pena de aplicação da multa prevista no art. 2º, inclusive nos casos de sucessivas replicações pelo provedor de conteúdo ou de aplicações. Destaca-se que a presidência do tribunal deverá apontar, em despacho, as URLs, URIs ou URNs com idêntico conteúdo que deverão ser removidos (§ 1º). Do mesmo modo, a multa imposta em decisão complementar, proferida na forma deste artigo, não substitui a multa aplicada na decisão original (§ 2º).

5. É possível que seja determinada a suspensão temporária de perfis, contas ou canais mantidos em mídias sociais? Exige algum requisito específico?

A resposta é dada pelo art. 4º da Resolução 23.714, de 20 de outubro de 2022 (TSE), o qual refere que a produção sistemática de desinformação, caracterizada pela publicação contumaz de informações falsas ou descontextualizadas sobre o processo eleitoral, autoriza a determinação de suspensão temporária de perfis, contas ou canais mantidos em mídias sociais, observados, quanto aos requisitos, prazos e consequências, o disposto no art. 2º. Não se pode negligenciar que a decisão compreenderá a suspensão de registro de novos perfis, contas ou canais pelos responsáveis ou sob seu controle, bem assim a utilização de perfis, contas ou canais contingenciais previamente registrados, sob pena de configuração do crime previsto no art. 347 da Lei nº 4.737, de 15 de julho de 1965 – Código Eleitoral (parágrafo único).

Por fim, vale colacionar a figura criminosa disposta no art. 347 do CE: "Art. 347. Recusar alguém cumprimento ou obediência a diligências, ordens ou instruções da Justiça Eleitoral ou opor embaraços à sua execução: Pena – detenção de três meses a um ano e pagamento de 10 a 20 dias-multa". Trata-se, portanto, de infração de menor potencial ofensivo, cabendo transação penal e se aplicando os consectários da Lei 9.099/1995.

6. Há alguma vedação de veiculação de propaganda eleitoral paga na internet, segundo a Resolução 23.714, de 20 de outubro de 2022 (TSE)?

Nos termos do art. 6º, é vedada, desde quarenta e oito horas antes até vinte e quatro horas depois da eleição, a veiculação paga, inclusive por monetização, direta ou indireta, de propaganda eleitoral na Internet, em sítio eleitoral, em blog, em sítio interativo ou social, ou em outros meios eletrônicos de comunicação da candidata ou do candidato, ou no sítio do partido, federação ou coligação.

Caso seja verificado o descumprimento da vedação, o Tribunal Superior Eleitoral, em decisão fundamentada, determinará às plataformas a imediata remoção da URL, URI ou URN, sob pena de multa de R$ 100.000,00 (cem mil reais) a R$ 150.000,00 (cem e cinquenta mil reais) por hora de descumprimento, a contar do término da primeira hora após o recebimento da notificação (§ 1º).

Outro ponto importante de destacar em provas orais é que o descumprimento da vedação configura realização de gasto ilícito de recursos eleitorais, apto a determinar a desaprovação das contas pertinentes, sem prejuízo da apuração do crime previsto no art. 39, § 5º, inciso IV, da Lei n. 9.504, de 30 de setembro de 1997 (§ 2º).

Veja-se a redação do tipo penal: "Art. 39. A realização de qualquer ato de propaganda partidária ou eleitoral, em recinto aberto ou fechado, não depende de licença da polícia. (...) § 5º Constituem crimes, no dia da eleição, puníveis com detenção, de seis meses a um ano, com a alternativa de prestação de serviços à comunidade pelo mesmo período, e multa no valor de cinco mil a quinze mil UFIR: IV - a publicação de novos conteúdos ou o impulsionamento de conteúdos nas aplicações de internet de que trata o art. 57-B desta Lei, podendo ser mantidos em funcionamento as aplicações e os conteúdos publicados anteriormente". Trata-se, portanto, de infração de menor potencial ofensivo, cabendo transação penal e se aplicando os consectários da Lei 9.099/1995.

7. A Resolução 23.714, de 20 de outubro de 2022 (TSE) tem o condão de excluir as demais esferas de responsabilidade?

Não, muito pelo contrário. Deixa claro que o disposto na resolução não exclui a apuração da responsabilidade penal, do abuso de poder e do uso indevido dos meios de comunicação (art. 7º).

8. Houve algum questionamento judicial acerca da constitucionalidade da Resolução 23.714, de 20 de outubro de 2022 (TSE)?

A Procuradoria-Geral da República ajuizou a ADI 7.261, questionando dispositivos da citada resolução (pendente de julgamento), havendo indeferimento da medida liminar pelo relator (Min. Edson Fachin), referendada pelo plenário. Confira-se:

"Trata-se de ação direta de inconstitucionalidade, com pedido cautelar, ajuizada pelo Procurador-Geral da República (PGR) contra o art. 2º, caput e §§ 1º e 2º; arts. 3º, caput, 4º, 5º, 6º e 8º, todos da Resolução nº. 23.714 do Tribunal Superior Eleitoral (TSE). (...) Não extraio, pois, fumus boni iuris da alegação de inconstitucionalidade da Resolução impugnada, porquanto, conferindo-lhe interpretação constitucional,

> tenho que o ato não atinge o fluxo das mídias tradicionais de comunicação - nem caberia fazê-lo -, tampouco proíbe todo e qualquer discurso, mas apenas aquele que, por sua falsidade patente, descontrole e circulação massiva, atinge gravemente o processo eleitoral. Ante o exposto, por não identificar a presença dos pressupostos legais e dada a necessidade imperiosa de se garantir a segurança jurídica quanto ao regramento incidente sobre as eleições, indefiro a medida cautelar postulada nesta ação direta, indicando que este decisum seja, de logo, submetido a referendo colegiado, em plenário virtual extraordinário, a ser agendado pela e. Ministra Presidente desta Corte. Nos termos da Lei nº. 9.868/98, solicite-se informações à autoridade prolatora da norma impugnada, ouvindo-se, em sequência, a Advocacia-Geral da União. Cumpra a Secretaria as comunicações e providências necessárias, com a devida urgência. Brasília, 22 de outubro de 2022".

Posteriormente, em 19 de dezembro de 2023, o Tribunal Pleno do STF julgou o mérito da causa, decidindo pela improcedência. Reconheceu-se que não há invasão de competência legislativa da União, considerando que se tem reconhecido a competência da corte para atuar no combate à desinformação. Citou-se que não se trata de censura prévia, e sim de hipótese em que é necessária a fiscalização pela autoridade eleitoral, com o objetivo de restringir a formação livre e consciente da vontade do eleitor. Confira-se:

> EMENTA. AÇÃO DIRETA DE INCONSTITUCIONALIDADE. DIREITO CONSTITUCIONAL E ELEITORAL. CONSTITUCIONALIDADE DA RESOLUÇÃO TSE Nº. 23.714/2022. ENFRENTAMENTO DA DESINFORMAÇÃO CAPAZ DE ATINGIR A INTEGRIDADE DO PROCESSO ELEITORAL. 1. Não prospera a alegação de que o Tribunal Superior Eleitoral (TSE), ao exercer a sua atribuição de elaboração normativa e o poder de polícia em relação à propaganda eleitoral, usurpou a competência legislativa da União, porquanto a Justiça Especializada vem tratando da temática do combate à desinformação por meio de reiterados precedentes jurisprudenciais e atos normativos, editados ao longo dos últimos anos. 2. A Resolução TSE nº. 23.714/2022 não consiste em exercício de censura prévia. 3. A disseminação de notícias falsas, no curto prazo do processo eleitoral, pode ter a força de ocupar todo espaço público, restringindo a circulação de ideias e o livre exercício do direito à informação. 4. O fenômeno da desinformação veiculada por meio da internet, caso não fiscalizado pela autoridade eleitoral, tem o condão de restringir a formação livre e consciente da vontade do eleitor. 5. Ausentes elementos que conduzam à decretação de inconstitucionalidade da norma impugnada, há que se adotar atitude de deferência em relação à competência do Tribunal Superior Eleitoral de organização e condução das eleições gerais. 6. Medida cautelar confirmada. 7. Ação Direta de Inconstitucionalidade julgada improcedente.
>
> (ADI 7261, Relator(a): EDSON FACHIN, Tribunal Pleno, julgado em 19-12-2023, PROCESSO ELETRÔNICO DJe-s/n DIVULG 05-03-2024 PUBLIC 06-03-2024)

9. Entes federados podem reduzir o transporte público no dia das eleições?

Alterou-se a Resolução-TSE nº 23.669, de 14 de dezembro de 2021, que dispõe sobre os atos gerais do processo eleitoral para as Eleições 2022, conforme noticiado no Informativo 15/2022.

Conforme consta no art. 20-A da referida resolução, os entes federados não podem, direta ou indiretamente, por suas concessionárias ou permissionárias, reduzir o serviço público de transporte coletivo de passageiros habitualmente ofertado o dia das eleições.

Inclusive tal conduta pode vir a configurar os crimes dos arts. 297 (impedir ou embaraçar o exercício do sufrágio) e 304 (ocultar, sonegar, açambarcar ou recusar no dia da eleição o fornecimento, normalmente a todos, de utilidades, alimentação e meios de transporte, ou conceder exclusividade dos mesmos a determinado partido ou candidato), ambos do Código Eleitoral. Isso sem prejuízo de outras incidências penais eventualmente caracterizadas.

10. É possível a criação de linhas especiais de transporte público no dia das eleições? De igual modo, é possível a utilização de ônibus escolares para essa finalidade?

Cuidado com estes dois pontos (art. 20-A, § 1º). Neste caso, o Poder Público, em comum acordo com a Justiça Eleitoral, não podendo haver nenhuma distinção entre eleitores, tampouco a veiculação de propagando partidária ou eleitoral, poderá: I - criar linhas especiais para regiões mais distantes dos locais de votação; bem como II - valer-se de veículos públicos disponíveis ou requisitar veículos adaptados para o transporte coletivo, como ônibus escolares.

11. Pedidos de direito de resposta não analisados no primeiro turno das eleições continuam a vigorar no segundo turno?

Aqui é preciso avaliar que o Plenário do TSE, por maioria, realizou delimitação sobre a temática, ou seja, definiu que os pedidos de direito de resposta não analisados no primeiro turno das eleições continuam a vigorar durante o período do segundo turno para os dois candidatos da disputa eleitoral (Informativo 15/2022).

12. É possível que o TSE determine a retirada de propagandas com ofensas a candidatos à Presidência da República?

Sim, inclusive isso foi publicado no Informativo 14/2022 do TSE. Na hipótese, a corte eleitoral determinou a remoção de conteúdo que considerou como sendo "propagação de desinformação" e de "notícia sabidamente inverídica".

Por outro lado, no Informativo nº 06/2023, o Tribunal Superior Eleitoral decidiu que "reação satírica à manifestação de candidato adversário não configura propaganda eleitoral irregular".

13. A jurisprudência admite que página na internet se passe por agência de checagem independente e, por outro lado, divulgar propaganda eleitoral em prol de determinado candidato e negativa em desfavor de outro?

No Informativo 13/2022, o TSE determinou a remoção de site vinculado a candidato à Presidência da República, o qual utilizava de forma dissimulada para coletar dados irregularmente e difundir propaganda eleitoral sem conhecimento ou anuência dos destinatários. Segundo noticiado no site do TSE, a relatora apontou que "ao se cadastrar para receber conteúdos da página, o usuário é induzido a acreditar que o site é um veículo politicamente neutro e sem indicativo claro de que os dados fornecidos de boa-fé seriam direcionados a uma campanha eleitoral". Por fim, destacou que "a pessoa precisa saber que está se submetendo a uma propaganda para saber se quer consumir essa propaganda eleitoral ou não. Me pareceu grave a organização do site como uma agência de checagem".

14. É possível a criação de página na internet para o fim exclusivo de divulgar propaganda negativa do candidato opositor?

Outro tema tratado no Informativo 13/2022 do TSE. Na oportunidade, a corte destacou que não é possível. Além disso, como destacado, esses sites não costumam ser declarados como sites oficiais de campanha, o que também não é admitido.

15. Há regra específica para a propaganda eleitoral de mulheres? E de pessoas negras?

De acordo com decisão publicada no Informativo 12/2022, o TSE afirmou que "o tempo de propaganda eleitoral gratuita para candidaturas de mulheres e de pessoas negras deve observar não apenas o percentual global, mas também os percentuais individuais, assim considerados separadamente, em rádio e televisão, os blocos e as inserções". Em caso de descumprimento dos percentuais mínimos, malgrado não se autorize a Justiça Eleitoral a impor sanções de direito material, possibilita-se que os interessados ajuízem representação para fins de compensação e requeiram as imposições de medidas pessoais típicas.

Do mesmo modo, no Informativo 09/2022, o TSE decidiu que "na eleição proporcional, o percentual mínimo de candidaturas por gênero deverá ser atendido tanto globalmente, na lista da federação, quanto por cada partido, nas indicações que fizer para compor a lista".

Vale conferir a Resolução nº 23.732/2024, que altera a Res.-TSE nº 23.610/2019, dispondo sobre a propaganda eleitoral. Nesse sentido, destaca-se a novel redação do art. 77, § 6º, o qual refere que "comprovado o não atingimento dos percentuais destinados às candidaturas de mulheres e de pessoas negras em um ciclo semanal de propaganda eleitoral gratuita, o tempo faltante deverá ser compensado nas semanas seguintes, pelo período necessário para assegurar o cumprimento da proporcionalidade até o fim da campanha". Em continuidade, o § 7º refere que os candidatos e candidatas que forem prejudicadas pela inobservância da regra poderão requerer judicialmente a compensação do tempo de propaganda a que têm direito, observado o procedimento previsto no art. 96 da Lei nº 9.504/1997. O § 8º determina que para assegurar a eficácia da decisão judicial que determine a compensação de tempo, poderão ser adotadas medidas coercitivas, incluída a cominação de multa processual até seu efetivo cumprimento. Por fim, na forma do § 9º, para possibilitar o controle das regras previstas, os tribunais eleitorais disponibilizarão, em suas páginas na internet, a informação sobre o tempo de propaganda gratuita destinado às candidaturas de mulheres e de pessoas negras, que será extraída dos dados fornecidos pelos partidos políticos, federações e coligações em formulários específicos.

16. Diretórios Estaduais devem informar nas prestações de contas o total de recursos do fundo partidário destinado especificamente para as candidaturas de mulheres e pessoas negras? Ou isso é uma obrigação exclusiva dos diretórios nacionais?

Na esteira do que publicado no Informativo 11/2022, o TSE destacou que não se trata de providência que se restringe ao diretório nacional. Por isso, os diretórios estaduais dos partidos políticos "têm o dever de informar nas prestações de contas enviadas à Justiça Eleitoral o total de recursos do Fundo Partidário destinado especificamente para as candidaturas de mulheres e pessoas negras nas Eleições 2022, conforme preceitua a Resolução-TSE nº 23.607/2019".

17. Suponha que determinado candidato fez uso de aplicações digitais de mensagens instantâneas para promoção de disparos em massa que contêm desinformação e inverdades relacionadas ao pleito eleitoral. Tal conduta pode configurar abuso de poder econômico? E uso indevido dos meios de comunicação social? Exige-se prova da gravidade dos fatos para a procedência de eventual ação eleitoral? Fundamente.

Conforme decisão publicada no Informativo 14/2021 do TSE, de fato, o uso de aplicativos (ou aplicações) digitais de mensagens instantâneas para promoção de disparos em massa que contêm desinformação e inverdades relacionadas ao pleito eleitoral pode configurar abuso de poder econômico e uso indevido dos meios de comunicação social. Todavia, é necessário que a parte junte aos autos elementos de prova suficientes para comprovar a gravidade dos fatos alegados.

18. A contratação de impulsionamento de conteúdo no período de pré-campanha configura propaganda eleitoral antecipada?

Não, de acordo com o que foi decidido pelo TSE no Informativo 10/2021.

19. Candidato, ao produzia seu jingle de campanha, poderá fazer paródia de música alheia sem que isso configure violação de direito autoral?

De acordo com o Superior Tribunal de Justiça, o direito autoral de natureza patrimonial, dependerá, em regra, de autorização prévia e expressa do seu titular. Porém, a Lei n. 9.610/1998 enumera hipóteses limitativas do direito exclusivo do autor de usufruir de sua obra, entre eles a paródia, desde que não traduza "verdadeira reprodução" da criação preexistente nem acarrete o seu descrédito.

O STJ destaca que "com base na lei de regência, nas normas internacionais e na jurisprudência desta Corte, o reconhecimento da licitude da paródia – elaborada sem a autorização do autor da obra originária – depende do preenchimento dos seguintes requisitos: (i) existência de certo grau de criatividade (ou seja, a obra derivada não poderá retratar verdadeira reprodução da obra parodiada); (ii) ausência de efeito desabonador da obra originária; (iii) respeito à honra, à intimidade, à imagem e à privacidade de terceiros (artigo 5º, inciso X, da Constituição de 1988); (iv) observância do direito moral de ineditismo do autor da criação primeva (artigo 24, inciso III, da Lei 9.610/1998); (v) atendimento da 'regra do teste dos três passos' (three-step-test), que viabiliza o exercício do direito de reprodução por terceiros não autorizados em casos especiais, que não conflitem com a exploração normal da obra nem prejudiquem, injustificadamente, os interesses legítimos do autor; e (vi) ausência de intuito comercial, tendo em vista o acréscimo de fundamentação trazido pelo eminente Ministro Raul Araújo".

Diante disso, ao apreciar caso concreto, o STJ destacou que, na espécie, o demandado "satisfez todos os requisitos acima enumerados, não tendo sido apontado, na inicial, qualquer constrangimento - de índole moral, psicológica, política, cultural ou social – atentatório de direito existencial defluente do postulado universal da 'dignidade humana'" (STJ, EREsp n. 1.810.440/SP, relator Ministro Luis Felipe Salomão, Segunda Seção, julgado em 24/8/2022, DJe de 11/10/2022).

20. É possível a utilização de bens e serviços públicos pelo Presidente da República na campanha eleitoral?

No Informativo 13/2022, o TSE salientou que "o Presidente da República não pode gravar e transmitir lives de cunho eleitoral destinadas a promover a sua candidatura, utilizando-se de bens e serviços públicos, como o Palácio da Alvorada, o Palácio do Planalto e os serviços de tradução de Libras custeados pelos cofres públicos". Deve-se atentar para o fato de que essa decisão tem potencial de se repetir não somente em eleições para o cargo de presidente da república, mas também nos demais cargos do Poder Executivo e do Poder Legislativo. O que se busca proscrever, em verdade, é o uso indevido dos bens e serviços públicos por detentor de mandato eletivo, protegendo-se, igualmente, o patrimônio público e a isonomia na busca do cargo público eletivo.

21. É válida a divulgação da declaração de bens dos candidatos no DivulgaCandContas? Isso também se aplica a eventual telefone e e-mail pessoal do candidato? Em caso de resposta positiva, há limite de tempo na divulgação?

No informativo 11/2022, o TSE fez distinção entre os pontos. Isso porque, ao mesmo tempo em que entendeu que a divulgação de certidões e de declaração de bens dos candidatos devem estar no DivulgaCandContas, em virtude do princípio da transparência; destacou não ser possível a divulgação da ocupação do lote ou apartamento, telefone e e-mail pessoal, diante da necessidade de garantir a segurança pessoal. Por fim, também se decidiu que "não existe limite de tempo para que esses dados estejam acessíveis à sociedade".

22. Em caso de fusão de partidos, a sanção aplicada a uma das legendas relativa à prestação de contas se estende aos demais partidos?

No Informativo 11/2022, o TSE decidiu que a sanção se estende aos demais partidos com quem a agremiação fundou um novo partido. Porém não se pode esquecer que a sanção afetará apenas a quota-parte da agremiação que originariamente foi objeto da sanção.

23. Os partidos integrantes da coligação majoritária para governador devem integrar a mesma coligação para o cargo de senador?

Sim, conforme decidido pelo TSE no Informativo 09/2022. No entanto, os partidos integrantes da coligação para governador podem lançar, individualmente, candidatos ao Senado. Além disso, partido que não integra coligação pode lançar, individualmente, candidato a senador.

24. Suponha que tenha havido incorporação do Partido Político "A" pelo Partido Político "B". Do mesmo modo, suponha que haja inúmeras acusações de atos de corrupção praticados por dirigentes do Partido "C". Em alguma dessas hipóteses será possível, segundo a jurisprudência, o reconhecimento de justa causa para desfiliação partidária? Fundamente.

A questão explora a casuística da jurisprudência do TSE. No primeiro caso, entende-se que há justa causa para desfiliação partidária (Informativo 16/2021), o que não ocorre na segunda situação (Informativo 11/2021).

Na primeira situação, o TSE entende ser "inegável que a incorporação de um partido em outro fulmina toda ou, quando menos, substancialmente, a ideologia da agremiação incorporada que, afinal, deixa de existir", sendo suficiente para caracterizar a referida causa de justificação e possibilitar a desfiliação sem a perda do respectivo cargo. Por outro lado, na segunda situação, o TSE entende que "acusações de atos de corrupção praticados por dirigentes de partido não configuram a hipótese de justa causa para desfiliação partidária consistente na mudança substancial ou desvio reiterado do programa partidário".

Por fim, pela pertinência com o tema "justa causa", no Informativo 09/2024, o TSE decidiu que "a simples celebração de federação partidária não é apta a caracterizar justa causa para desfiliação partidária" (CTA n. 060016756, Brasília/DF, rel. Min. Nunes Marques, julgado em 4/6/2024, em sessão administrativa).

25. Suponha que o presidente do Diretório Municipal do "Partido pelo Brasil" emitiu carta de anuência para a desfiliação do parlamentar João da Silva, assinalando que essa conduta não configurava infidelidade partidária. Posteriormente, ocorreu a expulsão do parlamentar dos quadros do partido político, motivo por que foi efetivada a sua desfiliação. Todavia, foi ajuizada ação visando a perda do mandato eletivo de João da Silva pelo diretório nacional da agremiação. Manifeste-se acerca do caso concreto, destacando, sobretudo, a existência de interesse processual na propositura da ação.

Segundo decidido pelo TSE no Informativo 02/2022, a existência de carta de anuência com a desfiliação, assinada pelo presidente do diretório municipal, bem como de ato formal de expulsão do parlamentar, com o registro do desligamento nos assentos da Justiça Eleitoral e baixa no Sistema de Filiação Partidária (Filia), afasta o interesse processual para a propositura de ação de perda de mandato eletivo.

26. Coligação majoritária pode impugnar candidaturas de eleições proporcionais?

Segundo noticiado no Informativo 07/2021, coligações com candidatos a cargos majoritários possuem legitimidade e interesse processual para impugnar candidaturas de eleições proporcionais.

27. Eleitores podem ingressar com o celular e o documento de identificação na cabine de votação?

Em decisão publicada no Informativo 11/2022, o TSE destacou que, antes de votar, o eleitor deve deixar o celular e o documento de identificação com os mesários, a fim de garantir o sigilo do voto. Em caso de descumprimento, os mesários poderão acionar o juiz responsável pela zona eleitoral, bem como ser solicitada a polícia militar para solucionar eventuais questionamentos. Por fim, o uso de detectores de metais, para casos excepcionais, ficará a cargo de cada juiz eleitoral responsável.

28. Pessoa física que possui como única fonte de renda a exploração comercial de agência lotérica ou de transporte público pode fazer doação a candidato a cargo do Legislativo ou do Executivo?

Não, segundo decidido pelo TSE no Informativo 09/2022, pois se trata de permissão e concessão de serviço público, respectivamente.

29. Pessoas físicas que utilizem o número do CPF como chave PIX poderão doar recursos a partidos e candidatos?

Sim, apenas o número do CPF poderá ser utilizado como chave PIX para a realização de doações por pessoas físicas (TSE, Informativo 09/2022).

30. A jurisprudência admite a criação de zonas criminais eleitorais especializadas?

Sim, inclusive se trata de tema disciplinado na Res.-TSE nº 23.618, de 7 de maio de 2020. No Informativo 05/2022, o TSE debateu alguns pontos sobre o tema. (i) O Supremo Tribunal Federal, nos autos do Inquérito nº 4.435/DF, reafirmou a competência da Justiça Eleitoral para o julgamento dos crimes eleitorais e dos comuns que lhes forem conexos; (b) o TSE admitiu a alteração da resolução, para o fim de fixar um rol taxativo de crimes comuns conexos aos crimes eleitorais e definir a competência material das zonas eleitorais criminais especializadas para processar e julgar tais delitos; (c) rol de crimes: peculato, concussão, advocacia administrativa, tráfico de influência, corrupção ativa e passiva, contra o Sistema Financeiro Nacional (Lei nº 7.492/1986), de lavagem ou ocultação de bens, direitos e valores (Lei nº 9.613/1998), sempre que conexos a crimes eleitorais, nos termos da decisão do STF no INQ nº 4.435/DF, independentemente do caráter transnacional ou não das infrações penais; bem como os crimes de organização criminosa (Lei nº 12.850/2013), de associação criminosa (art. 288 do Código Penal) e os praticados por milícias privadas (art. 288-A do Código Penal), ainda que não conexos com aqueles do caput, quando a estrutura da organização, associação ou milícia privada envolver mais de uma zona eleitoral em diferentes municípios, desde que mantida a conexão com os crimes eleitorais.

31. A quem cabe a execução nestes casos?

Caberá ao juiz eleitoral da zona da condenação a execução das sentenças penais, excetuadas aquelas em que impostas penas privativas de liberdade, cuja execução permanecerá a cargo da Vara de Execuções Penais do Tribunal de Justiça estadual.

32. Suponha que João da Silva, Prefeito, no decorrer da campanha eleitoral para Deputado Estadual, tenha praticado inúmeras condutas vedadas pela legislação eleitoral, dentro e fora dos limites do seu município, vindo a ser processado. Em sua defesa, João destacou que não pode ser responsabilizado por atos praticados fora da circunscrição do seu município. Salientou que somente teria "poder de influência" em seus eleitores locais, não havendo motivo para imputações de fatos ocorridos fora dos limites do município em que é mandatário. Assiste razão a João da Silva? Aponte os respectivos fundamentos, segundo a jurisprudência.

Trata-se de caso concreto elaborado a partir de julgado do Informativo 16/2021 do TSE. No caso, destacou-se que a "apuração de conduta vedada a agente público é cabível mesmo quando praticada em circunscrição diversa daquela do pleito", não sendo necessário que a eleição ocorra nos mesmos limites territoriais do cargo ocupado. Caberá ao órgão julgador, no caso concreto, apreciar os impactos dos ilícitos na disputa. Caso se adotasse posicionamento diverso, autorizar-se-ia "que todos os prefeitos do país, caso quisessem, praticassem qualquer conduta vedada em favor de candidaturas de sua preferência aos cargos de deputado estadual, senador, governador e presidente da República, pois tanto a chefia do Executivo municipal quanto as pessoas candidatas que recebessem seu apoio estariam livres da persecução civil-eleitoral".

33. A imunidade parlamentar abrange a conduta de divulgar fatos sabidamente inverídicos sobre a segurança das urnas eletrônicas? Fundamente.

Segundo publicado no Informativo 14/2021 do TSE, "divulgar, sob a proteção da imunidade parlamentar, fatos sabidamente inverídicos sobre a segurança das urnas eletrônicas pode configurar abuso de poder político e de autoridade e uso indevido de meios de comunicação social".

34. O descumprimento de regras sanitárias durante atos de campanha eleitoral é motivo apto a atrair a aplicação de multa prevista na Lei das Eleições?

Sim, conforme decidido no Informativo 12/2021 (decisão proferida no cenário excepcional causado pela pandemia da Covid-19, objetivando preservar a saúde e a vida das pessoas, o que impunha a aplicação de sanção de natureza pecuniária na hipótese de descumprimento de regras sanitárias – TSE).

35. A prática da chamada "rachadinha" pode atrair a incidência de hipótese de inelegibilidade prevista na Lei Complementar 64/1990? Fundamente.

Conforme decisão do Informativo 12/2021, a prática ilícita de 'rachadinha' configura enriquecimento ilícito e dano ao erário, atraindo a incidência da inelegibilidade prevista na alínea l do inciso I do art. 1º da Lei Complementar nº 64/1990.

36. Discorra sobre a (i)licitude da gravação ambiental realizada em ambiente privado sem prévia autorização judicial e sem o consentimento ou ciência de todos os interlocutores.

Na forma do que foi divulgado no Informativo 13/2021, a referida gravação ambiental (realizada em espaço privado sem autorização judicial e sem anuência de todas as pessoas participantes) não pode ser utilizada como prova apta a fundamentar condenação em representação eleitoral, visto que afronta o disposto no art. 5º, X, da Constituição da República (inviolabilidade da intimidade, da vida privada, da honra e da imagem das pessoas, assegurado o direito a indenização pelo dano material ou moral decorrente de sua violação).

37. Discorra brevemente sobre a possibilidade de utilizar recursos do Fundo Partidário para garantir o cumprimento voluntário ou forçado da obrigação decorrente de uso irregular de verbas públicas.

Nos termos do que foi publicado no Informativo 03/2022 do TSE, é possível a utilização de recursos do Fundo Partidário para garantir o cumprimento tanto voluntário quanto forçado da obrigação decorrente de uso irregular de verbas públicas.

38. O Código Eleitoral possui alguma regra específica sobre a previsão de penas mínimas para os delitos? Ou segue a regra do Código Penal?

Sempre que o Código Eleitoral não indicar a pena mínima, entende-se que será de quinze dias para a pena de detenção e de um ano para a de reclusão (art. 284 do CE).

Aqui é importante destacar que o Código Eleitoral, ao contrário do que ocorre com o Código Penal (e a imensa maioria dos tipos penais do ordenamento jurídico pátrio), possui alguns crimes que não tem pena mínima prevista expressamente. A suposta lacuna jurídica é resolvida pelo art. 284 do Código Eleitoral. Vejam-se exemplos:

- O art. 289 do CE prevê o crime de "inscrever-se fraudulentamente eleitor", com pena de "reclusão até cinco anos e pagamento de cinco a 15 dias-multa". Assim, diante da ausência de pena mínima expressa em abstrato, considerando que se trata de reclusão, considera-se que será de um ano. Por isso, não é cabível transação penal – e sim eventual ANPP ou suspensão condicional do processo.
- O art. 295 do CE prevê o crime de "reter título eleitoral contra a vontade do eleitor", com pena de "detenção até dois meses ou pagamento de 30 a 60 dias-multa". Assim, diante da ausência de pena mínima expressa em abstrato, considerando que se trata de detenção, considera-se que será de quinze dias. Por isso, é cabível transação penal (infração de menor potencial ofensivo, com os consectários da Lei 9.099/1995).

39. O Código Eleitoral possui regra específica sobre a previsão de *quantum* de valoração para as agravantes e atenuantes? Ou segue a lógica do Código Penal?

Quando a lei determina a agravação ou atenuação da pena sem mencionar o "quantum", deve o juiz fixá-lo entre um quinto e um terço, guardados os limites da pena cominada ao crime (art. 285 do CE). Mais uma vez há regra especial no Código Eleitoral, considerando que não há dispositivo semelhante no Código Penal.

40. Discorra sobre o crime de corrupção eleitoral (art. 299 do Código Eleitoral).

No Código Eleitoral (art. 299) há um tipo único de corrupção, não se dividindo em corrupção ativa e passiva (como ocorre no CP – arts. 317 e 333, ambos do CP). Trata-se de crime formal, pois se consuma "ainda que a oferta não seja aceita".

Sobre o crime, o TSE refere que "é irrelevante o período em que se deu a conduta típica, pois a condição de candidato não é fundamental para a consumação do crime, que pode ocorrer em qualquer tempo. Para a configuração deste tipo penal, basta que a vantagem oferecida esteja vinculada à obtenção de votos" (Ac. de 16.4.2020 no AgR-AI nº 383, rel. Min. Luís Roberto Barroso). No mesmo diapasão, "o requerimento de registro de candidatura é irrelevante para a configuração do delito do art. 299 do Código Eleitoral. A exigência da formalização de candidatura não é elemento do tipo penal" (Ac. de 18.2.2020 no REspe nº 311285, rel. Min. Luís Roberto Barroso).

41. Discorra sobre os crimes contra a honra, na forma do Código Eleitoral, apontando o elemento especializante, bem como a espécie de ação penal.

Há tipos específicos de calúnia, difamação e injúria no Código Eleitoral (arts. 324, 325 e 326), na hipótese de serem praticados "na propaganda eleitoral, ou visando a fins de propaganda". A ação penal é pública incondicionada.

Confira-se a delimitação trazida pela jurisprudência do TSE: "para se falar na prática dos crimes de injúria e de calúnia eleitorais é imprescindível que haja o contexto de propaganda eleitoral, ou, ao menos, que vise aos fins dela. Isso porque o legislador acresceu aos referidos tipos penais a elementar objetiva atinente ao contexto eleitoral em que perpetradas as condutas, a qual não encontra correspondência nos delitos de calúnia e difamação previstos no Código Penal. Entretanto, na espécie, as referidas elementares do tipo, na verdade, inexistem. Na verdade, está-se diante de pretenso cometimento de crimes comuns, previstos no CP" (Ac. de 16.6.2020 no AgR-REspe nº 2202, rel. Min. Og Fernandes.).

A respeito dos crimes contra a honra, na forma do Código Eleitoral, confira-se a casuística:

- "A conformação do tipo penal da calúnia eleitoral exige a imputação a alguém de fato determinado que seja definido como crime. Alegações genéricas, ainda que atinjam a honra do destinatário, não são aptas para caracterizar o delito" (Ac. de 21.2.2019 no AgR-REspe nº 22484, rel. Min. Admar Gonzaga).
- "Para a tipificação dos crimes de difamação e injúria eleitorais, previstos nos arts. 325 e 326 do Código Eleitoral, não é preciso que a ofensa seja praticada contra candidato, uma vez que a norma descreve as condutas de difamar e injuriar alguém, sem especificar nenhuma qualidade especial quanto ao ofendido" (Ac. de 14.12.2010 no HC nº 187635, rel. Min. Aldir Passarinho Junior).
- "Em virtude do elemento normativo 'visando a fins de propaganda', constante do art. 325 do Código Eleitoral, o crime de difamação pode ocorrer em contexto que não seja ato tipicamente de propaganda eleitoral" (Ac. de 27.5.2010 no REspe nº 36671, rel. Min. Arnaldo Versiani).

42. Discorra sobre o crime de "violência política contra a mulher", apontando se as espécies de violência contra a mulher previstas na Lei Maria da Penha encontram-se em rol taxativo ou exemplificativo.

Art. 326-B. Assediar, constranger, humilhar, perseguir ou ameaçar, por qualquer meio, candidata a cargo eletivo ou detentora de mandato eletivo, utilizando-se de menosprezo ou discriminação à condição de mulher ou à sua cor, raça ou etnia, com a finalidade de impedir ou de dificultar a sua campanha eleitoral ou o desempenho de seu mandato eletivo. (com redação dada pela Lei nº 14.192, de 2021).

Pena - reclusão, de 1 (um) a 4 (quatro) anos, e multa.

* CONCEITO DE VIOLÊNCIA POLÍTICA: Art. 3º Considera-se violência política contra a mulher toda ação, conduta ou omissão com a finalidade de impedir, obstaculizar ou restringir os direitos políticos da mulher.

Parágrafo único. Constituem igualmente atos de violência política contra a mulher qualquer distinção, exclusão ou restrição no reconhecimento, gozo ou exercício de seus direitos e de suas liberdades políticas fundamentais, em virtude do sexo.

* Lembrando que os "tipos de violência" do art. 7º da LMP são exemplificativos (pois a lei, ao tempo em que cita violência física, psicológica, sexual, patrimonial e moral, também usa a expressão "entre outras").

43. Crime contra a honra praticado em contexto eleitoral com menosprezo ou discriminação à condição de mulher possui alguma causa de aumento de pena ou agravante específica?

Cuida-se de novidade introduzida pela Lei nº 14.192/2021. Assim, veja-se que o art. 327 do CE refere que haverá causa de aumento de pena, aquilatada na terceira fase da dosimetria, caso o crime contra a honra tenha sido praticado com "menosprezo ou discriminação à condição de mulher ou à sua cor, raça ou etnia". Do mesmo modo, há outra causa de aumento que merece atenção dos candidatos, qual seja, o fato do crime ter sido cometido "por meio da internet ou de rede social ou com transmissão em tempo real".

Art. 327. As penas cominadas nos arts. 324, 325 e 326 aumentam-se de 1/3 (um terço) até metade, se qualquer dos crimes é cometido: (com redação dada pela Lei nº 14.192, de 2021).

IV - com menosprezo ou discriminação à condição de mulher ou à sua cor, raça ou etnia;

V - por meio da internet ou de rede social ou com transmissão em tempo real.

44. Qual a natureza da ação penal nos crimes previstos no Código Eleitoral? Todos são de ação penal pública? Ou há previsão de ação penal de iniciativa privada?

Os crimes eleitorais são de ação penal pública incondicionada (art. 355 do CE).

45. Qual o prazo para o oferecimento da peça acusatória pelo Ministério Público no caso de crimes eleitorais?

Verificada a infração penal, o Ministério Público oferecerá a denúncia dentro do prazo de 10 dias (art. 357 do CE).

46. O mero fato do crime ter sido praticado em época de campanha eleitoral atrai a competência da Justiça Eleitoral?

De acordo com a jurisprudência do STJ, tal fato não é suficiente para fixar a competência da justiça especializada, ainda mais quando sequer há denúncia ou conexão com crime previsto no Código Eleitoral. Confira-se precedente:

> "2. In casu, embora os fatos praticados pelo recorrente tenham ocorrido no período da campanha eleitoral de 2004, não houve imputação da prática de nenhum dos crimes tipificados Código Eleitoral. 3. Conexão que envolveria o reconhecimento de crime eleitoral não denunciado pelo Ministério Público. 4. Conforme preceitua o art. 383 do CPP, o magistrado poderá aplicar diversa tipificação constante da denúncia e encaminhar ao juízo eventualmente competente. 5. Agravo regimental desprovido" (STJ, AgRg no RHC n. 166.413/SP, relator Ministro Ribeiro Dantas, Quinta Turma, julgado em 28/11/2022, DJe de 6/12/2022.)

47. Em caso de conexão entre crime comum e crime eleitoral, a quem cabe dirimir as questões relativas à competência?

Segundo a jurisprudência, "o Plenário do Supremo Tribunal Federal firmou a tese de que compete à Justiça Eleitoral processar e julgar os crimes eleitorais e os crimes comuns que lhes forem conexos. Assim, constatada a existência de possível conexão entre crime de natureza comum e crime de natureza eleitoral, a questão deverá ser dirimida perante a Justiça Especializada". Assim, a análise acerca da fixação da competência, por conexão, cabe à Justiça Eleitoral. Assim, os indícios de conexão impedem que os autos sejam mantidos na justiça comum – Estadual ou Federal –, diante de prevalecer a competência absoluta da justiça especializada – Eleitoral (STJ, AgRg no AREsp n. 2.137.781/SC, relator Ministro Reynaldo Soares da Fonseca, Quinta Turma, julgado em 8/11/2022, DJe de 16/11/2022). No Informativo nº 01/2023, o Plenário do TSE reafirmou a competência da Justiça Eleitoral para processar e julgar ação penal em que exista conexão entre crimes comuns e crimes eleitorais.

O TSE tem posicionamento no sentido de que "mesmo operada a prescrição em relação ao crime eleitoral, subsiste a competência desta Justiça especializada" (Ac. de 18.3.2008 no HC nº 584, rel. Min. Marcelo Ribeiro), visto que "conexidade entre os delitos não deixa de existir em razão da ocorrência da prescrição" (Ac. de 30.10.2007 no HC nº 566, rel. Min. Marcelo Ribeiro). De igual sorte, "ainda que tenha havido absolvição quanto ao crime eleitoral, esta justiça especializada continua competente para os demais crimes" (TSE, Ac. de 25.11.2014 no AgR-REspe nº 174724, rel. Min. João Otávio de Noronha).

48. O chamado "caixa dois" é considerado crime?

Sim, encontrando ressonância no art. 350 do Código Eleitoral. Veja-se a jurisprudência: "3. A prática conhecida por 'caixa dois', ou seja, o emprego de valores, fruto de práticas delitivas, para o financiamento de campanha eleitoral, evidentemente não declarados à Justiça Eleitoral, sugere o cometimento do crime descrito no art. 350 do Código Eleitoral" (STJ, AgRg no AREsp n. 2.137.781/SC, relator Ministro Reynaldo Soares da Fonseca, Quinta Turma, julgado em 8/11/2022, DJe de 16/11/2022).

Vale destacar que a jurisprudência entende que a conduta, para caracterizar o crime previsto no art. 350 do CE, não precisa ter sido cometida necessariamente durante o período eleitoral, visto que a caracterização da finalidade eleitoral está relacionada ao potencial dano às atividades–fins desta Justiça especializada (TSE, Ac. de 2.6.2020 no CC nº 060073781, rel. Min. Og Fernandes).

49. O uso de dinheiro de origem criminosa em campanha, mediante falsidade ideológica eleitoral, constitui crime eleitoral?

Sim, caracteriza o crime do art. 350 do Código Eleitoral, fixando-se a competência da Justiça Eleitoral (STJ, HC n. 746.737/DF, relator Ministro Joel Ilan Paciornik, Quinta Turma, julgado em 6/9/2022, DJe de 12/9/2022). No caso, não havendo notícias de que a parte teria utilizado recursos advindos de fontes espúrias em campanha, não há falar no delito do art. 350 do Código Eleitoral. Destacou-se, aliás, que o desvio de computadores doados para estudantes carentes, amolda-se ao crime de peculato majorado (CP), e não a crime eleitoral.

50. Admite-se ação penal privada subsidiária da pública em caso de crimes eleitorais?

Sim, admite-se. Não se pode esquecer que a ação penal privada subsidiária da pública encontra previsão no texto constitucional, como verdadeiro direito fundamental (art. 5º, LIX, da CRFB). É regulamentada no art. 29 do CPP, havendo previsão no Código Eleitoral (art. 364) de aplicação subsidiária/supletiva do CPP. Todavia, para que seja cabível a chamada queixa-crime subsidiária, é necessário que se demonstre a inércia do Ministério Público, de modo que "não tenha oferecido denúncia, requerido diligências ou solicitado o arquivamento de inquérito policial, no prazo legal. 4. Tem-se incabível a ação supletiva na hipótese em que o representante do Ministério Público postulou providência ao juiz, razão pela qual não se pode concluir pela sua inércia" (TSE, Ac. de 14.8.2003 no REspe nº 21295, rel. Min. Fernando Neves.)

51. Suponha que o Ministério Público Eleitoral requisite inquérito policial para apurar eventual crime eleitoral cometido por prefeito, sendo instaurado pelo Delegado de Polícia Federal, sem prévia autorização do Tribunal Regional Eleitoral. Há alguma ilegalidade no caso concreto? Qual a consequência?

Nos casos em que há prerrogativa de foro, a jurisprudência não admite que ocorra a tramitação direta do inquérito policial entre o MP e a Delegacia de Polícia, sem a supervisão do órgão competente para julgar o suposto crime eleitoral. Sabe-se que eventuais "irregularidades no inquérito policial não contaminam a ação penal se forem independentes. Contudo, a competência em razão do foro por prerrogativa de função é prerrequisito à deflagração da investigação, não se tratando de mera irregularidade". Por isso, no caso em apreço, o TSE não admitiu a convalidação do vício, reconhecendo a nulidade (Ac. de 25.4.2017 no HC nº 060052735, rel. Min. Luciana Lóssio).

52. A improcedência de ação cível-eleitoral interfere na ação penal pelos mesmos fatos?

De acordo com o TSE, "as esferas penal e cível–eleitoral são independentes entre si, de modo que a improcedência da demanda eleitoral, como na AIJE, não é apta a prejudicar o processamento dos mesmos fatos em âmbito criminal, sobretudo porque os requisitos configuradores de ilícitos eleitorais e de ilícitos penais são diversos" (Ac. de 16.6.2020 no AgR-RHC nº 060184610, rel. Min. Og Fernandes).

No mesmo sentido: "A absolvição na representação por captação ilícita de sufrágio, na esfera cível-eleitoral, ainda que acobertada pelo manto da coisa julgada, não obsta a persecutio criminis pela prática do tipo penal descrito no art. 299, do Código Eleitoral" (Ac. de 27.11.2007 no AgRgAg nº 6553, rel. Min. Cezar Peluso.)

53. O crime de inscrição fraudulenta de eleitor demanda finalidade eleitoral específica para sua configuração?

Não, visto que, segundo a jurisprudência, "o art. 289 do Código Eleitoral evidencia que o crime de inscrição fraudulenta de eleitor não demanda nenhuma finalidade eleitoral específica para sua configuração, de modo que, para subsunção da conduta ao tipo penal, basta a vontade consciente do agente para realizar, mediante expediente ardil, transferência ou inscrição eleitoral (dolo genérico), tal como reconhecido no acórdão recorrido" (Ac. de 3.9.2019 no AgR-AI nº 3158, rel. Min. Tarcísio Vieira de Carvalho Neto).

54. A utilização de celular funcional para envio de mensagens por SMS com conteúdo eleitoral caracteriza o crime de "uso indevido de estrutura administrativa"?

Embora se trata de conduta com natureza irregular, não se amolda às condutas previstas nos art. arts. 346 e 377 do Código Eleitoral. Segundo o TSE, "os precedentes desta Corte sobre o tema, relacionados no acórdão de origem, identificam o tipo penal em questão com a utilização das instalações físicas da Administração Pública, ou com o direcionamento de serviços públicos por esta prestados ao favorecimento de partidos políticos. O uso do aparelho celular funcional e do serviço de comunicações correspondente, para fins de divulgação de material publicitário, não parece, em princípio, atingir o bem jurídico protegido pela norma, que é o de obstar a utilização das instalações físicas ou o desvio dos serviços prestados, em prejuízo do administrado" (Ac. de 21.8.2018 no REspe nº 3425, rel.Min. Luís Roberto Barroso).

55. Discorra sobre o princípio da lisura das eleições.

Está previsto no art. 23 da Lei Complementar 64/1990 (Lei das Inelegibilidades), assim redigido: "O Tribunal formará sua convicção pela livre apreciação dos fatos públicos e notórios, dos indícios e presunções e prova produzida, atentando para circunstâncias ou fatos, ainda que não indicados ou alegados pelas partes, mas que preservem o interesse público de lisura eleitoral". Com base neste princípio se pretendem eleições sem eventuais abusos, inclusive políticos e econômicos. De igual modo, sem fraudes e incidentes de corrupção. Ressai como função do Ministério Público Eleitoral e da Justiça Eleitoral a preservação dos valores que circundam tal princípio.

56. Discorra sobre o princípio do aproveitamento do voto.

Está previsto no art. 219 do Código Eleitoral: "Na aplicação da lei eleitoral o juiz atenderá sempre aos fins e resultados a que ela se dirige, abstendo-se de pronunciar nulidades sem demonstração de prejuízo". Trabalha-se com a ideia do "pas de nullité sans grief", ou seja, de que não há nulidade sem efetivo prejuízo. Na análise de pretensas nulidades, se não ficar constatado o efetivo prejuízo, deve prevalecer a soberania popular manifestada por meio do voto.

57. Discorra sobre o princípio da anualidade ou da anterioridade eleitoral.

Está previsto no art. 16 da Constituição da República: "A Lei que alterar o processo eleitoral entrará em vigor na data de sua publicação, não se aplicando à eleição que ocorra até 1 (um) ano da data de sua vigência". Cita-se como exemplo de incidência do citado princípio a decisão proferida pelo STF na ADI 4578, Relator Min. Luiz Fux, em que se decidiu pela inaplicabilidade da Lei da Ficha Limpa – de suas hipóteses de inelegibilidade – "às eleições de 2010 e anteriores, bem como para os mandatos em curso, à luz do disposto no art. 16 da Constituição".

58. Defina circunscrição, zona e seção eleitoral.

Serão adotadas as definições apresentadas no glossário jurídico disponível na página oficial do TSE.

Circunscrição eleitoral: "Espaço geográfico onde se trava determinada eleição. Assim, o país, na eleição do presidente e vice-presidente da República; o estado, nas eleições para governador e vice-governador, deputados federais e estaduais, e senadores; o município, nas eleições de prefeito e vereadores; e o distrito, onde e quando se realiza a eleição pelo sistema distrital".

Zona eleitoral: "Região geograficamente delimitada dentro de um Estado, gerenciada pelo cartório eleitoral, que centraliza e coordena os eleitores ali domiciliados. Pode ser composta por mais de um município, ou por parte dele. Normalmente segue a divisão de comarcas da Justiça Estadual".

Seção eleitoral: "É o local onde serão recepcionados os eleitores que exercerão o direito de voto. Nela funcionará a mesa receptora, composta de seis mesários nomeados pelo juiz eleitoral. Na seção eleitoral ficará instalada a urna eletrônica, equipamento no qual serão registrados os votos".

59. Diferencie quociente eleitoral e quociente partidário.

De acordo com o art. 106 do Código Eleitoral, "determina-se o quociente eleitoral dividindo-se o número de votos válidos apurados pelo de lugares a preencher em cada circunscrição eleitoral, desprezada a fração se igual ou inferior a meio, equivalente a um, se superior". Por outro lado, segundo o art. 107, "determina-se para cada partido o quociente partidário dividindo-se pelo quociente eleitoral o número de votos válidos dados sob a mesma legenda, desprezada a fração".

Atente para importante novidade legislativa trazida pela Lei 14.211/2021: "Art. 108. Estarão eleitos, entre os candidatos registrados por um partido que tenham obtido votos em número igual ou superior a 10% (dez por cento) do quociente eleitoral, tantos quantos o respectivo quociente partidário indicar, na ordem da votação nominal que cada um tenha recebido".

60. Discorra sobre a composição do Tribunal Superior Eleitoral.

Cuida-se do órgão de cúpula, do órgão máximo da Justiça Eleitoral (sem olvidar que suas decisões em determinados casos previstos na legislação, podem ser revistas pelo STF). É composto por 07 (sete ministros): 03 (três) originários do STF, 02 (dois) do STJ e 02 (dois) juristas.

A presidência será exercida por um dos ministros oriundos do STF, enquanto que um dos ministros decorrentes da vaga do STJ será o corregedor-geral.

61. Discorra sobre a estrutura do Ministério Público Eleitoral.

Em primeiro lugar, veja-se que o Ministério Público Eleitoral não tem estrutura própria, nem é descrito como um "MP específico" no texto constitucional (art. 128). É composto por membros do Ministério Público Federal e dos Ministérios Públicos dos Estados.

O Procurador-Geral da República ocupa a função de Procurador-Geral Eleitoral, atuando perante o Tribunal Superior Eleitoral, bem como indica membros (subprocuradores) para atuarem junto ao TSE e aos Tribunais Regionais Eleitorais (procuradores regionais eleitorais). Em primeiro grau a atuação ocorre por intermédio dos Promotores de Justiça (MP Estadual), atuando mediante a delegação do MPF.

62. Diferencie os sistemas eleitorais proporcional e majoritário.

Utiliza-se o sistema eleitoral proporcional nas eleições dos cargos do Poder Legislativo, com exceção de Senador. Assim, Vereadores, Deputados Estatuais, Distritais e Federais serão eleitos por este sistema. Segundo o TSE, "a partir dos votos apurados para determinada legenda, as vagas nas casas legislativas serão preenchidas pelos candidatos mais votados da lista do partido ou coligação, até o limite das vagas obtidas, segundo o cálculo do quociente partidário e distribuição das sobras".

Por outro lado, o sistema majoritário é usado para a escolha dos cargos do Poder Executivo (Prefeito, Governador e Presidente), bem como de Senador. De acordo com o TSE, "é aquele no qual considera-se eleito o candidato que receber, na respectiva circunscrição – país, estado, município –, a maioria absoluta ou relativa, conforme o caso, dos votos válidos (descontados os nulos e os em branco)". Em complemento, destaca: "No Brasil, exige-se a maioria absoluta dos votos para a eleição do presidente da República, dos governadores dos estados e do Distrito Federal e dos prefeitos dos municípios com mais de 200.000 eleitores. Caso nenhum candidato alcance a maioria absoluta dos votos na primeira votação, realiza-se um segundo turno entre os dois mais votados no primeiro. Para a eleição dos senadores da República e dos prefeitos dos municípios com menos de 200.000 eleitores exige-se apenas a maioria relativa dos votos, não havendo possibilidade de segundo turno".

63. Discorra sobre a previsão constitucional da ação de impugnação de mandato eletivo.

Cuida-se da ação cível-eleitoral anunciada no art. 14, §§ 10 e 11, da CRFB. O legislador constituinte apontou (a) o prazo, que será de 15 – quinze – dias, constados da diplomação; (b) o que pode ser impugnado, de modo que a ação deve ser instruída com prova de abuso do poder econômico, corrupção ou fraude; (c) que tramitará em segredo de justiça; (d) e que o autor responderá, na forma da lei, caso seja temerária ou de manifesta má-fé.

64. Conceitue a ação de investigação judicial eleitoral.

De acordo com o glossário do TSE, "a ação de investigação judicial eleitoral tem por objetivo impedir e apurar a prática de atos que possam afetar a igualdade dos candidatos em uma eleição nos casos de abuso do poder econômico, abuso do poder político ou de autoridade e utilização indevida dos meios de comunicação social, penalizando com a declaração de inelegibilidade quantos hajam contribuído para a prática do ato".

65. No que consiste o recurso contra a expedição do diploma.

Segundo o art. 262 do CE, "o recurso contra expedição de diploma caberá somente nos casos de inelegibilidade superveniente ou de natureza constitucional e de falta de condição de elegibilidade".

Atentem-se para três novidades introduzidas pela Lei 13.877/2019:

- A inelegibilidade superveniente que atrai restrição à candidatura, se formulada no âmbito do processo de registro, não poderá ser deduzida no recurso contra expedição de diploma.
- A inelegibilidade superveniente apta a viabilizar o recurso contra a expedição de diploma, decorrente de alterações fáticas ou jurídicas, deverá ocorrer até a data fixada para que os partidos políticos e as coligações apresentem os seus requerimentos de registros de candidatos.
- O recurso de que trata este artigo deverá ser interposto no prazo de 3 (três) dias após o último dia limite fixado para a diplomação e será suspenso no período compreendido entre os dias 20 de dezembro e 20 de janeiro, a partir do qual retomará seu cômputo.

66. A condenação criminal com sentença transitada em julgado acarreta a suspensão ou a perda dos direitos políticos? Essa privação se aplica em caso de condenação por crimes culposos? E em caso de contravenções penais?

Acarreta a suspensão dos direitos políticos, regra que se aplica também aos casos de serem condenados por crimes culposos ou por contravenções penais. Trata-se de efeito automático que emana da condenação, dispensando motivação expressa na sentença. Abrange os direitos políticos de natureza ativa e passiva (votar e ser votado).

De igual modo, vale colacionar a jurisprudência do STF, no sentido de que é indiferente a natureza da pena aplicada: privativa de liberdade, restritiva de direitos, suspensão condicional da pena, entre outras. Confira-se: "A regra de suspensão dos direitos políticos, prevista no art. 15, III, da Constituição Federal, é autoaplicável e consequência imediata da sentença penal condenatória transitada em julgado, independentemente da natureza da pena imposta (privativa de liberdade, restritiva de direitos, suspensão condicional da pena, dentre outras hipóteses)" [RE 601.182, voto do red. do ac. min. Alexandre de Moraes, j. 8-5-2019, P, DJE de 2-10-2019, Tema 370.]

Por fim, confira-se o Enunciado 9 do TSE: "A suspensão de direitos políticos decorrente de condenação criminal transitada m julgado cessa com o cumprimento ou a extinção da pena, independendo de reabilitação ou de prova de reparação dos danos".

A título de complementação, o TSE (Informativo nº 05/2023) ressaltou que "todos os partidos que participem de coligações têm legitimidade para atuar individualmente quando terminar as eleições", de modo que "as coligações se extinguem com o fim do processo eleitoral, que é delimitado pelo ato de diplomação dos eleitos, momento a partir do qual os partidos coligados voltam a ter capacidade processual para agir isoladamente".

67. Diferencie as "coligações partidárias" das "federações partidárias".

Cuida-se de tema tratado na Lei nº 14.208/2021, que alterou a redação da Lei nº 9.096/1995, e foi objeto de julgamento do STF na ADI 7021 MC-Ref, (Tribunal Pleno, Relator(a): Min. ROBERTO BARROSO, Julgamento: 09/02/2022, Publicação: 17/05/2022).

Inicialmente, destaca-se que a federação partidária permite a união entre partidos políticos, inclusive para concorrerem em eleições proporcionais (para deputado federal, estadual e vereador), constituindo instituto jurídico diverso das coligações partidárias. Confira-se importante trecho do julgado, em que há clara distinção ambas.

> A federação partidária possui importantes pontos de distinção em relação às coligações, que em boa hora foram proibidas. As coligações consistiam na reunião puramente circunstancial de partidos, para fins eleitorais, sem qualquer compromisso de alinhamento programático. Tal fato permitia, por exemplo, que o voto do eleitor, dado a um partido que defendia a estatização de empresas, ajudasse a eleger o candidato de um partido ultraliberal. Ou vice-versa. A fraude à vontade do eleitor era evidente. 5. Já a federação partidária, embora assegure a identidade e a autonomia dos partidos que a integram (art. 11-A, § 2º), promove entre eles: (i) uma união estável, ainda que transitória, com durabilidade de no mínimo 4 (quatro) anos (art. 11-A, § 3º, II); (ii) requer afinidade programática, que permita a formulação de estatuto e de um programa comuns à federação (art. 11-A, § 6º, II), e (iii) vincula o funcionamento parlamentar posterior às eleições (art. 11-A, § 1º). Em tais condições, as federações não implicam transferência ilegítima de voto entre partidos com visões ideológicas diversas e, portanto, não geram os impactos negativos sobre o sistema representativo que resultavam das antigas coligações proporcionais.

68. Há diferença de prazo para registro perante o Tribunal Superior Eleitoral, se comparar os partidos políticos e as federações partidárias?

Trata-se de tema apreciado pelo STF na ADI 7021. Isso porque, de acordo com o art. 4º da Lei 9.504/1997, os partidos políticos devem realizá-los até seis meses antes das eleições. Por sua vez, a Lei 14.208/2021 trouxe tratamento privilegiado às federações, estendendo o prazo até a data final do período de realização das convenções partidárias. De acordo com a Suprema Corte, "trata-se de uma desequiparação que não se justifica e que pode dar à federação indevida vantagem competitiva". Por isso, fixou-se a seguinte tese: "É constitucional a Lei nº 14.208/2021, que institui as federações partidárias, salvo quanto ao prazo para seu registro, que deverá ser o mesmo aplicável aos partidos políticos. Excepcionalmente, nas eleições de 2022, o prazo para constituição de federações partidárias fica estendido até 31 de maio do mesmo ano".

69. A desfiliação partidária acarreta perda do mandato dos candidatos eleitos pelo sistema majoritário?

O STF, nos autos da ADI 5081/DF (Tribunal Pleno – Rel. Min. Roberto Barroso), decidiu que não cabe a perda do mandato em caso de infidelidade/desfiliação partidária no sistema majoritário. Isso porque "as características do sistema majoritário, com sua ênfase na figura do candidato, fazem com que a perda do mandato, no caso de mudança de partido, frustre a vontade do eleitor e vulnere a soberania popular". No ano de 2016, o TSE alinhou-se ao entendimento, editando o Enunciado 67, assim ementado: "A perda do mandato em razão da desfiliação partidária não se aplica aos candidatos eleitos pelo sistema majoritário".

Destaca-se que a situação é diversa para os casos de mandato daquele que são eleitos por meio do sistema proporcional. Aqui vige a regra anunciada no art. 22-A da Lei 9.096/1995. Vale conferir a regra do *caput* (perda do mandato daquele que se desfiliar sem justa causa) e as exceções legais (norma explicativa, dizendo o que se considera justa causa).

> Art. 22-A. Perderá o mandato o detentor de cargo eletivo que se desfiliar, sem justa causa, do partido pelo qual foi eleito.
>
> Parágrafo único. Consideram-se justa causa para a desfiliação partidária somente as seguintes hipóteses:
>
> I - mudança substancial ou desvio reiterado do programa partidário;
>
> II - grave discriminação política pessoal; e
>
> III - mudança de partido efetuada durante o período de trinta dias que antecede o prazo de filiação exigido em lei para concorrer à eleição, majoritária ou proporcional, ao término do mandato vigente.

70. Partidos e o fundo partidário podem receber doações de pessoa jurídica?

Trata-se de tema apreciado pelo STF nos autos da ADI 4.650/DF, no qual a Suprema Corte decidiu não ser possível a realização de doações por pessoa jurídica direcionada seja aos partidos, seja ao fundo partidário. Apreciaram-se dispositivos da Lei 9.096/1995: art. 31 (partido), art. 38, III (fundo partidário) e art. 39, *caput* e § 5º (partido). Vale conferir a parte final da ementa da decisão: "Ação direta de inconstitucionalidade julgada parcialmente procedente para assentar apenas e tão somente a inconstitucionalidade parcial sem redução de texto do art. 31 da Lei nº 9.096/95, na parte em que autoriza, *a contrario sensu*, a realização de doações por pessoas jurídicas a partidos políticos, e pela declaração de inconstitucionalidade das expressões 'ou pessoa jurídica', constante no art. 38, inciso III, e 'e jurídicas', inserta no art. 39, *caput* e § 5º, todos os preceitos da Lei nº 9.096/95".

71. Aplica-se o princípio da "razoável duração do processo" em caso de investigação por crime eleitoral?

No Informativo 01/2024, o TSE apreciou situação em que aplicou o princípio da razoável duração do processo em caso de investigação por crime na seara eleitoral. Na espécie, o impetrante é investigado por crimes de corrupção passiva e caixa dois, que teriam sido por ele praticados em 2018. A despeito de negar provimento ao recurso em habeas corpus manejado, concedeu a ordem de ofício e determinou o prazo de 90 dias para o encerramento do inquérito policial, destacando, ainda, que o inquérito somente poderá ser prorrogado de forma excepcional, com a devida fundamentação (RHC n. 060002876, Rio de Janeiro/RJ, rel. Min. Floriano de Azevedo Marques, julgado em 8/2/2024, em sessão jurisdicional).

72. Discorra sobre a distribuição de recursos financeiros e tempo gratuito de rádio e televisão às candidaturas indígenas, segundo o TSE.

A respeito do tema, no Informativo 02/2024, o Plenário do TSE decidiu que candidaturas indígenas registradas por partidos e federações partidárias passarão a contar com distribuição proporcional – nos mesmos moldes estabelecidos às pessoas negras – de recursos financeiros oriundos do Fundo Especial de Assistência Financeira aos Partidos Políticos e do Fundo Especial de Financiamento de Campanha, além de tempo gratuito de rádio e televisão (Cta n. 060022207, Brasília/DF, rel. Min. Nunes Marques, julgado em 27/2/2024, em sessão administrativa).

73. De quem é a competência para julgar casos de "ofensas a cônjuges de candidatas ou candidatos, quando houver conexão com conteúdo eleitoral, no contexto de campanha eleitoral"?

➦ Ao apreciar a situação, no Informativo 03/2024, o TSE decidiu, por maioria, que a competência no caso em tela é da Justiça Eleitoral, "para julgar casos de ofensas a cônjuges de candidatas ou candidatos, quando houver conexão com conteúdo eleitoral, no contexto de campanha eleitoral" (Rec na Rp n. 060128334, Brasília/DF, rel. Min. Nunes Marques, julgado em 7/3/2024, em sessão jurisdicional).

74. Partido político que faz parte de federação possui legitimidade autônoma para ajuizar recurso contra a expedição de diploma?

➦ De acordo com o que foi decidido pelo TSE no Informativo 05/2024, partido político não tem legitimidade para ajuizar ações eleitorais de forma autônoma de sua federação, de modo eventual ação deve ser extinta sem resolução do mérito (RCED n. 060003574, Vitória/ES, rel. Min. Isabel Gallotti, julgado em 2/4/2024, em sessão jurisdicional). Assim, a carência de legitimidade não se restringe ao RCED, aplicando-se às ações eleitorais em geral.

75. A mudança no número de legenda configura justa causa para desfiliação partidária?

➦ No Informativo 06/2024, o TSE decidiu que a simples mudança do número de legenda de um partido político, por requerimento voluntário da própria agremiação, não configura hipótese de justa causa para a desfiliação partidária de detentores de mandatos eletivos filiados à sigla (CTA n. 060202729, Brasília/DF, rel. Min. Isabel Gallotti, julgado em 30/4/2024, em sessão administrativa). Na hipótese, o TSE salientou que as hipóteses de justa causa, aptas a proporcionar a desfiliação sem a perda do mandado, estão previstas de modo taxativo na Constituição e na Lei dos Partidos Políticos. Nos dizeres da relatora, "a singela alteração de número da legenda de um partido, por si só, não justifica o ato sensível de desfiliação partidária".

76. Como que se calcula a cota-parte para o cálculo da penalidade de "suspensão de repasse de verbas do Fundo Partidário" imposta a diretório estadual ou municipal de partido que for posteriormente extinto em virtude de fusão?

➦ Conforme se verifica no Informativo 07/2024, o Plenário do TSE decidiu, por unanimidade, que o cálculo da cota-parte da penalidade é realizado com base na cota-parte a ser considerada para o repasse do duodécimo (um mês de cota) recebido pela agremiação originária no ano de referência da prestação de contas em que constatada a irregularidade. Assim, "o valor apurado deve ser descontado dos repasses a serem realizados ao partido originado da fusão" (CtaEl n. 060011208, Brasília/DF, rel. Min. Isabel Gallotti, julgado em 9/5/2024, em sessão administrativa).

77. Apresente elementos que, segundo a jurisprudência do TSE, podem configurar fraude à cota de gênero.

Sobre o tema, no Informativo 08/2024, o TSE publicou o Enunciado no 73, assim descrito: "A fraude à cota de gênero consistente no desrespeito ao percentual mínimo de 30% (trinta por cento) de candidaturas femininas, nos termos do art. 10, § 3º, da Lei n. 9.504/1997 configura-se com a presença de um ou alguns dos seguintes elementos, quando os fatos e as circunstâncias do caso assim permitirem concluir: (i) votação zerada ou inexpressiva; (ii) prestação de contas zerada, padronizada ou ausência de movimentação financeira relevante; e (iii) ausência de atos efetivos de campanhas, divulgação ou promoção da candidatura de terceiros. O reconhecimento do ilícito acarretará: (i) a cassação do Demonstrativo de Regularidade de Atos Partidários (Drap) da legenda e dos diplomas dos candidatos a ele vinculados, independentemente de prova de participação, ciência ou anuência deles; (ii) a inelegibilidade daqueles que praticaram ou anuíram com a conduta, nas hipóteses de Ação de Investigação Judicial Eleitoral (AIJE); (iii) a nulidade dos votos obtidos pelo partido, com a recontagem dos quocientes eleitoral e partidário (art. 222 do Código Eleitoral), inclusive para fins de aplicação do art. 224 do Código Eleitoral". (PA 000032345, Brasília/DF, rel. Min. Alexandre de Moraes, julgado em 16/5/2024, em sessão administrativa).

Sobre o tema, a título de exemplo, o TRE/PR elaborou a Resolução 935/2024, instituindo o "Protocolo de Prevenção à Fraude à Cota de Gênero no âmbito da Justiça Eleitoral do Paraná". Em exemplo de atuação prática sobre o tema (capitaneada por este autor), o Ministério Público – no uso de suas atribuições na seara eleitoral – poderá instaurar "procedimento administrativo", com o fim de realizar e fomentar condutas preventivas no decorrer das eleições, visando a evitar fraudes à cota de gênero em seu âmbito territorial.

Considerando que esta obra se destina a futuros e futuras colegas, cito como se poderia vir a organizar um roteiro de atuação prática, como por exemplo, rotina prática, como a "calendarização dos atos processuais", admitida pelo CPC/2015. Sugere-se a fixação de datas pré-determinadas para solicitar informações acerca das atividades que foram, ou não, desempenhadas pelas candidatas até aquele momento (eventuais atos de campanha, tais como atividades em redes sociais, confecção de material de campanha, a quantidade de dinheiro encaminhado para as candidatas mulheres em comparação aos candidatos homens) e também o prazo para resposta. Para conferir maior efetividade aos atos, sugere-se a realização de reunião prévia, explicando como se dará o projeto e, desde já, apresentando o cronograma.

Como o prazo de campanha é curto, sugere-se que os ofícios sejam expedidos, no máximo, a cada 10-15 dias (ponto a avaliar coletivamente) e que haja, no máximo, 05 dias para resposta. No decorrer do período, seria importante a realização de reuniões, ainda que breves e na modalidade on-line (para não prejudicar o período de campanha dos candidatos), destacando que a finalidade do acompanhamento é não somente configurar o dolo do partido em eventual violação à cota de gênero, mas – principalmente – possibilitar a correção de rumos, de modo a não prejudicar outras candidatas e candidatos.

11

DIREITO PENAL – PARTE GERAL

Fernando Ferreira Abreu

Sumário: 1. Conceitos. Princípios do Direito Penal. Norma Penal. Interpretação. Classificação dos Crimes – **2.** Tipo. Tipicidade. Dolo. Culpa – **3.** Nexo Causal – **4.** Erro de Tipo e Erro de Proibição – **5.** Ilicitude – **6.** Culpabilidade – **7.** Tentativa – **8.** Concurso de Pessoas – **9.** Concurso de Crimes – **10.** Crimes Omissivos – **11.** Prescrição. Penas. *Sursis*. Livramento Condicional.

1. CONCEITOS. PRINCÍPIOS DO DIREITO PENAL. NORMA PENAL. INTERPRETAÇÃO. CLASSIFICAÇÃO DOS CRIMES

1. O que se entende por Direito Penal de Emergência e Direito Penal Simbólico?

O direito penal de emergência é a criminalização que exsurge de acontecimentos de grande repercussão, visando o atendimento ao clamor público, tendo como consequência a edição de novas normas penais ou aumento das sanções previstas demonstrando nítida pretensão simbólica, como na hipótese da modificação do art. 273 do Código Penal.

Por sua vez, a expressão direito penal simbólico é usada para designar é criminalização de condutas sem qualquer efetividade, com o escopo de sensibilizar a percepção social da gravidade de uma dada conduta. Em outra vertente, a expressão representa um direito penal de natureza populista visando o atendimento dos anseios sociais em face do problema da criminalidade.

2. Qual a compreensão que se extrai do princípio da alteridade?

O princípio da alteridade, cunhado por Claus Roxin, norteia a interpretação da lei penal de sorte a não permitir a incriminação de condutas que não transcendam o âmbito do seu autor ou que não atinjam bens jurídicos de outrem. Representa a ordem segundo a qual não deve haver qualquer espécie de punição para aquele que causa mal somente a si mesmo.

3. Discorra, de forma sucinta, sobre as velocidades do Direito Penal.

A teoria das velocidades de Jesús-María Silva Sanches parte do pressuposto que o Direito Penal comporta dois blocos de delitos. O primeiro, denominado direito penal nuclear, engloba os crimes considerados de maior gravidade, aos quais cominada pena de prisão. O segundo, consistente no direito penal periférico, reúne infrações puníveis com outras espécies de pena, não restritivas de liberdade, mais próximas das sanções administrativas.

Ao primeiro bloco, conhecido por direito penal de primeira velocidade, corresponde um processo penal mais garantista, com a rígida observância de todos os princípios penais e processuais-penais e, consequentemente, mais demorado, sendo representado pela "prisão" e manutenção rígida dos princípios políticos criminais clássicos, regras de imputação e princípios processuais. A título de exemplo, menciona-se o rito ordinário do Código de Processo Penal e o procedimento bifásico do Júri.

Por outro lado, o segundo bloco ou segunda velocidade corresponde àqueles delitos cujas penas sejam restritivas de direitos e pecuniárias conduzindo a um processo mais célere, com flexibilização das regras e princípios processuais, vez que a liberdade humana não está em jogo. Assim, a flexibilização é proporcional à gravidade da sanção. Como exemplo no ordenamento brasileiro, cabe citar o rito e institutos previstos pela Lei nº 9.099/95 para os crimes de menor potencial ofensivo (rito sumaríssimo). Caracteriza-se, portanto, pela substituição da pena de prisão por penas alternativas, com relativização das garantias penais e processuais.

A terceira velocidade, por sua vez, consiste na mitigação ou eliminação de garantias para o processo de crimes considerados de maior gravidade, aos quais cominada pena privativa de liberdade. Para parcela da doutrina, essa velocidade consiste no direito penal do inimigo de Günther Jakobs, que sustenta que aqueles considerados inimigos não deveriam possuir direitos e garantias processuais. Nesse sentido, há um direito penal do cidadão, no qual são observados todos os direitos e garantias fundamentais e o direito penal do inimigo, de terceira velocidade, próprio de um estado de guerra ou de exceção, que autoriza a flexibilização ou até mesmo supressão das garantias, já que na guerra as regras são outras. Os crimes praticados por organizações criminosas (Lei nº 12.830/13) e a lei antiterrorismo (13.260/2016) se aproximam desse modelo.

A doutrina ainda menciona a quarta velocidade do direito penal, que está relacionada ao neopunitivismo, período este marcado pela predominância dos princípios, os quais passaram a ter força normativa.

A quarta velocidade do Direito Penal está ligada ao Direito Internacional e se volta para aqueles que uma vez ostentaram a posição de Chefes de Estado e como tais violaram gravemente tratados internacionais de tutela de direitos humanos, serão aplicadas a eles as normais internacionais por meio do Tribunal Penal Internacional. Prega ainda o panpenalismo, com o consequente aumento do arsenal punitivo do estado.

4. O que se entende por preceito primário e secundário no âmbito das normas penais?

Preceito primário, ou principal, é aquele que descreve o fato em abstrato na lei penal. Por outro lado, o preceito secundário representa a cominação legal da pena em abstrato.

5. A Constituição Federal cria tipos penais e comina penas? Qual o papel da Constituição perante o Direito Penal?

Em razão da complexidade do processo de alteração, rígido e moroso, a Constituição Federal não cria tipos e comina penas, razão pela qual conferiu à lei essa missão ao incluir entre os direitos e garantias fundamentais o princípio da reserva legal (art. 5º, XXXIX), visto que o direito penal, em um Estado Democrático de Direito, requer dinamismo, certeza e precisão que só a lei pode conferir.

Nessa vertente, a Constituição é um conjunto de normas fundamentais que se destinam, notadamente, à estruturação e organização político-jurídica do Estado e à limitação de seu Poder, de modo as normas incriminadoras não possuem conteúdo constitucional.

O papel da Constituição é precipuamente limitar o poder punitivo do Estado, traçar limites e definir parâmetros para a atuação do legislador e dos operadores do Direito. Nesse sentido, prevê uma série de princípios aplicáveis ao Direito penal como a irretroatividade da lei penal, intransmissibilidade da pena, humanidade da pena e etc.

Por outro lado, a Constituição estabelece os patamares mínimos, verdadeiros mandados constitucionais de criminalização, norteando a atuação estatal em determinadas situações, especialmente ao eleger bens jurídicos de excepcional relevância a serem tutelados pelo Direito Penal.

6. Qual o papel dos tratados internacionais em matéria penal?

Os tratados internacionais sobre direitos humanos, caso aprovados com o quórum de 3/5 dos membros de cada Casa do Congresso (art. 5º, § 3º, CF), possuem status constitucional de modo que seu papel será o de criar mandados de criminalização e limitar o poder punitivo.

Os demais tratados internacionais sobre direitos humanos, conforme entendimento prevalecente, possuem status supralegal, de modo que orientam a intepretação das leis penais e servem como parâmetro para controle de convencionalidade.

Cumpre observar que os tratados internacionais não são hábeis a criar crimes e cominar penas para o direito interno. Nesse sentido, o Pretório Excelso decidiu pela inaplicabilidade, para tal fim, do conceito de organização criminosa dado pela Convenção de Palermo (HC 96007, Relator Min. =Marco Aurélio, Primeira Turma, julgado em 12/06/2012).

7. Quais são as teorias utilizadas para fundamentar o tempo do crime? Qual a adotada pelo Brasil?

A doutrina nos apresenta três teorias para explicar o tempo do crime: teoria da atividade, teoria do resultado e teoria da ubiquidade ou mista.

A teoria da atividade considera que o crime praticado no momento da conduta, isto é, no momento da ação ou omissão.

Por sua vez, a teoria do resultado compreende que o crime é praticado no momento em que o ocorre o resultado.

Por fim, a teoria da ubiquidade ou mista concilia a teoria da atividade com a teoria do resultado, considerando o crime praticado no momento da conduta ou do resultado.

O direito penal brasileiro adota a teoria da atividade, que: considera praticado o crime no momento da ação ou omissão, pouco importando o momento do resultado.

8. O que se entende por extra-atividade da lei penal?

A extra-atividade, que pressupõe a sucessão de leis no tempo, é o fenômeno que permite que a norma penal seja aplicável a fatos ocorridos durante a vigência ou a fatos passados, retroagindo seus efeitos no tempo.

9. Assim, da extra-atividade da lei penal extrai-se os conceitos de ultra-atividade, que ocorre quando a lei, mesmo depois de revogada, continua a regular os fatos ocorridos durante a sua vigência e retroatividade, que determina a retroatividade da lei penal mais benéfica para atingir fatos ocorridos anteriormente à sua entrada em vigor, conforme a previsão do art. 2º do Código Penal. Diferencie crime progressivo de progressão criminosa.

Crime progressivo, também conhecido por crime de ação de passagem, é aquele cuja consumação passa necessariamente pela prática de um crime menos grave. Visando a produção de um resultado mais gravoso, o agente provoca sucessivas violações ao bem jurídico que acabam por ser absorvidas pelo crime mais grave em razão do princípio da consunção. Exemplo: homicídio e lesão corporal.

A progressão criminosa, por sua vez, representa a mudança do dolo do agente que, inicialmente, pretendia realizar crime menos grave e, após a consumação deste, toma a decisão de praticar delito mais grave.

Aplica-se, também nesse caso, o princípio na consunção quando o desdobramento da conduta atingir o mesmo bem jurídico de forma sequencial. Exemplo:

o agente quer lesionar; depois de ferir a vítima, resolve prosseguir na agressão até matá-la. Responderá por homicídio.

10. O que é crime vago?

O crime vago, doutrinariamente também conhecido por crime multivitimário ou de vítimas difusas, é aquele em que o sujeito passivo é uma entidade destituída de personalidade jurídica, como sociedade ou a família. Como exemplo, pode-se citar o crime de tráfico de drogas (art. 33, Lei n. 11.343/06), no qual o sujeito passivo é a coletividade, pois a difusão da conduta lesiva causa prejuízo a vítimas não identificáveis em razão da sua dimensão.

11. O que se entende por delito de alucinação? Exemplifique.

O Delito de Alucinação, também conhecido como delito putativo por erro de proibição, é aquele que só existe na cabeça do agente, que acredita, de forma equivocada, que está praticando uma conduta típica que, na realidade, não é.

Trata-se, portanto, de hipótese de erro de proibição às avessas, pois o agente, erroneamente, pratica uma conduta acreditando ser criminosa, que na realidade não é típica.

A título de exemplo, pode mencionar a hipótese do agente que que trai a esposa acreditando estar praticando crime de adultério, revogado pela lei n. 11.106/05.

12. O que se entende doutrinariamente por crime de atentado ou de empreendimento? Existe crime de atentado na esfera eleitoral?

O crime de atentado, também conhecido por crime de empreendimento, é aquele que prevê, na sua forma típica, a conduta de tentar a realização do resultado, isto é, traz, no próprio tipo penal, a figura da tentativa como elementar típica, afastando a aplicação do art. 14, II do Código Penal. Como exemplo, podemos citar o art. 352 do Código Penal e o art. 309 do Código Eleitoral.

13. O que se entende doutrinariamente por crime de resultado cortado ou antecipado? Exemplifique.

O delito de resultado cortado ou antecipado é compreendido como aquele em que o agente tem por escopo a realização de um resultado posterior que, em razão da natureza da conduta, revela-se dispensável para a consumação do delito, apesar de exigir do agente uma finalidade além daquela prevista no tipo para a consumação da conduta delituosa. Trata-se, de tal arte, de crime formal ou de consumação antecipada.

Essa classificação doutrinária, em que a contextualização ilícita pressupõe uma finalidade do agente que transcende o dolo, tem por base o comportamento do agente que visa realizar o dolo e, posteriormente, atingir um resultado diverso, que se revela mero exaurimento do crime.

À guisa de exemplo, pode-se citar o crime de extorsão mediante sequestro (art. 159, do Código Penal), em que a vantagem recebida pelo agente é concebida como um mero exaurimento do crime, revelando-se desnecessário o recebimento da vantagem para a caracterização do tipo penal.

14. O que se entende doutrinariamente por crime mutilado de dois atos? Exemplifique.

O crime mutilado de dois atos, concebido como espécie de delito de intenção, é aquele em que o agente pratica um delito, com o fim de obtenção de um benefício posterior, isto é, o resultado pretendido exige uma ação complementar para sua caracterização pois fica fora do tipo penal e depende de um ato próprio, como no crime de moeda falsa, previsto no art. 289 do Código Penal.

A intenção, como característica psíquica especial do tipo, normalmente se caracteriza pela presença de conjunções subordinativas finais como "para", "a fim de", "com o fim de", etc., que indicam as finalidades que transcendem o tipo penal.

15. O que são crimes de condutas paralelas e crimes de condutas contrapostas? O que os diferencia?

Os crimes de condutas paralelas são espécies de crimes plurissubjetivos ou de concurso necessário, em que há auxílio mútuo dos agentes com o escopo de produzirem o mesmo resultado, como no caso dos crimes de associação criminosa, previsto no art. 288 do Código Penal.

Por outro lado, os crimes de condutas contrapostas, também espécie de crimes plurissubjetivos ou de concurso necessário, são aqueles em que também se exige o concurso de agentes, mas se caracteriza pela especial circunstância de que os agentes devem, necessariamente, atuar uns contra os outros, como no caso do crime de rixa, previsto no art. 137 do Código Penal.

Logo, a diferença entre as espécies reside na circunstância que nos crimes de conduta paralela, as condutas possuem a mesma finalidade, ao passo que nos crimes de conduta contrapostas, os comportamentos são antagônicos.

16. O que se entende por crime de fusão ou parasitário? Exemplifique.

O chamado crime de fusão, parasitário ou acessório é aquele que, para sua configuração, exige a prática de um crime anterior, denominado antecedente.

Em que pese a autonomia do delito, para que se configure, mantém uma relação de dependência com o delito antecedente, demonstrando sua característica acessória.

A título de exemplo, pode-se citar o delito de receptação, previsto art. 180 do Código Penal o crime de lavagem de capitais, previsto no art. 1º da Lei Federal n. 9.613/98.

17. O que são crimes de plástico?

Os chamados crimes de plástico, expressão cunhada por Maximiliano Roberto Ernesto Führer, representam condutas que historicamente eram tidas como indiferentes penais, mas que, em razão de um momento histórico e social, a sociedade passa a sentir a necessidade de uma tutela penal especifica para essas condutas.

Assim, são condutas que ecoam em uma dada sociedade como não adequadas e que o legislador promove sua tutela penal como forma de se proteger os bens jurídicos ofendidos, como no exemplo da novel tutela penal de invasão de dispositivo informático, previsto no art. 154-A do Código Penal.

18. O que são crimes de olvido?

Os crimes de "olvido" são os crimes omissivos impróprios culposos e recebem essa nomenclatura por força do verbo olvidar, que significa esquecer.

Nos crimes omissivos impróprios, existe um dever de agir para evitar um resultado, exigindo-se nexo causal, concebido como nexo de não impedimento entre a conduta omitida e o resultado.

Trata-se, portanto, de um vínculo jurídico decorrente da omissão do agente, que não causa o resultado, mas, em verdade, não impede sua produção, devendo responder como se lhe tivesse dado causa, na forma do art. 13, § 2º, do CP.

Assim, quando a omissão do garantidor ocorrer por culpa, estaremos diante de um crime de "olvido" ou de esquecimento, em que o agente é negligente quanto ao seu dever jurídico de agir, em situação de garantidor.

19. O que são crimes de impressão e de expressão?

Os crimes de expressão são aqueles que se materializam pela divergência entre a informação que o agente possui e a forma como esse a manifesta, como no falso testemunho. Associados à atividade intelectiva, não se confundem com os crimes de opinião.

Por outro lado, os crimes de impressão são aqueles que despertam na vítima algum tipo de alteração anímica. Ocorrendo a alteração nas faculdades emocionais da vítima, como na injúria, teremos o crime de sentimento. Por sua vez, recaindo a alteração nas faculdades cognitivas da vítima, estaremos diante do crime de inteligência, mormente perpetrado mediante fraude. Por fim, se o crime influir na capacidade de autodeterminação da vítima, como no crime de constrangimento ilegal, teremos o crime de vontade.

20. O direito penal, vocacionado a proteção de bens jurídicos, tem avançado para a espiritualização do bem jurídico. Em que consiste essa figura?

A espiritualização de bens jurídicos é um fenômeno verificado na contemporaneidade, inserto no contexto da sociedade de risco, que representa a expansão da tutela penal para envolver a tutela de bens difusos e coletivos, cujo sujeito passivo é indeterminado e supraindividual, como nos casos dos crimes ambientais e contra os consumidores.

Trata-se, portanto, de uma técnica de criminalização, que pressupõe a antecipação da lesão potencial para fins típicos, tendo por escopo a tutela de pessoas indeterminadas, pois eventuais lesões aos bens jurídicos tutelados atingiriam um grande número de pessoas, de sorte que a intervenção penal deve ser antecipada para fins de efetividade.

21. Diferencie insignificância própria e imprópria em seus aspectos teóricos e práticos.

O princípio da insignificância, construído com esteio em valores de política criminal, atua como causa de exclusão da tipicidade na sua modalidade própria, pois, não obstante a tipicidade formal do fato, a falta de lesão ou perigo de lesão ao bem jurídico protegido afasta a tipicidade material.

Por outro lado, o princípio da insignificância imprópria caracteriza-se quando, diante de um fato típico, ilícito e culpável, entende-se, diante do caso concreto, que as circunstâncias do fato demonstram que a pena é desnecessária.

Em termos práticos, diante da ocorrência da insignificância própria, o agente sequer deve ser processado, pois não há crime em seu aspecto material por ausência de lesão ou exposição a perigo de lesão bem jurídico penalmente protegido, ao passo que na hipótese de insignificância imprópria o agente deve ser processado para que, ao final, conclua-se pela desnecessidade da pena.

22. Quais requisitos emprega o STF para tolerar a insignificância própria?

O STF tem sustentado que para a aplicação do princípio da insignificância, devem estar presentes a mínima ofensividade da conduta, nenhuma periculosidade social da ação, reduzidíssimo grau de reprovabilidade do comportamento e a inexpressividade da lesão jurídica provocada.

23. Sobre as normas penais em branco, diferencie a heterogênea da homogênea, abordando as diferentes concepções das normas homogêneas.

As normas penais em branco são aquelas que dependem de complemento normativo, pois seus preceitos são incompletos, genéricos ou indeterminados, isto é, precisam de uma suplementação legal para que sejam aplicadas.

As normas penais em branco heterogêneas são aquelas em que o complemento normativo é dado por uma espécie normativa diferente, como no caso, por exemplo, da Lei de Drogas, que a definição de droga deve ser extraída de Portaria da Agência Nacional de Vigilância Sanitária (ANVISA).

Por outro lado, as normas penais em branco homogêneas são aquelas em que o complemento é fornecido pela mesma espécie normativa.

Por sua vez, as homogêneas dividem-se em homovitelinas e heterovitelinas. As homovitelinas ou homólogas, possuem complemento no mesmo documento legal, como no caso do conceito de funcionário público, trazido pelo próprio Código Penal.

Por outro lado, as heterovitelinas possuem o complemento definido em documento normativo diverso, pertencente a outro ramo do direito, como na hipótese do crime de ocultação do impedimento, em que seu complemento é realizado com esteio na definição dos impedimentos trazida pelo Código Civil.

24. O que é norma penal em branco ao quadrado?

As normas penais em branco são aquelas que dependem de complemento normativo, pois seus preceitos são incompletos, genéricos ou indeterminados, isto é, precisam de uma suplementação legal para que sejam aplicadas.

Há casos em que a própria norma complementar também exige complementação por outro ato normativo. Trata-se, portanto, de norma duplamente em branco, como no caso do art. 38 da Lei n. 9.605/98, que pune as condutas de destruir ou danificar floresta considerada de preservação permanente. O conceito de floresta de preservação permanente é extraído do Código Florestal que, dentre várias disposições, estabelece uma hipótese em que a área de preservação permanente será assim considerada após declaração de interesse social por parte do Chefe do Poder Executivo, caracterizando a hipótese de norma penal em branco ao quadrado ou duplamente em branco.

25. O que é norma penal em branco ao revés?

A norma penal em branco ao revés ou invertida é aquela em que necessidade de complementação não diz respeito ao preceito primário, mas sim ao secundário, isto é, à sanção e não ao conteúdo da proibição, devendo ser realizado necessariamente por meio de lei por possuir natureza sancionatória, como no caso do crime de uso de documento falso, que tem seu preceito secundário (pena) definido por outro tipo penal, a depender da natureza da falsidade perpetrada.

26. Analise as teorias da ponderação diferenciada e da ponderação global/ unitária.

As teorias da ponderação diferenciada e da ponderação global ou unitária são afetas ao tema da combinação de leis penais.

De acordo com a teoria da ponderação global ou unitária, não se admite a combinação de leis, pois a extração de trechos dos dispositivos legais, isoladamente, para posterior combinação, implica na alteração completa do espírito normativo, dando azo a um conteúdo diverso do previamente estabelecido pelo legislador.

Por outro lado, a teoria da ponderação diferenciada dispõe que em razão da complexidade legal e necessária análise de proporcionalidade, derivada da autonomia normativa e complexidade das leis em conflito, pode-se aplicar parcialmente conteúdo de normas distintas.

27. No que diz respeito à aplicação da lei penal em relação às pessoas, os diplomatas e cônsules recebem imunidade em mesma extensão?

Não. Os diplomatas, com lastro no princípio da reciprocidade, possuem a imunidade que abarca, de forma ampla, toda e qualquer espécie de delito.

Por outro lado, os cônsules, funcionários públicos de carreira e indicados para a realização de determinadas funções em outros países, possuem imunidades e privilégios distintos dos conferidos aos diplomatas, restringindo-se aos atos de ofício.

28. Os suplentes de parlamentar são agraciados com alguma espécie de imunidade?

Não, tratando-se de prerrogativa institucional e funcional, as imunidades somente são conferidas àqueles que estão no exercício da função constitucional, não alcançando os suplentes.

29. É possível a intraterritorialidade da lei penal?

A intraterritorialidade, conceito diverso da territorialidade e da extraterritorialidade, é um fenômeno que permite que lei estrangeira alcance o território brasileiro para atingir condutas praticadas nos limites do território pátrio, como na hipótese da aplicação da lei da nacionalidade do diplomata nos crimes por ele praticados no território brasileiro.

30. A extraterritorialidade incondicionada é prejudicada se houver absolvição ou condenação no estrangeiro?

Não. De acordo com o artigo 7º, § 1º, do Código Penal, nos casos de extraterritorialidade incondicionada, o agente deve ser punido de acordo com a lei pátria, ainda que absolvido ou condenado no estrangeiro.

Assim, o fato de ter ocorrido absolvição ou condenação no estrangeiro não interfere na aplicação da lei penal brasileira.

31. O que é lei penal interpretativa?

A lei penal interpretativa é aquela que objetiva esclarecer o conteúdo de outras normas ou delimita o âmbito de sua aplicação, como no caso do art. 150, § 4º, do Código Penal, que explicita o conceito de casa.

32. Existe crime sem resultado?

Não existe crime sem resultado jurídico, pois a mera violação da norma jurídico penal, causadora de lesão ou exposição a perigo bem jurídico penalmente protegido, já caracteriza o resultado jurídico ou normativo.

Contudo, ao abordarmos a perspectiva do crime sob a ótica naturalística, existem delitos sem resultado naturalístico, como nos crimes formais e de mera conduta, pois não exigem a concretização do resultado no mundo dos fatos para sua configuração.

2. TIPO. TIPICIDADE. DOLO. CULPA

33. Quais são os elementos formadores do tipo penal?

Na descrição do comportamento típico, são utilizados elementos objetivos, atinentes aos aspectos materiais e normativos do delito, e subjetivos, relacionados à finalidade especial que anima o agente.

Os elementos objetivos podem ser classificados em:

A) Elementos objetivos descritivos: são aqueles que descrevem os aspectos materiais da conduta, como objetos, tempo, lugar, forma de execução e que não necessitam de valoração para a compreensão do significado.

B) Elementos objetivos normativos: são aqueles que para sua caracterização, há que se realizar um juízo de valor. Ex.: "funcionário público", "documento" e "coisa alheia", etc.

C) Elementos objetivos científicos: são aqueles que transcendem o mero elemento normativo, exigindo, para sua compreensão, o conhecimento trazido pela ciência natural. Ex.: expressão "embrião humano".

Os elementos subjetivos, por sua vez, são aqueles relacionados com a finalidade específica que norteia a ação do agente, podendo ser positivos ou negativos, dependendo do polo da conduta (positiva ou negativa).

34. O que é lei penal preceptiva?

As leis penais preceptivas são aquelas que impõem a realização de uma ação, isto é, determinam um comportamento positivo por parte do agente.

Assim, quando o tipo penal prevê uma omissão, a norma penal possui um preceito preceptivo e seu descumprimento é verificado diante da omissão de um comportamento imposto por lei, como na hipótese do crime de omissão de socorro, art. 135 do Código Penal, cujo mandamento é "prestar assistência".

35. O que se entende por adequação típica mediata?

A adequação típica mediata ou por extensão é aquela em que a conduta do agente satisfaz apenas em parte a descrição abstrata prevista no tipo penal, não se atingindo a consumação ou participando da conduta proibida.

Nesses casos, a lei penal dispõe de normas tidas como complementares, que estendem os efeitos da norma jurídica típica, para permitir que determinadas condutas sejam punidas em razão de seu desvalor.

Com efeito, as hipóteses de crime tentado e praticados em coautoria são exemplos de normas de extensão que viabilizam a adequação típica mediata, por unirem o fato típico base a outra norma, permitindo, assim, a punição da conduta, mesmo não realizadora do tipo na sua integralidade.

36. O que significa direito penal quântico?

O Direito Penal Quântico é aquele que não se contenta com a mera relação de causalidade, isto é, com a relação física de causa e efeito. Agrega, em suas observações, elementos indeterminados, como o nexo normativo e a tipicidade material, analisados sob a perspectiva da teoria da imputação objetiva, preconizando uma mudança dos paradigmas clássicos de justiça pautados na lei ou jurisprudência, para alcançar seus fundamentos na própria sociedade.

A teoria, que pressupõe uma verdadeira superação de conceitos e dogmas, propõe o questionamento de algumas estruturas consolidadas como forma de se aplicar o Direito na real busca da Justiça.

O nome, peculiar para o operador do direito, advém da experiência verificada na física, em que a física quântica surgiu por necessidade de se explicar algumas questões que a física clássica, newtoniana, não era capaz de explicar.

De igual forma, o direito penal, como microssistema, necessita de conceitos externos para explicar especialmente os aspectos subjetivos do crime, como dolo, culpa e conduta por exemplo, sendo mister também que se valha de concepções não clássicas para sua constante evolução, como se verifica dos conceitos de nexo normativo, risco permitido e não permitido, papéis sociais e etc.

Assim, nesse contexto, o direito penal quântico afasta-se parcialmente da dogmática penal e se aproxima de uma nova política criminal que engloba elementos sociais, físicos e associados à neuropsicologia.

37. "A ação é uma manifestação da personalidade". Essa frase pode ser atribuída a qual autor? Contextualize a teoria.

Propondo uma dogmática cheia de dados empíricos, Roxin sustenta que a ordenação desses dados está vinculada a valores político-criminais.

O conceito pessoal de conduta Roxin tem por base a definição de que ação é ***uma manifestação da personalidade***, isto é somente as ações de que derivam do ser humano como centro anímico-espiritual podem ser concebidas como ações por serem dominadas ou domináveis pela vontade e consciência.

Roxin justifica o conceito ao desenvolver as funções que devem ser atribuídas ao conceito de ação:

a) ***ação como elemento básico***: supraconceito que englobe todas as formas de manifestação de uma conduta punível;

b) ***ação como elemento de união ou enlace***: o conceito deve unir, enlaçar todas as categorias do tipo, sem, contudo, ingressar no seu conteúdo, mantendo sua neutralidade quanto a esse;

c) ***ação como elemento limite***: o conceito de ação deve afastar toda e qualquer forma de comportamento sem interesse jurídico-penal, como os meros pensamentos, comportamentos sem controle psíquico e etc., isto é, define a "não ação".

38. A frase: *"atuar significa converter-se, de maneira individualmente evitável, na razão determinante de um resultado"* está inserida em qual contexto? Quem é o autor da teoria?

Günther Jakobs, ao desenvolver a teoria da evitabilidade individual, afasta-se da lógica mecanicista do causalismo e da finalidade do finalismo ao conceber a realidade social no contexto da ação.

Partindo de uma orientação ***utilitarista*** dentro da perspectiva das expectativas normativas, o professor da Universidade de Bonn sustenta que o indivíduo, por pertencer a um grupo social, possui uma responsabilidade para com esse. Assim, Jakobs associa a responsabilidade à ***evitabilidade de um risco***.

Logo, a frase pertence a Jakobs e está contextualizada no âmbito da teoria da evitabilidade individual da conduta.

39. Qual diferença entre tipo e tipicidade?

O ***tipo não se confunde com a tipicidade***. O tipo é tão somente um modelo geral e abstrato de comportamento previsto pelo legislador. A tipicidade, por outro lado, é o juízo que se realiza sobre a conduta levando-se em consideração não somente o tipo penal, mas os princípios, valores e a política criminal que norteiam a aplicação do Direito Penal.

40. O que se entende por teoria dos elementos negativos do tipo?

Desenvolvida por Hellmuth von Weber, a teoria dos elementos negativos do tipo propõe o tipo total, por intermédio do qual os pressupostos das causas de exclusão da ilicitude integram o tipo penal como elementos negativos.

Para a teoria, a tipicidade e ilicitude integram o tipo penal, formando o tipo total. Por via de consequência, caracterizada a tipicidade, igualmente estaria configurada a ilicitude.

Assim, para que ocorra o crime para a teoria dos elementos negativos do tipo, seria necessário que o agente, além de realizar os elementos positivos do tipo legal, não poderia realizar os elementos negativos do tipo, quais seja, as causas excludentes de ilicitude.

41. O que se entende por tipicidade conglobante?

Desenvolvida pelo penalista argentino Eugenio Raúl Zaffaroni, a teoria da tipicidade conglobante defende que o fato típico reúne a característica da antinormatividade, pois, não obstante o agente atue em consonância com o que está descrito no tipo incriminador, na verdade contraria a norma, entendida como o conteúdo do tipo legal.

Assim, o fato típico parte do pressuposto que a conduta esteja proibida pelo ordenamento jurídico como um todo, globalmente considerado, e não apenas pelo direito penal, de forma que a análise da antinormatividade (contrariedade da conduta ao direito), deve ser realizada como um todo.

Para a teoria da tipicidade conglobante, seria contraditória a autorização de uma conduta pelo direito civil por exemplo e, simultaneamente, prevê-la como crime em um tipo penal.

Portanto, a tipicidade exige a tipicidade formal, isto é, a subsunção da conduta ao conteúdo descrito no tipo penal e a tipicidade conglobante, ou seja, que a conduta além de violar uma norma jurídico penal, não seja autorizada, fomentada ou tolerada pelo estado.

42. Qual a principal consequência gerada pela adoção do finalismo no conceito de conduta?

De acordo com a teoria finalista, conduta é o comportamento humano, consciente e voluntário, dirigido a um fim. A adoção do finalismo transpôs o dolo e a culpa, que na teoria clássica encontravam-se na culpabilidade, para o interior da conduta, e, portanto, para o fato típico.

Assim, a culpabilidade, que era provida de carga subjetiva, passou a ser normativa, passando a ter como elementos a imputabilidade, potencial consciência da ilicitude e exigibilidade de conduta diversa.

Por outro lado, o fato típico, antes de conteúdo essencialmente objetivo, passou a ter como elementos a conduta (dolo ou culpa), resultado, relação de causalidade e tipicidade.

43. O que se entende por tipo congruente e tipo incongruente?

O tipo congruente ou simétrico caracteriza-se quando há perfeita sintonia entre a vontade do agente e o fato descrito na lei penal, isto é, quando houver simetria entre os elementos objetivos e subjetivos. Nesses casos, o agente realiza exatamente seu intento, como nos casos de crimes dolosos consumados.

Por outro lado, o tipo incongruente ou assimétrico, é aquele em que não há simetria entre a vontade do autor e o fato descrito na norma penal, ou seja, a conduta do agente produz um resultado diverso do desejado, como nos crimes culposos, tentativa e crimes preterdolosos.

44. O que se entende por tipo assimétrico *per accidens*?

No âmbito penal, a simetria entre a vontade do agente (tipo subjetivo – dolo) e o resultado final (tipo objetivo – resultado) dá ensejo aos tipos congruentes ou congruentes simétricos. Isto é, se a vontade do agente se encaixa perfeitamente no resultado, o tipo será simétrico.

Naturalmente, se isso não ocorrer, ter-se-á um tipo assimétrico, ou seja, não haverá exatidão entre a vontade e o resultado produzido, o que pode ocorrer no erro de tipo ou na tentativa.

Na hipótese do erro, estamos diante de uma falsa percepção da realidade, isto é, defeito no tipo subjetivo. Por outro lado, na tentativa, verifica-se o defeito no tipo objetivo, porque, não obstante a vontade dirigida a um resultado – congruência simétrica num primeiro momento -, por acidente no *iter criminis*, o resultado não se realizada da forma projetada pelo agente. Por essa razão, a tentativa pode ser definida como um tipo penal acidentalmente incongruente ou incongruente *per accidens*, justamente porque as circunstâncias alheias à vontade do agente fazem com que a congruência original (dolo = resultado) não se realize, produzindo um resultado diferente do desejado (resultado por acidente).

45. Explique e contextualize o dolo valorado e dolo avalorado.

No âmbito das teorias do dolo, a teoria finalista e a teoria neokantista apresentam posições divergentes. Para o finalismo, o dolo é avalorado, também conhecido por acromático ou incolor, ao passo que para os neokantistas, o dolo é valorado, sendo também conhecido por dolo normativo, híbrido ou colorido.

De acordo com os finalistas, sendo o dolo natural e desprovido de valoração, não se faz necessária a análise da consciência de ilicitude do agente, pois esta integra a culpabilidade, ao passo que o dolo integra a tipicidade.

Por outro lado, para os neokantistas, o dolo, formado pela consciência, vontade e discernimento da ilicitude do ato, não integra o tipo, mas sim a culpabilidade, razão pela qual possui carga valorativa.

46. O que se entende por dolo de primeiro e segundo grau?

O dolo de primeiro grau é aquele em que há vontade por parte do agente de produzir o resultado direto, isto é, as consequências primárias, diretas, imediatas e únicas, dando azo à total realização do resultado típico originalmente desejado.

Por outro lado, o dolo de segundo grau é aquele que envolve não somente os efeitos primários, mas também os efeitos colaterais da prática delituosa. Assim, suas consequências secundárias, não são desejadas de início, são realizadas porque indestacáveis do evento original.

À título de exemplo, o agente que desejando matar a vítima A coloca uma bomba em um ônibus, dolo de primeiro grau, acaba por matar todos os passageiros em razão do modo eleito, evidenciando o dolo de segundo grau, porque o resultado final realizado, morte de todos os passageiros, seria inevitável para a concretização de seu intento original.

47. O que é culpa indireta ou mediata?

A culpa indireta é a espécie que ocorre quando o agente dá causa a um resultado de forma indireta a título de culpa. É a hipótese, por exemplo, do motorista de ônibus que colide contra um poste de energia elétrica, cujos cabos são tocados por um passageiro ao descer do veículo, morrendo eletrocutado.

A culpa indireta pressupõe nexo causal, isto é, que o agente tenha dado causa ao segundo resultado e que esse advenha de desdobramento normal e previsível da conduta inicialmente praticada, além do nexo normativo, ou seja, que exista contribuição culposa por imperícia, negligência ou imprudência por parte do agente.

48. Quais as teorias adotadas sobre o dolo?

A doutrina apresenta três teorias sobre o dolo, a teoria da representação, da vontade e do assentimento.

De acordo com a teoria da representação, a configuração do dolo exige apenas a previsão da ocorrência do resultado, isto é, dá primazia ao aspecto intelectual, não se preocupando com o aspecto volitivo, contentando-se com o fato de que o resultado tenha sido antevisto pelo agente.

Por outro lado, para a teoria da vontade, exige-se a previsão da ocorrência do resultado, isto é, ocorrendo vontade consciente de querer praticar o crime, haverá dolo direto.

Por fim, de acordo com a teoria do assentimento, do consentimento ou da anuência, há dolo não apenas quando o agente deseja o resultado, mas também quando pratica a conduta assumindo o risco de produzi-lo, configurando o dolo eventual.

49. Quais são os elementos do crime culposo?

Crime culposo é aquele que se verifica quando o agente, por deixar de observar o dever objetivo de cuidado, por imprudência, negligência ou imperícia, realiza voluntariamente uma conduta produtora de um resultado naturalístico, não desejado nem previsto, mas objetivamente previsível, sendo, portanto, evitável.

Assim, os elementos do crime culposo são:

a) Conduta humana voluntária;

b) Violação do dever de cuidado objetivo;

c) Resultado naturalístico involuntário;

d) Nexo causal;

e) Tipicidade;

f) Previsibilidade objetiva; e

g) Ausência de previsão (com exceção da culpa consciente).

50. O que é culpa imprópria?

A culpa imprópria, por extensão, por equiparação ou por assimilação é aquela em que o agente, após prever e desejar a produção do resultado, realiza a conduta por erro inescusável ou evitável quanto à ilicitude do fato, realizando o resultado.

Na hipótese, o agente supõe uma situação fática que, se existisse, justificaria sua ação, tornando-a legítima. Contudo, como o erro poderia ser evitável pelo emprego da prudência, o agente responderá a título de culpa.

Trata-se, em realidade, de dolo, pois o agente quer a produção do resultado. Todavia, por razões de política criminal, o Código Penal pune um crime doloso a título de culpa, por se tratar de erro quanto à ilicitude do fato que, não obstante injustificável, propicia o tratamento diferenciado.

51. O que é valoração paralela na esfera do profano?

A valoração paralela na esfera do profano diz respeito à potencial consciência da ilicitude, estando inserida sua compreensão no contexto da culpabilidade.

O finalismo adotou a teoria normativa pura da culpabilidade, assumindo que a culpabilidade é o grau de reprovabilidade da conduta do agente, isto é, um juízo de censura, de reprovação da conduta.

Para tanto, o finalismo construiu a culpabilidade com os elementos da imputabilidade, da exigibilidade de conduta adequada ao direito e da potencial consciência da ilicitude, de forma que a responsabilidade do agente pela prática de um injusto dependerá da sua capacidade de entender e se autodeterminar (imputabilidade), da possibilidade de agir conforme o direito e de reunir condições de ter a consciência sobre a ilicitude da conduta realizada.

Nesse contexto, profano é aquele que não conhece o direito, que desconhece os parâmetros do lícito e ilícito por razões de classe social, valores éticos, morais, espirituais/religiosos e culturais e etc. Assim, em razão de sua ignorância do direito, o agente desconhece a ilicitude de alguns tipos normativos, sujeitando-se à prática de um fato típico e ilícito, mas inculpável, pois na sua avaliação de "agente profano", sua conduta é lícita.

Diante de tais pressupostos, a esse comportamento se atribui a denominação de valoração paralela do profano, isto é, a valoração do injusto produzido por um leigo, levando-se em consideração sua capacidade de compreensão.

52. O que se entende por prognose póstuma objetiva?

Segundo os parâmetros da teoria da imputação objetiva sob a perspectiva de Claus Roxin, para a imputação de um resultado a alguém, este deve ser fruto da realização de um risco proibido criado ou incrementado pelo agente, de sorte que os riscos aceitos socialmente não são considerados causa do resultado.

No que tange ao aumento ou incremento do risco, Roxin desenvolveu a fórmula da prognose póstuma objetiva, que avalia se a conduta provocada pelo agente faticamente foi hábil a criar um risco juridicamente relevante a ponto de se cogitar a possibilidade de atribuição do resultado ao comportamento do agente.

O penalista Luís Greco, ao fragmentar o conceito, nos permite compreendê-lo de forma didática:

"Prognose, porque é um juízo formulado de uma perspectiva *ex ante*, levando-se em conta apenas dados conhecidos no momento da prática da ação; objetiva, porque a prognose parte dos dados conhecidos por um observador objetivo, por um homem prudente, cuidadoso – e não apenas por um homem médio

– pertencente ao círculo social em que se encontra o autor. Póstuma, porque, apesar de tomar em consideração apenas os fatos conhecidos pelo homem prudente no momento da prática da ação, a prognose não deixa de ser realizada pelo juiz, ou seja, depois da prática do fato".

Assim, com os critérios de imputação de Roxin, considera-se o agente antes da prática da conduta criadora de um risco, avaliando-o de acordo com os conhecimentos exigíveis de um homem prudente do seu meio social, com todos os valores de índole subjetiva pertinentes a um homem de tal quilate, contrastando, nesse ponto, com a predominância da estrutura da imputação objetiva enraizada em elementos objetivos e que desconsidera seu dever como homem prudente integrante de um corpo social e que se baseia apenas no saber do agente sobre as circunstâncias fáticas.

Em síntese, a concretização da prognose póstuma objetiva pressupõe que o magistrado deverá valorar o evento causal de forma objetiva – imputação objetiva – e a conduta sob uma perspectiva *ex ante*, como se fosse um observador externo e próximo, capaz a examinar os fatos antes da ocorrência do evento causal.

3. NEXO CAUSAL

53. O que é a teoria da condição qualificada?

A teoria da condição qualificada, também chamada de causalidade adequada, ou teoria individualizadora, elaborada por Von Kries, dispõe que a causa é o antecedente, não só necessário, mas adequado à produção do resultado.

Segundo tal teoria, para que se possa atribuir um resultado a alguém, é mister que, além de praticar um antecedente indispensável, o agente realize uma atividade adequada à sua concretização.

O Código Penal Brasileiro, porém, adotou a teoria da *conditio sine qua non*, que considera causa a ação ou omissão sem a qual o resultado não teria ocorrido, levando-se em consideração o método hipotético de redução de Thyren, que induz à realização de operação de eliminação das causas para verificação do resultado. Para a teoria da *conditio sine qua non*, se, ao se eliminar uma causa, o resultado persistir, o antecedente eliminado não constitui verdadeira causa do resultado.

54. Discorra, de forma sucinta, sobre a teoria da imputação objetiva elaborada por Claus Roxin, analisando os critérios de imputação.

A teoria da imputação objetiva de Claus Roxin tem como lastro a criação de um risco juridicamente relevante e proibido, que se realiza no resultado, sob o alcance do tipo penal.

Assim, para o penalista alemão, a imputação objetiva para Roxin é baseada em três critérios de imputação: (a) criação de um risco juridicamente relevante e proibido; (b) realização do risco no resultado; (c) alcance do tipo penal.

Com efeito, a criação do risco pressupõe de forma inexorável que esse seja juridicamente relevante e proibido, englobando, naturalmente, o incremento do risco, que pressupõe a existência de um risco natural, potencializado pelo agir do agente.

Assim, o risco, para Roxin, pode ser analisado sob os seguinte prismas: (a) aumento ou criação do risco juridicamente relevante e proibido como requisito da imputação, isto é, com seu comportamento, o agente cria ou aumenta um risco não permitido, colocando em perigo bem jurídico penalmente protegido; (b) risco permitido como excludente da imputação, isto é, se o risco criado ou incrementado pela conduta do agente for um risco permitido pelo ordenamento jurídico não há razões para se imputar-lhe a prática de um crime; e (c) diminuição do risco como excludente da imputação, ou seja, se o agente, com seu comportamento reduzir um risco já existe, igualmente não se poderá imputar-lhe o resultado.

No que toca à realização do risco no resultado, Roxin o fundamenta em dois elementos: (a) o fim de proteção da norma, que afasta a subsunção ao tipo objetivo quando a conduta violadora ultrapassa as hipóteses previstas pela norma de cuidado protetiva; (b) a comparação das condutas conforme o direito, confrontando a conduta praticada com a conduta adequada esperada. Ambos os elementos se enquadram nas expectativas normativas criadas para o cidadão e para o próprio Estado. No fim de proteção da norma, o fato de o agente, por exemplo, portar arma de fogo na condução de veículo automotor é irrelevante no que toca à violação de norma de trânsito que ocasiona acidente automobilístico causando lesões corporais, pois as normas afetas à circulação de veículos automotores visam regular o trânsito, tutelando, pela via indireta, a integridade física das pessoas. De igual sorte, ao se comparar as condutas sob a perspectiva do direito, traz-se à lume o princípio da confiança, que pressupõe que cada indivíduo agirá em cumprimento da norma jurídica.

Por fim, o terceiro elemento de imputação a ser analisado, o alcance do tipo, desdobra-se em três institutos corretivos da imputação: (a) autocolocação da vítima em perigo; (b) heterocolocação em perigo consentida, hipótese em que a vítima se deixa colocar em perigo pelo agente criador de uma conduta criadora do risco que se realiza no resultado; (c) âmbito de responsabilidade alheio, em que há a transferência da responsabilidade para outrem, em razão da omissão desse ou da prática de conduta ulterior.

55. "Caio", com intenção de matar, efetua disparos de arma de fogo contra "Tício", atingindo-o no peito. O exame necroscópico, todavia, conclui ter sido a morte provocada pelo envenenamento anterior efetuado por "Mévio". Qual a responsabilidade penal de Caio?

A conduta de Caio amolda-se ao crime de tentativa de homicídio, porquanto a hipótese apresentada trata de causa preexistente absolutamente independente, isto é, capaz de produzir o resultado por si só.

Com efeito, a conduta anterior de Mévio efetivamente foi a causa da morte de Tício, de forma que a agressão posterior praticada por Caio não foi capaz de produzir o resultado morte. Assim, Caio só responderá pelos atos efetivamente praticados, e não pelo resultado.

56. Existe nexo de causalidade nos crimes omissivos?

Do brocardo jurídico *ex nihilo nihil fit* (nada surge do nada), fazemos o contraponto ao *caput* do art. 13 do Código Penal, que prevê como causa a ação ou omissão sem a qual o resultado não teria ocorrido.

De fato, nos crimes omissivos, diante da inércia do agente, não se pode falar em nexo de causalidade, porquanto a omissão não gera, naturalisticamente, modificações no mundo exterior.

Contudo, não há como se desprezar o comando normativo e afastar a omissão como "causa" do resultado. Nesse sentido, ainda que não exista modificação no mundo exterior nos crimes omissivos, existe um dever de agir que encontra seu fundamento na lei e, portanto, o descumprimento desse mister dá ensejo à construção do chamado ***nexo normativo***, isto é, o nexo estabelecido por lei.

57. É possível conferir tratamento único quanto aos efeitos jurídicos as causas absolutamente independentes?

Em todas as modalidades de causas absolutamente independentes (preexistentes, concomitantes e supervenientes), verifica-se o resultado naturalístico de forma independente da conduta do agente. Nelas, as causas aparecem de forma autônoma, ou seja, não se associam ao comportamento do agente, nem figuram na linha de seu desdobramento causal, produzindo, por si só, o resultado material exatamente em razão de sua independência.

Dessa forma, o agente só responderá pelos atos efetivamente praticados, e não pelo resultado naturalístico por ausência de relação de causalidade, em função da existência de uma causa absolutamente independente, que rompe o nexo deflagrado pela conduta do agente.

4. ERRO DE TIPO E ERRO DE PROIBIÇÃO

58. O erro de tipo produz alguma consequência na culpabilidade?

O tipo penal se caracteriza por ser a descrição da norma proibitiva, isto é, a norma que prevê comportamentos em abstrato e lhes atribui a pecha de condutas criminosas.

Assim, quando o agente pratica uma conduta que se amolda à descrição do tipo penal, produz em reação o *ius puniendi* estatal.

Contudo, não é toda e qualquer violação à norma proibitiva que faz incidir o poder punitivo estatal, pois existem normas que podem afastar a necessidade de atuação estatal por incidirem sobre as categorias/estratos do delito.

Nesse contexto, tem-se que o erro de tipo se enquadra em uma dessas situações e excepciona o *ius puniendi* estatal.

Ocorre o erro de tipo quando o agente não reúne plena consciência de seu agir, acreditando que pratica uma conduta lícita, quando, na realidade, está praticando uma conduta proscrita.

Dessa forma, o erro de tipo, previsto no art. 20 do Código Penal, tem por base o elemento cognitivo, o dolo. Tanto assim que a norma penal dispõe que o erro de tipo exclui o dolo e, consequentemente, a própria tipicidade, pois, com a adoção do finalismo, houve o deslocamento do dolo para a tipicidade, esvaziando o conteúdo subjetivo da culpabilidade.

Portanto, por afetar diretamente a tipicidade, o erro de tipo não produz qualquer efeito sobre a culpabilidade.

59. Qual a consequência jurídico-penal da verificação da natureza do erro de tipo, se escusável ou inescusável?

O erro escusável, invencível ou inevitável, previsto na primeira parte do art. 20, *"caput"*, do Código Penal, ocorre quando o resultado é verificado, mesmo na situação em que o agente tenha agido com toda diligência e cautela necessárias. Nesse caso, o erro exclui tanto o dolo quanto a culpa.

Por outro lado, sendo o erro inescusável, vencível ou evitável, previsto no art. 20, 1ª parte, do Código Penal, há tão somente a exclusão do dolo, persistindo a punição do delito a título de culpa, na hipótese de existir previsão legal (excepcionalidade do crime culposo), pois o agente, no caso concreto, não atua com a diligência e cautela necessárias, dando azo à produção do resultado que seria evitável.

60. O que é erro de subsunção e quais as suas consequências jurídico-penais no que tange à teoria do erro?

O erro de subsunção é aquele que recai sobre valorações jurídicas errôneas, sobre interpretações jurídicas equivocadas, não se confundindo com o erro de tipo, vez que não existe falsa percepção da realidade, ou com o erro de proibição, pois a ilicitude do comportamento é conhecida pelo agente.

Na hipótese de erro de subsunção, por equívoco quanto a compreensão, o indivíduo interpreta o sentido jurídico do seu comportamento de forma diversa da esperada, como no caso em que o agente acredita que o cheque é um documento particular ou desconhece a circunstância de que um jurado é caracterizado como funcionário público para fins penais.

Assim, o erro de subsunção não exclui dolo ou a culpa, persistindo a punibilidade e consequentemente o crime e seus efeitos penais.

61. Diferencie *aberratio ictus* e *aberratio delicti*.

Ambas as hipóteses, erro na execução ou *aberratio ictus* (art. 73 do Código Penal) e resultado diverso do pretendido, *aberratio delicti ou aberratio criminis* (art. 74 do Código Penal) são espécies de erro de tipo acidental, de forma que a infração penal permanece íntegra, não se afastando a responsabilidade penal.

No que toca às diferenças, no erro na execução (art. 73 do Código Penal) ocorre o desvio no ataque em relação à pessoa a ser atingida pela conduta criminosa, de forma que o agente não se engana quanto à pessoa objeto do ataque, mas erra seu alvo e atinge pessoa diversa.

Por outro lado, na *aberratio delicti ou criminis* (art. 74 do Código Penal), o agente, por acidente ou erro na execução, produz resultado diverso do pretendido, dando ensejo à configuração de outro delito, como na hipótese do agente que pretende atingir uma pessoa e acerta uma coisa, gerando desvio no crime, inicialmente de lesão corporal para configuração do crime de dano.

62. O que é descriminante putativa por erro de proibição ou erro de proibição indireto?

É o fenômeno que ocorre quando o agente imagina estar agindo amparado por uma causa de exclusão da ilicitude, decorrente de uma equivocada consideração dos limites autorizadores da justificadora.

Ela não se confunde com a descriminante putativa por erro de tipo, vez que nesta há uma equivocada apreciação da realidade, ao passo que na descriminante putativa por erro de proibição, há uma perfeita noção da realidade, mas há equivoco por parte do agente quanto à existência ou quando aos limites da norma autorizadora.

Não se trata, portanto, de erro incidente sobre a situação de fato, mas sobre a existência e sobre os limites da norma excludente de antijuridicidade.

5. ILICITUDE

63. De acordo com a teoria finalista, o que se entende por ilicitude formal e material?

A ilicitude, concebida com uma das categorias do delito ao lado da tipicidade e culpabilidade segundo a teoria tripartite do crime, é a contrariedade de uma conduta ao direito, causando lesão a um bem jurídico penalmente protegido.

A distinção entre ilicitude formal e material reside na existência da lesão ao bem jurídico, porquanto na ilicitude formal existe apenas a contrariedade do fato ao direito, sem qualquer preocupação com a existência de dano ou risco de dano à coletividade, ao passo que a ilicitude material revela-se não apenas pela relação de contrariedade da conduta ao direito, mas pela efetiva lesividade social da conduta do agente.

Oriunda do Neokantismo, a ilicitude material, não obstante guardar estrita relação com a tipicidade material, acaba por não ser tão difundida, porque a análise da lesão ou ameaça de lesão a bem jurídico penalmente protegido acaba sendo realizada na tipicidade material.

64. Para caracterização do estado de necessidade, quais os requisitos objetivos necessários para sua verificação?

De acordo com art. 24 do Código Penal, considera-se em estado de necessidade o agente que pratica uma conduta para salvar, de perigo atual, que não tenha sido provocada por sua vontade e não podia de outro modo evitar, direito próprio ou alheio, cujo sacrifício, no caso concreto, não era razoável exigir-se.

Tem-se, portanto, que os requisitos objetivos do estado de necessidade são: (a) existência perigo atual; (b) situação de perigo não causada voluntariamente pelo agente; (c) tutela de direito próprio ou alheio; (d) inexistência do dever legal de enfrentar o perigo; (e) inevitabilidade do comportamento lesivo; e (f) inexigibilidade de sacrifício do interesse ameaçado.

65. O que se entende por estado de necessidade agressivo e defensivo? Ambos recebem o mesmo tratamento jurídico?

O estado de necessidade agressivo ocorre quando o agente, visando salvar-se ou a outrem, sacrifica um bem jurídico de terceiro, que não deu causa à criação da situação de perigo. Nesse, portanto, o ato defensivo para afastar o perigo é direcionado para coisa ou pessoa alheia à origem do perigo.

Por outro lado, no estado de necessidade defensivo, o agente atinge um interesse ou bem de propriedade de quem efetivamente deu causa ou concorreu para a caracterização da situação de perigo.

Com efeito, em que pese o tratamento jurídico-penal ser equivalente para fins de exclusão da ilicitude, diferenciam-se os institutos na esfera da responsabilidade civil, pois aquele que, mesmo em situação de estado de necessidade, agride bem de terceiro (estado de necessidade agressivo), terá o dever de reparar o dano, ao passo que, se a agressão for direcionada contra o autor da situação de perigo, não existirá o dever de indenizar.

66. O que se entende por legítima defesa recíproca sucessiva? É possível sua ocorrência no direito penal pátrio?

De acordo com o art. 25 do Código Penal, age em legítima defesa quem, usando moderadamente dos meios necessários, repele injusta agressão, atual ou iminente, a direito seu ou de outrem.

Naturalmente, diante de uma situação inicial de legítima defesa, pode ocorrer de o agente se exceder no exercício de seu direito de defesa e passar a ofender, injustamente, bem jurídico de seu agressor original, ensejando-lhe, de igual forma, o direito de defesa.

Assim, a **legítima defesa recíproca sucessiva é uma espécie** de legítima defesa que pressupõe dois agentes, agressor e vítimas iniciais, sendo que a última, ao se defender de forma legítima, acaba por se exceder, dando azo ao exercício da legítima defesa por parte de seu agressor original no que toca ao excesso.

67. É possível a legítima defesa da honra?

Sendo a honra um bem jurídico protegido, não existem obstáculos ao exercício do direito de legítima defesa, desde que observados os requisitos do art. 25 do Código Penal, especialmente no que toca à moderação dos meios empregados na sua defesa.

Assim, é crucial que se analise a proporcionalidade da repulsa da vítima, não se aceitando condutas desproporcionais lesivas ao bem jurídico do agressor original, como na hipótese da prática de um homicídio em razão de uma agressão à honra da vítima, expressamente afastada pela ADPF 779.

O próprio § 1º, inciso II, do art. 140 do Código Penal, prevê a possibilidade do exercício regular de direito de retorsão imediata, evidenciando a possibilidade de tutela da honra por meio das excludentes previstas no Código Penal.

68. Aponte três excludentes de ilicitude espraiadas na parte geral do Código Penal ou na legislação extravagante.

As causas excludentes genéricas são as previstas no art. 23 da Parte Geral do Código Penal e são aplicáveis a qualquer espécie de infração penal desde que preenchidos os seus requisitos legais, sendo suas formas legais as do estado de necessidade, legítima defesa, estrito cumprimento do dever legal e exercício regular do direito.

Por outro lado, a parte especial do Código Penal prevê ainda as denominadas causas específicas ou **especiais**, cuja aplicação é restrita a determinados delitos, como nos casos do art. 128 (aborto), 142 (injúria e difamação), 146, § 3º, I e II (constrangimento ilegal), 150, § 3º, I e II (violação de domicílio) e 156, § 2º (furto de coisa comum), todos do Código Penal.

Contudo, as causas especiais não estão restritas ao Código penal, podendo ser encontradas também na legislação especial, tais como o art. 10 da Lei 6.538/1978, que prevê o exercício regular de direito, consistente na possibilidade de o serviço postal abrir carta com conteúdo suspeito, afastando o crime de violação de sigilo de correspondência, e o art. 37, I, da Lei 9.605/1998 que prevê o estado de necessidade, mediante o abatimento de um animal protegido por lei para saciar a fome do agente ou de sua família.

69. Sobre a legítima defesa, existe diferença entre a legítima defesa subjetiva e a excessiva?

A legítima defesa subjetiva, também conhecida por excessiva, é aquela que ocorre por erro do agente quanto aos limites da excludente, isto é, quando diante de uma situação real de legítima defesa, repele por completo a agressão injusta, mas, por erro quanto aos limites, dá continuidade à agressão por acreditar ainda se encontrar diante da situação de repulsa legítima. É a hipótese do agente que, agredido por outrem, desfere-lhe um soco que o leva ao chão desmaiado. Contudo, o agente, por erro quanto aos limites, não percebe que seu agressor está inconsciente e dá continuidade à agressão por acreditar ainda se encontrar em legítima defesa.

Logo, legítima defesa subjetiva é expressão sinônima de legítima defesa excessiva.

70. Legítima defesa contra estado de necessidade é possível? Por quê?

A conduta praticada numa situação de estado de necessidade não pode ser rotulada como injusta, mas sim como perigo atual, de modo que não será possível a legítima defesa contra estado de necessidade.

71. Diferencie o excesso astênico do estênico

Excesso astênico é aquele que deriva de emoções fundadas em transbordamentos defensivos, isto é, medo, pânico, fraqueza ou desespero e etc, e que pode conduzir à exculpação na seara da inexigibilidade de conduta diversa. Por outro lado, o excesso estênico é transbordamento agressivo, derivado de ódio, vingança e etc, e não permite, sob a luz sistêmica do Direito Penal, a exculpação da conduta.

6. CULPABILIDADE

72. Explique a teoria psicológica da culpabilidade, contextualizando-a, e abordando seus principais aspectos e críticas.

De acordo com essa teoria, a culpabilidade é o vínculo psicológico, representado pelo dolo e pela culpa, entre o agente e o fato típico e ilícito por ele praticado, estando inserida no contexto do causalismo.

Tendo como idealizadores Franz von Liszt e Ernest von Beling, a culpabilidade, na sua perspectiva psicológica, tem como pressuposto fundamental a imputabilidade, entendida como a capacidade do indivíduo de entender o caráter ilícito do fato e de autodeterminar-se de acordo com essa compreensão.

Tem-se, portanto, as figuras do dolo e da culpa fazem parte da culpabilidade e que o dolo na teoria psicológica da culpabilidade é normativo, vez que contém a consciência de ilicitude.

Como críticas, a doutrina aduz que a teoria psicológica da culpabilidade não é capaz de resolver as questões de inexigibilidade de conduta diversa, especialmente a obediência hierárquica à ordem não manifestamente ilegal e a coação moral irresistível, assim como a culpa inconsciente em que não existe vínculo psicológico entre o autor e o fato por ele praticado.

73. O que se entende por tipo positivo e negativo de culpabilidade?

Desenvolvidos pelo penalista alemão Jakobs, os conceitos de tipo positivo e negativo de culpabilidade compõem a formatação da culpabilidade no âmbito de seu funcionalismo penal, que substitui a culpabilidade concebida como juízo de reprovabilidade por necessidades reais ou supostas de prevenção.

Para Jakobs, a culpabilidade pressupõe o injusto sendo que o autor deste só será responsável pelo "déficit de motivação jurídica se ao tempo do fato era imputável", caracterizando o tipo positivo de culpabilidade.

Por outro lado, o tipo negativo de culpabilidade, associado à inexigibilidade de comportamento, a culpabilidade apenas será atribuída ao agente quando ele não tiver atuado com ânimo ou em um contexto exculpante.

74. Quais os elementos componentes da culpabilidade na atual acepção? Justifique em qual deles se operou a reformulação do elemento subjetivo doloso.

De acordo com a teoria normativa pura da culpabilidade, atualmente aceita, os elementos da culpabilidade são: a imputabilidade, a exigibilidade de conduta diversa e a potencial consciência da ilicitude.

Nesse contexto, o dolo, então normativo, passou a ser puramente naturalístico, deixando de reunir seu elemento normativo que era da atual consciência da ilicitude, atualmente incorporado à culpabilidade sob a forma de potencial consciência da ilicitude.

75. O que é coculpabilidade? E coculpabilidade às avessas? Possuem previsão no Código Penal?

De acordo com o penalista argentino Eugênio Raúl Zaffaroni, a coculpabilidade é definida como "uma carga de valores sociais negativos que deve ser considerada como elemento excludente ou atenuante da culpabilidade".

A teoria evidencia a responsabilidade Estatal pela omissão, decorrente da não-inserção social de seus integrantes e que, como consequência impõe ao Estado e a sociedade o ônus de suportar o comportamento que foge ao padrão normativo por parte dos atores sociais sem "cidadania plena" e que, dadas as condições de exclusão, possuem uma menor autodeterminação diante das concausas socioeconômicas da criminalidade.

Por outro lado, na coculpabilidade às avessas, o fenômeno da coculpabilidade se inverte para estabelecer que se os excluídos merecem um tratamento penal menos severo, aos mais ricos se impõe um tratamento mais grave.

A doutrina sustenta que a tese da coculpabilidade encontra fundamento como circunstância atenuante inominada prevista no art. 66 do Código Penal e que a coculpabilidade poderia ser utilizada no âmbito do art. 59 do Código Penal.

76. Aponte duas inovações da teoria da culpabilidade adotada pelo neokantismo com relação à teoria psicológica da culpabilidade, de matriz causalista.

Desenvolvida durante o movimento ***neokantista***, a teoria psicológico-normativa recebeu contribuições de diversos autores.

Reinhard Frank inovou no âmbito do neokantismo ao conceber a culpabilidade também como ***reprovabilidade***. Mantendo o dolo e culpa no seu interior, Frank advertia que há situações em que a anormalidade das circunstâncias pode exculpar o agente, de forma que esse não seria censurável.

Goldshchmidt, por sua vez, contribuiu com a necessidade de se observar a culpabilidade como a ***vontade contrária ao dever***. Freudenthal, na mesma linha, apresentou contribuições atinentes à exigibilidade da conduta, observada diante do ***poder/dever de agir***, como fator decisivo para a caracterização da culpabilidade.

Assim, temos que o dolo e culpa, antes espécies de culpabilidade, passaram a ser concebidos como elementos da culpabilidade. O dolo, de igual forma, passou a contemplar a consciência atual da ilicitude.

77. Diferencie paixão de emoção.

De acordo com o art. 28, I, do Código Penal "Não excluem a imputabilidade penal a emoção ou a paixão". A emoção é concebida como uma alteração afetiva de relevo, mas temporária e passageira. A paixão, por outro lado, é concebida como uma alteração duradoura do estado psíquico da pessoa.

Assim, a emoção pode consistir em sentimento de susto, raiva ou alegria, sentimentos de caráter temporário, e a paixão em sentimentos de ciúmes permanentes, o amor, ou o ódio, essencialmente duradouros.

78. O que se entende por responsabilidade diminuída em direito penal?

A responsabilidade diminuída ou semi-imputabilidade trata da hipótese em que o agente possui reduzida capacidade de entendimento e autodeterminação, decorrente de doença mental ou de desenvolvimento mental incompleto ou retardado, ou, por exemplo, na hipótese do parágrafo único do art. 45 da Lei nº 11.343/06.

Assim, o agente é imputável e responsável por possuir, ainda que de forma diminuída, noção do seu comportamento, mas é concebido com responsabilidade reduzida por demonstrar culpabilidade diminuída em razão das suas condições pessoais.

7. TENTATIVA

79. Qual teoria prevalece em termos de tentativa?

O nosso Código Penal adota, no âmbito da tentativa, a teoria objetiva, realística ou dualista, conforme entendimento que se extrai do art. 14, inc. II e parágrafo único do Código Penal.

De acordo com a teoria objetiva, o escopo da punição da tentativa direciona-se ao efetivo perigo ao bem jurídico, circunstância verificada quando tem início a prática de os atos executórios idôneos a atingir o bem jurídico penalmente protegido. Leva-se em consideração, portanto, tanto o desvalor da ação quanto o desvalor do resultado.

80. Diferencie tentativa inidônea de tentativa supersticiosa.

A figura da tentativa inidônea é conceituada pela doutrina como crime impossível, cuja previsão encontra-se no art. 17 do Código Penal: "Não se pune a tentativa quando, por ineficácia absoluta do meio ou por absoluta impropriedade do objeto, é impossível consumar-se o crime". Assim, pode-se afirmar que o Código Penal, na redação do art. 17, adotou a teoria objetiva temperada ao permitir a punição da tentativa quando o meio ou o objeto é relativamente ineficaz ou impróprio.

Por outro lado, a tentativa supersticiosa, também conhecida por tentativa irreal, ocorre quando o agente crê que sua conduta é capaz de lesar o bem jurídico, contudo, a verificação do tipo é impossível, pois o bem jurídico em momento algum chega sequer a correr perigo de lesão.

Doutrinariamente é conhecida por o crime impossível ou delito putativo, vez que a conduta reside na esfera do pensamento do agente, como na hipótese de "tentar matar" alguém por meio da força do pensamento, procedimento incapaz de deflagrar curso causal fático.

Assim, a tentativa supersticiosa difere da tentativa inidônea, pois apesar de estarem no contexto do crime impossível, a tentativa inidônea ocorre quando o meio utilizado é absolutamente ineficaz de lesar o bem jurídico ou quando ele é inexistente, como na hipótese de tentar matar uma pessoa já morta. Nesse caso, o bem jurídico não mais existe, de forma que essa espécie de tentativa é verificável após o fato realizado.

Por outro turno, na tentativa supersticiosa, verifica-se, de plano, a conduta como incapaz de lesionar ou colocar em perigo o bem jurídico penalmente protegido.

81. Qual o parâmetro diferenciador entre a desistência voluntária e o arrependimento eficaz?

O parâmetro diferenciador entre os institutos da desistência voluntária e o arrependimento eficaz reside nos atos executórios, especialmente sua finalização ou não. Enquanto na desistência voluntária o agente dá início aos atos executórios, mas não os termina porque no curso da conduta ele desiste de prosseguir na execução por vontade própria, no arrependimento eficaz o agente realiza todos os atos de execução, mas se arrepende e, com seu comportamento posterior, desenvolve nova atividade, impedindo a produção do resultado.

82. Defina ponte de ouro, ponte de prata e ponte de diamante. Exemplifique.

As chamadas pontes de ouro, de acordo com Von Liszt, são institutos penais que, após a deflagração do início dos atos de execução de um delito, estimulam o agente desistir do prosseguimento ou impedir a realização do resultado típico, isto é, impedir a consumação do crime.

No Código Penal, verifica-se que os institutos da desistência voluntária e o arrependimento eficaz, previstos no art. 15 do CP, caracterizam-se como pontes de ouro, justamente por visar a não realização do resultado, seja pelo estímulo à desistência, seja pela realização de conduta posterior hábil a impedir a consumação do delito.

Por sua vez, as pontes de prata são os institutos penais que visam, após a consumação do delito, reduzir a responsabilidade penal do agente por critérios de política criminal, como na hipótese do art. 16 do Código Penal, que institui o arrependimento posterior, possível diante de crimes cometidos sem violência ou grave ameaça a pessoa, em que existe a reparação do dano ou, alternativamente, a restituição da coisa por ato voluntário, até o recebimento da denúncia ou queixa.

Por fim, por ponte de diamante, compreende-se as hipóteses de exclusão do processo ou concessão de perdão judicial por atos prévios praticados pelo agente, como nos institutos da delação e colaboração premiada, em que o agente, mesmo diante da consumação do delito, realiza atos típicos de arrependimento e contribuição para solução do crime, auxiliando a Justiça Penal.

83. Em matéria de crime impossível, justifique a teoria adotada e o porquê. Dê dois sinônimos para crime impossível.

O crime impossível é aquele que, pela ineficácia total do meio empregado ou pela impropriedade absoluta do objeto material, a conduta do agente revela-se impossível de se consumar.

A teoria adotada pelo direito pátrio no que tange ao crime impossível é a teoria objetiva temperada ou moderada, em que se exige que os meios empregados pelo agente e o objeto alvo da conduta sejam absolutamente inidôneos para produzir o resultado desejado pelo agente, podendo se caracterizar nas espécies de crime impossível por ineficácia absoluta do meio, crime impossível por impropriedade absoluta do objeto material e crime impossível por obra de agente provocador.

Como sinônimos, a doutrina nos traz as expressões quase-crime, crime oco, tentativa inadequada ou inidônea.

84. O que significa *conatus*?

Conatus significa crime tentado, também conhecido por **crime imperfeito,** ou, na preferência de Zaffaroni, **crime incompleto,** em oposição ao crime consumado, reconhecido como completo ou perfeito.

85. Em matéria de tentativa, qual teoria adotou o Código Penal como regra? Há exceções?

A punibilidade da tentativa é disciplinada pelo art. 14, parágrafo único do Código Penal, que adotou como regra a teoria objetiva, realística ou dualista, ao prever que a pena da tentativa deve ser a correspondente à pena do crime consumado, diminuída de 1 (um) a 2/3 (dois terços), levando em consideração que o desvalor do resultado, por ser menor que o do crime consumado, merece punição menos severa e, simultaneamente, o critério da distância percorrida do *iter criminis.*

86. O que é tentativa supersticiosa?

Tentativa supersticiosa ou irreal é aquela verificada na hipótese em que o agente acredita estar incorrendo em uma situação de realização de um tipo penal, que, na prática, não é possível.

Na tentativa supersticiosa, o agente atua com plena consciência sobre o meio que utiliza e o objeto visado, acreditando piamente que o resultado pode ser alcançado, não obstante, objetivamente, seja impossível, como na hipótese em que "A" pretendendo matar "B", exerce o poder do pensamento para que este caia de uma escada e venha a falecer.

87. Os crimes condicionados admitem tentativa?

Os crimes condicionados são aqueles em que a punibilidade está sujeita à produção de um resultado naturalístico, como no caso do crime previsto no art. 164 do CP: Introduzir ou deixar animais em propriedade alheia, sem consentimento de quem de direito, desde que o fato resulte prejuízo e, exatamente por exigirem a produção do resultado, são incompatíveis com o *conatus*.

88. O que é resipiscência?

A resipiscência é sinônimo de arrependimento eficaz, instituto previsto no art. 15 do Código Penal, e ocorre quando o agente, voluntariamente, desiste de prosseguir na execução ou impede que o resultado se produza, respondendo somente pelos atos já praticados.

89. Arrependimento posterior é compatível com violência imprópria?

O arrependimento posterior, instituto de origem na política criminal, alicerça-se em três aspectos: estímulo ao arrependimento, proteção da vítima e reparação do dano.

Para que o instituto seja aplicável, exige-se a observância da natureza do crime, a efetiva reparação do dano ou restituição da coisa e o limite temporal entre a conduta criminosa e a reparação.

No que toca à violência imprópria, a doutrina apresenta divergências. A primeira corrente sustenta sua possibilidade, pois a previsão legal somente excluiu a hipótese de violência própria, e se quisesse tê-la afastado, teria feito expressamente. Para a segunda corrente não seria possível, pois violência imprópria, caracteriza pela redução da vítima à impossibilidade de resistência é concebida como violência dolosa, de sorte que a aplicação do instituto a essas situações contrariaria a *mens legis*.

90. No arrependimento posterior, quando se diz que a reparação do dano deve ser voluntária, pessoal e integral, o que isso representa?

Deve ser voluntária, isto é, sem coação física ou moral, não se exigindo espontaneidade; pessoal, porque deve ser realizada pelo próprio agente, salvo na hipótese de comprovada impossibilidade por parte deste, situação que se admite seja realizada por terceiros; e integral, cuja compreensão advém da constatação da integralidade por parte da vítima que, excepcionalmente e a seu critério, pode valer-se da reparação parcial, emitindo sua concordância.

Segundo o STF, é possível o reconhecimento da causa de diminuição de pena prevista no art. 16 do Código Penal (arrependimento posterior) para o caso em que o agente fez o ressarcimento da dívida principal (efetuou a reparação da parte principal do dano) antes do recebimento da denúncia, mas somente pagou os valores referentes aos juros e correção monetária durante a tramitação da ação penal. (Fonte: https://www.buscadordizerodireito.com.br/jurisprudencia/detalhes/20d039f53b4a6786c21ee0dbcd2d2c5d)

91. Onde se posiciona o crime impossível na estrutura da teoria do delito?

A definição de crime impossível, também chamado de crime oco, tentativa inadequada, tentativa inidônea ou tentativa impossível, associada à redação do art. 17 do Código Penal, que utiliza a expressão: "não se pune a tentativa", induz o intérprete, num primeiro momento, a posicionar o crime impossível como causa de isenção de pena no crime tentado.

Contudo, trata-se de causa de exclusão da tipicidade, pois o fato praticado pelo agente não se amolda ao tipo penal.

8. CONCURSO DE PESSOAS

92. Segundo Claus Roxin, a teoria do domínio do fato é aplicável a todos os crimes?

A teoria do domínio do fato, construída pelo finalismo de Welzel e aperfeiçoada por Roxin, parte da premissa da incapacidade das teorias objetivas e subjetivas de fornecerem critérios seguros para distinção entre autor e partícipe.

Tendo como elementos iniciais a concepção de autor em sua forma restrita, pois vincula a definição à ação descrita no tipo penal e, também, a teoria subjetiva de autor, que anexa à vontade como elemento energético da produção de um resultado típico, conceitua autor do fato como sendo não somente aquele que executa a ação típica, mas também o agente que se utiliza outrem, como instrumento, para a prática do crime.

Assim, segundo a teoria do domínio do fato, o autor domina a realização do fato típico, pois é capaz de controlar o prosseguindo da empreitada criminosa, ao passo que o partícipe não reúne poderes sobre o andamento da ação típica.

Com fundamento na estruturação teórica, o professor alemão Claus Roxin sustenta que o conceito de domínio do fato não é aplicável a todos os crimes, tendo como berço natural apenas os crimes comuns, comissivos e dolosos.

93. É possível a autoria mediata em crime culposo? Em crime próprio ou de mão própria?

Por essência, a figura da autoria mediata é incompatível com os crimes culposos, pois, nesses crimes, o resultado naturalístico, por ser involuntário, não permite a utilização de um terceiro sem que o agente original tenha consciência do fato.

Segundo o entendimento predominante, o crime de mão-própria, por sua vez, por demandar conduta praticada por agente com qualidade especial, não admite autoria mediata, pois somente pode ser cometido por determinada pessoa que reúna as qualidades para tanto, não podendo esta valer-se de terceira pessoa para realização de sua intenção delitiva.

No que toca aos crimes próprios, há divergência doutrinária. A primeira corrente admite autoria mediata em crime próprio, sem qualquer espécie de restrição. A segunda corrente, por seu turno, somente admite a autoria mediata em crimes próprios na hipótese do autor mediato reunir as mesmas qualidades pessoais e condições do autor imediato.

94. O direito penal reprime a participação negativa?

A participação negativa é, em essência, um não fazer, sendo tratada pela doutrina como conivência, sem relevância penal ante a ausência do dever jurídico de agir e, portanto, inexistência da posição de garante. Assim, o indivíduo que, diante de um furto, nada faz, não se torna partícipe da conduta delituosa, por não possuir o dever jurídico de impedir o resultado.

95. O que é coautoria sucessiva?

A coautoria sucessiva é aquela em que alguém ou algum grupo adere subjetivamente à conduta criminosa, após a deflagração do *iter criminis*. Ressalte-se, nesse ponto, que tal adesão apenas pode se dar até a consumação do crime, pois não se admite a coautoria ou mesmo a participação póstuma.

96. Quais a teorias existentes para fundamentar a punição do partícipe e qual a adotada pelo ordenamento jurídico pátrio?

A doutrina apresenta quatro teorias para fundamentar a punição do partícipe no concurso de agentes: as teorias da acessoriedade mínima, acessoriedade limitada, acessoriedade máxima e hiperacessoriedade.

Para a teoria da acessoriedade mínima, pune-se a participação associada a uma conduta principal típica, não sendo relevante a ilicitude e a culpabilidade, isto é, basta que a conduta do autor principal seja típica.

Por outro lado, segundo a teoria da acessoriedade limitada ou média, adotada pelo ordenamento jurídico pátrio, a participação será punível quando a conduta principal for típica e ilícita, sendo irrelevante a culpabilidade.

Por sua vez, a teoria da acessoriedade máxima pressupõe que a participação será punível quando a conduta principal for típica, ilícita e culpável.

Por fim, a teoria da hiperacessoriedade agrega a punibilidade à teoria da acessoriedade máxima, de sorte que a participação será punível quando a conduta principal for típica, ilícita e culpável.

97. O que se entende por crimes de participação necessária e quais os seus desdobramentos doutrinários?

Os crimes de participação necessária são aqueles que exigem, para sua configuração, o concurso obrigatório de mais de uma pessoa, reunindo o tipo penal elementos que pressupõem que a infração penal não pode ser praticada por apenas um agente, como na hipótese de favorecimento pessoal, receptação, usura e homicídio piedoso.

Doutrinariamente, esses tipos penais são agrupados em: a) **tipos de convergência**, nos quais a atividade dos partícipes necessários caminha lado a lado e se orienta para o mesmo objetivo, como no caso do motim de presos, previsto no art. 354 do Código Penal, em que todos os agentes atuam no mesmo sentido; e b) **tipos de encontro**, nos quais a atividade dos participes necessários parte de posições diferentes na configuração do delito, mas direcionadas para a mesma finalidade, como no caso do favorecimento pessoal (art. 348 do Código Penal), em que os agentes se encontram em posições distintas na cadcia delitiva, mas suas condutas se encontram no final para configuração do delito, porque o auxílio criminoso depende da prática de um delito por outrem.

98. É possível a tentativa de participação?

O direito penal pátrio não pune a tentativa de participação, porquanto a participação não possui conteúdo de injusto próprio, dependendo do tipo de injusto a ser realizado pelo autor.

Para a punição, o partícipe deve, concretamente, contribuir para a ocorrência do resultado, e, na tentativa de participação, não existe nenhuma contribuição efetiva para ocorrência do fato, razão pela qual não é punível.

99. O que se entende por imputação recíproca? Em qual contexto ela está inserida?

Insere-se a imputação recíproca no chamado ***domínio funcional do fato***, caracterizado pela divisão de tarefas ou funções na construção do delito. Assim, se Caio pratica a grave ameaça num crime de roubo, enquanto Tício subtrai os pertences da vítima, ambos contribuem de forma relevante para a prática do delito, evidenciando o liame subjetivo.

Logo, ainda que Caio tenha realizado apenas a tipicidade do crime de ameaça - ameaçar - (art. 147 do CP) e Tício apenas a tipicidade do crime de furto -

subtrair - (art. 155 do CP), ambos possuem o domínio funcional do fato típico previsto no crime de roubo (art. 157 do CP) e, portanto, suas condutas, dada a relevância causal consciente, devem se somar para caracterização de um todo, o delito mais grave. Há nesse caso, o que Roxin denomina ***imputação recíproca.***

100. Segundo Roxin, quais os elementos para caracterização do domínio da organização por meio de aparatos verticalizados de poder?

1. emissão de ordem a partir da posição de comando ou poder dentro de uma organização contrária ao Direito verticalmente estruturada;

2. fungibilidade dos executores.

9. CONCURSO DE CRIMES

101. Tratando-se de concurso formal de delitos, quais a consequências jurídicas advindas do reconhecimento do concurso de infrações?

Ocorre o concurso formal quando o agente mediante uma única conduta, comissiva ou omissiva, pratica dois ou mais crimes, sendo indiferente a identidade ou não entre eles.

O art. 70 do Código Penal dispõe que, ocorrendo o concurso formal, aplica-se a pena mais grave, aumentada de um sexto até metade e somente uma das penas, se iguais, aumentada de um sexto até metade. Dispõe, ainda, que se aplicam as penas, cumulativamente, se a ação ou omissão for dolosa e os crimes concorrentes resultam de desígnios autônomos.

Doutrinariamente, há a classificação em quatro hipóteses de concurso formal. Ocorre o concurso formal homogêneo quando o agente pratica dois ou mais crimes idênticos, como na hipótese de homicídio culposo na direção de veículo automotor em que ocorre a morte de duas pessoas. Por sua vez, ocorre o concurso formal heterogêneo quando o agente, com apenas uma conduta, pratica dois ou mais crimes diversos, quando, no mesmo exemplo citado, mata alguém e lesiona outrem em razão de violação de uma norma de trânsito.

Ocorre o concurso formal perfeito quando o agente não possuía o intuito de praticar os delitos de forma autônoma, como na hipótese em que desejando matar alguém, acaba também matando terceiro a título de culpa. E, por fim, tem-se o concurso formal imperfeito, em que o agente possuí o desejo de praticar os crimes de forma autônoma a título de dolo, como na hipótese de, querendo matar A e B, numa mesma ação criminosa, efetua disparos contra ambos e produz as suas mortes, caso em que as penas devem ser somadas em razão dos desígnios autônomos.

10. CRIMES OMISSIVOS

102. Qual o critério diferenciador de um crime omissivo próprio de um crime omissivo impróprio?

Nos crimes omissivos próprios a lei impõe um dever de agir genérico a todos, de sorte que o agente responde não pelo resultado, mas por sua omissão, isto é, a omissão não possui relevância causal porque há tipo incriminador descrevendo a omissão como infração formal ou de mera conduta.

Por outro lado, nos crimes omissivos impróprios, também conhecidos como crimes omissivos impuros, espúrios, promíscuos ou comissivos por omissão, há para o agente um dever jurídico de agir para impedir o resultado, especialmente nas hipóteses do art. 13, § 2º do Código Penal (tenha por lei obrigação de cuidado, proteção ou vigilância; de outra forma assumiu a responsabilidade de impedir o resultado; com seu comportamento anterior criou o risco da ocorrência do resultado). Logo, a omissão do agente possui relevância causal pelo resultado, de forma que responde não somente pela omissão, mas pelo resultado causado.

103. O que se entende por subsunção direta e a qual modalidade dos crimes omissivos ela se aplica?

A subsunção direta aplica-se aos crimes omissivos próprios, em o agente responde penalmente por sua omissão, pois deixa de fazer algo determinado por lei.

Assim, por ser o dever de agir genérico, alcançando a todos indistintamente, há uma desobediência a uma norma de mandamento, propiciando a subsunção direta da omissão à norma jurídica mandamental.

104. O que são crimes omissivos impuros?

Crimes omissivos impuros são os crimes omissivos impróprios ou comissivos por omissão, caracterizados pela existência de um dever de agir descrito em uma normal geral, em que o tipo penal descreve uma conduta de cunho positivo, mas o que o agente, por omissão, descumpre o seu dever jurídico de agir, dando causa a produção de um resultado naturalístico.

105. Cabe coautoria nos crimes omissivos?

A questão é objeto de divergência doutrinária. A primeira corrente sustenta a impossibilidade, porque cada um dos agentes detém o seu dever de agir, seja ele imposto pela lei a todos, no caso dos denominados crimes omissivos próprios, ou decorrentes de previsão específica, na hipótese dos crimes omissivos impuros. Assim, ao tomarem a decisão pela omissão, realizarão o tipo penal de forma própria e individual, devendo responder cada qual por sua conduta, sem que se caracterize a coautoria.

Por outro lado, a segunda corrente defende a possibilidade da coautoria, pois, para a caracterização dessa, é suficiente que dois ou mais agentes, ligados pelo liame subjetivo advindo da unidade de desígnios, contribuam de forma relevante para a produção do resultado, realizando atos de executórios da infração penal. Portanto, para essa corrente, que atualmente é prevalente no âmbito doutrinário e jurisprudencial, os efeitos do vínculo subjetivo são iguais, tanto no caso de conduta comissiva, quanto na hipótese de conduta omissiva.

11. PRESCRIÇÃO. PENAS. *SURSIS*. LIVRAMENTO CONDICIONAL

106. O que é prescrição? Pode ser decretada de ofício?

O instituto da prescrição representa a perda do direito de punir do Estado pelo decurso do tempo ante ao não exercício da pretensão punitiva ou executória da pena e, nos termos do art. artigo 61 do Código de Processo Penal, a prescrição deverá ser determinada de ofício, pelo juiz, ou por provocação das partes em qualquer fase do processo, gerando a extinção da punibilidade do agente.

107. Como se calcula a prescrição da pretensão punitiva de um fato ainda objeto de investigação pela Polícia Civil?

A prescrição da pretensão punitiva, regida pelo artigo 109 do Código Penal, revela-se com a consequência da inércia estatal em promover a ação penal ou julgar, de forma definitiva, o caso concreto.

O cálculo do prazo prescricional, num primeiro momento, deve considerar a pena máxima em abstrato cominada ao delito, verificando-a de acordo com o disposto no art. 109 do Código Penal.

Assim, estando o fato ainda sendo objeto de investigação, a prescrição deverá ser calculada com esteio na máxima pena cominada ao delito, levando-se em consideração ainda o disposto no art. 115 do Código Penal, que prevê a redução de metade nos prazos de prescrição quando o criminoso era, ao tempo do crime, menor de 21 (vinte e um) anos, ou, na data da sentença, maior de 70 (setenta) anos.

108. O que é prescrição intercorrente e como é calculada?

O fenômeno da prescrição intercorrente, previsto no artigo 110, § 1º, primeira parte do Código Penal, também conhecido por prescrição superveniente, posterior ou subsequente é aquele cuja prescrição é regulada pela pena em concreto, levando-se em consideração o trânsito em julgado para a acusação.

O cálculo da prescrição é realizado pela aplicação da pena final aplicada ao caso concreto, nas hipóteses em que não caiba recurso do titular da ação, às disposições do art. 109 do Código Penal, de forma que o prazo processual entre a sentença e o acórdão final transitado em julgado referente ao recurso interposto não poderá exceder o lapso prescricional referente à pena "in concreto", devendo, igualmente ser levadas em consideração o disposto no art. 115 do Código Penal, que prevê a redução de metade nos prazos de prescrição quando o criminoso era, ao tempo do crime, menor de 21 (vinte e um) anos, ou, na data da sentença, maior de 70 (setenta) anos.

109. O que se entende por prescrição retroativa? Ela pode atingir o intervalo entre o fato e o oferecimento da denúncia?

De acordo com a Súmula nº 146 do Supremo Tribunal Federal: "A prescrição da ação penal regula-se pela pena concretizada, quando não há recurso da acusação". Do verbete, extrai-se que essa modalidade prescricional leva em consideração a pena aplicada, in concreto, nos casos em que não mais se admite recurso da acusação, por partir do pressuposto que a penal final é justa e deve nortear a prescrição.

Tem-se, portanto, que a aplicação da prescrição retroativa deve levar em consideração as denominadas causas interruptivas da prescrição previstas nos incisos I a IV do art. 117 do Código Penal (recebimento o da denúncia ou da queixa; pela pronúncia; pela decisão confirmatória da pronúncia e pela publicação da sentença ou acórdão condenatórios recorríveis).

110. No que diz respeito à prescrição da pretensão executória da pena, quando começa a correr?

A prescrição da pretensão executória é aquela que implica a perda da possibilidade de aplicação da sanção penal por parte do Estado, em razão do decurso do tempo, sendo regulada pela pena fixada na sentença condenatória ou acórdão.

Segundo o Código Penal, a prescrição pretensão executória começa a correr, nos termos do art. 112, do dia em que transita em julgado a sentença condenatória, para a acusação, ou a que revoga a suspensão condicional da pena ou o livramento condicional (artigo 112, inciso I), e do dia em que se interrompe a execução, salvo quando o tempo da interrupção deva computar-se na pena (artigo 112, inciso II).

Entretanto, tanto o STJ, por meio da 3ª Seção (AgRg no REsp 1.983.259-PR), e o STF, no julgamento do AI 794971-AgR/RJ, modificaram seus posicionamentos anteriores para decidir que o *dies a quo* para a contagem da prescrição da pretensão executória é o trânsito em julgado para ambas as partes.

É importante ainda frisar que, conforme o art. 113 do Código Penal, a prescrição no caso de evasão do condenado ou de revogação do livramento condicional é regulada pelo tempo remanescente da pena.

111. A reincidência interfere nos prazos prescricionais?

Segundo o art. 110 do Código Penal, a prescrição depois de transitar em julgado a sentença condenatória regula-se pela pena aplicada e verifica-se nos prazos no art. 109, que devem ser aumentados de um terço se o condenado for reincidente.

Assim, somente na hipótese de o condenado ser reincidente, o prazo prescricional da pretensão executória deverá ser aumentado de um terço, pois a modalidade só é aplicável no âmbito da prescrição da pretensão executória, conforme se depreende da Súmula 220 do STJ: "a reincidência não influi no prazo da prescrição da pretensão punitiva".

112. Como se verifica a prescrição das penas restritivas de direito?

Os prazos prescricionais das penas restritivas de direito, nos termos do art. 109, parágrafo único, do Código Penal, seguem a sorte dos prazos prescricionais das penas privativas de liberdade.

113. No que toca aos prazos prescricionais da pena de multa, há alguma peculiaridade?

A prescrição da pretensão punitiva da pena de multa, nos termos do art. 114 do Código Penal, ocorre em 2 (dois) anos se for a única cominada ou aplicada (inciso I) e no mesmo prazo estabelecido para prescrição da pena privativa de liberdade, quando a multa for alternativa ou cumulativamente cominada ou cumulativamente aplicada (inciso II).

No que toca à prescrição da pretensão executória da pena de multa, existem dois entendimentos. O primeiro sustenta a prescrição no prazo de cinco anos, por considerar, seguindo a linha do STJ e STF, que a multa penal é dívida de valor e, portanto, seria aplicável o art. 174 do Código Tributário Nacional.

A segunda corrente, por sua vez, sustenta a aplicação dos prazos previstos no art. 114 do CP de forma que, no caso do inciso I, quando a multa for a única cominada ou aplicada, dever-se-ia aplicar o prazo de dois anos por ser mais benéfico. Por outro lado, na hipótese do inciso II, mesmo prazo estabelecido para prescrição da pena privativa de liberdade, quando a multa for alternativa ou cumulativamente cominada ou cumulativamente aplicada, o posicionamento a ser adotado seria o da análise do caso concreto para aferição de qual é o prazo prescricional da pena privativa de liberdade cumulativamente aplicada para que, em interpretação mais benéfica ao sentenciado, aplicar-se o prazo o prazo de cinco anos nos casos em que prescrição penal for superior à hipótese.

114. Quais são as causas impeditivas da prescrição previstas no Código Penal? Existem outras previstas fora do Código Penal?

De acordo com o art. 116 do Código Penal, antes de passar em julgado a sentença final, a prescrição não corre enquanto não resolvida, em outro processo, questão de que dependa o reconhecimento da existência do crime e enquanto o agente cumpre pena no exterior.

A nova lei do Pacote Anticrime, Lei nº 13.964/19, acrescentou mais duas hipóteses de causas impeditivas nos incisos III e IV do art. 116: na pendência de embargos de declaração ou de recursos aos Tribunais Superiores, quando inadmissíveis e enquanto não cumprido ou não rescindido o acordo de não persecução penal.

De igual forma, o parágrafo único do art. 116 prevê que "depois de passada em julgado a sentença condenatória, a prescrição não corre durante o tempo em que o condenado está preso por outro motivo".

Contudo, as causas impeditivas ou suspensivas da prescrição não estão previstas apenas no Código Penal, segundo também encontradas em diversos diplomas legislativos, como nas hipóteses do artigo 53, § 5º da Constituição Federal, que disciplina a suspensão da prescrição em processos contra parlamentares; o artigo 89, § 6º, da lei nº 9.099/95, que disciplina a suspensão condicional do processo; o artigo 366 do Código de Processo Penal, que prevê a suspensão da prescrição no caso de citação por edital; o artigo 368 do Código de Processo Penal, que prevê a suspensão do prazo prescricional em caso de carta rogatória; o artigo 87, da Lei nº 12.529/2011, que disciplina o acordo de leniência, nos crimes contra a ordem econômica tipificados na Lei nº 8.137/90 e os tipificados no Código Penal e o artigo 83, § 2º, da lei nº 9.430/96, que determina a suspensão da pretensão punitiva estatal em caso de parcelamento dos débitos tributários relativos aos crimes contra a ordem tributária (arts. 1º e 2º da Lei nº 8.137/90) e contra a previdência social (arts. 168-A e 337-A, CP).

115. No âmbito da prescrição da pretensão punitiva, qual o menor prazo prescricional brasileiro? E o maior?

Tendo em vista que o art. 115 do Código Penal prevê que são reduzidos de metade os prazos prescricionais quando o criminoso era, ao tempo do crime, menor de 21 anos ou maior de setenta anos na data da sentença, podemos afirmar que o menor prazo prescricional previsto na legislação brasileira é de 1 ano, uma vez que a pena de multa, quando for a única cominada ou aplicada (art. 114, II, do Código Penal) e as penas previstas para o crime do art. 28 da Lei de Drogas (art. 30 da Lei n. 11.343/06) prescrevem, como regra, em 2 anos. Por outro lado, o maior prazo prescricional brasileiro é o da prescrição da pena de morte, possível nos casos de guerra declarada e para as condutas previstas no Código Penal Militar, cujo prazo é de 30 anos, art. 125, I, do Código Penal Militar.

116. O que se entende por terceira via do direito penal?

A terceira via do Direito Penal, na concepção de Claus Roxin, é concebida como a reparação de danos. Para Roxin, a reparação de danos está legitimada pelo princípio da subsidiariedade do direito penal, pois, para além da pena, concebida como a primeira via, e da medida de segurança, caracterizadora da segunda via, é uma medida penal independente, que associa elementos do direito privado e cumpre com os fins da pena.

Para Roxin, a reparação teria o condão de substituir ou atenuar a pena nas hipóteses em que a medida seja capaz de adequar os fins da pena e a necessidade de indenização da vítima, passando o Direito Penal se aproximar mais da realidade social.

117. O que é detração penal e como é concretizada na prática?

A detração penal é um incidente de execução penal, previsto no art. 66, III, "c" da Lei de Execuções Penais e ar; 42 do Código Penal, que se caracteriza por ser o desconto do tempo efetivo cumprido de prisão provisória ou internação provisória na pena privativa de liberdade, no início de seu cumprimento.

Assim, concretiza-se com a operação aritmética de subtração, em que da pena imposta subtrai-se o tempo de prisão provisória cumprido pelo agente, visando evitar a dupla punição pelo mesmo fato.

118. O que se entende por detração analógica virtual?

A detração penal analógica virtual, abordada pelo STJ no voto do HC nº 390.038/SP, consiste na aplicação do instituto da detração penal à hipótese de cumprimento de prisão provisória em casos cuja solução final não admite a pena de prisão e que, como consequência, não há interesse em punir por parte do Estado.

A detração penal ocorre quando o magistrado subtrai da pena final imposta o tempo efetivamente cumprido em sede de prisão provisória ou internação provisória. Em determinadas situações, como na hipótese do art. 28 da Lei de Drogas, em que não há o preceito secundário de prisão, eventual tempo de prisão provisória cumprido por imputação excedente, art. 33 da mesma lei, por exemplo, em que se opera posteriormente a desclassificação, há aplicação da analogia para fins de detração, mesmo que o art. 28 não contenha a prisão de pena privativa de liberdade, surgindo a detração analógica.

Na detração analógica virtual, diante do esgotamento de forma mais severa do que a prevista do *ius puniendi* estatal, porque o agente cumpre medida mais gravosa do que a possível a ser imposta em sede de condenação, há o reconhecimento da ausência de interesse de agir do Estado e, consequentemente, a decretação da extinção da punibilidade do agente, razão pela qual se justifica o uso da palavra virtual, ou seja, sem que exista imposição de pena para ser detraída.

119. É possível a detração durante o período de prova de *sursis* da pena?

O *sursis* é um instituto que objetiva essencialmente impedir o cumprimento da pena privativa de liberdade. Assim, revela-se incoerente a diminuição de uma pena suspensa, isto é, que não está sendo cumprida pelo agente.

Contudo, havendo revogação do período de prova do *sursis*, com o consequente início do cumprimento da sanção penal, o tempo efetivamente cumprido a título de prisão provisória será detraído do tempo total da pena privativa de liberdade.

120. Cite cinco efeitos da reincidência.

Dentre os vários efeitos da reincidência, pode-se citar:

É causa interruptiva da prescrição (art. 117, VI, do Código Penal); é causa agravante da pena (art. 61, I, do Código Penal), impede a concessão de *sursis* na hipótese de crime doloso (art. 77, I, do Código Penal); impede a substituição da privativa por restritiva de direitos e multa se reincidente em crime doloso(art. 44, II do Código Penal; aumenta o prazo para obter o livramento condicional de um terço para metade, art. 83, II do Código penal; impede o livramento condicional quando reincidência for específica nos crimes hediondos, art. 83, V do Código Penal; interrompe a prescrição da pretensão executória, art. 117, V do Código Penal; aumenta o prazo prescricional da pretensão executória em um terço, art. 110 do Código Penal; causa a revogação obrigatória do *sursis*, se condenado por crime doloso, art. 81, I do Código Penal; causa de revogação do livramento em caso de condenação a pena privativa de liberdade, art. 86, I do Código Penal; causa de revogação da reabilitação quando o agente é condenado a pena diversa de multa, art. 95 do Código Penal; impede a caracterização do privilégio nos crimes de furto e estelionato, arts. 155, § 2º e 171, § 1º do Código Penal, respectivamente; e impõe limitações ao regime inicial de cumprimento de penas, art. 33, § 2º do Código Penal.

121. Atos infracionais pretéritos podem configurar maus antecedentes ou subsidiar eventual medida em prejuízo do réu?

O STJ decidiu que a prática de atos infracionais anteriores serve para justificar a decretação ou manutenção da prisão preventiva como garantia da ordem pública, levando em consideração que tais condutas sugerem que a personalidade do agente o conduz à criminalidade, devendo o ato ser analisado de forma especial, em especial o tempo decorrido entre o ato infracional e o crime e a comprovação efetiva da ocorrência do ato infracional.

Contudo, segundo o STJ, os atos infracionais não podem ser considerados como maus antecedentes, mas podem ser objeto de valoração.

122. A caracterização da reincidência por crime praticado no exterior demanda homologação da sentença no Brasil?

Nos termos do art. 9º do Código Penal, a sentença penal condenatória proferida no estrangeiro precisa de homologação obrigar o condenado à reparação do dano, a restituições e a outros efeitos civis, bem como para sujeitá-lo a medida de segurança, não havendo, portanto, necessidade de homologação pelo Superior Tribunal de Justiça da sentença condenatória proferida no estrangeiro para que sejam gerados os efeitos da reincidência.

123. Quais os requisitos exigidos para crimes dolosos para substituição de pena nos termos do art. 44 do Código Penal? Os requisitos são flexíveis? E nos crimes culposos, quais os requisitos?

Nos crimes dolosos, a substituição da pena privativa de liberdade depende do preenchimento de quatro requisitos, dois de natureza objetiva e dois de natureza subjetiva: (a) pena aplicada não superior a 4 anos; (b) crime cometido sem violência real ou grave ameaça à pessoa; (c) condenado não reincidente em crime doloso; e (d) seja indicada e suficiente a substituição da pena.

A flexibilização é verificada pelo disposto no art. 44, § 3º, do Código Penal, e ocorre no caso em que se verifica a reincidência, pois é permitida a conversão se o condenado não for reincidente específico, desde que a medida seja socialmente recomendável.

Por outro lado, nos crimes culposos, independente da pena, permite-se a substituição da pena privativa de liberdade em pena restritiva de direitos.

124. Quais as espécies de revogação do *sursis*?

De acordo com o art. 81 do Código Penal, a suspensão será revogada se, no curso do prazo, o beneficiário é condenado, em sentença irrecorrível, por crime doloso; frustra, embora solvente, a execução de pena de multa ou não efetua, sem motivo justificado, a reparação do dano; ou descumpre a condição do § 1º do art. 78 deste Código. Nesses casos, tem-se a revogação obrigatória.

Por outro lado, o § 1º do art. 81 do Código Penal dispõe que "a suspensão poderá ser revogada se o condenado descumpre qualquer outra condição imposta ou é irrecorrivelmente condenado, por crime culposo ou por contravenção, a pena privativa de liberdade ou restritiva de direitos". Nessas hipóteses, a revogação é facultativa.

125. O que é *sursis* coetâneo? É admissível?

O *sursis* coetâneo, também conhecido por simultâneo, é aquele cumprido ao mesmo tempo com outro *sursis* e pode ocorrer em duas situações:

Na primeira, durante o período de prova, o réu é condenado por crime culposo ou contravenção penal a pena privativa de liberdade igual ou inferior a dois anos, situação que permite a concessão de novo *sursis*, pois não é reincidente em crime doloso, e não existem impedimentos à manutenção do *sursis* anterior, pois a revogação é facultativa.

Na segunda situação, antes do início do período de prova, o réu é condenado pela prática de crime doloso, sem, contudo, ser reincidente, obtendo novo *sursis*. Assim, preserva-se o *sursis* anterior, vez que a condenação por crime doloso apenas impõe a revogação do anterior quando seu trânsito em julgado se verificar durante o período de prova.

126. Quais os sistemas de aplicação da pena acolhidos no Brasil?

Três são os sistemas de aplicação da pena no concurso de infrações penais, quais sejam, cúmulo material, exasperação e absorção.

Segundo sistema do cúmulo material, aplicável ao concurso material (art. 69 do Código Penal), ao concurso formal imperfeito ou impróprio (art. 70, *caput*, 2ª parte, do Código Penal), ao concurso das penas de multa (art. 72 do Código Penal) e nos casos expressamente determinados pelos tipos penais (§ 2º do art. 329 do Código Penal, *v.g.*), ao réu deve ser aplicada apena resultado do somatório das penas de cada uma das infrações penais pelas quais ele foi condenado.

Por outro lado, no sistema da exasperação da pena, não obstante a prática de mais de um crime, aplica-se a pena do crime mais grave, aumentada de um percentual, sendo aplicável às hipóteses de concurso formal próprio ou perfeito (art. 70, caput, 1ª parte, do Código Penal) e ao crime continuado (art. 71, do Código Penal).

Por fim, pelo sistema da absorção aplica-se ao agente exclusivamente a pena do crime mais grave, mesmo diante de outras infrações penais praticadas pelo agente, sem que se aplique qualquer aumento, como no discutível caso dos crimes falimentares praticados. Sob a égide do decreto-lei 7.661/45, em razão do princípio da unidade ou unicidade dos crimes falimentares.

127. Que é delito parcelar e a que figura jurídica está associado, no contexto do concurso de crimes?

Delitos parcelares são crimes da mesma espécie que integram a série da continuidade delitiva, na forma do art. 71 do Código Penal.

De acordo com a teoria da ficção jurídica, desenvolvida por Francesco Carrara, a continuidade delitiva é uma mera ficção criada pelo Direito para hipóteses específicas, sendo que, na realidade, vários são os delitos, considerados como único apenas para fins de aplicação da pena, isto é, crime parcelares compõem um crime final.

128. O art. 83, III, "b", do Código Penal, inserido pela Lei 13.964/2019 (Pacote Anticrime) previu um novo requisito para concessão do livramento condicional, "o não cometimento de falta grave nos últimos do 12 (doze) meses". Diante da redação, pode-se afirmar que as faltas anteriores ao período de doze meses não podem inviabilizar a concessão do livramento condicional?

O STJ apresenta posições divergentes quanto ao assunto. A primeira corrente sustenta que não se pode desconsiderar o histórico carcerário do preso, mas que esse deve ser analisado em consonância com os princípios da razoabilidade, proporcionalidade e individualização da pena, que regem não só a condenação, como a execução criminal. Nesse sentido, se para o indeferimento da comutação pela prática de falta grave é necessário que a referida infração disciplinar seja verificada nos 12 meses anteriores à publicação do Decreto concessivo, não há razão para que, no caso de descumprimento das condições impostas ao livramento condicional, tal lapso temporal não seja igualmente observado (6ª Turma do STJ, AgRg no HC 549649 / SC, Relator Ministro NEFI CORDEIRO, DJe 08/06/2020).

A segunda corrente, por outro lado, sufraga o entendimento de que as faltas graves praticadas pelo apenado durante todo o cumprimento da pena, embora não interrompam a contagem do prazo para o livramento condicional, justificam o indeferimento do benefício por ausência do requisito subjetivo, não se aplicando, portanto, o limite temporal à análise do requisito subjetivo, devendo ser analisado todo o período de execução da pena, a fim de se averiguar o mérito do apenado (HC 564.292/SP, Rel. Ministro JOEL ILAN PACIORNIK, QUINTA TURMA, julgado em 16/6/2020, DJe 23/6/2020).

129. A nova redação do art. 112 da Lei de Execução Penal foi omissa quanto ao percentual de cumprimento de pena para fins de progressão de regime para o condenado reincidente não específico em crime hediondo. Diante desse cenário, qual deve ser o percentual aplicável?

A alteração promovida pela Lei n. 13.964/2019 (Pacote Anticrime) no art. 112 da Lei de Execuções Penais, ao estabelecer novos lapsos para a progressão de regime, deixou de abranger a situação característica do agente (condenado por crime hediondo e reincidente não específico).

Assim, não há como aplicar de forma extensiva e prejudicial ao agente o percentual de 60% previsto no inciso VII do art. 112 da LEP, que trata sobre os casos de reincidência de crime hediondo ou equiparado, merecendo, ante a omissão legislativa, o uso da analogia in bonam partem para aplicar o percentual de 40%, previsto no inciso V. (6ª Turma do STJ, HC 605783 / SP, Relator Ministro NEFI CORDEIRO, DJe 19/10/2020)

130. A alteração promovida pela Lei n. 13.964/2019 (Pacote Anticrime) com relação a ação penal no crime de estelionato tem suscitado divergência no âmbito dos Tribunais Superiores, especialmente quanto aos fatos praticados antes da entrada em vigor da nova lei. Em linhas gerais, quais os posicionamentos até então apresentados?

A primeira corrente sustenta que que o novo comando normativo apresenta caráter híbrido, pois, além de incluir a representação do ofendido como condição de procedibilidade para a persecução penal, apresenta potencial extintivo da punibilidade, sendo tal alteração passível de aplicação retroativa por ser mais benéfica ao réu. Contudo, defende que além do silêncio do legislador sobre a aplicação do novo entendimento aos processos em curso, tem-se que seus efeitos não podem atingir o ato jurídico perfeito e acabado (oferecimento da denúncia), de modo que a retroatividade da representação no crime de estelionato deve se restringir à fase policial, não alcançando o processo. Do contrário, estar-se-ia conferindo efeito distinto ao estabelecido na nova regra, transformando-se a representação em condição de prosseguibilidade e não procedibilidade. (5ª Turma do STJ, Informativo de Jurisprudência nº 674, HC 573093 / SC, Relator Ministro Reynaldo Soares Da Fonseca, DJe 18/06/2020).

A segunda corrente, por outro lado, aduz que a retroatividade do § 5º do art. 171 do Código Penal alcança todos os processos em curso, ainda sem trânsito em julgado, sendo que essa não gera a extinção da punibilidade automática dos processos em curso, nos quais a vítima não tenha se manifestado favoravelmente à persecução penal, aplicando-se o art. 91 da Lei n. 9.099/1995 por analogia. (6ª Turma do STJ, HC 583.837/SC, j. 04/08/2020).

12

DIREITO PENAL - PARTE ESPECIAL

Fernando Ferreira Abreu

1. DOS CRIMES CONTRA A PESSOA

1. No que diz respeito ao elemento subjetivo do crime, como se afere o dolo no homicídio?

O dolo, como elemento subjetivo integrante do delito, deve ser compreendido sob a perspectiva de dois aspectos: o cognitivo (consciência), que traduz o conhecimento atual dos elementos objetivos do tipo, caracterizado por ser o efetivo conhecimento de que o resultado pode ocorrer, hipótese em que o agente prevê o resultado, e o volitivo, que se manifesta e configura pela efetiva vontade do agente de realizar a conduta típica, que pode ser manifesta pelo querer do agente de produzir o resultado de forma direta, configurando o dolo direito, ou pela admissão do risco de produção do resultado, caracterizando o dolo eventual.

Todavia, mesmo com a configuração do dolo apresentada, a tarefa da aferição do real elemento subjetivo do agente homicida não se revela missão simples para o aplicador da norma, haja vista o aspecto subjetivo que permeia o assunto.

A melhor exegese sugere que o dolo deve ser obtido a partir da análise de condições externas da conduta do agente, isto é, da forma como elemento subjetivo foi materializado no mundo dos fatos. Com essa compreensão, depreende-se, para fins práticos, que o dolo não reside na mente do agente, mas pode ser extraído de critérios normativos analisados sob a perspectiva das condições externas do fato delituoso.

Assim, no homicídio é necessário analisar todas as circunstancias que compõem o fato para analisar se houve ou não dolo de matar.

2. Segundo o entendimento dos Tribunais Superiores, há incompatibilidade entre o dolo eventual e as qualificadoras de natureza subjetiva no crime de homicídio?

Em que pese a divergência doutrinária, é possível que o agente efetivamente assuma o risco de produzir o resultado morte, caracterizando o dolo eventual, por motivação torpe, fútil ou para assegurar a execução, ocultação, impunidade ou vantagem de outro delito.

Segundo o STF: "O dolo eventual pode coexistir com a qualificadora do motivo torpe do crime de homicídio. Com base nesse entendimento, a Turma desproveu recurso ordinário em habeas corpus interposto em favor de médico pronunciado pela prática dos delitos de homicídio qualificado e de exercício ilegal da medicina (arts. 121, § 2º, I e 282, parágrafo único, ambos c/c o art. 69, do Código Penal, respectivamente), em decorrência do fato de, mesmo inabilitado temporariamente para o exercício da atividade, havê-la exercido e, nesta condição, ter realizado várias cirurgias plásticas – as quais cominaram na morte de algumas pacientes –, sendo motivado por intuito econômico. A impetração sustentava a incompatibilidade da qualificadora do motivo torpe com o dolo eventual, bem como a inadequação da linguagem utilizada na sentença de pronúncia pela magistrada de primeiro grau. Concluiu-se pela mencionada com possibilidade, porquanto nada impediria que o paciente – médico –, embora prevendo o resultado e assumindo o risco de levar os seus pacientes à morte, praticasse a conduta motivado por outras razões, tais como torpeza ou futilidade" (RHC 92.571-DF, rel. Celso de Mello, 30.06.2009).

Por sua vez, segundo o STJ: "O fato de o Recorrente ter assumido o risco de produzir o resultado morte, aspecto caracterizador do dolo eventual, não exclui a possibilidade de o crime ter sido praticado por motivo fútil, uma vez que o dolo do agente, direto ou indireto, não se confunde com o motivo que ensejou a conduta, mostrando-se, em princípio, compatíveis entre si. Divergência jurisprudencial devidamente demonstrada" (REsp 912904-SP, 5.ª T., rel. Laurita Vaz, 06.03.2012, v.u.).

Dessa forma, segundo os Tribunais Superiores, não há incompatibilidade entre o dolo eventual e as qualificadoras de natureza subjetiva.

3. A figura da premeditação é compatível com a violenta emoção?

A premeditação caracteriza-se pelo planejamento da prática delitiva, de sorte que não se revela compatível com a violenta emoção que pressupõe que o distúrbio emocional decorra de injusta provocação da vítima.

Ademais, a violenta emoção pressupõe a imediatidade entre a conduta da pessoa ofendida e a reação do autor da agressão, ao passo que na premeditação o agente possui tempo suficiente para planejar a conduta.

4. Segundo o STJ, é possível a coexistência das qualificadoras do motivo torpe e feminicídio?

Conforme determina o art. 121, § 2º-A, I, do Código Penal, a qualificadora do feminicídio deve ser reconhecida nos casos em que o delito é cometido em face de mulher em violência doméstica e familiar.

Assim, considerando as circunstâncias subjetivas e objetivas, segundo o STJ (HC 433.898-RS), temos a possibilidade de coexistência entre as qualificadoras do motivo torpe e do feminicídio. Isso porque a natureza do motivo torpe é subjetiva, porquanto de caráter pessoal, enquanto o feminicídio possui natureza objetiva, pois incide nos crimes praticados contra a mulher por razão do seu gênero feminino e/ou sempre que o crime estiver atrelado à violência doméstica e familiar propriamente dita, assim o *animus* do agente não é objeto de análise.

5. É possível erro de tipo no homicídio?

Sim, quando o agente mata alguém diante da falsa percepção da realidade, como na hipótese do caçador que mata seu companheiro acreditando tratar-se de um urso. No exemplo, a falsa percepção da realidade incide sobre uma das elementares do crime de homicídio, ou seja, sobre a elementar *alguém* contida na descrição do crime do art. 121 do Código Penal.

6. A existência de prévia ameaça de morte afasta a qualificadora da surpresa?

A simples existência de ameaça anterior de morte não é suficiente para descaracterizar a qualificadora da surpresa, pois as circunstâncias fáticas do delito podem caracterizar situação de total imprevisibilidade para a vítima.

Nesse sentido caminha o STJ: "A existência de desavenças familiares, mesmo que acompanhadas de ameaças de morte, não torna manifestamente improcedente a qualificadora de recurso que impossibilitou a defesa da vítima" (AgRg no REsp 1.125.372-RS, 6.ª T, rel. Sebastião Reis Júnior, 09.08.2011, v.u).

7. A agravação da pena no homicídio em razão de sua prática contra maiores de 60 anos é aplicável a todas as formas de homicídio?

Não, somente será aplicável aos delitos dolosos, pois se exige que a idade da vítima ingresse na esfera de conhecimento do agente. Entendimento diverso levaria a aplicação da responsabilidade objetiva, incompatível com o sistema jurídico penal pátrio.

A lei estabelece alguma diferença de tratamento para o homicídio praticado, em 2021, contra um adolescente menor de 14 anos e outro maior de 14 anos? Sim, o homicídio praticado contra o adolescente menor de 14, até a entrada em vigor da Lei 14.344/22, era tratado como homicídio agravado na forma do § 4º do art. 121, sendo que delito praticado contra o adolescente maior de 14 anos não recebia qualquer trato especial em razão da idade da vítima.

Após a entrada em vigor da referida lei, o homicídio praticado contra adolescente menor de 14 anos passou a ser tratado como homicídio qualificado (art. 121, § 2º, IX, com as hipóteses de agravamento previstas no § 2º-B), sendo também categorizado como crime hediondo. Destaque-se que a poderá ser aumentada em dois terços se o crime for praticado em escola de educação básica pública ou privada. (art. 121, § 2º-B, III, CP).

8. O perdão judicial no crime de homicídio precisa de aceitação por parte do agente?

Não, pois a figura jurídica do perdão judicial não precisa de aceitação para gerar efeitos por se tratar de ato judicial compreendido dentro do direito penal premial.

9. O agente que descarrega uma arma de fogo atirando contra a vítima sem acertá-la comete crime falho?

O "crime falho" é a denominação doutrinaria atribuída à tentativa perfeita ou acabada, isto é, aquela em que o agente esgota os meios de execução que possuía a sua disposição sem, contudo, consumar o delito por circunstâncias alheias à sua vontade. No caso proposto, estamos diante da tentativa branca, que se materializa pela ausência de lesão ao bem jurídico, ou seja, pelo não atingimento do objeto material e crime falho, vez que houve o esgotamento dos meios de execução disponíveis.

10. É possível a prática de homicídio doloso com dolo de segundo grau?

O dolo de segundo grau, diferentemente do dolo de primeiro grau, que abrange o fim proposto e os meios escolhidos, engloba os efeitos colaterais representados como necessários e, por via de consequência, é abrangido pela vontade do agente, de forma que sua necessária produção permite com que o crime de homicídio seja praticado como dolo de segundo grau, como na hipótese do agente, desejando matar A, coloca uma bomba no ônibus em que A se encontrava, matando outros presentes.

11. A lei prevê o aumento da pena do feminicídio em algumas situações específicas. Quais são os patamares de aumento previsto? Quais são essas hipóteses?

O Código Penal prevê, no § 7º do art. 121, o patamar de aumento de um terço à metade quando o crime for praticado durante a gestação ou nos 3 (três) meses posteriores ao parto (Inc. I), contra pessoa maior de 60 (sessenta) anos, com deficiência ou com doenças degenerativas que acarretem condição limitante ou de vulnerabilidade física ou mental (Inc. II) ou na presença de descendente ou de ascendente da vítima (Inc. III). Em descumprimento das medidas protetivas de urgência previstas nos incisos I, II e III do *caput* do art. 22 da Lei nº 11.340, de 7 de agosto de 2006 (Inc. IV).

12. Sobre o crime de induzimento, instigação ou auxílio a suicídio ou a automutilação, pode-se afirmar que se trata de crime condicionado? Admite a tentativa?

O crime de instigação, induzimento ou auxílio a suicídio, previsto no art. 122 do Código Penal, com a alteração legislativa promovida pela Lei 13.968/19, deixou de ser crime condicionado por não mais exigir a ocorrência de uma condição, qual seja, morte da vítima ou existência de lesões corporais de natureza grave.

O delito de **induzimento, instigação ou auxílio a suicídio ou a automutilação**, por ser crime formal e, portanto, unissubsistente, em regra não permite o fracionamento da execução, motivo pelo qual não é condizente, *a priori*, com a modalidade tentada. Será consumado com a simples realização da conduta, sendo que o eventual resultado material – lesão ou morte – funciona apenas como agravador da pena.

Apesar de se tratar de crime formal, compreendemos a hipótese de tentativa no caput como possível, quando o agente promove o induzimento ou a instigação por escrito, sem que o documento chegue ao conhecimento do potencial suicida porque interceptado por outro familiar. Na hipótese, o autor do induzimento ou instigação esgota seu comportamento no documento, mas não obtém o resultado – induzimento ou instigação – por circunstâncias alheias à sua vontade. Há, portanto, possibilidade de fracionamento do *iter criminis*, haja vista que o delito envolve necessariamente das pessoas, o autor, e o potencial suicida.

a) Registre-se que o Código Penal Militar, no art. 207, pune a conduta de instigar, induzir ou prestar auxílio ao suicídio quando satisfeitas as condições do art. 9º. Não houve alteração no dispositivo, de forma que na previsão do CPM, o delito ainda possui a natureza material, condicionado à ocorrência do resultado.

13. O induzimento à automutilação de pessoa capaz é crime? E de pessoa incapaz?

Sim, posto que a nova redação do art. 122 do Código Penal expressamente consignou a conduta como criminosa, seja quanto a pessoas capazes ou incapazes. A distinção reside no fato de que sendo praticada contra menor ou pessoa com capacidade de resistência diminuída, a pena será duplicada nos termos do §3º, II do art. 122 do Código Penal.

14. O fato do induzimento ao suicídio ter sido realizado por meio da internet, em conversa privada e sem divulgação aberta, influi na pena?

➦ Sim, vez que o § 4º do art. 122 do Código Penal expressamente consignou como causa especial de aumento de pena a circunstância do delito ter sido praticado por meio da rede de computadores, rede social ou transmitida em tempo real.

O fato de o induzimento ter sido praticado em ambiente privado por meio da internet não afasta a incidência da causa de aumento de pena.

15. A figura jurídica do infanticídio admite concurso de agentes?

➦ Para a maioria da doutrina sim, admitindo tanto a participação como a coautoria, por prevalecer o entendimento que a elementar "estado puerperal", possui natureza subjetiva, sendo comunicável de acordo com o artigo 30 do Código Penal.

16. Por qual delito responde a mãe que, influenciada pelo estado puerperal, imprudentemente mata o filho recém-nascido?

➦ Segundo o entendimento majoritário, responde a mãe pelo delito de homicídio culposo, uma vez que o tipo do infanticídio, previsto no art. 123 do Código Penal, não admite a figura culposa.

A corrente minoritária, capitaneada pelo professor Damásio de Jesus, por sua vez, sustenta a atipicidade do fato, vez haveria incoerência lógica entre o estado puerperal e prudência necessária exigida da mulher que se encontrava emocionalmente desequilibrada em razão do puerpério.

17. Na hipótese de aborto praticado pela gestante, que estava grávida de trigêmeos, como será a responsabilidade penal no caso concreto?

➦ No presente caso, estar-se-á diante da prática de um único ato que atinge o produto da concepção composto de três fetos ou embriões, gerando a incidência da regra do concurso formal de delitos, prevista no art. 70 do Código Penal.

Assim, responderá a gestante por três crimes de aborto, previsto no art. 124 do Código Penal, em concurso formal, nos termos do art. 70 do mesmo diploma legal.

18. A gestante, diante de uma gravidez indesejada, decide praticar um aborto clandestino. Antes, contudo, descobre que se tratava de gravidez molar. Diante desse cenário, existe crime na conduta da gestante que mesmo assim decide realizar o procedimento de aborto em uma clínica clandestina? E se o aborto fosse realizado pelo médico?

A gravidez molar é uma complicação da gestação que ocorre por erro no processo de fertilização. As células que formariam a placenta se desenvolvem de maneira anormal, formando apenas um conglomerado de células, sem qualquer viabilidade para a vida, vez que o óvulo fertilizado sempre possui os cromossomos duplicados do pai, podendo ou não possuir cromossomos da mãe.

Assim, a conduta da gestante que interrompe a gestação molar é atípica, seja na clínica clandestina ou pelo médico, pois tecnicamente não há embrião de vida humana e consequentemente realização do verbo núcleo do tipo.

19. O agente conhece o estado de gravidez de uma mulher e dolosamente a mata. Qual a sua responsabilidade penal?

O agente responderá pelo delito de homicídio (art. 121), em concurso formal (art. 70) com o crime de aborto (art. 125), todos do Código Penal. Havendo desígnios autônomos, ou seja, a intenção de praticar os dois delitos, o concurso formal será o impróprio, com aplicação cumulativa das penas previstas para ambos os crimes.

20. Durante a prática de um aborto, mas ainda sem a interrupção da gravidez, a gestante, por arrependimento, pede para interromper o processo. Contudo, o terceiro que praticava a ação ainda assim dá continuidade ao procedimento, provocando o aborto. Qual a responsabilidade penal da gestante e do terceiro?

O terceiro provocador responderá pelo delito de aborto não consentido, na forma do art. 125 do Código Penal, vez que, mesmo com a manifestação de vontade contrária da gestante, afastadora da elementar "com o consentimento" prevista no art. 126, o dolo da conduta abortiva permaneceu.

No que tange à responsabilidade penal da gestante, deverá responder pelo delito previsto no art. 124 do Código Penal, pois não se beneficia com a regra do arrependimento eficaz que pressupõe a eficácia de sua conduta, impedindo a ocorrência do resultado material (art. 15 do Código Penal).

21. Na hipótese de consentimento da vítima nos casos de aborto permitido, é preciso autorização judicial?

É desnecessária qualquer espécie de autorização judicial, pois essa condição não consta da norma jurídica, havendo sobre o tema Portaria do Ministério da Saúde (Portaria MS nº 1.145/2005) que trata do procedimento de justificação prévia para realização do aborto humanitário.

22. O direito penal pune a autolesão?

Em regra, o direito penal não pune a autolesão. Contudo, se a autolesão estiver associada à violação de outro bem jurídico, como no caso da realização de lesão visando a obtenção de indenização ou seguro, art. 171, § 2º, V do Código Penal, a conduta será considerada ilícita e, portanto, passível de punição.

23. O consentimento do ofendido no crime de lesões corporais possui a capacidade de excluir o crime?

O consentimento da vítima pode, perfeitamente, funcionar como causa supralegal de exclusão da ilicitude. Atualmente, não mais se concebe o corpo humano como bem absolutamente indisponível e a intromissão do Estado em questões estritamente pessoais, como a realização de tatuagens e colocações de *piercings* a título de exemplo não se revela condizente com a essência do direito penal.

Contudo, a hipótese não abarca as hipóteses de lesões corporais de natureza grave ou gravíssima, como assinala a doutrina.

24. O que se entende por ocupação habitual para fins de incidência da lesão corporal grave? É necessária a perícia?

Compreende-se por ocupação habitual toda e qualquer atividade regularmente desempenhada pelo ofendido, e não somente a realizada com o trabalho.

Assim, uma pessoa que não exerça atividade laborativa, mas que deixe de realizar suas ocupações habituais, sejam elas quais forem, desde que lícitas, pode ser vítima do delito de lesões corporais graves na hipótese tratada.

De igual sorte, por se tratar de infração penal transeunte, isto é, que deixa vestígios, é indispensável a realização de perícia, seja pela forma direta ou indireta de acordo com o art. 168, § 3º, do Código de Processo Penal.

25. Quais os requisitos legais para aplicação do privilégio no âmbito das lesões corporais? Qual o patamar legal de redução?

Segundo o § 4º do art. 129 do Código Penal, é preciso que o agente tenha cometido o crime impelido por motivo de relevante valor social ou moral ou sob o domínio de violenta emoção, logo em seguida a injusta provocação da vítima, podendo a pena ser reduzida de um sexto a um terço.

26. O Código Penal, assim como a Lei Maria da Penha, prevê penas maiores para os casos e violência doméstica. Quais são as vítimas potenciais previstas pelo Código Penal?

Segundo o § 9º do art. 129 do Código Penal, se a lesão for praticada contra ascendente, descendente, irmão, cônjuge ou companheiro, ou com quem conviva ou tenha convivido, ou, ainda, prevalecendo-se o agente das relações domésticas, de coabitação ou de hospitalidade.

27. Para caracterização da violência doméstica, exige-se coabitação?

Não, segundo a Súmula nº 600 do STJ "para a configuração da violência doméstica e familiar prevista no artigo 5º da Lei n. 11.340/2006 (Lei Maria da Penha) não se exige a coabitação entre autor e vítima".

28. A prática de contravenção penal contra a mulher nos casos da Lei Maria da Penha permite a substituição de pena?

Não, a prática de crime ou contravenção penal contra a mulher com violência ou grave ameaça no ambiente doméstico impossibilita a substituição da pena privativa de liberdade por restritiva de direitos nos termos da Súmula nº 588 do STJ.

29. No que toca à ação penal nos crimes de lesões corporais, qual o cenário construído pela doutrina e jurisprudência dos Tribunais Superiores?

Em regra, a ação penal nos crimes de lesões corporais é pública incondicionada. Com a entrada em vigor da Lei dos Juizados Especiais Criminais (Lei n. 9099/95), as lesões corporais de natureza leve (art. 129, *caput*, do Código Penal) e lesões corporais culposas (§ 6º do art. 129 do Código Penal) são delitos de ação penal pública condicionada à representação da vítima ou seu representante legal, na forma do art. 88 da Lei n. 9.099/95.

Por outro lado, na hipótese de ocorrer violência doméstica e familiar, se a vítima for do sexo masculino, a ação penal será pública condicionada nos casos dos §§ 9º e 11, vez que, não obstante deixarem de ser de menor potencial ofensivo, permanece a natureza leve das lesões.

De outra sorte, sendo a vítima do sexo feminino, de acordo com o entendimento dos Tribunais Superiores, a ação penal será pública incondicionada conforme a

Súmula 542 do STJ: "A ação penal relativa ao crime de lesão corporal resultante de violência doméstica contra a mulher é pública incondicionada".

30. O crime de perigo de contágio venéreo, previsto no art. 130 do Código Penal, é de ação livre ou vinculada? Explique.

O crime de perigo de contágio venéreo é de ação vinculada, pois o próprio tipo penal exige que a exposição a contágio de moléstia venérea deve ocorrer por meio de relações sexuais ou qualquer ato libidinoso, afastando, portanto, a possibilidade de ações livres, isto é, de natureza diversa.

31. O crime de expor a vida ou a saúde de outrem a perigo direto ou iminente, previsto no artigo 132 do Código Penal, pode ter como vítima um grupo indeterminado de pessoas?

Não. O tipo em questão pode ser praticado contra qualquer pessoa, desde que certa ou determinada. A exposição a perigo de um número indeterminado de pessoas caracteriza do crime de perigo comum, previsto no art. 250 do Código Penal e não o previsto no art. 132 do Código Penal.

32. O preceito secundário do art. 132 do Código Penal, após fazer a disposição quanto à pena, prevê: "se o fato não constitui crime mais grave". Qual característica deste tipo pode ser extraída dessa expressão?

A expressão mencionada demonstra, claramente, o caráter subsidiário do tipo penal, ou seja, somente incidirá quando outra, mais grave, não for concretizada.

33. O crime de omissão de socorro, previsto no art. 135 do Código Penal, admite a coautoria?

O crime de omissão de socorro não admite a coautoria, pois o dever de assistência recai sobre todos. Assim, na hipótese de diversas pessoas deixarem de prestar assistência à criança abandona ou extraviada, ou a pessoa inválida ou ferida, ao desamparo ou em grave e iminente perigo, ou não pedirem socorro da autoridade pública, cada uma responderá autonomamente e não em coautoria pelo crime de omissão de socorro.

2. DOS CRIMES CONTRA A HONRA

34. Qual a diferença entre honra objetiva e honra subjetiva?

Os conceitos de honra objetiva e subjetiva dizem respeito a diversos aspectos da integridade, reputação e bom conceito da pessoa. A honra objetiva é a forma como a sociedade enxerga o indivíduo, isto é, sua imagem perante o seio social. Por outro lado, a honra subjetiva é aquela que diz respeito ao próprio indivíduo, ou seja, a forma como se julga e se compreende perante terceiros.

A diferença reside, portanto, no julgador e observador: objetiva – sociedade; subjetiva – próprio indivíduo.

35. Um inimputável, menor de 18 anos, pode ser sujeito passivo do crime de calúnia?

Sim, pois a lei penal expressamente faz uso da expressão "fato definido como crime" no art. 138 e não apenas "crime". Assim, ainda que o menor não tenha a capacidade de cometer crime em sua acepção jurídica, pode praticar fato definido como crime e, consequentemente, ser vítima do crime de calúnia.

36. No que diz respeito ao crime de calúnia, previsto no art. 138 do Código Penal, em qual momento o delito se consuma? Admite-se a tentativa?

A consumação do crime de calúnia ocorre no momento em que terceira pessoa toma conhecimento da imputação falsa da prática de fato definido como crime.

A tentativa, portanto, é possível na modalidade escrita, quando o documento que contém a falsa imputação não chega a terceira pessoa por circunstâncias alheias à vontade do agente.

37. Sobre o instituto da exceção da verdade, em quais casos não pode ser admitido no âmbito do crime de calúnia?

A exceção da verdade é um incidente processual, verdadeira questão secundária que irradia efeitos sobre o processo principal e merece solução jurídica anterior à decisão da causa principal.

É uma forma de defesa indireta conferida ao réu de provar a veracidade de suas afirmações. Contudo, nos termos do art. 138, § 3º, do Código Penal, não se admite a exceção da verdade se constituindo o fato imputado crime de ação privada, o ofendido não foi condenado por sentença irrecorrível, se o fato é imputado ao Presidente da República ou chefe de governo estrangeiro e se do crime imputado, embora de ação pública, o ofendido tenha sido absolvido por sentença irrecorrível.

38. O que se entende por exceção de notoriedade? Em quais crimes contra a honra ela é admitida?

Trata-se de oportunidade conferida ao réu de demonstrar que suas alegações pertencem ao domínio público, isto é, que o fato imputado era de conhecimento geral e, portanto, incapaz de ferir a honra objetiva. É admitida nos crimes de calúnia e difamação e possui fundamento no art. 523 do Código de Processo Penal.

39. Qual crime pratica o agente que imputa falsamente a prática de uma contravenção penal a outrem?

Considerando que o crime de calúnia faz expressa menção a fato definido como crime, e não como infração penal, afasta-se a tipicidade por ausência da elementar, sendo possível a configuração do crime de difamação, previsto no art. 139 do Código Penal.

40. É possível a prática de injúria contra os mortos?

Como o crime de injúria tutela a honra subjetiva da vítima, ou seja, a sua própria dignidade, decoro ou autoestima, não se revela possível a prática do crime de injúria contra os mortos.

Admite-se, contudo, a prática do crime de calúnia contra os mortos, por expressa previsão do art. 138, § 2º, do Código Penal, não sendo admitida a difamação por ausência de previsão legal.

41. É possível a prática de injúria contra alguém denegrindo a imagem de um morto?

Sim, pois a forma como a injúria é praticada pode ter como objeto a utilização de pessoa morta, como na hipótese em que a mãe, já falecida, é chamada de "cafetina das filhas".

42. O inciso IV do art. 141 do Código Penal expressamente excluiu a aplicação ao crime de injúria da causa de aumento relativa à prática de delito contra a honra em face de pessoas idosas e pessoas portadoras de deficiência. Qual o fundamento para essa escolha legislativa?

Tal causa de aumento não se aplica à injúria em razão da previsão específica do § 3º do art. 140 do CP, que qualificou o crime de injúria praticado contra pessoa idosa ou com deficiência em dispositivo próprio, de forma que a majoração da pena pelo artigo 141, IV, caracterizaria *bis in idem*.

43. O agente que dá publicidade à opinião desfavorável a crítica literária responde pelos crimes de injúria ou difamação?

Não, segundo o parágrafo único do art. 142 do Código Penal, as consequências da publicidade só serão imputáveis aos agentes que divulgarem as hipóteses dos incisos I e III do art. 142, isto é, ofensa irrogada em juízo na discussão da causa pela parte ou por seu procurador e a emissão de conceito desfavorável por funcionário público, em apreciação ou informação que preste no cumprimento de dever de ofício.

Assim, não há previsão legal para punição pelo art. 142 na hipótese de publicidade do inciso II, que versa sobre a opinião desfavorável da crítica literária, artística ou científica, salvo quando inequívoca a intenção de injuriar ou difamar.

44. Qual a natureza jurídica do instituto da retratação previsto no art. 143 do Código Penal? Necessita de concordância do ofendido?

A retratação é uma causa de extinção da punibilidade conforme se extrai do o art. 107, VI, do Código Penal. Assim, não diz respeito a qualquer dos elementos do crime – tipicidade, antijuridicidade e culpabilidade –, atingindo a punibilidade, isto é, a possibilidade que o Estado possui de aplicar a sanção penal prevista para o delito.

Em regra, a retratação dispensa a concordância do ofendido, por se tratar de ato unilateral. Ocorre que, na hipótese apresentada, foi acrescentado o parágrafo único ao art. 143 do Código Penal pela lei n. 13.188/15, que sugere, a priori, necessidade de aceitação por parte de ofendido. Contudo, a melhor exegese do parágrafo único aponta para a desnecessidade de concordância do ofendido, que poderá tão somente exigir que a retratação seja realizada pelos mesmos meios em que se praticou a ofensa nos casos de calúnia ou difamação praticado por meios de comunicação.

Com efeito, o mero estabelecimento da forma não reúne capacidade de alterar a natureza do instituto, até porque o próprio ofensor poderá, de antemão, fazer uso do mesmo meio em que ofensa foi propalada, afastando qualquer possibilidade de discordância por parte do ofendido.

45. O fato da prática do crime contra a honra ter sido provocada por paga ou promessa de recompensa, interfere na pena?

Sim, o crime contra a honra praticado mediante paga ou promessa de recompensa recebeu novo tratamento pela Lei do Pacote Anticrime, Lei nº 13.964/19, sendo punido com a pena em dobro.

3. DOS CRIMES CONTRA A LIBERDADE INDIVIDUAL

46. A Lei 14.811/24 incluiu o delito de intimidação sistemática no Código Penal, por intermédio do art. 146-A. O tipo penal fala em intimidação sistemática (...), "de modo intencional e repetitivo, sem motivação evidente". Essa previsão relacionada à falta de motivação evidente, exclui a necessidade do dolo? Qual a razão de ser da previsão?

O legislador, de forma desnecessária, previu o modo intencional no tipo penal, como se o dolo não fosse a regra em nosso ordenamento jurídico. Não obstante ter exigido o modo intencional, sugerindo a finalidade específica de praticar o bullying, paradoxalmente e de forma simultânea, exigiu que a conduta seja realizada sem motivação evidente. Entretanto, ao exigir que a intimidação sistemática seja praticada de forma intencional e repetitiva, nitidamente se extrai uma motivação evidente, isto é, a prática do *bullying*.

Ao que parece, o legislador pretendeu promover um *distinguishing* quanto à motivação, no sentido de que, havendo alguma motivação específica como questões religiosas, de cor, origem e etc., a conduta se amoldaria a outro tipo penal, a depender do dolo do agente.

Ocorre que o delito é habitual, de sorte que, mesmo sendo revelada a motivação evidente para a prática de outros delitos, nada impede que a reiteração de atos (intimidação sistemática/modo repetitivo) possa caracterizar o crime de *bullying*.

47. Qual a natureza jurídica das atingidas pelas hipóteses previstas no § 3º do art. 146 do Código Penal?

A previsão legal que abarca a prática de intervenção cirúrgica, justificada por iminente perigo de vida, e a coação para impedir suicídio, excluem a tipicidade da conduta, pois nitidamente o legislador descreveu condutas de tutela ao direito à vida, em regra estimuladas e fomentadas pelo próprio Estado.

Assim, tem-se que as condutas que se enquadram no § 3º do art. 146 do Código Penal não são antinormativas, isto é, não são contrárias ao Direito e, por via de consequência, afastam a tipicidade conglobada.

Contudo, há entendimento doutrinário diverso e tido como majoritário sustentando tratar-se de causas especiais de exclusão da ilicitude, por constituírem manifestações inequívocas de estado de necessidade de terceiro.

48. O crime de ameaça, classificado como crime formal, admite tentativa?

Não obstante a classificação do crime de ameaça como crime formal, o tipo em espécie admite a forma tentada na hipótese de ameaça praticada por escrito, cujo documento ameaçador seja interceptado.

49. Quem pode ser sujeito ativo e passivo do crime de perseguição?

Em tese, qualquer pessoa pode ser sujeito ativo do delito de perseguição, vez que o tipo penal não exige qualquer qualidade especial do agente. Sendo o sujeito ativo funcionário público, a conduta ainda pode se amoldar aos tipos penais previstos na Lei de Abuso de Autoridade (Lei 13.869/19).

O sujeito passivo pode ser qualquer pessoa que possua capacidade de compreensão e de decidir sobre seus próprios atos, excluindo-se, portanto, os menores de tenra idade, os loucos e etc. Registre-se que, nesses casos, o sujeito passivo poderá ser o responsável pelo menor ou pessoa sem capacidade de compreensão, vez que podem se revestir do meio pelo qual a conduta é praticada (perseguição a filho menor, por exemplo).

A "pessoa trans" pode ser sujeito passivo do crime de violência psicológica contra a mulher?

O sujeito passivo é a mulher, tratando-se, nesse particular, de **crime próprio**. Não obstante a redação legal valer-se do termo "mulher", entendemos que o tipo penal pode ter como vítima as "pessoas trans" que optaram, nos termos do provimento 73/18 do CNJ ou obtiveram na Justiça o direito à retificação do sexo.

O tipo penal não se refere, como no § 13 do art. 129 do CP, igualmente incluído no CP pela mesma lei, e outros correlatos, "à condição do sexo feminino", ou ao "gênero" previsto no art. 5º da Lei 11.340/06. Ao contrário, por não vincular à condição ou ao gênero, o tipo penal referência às pessoas concebidas legalmente como mulher, isto é, aquelas que possuem o registro como mulher, tenha sido alterado ou não. Logo, a "pessoa trans" é, legalmente, concebida como mulher, devendo inclusive ser afastada a concepção de "trans", usada por nós apenas para explicar a situação.

50. O crime de sequestro, praticado contra pessoa com deficiência, é qualificado?

Não. O § 1º do art. 148 do Código Penal apenas considerou como qualificado o crime de sequestro ou cárcere privado aqueles em que a vítima é ascendente, descendente, cônjuge ou companheiro do agente ou maior de 60 (sessenta) anos (inc. I), se o crime é praticado mediante internação da vítima em casa de saúde ou hospital (inc. II), se a privação da liberdade durar mais de quinze dias (inc. III), se o crime for praticado contra menor de 18 (dezoito) anos (inc. IV) e se se o crime for praticado com fins libidinosos (inc. V).

51. O agente que, embriagado, entra em casa alheia acreditando tratar-se de sua residência pratica algum delito?

O tipo penal de violação de domicílio, previsto no art. 150 do Código Penal, somente admite a modalidade dolosa, não havendo previsão para condutas culposas. No caso descrito, o agente age amparado por erro de tipo, porque possui uma falsa percepção da realidade, circunstância que, nos termos do art. 20 do Código Penal, exclui o dolo.

52. O tipo penal de invasão de dispositivo informático é um crime natural ou de plástico? Explique.

Os crimes de plástico são condutas que passam a ser consideradas como relevantes para fins penais em um determinado momento histórico e diante de peculiaridades decorrentes da evolução social, caracterizando-se por serem reações legislativas aos novos comportamentos advindos da sociedade.

Eles se diferenciam dos crimes naturais que são aquelas condutas que sempre foram consideradas crimes, independente do contexto social, como os crimes de homicídio, furto e roubo.

Assim, tem-se que o crime de invasão de dispositivo de informática é concebido como crime de plástico.

4. DOS CRIMES CONTRA O PATRIMÔNIO

53. Quais são as teorias que fundamentam a consumação do crime de furto? Qual a adotada pelo STJ e STF?

O direito penal trabalha com quatro teorias para fundamentar a consumação do delito de furto, previsto no art. 155 do Código Penal, *contrectatio, amotio (apprehensio), ablatio* e *ilatio*.

Para a teoria da *contrectatio*, basta para a consumação que o agente toque no objeto material do delito. A teoria da *ablatio*, por sua vez, preconiza que o crime de furto se consuma quando o agente tem êxito ao conseguir retirar a coisa da esfera patrimonial do ofendido, levando-a consigo. No mesmo sentido, mas com um requisito a mais encontra-se a teoria da *ilatio*, que pressupõe a consumação do crime de furto quando o agente, além de conseguir levar o objeto material consigo, o mantem a salvo e pacificamente. Por fim, temos a teoria da *amotio (apprehensio)*, adotada pelos Tribunais Superiores, que prevê a consumação do delito quando a coisa subtraída passar para o poder do agente, mesmo que não detenha posse mansa e pacífica e por pouco tempo, sendo desnecessário que o bem saia da esfera de proteção da vítima.

54. O agente primário que subtrai bem de valor inexpressivo, mas induzindo o filho melhor a participar do ato, pode ter reconhecido o princípio da insignificância?

Segundo o STJ, "não se aplica o princípio da insignificância ao furto de bem de inexpressivo valor pecuniário de associação sem fins lucrativos com o induzimento de filho menor a participar do ato". RHC 93.472-MS.

O STJ[1], analisando um caso que envolvia a subtração de um cofrinho contendo R$ 4,80 (quatro reais e oitenta centavos) da Associação dos Voluntários de Combate ao Câncer – AVCC, praticado com induzindo do filho de apenas 09 anos, afastou a aplicação do princípio da insignificância porquanto as características dos fatos revelaram reprovabilidade suficiente para a consumação do delito, embora o ínfimo valor da coisa subtraída, entendendo que as circunstâncias do caso não revelaram nem mínima ofensividade e nem reduzido grau de reprovabilidade do comportamento, porquanto foi subtraído o bem com o induzimento do próprio filho menor e contra uma instituição sem fins lucrativos que dá amparo a crianças com câncer. Ainda que irrelevante a lesão pecuniária provocada, porque inexpressivo o valor do bem, a repulsa social do comportamento revelou-se evidente.

55. O que se entende por abigeato? Tem previsão legal?

Abigeato é o crime de furto cujo objeto material são animais do campo ou gado, isto é, animais semoventes domesticáveis de produção. O crime está previsto no § 6º do art. 155 do Código Penal.

56. Pedro, estudante universitário e funcionário público, comparece à biblioteca de sua faculdade para estudar. Para tanto, solicita três livros do acervo restrito à bibliotecária. Após fazer uso dos livros o dia inteiro, percebe que ainda não esgotara o conteúdo de um deles e o esconde na bolsa, devolvendo os outros dois livros à biblioteca. A conduta dele seria de estelionato ou apropriação indébita? Qual o crime praticado?

A conduta de Pedro amolda-se ao tipo penal de furto, previsto no art. 155 do Código Penal. Não caracteriza estelionato porque o agente não visou obter, para si ou para outrem, vantagem ilícita, em prejuízo alheio, induzindo ou mantendo alguém em erro, mediante artifício, ardil, ou qualquer outro meio fraudulento. O simples ato de esconder o livro na bolsa não caracteriza induzimento ou manutenção em erro ou uso de artifício, ardil ou meio fraudulento.

De igual forma, não caracteriza apropriação indébita porque o agente detinha consigo os livros que lhe foram emprestados para que pudesse estudá-los naquele local, sendo que a liberdade que exercia sobre os livros era vigiada, afastando a apropriação indébita.

57. Pode-se falar em furto hediondo?

1. RHC 93.472/MS. Rel. Min. Maria Thereza de Assis Moura. DJE 27.03.2018.

De acordo com a Lei nº 13.964/19, o furto qualificado pelo emprego de explosivos ou de artefato análogo que cause perigo comum (art. 155, § 4º-A do CP) foi erigido à categoria de crime hediondo.

58. A ação penal no crime de furto será sempre pública incondicionada, salvo no caso de furto de coisa comum. Está correta essa assertiva?

Não. A ação penal poderá ser condicionada à representação nos casos do art. 182 do Código Penal. Art. 182 – Somente se procede mediante representação, se o crime previsto neste título é cometido em prejuízo: I – do cônjuge desquitado ou judicialmente separado; II – de irmão, legítimo ou ilegítimo; III – de tio ou sobrinho, com quem o agente coabita.

59. O cadáver pode ser objeto material do crime de furto?

O cadáver pode ser objeto material do crime de furto quando possua valor econômico e esteja na posse legítima de alguém, como na hipótese de pertencer a um museu ou universidade e seja utilizado para exibição ou estudos, respectivamente.

Não se caracterizando as hipóteses acima, a subtração do cadáver pode constituir crime contra o respeito aos mortos (art. 211, Código Penal).

60. Os direitos reais ou pessoais podem ser objeto de furto?

Não, vez que não são considerados coisa móvel. Todavia, os títulos ou documentos representativos dos direitos reais ou pessoais podem ser objeto do crime de furto.

Importante destacar a mudança de entendimento do STJ quanto à subtração de folha de cheque em branco, anteriormente tida como atípica (REsp 150.908/SP), e atualmente como potencialmente lesiva, pois, no CC 112.108/SP, a 3ª Seção do STJ alterou tal posição, "consignando que que o talonário de cheque possui valor econômico, aferível pela provável utilização das cártulas para obtenção de vantagem ilícita por parte de seus detentores".

Anote-se, ainda que, segundo o Tribunal da Cidadania, "embora haja casos em que a simples subtração de uma folha de cheque em branco não acarrete lesão ao bem jurídico tutelado, notadamente quando não descontada", a entrega da cártula a terceira pessoa, seu preenchimento e depósito em conta revelam a potencialidade lesiva de sua conduta, impedindo a absolvição (AgRr no HC 410154/RS. Rel. Min. Jorge Mussi. DJe 11/10/2017).

61. Segundo o STJ, o pagamento do débito decorrente de furto de energia elétrica, antes do recebimento da denúncia, gera a extinção da punibilidade?

O Superior Tribunal de Justiça se posicionava no sentido de que o pagamento do débito oriundo do furto de energia elétrica, antes do oferecimento da denúncia, configurava causa de extinção da punibilidade, pela aplicação analógica do disposto no art. 34 da Lei n. 9.249/1995 e do art. 9º da Lei n. 10.684/2003.

Contudo, a Quinta Turma do STJ (AgRg no REsp 1.427.350/RJ, DJe 14/3/2018), modificou a posição anterior, passando a entender que o furto de energia elétrica não pode receber o mesmo tratamento dado ao inadimplemento tributário, de modo que o pagamento do débito antes do recebimento da denúncia não configura causa extintiva de punibilidade, mas causa de redução de pena relativa ao arrependimento posterior.

62. É possível o reconhecimento de privilégio no furto qualificado?

Sim, segundo a Súmula 511 do STJ, "é possível o reconhecimento do privilégio previsto no § 2º do art. 155 do CÓDIGO PENAL nos casos de crime de furto qualificado, se estiverem presentes a primariedade do agente, o pequeno valor da coisa e a qualificadora for de ordem objetiva".

63. No caso de roubo praticado em que a vítima está a serviço de transporte de valores, incide a causa especial de aumento de pena se o ofendido for o proprietário dos bens?

De acordo com o inciso III do § 2º do art. 157 do Código Penal, a causa especial de aumento de pena expressamente dispõe sobre a necessidade de a vítima estar em serviço de transporte de valores.

Assim, revela-se impossível a incidência da causa especial de aumento de pena na hipótese de a vítima ser a proprietária dos bens transportados, haja vista que a expressão "serviço" pressupõe necessariamente a ausência de propriedade dos bens, pois somente se presta serviço a outrem e não a si mesmo.

64. Indivíduo condenado pela prática do crime de roubo agravado pelo emprego de arma branca em 2017 e atualmente cumprindo pena por referido crime pode fazer algum requerimento ao juízo da execução penal em razão da alteração do crime de roubo no Código Penal de 2018?

Segundo o STJ, no julgamento do REsp 1.519.860-RJ, diante da *abolitio criminis* promovida pela Lei n. 13.654/2018, que deixou de considerar o emprego de arma branca como causa de aumento de pena, por entender ser de rigor a aplicação da *novatio legis in mellius*, razão pela qual o agente pode requerer a aplicação da lei mais benigna e, consequentemente, a redução da pena imposta.

65. A lei impõe alguma diferença de tratamento jurídico quanto à natureza entre o roubo praticado com arma branca e arma de fogo?

Não, o legislador considera ambas as hipóteses como causas especiais de aumento de pena. Contudo, não obstante o tratamento jurídico quanto à natureza ser idêntico, o roubo praticado com emprego de arma branca é punido com o aumento de 1/3 (um terço) até metade (art. 157, § 2º, VII do CP), ao passo que o roubo circunstanciado pelo emprego de arma de fogo é majorado com o aumento de 2/3 (dois terços) de acordo com art. 157, § 2º-A, I do Código Penal.

Se a violência ou grave ameaça é exercida com emprego de arma de fogo de uso restrito ou proibido, aplica-se em dobro a pena prevista no caput deste artigo (art. 157, § 2º-B, do Código Penal).

66. O agente que subtrai valores de um caixa eletrônico mediante utilização de explosivo responde por quais delitos?

Antes da alteração do Código Penal ocorrida em 2018, o agente que utilizava explosivo para subtrair valores de caixas eletrônicos respondia pelos crimes de explosão (art. 251) em concurso formal com o crime de furto (art. 155).

Contudo, o legislador, ao prever expressamente a figura qualificada do § 4º-A do art. 155 do Código Penal, restou por encerrar a discussão até então existente, submetendo o agente à tipicidade específica do parágrafo em questão.

67. O roubo de uso é crime?

Sim, é típica a conduta denominada "roubo de uso". De início, cabe esclarecer que o crime de roubo (art. 157 do Código Penal) é um delito complexo que possui como objeto jurídico tanto o patrimônio como a integridade física e a liberdade do indivíduo. Importa assinalar, também, que o ânimo de apossamento-elementar do crime de roubo não implica, tão somente, o aspecto de definitividade, pois se apossar de algo é ato de tomar posse, de dominar ou de assenhorar-se do bem subtraído, que pode trazer o intento de ter o bem para si, de entregar para outrem ou apenas de utilizá-lo por determinado período. Se assim não fosse, todos os acusados de delito de roubo, após a prisão, poderiam afirmar que não pretendiam ter a posse definitiva dos bens subtraídos para tornar a conduta atípica.

Ressalte-se, ainda, que o STF e o STJ, no que se refere à consumação do crime de roubo, adotam a teoria da *apprehensio*, também denominada de *amotio*, segundo a qual se considera consumado o delito no momento em que o agente obtém a posse da res furtiva, ainda que não seja mansa e pacífica ou haja perseguição policial, sendo prescindível que o objeto do crime saia da esfera de vigilância da vítima. Ademais, a grave ameaça ou a violência empregada para a realização do ato criminoso não se compatibilizam com a intenção de restituição, razão pela qual não é possível reconhecer a atipicidade do delito "roubo de uso". REsp 1.323.275-GO, Rei. Min. Laurita Vaz, julgado em 24/4/2014.

68. O agente que pratica o crime de roubo com emprego de arma de fogo responde também pelo delito de porte ilegal de arma de fogo?

Em regra, não, pois em geral o crime de porte ilegal de arma de fogo é absorvido pelo crime de roubo agravado em razão a aplicação do princípio da consunção. Contudo, pode ocorrer a responsabilização penal pelo crime de porte ilegal de arma de fogo se houver prova de que o agente portava ilegalmente a arma de fogo em outras situações e que não tenha utilizado a arma de fogo tão somente para a prática do crime de roubo.

69. O emprego de arma de brinquedo qualifica o crime de roubo?

Não, segundo o entendimento predominante dos Tribunais Superiores, demonstrado pelo cancelamento da Súmula 174, o emprego de arma de brinquedo, por não incrementar a potencialidade lesiva da conduta, não tem o condão de agravar o crime de roubo.

70. As causas especiais de aumento de pena do § 1º do art. 158, do Código Penal, incidem sobre a extorsão qualificada pela restrição da liberdade da vítima, prevista no § 3º?

Segundo o STJ, na extorsão qualificada pela restrição da liberdade da vítima, sendo essa condição necessária para a obtenção da vantagem econômica (art. 158, § 3º, do Código Penal), é possível a incidência da causa de aumento prevista no § 1º do art. 158 do Código Penal (crime cometido por duas ou mais pessoas ou com emprego de arma).

A Lei n. 11.923/2009 não criou um novo delito autônomo chamado de "sequestro relâmpago", sendo apenas um desdobramento do tipo do crime de extorsão, uma vez que o legislador apenas definiu um *modus operandi* do referido delito. É pressuposto para o reconhecimento da extorsão qualificada a prática da ação prevista no *caput* do art. 158 do Código Penal, razão pela qual não é possível dissociar o crime qualificado das circunstâncias a serem sopesadas na figura típica do art. 158.

Assim, tendo em vista que o texto legal é dotado de unidade e que as normas se harmonizam, conclui-se, a partir de uma interpretação sistemática do art. 158 do Código Penal, que o seu § 1º não foi absorvido pelo § 3º, pois, como visto, o § 3º constitui qualificadora, estabelecendo outro mínimo e outro máximo da pena abstratamente cominada ao crime, ao passo que o § 1º prevê uma causa especial de aumento de pena.

Dessa forma, ainda que topologicamente a qualificadora esteja situada após a causa especial de aumento de pena, com esta não se funde, uma vez que tal fato configura mera ausência de técnica legislativa, que se explica pela inserção posterior da qualificadora do § 3º no tipo do art. 158 do Código Penal, que surgiu após uma necessidade de reprimir essa modalidade criminosa. Ademais, não há qualquer impedimento do crime de extorsão qualificada pela restrição da liberdade da vítima ser praticado por uma só pessoa sem o emprego de arma, o que configuraria o crime do § 3º do art. 158 do Código Penal sem a causa de aumento do § 1º do art. 158. Em circunstância análoga, na qual foi utilizada majorante prevista topologicamente em parágrafo anterior à forma qualificada, tal como na hipótese, o STJ decidiu que, sendo compatível o privilégio do art. 155, § 2º, do Código Penal com as hipóteses objetivas de furto qualificado (REsp 1.193.194-MG, Terceira Seção, recurso representativo de controvérsia, DJe 28/8/2012), *mutatis mutandis*, não há incompatibilidade entre o furto qualificado e a causa de aumento relativa ao seu cometimento no período noturno (AgRg no AREsp 741.482-MG, Quinta Turma, DJe 14/9/2015; e HC 306.450-SP, Sexta Turma, DJe 17/12/2014). REsp 1.353.693-RS, Rel. Min. Reynaldo Soares da Fonseca, julgado em 13/9/2016, DJe 21/9/2016 (Informativo n. 590).

71. O crime de extorsão é classificado pela doutrina como de dupla objetividade jurídica, no que diz respeito ao bem jurídico tutelado. Explique.

O crime de extorsão, previsto no art. 158 do Código Penal, tutela o patrimônio e a liberdade individual da vítima de forma direta e a vida e a incolumidade pessoal de forma indireta.

Por se tratar de crime complexo, por unir duas condutas típicas, constrangimento ilegal e violência ou grave ameaça, de modo amplo, o tipo em questão acaba por tutelar dois bens jurídicos distintos, razão pela qual recebe a classificação no que toca ao bem jurídico tutelado como de dupla objetividade jurídica.

72. Com relação ao crime de extorsão, o tipo penal traz a elementar típica "indevida vantagem econômica". Se a vantagem econômica for devida, há crime?

A ausência da elementar "indevida vantagem econômica" afasta, naturalmente, o delito de extorsão. Contudo, a conduta pode caracterizar o delito de exercício arbitrário das próprias razões, previsto no art. 345 do Código Penal caso a vantagem seja devida.

73. O que é extorsão indireta?

A extorsão indireta, prevista no art. 160 do Código Penal, é o ato de exigir ou receber, como garantia de dívida, abusando da situação de alguém, documento que pode dar causa a procedimento criminal contra a vítima ou contra terceiro.

74. Para a configuração do crime de extorsão mediante sequestro, previsto no art. 159 do Código Penal, é necessário o pagamento do resgate ou obtenção da vantagem econômica?

Por se tratar de crime de resultado cortado, em que o agente deseja que um resultado externo ao tipo seja produzido sem sua intervenção direta, não se faz necessário o pagamento do resgate ou a obtenção da vantagem econômica para a consumação do delito, que se perfaz com a efetiva privação da liberdade da vítima por se tratar de crime formal.

75. O crime de dano, previsto no art. 163 do Código Penal, pode ser praticado na modalidade omissiva?

Sim, tratando-se o crime de dano de delito de forma livre, pode ser praticado tanto na modalidade comissiva como na omissiva, especialmente no caso em que o agente possui o dever jurídico de impedir o resultado, hipótese de aplicação do art. 13, § 2º do Código Penal.

76. A devolução do bem apropriado antes do oferecimento da denúncia elide o crime de apropriação indébita?

O Código Penal não possui previsão expressa no sentido que, nos delitos contra o patrimônio, a reparação do dano seja capaz de afastar a punibilidade do agente, sendo o caso de aplicação do art. 16 (arrependimento posterior), mera causa de redução da pena.

Contudo, caso haja a reparação integral do dano, logo após a negativa de restituição da coisa pelo agente, é possível a exclusão do dolo, pois a conduta posterior, logo após a demonstração do ânimo de assenhoramento, afasta a essência do dolo de apropriação de coisa alheia.

Nos demais casos, a mera devolução da coisa, antes do recebimento da denúncia, não tem o condão de afastar o crime segundo o entendimento predominante dos Tribunais Superiores (STF – HC 86.649-SP, 1.ª T., rel. Marco Aurélio, 08.11.2005, *Informativo* 408; STJ (RHC 8.825-MG, 5.ª T., rel. Gilson Dipp, 07.10.1999, v.u., *DJ* 08.11.1999, p. 80). Em sentido contrário: STJ (RHC 25.091-MS, 6.ª T., rel. para o acórdão Nilson Naves, 29.09.2009).

77. O síndico de condomínio edilício que se apropria de valores pertencentes ao condomínio para efetuar pagamento de contas pessoais implica no aumento de pena descrita no art. 168, § 1º, II, do Código Penal?

Não, segundo o STJ, o fato de síndico de condomínio edilício ter se apropriado de valores pertencentes ao condomínio para efetuar pagamento de contas pessoais não implica o aumento de pena descrito no art. 168, § 1º, II, do Código Penal (o qual incide em razão de o agente de apropriação indébita ter recebido a coisa na qualidade de "síndico").

Isso porque, conforme entendimento doutrinário, o "síndico" a que se refere a majorante do inciso II do § 1º do art. 168 do Código Penal é o "administrador judicial" (Lei n. 11.101/2005), ou seja, o profissional nomeado pelo juiz e responsável pela condução do processo de falência ou de recuperação judicial. Além do mais, o rol que prevê a majorante é taxativo e não pode ser ampliado por analogia ou equiparação, até porque todas as hipóteses elencadas no referido inciso – "tutor, curador, síndico, liquidatário, inventariante, testamenteiro ou depositário judicial" – cuidam de um *munus* público, o que não ocorre com o síndico de condomínio edilício, em relação ao qual há relação contratual. REsp 1.552.919-SP, Rel. Min. Reynaldo Soares da Fonseca, julgado em 24/5/2016, DJe 1º/6/2016 (Informativo n. 584).

78. O crime de apropriação indébita previdenciária, previsto no art. 168-A do Código Penal, possui alguma condição objetiva de punibilidade?

Sim, vez que é imprescindível que a apuração do débito na via administrativa tenha sido concluída, a exemplo dos crimes tributários material.

Nesse sentido: STJ: "Segundo entendimento adotado por esta Corte Superior de Justiça, os crimes de sonegação de contribuição previdenciária e apropriação indébita previdenciária, por se tratarem de delitos de caráter material, somente se configuram após a constituição definitiva, no âmbito administrativo, reconhecendo a regularidade do respectivo crédito (Precedentes)" (RHC 28.798/PR, 5.ª T., j. 23.10.2012, v.u., rel. Campos Marques).

79. Quando o estelionato pode ser considerado crime oco?

O crime oco é um sinônimo de crime impossível, também chamado de "quase crime", "tentativa inidônea" ou "tentativa impossível". De acordo com o art. 17 do Código Penal, não se pune a tentativa quando, por ineficácia absoluta do meio ou por absoluta impropriedade do objeto, é impossível consumar-se o crime".

Assim, o estelionato será considerado crime oco quando a conduta do agente não reunir nenhuma aptidão para ludibriar a vítima, como no caso de utilização de uma nota de três reais.

80. Qual a inconsistência no tratamento do estelionato contra a pessoa idosa ou vulnerável prevista na legislação?

O legislador previu a majorante o § 4º, aumento de um terço ao dobro, para as pessoas idosas ou vulnerável valendo-se de norma penal em branco para fazer incidi-la quando a vítima tiver idade igual a sessenta ou mais anos de idade, considerada a relevância do resultado gravoso. Contudo, no que toca à ação penal, dispôs que a ação será pública incondicionada apenas quando o idoso for maior de setenta anos de idade. Logo, o estelionato praticado contra idoso que tenha a idade de até setenta anos será majorado, mas será processado por ação penal pública condicionada à representação.

81. É cabível a receptação da receptação?

Sim, é perfeitamente admissível a receptação da receptação, pois a única exigência legal do art. 180 do Código Penal é que a coisa seja produto de crime, independente de qual delito seja.

82. A receptação de coisa de valor insignificante configura crime?

Não. Segundo o entendimento majoritário dos Tribunais Superiores, na hipótese de o delito anterior ser considerado crime bagatelar, não se configura a elementar típica de "crime anterior" prevista no art. 180 do Código Penal. "Tratando-se de receptação, não se pode confundir bem de pequeno valor com o de valor insignificante que, necessariamente, exclui o crime em face da ausência de ofensa ao bem jurídico tutelado, aplicando-se lhe o princípio da insignificância." (HC 224.928, 5.ª T., rel. Laurita Vaz, 14.02.2012, v.u

83. A figura culposa do crime de receptação prevê a condição de que quem oferece a coisa gera a presunção de sua obtenção por meio criminoso. Referida previsão é condizente com o direito penal do fato?

A condição de quem oferece a coisa é um dos indicativos da imprudência do agente receptador.

Como é cediço, o direito penal pátrio adota o direito penal do fato, afastando o direito penal do autor. No caso da receptação culposa, prevista no § 3º do art. 180 do Código Penal, a condição de quem oferece a coisa não diz respeito diretamente ao autor do crime de receptação, mas daquele que oferece o bem. Ainda que o último também possa estar praticando delito de receptação, sua conduta será dolosa, afastando a presunção legal, e será submetida às normas de identificação do elemento subjetivo dolo.

Assim, a presunção legal não sugere a aplicação do direito penal de autor, pois inverte a condição do agente no que toca configuração do elemento subjetivo. Destarte, numa situação em que a empregada doméstica tenta vender à sua patroa uma joia preciosa, ainda que pelo preço de mercado, pela sua condição humilde, não inserida no comércio, especialmente o de joias, é natural a suspeita de que a coisa seja produto de crime.

84. A receptação é um crime parasitário?

Sim, a receptação é classificada como crime parasitário, ameba ou de fusão porque pressupõe a existência de crime anterior, sendo irrelevante a extinção da punibilidade quanto ao crime antecedente.

85. O que se entende por imunidade penal absoluta ou impunibilidade absoluta na esfera dos crimes patrimoniais?

A imunidade é um privilégio de natureza pessoal, atribuído a alguém em razão do cargo ou da função exercida, bem como por condições ou circunstâncias de caráter pessoal.

Na esfera penal, o art. 181 do Código Penal traz as hipóteses de escusas absolutórias, condições negativas de punibilidade ou causas pessoais de exclusão da pena.

Por razões de política criminal, lastreadas em vínculos familiares ou afetivos e questões utilitárias, o legislador optou por afastar a punibilidade de determinadas pessoas.

Apesar da persistência do crime, considerado como fato típico, ilícito e culpável – afasta-se a punibilidade. De acordo com art. 181 do Código Penal, imunidade é absoluta por não admitir prova em contrário, nem renúncia à sua incidência.

Nos crimes patrimoniais praticados sem violência ou grave ameaça, os cônjuges, entre si, os ascendentes e os descendentes, entre si, ainda que pratiquem crimes, não recebem punições na esfera penal.

86. O agente que subtrai veículo de terceiro, acreditando tratar-se de veículo do próprio pai, comete crime?

A hipótese trata do denominado erro de punibilidade e não afasta, segundo a doutrina dominante, o crime ou a punibilidade em questão.

Com efeito, o fato praticado pelo agente é típico, ilícito e culpável. A previsão do art. 181 do Código Penal exclui tão somente a punibilidade, preservando os estratos configuradores do crime. O erro, no caso em análise, é meramente de punibilidade, isto é, acreditava tão somente que não seria punido pela conduta praticada, mantendo-se íntegra a tipicidade porque não há erro quanto às elementares do tipo penal, a ilicitude, pois a conduta é contrária ao direito e a culpabilidade.

Temos, portanto, que o agente sabe que faz algo proibido, ou devia e podia sabê-lo, mas acredita não existir pena para seu comportamento. Assim, não há como se estender os efeitos de uma norma restritiva (art. 181 do Código Penal) para abarcar hipóteses de não exclusão do crime, mas tão somente de punibilidade.

5. DOS CRIMES CONTRA A DIGNIDADE SEXUAL

87. Para caracterização do crime de estupro é necessário contato físico com a vítima?

Não. Segundo o STJ, a conduta de contemplar lascivamente, sem contato físico, mediante pagamento, menor de 14 anos desnuda em motel pode permitir a deflagração da ação penal para a apuração do delito de estupro de vulnerável. A maior parte da doutrina penalista pátria orienta no sentido de que a contemplação lasciva configura o ato libidinoso constitutivo dos tipos dos arts. 213 e 217-A do Código Penal, sendo irrelevante, para a consumação dos delitos, que haja contato físico entre ofensor e ofendido. No caso, cumpre ainda ressaltar que o delito imputado se encontra em capítulo inserto no Título VI do Código Penal, que tutela a dignidade sexual. Com efeito, a dignidade sexual não se ofende somente com lesões de natureza física. A maior ou menor gravidade do ato libidinoso praticado, em decorrência a adição de lesões físicas ao transtorno psíquico que a conduta supostamente praticada enseja na vítima, constitui matéria afeta à dosimetria da pena. RHC 70.976-MS, Rel. Min. Joel Ilan Paciornik, julgado em 2/8/2016, DJe 10/8/2016 (Informativo n. 587).

88. Homem pode ser vítima do crime de estupro?

Sim, com a alteração do tipo penal previsto no art. 213 do Código Penal, o estupro passou a ser crime comum, admitindo tanto o homem como a mulher como vítimas em razão da redação que previu além da conjunção carnal, a prática de atos libidinosos.

89. O estupro pode ser praticado por autoria mediata?

A autoria mediata ocorre quando o autor domina a vontade de terceiro e vale-se de outra pessoa que atua como mero instrumento do ato. Assim, há possibilidade de prática do crime de estupro por autoria mediata, quando, por exemplo, uma mulher convence um homem, inimputável por deficiência mental, a praticar atos libidinosos mediante violência com uma mulher.

90. A violência ou grave ameaça, exercidas contra terceira pessoa, podem funcionar como elementar do crime de estupro e caracterizar o delito previsto no art. 213 do Código Penal?

Sim, a violência exercida contra terceira pessoa, com a finalidade de obrigar a vítima a conjunção carnal ou atos libidinosos pode caracterizar a elementar do crime de estupro, pois é capaz de funcionar como meio de constrangimento à vítima para prática do ato, como na hipótese em que a mãe se submete ao ato sexual em razão de violência ou grave ameaça empregada contra a filha.

91. O que se entende por exploração sexual, no crime do art. 218-B do Código Penal? Pressupõe contato físico?

O crime de exploração sexual não pressupõe o contato físico do autor com a vítima, sendo praticado, por exemplo, nos casos de shows de *striptease* e de sexo explícito, que não dependem de contato físico entre quem paga pelo prazer sexual e quem recebe a vantagem econômica.

Trata a hipótese em que a exploração sexual deve ser vista como paralela à prostituição, em que o agente se aproveite da sexualidade alheia, vendo a vítima como "mercadoria".

92. O que se entende por lenocínio questuário?

O lenocínio é a mediação para satisfazer a lascívia de outrem, consistente na assistência à libidinagem alheia normalmente para obtenção de proveito.

O crime, em si, não exige ânimo de lucro. Contudo, quando pratica com tal finalidade, recebe o nome de lenocínio questuário ou mercenário.

93. O agente que mantém, mediante fraude, relação sexual com uma menor de 13 anos de idade, pratica qual crime?

A conduta do agente subsome-se ao tipo penal do artigo 217-A do Código Penal, estupro de vulnerável e não ou crime de violação sexual mediante fraude em razão da presunção de violência.

94. No crime de estupro de vulnerável, o consentimento da vítima ou sua experiência sexual podem afastar o crime?

De acordo com a Súmula nº 593 do STJ, "o crime de estupro de vulnerável se configura com a conjunção carnal ou prática de ato libidinoso com menor de 14 anos, sendo irrelevante eventual consentimento da vítima para a prática do ato, sua experiência sexual anterior ou existência de relacionamento amoroso com o agente", de forma que as hipóteses tratadas na questão não afastam o delito.

95. O crime de assédio sexual pode ser praticado por um vendedor sobre outro?

O crime de assédio sexual, previsto no art. 216-A do Código Penal exige a condição de superior hierárquico ou ascendência inerentes ao exercício do emprego, cargo ou função. Assim, na hipótese de não existir qualquer superioridade hierárquica ou ascendência entre autor e vítima, não haverá a satisfação da elementar típica e, portanto, o crime em questão. Contudo, a depender do caso concreto, em se verificando qualquer espécie de ascendência, que significa superioridade ou preponderância, como na hipótese de treinamento e avaliação, é possível a configuração do crime.

96. O professor universitário que assedia a aluna pratica crime de assédio sexual?

Predomina na doutrina que não, pois o tipo penal exige superioridade hierárquica ou ascendência atinente ao exercício de emprego, cargo ou função, de forma que pelo fato do aluno não exercer emprego, cargo ou função na universidade, em que pese a existência de ascendência, afasta a tipicidade penal do crime de assédio sexual, podendo caracterizar a contravenção penal de importunação ofensiva ao pudor (art. 61 da Lei de Contravenções Penais).

97. No crime de estupro de vulnerável, previsto no art. 217-A do Código Penal, é possível a ocorrência de erro de tipo quanto à idade da vítima?

Sim, pois o erro de tipo incide sobre os elementos objetivos do tipo penal e se caracteriza pela falsa percepção da realidade. Assim, é perfeitamente possível sua ocorrência quando a vítima, embora menor de 14 anos, apresente corpo físico ou atitudes atípicas para a idade, sugerindo ao autor uma idade maior, circunstância capaz de excluir o dolo no caso concreto.

98. O induzimento de uma mulher de 25 anos de idade, mentalmente sã, caracteriza crime de favorecimento à prostituição?

O tipo penal do art. 218-B do Código Penal possui, como elementares típicas alternativas, a menoridade (18 anos) ou enfermidade ou deficiência mental. Assim, não havendo exploração da atividade de prostituição, lícita para quem a pratica, não há o crime de favorecimento à prostituição ou de lenocínio.

99. Os crimes sexuais devem, obrigatoriamente, correr em segredo de justiça?

Sim, por força do art. 234-B do Código Penal, os processos por crimes sexuais, previstos no Título VI do Código Penal devem tramitar em segredo de justiça para resguardar a dignidade do agente e da vítima.

6. DOS CRIMES CONTRA A FAMÍLIA

100. O § 2º do artigo 235, crime de bigamia, prevê que anulado por qualquer motivo o primeiro casamento, ou o outro por motivo que não a bigamia, considera-se inexistente o crime. Qual categoria do delito é atingida pela disposição legal?

A hipótese prevê a exclusão da tipicidade, pois se o primeiro casamento for anulado, será a atípica a conduta do agente que se casa "novamente", vez que a declaração de nulidade do primeiro casamento provoca efeitos *ex tunc*.

101. Qual a responsabilidade penal do agente que pratica poligamia, considerando que a lei penal somente prevê a bigamia?

Segundo o entendimento predominante na doutrina, o agente responderá pelo crime de bigamia, em continuidade delitiva por cada novo casamento que contrair enquanto casado, por não se tratar de aplicação da analogia *in malam partem*, mas de interpretação extensiva da lei penal.

102. Nos crimes de perigo comum, o que se entende por incolumidade pública?

Por incolumidade pública compreende-se um complexo de bens relativos à vida, à integridade corporal, à saúde de todos e de cada um dos indivíduos que compõem a sociedade.

103. A mulher solteira que, sabendo da condição de casado de seu companheiro, ainda assim contrai núpcias com este, pratica algum delito?

O crime de bigamia é delito bilateral ou de encontro, em que, para configuração do tipo penal, exige-se a presença de duas pessoas com vontades coincidentes.

A mulher solteira que, sabendo do impedimento de seu companheiro, ainda assim contrai o casamento com esse, responderá pela figura privilegiada do § 1º do art. 235 do Código Penal, e não pela figura típica central, pois se trata de exceção pluralista à teoria monista no concurso de pessoas.

7. DOS CRIMES CONTRA O ESTADO DE FILIAÇÃO E ASSISTÊNCIA FAMILIAR

104. O agente que presta declaração falsa do nascimento de alguém perante o cartório, promovendo o registro civil de nascimento inexistente, pratica qual crime?

O agente pratica o delito previsto no art. 241 do Código Penal, modalidade específica de falsidade ideológica, porquanto o agente faz inserir declaração falsa em documento público, com o fim de prejudicar direito, criar obrigação ou alterar a verdade sobre fato juridicamente relevante, compreendido como o falso nascimento de alguém.

105. No crime de abandono material, a expressão "sem justa causa" é classificada doutrinariamente como?

A expressão "sem justa causa", prevista no art. 244, *caput*, do Código Penal, tem natureza de elemento normativo do tipo, que funciona como elemento negativo do tipo, de forma que, configurado o motivo justo, o fato será atípico conforme entendimento do STJ[2].

8. DOS CRIMES CONTRA A INCOLUMIDADE PÚBLICA

106. O crime de incêndio pode ser praticado por omissão?

Sim, é possível a prática do crime por omissão, consistente em não apagar o fogo, quando o agente que tem o dever jurídico de fazê-lo, como no caso daquele que o causou involuntariamente.

107. Os crimes de incêndio e explosão podem ser considerados crimes vagos?

O crime vago, doutrinariamente também conhecido por crime multivitimário ou de vítimas difusas, é aquele em que o sujeito passivo é uma entidade destituída de personalidade jurídica, como sociedade ou a família. Nesse sentido, como o sujeito passivo dos crimes de incêndio e explosão é a sociedade, podem ser classificados doutrinariamente como crimes vagos.

108. O agente que pesca fazendo uso de explosivos pratica o crime de explosão?

Não, pois, se o agente faz uso de explosivos tendo por fim a pesca e não a provação de perigo comum, incidirá no delito previsto no art. 35, inc. I, da Lei 9.605/1998.

109. Quando se consuma o crime de explosão? É possível a tentativa?

O crime de explosão, previsto no art. 251 do Código Penal consuma-se no momento em que se instala a situação de perigo coletivo. O delito admite a modalidade tentada quando a conduta é plurissubsistente, como na hipótese em que o agente é impedido de prosseguir quando inicia a montagem de um engenho explosivo, ou mesmo na colocação dele, quando ainda não se instalou a situação perigosa.

2. HC nº141.069. Rel. Min. Maria Thereza de Assis Moura. DJe 21.03.2012.

9. DOS CRIMES CONTRA A SAÚDE PÚBLICA

110. É possível a configuração da tentativa no crime de epidemia, previsto no art. 267 do Código Penal?

É possível a caracterização no crime de epidemia, em razão caráter plurissubsistente do delito, que permite o fracionamento do *iter criminis*, como na hipótese do lançamento de um vírus no ar, que somente não se espalha por ausência de vento e posterior chuva, impedindo a realização do resultado.

111. Caio anuncia, em sua rede social, que descobriu a cura para a pandemia do COVID 19 e passa a comercializar alpiste como o suposto remédio para o vírus. Inúmeras pessoas adquirem a "cura", não obtendo, obviamente, qualquer resultado no enfrentamento da doença. Qual(is) o(s) crime(s) praticado por Caio?

A conduta de Caio amolda-se, em tese, aos tipos penais de charlatanismo (art. 283 do CP) e estelionato (art. 171 do CP). Há três correntes sobre a questão: a primeira sustenta trata-se de crime específico de charlatanismo, vez que especial com relação ao estelionato, posto que atinge a saúde pública, sendo, portanto, crime contra a coletividade; a segunda corrente defende tratar-se de estelionato, vez que o charlatanismo nada mais seria do que uma espécie de estelionato e como esse é mais grave, a punição dar-se-ia apenas pelo tipo penal do art. 171 do CP ante ao princípio da consunção; a terceira corrente, predominante, aduz que ambos os crimes estão caracterizados e, por via de consequência, há o concurso formal entre os tipos penais do art. 283 e 171 do Código Penal, posto que a conduta atinge, com um único ato, dois bens jurídicos distintos (patrimônio e saúde pública).

112. O exercício da acupuntura confira o crime de exercício ilegal de medicina?

Não, segundo o STJ, "O exercício da acupuntura não configura o delito previsto no art. 282 do Código Penal (exercício ilegal da medicina, arte dentária ou farmacêutica). É cediço que o tipo penal descrito no art. 282 do Código Penal é norma penal em branco e, por isso, deve ser complementado por lei ou ato normativo em geral, para que se discrimine e detalhe as atividades exclusivas de médico, dentista ou farmacêutico. Segundo doutrina, "A complementação do art. 282 há de ser buscada na legislação federal que regulamenta as profissões de médico, dentista ou farmacêutico. Dispõem sobre o exercício da medicina a Lei n. 3.268, de 20.09.57 e o Dec. n. 20.931, de 11.01.32". Das referidas leis federais, observa-se que não há menção ao exercício da acupuntura. Nesse passo, o STJ reconhece que não há regulamentação da prática da acupuntura, sendo da União a competência privativa para legislar sobre as condições para o exercício das profissões, consoante previsto no art. 22, XVI, da CF (RMS 11.272-RJ, Segunda Turma, DJ 4/6/2001). Assim, ausente complementação da norma penal em branco, o fato é atípico. RHC 66.641-SP, Rel. Min. Nefi Cordeiro, julgado em 3/3/2016, DJe 10/3/2016 (Informativo n. 578).

113. O enfermeiro que deixa de notificar doença de notificação compulsória à autoridade pública pratica algum delito?

Não, pois o tipo penal do art. 269 do Código Penal expressamente imputa a obrigação ao médico e não ao enfermeiro, sendo classificado pela doutrina como crime próprio, que exige sujeito ativo especial ou qualificado. Assim, diante da ausência de satisfação da elementar típica, o enfermeiro não pratica qualquer delito.

10. DOS CRIMES CONTRA A PAZ PÚBLICA

114. O agente que incita um amigo à prática de um crime pratica algum delito?

A instigação à prática do delito assume contornos distintos, a depender da hipótese concreta. Caso o agente incite ou instigue um amigo à prática de um delito e esse venha a praticar a conduta criminosa, o agente instigador pode responder, a título de participação, no delito praticado.

Por outro lado, tratando-se de hipótese de instigação ao suicídio, que vem a se consumar, responderá pelo crime previsto no art. 122 do Código Penal.

Por fim, no que diz respeito ao crime de incitação ao crime, previsto no art. 286 do Código Penal, não haverá incidência da figura típica, pois a modalidade pressupõe incitação feita publicamente e dirigida ao público em geral.

115. A apologia ao crime culposo caracteriza crime?

Não, haja vista que não se concebe a instigação, seja direta ou indireta, à prática de um ato que seja derivado de imprudência, negligência ou imperícia, isto é, involuntário.

116. Sobre o crime de associação criminosa, responda: quantos agentes são necessários para caracterização do crime? Exige finalidade específica?

O crime de associação criminosa, previsto no art. 288 do Código Penal, exige a presença de pelo menos três agentes associados de forma estável para sua configuração e parte do pressuposto típico da intenção dos agentes de praticar crimes diversos.

117. Exige-se a identificação de todos os agentes que compõem a associação criminosa para caracterização do delito? O número mínimo pode ser composto por menores inimputáveis?

Não, segundo o entendimento predominante, não se faz necessária a identificação de todos os membros integrantes da associação criminosa para caracterização do delito.

De igual forma, o tipo penal não exige que todos sejam imputáveis, de forma que se admite, para a caracterização do delito, a presença de menores para composição do número de agentes, gerando o denominado "concurso impróprio".

Contudo, tratando-se de criança, incapaz de compreender minimamente seu comportamento, não se pode considerar o grupo como associação criminosa, porque um dos agentes não possui capacidade de compreensão, tratando-se de mera hipótese de autoria mediata.

11. DOS CRIMES CONTRA A FÉ PÚBLICA

118. A falsificação grosseira de papel-moeda caracteriza o crime de moeda falsa?

Não. Segundo a Súmula 73 do STJ: "A utilização de papel-moeda grosseiramente falsificado configura, em tese, o crime de estelionato, da competência da Justiça Estadual".

119. Qual o elemento subjetivo nos crimes contra a fé pública?

Todos os crimes contra a fé pública são dolosos e a legislação não previu nenhum tipo com modalidade culposa.

120. Um comerciante que, diante de uma grande onda de derramamento de moeda falsa, recusa-se a receber pagamentos em dinheiro, pratica alguma infração penal?

Sim, o art. 43 da Lei de Contravenções Penais prevê expressamente essa modalidade de infração penal: "Recusar-se a receber pelo seu valor, moeda de curso legal do País".

Assim, ao não receber de forma genérica pagamentos em moeda nacional, pratica referida contravenção penal. Contudo, pode recusar o pagamento diante de um caso concreto em que exista fundada suspeita de falsificação do dinheiro.

121. É possível a aplicação do princípio da insignificância ao delito de moeda falsa?

Não. Segundo o entendimento dos nossos tribunais, "o crime de moeda falsa é crime contra o Estado, relacionado dentre aqueles praticados contra a fé pública. Se essa é a primeira premissa, a segunda é a de que não se pode reconhecer o princípio da insignificância em face de crimes contra a fé pública. (...) Conforme se verifica, a *mens legis* é no sentido de manter a confiança que as pessoas devem depositar na moeda. Não visa a preservação do valor contido na cédula, nem pretende evitar prejuízo medido em pecúnia. Assim, quando estamos diante de crimes como o de moeda falsa, não se mostra possível quantificar o dano causado à sociedade, supondo que menor quantidade de notas representa, de forma matemática, um menor prejuízo" (RSE 1999.61.81.002217-2 RCCR 2554, 5.ª T., rel. Ramza Tartuce, 08.11.2004, v.u.).

12. DA FALSIDADE DOCUMENTAL

122. No crime de falsificação de documento público, previsto no art. 297 do Código Penal, o que diferencia a falsificação da alteração?

A diferença essencial entre as condutas de *falsificar* e *alterar* reside no fato que na primeira hipótese, o documento não existe, sendo criado pelo agente, ao passo que na segunda existe um documento verdadeiro, sobre o qual o agente atua para modificar o seu aspecto original.

123. Para fins penais, o cartão de crédito ou débito é considerado documento?

Os cartões de crédito ou débito, em essência, não são documentos, porque não registram informações em seu conteúdo. Contudo, assim é considerado para fins penais no crime de falsificação de documento particular nos termos do parágrafo único do art. 298 do Código Penal.

124. Quais as diferenças entre falsidade material e ideológica?

Na *falsidade material, há alteração da* forma do documento, com a formação de um novo ou alteração de um originalmente verdadeiro. Na *falsidade ideológica*, por outro turno, há uma alteração parcial ou total de conteúdo.

Assim, o documento na falsidade material pode ser caracterizado como falso por análises formais, como sua não emissão pela autoridade competente ou verdadeiro subscritor. Por outro lado, na falsidade ideológica, o documento não possui uma falsidade formalmente perceptível, vez que autêntico quanto a sua forma, sendo seu conteúdo falso.

125. A inserção de informações falsas na plataforma Lattes caracteriza crime de falsidade?

A plataforma *Lattes* é virtual e nela o usuário, mediante imposição do "*login*" e senha, insere as informações. Não se trata de um escrito palpável, ou seja, um papel do mundo real, mas de uma página em um sítio eletrônico. Nesse sentido, embora possa existir "documento eletrônico", não está ele presente no caso concreto, porquanto somente pode ser assim denominado aquele constante de página ou sítio na rede mundial de computadores que possa ter sua autenticidade aferida por assinatura digital. A regulamentação que garante a autenticidade, a integridade e a validade jurídica de documentos em forma eletrônica se dá pela Medida Provisória n. 2.200-2, de 24 de agosto de 2001, que instituiu a Infraestrutura de Chaves Públicas Brasileira (ICÓDIGO PENAL-Brasil) e a responsabilidade por essa base é da Autarquia Federal, o ITI – Instituto Nacional de Tecnologia da Informação, ligado à Presidência da República. Reitere-se que, na hipótese, não se pode ter como documento o currículo inserido na plataforma virtual *Lattes* do CNPq, porque desprovido de assinatura digital e, pois, sem validade jurídica. Mas ainda que pudesse ser considerada a sua validade, para fins penais, tem-se que, como qualquer currículo, seja clássico (papel escrito) ou digital, o Currículo *Lattes* é passível de averiguação, ou seja, as informações nele contidas deverão ser objeto de aferição por quem nelas tem interesse, o que denota atipicidade. Nesse sentido, a doutrina afirma que "*havendo necessidade de comprovação – objetiva e concomitante -, pela autoridade, da autenticidade da declaração, não se configura o crime, caso ela seja falsa ou, de algum modo, dissociada da realidade*". (Informativo n. 610) RHC 81.451-RJ

126. O médico que emite um atestado falso de idoneidade a alguém pratica qual delito?

O médico que atesta falsamente a idoneidade de alguém produz documento ideologicamente falso, isto é, com conteúdo não verdadeiro, praticando o crime de falsidade ideológica, previsto no art. 299 do Código Penal.

Não se caracteriza o crime do art. 302 do Código Penal, falsidade de atestado médico, pois o atestado a que se refere o delito é o atestado médico, pois relacionado ao exercício de sua profissão.

127. Em sede de busca e apreensão, a agentes policiais apreendem um documento de identidade falso. O agente, cuja fotografia constava no documento, responde pelo crime de uso de documento falso?

Não, pois o tipo penal previsto no art. 304 do Código Penal expressamente exige que o agente "faça uso" do documento, não se configurando o delito pela mera posse ou porte.

Contudo, pode o agente, diante do caso concreto, responder pelos crimes de falsidade ideológica ou material de documento público.

128. O agente que se atribui falsa identidade perante a autoridade policial, em situação de autodefesa, pratica crime?

Sim, segundo a Súmula 522 do STJ, "a conduta de atribuir-se falsa identidade perante autoridade policial é típica, ainda que em situação de autodefesa". De igual forma, o STF, em sede de repercussão geral (RE 640.139-RG), entendeu que o princípio constitucional da autodefesa não alcança aquele que se atribui falsa identidade, sendo típica a conduta, formalmente enquadrada no art. 307 do Código Penal.

129. O agente que altera uma placa de veículo colocando fita isolante para mudar um dos números pratica algum crime?

Com as alterações promovidas pela Lei 14.562/23, que incluíram a conduta nuclear *suprimir*, parece-nos superada a divergência, haja vista que a colocação de fita isolante suprime ao menos um dos sinais identificadores, sendo a conduta perfeitamente típica. O STF, mesmo diante da redação anterior, já compreendia que "a conduta de adulterar a placa de veículo automotor mediante a colocação de fita adesiva é típica, nos termos do art. 311 do Código Penal ('Adulterar ou remarcar número de chassi ou qualquer sinal identificador de veículo automotor, de seu componente ou equipamento: Pena – reclusão, de três a seis anos, e multa'). Com base nessa orientação, a 2ª Turma negou provimento ao recurso ordinário em *habeas corpus*. O recorrente reiterava alegação de falsidade grosseira, percebida a olho nu, ocorrida apenas na placa traseira, e reafirmava que a adulteração visaria a burlar o rodízio de carros existente na municipalidade, a constituir mera irregularidade administrativa. O Colegiado pontuou que o bem jurídico protegido pela norma penal teria sido atingido. Destacou-se que o tipo penal não exigiria elemento subjetivo especial ou alguma intenção específica. Asseverou-se que a conduta do paciente objetivara frustrar a fiscalização, ou seja, os meios legítimos de controle do trânsito. Concluiu-se que as placas automotivas seriam consideradas sinais identificadores externos do veículo, também obrigatórios conforme o art. 115 do Código de Trânsito Brasileiro" (RHC 116.371/DF, 2.ª T., rel. Min. Gilmar Mendes, 13.08.2013, v.u., *Informativo* 715).

13. DOS CRIMES CONTRA A ADMINISTRAÇÃO PÚBLICA

130. O depositário judicial que vende bens sob sua guarda comete crime de peculato?

De início, verifica-se que o depositário judicial não ocupa cargo criado por lei, não recebe vencimento, tampouco tem vínculo estatutário. Trata-se de uma pessoa que, embora tenha de exercer uma função no interesse público do processo judicial, é estranha aos quadros da justiça e, pois, sem ocupar qualquer cargo público, exerce um encargo por designação do juiz (*munus* público). Não ocupa, de igual modo, emprego público e nem função pública. É, na verdade, um auxiliar do juízo que fica com o encargo de cuidar de bem litigioso. Não se satisfaz, em tal caso, a figura típica do art. 312 do Código Penal, porque não há funcionário público, para fins penais, nos termos do art. 327 do Código Penal, em razão da ausência da ocupação de cargo público. Não basta, como se vê, à caracterização do peculato, o fato de o agente ser considerado funcionário público. É preciso mais. Que ele se aproprie do bem em razão do cargo público que exerça. Essa relação entre o agente e o cargo público é inarredável no crime de peculato. (Informativo n. 623) HC 402.949-SP.

131. O funcionário público que recebe dinheiro e faz uso dos recursos dentro da própria repartição, para comprar cartuxo de tinta para a impressora, por exemplo, pratica crime de peculato?

Sim, o funcionário público pratica o chamado peculato-desvio, art. 312, *caput*, do Código Penal, vez que o recurso tinha como destinatário o Estado, não competindo ao funcionário, sem autorização ou estrita observância à forma legal, utilizá-lo na repartição, ainda que visando melhorar a qualidade do serviço prestado.

132. É possível o concurso de pessoas no crime de peculato?

Sim, admite-se o concurso de agentes no crime peculato, nos termos do art. 30 do Código Penal, pois a condição pessoal do agente de funcionário público comunica-se ao autor por se tratar de elementar do delito.

133. O funcionário público que pratica crime de peculato e repara o dano antes do trânsito em julgado da sentença pode receber o benefício da declaração da extinção da punibilidade?

A lei penal prevê seis modalidades de peculato: peculato furto (art. 312, § 1º), peculato desvio (art. 312, *caput*, segunda parte), peculato apropriação (art. 312, *caput*, primeira parte), peculato culposo (art. 312, § 2º), peculato mediante erro de outrem (art. 313) e peculato eletrônico (arts. 313-A e 313-B).

De todas as modalidades previstas, a lei somente prevê a extinção da punibilidade pela reparação do dano na hipótese de peculato culposo.

Assim, como regra, o funcionário público não será beneficiado com a extinção da punibilidade com a reparação do dano, à exceção da hipótese de peculato culposo.

134. O que é peculato próprio e impróprio?

O peculato próprio caracteriza-se quando de forma material e direta, o funcionário público apropria-se ou desvia qualquer bem móvel, dinheiro ou valor de que tenha a posse, seja ele público ou particular, em razão do cargo ocupado. O peculato impróprio, por sua vez, é caracterizado pelo aproveitamento do agente das facilidades de seu cargo para que possa subtrair ou facilitar subtração. Nesse caso, o agente não tem a posse do bem, como no peculato próprio.

135. O médico do SUS que exige vantagem indevida de paciente para realização de exame deve ser julgado perante qual Justiça?

O julgamento deverá ocorrer perante a Justiça Estadual, vez que a vítima prejudicada não é o estabelecimento de saúde ou o Sistema Único de Saúde. Segundo o STJ: "Compete à Justiça Estadual processar e julgar o feito destinado a apurar crime de concussão consistente na cobrança de honorários médicos ou despesas hospitalares a paciente do SUS, por se tratar de delito que acarreta prejuízo apenas ao particular, sem ofensa a bens, serviços ou interesse da União" (CC 36.081-RS, 3.ª Seção, rel. Arnaldo Esteves Lima, 13.12.2004, v.u., *DJ*01.02.2005, p. 403).

136. É possível a aplicação do princípio da insignificância à conduta do médico, absolvido em procedimento disciplinar administrativo, que registra o ponto em hospital público e deixa o local de trabalho?

De acordo o STJ, "o resultado favorável em processo administrativo disciplinar não tem o condão de afastar a possibilidade de recebimento da denúncia na esfera penal diante da independência das referidas instâncias". De igual forma, sufragou o entendimento de que a jurisprudência da Corte do Superior de Justiça "não tem admitido a incidência do princípio da insignificância, inspirado na fragmentariedade do Direito Penal, no caso de prejuízo aos cofres públicos, por identificar maior reprovabilidade da conduta delitiva". AgRg no Habeas Corpus 548.869, j. 12/05/2020.

137. O crime de excesso de exação, previsto no § 1º do art. 316 do Código Penal, possui norma penal em branco?

Sim, pois para sua configuração é necessária a complementação para identificação da formalidade da cobrança do tributo ou contribuição social.

138. É correta a afirmação de que o crime de corrupção passiva, previsto no art. 317 do Código Penal, pode ser considerado uma das exceções à aplicação da teoria monista do concurso de pessoas?

De acordo com a teoria monista, o delito, ainda que perpetrado por várias pessoas em concurso, recebe o tratamento de crime único e indivisível, sujeitando todos os agentes à mesma imputação. Assim, de acordo com art. 29 do Código Penal, todo aquele que concorre para o crime, causa-o na sua totalidade e por ele responde integralmente, pois o delito é o resultado da soma da conduta de cada um dos agentes.

Nesse contexto, o crime de corrupção passiva, previsto no art. 317 do Código Penal, configura uma das exceções à aplicação da teoria monista, pois o próprio legislador optou por punir, de forma autônoma e independente, o corruptor ativo, criando o tipo penal do art. 333 do Código Penal.

Assim, o particular que promete a vantagem indevida, não responderá como partícipe ou coautor do crime de corrupção passiva, vez que pratica do delito de corrupção ativa, por força da aplicação da teoria pluralista.

139. O crime de prevaricação é compatível com a figura do dolo eventual?

O crime de prevaricação, para sua configuração, exige que o agente retarde ou deixe de praticar, indevidamente, ato ofício ou o pratique contra expressa disposição legal para satisfazer interesse ou sentimento pessoal, necessitando, portanto, de dolo específico.

Com efeito, a figura do dolo eventual revela-se incompatível com o delito em questão, haja vista que o interesse ou sentimento pessoal demandam representação prévia e vontade por parte do agente, circunstância que inviabiliza sua coexistência com a mera assunção do risco de produção do resultado.

140. O funcionário público pode ser sujeito ativo do crime de usurpação de função pública, previsto no art. 328 do Código Penal?

Sim, o crime pode ser praticado por qualquer pessoa, inclusive o próprio funcionário público nos casos em que atue fora de sua função.

141. Por que o crime de resistência, previsto no art. 329 do Código Penal, é considerado como de acumulação material?

O tipo penal da prevaricação, em seu § 2º, prevê que as penas deste artigo são aplicáveis sem prejuízo das correspondentes à violência. Com referida redação, ressai nítida a intenção do legislador de aplicar o sistema do cúmulo material de penas, punindo-se não somente a resistência, mas também a hipótese de violência empregada para caracterização do crime.

142. O funcionário público que deixa de cumprir ordem de juiz impedido para oficiar no processo pratica o crime de desobediência, previsto no art. 330 do Código Penal?

O juiz impedido de oficiar em um processo não possui poderes para emitir qualquer ordem no processo, salvo a de encaminhamento para seu substituto legal. Assim, caso emita ordem de conteúdo jurídico, esta deve ser reputada ilegal e, por via de consequência, o funcionário público que não a cumpra não pratica o delito de desobediência.

143. O agente que num mesmo contexto fático pratica as condutas de resistência e desacato deve responder criminalmente de que forma?

A doutrina diverge quanto à solução jurídica do caso e apresenta três posições distintas.

A primeira, tida como majoritária, sustenta que a resistência absorve o desacato, uma vez que a ofensa física ou verbal ao funcionário público teria por finalidade o impedimento à execução do ato legal, sendo, portanto, absorvida, não obstante a pena do crime de resistência ser menor à prevista para o delito de desacato.

A segunda corrente defende que desacato absorverá a resistência, em razão da pena mais alta.

Por fim, a terceira corrente sustenta haver concurso material entre a resistência e o desacato, porque o desacato não se caracteriza como meio imprescindível para execução da resistência.

144. Os crimes de licitação, previsto atualmente no Código Penal, são aplicáveis, por exemplo, às condutas praticadas contra o Banco do Brasil ou Petrobrás?

A nova Lei de Licitações previu, no art. 185₂, que o disposto no Capítulo II-B do Código Penal é aplicável à Lei 13.303/16 (Estatuto Jurídico da Empresa Pública, da Sociedade de Economia Mista e de suas Subsidiárias, no âmbito da União, dos Estados, do Distrito Federal e dos Municípios). Tem-se, portanto, que o regramento dos delitos previstos nos artigos 337-E a 337-P do Código Penal será aplicável, por exemplo, às condutas praticadas no Banco do Brasil ou Petrobrás.

145. É correta a afirmação de que o crime de contratação direta ilegal (art. 337-E do CP), é **norma penal em branco homogênea heterovitelina de alternatividade temporária**?

O tipo penal revela-se como **norma penal em branco**, pois exige o complemento normativo para discriminação da ilegalidade da contratação. Nesse particular, o tipo penal apresenta-se como novidade jurídica, pois como o art. 191 da nova Lei de Licitações previu a possibilidade de opção pelo modelo de contratação das Leis 8.666/93 (antiga Lei de Licitações e Contratos Administrativos), 10.520/02 (pregão) e 12.462/11 (o Regime Diferenciado de Contratações Públicas), o complemento poderá ser buscado em duas normas distintas, a depender do fundamento legal.

Logo, primária e provisoriamente, temos uma **norma penal em branco homogênea heterovitelina de alternatividade temporária**, vez que superado o lapso de dois anos de vigência da nova Lei de Licitações, o complemento normativo obrigatoriamente será buscado na Lei 14.133/21. Dissemos primariamente, pois de forma técnica, no mundo dos fatos, não haverá a opção normativa, vez que a incidência da norma específica decorrerá do ato fundamentador da contratação ilegal, restringindo a incidência de uma ou outra norma jurídica complementar. A alternatividade, portanto, existe na escolha do modelo de contratação e, por conseguinte, indicará a norma penal complementar.

14. DOS CRIMES CONTRA ADMINISTRAÇÃO DA JUSTIÇA

146. O agente que apresenta, anonimamente, notícia crime falsa para a autoridade policial, imputando a alguém a prática de um crime, pode ser sujeito ativo do crime de denunciação caluniosa, previsto no art. 339 do Código Penal?

O fato de a notícia crime ser anônima não afasta a possibilidade de identificação de seu autor e aquele que se vale do anonimato para mover a estrutura estatal visando prejudicar terceiros pode responder pelo crime de denunciação caluniosa, pois se trata de crime contra a administração da justiça.

147. Qual elemento do tipo penal do crime de falso testemunho caracteriza uma condição negativa de punibilidade?

Não obstante consumado o falso testemunho, caso o agente venha a se retratar ou declare a verdade antes da sentença em que ocorreu o ilícito, o fato deixa de ser punível por força do § 2 do art. 342 do Código Penal, caracterizando a condição negativa de punibilidade.

148. Quais os aspectos diferenciadores dos crimes de denunciação caluniosa e calúnia?

Em ambos os delitos há a imputação falsa de crime a pessoa que se sabe inocente. Contudo, apesar da semelhança, não se confundem.

No que toca ao bem jurídico protegido, o crime de calúnia tutela a honra, ao passo que a denunciação caluniosa protege a Administração de Justiça.

Por outro lado, no estrato da tipicidade, no delito de calúnia o agente apenas imputa falsamente a alguém a prática de fato definido como crime, visando atingir a honra objetiva da vítima, ao passo que na denunciação caluniosa a conduta ultrapassa a mera questão subjetiva, porquanto não apenas se imputa falsamente à vítima a prática de um delito, mas dá início a instauração de investigação policial, de processo judicial, investigação administrativa, inquérito civil ou ação de improbidade administrativa.

Noutra linha, para sua caracterização, a calúnia pressupõe a imputação falsa de crime, enquanto a denunciação caluniosa admite a imputação falsa de crime ou contravenção penal.

Por derradeiro, os delitos também se diferenciam na natureza da ação penal, pública incondicionada para a denunciação caluniosa, e privada, em regra, para a calúnia.

149. É crime o falso testemunho prestado perante juízo incompetente? E se o processo for declarado nulo?

O tipo penal do art. 342 do Código Penal tutela a Administração da Justiça, sendo inegável a circunstância de que o juízo, ainda que incompetente, exerce função pública relacionada à Administração da Justiça, de forma que a incompetência do juízo perante o qual foi prestado o depoimento falso não exclui a tipicidade do crime de falso testemunho.

De outra forma, exclui-se o crime de falso testemunho ou falsa perícia diante do reconhecimento da nulidade do processo, pois do ato nulo não poderão subsistir os efeitos atinentes à prova produzida.

150. Como se diferencia, na prática, a conduta de injuriar e desacatar o funcionário público?

O crime de injúria caracteriza-se pela circunstância de que seu cometimento pode ocorrer na presença ou na ausência da vítima, bastando, para tanto, que o teor da ofensa chegue seu conhecimento.

Contudo, sendo a ofensa realizada na presença do funcionário público, no exercício da função ou em razão dela, a conduta deixa de ser tratada como mera injúria, ou agressão à sua honra, para ser caracteriza como desacato, por se tratar, também de crime contra a Administração Pública, vez que a ofensa ultrapassa os limites da lesão individual.

151. Como se dá a responsabilidade penal da parte processual, que, irritada com a demora no trâmite de seu processo, adentra à Secretaria do Juízo e chama os cinco funcionários que ali estavam de "vagabundos"?

O agente responderá por um único crime de desacato, porquanto o sujeito passivo do crime previsto no art. 331 do Código Penal é o Estado, de forma que o bem jurídico tutelado restou atingido uma única vez.

Naturalmente, por se tratar de conduta reprovável, a quantidade de funcionários atingidos diretamente será levada em consideração na dosimetria da pena, como circunstância judicial desfavorável.

15. DOS CRIMES CONTRA O ESTADO DEMOCRÁTICO DE DIREITO

152. O crime de atentado à integridade nacional pode ser praticado por omissão?

O crime pode ser praticado por **ação ou omissão**, vez que o agente que, detentor do dever jurídico de agir, verificando a prática de violência ou grave ameaça destinada ao movimento separatista, e deixa de adotar providências, incorre no delito de forma omissiva.

O § 4º do crime de espionagem (art. 359-K, CP), dispõe que não constitui crime a comunicação, a entrega ou a publicação de informações ou de documentos com o fim de expor a prática de crime ou a violação de direitos humanos. Qual a natureza da excludente?

A previsão, para nós, caracteriza uma causa *sui generis* de exclusão do crime, porquanto pode se enquadrar como excludente de tipicidade e de culpabilidade. Como é cediço, o agente público, detentor do dever de agir, deve, sob pena de infração disciplinar, comunicar a prática crime ou violação de direitos humanos. Logo, se reúne tal dever, trata-se de imperativo legal e, quando o faz, age normativamente, isto é, no sentido da norma. Assim, sua conduta, normativa, é imposta pelo Estado, que não pode, simultaneamente, considerar tal conduta como típica para tão somente depois excluir a ilicitude da conduta. Aplica-se, nesse sentido, a teoria da tipicidade conglobante de Eugênio Raúl Zaffaroni.

Por outro lado, tratando-se o agente de particular, não detentor do dever jurídico de agir, sua conduta encontra amparo, incialmente na normatividade do comportamento, pois, não obstante não ser detentor do dever jurídico de agir, atua no exercício regular de direito, aplicando-se as mesmas considerações acima expostas quanto à normatividade do comportamento. Contudo, pode ocorrer de, por consideração valorativa indevida, o agente venha a expor conduta não criminosa ou não violadora de direitos humanos, circunstância que afasta a exclusão da tipicidade, mas permite a exclusão da culpabilidade erro de compreensão quanto ao conteúdo da informação ou documento.

Não se trata, para nós, como defende parte da maioria da doutrina, de causa excludente de ilicitude, pois ou a conduta do agente encontra amparo em norma legal autorizativa – exercício regular de direito ou estrito cumprimento do dever legal – e, portanto, fomentada, autorizada ou ordenada pelo Estado, ou terá origem em erro de compreensão de conteúdo, ensejando a aplicação da regra do erro de proibição.

153. O crime de abolição violenta do Estado Democrático de Direito exige dolo específico para sua configuração?

A conduta nuclear deve ser dirigida à abolição do Estado Democrático de Direito, revelando o especial fim de agir do sujeito ativo, pois caso venha a atacar, por exemplo com violência o cumprimento de uma ordem emitida pelo Poder Judiciário, sem que objetive a abolição do Estado Democrático de Direito, não haverá a incidência do tipo penal.

154. O crime de golpe de estado, art. 359-M do CP, admite a forma tentada?

O delito de golpe de Estado consuma-se com prática de violência ou grave ameaça direcionada à tentativa de deposição do governo legitimamente constituído. Trata-se, portanto, de crime formal, não sendo admitida a tentativa porquanto essa já foi prevista no tipo penal.

13

LEGISLAÇÃO PENAL EXTRAVAGANTE

Rodrigo de Andrade Figaro Caldeira

1. LEI DE CONTRAVENÇÕES PENAIS. DECRETO-LEI Nº 3.688/41

1. Qual a diferença entre crime e contravenção penal?

Infração penal é gênero, que comporta duas espécies: crime e contravenção penal. Crime é sinônimo de delito. A Lei de Introdução ao Código Penal (Decreto-Lei nº 3.914/41), em seu artigo 1º, define crime como sendo a infração penal que a lei comina pena de reclusão ou de detenção, quer isoladamente, quer alternativa ou cumulativamente com a pena de multa, e contravenção penal como a infração penal a que a lei comina, isoladamente, pena de prisão simples ou de multa, ou ambas, alternativa ou cumulativamente.

2. A lei de Contravenções Penais é aplicável à contravenção penal praticada fora do território nacional?

A Lei de Contravenções Penais é aplicável apenas às contravenções penais praticadas em território nacional, uma vez que adotou, exclusivamente, o princípio da territorialidade, de acordo com o artigo 2º, do Decreto-Lei nº 3.688/41, diferentemente do Código Penal, que adotou tanto o princípio da territorialidade quanto da extraterritorialidade, a teor dos artigos 5º e 7º, ambos do Código Penal.

3. A contravenção penal é punida a título de dolo ou culpa ou basta a mera voluntariedade?

Segundo o artigo 3º do Decreto-Lei nº 3.688/41, basta a mera voluntariedade ("*versare in re illicita*"), ou seja, não se exige dolo (vontade livre e consciente de concretizar as características objetivas do tipo) ou culpa (abstenção do cuidado objetivo na realização de uma conduta que causa um resultado danoso). Todavia, esse artigo não deve ser aplicado, pois o princípio da culpabilidade determina que todo crime ou contravenção só pode ser punido a título de dolo ou culpa.

4. A tentativa de contravenção penal é punida?

Não, a teor do artigo 4º, do Decreto-Lei nº 3.688/41. Apesar de ser possível sua ocorrência no campo fático, o legislador preferiu dar tratamento mais brando às contravenções penais, excluindo sua punição a título de tentativa.

5. Se o agente for condenado, com trânsito em julgado, pela prática de uma contravenção penal e, posteriormente, cometer um crime, ele será considerado reincidente?

Segundo o artigo 7º, do Decreto-Lei nº 3.688/41, o agente será reincidente se pratica uma contravenção depois de passar em julgado a sentença que o tenha condenado, no Brasil ou no estrangeiro, por qualquer crime, ou, no Brasil, por motivo de contravenção. Segundo o artigo 64, do Código Penal, o agente será considerado reincidente quando comete novo crime, depois de transitar em julgado a sentença que, no País ou no estrangeiro, o tenha condenado por crime anterior. Logo, na questão apresentada, o agente não será considerado reincidente por ausência de previsão legal.

6. Qual a natureza da ação penal nos casos de contravenção penal?

É sempre pública incondicionada, a teor do artigo 17 do Decreto-Lei nº 3.688/41.

7. A contravenção penal de porte de arma branca é aplicável?

Sim, em recente acórdão, o Superior Tribunal de Justiça decidiu que o porte de arma branca é conduta que permanece típica na Lei de Contravenções Penais, não havendo que se falar em violação ao princípio da intervenção mínima ou da legalidade. O STJ, na ocasião, consignou que é necessário aferir o potencial de lesividade da conduta no caso concreto. Assim, um agricultor encontrado com um facão, cortando vegetação para adentrar na floresta, por exemplo, não estaria praticando a infração (RHC 56.128/MG, 5ª Turma, Rel. Min. Ribeiro Dantas, DJe 10/03/2020). Entretanto, segundo o artigo 19 do Decreto-Lei nº 3.688/41, para a tipificação da conduta, o agente deveria trazer consigo a arma branca fora de casa ou de dependência desta, sem licença da autoridade. Porém, não existe no nosso ordenamento jurídico a regulamentação legal de quem seria a autoridade competente a autorizar tal situação. No Estado de São Paulo, existe o Decreto Estadual nº 6.911/35, o qual buscou regulamentar a matéria, mas, por não se tratar de lei federal, é criticado no âmbito do Direito Penal. Foi reconhecida a repercussão geral da matéria, de acordo com o tema nº 857, do STF (ARE 901.623, Rel. Min. Edson Fachin, pleno, STF, DJe 03.12.2015).

8. É aplicável o princípio da insignificância nas vias de fato cometidas no âmbito doméstico?

Ao artigo 21 da Lei de Contravenções Penais não é aplicado o princípio da insignificância, de acordo com a jurisprudência consolidada dos tribunais, tendo em vista o bem jurídico tutelado, que é a integridade física da mulher, em situação de vulnerabilidade.

9. É punível o agente que, logo após a prática de um crime de furto ou roubo, é encontrado portando uma chave falsa ou gazua?

Segundo o artigo 25, da LCP, deveria ser punido. Todavia, existe um precedente do Supremo Tribunal Federal pela não recepção do artigo, pois fere o princípio da dignidade da pessoa humana e da isonomia. Isso porque, segundo a Suprema Corte, há no tipo um sopesamento dos aspectos subjetivos da condição pessoal e econômica do sujeito. (RE 583.523/RS, Rel. Min. Gilmar Mendes, pleno, STF, DJe 22.10.2014).

10. Dirigir sem habilitação é crime, contravenção ou fato atípico?

O artigo 32 do Decreto-Lei nº 3.688/41 foi derrogado, em parte, pelo artigo 309, do Código de Trânsito Brasileiro. A contravenção penal subsiste apenas se o agente dirigir embarcação a motor em águas públicas sem a devida habilitação (Súmula 720 do STF). Assim, se o agente conduzir veículo automotor em via terrestre, sem gerar perigo de dano, o fato será atípico, havendo apenas punição na seara administrativa. Todavia, se o agente, sem habilitação, gerar perigo de dano (causar um acidente, por exemplo), haverá a prática do crime descrito no artigo 309 do CTB.

11. Se o agente for habilitado para direção de veículo automotor e, na sua condução, colocar em risco a segurança alheia, haverá crime, contravenção ou será fato atípico?

Haverá contravenção penal, descrita no artigo 34 da LCP.

12. O guardador de carros ("flanelinha") ou lavador de carros, que não possui registro na Delegacia Regional do Trabalho, comete exercício irregular da profissão (art. 47 da LCP)?

Apesar de a Lei nº 6.242/75, em seu artigo 1º, estabelecer que as duas profissões dependem de registro na Delegacia Regional do Trabalho Competente, o STJ consignou que a Constituição Federal dispõe que é livre o exercício de qualquer profissão, desde que atendida as qualificações legais. A Lei nº 6.242/75 não exige qualificação, ademais essas profissões não exigem qualquer tipo de conhecimento técnico específico para o seu exercício. Assim, ficou decidido que não há a prática de contravenção na hipótese narrada (RHC 36.280/MG, Rel. Min. Laurita Vaz, 5ª Turma, STJ, DJe 07.03.2014).

13. A prática de "jogo do bicho" configura contravenção penal?

Sim, mas descrita no artigo 58 do Decreto-Lei nº 6.259/44.

14. Houve abolitio criminis quanto aos fatos descritos na contravenção penal de perturbação da tranquilidade, prevista no artigo 65, do Decreto-Lei nº 3.688/41?

Segundo o entendimento do Superior Tribunal de Justiça, a revogação da contravenção de perturbação da tranquilidade (art. 65, da Lei de Contravenções Penais) pela Lei nº 14.132/2021 não significa que tenha ocorrido *abolitio criminis* em relação a todos os fatos que estavam enquadrados na referida infração penal (AgRg nos EDcl no REsp 1.863.977-SC, Rel. Min. Laurita

Vaz, 6ª Turma, STJ, j. 14.12.2021 - Info 722). Antes da criação do crime do art. 147-A, do Código Penal, a conduta era punida como contravenção penal pelo art. 65 do Decreto-lei 3.688/41, que previa a conduta consistente em molestar alguém ou perturbar-lhe a tranquilidade, por acinte ou por motivo reprovável. A Lei nº 14.132/2021 revogou referida contravenção, punindo de forma mais severa essa conduta. Embora tenha ocorrido a revogação do art. 65, da Lei de Contravenções Penais, não há que se falar em *abolitio criminis* em relação a todos os fatos que estavam enquadrados na referida infração penal, em razão da continuidade normativo-típica. Assim, se o indivíduo estava respondendo pela contravenção de perturbação da tranquilidade e, no curso do processo, sobreveio a revogação artigo, e ao analisar a sua conduta percebe-se que ela se adequa à descrição típica do art. 147-A do CP, o indivíduo continuará respondendo pela contravenção penal do art. 65, pois a conduta continua sendo crime no tipo penal revogador.

2. CRIMES CONTRA E ECONOMIA POPULAR. LEI Nº 1.521/51

15. Existe a previsão de reexame necessário em caso de absolvição ou arquivamento de inquérito policial?

Sim, no artigo 7º da Lei nº 1.521/51. Todavia, trata-se de dispositivo legal criticável, uma vez que no sistema acusatório adotado pela Constituição Federal de 1988 não é dado ao juiz recorrer de ofício, cabendo somente ao Ministério Público ou ao assistente de acusação a interposição de recurso. Além disso, eventual discordância sobre o arquivamento de inquérito policial é decidida pelo Procurador-Geral de Justiça, a teor do artigo 28 do CPP[1].

1. A Lei nº 13.964/19 produziu mudanças no procedimento de arquivamento do inquérito policial, que foram objeto de análise de constitucionalidade nas ADIs 6298, 6299, 6300 e 6305 (j. 24/08/2023). A nova redação conferida ao artigo 28, do CPP, determina que o controle do arquivamento será feito pela "instância de revisão ministerial", que no âmbito do Ministério Público Federal, são as Câmaras de Coordenação e Revisão, não havendo similaridade nos Ministérios Públicos Estaduais.

No julgamento das ADIs 6298, 6299, 6300 e 6305 o STF atribuiu interpretação conforme ao *caput* do art. 28 do CPP, alterado pela Lei nº 13.964/2019, "para assentar que, ao se manifestar pelo arquivamento do inquérito policial ou de quaisquer elementos informativos da mesma natureza, o órgão do Ministério Público submeterá sua manifestação ao juiz competente e comunicará à vítima, ao investigado e à autoridade policial, podendo encaminhar os autos para o Procurador-Geral ou para a instância de revisão ministerial, quando houver, para fins de homologação, na forma da lei".

Ademais, o Supremo conferiu interpretação conforme ao § 1º do art. 28 do CPP, incluído pela Lei nº 13.964/2019, "para assentar que, além da vítima ou de seu representante legal, a autoridade judicial competente também poderá submeter a matéria à revisão da instância competente do órgão ministerial, caso verifique patente ilegalidade ou teratologia no ato do arquivamento".

16. Se o agente é preso em flagrante praticando algum crime contra a economia popular, existe prazo diferenciado para conclusão do inquérito policial ou denúncia?

Sim, de acordo com o artigo 10, da Lei nº 1.521/51, existe prazo de 10 dias para conclusão do inquérito, estando solto ou preso. Além disso, a denúncia deve ser oferecida em 02 dias, estando o réu solto ou preso.

17. No que consistem as chamadas "cadeias" ou pirâmides"? Elas se diferenciam do marketing multinível?

São formas tipificadas no artigo 2º, inciso IX, da Lei nº 1.521/51, e consistem em encontrar um número considerável de pessoas para ingressar em um negócio fraudulento, em que o ápice da pirâmide (organizadores) aufere enorme quantia em detrimento dos recém ingressos (base da pirâmide) quando a cadeia se extingue. No caso da bola de neve, todos que colaboraram com dinheiro sofrem prejuízo, ao passo que na cadeia ou pirâmide as vítimas pagaram um valor para ingressar na cadeia, mas não receberão valor para repor a perda sofrida. No marketing multinível (ou marketing de rede), os ganhos podem advir da venda efetiva de produtos ou de recrutamento de novos vendedores. Diferencia-se da pirâmide porque o lucro auferido, em sua grande parte, provém da venda de produtos, ao passo que na pirâmide, majoritariamente, o lucro advém do recrutamento de novos vendedores. Porém, se a pirâmide financeira for disfarçada de marketing multinível, haverá crime, de acordo com o STJ (CC 146.153/SP, Rel. Min. Reinaldo Soares da Fonseca, 3ª Seção, STJ, DJe 11/5/2016).

18. No que consiste o crime de "pichardismo"?

Deriva do nome do autor do golpe, o italiano Manuel Severo Pichardo. Esse crime consiste em um sistema reintegrativo, em que há promessa ao comprador de uma quantia de mercadoria e de que depois haverá restituição do valor pago, conforme a doutrina[2].

19. O cambista responde por crime contra a economia popular?

Sim, de acordo com o artigo 2º, inciso IX, da Lei nº 1.521/51, a não ser nos eventos esportivos, onde existe tipificação própria no art. 166 da Lei nº 14.597/2023 (Lei Geral do Esporte).

2. LAVORENTI, Wilson, BALDAN, Edson Luis, BONINI, Paulo Rogério. *Leis penais especiais anotadas*, pág. 37. 13ª ed. ampl. e atual. Campinas, SP: Millennium Editora, 2016.

20. É possível um particular emprestar dinheiro a outro particular cobrando juros? Se possível, qual a taxa permitida por lei? Quando haverá a prática do crime de agiotagem ou usura pecuniária?

Sim, é possível emprestar dinheiro, através de contrato de mútuo (bem fungível). Quanto a taxa de juros, trata-se de elemento normativo do tipo, uma vez que é necessário fazer um juízo de valoração para chegar ao seu conteúdo. Além disso, trata-se de norma penal em branco, pois a Lei nº1.521/51 não fixou a taxa permitida em lei. Alguns entendem que seria a taxa estipulada pelo artigo 406, do Código Civil. Para outros, deveria ser 1% ao mês, de acordo com o artigo 161, § 1º, do CTN. Ainda, existe uma terceira posição que defende a aplicação da taxa SELIC (Sistema Especial de Liquidação e de Custódia), de acordo com o artigo 13, da Lei nº 9.065/95. É a posição que prevalece no STJ. Se houver prática de taxa de juros acima de uma das mencionadas, poderá haver a prática do crime descrito no artigo 4º, alínea "a", da Lei nº 1.521/51. É também denominado crime de agiotagem.

21. A transação a juros exorbitantes efetuada por empresa de *factoring* caracteriza crime de usura ou se enquadra na Lei dos Crimes contra o Sistema Financeiro Nacional (Lei nº 7.492/86)?

Segundo o STJ, a concessão de empréstimos a juros abusivos por empresas de *factoring* caracteriza crime de usura, previsto nos arts. 4º da Lei nº 1.521/51 e 13 do Decreto nº 22.626/33, e não delito contra o sistema financeiro nacional, sendo, portanto, da competência da Justiça Estadual. Todavia, se houver a prática de atividades típicas de instituição financeira, exorbitando-se das atividades próprias de faturamento mercantil, configurará, em tese, o crime previsto no art. 16 da Lei nº 7.492/86, cuja competência é da Justiça Federal (CC 115.338/PR, Rel. Min. Marco Aurélio Belizze, 3ª Seção, STJ, julgado em 26.06.2013).

22. Anatocismo é crime? Em que consiste?

É a cobrança de juros sobre juros, acrescidos ao saldo devedor, em razão de não terem sido pagos no vencimento. É proibido no Brasil, constituindo crime de usura pecuniária.

3. CRIMES DE RESPONSABILIDADE DE PREFEITOS MUNICIPAIS. DECRETO-LEI Nº 201/67

23. Os crimes previstos no artigo 1º do Decreto-Lei nº 201/67 são crimes comuns ou de responsabilidade?

Trata-se de nomenclatura inadequada, pois são crimes comuns, cometidos pelos Prefeitos, que são julgados pelo Poder Judiciário. São condutas assemelhadas aos crimes contra a Administração, descritos no Código Penal. Já as infrações político-administrativas previstas no artigo 4º, do Decreto-Lei nº 201/67, são os chamados crimes de responsabilidade, julgados pelo Poder Legislativo.

24. Se o Prefeito comete um crime descrito no artigo 1º, do Decreto-Lei nº 201/67, juntamente com um coautor, a este se aplica o Decreto-Lei ou o Código Penal? Onde ambos serão julgados?

Se o coautor tiver conhecimento que o Prefeito é detentor de tal cargo e com ele cometer uma das condutas descritas no mencionado artigo, ambos responderão na forma do Decreto-Lei nº 201/67, pelo Tribunal de Justiça local, uma vez que o Prefeito detém foro por prerrogativa de função (art. 29, X, da Constituição Federal), quando o crime é praticado durante o exercício do cargo e for relacionado às funções desempenhadas.

4. CRIMES REFERENTES AO PARCELAMENTO DO SOLO URBANO. LEI Nº 6.766/79

25. Os crimes contra o parcelamento do solo urbano são formais? Se houver regularização do parcelamento, deixam de ser crimes?

Os crimes previstos na Lei nº 6.766/79 são crimes formais, pois independem da comprovação do prejuízo. Assim, para parte da doutrina, a posterior regularização do loteamento não afasta a justa causa para a ação penal. Porém, o STJ tem decidido reiteradamente que se o loteamento é regularizado antes do oferecimento da denúncia, não se vislumbra a existência de dolo do agente, motivo pelo qual não há que se falar em crime.

5. LEI DE EXECUÇÃO PENAL. LEI Nº 7.210/84

26. Quais são os princípios e garantias da Execução Penal?

Os princípios e garantias são o devido processo legal, o juízo competente (art. 65 da LEP e Súmula 192 do STJ), a individualização da pena, a personalização da pena, a legalidade e irretroatividade da lei, o contraditório e ampla defesa, o direito à prova, a isonomia, o direito à não autoincriminação, a reeducação, o duplo grau de jurisdição, a humanização, a cooperação comunitária, a oficialidade, a publicidade, a aplicação ao preso provisório e a motivação das decisões.

27. Quais são os órgãos da Execução Penal?

Os órgãos da execução penal são o Conselho Nacional de Política Criminal e Penitenciária, o Juízo da Execução, o Ministério Público, o Conselho Penitenciário, os Departamentos Penitenciários, o Patronato, o Conselho da Comunidade e a Defensoria Pública.

28. Quais são os estabelecimentos para cumprimento de pena?

Os estabelecimentos são a penitenciária, a colônia agrícola, industrial ou similar, a casa do albergado, o centro de observação, o hospital de custódia e tratamento psiquiátrico, e a cadeia pública.

29. O preso provisório ou definitivo exerce o direito de voto?

O preso definitivo está com os direitos políticos suspensos, a teor do artigo 15, inciso III, da Constituição Federal. Todavia, o preso provisório tem o direito de votar, uma vez que seus direitos políticos não se encontram suspensos.

30. Quais são as consequências da prática de falta grave pelo apenado?

A prática de falta grave gera a abertura de procedimento para regressão de regime, revogação da autorização da saída temporária, perda dias remidos (na fração máxima de 1/3 do tempo remido), e conversão da pena restritiva de direitos em privativa de liberdade. Ainda, a prática de falta grave interrompe a contagem do prazo para a progressão de regime de cumprimento de pena, o qual se reinicia a partir do cometimento dessa infração (Súmula 534, do STJ). Contudo, a falta grave não interrompe o prazo para obtenção de livramento condicional e para fins de comutação da pena ou indulto (Súmulas 441 e 535 do STJ). Em suma, a prática de falta grave acarreta a interrupção do prazo para a obtenção de benefícios em sede de execução criminal, salvo no que tange ao livramento condicional e à comutação de pena (HC 170.179/RS, Rel. Min. Jorge Mussi, 5ª Turma, STJ, DJ 01.02.2011). Quanto ao livramento condicional, vale ressaltar que o Pacote Anticrime (Lei 13.964/19) alterou os requisitos para sua concessão, acrescendo, entre outros, o não cometimento de falta grave nos últimos 12 (doze) meses (art. 83, III, alínea b, CP). Com a alteração, apesar da celeuma que se instalou, entende-se que o enunciado da Súmula 441, do STJ, não foi superado. Assim, caso o preso cometa falta grave, o prazo de contagem do livramento condicional não será interrompido, mas o benefício apenas será concedido quando, além de preencher os demais requisitos, a última falta grave tenha sido cometida há mais de 12 (doze) meses. A alteração foi ao encontro da jurisprudência do STJ, que já sustentava que a falta disciplinar grave, apesar de não causar interrupção do prazo de contagem do referido benefício, poderia impedir a sua concessão, por evidenciar a ausência do requisito subjetivo relativo ao comportamento satisfatório do apenado (Tese 13, Edição nº 146, Jurisprudência em Tese, STJ). Por fim, para o reconhecimento da prática de falta disciplinar no âmbito da execução penal, é imprescindível a instauração de procedimento administrativo pelo diretor do estabelecimento prisional, assegurado o direito de defesa, a ser realizado por advogado constituído ou defensor público nomeado (Súmula 533, do STJ).

31. Qual a participação do Ministério Público na Lei de Execução Penal?

O Ministério Público fiscalizará a execução da pena e da medida de segurança, oficiando no processo executivo e nos incidentes da execução (art. 67, da LEP), bem como fiscalizará a regularidade formal das guias de recolhimento e de internamento, atuará em todos os incidentes da execução penal e visitará mensalmente os estabelecimentos penais, registrando a sua presença em livro próprio (art. 68, da LEP).

32. É possível a execução provisória (ou antecipada) da pena privativa de liberdade?

A temática é alvo de idas e vindas na jurisprudência dos Tribunais Superiores. Desde 1988, com a promulgação da Constituição Federal, o Supremo Tribunal Federal havia decidido que a execução provisória da pena era cabível no direito brasileiro (HC 71.723/SP, Rel. Min. Ilmar Galvão, 1ª Turma, STF, DJ 16.06.1995, por exemplo). No ano de 2009, contudo, no julgamento do HC 84.078/MG (Rel. Min. Eros Grau, pleno, STF, DJ 26.02.2010), o STF mudou seu posicionamento e passou a não mais admitir a execução provisória da pena, sob o fundamento de que o artigo 637, do CPP, que estabelece que o recurso extraordinário não tem efeito suspensivo, estaria revogado pela Lei de Execução Penal, que condicionou a execução da pena privativa de liberdade ao trânsito em julgado da sentença condenatória. Em 2011, sobreveio a mudança do Código de Processo Penal e seu artigo 283 estabeleceu que só poderia haver prisão com o trânsito em julgado da sentença condenatória. Todavia, no ano de 2016, no HC 126.292/SP (Rel. Min. Teori Zavascki, pleno, STF, DJ 17.05.2016), o STF voltou ao seu posicionamento original, sob o argumento de que o recurso extraordinário não tem efeito suspensivo, não discute matéria fático-probatória, além do que o princípio da presunção de inocência tinha plena compatibilidade com a execução provisória da pena, destacando-se a redação das Súmulas 716 e 717 do STF (Informativo 609 do STJ). No entanto, em 07/11/2018, ao julgar as ADCs 43, 44 e 45, o Supremo Tribunal Federal mais uma vez modificou o entendimento sobre a matéria, julgando procedentes as Ações Declaratórias de Constitucionalidade para reconhecer a constitucionalidade do artigo 283, do CPP, à luz do princípio da presunção de inocência, previsto no artigo 5º, LVII, da Constituição Federal, segundo o qual só se admite antes do trânsito em julgado da condenação a prisão cautelar. Por fim, a Lei 13.964/19 inseriu o artigo 312, § 2º, no CPP, com o fim de evitar prisão preventiva com o fim de antecipação de pena.

33. É possível a progressão de regime por salto ("per saltum")?

Não é possível a progressão por salto, ou seja, o apenado não pode progredir do regime fechado para o aberto. Ele deve, necessariamente, passar pelo semiaberto. Nesse sentido é a Súmula 491 do STJ.

34. A falta de vagas em estabelecimento prisional autoriza a manutenção do preso em regime mais gravoso?

A jurisprudência dos tribunais superiores admitia tal possibilidade, uma vez que a sociedade não era obrigada a conviver com um condenado que não poderia progredir, bem como deveria ser observado o princípio da individualização da pena. Todavia, o STF editou a Súmula Vinculante nº 56. Assim, a falta de estabelecimento penal adequado não autoriza a manutenção do condenado em regime prisional mais gravoso. Os juízes da execução penal poderão avaliar os estabelecimentos destinados aos regimes semiaberto e aberto, para qualificação como adequados a tais regimes. São aceitáveis estabelecimentos que não se qualifiquem como "colônia agrícola, industrial" (regime semiaberto) ou "casa de albergado ou estabelecimento adequado" (regime aberto) (art. 33, § 1º, *b* e *c*). No entanto, não deverá haver alojamento conjunto de presos dos regimes semiaberto e aberto com presos do regime fechado. Havendo déficit de vagas, deverão ser determinados: (i) a saída antecipada de sentenciado no regime com falta de vagas; (ii) a liberdade eletronicamente monitorada ao sentenciado que sai antecipadamente ou é posto em prisão domiciliar por falta de vagas; (iii) o cumprimento de penas restritivas de direito e/ou estudo ao sentenciado que progride ao regime aberto. Até que sejam estruturadas as medidas alternativas propostas, poderá ser deferida a prisão domiciliar ao sentenciado (RE 641.320/RS, Rel. Min. Gilmar Mendes, pleno, STF, DJe 29.07.2016).

35. O inadimplemento da pena de multa obsta a extinção da punibilidade?

Em regra, sim. O Superior Tribunal de Justiça entendia que uma vez extinta a pena privativa de liberdade ou a restritiva de direitos substitutiva, o inadimplemento da pena de multa não obstaria a extinção da punibilidade do apenado, por ser considerada dívida de valor. No entanto, o Supremo Tribunal Federal, ao julgar a ADI 3.150/DF reconheceu a natureza de sanção penal da multa, pois prevista como tal no artigo 5º, inciso XLVI, da Constituição Federal. Como consequência, o reconhecimento da extinção de punibilidade exige também o adimplemento da pena de multa. Em razão deste entendimento, o STJ alterou seu posicionamento, acompanhando a Corte Suprema (AgRg no REsp 1.850.903-SP, Rel. Min. Reynaldo Soares da Fonseca, Quinta Turma, por unanimidade, julgado em 28/04/2020, DJe 30/04/2020). No entanto, em 2021 a Terceira Seção do STJ revisitou o tema e fixou nova tese no sentido de que o inadimplemento da sanção pecuniária, pelo condenado que comprovar impossibilidade de fazê-lo, não obsta o reconhecimento da extinção da punibilidade (REsp n. 1.785.861/SP, relator Ministro Rogerio Schietti Cruz, Terceira Seção, julgado em 24/11/2021, DJe de 30/11/2021).

36. Quais as hipóteses de aplicação do regime disciplinar diferenciado? Qual o prazo máximo de sua duração?

Admite-se a sujeição do preso provisório ou condenado, nacional ou estrangeiro, ao regime disciplinar diferenciado quando constatada a prática de crime doloso que acarrete a subversão da ordem ou disciplina internas. Também é possível a aplicação do regime disciplinar diferenciado ao preso provisório ou condenado, nacional ou estrangeiro, quando se verificar fundadas suspeitas de seu envolvimento ou participação em organização criminosa, associação criminosa ou milícia privada, ou quando o preso apresentar alto risco para a ordem e a segurança do estabelecimento penal ou sociedade, conforme o caso concreto. O regime disciplinar diferenciado terá duração máxima de até dois anos, podendo ser aplicado novamente mediante circunstância que o autorize.

6. CRIMES RESULTANTES DE PRECONCEITO DE RAÇA OU DE COR. LEI Nº 7.716/89

37. Qual a diferença entre o crime de racismo e o de injúria racial?

No crime de injúria racial, anteriormente previsto no artigo 140, § 3º, do Código Penal, o autor do fato visava a ofender a honra de pessoa certa e determinada, em razão de sua raça, cor ou etnia. No crime de racismo, por sua vez, descrito no artigo 20, da Lei nº 7.716/89, o agente busca ofender toda uma raça, cor, ou etnia, evidenciando o preceito ou discriminação contra um grupo de pessoas. Portanto, o crime de racismo era entendido como um crime contra uma coletividade, ao passo que a injúria racial era tipificada como aquela direcionada a um indivíduo específico.

Todavia, com o advento da Lei nº 14.532/2023, sancionada em 12 de janeiro de 2023, a prática de injúria racial passou a ser expressamente uma modalidade de crime de racismo, com previsão no artigo 2º-A, da Lei nº 7.716/89.

O projeto de Lei que deu origem à Lei nº 14.532/2023 apresentou como justificação o entendimento de que a injúria racial, quando praticada em locais públicos ou privados abertos ao público de uso coletivo e nas redes sociais, atinge a honra de toda uma coletividade de pessoas que compartilham a mesma cor, raça ou etnia ou procedência nacional, porquanto atenta contra os princípios básicos de civilidade, devendo ser comparada, para efeitos penais, ao crime de racismo.

Diante desta alteração, o crime de injúria racial, antes previsto no Código Penal, que possuía pena mais branda, de 01 a 03 anos de reclusão, passou a ser apenado de 02 a 05 anos de reclusão. Ademais, tornou-se crime imprescritível e inafiançável. Outra consequência da alteração legislativa é que a representação, antes exigida para a ação penal no crime de injúria racial, deixou de ser necessária, uma vez que a ação penal passou a ser pública incondicionada.

Vale esclarecer que o artigo 140, § 3º, do Código Pena, foi apenas derrogado, pois subsiste a previsão de injúria consistente na utilização de elementos referentes à religião ou à condição de pessoa idosa ou com deficiência.

38. Aplica-se a Lei nº 7.716/89 às condutas homofóbicas e transfóbicas?

Embora a Lei nº 7.716/89 não tenha tratado expressamente dos atos de discriminação relacionados à orientação sexual, bem como no passado tenha se entendido que o artigo 20 da lei apresentava rol taxativo de elementos de preconceito (Inquérito 3590, Rel. Min. Marco Aurélio, 1ª Turma, STF, DJe 12.09.2014), por ocasião do julgamento da ADO 26/DF, o Supremo Tribunal Federal reconheceu a omissão normativa inconstitucional do Poder Legislativo na implementação da prestação legislativa destinada a cumprir o mandado de criminalização a que se referem os incisos XLI e XLII, do artigo 5º, da Constituição Federal, para proteção dos integrantes do grupo LGBTQIA+. O STF conferiu interpretação conforme à Constituição para enquadrar homofobia e transfobia nos diversos tipos penais tratados na Lei nº 7.716/89, até que seja editada legislação autônoma própria, reconhecendo as práticas homotransfóbicas como espécie de racismo social, pois acarretam a segregação e inferiorização dos membros do grupo LGBTQIA+.

7. PRISÃO TEMPORÁRIA. LEI Nº 7.960/89

39. Cabe a decretação de prisão temporária para todos os crimes?

Não. Somente é cabível para os crimes elencados no artigo 1º, da Lei nº 7.960/89.

40. Cabe a decretação de prisão temporária no curso da ação penal?

Não. Somente é cabível em sede de inquérito policial.

41. Qual o prazo de duração da prisão temporária?

Para os crimes comuns, é de 05 dias, prorrogável por mais 05 dias, ao passo que para os crimes hediondos é de 30 dias, prorrogável por mais 30, em caso de extrema e comprovada necessidade.

42. O mandado de prisão conterá o período de duração da prisão temporária?

O mandado de prisão conterá necessariamente o período de duração da prisão temporária, bem como o dia em que o preso será libertado.

43. Decorrido o prazo da prisão temporária, é necessária nova decisão judicial para colocar o preso em liberdade?

Decorrido o prazo contido no mandado de prisão, a autoridade responsável pela custódia deverá, independentemente de nova ordem da autoridade judicial, pôr imediatamente o preso em liberdade, salvo se já tiver sido comunicada da prorrogação da prisão temporária ou da decretação da prisão preventiva.

8. CRIMES CONTRA PESSOAS PORTADORAS DE DEFICIÊNCIA. LEIS Nos 7.853/89 E 13.146/15

44. Se um sujeito pratica discriminação de pessoa em razão de sua deficiência, por intermédio de meios de comunicação social, o juiz pode determinar, de ofício, antes de iniciado o inquérito policial, a interdição da publicação na internet?

Sim, a teor do artigo 88, § 3º, da Lei nº 13.146/15. Trate-se de opção legislativa questionável, uma vez que no sistema acusatório não deve haver espaço para o juiz agir de ofício, em especial, após a alteração do Código de Processo Penal, promovida pelo Pacote Anticrime (Lei nº 13.964/19), que incluiu o artigo 3º-A, trazendo vedação expressa à iniciativa do juiz na fase da investigação.

9. CRIMES RELATIVOS À CRIANÇA E AO ADOLESCENTE. LEI Nº 8.069/90

45. Qual a competência para o julgamento dos crimes consistentes em disponibilizar ou adquirir material pornográfico envolvendo criança ou adolescente (arts. 241, 241-A e 241-B, do ECA), quando praticados por meio de rede mundial de computadores?

Compete à Justiça Federal, uma vez que o Brasil é signatário de tratados internacionais que visam combater estes delitos. Além disso, "ao considerar a amplitude do acesso ao sítio virtual, no qual as imagens ilícitas teriam sido divulgadas, estaria caracterizada a internacionalidade do dano produzido ou potencial" (RE 628624/MG, Rel. Min. Edson Fachin, pleno, STF, DJe 06.04.2016).

46. A venda de arma para criança ou adolescente caracteriza o crime descrito no artigo 242 do ECA?

O Estatuto do Desarmamento é lei posterior ao Estatuto da Criança e do Adolescente. Logo, quanto à venda de arma de fogo para criança ou adolescente, aplica-se a lei armamentista (art. 16, inciso V, da Lei 10.826/03). Porém, quanto à venda de arma branca para criança ou adolescente, subsiste o crime tipificado no art. 242, do ECA.

47. O crime de corrupção de menores, descrito no artigo 244-B, do ECA, quanto ao resultado, é formal ou material?

Existia uma divergência doutrinária acerca do tema. Para parte da doutrina, tratava-se de crime material, uma vez que era necessário comprovar a efetiva corrupção do menor. Todavia, a matéria encontra-se pacificada pela Súmula 500, do STJ, que prevê que "a configuração do crime do art. 244-B do ECA independe de prova da efetiva corrupção do menor, por se tratar de delito formal".

48. É possível a infiltração virtual de agentes para investigar crimes contra a dignidade sexual de crianças e adolescentes?

O Estatuto da Criança e do Adolescente foi modificado pela Lei nº 13.441/2017, que introduziu tal possibilidade em nosso ordenamento jurídico. A infiltração será precedida de autorização judicial, que estabelecerá os seus limites para obtenção de prova, ouvido o Ministério Público. Poderá ser requerida tanto pelo *Parquet* quanto pelo Delegado de Polícia. Terá por prazo máximo 90 dias, sem prejuízo de eventuais renovações, desde que não exceda o total de 720 dias, que será considerado o prazo máximo das investigações.

49. É possível o oferecimento de transação penal para os crimes cometidos contra a criança e o adolescente?

O Estatuto da Criança e do Adolescente foi alterado pela Lei nº 14.344/22 (Lei Henry Borel) que, entre outras modificações, incluiu novos parágrafos ao artigo 226 do Estatuto, para prever que a Lei nº 9.099/95 não se aplica aos crimes cometidos contra a criança e o adolescente. Portanto, a transação penal, bem como a suspensão condicional do processo são inaplicáveis nestes casos. Também é vedada a aplicação de penas de cesta básica ou outras de prestação pecuniária, bem como a substituição que implique o pagamento isolado de multa.

10. CRIMES HEDIONDOS. LEI Nº 8.072/90

50. Qual o critério adotado pelo ordenamento jurídico brasileiro para definir se o crime é ou não hediondo?

Existem três critérios para definir se um crime é ou não hediondo. Segundo a doutrina[3], o primeiro critério é o legal, em que o legislador, em um rol taxativo, indica, através da lei, se o crime é ou não hediondo, pouco importando a gravidade do delito. O segundo critério é o judicial, onde o magistrado decidirá se o crime é ou não hediondo de acordo com o caso concreto. Por fim, o terceiro sistema é o misto, onde a lei define parâmetros e o juiz definirá se o crime é ou não hediondo. Nesse terceiro sistema, poderia haver a "cláusula salvatória", onde o juiz afastaria a hediondez do crime de acordo com o caso concreto. O Brasil adotou o critério legal, onde o legislador decide, com base em política criminal, se o delito é ou não hediondo.

51. É cabível a aplicação do princípio da insignificância para os crimes hediondos?

Não, uma vez que esses crimes são classificados como de máximo potencial ofensivo, pelo STF (HC 111.017/RS, Rel. Min. Ayres Britto, 2ª Turma, STF, DJe 25.06.2012), demonstrando que a reprovabilidade da conduta é elevada.

3. LIMA, Renato Brasileiro. *Legislação Criminal Especial Comentada*, págs. 324/325. 8ª ed. rev., atual. e ampl. Salvador: Juspodivm, 2020.

52. O crime de homicídio é considerado hediondo?

O crime de homicídio privilegiado não é considerado hediondo. Por sua vez, o homicídio simples também não é considerado hediondo, a não ser que seja cometido em atividade típica de grupo de extermínio, ainda que por um só agente. Já o homicídio qualificado é considerado crime hediondo. Por fim, existe uma divergência quanto ao homicídio híbrido (qualificado-privilegiado). Para parte da doutrina, como o homicídio é qualificado e o privilégio é apenas uma causa de diminuição de pena, existe compatibilidade em reconhecer seu caráter hediondo. Porém, para o STJ, não há hediondez, uma vez que não há previsão legal para o crime de homicídio-privilegiado (HC 153.728/SP, Rel. Min. Felix Fischer, 5ª Turma, STJ, DJe 31/05/2010).

53. O crime de lesão corporal é considerado hediondo?

Em regra não, a não ser a lesão corporal dolosa de natureza gravíssima (art. 129, § 2º, do CP) e a lesão corporal seguida de morte (art. 129, § 3º, do CP), quando praticadas contra autoridade ou agente descrito nos arts. 142 e 144 da Constituição Federal, integrantes do sistema prisional e da Força Nacional de Segurança Pública, no exercício da função ou em decorrência dela, ou contra seu cônjuge, companheiro ou parente consanguíneo até terceiro grau, em razão dessa condição.

54. O sequestro relâmpago é considerado crime hediondo?

Discutia-se na doutrina se o crime de sequestro relâmpago era hediondo ou não. Para parte da doutrina, como a Lei nº 8.072/90 não havia definido a hediondez do crime descrito no art. 158, § 3º, do CP, não havia que se falar que o sequestro relâmpago era crime hediondo, uma vez que havia omissão do legislador e não se pode criar um crime hediondo que não seja através de lei. Porém, para parte da doutrina era possível considerar o sequestro relâmpago como hediondo quando ocorresse a extorsão mediante privação da liberdade da vítima, e essa condição fosse necessária para a obtenção da vantagem econômica e resultasse morte, uma vez que a extorsão com resultado morte já era prevista como crime hediondo. Todavia, com as alterações promovidas pelo Pacote Anticrime, a divergência até então existente deixou de existir, pois agora há previsão expressa do art. 158, § 3º, do CP, no rol de crimes hediondos de que trata a Lei 8.072/90.

55. O crime de porte de arma de uso restrito é considerado hediondo?

Com as alterações promovidas pelo Pacote Anticrime, o art. 1º, parágrafo único, inciso II, da Lei 8.072/90 passou a prever como hediondo o crime de posse ou porte ilegal de arma de fogo de uso proibido, fazendo menção ao artigo 16, da Lei nº 10.826/13. No entanto, o Estatuto do Desarmamento também foi alterado pelo Pacote Anticrime e as condutas de posse ou porte ilegal de arma de fogo de uso proibido estão, na verdade, previstas no artigo 16, § 2º, da norma, como uma qualificadora. Diante do equívoco do legislador, formaram-se duas posições doutrinárias. Uma corrente defende que o porte de arma de uso restrito não é mais considerado hediondo, pois teria ocorrido *novatio legis in mellius.* Outra corrente sustenta que a melhor solução a se adotar é uma interpretação histórica. Assim, antes mesmo das alterações promovidas pelo Pacote Anticrime já se considerava hediondo o porte de arma de uso restrito, previsto no artigo 16, *caput*, da Lei nº 10.826/13, mencionado. Argumenta-se, ainda, que o ideal é entender que a previsão abrange todo o artigo 16, como citado pelo legislador, isto é, a posse ou porte ilegal de arma de uso restrito, bem como a de uso proibido.

56. O crime de tráfico privilegiado é considerado equiparado a hediondo?

O STJ considerava tal conduta hedionda. Foi editada a Súmula 512, do STJ, com os seguintes dizeres: "a aplicação da causa de diminuição de pena prevista no art. 33, § 4º, da Lei n. 11.343/2006 não afasta a hediondez do crime de tráfico de drogas". Contudo, o STF entendeu que tal conduta não se revestia de gravidade suficiente a ser considerada hedionda, utilizando os mesmos argumentos do homicídio qualificado-privilegiado (HC 118.533/MS, Rel. Min. Ricardo Lewandowski, pleno, STF, julgado em 23.06.2018). Assim, o STJ cancelou a Súmula 512. Por fim, a Lei 13.964/19 acrescentou o artigo 112, § 5º, da Lei 7.210/84, para estabelecer que não se considera hediondo ou equiparado o crime de tráfico privilegiado. Lembrando que, sobre o ponto, o STF editou a Súmula Vinculante 59, assim disposta "É impositiva a fixação do regime aberto e a substituição da pena privativa de liberdade por restritiva de direitos quando reconhecida a figura do tráfico privilegiado (art. 33, § 4º, da Lei 11.343/06) e ausentes vetores negativos na primeira fase da dosimetria (art. 59 do CP), observados os requisitos do art. 33, § 2º, alínea *c*, e do art. 44, ambos do Código Penal.".

57. É possível a concessão de indulto para os crimes hediondos?

A Lei nº 8.072/90 proibiu a concessão de indulto. Todavia, tal proibição não foi prevista pelo artigo 5º, XLIII, da CF, o que fez com que parte da doutrina sustentasse a inconstitucionalidade de tal dispositivo (art. 2º, inciso I, da Lei 8.072/90). Porém, para a segunda corrente doutrinária, tal previsão é constitucional, uma vez que a Constituição Federal utilizou a palavra "graça" em sentido amplo, que abrange tanto a graça propriamente dita quanto a graça coletiva (indulto). Essa é a posição do STF (HC 81.565/SC, Rel. Min. Sepúlveda Pertence, 1ª Turma, STF, DJ 22.03.2002).

58. O sujeito condenado por crime hediondo deve iniciar o cumprimento da pena em regime fechado?

O STF, no HC 111.840 (Rel. Min. Dias Toffoli, pleno, STF, DJe 16.12.2013), decidiu que a fixação, através de lei, de regime inicial fechado, fere o princípio da individualização da pena (inciso XLVI do art. 5º da CF/88). Houve a declaração incidental de inconstitucionalidade do § 1º do art. 2º da Lei nº 8.072/90. Há necessidade de o juiz fundamentar o regime inicial (CP, art. 33, § 3º, c/c o art. 59). Logo, há a possibilidade de fixação, no caso em exame, do regime semiaberto ou aberto para o início de cumprimento da pena privativa de liberdade.

11. CRIMES CONTRA O CONSUMIDOR. LEI Nº 8.078/90

59. Todos os crimes previstos na legislação consumerista são considerados de menor potencial ofensivo?

Sim, todos os tipos penais têm pena máxima inferior ou igual a dois anos.

12. CRIMES CONTRA A ORDEM TRIBUTÁRIA E AS RELAÇÕES DE CONSUMO. LEIS Nºs 8.137/90 E 8.176/91

60. Qual a diferença entre Direito Tributário Penal e Direito Penal Tributário?

O Direito Tributário Penal é um ramo do Direito Tributário que trata de aplicação de sanções extrapenais às condutas praticadas pelo contribuinte, de natureza administrativa e tributária. Já o Direito Penal Tributário é um ramo do Direito Penal que trata das condutas penais que atentam contra a ordem tributária.

61. O simples inadimplemento do tributo é capaz de configurar crime contra a ordem tributária?

Não. Para que haja crime contra a ordem tributária, não basta o inadimplemento do tributo. O contribuinte deve praticar uma conduta com o fim sonegar o tributo devido, através de fraude, omissão, prestação de informação falsa à autoridade fazendária, etc. Logo, não se pune a simples dívida com o Fisco (ARE 999.425/SC, Rel. Min. Ricardo Lewandowski, pleno, STF, DJe 15.03.2017).

62. Existe a necessidade de notificação prévia, por parte do Fisco, para a apuração do crime de sonegação fiscal?

O artigo 83, da Lei nº 9.430/96, não estabeleceu a notificação prévia como condição de procedibilidade da ação penal. A norma impugnada tem como destinatários os agentes fiscais, em nada afetando a atuação do Ministério Público. O Ministério Público pode, entretanto, oferecer denúncia independentemente da comunicação, dita "representação tributária", se, por outros meios, tem conhecimento do lançamento definitivo (ADI 1.571/UF, Rel. Min. Gilmar Mendes, pleno, STF, DJ 30.04.2004; ADI 1980, Rel. Min. Nunes Marques, Pleno, STF, DJ 10.03.2022).

63. Aplica-se o princípio da insignificância aos crimes contra a ordem tributária?

Sim, é possível sua aplicação. No ano de 2002, a Lei nº 10.522/02 cancelou os débitos inscritos em Dívida Ativa da União no valor de R$ 100,00, uma vez que o custo da propositura da execução fiscal seria muito mais caro que essa quantia (artigo 18, § 1º, da referida Lei). Em 2004, o artigo 20 da Lei nº 10.522/02 foi alterado, onde previa que a execução fiscal seria arquivada sem baixa na distribuição se tivesse valor igual ou inferior a R$ 10.000,00. No ano de 2012, o Ministério da Fazenda editou a Portaria nº 75/2012/MF, onde estabeleceu o não ajuizamento de execução fiscal para valores consolidados até R$ 20.000,00. Como a portaria não era lei em sentido estrito, o STF passou a utilizar esse parâmetro, ao passo que o STJ não o fazia. Todavia, no ano de 2018, o STJ mudou tal orientação e passou a utilizar o valor de R$ 20.000,00 para a aplicação do princípio da insignificância (REsp 1.709.029/MG, Rel. Min. Sebastião Reis Júnior, 3ª Seção, STJ, DJe 04.04.2018). Esse parâmetro não é aplicado aos impostos estaduais e municipais, onde o valor a ser utilizado para a aplicação do princípio da insignificância vai depender de cada ente federativo, devendo ser observado o limite de dispensa da cobrança do tributo através de lei local.

64. Em que momento se consumam os crimes contra a ordem tributária?

Consumam-se no momento da constituição do crédito tributário, de acordo com a Súmula Vinculante nº 24, do STF, nos casos do artigo 1º, incisos I a IV, da Lei nº 8.137/90. Logo, será de suma importância tal verificação, principalmente para definir o local da infração, sendo que a fraude pode ter sido cometida em uma comarca, mas a consumação em outra, quando da constituição do crédito tributário. Porém, quanto à conduta do artigo 1º, inciso V, da Lei nº 8.137/90, bem como do artigo 2º, da Lei nº 8.137/90, trata-se de crimes formais, que se consumam independentemente da ocorrência de prejuízo ao erário.

65. O crime contra a ordem tributária absorve a falsidade ideológica ou uso de documento falso quando esses crimes são praticados como crime meio?

Sim, haverá absorção desses crimes, desde que exclusivamente destinados à prática do crime de sonegação fiscal. Todavia, se houver potencial lesivo autônomo nesses crimes, poderá ser afastada a aplicação do princípio da consunção (HC 91.469/ES, Rel. Min. Joaquim Barbosa, 2º Turma, STF, DJe 01.08.2008).

66. É possível a elaboração de denúncia geral ou genérica nos crimes contra a ordem tributária?

De acordo com a jurisprudência tanto do STF quanto do STJ, é possível a elaboração de denúncia geral, mas não genérica. "Há diferença entre denúncia genérica e geral. Enquanto naquela se aponta fato incerto e imprecisamente descrito, na última há acusação da prática de fato específico atribuído a diversas pessoas, ligadas por circunstâncias comuns, mas sem a indicação minudente da responsabilidade interna e individual dos imputados" (HC 118.891/SP. Rel. Min. Edson Fachin, 1ª turma, STF, DJe 19.10.2015). Segundo o STJ, a denúncia geral é aquela que "apesar de não detalhar minudentemente as ações imputadas aos denunciados, demonstra, ainda que de maneira sutil, a ligação entre sua conduta e o fato delitivo" (RHC nº 88.264/ES, Rel. Min. Reynaldo Soares da Fonseca, 5ª Turma, STJ, DJe 21.02.2018).

67. É necessário o prévio exaurimento da instância administrativa?

Segundo a doutrina[4], o crime somente se consumará após o término do processo administrativo fiscal, que é o lançamento definitivo. Antes disso, não poderá nem haver inquérito policial. Enquanto não houver o lançamento definitivo, o prazo prescricional não se inicia, o que ocorrerá somente com a constituição definitiva do crédito tributário, ou seja, no dia em que se consumou o crime.

68. Se houver o pagamento do tributo, haverá extinção da punibilidade do agente? E se houver parcelamento?

Sim, desde que o agente promova o pagamento do tributo ou contribuição social, inclusive acessórios, antes do recebimento da denúncia, de acordo com o artigo 34, da nº 9.249/95. No caso de parcelamento do tributo, fica suspensa a pretensão punitiva do Estado, desde que a pessoa jurídica tenha aderido ao parcelamento antes do recebimento da denúncia (art. 15, da Lei 9.964/00 e art.

4. HABIB, Gabriel, *Leis Penais Especiais*, págs. 502/503. 8ª ed. rev., atual. e ampl. Salvador: Juspodivm, 2016.

9º, da Lei 10.684/03). Vale ressaltar que o Supremo Tribunal Federal analisou a matéria na ADI 4273 (j. 15/08/2023) e manteve a validade das normas que extinguem ou suspendem a punibilidade nos casos de pagamento integral ou parcelamento de dívidas tributárias. Ainda, existe um precedente recente do STJ no sentido de que o pagamento do tributo, a qualquer tempo, extingue a punibilidade do agente, mesmo após o trânsito em julgado da sentença (HC 362.478/SP, Rel. Min. Jorge Mussi, 5ª Turma, STJ, DJe 20.09.2017).

69. Um sujeito vai até uma refinaria e compra 10.000 litros de álcool, colocando-os em galões comuns, e os revende em sua residência, para pessoas que estacionam o veículo para pronto abastecimento mediante pagamento. Esse sujeito que pratica a revenda comete crime? Qual lei se aplica?

Sim, o sujeito comete o crime descrito no artigo 1º, inciso I, da Lei nº 8.176/91, uma vez que vende o combustível em desacordo com as normas estabelecidas na forma da lei para a venda de combustíveis.

70. O contribuinte que deixar de recolher o ICMS cobrado do adquirente de mercadoria ou serviço pratica algum crime?

Neste caso, constatado que o contribuinte deixa de recolher o ICMS, estará configurado o crime de apropriação indébita tributária, previsto no artigo 2º, inciso II, da Lei nº 8.137/90. Trata-se de conduta típica, pois a quantia é transferida pelo consumidor ao comerciante, que paga mais caro pelo produto para que o comerciante recolha o tributo. Portanto, o ICMS não integra o patrimônio do sujeito passivo que, ao deixar de efetuar o recolhimento do tributo cobrado, toma para si valor que não lhe pertence. Todavia, a jurisprudência ressalta a necessidade de comprovação do dolo da conduta a partir de circunstâncias objetivas, tais como a reiteração da prática (STF, Pleno. RHC 163.334/SC, Rel. Min. Roberto Barroso, j. 11/12/2019).

13. JUIZADOS ESPECIAIS CRIMINAIS. LEI Nº 9.099/95

71. Qual a natureza da competência dos Juizados Especiais Criminais?

Trata-se de matéria de divergência na doutrina. Há uma corrente que sustenta que a competência dos Juizados é de natureza absoluta, pois prevista no artigo 98, inciso I, da Constituição Federal. Por outro lado, vertente diversa defende tratar-se de competência relativa, uma vez que a competência do Juizados Especiais Criminais admite modificações, como por exemplo no caso de impossibilidade de citação pessoal do acusado. Para esta segunda corrente, a competência absoluta é aquela improrrogável e inderrogável. No julgamento da ADI 5264 (j. 07/12/2020) o Supremo Tribunal Federal decidiu que os Juizados Especiais Criminais ostentam competência relativa para o julgamento das infrações de menor potencial ofensivo, pela qual se permite o deslocamento da competência, por regras de conexão ou continência, para o Juízo Comum ou Tribunal do Júri, no concurso com infrações mais graves, observados, quanto àquelas, os institutos despenalizadores, quando cabíveis.

72. Quais os critérios adotados para identificar se um crime é de menor potencial ofensivo quando presentes causas de aumento ou de diminuição? E na hipótese de concurso material de crimes?

Crime de menor potencial ofensivo é aquele cuja a pena máxima prevista não seja superior a 2 anos. Nos casos de causas de aumento ou de diminuição deve ser realizado um cálculo prévio, aplicando-se o *quantum* que mais aumente, no caso de causa de aumento, ou o *quantum* que menos diminua, para causa de aumento de diminuição. Assim, caso o resultado obtido não seja superior a 2 anos, haverá competência do Juizado Especial Criminal. Havendo concurso de crimes as penas devem ser somadas para aferir se o resultado obtido não supera 2 anos. Se superar, os autos devem ser remetidos ao juízo comum.

73. É possível a lavratura do auto de prisão em flagrante em se tratando de infração de menor potencial ofensivo?

A Lei nº 9.099/95 dispõe que não se imporá a prisão em flagrante nos casos de infração de menor potencial ofensivo, devendo o autor do fato, após a lavratura do termo circunstanciado, ser encaminhado ao Juizado ou assumir compromisso de a ele comparecer. No entanto, caso o indivíduo se recuse a comparecer no Juizado, bem como a assumir o compromisso de comparecer posteriormente, a autoridade policial deve realizar a lavratura do auto de prisão em flagrante, admitindo-se, todavia, a concessão de liberdade provisória mediante fiança.

74. Admite-se o oferecimento de transação penal em ação penal privada? Em caso afirmativo, quem possui legitimidade para o oferecimento da proposta?

O artigo 76, *caput*, da Lei nº 9.099/95 não fez menção a ação penal privada, o que leva a pensar que não se admite transação penal neste caso. No entanto, a doutrina e jurisprudência majoritária entendem possível o oferecimento de transação penal na ação penal privada, havendo divergência quanto a legitimidade para oferecimento da proposta. Para uma corrente, presentes os requisitos, a proposta deve ser realizada pelo Ministério Público, desde que não haja discordância da vítima ou de seu representante legal (Enunciado nº 112, XXVII FONAJE). Outra corrente defende que a proposta deve ser oferecida pela vítima ou seu representante, em razão da titularidade da ação penal privada.

75. Qual a consequência do descumprimento da transação penal?

A transação penal é instituto despenalizador, previsto na Lei nº 9.099/95, e consiste em um acordo celebrado entre Ministério Público e autor da infração penal, a fim de que lhe seja aplicada pena restritiva de direito ou multa como forma de evitar a instauração do processo. O Superior Tribunal de Justiça entendia que a sentença homologatória do acordo de transação penal possuía natureza condenatória, gerando coisa julgada material e formal. Assim, se homologado o acordo, não seria possível instauração do processo penal em caso de descumprimento, admitindo-se tão somente a execução do título judicial na esfera cível. No entanto, a decisão que aplica a pena em virtude da transação penal é meramente homologatória e não faz coisa julgada material. Portanto, descumprido o acordo de transação penal, retorna-se ao *status quo ante*, possibilitando-se ao Ministério Público a continuidade da persecução penal. Nesse sentido, o Supremo Tribunal Federal editou a Súmula Vinculante 35: "A homologação da transação penal prevista no artigo 76 da Lei 9.099/1995 não faz coisa julgada material e, descumpridas suas cláusulas, retoma-se a situação anterior, possibilitando-se ao Ministério Público a continuidade da persecução penal mediante oferecimento de denúncia ou requisição de inquérito policial".

14. CRIMES RELATIVOS À INTERCEPTAÇÃO TELEFÔNICA. LEI 9.296/96

76. No que consiste a intercepção telefônica? Ela é sinônimo de gravação telefônica ou escuta telefônica? Existem outras modalidades de gravação de comunicação? Qual dessas modalidades está abarcada pelo artigo 5º, inciso XII, da CF?

Conforme a doutrina[5], a interceptação telefônica (ou interceptação em sentido estrito) não é sinônimo de gravação telefônica ou escuta telefônica. Ela consiste na captação da comunicação telefônica por um terceiro, sem o conhecimento de nenhum dos comunicadores. A escuta telefônica é a captação da comunicação telefônica por terceiro, mas com o conhecimento de um dos interlocutores e

5. LIMA, Renato Brasileiro. *Legislação Criminal Especial Comentada*, págs. 516/517. 8ª ed. rev., atual. e ampl. Salvador: Juspodivm, 2020.

desconhecimento do outro. Já a gravação telefônica (ou gravação clandestina) é a gravação feita por um dos interlocutores sem o conhecimento do outro. Trata-se de uma autogravação. Por seu turno, a interceptação ambiental se caracteriza quando um terceiro grava a comunicação de duas pessoas que estão conversando em um ambiente, sem o consentimento delas, o que viola a intimidade dessas pessoas, igualmente como o que ocorre com a interceptação telefônica. A escuta ambiental, por sua vez, é a captação de uma comunicação, por um terceiro, com o conhecimento de uma das pessoas que estão se comunicando. Por fim, a gravação ambiental é a captação feita por um dos comunicadores. A proteção constitucional recai tanto para a interceptação telefônica quanto para a escuta telefônica, sendo que ambas dependem de autorização judicial para serem reconhecidas como fontes de provas lícitas. Existem precedentes do STF admitindo como válida a gravação obtida por um dos interlocutores sem o conhecimento do outro (RE 685.764 Agr, Rel. Min. Roberto Barroso, 1ª Turma, STF, DJe 23.04.2015), bem como precedente admitindo a gravação ambiental como prova lícita (RHC 125.139 AgR, Rel. Min. Teori Zavascki, 2ª Turma, STF, DJe 02.03.2015). O art. 8º-A, § 4º, inserido na Lei 9.296/96 pela Lei 13.964/19 prevê que a captação ambiental feita por um dos interlocutores sem o prévio conhecimento da autoridade policial ou do Ministério Público poderá ser utilizada, em matéria de defesa, quando demonstrada a integridade da gravação. Todavia, o STF reiterou a vigência do TEMA 237 segundo o qual: "é lícita a prova consistente em gravação ambiental realizada por um dos interlocutores sem conhecimento do outro". Portanto, prevalece que o é válida a gravação feita por um dos interlocutores para fins de acusação e condenação. (ARE 1431397 AgR, Relator(a): CÁRMEN LÚCIA, Primeira Turma, julgado em 15-08-2023, PROCESSO ELETRÔNICO DJe-s/n DIVULG 17-08-2023 PUBLIC 18-08-2023).

77. A Receita Federal pode obter os dados bancários, diretamente da instituição financeira, sem ordem judicial para tanto?

Sim, é possível que o Fisco obtenha os dados bancários independentemente de autorização judicial. Nessa operação não há quebra do sigilo bancário, hipótese em que há reserva de jurisdição. Existe, por parte do contribuinte, o dever fundamental de pagar tributo, ao passo que, para o Fisco, existe o dever de tributar e fiscalizar. Observa-se que tanto o Fisco quanto a instituição financeira têm o dever de manter o sigilo dos dados bancários do contribuinte, permanecendo resguardadas a intimidade e a vida privada do correntista (art. 145, § 1º, da CF). "O Brasil se comprometeu, perante o G20 e o Fórum Global sobre Transparência e Intercâmbio de Informações para Fins Tributários (*Global Forum on Transparency and Exchange of Information for Tax Purposes*), a cumprir os padrões internacionais de transparência e de troca de informações bancárias, estabelecidos com o fito de evitar o descumprimento de normas tributárias, assim como combater práticas criminosas" (ADI nº 2859/DF, Rel. Min. Dias Toffoli, pleno, STF, DJe 21.10.16).

78. Complementando a pergunta anterior, pode a Receita Federal repassar os dados bancários obtidos junto à instituição financeira para o Ministério Público sem autorização judicial?

Sim, tal possibilidade é admitida pelo Supremo Tribunal Federal. Entende a Suprema Corte ser possível a utilização de dados obtidos pela Secretaria da Receita Federal, para fins de instrução penal, sem necessidade de autorização judicial, pelos mesmos argumentos apontados na questão anterior (RE 1.041.285 Agr-Agr, Rel. Min. Roberto Barroso, 1ª Turma, STF, DJe 14.11.17). Ademais, em decisão recente, o Plenário da Suprema Corte entendeu pela constitucionalidade do compartilhamento das provas e dados, de forma sigilosa, entre Receita e Ministério Público, quando detectados indícios da prática de infrações penais (RE 1055941, Relator: Dias Toffoli, Tribunal Pleno, julgado em 28/11/2019). Entretanto, cabe destacar que a Terceira Seção do STJ decidiu que é ilegal a requisição de dados fiscais feita diretamente pelo Ministério Público, sem autorização judicial. Segundo a Corte, "a possibilidade de a Receita Federal valer-se da representação fiscal para fins penais, a fim de encaminhar, de ofício, os dados coletados no âmbito do procedimento administrativo fiscal, quando identificada a existência de indícios da prática de crime, ao Ministério Público, para fins de persecução criminal, não autoriza o órgão da acusação a requisitar diretamente esses mesmos dados, sem autorização judicial". (RHC n. 83.447/SP, relator Ministro Sebastião Reis Júnior, Terceira Seção, julgado em 9/2/2022, DJe de 15/3/2022).

79. A interceptação das comunicações telefônicas é sinônimo de quebra do sigilo de dados telefônicos? Esta última é protegida pelo artigo 5º, inciso XII, da CF? O Promotor de Justiça pode requisitar esses dados telefônicos independentemente de autorização judicial?

Os dados telefônicos não se confundem com intercepção das comunicações telefônicas. Os dados telefônicos armazenam as chamadas pretéritas realizadas por seu titular, as quais não estão resguardadas pela cláusula de jurisdição. A Lei nº 8.625/93, em seu artigo 26, inciso I, alínea "b", estabeleceu o poder de requisição do Ministério Público. Nesse aspecto, por não haver reserva de jurisdição, ou seja, necessidade de autorização judicial para a obtenção desses dados, é cabível ao membro do Ministério Público requisitar diretamente à operadora de telefonia tais dados. Ressalta-se, também, que o Supremo Tribunal Federal já reconheceu o poder investigatório do Ministério Público.

80. É lícita a interceptação telefônica realizada entre o advogado e seu cliente?

A conversa telefônica havida entre advogado e cliente é protegida pelo artigo 7º, inciso II, da Lei nº 8.906/94. Assim, o magistrado não pode autorizar a intercepção telefônica nessas circunstâncias. Todavia, se, durante uma investigação criminal, houver indícios de que o advogado extrapola sua função e pratica crimes junto com os seus clientes, será lícita a prova colhida. Isso porque o STJ tem admitido a serendipidade, ou seja, a descoberta fortuita de crimes praticados por terceiros não investigado no procedimento que deu origem à interceptação (HC 210.351/PR, Rel. Min. Marilza Maynard, 6ª Turma, STJ, DJe 01.09.2014).

81. É lícita a prova obtida por meio de interceptação telefônica cujo conteúdo tenha sido parcialmente extraviado?

A prova obtida por meio da interceptação telefônica deve ser mantida em sua integralidade. Não se admite a prova quando parte do conteúdo interceptado é extraviado, sem que se permita a parte contrária conhecer da integralidade da mídia e, consequentemente, exercer com plenitude o contraditório. Trata-se de hipótese de quebra da cadeia de custódia, devendo a prova, neste caso, ser desentranhada. (HC 160.662/RJ, Rel. Min. Assuete Magalhães, STJ, 6ª Turma, j. 18/02/2014).

82. O pacote Anticrime inseriu na Lei nº 9.296/1996 a previsão da captação ambiental. Admite-se a captação ambiental sem autorização judicial?

A captação ambiental é a captação de uma comunicação não telefônica, por um terceiro, que pode correr sem conhecimento dos comunicadores, quando é chamada de interceptação ambiental, ou com o consentimento de um dos comunicadores, denominada escuta ambiental. Embora a lei exija a autorização judicial para que se realize a captação ambiental, segundo a doutrina, a autorização judicial é dispensável para diálogos realizados em local público ou particular aberto ao público, como restaurante, por exemplo, pois se os interlocutores buscassem privacidade não teriam optado por tais locais. Assim, para a doutrina, exige-se a autorização judicial apenas para captação ambiental de conversa mantida em local privado, a fim de resguardar a privacidade, intimidade e inviolabilidade domiciliar. Todavia, a lei traz uma ressalva permitindo a utilização da captação ambiental feita por um dos interlocutores sem o prévio conhecimento da autoridade policial ou do Ministério Público em matéria de defesa.

83. É possível o acesso a dados constantes de aparelho celular sem autorização judicial quando a materialidade delitiva estiver contida no aparelho?

Em regra, o acesso a dados e conversas registradas em aparelhos celulares exige autorização judicial. No entanto, O Superior Tribunal de Justiça entende admissível o acesso a tais dados, independentemente de autorização judicial, quando constatada que a materialidade delitiva está incorporada no próprio objeto, isto é, quando se tratar do próprio corpo de delito, como por exemplo quando o aparelho celular é utilizado para o envio de imagens pornográficas de crianças (STJ, 6ª Turma, RHC 108.262/MS, Rel. Min. Antônio Saldanha Palheiro, j. 05/09/2019, DJe 09/12/2019).

84. Admite-se a renovação sucessiva de interceptação telefônica?

É admissível a prorrogação sucessiva do prazo de autorização para interceptação telefônica, mesmo que de forma sucessiva, especialmente quando o fato for complexo. O Supremo Tribunal Federal, ao decidir a matéria, fixou a seguinte tese: "São lícitas as sucessivas renovações de interceptação telefônica, desde que, verificados os requisitos do artigo 2º da Lei nº 9.296/1996 e demonstrada a necessidade da medida diante de elementos concretos e a complexidade da investigação, a decisão judicial inicial e as prorrogações sejam devidamente motivadas, com justificativa legítima, ainda que sucinta, a embasar a continuidade das investigações. São ilegais as motivações padronizadas ou reproduções de modelos genéricos sem relação com o caso concreto" (RE 625.263, Rel. Min. Gilmar Mendes, pleno, STF, DJe 17.03.2022).

15. CRIMES DE TORTURA. LEI Nº 9.455/97

85. O crime de tortura admite alguma exceção? Existe algum direito absoluto?

A vedação à tortura é tratada como um direito absoluto. A Constituição Federal, em dois incisos do artigo 5º (incisos III e XLIII) estabeleceu que ninguém será submetido à tortura e também que a lei considerará crimes inafiançáveis e insuscetíveis de graça ou anistia a prática da tortura. Além disso, o Brasil assinou outras três convenções internacionais pela sua proibição (Declaração Universal dos Direitos Humanos, Convenção Contra Tortura e Outros Tratamentos ou Penas Cruéis, Desumanos ou Degradantes, de 1894 e a Convenção Interamericana para Prevenir e Punir a Tortura, de 1985. Logo, a doutrina diz que a criminalização da tortura atendeu a um mandado expresso de criminalização. Ainda, a Constituição Federal tem como fundamento a dignidade da pessoa humana (art. 1º, inciso III, da CF), a qual, pelo simples fato de ser humano, já traz uma proteção jurídica. Logo, não é possível ao Estado lançar mão da tortura em nenhuma hipótese, mesmo que seja sob estado de necessidade ou inexigibilidade de conduta diversa, pois não está apenas em jogo a integridade física de uma pessoa, mas a dignidade de toda uma sociedade, que não tolera tal tipo de comportamento por parte do Estado. Há violação ao próprio Estado de Direito.

86. O crime de tortura é imprescritível? E a indenização por danos morais em razão das torturas praticadas no regime militar?

Segundo a jurisprudência brasileira, tanto do STJ quanto do STF, trata-se de crime prescritível, aplicando-se as regras do artigo 109, do CP. Todavia, para parte da doutrina[6], seria possível argumentar se tratar de crime imprescritível a partir do dia 25.09.2002, quando o Brasil promulgou o Estatuto de Roma do Tribunal Penal Internacional, que considera o crime imprescritível se praticado nos moldes do artigo 7º, 1, *f*, do Decreto nº 4.388/2002. Em relação à indenização por danos morais em razão das torturas praticadas no regime militar, o STJ tem decidido que "O prazo quinquenal previsto no Decreto n. 20.910/1932 é inaplicável às ações que objetivam reparação por danos morais ocasionados por torturas sofridas durante o período do regime militar, demandas que são imprescritíveis, tendo em vista as dificuldades enfrentadas pelas vítimas para deduzir suas pretensões em juízo" (AgInt no AResp nº 711.976/RJ, Rel. Min. Gurgel de Faria, 1ª Turma, STF, DJe 12.06.2018).

16. CRIMES DE TRÂNSITO. LEI Nº 9.503/97

87. Aplica-se aos crimes de trânsito os institutos da transação penal e da suspensão condicional do processo?

Sim, mas existem as exceções elencadas no art. 291, § 1º, do CTB, que são estar o agente: a) sob a influência de álcool ou qualquer outra substância psicoativa que determine dependência, b) participando, em via pública, de corrida, disputa ou competição automobilística, de exibição ou demonstração de perícia em manobra de veículo automotor, não autorizada pela autoridade competente e, c) transitando em velocidade superior à máxima permitida para a via em 50 km/h (cinquenta quilômetros por hora).

88. Se o réu for reincidente específico nos crimes de trânsito e cometer um novo crime de trânsito, haverá alguma consequência legal?

Sim. Nesse caso, o juiz aplicará a penalidade de suspensão da permissão ou habilitação para dirigir veículo automotor, sem prejuízo das demais sanções penais cabíveis (art. 296 do CTB).

89. Existem circunstâncias que sempre agravam as penalidades dos crimes de trânsito?

6. DELMANTO, Roberto, DELMANTO JUNIOR, Roberto e DELMANTO, Fábio M. de Almeida Delmanto, *Leis penais especiais comentadas*, pág. 417. 2ª ed. atual. São Paulo: Saraiva, 2014.

Sim, nos casos em que o condutor do veículo tenha cometido a infração: a) com dano potencial para duas ou mais pessoas ou com grande risco de grave dano patrimonial a terceiros, b) utilizando o veículo sem placas, com placas falsas ou adulteradas, c) sem possuir Permissão para Dirigir ou Carteira de Habilitação, d) com Permissão para Dirigir ou Carteira de Habilitação de categoria diferente da do veículo, e) quando a sua profissão ou atividade exigir cuidados especiais com o transporte de passageiros ou de carga, f) utilizando veículo em que tenham sido adulterados equipamentos ou características que afetem a sua segurança ou o seu funcionamento de acordo com os limites de velocidade prescritos nas especificações do fabricante e, g) sobre faixa de trânsito temporária ou permanentemente destinada a pedestres.

90. É cabível a aplicação de perdão judicial no caso de homicídio culposo ou lesão corporal culposa praticados na direção de veículo automotor?

Apesar de o artigo 300 do CTB ter sido vetado, o qual previa a aplicação do perdão judicial, é possível sua aplicação nos crimes cometidos na direção de veículo automotor. Isso porque a justificativa do veto foi justamente no sentido de que deveria ser aplicado o Código Penal, que é mais abrangente do que o dispositivo vetado, que previa a aplicação do perdão judicial apenas no caso em que a vítima fosse cônjuge ou companheiro, ascendente, descendente, irmão ou afim em linha reta do condutor do veículo. Observa-se que os artigos 121, § 5º, e 129, § 8º, ambos do CP, não trazem essa restrição.

91. Se do crime de trânsito resultar vítima e o condutor do veículo prestar pronto e integral socorro àquela ele poderá ser preso em flagrante?

Não, de acordo com o artigo 301, do CTB, pois espera-se que ele aja em solidariedade à vítima e a socorra.

92. O crime de homicídio culposo na direção de veículo automotor (art. 302 do CTB) tem pena maior do que o homicídio culposo previsto no art. 121, § 3º, do CP. Essa disposição legal fere o princípio da isonomia?

Não fere, uma vez que o número de mortes na direção de veículo automotores é muito grande em nosso país. Assim, é justificável haver uma pena maior para os crimes de trânsito, que visam tutelar a segurança viária.

93. O fato de o agente ingerir bebida alcoólica, postar-se na direção de veículo automotor, causar um acidente e matar alguém, por si só, evidencia dolo eventual na conduta?

Esse fato sempre causou celeuma. Existem diversos julgados, nos tribunais estaduais, tanto pelo reconhecimento do dolo eventual quanto pela culpa consciente. Entretanto, no final do ano de 2017, o STJ julgou caso semelhante e decidiu que "(...) a embriaguez do agente condutor do automóvel, sem o acréscimo de outras peculiaridades que ultrapassem a violação do dever de cuidado objetivo, inerente ao tipo culposo, não pode servir de premissa bastante para a afirmação do dolo eventual. Conquanto tal circunstância contribua para a análise do elemento anímico que move o agente, não se ajusta ao melhor direito presumir o consentimento do agente com o resultado danoso apenas porque, sem outra peculiaridade excedente ao seu agir ilícito, estaria sob efeito de bebida alcoólica ao colidir seu veículo contra o automóvel conduzido pela vítima (REsp nº 1.689.173/SC, Rel. Min. Rogério Schietti Cruz, 6ª Turma, DJe 26.03.2018). Tanto é assim que, no ano de 2017, a Lei 13.546/17 introduziu o § 3º, no art. 302, do CTB que é uma qualificadora que prevê que a prática de homicídio culposo na direção de veículo automotor para o agente que conduz veículo automotor sob a influência de álcool ou de qualquer outra substância psicoativa que determine dependência.

94. Qual(is) hipótese(s) o agente responderá pelo crime de homicídio culposo ou lesão corporal culposa na direção de veículo automotor majorados pela omissão de socorro (art. 302, § 1º, inciso III, ou art. 303, § 1º, ambos do CTB) e qual(is) hipótese(s) o agente responderá apenas por omissão de socorro (art. 304, do CTB)?

Existem quatro situações diferentes. De acordo com FUKASSAWA[7]: "1) se é o condutor do veículo automotor quem *culposamente* causou o acidente com vítima e não a socorre, responderá pelo crime culposo de homicídio ou lesão corporal (art. 302 e 303), com o aumento de pena (art. 303, § único [*rectius* § 1º] e 302, § 1º, inciso III); 2) se é o condutor do veículo automotor quem *sem culpa* causou (a causalidade nada tem a ver com o elemento subjetivo do crime) o acidente com a vítima e não a socorreu, responderá somente pela omissão de socorro no trânsito (art. 304); 3) se é o condutor de veículo automotor quem, embora não envolvido com o acidente, não socorre a vítima, responderá pela omissão de socorro no trânsito (art. 304) e; 4) se é o condutor de um veículo *não automotor* (p.ex. charrete, bicicleta, etc.) quem, em face do perigo, não socorre a vítima de acidente de trânsito, responderá pelo crime de omissão de socorro do Código Penal (art. 135), tal como assim responderá um transeunte qualquer nessa situação. Entende-se que as distinções devem assim ser feitas porque: a) a punição autônoma da omissão de socorro (art. 304) está condicionada à *não culpa ("stricto sensu")* do condutor de veículo automotor, ao

7. FUKASSAWA, Fernando, *Crimes de Trânsito*, págs. 233/234, 3ª ed. São Paulo: APMP – Associação Paulista do Ministério Público, 2015.

reverso, b) a punição da omissão de socorro como causa especial de aumento de pena está condicionada à *culpa "stricto sensu"* do condutor do veículo automotor que nessa condição praticou homicídio ou lesão corporal *culposos*".

95. O crime descrito no art. 305, do CTB, é constitucional ou inconstitucional?

Para parte da doutrina[8], "trata-se do delito de fuga à responsabilidade, que, em nosso entendimento, é inconstitucional. Contraria, frontalmente, o princípio de que ninguém é obrigado a produzir prova contra si mesmo – *nemo tenetur se detegere* (...). Inexiste razão plausível para obrigar alguém a auto acusar, permanecendo no lugar do crime, para sofrer as consequências penais e civis do que provocou. Qualquer agente criminoso pode fugir à responsabilidade, exceto o autor de delito de trânsito. Logo, cremos inaplicável o art. 305 da Lei 9.503/97". Nesse sentido, esse dispositivo foi declarado inconstitucional pelos Tribunais de Justiça de São Paulo, Rio Grande do Sul, Minas Gerais e Santa Catarina, bem como pelo Tribunal Regional Federal da 4ª Região. Todavia, foi proposta pela Procuradoria-Geral da República a Ação Declaratória de Constitucionalidade nº 35, que tem por finalidade que o STF declare o art. 305, do CTB, constitucional, sob o argumento de que o artigo 5º, incisos LV e LXIII, da CF, assegura aos acusados o direito de permanecerem calados e não produzirem prova contra si mesmos, mas como o bem jurídico tutelado pelo art. 305 do CTB, é a administração da Justiça, visando a garantia da adequada apuração dos acidentes ocorridos, bem como que a liberdade do condutor de veículo é limitada, e que o próprio CTB impõe o dever de prestar socorro às vítimas (art. 304, do CTB), inexiste qualquer irrazoabilidade ou desproporcionalidade nessa imposição. Recentemente, o STF, sob a sistemática da repercussão geral, assentou a seguinte tese, no julgamento do RE 971.959: "a regra que prevê o crime do artigo 305 do CTB é constitucional posto não informar o princípio da não incriminação, garantido o direito ao silêncio e as hipóteses de exclusão da tipicidade e de antijuridicidade".

96. O crime de embriaguez ao volante (art. 306, do CTB) é de perigo abstrato ou concreto?

Antes da Lei nº 11.705/08, o tipo penal exigia que o crime fosse cometido "expondo a dano potencial a incolumidade de outrem", o que deixava claro se tratar de crime de perigo concreto. Como a citada lei retirou essa expressão do crime descrito no art. 306, do CTB, os tribunais passaram a entender que

8. NUCCI, Guilherme de Souza. Leis penais e processuais penais comentadas, pág. 898. 9ª ed. rev. atual. e ampl. – vol. 2 – Rio de Janeiro: Forense, 2016.

se trata de crime de perigo abstrato, em que é desnecessário demonstrar que a capacidade psicomotora estava alterada em razão da influência de álcool ou de outra substância psicoativa que determine dependência, bem como que o condutor do veículo expôs a incolumidade física de alguém a dano potencial. As estatísticas brasileiras mostram que é necessário haver uma política criminal para combater esse tipo de crime. Além disso, o STF já declarou que os crimes de perigo abstratos são constitucionais.

97. É constitucional a aplicação da pena de suspensão de habilitação para dirigir veículo automotor ao motorista profissional condenado por crime de homicídio culposo na direção de veículo automotor?

O Supremo Tribunal Federal decidiu que a aplicação de suspensão de habilitação para dirigir ao condenado que seja motorista profissional não viola o direito ao trabalho, previsto no artigo 5º, inciso XIII, da Constituição Federal, pois não se trata de direito absoluto. Assim, admite-se restrições legais que sejam razoáveis, como a hipótese, em que o motorista não estará impossibilitado de extrair o sustento de outra atividade econômica. Ademais, a reprimenda de suspensão de habilitação para dirigir veículo automotor é ainda mais indicada ao motorista profissional, que permaneceria na condução de veículo com habitualidade, colocando em risco os demais motoristas e pedestres. A medida é ainda proporcional em razão da maior reprovabilidade da conduta, porque se espera do motorista profissional um maior cuidado do que aquele imposto aos demais motorista (RE 607.107, Rel. Min. Roberto Barroso, STF, pleno, j.14/04/2020).

17. CRIMES CONTRA O MEIO AMBIENTE. Lei nº 9.605/98

98. Os tribunais superiores acolheram a teoria da dupla imputação, ou seja, para que uma pessoa jurídica seja processada por crime ambiental, necessariamente também deve ser processada uma pessoa física?

O Supremo Tribunal Federal afastou a teoria da dupla imputação sob o argumento de que "as organizações corporativas complexas da atualidade se caracterizam pela descentralização e distribuição de atribuições e responsabilidades, sendo inerentes, a esta realidade, as dificuldades para imputar o fato ilícito a uma pessoa concreta. (...) Condicionar a aplicação do art. 225, § 3º, da Carta Política a uma concreta imputação também a pessoa física implica indevida restrição da norma constitucional, expressa a intenção do constituinte originário não apenas de ampliar o alcance das sanções penais, mas também de evitar a impunidade pelos crimes ambientais frente às imensas dificuldades de individualização dos responsáveis internamente às corporações, além de reforçar a tutela do bem jurídico ambiental" (RE nº 548.181/PR, Rel. Min. Rosa Weber, 1ª Turma, STF, DJe 30.10.2014). O STJ já tinha pacificado a matéria no sentido da necessidade da aplicação da teoria da dupla imputação. Todavia, tendo em vista a decisão do STF, o STJ alinhou sua jurisprudência à Suprema Corte e não mais aplica a teoria da dupla imputação.

99. É aplicável o princípio da insignificância nos crimes ambientais?

Tanto o STJ quanto o STF possuem decisões no sentido de aplicabilidade do princípio, desde que respeitados os vetores fixados pela Suprema Corte. Nesse sentido: "aplicável, no caso, o princípio bagatelar, uma vez que este STJ entende pela possibilidade de aplicação do princípio da insignificância aos delitos ambientais quando demonstrada a ínfima ofensividade ao bem ambiental tutelado" (AgRg no REsp nº 1.558.312/ES, Rel. Min. Felix Fischer, STJ, 5ª Turma, DJe 22.02.2016).

100. A vaquejada é permitida no Brasil?

Houve uma grande discussão acerca desse tema. Para os defensores da vaquejada, essa prática é uma manifestação cultural popular protegida pelo art. 215, § 1º, da CF. Para os ambientalistas, a prática da vaquejada causa maus tratos aos animais, o que contraria o artigo 225, § 1º, inciso VII, da CF. Assim, houve a propositura de ADI no STF, sendo que a Suprema Corte julgou inconstitucional essa prática (ADI 4983/CE, Rel. Min. Marco Aurélio, pleno, STF, DJe 10.10.16). Todavia, o Congresso Nacional editou a Lei 13.364/2016, que elevou o rodeio e a vaquejada à condição de manifestações da cultura nacional e do patrimônio cultural imaterial. Ainda, promulgou a PEC nº 96/2017, que acrescentou o § 7º ao art. 225, da CF. Referida emenda constitui autêntico exemplo do chamado efeito *blacklash,* por ser uma clara reação do Poder Legislativo à declaração de inconstitucionalidade. Fala-se em efeito *blacklash* quando há uma forte reação, exercida pela sociedade ou por outro Poder a um ato do poder público[9]. Logo, resta saber como o STF decidirá a questão, que será novamente examinada, com base nas mudanças promovidas na Constituição, nas ADIs 5772 e 5728, que aguardam julgamento.

101. Pichar é crime? Existe alguma excludente de ilicitude?

Pichar é crime, conforme dispõe o artigo 65, da Lei 9.605/98. Todavia, Não constitui crime a prática de grafite realizada com o objetivo de valorizar o

9. NUNES JÚNIOR, Flávio Martins Alves. *Curso de Direito Constitucional.* 2ª ed. São Paulo: Revista dos Tribunais. 2018, p. 88-89.

patrimônio público ou privado mediante manifestação artística, desde que consentida pelo proprietário e, quando couber, pelo locatário ou arrendatário do bem privado e, no caso de bem público, com a autorização do órgão competente e a observância das posturas municipais e das normas editadas pelos órgãos governamentais responsáveis pela preservação e conservação do patrimônio histórico e artístico nacional (art. 65, § 2º, da Lei 9.605/98).

18. CRIMES DE LAVAGEM OU OCULTAÇÃO DE BENS, DIREITOS E VALORES. LEI Nº 9.613/98 (ALTERADA PELA LEI Nº 12.683/12)

102. Quanto ao crime antecedente, a Lei nº 9.613/98, alterada pela Lei nº 12.683/12, é de primeira, segunda ou terceira geração?

Segundo essa classificação, as leis de primeira geração são aquelas que tinham apenas o tráfico de drogas como crime antecedente para a prática de lavagem de dinheiro. Já as leis de segunda geração possuem um rol taxativo de crimes antecedentes. A Lei nº 9.613/98, antes de sua alteração, era uma lei de segunda geração, pois trazia um rol taxativo de crimes que eram considerados como antecedentes para a prática do crime de lavagem de dinheiro. Com a alteração trazida pela Lei nº12.683/12, a lei brasileira passou a ser considerada de terceira geração, em que qualquer infração penal antecedente pode funcionar como crime pretérito para a lavagem de dinheiro.

103. No que consistem os *gatekeepers* ou torres de vigia?

Segundo a doutrina[10], são "entidades ou pessoas que operam em campos sensíveis à lavagem de dinheiro, que exerçam atividades em setores comumente usados pelos agentes de mascaramento de bens de origem ilícita (bancos, corretores de valores, de imóveis, contadores, etc.) (...) pois atuam ou tem acesso aos caminhos e trilhas pelos quais corre o capital oriundo da infração penal. Essa posição privilegiada faz com que tais personagens não só tenham a obrigação de não colaborar com a prática de atos ilícitos, mas também devam contribuir nas atividades de inteligência e vigilância do poder público, informando-o de quaisquer atos praticados sob sua égide que tenham aparência de lavagem de dinheiro".

10. BADARÓ, Gustavo Henrique, BOTTINI, Pierpaolo Cruz. *Lavagem de dinheiro: aspectos penais e processuais penais: comentários à Lei 9.613/98, com as alterações da Lei 12.683/12*, pág. 35. 2ª edição. São Paulo: Editora Revista dos Tribunais, 2013.

104. É possível o cometimento de autolavagem de dinheiro, ou seja, a imputação do crime antecedente e de lavagem de dinheiro ao mesmo sujeito ativo?

Sim, de acordo com o STJ, "embora a tipificação da lavagem de dinheiro dependa da existência de um crime antecedente, é possível a autolavagem – isto é, a imputação simultânea, ao mesmo réu, do delito antecedente e do crime de lavagem -, desde que sejam demonstrados atos diversos e autônomos daquele que compõe a realização do primeiro crime, circunstância na qual não ocorrerá o fenômeno da consunção. (APn 856/DF, Rel. Min. Nancy Andrighi, Corte Especial, STJ, DJe 06.02.2018).

105. No que consiste a Teoria da Cegueira Deliberada (Teoria do Avestruz, *Willful Blindness Doctrine, Conscious Avoidance Doctrine* ou *Ostrich Instructions*)?

Consiste na possibilidade de o agente ter ciência da origem ilícita do dinheiro, mas, mesmo sabedor disso, "cega-se", agindo com dolo eventual na conduta. O agente procura evitar o conhecimento da origem ilícita do valor. Essa teoria é adotada pelo STJ, "(...) dessa forma, embora seja possível checar a natureza dos bens, o indivíduo que detém o dever de impedir o resultado (ex.: *compliance officer* ou agente econômico-financeiro) opta pela ignorância confortável, comportando-se como o avestruz que enterra a cabeça para não ver a luz do sol. Em bom português, o garante ou quem se encontre nessa posição faz 'vista grossa' e 'ouvidos de mercador', viabilizando, dessarte, a ocultação de patrimônio ilícito pelo que responderá por lavagem de dinheiro, ainda que com base em dolo eventual" (AREsp 785.584, Rel. Min. Nefi Cordeiro, STJ, 6ª Turma, DJ 05.09.2017).

106. O que significa justa causa duplicada?

Significa que as ações penais propostas deverão trazer um lastro probatório mínimo, ou seja, justa causa tanto para o crime antecedente quanto para o crime de lavagem de dinheiro.

107. É possível a aplicação do artigo 366, do CPP, à Lei nº 9.613/98?

Malgrado o artigo 2º, § 2º, da Lei nº 9.613/98 disponha que não se aplica o disposto no art. 366 do Decreto-Lei nº 3.689, de 3 de outubro de 1941 (Código de Processo Penal), devendo o acusado que não comparecer nem constituir advogado ser citado por edital, prosseguindo o feito até o julgamento, com a nomeação de defensor dativo, é certo que praticamente toda a doutrina nacional considera tal dispositivo inconstitucional, uma vez que ele viola o contraditório e a ampla defesa. Por outro lado, o STJ já decidiu que "em razão da expressa previsão legal para o prosseguimento do feito (art. 2º, § 2º, da Lei nº 9.613/1998), a aplicação da regra prevista no art. 366 do Código de Processo Penal consubstanciaria um prêmio para o infrator do delito e um obstáculo à descoberta de outros crimes praticados com a lavagem ou a ocultação de dinheiro" devendo prevalecer a norma especial diante do conflito aparente de normas (HC n. 571.463/SP, relatora Ministra Laurita Vaz, Sexta Turma, julgado em 29/3/2022, DJe de 4/4/2022).

108. Advogado comete crime de lavagem de dinheiro?

Inicialmente, deve ser feito uma distinção entre algumas categorias de advogados, conforme a doutrina[11]. Advogados de representação contenciosa, ou seja, que atuam em processo judicial, jamais podem ser obrigados a comunicar o COAF ou a OAB algum fato que tenha tomado ciência no exercício da profissão, sob pena de violação ao art. 133, da CF. Além disso, existe relação de confiança entre cliente e advogado. Esse mesmo raciocínio serve para o advogado que é consultado em uma situação jurídica de caso concreto, por ex., de um processo judicial. Já os advogados de operações, que praticam atividade de consultoria jurídica não processual, tem o dever de "know your customer". Logo, se a consultoria for no sentido de indicar a melhor forma de ocultar valores obtidos de uma infração penal, o advogado pode responder pelo crime de lavagem de capitais. Se o advogado receber dinheiro, a título de honorários, que sabe ser proveniente do crime ou tem fundadas suspeitas, mas o declara em seu imposto de renda, não cometerá tal crime. Todavia, como esse dinheiro era proveniente de crime anterior, caberá eventual medida assecuratória, por parte do Estado, para a perda dos valores. Esse raciocínio somente será correto se o advogado defender seu cliente do crime de lavagem de dinheiro. Se for defesa de qualquer outro crime e o advogado ajudar o cliente a ocultar o valor, será responsabilizado pelo crime de lavagem de dinheiro. Essa distinção toda acontece porque o criminoso tem direito a escolher o advogado e, se não fosse possível remunerar o advogado, todos responderiam por lavagem de dinheiro e somente seria possível nomear um advogado dativo para os casos de lavagem de dinheiro.

109. Qual a distinção entre o exaurimento do crime anterior e a lavagem de dinheiro?

11. LIMA, Renato Brasileiro. *Legislação Criminal Especial Comentada,* págs. 659/660. 8ª ed. rev., atual. e ampl. Salvador: Juspodivm, 2020.

No caso de exaurimento do crime anterior, o agente utiliza o valor obtido do crime sem a intenção de ocultá-lo. Ex.: o agente traficou e, com o dinheiro obtido, compra alguns bens de seu interesse. Já no crime de lavagem dinheiro, pressupõe que o agente cometa algum ato de ocultação do dinheiro obtido pelo crime.

110. É possível a realização de lavagem de dinheiro da lavagem de dinheiro (lavagem em cadeia)?

Sim, se o crime antecedente for o crime de lavagem de dinheiro. Como a lei de lavagem de capitais é de 3ª geração, é plenamente possível que isso possa acontecer.

19. PROTEÇÃO A VÍTIMAS E TESTEMUNHAS AMEAÇADAS E A RÉUS COLABORADORES. Lei nº 9.807/99

111. Todas as vítimas e testemunhas são protegidas pela lei? Pode haver exclusão de algumas delas?

Para que haja proteção de vítimas e testemunhas, em primeiro lugar será analisada a importância do depoimento para a produção da prova (art. 2º, *caput*, da Lei nº 9.807/99). Se o depoimento for irrelevante, não haverá proteção legal. Além disso, "estão excluídos da proteção os indivíduos cuja personalidade ou conduta seja incompatível com as restrições de comportamento exigidas pelo programa, os condenados que estejam cumprindo pena e os indiciados ou acusados sob prisão cautelar em qualquer de suas modalidades" (art. 2º, § 2º, da Lei nº 9.807/99).

112. O ingresso da vítima ou da testemunha no programa de proteção depende da anuência delas ou é obrigatório?

Sempre dependerá da anuência delas ou de seu representante legal (art. 2º, § 3º, da Lei nº 9.807/99).

113. Toda admissão no programa ou exclusão dele será precedida de consulta ao Ministério Público?

Sim, de acordo com o artigo 3º, da Lei nº 9.807/99.

114. O Ministério Público integra o conselho deliberativo do programa?

Sim, a teor do art. 4º, da Lei nº 9.807/99.

115. Quem poderá requerer o ingresso no programa?

Pode ser requerido pelo interessado, pelo representante do Ministério Público, pela autoridade policial que conduz a investigação criminal, pelo juiz competente para a instrução do processo criminal, por órgãos públicos e entidades com atribuições de defesa dos direitos humanos (art. 5º, incisos I a V, da Lei nº 9.807/99).

116. É possível a inclusão cautelar da vítima ou da testemunha no programa?

Sim. "Em caso de urgência e levando em consideração a procedência, gravidade e a iminência da coação ou ameaça, a vítima ou testemunha poderá ser colocada provisoriamente sob a custódia de órgão policial, pelo órgão executor, no aguardo de decisão do conselho deliberativo, com comunicação imediata a seus membros e ao Ministério Público" (artigo 5º, § 3º, da Lei 9.807/99).

117. O ingresso da vítima ou da testemunha no programa de proteção depende de disponibilidade orçamentária?

Infelizmente sim, a teor do art. 6º, parágrafo único, da Lei nº 9.807/99.

118. É possível alterar o nome da vítima ou testemunha submetida ao programa? Poderá se estender aos familiares ou filhos menores?

Sim. "Em casos excepcionais e considerando as características e gravidade da coação ou ameaça, poderá o conselho deliberativo encaminhar requerimento da pessoa protegida ao juiz competente para registros públicos objetivando a alteração de nome completo" (art. 9º, da Lei nº 9.807/99). Poderá ser estendida tal medida aos familiares ou filhos menores.

119. Em que momento cessará a proteção oferecida pelo Estado?

A exclusão do programa pode se dar a qualquer tempo, através de solicitação do interessado, ou por decisão do conselho deliberativo, em razão da cessão dos motivos que ensejaram a proteção ou por conduta incompatível do protegido (art. 10, da Lei nº 9.807/99). O programa terá duração máxima de dois anos, podendo ser prorrogado em situações excepcionais (art. 11, da Lei nº 9.807/99).

120. A Lei nº 9.807/99 é considerada a lei geral de delação premiada?

Sim, tanto pela doutrina quanto pela jurisprudência, pois ela é aplicável a qualquer delito, desde que atendidos os requisitos dos artigos 13 e 14, ambos da Lei nº 9.807/99. Nesse sentido: "(...) O sistema geral de delação premiada está previsto na Lei nº 9.807/99. Apesar da previsão em outras leis, os requisitos gerais estabelecidos na Lei de Proteção a Testemunha devem ser preenchidos para a concessão do benefício (HC nº 97.509/MG. Rel. Min. Arnaldo Esteves Lima, 5ª Turma, STJ, DJe 02.08.2010). A doutrina tem entendido que a Lei nº 12.850/13 regulamentou a delação premiada, trazendo o procedimento a ser adotado.

20. CRIMES REFERENTES À PESSOA IDOSA. LEI Nº 10.741/03

121. O Estatuto da Pessoa Idosa derrogou o artigo 115, do Código Penal?

Com o advento do Estatuto da Pessoa Idosa, parcela da doutrina sustentou que o artigo 115, do CP (que prevê que o prazo prescricional será reduzido pela metade, quando, da sentença, o réu foi maior de 70 anos) teria sido derrogado, devendo ser considerada tal disposição quando o réu tivesse 60 anos de idade. Todavia, essa tese não foi aceita pelo STF, que manteve o artigo 115, do CP, incólume (ARE nº 1.085.283/SP, Rel. Min. Celso de Mello, decisão monocrática, STF, DJe 14.03.2018).

122. As escusas absolutórias (arts. 181 e 182, ambos do Código Penal) são aplicáveis aos crimes praticados contra pessoa idosa?

As escusas absolutórias não são aplicáveis quando o crime é praticado contra pessoa com idade igual ou superior a 60 anos (art. 183, inciso III, do CP, e art. 95, da Lei 10.741/03).

123. O artigo 94, do Estatuto da Pessoa Idosa, estabeleceu que "aos crimes previstos nesta Lei, cuja pena máxima privativa de liberdade não ultrapasse 4 (quatro) anos, aplica-se o procedimento previsto na Lei nº 9.099, de 26 de setembro de 1995, e, subsidiariamente, no que couber, as disposições do Código Penal e do Código de Processo Penal". Isso significa que cabe transação penal para crimes apenados com pena máxima de até 4 anos?

Inicialmente, houve algumas vozes doutrinárias nesse sentido. Todavia, essa posição doutrinária foi muito criticada, pois o que se buscava com essa previsão legal era justamente trazer a celeridade do Juizado Especial Criminal para o julgamento dos crimes cometidos contra a pessoa idosa e não os tornar mais brandos. Assim, houve a propositura de ADI no STF, que decidiu que pela aplicação apenas do procedimento sumaríssimo, beneficiando o idoso com a celeridade processual e pela impossibilidade de aplicação de quaisquer medidas despenalizadoras e de interpretação benéfica ao autor do crime (ADI nº 3096/DF, Rel. Min. Cármen Lúcia, pleno, STF, DJe 03.09.2010).

21. ESTATUTO DO DESARMAMENTO. LEI Nº 10.826/03

124. O porte de arma de brinquedo é considerado crime?

Com a revogação da Lei nº 9.437/97 pelo Estatuto do Desarmamento, o porte de arma de brinquedo deixou de ser conduta tipificada no nosso ordenamento jurídico, operando-se verdadeira *abolitio criminis,* segundo a doutrina[12]. A partir da entrada em vigor do Decreto nº 11.615/23 surgiu dúvida sobre haver tal diploma convertido a posse e o porte de armas de brinquedo, réplicas e simulacros em crime de posse ou porte ilegal de arma de fogo de uso proibido, haja vista que o Decreto nº 11.615/23 definiu, no artigo 14, inciso II, como armas e munições de uso proibido "os brinquedos, as réplicas e os simulacros de arma de fogo que com estas possam se confundir, exceto as classificadas como armas de pressão e réplicas e os simulacros destinados à instrução, ao adestramento ou à coleção de usuário autorizado, nas condições estabelecidas pela Polícia Federal". Apesar de a disposição regulamentar gerar esta dúvida, a questão é facilmente solucionada pela natureza semântica da palavra *arma* e pelo princípio da legalidade. Aquilo que imita ou simula algo não pode ser confundido com a própria coisa. Sabe-se que os objetos materiais do crime de posse ou porte de arma de fogo de uso proibido, segundo o artigo 16 da Lei nº 10.826/03, são arma de fogo, acessório ou munição. Equiparar armas de brinquedo, réplicas ou simulados à arma consistiria em analogia *in malam partem.* Ademais, ainda que se trate de norma penal em branco, cujo complemento depende de outro diploma, é certo que o regulamento ou decreto apenas podem complementar o dispositivo e não criar novo crime. Assim, ao inovar a legislação criminal em algo que ela não dispõe, o referido decreto revela falta técnica. O legislador ao abordar a questão das armas de brinquedo, simulacros e réplicas no Estatuto do Desarmamento tratou como mero ilícito administrativo, não se admitindo a criação de um tipo penal por meio de decreto.

125. Qual a diferença entre os crimes de posse e porte de arma de fogo?

No crime de posse de arma de fogo (art. 12, da Lei nº 10.826/03), o sujeito ativo possui ou mantém sob sua guarda arma de fogo, acessório ou munição, de uso permitido, no interior de sua residência ou dependência desta, ou, ainda no seu local de trabalho, desde que seja o titular ou o responsável legal do estabelecimento ou empresa, ao passo que no crime de porte de arma de fogo o sujeito, basicamente, porta a arma de fogo fora desses locais indicados, além de possibilidade de praticar outros verbos núcleos do tipo (art. 14, da

12. ANDREUCCI, Ricardo Antônio. *Legislação Penal Especial*, pág. 199. 11ª ed. atual. e ampl. São Paulo: Saraiva, 2016.

Lei 10.826/03). Destaca-se que o Pacote Anticrime alterou o Estatuto do Desarmamento para prever que também se considera residência ou domicílio toda a extensão do imóvel rural para aqueles que residem em área rural.

126. O artigo 150, § 4°, inciso III, do CP, estabelece que a expressão "casa" compreende compartimento não aberto ao público, onde alguém exerce profissão ou atividade. Muitos caminhoneiros brasileiros realizam transportes viários e residem dentro do veículo por um longo período, por exemplo, durante um mês inteiro de viagem. Se um motorista de caminhão tem consigo uma arma de fogo, nessas condições, ele pratica o crime de posse ou de porte de arma de fogo?

Apesar de haver alguns defensores no sentido que o conceito de casa poderia ser estendido para o caso dos caminhoneiros em questão, é certo que o STJ decidiu que "(...) A conduta prevista no art. 12 da Lei n. 10.826/2003 exige que o agente possua arma de fogo no interior de sua residência ou dependência desta, ou, ainda, no seu local de trabalho. A jurisprudência desta Corte Superior possui o entendimento de que o caminhão não pode ser considerado extensão de sua residência, ainda que seja instrumento de trabalho" (AgRg no REsp 1408940/SC, Rel. Min. Rogério Schietti Cruz, 6ª Turma, STJ, DJe 18.08.2015).

127. O porte de arma desmuniciada, acessório ou munição é apto a configurar os crimes de porte de arma de fogo de uso permitido ou de uso restrito?

Para alguns doutrinadores, como a arma está desmuniciada, não haveria lesão ao bem jurídico tutelado, que é a paz pública e a segurança pública. Todavia, o STJ pacificou a matéria no sentido de que se trata de conduta típica, uma vez que o crime é de perigo abstrato e prescinde da demonstração da efetiva lesão ao bem jurídico tutelado (AgRg no AREsp 1226753/MS, Rel. Min. Jorge Mussi, 5ª Turma, STJ, DJe 11.05.2018 e HC 247.708/SP, Rel. Min. Ribeiro Dantas, 5ª Turma, STJ, DJe 25.04.2018).

128. Existe alguma norma que define se a arma de fogo é de uso permitido ou restrito?

Sim. Trata-se dos Decretos Federais nºs 9.847/19, 10.030/19 e 11.615/23, que regulamentam a Lei nº 10.826/2023, bem como da Portaria Conjunta – C EX/DG-PF nº 02/23, que dispõe sobre parâmetros de aferição e listagem de calibres nominais de armas de fogo e das munições de uso permitido e restrito. Entre estes, merece destaque o Decreto 11.615/23 que, entre outras modificações, alterou os parâmetros para classificação das armas de uso restrito e permitido.

À luz do que dispõe o referido decreto, munição e arma devem ser avaliadas em conjunto para classificação de uso permitido ou restrito.

129. Os artigos 14, parágrafo único, 15, parágrafo único e 21, todos da Lei nº 10.826/03, estabeleceram se tratar de crimes inafiançáveis. Essa previsão é constitucional?

Essa previsão é inconstitucional. Segundo o STF, ao legislador não é dado estabelecer prisão por força de lei, sem que haja fundamentação judicial para tanto. Nesse sentido: "(...) Insusceptibilidade de liberdade provisória quanto aos delitos elencados nos arts. 16, 17 e 18. Inconstitucionalidade reconhecida, visto que o texto magno não autoriza a prisão *ex lege*, em face dos princípios da presunção de inocência e da obrigatoriedade de fundamentação dos mandados de prisão pela autoridade judiciária competente. (ADI 3.112/DF, Rel. Min. Ricardo Lewandowski, pleno, STF, DJe 26.10.2007).

130. Os membros do Ministério Público e da Magistratura possuem autorização para porte de arma de uso restrito?

Trata-se de questão levada ao STJ em um caso em que o Conselheiro do Tribunal de Contas portava uma arma de uso restrito. O Tribunal da Cidadania decidiu que "A prerrogativa constante na LOMAN não faz distinção do direito ao porte de arma e munições de uso permitido ou restrito, desde que com finalidade de defesa pessoal dos magistrados. Paralelismo entre magistrado de segundo grau e conselheiro de tribunal de contas estaduais reconhecido constitucionalmente (...). Não se trata de hierarquia entre lei complementar e ordinária, mas de invasão de competência reservada àquela por força do art. 93 da Constituição de 1988, que prevê lei complementar para o Estatuto da Magistratura. Conflito de normas que se resolve em favor daquela mais benéfica para abranger o direito também em relação à arma e munição de uso restrito (...). A Portaria do Comando do Exército n. 209/2014 autoriza membro do Ministério Público da União ou da magistratura a adquirir até duas armas de uso restrito (ponto 357 Magnum e ponto 40) sem mencionar pistolas 9mm. É indiferente reconhecer a abolitio criminis por analogia, diante de lei própria a conferir direito de porte aos magistrados. (APn 657/PB, Rel. Min. João Otávio de Noronha, Corte Especial, STJ, DJe 29.10.2015).

131. É necessária a realização de laudo pericial para que o autor do crime de porte de arma de fogo, seja ele de uso permitido ou restrito, seja responsabilizado?

O Superior Tribunal de Justiça não exige a realização de laudo pericial para a comprovação do potencial ofensivo da arma, uma vez que se trata de crime de perigo abstrato, porquanto o objeto jurídico tutelado não é a incolumidade física e sim a segurança pública e a paz social, colocadas em risco com o porte de arma de fogo e de munição (HC 430.272/MG, Rel. Min. Ribeiro Dantas, 5ª Turma, DJe 30.05.18). Todavia, se houver a realização de laudo pericial, que concluir pela ineficácia absoluta do meio, ou seja, que a arma é inapta a disparo de arma de fogo, haverá crime impossível, de acordo com o artigo 17, do Código Penal.

132. É aplicável o princípio da insignificância ao porte de munição de uso restrito?

Em regra, não. Todavia, em um caso concreto, o STF aplicou tal princípio, sob o argumento de que "(...) o porte ilegal de arma ou munições é crime de perigo abstrato, cuja consumação independente de demonstração de sua potencialidade lesiva (...). A hipótese retratada autoriza a mitigação do referido entendimento, uma vez que a conduta do paciente de manter em sua posse uma única munição de fuzil (calibre 762), recebida, segundo a sentença, de amigos que trabalharam no Exército, não tem o condão de gerar perigo para a sociedade, de modo a contundir o bem jurídico tutelado pela norma penal incriminadora (HC nº 154.390/SC, Rel. Min. Dias Toffoli, 2ª Turma, STF, DJe 07.05.2018). O STJ, excepcionalmente, também tem reconhecido a possibilidade de aplicação do princípio da insignificância para o crime de posse ou porte ilegal de pouca quantidade de munição quando desacompanhada da arma: "(...) permanece hígida a jurisprudência do Superior Tribunal de Justiça, bem como do Supremo Tribunal Federal, no sentido de que a posse de munição, mesmo desacompanhada de arma apta a deflagrá-la, continua a preencher a tipicidade penal, não podendo ser considerada atípica a conduta. 2. Esta Corte, todavia, acompanhando entendimento do Supremo Tribunal Federal, passou a admitir a incidência do princípio da insignificância quando se tratar de posse de pequena quantidade de munição, desacompanhada de armamento capaz de deflagrá-la, uma vez que ambas as circunstâncias conjugadas denotam a inexpressividade da lesão jurídica provocada" (AgRg no REsp n. 1.793.475/SP, relator Ministro Reynaldo Soares da Fonseca, Quinta Turma, julgado em 7/5/2019, DJe de 20/5/2019).

133. Admite-se o concurso de crimes entre o porte ilegal de arma de fogo e roubo circunstanciado pelo emprego de arma de fogo?

É possível o concurso material entre os delitos de porte ilegal de arma de fogo e roubo circunstanciado pelo emprego de arma de fogo quando constatado que foram praticados em contextos fáticos diversos, tendo em vista, ainda, que os tipos penais tutelam bens jurídicos distintos, no roubo, o patrimônio, e no porte ilegal, a segurança e a paz pública. Ademais, nestes casos, os crimes apresentam momentos consumativos diversos (AgRg no RE nº 1.807.692, Relator Joel Ilan Paciornik, 5ª Turma, STJ, J. 17/12/2019).

134. Caracteriza ilícito penal o porte ilegal de arma de fogo (art. 14, da Lei nº 10.826/03) ou de arma de fogo de uso restrito (art. 16, da Lei nº 10.826/03) com registro de cautela vencido?

Sim. A posse ilegal de arma de fogo pressupõe o registro. O vencimento deste registro sem a regular renovação, sendo entendimento pacífico do STJ, não tipifica o crime de posse ilegal de arma de fogo, embora caracterize irregularidade administrativa (RHC n. 80.365/SP, Rel. Min. Maria Thereza de Assis Moura, Sexta Turma, DJe de 22/3/2017). Contudo, esse entendimento não se aplica aos crimes de porte ilegal de arma de fogo, cujas elementares são diversas e possuem maior reprovabilidade (AgRg no AREsp n. 885.281/ES, Rel. Min. Antonio Saldanha Palheiro, Sexta Turma, DJe de 8/5/2020).

22. CRIMES REFERENTES À FALÊNCIA E À RECUPERAÇÃO JUDICIAL OU EXTRAJUDICIAL. LEI Nº 11.101/05.

135. Existe alguma equiparação penal para determinadas pessoas na Lei de Falências?

O artigo 179, da Lei nº 11.101/05, estabelece que "na falência, na recuperação judicial e na recuperação extrajudicial de sociedades, os seus sócios, diretores, gerentes, administradores e conselheiros, de fato ou de direito, bem como o administrador judicial, equiparam-se ao devedor ou falido para todos os efeitos penais decorrentes desta Lei, na medida de sua culpabilidade". Logo, existe essa previsão legal. Todavia, trata-se de norma desnecessária, uma vez que o Código Penal, em seu artigo 29, estabelece que cada um responde na medida de sua culpabilidade. Além disso, quer se crer que a norma não tentou trazer nenhuma modalidade de responsabilidade penal objetiva, ao tentar equiparar essas pessoas sem investigar se agiram dolosa ou culposamente no caso concreto.

136. A Lei de Falência prevê alguma condição objetiva de punibilidade?

Por condição objetiva de punibilidade entende-se a condição necessária para o exercício do *jus puniendi*, independentemente de dolo ou culpa do agente, que tornam o fato punível e não se encontram dentro do tipo penal. Segundo o artigo 180, da Lei nº 11.101/05, "a sentença que decreta a falência, concede a recuperação judicial ou concede a recuperação extrajudicial de que trata o art. 163 desta Lei é condição objetiva de punibilidade das infrações penais descritas nesta Lei".

137. A partir de quando começa a correr o prazo prescricional para os crimes falimentares? Existe alguma causa interruptiva da prescrição?

De acordo com o artigo 182, da Lei de Falências, "a prescrição dos crimes previstos nesta Lei reger-se-á pelas disposições do Decreto-Lei nº 2.848, de 7 de dezembro de 1940 – Código Penal, começando a correr do dia da decretação da falência, da concessão da recuperação judicial ou da homologação do plano de recuperação extrajudicial. Parágrafo único. A decretação da falência do devedor interrompe a prescrição cuja contagem tenha iniciado com a concessão da recuperação judicial ou com a homologação do plano de recuperação extrajudicial".

138. Existe alguma peculiaridade quanto ao prazo de oferecimento de denúncia nos crimes falimentares?

Sim. O artigo 187, § 1º, da Lei de Falências prevê que o Ministério Público pode aguardar a apresentação da exposição circunstanciada pelo administrador judicial (art. 186, da Lei nº 11.101/05) para o oferecimento de denúncia.

139. Existe alguma peculiaridade quanto à ação penal privada subsidiária da pública, nos crimes falimentares?

Sim. O artigo 184, parágrafo único, da Lei nº 11.101/05, estabelece que "decorrido o prazo a que se refere o art. 187, § 1º, sem que o representante do Ministério Público ofereça denúncia, qualquer credor habilitado ou o administrador judicial poderá oferecer ação penal privada subsidiária da pública, observado o prazo decadencial de 6 (seis) meses". Observa-se que, em regra, quem oferece ação penal privada subsidiária da pública é a vítima. Nesse caso, quem oferecerá a ação penal será qualquer credor habilitado ou o administrador judicial.

23. VIOLÊNCIA DOMÉSTICA. Lei 11.340/06

140. De onde surge o nome "Maria da Penha"?

Maria da Penha Maia Fernandes é uma farmacêutica bioquímica. Ela foi brutalmente agredida pelo seu ex-marido, que disparou contra ela e a deixou sem andar. Algum tempo depois, Maria da Penha foi agredida novamente por seu ex-marido, tendo recebido uma descarga elétrica durante o banho. Os fatos se deram em 1983 e a denúncia foi feita no ano de 1984. A prisão do agressor somente ocorreu no ano de 2012, o que gerou o relatório nº 54/01, da Comissão Interamericana de Direitos Humanos, onde várias recomendações foram feitas ao Brasil. Então, no ano de 2006, foi criada a Lei de Violência Doméstica.

141. É necessário que a vítima conviva com o agressor para que seja aplicada a Lei nº 11.340/06?

Não, a teor do artigo 5º, inciso, III, da Lei Maria da Penha, que estabelece que a lei se aplica em qualquer relação íntima de afeto, na qual o agressor conviva ou tenha convivido com a ofendida, independentemente de coabitação. Ainda, a Súmula nº 600, do STJ, estabelece que "para configuração da violência doméstica e familiar prevista no artigo 5º da Lei nº 11.340/2006, não se exige a coabitação entre autor e vítima".

142. Existe um tipo penal chamado "Maria da Penha"?

Não há uma conduta penal tipificada com esse *nomen iuris*. A legislação brasileira prevê inúmeras infrações penais em que a vítima é mulher, por exemplo, injúria, ameaça, estupro, etc., sendo que todas elas podem estar relacionadas à violência doméstica contra a mulher ou não.

143. A quem podem ser aplicadas as medidas protetivas de urgência, previstas no artigo 5º, c.c. artigo 22, ambos da nº Lei 11.340/06?

Para haver aplicação das medidas protetivas de urgência, é necessário que a violência tenho sido praticada em razão do gênero feminino. Essa é a previsão legal expressa do artigo 5º, da Lei 11.340/06. Para a aplicação das medidas protetivas de urgência, mister identificar, no caso concreto, se houve ou não violência praticada em razão do gênero, ou seja, se a agressão se deu pelo poder de dominação do agressor frente a submissão da vítima agredida. Saber se a violência ocorreu em razão do gênero passa necessariamente pela análise do caso concreto. Logo, a medida protetiva somente será aplicada se houver violência em razão do gênero feminino. Portanto, nem toda violência contra a mulher é objeto da lei. Além disso, a violência de gênero tem que ser cometida nas hipóteses descritas no artigo 5º, incisos I, II e III, da Lei 11.340/06.

144. Se uma mulher é agredida em uma festa, por um homem, sem que haja qualquer relação entre eles, aplica-se a Lei nº 11.340/06?

Se uma mulher é agredida por um homem em uma festa, por exemplo, sem que haja qualquer relação pessoal entre eles, não será possível aplicar as medidas protetivas de urgência, uma vez que ausentes as hipóteses do artigo 5º, incisos I, II e III, da Lei nº 11.340/06.

145. Aplica-se a Lei Maria da Penha à transexual e à travesti?

Segundo a doutrina[13], transexual se refere ao sujeito que acredita pertencer ao sexo diverso do seu biológico, sendo que ele deseja a mudança de sexo. A identidade sexual não é a mesma que a biológica. A travesti em nada se confunde com a transexual. Aquela é a pessoa que não deseja a mudança de sexo, mas se veste com roupas do sexo oposto. Existem inúmeros julgados admitindo a aplicação das medidas protetivas quando a transexual é agredida. Inicialmente, houve certa divergência nos tribunais sobre a necessidade ou não de mudança de sexo para a concessão das medidas pleiteadas. Atualmente, a jurisprudência pátria não exige tal requisito para aplicação das medidas protetivas de urgência para as transexuais (pela necessidade de cirurgia de mudança de sexo, ver Conf. Jurisd. nº 2009.006461-6 da 3ª Vara Criminal de Santa Catarina, do TJSC. Rel. Des. Roberto Lucas Pacheco, j. 29/06/2009. Pela desnecessidade, ver Autos nº 6670-72.2014.811, Vara Criminal da Comarca de Primavera do Leste do Tribunal de Justiça do Mato Grosso, Juíza Aline Luciane Ribeiro Viana Quinto, julgado em 29/07/2014). Aliás, por unanimidade, a Sexta Turma do STJ estabeleceu que a Lei Maria da Penha se aplica aos casos de violência doméstica contra as mulheres transsexuais (REsp n. 1.977.124/SP, relator Ministro Rogerio Schietti Cruz, Sexta Turma, julgado em 5/4/2022, DJe de 22/4/2022). Em relação à travesti, a mesma solução jurídica deve ser acatada. É fato que ela não deseja a mudança de sexo, mas a sua condição de gênero feminino abarca a proteção das medidas de urgência, segundo Damásio de Jesus[14]. Se a vítima for mulher transgênero, não há nenhum impedimento da aplicação da lei, já que, o objetivo da lei é a prevenir e punir a violência doméstica e familiar que se pratica contra a mulher em razão do gênero e não em virtude do sexo, afastando qualquer discussão doutrinária sobre o tema, mesmo que se trate de relação homossexual.

146. Aplica-se a Lei Maria da Penha à vítima do sexo masculino e relação homossexual masculina?

A Lei nº 11.340/06 exclui expressamente a vítima masculina de sua aplicação. Logo, não há a incidência da Lei Maria da Penha quando o agredido for homem. A lei foi criada justamente por isso. Mesmo quando houver relação masculina homoafetiva, a posição amplamente majoritária em sede doutriná-

13. CANO, Leandro Jorge Bittencourt e ASSUMPÇÃO FILHO, Mário Rubens. *Lei Maria da Penha (Lei 11.340/06): Dez anos de Vigência – Avanços e retrocessos, sob o ponto de vista da prática forense e da justiça restaurativa (inclui abordagem da Lei do Feminicídio)*, p. 52. Rio de Janeiro: *Lumen Juris*, 2016 e CUNHA, Rogério Sanches e PINTO, Ronaldo Batista. *Violência Doméstica. Lei Maria da Penha Comentada artigo por artigo*, p. 33. 4ª edição. São Paulo: Editora Revista dos Tribunais, 2012.
14. JESUS, Damásio de. *Violência Contra a Mulher*, p. 69. 2ª edição. São Paulo: Editora Saraiva, 2015.

ria e jurisprudencial é pela não aplicação das medidas protetivas de urgência, conforme a doutrina[15].

147. Aplica-se o princípio da insignificância nos crimes de violência doméstica?

Segundo o STF, tal princípio não é aplicável, pois "(...) comportamentos contrários à lei penal, notadamente quando exercidos com violência contra a mulher, devido à expressiva ofensividade, periculosidade social, reprovabilidade do comportamento e lesão jurídica causada, perdem a característica da bagatela e devem submeter-se ao direito penal" (RHC 133.043, Rel. Min. Cármen Lúcia, 2ª Turma, STF, DJe 23.05.2016). Este também é o entendimento do STJ exarado na Súmula 589. É indiferente o casal ter se reconciliado ou não.

148. O crime previsto no artigo 24-A, da Lei Maria da Penha (crime de descumprimento de medidas protetivas de urgência), pode ser considerado de menor potencial ofensivo?

Trata-se de crime com pena de detenção, de 3 meses a 2 anos. Por essa razão, parcela minoritária da doutrina defende que o crime de descumprimento de medidas protetivas de urgência é infração de menor potencial ofensivo, a ele se aplicando os institutos despenalizadores da Lei nº 9.099/95. No entanto, prevalece o entendimento de que se trata de crime de competência do Juízo Comum pois, embora seja tutelada de maneira imediata a Administração da Justiça, também se busca tutelar, de forma mediata, a integridade da mulher. Nesse sentido, o descumprimento das medidas protetivas de urgência se afigura como espécie de violência psicológica, gerando certo grau de temor à mulher. Assim, não se aplica a Lei nº 9.099/95 a este delito (art. 41, da Lei nº 11.340/06). Ademais, o parágrafo 2º do artigo 24-A da Lei nº 11.340/06 admite, ainda que implicitamente, a prisão em flagrante no caso do crime previsto no *caput* deste artigo, o que reforça o afastamento da Lei nº 9.099/95 em tal hipótese, uma vez que a Lei dos Juizados Especiais veda a prisão em flagrante nos crimes de menor potencial ofensivo.

149. É constitucional a determinação, sem ordem judicial, de afastamento do agressor do lar, pela autoridade policial?

15. FERNANDES, Valéria Diez Scarance. *Lei Maria da Penha. O Processo Penal no Caminho da Efetividade*, p. 123. São Paulo: Editora Atlas, 2015; JESUS, Damásio de. *Violência Contra a Mulher*, p. 69. 2ª edição. São Paulo: Editora Saraiva, 2015; ALFERES, Eduardo Henrique e Priscila Bianchini de Assunção, e GIMENES, Eron Veríssimo. *Lei Maria da Penha Explicada*, p. 25. São Paulo: EDIPRO, 2016 e GALDINO, Valéria Silva. *Dos Aspectos Controvertidos na Lei Maria da Penha*. Revista Jurídica Cesumar, v. 7, n. 2, p. 471-487, jul/dez. 2007.

Sim. O artigo 12-C, da Lei Maria da Penha, trata a medida de afastamento do lar, e prevê que a medida será determinada pela autoridade judicial, pelo delegado de polícia, quando o Município não for sede de comarca ou pelo policial quando o Município não for sede de comarca e não houver delegado disponível no momento da denúncia. O STF ao analisar o art. 12-C decidiu que é "válida a atuação supletiva e excepcional de delegados e policiais a fim de afastar agressores da convivência com as mulheres vítimas de violência doméstica e familiar caso se tornem uma ameaça à vida ou integridade física ou psicológica da vítima" (ADI 6138, Rel. Min. Alexandre de Moraes, Pleno, STF, j. 23.03.2021). Trata-se de medida excepcional, que visa à celeridade na proteção da mulher em situação de violência doméstica, quando não é possível, com a devida urgência, a autorização judicial prévia, e que não subtrai a apreciação pelo Poder Judiciário, a quem se resguarda a prerrogativa de decidir sobre a manutenção ou revogação da medida.

24. LEI DE DROGAS. LEI Nº 11.343/06

150. Para todos os crimes é cominada uma pena privativa de liberdade, a qual pode ser substituída, nos termos do artigo 44, do CP. Existe alguma exceção para essa regra?

Sim. O artigo 28, da Lei de Drogas, não trouxe a previsão de pena privativa de liberdade em seu preceito secundário. São previstas somente penas restritivas de direito, que são advertência sobre os efeitos das drogas, prestação de serviços à comunidade e medida educativa de comparecimento à programa ou curso educativo.

151. O uso de drogas é tipificado?

O legislador não tipificou o uso pretérito de drogas. Mesmo se o agente confessar o uso, não haverá crime. A lei pune apenas o perigo social representado pela detenção da droga, que deixa de existir quando ela foi consumida, de acordo com a doutrina[16].

152. Existe algum critério legal para saber se a droga se destinava a consumo pessoal?

Sim, o artigo 28, § 2º, da Lei de Drogas, estabelece que: "Para determinar se a droga destinava-se a consumo pessoal, o juiz atenderá à natureza e à quantidade

16. GONÇALVES, Vitor Eduardo Rios e BALTAZAR JUNIOR, José Paulo. *Legislação penal especial*, pág. 81. 2ª edição. São Paulo: Editora Saraiva, 2016.

da substância apreendida, ao local e às condições em que se desenvolveu a ação, às circunstâncias sociais e pessoais, bem como à conduta e aos antecedentes do agente". Nessa linha, nos autos do RE 635.659, o Ministro Alexandre de Moraes votou por fixar parâmetros para diferenciar o usuário do traficante. O ministro propôs a seguinte tese de repercussão geral (Tema 506): "nos termos do parágrafo 2º do artigo 28 da Lei 11.343/2006, será presumido usuário aquele que adquirir, guardar, ter em depósito, transportar ou trazer consigo de 25 a 60 gramas de maconha ou seis plantas fêmeas". Contudo, o julgamento do RE 635.659 está suspenso.

153. Quais são os requisitos para aplicação do redutor previsto no art. 33, § 4º, da Lei de Drogas? Esse delito é hediondo?

O agente deve ser primário, portador de bons antecedentes, não se dedicar às atividades criminosas e nem integrar organização criminosa. O Superior Tribunal de Justiça considerava tal conduta hedionda. Foi editada a Súmula 512, do STJ, com os seguintes dizeres: "a aplicação da causa de diminuição de pena prevista no art. 33, § 4º, da Lei n. 11.343/2006 não afasta a hediondez do crime de tráfico de drogas". Contudo, o STF entendeu que tal conduta não se revestia de gravidade suficiente a ser considerada hedionda, utilizando os mesmos argumentos do homicídio qualificado-privilegiado (HC 118.533/MS, Rel. Min. Ricardo Lewandowski, pleno, STF, julgado em 23.06.2018). Assim, o STJ cancelou a Súmula 512.

154. Importar semente de maconha é conduta tipificada pela Lei 11.343/06?

Trata-se de tema controvertido na jurisprudência. O STF, no julgamento do HC 144.161/SP, em 11/09/2018, decidiu que a conduta é atípica, porque a semente de maconha não pode ser considerada droga, em razão da ausência de substância Tetrahidrocanabinol. Entendeu-se, ainda, que eventual importação da semente para fins de cultivo da droga seria mero ato preparatório. No mesmo sentido, já decidiu a 6ª Turma do Superior Tribunal de Justiça (AgRG no AgInt no REsp 1616707/CE, Rel. Min. Antonio Saldanha Palheiro, DJe 20/06/2018). Em sentido diverso, decidiu a 5ª Turma do STJ, sustentando que a semente de maconha, apesar de não possuir a substância Tetrahidrocanabinol (THC), destina-se à produção da planta, e esta à substância entorpecente, sendo, pois, matéria prima para a produção de droga, conduta que se amolda ao tipo penal insculpido no artigo 33, § 1º, da Lei n. 11.343/2006, não havendo falar em atipicidade (REsp 1723739/SP, Rel. Min. Jorge Mussi, 5ª Turma, STJ, DJe 29.10.2018). Recentemente, a Terceira Seção do Tribunal julgou embargos de divergência e decidiu que a conduta de importar pequena quantidade de sementes de maconha é atípica (EREsp n. 1.624.564/SP, relatora Ministra Laurita Vaz, Terceira Seção, julgado em 14/10/2020, DJe de 21/10/2020).

155. Aplica-se o princípio da insignificância para o crime de tráfico de drogas? E para o porte de drogas para consumo pessoal?

Apesar de haverem alguns julgados do STF pela sua aplicação, o STJ tem entendido que prevalece "a diretriz no sentido de que não se aplica o princípio da insignificância aos delitos de tráfico de drogas e de uso de substância entorpecente, por se tratar de crimes de perigo abstrato ou presumido, sendo irrelevante para esse específico fim a quantidade de sementes da droga apreendida" (AgRg no REsp 1691992/SP. Rel. Min. Reynaldo Soares da Fonseca, 5ª turma, STJ, DJe 18.12.2017). No que tange ao artigo 28, da Lei de Drogas, existe um precedente do STF pela aplicação do princípio da insignificância. Todavia, as recentes decisões tanto do STJ quanto do STF são pela inaplicabilidade do princípio da insignificância para o crime de porte de drogas para consumo pessoal, visto que se trata de crime de perigo abstrato, bem como que a reduzida quantidade de drogas é da própria essência do crime, não se podendo falar que a pequena quantidade justificaria sua aplicação. Por fim, cabe ressaltar que a constitucionalidade do art. 28 da Lei de Drogas está sendo discutida nos autos do RE 635.659 (Tema 506), atualmente suspenso.

156. Existe violação de domicílio se um policial entrar na residência de um traficante em autorização judicial?

Segundo o STJ, "o crime de tráfico de drogas, na modalidade de guardar ou ter em depósito, constitui delito permanente, configurando-se o flagrante enquanto o entorpecente estiver em poder do infrator, incidindo, portanto, no caso, a excepcionalidade do art. 5 º, inciso XI, da Constituição Federal" (HC 451.502/SP, Rel. Min. Ribeiro Dantas, 5ª Turma, STJ, DJe 26.06.2018). Não obstante, a jurisprudência majoritária é de que deve existir fundadas razões para suspeitar do flagrante no caso concreto. Nesse sentido, o STF fixou a seguinte tese no Tema 280: "A entrada forçada em domicílio sem mandado judicial só é lícita, mesmo em período noturno, quando amparada em fundadas razões, devidamente justificadas a posteriori, que indiquem que dentro da casa ocorre situação de flagrante delito, sob pena de responsabilidade disciplinar, civil e penal do agente ou da autoridade, e de nulidade dos autos praticados" (RE 603616, Relator(a): GILMAR MENDES, Tribunal Pleno, julgado em 05-11-2015, ACÓRDÃO ELETRÔNICO REPERCUSSÃO GERAL - MÉRITO DJe-093 DIVULG 09-05-2016 PUBLIC 10-05-2016).

157. É possível a condenação por tráfico sem laudo definitivo que ateste a materialidade do delito?

Segundo o STJ, "nos casos em que ocorre a apreensão do entorpecente, o laudo toxicológico definitivo é imprescindível à demonstração da materialidade delitiva do delito e, nesse sentido, tem a natureza jurídica de prova, não podendo ser confundido com mera nulidade, que corresponde a sanção cominada pelo ordenamento jurídico ao ato praticado em desrespeito a formalidades legais (...) Isso, no entanto, não elide a possibilidade de que, em situação excepcional, a comprovação da materialidade do crime de drogas possa ser efetuada pelo próprio laudo de constatação provisório, quando ele permita grau de certeza idêntico ao do laudo definitivo, pois elaborado por perito oficial, em procedimento e com conclusões equivalentes. Isso porque, a depender do grau de complexidade e de novidade da droga apreendida, sua identificação precisa como entorpecente pode exigir, ou não, a realização de exame mais complexo que somente é efetuado no laudo definitivo (...) Os testes toxicológicos preliminares, além de efetuarem constatações com base em observações sensoriais (visuais, olfativas e táteis) que comparam o material apreendido com drogas mais conhecidas, também fazem uso de testes químicos pré-fabricados também chamados "narcotestes" e são capazes de identificar princípios ativos existentes em uma gama de narcóticos já conhecidos e mais comercializados (...) Nesse sentido, o laudo preliminar de constatação, assinado por perito criminal, identificando o material apreendido como cocaína em pó, entorpecente identificável com facilidade mesmo por narcotestes pré-fabricados, constitui uma das exceções em que a materialidade do delito pode ser provada apenas com base no laudo preliminar de constatação (...) De outro lado, muito embora a prova testemunhal e a confissão isoladas ou em conjunto não se prestem a comprovar, por si sós, a materialidade do delito, quando aliadas ao laudo toxicológico preliminar realizado nos moldes aqui previstos, são capazes não só de demonstrar a autoria como também de reforçar a evidência da materialidade do delito" (EREsp 1544057/RJ. Rel. Min. Reynaldo Soares da Fonseca. 3ª Seção, STJ, DJe, 09.11.2016). Em agosto de 2023, o STJ decidiu afetar os Recursos Especiais 2.048.422, 2.048.645 e 2.048.440, para julgamento sob o rito dos repetitivos, em que se decidirá a controvérsia registrada como Tema 1.206 acerca da imprescindibilidade ou desnecessidade do laudo toxicológico definitivo para comprovar o tráfico de drogas.

158. Existe algum tipo culposo na Lei de Drogas? Trata-se de crime próprio?

O crime descrito no art. 38, da Lei de Drogas, é um tipo penal que tipifica uma conduta culposa. É de se observar que ele somente pode ser cometido por quem pode prescrever (médico ou dentista) ou ministrar (farmacêutico ou enfermeiro) drogas. Logo, trata-se de crime próprio. Todavia, é de se ressaltar que, se for cometido de maneira dolosa, o agente responde pelo artigo 33, *caput*, da Lei nº 11.343/06, nas modalidades prescrever e ministrar.

159. Se o autor é preso preventivamente pelo crime de tráfico de drogas e, ao sentenciar, o juiz desclassifica o crime para o de porte de drogas para consumo pessoal, é possível aplicar o instituto da detração?

Sim, é possível. Isso porque, apesar de o artigo 28, da Lei de Drogas, não prever pena privativa de liberdade, é possível aplicar o instituto da detração e extinguir a punibilidade do autor, pois o autor cumpriu pena mais grave da que o tipo penal comina. Por óbvio, o STJ admite tal possibilidade. Inclusive, foi decidido que "seja possibilitada a detração do período em que o paciente ficou preso preventivamente nos autos da ação penal que desclassificou a conduta de tráfico para porte de droga para consumo pessoal, desde que em relação a crimes cometidos anteriormente" (HC 391.101/DF, Rel. Min. Félix Fischer, 5ª Turma, STJ, DJe 30.10.2017).

160. Qual a distinção entre agente disfarçado, agente provocador e agente infiltrado, no âmbito da Lei nº 11.343/06?

Agente provocador é aquele que instiga o agente à prática do crime, sem possuir elementos probatórios razoáveis da conduta criminal preexiste, para prendê-lo em flagrante, adotando medidas para o que o crime não se consume. Neste caso tem-se o chamado flagrante preparado, espécie de crime impossível, conforme a Súmula 145, do Supremo Tribunal Federal. Por outro lado, agente disfarçado é o agente policial que, independentemente de autorização judicial, esconde sua verdadeira identidade e atua de maneira a obter elementos de informação quanto à materialidade e autoria delitivas, sem provocar o agente, diante de causa provável que indique que o agente já tenha realizado a conduta delituosa em momento anterior, o que denota voluntariedade da conduta. Nesta hipótese, o policial se passa por eventual comprador de drogas, por exemplo, diante da informação de que determinado sujeito está vendendo drogas, caso em que o agente disfarçado poderá efetuar a prisão em flagrante do agente pelo crime previsto no art. 33, § 1º, IV, da Lei 11.343/06, não se podendo falar em flagrante preparado. Por fim, agente infiltrado é aquele que, mediante autorização judicial, se infiltra em determinada organização criminosa destinada à prática do tráfico de drogas, como se parte dela fosse, a fim de investigá-la.

161. Quando é possível a restituição de veículo apreendido em transporte de droga ilícita?

A Lei nº 14.322/2022 alterou a Lei de Drogas, que passou a prever, no artigo 60, § 5º, a vedação de restituição de veículo apreendido em transporte de droga ilícita, ainda que se prove a origem lícita do bem. Portanto, o veículo apreendido em transporte de droga ilícita não será restituído, mesmo que fique provada a sua origem lícita. Contudo, caso o veículo apreendido seja de terceiro de boa-fé, será possível a restituição

25. LEI DE IDENTIFICAÇÃO CRIMINAL. Lei 12.037/09

162. É possível a decretação de prisão preventiva unicamente pela falta identificação civil do acusado?

Segundo o STJ, não é possível tal medida. Para evitar a prisão e sanar a dúvida sobre a identidade do agente, bastaria ao juiz submeter o acusado imediatamente à identificação criminal, "sendo desnecessária a privação de sua liberdade, única e exclusivamente para esse fim, quando o Estado detém medidas menos gravosas para tanto" (RHC 76.239/PI, Rel. Min. Antônio Saldanha Palheiro, 6ª Turma, STJ, DJe 19.12.2016).

163. A coleta de material genético para identificação criminal é constitucional?

Com relação a coleta de material genético de fonte desconhecida, identificado no local do crime, não há maiores discussões, prescindindo-se, inclusive, de autorização judicial para realização de eventual perícia. Aliás, o Código de Processo Penal dispõe que a autoridade policial, ao tomar conhecimento da prática de infração penal, deverá determinar, se for o caso, a prática de exame de corpo de delito e demais perícias (art. 6º, inciso VII). A dúvida acerca da constitucionalidade da coleta de material genético surge com relação a pessoa certa e determinada, quando a fonte de coleta é conhecida e o material for extraído do corpo humano. Neste caso, a Lei nº 12.037/09 determina que a identificação do perfil genético dependerá de autorização judicial. Caso o investigado se negue a fornecer o material biológico, não há óbice à coleta de amostras descartadas voluntariamente não apenas no local do crime, mas em outros locais. Não se trata de violação ao *nemo tenetur se detegere,* pois não se está compelindo o investigado à prática de qualquer comportamento ativo ou forma invasiva de coleta. Ademais, os bancos de perfis genéticos também asseguram aos inocentes fonte de prova da ausência de autoria.

26. CRIME DE ORGANIZAÇÃO CRIMINOSA. LEIS Nºs 12.694/12 E 12.850/13

164. Existe julgamento colegiado em primeiro grau?

A Lei nº 12.694/2012 criou, de forma inédita no ordenamento jurídico brasileiro, a figura do julgamento colegiado em primeiro grau de jurisdição, em processos ou procedimentos que tenham por objeto crimes praticados por organizações criminosas, sendo que o colegiado terá competência para a prática de qualquer ato processual.

165. É constitucional o julgamento de crimes praticados por organização criminosa pelo juízo colegiado?

O Poder Legislativo de Alagoas editou uma Lei Estadual que estabelecia a criação de uma vara especializada, de titularidade coletiva, para o combate aos crimes praticados por organização criminosa. Como a Lei Estadual dispunha sobre processo, violando, em tese, o artigo 22, inciso I, da Constituição Federal, por se tratar de matéria legislativa privativa da União, houve a propositura da Ação Direta de Inconstitucionalidade nº 4.414/AL. O STF, nessa oportunidade, decidiu pela constitucionalidade do julgamento colegiado, "como fator de reforço da independência judicial" (ADI 4.414/AL. Rel. Min. Luiz Fux, pleno, STF, DJe 17.06.2013).

166. O julgamento colegiado é formado quando houver risco à integridade física do juiz, nos termos do artigo 1º, § 1º, da Lei nº 12.694/12. Como ele é formado depois do cometimento do fato criminoso, há ferimento ao princípio do juiz natural?

De acordo com Aury Lopes Junior[17], "trata-se de uma autorização legal até então desconhecida pelo sistema nacional e quem tem sido objeto de severas críticas, na medida em que pode representar a violação da garantia do juiz natural. Isso porque o órgão tem que ser definido previamente à prática do crime. Ou seja, é a garantia de ser julgado por um juiz cuja competência é preestabelecida em lei e não por um órgão colegiado criado *ad hoc*, ou seja, para aquele caso penal e aquele ato procedimental, conforme a discricionariedade de um outro juiz. Trata-se de uma medida de duvidosa constitucionalidade, no mínimo". Porém, para a maioria da doutrina[18], não há nenhuma incompatibilidade da formação do colegiado com o princípio do juiz natural. Adverte Guilherme de Souza Nucci: "Composição do colegiado e juiz natural: forma-se pela reunião do juiz do feito (inquérito ou processo), mas dois magistrados de primeiro grau, com competência criminal, escolhidos aleatoriamente, por sorteio eletrônico. Não vemos lesão ao princípio constitucional do juiz natural e imparcial, pois há expressa previsão legal para a instauração do colegiado. Diante disso, não se forma um tribunal de exceção. Além de tal aspecto, o colegiado possui, como um de seus integrantes nato, o juiz da causa, logo, natural. Os outros dois que a ele se juntarão não são escolhidos por indicação, amizade ou outro critério abusivo, mas por sorteio eletrônico. O processo é totalmente aleatório. Enfim, três juízes, naturais para a causa, pois isentos, são selecionados, conforme expressa e prévia disposição legal".

17. LOPES JR., Aury. *Direito Processual Penal*, págs. 278/279. 14ª edição. São Paulo: Saraiva, 2017.

18. NUCCI, Guilherme de Souza. *Leis Penais e Processuais Comentadas, Vol. 2*, p. 57. 9ª edição. Rio de Janeiro: Editora Forense, 2016. No mesmo, sentido Eugênio Pacelli (PACELLI, Eugênio. *Curso de Processo Penal*, p. 842. 21ª edição. São Paulo: Atlas, 2017).

167. O artigo 1º, § 3º, da Lei 12.694/12 dispõe que "a competência do colegiado limita-se ao ato para o qual foi convocado". Desse modo, há a possibilidade da formação de mais de um colegiado por processo. Essa disposição fere a identidade física do juiz?

Parte da doutrina[19] entende que não há nenhuma incompatibilidade na Lei nº 12.694/2012, desde que todos os juízes que lançarão uma decisão participem do ato instrutório, como a colheita de provas, por exemplo. Por outro lado, é claro que a formação de mais de um colegiado no mesmo processo poderá acarretar gravíssimos erros judiciais. A lei nº 12.694/2012 estabeleceu, de forma equivocada, que a formação do colegiado limita-se ao ato para o qual foi praticado. Imagine-se que um mesmo processo demande a formação de um colegiado para a decretação da prisão preventiva. Logo em seguida, fatalmente, haveria um pedido de liberdade provisória, o que acarretaria a formação de outro colegiado em um prazo muito exíguo, já que, por óbvio, o juiz natural, no dia seguinte, não deixaria de sentir risco à sua integridade física. Sem dúvida alguma a situação traria grave prejuízo ao acusado, bem como à efetividade do processo, conforme Aury Lopes Junior[20].

168. A Lei nº 12.694/12 criou a figura do juiz sem rosto?

Juiz sem rosto é aquele anônimo, que não pode ser identificado no momento em que exerce sua função jurisdicional. Havendo a possibilidade de ocultar a identidade do magistrado, fatalmente estaríamos diante da inevitável violação ao princípio do juiz natural, uma vez que poderia haver a escolha de um juiz predeterminado, impossibilitando o controle judicial sobre seus atos. Defesas processuais podem se basear em exceção de suspeição ou impedimento, por exemplo, o que ficaria inviabilizado diante a da ocultação da identidade do juiz. Verifica-se que, nesse aspecto, a lei brasileira em nada se confunde com o juiz sem rosto ou o juiz anônimo, uma vez que é possível identificar quem são os julgadores do órgão colegiado formado para o julgamento de crimes praticados por organização criminosa. Não houve menção a nenhuma medida que impossibilitasse o conhecimento do julgador, não havendo se falar em inconstitucionalidade da lei por violação ao princípio do juiz natural nesse aspecto.

169. A Lei nº 12.694/2012 violou o princípio da publicidade e o da fundamentação das decisões judiciais?

---

19. NUCCI, Guilherme de Souza. Leis Penais e Processuais Comentadas, Vol. 2, p. 58. 9ª edição. Rio de Janeiro: Editora Forense, 2016 e PACELLI, Eugênio. *Curso de Processo Penal*, págs. 843-844. 21ª edição. São Paulo: Altas, 2017.

20. LOPES JR., Aury. *Direito Processual Penal*, p. 279. 14ª edição. São Paulo: Saraiva, 2017.

Verifica-se que a falta de menção ao voto divergente (art. 1º, § 6º, da Lei nº 12.694/2012) macula a constitucionalidade da lei. Não há como admitir que, apesar de haver referência ao julgador, seja omitido o conteúdo de sua decisão. As garantias processuais da publicidade e da motivação das decisões judiciais estão umbilicalmente ligadas, pois representam a forma pela qual poderá ser exercido um controle da atividade jurisdicional, tanto pelas partes quanto pelo próprio público em geral. A publicidade é uma garantia política da própria democracia, a qual pode ser exercida pela verificação do escorreito exercício da função jurisdicional, principalmente para garantir que o juiz seja imparcial e independente, conforme Antônio Magalhães Gomes Filho[21].

170. O crime de organização criminosa passou a ser tipificado, no ordenamento jurídico brasileiro, a partir de qual lei?

A Lei nº 9.034/95 definiu e regulou meios de prova e procedimento investigatórios que versavam sobre ilícitos decorrentes de ações praticadas por quadrilha ou bando ou organizações ou associações criminosas de qualquer tipo (art. 1º, com redação dada pela Lei nº 10.217/2001). Todavia, foi omissa quanto à definição de organização criminosa. A Convenção de Palermo, aprovada, no Brasil, pelo Decreto Legislativo nº 231, de 29 de maio de 2003, e ratificada pelo Decreto nº 5015, de 12 de março de 2004, definiu no artigo 2ª, alínea "a", "Grupo criminoso organizado – grupo estruturado de três ou mais pessoas, existente há algum tempo e atuando concentradamente com o propósito de cometer uma ou mais infrações graves ou enunciados na presente Convenção, com intenção de obter, direta ou indiretamente, um benefício econômico ou outro benefício material". Como as convenções internacionais são recebidas no direito brasileiro, em regra, com *status* de lei federal, o STJ decidiu que organização criminosa estava definida em nosso ordenamento jurídico (HC 77.771/SP, Rel. Min. Laurita Vaz, 5ª Turma, STJ, DJ 22.09.2008). Todavia, existia uma crítica doutrinária, tendo em vista que o tipo penal deveria ser criado por lei em sentido estrito, violando o princípio da taxatividade. Assim, em 2013, o STF decidiu que não havia tipificação para o crime de organização criminosa, pois "a existência de tipo penal pressupõe lei em sentido formal e material" (HC 96.007/SP. Rel. Min. Marco Aurélio, 1ª Turma, STF, DJ 08.02.2013). A Lei 12.694/12 definiu organização criminosa para fins de sua aplicação (art. 2º), mas não tipificou sua conduta, a qual somente veio acontecer com a edição da Lei 12.850/13 (art. 1º, § 1º).

171. O crime de organização criminosa é um crime de concurso necessário?

21. FILHO, Antônio Magalhães Gomes. *A Motivação das Decisões Penais,* p. 42. 2ª edição. São Paulo, Editora Revista dos Tribunais, 2013.

Sim, uma vez que exige a presença de, no mínimo, quatro integrantes. Por sua vez, a associação criminosa, descrita no art. 288, do CP, exige a presença de, no mínimo três integrantes, assim como a associação para fins de genocídio (art. 2º, da Lei nº 2.889/56). Por fim, a associação para o tráfico exige a presença de apenas duas pessoas (art. 35, da Lei de Drogas). A exigência de, no mínimo, quatro integrantes para o crime de organização criminosa, está na contramão da legislação internacional e da própria Convenção de Palermo, que exige o número mínimo de três integrantes.

172. A pena é majorada se há presença de criança ou adolescente, de acordo com o artigo 2º, § 4º, inciso I, da Lei nº 12.850/13. Nesse caso, haverá concurso de crimes com o artigo 244-B, do ECA (corrupção de menores), ou haverá *bis in idem*?

Segundo a doutrina[22], "(...) o art. 2º da LCO contempla um crime plurissubjetivo, plurilateral ou de concurso necessário. Destarte, basta que um dos integrantes da organização seja maior de idade e plenamente imputável. Se os demais forem crianças ou adolescentes, estará caracterizado o delito, inclusive com a incidência da causa de aumento da pena para o agente dotado de culpabilidade, sendo certo que a opção pelo grau de elevação da sanção deve vincular-se ao número de crianças ou adolescentes encontrados na organização. A propósito, a participação de criança ou adolescente na associação criminosa também acarreta a caracterização da corrupção de menores, disciplinada pelo art. 244-B da Lei 8.069/90 (ECA), para o(s) agente(s) culpáveis". Esse crime, de natureza formal, independe de prova da efetiva deturpação moral do menor de 18 anos, pois se constitui em crime de perigo. É o que se extrai da Súmula 500 do STJ: "A configuração do crime previsto no art. 244-B do Estatuto da Criança e do Adolescente independe da prova da efetiva corrupção do menor, por se tratar de delito formal".

173. Se houver indícios de participação de policial em organização criminosa, a lei prevê alguma consequência?

Segundo o artigo 2º, § 7º, da Lei nº 12.850/13, "Se houver indícios de participação de policial nos crimes de que trata esta Lei, a Corregedoria de Polícia instaurará inquérito policial e comunicará ao Ministério Público, que designará membro para acompanhar o feito até a sua conclusão". Vale destacar que tal dispositivo não impede a investigação do Ministério Público, que possui poderes investigatórios, reconhecidos pelo STF (RE 593.727/MG, Rel. Min. Cezar Peluso, pleno, STF, DJe 08.09.2015).

22. MASSON, Cleber e MARÇAL, Vinícius. *Crime organizado*, pág. 87. 4ª ed., rev., atual. e ampl. Rio de Janeiro: Forense; São Paulo: MÉTODO, 2018.

174. O que é síndrome de Dom Casmurro ou quadros mentais paranoicos?

O artigo 4º, § 6º, da Lei nº 12.850/13, impediu a participação do juiz na fase investigativa, para privilegiar o processo penal acusatório, o que fez de modo acertado. Todavia, a Lei nº 9.034/95, em seu art. 3º, previa a possibilidade de o juiz realizar diligência pessoalmente, trazendo um verdadeiro sistema inquisitório. Tal previsão foi chamada pela doutrina[23] de quadros mentais paranoicos, ou seja, ao conferir ao juiz a possibilidade de investigar e julgar, haveria destruição completa do processo penal democrático, pois o juiz que vai atrás das provas primeiro decide e depois vai atrás das provas que justificam a decisão, que já foi tomada, passando a fazer quadros mentais paranoicos. Síndrome de Dom Casmurro é sinônimo de quadros mentais paranoicos. Segundo o romance de Machado de Assis, Bentinho (apelidado de Dom Casmurro) casou-se com Capitu, teve um filho chamado Ezequiel e um amigo chamado Escobar. Na morte de seu amigo, Capitu contemplou demais o cadáver, o que fez com que Dom Casmurro imaginasse uma traição havida entre sua esposa e seu amigo, chegando a enxergar em Ezequiel traços de feição de Escobar. Assim, Dom Casmurro teria uma ideia pré-determinada de algo e apenas procuraria provas para embasá-la, afastando-se da verdade dos fatos.

175. *Whistleblower* (ou tocadores de apito) é sinônimo de colaborador (arts. 4º ao 7º, da Lei nº 12.850/13)?

Segundo a doutrina[24], "apesar de algumas semelhanças, o *whistleblower* – "reportante do bem" – não se confunde com a figura do colaborador (LCO, arts. 4º ao 7º). Ao contrário do que sucede com este, o *tocador de apito* não é coautor ou partícipe de crime algum. Ao prestar suas declarações e entregar evidências do crime, o colaborador almeja a conquista de prêmios processuais (perdão judicial; redução de pena; imunidade etc.). O *whistleblower*, por seu turno, não visa nada disso, mesmo porque ele não é investigado/processado pelos crimes e ilícitos administrativos que resolveu denunciar. Em seu favor, outras benesses (fora da seara processual) podem ser instituídas, dentre as quais, a recompensa financeira".

176. Qual a natureza jurídica da colaboração premiada?

Segundo o STF, a colaboração premiada constitui meio de obtenção de prova e é "(...) um negócio jurídico processual, uma vez que, além de ser qualificada

23. MASSON, Cleber e MARÇAL, Vinícius. *Crime organizado*, pág. 175/176. 4ª ed., rev., atual. e ampl. Rio de Janeiro: Forense; São Paulo: MÉTODO, 2018.

24. MASSON, Cleber e MARÇAL, Vinícius. *Crime organizado*, pág. 168). 4ª ed., rev., atual. e ampl. Rio de Janeiro: Forense; São Paulo: MÉTODO, 2018.

expressamente pela lei como "meio de obtenção de prova", seu objeto é a cooperação do imputado para a investigação e para o processo criminal, atividade de natureza processual, ainda que se agregue a esse negócio jurídico o efeito substancial (de direito material) concernente à sanção premial a ser atribuída a essa colaboração" (HC 127.483/PR, Rel. Min. Dias Toffoli, pleno, STF, DJe 04.02.2016). O Pacote Anticrime alterou a Lei nº 12.850/13, inserindo o artigo 3º-A, trazendo previsão expressa da natureza jurídica de negócio jurídico do acordo de colaboração premiada.

177. O Poder Judiciário pode compelir o Ministério Público a celebrar acordo de colaboração premiada?

Inexiste direito líquido e certo a compelir o Ministério Público à celebração de acordo de colaboração premiada, diante das características do acordo e da necessidade de distanciamento do Estado-juiz do cenário investigativo no sistema acusatório. Conforme já decidiu o STF, o acordo de colaboração premiada, além de meio de obtenção de prova, é negócio jurídico processual personalíssimo, cuja conveniência e oportunidade estão submetidas à discricionariedade regrada do Ministério Público e não ao Judiciário. (MS 35693 AgR, Min. Relator Edson Fachin, Segunda Turma, STF, DJe 2ª.07.2020).

178. O Delegado de Polícia pode firmar acordo de colaboração premiada?

Existe uma divergência doutrinária, uma vez que o Ministério Público é titular da ação penal e não haveria como o Delegado de Polícia entabular acordo de colaboração, já que ele sequer tem capacidade postulatória. Assim, houve a propositura de ADI, por parte do PGR. Todavia, o STF julgou improcedente a ação e considerou constitucional a possibilidade de delegados de polícia realizarem acordos de colaboração premiada na fase do inquérito policial, desde que haja manifestação do Ministério Público, posteriormente, na forma do artigo 4º, § 7º, da Lei 12.850/13 (ADI 5508/DF, Rel. Min. Marco Aurélio, pleno, STF, julgado em 20.06.2018).

179. O que é pré-acordo de colaboração premiada (*queen for a day* ou *proffer session*)?

O pré-acordo é a fase de negociação da colaboração premiada, em que o Ministério Público se compromete a não utilizar aquilo que o colaborador apresentar contra ele próprio. Segundo Andrey Borges de Mendonça[25]: "Para

25. MENDONÇA, Andrey Borges de. *A Colaboração premiada e a nova Lei do Crime Organizado (Lei 12.850/2013)*. Custos Legis – Revista Eletrônica do Ministério Público Federal, v. 4, 2013.

tanto pode ser firmado um pré-acordo, indicando que as provas produzidas antes da concretização do acordo não poderão ser usadas, o que deve ser respeitado. Assim, para que o réu/investigado colaborador não fique em situação desconfortável, enquanto o acordo não for formalizado, o membro do MP não deve utilizar, em hipótese alguma, os elementos e provas apresentados nestas reuniões preliminares pelo colaborador em seu desfavor. Nos EUA são chamadas *proffer session*, também denominadas "queen for a day". E caso o acordo não se concretize ao final, deve-se desconsiderar todas as informações apresentadas pelo colaborador durante as tratativas. Do contrário, haveria afronta ao dever de lealdade, que deve pautar a atuação do membro do MP. Assim, somente após a realização do acordo definitivo (por escrito e homologado) é que o membro estará autorizado a utilizar das provas e elementos apresentados pelo colaborador". A lei nº 12.850/13, em sua redação original, era silente sobre o assunto, o que motivou a expedição da Orientação Conjunta n. 01/2018, pelas 2ª e 5ª Câmaras de Coordenação e Revisão do Ministério Público Federal, para tratar da temática. Posteriormente, o Pacote Anticrime introduziu os artigos 3º-B e 3º-C, na Lei 12.850/13, que tratam da matéria.

180. A ação controlada exige autorização judicial?

Segundo o art. 8º, § 1º, da Lei nº 12.850/13, a ação controlada não exige autorização, mas apenas comunicação ao juízo. A ação controlada na Lei do Terrorismo (art. 16, da Lei nº13.260/16) e do Tráfico de Pessoas (art. 9º, da Lei nº 13.344/16) segue a mesma regra da Lei de Organização Criminosa. Todavia, a Lei de Lavagem de Capitais (art. 4º-B, da Lei nº 9.613/98) e a Lei de Drogas (art. 53, inciso II, e parágrafo único, da Lei nº 11.343/06) exigem autorização judicial para a realização de ação controlada. Por fim, a Lei nº 9.034/95 não exigia autorização judicial e era chamada de "ação controlada descontrolada".

181. A Lei nº 13.964/19 alterou a Lei nº 12.694/12 para prever a possibilidade de criação de Varas Criminais colegiadas pelos Tribunais de Justiça e Tribunais Regionais Federais (Art. 1º-A). Houve revogação tácita do artigo 1º da Lei nº 12.694/12, isto é, do sistema de colegiado de 1º grau?

O artigo 1º-A, da Lei nº 12.694/12, introduzido pelo Pacote Anticrime, prevê a possibilidade de Tribunais de Justiça e Tribunais Regionais Federais instalarem, nas comarcas sedes de Circunscrição ou Seção Judiciária, Varas Criminais Colegiadas, para processamento e julgamento de crimes de pertinência a organizações criminosas armadas ou que tenham armas à disposição, do crime previsto no artigo 288-A, do Código Penal, e das infrações penais conexas aos crimes citados anteriormente. Em que pese o artigo 1º-A, § 2º, da Lei 12.694/12 dispor que o juiz deverá declinar da sua competência e remeter os autos à Vara Criminal Colegiada de sua Circunscrição ou Seção Judiciária, não se considera revogado o juízo colegiado de 1º grau, pois referida remessa só será possível nas hipóteses em que a Vara Criminal tiver sido instalada, sendo possível a formação de colegiado de 1º grau quando inexistente Varas Criminais Colegiadas na Circunscrição ou Seção Judiciária, ou ainda quando se tratar de organização criminosa não armada.

27. TERRORISMO. LEI 13.260/2016

182. No que consiste a "Ticking Time Bomb Scenario Theory" (Teoria do Cenário da Bomba-Relógio)?

A chamada *Ticking Time Bomb Scenario Theory* é, de acordo com a doutrina[26], "uma formulação que visa, por meio da tortura de suspeitos, conhecer ou integrar planos de ataques terroristas, a obtenção pelo Estado de informações específicas e essenciais em prol da resolução de uma situação extrema que põe em perigo a vida de um grande número de pessoas. Trata-se de uma técnica em caráter de emergência que objetiva prevenir e/ou combater atos terroristas iminentes, desativando o "cenário da bomba-relógio". Essa teoria não pode ser adotada porque viola todas as convenções de Direitos Humanos, bem como o próprio Estado Democrático de Direito. A vedação à tortura é um princípio absoluto.

183. Na prática de terrorismo, existe punição para os atos preparatórios?

Sim, desde que com o propósito inequívoco de consumar o crime (art. 5º, *caput*, da Lei nº 13.260/16). Vale lembrar que a pena pode ser diminuída de um quarto até a metade (art. 5º, parágrafo único, da Lei do Terrorismo).

184. A Lei nº 13.260/16 pune os atos preparatórios, de acordo com o artigo 5º. Todavia, o artigo 10, da referida lei, dispõe que "mesmo antes de iniciada a execução do crime de terrorismo, na hipótese do art. 5º desta Lei, aplicam-se as disposições do art. 15 do Decreto-Lei nº 2.848, de 7 de dezembro de 1940 – Código Penal". Se são punidos os atos preparatórios, aplica-se a desistência voluntária, descrita no artigo 15, do CP?

---

26. ALMEIDA, Débora de Souza, ARAÚJO, Fábio Roque, GOMES, Luiz Flávio, CUNHA, Rogério Sanches e BATISTA, Ronaldo. *Terrorismo: Comentários, artigo por artigo, à Lei 13.260/2016 e Aspectos Criminológicos e Políticos-Criminais*, pág. 75. Salvador: Editora Juspodivm, 2017.

Segundo a doutrina[27], "a interrupção dos atos preparatórios, por vontade do agente, lhe faz credor de um prêmio. O agente só vai responder "pelos atos já praticados" (parte final do art. 15). Ou seja: o prêmio consiste em o agente (que interrompeu os atos preparatórios) não responder penalmente pelo crime de terrorismo em nenhuma das suas formas. Nisso se esgota o direito premial. Mas o agente responde "pelos atos praticados" se forem previstos no direito penal comum: porte de explosivos, porte de arma, falsidade de um documento etc. São crimes diversos dos previstos na lei do terrorismo, são crimes periféricos (do direito penal comum). Note-se: o agente só responde por aquilo que objetivamente acontecera, porque, do ponto de vista subjetivo, seu propósito inicial era o terrorismo, do qual ele desistiu. Tendo desistido do terrorismo, não responderá por nada neste delito. Seria uma contradição "premiar" o desistente punindo-o pela lei do terrorismo".

28. TRATAMENTO JURÍDICO DO TRÁFICO DE PESSOAS. LEI Nº 13.344/16

185. Quanto às disposições processuais, o juiz pode tomar alguma medida, de ofício, no âmbito da Lei nº 13.344/16?

Sim. De acordo com o artigo 8º da Lei nº 13.344/16, que estabelece que "o juiz, de ofício, a requerimento do Ministério Público ou mediante representação do delegado de polícia, ouvido o Ministério Público, havendo indícios suficientes de infração penal, poderá decretar medidas assecuratórias relacionadas a bens, direitos ou valores pertencentes ao investigado ou acusado, ou existentes em nome de interpostas pessoas, que sejam instrumento, produto ou proveito do crime de tráfico de pessoas, procedendo-se na forma dos arts. 125 a 144-A do Decreto-Lei nº 3.689, de 3 de outubro de 1941 (Código de Processo Penal)".

186. O consentimento da vítima exclui o crime de tráfico de pessoas?

Em regra, o consentimento da vítima não exclui o crime de tráfico de pessoas, porque praticado mediante ameaça, violência, coação, fraude ou abuso. No entanto, a doutrina sustenta que não sendo a vítima vulnerável e não tendo o consentimento sido obtido por meio de ameaça, violência, coação, fraude ou abuso, admite-se o consentimento, que neste caso excluirá o crime. Em sentido contrário, Cleber Masson sustenta que o consentimento do ofendido

27. ALMEIDA, Débora de Souza, ARAÚJO, Fábio Roque, GOMES, Luiz Flávio, CUNHA, Rogério Sanches e BATISTA, Ronaldo. *Terrorismo: Comentários, artigo por artigo, à Lei 13.260/2016 e Aspectos Criminológicos e Políticos-Criminais*, pág. 261. Salvador: Editora Juspodivm, 2017.

não exclui o crime neste caso, pois o agente busca atacar bem jurídico indisponível, circunstância que anula o assentimento da vítima[28].

29. ABUSO DE AUTORIDADE. LEI Nº 13.869/19

187. O que motivou a aprovação da nova Lei de Abuso de Autoridade?

Aqueles que atuam em nome do Estado devem fazê-lo objetivando o interesse público. Nesse sentido, um diploma normativo que imponha deveres aos agentes públicos é de extrema relevância para coibir o abuso de poder. Não se desconhece a existência da anterior legislação que tratava sobre abuso de autoridade, no entanto, a antiga lei previa sanções penais que não viabilizavam a prevenção e a reprovação da conduta, tendo em vista que a maior pena privativa de liberdade ali cominada era de seis meses. Portanto, além de se permitir a incidência dos institutos despenalizadores, previstos na Lei nº 9.099/95, o prazo da prescrição da pretensão punitiva que incidia era bastante exíguo. Nesse contexto, oportunamente se editou a nova Lei de Abuso de Autoridade. Todavia, parcela da doutrina faz uma crítica quanto a real intenção que teria motivado a aprovação da norma em destaque, mormente porque, no momento de sua aprovação, corria a todo vapor a operação nomeada "Lava Jato". A celeridade e a opção pela votação simbólica, naquele cenário, denotam o possível intento de engessar a atuação dos agentes públicos no combate à corrupção por aqueles que possam ter se sentido de certa forma intimidados com a operação.

188. Qual o elemento subjetivo dos tipos penais previstos na Lei de Abuso de Autoridade?

Em regra, é o dolo, acrescido de um especial fim de agir, isto é, elemento subjetivo específico, consistente na vontade de prejudicar outrem ou beneficiar a si mesmo ou terceiro, ou, ainda, o mero capricho ou satisfação pessoal. Saliente-se que na conduta voltada a beneficiar alguém, o benefício deve ser entendido como vantagem de qualquer espécie, seja ela de cunho moral ou patrimonial. Portanto, em regra, os crimes previstos na Lei de Abuso de Autoridade são crimes de intenção ou delitos de tendência interna transcendente, mais especificamente, delitos de resultado cortado, pois, embora seja imprescindível o elemento subjetivo específico, sem o qual a conduta será considerada atípica para os fins da Lei de Abuso de Autoridade, não é necessário que o sujeito ativo efetivamente alcance a finalidade pretendida.

28. MASSON, Cleber. *Código Penal Comentado*, p. 686. 6ª ed., rev., atual. e ampl. São Paulo: Método, 2018.

189. Os crimes previstos na Lei de Abuso de Autoridade são puníveis a título de dolo eventual?

Parcela da doutrina defende que o elemento subjetivo especial do tipo na Lei de Abuso de Autoridade é incompatível com responsabilização a título de dolo eventual. Por outro lado, vertente doutrinária diversa sustenta não haver qualquer incompatibilidade entre o especial fim de agir do injusto com o dolo eventual[29].

190. O que é crime de hermenêutica? Admite-se esta figura no Brasil?

Crime de hermenêutica, expressão cunhada por Rui Barbosa[30], é a figura delituosa que criminaliza a interpretação jurídica, fática ou probatória feita pelo agente público. A Lei de Abuso de Autoridade prevê que a divergência na interpretação da lei ou avaliação de fatos e provas não configura abuso de autoridade (art. 1º, § 2º), isso porque o exercício dessas atividades pressupõe certa subjetividade. Todavia, a interpretação teratológica, desproporcional, que contrarie, por exemplo, a literalidade da norma ou até mesmo entendimentos firmados com efeito vinculante pelos Tribunais Superiores, não estará abarcada pela excludente de dolo de que trata a lei (Enunciado 2 do Conselho Nacional de Procuradores-Gerais dos Ministérios Públicos dos estados e da União (CNPG) e do Grupo Nacional de Coordenadores de Centro de Apoio Criminal (GNCCRIM)).

191. A não realização da audiência de custódia no prazo legal tipifica crime de abuso de autoridade?

Há divergência na doutrina acerca do assunto. Uma corrente doutrinária sustenta que a não realização de audiência de custódia no prazo legal não configura crime de abuso de autoridade em razão da ausência de previsão expressa na lei neste sentido. Assim, o enquadramento da conduta em algum dos tipos previstos na lei configuraria *analogia in malam partem.* Por outro lado, há entendimento em sentido contrário, segundo o qual, a não realização da audiência no prazo legal, sem motivação idônea, acarretará a consequente ilegalidade da prisão, tipificando o crime do art. 9º, parágrafo único, inciso I, da Lei nº 13869/19, desde que presente o especial fim de agir, exceto em caso de imediata determinação do relaxamento da prisão pelo juiz logo após o recebimento do auto de prisão em flagrante. Isso porque, neste caso, haveria, para essa corrente, uma prisão manifestamente ilegal, não relaxada dentro do

29. LIMA, Renato Brasileiro. *Legislação Criminal Especial Comentada,* pg. 59. 8ª ed. rev., atual. e ampl. Salvador: Juspodivm, 2020.

30. BARBOSA, Rui. *Obras Completas de Rui Barbosa.* Vol. XIII. Tomo III. Ministério da Educação e Cultura. Rio de Janeiro, 1896. p. 228.

prazo razoável pela autoridade judiciária, conforme prevê o artigo 310, §4º, do CPP.

192. Quais são as penas restritivas de direitos previstas na Lei de Abuso de Autoridade? Quais são requisitos exigidos para a substituição da pena privativa de liberdade?

A lei de abuso de autoridade prevê como penas restritivas de direito substitutivas a prestação de serviços à comunidade ou a entidades públicas e a suspensão do exercício do cargo, da função ou mandato, com a perda dos vencimentos e das vantagens, de um a seis meses. Todavia, a lei deixou de prever os requisitos para esta substituição, adotando-se, na ausência de previsão específica, os critérios do Código Penal. Portanto, exige-se que a pena privativa de liberdade não seja superior a quatro anos, em caso de crime doloso, que o crime não tenha sido praticado com violência ou grave ameaça, bem como que o réu não seja reincidente em crime doloso. A doutrina, neste ponto, faz ressalva com relação aos critérios de aplicação da prestação de serviços à comunidade, pois o Código Penal determina que a medida será aplicável apenas nas condenações superiores a seis meses de privação de liberdade. Caso este critério fosse adotado para os crimes de abuso de autoridade, seria possível que o agente condenado à pena de seis meses tivesse a pena substituída pela suspensão do cargo, em razão da vedação à substituição pela prestação de serviços à comunidade, ao passo que àquele condenado com pena superior a 6 meses fosse determinada a prestação de serviços à comunidade, havendo um contrassenso. Por essa razão, defende-se a não aplicação do artigo 46, *caput*, do Código Penal aos crimes de abuso de autoridade.

193. A condução coercitiva manifestamente descabida do ofendido configura o crime previsto no artigo 10 da Lei nº 13.869/2019?

Não. O tipo penal apenas tratou da condução coercitiva do investigado e da testemunha, não sendo possível enquadrar a conduta da condução coercitiva do ofendido, manifestamente descabida, no tipo em análise, sob pena de analogia *in malam partem*.

194. A lei de abuso de autoridade tipifica a decretação de medida de privação de liberdade em manifesta desconformidade com as hipóteses legais. O que se entende por "manifesta desconformidade com as hipóteses legais"?

Trata-se de previsão com alto grau de abstração, a exemplo de outros dispositivos contidos na Lei de Abuso de Autoridade, o que inclusive ensejou o ajuizamento de diversas Ações Diretas de Inconstitucionalidade (ADIs 6234,

6236, 6238, 6239, 6240, 6266), sob o fundamento de violação ao princípio da taxatividade. Todavia, diante da lacuna legislativa, a doutrina define que a hipótese seria de ilegalidade flagrante, onde não há espaço para interpretação contrária pelo agente público, como, por exemplo, a decretação de prisão temporária na fase processual.

195. Qual a distinção entre o crime previsto no artigo 13, inciso III, da Lei nº 13.869/19 e o crime de tortura-confissão (artigo 1º, alínea "a", da Lei nº 9.455/97)?

Em ambos os crimes o agente constrange o ofendido a produzir prova contra si ou contra terceiro e em ambos a conduta pode ser praticada mediante emprego de violência ou grave ameaça. No entanto, o crime previsto no artigo 13, inciso III, da Lei nº 13.869/19 também pode ser praticado com redução da capacidade da vítima, o que não se admite quanto a tortura-confissão. Ademais, o constrangimento de preso ou detento é crime próprio, enquanto a tortura-confissão é crime comum. Além disso, o crime de tortura-confissão exige que o agente cause sofrimento físico ou mental à vítima, o que não se exige na Lei de Abuso de Autoridade. Por fim, se distinguem com relação ao elemento subjetivo especial, que na Lei de Tortura é a obtenção de informação, declaração ou confissão da vítima ou de terceira pessoa, e na Lei de Abuso de Autoridade é prejudicar outrem, beneficiar a si mesmo ou a terceiro, ou mero capricho ou satisfação pessoal.

196. É possível conduzir um suspeito até a delegacia para averiguação sem que ele esteja em situação de delito flagrante?

Trata-se de medida reprovável, uma vez que não existe no nosso ordenamento jurídico a prisão por averiguação, podendo a conduta ensejar a prática de abuso de autoridade.

197. Se um policial militar comete um abuso de autoridade contra um civil, qual a Justiça competente para julgá-lo?

Com o advento da Lei nº 13.491/17, que alterou o Código Penal Militar, foi ampliada a competência da Justiça Castrense. Segundo o artigo 9º, inciso II, alínea "b", do CPM, "Consideram-se crimes militares, em tempo de paz, os crimes previstos neste Código e os previstos na legislação penal, quando praticados por militar em situação de atividade ou assemelhado, em lugar sujeito à administração militar, contra militar da reserva, ou reformado, ou assemelhado, ou civil", a Justiça Militar passou a ter competência para julgar os delitos previstos na legislação penal ordinária (por exemplo, delito de abuso de autoridade), quando praticados por militares em um dos contextos descritos no inciso II do dispositivo legal mencionado. Portanto, ainda que o delito não esteja previsto no Código Penal Militar, será considerado crime militar quando praticado por militar em serviço ou em razão de suas funções. Ocorreu *"overruling"* da Súmula nº 172 do C. Superior Tribunal de Justiça, cujo enunciado dizia que competia à Justiça Comum processar e julgar crime militar por crime de abuso de autoridade, ainda que praticado em serviço.

198. A Lei nº 14.321/2022 (Lei Mariana Ferrer) introduziu um novo tipo penal na Lei de Abuso de Autoridade, o artigo 15-A, que trata da violência institucional. O advogado pode figurar como sujeito ativo deste crime?

Salvo quando nomeado para atuar como defensor dativo, atuando transitoriamente em função pública, o advogado não pode figurar como autor imediato do crime de violência institucional. O artigo 15-A, assim como os demais delitos da Lei de Abuso de Autoridade, é crime próprio, que só pode ser praticado por agente público, assim definido no art. 2º da Lei nº 13.869/2019. Contudo, vale ressaltar que o particular poderá configurar como partícipe do delito ou, a depender do caso concreto, responder por outros delitos, como injúria (art. 140, do CP), ameaça (art. 147, do CP) ou violência psicológica (art. 147-B, do CP).

14

DIREITO PROCESSUAL PENAL

Fernando Ferreira Abreu

Sumário: 1. Princípios do Processo Penal – **2.** Juiz das Garantias – **3.** Inquérito Policial – **4.** Ação Penal – **5.** Da Competência – **6.** Questões e Processo Incidentes. Medidas Assecuratórias – **7.** Das Provas – **8.** Prisão, Medidas Cautelares e Liberdade Provisória – **9.** Processo e Procedimento – **10.** Procedimento do Tribunal do Júri – **11.** Nulidades e Recursos – **12.** Lei de Execução Penal – **13.** Revisão Criminal – *Habeas Corpus*.

1. PRINCÍPIOS DO PROCESSO PENAL

1. O que significa *ne bis in idem*?

O princípio do *ne bis in idem* consiste no fato de que ninguém pode ser processado duas vezes pela mesma imputação, considerando-se que as ações penais são idênticas quando o polo passivo, acusado, e o fato imputado ao agente sejam os mesmos.

2. Discorra sobre o princípio da presunção da inocência enquanto regra probatória e regra de tratamento.

De acordo com o art. 5º, LVII, Constituição Federal: "Ninguém será considerado culpado até o trânsito em julgado de sentença penal condenatória".

Desse princípio, com sede na Constituição, decorre sua análise doutrinária como regra probatória e regra de tratamento.

Enquanto regra probatória, o princípio da presunção de inocência direciona à acusação o ônus da prova, impondo-lhe o ônus de comprovar a prática do fato imputado ao agente, de forma que nessa vertente, a presunção de inocência confunde-se com o *in dubio pro reo.*

Assim, sob essa análise, não se trata de mera regra de apreciação das provas, porquanto possui carga valorativa no momento da apreciação das provas.

Por outro lado, enquanto regra de tratamento, o princípio da inocência caracteriza-se pela vedação às prisões processuais automáticas ou obrigatórias, bem como pela execução provisória da sentença.

Nesse espectro, o princípio impõe ao Estado o dever de abster-se de cumprir a sanção penal, até que exista fundamento razoável para decretação da prisão, considerando as hipóteses de prisão provisória e execução provisória da pena nos casos de julgamento por órgão colegiado.

3. O preso provisório pode receber benefícios atinentes à execução penal?

Havendo necessidade de manutenção ou de decretação da prisão do agente antes do trânsito em julgado da sentença condenatória, não existem óbices à concessão antecipada dos benefícios da execução penal definitiva ao preso provisório nos termos da Súmula 716 do STF: "Admite-se a progressão de regime de cumprimento da pena ou a aplicação imediata de regime menos severo nela determinada, antes do trânsito em julgado da sentença condenatória".

Aprofundamento:

A chamada antecipação cautelar dos efeitos da decisão penal condenatória recorrível e consiste numa espécie de cumprimento antecipado da pena aplicada a determinado indivíduo. Há quem critique essa nomenclatura, afirmando que se trata, em verdade, de evitar que o réu preso cautelarmente ostente uma condição mais gravosa do que se estivesse condenado definitivamente.

Cuida-se, nessa linha, de corolário do princípio da homogeneidade das medidas cautelares, segundo o qual essas não podem ser mais gravosas do que a própria sanção penal a ser aplicada ao final do processo.

Para a execução provisória, é preciso a conjugação de 2 pressupostos:

A) condenação à pena privativa de liberdade

B) prisão do réu

A regra, como se sabe, é que o réu recorra em liberdade, em nome do princípio da presunção de inocência. E somente se o acusado estiver preso preventivamente – ou após a condenação em segundo grau, segundo a atual jurisprudência do STF[1] – se cogita da execução provisória. Devem ser assegurados ao preso provisório assegurar os mesmos direitos que teria se já estivesse condenado definitivamente.

Esse instituto foi criado para beneficiar o condenado, antecipando para ele os efeitos da decisão condenatória recorrível.

1. HC 126292, Relator(a): Min. TEORI ZAVASCKI, Tribunal Pleno, julgado em 17/02/2016, PROCESSO ELETRÔNICO DJe-100 DIVULG 16-05-2016 PUBLIC 17-05-2016.

Ao contrário do que sustentava certo setor doutrinário, isso não viola a presunção de inocência, porque no processo de conhecimento o réu continua presumidamente inocente.

O que se permite é apenas e tão somente a fruição dos direitos de execução.

O seu fundamento é o art. 2º, parágrafo único, da LEP e, atualmente, encontra amparo também na Súmula STF, verbete nº 716, como já mencionado.

Ainda sobre o tema, a Súmula STF, verbete nº 717 consigna que "não impede a progressão de regime de execução da pena, fixada em sentença não transitada em julgado, o fato de o réu se encontrar em prisão especial".

Do ponto de vista infralegal, a dita execução provisória está disciplinada nos arts. 8º a 11 da Resolução CNJ nº 113, de 20 de abril de 2010, que possui o escopo de regular o procedimento relacionado à execução da pena privativa de liberdade e da medida de segurança.

4. No que concerne ao princípio da ampla defesa, o direito de presença do acusado é absoluto?

O direito de presença não é absoluto, de forma que pode ser restringido pelo magistrado diante de situações peculiares que justifiquem seu não exercício em razão do interesse público, como na hipótese do art. art. 271 do Código de Processo Penal: "se o juiz verificar que a presença do réu poderá causar humilhação, temor, ou sério constrangimento à testemunha ou ao ofendido, de modo que prejudique a verdade do depoimento, fará a inquirição por videoconferência e, somente na impossibilidade dessa forma, determinará a retirada do réu, prosseguindo na inquirição, com a presença do seu defensor".

5. A criação de varas especializadas em violência doméstica, por exemplo, viola o princípio do juiz natural?

Segundo o entendimento predominante na doutrina e na jurisprudência, não há violação do princípio do juiz natural, pois nesses casos há mera atribuição de competência a órgãos jurisdicionais que integram a estrutura judiciária, com o escopo de promover uma melhor atuação em razão da especialização, permitindo que a atuação reiterada do magistrado em causas similares incremente a tutela da mulher, como já decidiu o STF[2].

6. No contexto da ampla defesa, em quais hipótese se confere ao acusado o direito de postular diretamente, sem a presença de seu advogado?

A excepcional situação de manifestação do próprio acusado ocorre nas hipóteses de interposição de recursos, art. 577, *caput*, impetração de *habeas corpus*,

2. HC 88660, Relator(a) Min. Cármen Lúcia, Tribunal Pleno, julgado em 15/05/2008.

art. 654, *caput*, ajuizamento de revisão criminal, art. 623, todos do Código de Processo Penal, e formulação de pedidos relativos à execução da pena, art. 195, *caput*, da Lei de Execuções Penais.

7. Qual o significado do princípio do *nemo tenetur se detegere*? Exemplifique.

De acordo com o art. 5º, inciso LXIII, da Constituição Federal, "o preso será informado de seus direitos, entre os quais o de permanecer calado, sendo-lhe assegurada a assistência da família e de advogado".

O princípio representa uma modalidade de autodefesa passiva, exercida pelo indivíduo sobre quem recai a suspeita ou imputação pela prática de fato criminoso. Consiste na proibição de utilização de medidas coercitivas ou intimidatórias para que colabore em atos que lhe podem ser processualmente prejudiciais

O direito ao silêncio, portanto, apresenta-se como uma das várias decorrências do *nemo tenetur se detegere*, segundo o qual ninguém é obrigado a produzir prova contra si mesmo.

2. JUIZ DAS GARANTIAS

8. Segundo o entendimento do Supremo Tribunal Federal, quando cessa a competência do juiz das garantais?

O STF, ao julgar as ADIs 6.298, 6.299, 6.300 e 6.305, declarou a inconstitucionalidade do inciso XIV do art. 3º-B do CPP, incluído pela Lei nº 13.964/2019, e atribuiu interpretação conforme para assentar que a competência do juiz das garantias cessa com o oferecimento da denúncia, afastando, portanto, a redação legal que previa o recebimento da denúncia como marco.

9. Segundo o entendimento do Supremo Tribunal Federal, o procedimento atinente ao juiz das garantias deve ser aplicado a todos os procedimentos processuais penais?

Não. O STF, ao julgar as ADIs 6.298, 6.299, 6.300 e 6.305, por unanimidade, atribuiu interpretação conforme à primeira parte do caput do art. 3º-C do CPP, incluído pela Lei nº 13.964/2019, para esclarecer que as normas relativas ao juiz das garantias não se aplicam às seguintes situações:

a) processos de competência originária dos tribunais, os quais são regidos pela Lei nº 8.038/1990;

b) processos de competência do tribunal do júri;

c) casos de violência doméstica e familiar; e

d) infrações penais de menor potencial ofensivo;

10. Diante das alterações da Lei do Pacote Anticrime, é correta a afirmação de que o inquérito policial somente poderá ser prorrogado, nos casos de investigados presos, uma única vez em razão da estrita necessidade de observância do *status libertatis*?

Não. O STF, ao julgar as ADIs 6.298, 6.299, 6.300 e 6.305, por unanimidade, atribuiu interpretação conforme ao § 2º do art. 3º-B do CPP, incluído pela Lei nº 13.964/2019, para assentar que:

a) o juiz pode decidir de forma fundamentada, reconhecendo a necessidade de novas prorrogações do inquérito, diante de elementos concretos e da complexidade da investigação; e

b) a inobservância do prazo previsto em lei não implica a revogação automática da prisão preventiva, devendo o juízo competente ser instado a avaliar os motivos que a ensejaram, nos termos da ADI nº 6.581.

3. INQUÉRITO POLICIAL

11. Qual o valor probatório do inquérito policial?

O valor probatório do inquérito policial é relativo, vez que os elementos de informação não são colhidos sob a égide do contraditório e ampla defesa. Assim, as provas produzidas na fase de investigação não podem, de forma isolada, servir de fundamento para uma sentença condenatória.

Não obstante, tais elementos podem ser utilizados de forma subsidiária, complementando a prova produzida em juízo, servindo como mais um elemento na formação da convicção do órgão julgador.

É importante ainda frisar, por fim, que o próprio Código de Processo Penal, em seu art. 155, dispõe sobre o valor relativo da prova colhida em sede de investigação.

12. O defensor possui direito a ter acesso aos elementos de prova no âmbito do inquérito policial?

Segundo o Estatuto da OAB, em seu art. 7º, XIV, o advogado tem o direito de examinar, em qualquer instituição responsável por conduzir investigação, mesmo sem procuração, autos de flagrante e de investigações de qualquer natureza, findos ou em andamento, ainda que conclusos à autoridade, podendo copiar peças e tomar apontamentos, em meio físico ou digital.

Assim, mesmo na hipótese de investigação sigilosa, prevalece o entendimento de que o advogado deve ter acesso aos autos do procedimento investigatório, caso a diligência realizada pela autoridade policial já tenha sido documentada, a teor da Súmula Vinculante nº 14: "É direito do defensor, no interesse do representado, ter acesso amplo aos elementos de prova que, já documentados em procedimento investigatório realizado por órgão com competência de polícia judiciária, digam respeito ao exercício do direito de defesa".

13. Negado pelo Delegado de Polícia o acesso aos autos pelo Advogado, quais medidas poderão ser adotadas?

Diante da negativa injustificada, a hipótese pode ser atacada por reclamação ao STF, em razão da Súmula Vinculante nº 14, bem como impetrado mandado de segurança, por suposta violação a direito líquido e certo, ou, ainda, *habeas corpus*[3] sob o fundamento que a negativa do acesso aos autos do procedimento investigatório pode gerar constrangimento ilegal à liberdade de locomoção do investigado.

14. Nos crimes de ação penal pública condicionada e de ação penal de iniciativa privada, o inquérito policial poderá ser instaurado por Auto de Prisão em Flagrante Delito?

Sim, nos crimes de ação penal pública condicionada e de ação penal de iniciativa privada, o inquérito policial poderá ser instaurado por Auto de Prisão em Flagrante Delito.

Contudo, nos termos do art. 5º, § 5º, do Código de Processo Penal, a lavratura do auto está condicionada à manifestação do ofendido ou de seu representante legal, de forma que, se a vítima não puder comparecer de imediato à delegacia para exarar sua manifestação, poderá fazê-lo no prazo de entrega da nota de culpa.

15. Nos casos de violência doméstica, quais providências deverá adotar a autoridade policial?

Nos casos de violência doméstica e familiar contra a mulher, nos termos do art. 11 da Lei nº 11.340/06, a autoridade policial deverá, entre outras providências, garantir proteção policial, quando necessário, comunicando de imediato ao Ministério Público e ao Poder Judiciário; encaminhar a ofendida ao hospital ou

3. STJ, HC 58.377/RJ, Rel. Ministra LAURITA VAZ, QUINTA TURMA, julgado em 03/06/2008, DJe 30/06/2008.

posto de saúde e ao Instituto Médico Legal; fornecer transporte para a ofendida e seus dependentes para abrigo ou local seguro, quando houver risco de vida; se necessário, acompanhar a ofendida para assegurar a retirada de seus pertences do local da ocorrência ou do domicílio familiar; e informar à ofendida os direitos a ela conferidos na Lei e os serviços disponíveis; informar à ofendida os direitos a ela conferidos nesta Lei e os serviços disponíveis, inclusive os de assistência judiciária para o eventual ajuizamento perante o juízo competente da ação de separação judicial, de divórcio, de anulação de casamento ou de dissolução de união estável.

Ainda, nos termos do art. 12 da mesma lei, em todos os casos de violência doméstica e familiar contra a mulher, feito o registro da ocorrência, sem prejuízo dos procedimentos previstos no Código de Processo Penal, a autoridade policial deverá ouvir a ofendida, lavrar o boletim de ocorrência e tomar a representação a termo, se apresentada; colher todas as provas que servirem para o esclarecimento do fato e de suas circunstâncias; remeter, no prazo de 48 (quarenta e oito) horas, expediente apartado ao juiz com o pedido da ofendida, para a concessão de medidas protetivas de urgência, cujo descumprimento configura o crime do art. 24-A da Lei nº 11.340/06, incluído pela Lei nº 13.461/2018; determinar que se proceda ao exame de corpo de delito da ofendida com prioridade (a teor do artigo 158, parágrafo único, I, do CPP) e requisitar outros exames periciais necessários; ouvir o agressor e as testemunhas; ordenar a identificação do agressor e fazer juntar aos autos sua folha de antecedentes criminais, indicando a existência de mandado de prisão ou registro de outras ocorrências policiais contra ele; remeter, no prazo legal, os autos do inquérito policial ao juiz e ao Ministério Público; verificar se o agressor possui registro de porte ou posse de arma de fogo e, na hipótese de existência, juntar aos autos essa informação, bem como notificar a ocorrência à instituição responsável pela concessão do registro ou da emissão do porte, nos termos da Lei nº 10.826, de 22 de dezembro de 2003.

16. Em quais hipóteses pode ocorrer a identificação criminal, mesmo com a apresentação do documento de identificação?

De acordo com art. 3º da Lei nº 12.037/09, ainda que apresentado documento de identificação, poderá ocorrer identificação criminal quando:

a) O documento apresentar rasura ou tiver indício de falsificação;

b) O documento apresentado for insuficiente para identificar cabalmente o indiciado, como na hipótese de documento sem fotografia;

c) O indiciado portar documentos de identidade distintos, com informações conflitantes entre si;

d) A identificação criminal for essencial às investigações policiais, segundo despacho da autoridade judiciária competente, que decidirá de ofício ou mediante representação da autoridade policial, do Ministério Público ou da defesa;

e) Constar de registros policiais o uso de outros nomes ou diferentes qualificações;

f) O estado de conservação ou a distância temporal ou da localidade da expedição do documento apresentado impossibilite a completa identificação dos caracteres essenciais: a doutrina advoga que tal hipótese não constitui fundamento suficiente para determinação da identificação criminal, a não ser que presente uma das demais hipóteses previstas no art. 3º, da Lei 12 037/09.

17. Quais os prazos para conclusão do inquérito policial? Cite dois prazos distintos previstos em leis extravagantes.

De acordo com o art. 10, *caput*, do Código de Processo Penal, o inquérito deverá terminar no prazo de 10 (dez) dias, se o indiciado tiver sido preso em flagrante, ou estiver preso preventivamente, contado o prazo, nesta hipótese, a partir do dia em que se executar a ordem de prisão, ou no prazo de 30 (trinta) dias, quando estiver solto, mediante fiança ou sem ela.

No que toca à legislação extravagante, podem ser citados os seguintes prazos diversos:

- Segundo o art. 66 da Lei nº 5.010/66 (Justiça Federal), o prazo para conclusão do inquérito policial será de quinze dias, quando o indiciado estiver preso, podendo ser prorrogado por mais quinze dias, a pedido, devidamente fundamentado, da autoridade policial e deferido pelo Juiz a que competir o conhecimento do processo.
- De acordo com o art. 20 do Código de Processo Penal Militar, o inquérito deverá terminar dentro em 20 (vinte) dias, se o indiciado estiver preso, contado esse prazo a partir do dia em que se executar a ordem de prisão; ou no prazo de 40 (quarenta) dias, quando o indiciado estiver solto, contados a partir da data em que se instaurar o inquérito, sendo que este último prazo poderá ser prorrogado por mais 20 (vinte) dias pela autoridade militar superior, desde que não estejam concluídos exames ou perícias já iniciados, ou haja necessidade de diligência, indispensáveis à elucidação do fato.
- Nos termos do parágrafo único do art. 51 da Lei nº 11.343/06 (Lei de drogas), o inquérito policial será concluído no prazo de 30 (trinta) dias, se o indiciado estiver preso, e de 90 (noventa) dias, quando solto. Esses prazos podem ser duplicados pelo Juiz, ouvido o Ministério Público, mediante pedido justificado da autoridade de polícia judiciária.
- Segundo o § 1º do art. 10 da Lei nº 1.521/51 (crimes contra a economia popular), o inquérito policial deve ser concluído no prazo de 10 (dez) dias, sem qualquer distinção entre presos e soltos.

18. O que se entende por cláusula de reserva de jurisdição temporária?

A cláusula de reserva de jurisdição temporária, prevista no § 4º do art. 13-B do Código de Processo Penal, dispõe o seguinte: não havendo manifestação judicial no prazo de 12 horas, a autoridade competente (Ministério Público ou Delegado, Procedimento de Investigação Criminal ou Inquérito Policial, respectivamente) requisitará às empresas prestadoras de serviço de telecomunicações e/ou telemática que disponibilizem imediatamente os dados que permitam a localização da vítima ou dos suspeitos do delito em curso.

Trata-se, portanto, de cláusula de reserva de jurisdição, pois prevê que a medida inicial depende de manifestação judicial. Contudo, assinala o prazo de 12 (doze) horas para o magistrado se manifestar, caracterizando sua temporariedade. Em síntese, a medida é judicial apenas por 12(doze) horas. Assim, decorrido o prazo de 12 (doze) horas, o Ministério Público ou Delegado poderão requisitar (força vinculante) diretamente a medida, comunicando apenas a requisição ao magistrado.

19. Quais os requisitos para o oferecimento do acordo de não persecução penal por parte do Ministério Público? E as condições para oferecimento?

O acordo de não persecução penal, previsto inicialmente na Resolução nº 181/17 do Conselho Nacional do Ministério Público, foi regulado pelo novo art. 28-A do Código de Processo Penal. Pressupõe que ao delito seja cominada pena mínima inferior a 4(quatro) anos, que o crime não tenha sido cometido com violência ou grave ameaça a pessoa, bem como que o investigado tenha confessado formal e circunstanciadamente a sua prática.

As condições, previstas nos incisos do art. 28-A, podem ser ajustadas de forma cumulativa ou alternativa, sendo elas: reparar o dano ou restituir a coisa à vítima, salvo impossibilidade de fazê-lo; renunciar voluntariamente a bens e direitos, indicados pelo Ministério Público como instrumentos, produto ou proveito do crime; prestar serviço à comunidade ou a entidades públicas por período correspondente à pena mínima cominada ao delito diminuída de um a dois terços, em local a ser indicado pelo juízo da execução; pagar prestação pecuniária, a ser estipulada nos termos do art. 45 do Código Penal, a entidade pública ou de interesse social a ser indicada pelo juízo da execução, devendo a prestação ser destinada preferencialmente àquelas entidades que tenham como função proteger bens jurídicos iguais ou semelhantes aos aparentemente lesados pelo delito; e cumprir outra condição estipulada pelo Ministério Público, desde que proporcional e compatível com a infração penal aparentemente praticada.

20. Além das condições gerais, em quais casos não se admite a proposta do acordo de não persecução penal pelo Ministério Público segundo a legislação?

Nos termos do § 2º do art. 28-A do Código de Processo Penal, não se admite a proposta nos casos em que for cabível a transação penal, nos termos da lei; o investigado for reincidente ou se houver elementos probatórios que indiquem conduta criminal habitual, reiterada ou profissional, exceto se insignificantes as infrações penais pretéritas; ter sido o agente beneficiado nos 5 (cinco) anos anteriores ao cometimento da infração, em acordo de não persecução penal, transação penal ou suspensão condicional do processo; nos crimes praticados no âmbito de violência doméstica ou familiar, e nos crimes praticados contra a mulher por razões da condição de sexo feminino, em favor do agressor.

21. Pode-se falar na existência de uma nova condição de procedibilidade no caso de descumprimento do acordo de não persecução penal?

Descumprido o acordo de não persecução penal, o Ministério Público deverá comunicar ao juízo, para fins de sua rescisão e posterior oferecimento de denúncia. Tem-se, portanto, que a despeito dos casos de ação penal pública incondicionada, o § 10 do art. 28-A do Código de Processo Penal inaugurou uma nova condição de procedibilidade, vez que expressamente exigiu decisão judicial rescindindo o acordo celebrado.

Assim, pode-se falar em uma nova condição de procedibilidade nos casos de descumprimento do acordo de não persecução penal, a decisão judicial que rescinde o acordo.

22. Sobre o poder de investigação penal pelo Ministério Público, quais foram os parâmetros definidos pelo Supremo Tribunal Federal para o exercício do referido poder?

Durante o julgamento do RE 593727/MG, com caráter de repercussão geral, o Supremo Tribunal Federal entendeu que o Ministério Público possui poder investigatório, que deve ser norteado pelo respeito aos direitos e garantias fundamentais dos investigados; os atos investigatórios devem ser necessariamente documentados e praticados por membros do Ministério Público; devem ser observadas as hipóteses de reserva constitucional de jurisdição, isto é, que determinadas diligências somente podem ser autorizadas pelo Poder Judiciário nos casos em que a Constituição Federal exigir; que devem ser respeitadas as prerrogativas profissionais asseguradas por lei aos advogados, a exemplo da Súmula Vinculante nº 14; que a investigação seja realizada dentro de prazo razoável; e que os atos de investigação conduzidos pelo *parquet* estejam sujeitos ao permanente controle do Poder Judiciário.

23. O que se entende pela teoria dos poderes implícitos e como ela foi utilizada em sede de análise do poder investigatório pelo Ministério Público?

De acordo com a Teoria dos poderes implícitos, a Constituição Federal, ao conceder uma atividade-fim a determinado órgão ou instituição, resta por, implícita e simultaneamente, a ele também conferir os instrumentos necessários para o exercício da atividade e consecução do objetivo final.

Assim, a Constituição Federal, ao conferir ao Ministério Público a titularidade da ação penal, também teria a esse conferido e outorgado o direito aos instrumentos necessários e eficazes para construção de seu convencimento, materializando a *opinio delicti*, nisso incluindo a possibilidade de realização de investigações criminais.

24. É possível a celebração do acordo de não persecução penal em audiência de custódia?

De acordo com § 7º do art. 18 da Resolução nº 181/17 do Conselho Nacional do Ministério Público, é possível que o acordo de não persecução penal seja celebrado na mesma oportunidade da audiência de custódia, exigindo-se, naturalmente, o amplo acesso do autor da infração penal ao seu defensor para assegurar a ampla defesa.

O novo art. 28-A do Código de Processo Penal não tratou expressamente da matéria de forma que a análise deve ser realizada de forma sistemática. Em tese, não há obstáculo à celebração do acordo, desde que o custodiado esteja devidamente representado por defensor e satisfaça as condições e requisitos legais.

4. AÇÃO PENAL

25. O que significa suficiência da ação penal? Há situações em que não é aplicável o princípio?

De acordo com o princípio da suficiência da ação penal, associado ao estudo das questões prejudiciais, a ação penal seria suficiente para resolver todas as questões que possam aparecer no curso do processo, sem que se recorra à esfera cível para solução das questões.

O princípio não é aplicável às situações de questões prejudiciais heterogêneas associadas ao estado civil das pessoas pois, nos termos dos arts. 92 e 93 do Código de Processo Penal, o juiz deverá remeter a questão prejudicial para solução na esfera cível.

26. O Ministério Público pode dispor da ação penal?

De acordo com o artigo 42 do Código de Processo Penal, o Ministério Público não pode desistir da ação penal, ou seja, incide no caso a aplicação do princípio da indisponibilidade da ação penal como regra.

Contudo, segundo o entendimento doutrinário predominante, este princípio pode ser excepcionado pelos institutos da suspensão condicional do processo, colaboração premiada e acordo de não persecução penal, instituído pela Resolução nº 181/2017 do Conselho Nacional do Ministério Público e reafirmado pelo art. 28-A, CPP.

27. Quais as características do prazo para o exercício do direito de queixa e de representação? Como flui esse prazo?

Nos termos do art. 38 do Código de Processo Penal, o prazo decadencial para o exercício do direito de queixa ou de representação é de 6 seis meses, contados do dia em que o ofendido ou seu representante legal vier a saber quem é o autor do crime ou ainda, na hipótese do art. 29, do dia em que se esgotar o prazo para o oferecimento da denúncia.

Assim, trata-se de prazo de natureza material, fatal e improrrogável, não sendo passível de suspensão ou interrupção.

28. O que é decadência imprópria?

A decadência imprópria ocorre quando o ofendido não propõe, no prazo legal de seis meses, a ação penal privada subsidiária da pública, contados do dia em que se esgota o prazo para oferecimento da denúncia pelo Ministério Público.

29. A decadência sempre acarreta a extinção da punibilidade?

Não. Na hipótese de decadência imprópria não ocorre a extinção da punibilidade, pois o Ministério Público poderá ofertar a denúncia até o escoamento do prazo prescricional.

30. A emancipação civil reflete na legitimidade para ação penal?

Não. A aquisição antecipada dos efeitos da maioridade na esfera civil não influencia a legitimidade para a ação penal, já que são esferas distintas que, via de regra, não se comunicam.

Assim, eventual emancipação por ato dos pais ou mesmo em decorrência de casamento, dentre outras formas previstas na lei civil, não interfere na legitimidade **ativa** no processo penal, vez que legitimidade não se confunde com capacidade postulatória, consoante se observa do disposto no art. 33 do Código de Processo Penal.

De igual forma, a emancipação também não produz efeitos quanto a legitimidade **passiva** para a ação penal, pois, ainda que civilmente capaz, se o agente ainda não tiver completado dezoito anos, será parte ilegítima para o processo penal, nos termos do art. 228 da Constituição Federal e do art. 27 do Código Penal.

31. A representação admite retratação? E no âmbito da Lei Maria da Penha?

A retratação da representação, instituto afeto a ação penal pública condicionada à representação, é permitida pelo ordenamento jurídico, mas, em regra, só pode ocorrer enquanto não for oferecida a denúncia pelo órgão do Ministério Público.

Por outro lado, na Lei Maria da Penha, permite-se a retratação da representação, na forma do artigo 16 daquele diploma legal, sendo certo que a retratação pode ser realizada até o recebimento da peça acusatória, em audiência especialmente designada para essa finalidade, com a presença do juiz e ouvido o Ministério Público.

32. O que se entende por eficácia objetiva da representação?

Por eficácia objetiva da representação, entende-se que, uma vez oferecida a representação contra qualquer dos agentes que tenham contribuído para a prática do crime, o Ministério Público, entendendo tratar-se de caso de denúncia, deve oferecer a denúncia contra todos aqueles que fizeram parte da conduta criminosa, independente da menção a todos na representação.

33. A ação penal pública condicionada à requisição do Ministro da Justiça vincula a atuação do Ministério Público? Pode haver retratação?

A ação penal pública condicionada à requisição do Ministro de Justiça não vincula o Ministério Público, isto é, o *Parquet* não está obrigado a oferecer denúncia porque a hipótese trata apenas de mera condição específica para deflagração da ação penal.

Em que pese a lei ter utilizado a palavra requisição, de cunho vinculativo, compreende-se que por ser o Ministério Público o titular da ação penal pública, nos termos do art. 129, inc. I, da Constituição Federal, a decisão sobre propor ou não a ação penal pública compete somente ao *Parquet*, levando-se em consideração o princípio da independência funcional.

Por outro lado, quanto à possibilidade de retratação da requisição, há divergência manifesta na doutrina. Uma primeira corrente segue no sentido de não ser possível a retratação ante ao silêncio legal. Contudo, prevalece o entendimento no sentido de que é cabível a retratação da requisição do Ministro da Justiça, enquanto não oferecida a denúncia.

34. O que é ação penal indireta?

A ação penal indireta ocorre quando o Ministério Público, diante da inércia ou negligência do querelante, retoma o processo como parte principal na ação penal privada subsidiária da pública, nos termos do art. 29 do Código de Processo Penal.

35. O que é criptoimputação e quais as suas consequências no processo penal?

A doutrina denomina criptoimputação a imputação formulada sem a presença dos elementos mínimos essenciais para sua identificação como crime, isto é, quando há defeito severo na narração fática na denúncia, como na hipótese de imputação formulada apenas com as elementares do tipo penal, sem a devida vinculação aos fatos objeto de investigação.

Como consequência, em razão da impossibilidade de defesa advinda da criptoimputação, a denúncia deve ser rejeitada. Sendo recebida a denúncia, ainda que com o defeito na narração, pode ocorrer absolvição sumária na forma do art. 397, inc. III do Código de Processo Penal ou mesmo impetração de Habeas Corpus por faltar ao processo elemento essencial, hábil a configurar nulidade nos termos do art. 564, inc. IV do Código de Processo Penal.

36. O prazo para oferecimento da denúncia tem natureza material ou processual? E se o réu estiver preso?

O prazo para o oferecimento da denúncia é prazo de natureza processual, devendo ser contado com exclusão do dia do começo e inclusão do dia final, nos termos do art. 798, § 1º do Código de Processo Penal.

De igual forma, estando o réu preso, não há modificação da natureza do prazo processual para oferecimento da denúncia, geralmente previsto de forma diferente pela própria legislação. A privação da liberdade, por envolver o direito material de liberdade está sujeita aos prazos de natureza material, mas não interfere no prazo para oferecimento da denúncia.

37. Qual o prazo previsto para oferecimento da denúncia no Código de Processo Penal? Aponte 3 diferentes prazos em leis extravagantes.

De acordo com o artigo 46 do Código de Processo Penal, o prazo para o oferecimento da denúncia, estando o réu preso, será de 5 dias, contado da data em que o órgão do Ministério Público receber os autos do inquérito policial, e de 15 dias, se o réu estiver solto ou afiançado.

No que toca a legislação esparsa, a Lei de Drogas prevê o prazo de 10 dias para o oferecimento da denúncia, estando o réu soltou ou preso. No Código Eleitoral o prazo também é de 10 dias para o oferecimento da denúncia, estando o réu soltou ou preso. Nos crimes cometidos contra a economia popular, o oferecimento da denúncia, estando o réu soltou ou preso é de 2 dias.

38. O promotor de justiça designado pelo órgão de revisão ministerial, na hipótese de aplicação do art. 28 do Código de Processo Penal, pode deixar de oferecer a denúncia?

O Promotor designado não pode recusar a incumbência legal e consequentemente deixar de oferecer denúncia, ainda que possua o mesmo entendimento exposto no pedido de arquivamento formulado pelo promotor anterior, pois nessa situação, atua por delegação do Procurador-Geral, como *longa manus* e, portanto, irrecusável.

39. O arquivamento de procedimento de investigação criminal por crime de competência originária comporta a aplicação do art. 28 do Código de Processo Penal?

Não. Tratando de hipótese em que o pedido de arquivamento deve ser realizado pelo Procurador-Geral de Justiça, não há possibilidade de aplicação do art. 28 do Código de Processo Penal, de sorte que o Tribunal estará vinculado à manifestação do Procurador-Geral, determinando o arquivamento dos autos.

40. Quais os efeitos do recebimento da denúncia?

O recebimento da denúncia tem como efeitos principais a fixação da competência por prevenção e a interrupção do prazo prescricional.

41. O que é arquivamento implícito? É admitido?

A promoção de arquivamento deve ser expressa e adequadamente fundamentada por parte do Ministério Público. Pode ocorrer, contudo, que havendo no inquérito policial notícia de vários crimes ou agentes, ao oferecer denúncia ou promover o arquivamento, o promotor de justiça deixar de manifestar-se expressamente a respeito de algum fato ou agente, gerando o que a doutrina e jurisprudência denominam arquivamento implícito.

Essa construção não é admitida pelo nosso ordenamento jurídico, inclusive com manifestação do STF no HC 104.356/RJ, por voto do Min. Ricardo Lewandowski: "não existe, em nosso ordenamento jurídico processual, qualquer dispositivo legal que preveja a figura do arquivamento implícito, devendo ser o pedido formulado expressamente, a teor do disposto no art. 28 do Código Processual Penal".

42. No tocante à indivisibilidade da ação penal privada, o que acontece se tal ação é aforada negligenciando um dos supostos autores do fato?

A ação penal privada é regida pelo princípio da indivisibilidade da ação penal, art. 48 do Código de Processo Penal, segundo o qual não pode o ofendido escolher contra qual agente oferecerá a ação penal privada.

Nesse aspecto em especial, há divergência doutrinária quanto a solução a ser adotada. Para uma primeira corrente, a não inclusão de um dos agentes na queixa crime caracterizaria renúncia tácita ao direito de queixa, devendo essa ser estendida a todos por força do art. 49 do Código de Processo Penal.

Por outro lado, a segunda corrente sustenta a possibilidade de aditamento pelo Ministério Público, a quem cabe intervir em todos os termos do processo, nos termos do art. 45 do Código de Processo Penal.

43. Na ação penal privada, o recebimento de indenização implica renúncia tácita ao direito de queixa?

Nos termos do art. 104, parágrafo único, do Código Penal, o recebimento de indenização pelo autor do fato delituoso não implica renúncia tácita ao direito de queixa, vez que não caracteriza a prática de ato incompatível com a vontade de exercê-lo.

5. DA COMPETÊNCIA

44. Nos crimes a distância, envolvendo atos de execução no Brasil e resultado no exterior, como é fixada a competência? E na hipótese inversa, com atos de execução no exterior e resultado no Brasil?

Segundo o § 1º do art. 70 do Código de Processo Penal, "Se, iniciada a execução no território nacional, a infração se consumar fora dele, a competência será determinada pelo lugar em que tiver sido praticado, no Brasil, o último ato de execução".

De outra sorte, nos termos do § 2º do art. 70 do Código de Processo Penal, "Quando o último ato de execução for praticado fora do território nacional, será competente o juiz do lugar em que o crime, embora parcialmente, tenha produzido ou devia produzir seu resultado"

45. É correta a afirmação de que a competência pelo domicílio do réu no processo penal é subsidiária? Por quê?

Sim, em razão do teor do caput do art. 72 do Código de Processo Penal, que prevê que "não sendo conhecido o lugar da infração, a competência regular-se-á pelo domicílio ou residência do réu". Extrai-se assim a natureza subsidiária da competência pelo domicílio do réu, porque somente será aplicável diante do desconhecimento do lugar da infração ou outro juízo prevento.

Deve-se, porém, lembrar que, "quando já existente um Juízo prevento, não se aplica a regra do art. 72 do Código de Processo Penal" (STJ, HC 103.510/PR, 2ª T., rela. Mina. Ellen Gracie, j. 30-11-2010, DJe de 17-12-2010).

46. Qual o conceito de conexão no processo penal em matéria de competência?

Conexão significa relação, ligação nexo entre dois ou mais fatos. Segundo a Min. Ellen Gracie, "é o liame que se estabelece entre dois ou mais fatos que, desse modo, se tornam ligados por algum motivo, oportunizando sua reunião no mesmo processo, de modo a permitir que os fatos sejam julgados por um só juiz, com base no mesmo substrato probatório, evitando o surgimento de decisões contraditórias. Desse modo, a conexão provoca a reunião de ações penais num mesmo processo e é causa de modificação da competência (relativa) mediante a prorrogação de competência" (STF, HC 96.453/MS, 2ª T., rela. Mina. Ellen Gracie, j. 28-10-2008, DJe de 14-11-2008).

47. Quais são as espécies de conexão intersubjetiva previstas pela doutrina pátria no âmbito do processo penal? Explique-as sucintamente.

A conexão pode ser intersubjetiva por ter como construção o envolvimento de dois ou mais agentes. Essa modalidade pode ser subdividida em conexão intersubjetiva por simultaneidade, por concurso e por reciprocidade.

A conexão intersubjetiva por simultaneidade está prevista na primeira parte do inc. I do art. 76 do Código de Processo Penal, "Se, ocorrendo duas ou mais infrações, houverem sido praticadas, ao mesmo tempo, por várias pessoas reunidas". Assim, pressupõe a prática de mais de uma infração penal, a pluralidade de agentes e a ausência de concurso entre esses agentes por não haver liame subjetivo.

A conexão intersubjetiva por concurso ou concursal, está prevista na segunda parte do inc. I do Código de Processo Penal: "Se, ocorrendo duas ou mais infrações, houverem sido praticadas, ao mesmo tempo, por *várias pessoas em concurso*, embora diversos o tempo e o lugar". Nesta modalidade, de forma diferente da conexão por simultaneidade, exige a pluralidade de infrações penais e de agente, atuando em concurso, isto é, com nexo subjetivo.

Por fim, a conexão intersubjetiva por reciprocidade está prevista na última parte do inc. I do art. 76 do Código de Processo Penal: "Se, ocorrendo duas ou mais infrações, houverem sido praticadas, ao mesmo tempo, por várias pessoas". Pressupõe, portanto, a pluralidade de agentes e de infrações penais praticadas de forma recíproca por seus autores.

48. O que é continência no processo penal em matéria de competência?

A continência pode ser definida como a relação de interdependência entre duas situações, umbilicalmente ligadas de forma que a separação se torna impossível, porque uma está contida na outra, motivo pelo qual devem ser apreciadas em conjunto.

A continência pode ocorrer, portanto, nas hipóteses de pluralidades de agente em concurso para a prática de apenas um delito e sempre que ocorrer o concurso formal de crimes, que necessariamente uma única conduta com mais de um resultado.

49. Existe previsão de foro colegiado para julgamento de ações penais em primeira instância?

Sim, no âmbito dos crimes praticados por organizações criminosas, o art. 1º da Lei 12.694/2012 expressamente previu a possibilidade de formação de um juízo colegiado em primeira instância para decidir questões que tenham por objeto crimes praticados por organizações criminosas, trazendo para o ordenamento pátrio a figura do "juízo sem rosto", expressão criticada pela doutrina pois ainda que exista o colegiado, os magistrados são identificados pelas assinaturas.

O art. 1º-A da Lei 12.694/2012 inserido pela Lei 13.964/2019 estabelece que os Tribunais de Justiça e os Tribunais Regionais Federais poderão instalar, nas comarcas sedes de Circunscrição ou Seção Judiciária, mediante resolução, Varas Criminais Colegiadas com competência para o processo e julgamento: de crimes de pertinência a organizações criminosas armadas ou que tenham armas à disposição, crime de constituição de milícia privada (art. 288-A, CP) e das infrações penais conexas aos crimes referidos.

50. Surgindo uma lei penal mais benéfica ao réu, que cumpre pena definitiva com trânsito em julgado, qual o juízo competente para aplicação do novo diploma legal?

Segundo a Súmula 611 do STF: "Transitada em julgado a sentença condenatória, compete ao Juízo das execuções a aplicação de lei mais benigna".

51. O Réu, Deputado Federal, que goza de prerrogativa de foro, e renuncia fraudulentamente ao mandato às vésperas do julgamento pelo Tribunal a fim de evitar a decisão, consegue realizar seu intento?

O foro privativo é uma prerrogativa do cargo ocupado e não da pessoa física em si. Assim, deixando de exercer o cargo de Deputado Federal, em regra, não há mais razões para julgamento pelo STF segundo a regra da atualidade.

Dessa forma, se Deputado renunciar ao cargo antes de iniciar o julgamento, deixa de existir o foro por prerrogativa de função e o processo deverá ser remetido para julgamento em 1ª instância (AP 606, em 12/07/2014).

Todavia, se o julgamento já tiver iniciado, mesmo suspenso em face de pedido de vista, o STF continuará competente, pois o julgamento é ato unitário (Inq. 2295, em 23/10/2008), sendo que o STF também preservará sua competência quando se comprovar fraude processual e abuso de direito, a exemplo da renúncia ao cargo um dia antes do julgamento (AP 396, em 28/10/2010).

52. Qual instância do Poder Judiciário deve julgar a exceção da verdade oposta contra detentor de foro por prerrogativa de função em queixa-crime por delito de calúnia?

De acordo com art. 85 do Código de Processo Penal, nos crimes contra a honra que admitem exceção da verdade, caso esta seja oposta contra querelante que tenha foro por prerrogativa de função, deverá a exceção ser julgada pelo Tribunal, e não pelo juízo por onde tramita a ação.

53. Na hipótese ventilada pela questão anterior, a mesma resposta seria aplicada a uma queixa-crime por delito de difamação?

Não, em que pese a possibilidade de exceção da verdade nos crimes de difamação, na forma do parágrafo único do art. 139 do Código Penal, a regra do art. 85 do Código de Processo Penal somente será aplicável quando a exceção da verdade for oposta no crime de calúnia, vez que somente neste crime haverá o dever do querelado de provar a prática de crime por parte do querelante, detentor do foro por prerrogativa de função.

54. O crime de genocídio, previsto na Lei 2.889/56, possui competência para julgamento no Tribunal do Júri?

O genocídio foi definido como na Lei 2.889/56, em seu artigo 1º:

> **Art. 1º** Quem, com a intenção de destruir, no todo ou em parte, grupo nacional, étnico, racial ou religioso, como tal:
>
> a) matar membros do grupo;
>
> b) causar lesão grave à integridade física ou mental de membros do grupo;
>
> c) submeter intencionalmente o grupo a condições de existência capazes de ocasionar-lhe a destruição física total ou parcial;
>
> d) adotar medidas destinadas a impedir os nascimentos no seio do grupo;
>
> e) efetuar a transferência forçada de crianças do grupo para outro grupo;

O crime tutela, essencialmente, a existência de grupos raciais, nacionais, étnicos ou religiosos, possuindo, portanto, caráter coletivo ou transindividual.

Assim, por si só, por não ser crime doloso contra a vida, não atrai a competência do Tribunal do Júri. Pode, contudo, ser julgado pelo Tribunal Popular na hipótese de conexão com o crime de homicídio (STF – RE 351.487/RR).

55. Deputado Federal que pratica delito durante o exercício do mandato, mas o crime não possui qualquer relação com o mandato em si, deverá ser julgado por qual órgão jurisdicional?

Não obstante a prerrogativa de foro dos Deputados Federais, prevista no art. 53, § 1º da Constituição Federal, o Supremo Tribunal Federal, no julgamento da AP 937, decidiu por aplicar a técnica de redução literal para afastar da competência originária delitos que não guardam qualquer espécie de relação com o exercício do cargo ou função, de sorte que, à hipótese, o processo deverá ser julgado pelo juízo natural, de primeira instância do Poder Judiciário.

6. QUESTÕES E PROCESSOS INCIDENTES. MEDIDAS ASSECURATÓRIAS

56. O que significa suficiência da ação penal? Há situações em que não é aplicável o princípio?

De acordo com o princípio da suficiência da ação penal, associado ao estudo das questões prejudiciais, a ação penal é suficiente para resolver todas as questões que possam aparecer no curso do processo, sem que se recorra à esfera cível para solução das questões apresentadas.

O princípio não é aplicável às situações de questões prejudiciais heterogêneas associadas ao estado civil das pessoas pois, nos termos dos arts. 92 e 93 do Código de Processo Penal, o juiz deverá remeter a questão prejudicial para solução na esfera cível.

57. O que são questões prejudiciais homogêneas e heterogêneas? Como identificá-las?

Por questões prejudiciais considera-se toda e qualquer *controvérsia jurídica séria e fundada*, que precisa ser previamente resolvida, para que o juízo criminal possa reconhecer no processo criminal *a existência, ou não, de determinada infração penal*.

Nesse contexto, são homogêneas as questões prejudiciais que devem ser resolvidas pelo mesmo ramo do direito, no caso, o direito penal, justificando a definição de homogênea, como no caso da exceção da verdade no crime de calúnia.

Por outro lado, por heterogênea, compreende-se a questão que versa sobre tema não afeto ao direito penal, que deve receber soluço por juízo distinto, como por exemplo a validade do casamento anterior no crime de bigamia.

58. Da decisão que ordena a suspensão do processo por questão prejudicial cabe algum recurso? E da decisão que nega a suspensão?

Por força do art. 581, inc. XVI do Código de Processo Penal, cabe recurso em sentido estrito, sem efeito suspensivo, contra a decisão que ordenar a suspensão do processo em virtude de questão prejudicial.

De outra forma, não há previsão recursal para a decisão que indefere pedido de suspensão do processo.

59. Dentre as exceções previstas no Código de Processo Penal existe alguma prevalente para fins de julgamento?

Segundo o art. 96 do Código de Processo Penal, a arguição de suspeição precede a qualquer outra, salvo quando fundada em motivo superveniente.

Naturalmente, sendo suspeito o magistrado, deve afastar-se do processo com a maior brevidade possível, pois eventuais atos decisórios podem ser maculados de nulidade. Por esta razão, atribui a lei a prevalência para análise da exceção de suspeição.

60. Todos os bens que não interessam ao processo penal podem ser restituídos ao interessado após o trânsito em julgado da decisão?

Não, nos termos do art. 91, inc. II, do Código Penal, constitui efeito automático da condenação a perda em favor da União dos instrumentos do crime, desde que consistam em coisas cujo fabrico, alienação, uso, porte ou detenção constitua fato ilícito e do produto do crime ou de qualquer bem ou valor que constitua proveito auferido pelo agente com a prática do fato criminoso. Assim, esses bens não comportam restituição.

61. O Delegado de Polícia pode determinar a restituição de coisa apreendida em sede de inquérito policial?

Sim, desde que não exista dúvida a respeito do direito invocado e se o objeto apreendido não mais interessar à investigação criminal, o Delegado de Polícia, após a oitiva do Ministério Público, poderá determinar a restituição do bem apreendido a quem de direito, na forma do art. 120 do Código de Processo Penal.

62. De acordo com o Código de Processo Penal, quais bens comportam a medida de sequestro?

De acordo com o Código de Processo Penal, o sequestro pode recair sobre bens imóveis nos termos do art. 125 e móveis segundo o art. 132. Contudo, há necessidade que o bem seja determinado, não sendo passível o sequestro sobre bens indeterminados.

Exige-se, nos termos do art. 125 do Código de Processo Penal, que o sequestro recaia sobre os bens adquiridos pelo indiciado ou acusado com os proveitos da infração penal, ainda que já tenham sido transferidos a terceiro.

63. Quais os requisitos para decretação do sequestro?

De acordo com a lei processual, são requisitos para expedição do decreto de sequestro a prática de fato descrito como *infração penal, a* existência de *indícios veementes* da *proveniência ilícita dos bens* e o periculum in mora *nos termos do art. 125 do Código de Processo Penal.*

64. Qual a finalidade da especialização de hipoteca legal?

A medida assecuratória de especialização de hipoteca legal caracteriza-se por ser um procedimento cautelar incidental, de natureza real, que objetiva resguardar, no patrimônio do autor do delito, bens suficientes para o pagamento de eventual indenização decorrente da reparação dos danos e pagamento de custas e despesas processuais.

65. A medida de arresto pressupõe a origem ilícita dos bens?

Não, segundo o STJ, "o arresto, decretado nos moldes do art. 137 do CPP, não pressupõe a origem ilícita dos bens móveis, pois a constrição, nesta hipótese, é determinada com o mero objetivo de garantir a satisfação, em caso de condenação, de eventual pena de multa, custas processuais e ressarcimento dos danos causados pela perpetração delitiva" (STJ, RMS 21.967/PR, 5ª T., rel. Min. Jorge Mussi, j. 5-2-2009, DJe de 2-3-2009).

66. O juiz pode autorizar a utilização provisória por parte do poder público de bens sujeitos a qualquer medida assecuratória?

De acordo com o novo art. 133-A do Código de Processo Penal, o juiz poderá autorizar, constatado o interesse público, a utilização de bem sequestrado, apreendido ou sujeito a qualquer medida assecuratória pelos órgãos de segurança pública previstos no art. 144 da Constituição Federal, do sistema prisional, do sistema socioeducativo, da Força Nacional de Segurança Pública e do Instituto Geral de Perícia, para o desempenho de suas atividades.

Além desses casos, demonstrado o interesse público, o juiz poderá autorizar o uso do bem pelos demais órgãos públicos (art. 133-A, § 2º).

7. DAS PROVAS

67. O que se compreende por teoria da tinta diluída?

De acordo com a teoria da tinta diluída, também conhecida como teoria da mancha purgada, nódoa removida, vícios sanados, conexão atenuada, contaminação expurgada, nexo causal evidenciado ou *purged taint exception*, não se aplica a teoria da prova ilícita por derivação se o nexo causal entre a prova primária e a secundária for atenuado em virtude do decurso do tempo, de circunstâncias supervenientes na cadeia probatória, da menor relevância da ilegalidade ou da vontade de um dos envolvidos em colaborar com a persecução criminal. Nesse caso, apesar de já ter havido a contaminação de um determinado meio de prova em face da ilicitude ou ilegalidade da situação que o gerou, um acontecimento futuro expurga o vício, permitindo-se, assim, o aproveitamento da prova inicialmente contaminada.

A doutrina tem defendido que essa teoria ou limitação foi colocada no art. 157, § 1º do CPP: "São também inadmissíveis as provas derivadas das ilícitas, salvo quando não evidenciado o nexo de causalidade entre umas e outras, ou quando as derivadas puderem ser obtidas por uma fonte independente das primeiras".

Apesar de guardar certa semelhança com a limitação da fonte independente, a teoria da mancha purgada com ela não se confunde. Na teoria da fonte independente, o nexo causal entre as provas é atenuado em razão da circunstância de a prova secundária possuir existência independente da prova primária. Na limitação da mancha purgada, o lapso temporal decorrido entre a prova primária e a secundária, as circunstâncias intervenientes na cadeia probatória, a menor relevância da ilegalidade ou a vontade do agente em colaborar com a persecução criminal atenuam a ilicitude originária, expurgando qualquer vício que possa recair sobre a prova secundária.

68. O fato axiomático depende de prova?

Não, o fato axiomático é expressão sinônima de prova evidente, que por sua vez não depende de prova por guardar coerência lógica com outro fato já demonstrado.

69. O que se entende por serendipidade? Existem graus dela?

Serendipidade é o encontro fortuito de provas, isto é, quando a investigação buscando descobrir provas sobre um determinado fato, acaba, fortuitamente, encontrando elementos probatórios de outro fato ou agente distinto.

A serendipidade é classificada como primeiro e segundo grau. Na primeira vertente, representa a descoberta fortuita de provas cuja validade se faz presente diante da existência de conexão ou continência, isto é, relação com o fato objeto de investigação.

Em seu segundo aspecto, pelo fato de as novas provas não guardarem relação de conexão ou continência, não poderão ser utilizadas de forma direta, podendo, contudo, funcionarem como noticia criminis.

70. O que se entende por prova de fora da terra?

Prova de fora da terra é aquela que deve ser produzida em juízo diverso daquele em que o feito se processa, como na hipótese de oitiva de testemunha por carta precatória.

71. O que se compreende por prova irritual? É lícita?

Prova irritual é a prova prevista em lei como típica, contudo colhida sem a observância da forma legal, isto é, fugindo do rito previsto.

Como não há observância ao modelo legal, é possível que seja declarada sua nulidade, a depender do caso concreto, especialmente no que à existência de prejuízo.

72. No que diz respeito às interceptações telefônicas, qual é o prazo legal para sua realização?

Consoante dispõe o artigo 5º da Lei nº 9.296/96, a interceptação telefônica não poderá exceder o prazo de 15 (quinze) dias, renovável por igual tempo uma vez comprovada a indispensabilidade do meio de prova.

Todavia, em caso de necessidade, a renovação do prazo da interceptação deve ser realizada antes do decurso do prazo fixado na decisão originária, pois a lei impõe o controle prévio da medida.

73. Em quais hipóteses a lei não admite a interceptação telefônica?

De acordo com o art. 2º da Lei de Interceptações Telefônicas, não se admite o procedimento de interceptação quando não houver indícios razoáveis da autoria ou participação em infração penal, quando a prova puder ser feita por outros meios disponíveis e quando o fato investigado constituir infração penal punida, no máximo, com pena de detenção.

74. O que se compreende por cadeia de custódia?

A cadeia de custódia é o conjunto de todos os procedimentos utilizados para manter e documentar a história cronológica do vestígio coletado em locais ou em vítimas de crimes, para rastrear sua posse e manuseio a partir de seu reconhecimento até o descarte (art. 158-A, *caput*, CPP).

75. Quando se inicia a cadeia de custódia?

O início da cadeia de custódia dá-se com a preservação do local de crime ou com procedimentos policiais ou periciais nos quais seja detectada a existência de vestígio (art. 158-A, § 1º, CPP).

76. No que toca à colaboração premiada, o colaborador que simplesmente confessa a prática dos fatos faz *jus* ao benefício?

Não, o colaborador somente fará *jus* aos benefícios legais quando suas informações auxiliarem, de forma objetiva e eficaz para a descoberta de fatos desconhecidos das autoridades investigantes.

De acordo como art. 4º da Lei de Organizações Criminosas, nº 12.850/13, a colaboração premiada só será eficaz se houver a caracterização de pelo menos um dos seguintes resultados: a identificação dos demais coautores e partícipes da organização criminosa e das infrações penais por eles praticadas; a revelação da estrutura hierárquica e da divisão de tarefas da organização criminosa; a prevenção de infrações penais decorrentes das atividades da organização criminosa; a recuperação total ou parcial do produto ou do proveito das infrações penais praticadas pela organização criminosa; ou a localização de eventual vítima com a sua integridade física preservada.

Assim, se o acusado se limitar a confessar fatos conhecidos, terá direito somente à atenuante da confissão.

77. O recebimento do acordo de colaboração premiada para análise suspende as investigações?

O recebimento de proposta de colaboração para análise ou o Termo de Confidencialidade não implica, por si só, a suspensão da investigação, ressalvado acordo em contrário quanto à propositura de medidas processuais penais cautelares e assecuratórias, bem como medidas processuais cíveis admitidas pela legislação processual civil em vigor.

78. A ação controlada precisa de autorização judicial prévia para ser realizada?

Depende do delito em que o aludido meio de prova será utilizado. De forma diferente das Leis de Drogas e de Lavagem de Capitais, a Lei de Organizações Criminosas não faz referência expressa à necessidade de prévia autorização judicial para a execução da ação controlada, exigindo apenas a prévia comunicação ao juiz competente que, se for o caso, estabelecerá os seus limites, temporais e funcionais, e comunicará ao Ministério Público.

Assim, tem-se que nos crimes das Leis de Drogas e Lavagem de Capitais exige-se a autorização nos termos dos arts. 52, II, da Lei nº 11.343/2006 e o art. 4º-B da Lei nº 9.613/98, enquanto na Lei de Organizações Criminosas a autorização não é exigida na forma do § 1º do art. 8º da Lei nº 12.850/2013.

79. Quais os requisitos para que seja realizada a infiltração de agentes no âmbito de uma organização criminosa?

De acordo com a Lei de Organizações Criminosas, exige-se:

a) prévia autorização judicial fundamentada;
b) *fumus comissi delicti* e *periculum libertatis*;
c) indispensabilidade da infiltração, evidenciando seu caráter de *ultima ratio*, só podendo sendo admitida quando a prova não puder ser produzida por outros meios disponíveis;
d) anuência do agente policial.

80. É possível a infiltração virtual de agentes?

De acordo com o art. 10-A da Lei 12.850/13, será admitida a ação de agentes de polícia infiltrados virtuais, obedecidos os requisitos legais aplicáveis ao instituto, na internet, com o fim de investigar os crimes previstos na lei de organizações criminosas e a eles conexos, praticados por organizações criminosas, desde que demonstrada sua necessidade e indicados o alcance das tarefas dos policiais, os nomes ou apelidos das pessoas investigadas e, quando possível, os dados de conexão ou cadastrais que permitam a identificação dessas pessoas.

81. A prova testemunhal pode ser prestada por escrito?

Segundo o art. 204 do CPP, o depoimento da testemunha será prestado oralmente, não sendo permitido à testemunha trazê-lo por escrito.

Contudo, o art. 221 do Código de Processo Penal, em § 1º, traz exceção à regra:

§ 1º O Presidente e o Vice-Presidente da República, os presidentes do Senado Federal, da Câmara dos Deputados e do Supremo Tribunal Federal poderão optar pela prestação de depoimento por escrito, caso em que as perguntas, formuladas pelas partes e deferidas pelo juiz, lhes serão transmitidas por ofício.

82. É possível a condução coercitiva para fins de interrogatório?

O art. 260 do Código de Processo Penal estabelece que se o acusado não atender à intimação para o interrogatório, reconhecimento ou qualquer outro ato que, sem ele, não possa ser realizado, a autoridade poderá mandar conduzi-lo à sua presença.

A condução coercitiva é uma medida cautelar, haja vista que por meio dela o investigado, acusado, testemunha ou vítima são privados de sua liberdade de locomoção pelo lapso temporal necessário à prática do ato processual, no qual sua presença é considerada imprescindível, firmando-se o entendimento que a condução deve ocorrer por prazo razoável, não podendo perdurar por mais de 24h.

Especificamente no caso do interrogatório de investigados e acusados, no bojo das ADPFs 395 e 444, o STF entendeu, por maioria de votos, que a condução coercitiva para interrogatório não foi recepcionada pela Carta Constitucional, mantendo, contudo, a validade dos atos anteriormente realizados à realização do julgamento.

A decisão vai ao encontro da doutrina majoritária que sustenta que se o agente possui o direito de permanecer em silêncio e de não colaborar para a investigação produzindo prova contra si mesmo (*nemo tenetur se detegere*), não haveria sentido lógico a compeli-lo a comparecer a atos em que poderia simplesmente permanecer calado.

83. As partes podem celebrar negócio jurídico processual quanto a prova pericial no processo penal?

Sim, de acordo com o artigo 177 do CPP, nos casos de ação penal privada, as partes podem acordar quanto a nomeação do perito pelo juízo deprecante, afastando a regra da nomeação do perito pelo juízo deprecado.

A hipótese, presente no Código de Processo Penal em sua redação original de 1941, soma-se às hipóteses de transação penal, composição civil dos danos, suspensão condicional do processo, colaboração premiada, delação premiada, o perdão do ofendido e acordo de não persecução penal como exemplos de negócios jurídicos processuais no processo penal.

84. Todo interrogatório judicial pode ser realizado por videoconferência?

O art. 185 do Código de Processo Penal especifica os requisitos para realização do interrogatório por videoconferência, que só recebe a permissão legal diante do preenchimento de pelo menos um dos requisitos previstos no art. 185, quais sejam: I – prevenir risco à segurança pública, quando exista fundada suspeita de que o preso integre organização criminosa ou de que, por outra razão, possa fugir durante o deslocamento; II – viabilizar a participação do réu no referido ato processual, quando haja relevante dificuldade para seu comparecimento em juízo, por enfermidade ou outra circunstância pessoal; III – impedir a influência do réu no ânimo de testemunha ou da vítima, desde que não seja possível colher o depoimento destas por videoconferência, nos termos do art. 217 do Código de Processo Penal; IV – responder à gravíssima questão de ordem pública.

85. O que se entende por chamada de corréu?

A chamada de corréu é a hipótese em que o agente, assumindo sua própria responsabilidade penal por confissão, vem a delatar partícipe ou coautor na prática delitivo.

86. O que se entende por confissão simples e qualificada?

A confissão simples ocorre quando o agente confessa a prática delitiva sem qualquer alegação de excludente de ilicitude ou culpabilidade.

Por outro lado, ocorre a confissão qualificada quando o agente confessa a prática delitiva, mas com a ressalva de ter agido amparado por uma excludente de ilicitude ou da culpabilidade.

87. O que significa testemunha fedatária?

Testemunha fedatária ou instrumentária são as testemunhas que desconhecem os fatos, funcionando como testemunhas apenas de atos instrumentais e procedimentais, como as testemunhas de apresentação ou de negativa de assinatura de nota de culpa.

88. O que se entende por teoria da fonte independente no âmbito das provas?

A teoria da fonte independente, de origem no direito norte americano (*independent source doctrine*), também conhecida por exceção da fonte independente, prevê que se o órgão incumbido da persecução penal conseguir demonstrar que teve acesso, legitimamente, a elementos novos de informação a partir de uma fonte autônoma de prova, que não guarde qualquer espécie de relação de dependência e não advenha de uma prova inicialmente ilícita, não mantendo qualquer vínculo causal com essa, referidas provas são admissíveis, porque não contaminados pelo vício da prova originária.

Para sua aplicabilidade, é necessária demonstração inequívoca de que a nova prova advém de fonte autônoma, sem qualquer espécie de vínculo com a prova originalmente ilícita.

8. PRISÃO, MEDIDAS CAUTELARES E LIBERDADE PROVISÓRIA

89. O que se entende por quase-flagrante?

O denominado quase-flagrante, ou flagrante impróprio, imperfeito ou irreal, é aquele que ocorre quando o agente é perseguido logo após cometer a infração penal, em situação que faça presumir ser ele o autor do ilícito, na forma do art. 302, inc. III do Código de Processo Penal.

90. O que se entende por flagrante urdido?

O flagrante urdido, forjado, fabricado ou maquinado ocorre na hipótese em que provas de um crime inexistente são criadas por policiais ou particulares, visando a legitimação de uma prisão em flagrante.

91. Pode ocorrer prisão em flagrante em crime de ação penal privada ou de ação penal pública condicionada à representação?

Nos crimes de ação penal privada ou de ação penal pública condicionada é admitida a captura e a condução coercitiva do agente em situação de flagrante, com o objetivo de evitar maiores danos ao bem jurídico penalmente protegido.

Contudo, para que ocorra a efetivação da prisão em flagrante delito e lavratura do auto, exige-se a manifestação do ofendido ou de seu representante legal.

Caso a vítima não possa se manifestar imediatamente, poderá fazê-lo até o prazo da entrega da nota de culpa (24 horas).

92. A não revisão da prisão preventiva no prazo legal de noventa dias, caracteriza constrangimento ilegal apto a relaxar a prisão?

O STF, enfrentando a temática, assinalou que a inobservância do prazo não implica a revogação automática da prisão preventiva: O transcurso do prazo previsto no parágrafo único do art. 316 do Código de Processo Penal não acarreta, automaticamente, a revogação da prisão preventiva e, consequentemente, a concessão de liberdade provisória. STF. Plenário. ADI 6581/DF e ADI 6582/DF, Rel. Min. Edson Fachin, redator do acórdão Min. Alexandre de Moraes, julgados em 8/3/2022.

93. Existe contraditório prévio na aplicação das medidas cautelares?

De acordo com o § 3º do art. 282 do Código de Processo Penal, ressalvados os casos de urgência ou de perigo de ineficácia da medida, o juiz, ao receber o pedido de medida cautelar, determinará a intimação da parte contrária, para se manifestar no prazo de 5 (cinco) dias, acompanhada de cópia do requerimento e das peças necessárias, permanecendo os autos em juízo, e os casos de urgência ou de perigo deverão ser justificados e fundamentados em decisão que contenha elementos do caso concreto que justifiquem essa medida excepcional. Logo, é possível se falar em existência de contraditório prévio, mesmo nas hipóteses de medidas cautelares.

94. A regulação das audiências de custódia por meio de Resolução do Conselho Nacional de Justiça ou Provimentos dos Tribunais de Justiça é constitucional?

Para o Supremo Tribunal Federal, em julgamento da ADI nº 5.420, a regulamentação das audiências de custódia por meio de Resoluções e Provimentos dos Tribunais não caracterizam violação ao princípio da legalidade em matéria processual penal.

Como fundamento, o STF declarou a autoaplicabilidade das normas internacionais de direitos humanos insertas no ordenamento jurídico pátrio. Assim, ao utilizar como fundamento norma criada no âmbito internacional, o STF exerceu reafirma o compromisso nacional, com sede constitucional, de respeito aos direitos fundamentais.

95. Há alguma hipótese de decretação de prisão preventiva de agente incurso em crime doloso cuja pena máxima não seja superior a quatro anos?

Sim, a prisão preventiva pode ser decretada se o acusado for reincidente específico em crime doloso, independentemente do *quantum* de pena cominado ao novo delito doloso, quando o crime envolver violência doméstica e familiar contra a mulher, criança, adolescente, idoso, enfermo ou pessoa com deficiência, para garantir a execução das medidas protetivas de urgência e quando houver dúvida sobre a identidade civil da pessoa ou não fornecimento de elementos suficientes para seu esclarecimento, devendo o preso ser colocado imediatamente em liberdade após a identificação, salvo se outra hipótese recomendar a manutenção da medida.

96. É possível que o Juiz de primeiro grau, fundamentadamente, imponha a parlamentares municipais as medidas cautelares de afastamento de suas funções legislativas sem necessidade de remessa à Casa respectiva para deliberação?

Sim, de acordo com o julgamento do RHC 88.804-RN, o Superior Tribunal de Justiça consolidou o entendimento que a incoercibilidade pessoal, prevista no art. 53, § 2º da Constituição Federal é aplicável por disposição expressa a deputados federais e senadores, bem como aos deputados estaduais por simetria, não se aplicando, contudo, aos parlamentares municipais.

Aprofundamento

"A insurgência suscitada em questão de ordem limitou a examinar a legalidade de decisão tomada por Câmara de Vereadores pela revogação das medidas cautelares de afastamento das funções de vereador e de presidente da Casa em substituição à prisão preventiva impostas por juiz de primeiro grau. Ressalte-se que a situação jurídica dos autos permanece hígida, a despeito do julgamento proferido pelo Supremo Tribunal Federal nos autos da ADI 5.526-DF que fixou o entendimento de que compete ao Poder Judiciário impor, por autoridade própria, as medidas cautelares a que se refere o artigo 319 do CPP a parlamentares, devendo, contudo, ser encaminhada à Casa Legislativa respectiva a que pertencer o parlamentar para os fins do disposto no art. 53, § 2º, da Constituição Federal quando a medida cautelar aplicada impossibilite, direta ou indiretamente, o exercício regular do mandato parlamentar. O referido artigo dispõe acerca de imunidade formal conferida à deputados federais e senadores, sendo, pois, uma prerrogativa constitucional conferida aos parlamentares do Congresso Nacional e, justamente por se tratar de norma de exceção, deve ser interpretada restritivamente. A Corte Suprema, tendo por fundamento tal parâmetro, já sufragou, em julgados anteriores, entendimento no sentido de que a incoercibilidade pessoal relativa prevista no artigo 53, § 2º, da CF/88 é aplicável, conforme disposição expressa, aos deputados federais e senadores e, por incidência do princípio da simetria, aos deputados estaduais independentemente de previsão nas respectivas Constituições estaduais, previsão, todavia, não incidente sobre parlamentares municipais. Nesses termos, torna-se sem efeito a decisão tomada pela Câmara de Vereadores em sessão realizada no dia 25/10/2017, na qual os seus pares haviam, alegando incidência do entendimento externado pelo STF na ADI 5.526-DF, votado pelo retorno imediato do vereador aos cargos dos quais se encontra por ora afastado". (Informativo n. 617).

97. Quais os requisitos para decretação da prisão temporária?

Os requisitos para decretação da prisão temporária foram previstos no art. 1º da Lei 7.960/89, aos quais deve ser agregado o entendimento do STF, firmado no julgamento das ADIs 4.109 e 3.360, j. 12.02.22. Vejamos o art. 1º:

Art. 1º Caberá prisão temporária:

I - quando imprescindível para as investigações do inquérito policial;

II - quando o indicado não tiver residência fixa ou não fornecer elementos necessários ao esclarecimento de sua identidade;

III - quando houver fundadas razões, de acordo com qualquer prova admitida na legislação penal, de autoria ou participação do indiciado nos seguintes crimes:

a) homicídio doloso (art. 121, *caput*, e seu § 2º);

b) sequestro ou cárcere privado (art. 148, *caput*, e seus §§ 1º e 2º);

c) roubo (art. 157, *caput*, e seus §§ 1º, 2º e 3º);

d) extorsão (art. 158, *caput*, e seus §§ 1º e 2º);

e) extorsão mediante sequestro (art. 159, *caput*, e seus §§ 1º, 2º e 3º);

f) estupro (art. 213, *caput*, e sua combinação com o art. 223, *caput*, e parágrafo único);

g) atentado violento ao pudor (art. 214, *caput*, e sua combinação com o art. 223, *caput*, e parágrafo único);

h) rapto violento (art. 219, e sua combinação com o art. 223, *caput*, e parágrafo único);

i) epidemia com resultado de morte (art. 267, § 1º);

j) envenenamento de água potável ou substância alimentícia ou medicinal qualificado pela morte (art. 270, *caput*, combinado com art. 285);

l) quadrilha ou bando (art. 288), todos do Código Penal;

m) genocídio (arts. 1º, 2º e 3º da Lei nº 2.889, de 1º de outubro de 1956), em qualquer de suas formas típicas;

n) tráfico de drogas (art. 12 da Lei nº 6.368, de 21 de outubro de 1976);

o) crimes contra o sistema financeiro (Lei nº 7.492, de 16 de junho de 1986).

p) crimes previstos na Lei de Terrorismo.

A previsão legal levou a doutrina a desenvolver diversas correntes, as quais foram pacificadas pela Suprema Corte. Os Ministros do STF entenderam que a prisão temporária só pode ser aplicada se os requisitos previstos na lei sobre o tema estiverem presentes, cumulativamente (inc. I e III). Não basta, portanto, cumprir apenas um dos incisos listados na lei.

De igual modo, passou a exigir o requisito da **contemporaneidade**, isto é, a prisão temporária não poderá ser decretada se o cumprimento desses pré-requisitos valer-se de elementos ocorridos muito tempo antes da prisão.

Definiu-se, então, que será necessário avaliar:

a) se a prisão temporária é medida imprescindível para as investigações do inquérito – com base em elementos concretos, e não em "meras conjecturas";

b) se há razões fundamentadas para dizer que o alvo da prisão participou do crime investigado – e esse crime precisa constar no art.1º, III da Lei 7.960/89;

c) se a justificativa para o pedido de prisão se baseia em fatos novos ou contemporâneos ao pedido;

d) se a medida é adequada à gravidade do crime, às circunstâncias do fato e às condições pessoais do alvo da prisão;

e) se outras medidas cautelares alternativa à prisão, como o uso de tornozeleira eletrônica, não seriam suficientes para o caso.

O julgamento também definiu que o fato de o alvo da prisão "não ter residência fixa ou não fornecer elementos necessários ao esclarecimento de sua identidade", por si só, não é suficiente para embasar a prisão temporária.

98. Em quais casos é permitida a concessão da prisão domiciliar como forma de substituição da prisão cautelar?

De acordo com art. 318 do Código de Processo Penal, a substituição será possível nas seguintes hipóteses: agente maior de 80 anos; agente extremamente debilitado por motivo de doença grave; agente que seja imprescindível aos cuidados especiais de pessoa menor de 6 (seis) anos de idade ou com deficiência; à gestante; mulher com filho de até 12 (doze) anos de idade incompletos; e homem, caso seja o único responsável pelos cuidados do filho de até 12 (doze) anos de idade incompletos. Além disso, o art. 318-A do CPP estabelece que a prisão preventiva imposta à mulher gestante ou que for mãe ou responsável por crianças ou pessoas com deficiência será substituída por prisão domiciliar, desde que não tenha cometido crime com violência ou grave ameaça a pessoa e não tenha cometido o crime contra seu filho ou dependente.

99. É cabível a substituição de prisão preventiva por prisão domiciliar quando a mulher é responsável pela criação de filhos menores de 12 anos, mas comercializa drogas na própria residência?

Segundo o Superior Tribunal de Justiça, no HC 441.781/SC, não é cabível a substituição da prisão preventiva pela domiciliar quando o crime é praticado na própria residência da agente, onde convive com filhos menores de 12 anos, pois o local não apenas se mostra inadequado para os cuidados de um incapaz, como também remete à conclusão de possibilidade de reiteração criminosa.

100. Até qual momento pode ser concedida a fiança?

A fiança pode ser concedida enquanto não ocorrer o trânsito em julgado da sentença condenatória, na forma do art. 334 do Código de Processo Penal.

101. Em quais hipóteses reputa-se quebrada a fiança?

Reputa-se quebrada a fiança quando o acusado, regularmente intimado para ato do processo, deixar de comparecer, sem motivo justo; quando deliberadamente praticar ato de obstrução ao andamento do processo; quando descumprir medida cautelar imposta cumulativamente com a fiança; quando resistir injustificadamente a ordem judicial; ou quando praticar nova infração penal dolosa.

102. E a cassação da fiança, como ocorre?

Em qualquer fase do processo, a fiança deverá ser cassada quando for concedida por equívoco; quando houver inovação na classificação do delito, reconhecendo-se a existência de infração inafiançável; quando houver aditamento da denúncia, acarretando a inviabilidade de concessão de fiança.

103. Há alguma espécie de liberdade provisória obrigatória na legislação pátria?

A legislação processual prevê a liberdade provisória obrigatória na lei dos Juizados Especiais Criminal segundo a qual, se o agente assumir o compromisso de comparecer ao Juizado, ou a ele comparecer imediatamente, não se imporá prisão em flagrante ao autor de infração de menor potencial ofensivo e ainda no crime de porte de drogas para consumo pessoal, previsto no art. 28 da Lei de Drogas, ainda que o agente se recuse a assumir o compromisso de comparecer ao Juizado, a ele não se imporá prisão em flagrante, haja vista que o próprio delito não mais prevê pena privativa de liberdade de locomoção.

9. PROCESSO E PROCEDIMENTO

104. Cabe citação por hora certa no processo penal?

Sim, segundo o art. 362 do Código de Processo Penal, "verificando que o réu se oculta para não ser citado, o oficial de justiça certificará a ocorrência e procederá à citação com hora certa, na forma estabelecida no Código de Processo Civil.

Esse, por sua vez diz que quando, por 2 (duas) vezes, e não mais três vezes, o oficial de justiça houver procurado o citando em seu domicílio ou residência sem o encontrar, deverá, havendo suspeita de ocultação, intimar qualquer pessoa da família ou, em sua falta, qualquer vizinho de que, no dia útil imediato, voltará a fim de efetuar a citação, na hora que designar.

105. Quando pode ser realizada a citação? Os obstáculos da lei civil se aplicam ao processo penal?

A citação poderá ser feita em qualquer dia e hora, inclusive durante os finais de semana e feriados, devendo ser evitada durante e noite se o réu estiver recolhido em seu domicílio para evitar violação à norma constitucional da inviolabilidade do domicílio.

Salvo neste ponto, a lei processual penal não trouxe limitações ou óbices à realização da citação, como fez no Código de Processo Civil em seu art. 244.

106. No caso de citação por carta precatória em que o agente citado se oculta para não receber a citação, qual juízo deve determinar a citação por hora certa, o deprecante ou deprecado?

O art. 362 do Código de Processo Penal dispõe que a citação por hora certa deve ser realizada no local de endereço do acusado. Assim, tratando-se de ato processual a ser realizado sob a presidência do juízo deprecado, caberá a este determinar a realização da diligência visando o esgotamento do ato de acordo com sua competência.

107. O art. 366 do Código de Processo Penal é aplicável a todos os crimes e procedimentos?

Não, o § 2º do art. 2º da Lei n. 9.613/98, afeta aos crimes de lavagem de capitais, exclui expressamente a aplicação do art. 366 do Código de Processo Penal aos processos por crimes nela tipificados.

108. Quais as consequências da revelia no processo penal?

A única consequência da revelia no processo penal é a continuidade regular do processo sem que o acusado tenha que ser pessoalmente intimado para os atos processuais, permanecendo, contudo, a necessidade de intimação de seu defensor para garantia do respeito aos princípios do contraditório e ampla defesa.

109. O que significa sentença de absolvição imprópria?

Sentença de absolvição imprópria é aquela em que, malgrado o reconhecido do fato e da infração penal, o magistrado, entendendo que o acusado é o autor da infração penal, aplica-lhe a medida de segurança, deixando de aplicar a pena diante da *inimputabilidade do agente* que, por doença mental ou desenvolvimento mental incompleto ou retardado, era, ao tempo da ação ou da omissão, inteiramente incapaz de entender o caráter ilícito do fato ou de determinar-se de acordo com esse entendimento.

110. O que são sentenças subjetivamente complexas?

Sentenças subjetivamente complexas são aquelas provenientes de órgãos colegiados, isto é, que para sua formação, exige-se a somatória de entendimentos, como nos julgamentos pelo Tribunal do Júri, em que a sentença é proferida pelo juiz presidente com base na decisão dos jurados.

De igual forma, os acórdãos proferidos pelos Tribunais também são subjetivamente complexos, porque derivam da somatória dos votos proferidos pelos Desembargadores ou Ministros.

111. É possível que o tribunal faça uso da fundamentação per relationem?

A fundamentação *per relationem* é a decisão por referência, isto é, aquela que se vale da justificação apresentada em outra decisão ou em manifestação das partes. O STJ tem admitido o uso da fundamentação *aliunde*, condicionando sua validade à adição de motivos justifiquem sua conclusão com menção a argumentos próprios[4]. Sobre o tema, firmou a tese nº 18: "A utilização da técnica de motivação *per relationem* não enseja a nulidade do ato decisório, desde que o julgador se reporte a outra decisão ou manifestação dos autos e as adote como razão de decidir".

112. É possível a *emendatio libelli* em segundo grau de jurisdição?

A *emendatio libelli*, instituto previsto no art. 383 do Código de Processo Penal, caracteriza-se pela divergência ou erro na denúncia ou queixa, entre os fatos narrados e a tipificação formulada ao final.

Assim, na *emendatio libelli*, o magistrado apenas adequa a narração fática ao tipo penal que reputa correto, de sorte que não há óbice algum à sua realização em segundo grau de jurisdição.

113. A denúncia do Ministério Público narra a prática de um crime de furto, mas durante a instrução criminal verifica-se que o fato foi praticado com violência contra a pessoa. Qual o instituto processual a ser aplicado no caso?

Na hipótese, há que se aplicar o instituto da *mutatio libelli*, com aditamento tal como previsto no art. 384 do Código de Processo Penal.

Diante dos novos fatos, apurados durante a instrução criminal, há que se oportunizar ao réu o direito de produzir defesa quanto a esses, razão pela qual, em respeito aos princípios da ampla defesa e contraditório, o Ministério Público deverá promover a adequação da denúncia aos novos elementos de prova por meio de aditamento, abrindo-se o prazo defensivo para o réu se manifestar.

114. Cabe recurso da decisão que recebe a denúncia?

4. É válido o emprego da técnica da fundamentação per relationem, em que o magistrado usa trechos de decisão anterior ou de parecer ministerial como razão de decidir, desde que a matéria haja sido abordada pelo órgão julgador, com menção a argumentos próprios, como na espécie, uma vez que a instância antecedente, além de fazer referência ao parecer ministerial, indicou os motivos pelos quais considerava suficiente o acervo probatório para a condenação do réu.AgRg no HC 613.826/SC, 6ª Turma, DJe 02.12.20.

Não há previsão expressa no Código de Processo Penal de *recurso* contra decisão que recebe a denúncia. Pode, contudo, diante de manifesto constrangimento ilegal decorrente do recebimento da vestibular acusatória, como na hipótese de recebimento de denúncia por crime prescrito, a questão ser atacada por meio de habeas corpus *visando o* trancamento de ação penal.

115. O promotor de justiça, ao oferecer a denúncia, deixa de propor a suspensão condicional do processo sem fundamentação, em hipótese que o réu faz jus ao benefício. Qual solução deve ser adotada?

Segundo a Súmula 696 do STF, "reunidos os pressupostos legais permissivos da suspensão condicional do processo, mas se recusando o Promotor de Justiça a propô-la, o juiz, dissentindo, remeterá a questão ao Procurador-Geral, aplicando-se por analogia o art. 28 do Código de Processo Penal".

116. No que concerne à defesa do acusado, é obrigatória a apresentação de manifestação escrita no procedimento comum ordinário?

Nos termos do § 2º do art. 396-A do Código de Processo Penal, é obrigatória a apresentação de resposta escrita à acusação, pois, caso não apresentada no prazo legal, o juiz nomeará defensor para oferecê-la, concedendo-lhe vista dos autos por 10 (dez) dias.

Segundo a Súmula 523 do Supremo Tribunal Federal, a falta da defesa constitui nulidade absoluta, de forma que, ainda que de forma genérica, há que ser apresentada resposta à acusação.

117. O Defensor Público pode requerer ao magistrado que requisite o réu preso para entrevista prévia antes do oferecimento da resposta à acusação?

Não, pois, segundo o STJ, "não há no Código de Processo Penal qualquer exigência no sentido de que o réu preso seja requisitado para entrevista pessoal com o defensor público, sendo que o artigo 185 do referido diploma legal apenas garante ao acusado preso o direito à prévia entrevista pessoal com o seu defensor antes da realização do interrogatório ou de outros atos processuais que dependam da sua participação[5]. 2. Os artigos 4º, inciso XVII e § 11, e 108, inciso IV, da Lei Complementar 80/1990, preveem como função institucional da Defensoria Pública a atuação nos estabelecimentos policiais, penitenciários e de internação de adolescentes, garantindo aos indivíduos ali recolhidos o pleno exercício de seus direitos e garantias fundamentais. 3. Não se revela possível a

5. STJ, RHC 50.315/RJ, 5ª T., rel. Min. Jorge Mussi, j. 2-9-2014, DJe de 10-9-2014.

transferência de um ônus da Defensoria Pública ao Poder Judiciário, razão pela qual inexiste nulidade em razão da ausência de requisição, pelo magistrado, de acusado preso para que possa se entrevistar previamente com seu patrono, a fim de que este colha elementos para subsidiar o oferecimento de resposta à acusação. Precedentes".

10. PROCEDIMENTO DO TRIBUNAL DO JÚRI

118. O legislador ordinário pode ampliar o âmbito de competência do Tribunal do Júri?

Sim, por força do art. 78, I, do Código de Processo Penal, além dos crimes dolosos contra a vida, também compete ao Tribunal do Júri o julgamento dos crimes conexos, salvo em se tratando de crimes militares ou eleitorais, hipótese em que deverá ocorrer a separação dos processos.

Assim, considerando-se que a definição de crimes conexos e continentes compete ao legislador ordinário, nada impede, como de fato o fez, que o legislador estabeleça novas formas de conexão ou continência, ampliando a competência do Tribunal do Júri para abarcar outros delitos, relacionados com os dolosos contra a vida.

119. Qual a consequência processual decorrente da não apresentação de alegações finais por parte do querelante em crime conexo a delito de competência do Tribunal do Júri?

Tratando-se de crime de ação penal exclusivamente privada, a omissão do querelante quanto a apresentação de alegações finais implicará em perempção, e consequente extinção da punibilidade, nos termos do art. 60, III, do Código de Processo Penal.

Por outro lado, tratando-se de hipótese de ação penal privada subsidiária da pública, a consequência será a retomada da titularidade da ação penal pelo Ministério Público, nos termos do art. 29 do Código de Processo Penal e não a perempção.

120. O crime de genocídio, previsto na Lei 2.889/56, deve ser julgado pelo Tribunal do Júri?

O crime de genocídio tutela essencialmente a existência de grupos raciais, nacionais, étnicos ou religiosos, possuindo, portanto, caráter coletivo ou transindividual.

Por si só, por não ser crime doloso contra a vida, não atrai a competência do Tribunal do Júri. Pode, contudo, ser julgado pelo Tribunal Popular na hipótese de conexão com o crime de homicídio[6].

121. A pronúncia pode ser proferida em sede de Tribunal?

A decisão de pronúncia, em regra, é proferida pelo juízo sumariante após a apresentação das alegações finais, encerrando a primeira fase do procedimento. Contudo, é possível que a decisão de pronúncia também seja proferida pelo Tribunal, em apreciação a recurso em sentido estrito.

122. O que se entende por eloquência acusatória?

O magistrado, ao fundamentar a decisão de pronúncia, deve limitar-se a apontar a prova da existência do crime e os indícios suficientes de autoria ou participação, utilizando, para tanto, de expressões e palavras comedidas, sem grande carga valorativa, para evitar eventual influência no *animus judicandi* dos jurados, passiveis de influência por uma pronúncia dotada de excessos.

Nesse sentido, ocorre a denominada eloquência acusatória quando o juiz sumariante abusa da linguagem, proferindo a pronúncia sem moderação, dando causa a nulidade absoluta da decisão. Reconhecida a nulidade, a pronúncia declarada nula deverá ser desentranhada dos autos do processo.

123. Qual a natureza jurídica da decisão de impronúncia? E como se dá a coisa julgada nesse caso?

De acordo com o art. 414 do Código de Processo Penal, o acusado deve ser fundamentadamente impronunciado pelo juiz sumariante quando este não se convencer da materialidade do fato ou da existência de indícios suficientes de autoria ou de participação.

Quanto à natureza jurídica, a impronúncia é uma decisão interlocutória mista terminativa. Interlocutória porque não adentra no mérito para confirmar se o acusado é culpado ou inocente; mista, porque encerra uma fase procedimental; e terminativa, porquanto extingue do processo antes do final do procedimento.

No que diz respeito à coisa julgada, por não haver análise do mérito, a decisão de impronúncia só produz coisa julgada formal.

124. Se o juiz impronunciar o acusado, deve analisar também o crime conexo?

6. RE 351.487/RR. Rel. Min. Cezar Peluso. DJe 10.11.2006.

Decidindo o magistrado pela impronúncia do acusado em relação ao crime doloso contra a vida, não deve fazer qualquer análise no que concerne ao crime conexo, mas apenas remeter os autos para o juízo competente, caso não seja ele próprio, sob pena de violação das normas de competência.

125. O que é despronúncia? Quem pode despronunciar?

A despronúncia ocorre quando a decisão de pronúncia é reformada para impronúncia em virtude da interposição de um recurso em sentido estrito. Como o recurso em sentido estrito admite o juízo de retratação, a despronúncia pode ser realizada pelo Tribunal e pelo próprio magistrado prolator da decisão, em razão do efeito iterativo do recurso.

126. Qual o recurso cabível da decisão de impronúncia? E da absolvição sumária?

De acordo com art. 416 do Código de Processo Penal, "contra a sentença de impronúncia ou de absolvição sumária caberá apelação". Assim, para ambas as hipóteses, o recurso adequado será a apelação.

127. Cite ao menos três efeitos da decisão de pronúncia.

Dentre os efeitos da decisão de pronúncia, pode-se destacar: a submissão do acusado a julgamento perante o Tribunal do Júri; a limitação da acusação em plenário (correlação entre pronúncia e quesitação); a preclusão das nulidades relativas não arguidas até a pronúncia; a interrupção da prescrição; e a preclusão da decisão de pronúncia e sua consequente imodificabilidade.

128. Quais são as hipóteses em que a lei autoriza o desaforamento no procedimento do Júri?

Elencadas nos arts. 427 e 428 do Código de Processo Penal, as hipóteses de desaforamento são: interesse de ordem pública; dúvida sobre a imparcialidade do júri; falta de segurança pessoal do acusado; e não realização do julgamento no prazo de 6 (seis) meses, contado da preclusão da decisão de pronúncia, desde que comprovado excesso de serviço e evidenciado que a demora não foi provocada pela defesa.

129. A ausência do acusado solto, regularmente intimado, gera adiamento da sessão do Tribunal do Júri?

Segundo o art. 457, *caput*, do Código de Processo Penal, o julgamento não será adiado pelo não comparecimento do acusado solto que tiver sido regularmente intimado.

Contudo, o § 1º do art. 457 prevê que os pedidos de adiamento e as justificações de não comparecimento deverão ser, salvo comprovado motivo de força maior, previamente submetidos à apreciação do juiz presidente do Tribunal do Júri.

Assim, no caso de ausência justificada, o julgamento deve ser adiado. Por outro lado, no caso de ausência injustificada, o julgamento deverá ser realizado.

130. O que significa recusa peremptória no Tribunal do Júri?

A recusa peremptória ou imotivada consiste na não aceitação, por qualquer uma das partes, de até 3 dos jurados sorteados, sem necessidade de explicação dos motivos da recusa, cabendo primeiro à defesa e, após, ao Ministério Público a manifestação, nos termos do art. 468 do Código de Processo Penal.

131. No meio do julgamento pelo Tribunal do Júri, o advogado usa uma revista que não foi juntada no prazo legal. O que o membro do Ministério Público pode fazer?

Caso a defesa apresente na sessão plenária uma revista ou documento que não tenha sido juntado ao processo com antecedência mínima de três dias úteis (art. 479 do Código de Processo Penal), tendo ela conteúdo relacionado com a matéria de fato versada no processo, caberá ao Ministério Público arguir a nulidade do julgamento, porquanto haverá evidente violação a preceito constitucional – princípio do contraditório – sendo o prejuízo presumido.

11. NULIDADES E RECURSOS

132. Ocorrendo o trânsito em julgado de sentença absolutória própria e verificando-se posteriormente a existência de nulidade absoluta, é possível a revisão criminal? E no caso de sentença absolutória imprópria?

No caso do trânsito em julgado de sentença absolutória própria, as nulidades absolutas ocorridas no curso do processo são convalidadas, pois não se admite revisão criminal *pro societate.*

Por outro lado, na hipótese de sentença absolutória imprópria, assim como no caso de sentenças condenatórias, as nulidades absolutas podem ser arguidas mesmo após o trânsito em julgado, por meio por meio de revisão criminal.

133. O que se entende por confinamento da nulidade?

Por confinamento da nulidade deve ser entendida a necessidade de preservação da validade dos atos processuais independentes do ato anterior declarado inválido.

Assim, a nulidade de uma parte do ato não prejudicaria as outras partes válidas do mesmo ato, na forma do art. 573 do Código de Processo Penal.

134. Quais os casos de recurso de ofício previstos no processo penal?

O Código de Processo Penal prevê o recurso de ofício nas hipóteses de decisão concessiva de Habeas Corpus (art. 574, I, do CPP) e decisão concessiva de reabilitação (artigo 746 do CPP).

Fora do Código de Processo Penal, podem ser citados os casos da sentença absolutória própria ou de decisão determinando o arquivamento de inquérito policial, nos crimes contra a economia popular ou saúde pública (art. 7º da Lei 1521/51), bem como de concessão de mandado de segurança em matéria criminal (art. 14, § 1º, da Lei 12. 016/09).

135. O que se entende por juízo de prelibação e por quem é realizado?

Juízo de prelibação é a análise realizada sobre a admissibilidade do recurso, oportunidade em que são verificados os pressupostos de admissibilidade recursal.

O primeiro juízo de admissibilidade recursal é realizado, em regra, pelo juízo *a quo* e, após remetido ao juízo *ad quem*, ter-se-á o juízo de admissibilidade definitivo.

Em alguns casos, o juízo de admissibilidade é feito em apenas um grau de jurisdição, como no caso de carta testemunhável, embargos de declaração e embargos infringentes.

136. O recurso interposto antes da publicação da decisão é intempestivo?

Não. Segundo o STF, a interposição de recurso antes do início de fluência do prazo recursal, não impede o recebimento do recurso, na linha do artigo 218, § 4º do Novo Código de Processo Civil, que assevera que todos os atos praticados antes do início do prazo serão considerados tempestivos.

137. Quando se inicia o prazo para impugnação de decisão judicial para o Ministério Público?

Segundo o tema 959 do sistema de recursos repetitivos do STJ, "O termo inicial da contagem do prazo para impugnar decisão judicial é, para o Ministério Público, a data da entrega dos autos na repartição administrativa do órgão, sendo irrelevante que a intimação pessoal tenha se dado em audiência, em cartório ou por mandado"

138. O que se entende por efeito iterativo dos recursos?

O efeito iterativo, também conhecido por efeito regressivo ou diferido ou não-devolutivo, versa sobre a devolução da matéria objeto de impugnação ao conhecimento do mesmo órgão judicial prolator da decisão, com o objetivo de permitir o exercício do juízo de retratação antes de se remeter o recurso ao juízo *ad quem*.

O efeito existe, por exemplo, no recurso em sentido estrito e no agravo em execução.

139. Quais os efeitos possíveis do recurso em sentido estrito?

O recurso em sentido estrito possui os efeitos devolutivo, regressivo (iterativo, diferido ou não-devolutivo) e extensivo, quando presentes os requisitos. Via de regra, não possui efeito suspensivo, mas pode apresenta-lo quando interposto para impugnar a decisão que decreta a perda da fiança, a decisão que denegar a apelação ou a julgar deserta, a decisão de pronúncia, salvo quando impor medidas cautelares de natureza pessoal ao acusado, e a decisão que julgar quebrada a fiança.

140. A sentença do juiz, no procedimento do Júri, após o julgamento dos jurados, que foi atacada pelo Ministério Público por meio de apelação por não reconhecer agravantes, pode ser reformada pelo Tribunal ou essa reforma viola a soberania dos vereditos?

O conhecimento de atenuantes e agravantes é de competência do juiz presidente do Tribunal do Júri, de forma que o Tribunal poderá reformar a sentença, neste ponto, incluindo, ser for o caso, as agravantes sem que isso caracterize violação à soberania dos vereditos.

141. Qual é o prazo para apresentação da apelação e suas razões recursais?

A apelação deve ser interposta no prazo de cinco dias e apresentadas as razões de recuso no prazo de oito dias, contados da intimação das partes. No âmbito do Juizado Especial Criminal, a apelação deve ser interposta no prazo de dez dias, sendo que as razões recursais devem ser apresentadas concomitantemente à interposição.

142. Qual o recurso cabível contra a decisão que recusa a homologação do acordo de não persecução penal?

Afastando a divergência doutrinária anteriormente verificada, o art. 581, XXV, CPP, expressamente pre-viu o recurso em sentido estrito como adequado à espécie.

143. Explique o princípio da fungibilidade recursal.

O princípio da fungibilidade está previsto expressamente no art. 579, *caput*, do Código de Processo Penal, segundo o qual "salvo a hipótese de má-fé, a parte não será prejudicada pela interposição de um recurso por outro".

Assim, como decorrência desse princípio, há possibilidade de conhecimento do recurso interposto, mesmo que de forma equivocada.

Todavia, existem limites à sua aplicação, dentre os quais as hipóteses de má-fé do recorrente, presumida quando houver inobservância do prazo previsto em lei para interposição do recurso adequado, bem como quando o erro cometido for grosseiro, ou seja, quando inexistir dúvida objetiva acerca do recurso adequado.

12. LEI DE EXECUÇÃO PENAL

144. A falta grave interfere na concessão de indulto ou comutação de pena?

Em regra, não. O cometimento de falta grave não interrompe automaticamente o prazo para o deferimento do indulto ou da comutação de pena. A concessão do indulto e da comutação é regulada por requisitos previstos no decreto presidencial pelo qual foram instituídos.

Assim, a prática de falta disciplinar de natureza grave, em regra, não interfere no lapso necessário à concessão de indulto e comutação da pena, salvo se o requisito for expressamente previsto no decreto presidencial.

145. O reconhecimento da falta grave pode alcançar dias anteriores à infração disciplinar?

Reconhecida a falta grave, a perda de até 1/3 do tempo remido (art. 127 da LEP) pode alcançar dias de trabalho anteriores à infração disciplinar e que tenham ou não sido declarados pelo juízo da execução no cômputo da remição.

A remição na execução da pena constitui benefício submetido à cláusula *rebus sic stantibus*. Assim, o condenado possui apenas a expectativa do direito de abater os dias trabalhados do restante da pena a cumprir, desde que não venha a ser punido com falta grave.

Nesse sentido, quanto aos dias de trabalho a serem considerados na compensação, se, por um lado, é certo que a perda dos dias remidos não pode alcançar os dias trabalhados após o cometimento da falta grave, sob pena de criar uma espécie de conta-corrente contra o condenado, desestimulando o trabalho do preso, por outro lado, não se deve deixar de computar os dias trabalhados antes do cometimento da falta grave, declarados ou não pelo juízo da execução, sob pena de subverter os fins da pena, culminando por premiar a indisciplina carcerária segundo o entendimento do STJ[7].

146. Em quais hipóteses legais é permitido o cumprimento do regime aberto em regime domiciliar?

De acordo com o art. 117 da Lei de Execução Penal, é permitido o cumprimento do regime aberto em regime domiciliar quando ocorrer as hipóteses de condenado maior de 70 (setenta) anos; condenado acometido de doença grave; condenada com filho menor ou deficiente físico ou mental; e condenada gestante.

147. Para obtenção do benefício da saída temporária, quais requisitos o detento do regime semiaberto deverá cumprir?

Nos termos do art. 123 da Lei de Execução Penal, a autorização será concedida por ato motivado do Juiz da execução, ouvidos o Ministério Público e a administração penitenciária e dependerá do comportamento adequado do agente; cumprimento mínimo de 1/6 (um sexto) da pena, se o condenado for primário, e 1/4 (um quarto), se reincidente; e compatibilidade do benefício com os objetivos da pena.

148. O detento que cumpre pena por crime hediondo faz jus à saída temporária?

Antes das alterações promovidas pela Lei 14.843/24, salvo nas hipóteses de crimes hediondos com resultado morte, que não admita a concessão da saída temporária, em regra seria possível a concessão do benefício.

Com alteração do parágrafo segundo, doravante não terá direito à saída temporária ou a trabalho externo sem vigilância direta o condenado que cumpre pena por praticar crime hediondo ou com violência ou grave ameaça contra pessoa.

13. REVISÃO CRIMINAL – *HABEAS CORPUS*

149. Havendo empate no julgamento de *habeas corpus*, perante órgão colegiado fracionário de Tribunal de Justiça, estando a vaga do desembargador que desempataria o julgamento aberta, deverá, segundo o

7. REsp 1675218/RS. Rel. Min. Maria Thereza de Assis Moura. DJe 26.06.2017.

Código de Processo Penal, o Tribunal aguardar o preenchimento da vaga para finalizar o julgamento?

Não, de acordo com o §1º do art. 615 do Código de Processo Penal, alterado pela Lei 14.836/24, "em todos os julgamentos em matéria penal ou processual penal em órgãos colegiados, havendo empate, prevalecerá a decisão mais favorável ao indivíduo imputado, proclamando-se de imediato esse resultado, ainda que, nas hipóteses de vaga aberta a ser preenchida, de impedimento, de suspeição ou de ausência, tenha sido o julgamento tomado sem a totalidade dos integrantes do colegiado".

150. Até quando pode ser proposta a revisão criminal?

A revisão criminal pode ser proposta a qualquer tempo, mesmo após a extinção da pena, consoante dispõe o art. 622 do Código de Processo Penal.

151. Analise, de forma sucinta, o instituto da revisão criminal, abordando sua natureza jurídica, legitimidade ativa e pressupostos.

A revisão criminal é uma ação autônoma de impugnação, de natureza constitutiva que tem por escopo a desconstituição de uma decisão transitada em julgado.

Endereçada, em regra, aos Tribunais e às Turmas Recursais, nas hipóteses de crimes afetos aos Juizados Especiais Criminais, tem por objetivo a revisão de uma decisão condenatória transitada em julgado sob o argumento de erro judiciário.

Assim, seus pressupostos são a existência de decisão condenatória com trânsito em julgado e existência de erro judiciário.

No que toca à legitimidade, o art. 623 do Código de Processo Penal estabelece que o próprio réu ou procurador legalmente habilitado, ou, no caso de morte do agente, o cônjuge, ascendente, descendente ou irmão podem propor a revisão criminal.

152. Submetida a revisão criminal à apreciação do Tribunal, quais espécies de decisão poderá proferir o Tribunal?

Nos termos do art. 626 do Código de Processo Penal, o Tribunal poderá alterar a classificação da infração penal, absolver o réu, modificar a pena ou anular o processo.

153. É possível a revisão criminal nos procedimentos afetos ao Tribunal do Júri? Há violação à soberania dos vereditos?

Segundo entendimento predominante nos Tribunais Superiores, é possível a revisão criminal sem que exista violação à soberania dos vereditos, conforme se ilustra pelo voto do Ministro Celso de Mello no AR 374151/MT: "O Tribunal de segunda instância, ao julgar a ação de revisão criminal, dispõe de competência plena para formular tanto o juízo rescindente ("*judicium rescindens*"), que viabiliza a desconstituição da autoridade da coisa julgada penal mediante invalidação da condenação criminal, quanto o juízo rescisório ("*judicium rescissorium*"), que legitima o reexame do mérito da causa e autoriza, até mesmo, quando for o caso, a prolação de provimento absolutório, ainda que se trate de decisão emanada do júri, pois a soberania do veredicto do Conselho de Sentença, que representa garantia fundamental do acusado, não pode, ela própria, constituir paradoxal obstáculo à restauração da liberdade jurídica do condenado".

154. Qual a natureza jurídica do *habeas corpus*?

O *habeas corpus* possui natureza jurídica de ação. Trata-se de uma ação autônoma de impugnação, de natureza constitucional, que tem por escopo reparar ou evitar cerceamento à liberdade de locomoção em virtude da prática de uma ilegalidade ou abuso de poder.

155. É possível a impetração de *habeas corpus* contra particular ou somente contra autoridade pública?

A Constituição Federal não faz qualquer ressalva quanto à autoridade coatora no que toca ao *habeas corpus*. Assim, é possível a impetração de *habeas corpus* contra atos de particulares, desde que configurado constrangimento ilegal à liberdade de locomoção, como na hipótese de ato de particular que tente impedir um paciente de deixar um hospital pelo não pagamento das despesas hospitalares.

15

PRINCÍPIOS INSTITUCIONAIS DO MINISTÉRIO PÚBLICO

Glaucia Rodrigues Torres de Oliveira Mello

1. MINISTÉRIO PÚBLICO

1. Qual a natureza jurídica do Ministério Público?

A natureza jurídica do Ministério Público, diante do desenho institucional realizado pela Constituição de 1988, é questão que enseja debate na doutrina. O art. 127, *caput*, da Constituição vai nos dizer que o Ministério Público é uma instituição permanente, essencial à função jurisdicional do Estado, com atribuição para a defesa da ordem jurídica, do regime democrático e dos interesses sociais e individuais indisponíveis. Formalmente, as funções essenciais à justiça – MP, DP e Advocacia Pública – são órgãos integrantes de um determinado ente político. No entanto, diferente do que ocorre com as Procuradorias, o Ministério Público não se encontra vinculado ao Poder Executivo, com ele não se confundindo.

O Ministério Público é uma instituição estatal com fins constitucionais próprios, dotada de autonomia institucional, orçamentária e administrativa. Diante de suas peculiares características, há controvérsia a respeito da natureza do Ministério Público. Parte da doutrina enxerga o Ministério Público como um quarto poder, sustentando que, acaso Montesquieu houvesse escrito o *Espírito das Leis* atualmente, por certo teríamos quatro poderes, e não apenas três. Todavia, trata-se de entendimento minoritário, já que o desenho institucional de nossa Constituição – que expressamente consagra apenas três Poderes –, não nos permite tal conclusão.

Para Hugo Nigro Mazzilli, o constituinte, ao conferir elevado status ao Ministério Público, *quase o erigiu a um quarto poder*, conferindo-lhe garantias de Poder e desvinculando-o dos demais Poderes. Todavia, o autor não chega a dizer que se trata de um quarto poder. Para Emerson Garcia, o Ministério Público é um *órgão independente*, destituído de qualquer vinculação com três os Poderes previstos na Constituição. Portanto, para o autor, o Ministério Público está inserido na estrutura do ente federativo (União, Estados, DF), mas não na estrutura de um de seus poderes.

2. O Ministério Público possui personalidade jurídica?

O Ministério Público, como órgão que é, não possui personalidade jurídica própria. Os órgãos, como se sabe, são centros de competência despersonificados. Porém, apesar de despersonalizado, o Ministério Público possui personalidade judiciária para demandar em juízo pela defesa de suas prerrogativas institucionais. Significa dizer que o Ministério Público, apesar de não possuir personalidade jurídica, excepcionalmente, poderá figurar como parte em juízo em defesa das suas prerrogativas.

Neste sentido, podemos lançar mão, por analogia, da Súmula 525 do STJ. Se as prerrogativas institucionais ou funcionais de seus membros forem vilipendiadas, o Ministério Público poderá figurar como parte no processo. Nestes casos, o Ministério Público deverá ser presentado em juízo pelo Procurador Geral, na forma do art. 10, I, da Lei 8.625/93.

3. É possível afirmar que existe um Ministério Público nacional?

De acordo com Hugo Nigro Mazzilli, o Ministério Público é uma instituição nacional, tendo em vista a unidade nacional estabelecida pelo art. 128, *caput*, da Constituição, que estabelece que o Ministério Público abrange os ramos da União e dos Estados. O autor esclarece ainda que a *unidade* decorre dos objetivos comuns dos vários ramos da instituição.

A despeito disso, a rigor, somente podemos falar em unidade e indivisibilidade dentro *de cada instituição ministerial.* Sob este aspecto, portanto, a unidade nacional do Ministério Público é meramente abstrata ou conceitual. Na prática, só existe unidade e indivisibilidade entre os membros de um mesmo ministério público. Dessa forma, o caráter nacional do Ministério Público deve conviver com a autonomia dos diferentes ramos do Ministério Público, impedindo ingerências recíprocas entre eles.

4. O que o candidato entende por Ministério Público Eleitoral?

Não existe a instituição Ministério Público Eleitoral, mas apenas o exercício da *função eleitoral*, tanto pelo Ministério Público da União quanto pelos Ministérios Públicos dos Estados. Os promotores investidos de atribuição eleitoral atuarão perante os juízos com competência eleitoral. Os Procuradores da República investidos de atribuição eleitoral atuarão perante os Tribunais Regionais Eleitorais. O Procurador Geral da República, na qualidade de Procurador-Geral Eleitoral, atuará perante o Tribunal Superior Eleitoral.

5. Pode haver litisconsórcio entre Ministérios Públicos de ramos diversos?

Hugo Nigro Mazzilli entende que sim, com fundamento no art. 5º, § 5º da Lei de Ação Civil Pública, bem como no art. 220, § 1º, do ECA e no art. 81, § 1º do Estatuto do Idoso, que expressamente admitem o litisconsórcio. Argumenta o autor que os princípios da unidade e indivisibilidade só valem dentro de cada instituição ministerial, não podendo ser invocados para disciplinar a atuação de Ministérios Públicos de entes federativos diversos.

Outra parte da doutrina reputa inconstitucionais as previsões, por ofensa à unidade e indivisibilidade do ministério público, consagrados no art. 127, § 1º da Constituição. É o entendimento de Paulo Bessa Antunes, Vicente Greco Filho e Teori Zavascki. Para esta parte da doutrina, o Ministério Público não poderia se litisconsorciar com ele mesmo.

De acordo com Emerson Garcia, o princípio da unidade e da indivisibilidade não são bastantes para impedir a atuação litisconsorcial. Para o autor, a unidade institucional deve ser interpretada juntamente com a forma federativa de estado, que legitima a concomitante perquirição de interesses regionais e nacionais. Ademais, supondo uma atuação conjunta entre o MPE e MPF, nada impede que o Ministério Público estadual atue perante a justiça federal, já que a Constituição em nenhum momento impede tal atuação.

A questão, portanto, divide a doutrina. Corroborando o entendimento que defende a possibilidade de atuação conjunta, o art. 3º, § 6º, da Res. 179/2017 CNMP estabelece que poderá ser firmado compromisso de ajustamento de conduta em conjunto por órgãos de ramos diversos do Ministério Público.

6. É possível a atuação concomitante de dois órgãos de execução do MP na mesma esfera de atuação?

Podemos, em tese, vislumbrar a atuação concomitante de dois ou mais membros do Ministério Público, no mesmo processo, ambos na condição de fiscais da lei. A situação será observável, por exemplo, quando no processo houver duas causas interventivas (natureza da lide ou interesse da parte) que suscitem a intervenção ministerial, sendo que as atribuições para se manifestar sobre cada qual competem a promotores diversos.

Por exemplo, uma ação de falência de empresa em que um incapaz figure como sócio. Todavia, prevalece que, havendo necessidade de intervenção do Ministério Público numa causa, basta a atuação de um órgão de execução, não sendo necessária a atuação de um membro na qualidade de órgão agente e de outro na qualidade de órgão interveniente. Isso porque o Ministério Público, ainda quando atua na qualidade de órgão agente, jamais se despe da sua função de fiscal da ordem jurídica.

7. Pode um projeto de lei ordinária de iniciativa parlamentar dispor sobre a criação de órgãos de execução do Ministério Público?

Não. Há iniciativa privativa do PGJ e do Chefe do Poder Executivo para tratar da organização do Ministério Público, nos termos dos arts. 61, 1º, II, *d*, e art. 128, § 5º, ambos da Constituição. Dessa forma, somente o Governador (no caso dos MPs estaduais) e o Procurador Geral de Justiça terão iniciativa para editar projeto de lei que verse sobre organização do Ministério Público. Outro ponto digno de nota refere-se à reserva de lei complementar para tratar da temática. Com efeito, será necessária lei complementar regulamentar o regime jurídico do Ministério Público, nos termos do art. 128, § 5º, da Constituição.

8. A autonomia orçamentária do Ministério Público lhe assegura direito de participação na elaboração da Lei de Diretrizes Orçamentárias?

Nos termos do art. 127, § 3º da Constituição, o Ministério Público elaborará sua proposta orçamentária dentro dos limites estabelecidos na lei de diretrizes orçamentárias. Por se tratar o Ministério Público de órgão constitucionalmente autônomo, é indispensável a sua efetiva participação no ciclo orçamentário, sob pena de afronta à sistemática orçamentária e financeira prevista na Constituição Federal (art. 127, §§ 3º a 6º, e art. 168, caput). De acordo com o Supremo no julgamento da ADI nº 6.594/DF, a garantia atribuída ao Poder Judiciário de ser consultado por ocasião da elaboração da Lei de Diretrizes Orçamentárias aplica-se extensivamente ao Ministério Público. A participação dos órgãos constitucionalmente autônomos na fase de consolidação do projeto de lei orçamentária, não é etapa dispensável da elaboração orçamentária, mas sim exigência que decorre da autonomia financeira que lhes foi constitucionalmente atribuída. É pacífica a jurisprudência do STF no sentido de garantir a participação dos Poderes e órgãos autônomos na orçamentação. Por esse fundamento, na ADI 7073/CE, o STF entendeu que "é inconstitucional a limitação de despesas da folha complementar do Ministério Público Estadual do Estado do Ceará em percentual da despesa anual da folha normal de pagamento, sem a devida participação efetiva do órgão financeiramente autônomo no ato de estipulação em conjunto dessa limitação na Lei de Diretrizes Orçamentárias."

9. A Constituição estadual pode dispor sobre normas gerais de organização do Ministério Público estadual?

Não. O STF, no julgamento da ADI 5281, julgou inconstitucional emenda à Constituição estadual que cuidava de normas gerais para a organização do Ministério Público dos Estados e de atribuições dos órgãos e membros do Parquet estadual. Entendeu-se que a Emenda usurpou a iniciativa reservada pela Constituição Federal ao Presidente da República para tratar sobre normas gerais para a organização do Ministério Público, nos termos do art. 61, §1º, II, *d*). No caso, a referida emenda constitucional estadual também subtraíra do Procurador-Geral de Justiça a iniciativa para projeto de lei complementar de organização, as atribuições e estatuto do Ministério Público, o que tampouco poderia ter sido feito, por violação frontal ao art. 128, §5º da Constituição, segundo o qual "*leis complementares da União e dos Estados, cuja iniciativa é facultada aos respectivos Procuradores-gerais, estabelecerão a organização, as atribuições e o estatuto de cada Ministério Público (...)*".

2. PRINCÍPOS INSTITUCIONAIS DO MINISTÉRIO PÚBLICO

10. Em que consiste o princípio da independência funcional?

O princípio da independência funcional, consagrado no art. 127, § 1º, da Constituição, preleciona que, no exercício de suas funções, os membros do ministério público sujeitam-se tão somente à sua própria consciência e ao ordenamento jurídico. O princípio visa assegurar uma atuação isenta e livre de pressões exógenas que poderiam influenciar no desempenho da atividade. Em razão deste princípio, não haverá vinculação da atuação funcional a comandos e orientações da Administração Superior ou do CNMP no que concerne a *atividade fim* do agente.

Portanto, há uma liberdade no exercício da atividade fim, o que, porém, não se observa no que toca ao exercício das atividades meio. Ou seja, somente se pode falar em hierarquia entre o Chefe da Instituição e seus membros sob o ponto de vista administrativo. Também como decorrência da independência funcional, os membros do ministério público não poderão ser responsabilizados civilmente pelos atos praticados no exercício funcional.

O princípio, porém, parece vir sendo relativizado em determinadas hipóteses, como por exemplo no caso da Res. CNMP 254/2022, cujo art. 2º expressamente estabelece que os membros do Ministério Público ficam *impedidos* de se manifestar contrariamente à habilitação, à celebração de casamento civil ou à conversão de união estável em casamento entre pessoas de mesmo sexo unicamente em razão desta condição. É absolutamente louvável o espírito da Resolução, já que seria absolutamente inconstitucional e incorreto um parecer ministerial contrário a tais uniões, porém, não podemos deixar de observar que se trata de uma Resolução de órgão de controle administrativo imiscuindo-se, de forma mandatória, na atividade funcional fim dos membros do Ministério Público. A análise do princípio, portanto, desperta reflexão.

11. Há limites ao princípio da independência funcional?

A independência funcional, como não poderia deixar de ser, não é absoluta. Adverte a doutrina que a independência funcional não pode servir de salvo conduto à não atuação, ou seja, não pode permitir que o membro, a seu exclusivo talante, deixe de atuar por entender ausente situação que enseja sua atuação. Assim, se o promotor deixar de intervir no processo por entender não estar presente uma causa interventiva (natureza da lide ou qualidade da parte), discordando o magistrado, poderá remeter os autos ao Procurador Geral de Justiça, por analogia do art. 28 do CPP, para controle da obrigatoriedade da intervenção ministerial. Se o PGJ entender que é caso de intervenção ministerial obrigatória, deverá *declarar* a atribuição do Promotor, o qual, por sua vez, estará obrigado a atuar, sem que possa invocar violação de sua independência funcional.

É o entendimento de Carlos Roberto Jatahy e de Emerson Garcia. Neste sentido, é o entendimento consubstanciado no Enunciado nº 2 da Assessoria de Assuntos Institucionais do MPRJ: *A declaração da atribuição do membro do Ministério Público que tenha deixado de oferecer pronunciamento por não vislumbrar a existência de interesse público que justificasse a intervenção ministerial não importa em violação do princípio do promotor natural, tratando-se de expediente que visa a possibilitar uma atividade institucional uniforme, à luz do art. 11, inc. XVII, da Lei Complementar estadual nº 106/03.*

12. Tendo em vista o princípio da independência funcional, enunciados e súmulas de órgãos da Administração Superior podem ter efeitos vinculativos sobre a atividade fim dos membros do ministério público?

Não. Os enunciados e súmulas institucionais são relevantes quanto à busca por unidade, eficiência e coerência na atuação dos membros do Ministério Público, notadamente sob os influxos do atual modelo interno de controle do princípio da obrigatoriedade. Todavia, os enunciados não podem ter efeito vinculativo sobre a atuação finalística dos membros, sob pena de violação do princípio da independência funcional. Nesse sentido, os enunciados ostentam mera força persuasiva, desprovidos de força vinculante. Todavia, o mesmo não pode ser dito no âmbito do exercício de atribuições delegadas do Procurador Geral de Justiça, ocasião em que os enunciados poderão ser vinculativos.

13. Defina independência funcional e autonomia funcional, destacando os elementos de diferenciação e de aproximação entre os dois conceitos.

Autonomia e independência funcional não se confundem. A independência funcional é uma garantia do membro do Ministério Público que lhe assegura que, no exercício da função, não sofrerá ingerências externas, pautando seu atuar somente pela sua consciência e pelo ordenamento jurídico. A independência funcional encontra expressa previsão no art. 127, § 1º, da Constituição. Trata-se de garantia do agente ministerial que lhe permite exercer suas funções com independência e livre de pressões externas.

A autonomia funcional, de outra parte, é uma garantia institucional do Ministério Público enquanto instituição, permitindo-lhe exercer suas funções com liberdade em face de outros órgãos estatais. A autonomia funcional, contemplada no art. 127, § 2º da Constituição e no art. 3º da Lei 8.625/93, pertente à instituição Ministério Público, que terá liberdade e autonomia perante os demais órgãos do Estado. Trata-se da capacidade da instituição de autogerir-se e autoadministrar-se.

14. Em que consiste o princípio da unidade?

O princípio da unidade, contemplado no art. 127, § 1º, da Constituição, quer significar que o Ministério Público é uma Instituição única, de modo que, quando atua um membro do Ministério Público, este o faz *presentando* a própria instituição. Assim, os promotores de justiça não podem ser enxergados em suas individualidades, mas como presentantes da instituição. De acordo com Mazzilli, a unidade significa que os membros do Ministério Público integram um só órgão, sob a direção de um só chefe.

Acrescenta o autor que não há unidade entre membros de Ministérios Públicos diversos, mas apenas dentro de cada Ministério Público. Isso, todavia, não afeta o caráter nacional da instituição. Neste aspecto, a unidade nacional entre os diversos Ministérios Públicos é meramente conceitual. A despeito do princípio unidade, cada membro do *parquet* somente poderá atuar dentro dos limites legais de atribuição de seu cargo.

15. O que se entende por indivisibilidade do Ministério Público?

O princípio da indivisibilidade é uma decorrência natural da unidade. Pelo princípio da indivisibilidade, os membros do ministério público podem ser substituídos uns pelos outros, sem que haja descontinuidade nas funções, nas hipóteses previstas em lei. Vale ressaltar que a indivisibilidade não afeta a independência funcional.

Dessa forma, ainda que um determinado promotor venha a substituir outro membro durante férias ou licenciamento, o promotor substituto terá assegurada a sua independência funcional, não estando vinculado à linha de entendimento do titular do órgão. Quer dizer, o princípio da unidade e da indivisibilidade não impedem que cada membro atue com plena independência funcional, podendo discordar da opinião do colega a quem está substituindo ou sucedendo.

16. Discorra sobre o princípio do Promotor natural.

O princípio do promotor natural é um princípio implícito na Constituição, decorrente de acordo com a doutrina, das garantias da independência funcional (at. 127, § 1º, da Constituição), da inamovibilidade (art. 128, I, b da Constituição), do devido processo legal e do direito de somente ser processado pela autoridade competente (art. 5º, LIII, da Constituição). Trata-se de princípio que visa afastar a figura do promotor por encomenda ou promotor *ad hoc*. Conforme ressaltado por Paulo Cezar Pinheiro Carneiro, trata-se antes de uma garantia da sociedade do que dos membros do parquet.

O princípio possibilita o conhecimento prévio, com base nas regras de atribuição estabelecidas em lei, da autoridade processante. Vale lembrar que o art. 128, §5º, da Constituição estabelece a necessidade de as atribuições do Ministério Público sejam fixadas em lei complementar. Ou seja, é preciso que as regras definidoras de atribuição estejam previamente previstas na lei, refugando-se a figura do acusador de exceção. Ademais, a inamovibilidade serve de base para o promotor natural. Por força do princípio, inviável que o promotor oficiante seja arbitrariamente retirado de seu órgão de execução.

Da mesma forma, inviável que as atribuições inerentes ao órgão de execução sejam retiradas do órgão independentemente do consentimento de seu titular. Quer dizer, a inamovibilidade impede não somente a remoção física do promotor de seu órgão de execução, mas impede também a subtração de sua atribuição dos processos nos quais deva oficiar.

17. Em que consiste a garantia da vitaliciedade?

A vitaliciedade, prevista no art. 128, § 5º, I, *a*, da Constituição e no art. 38, I, da Lei 8.625/96, consiste em garantia dos membros do Ministério Público, alcançada após dois anos de efetivo exercício no cargo, segundo a qual o membro somente perderá o cargo por sentença judicial transitada em julgado.

A vitaliciedade se difere da estabilidade, porquanto o servidor estável perderá o cargo após regular procedimento administrativo disciplinar, em que seja assegurado o contraditório e a ampla defesa. Além dos membros do Ministério Público, gozam da vitaliciedade também os magistrados (art. 95, I, da Constituição) e os Ministros e Conselheiros dos Tribunais de Contas (art. 73, § 3º, da Constituição).

Atingida a vitaliciedade, tais agentes somente poderão perder seus cargos em razão de sentença judicial transitada em julgado. Todavia, nada impede que sejam afastados do cargo de forma cautelar, presentes os requisitos da medida.

O membro não vitalício do Ministério Público poderá perder o cargo em razão de processo administrativo disciplinar ou ainda em razão do não vitaliciamento após o estágio confirmatório.

18. A inamovibilidade é uma garantia absoluta?

A inamovibilidade, juntamente com a garantia da independência funcional e da irredutibilidade de subsídios, visa assegurar o exercício funcional livre e independente de quaisquer pressões externas. A garantia da inamovibilidade encontra-se prevista no art. 128, § 5º, I, *b*, da Constituição. Ainda de acordo com o dispositivo, a inamovibilidade poderá ser afastada por motivo de interesse público, mediante decisão do órgão colegiado competente do Ministério Público, pelo voto da maioria absoluta de seus membros, assegurada ampla defesa.

A Constituição não indica qual o órgão Colegiado competente para tal decisão, cabendo à Lei estabelecer a quem pertence tal competência. Outra relativização da garantia da inamovibilidade vem prevista no art. 130-A, § 2º, III, segundo o qual o CNMP, no exercício do controle do cumprimento dos deveres funcionais de seus membros, poderá determinar a remoção, a disponibilidade ou a aposentadoria com subsídios ou proventos proporcionais ao tempo de serviço do membro, assegurada ampla defesa com motivação obrigatoriamente disciplinar. Trata-se da possiblidade de o CNMP punir o membro com remoção, disponibilidade ou aposentadoria compulsória, penalidades estas que acabam resvalando na inamovibilidade.

19. O Promotor Substituto possui inamovibilidade?

Sim, relativamente ao órgão para o qual se encontra designado. Uma vez designado por determinado período em determinado órgão, o promotor de justiça substituto é inamovível dentro de sua designação, ressalvada a flexibilização da designação e com a concordância do próprio membro. Uma vez publicado o período da designação (mensal ou temporária), há inamovibilidade do promotor de justiça substituto. A inamovibilidade é uma proteção não só contra a remoção compulsória, mas contra a retirada indevida das atribuições. Há hipóteses devidas de avocatória, mas isso não pode ser discricionário.

3. CAUSAS DE INTERVENÇÃO MINISTERIAL

20. É obrigatória a intervenção ministerial em ação ajuizada por pessoa maior e capaz, devidamente representada por advogado, objetivando o fornecimento de medicamentos?

O direito constitucional à saúde é indisponível, o que a rigor atrai a intervenção ministerial. De outra parte, trata-se de parte maior e capaz, que pode bem representar-se e dizer sobre seus próprios interesses. De acordo com o art. 178, CPC, o Ministério Público intervirá nas hipóteses previstas em lei ou na Constituição e nos processos que envolvam interesse público ou social; interesse de incapaz; litígios coletivos pela posse de terra rural ou urbana.

Assim, sob um primeiro ponto de vista, poderíamos dizer que a intervenção ministerial, neste caso, fundamentar-se-ia nos arts. 127, *caput* e 129, II, da Constituição, bem como no art. 178, caput e inciso I, CPC e na jusfundamentalidade do direito à saúde. Assim, entende-se que a intervenção será obrigatória, por se tratar de tutela de direito individual indisponível (direito à saúde/vida), além de refletir interesse vinculado à prestação do serviço público de saúde, sendo irrelevante tratar-se de autor maior e capaz[1].

Sob outro prisma, a despeito da natureza do direito debatido, tratando-se de parte maior, capaz e não havendo vulnerabilidade ou fragilidade da parte, a atuação do parquet não seria obrigatória. Para esta linha, sob o viés de racionalização da atuação ministerial no processo civil, não seria correto afirmar que o ministério público deverá obrigatoriamente intervir no feito, devendo a repercussão da questão ser analisada no caso concreto pelo promotor oficiante. É o entendimento, por exemplo, de Hermes Zaneti Jr.[2]

21. Pode o magistrado dispensar a intervenção ministerial, por entender ausente interesse que justifique a intervenção?

1. Foi esse o entendimento encampado pela Banca Examinadora na Prova Preliminar do XXXV concurso MPRJ, conforme proposta de gabarito divulgada.http://www.mprj.mp.br/documents/20184/649863/gabarito_oficial_da_prova_escrita_preliminar.pdf.

2. "(...) muito embora o direito à saúde seja um direito fundamental, o MP não intervém, em regra, em ações individuais, solicitando medicamentos ou tratamento médico em face do Estado ou em face de planos de saúde. As pretensões aqui são individualizadas e não atraem a intervenção do MP, salvo pelo alcance e pela potencialidade de tutela coletiva. (...) o grau de indisponibilidade do direito fundamental é adequadamente tutelado na esfera individual pela atuação das partes e seus procuradores, reservado ao MP a atuação coletiva lato sensu e a atuação na defesa de titulares de direitos individuais especialmente tutelados pela norma jurídica ou em situação de risco" (Coleção Repercussões do Novo CPC. Ministério Público. Salvador: Juspodivm, 2015. Pag. 59/60).

Não. Ainda que seja evidente a ausência de interesse ou a presença de parte que justifique a intervenção ministerial (art. 178, CPC), a análise acerca da necessidade ou não da intervenção é exclusiva do Ministério Público, não cabendo ao magistrado dispensar a intervenção e deixar de remeter os autos ao parquet, sob pena de nulidade do processo. Neste sentido, o art. 2º da Recomendação 34/2016 do CNMP estabelece que a identificação do interesse público no processo é juízo exclusivo do membro do Ministério Público, sendo necessária a remessa e indevida a renúncia de vista dos autos.

22. Promotor de Justiça pode ingressar com ação civil pública pleiteando a entrega de medicamento para a satisfação de direito individual à saúde?

Sim, o Ministério Público é parte legítima para pleitear tratamento médico ou entrega de medicamentos nas demandas de saúde propostas contra os entes federativos, mesmo quando se tratar de beneficiários individualizados, porquanto tratar-se de direito individual indisponível. O marco identificarmos a legitimidade do órgão ministerial diz respeito à disponibilidade ou não dos direitos individuais debatidos.

Tratando-se de direito indisponível, a legitimidade ministerial decorre do art. 1º da Lei n. 8.625/1993 e da própria Constituição. Assim, é possível o ajuizamento de ação civil pública, uma vez que a atuação do Ministério Público em demandas de saúde tem fundamento na indisponibilidade do direito individual.

23. Pode o membro do Ministério Público, atuando como órgão interveniente em razão da qualidade da parte, manifestar-se contrariamente ao interesse desta parte cuja assistência enseja sua atuação? Poderia interpor recurso contra o interesse da parte que enseja a sua atuação?

A questão é controvertida, havendo diferentes posicionamentos na doutrina. Para Antônio Cláudio da Costa Machado e Cândido Rangel Dinamarco, a atuação do Ministério Público deve ser vinculada ao interesse da parte, a fim de compensar-lhe a fraqueza presumida. Já para Hélio Tornaghi, Carlos Roberto Jatahy e Emerson Garcia, a atuação do Ministério Público nestas causas é meramente fiscalizatória, não havendo uma vinculação necessária ao interesse do incapaz. Por força do princípio da independência funcional, deve ser ampla a liberdade do agente ministerial para valorar os fatos, podendo, inclusive, concluir contrariamente aos interesses ou à parte que motivou a sua atuação.

Em posição intermediária, Hugo Nigro Mazzilli sustenta que o Ministério Público pode *opinar livremente* contra o interesse da parte que ensejou a sua intervenção (por exemplo, um idoso), mas não poderia interpor recurso em desfavor da mesma, porque, acaso o fizesse, estaria defendendo em juízo interesses de parte contrária, maior e capaz, o que não lhe cabe fazer. Destaca o autor que, mesmo na condição de fiscal da ordem jurídica, o Ministério Público não se despe da condição de assistente. Segundo Mazzilli, o membro do parquet pode opinar livremente na demanda, conforme sua independência funcional, mas não poderá é tomar a iniciativa de *impulso processual* em favor da parte contrária, maior e capaz.

Por fim, para Paulo Cezar Pinheiro Carneiro, o Ministério Público não poderia interpor recurso em desfavor da parte, salvo na hipótese de *error in procedendo*, pois, neste caso, agindo como fiscal da lei, não pode o membro deixar de apontar o vício procedimental. Não poderia, contudo, interpor recurso em razão de erro de mérito.

24. É obrigatória a intervenção ministerial em ação de usucapião?

Com a entrada em vigor do NCPC, nem sempre a intervenção será obrigatória. O art. 944 do CPC/73 estabelecia que o Ministério Público deveria intervir necessariamente em todos os atos da ação de usucapião. O Novo CPC, todavia, não reproduz tal obrigatoriedade. Acerca das hipóteses de intervenção ministerial obrigatória, o art. 178, da Lei 13.105/15, estabelece que o Ministério Público intervirá nos processos que envolvam: interesse público ou social; interesse de incapaz; litígios coletivos pela posse de terra rural ou urbana. O inciso III, do art. 178, ao falar de litígios coletivos pela posse da terra, exclui de seu escopo a ação de usucapião, de cunho individual.

Por outro lado, imperioso destacar que foi acrescido o art. 216-A à Lei 6.015/73, admitindo-se o pedido de reconhecimento extrajudicial de usucapião, sem necessidade de intervenção do Ministério Público. Ou seja, o novel procedimento vem em sintonia com o Novo CPC, no sentido de, como regra, afirmar-se desnecessária a intervenção ministerial na ação de usucapião. O Novo CPC, portanto, vem se coadunar com o novo perfil constitucional do Ministério Público, não mais se justificando a intervenção do *parquet* nas ações de usucapião, senão quando se vislumbrar o interesse público ou de incapazes no feito.

De outra parte, a intervenção ministerial continua sendo obrigatória nos procedimentos especiais de usucapião, como é o caso da Lei 6.969/81 e da Lei 10.257/01. O art. 5º, XI da Recomendação CNMP nº 16, de 28 de abril de 2010 textualmente asseverava ser desnecessária a intervenção nas ações de usucapião, ressalvadas as hipóteses da Lei 10.257/01. A Recomendação 34, de 05 de abril de 2016, que revogou a Recomendação CNMP 16/10, em seu art. 5º, não reproduziu de forma expressa a desnecessidade da intervenção na usucapião. Todavia, ao listar os casos que reputa de "relevância social" para fins de intervenção, não arrolou a ação de usucapião.

25. É necessária a intervenção ministerial em ações em que seja parte a Fazenda Pública?

Nem sempre será necessária a intervenção, cabendo ao membro avaliar se há relevância social na demanda que atraia a intervenção. O art. 178, I do CPC estabelece que haverá intervenção ministerial nos processos que envolvam interesse público. Todavia, o interesse público mencionado no dispositivo deve ser encarado como o interesse público primário. Isso porque, dispondo as pessoas jurídicas de direito público de Procuradorias próprias, devem estas zelar pelo interesse público secundário, não cabendo ao Ministério Público atuar neste sentido.

Nesta linha, o art. 178, parágrafo único, CPC é expresso ao estabelecer que a participação da Fazenda Pública não configura, por si só, hipótese de intervenção do Ministério Público. Vale lembrar que hoje é cada vez maior a busca pela racionalização da atuação no Ministério Público no âmbito do processo civil.

O art. 5º, XI, da Recomendação CNMP nº 34/2016, destacou haver relevância social nas ações em que sejam partes pessoas jurídicas de Direito Público. Isso, todavia, não significa que deverá haver intervenção em todas as ações em que seja parte a fazenda pública, devendo ser analisado, como dito, se há interesse público primário a tornar necessária a atuação do órgão ministerial.

26. O Ministério Público deve intervir obrigatoriamente em ações de desapropriação?

O DL 3.365/41 e Lei 4.132/62 não contêm disposição específica sobre a necessidade de intervenção do ministerial na ação de desapropriação. Em virtude da omissão, controverte a doutrina sobre a questão. Uma primeira corrente, sustentada por José dos Santos Carvalho Filho, vai dizer que a intervenção do Ministério Público é obrigatória. Segundo o autor, uma vez que o direito de propriedade é assegurado pela Constituição e que a desapropriação pressupõe a utilidade *pública* ou interesse *social*, presente está o interesse público justificador da atuação do parquet. Ademais, a LC 76/93 expressamente prevê a intervenção obrigatória.

No âmbito do MP-RJ, a Deliberação OECPJ Nº 30 dispõe que existe interesse público e social apto a determinar a intervenção do Ministério Público nas de desapropriação direta ou indireta. Uma segunda corrente vai dizer que a intervenção do Ministério Público, como regra, não será obrigatória na ação de desapropriação. Isso porque a ação de desapropriação em geral tem conteúdo meramente patrimonial, que a vincula ao chamado interesse público secundário, sendo que ao Ministério Público cabe apenas a tutela do interesse público primário (art. 178, inciso I, do CPC).

Assim, em regra, a ação de desapropriação direta ou indireta não exige a intervenção obrigatória do MP, exceto quando envolver, frontal ou reflexamente, proteção ao meio ambiente, interesse urbanístico ou improbidade administrativa (STJ. 1ª Seção. EREsp 506.226/DF, Rel. Min. Humberto Martins, julgado em 24/04/2013).

27. Tendo em vista a entrada em vigor do NCPC, há ainda que se falar em parecer recursal?

Não. O art. 1.010, § 3º do CPC alterou a sistemática da admissibilidade recursal, de modo que não cabe ao juiz de primeiro grau realizar o juízo de admissibilidade. Consequentemente, não cabe ao promotor que oficia junto ao primeiro grau de jurisdição exarar parecer quanto à admissibilidade do recurso. Neste sentido, o Art. 3º da Recomendação CNMP nº 34, de 05 de Abril de 2016 estabelece ser prescindível a manifestação, em primeiro grau, acerca da admissibilidade de recurso, ressalvada disposição legal em contrário. É também o entendimento de Robson Renault Godinho e Fredie Didier Jr.[3].

28. O Ministério Público tem legitimidade para atuar em causas tributárias?

A questão enseja controvérsia. O art. 1º, parágrafo único, da Lei 7.437/85, incluído pela Medida Provisória 2180-35/2001, estabelece que não será cabível ação civil pública para veicular pretensões que envolvam tributos, contribuições previdenciárias, o Fundo de Garantia do Tempo de Serviço – FGTS ou outros fundos de natureza institucional cujos beneficiários podem ser individualmente determinados, vedando, portanto, expressamente a atuação do MP em matéria tributária.

Muitos autores argumentam que o parágrafo único do art. 1º da Lei da ACP seria inconstitucional, por carecer à medida provisória os seus requisitos de relevância e urgência. Ademais, argumenta a doutrina que a legitimidade do Ministério Público decorreria diretamente do art. 129, II, da Constituição, bem como do art. 1º, IV, da Lei 7.347/85. Para Emerson Garcia, deve ser feita uma interpretação conforme a Constituição do dispositivo, a fim de que seja afastada a restrição quando estiverem em jogo interesses difusos e coletivos, ainda que envolvam matéria tributária, cujos beneficiários possam ser individualmente determinados.

A despeito do argumento, prevaleceu na jurisprudência a constitucionalidade da vedação. Neste sentido, RE 576155 e Embargos de Divergência em Resp nº 1.428.611[4]. O tema 645 do STF estatuiu que: "O Ministério Público não

3. *"(...) termina definitivamente com a polêmica sobre a necessidade de haver o que se denominou "parecer recursal", que é a manifestação como fiscal da ordem jurídica, após a sentença, que era justificada precisamente porque o juiz de primeiro grau ainda exercia atividade jurisdicional típica – e não apenas administrativa – quando da interposição da apelação. O novo CPC, portanto, elimina a atividade do Ministério Público como fiscal da ordem jurídica após a prolação da sentença, para fins do anódino "parecer recursal."* (Questões atuais sobre as posições do Ministério Público no novo CPC. Ed. Juspodivm. Pag. 26)

4. "II - O parágrafo único do art. 1º da Lei n 7.347/1985, que disciplina a ação civil pública, veda o ajuizamento da referida ação para veicular pretensões que envolvam tributos. A referida

possui legitimidade ativa ad causam para, em ação civil pública, deduzir em juízo pretensão de natureza tributária em defesa dos contribuintes, que vise questionar a constitucionalidade/legalidade de tributo." A despeito disso, entende-se que será possível a atuação no Ministério Público quando o objetivo for para a defesa do erário. Quer dizer, entende-se que a vedação existe apenas no que se refere à tutela do contribuinte, não havendo impeditivo à atuação ministerial para a defesa coletiva do erário público.

29. É obrigatória a intervenção do Ministério Público em procedimentos de habilitação de casamento?

De acordo com o art. 1.526 do Código Civil, a habilitação será feita pessoalmente perante o oficial do Registro Civil, com a audiência do Ministério Público. Portanto, o procedimento de habilitação para casamento ocorre no cartório extrajudicial, somente sendo o juiz instado à manifestação em caso de apresentação de impugnação. Pela literalidade do dispositivo, deve haver manifestação do Ministério Público. Todavia, tendo em vista a Recomendação 34/2016 do CNMP, editada no sentido de racionalizar a atuação ministerial, e considerando que no procedimento de habilitação os interesses são eminentemente privados, é razoável entender que intervenção ministerial não seria obrigatória, ficando a decisão de intervenção a cargo do Promotor, conforme sua independência funcional. Foi esse o entendimento abraçado pela Deliberação 30 do Órgão Especial do Colégio de Procuradores de Justiça do Ministério Público do Rio de Janeiro, cujo art. 1º, I estabeleceu ser desnecessária a atuação dos membros na "habilitação de casamento, salvo apresentação de impugnação, oposição de impedimento, justificações que devam produzir efeitos nas habilitações de casamento e pedido de dispensa de proclamas". Em razão disso, o art. 765, §2 º do antigo Código de Normas da Corregedoria Geral da Justiça do Rio de Janeiro estipulava que: "*Considerando o entendimento adotado pelo Órgão Especial do Colégio de Procuradores de Justiça do Estado do Rio de Janeiro, a intervenção do Ministério Público nos procedimentos de habilitação de casamento é facultativa, salvo nas hipóteses de impugnações, impedimentos ou dispensa proclamas. Portanto, o Oficial Registrador deverá verificar o entendimento do órgão ministerial a respeito, certificando nos autos do procedimento*". O novo Código de Normas (Provimento CGJ n.º 87/2022, publicado no D.J.E.R.J. de 19/12/2022), porém, não reproduziu dispositivo semelhante. Digna de

vedação direcionada ao tema impede a utilização da ação coletiva para tutelar direito individual homogêneo disponível, e que pode ser defendido individualmente em demandas autônomas. III - Nesse contexto é inviável o ajuizamento de ação civil pública pelo Ministério Público para discutir a relação jurídico-tributária. Precedentes: REsp 1.541.275/PR, Relator Ministro Mauro Campbell Marques, Segunda Turma, julgado em 17/12/2015, DJe 18/12/2015 e AgInt no REsp 1.502.258/SP, Relator Ministro Benedito Gonçalves, Primeira Turma, julgado em 23/9/2019, DJe 25/9/2019."

menção é a Resolução CNMP 254/2022, cujo art. 2º expressamente veda que os membros do Ministério Público se manifestem contrariamente à habilitação, à celebração de casamento civil ou à conversão de união estável em casamento entre pessoas de mesmo sexo unicamente em razão desta condição.

30. É obrigatória intervenção ministerial em ações em que haja interesse de idoso?

A intervenção somente será obrigatória nas hipóteses em que o idoso estiver em situação de risco ou vulnerabilidade, notadamente no caso de falta, omissão ou abuso da família, curador ou entidade de atendimento (art. 43, II do Estatuto do Idoso. Nesse sentido é o teor do Enunciado de Unidade Institucional nº 003/2023, do Ministério Público do Estado do Rio de Janeiro: "A atuação do Ministério Público, seja na condição de órgão agente ou de fiscal da ordem jurídica, na defesa de direito individual indisponível da pessoa idosa só se justifica na presença de hipótese prevista no art. 43, inciso II, da Lei nº 10.741/03 (Estatuto da Pessoa Idosa)". Conforme consignado na justificativa do Enunciado, a atuação do MP como substituto processual deve ser excepcional e vinculada apenas a situações em que a pessoa idosa não teria condições de atuar por si só, sendo o inciso II, do art. 43, do Estatuto do Idoso, o balizador normativo dessas hipóteses. Além disso, nos termos do Enunciado de Unidade Institucional nº 004/2023, a situação de risco que autoriza a atuação do Ministério Público na defesa de interesse individual indisponível da pessoa idosa pressupõe a aferição casuística da situação de vulnerabilidade, que pode se traduzir numa gama de fatores que caracterizam a redução das possibilidades de ampla e autônoma defesa de seus interesses pela própria pessoa ou por seus familiares, seja em função de dificuldades no acesso à justiça, seja por limitações físicas ou por impossibilidade de manifestação válida da vontade, incluindo eventual suscetibilidade a pressões psicológicas exercidas por terceiros.

4. ATUAÇÃO NO PERÍODO DE FÉRIAS

31. É válida denúncia ofertada por Promotor de Justiça durante o período de férias, com base em inquérito recebido antes do início do seu gozo?

Há certa controvérsia sobre a validade dos atos praticados pelo promotor de justiça na constância de suas férias. Parte da doutrina sustenta que há perda das atribuições no período, de modo que os atos praticados devem ser eivados de nulidade. É o entendimento do professor Emerson Garcia. Segundo o autor, durante o afastamento em razão de férias, há perda da atribuição pelo promotor, de modo que os atos eventualmente praticados no período serão inválidos. Todavia, ainda segundo o autor, nada impede que os atos praticados sejam ratificados (pelo próprio promotor quando retornar de férias ou por outro promotor designado), convalidando-se o vício.

Outra linha de entendimento vai dizer o contrário, ou seja, que as férias não podem retirar do membro as suas atribuições. Neste passo, Hugo Nigro Mazzilli destaca que a atuação no período de férias pode até configurar uma irregularidade, mas jamais inquinar de nulidade o ato praticado. O art. 52, parágrafo único da Lei 8.625/93, ao dispor sobre as licenças, estabelece que, durante o seu gozo, não poderá o membro do Ministério Público exercer qualquer de suas funções. Todavia, a Lei não reproduz tal vedação com relação às férias.

Mencione-se ainda o art. 105, § 5º da Lei Orgânica do Ministério Público do Estado do Rio de Janeiro, segundo o qual não poderá entrar em gozo de férias o membro do Ministério Público que tiver processo ou procedimento em seu poder, *por tempo excedente ao prazo legal*. A contrário senso, o membro que tiver em seu poder processo ou procedimento por tempo inferior ao prazo legal, poderá gozar de férias. Consequentemente, deverá praticar o ato que lhe cabe no processo ou procedimento, ainda que na constância de suas férias.

5. INSTRUMENTOS PARA O EXERCÍCIO DAS FUNÇÕES INSTITUCIONAIS

32. Em que consiste o poder de requisição ministerial?

O poder de requisição ministerial consiste em instrumento para o exercício das funções institucionais, encontrando previsão constitucional expressa no art. 129, VI e VIII da Constituição, segundo os quais são funções institucionais do Ministério Público: expedir notificações nos procedimentos administrativos de sua competência, requisitando informações e documentos para instruí-los, na forma da lei complementar respectiva; bem como requisitar diligências investigatórias e a instauração de inquérito policial, indicados os fundamentos jurídicos de suas manifestações processuais.

Em sede infraconstitucional, o poder de requisição vem regulamentado no art. 8º, incisos I a V, VII e IX, da Lei Complementar nº 75/93 e no art. 26, I e II da Lei nº 8.625/93. A requisição, diferentemente de um mero requerimento ou solicitação, consubstancia uma ordem do Ministério Público, ou seja, uma determinação para que se faça alguma coisa. O destinatário da requisição, portanto, está obrigado a cumprir, sob pena de configuração de crime de desobediência.

33. Qual a consequência do descumprimento da requisição ministerial?

Caso a informação requisitada seja *indispensável* ao ajuizamento de ação civil pública, o desatendimento ensejará o crime do art. 10 da Lei 7.437/85. De acordo com Mazzilli, caso as informações são sejam imprescindíveis, mas apenas úteis à investigação, poderá restar configurado o crime de prevaricação do funcionário que retardar a sua entrega ou até mesmo o de desobediência[5].

34. Em que consiste a recomendação ministerial?

Nos termos do art. 27, parágrafo único, da Lei 8.625/93, no exercício de suas atribuições, cabe ao Ministério Público, emitir recomendações dirigidas aos órgãos e entidades mencionadas no caput do artigo, requisitando ao destinatário sua divulgação adequada e imediata, assim como resposta por escrito. No mesmo sentido, o art. 27, VIII, da Lei 8.625/93 estabelece que cabe ao Ministério Público sugerir ao Poder competente a edição de normas e a alteração da legislação em vigor, bem como a adoção de medidas propostas, destinadas à prevenção e controle da criminalidade.

Ainda, na forma do art. 6º, XX, da LC 73/93, aplicável subsidiariamente aos Ministérios Públicos dos Estados, na forma do art. 80 da Lei 8.625/93, compete ao Ministério Público expedir recomendações, visando à melhoria dos serviços públicos e de relevância pública, bem como ao respeito, aos interesses, direitos e bens cuja defesa lhe cabe promover, fixando prazo razoável para a adoção das providências cabíveis.

Conceituando o instrumento, o art. 1º, da Res. CNMP 164/2017 estabelece que *a recomendação é instrumento de atuação extrajudicial do Ministério Público por intermédio do qual este expõe, em ato formal, razões fáticas e jurídicas sobre determinada questão, com o objetivo de persuadir o destinatário a praticar ou deixar de praticar determinados atos em benefício da melhoria dos serviços públicos e de relevância pública ou do respeito aos interesses, direitos e bens defendidos pela instituição, atuando, assim, como instrumento de prevenção de responsabilidades ou correção de condutas.*

35. É obrigatório o atendimento/cumprimento da recomendação ministerial?

A recomendação, diversamente da requisição, não possui efeito cogente ou vinculante à autoridade destinatária, tratando-se de uma mera sugestão para que o administrador adote determinada atitude ou encampe determinada postura. A despeito de não ostentar eficácia cogente ao destinatário, é inegável a força moral e política de que goza a recomendação.

Para Hugo Nigro Mazzilli, apesar de a autoridade não estar juridicamente vinculada ao cumprimento do que fora recomendado, fica a autoridade obrigada

5. Hugo Nigro Mazzilli. O inquérito Civil. 4ª. Edição. Saraiva. Pag. 180.

a fornecer uma resposta fundamentada ao órgão ministerial. A recomendação é também muito utilizada para o fim de demonstrar o dolo do administrador público em determinadas situações. Quer dizer, uma vez recomendada determinada postura, desatendida a recomendação, inequívoco estará o dolo do administrador.

36. É possível a utilização da recomendação, no processo legislativo, como forma de controle preventivo de constitucionalidade?

A questão é polêmica. Conforme sabido, o controle preventivo de constitucionalidade é aquele desempenhado antes do nascimento do ato normativo, ainda na fase do processo legislativo. Como regra, o Ministério Público exerce o controle repressivo de constitucionalidade, seja através do ajuizamento de representação de inconstitucionalidade pelo Procurador Geral de Justiça (art. 29, I, da Lei 8625/93), seja por meio do controle difuso de constitucionalidade, em preliminares em ações civis públicas. Assim, uma visão mais conservadora diria que não, eis que o processo legislativo consiste em função eminentemente política, sendo certo que não cabe ao Ministério Público o exercício de controle político e preventivo de constitucionalidade.

No entanto, lançando um olhar mais progressista sobre a questão, parece-me que, vislumbrando o membro do Ministério Público a presença de patente vício de inconstitucionalidade em projeto de lei que tramita perante a casa legislativa, a recomendação ministerial possa ser utilizada como forma de tentar impedir que o ato normativo inconstitucional venha ao mundo ou até mesmo como uma tentativa de sanar o vício que se observa no projeto[6]. Por exemplo, poder-se-ia cogitar de uma recomendação por meio da qual o membro aponta a presença do vício que enxerga e desde logo recomenda a sua correção. Acaso acatada a recomendação, ter-se-á com isso impedido, de forma satisfatória, o nascimento de um ato normativo nulo, evitando-se dispêndio de recursos e energia com a realização do controle posterior e repressivo.

Naturalmente, não sendo a recomendação ministerial cogente aos seus destinatários, haverá de ser encarada como mera sugestão de aperfeiçoamento do ato, tampouco havendo que se cogitar de sanções em razão de seu desatendimento.

---

6. No sentido da possibilidade da utilização da Recomendação como forma de controle preventivo de constitucionalidade, entendeu a Assessoria de Atribuição Originária em Matéria Cível do PGJ do MPRJ, no Parecer proferido no Procedimento Administrativo MPRJ nº 2020.00421427, que: *"Por intermédio da recomendação, afigura-se-nos possível que o Ministério Público inste o Poder Legiferante a exercer o controle de constitucionalidade político-preventivo, no desempenho da sua liberdade de conformação legislativa (...)"*. No mesmo sentido: PARISE, Elaine Martins; ALMEIDA, Gregório Assagra de; LUCIANO, Júlio César; ALMEIDA, Renato Franco de. O Poder de Recomendação do Ministério Público como Instrumento Útil para a Provocação do Autocontrole da Constitucionalidade. MPMG Jurídico, nº 1, 2005, p. 17.

Outro ponto consiste no fato de que o processo legislativo envolve múltiplos agentes, já que a casa legislativa é composta por diversos parlamentares. Assim, a decisão quanto ao prosseguimento ou não do processo legislativo não caberia a um agente apenas, o que torna ainda mais intrincada a situação. Além disso, considerando tratar-se o processo de edição de leis de ato eminentemente político de representantes eleitos democraticamente pelo povo, penso que a utilização desse instrumento deva restringir-se a hipóteses excepcionais, quando houver patente vício de inconstitucionalidade no projeto. Do contrário, penso haver *risco* de intromissão indevida na autonomia do poder legislativo.

37. Admitindo-se a utilização da recomendação em sede de processo legislativo como forma de controle preventivo de constitucionalidade, de quem seria a atribuição para sua expedição?

A questão também enseja dúvida, podendo ser aventadas duas soluções. Uma primeira interpretação é no sentido de que caberia ao PGJ a expedição dessa recomendação. Isso porque o art. 29, I da Lei 8.625/93 estabelece que compete ao Procurador Geral de Justiça representar aos Tribunais locais por inconstitucionalidade de leis ou atos normativos estaduais ou municipais, em face da Constituição Estadual. Portanto, compete ao PGJ o ajuizamento de ação direta de controle concentrado de constitucionalidade. Nessa primeira interpretação, poder-se-ia argumentar que competiria ao PGJ também a realização do controle preventivo de constitucionalidade na seara do processo legislativa. Isso porque, se competirá ao PGJ o ajuizamento da representação de inconstitucionalidade da lei (acaso aprovada venha a ser), caberia a ele também o exercício do controle preventivo de constitucionalidade do referido ato.

Uma segunda interpretação é no sentido de que a atribuição seria concorrente entre o promotor de justiça com atribuição para tutelar a matéria concernente ao projeto de lei em edição e o Procurador Geral de Justiça. Por exemplo, tratando-se de projeto de lei urbanística, caberia à Promotoria de Tutela Coletiva da Ordem Urbanística. Isso porque as hipóteses de atribuição originária do Procurador Geral de Justiça haveriam de ser interpretadas estritamente. Assim, se o art. 29, I da Lei 8625/93 prevê apenas a atribuição para ajuizamento de representação por inconstitucionalidade, não caberia ao intérprete realizar o dilargamento do sentido da norma, sob pena de cercearmos indevidamente o plexo de atribuição dos promotores de justiça. Fora isso, é certo que os promotores de justiça podem pugnar pela realização de controle difuso em preliminares de suas ações. Assim, não é correto dizer que os promotores de justiça não detenham atribuição para promover o controle de constitucionalidade. Por esses motivos, concorrente a atribuição para a expedição da referida recomendação[7].

7. Nesse sentido entendeu a Assessoria de Atribuição Originária em Matéria Cível do PGJ do MP/RJ, no Parecer proferido no Procedimento Administrativo MPRJ nº 2020.00421427: *"Forte nas*

38. Pode o Promotor de Justiça expedir recomendação sem que haja um inquérito civil ou procedimento previamente instaurado?

Como regra, as recomendações devem ser expedidas no bojo de um inquérito civil público, procedimento administrativo ou procedimento preparatório. Mesmo porque, para que recomende determinada conduta, é preciso que o órgão ministerial tenha colacionado dados e fundamentos técnicos aptos a subsidiar a sua sugestão. Neste sentido, o art. 3º, da Res. CNMP 164/2017 estabelece que as recomendações serão expedidas nos autos de inquérito civil, de procedimento administrativo ou procedimento preparatório.

No entanto, em casos que reclamam urgência, o Ministério Público poderá, de ofício, expedir recomendação, procedendo, posteriormente, à instauração do respectivo procedimento. Todavia, destaca Mazzilli que as recomendações também poderão ser expedidas subsequentemente a audiências públicas, diante do que nelas restar apurado[8].

39. Pode ser celebrada transação em sede de ação civil pública por ato de improbidade administrativa?

A questão era controvertida, em especial diante da expressa vedação que havia no art. 17, § 1º, da Lei de Improbidade. De acordo com o mencionado dispositivo, ficava vedada a transação, acordo ou conciliação nas ações de improbidade administrativa. A razão de tal vedação residia no fato de ser *indisponível* o direito material tutelado na ação de improbidade administrativa, de modo que não caberia ao legitimado ativo, que não é titular do direito defendido em juízo, dele dispor.

Todavia, mesmo entre aqueles que entendem pela impossibilidade da transação na ação de improbidade, é remansoso o entendimento no sentido de admitir a transação quanto *à forma, modo e prazos* acerca de como se dará a reparação dos danos causados ao patrimônio público. Nesses casos, entende-se que não haverá transação quanto ao direito material em si, mas tão somente no que se refere à forma do seu exercício. Mencione-se que a vedação à transação, acordo ou conciliação, prevista na Lei de Improbidade Administrativa, chegou a ser momentaneamente revogada em dezembro de 2015, através da Medida Provisória 705/2015.

---

premissas de que o Ministério Público deve priorizar a atuação preventiva e, bem assim, a recomendação pode ser manejada como instrumento hábil de autocontrole de constitucionalidade de proposituras legislativas, revela-se-nos, no Parquet fluminense, concorrente e disjuntiva a atribuição para recomendar a prática de ato, ou a sua abstenção, durante a tramitação de projeto ou proposta, dentro dos limites dos campos de atuação da Procuradoria-Geral de Justiça e dos demais órgãos de execução do Ministério Público".

8. Op. Cit., Pag. 356.

Entretanto, a mencionada Medida Provisória perdeu sua vigência sem que tenha sido convertida em lei, de modo que voltou a vigorar o texto original, que consagra a proibição. A despeito disso, parte da doutrina sustenta a revogação implícita do art. 17, § 1º, da Lei 8.429/92, com base no art. 36, § 4º, da Lei de Mediação – Lei 13.140/2015, segundo o qual: "*as hipóteses em que a matéria objeto do litígio esteja sendo discutida em ação de improbidade administrativa ou sobre ela haja decisão do Tribunal de Contas da União, a conciliação de que trata o caput dependerá da anuência expressa do juiz da causa ou do Ministro Relator*".

Ademais, se a "*plea bargaining*" vem paulatinamente sendo admitida em matéria penal (vide o acordo de não persecução penal, previsto no art. 18 da Resolução CNMP nº 181/2017, com redação dada pela Resolução nº 183, de 24 de janeiro de 2018), razão não haveria para que não fosse admitida na esfera da improbidade administrativa, considerando tratar-se a esfera penal de esfera *ultima ratio*. De outra parte, apesar da controvérsia quanto à legitimidade do Ministério Público para sua celebração, o *acordo de leniência* encontra-se hoje expressamente previsto no art. 16 da Lei 12.846/2013 – Lei Anticorrupção, relativamente aos atos de corrupção praticados por pessoas jurídicas contra a Administração Pública.

Coroando o entendimento, a Res. CNMP 179/2017 expressamente passou a admitir a celebração de TAC em sede de improbidade. É o que dispõe o art. 1º, § 2º, da Resolução, segundo o qual "*é cabível o compromisso de ajustamento de conduta nas hipóteses configuradoras de improbidade administrativa, sem prejuízo do ressarcimento ao erário e da aplicação de uma ou algumas das sanções previstas em lei, de acordo com a conduta ou o ato praticado*".

Por fim, sepultando a controvérsia de maneira definitiva, o art. 17-B da Lei de Improbidade administrativa passou a prever a possibilidade de celebração do acordo de não persecução cível – ANPC, admitindo-se, portanto, expressamente a consensualidade na seara da improbidade administrativa. Aliás, na ADI 7042/DF o STF assentou que os entes públicos que sofreram prejuízos em razão de atos de improbidade também estão autorizados, de forma concorrente com o Ministério Público, a propor ação e *a celebrar acordos de não persecução civil* em relação a esses atos. Segundo o Supremo, a atuação da pessoa jurídica lesada é ordinária, pois que visa à proteção, em próprio nome, do seu patrimônio que fora vilipendiado.

40. O Ministério Público tem legitimidade para a celebração de acordo de leniência (Lei 12.846/2013)?

A questão é controversa, já que a Lei 12.846/2013 não consagra expressamente a legitimidade do Ministério Público para a celebração de tais acordos, mas apenas a legitimidade da autoridade máxima de cada órgão ou entidade pública (art. 16, *caput*). Para alguns autores, o MP não possuiria legitimidade, já que o legislador intencionalmente deixou de mencioná-lo no rol dos legitimados. De outro lado, sustenta-se a legitimidade ministerial fulcrada na interpretação sistemática do ordenamento jurídico, notadamente diante das atribuições constitucionais do Ministério Público e da ideia de microssistema. A probidade administrativa, tutelada pela lei anticorrupção, é bem jurídico inserido no microssistema brasileiro de combate à corrupção, o que impõe, quanto à estruturação dos mecanismos de sua proteção, a aplicação sistemática dos diferentes diplomas que o compõem, notadamente a Lei 7.347/85, Lei nº 8.429/1992, Lei n 12.529/2011, DL 4.657/42 (LINDB). Fora isso, o art. 26 da Convenção de Palermo e o art. 37 da Convenção de Mérida propugnam pela adoção de medidas para intensificar a cooperação com as autoridades competentes para a aplicação da lei, fomentando, portanto, a adoção de instrumentos de consensualidade nas investigações contra organizações criminosas e crimes de corrupção. Aliás, considerando a atribuição do Ministério Público para a persecução criminal correlata aos atos de corrupção, onde, aliás, é possível a celebração de *acordo de colaboração premiada* (Lei 12.850/2013), não faz sentido que o MP venha a ser alijado da possibilidade de celebrar acordo de leniência. A despeito da controvérsia instaurada, os Ministérios Públicos de diversas unidades da Federação, inclusive o Ministério Público Federal, vêm editando suas regulamentações acerca do acordo de leniência. No âmbito do MPF, a legitimidade para a celebração do acordo de leniência é expressamente reconhecida na Orientação nº 07/2017 da 5ª Câmara de Coordenação e Revisão, assim como na Nota Técnica nº 1/2017 – 5ª CCR. Citem-se ainda a Resolução nº 75/2019-CPMP, do Ministério Público do Maranhão, a Resolução CPJ Nº 040/2020 do Ministério Público da Paraíba e o Provimento n. 30/2019 – PGJ do Ministério Público do Rio Grande de Sul. No âmbito do Ministério Público do Estado do Rio de Janeiro, foi recentemente criado um Grupo de Trabalho – GT com o intuito de aprofundar o estudo para a elaboração de minuta de resolução que disciplina no âmbito do Ministério Público do Estado do Rio de Janeiro, os parâmetros procedimentais e materiais a serem observados para a celebração do Acordo de Leniência (DOEMPRJ 01/12/2023 - Edição nº 1.243).

41. A reserva de jurisdição para quebra de sigilo fiscal, bancário e de dados cadastrais é oponível ao Ministério Público quando requisitados para instrução de inquérito civil?

O tema enseja debate. Em primeiro lugar, é de se mencionar que a garantia constitucional do sigilo fiscal, bancário e de dados cadastrais encontra-se albergada no art. 5º, XII, da Constituição. Dessarte, a redação do texto constitucional é dúbia ao mencionar que, "no último caso", haveria necessidade de ordem judicial. Estaria o constituinte a se referir à quebra de sigilo de *"dados e das comunicações telefônicas"* ou apenas à quebra do sigilo de "*comunicações telefônicas*"?

É de se mencionar que o art. 129, VI, da Constituição consagra o poder de requisição ministerial, erigindo à função institucional do Ministério Público o poder de requisitar informações e documentos para instruir os procedimentos administrativos de sua competência. Registre-se ainda que o art. 8º, § 2º, da LC 75/93 estabelece expressamente que "*nenhuma autoridade poderá opor ao Ministério Público, sob qualquer pretexto, a exceção de sigilo, sem prejuízo da subsistência do caráter sigiloso da informação, do registro, do dado ou do documento que lhe seja fornecido*".

Em reforço, o art. 26, § 2º, da Lei 8.625/93 e o art. 8º, § 1º, da LC 75/93 estabelecem a responsabilização do membro do Ministério Público pela utilização indevida das informações protegidas pelo sigilo. Ou seja, os dispositivos parecem militar favoravelmente à possibilidade de quebra de sigilo de dados pelo Ministério Público, independentemente de autorização judicial. Quanto ao acesso aos dados cadastrais do investigado por parte do Ministério Público, estabelece o art. 26, II, da Lei 8.625/93 a possibilidade de requisição de informações a entidades privadas.

Ainda, registre-se que o art. 15 da Lei 12.850/13 consagra que o Ministério Público terá acesso, independentemente de autorização judicial, aos dados cadastrais do investigado mantidos pela Justiça Eleitoral, empresas telefônicas, instituições financeiras, provedores de internet e administradoras de cartão de crédito. Tendo-se em mente o arcabouço jurídico exposto, parece claro que o art. 5º, XII, da Constituição buscou restringir a necessidade de autorização judicial apenas à hipótese de quebra de sigilo das comunicações telefônicas. É o entendimento de Hugo Nigro Mazzilli e Emerson Garcia. A despeito do entendimento, fato é que a jurisprudência tem sido conservadora neste ponto, de modo que a praxe tem demandado a necessidade de autorização judicial não somente para a quebra de sigilo de comunicações, mas também para a quebra de sigilo de dados telefônicos.

42. É possível que as informações bancárias obtidas pelo Fisco, sem autorização judicial, sejam compartilhadas com o Ministério Público para fins criminais?

Sim, de acordo com o entendimento do STF no julgamento do RE 1055941/SP, sob relatoria do Ministro Dias Toffoli, sob o regime de repercussão geral, é legítimo que a Receita Federal compartilhe o procedimento fiscalizatório deflagrado para apuração do débito tributário com os órgãos de persecução penal para fins criminais, como é o caso da Polícia Federal e do Ministério Público, não sendo necessária prévia autorização judicial. Todavia, isso não quer significar que o Ministério Público possa *requisitar* informações albergadas pelo sigilo fiscal ao alvedrio de autorização judicial. Embora o Supremo tenha autorizado, no julgamento do RE 1.055.941 (Tema 990), o compartilhamento de relatórios de inteligência financeira e de procedimento fiscalizatório da Receita Federal do Brasil com os órgãos de persecução penal, não permitiu que o Ministério Público requisitasse diretamente dados bancários ou fiscais para fins de investigação ou ação penal sem autorização judicial prévia, razão por que as provas colhidas dessa forma serão consideradas ilícitas.

43. O MP pode pedir preservação (congelamento) de dados telemáticos sem autorização judicial?

A questão é controversa. Os artigos 13, caput e §2º e 15, caput e §2º, da Lei 12.965/2014 estabelecem que os provedores de conexão e de aplicação de internet deverão manter a guarda dos registros de conexão e dos registros de acesso a aplicações, pelos prazos ali estipulados, bem como que a autoridade policial ou administrativa ou o Ministério Público poderão requerer cautelarmente que tais registros sejam guardados por prazo superior ao previsto na lei. Nesses casos, a autoridade requerente terá o prazo de 60 (sessenta) dias, contados a partir do requerimento de preservação, para ingressar com o pedido de autorização judicial de acesso aos registros, sendo que, em qualquer hipótese, a disponibilização dos registros somente será concedida mediante autorização judicial. Com base nos referidos dispositivos, vinha-se entendendo pela possibilidade do pedido de preservação, uma vez que o acesso ao conteúdo preservado somente é franqueado após a decisão judicial. Nesse sentido, entendeu o STJ, no julgamento do HC 626.983, que o pedido de preservação não precisa de prévia decisão judicial para ser atendido pelo provedor, mesmo porque não equivale a que o requerente tenha acesso aos dados congelados sem ordem judicial.

Todavia, mais recentemente, a 2ª Turma do Supremo Tribunal Federal, no julgamento do HC 222.141, entendeu de maneira diversa, decidindo que o pedido de indisponibilidade (congelamento) dos registros de que trata a Lei 12.965/2014 (dados intercambiados), seja pelo Ministério Público, seja por autoridades policiais ou administrativas, em atenção ao direito à privacidade e ao sigilo das comunicações, deverá ser precedido de indispensável autorização judicial. Para a 2ª Turma, os registros de conexão se referem, tão somente, ao conjunto de informações concernentes à data e hora de início e de término de uma conexão à internet, sua duração e o endereço de IP utilizado pelo terminal. Os registros de acesso a aplicações de internet, por sua vez, tratam apenas do conjunto de informações relativas à data e hora de uso de uma determinada aplicação de internet a partir de um determinado endereço de IP. Os registros de conexão e de acesso a aplicações, segundo o entendimento, não se confundiriam com o conteúdo dos dados telemáticos armazenados em determinada conta, os quais não poderiam ser "congelados" mediante requisição das autoridades de investigação, sob pena de ser retirada do investigado a disponibilidade sobre seus próprios dados. A questão, porém, segue em aberto, já que ainda não houve manifestação do Pleno do STF.

6. ARQUIVAMENTO DO INQUÉRITO POLICIAL

44. Promovido o arquivamento de determinado inquérito policial, o juiz aplica o art. 28, CPP e remete os autos ao PGJ. Este último, ao invés de oferecer denúncia, designa um membro do Ministério Público para fazê-lo. Neste caso, o membro do parquet que recebeu a designação fica obrigado a oferecer a denúncia?

Primeiramente, é digno de nota que a Lei 13.964/2019 promoveu alterações na sistemática de arquivamento de inquéritos policiais. De acordo com a atual redação do dispositivo, "*ordenado o arquivamento do inquérito policial ou de quaisquer elementos informativos da mesma natureza, o órgão do Ministério Público comunicará à vítima, ao investigado e à autoridade policial e encaminhará os autos para a instância de revisão ministerial para fins de homologação, na forma da lei." (Redação dada pela Lei nº 13.964, de 2019).* Todavia, no julgamento da ADI 6298, assentou o Supremo que, ao excluir qualquer possibilidade de controle judicial sobre o ato de arquivamento da investigação, a nova redação teria violado o princípio da inafastabilidade da jurisdição, nos termos do artigo 5º, inciso XXXV, da Constituição. Em razão disso, conferiu-se interpretação conforme a Constituição ao referido artigo 28, caput, para assentar-se que, ao se manifestar pelo arquivamento do inquérito policial ou de quaisquer elementos informativos da mesma natureza, o órgão do Ministério Público submeterá sua manifestação ao juiz competente e comunicará à vítima, ao investigado e à autoridade policial, podendo encaminhar os autos para o Procurador-Geral ou para a instância de revisão ministerial, quando houver, para fins de homologação, na forma da lei[9]. Ao mesmo tempo, assentou-se a interpretação conforme do artigo 28, § 1º, para assentar que, além da vítima ou de seu representante legal, a autoridade judicial competente também poderá submeter a matéria à revisão da instância competente do órgão ministerial, caso verifique patente ilegalidade ou teratologia no ato do arquivamento.

Em atendimento ao determinado pelo Supremo, os arts. 6º e 7º da Resolução nº 289, de 16 de Abril de 2024 do CNMP dispuseram sobre a nova sistemática do arquivamento que deve ser observada pelos membros do Ministério Público. Igualmente, a Res. GPGJ 2.572/2024, do Ministério Público do Estado do Rio de Janeiro regulamentou o dispositivo, estabelecendo, em seu art. 2º, que "*ao decidir fundamentadamente pelo arquivamento do inquérito policial, do procedimento de investigação criminal ou de quaisquer elementos informativos*

9. No caso do Ministério Público do Estado do Rio de Janeiro, o art. 39, XIX estabelece que compete ao PGJ *exercer a atribuição revisional prevista nos casos de arquivamento do inquérito policial, de procedimentos investigatórios criminais ou de quaisquer elementos informativos da mesma natureza, bem como da recusa no oferecimento do acordo de não persecução penal, além de outros casos previstos em lei.* (Inciso XIX incluído pela Lei Complementar 199/2022).

da mesma natureza, o membro do Ministério Público adotará as providências de comunicação à vítima, ao investigado e à autoridade policial". De acordo com o parágrafo único, *"a comunicação ao juízo somente será realizada após a juntada aos autos da comprovação do cumprimento das comunicações previstas no caput e de manifestação da vítima ou após decurso do prazo sem manifestação".*

Dito isso, se o juiz discordar do arquivamento promovido pelo membro do Ministério Público, fará remessa do inquérito ao órgão revisor, que poderá mantê-la ou reformá-la, podendo designar outro membro do Ministério Público para atuar no caso. De acordo com o art. 10, IX, d, da Lei 8.625/93, compete ao PGJ designar membros do Ministério Público para oferecer denúncia nas hipóteses de não confirmação de arquivamento de inquérito policial, bem como de quaisquer peças de informações. De acordo com a doutrina majoritária, a designação, neste caso, é uma manifestação do poder hierárquico, não cabendo, portanto, a recusa pelo membro designado. Assim, neste caso, deve prevalecer o princípio da unidade da instituição, sendo vedado ao Promotor designado encampar outra atitude, que não o oferecimento da denúncia, na forma do determinado pelo PGJ. Nesta hipótese, não haverá violação a independência funcional do promotor, porquanto estará o mesmo atuando como mero delegatário do Procurador Geral, que é o verdadeiro promotor natural do caso. Mencione-se, todavia, entendimento dissonante de Emerson Garcia. Para o autor, apesar de não se desconhecer a existência de hierarquia no âmbito da instituição, o que permite que o Procurador Geral possa realizar designações, isso não é suficiente para retirar do membro designado a sua independência funcional. Assim, entende o autor que o princípio da unidade será resguardado acaso sejam assegurados o poder de designação do Procurador Geral e a obrigatoriedade de atuação por parte do designado. Todavia, de outra parte, o princípio da independência funcional será resguardado acaso seja assegurado ao promotor designado o livre exercício. Para o autor, o princípio da hierarquia deve reger a atividade administrativa, ao passo que a independência funcional deve reger a atividade funcional.[10]

45. Em que hipótese poderá ser feito o desarquivamento do inquérito policial?

De acordo com o art. 18 do Código de Processo Penal, depois de ordenado o arquivamento do inquérito por falta de base para a denúncia, a autoridade policial poderá proceder a novas pesquisas, se de outras provas tiver notícia. Ademais, nos termos da Súmula 524 do Supremo, arquivado o inquérito policial, por despacho do juiz, a requerimento do promotor de justiça, não

10. Emerson Garcia. Ministério Público – Organização, atribuições e regime jurídico. Ed. Saraiva. 5ª Edição. 2015. Pag. 303-305.

pode a ação penal ser iniciada, sem novas provas. Ou seja, havendo notícia de novas provas, poderá o inquérito policial ser desarquivado, sendo certo que a denúncia somente poderá ser oferecida acaso sejam efetivamente produzidas de novas provas. Noutro termos, se para desarquivar o inquérito policial basta a notícia de provas novas, o Ministério Público só pode ofertar denuncia se tiverem sido produzidas provas novas.

46. Quem tem legitimidade para requerer o desarquivamento do inquérito policial?

Questão intrincada está em saber quem teria legitimidade para requerer o desarquivamento do inquérito. Veja que o CPP não diz quem teria legitimidade para requerer e determinar o desarquivamento dos autos. Para Emerson Garcia, tal atribuição seria mais consentânea com a atividade finalística do Ministério Público. Isso porque, além de caber ao PGJ a palavra final sobre o arquivamento do inquérito policial, cabe ao Ministério Público a função de *dominus litis* e de controle externo da atividade policial.

No âmbito do Estado do Rio de Janeiro, o art. 39, XV, da LC 106/2003 dispõe que compete ao PGJ requisitar autos arquivados relacionados à prática de infrações penais, promover seu desarquivamento e, se for o caso, oferecer denúncia ou designar outro membro para fazê-lo.

No entanto, para Marcellus Polastri, apesar de as leis orgânicas darem o poder de desarquivamento ao Procurador-Geral de Justiça, isso não retira a atribuição do promotor responsável pelo feito, face aos princípios do promotor natural, da independência funcional e, sobretudo, da obrigatoriedade da ação penal pública. Ora, se até o próprio delegado de polícia pode, em caso de notícias de novas provas, realizar investigações depois de arquivado o inquérito, tal atribuição não poderia ser negada ao promotor. Destarte, para o autor, terão atribuição para efetuar o desarquivamento tanto o promotor natural, como o Procurador-Geral de Justiça.

7. INQUÉRITO CIVIL

47. Como se dá o controle do arquivamento do inquérito civil?

Uma vez promovido o arquivamento do inquérito civil pelo promotor de justiça oficiante, deverá submetê-lo ao Conselho Superior do Ministério Público, na forma do art. 9º, § 1º, da Lei 7.347/85 e do art. 10, § 1º da Resolução CNMP nº 23/2007. No caso do Ministério Público Federal, a apreciação do arquivamento compete à Câmara de Coordenação e Revisão.

Ao apreciar a promoção de arquivamento, o Conselho Superior ou a Câmara de Revisão poderão: i. homologar o arquivamento, valendo ressaltar que, neste caso, nada impede que posteriormente venha a ser ajuizada ação relativamente aos fatos objeto do inquérito arquivado, uma vez que tenham surgido novas provas; ii. recusar o arquivamento, deliberando pelo prosseguimento do inquérito civil ou do procedimento preparatório, indicando os fundamentos de fato e de direito de sua decisão, bem como adotando as providências relativas à designação de outro membro do Ministério Público para atuação; iii. converter o julgamento em diligência para a realização de atos imprescindíveis à sua decisão, especificando-os e remetendo os autos ao membro do Ministério Público que determinou seu arquivamento, e, no caso de recusa fundamentada, ao órgão competente para designar o membro que irá atuar.

48. Rejeitado o arquivamento do inquérito civil pelo Conselho Superior e deliberado pelo ajuizamento de ação civil pública, distribuído o inquérito civil a um novo promotor, pode este Promotor se recusar a ajuizar a ACP?

A questão desperta controvérsia. Um primeiro entendimento, fundamentado no princípio da independência funcional, é no sentido de que o Promotor de Justiça designado não fica vinculado ao pronunciamento do CSMP, podendo, se assim entender, promover novamente o arquivamento do inquérito. Neste sentido, é o entendimento do Conselho Superior do Ministério Público do Estado do Rio de Janeiro, plasmado na Súmula CSMP nº 04: "A deliberação do Conselho Superior do Ministério Público, em razão da não homologação da promoção de arquivamento, no sentido de ser ajuizada ação civil pública, não obsta que o designado, no exercício de sua independência funcional, deixe de ajuizá-la, em pronunciamento fundamentado, que será submetido ao colegiado."

De outra parte, Hugo Nigro Mazzilli sustenta que o Promotor designado fica vinculado ao que fora deliberado pelo Conselho Superior. Para o autor, em caso de rejeição do arquivamento, o membro designado não agirá em suas próprias atribuições, mas por delegação do órgão colegiado. Neste sentido, uma vez deliberado pela propositura da ação civil pública, o ajuizamento passa a ser obrigatório ao promotor designado. Ainda segundo Mazzilli, não há violação ao princípio do promotor natural, porquanto, uma vez promovido o arquivamento, o promotor natural passa a ser o Conselho Superior, cabendo ao órgão, portanto, a formação da *opinio* acerca do caso[11].

49. Na mesma situação da questão anterior, e se ao invés de determinado o ajuizamento de ACP, for determinada a realização de diligências complementares?

11. Hugo Nigro Mazzilli. O inquérito Civil. 4ª. Edição. São Paulo: Saraiva, 2015. Pag. 261.

Neste caso, prevalece que o promotor ficará vinculado às diligências que foram determinadas pelo Conselho Superior. Neste sentido, é o entendimento do CSMP-RJ, plasmando na Súmula CSMP nº 05: "A deliberação do Conselho Superior do Ministério Público, em razão da não homologação da promoção de arquivamento, no sentido de serem realizadas diligências complementares específicas, vincula o designado, sem prejuízo da realização de outras diligências que entender cabíveis." (Aprovada na sessão do dia 26 de março de 2015).

Sustentando em sentido diverso, Mazzilli entende que, neste caso, a vinculação ou não do promotor às diligências determinadas pelo CSMP dependerá dos fundamentos da promoção de arquivamento. Neste sentido, acaso o membro tenha arquivado por entender que o fato não é ilícito ou que o caso não enseja atuação ministerial, não poderia o CSMP designá-lo. Todavia, se o arquivamento se deu por falta de provas, nada impede que a designação recaia sobre o mesmo promotor que determinou o arquivamento[12]. Neste caso, após atendidas as diligências determinadas pelo Conselho Superior, nada impede que o promotor volte a promover o arquivamento, mantendo a sua convicção original, ou que decida pelo ajuizamento da ação, retratando-se de sua convicção original.

50. A quem compete desarquivar o inquérito civil?

Uma vez arquivado o inquérito civil, nada impede que venha a ser desarquivado, acaso surjam novas provas ou até mesmo em razão da mudança de entendimento ou da constatação de erro na promoção de arquivamento. Para Mazzilli, a decisão pelo desarquivamento poderá ser tomada tanto pelo órgão de execução que promoveu o arquivamento, como pelo órgão colegiado responsável pela apreciação do arquivamento.

Todavia, imperioso chamar atenção para a limitação temporal aposta pelo art. 12 da Resolução CNMP nº 23/2007, segundo o qual o desarquivamento do inquérito civil, diante de novas provas ou para investigar fato novo relevante, poderá ocorrer no prazo máximo de seis meses após o arquivamento. Após este prazo, deverá ser instaurado novo inquérito civil, sem prejuízo das provas já colhidas.

51. O Conselho Superior do Ministério Público pode anular ou se recusar a homologar um Termo de Ajustamento de Conduta (TAC)?

Não. O Termo de Ajustamento de Conduta não demanda homologação do Conselho Superior para que produza seus efeitos. Uma vez celebrado entre as partes e o Promotor de Justiça com atribuição, o TAC torna-se plenamente eficaz. No entanto, nada impede que, ao analisar o arquivamento do inqué-

12. Op. cit., Pag. 254.

rito, o Conselho Superior entenda que as obrigações impostas no Termo de Ajustamento de Conduta foram insatisfatórias à tutela do direito, rejeitando o arquivamento do inquérito civil no bojo do qual fora celebrado o TAC e designando outro promotor para ajuizar ação civil pública.

8. CONFLITO DE ATRIBUIÇÕES

52. A quem cabe solucionar o conflito de atribuições entre Promotores de Justiça de uma mesma instituição?

Nos termos do art. 10, X, da Lei 8625/92, compete ao Procurador Geral de Justiça dirimir conflitos de atribuições entre membros do Ministério Público, designando quem deva oficiar no feito. Portanto, em havendo conflito de atribuições entre Promotores de Justiça do mesmo Ministério Público, o conflito deverá ser dirimido pelo Procurador Geral, na forma do que determina o dispositivo.

Se o conflito se der entre Procuradores da República, o conflito deverá ser resolvido pela Câmara de Coordenação e Revisão, na forma do art. 62, da Lei Complementar 75/93. Se o conflito se der entre integrantes de ramos diferentes do Ministério Público da União, o deverá ser resolvido pelo Procurador-Geral da República, na forma do art. 26, VII da LC 73/93.

53. A quem compete dirimir o conflito entre Promotores de Justiça de Estados diferentes (MPE vs. MPE)?

Primeiramente, entendia o Supremo que, em caso de conflito de atribuições entre Promotores de Justiça de diferentes estados, competia ao próprio Supremo julgar o conflito. Segundo o entendimento, um conflito entre Promotores de diferentes Estados, representava, em última análise, um conflito federativo, o que atraía a competência da corte, na forma do art. 102, I, *d*, da Constituição, de acordo com o qual compete ao Supremo Tribunal Federal processar e julgar as causas e os conflitos entre a União e os Estados, a União e o Distrito Federal, ou entre uns e outros, inclusive as respectivas entidades da administração indireta.

Todavia, no julgamento da ACO 924/MG, houve mudança do entendimento da Corte, a qual passou a entender que compete ao Procurador Geral da República o julgamento de tais conflitos. De acordo com o então fixado entendimento, o conflito de atribuições entre promotores seria matéria que se situaria na esfera administrativa, e não jurisdicional, razão por que deveria ser dirimida pelo *Procurador-Geral da República*. O entendimento, no entanto, era criticado pela doutrina, uma vez que não há hierarquia entre o Procurador Geral de República e os membros dos Ministérios Públicos Estaduais. Para Emerson Garcia, sendo a federação a forma de Estado adotada pelo Brasil, não seria admissível que um órgão que atua no âmbito federal, como é o PGR, possa impor suas deliberações aos Ministérios Públicos dos Estados[13].

No entanto, revendo novamente o seu entendimento, no julgamento da ACO 843/SP, o Plenário do Supremo Tribunal Federal (STF), passou a entender que cabe ao Conselho Nacional do Ministério Público (CNMP) solucionar conflitos de atribuições entre os diversos ramos dos Ministérios Públicos, inclusive entre Ministérios Públicos de Estados diversos. Prevaleceu entendimento de que o CNMP é o órgão mais adequado para decidir, em razão da previsão constitucional que lhe atribui o controle da legalidade das ações administrativas dos membros e órgãos dos diversos ramos ministeriais, sem ingressar ou ferir a independência funcional. O caso em julgamento envolvia em verdade conflito entre o MPE e o MPF. Todavia, pelas mesmas razões, a solução adotada deve valer também para os conflitos envolvendo Ministérios Públicos de diferentes unidades federativas.

54. A quem cabe solucionar conflito de atribuições entre o Promotor de Justiça Estadual e Procurador da República?

Conforme esclarecido acima, até pouco tempo, entendia o Supremo que cabia ao Procurador-Geral da República decidir conflito de atribuições entre Ministério Público estadual e Ministério Público Federal, seja o conflito positivo ou negativo, e independentemente da matéria objeto do conflito. Todavia, revisitando seu entendimento, o Supremo passou a entender que cabe ao CNMP dirimir conflito de atribuição entre diferentes ramos do Ministério Público, como são o MPE e o MPF. Inclusive, a ACO 843/SP, onde foi firmado o precedente, cuida-se de conflito negativo de atribuições entre o Ministério Público Federal e o Ministério Público do Estado de São Paulo.

55. O MP estadual pode atuar diretamente nos Tribunais Superiores?

Os Ministérios Públicos dos Estados e do Distrito Federal têm legitimidade para propor e atuar em recursos no Supremo Tribunal Federal e no Superior Tribunal de Justiça. De acordo com o Supremo, os Ministérios Públicos Estaduais não perdem o poder de atuar na causa depois que ela ingressa nas instâncias superiores. Isso porque os "Ministérios Públicos estaduais não estão vinculados nem subordinados, no plano processual, administrativo e/ou institucional, à Chefia do Ministério Público da União, o que lhes confere ampla possibilidade de atuação autônoma nos processos em que forem par-

13. Op. Cit. Pag. 315.

tes, inclusive perante os Tribunais Superiores" (ACO 2.351 AgR, Relator(a): Min. Luiz Fux, Primeira Turma, julgado em 10/02/2015, Acórdão Eletrônico DJe-042 divulg 04-03-2015 public 05-03-2015). Com efeito, os Ministérios Públicos estaduais possuem legitimidade para atuar em recursos e meios de impugnação de decisões judiciais no STF e no STJ, oriundos de processos de sua atribuição. Isso, sem prejuízo da atuação do Ministério Público Federal.

Para o exercício das funções institucionais ministeriais, é imprescindível a autonomia do Ministério Público local perante as Cortes superiores, porquanto, na maioria das vezes, as pretensões se consubstanciam de maneira independente e estão intimamente ligadas às situações e razões trazidas das instâncias precedentes.

56. O Ministério Público estadual pode atuar na justiça federal?

A atuação do Ministério Público fora do seu âmbito da Justiça chama-se atuação heterotópica. A questão enseja controvérsia. Parte da doutrina sustenta que não é possível tal atuação, entendendo que cada ministério público deve atuar perante a sua justiça respectiva. Para Vicente Greco Filho, o Ministério Público deve ter as suas atribuições limitadas pela competência dos órgãos jurisdicionais perante os quais atua. Ademais, segundo o autor, a admissão da atuação do Ministério Público estadual perante a justiça federal (e vice-versa), implicaria em violação ao princípio federativo, já que haveria a subversão das autonomias federativas.

Discordando do entendimento, Hugo Nigro Mazzilli sustenta que em nada se desnaturará o princípio federativo se o Ministério Público estadual exercer algumas funções perante a justiça federal ou se o MPF detiver funções perante a justiça estadual. Para Mazzilli, a atuação heterotópica do Ministério Público não deveria causar estranheza, mesmo porque a organização ministerial não necessariamente deve seguir a organização do poder judiciário.

Registre-se que, no julgamento do RE 609.818, o Ministério Público do Estado do Rio de Janeiro obteve no STF decisão que reconhece a legitimidade ativa do Ministério Público Estadual para atuar perante a Justiça Federal. No caso, reconheceu-se a legitimidade ativa do Ministério Público Estadual para propor ação civil pública perante a Justiça Federal em matéria ambiental, com fundamento na natureza coletiva do interesse envolvido. A ACP em questão foi proposta pelo MPRJ, perante a Justiça Federal, contra o Estado do Rio de Janeiro, a Associação dos Amigos da Escola de Artes Visuais do Parque Lage (AMEAV) e a União.

57. Qual ramo do Ministério Público possui atribuição para investigar ato de improbidade administrativa praticado em face de sociedade de economia mista federal?

Conforme se sabe, o art. 109, incisos I e IV da Constituição menciona que a competência será da Justiça Federal para as causas em que a União, entidade autárquica ou empresa pública federal forem interessadas na condição de autoras, rés, assistentes ou oponentes, bem como para crimes políticos e as infrações penais praticadas em detrimento de bens, serviços ou interesse da União ou de suas entidades autárquicas ou empresas públicas.

Tendo em vista que o art. 109, da Constituição não menciona as sociedades de economia mista federais, é pacífico o entendimento no sentido de que as causas que envolvam tais entidades devem ser julgadas pela justiça comum estadual. Neste sentido, é a Súmula 517 do STF, segundo a qual a sociedades de economia mista só têm foro na Justiça Federal, quando a União intervém como assistente ou opoente. No mesmo sentido, estabelece a Súmula 556 do Supremo que é competente a Justiça comum para julgar as causas em que é parte sociedade de economia mista.

Na esteira deste critério, o enunciado 29 da 5ª CCR do Ministério Público Federal estabelece que *o Ministério Público Federal tem atribuição para promover medidas tendentes à responsabilização penal e por improbidade administrativa e, também, as previstas na Lei 12.846, de 2013, em face de atos lesivos a sociedade de economia mista cuja acionista majoritária seja a União, sempre que evidenciado o interesse direto desta, como no caso em que o prejuízo sofrido pela sociedade empresarial repercuta ou possa repercutir no capital do ente político federal.*

Portanto, na linha do enunciado, a atribuição para investigar atos de improbidade praticados em detrimento de sociedade de economia mista federal será do Ministério Público Estadual, salvo quando houver repercussão direta no capital da União. O entendimento cristalizado no Enunciado, todavia, é questionável, na medida em que promove uma imediata associação entre a justiça competente e a atribuição ministerial, o que nem sempre será verdadeiro.

9. VEDAÇÃO E IMPEDIMENTO

58. Qual a diferença entre vedação e impedimento?

As vedações aplicáveis aos membros do Ministério Público encontram-se previstas no art. 44, da Lei 8.625/93, segundo o qual, aos membros do Ministério Público, é vedado: receber, a qualquer título e sob qualquer pretexto, honorários, percentagens ou custas processuais; exercer advocacia; exercer o comércio ou participar de sociedade comercial, exceto como cotista ou acionista; exercer, ainda que em disponibilidade, qualquer outra função pública, salvo uma de Magistério; exercer atividade político-partidária, ressalvada a filiação e as exceções previstas em lei.

As vedações visam assegurar o escorreito exercício das atividades funcionais, sendo certo que o seu descumprimento ensejará a aplicação de sanções de ordem disciplinar. E.g., nos termos do art. 127, III, da Lei Orgânica do Ministério Público do Estado do Rio de Janeiro, constitui infração disciplinar a infringência de proibição ou vedação. Os impedimentos e a suspeição são obstativos à atuação do promotor em sede processual ou procedimental, que terminam por inquinar a própria validade do ato praticado.

As hipóteses de impedimento representam impeditivo absoluto à atuação, encontrando-se previstas atualmente no art. 144, CP, aplicam-se igualmente aos promotores de justiça, na forma do art. 148, I, CPC. Já as hipóteses de suspeição, de caráter relativo, vêm previstas no art. 145, CPC, igualmente aplicáveis aos promotores de justiça, por força do art. 148, I, CPC. Nos termos do art. 121, da Lei Orgânica do Ministério Público do Estado do Rio de Janeiro, "*é defeso ao membro do Ministério Público exercer as suas funções em processo ou procedimento judicial ou extrajudicial, nos casos de impedimento previstos na legislação processual.*"

59. Membro do Ministério Público pode desempenhar cargo ou função política no poder executivo?

Não. De acordo com o entendimento do Supremo, membros do MP não podem assumir cargos públicos fora da instituição. De acordo com o entendimento, a vedação ao exercício de cargos públicos por membro do Ministério Público - prevista expressamente no artigo 128, artigo 5º, inciso II, "d", da Constituição Federal -, se presta a fortalecer a instituição e garantir a sua autonomia. O referido dispositivo ressalva apenas o cargo de professor e funções de magistério. No entendimento do Tribunal, a participação de membros do MP na administração, em cargos sob influência política e sujeição a hierarquia no Poder Executivo, pode comprometer os objetivos da instituição, como a fiscalização do poder público. Nesse mesmo sentido, dispõe o art. 1º da Res. 73/2011 do CNMP, segundo a qual o membro do Ministério Público da União e dos Estados, *ainda que em disponibilidade*, é defeso o exercício de outro cargo ou função pública, ressalvado o magistério, público ou particular.

60. Promotor de Justiça pode concorrer ao cargo de PGJ? É possível que Lei ou a Constituição Estadual estabeleçam limitação neste sentido?

Sim. Tanto Promotores quanto Procuradores de Justiça podem concorrer ao cargo de Procurador Geral de Justiça, não havendo impeditivo para tanto. De acordo com o art. 128, §3º da Constituição, "*Os Ministérios Públicos dos Estados e o do Distrito Federal e Territórios formarão lista tríplice dentre integrantes da carreira, na forma da lei respectiva, para escolha de seu Procurador-Geral, que será nomeado pelo Chefe do Poder Executivo, para mandato de dois anos, permitida uma recondução."* O mesmo comando vem repetido no art. 9º, da Lei 8.625/93. Veja-se que o art. 128, §3º da Constituição, assim como sua reprodução infraconstitucional, não restringem os membros do Ministério Público que poderão constar da lista tríplice, exigindo apenas que sejam integrantes da carreira.

O Supremo Tribunal Federal foi recentemente instado a se pronunciar sobre a questão na ADI 6294 MC / SE, tendo decidido, em sede cautelar, pela impossibilidade de legislação estadual limitar a capacidade eleitoral passiva de membros do Ministério Público. Em seu voto, o Min. Dias Toffoli destacou que a Suprema Corte, em diversos julgados, declarou a inconstitucionalidade de normas estaduais que restrinjam a capacidade eleitoral passiva de membro do Ministério Público para concorrerem a Chefia do Ministério Público Estadual. De acordo com o Ministro, no caso, o Poder Legislativo Estadual de Sergipe, ao editar dispositivo que limitava a capacidade eleitoral passiva de promotores de justiça do Estado de Sergipe, acabou por invadir matéria da competência legislativa da União, incorrendo também em inconstitucionalidade formal.

61. O membro do Ministério Público deve pedir autorização para se ausentar do estado ou da comarca onde exerça suas atribuições?

Ao analisar a legislação do Ministério Público do Acre na ADI 6845/AC, o STF entendeu ser inconstitucional, por ofensa à liberdade de locomoção, a exigência de prévia comunicação ou autorização para que os membros do Ministério Público possam se ausentar da comarca ou do estado onde exercem suas atribuições. Entendeu o Supremo que as exigências de prévia comunicação ou autorização para que os membros do Ministério Público possam se ausentar da comarca ou do estado onde exercem suas atribuições equivalem a estabelecer, em desfavor do membro, medida restritiva de liberdade, sem motivos válidos que a justifiquem. A restrição à liberdade de locomoção imposta pela norma se revelava desarrazoada e desnecessária para fins de assegurar o cumprimento de deveres institucionais por membros do Ministério Público estadual. Todavia, mister verificar a legislação específica de cada estado, já que o precedente em questão tratou apenas da legislação do Acre. No caso do Ministério Público do Estado do Rio de Janeiro, por exemplo, o art. 120, II da Lei Complementar 106/2003 estabelece que, além das vedações decorrentes do exercício de cargo público, aos membros do Ministério Público é, ainda, vedado ausentar-se do País sem autorização do Procurador-Geral de Justiça, salvo nos casos de férias e licenças, sem prejuízo do disposto no inciso XVI do art. 118 (que estabelece o dever de manter informado o Procurador-Geral dos meios para ser localizado, mesmo durante férias ou licença).

10. CNMP

62. Quem tem competência para julgar as demandas constitucionais contra atos praticados pelo CNMP? E pelas demandas ordinárias? E quem figuraria no polo passivo neste caso?

A competência para o julgamento das demandas contra atos praticados pelo CNMP, em regra, será da Justiça Federal comum de primeira instância, com base no art. 109, I, da Constituição da República, ressalvadas as ações tipicamente constitucionais, ocasião na qual a competência será do Supremo Tribunal Federal. Conforme decidido na Questão de Ordem n. 1.814, a competência do Supremo Tribunal Federal para processar e julgar ações que questionam atos do Conselho Nacional de Justiça (CNJ) e do Conselho Nacional do Ministério Público (CNMP) limita-se às ações tipicamente constitucionais: mandados de segurança, mandados de injunção, *habeas corpus* e *habeas data.* De acordo com o entendimento firmado, não cabe à Corte Suprema julgar as ações ordinárias e demais ações que não as constitucionais, por força do disposto no artigo 102, inciso I, alínea "r", da Constituição Federal, que deve ser interpretado de forma sistemática. Naquele caso, assentou-se que a competência do Supremo para processar e julgar ações que questionam atos do CNJ e do CNMP limita-se às ações tipicamente constitucionais. O ministro negou provimento ao agravo e declinou a competência do STF.

No julgamento do MS 33163/DF, o Supremo entendeu que não possui competência para processar e julgar ações decorrentes de decisões negativas do CNMP e do CNJ. Isso porque, se o conteúdo da decisão do negativo, isso quer significar que nada fora decidido. Nesta linha, se nada foi decidido, nenhum ato foi praticado. Consequentemente, não há ato a ser analisado.

63. Pode o CNMP, no exercício de sua função de controle, rever ou anular ato de atividade fim de membro do Ministério Público?

Não. Tratando-se de ato ou manifestação exarada no exercício de atividade finalística, o Conselho Nacional do Ministério Público não poderá rever a atuação do membro do Ministério Público, em obediência do princípio da independência funcional, ressalvado o exercício da atividade disciplinar, nas hipóteses de violação de deveres funcionais. Nos termos do Enunciado CNMP nº 6/2009, os atos relativos à atividade-fim do Ministério Público são insuscetíveis de revisão ou desconstituição pelo Conselho Nacional do Ministério Público. Os atos praticados em sede de inquérito civil público, procedimento preparatório ou procedimento administrativo investigatório dizem respeito à atividade finalística, não podendo ser revistos ou desconstituídos pelo Conselho Nacional do Ministério Público, pois, embora possuam natureza administrativa, não se confundem com aqueles referidos no art. 130-A, § 2°, inciso II, CF, os quais se referem à gestão administrativa e financeira da Instituição.

11. RESPONSABILIDADE DO MEMBRO DO MINISTÉRIO PÚBLICO

64. Membro do Ministério Público responde por ato de improbidade administrativa?

Tratando-se o membro do Ministério Público de agente público, inegavelmente encontra-se albergado pelo conceito de sujeito ativo do ato de improbidade administrativa (art. 2º, da Lei 8.429/92), podendo, consequentemente, vir a ser responsabilizado por atos de improbidade administrativa. Ademais, o art. 37, § 4º, da Constituição não pretendeu afastar qualquer sorte de agente de sua abrangência. Tanto é assim que agentes políticos (ressalvado o Presidente da República) também respondem por ato de improbidade, juntamente com o regime de responsabilização política a que estão também sujeitos.

65. O membro do Ministério Público pode perder o cargo em razão de sentença proferida pelo juízo de primeiro grau em sede de ação de improbidade administrativa?

A questão controvertida está em saber se o promotor poderá perder o cargo em razão de ação de improbidade ajuizada por qualquer legitimado, perante o juízo de primeiro grau. Isso porque, nos termos do art. 38, § 2º, da Lei 8.625/93, a ação civil para a decretação da perda do cargo será proposta pelo Procurador-Geral de Justiça perante o Tribunal de Justiça local, após autorização do Colégio de Procuradores, na forma da Lei Orgânica. Na forma do entendimento dos Tribunais, é fato que não há foro por prerrogativa de função para o julgamento das ações de improbidade administrativa.

Assim, se é certo que os membros do Ministério Público não são infensos à Lei de Improbidade, bem como que não há foro por prerrogativa de função em tais ações, é inegável que poderão figurar como réus e eventualmente perder seus cargos em razão de sentenças proferidas nestas demandas. De acordo com Emerson Garcia, tendo em vista a possibilidade da perda do cargo em razão da prática do ato de improbidade, houve um elastecimento das hipóteses autorizadoras da perda da função contempladas no art. 38, § 1º, da Lei 8.625/93.

Neste sentido, o STJ, no julgamento do REsp 1.191.613-MG, entendeu que "a demissão ou perda do cargo por ato de improbidade administrativa (art. 240, V, "b", da LC 75/1993) não só pode ser determinada por sentença condenatória transitada em julgado em ação específica, cujo ajuizamento deve ser provocado por procedimento administrativo e é da competência do Procurador-Geral, como também pode ocorrer em decorrência do trânsito em julgado da sentença condenatória proferida em ação civil pública prevista na Lei 8.429/92".

De forma diversa, Hugo Nigro Mazzilli entende que o promotor de justiça não poderá perder o cargo em sede de ação de improbidade administrativa, já que a perda do cargo somente poderia ser decretada por decisão do Tribunal. Para o autor, não fosse assim, estaria sendo violado o juízo natural para a decretação da perda do cargo de promotor.

66. Quem tem atribuição para propor ação para a perda de cargo do membro do Ministério Público?

De acordo com o art. 38, § 1º, da Lei 8.625/93, o membro vitalício do Ministério Público somente perderá o cargo por sentença judicial transitada em julgado, proferida em ação civil própria, nos seguintes casos: prática de crime incompatível com o exercício do cargo, após decisão judicial transitada em julgado; exercício da advocacia; abandono do cargo por prazo superior a trinta dias corridos.

O § 2º do mesmo artigo, por sua vez, estabelece que a ação civil para a decretação da perda do cargo será proposta pelo Procurador-Geral de Justiça perante o Tribunal de Justiça local, após autorização do Colégio de Procuradores, na forma da Lei Orgânica. Igualmente, compete ao Procurador Geral o ajuizamento de eventual ação penal contra o promotor de justiça, perante o Tribunal, já que os membros do ministério público possuem foro por prerrogativa de função, na forma do art. 96, III, da Constituição.

67. A quem compete julgar a ação civil para perda de cargo do Promotor de Justiça?

De acordo com o art. 38, §2º, da Lei 8.625/93, § 2º, a ação civil para a decretação da perda do cargo será proposta pelo Procurador-Geral de Justiça *perante o Tribunal de Justiça local,* após autorização do Colégio de Procuradores, na forma da Lei Orgânica. Portanto, a *ação civil de perda de cargo* de Promotor de Justiça deverá ser julgada pelo Tribunal de Justiça. Vale ressaltar, porém, que a ação de improbidade administrativa, que também poderá ensejar a perda do cargo, deverá ser julgada por juízo de primeiro grau, porquanto não há regra de foro no caso da ação de improbidade. Nessa linha, decidiu o STJ que a ação civil de perda de cargo de Promotor de Justiça cuja causa de pedir não esteja vinculada a ilícito capitulado na Lei n. 8.429/1992 deve ser julgada pelo Tribunal de Justiça (Inf. 662).

68. O membro do Ministério Público pode perder o cargo em razão de sentença criminal transitada em julgado?

A questão é controversa. De acordo com Hugo Nigro Mazzilli, a Lei 8.625/93 não limite as hipóteses de perda de cargo, sendo certo que a legislação pode conceber outras hipóteses de perda do cargo em razão de sentença transitada em julgada, como ocorre no caso de sentença condenatória penal. Isso porque o art. 128, § 5º, I, a da Constituição diz apenas que os membros do ministério público perderão o cargo em razão de sentença judicial transitada em julgado, não precisando se a condenação deve ser civil ou criminal.

Assim, a perda do cargo não se limitaria apenas à condenação na ação civil mencionada no art. 38, § 1º, da Lei 8.625/93, podendo também os membros do ministério público perder o cargo em razão de sentença penal transitada em julgado, na forma do art. 96, I e II, do Código Penal. Diferente é o entendimento de Emerson Garcia. Para o autor, a sentença penal condenatória transitada em julgado é um pressuposto para a perda do cargo em virtude da sentença proferida na ação civil do art. 38, § 1º, da LOMP. Quer dizer, para o autor, não há perda automática do cargo em razão da sentença penal condenatória, uma vez que os membros do ministério público não estariam sujeitos ao efeito da condenação previsto no art. 92 do Código Penal.

De acordo com o entendimento, na hipótese de prática de crime incompatível com o exercício da função pelo promotor de justiça, mesmo que o membro venha a ser condenado criminalmente, ainda assim será necessário o ajuizamento da ação civil. Ou seja, deve haver duas decisões judiciais transitadas em julgado para que o promotor possa perder o cargo: a sentença criminal e a sentença da ação civil.

69. Qual o juízo competente para julgar crime cometido por promotor de justiça?

Os membros do Ministério Público têm foro por prerrogativa de função, conforme o previsto no art. 96, III, da Constituição. Dessa forma, os membros do MP respondem por crimes comuns e por crimes de responsabilidade perante os Tribunais de Justiça dos seus Estados. Vale lembrar que a existência de foro por prerrogativa de função é uma garantia posta a favor dos membros do Ministério Público, a fim de resguardar o exercício funcional de eventuais pressões externas, assegurando-lhes um julgamento perante um órgão colegiado.

Dessa forma, tendo em vista que a regra de foro se encontra prevista na própria Constituição da República, competirá ao Tribunal de Justiça o julgamento de promotores de justiça, inclusive nos crimes dolosos contra a vida[14]. Ademais,

14. CONSTITUCIONAL. PROMOTOR DE JUSTIÇA. CRIMES DOLOSOS CONTRA A VIDA. COMPETÊNCIA DO TRIBUNAL DE JUSTIÇA. MATÉRIA FÁTICA. SÚMULA 279-STF. PREQUESTIONAMENTO. PRINCÍPIO DO DUPLO GRAU DE JURISDIÇÃO(...) V. – Compete ao Tribunal de Justiça, por força do disposto no art. 96, III, da CF/88, o julgamento de promotores de justiça, inclusive nos crimes dolosos contra a vida. VI. – Agravo não provido. (STF – AI-AgR: 513044 SP, Relator: CARLOS

a atribuição para oferecer denúncia em face do Promotor de Justiça é do Procurador Geral de Justiça, conforme o art. 29, V, da Lei 8.625/93.

70. E se o membro estiver afastado cautelarmente de suas funções, remanesce o foro?

➭ Mesmo afastado cautelarmente de suas funções, o Promotor de Justiça continua sendo membro do Ministério Público, de modo que não perderá o foro por prerrogativa de função.

71. E se o crime não tiver sido praticado na constância do cargo ou não tiver relação com as funções desempenhadas?

➭ Vale ressaltar que, no julgamento da Questão de Ordem na Ação Penal 397, o Supremo fixou a tese de que *o foro por prerrogativa de função aplica-se apenas aos crimes cometidos durante o exercício do cargo e relacionados às funções desempenhadas*. Com efeito, a despeito de o julgamento ter se referido a Parlamentares, parece-me que as conclusões podem ser transplantadas aos juízes e promotores, de modo que, também com relação a estes últimos, poderá ser feita a restrição da abrangência do foro por prerrogativa de função. A questão, todavia, ainda merece reflexão, não havendo ainda decisão a respeito do tema.

72. E se o crime praticado pelo Promotor de Justiça for de competência da justiça federal (art. 109, CR)?

➭ Ainda assim, a competência para julgar o Promotor de Justiça será do Tribunal de Justiça do Estado ao qual ele é vinculado, na forma do art. 96, III, da Constituição e do art. 40, IV, da Lei 8.625/93. Quer dizer, ainda que o crime praticado em tese atraia a competência da justiça federal (art. 109, CR), prevalecerá a regra do art. 96, III, da Constituição. Pela mesma lógica, pouco importa que o crime tenha sido praticado em outro Estado da federação, sendo certo que o Promotor sempre responderá perante o Tribunal do Estado onde exerce as suas funções.

VELLOSO, Data de Julgamento: 22/02/2005, Segunda Turma, Data de Publicação: DJ 08-04-2005 PP-00031 EMENT VOL-02186-08 PP-01496)No que concerne à competência do Tribunal do Júri, para o processo e julgamento dos crimes dolosos contra a vida, tem o STF decidido que apenas podem ser excepcionadas, nos casos de foro especial por prerrogativa de função, as hipóteses previstas na própria CF/1988, quanto à competência para o processo e julgamento de crimes comuns em geral, consoante se depreende dos arts. 102, I, *b* e *c*; 105, I, a; 108, I, *a*. (...) o foro especial por prerrogativa de função, regulado em Constituição de Estado-membro, não afasta a norma especial e expressa da competência do Júri, *ut* art. 5º, XXXVIII, *d*, da CF/1988, ao conferir ao Tribunal do Júri a competência para o processo e julgamento dos crimes dolosos contra a vida. [**RHC 80.477**, voto do rel. min. **Néri da Silveira**, 2ª T, j. 31-10-2000, *DJ* de 4-5-2001.

12. MOVIMENTAÇÃO FUNCIONAL

73. É possível a movimentação funcional de promotor de justiça por remoção interna ou permuta?

Não, pois, segundo entendeu o Supremo no julgamento da ADI 6328, é inconstitucional lei estadual que prevê movimentação funcional entre membros do Ministério Público, mediante procedimentos e critérios diversos dos estabelecidos pelo modelo federal previsto na Lei 8.625/1993. No caso, a norma estadual impugnada estabelecia critérios de movimentação funcional denominadas de remoção interna e permuta temporária, os quais não estão previstos na Constituição Federal ou na Lei Orgânica Nacional do Ministério Público. Entendeu o STF que eventual lei estadual que disponha diferentemente da lei federal incorrerá em inconstitucionalidade formal por invasão da competência da União para a definir normas gerais para os Ministérios Públicos estaduais (CF/1988, art. 61, § 1º, II, d), sob o aspecto material, violam o que previsto pela Constituição Federal para a progressão e movimentação funcional de magistrados (CF/1988, art. 93, II e VIII-A), quanto aos critérios de antiguidade e merecimento, os quais se estendem aos membros do Ministério Público (CF/1988, art. 129, § 4º).

13. PROCEDIMENTO INVESTIGATÓRIO CRIMINAL – PIC

74. O Ministério Público pode promover investigação criminal direta, sem participação da polícia?

Sim, o Ministério Público brasileiro tem atribuição para realizar investigações criminais diretas, ou seja, independentemente das polícias judiciárias. De acordo com o Supremo Tribunal Federal, o "Ministério Público dispõe de competência para promover, por autoridade própria, e por prazo razoável, investigações de natureza penal, desde que respeitados os direitos e garantias que assistem a qualquer indiciado ou a qualquer pessoa sob investigação do Estado". (RE 593727, Repercussão Geral, Relator: Min. Cézar Peluso, Relator para Acórdão: Min. Gilmar Mendes, julgamento em 14/5/2015, publicação em 8/9/2015). Nesses casos, a investigação será conduzida no bojo do Procedimento Investigatório Criminal – PIC, regulamentado pela Resolução 181/2017 do CNMP. Fora isso, recentemente, no julgamento das ADIs 2.943, 3.309 e 3.318, o STF estabeleceu parâmetros para as investigações diretas do Ministério Público. De acordo com o Supremo: 1. o Ministério Público dispõe de atribuição concorrente para promover, por autoridade própria, e por prazo razoável, investigações de natureza penal, desde que respeitados os direitos e garantias que assistem a qualquer indiciado ou a qualquer pessoa sob investigação do Estado. Devem ser observadas sempre, por seus agentes, as hipóteses de reserva constitucional de jurisdição e, também, as prerrogativas profissionais da advocacia, sem prejuízo da possibilidade do permanente controle jurisdicional dos atos, necessariamente documentados (Súmula Vinculante 14), praticados pelos membros da Instituição (tema 184). 2. A realização de investigações criminais pelo Ministério Público tem por exigência: (i) comunicação imediata ao juiz competente sobre a instauração e o encerramento de procedimento investigatório, com o devido registro e distribuição; (ii) observância dos mesmos prazos e regramentos previstos para conclusão de inquéritos policiais; (iii) se for necessário maior prazo para concluir a investigação, o Ministério Público somente poderá prosseguir com autorização do juiz, esteja o investigado preso ou em liberdade; (iv) distribuição por dependência ao Juízo que primeiro conhecer de PIC ou inquérito policial a fim de buscar evitar, tanto quanto possível, a duplicidade de investigações; (v) aplicação do artigo 18 do Código de Processo Penal ao PIC (Procedimento Investigatório Criminal) instaurado pelo Ministério Público.

75. É necessária autorização judicial para que o Ministério Público possa investigar autoridade com foro por prerrogativa de função?

No HC 201965/RJ, o STF entendeu ser indispensável a prévia autorização judicial para a instauração de inquérito ou procedimento investigatório em face de autoridade com foro por prerrogativa de função em tribunal de justiça. Disse o Supremo que, caso pretenda investigar autoridade com foro, deve o Ministério Público deve *requerer* judicialmente a prévia instauração de investigação contra autoridade com foro por prerrogativa de função em tribunal de justiça ou, ao menos, cientificar tribunal para que possa exercer a supervisão judicial. No referido julgado, disse o Supremo que a supervisão judicial deve ocorrer mesmo nos procedimentos investigativos instaurados internamente no Ministério Público (PICs), pois, em seu entendimento, seria necessária a prévia autorização judicial para a instauração de inquérito contra autoridade com foro por prerrogativa de função. O entendimento, porém, é questionável, já que não parece haver no ordenamento vigente qualquer exigência no sentido de que investigações de autoridades com foro devam estar sujeitas a uma autorização judicial prévia. Tendo em vista o sistema acusatório, durante a investigação criminal, caberia ao judiciário manifestar-se apenas nas hipóteses em que há reserva de jurisdição, como no caso do deferimento de medidas cautelares que impliquem quebra de sigilos ou buscas e apreensões. Sem prejuízo, no julgamento do RE 593727 (Tema 184 de Repercussão Geral) fixou-se tese no sentido de que o Ministério Público dispõe de competência para promover, por autoridade própria, e por prazo razoável, investigações de natureza penal, desde que respeitados os direitos e garantias que assistem a qualquer indiciado ou a qualquer pessoa sob investigação do Estado, observadas, sempre, por seus agentes, as hipóteses de reserva constitucional de jurisdição e, também, as prerrogativas profissionais de que se acham investidos, em nosso País, os Advogados (Lei 8.906/1994, art. 7º, notadamente os incisos I, II, III, XI, XIII, XIV e XIX), sem prejuízo da possibilidade – sempre presente no Estado democrático de Direito – do permanente controle jurisdicional dos atos, necessariamente documentados (Súmula Vinculante 14), praticados pelos membros da Instituição. A temática, portanto, merece reflexão e parcimônia.

BIBLIOGRAFIA

ALEXANDRE, Ricardo. Direito Tributário Esquematizado. São Paulo: Método, 2017.

ALFERES, Eduardo Henrique e Priscila Bianchini de Assunção, e GIMENES, Eron Veríssimo. *Lei Maria da Penha Explicada*. São Paulo: EDIPRO, 2016.

ALMEIDA, Débora de Souza, ARAÚJO, Fábio Roque, GOMES, Luiz Flávio, CUNHA, Rogério Sanches e BATISTA, Ronaldo. *Terrorismo: Comentários, artigo por artigo, à Lei 13.260/2016 e Aspectos Criminológicos e Políticos-Criminais*, pág. 75. Salvador: Editora Juspodivm, 2017.

AMARO, Luciano. Direito Tributário Brasileiro. 9 ed. São Paulo: Saraiva, 2003.

ANAN JR, Pedro e PEIXOTO, Marcelo Magalhães (Coordenadores). Empresa Individual de Responsabilidade Limitada – EIRELI: aspectos econômicos e legais – São Paulo: MP Editora, 2012.

ANDREUCCI, Ricardo Antônio. *Legislação Penal Especial*. 11ª ed. atual. e ampl. São Paulo: Saraiva, 2016.

ARAGÃO, Alexandre Santos de. Agências Reguladoras e a evolução do direito administrativo econômico. 3ª Ed. Revista e atualizada. Rio de Janeiro: Forense. 2013.

___________. Curso de Direito Administrativo. Rio de Janeiro: Ed. Forense. 2012.

AZEVEDO, Erasmo Valladão e FRANÇA, Novaes. Temas de direito societário, falimentar e teoria da empresa – São Paulo: Malheiros Editores, 2009.

BADARÓ, Gustavo Henrique, BOTTINI, Pierpaolo Cruz. *Lavagem de dinheiro: aspectos penais e processuais penais: comentários à Lei 9.613/98, com as alterações da Lei 12.683/12*. 2ª edição. São Paulo: Editora Revista dos Tribunais, 2013.

BALEEIRO, Aliomar. Direito Tributário Brasileiro. 11 ed. Rio de Janeiro: Editora Forense, 2001.

_________. Uma Introdução à Ciência das Finanças. 16 ed. Rio de Janeiro: Forense, 2006.

BANDEIRA DE MELLO, Celso Antônio. Curso de Direito Administrativo. São Paulo: Ed. Malheiros. 2015.

BARREIROS NETO, Jaime. Direito Eleitoral. 5ª edição. Salvador: Editora Juspodivm, 2015.

BARROS, Francisco Dirceu. Curso de Processo Eleitoral. 3ª edição. Rio de Janeiro: Editora Elsevier, 2014.

BINENBOJM, Gustavo. Poder de Polícia, ordenação, regulação: transformações político-jurídicas, econômicas e institucionais do direito administrativo ordenador / Gustavo Binenbojm. 2ª Edição. Belo Horizonte: Ed. Fórum, 2017.

___________. Uma Teoria do Direito Administrativo: direitos fundamentais, democracia e constitucionalização / Gustavo Binenbojm. Rio de Janeiro: Renovar, 2006.

BRANCO, Paulo Gustavo Gonet; COELHO, Inocêncio Mártires; MENDES, Gilmar Ferreira. Curso de direito constitucional. São Paulo: Saraiva, 2009.

BRAGA, Paula Sarno. Processo Civil: Teoria Geral do Processo Civil. Sinopses para Concursos. 6ª ed. Juspodivm, 2018.

BRAGA, Paula Sarno. Processo Civil: Tutela de Conhecimento. Sinopses para Concursos. 1ª ed. Juspodivm, 2018.

CAHALI, Francisco José. Direito das Sucessões / Francisco José Cahali, Giselda Maria Fernandes Novaes Hironaka – 4a ed. rev., atual e ampl. – São Paulo: Editora Revista dos Tribunais, 2012.

CAMPINHO, Sérgio. Falência e Recuperação de Empresa: O novo regime da insolvência empresarial. 3. ed. – Rio de Janeiro: Renovar, 2008.

CANO, Leandro Jorge Bittencourt e ASSUMPÇÃO FILHO, Mário Rubens. *Lei Maria da Penha (Lei 11.340/06): Dez anos de Vigência – Avanços e retrocessos, sob o ponto de vista da prática forense e da justiça restaurativa (inclui abordagem da Lei do Feminicídio).* Rio de Janeiro: *Lumen Juris,* 2016.

CARRAZZA, Roque Antonio. Curso de Direito Constitucional Tributário. 17 ed. São Paulo: Malheiros, 2002.

______. Imposto sobre a Renda (Perfil Constitucional e Temas Específicos). São Paulo: Malheiros, 2005.

CARVALHO, Paulo de Barros. Curso de Direito Tributário. 14 ed. São Paulo: Saraiva, 2002.

CARVALHO FILHO, José dos Santos. Manual de Direito Administrativo. 30ª ed. Revista e ampliada. São Paulo: Atlas, 2016.

CASTRO, Edson de Resende. Curso de Direito Eleitoral. 9ª edição. Belo Horizonte: Editora Del Rey, 2018.

COELHO, Fábio Ulhoa. Curso de Direito Comercial. 12a ed. Ver. E atual., volumes 1, 2 e 3 – São Paulo: Saraiva, 2008.

COÊLHO, Sacha Calmon Navarro. Curso de Direito Tributário Brasileiro. Rio de Janeiro: Forense, 2008.

______. Comentários à Constituição de 1988: Sistema Tributário. 9 ed. Rio de Janeiro: Forense, 2005.

______. Manual de Direito Tributário. 2 ed. Rio de Janeiro: Forense, 2002.

CUNHA, Maurício Ferreira. Leis Especiais para Concursos – Juizados Especiais Cíveis e Criminais. 10ª ed. Juspodivm, 2018.

CUNHA, Rogério Sanches e PINTO, Ronaldo Batista. *Violência Doméstica. Lei Maria da Penha Comentada artigo por artigo.* 4ª edição. São Paulo: Editora Revista dos Tribunais, 2012.

DELMANTO, Roberto, DELMANTO JUNIOR, Roberto e DELMANTO, Fábio M. de Almeida Delmanto, *Leis penais especiais comentadas.* 2ª ed. atual. São Paulo: Saraiva, 2014.

DI PIETRO, Maria Sylvia Zanella. Direito Administrativo. 30ª edição, revista e atualizada. Rio de Janeiro: Forense, 2017.

EIZIRIK, Nelson. Temas de direito societário – Rio de Janeiro: Renovar, 2005.

FERNANDES, Valéria Diez Scarance. *Lei Maria da Penha. O Processo Penal no Caminho da Efetividade.* São Paulo: Editora Atlas, 2015.

FILHO, Antônio Magalhães Gomes. *A Motivação das Decisões Penais.* 2ª edição. São Paulo, Editora Revista dos Tribunais, 2013.

FUKASSAWA, Fernando, *Crimes de Trânsito.* 3ª ed. São Paulo: APMP – Associação Paulista do Ministério Público, 2015.

GAJARDONI, Fernando da Fonseca. DELLORE, Luiz. ROQUE, André Vasconcelos. OLIVEIRA Jr., Zulmar Duarte. Processo Civil Processo de conhecimento e cumprimento de sentença: Comentários ao CPC de 2015. São Paulo, Método, 2016.

GALDINO, Valéria Silva. *Dos Aspectos Controvertidos na Lei Maria da Penha*. Revista Jurídica Cesumar, v. 7, n. 2, p. 471-487, jul/dez. 2007.

GARCIA, Emerson. Ministério Público: organização, atribuições e regime jurídico / Emerson Garcia. 5ª Edição. São Paulo, Saraiva, 2015.

______. Improbidade Administrativa / Emerson Garcia, Rogério Pacheco Alves. 8ª ed. São Paulo: Saraiva, 2014.

GARCIA, Leonardo de Medeiros. Direito do Consumidor. Coleção Leis Especiais para Concursos. 5. ed. Salvador: Juspodivm, 2011.

______. THOMÉ, Romeu. Direito Ambiental. Coleção Leis Especiais para Concursos.3. ed. Salvador: Juspodivm, 2011.

______. ZANETI JÚNIOR, Hermes. Direitos Difusos e Coletivos. Coleção Leis Especiais para Concursos. 2. ed. Salvador: Juspodivm, 2011.

GOMES, José Jairo. Crimes e Processo Penal Eleitorais. São Paulo: Editora Atlas, 2015.

GOMES, José Jairo. Direito Eleitoral. 12ª edição. São Paulo: Editora Atlas, 2016.

GONÇALVES, Marcus Vinícius. Direito Processual Civil Esquematizado. 9ª ed. São Paulo: Saraiva, 2018.

GONÇALVES, Vitor Eduardo Rios e BALTAZAR JUNIOR, José Paulo. *Legislação penal especial*. 2ª edição. São Paulo: Editora Saraiva, 2016.

GOULART, M. P. et al. (Coord.). A Lei 12.651 de 25 de maio de 2012: Relatório do Subgrupo de Defesa do Patrimônio Florestal e Combate às Práticas Rurais Antiambientais. São Paulo: Ministério Público do Estado de São Paulo, 2012.

HABIB, Gabriel, *Leis Penais Especiais*. 8ª ed. rev, atual. e ampl. Salvador: Juspodivm, 2016.

HARADA, Kyioshi. Direito Financeiro e Tributário. 9 ed. São Paulo: Atlas, 2002.

JATAHY, Carlos Roberto de Castro. Curso de Princípios Institucionais do Ministério Público / Carlos Roberto de Castro Jatahy. 2ª Edição. Rio de Janeiro, Editora Roma Vitor, 2006.

JESUS, Damásio de. *Violência Contra a Mulher*. 2ª edição. São Paulo: Editora Saraiva, 2015.

JUSTEN FILHO, Marçal. Curso de Direito Administrativo / Marçal Justen Filho. 12ª Edição revista e atualizada e ampliada. São Paulo: Editora Revista dos Tribunais, 2016.

LAVORENTI, Wilson, BALDAN, Edson Luis, BONINI, Paulo Rogério. *Leis penais especiais anotadas*. 13ª ed. ampl. e atual. Campinas, SP: Millennium Editora, 2016.

LENZA, Pedro – Direito Constitucional Esquematizado. 21ª edição. São Paulo: Editora Saraiva, 2017.

LIMA, Renato Brasileiro. *Legislação Criminal Especial Comentada*. 4ª ed. rev., atual. e ampl. Salvador: Juspodivm, 2016.

LOPES, Mauro Luís Rocha. Processo Judicial Tributário: Execução Fiscal e Ações Tributárias. 3 ed. Rio de Janeiro: Lumen Juris, 2005.

LOPES JR., Aury. *Direito Processual Penal*. 14ª edição. São Paulo: Saraiva, 2017.

MACIEL, Kátia Regina Ferreira Lobo Andrade (coordenação). Curso de Direito da Criança e do Adolescente: aspectos teóricos e práticos. 11ª ed. rev. e atual. São Paulo: Saraiva, 2018.

MACHADO, Hugo de Brito. Comentários ao Código Tributário Nacional. Vol. I. São Paulo: Atlas, 2003.

______. Curso de Direito Tributário. 21 ed. São Paulo: Malheiros, 2002.

MARINONI, Luiz Guilherme; ARENHART. Sérgio Cruz. MITIDIERO, Daniel. Novo Código de Processo Civil Comentado. 3ª ed. RT, 2017.

MARQUES NETO, Floriano de Azevedo. Concessões. 1ª ed. Belo Horizonte: Ed. Fórum, 2016.

MASSON, Cléber e MARÇAL, Vinícius. *Crime organizado*, pág. 87. 4ª ed., rev., atual. e ampl. Rio de Janeiro: Forense; São Paulo: MÉTODO, 2018.

MASSON, Cléber Rogério. SOUZA, Landolfo Andrade de. SOUZA, Adriano Andrade de. Interesses Difusos e Coletivos. Vol. 1. 8. ed. São Paulo: Método, 2018.

______. Interesses Difusos e Coletivos. Vol. 2. 1. ed. São Paulo: Método, 2018.

MAZZILLI, Hugo Nigro. Tutela dos interesses difusos e coletivos. 7. ed. São Paulo: Saraiva, 2014.

______. Regime Jurídico do Ministério Público / Hugo Nigro Mazzilli. 8ª Edição. São Paulo: Saraiva, 2014.

______. O inquérito Civil. Investigações do Ministério Público e compromissos de ajustamento de conduta e audiências públicas/ Hugo Nigro Mazzilli. 4ª Edição. São Paulo: Saraiva, 2015.

______. A defesa dos interesses difusos em juízo: meio ambiente, consumidor, patrimônio cultural, patrimônio público e outros interesses / Hugo Nigro Mazzilli. 28ª Edição, revista e atualizada. São Paulo: Saraiva, 2015.

______. Introdução ao Ministério Público / Hugo Nigro Mazzilli. 9ª Edição – São Paulo: Saraiva, 2015.

MENDONÇA, Andrey Borges de. *A Colaboração premiada e a nova Lei do Crime Organizado (Lei 12.850/2013).* Custos Legis – Revista Eletrônica do Ministério Público Federal, v. 4, 2013.

MEIRELLES, Hely Lopes. Direito Administrativo Brasileiro / Hely Lopes Meirelles. São Paulo: Ed. Malheiros. 2015.

MILARÉ, Edis. Direito do Ambiente. 9ª Edição. São Paulo. Editora Revista dos Tribunais, 2014.

MIRRA, A. L. V. Fundamentos de Direito Ambiental no Brasil. Revista Trimestral de Direito Público, São Paulo, v. 7, p. 170-197, 1994.

MOREIRA NETO, Diogo de Figueiredo. Curso de direito administrativo: parte introdutória, parte geral e parte especial / Diogo de Figueiredo Moreira Neto. – 16. ed. rev. e atual. – Rio de Janeiro: Forense, 2014.

NEGRÃO, Ricardo. Aspectos objetivos da lei de recuperação de empresas e falências. 2a ed – São Paulo: Saraiva, 2008.

NEGRÃO, Ricardo. Manual de direito comercial e de empresa. 8a ed. Volume 3 – São Paulo: Saraiva, 2013.

NEVES, Daniel Amorim Assumpção. Manual de Direito Processual Civil. 10ª ed. Juspodivm, 2018.

NUCCI, Guilherme de Souza, *Leis Penais e Processuais Comentadas*. 9ª ed. rev., atual. e ampl. Rio de Janeiro: Forense, 2015.

NUNES, Ricardo Pieri. Manual de Princípios Institucionais do Ministério Público / Ricardo Pieri Nunes. Editora Espaço Jurídico. 2001.

OLIVEIRA, Rafael Carvalho Rezende. Curso de Direito Administrativo. 5ª ED. Revista e atualizada. Rio de Janeiro: Forense; São Paulo: Método. 2017.

OLIVEIRA, Regis Fernandes de. Curso de Direito Financeiro. São Paulo: Revista dos Tribunais, 2006.

PACELLI, Eugênio. *Curso de Processo Penal.* 21ª edição. São Paulo: Atlas, 2017.

PAULSEN, Leandro. Direito Tributário: Constituição e Código Tributário à luz da doutrina e da jurisprudência. 6 ed. Porto Alegre: Livraria do Advogado / ESMAFE, 2004.

______. Direito Tributário: Constituição e Código Tributário à luz da doutrina e da jurisprudência. 9 ed. Porto Alegre: Livraria do Advogado / ESMAFE, 2007.

______. Licitações e contratos administrativos. Teoria e Prática. Rio de Janeiro: Forense; São Paulo: Método. 2012.

PEREIRA, Luiz Márcio e MOLINARO, Rodrigo. Propaganda Política – Questões relevantes e temas controvertidos da propaganda eleitoral. Rio de Janeiro: Editora Renovar, 2012.

PINHEIRO CARNEIRO, Paulo Cezar. O Ministério Público no Processo Civil e Penal. Promotor Natural, atribuição e conflito. 6ª Edição. Rio de Janeiro, Forense, 2003.

RAMAYANA, Marcos. Direito Eleitoral. 13ª edição. Niterói: Editora Impetus, 2012.

REQUIÃO, Rubens. Curso de direito comercial. 34a ed, volume 1 – São Paulo: Saraiva, 2015.

RIBEIRO, Ricardo Lodi. Temas de Direito Constitucional Tributário. Rio de Janeiro: Lumen Iuris, 2009.

______. *A Elisão Fiscal e a L.C. n.° 104/01. In*: Revista Dialética de Direito Tributário n.° 83. São Paulo: Dialética, 2002, pp. 141-149.

______. *A elisão fiscal na era dos valores. In*: Revista Tributária e de Finanças Públicas n.° 44. São Paulo: Revista dos Tribunais, 2002.

______. Limitações Constitucionais ao Poder de Tributar. Rio de Janeiro: Lumen Iuris, 2010.

ROSA JUNIOR, Luiz Emygdio Franco da. Títulos de crédito. 7. ed. rev. E at. – Rio de Janeiro: Renovar, 2011.

SALOMÃO FILHO, Calixto. O novo direito societário. 3. ed. – São Paulo: Malheiros Editores, 2006.

SANTOS, J. A. Penalva. Os contratos mercantis à luz do código civil – São Paulo: Malheiros Editores, 2006.

SARLET, Ingo Wolfgang. A eficácia dos direitos fundamentais. 10. ed. Porto Alegre: Livraria do Advogado, 2009.

______. Direitos Fundamentais e Proporcionalidade: notas a respeito dos limites e possibilidades de aplicação das categorias da proibição de excesso e de insuficiência em matéria criminal. In: Revista da Ajuris, v. 35, nº 109, mar. 2008.

______. FENSTERSEIFER, Tiago. Direito Constitucional Ambiental. Constituição, Direitos Fundamentais e Proteção do Ambiente. São Paulo. Revista dos Tribunais, 2012.

SCHOUERI, Luís Eduardo. Direito Tributário. 3 ed. São Paulo: Saraiva, 2013.

SIQUEIRA, Vanessa Huckleberry Portella. *Artigo 116, parágrafo único, do Código Tributário Nacional – Norma Geral Antielisiva?* Revista de Direito da Procuradoria Geral do Estado do Rio de Janeiro. Rio de Janeiro: Centro de Estudos Jurídicos – CEJUR, n. 59, p. 237-276, 2002.

______. Direito Tributário Sistematizado. Ed. Conceito Editorial. Santa Catarina. 2009.

TOMAZETTE, Marlon. Curso de direito empresarial 1: Teoria geral e direito societário. 9. ed. – São Paulo: Saraiva, 2018.

TORRES, Ricardo Lobo. Curso de Direito Financeiro e Tributário. 6 ed. Rio de Janeiro: Renovar, 1999.

______. Valores e princípios constitucionais tributários. Tratado de Direito Constitucional Financeiro e Tributário. Rio de Janeiro: Renovar, Vol. II, 2005.

______. Os direitos humanos e a tributação: imunidades e isonomia. Tratado de Direito Constitucional Financeiro e Tributário. Rio de Janeiro: Renovar, Vol. III, 1999.

______. Os tributos na constituição. Tratado de Direito Constitucional Financeiro e Tributário. Rio de Janeiro: Renovar, Vol. IV, 2007.

______. O orçamento na constituição. Tratado de Direito Constitucional Financeiro e Tributário. 2. ed. Rio de Janeiro: Renovar, Vol. V, 2000.

VERÇOSA, Haroldo Malheiros Duclerc. Curso de Direito Comercial. 2. ed. Revista, atualizada e ampliada. Volumes 1, 2 e 3 – São Paulo: Malheiros Editores, 2008.

WILLEMAN, Marianna Montebello. Accountability democrática e o desenho institucional dos Tribunais de Contas no Brasil / Marianna Montebello Willeman. Belo Horizonte: Fórum, 2017.

ZILIO, Rodrigo Lopez. Direito Eleitoral. 5ª edição. Rio de Janeiro: Editora Verbo Jurídico, 2016.

ZILIO, Rodrigo Lopez. Crimes Eleitorais. 3ª edição. Salvador: Editora Juspodivm, 2017.

EDITORA
JusPODIVM
www.editorajuspodivm.com.br

COLOR
system

JUS3227